启发精选世界优秀畅销绘本

盼望

盼望

小学时代（1953 年，作者右一）

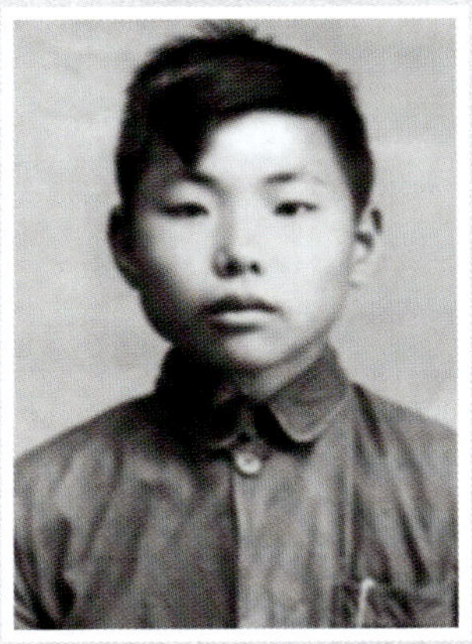

初中时代（1956 年）

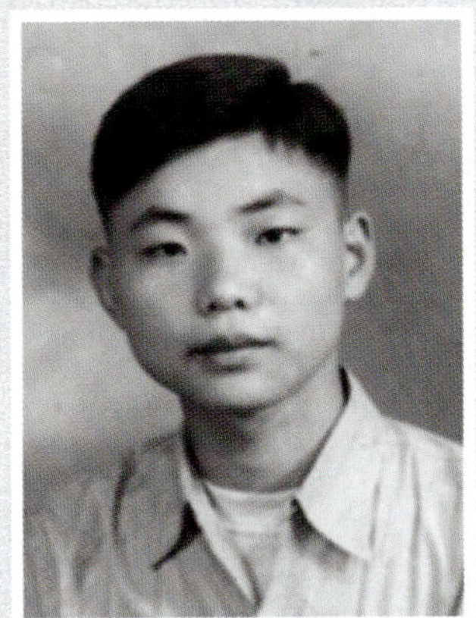

高中时代（1959 年）

大学时代（1964 年）

参加工作以后（1968 年）

1998 年摄于中谷集团广东茂名公司

2012 年 7 月 20 日

无锡轻工业学院毕业留影（1959-1964 年，作者三排左六）

1980 年 9 月，王瑞元同志率团赴美考察美国油脂加工业。图为中方考察成员与美方技术人员座谈交流

1983 年 1 月，王瑞元同志率团赴意大利考察油脂机械制造企业。图为与 CMB 公司总裁洽谈

1983 年 1 月，王瑞元同志率团赴意大利考察油脂设备制造情况。图为 CMB 公司董事长与代表团成员合影

1983 年 5 月，王瑞元同志率团赴日本日清制油公司考察时，中日双方人员合影

1983 年 5 月，赴日本日清公司考察

1983 年 5 月，王瑞元同志率团赴日本考察日清制油公司

1986 年 10 月，王瑞元同志在印度新德里郊外参观乡村油脂加工企业

1986 年 10 月，王瑞元同志率团参加印度新德里举行的第六十二届五界粮油商大会并在大会上作了“中国油脂工业”的报告

1987 年 9 月，王瑞元同志率团赴巴西圣保罗考察油脂加工企业。图为代表团成员与企业负责人合影留念

1987 年 11 月，王瑞元同志在陕西咸阳参观省粮油机械厂

1989 年 3 月 25 日，王瑞元同志在广东东莞召开粮油工业座谈会

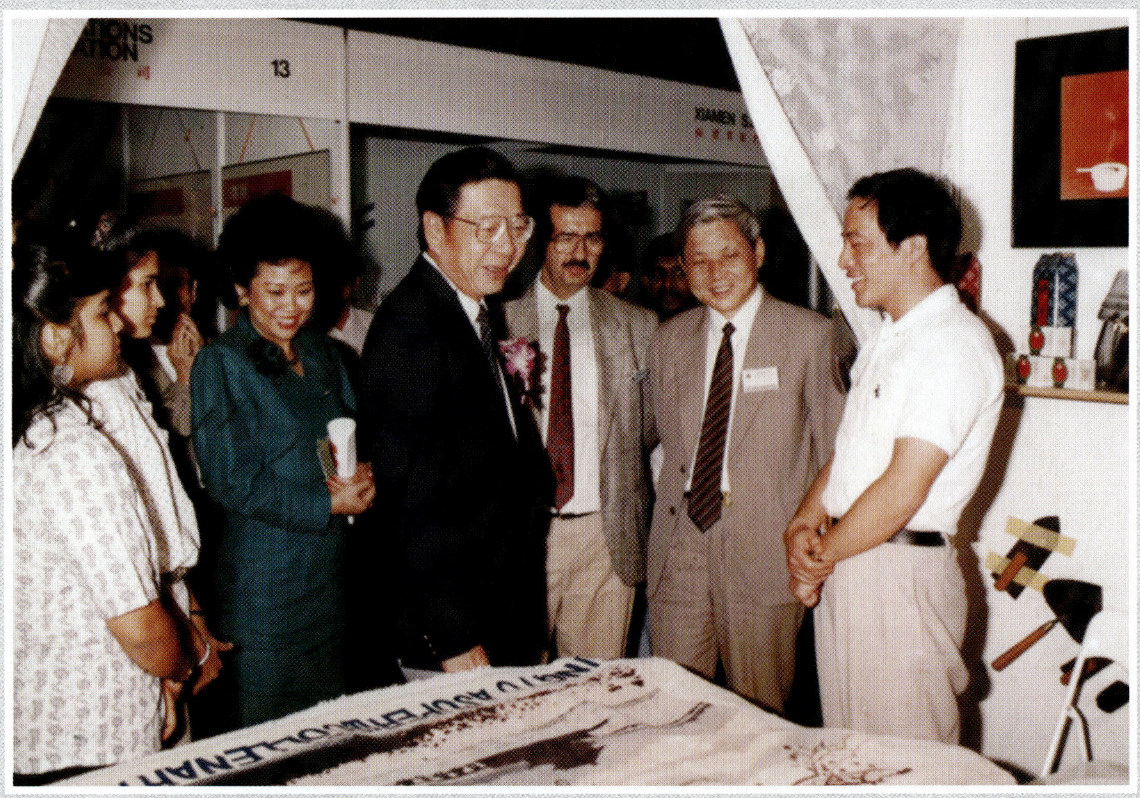

1991 年 4 月，王瑞元同志率一百多人的代表团，在马来西亚首都吉隆坡举办首届商办工业产品展览会。图为王瑞元同志陪同马来西亚矿产部部长与夫人参观展览会

1992 年 1 月，王瑞元同志在日本东京举办的日本油脂协会创立 30 周年纪念暨东亚西亚制油恳谈会上发表讲话，介绍中国油脂工业情况

1992 年 6 月 8 日，王瑞元同志在江苏昆山主持召开了中国粮油学会油脂分会第二次团体会员大会（南方座谈会），并在会上作了“深化改革，拓宽经营，加速我国油脂工业发展”的报告

1992 年 9 月，考察马来西亚棕榈油产业，图为王瑞元同志在棕榈园采果

1993 年 7 月，王瑞元同志在全国六号溶剂油工作会议上

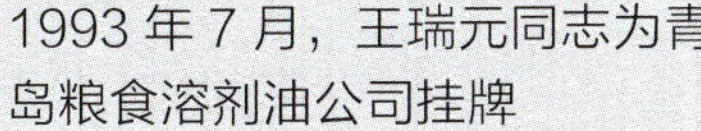
1993 年 7 月，王瑞元同志为青岛粮食溶剂油公司挂牌

1994 年 1 月，王瑞元同志在江苏参观碟式离心机制造企业

1994 年 2 月，王瑞元同志在郑州召开的全国第七次粮油工业处长（经理）座谈会上作发言

1994 年 5 月，中谷粮油集团公司在北京人民大会堂成立。图为时任中谷粮油集团公司总裁王瑞元同志在成立大会上致词

1995 年 2 月 23 日，王瑞元同志在东莞新沙港考察建设中谷集团公司东莞油厂时，在现场商议工厂建设总平面布置

1996 年 3 月，王瑞元同志在湖北汉川为新成立的中谷汉川包装袋工厂竣工剪彩后的场面

1996 年 8 月，在西藏自治区成立 40 周年之际，全国粮食部门组团赴西藏，对西藏自治区粮食部门进行对口支援。图为代表团成员在牧场休息观看西藏自然美景

1996 年 10 月，在江苏省常熟市召开中国粮油学会油脂分会第六届学术年会期间，王瑞元同志与参加会议的大学同学合影留念

1997 年 7 月，王瑞元同志在天津召开天津中谷植物油工贸有限公司第一次董事会

1998 年 5 月 20 日至 22 日，王瑞元同志在浙江省德清县新市油厂召开中国粮油学会油脂学会理事长办公会议

1998 年 5 月 28 日，武汉轻工大学（原武汉食品工业学院）召开校董事会成立大会，王瑞元同志当选为董事长

1999 年 4 月，王瑞元同志考察中谷粮油集团的江阴滨江粮库

2000 年 6 月，王瑞元同志率团考察马来西亚棕榈油加工时，与棕榈油厂技术人员进行学习交流

2002 年 10 月，王瑞元同志在湖北沙市参观粮油加工企业

2003 年 11 月，王瑞元同志在北京召开中国油脂学会北京联络站工作会议

2004 年 8 月，王瑞元同志在昆明召开的马来西亚国家棕榈油脂技术研讨会上发言

2006 年 9 月，王瑞元同志及学会有关专家到黑龙江省肇东参观制油设备生产企业

2007 年 7 月 26 日，王瑞元同志参加了中粮集团在北京世纪坛举办的“福临门”品牌新产品发布会。图为王瑞元同志在会上接受记者采访时的情景

2009 年 8 月 23 日，王瑞元同志在三星集团王明星总经理的陪同下参观考察

2009 年 8 月，王瑞元同志在山东参观油脂加工企业时，认真听取企业情况介绍的情景

2010 年，王瑞元同志参加中国食用油发展趋势研讨会留念

2010 年 3 月，王瑞元同志在台湾参观富味乡食品股份有限公司时，与公司领导合影留念

2011 年 6 月，王瑞元、胡承淼等同志在参观河南华泰粮油机械工程有限公司时与企业领导人合影留念

2014 年 10 月 17 日，王瑞元同志在青岛参观粮油食品机械制造企业

2015 年 4 月 15 日，王瑞元同志参加土耳其伊兹米尔国际橄榄油会议

2015 年 4 月 15 日，王瑞元同志参加土耳其伊兹米尔国际橄榄油会议上作报告

DEVELOPMENT OF
MODERN OILS & FATS
INDUSTRY

现代油脂
工业发展

王瑞元　著

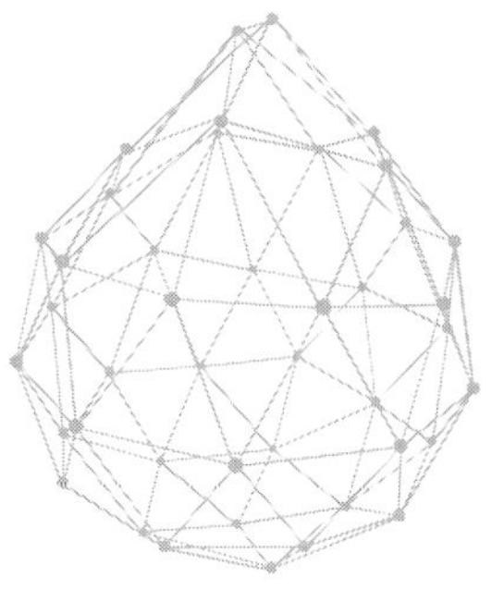

中国轻工业出版社

图书在版编目（CIP）数据

现代油脂工业发展/王瑞元著. —北京：中国轻工业出版社，2015. 12
ISBN 978 - 7 - 5184 - 0639 - 5

Ⅰ. ①现… Ⅱ. ①王… Ⅲ. ①油脂化学—化学工业—工业发展—中国
Ⅳ. ①F426. 7

中国版本图书馆 CIP 数据核字（2015）第 238203 号

责任编辑：张　靓　　责任终审：劳国强　　封面设计：锋尚设计
版式设计：王超男　　责任校对：燕　杰　　责任监印：张　可

出版发行：中国轻工业出版社（北京东长安街 6 号，邮编：100740）
印　　刷：三河市万龙印装有限公司
经　　销：各地新华书店
版　　次：2015 年 12 月第 1 版第 1 次印刷
开　　本：787 × 1092　1/16　印张：51. 25
字　　数：1160 千字　插页：12
书　　号：ISBN 978 - 7 - 5184 - 0639 - 5　定价：398. 00 元
邮购电话：010 - 65241695　传真：65128352
发行电话：010 - 85119835　85119793　传真：85113293
网　　址：http：//www. chlip. com. cn
Email：club@ chlip. com. cn
如发现图书残缺请直接与我社邮购联系调换
150334K1X101ZBW

本书编辑委员会

王瑞元简介

王瑞元1938年农历七月十六日出生于江苏无锡荡口的一个贫困农民家庭。1953年7月毕业于荡口中心小学；1956年7月毕业于无锡荡口学海初级中学（无锡荡口中学的前身）；1959年7月毕业于江苏省苏州高级中学；1964年7月毕业于无锡轻工业学院（现江南大学）食品工程系油脂专业。在校期间于1951年5月加入中国少年先锋队，1954年6月加入中国新民主主义青年团，1960年12月加入中国共产党。曾任班长、少先队大队长、校团支部委员、团支部书记、校团委委员、学生会副主席等职。曾获得9次“三好学生”、5次“五好团员”“先进团员”等多项荣誉。

王瑞元1964年7月大学毕业后，被分配到粮食部粮油工业局工作。1975年任粮油工业局技术处副处长（1975年11月—1977年11月任河北省赵县粮食局副局长）；1980年任粮食部粮油工业局副局长；1985年任商业部粮油工业局局长；1989年任商业部商办工业司司长；1993年任国内贸易部工业司司长；1994—2000年任中谷粮油集团董事长。1994年被评为教授级高级工程师；1995年被评为享受国务院政府特殊津贴的专家。1996—2013年任中国粮油学会常务副理事长、中国粮食行业协会常务副会长、中国粮油学会油脂分会会长、中国粮食行业协会小麦分会理事长。如今任中国粮油学会首席专家、中国粮食行业协会专家委员会主任委员、中国粮油学会油脂分会会长、中国粮食行业协会小麦分会理事长。

在半个世纪的职业生涯中，王瑞元为我国粮油工业的发展做出了卓越的贡献。

一、二十世纪七十年代

（1）针对当时食用油供应紧张，通过典型调查，自1972年起在全国积极推广米糠和玉米胚芽制油，为国家增产食用油脂；为提高我国食用油的自给率，自2010年起，多次组织深入调研、召开研讨会等，进一步推动了此项工作的快速发展，据2012年的统计数据得知，全国米糠和玉米胚芽的产油量达160万t，使我国食用油的自给率提高了5%。

（2）组织推广应用世界公认的先进制油技术——油脂浸出法。在他的主持推动下，1975年浸出法制油技术被国家列为42项重点推广的新技术之一，从而推动了我国油脂浸出技术的快速发展。据统计，我国浸出油料的年处理量从1970年的16万t增加到2013年的近亿吨（占全国油料年处理量的90%以上），增长了620多倍。浸出法制油较传统机榨法制油具有粕中含残油少、出油率高、油料资源得以充分利用等诸多优点。浸出法制油平均每100kg油料可多生产3kg以上的油脂。2013年我国浸出油料近亿吨，即可多生产油脂300多万吨。

二、二十世纪八十年代至九十年代

（1）提出了粮油加工要走“两个延伸”的道路，即粮食加工要向粮油食品方向延伸，植物油加工业要向油脂化工和综合利用方向延伸。这两个延伸至今仍在深化发展，并取得了显著成效。

（2）组织全国油脂加工装备的选型、定型和标准化。亲自组织并撰写选型、定型及标准化方案，撰写技术改进方案纪要数十个，用了8年的时间完成了175台制油设备的选定型工作，建成了两个示范工厂，为我国油脂工业的进一步发展上了新台阶。

（3）1987—1994年，主持进行了全国油脂加工装备引进技术的消化吸收工作。组织确定了对近百种制油设备和20多条生产线进行消化吸收，建成了一个示范工厂，取得了消化吸收国产化的圆满成功。其中，日处理50t油脂连续精炼设备获得国家科技进步二等奖。全国油脂加工装备的选型、定型、标准化和引进技术的消化吸收工作，对我国油脂工业赶上和接近国际先进水平起了重要作用。

（4）1995年6月被国内贸易部授予有突出贡献的科学、技术、管理专家；1997年8月被国内贸易部授予科技干部管理先进工作者。

三、二十一世纪

（1）2001年提出了取消在面粉中添加增白剂（过氧化苯甲酰）的主张，经过10年的努力，得到了政府有关部门的高度重视，并于2011年2月11日由原卫生部等七部门联合下发了2011年第4号《公告》，自2011年5月1日起，禁止在面粉生产中添加过氧化苯甲酰，从而使其彻底退出了小麦粉加工的舞台。

（2）为最大限度保留粮油产品的营养成分，2008年首次提出了粮油加工业要贯彻“适度加工”，防止过精、过细、过白等“过度加工”现象。并获得各方面认可，已写入国家有关文件。

（3）撰写和发表了二百多篇有关粮油加工、粮油科技方面的论文和讲演；2003年主编出版了《粮油食品营养与健康百问》；2005年主编出版了《中国油脂工业发展史》；2009年主编出版了《植物油料加工产业学》（上、下册）。

王瑞元是将实现自我人生价值与推动中国现代油脂工业发展相结合的人物典范，他集粮油加工行业资深专家与优秀的行业管理者于一身，他主持和参与了油脂行业多项重大技术改革与决策，将青春和毕生的精力都贡献给了中国现代油脂事业。他以崇高的敬业精神、卓越的领导能力和高尚的人格魅力，毫无疑义地成为了中国现代油脂工业发展的领航者和掌舵人。

《现代油脂工业发展》编辑委员会

前言

PREFACE

一个时代的标志，往往体现为一部史料。

一位学者的成功，大多以一本专著为标志。

由王瑞元著《现代油脂工业发展》一书，集其五十载精华岁月引领与实践之大成，完美地见证了中国现代油脂工业发展的艰辛历程和累累硕果；真实而清晰地展现了学者与领航者的风范、仁者的睿智和践行者的身体力行；为中国现代油脂工业的发展铸就了一座丰碑，为中国油脂事业的继往开来铺就了一块基石！

我们如饥似渴地读完作者的全部文稿，无论是已经泛黄的方格纸、通行纸，还是洁白的打印纸；无论是讲话报告、意见建议，还是总结和论文，件件都令我们感动至深，受益良多。王瑞元总是站在时代发展的潮头，引领中国油脂工业实现了跨越式的发展，造福于人民。我们尽心尽力完成了书稿的整理和编辑工作，以不负王瑞元会长的重托和业界的期盼，因为我们深知本书具有深厚的底蕴和非凡的价值。

王瑞元不但为中国油脂工业的腾飞奉献了五十个精彩的春秋，还在古稀之年不辞辛苦地将这部珍贵的发展纪实奉献给广大读者，其所作所为，确实是我们的师表和典范。光阴流转五十年，波澜壮阔的发展历程值得我们永远回望；很多人很多往事都历历在目，值得我们铭记。中国油脂工业还要继续扬帆前行，这就是历史，这就是现实，丰富而完美。

本书是王瑞元注入中国油脂工业五十年的毕生心血，有水平，有高度、深度和广度，时代感和针对性都很强，不失为中国现代油脂工业发展的一部见证之作。本书的出版是中国现代油脂工业界的一大幸事，意义重大。本书中搜集、整理了王瑞元的部分文稿，主要是在各个时期、多种场合的讲演和工作报告，共计 160 篇，分为 12 章，按专题和时间的先后为序，每篇文章的开头都标注了时间和出处，以便读者查阅。

我们能够负责编辑出版这部珍贵的著作，感到十分荣幸。武汉轻工大学何东平教授科研教学创新团队的王澍、陈哲、高盼、曹维、张静雯、吴建宝、叶展、王斌、初柏君、彭辉、潘泓艺、王娟、尹佳、田杰、吕小义、阮瑜琳、周力、乔雪、付杰、万聪、宁程茜和李永发等研究生，孙怡文、刘晓耕、徐旷、黄威、叶玉帅、杨铭、刘畅、胡冰倩、李芯郁、杨丹和朱赟豪等大四的学生，他们积极参与了本书的手稿整理、文字录入和书稿校对等多项工作，在此向他们表示衷心的感谢！

感谢益海嘉里集团、山东鲁花集团有限公司、山东三星集团有限公司和河南华泰粮油机械股份有限公司对本书出版工作的大力支持！

本书中的疏漏之处恐难避免，敬请读者不吝指教。

《现代油脂工业发展》编辑委员会

2015 年 10 月　于武汉

目录

CONTENTS

第六章

第七章

第八章

第九章

第十章

第十二章

后记

第一章

谋划油脂工业发展

一、 在葵花籽加工技术交流会上的总结报告

（1981 年 12 月 24 日　于辽宁沈阳）

葵花籽加工技术交流会于 12 月 20—24 日在辽宁省沈阳市召开。出席这次会议的有主产葵花籽的黑龙江、吉林、辽宁、内蒙古、新疆、山西等六个省区粮食厅（局）主管科技、工业和油脂购销工作的负责同志；有部直属科研、设计、大专院校和粮油机械厂的工程技术人员；外贸部国际贸易研究所、无锡轻工业学院亦派代表应邀到会，与会代表共计 66 人。

会议由粮食部科技局、工业局、油脂局联合主持，科技局张佳顾问对开好这次会议作了讲话，提出了任务，明确了会议的目的和要求。

辽宁省粮食局对这次会议非常重视，为这次会议在沈阳召开，作了周密的安排。对此，我代表全体与会代表，再一次表示感谢。

这次会议交流的资料共计 22 篇，内容涉及到向日葵品种选育、购销预测、国际贸易、化学成分分析、储藏和加工利用技术等 7 个方面，代表们认为这次会议交流的内容比较丰富，通过交流，开阔了思路，提高了认识。

会议通过讨论，对葵花籽的加工制油工艺和设备的选型配套统一了认识，提出了建议方案和产品质量指标，为这种油料加工和今后建厂设计明确了方向。

会议还安排参观了沈阳市第三粮库日处理 110t 小粒葵花籽预处理、压榨、浸出工艺配套车间。代表们对于该库结合本库实际，不断加强技术管理，实行岗位责任制，改进工艺和设备，降低生产成本，提高出油率的经验表示赞赏。

总之，对于这次会议，代表们认为开得及时，开得紧凑，对于各地部署明年的科研和油厂技术改造或建设具有指导意义。

通过 5 天的会议，综合代表们讨论的意见，一致认为有如下几点收获。

（一） 更加认识到葵花籽油是一种优质的食用油， 是当今世界竞相发展的油源

我国东北、西北、华北地区土地辽阔，气候适宜，随着农业经济结构的调整和农业政策的落实，向日葵种植面积和产量成倍增长，解决葵花籽的加工利用问题，是摆在我们面前的一项新课题，新任务。科学技术是生产力，我们的工作要适应和促进生产的发展，努力使科学研究走在生产发展的前面，紧密与生产相结合，根据实际需要，抓住生产中存在的带方向性、关键性、普遍性的问题，集中力量，组织攻关。密切与农业、外贸、食品加工、营养卫生等方面的协作，做好这种油源的综合开发和利用，更加有效地发挥它的经济效益。我们这次会议组织交流的内容基本上体现和贯彻了这种精神。

（二） 明确了问题所在和解决方法

随着葵花籽生产量的迅速增长，加工能力不足，工艺设备不配套，产品质量无标准，技术管理跟不上，是当前葵花籽加工制油中存在的主要问题。要解决这些问题大家认为一要靠科学，二要靠政策，三要靠加强管理，提高操作者的技术水平。

（1）在科学研究方面　要为这种油料的开发提供技术和装备，当前首要的是：提供处理量大的剥壳和仁壳分离效果更好的剥壳分离设备；改进蒸炒工艺和榨螺结构，提高压榨出油率；完善精炼工艺和设备配套，提高油品质量，制订各种产品质量标准；弄清我国不同地区不同品质葵花籽的化学成分，提出开发利用的新途径；要研究葵花籽和葵花籽油的保贮技术，提出有效的技术措施；要开展技术经济的情报调研，做好市场预测。

（2）在技术经济政策方面　要制订合理的价格政策，指导和促进高含油葵花籽生产的发展；要统筹规划，通过技术经济的综合分析，确定油厂的规模与布局；贯彻“挖潜、革新、改造”的方针是解决现有加工能力不足的主要途径。发展“预榨—浸出”法制油，亦是葵花籽加工的方向。

（3）在管理方面　要结合各厂的实际情况，建立健全各项规章制度，完善各项操作规程，严格执行岗位责任制，定期进行技术考核。

当前特别要组织好青工的技术学习，分专业开办各种制油技术短期学习班，搞好技术培训。代表们一致认为只有这三个方面紧密结合起来，才能加速改变油脂工业的现状，提高油脂科学技术的水平，以适应油料生产发展的需要。

（三） 提出了很好的建议和意见

提出了葵花籽加工制油的工艺要求和设备配套建议，讨论拟定了葵花籽油的产品质量指标意见，统一了认识，明确了要求，对于油厂的生产和建设具有指导作用。

（四） 交流了情报

结合生产的需要，在调查研究的基础上围绕着一个专题，组织各个方面的工程技术人员，结合已有的工作成果，进行交流，并且就存在的问题集思广益，进行研究分析，制定技术措施，这是科技情报工作为科研服务，为生产服务，为领导决策服务的有效方法，这种方法值得提倡。代表们希望今后多组织开展一些类似的专题性技术交流，有助于扩大思维，提高认识，丰富知识，推广先进技术。

（五） 为进一步提高我国葵花籽加工和利用的技术水平，扩大其用途提出了好主意

代表们在总结交流经验的基础上，对今后葵花籽的加工和利用，提出了许多好的主意，归纳起来，有以下几个方面。

1. 重视葵花籽的加工和利用，适应葵花籽生产的发展需要

葵花籽是当今世界发展很快的一种新兴油料作物。由于向日葵种植的适应性强，

葵花籽含油率高、油品质量好，饼（粕）中蛋白质含量高，向日葵的茎秆、花盘、枝叶、种壳等都有很广的用途，所以它作为一种新兴食用油源受到各国重视。

过去，在我国各种油料作物中，葵花籽一向被人们看做是小油料。近几年来，尤其是党的三中全会以来，由于党在农村的经济政策的进一步落实，农业生产形势很好。尤其是油料生产形势更加喜人。食油产量持续增长，预计今年的产量人均将超过1956年的历史最高水平。在油料生产中，葵花籽和油菜籽的生产发展很快，产量和收购量成倍增长，过去称为小油料的葵花籽，一跃成为仅次于花生、油菜籽和棉籽的大宗油料。

葵花籽和油菜籽生产的历史性变化，为粮油工业提供了充足的原料。但是，由于我们的工作跟不上生产的发展，因此，在收购、加工、储存以及供应工作中，出现了一些新情况和新问题，例如，在加工方面，葵花籽和油菜籽的集中产区，普遍感到加工能力和精炼能力不足，有的加工厂，由于工艺不完善、设备不配套，造成出油率低，油品质量差，影响油脂的销售；加上过去我们在这方面的工作做得较少，经验不多，所以反映的问题较多。

对于上述在发展中出现的新情况，新问题，国务院领导同志极为关注，并针对菜籽油和葵花籽油的产量增长速度快，库存量大的情况，指示我们，国内要多吃菜油、葵花籽油，代替创汇高的花生、芝麻、大豆等油品、油料出口，以扩大销售，支持生产。为了解决油料加工、油脂精炼和储存能力的不足，在当前资金较紧的情况下，今年国家给我们追加了3 000万元的基本建设投资，其中有1 500万元用来解决油料加工和油脂精炼能力的不足。国务院领导同志的关怀和国家的大力支持，是我们做好工作的重要保证。我们一定要重视葵花籽的加工和利用，适应葵花籽生产的发展需要。

为了用好这些投资，我们建议：对于那些要增加油料加工能力的油料集中产区，可以结合老厂改造，改建或新建一些预榨浸出油厂。根据各地的经验，为了提高经济效益，浸出油厂的规模不宜过小，要注意工艺合理，设备配套。

对于那些要增加油脂精炼能力的地区，为了千方百计地扩大葵花籽油的销路，在设计时，不仅要确保内销油的质量要求，而且要考虑能生产出质量较高的葵花籽油，争取打入国际市场。

为了尽快解决目前葵花籽在加工和利用上存在的问题，希望有筹建任务的地区，抓紧筹建工作的进度，尽快形成生产能力，发挥作用以适应油料生产的发展需要。

2. 采用合理的工艺，提高葵花籽的加工技术水平

根据国务院领导同志的指示精神，为了扩大葵花籽油的销售，必须注意采用合理的工艺和设备的配套，以提高葵花籽的加工技术和油脂精炼技术，提高油品质量。

前面已经讲过，我们在葵花籽加工和利用方面的经验不多，目前没有一个完整的，从油料加工开始到能够精炼出较高质量葵花籽油的工厂。但是，尽管如此，我们对于葵花籽加工的研究已有十几年的历史，积累了一些经验，尤其是这几年来，由于广大职工和科技人员的努力，在葵花籽的加工和利用方面，又创造出了不少新经验，只要我们认真总结和应用这些宝贵的经验，就能使我们的葵花籽加工技术水平提高一步。

根据各地的经验，经与会代表的认真讨论研究，大家认为，目前在葵花籽一次压榨和预榨浸出的预榨部分，采用以下工艺和设备是比较合适的：

葵花籽→清理→除去石块和铁质→剥壳→仁壳分离→软化→轧胚→蒸炒→压榨

在葵花籽的清理方面，目前采用的清理设备有：1260 麦筛、圆筛、振动平筛、平面回转筛等，由于没有进行经济技术指标的全面比较，建议各地因地制宜选用，但不论选用哪种清理设备，必须保证清理后的葵花籽含杂量不超过 0.5%，另外，要考虑选用动力消耗低、操作方便、卫生条件好的清理设备。为了剥壳机和轧胚机的安全运转，经过清理后的葵花籽必须除去石块和铁质，采用的设备可以选用风力分选，也可选用比重去石机除去石块和吸铁装置除去铁质。

在剥壳和仁壳分离方面，为了保证油品质量，降低油分总损失，提高后续工序中设备的产量，减少榨油机等主机的磨损，以及有利于饼（粕）和壳的利用，强调葵花籽的加工要进行剥壳和仁壳分离，使仁中含壳在10%左右，壳中含仁不超过1%。剥壳设备采用 BK02 透平式剥壳机；仁壳分离可以采用 BK102 仁壳分离筛。至于有些单位利用沸腾流化床和多叶式风车等设备作为仁壳分离的，经过生产考核后，只要工艺指标能够达到要求，经济技术指标较好的，也可采用。

在软化和轧胚方面。要求胚的厚度控制在 0.5mm 以下，为了保证胚的质量，使胚厚均匀，胚片结实，少成粉，不露油，建议在轧胚前尽可能地增加软化设备。

在蒸炒和压榨方面，为了达到理想的干饼残油率，得到较好质量的榨机毛油和较好质量的预榨浸出饼，要配备足够的蒸炒面积，摸索合理的料胚湿润水分，蒸炒时间和温度，以及料胚的入榨水分和温度。根据各地的经验，蒸胚时要均匀喷入适量的热水和蒸汽，使生胚水分控制在10%左右，要保持第一层锅的存料高度在80%以上，保证生胚湿润蒸焖。经过蒸炒后的料胚水分和温度要适应一次压榨和预榨的要求。对于一次压榨的料胚入榨水分控制在 1.5%左右，温度在 130℃左右；对于预榨浸出的料胚入榨水分控制在3%左右，温度 110℃左右，预榨饼的残油控制在15%左右。关于浸出部分请根据粮食部粮油工业局汇编的《油脂浸出工厂（车间）生产技术操作规程（试行）》中的要求参照执行。

上述工艺和要求，大家认为是比较合理的，但是，要达到这些要求，对一个厂来说，是要经过努力才能逐步达到的。我们希望各地在老厂改造和新建油厂时，认真加以采用。为了尽快提高葵花籽的加工技术水平，希望到会的各省、区，回去后选一个条件较好的油厂作为试点，以便取得经验，逐步推广，并为下次葵花籽加工经验交流会提供更加丰富的内容。

为了提高葵花籽油的质量，扩大销售，在目前国内葵花籽油的质量标准未制订前，建议将生产葵花籽油的质量指标暂定为：酸价在 1.5 以下；水分含量不超过 0.10%；杂质不超过 0.2%；280℃ 加热试验无絮状物、无黑色沉淀物；0℃ 冷却试验 15min 透明。

为了满足食品工业发展的需要，争取出口，建议各地在有条件的炼油车间增设脱色、脱臭和氢化车间，进而发展各种油脂制品。

3. 搞好葵花籽饼（粕）、壳等副产品综合利用，提高经济效益

在葵花籽的加工过程中，得到的葵花籽饼（粕）和壳等副产品，具有很高的经济

价值，因此，充分利用这些资源，积极开展综合利用，不仅可以为社会创造更多物质财富，满足市场需要，而且可以提高企业的经济效益，增加收入，增加利润。

根据各地提供的经验，葵花饼（粕）不仅可以作为很好的家畜精饲料，而且可以加工制作味精、酱油和葵花酱等食品。由于葵花籽中含有丰富的、质量较高的蛋白质，因此，在葵花籽的加工过程中，如何在制取油脂的同时，又能获得较高质量的食用蛋白质，已经引起有关国家的重视。这些年来，我国对油料植物蛋白的开发利用开始重视，取得了一定的成绩。尤其是在大豆、花生蛋白的提取利用上，进展较快，为了进一步搞好油料植物蛋白的利用，有的单位已在研制提取食用葵花蛋白，希望承担这项研试工作的单位，加快研试进度，及早取得成果。

对于葵花籽壳的利用，各地也有不少经验。吉林省怀德县公主岭植物油厂利用葵花籽壳生产出了适销对路的纤维板，为葵花籽壳的综合利用创出了一条新路。但是，鉴于葵花籽壳生产纤维板的工艺路线较长，设备较多，技术要求较高，一次性投资较大等问题，因此，各地在学习应用时要积极稳妥，量力而行，不要一哄而起。在资金许可的情况下，最好选择一个原料充足，技术力量较强，场地较好的葵花籽加工油厂先走一步，在取得自己经验的基础上，再考虑是否推广。

总之，我们对于以葵花饼（粕）和壳为原料的综合利用产品都要积极进行研试，做到充分利用资源，满足市场需要，提高企业经济效益。

4. 加强科学研究，进一步提高葵花籽的加工技术水平和利用价值

为了向生产的深度和广度进军，进一步提高葵花籽的加工技术水平和利用价值，我们必须加强科学研究，对目前葵花籽加工利用上存在的问题组织攻关，使粮油科学研究进一步为生产服务。

根据各地反映的情况，当前在葵花籽加工和利用上需要进一步组织攻关的项目较多，为了落实有关研试项目，我们提出如下分工意见：

葵花籽集中产区的省、区粮科所，腾出一部分力量来研究和完善葵花籽加工和葵花籽油精炼的工艺和设备；

辽宁省粮科所研究葵花籽油和葵花籽的安全储存；

粮食部谷化所进一步分析葵花籽油及其副产品的成分组成；

内蒙区粮科所研究葵花蛋白的提取和利用；

辽宁省大连油脂工业总厂收集国外葵花籽油的质量标准，研究外销葵花籽油的质量，为组织出口，扩大销路创造条件；希望外贸部国际贸易研究所能帮助我们收集这方面的资料。

由于当前在葵花籽的加工和利用上，存在的问题较多，需要研究的课题很多，我们不一一列举了，希望大家自选课题，组织攻关。当前我们需要做的工作很多，任务十分艰巨，希望大家为进一步提高我国葵花籽加工技术水平，振奋精神，刻苦钻研，努力工作，多做贡献。

二、 我国油脂工业的发展前景

——在第三次全国油脂专业学术交流及科技情报工作会议上的主题报告

（1983 年 10 月 10 日　于江西九江）

自 1978 年 9 月在浙江省海宁县召开的第一次全国油脂专业学术交流及科技情报工作会议以来，由于全国油脂科技情报中心站和各地油脂情报站的共同努力，油脂科技人员的积极支持，使全国油脂专业的学术交流和情报工作搞得生动活泼，不仅及时交流了国内外的油脂科技情报，活跃了油脂学术活动，还对油脂工业的发展起了积极的推动作用。对此，表示衷心的感谢。

我有机会参加这次会议，听取大家的学术报告，是很高兴的。根据会议的安排，要我就我国油脂工业的发展前景讲点看法。由于自己学习不好，水平较低，不一定能满足会议的要求，好在参加这次会议的有些是我们油脂界的老前辈，有的是我的同事，所以不当之处，请大家批评指正。

今年六月，我部在山东青岛召开了“全国粮油工业工作会议”为了到 20 世纪末实现粮油工业现代化，各地代表就粮油工业的发展规划和粮油工业技术发展规划等问题，进行了认真的讨论，提出了不少好的建议和设想。下面我就我国油脂工业的状况，我国油脂工业的发展前景以及实现油脂工业现代化的措施讲点看法，供大家讨论。

（一） 我国油脂工业的状况

众所周知，我国油脂工业的发展有着悠久的历史，很早就取得了相当的成就。但是，由于我国长期受封建统治的影响，墨守成规，闭关自守，使油脂工业发展极其缓慢，一直使用落后的土榨生产工具。直到新中国成立前夕，我国植物油料加工在大多数地区仍然采用以人力为主的土法榨油，机械化生产的油脂加工厂寥寥无几。据有关资料记载，1949 年全国只有 343 个植物油加工厂，植物油产量只有 9 万多吨，其中动力螺旋榨油机 30 多台，浸出油厂一座，其余大多采用木榨、水压机等生产工具，生产效率低、劳动强度大。这些油厂在布局上集中在沿海地区或大城市，广大的内地、中小城市以及油料产区几乎是空白，布局很不合理。整个油脂工业远远落后于世界水平。

新中国成立后，随着我国国民经济的发展，我国的油脂加工工业得到了迅速的发展。三十多年来，在各级党政部门的重视下，经过油脂工业战线上广大职工和工程技术人员的努力，改变了油脂工业过去的落后面貌，取得了可喜的成绩。

1. 调整了布局， 发展了油脂工业

根据国家有关工业布局的总体思想和国家对油料的生产、收购政策，我们采取了优先扶植和发展油料产区、内地的油脂加工工业，同时进一步发展和改造沿海地区较

大的油脂加工工厂，并利用他们的先进技术，推动我国油脂加工业的发展。据统计，1982 年全国拥有国营油厂 1 662 个，职工 10 多万人（不包括粮食加工厂中附设的榨油车间和广大农村的社队油厂），油料加工能力达 1 461 万 t，植物油产量达 220 万 t，为解放初期的 20 多倍。这些植物油厂（以企业单位数）的分布，在大、中城市的占 7.3%，在县城的占 43.5%，在县城以下的占 49.2%。由于油脂工业的迅速发展和布局逐步趋于合理，三十多年来，我们不仅基本上适应了国民经济发展的需要，保证了油料的及时加工，保证了军需民食和出口的需要，同时还积极开展了代农加工，据不完全统计，1982 年国营油厂代农加工的植物油产量达 22.6 万 t，方便了群众，支援了农业生产。

2. 采用先进技术，改变了生产面貌

旧中国的油厂，由于机械设备简陋陈旧，机械化程度低，生产效率低，工人劳动强度大，安全得不到保证。为了改变这种落后状况，尽快赶上世界先进水平，我们积极采用了各种新技术、新设备、新工艺。经过三十多年的努力，我们在国营油厂中淘汰了木榨等土法生产工具，用动力螺旋榨油机等机械化、半机械化设备，逐步取代了水压机和人力螺旋榨；先进的浸出制油技术得到了稳步的发展，油脂精炼能力增长较快，“三脱”“五脱”的全炼油技术开始应用。到目前为止，全国国营油厂中估计拥有 200 型榨油机约 2 500 台，95 型榨油机约 7 000 台，90 型榨油机约 15 000 台。根据这三种榨油机的设计能力，现在全国采用机械化程度较高的 200 型榨油机和 95 型榨油机的生产能力约占全部机榨能力的 80%，90 型榨油机约占 20%。

据统计，1982 年全国已有 309 个浸出油厂（车间），生产能力约占国营油厂加工能力的 18%。在油脂精炼方面，生产能力达 211 万 t（包括水化在内），从而保证了国营油厂生产的食用植物油能够达到二级油的质量要求。尤其是这几年来，我们通过研制与引进消化吸收相结合的方法，在油脂连续精炼技术的应用上已经取得了一定的进展。

新中国成立三十多年来，由于我们积极采用了新技术、新设备、新工艺，使油厂生产基本实现了机械化，提高了生产效率，减轻了工人的劳动强度，改善了工人的劳动条件，基本实现了安全生产和文明生产。

3. 开展综合利用，增加了产品，提高了经济效益

解放前，油厂只有油、饼等产品，品种单纯，许多副产品没有得到利用。为了做到物尽其用，增加产品，提高经济效益，油厂采取“一业为主，多种经营”的方针，提倡在搞好油脂生产的同时，积极开展综合利用。1958 年以来，尤其是 1972 年以来，我们普遍地对米糠和玉米胚进行了综合利用。这些年来，不仅米糠油和玉米胚芽油的产量一直稳定在 1.5 亿 ~1.6 亿斤，而且生产了化工、医药、食品等几十种综合利用产品；在对油料蛋白的开发利用上，已经有了较好的开端。我们还在重视发展全炼油技术的基础上，开始了人造奶油、起酥油等油脂制品生产技术的应用和研究。

由于开展了综合利用，不仅使资源得到了合理利用，搞活了企业的经营，促进了油脂加工技术水平的提高，而且为社会增加了产品，活跃了市场，为国家创造了财富，增加了积累。据统计，1982 年油厂的综合利用产值虽然只有 2.7 亿多元，只占粮油工

业总产值的1.4%，但提供的利润却达到了9 049万元，占粮油工业总利润的9.8%，产值利润比高达33.5%。

4. 制订了企业管理制度，提高了经营管理水平

新中国成立三十多年来，随着我国粮油工业经营管理水平的不断提高，油厂的经营管理也不断改善。建立了一套社会主义的企业管理制度，使企业职工拥有政治民主和经济民主的权利，以当家做主的姿态参加企业管理，监督经济核算。在生产上，建立了一套包括技术操作规程和安全生产规范在内的生产管理制度。在工作中，我们一方面鼓励广大职工积极开展技术革新和技术革命，不断改进生产技术和机器设备，提高劳动生产率，降低成本，强调处理好出品率、质量和产量三者之间的关系。另一方面不断改善劳动条件，降低工人劳动强度，严防事故发生，确保安全生产。由于我们不断采用先进技术和改善经营管理，推动了我国油脂工业技术水平的提高，企业越办越好；经济技术指标不断提高，以出油率为例，1980年同1949年相比，油菜籽出油率由30.2%提高到34.6%；棉籽出油率由10.7%提高到13.2%；大豆出油率由10.4%提高到12.1%。

5. 发展了粮油机械制造工业

在新中国成立以前，国内粮油机械制造工业基础很薄弱，粮油加工机械主要依靠进口。新中国建立后，粮油机械工业得到相应的发展，尤其是从1959年开始，我国的粮油机械制造工业得到了较快的发展，逐步建设成为一个能设计、制造和进行技术服务的行业。目前粮食部门管理的粮油机械制造厂有300多个，主要生产制油、粮食、饲料、食品等加工机械以及仓储机械和配件。现在每年机械制造的产量达7万多吨，产品品种有四百多种，其中制油设备有65种，1982年产量为17 688t，为粮油机械总产量的27.76%。粮油机械制造工业的发展，不仅保证了我国植物油厂的生产、建设和技术改造的需要，同时还向11个国家出口了制油加工机械，向第三世界中的一些国家提供了技术援助，建设了油厂。

在总结科研和技术革新成果的基础上，自1979年起，我们进行了制油设备的选型、定型和标准化工作，有55种设备列为选定型设备。由于设计、制造和生产试验单位的共同努力，工作进展顺利，并且已经取得了一定的成绩。随着粮油机械制造工业的发展，制油机械产品的更新换代和质量不断提高，将为油脂加工工业的现代化提供更好的技术装备。

6. 重视人才培养，壮大科技队伍

解放后，我国油脂工业能够得到迅速发展的主要原因之一，就是科技队伍不断壮大，工人技术水平不断提高。为了培养油脂科技人才和培训熟练技术工人，我们在无锡轻工业学院、郑州粮食学院和武汉粮食工业学院内设置粮油工程系，有些省、市、自治区的粮食学校，兴办了油脂专业。一些有条件的粮油加工厂和粮油机械厂举办了各种业务技术训练班。经过多年来的努力，已经为油脂加工工业培训出了一批有丰富专业知识和实践经验的技术骨干、企业管理干部和熟悉工艺、操作熟练的技术工人。

为适应油脂工业发展的需要，我们除了有专门研究油脂的商业部西安油脂科研所

外，其他部属科研单位和省、市、自治区的粮食科研所大多配备了研究油脂的科技人员，据不完全统计，目前全国从事油脂科技工作和油厂工作的工程技术人员有 1 261 人。这支油脂科技队伍，在发展油脂生产科学技术的同时，努力学习当前世界油脂科技和油脂工业的先进技术，他们对我国油脂工业的现代化充满着信心。

从上述几个方面可以看出，三十多年来，我国油脂工业发生了巨大的变化，取得了很大成绩。现在，我国油脂加工工业已经有了一定的基础，门类比较齐全，有些技术、有些经济技术指标已经达到或接近国际水平。所有这些，为在 20 世纪末实现我国油脂工业的现代化奠定了基础。

但是，我们也应该承认，我国油脂工业与世界先进水平相比还有不小的差距。造成差距的原因，除了我们的工作没有做好外，我认为油脂工业的发展，受到了粮油政策以及产地加工等方面的限制和影响，也是一个原因。在油脂供应偏紧的情况下，长期以来对油品质量要求不高，主要着眼于提高出油率，造成了油脂工业技术装备不完善，生产工艺比较简单，技术水平不高的现状。在基本上“收油不收料”“油、料兼收”和产地加工的影响下，我国油厂的建设规模，长期以来以中、小型为主。因此小型厂的数量很多，形成了小型分散、点多面广的特点。这与国外油脂工业从 20 世纪 70 年代末、80 年代初趋向大型化、省能化、自动化相比较差距较大，主要有以下几个方面：

（1）在油厂的规模上　我国的油厂规模一般较小。据统计，1982 年全国国营油厂有 1 662 个，以车间数来说（加上粮食加工厂附设的榨油车间）约有 6 000 多个，其中日处理油料在 100t 以上的只有 28 个。现在国营油厂加工的油料量仅为全国油料产量的 33.4%，大量的油料都在星罗棋布的社队油厂中加工。而在国外，尤其是在发达国家，油厂的生产规模越来越大。1980 年，我们在美国考察期间参观了 9 个油厂，其中 4 个是大豆浸出油厂，5 个是棉籽浸出油厂。在四个大豆浸出油厂中，规模最大的日处理大豆达 3 400t，最小的 1 500t，4 个厂的平均日处理量为 2 200t；5 个棉籽油厂的生产规模最大的日处理量为 1 200t（一次浸出），最小的日处理量为 240t，5 个油厂的平均日处理量为 630t，而且有 4 个棉籽油厂都采用棉籽直接浸出。根据赴日考察提供的资料，1960 年全日本有制油工场 1 333 个，其中日处理 50t 以上的只有 60 个，经过二十年的改革，到 1980 年工场总数减少到 188 个，日处理能力合计为 26 824t，平均每个工场的日处理能力为 140 多吨，其中 100t 以上的工场 44 个，1980 年处理油料 514.3 万 t，占全日本加工量的 92.6%，这种工厂规模大型化的趋势，与我国油脂工业小型分散是一个很大的区别。油厂小型分散，星罗棋布，可以减少原料和成品的往返运输，但与大厂相比，在社会经济效益、企业经济效益、经济技术指标上、成本和占用劳动力等方面，存在着许多不易解决的弊端。

（2）在油脂精炼技术上　我国对食用植物油的质量传统要求偏低。目前油厂生产和供应的一般是二级油，有些地区供应的是未经精炼的过滤毛油，许多农村甚至只能直接食用毛油。从国家规定标准看，在色泽、酸价、杂质以及加热试验要求上，都低于多数国家的标准。现在国外普遍供应的是透明度高，烟点高、无味的“三脱”或“五脱”的全炼油。在炼油设备和技术上，国外普遍采用碟片离心机等高效装置，实现了连续化生产。我国的炼油设备大多是间歇式的，而且工序不齐，生产能力不足，对于连续化炼油技术的应用，虽然已经引起大家的重视，但就目前的情况来说仍然属于起步阶段。由此可见，油脂精炼能力不足，精炼技术落后是当前我国油脂工业中最薄弱的环节，也是我国油脂工业与世界先进技术水平相比存在的主要差距。

（3）在浸出制油技术的应用上　1972 年以来，我国在浸出制油技术的推广和应用方面取得了很大的成绩。但与发达国家相比，仍有很大的差距。目前美、日、苏以及欧洲一些国家，浸出制油的能力已达 90% 以上，而我国的浸出制油能力只占国营油厂加工能力的 18%。而且在有些浸出设备和浸出技术的应用上，还有一个需要继续完善和提高的问题。

（4）在油料蛋白的开发利用方面　在国外，对油料蛋白资源的开发利用十分重视。据有关资料介绍，油料蛋白占世界蛋白生产总量的 15.8%，超过了各种动物蛋白的总量。据最近去美国考察大豆蛋白加工利用的同志回来介绍，1982 年美国生产的大豆蛋白达到了 28.3 万 t（其中脱脂豆粉 15.9 万 t，浓缩蛋白 3.6 万 t，分离蛋白 4.1 万 t，组织蛋白 4.3 万 t，其他 0.4 万 t）。这几年来，我国对油料蛋白的开发利用也很重视，并进行了许多尝试，取得了一定的进展。据统计，1982 年全国粮食部门植物蛋白的产量约 2 800t，所以这项工作也仅仅是开始。尤其是，由于我们的工艺不完善，有些设备、技术不过关，因此生产出来的植物蛋白成本较高，质量较差。有些单位生产的大豆植物蛋白刚刚问世，就感到缺乏生命力。由于技术不过关，影响了油料蛋白的开发利用，致使目前绝大部分油饼、油粕只能供作饲料和肥料，十分可惜。

（5）在生产油脂制品方面　国外在普遍采用全炼油技术的基础上，在人造奶油、起酥油等油脂制品的生产方面发展较快，据有关资料提供，1981 年，日本人造奶油的产量达 24.2 万 t，起酥油产量达 40 万 t。这些油脂制品，已经成了人民生活和发展食品工业所不可缺少的东西。在我国，由于精炼技术跟不上，所以油脂制品的生产也就没有基础。最近一两年，各地对这项工作很重视，也生产了一些油脂制品。据统计，1982 年全国生产人造奶油只有 142t。目前我国生产的油脂制品不仅数量少，而且在质量上、品种上与国外相比也有很大差距。

除了上面列举的五方面主要差距外，在油料的清理和预处理设备方面，在有些经济技术指标，尤其是在能源消耗方面；在原料和成品的装卸以及包装方面等，同样存在着很大差距。

上述这些差距，与当前国民经济建设的发展、人民生活水平不断提高的需要和食品工业的要求不相适应。我们必须在现有的基础上，加倍努力，进一步改变我国油脂工业的面貌。

（二） 我国油脂工业的发展前景

胡耀邦同志在党的十二大报告中提出：“从 1981 年到 20 世纪末的 20 年，我国经济建设总的奋斗目标是：在不断提高经济效益的前提下，力争使全国工农业总产值翻两番”。同时指出：“今后必须有计划地推进大规模的技术改造。推广各种已有的经济效益好的技术成果，积极采用新技术、新设备、新工艺、新材料。”

根据党的十二大提出的战略目标，发展粮油工业的指导思想是：以不断提高经济效益和社会经济效益为中心，积极采用新技术、新设备、新工艺，加速技术改造，全面提高技术水平，努力提高产品质量，增加产品品种。降低消耗，增加积累，为社会主义现代化经济建设的发展、满足市场需要和人民生活服务。总的奋斗目标是：在2000年基本达到经济发达国家20世纪70年代或80年代初的技术水平，并结合我国的国情，形成具有我国特色的粮油工业的技术体系。分阶段的工作步骤是：在“六五”期间的后两年，搞好推广科技成果，实行技术改造的试点工作，创造经验，为“七五”期间的发展打好基础；“十五”期间要以技术改造为主，在“六五”期间取得经验的基础上，有步骤的分批开展，争取有三分之一左右的企业达到经济发达国家70年代或80年代初的水平，其余企业也要在原有基础上全面提高管理水平和技术水平，为后十年的发展创造良好的物质技术基础。这个指导思想、奋斗目标和工作步骤对发展油脂工业也是适用的，具体奋斗目标与重点任务是：

1. 继续扩建和新建一部分油厂， 适应油料生产形势

按照有关部门对标准食物构成的要求：到2000年，每人每年要摄入食用植物油12~13斤。按当时的人口计算，食用植物油的产量，将在现有基础上翻一番，也就是说油料产量要比现在增加几倍，为了适应油料加工的需要，我们计划在油料产区有计划地、分期分批地改建、扩建和新建一部分油厂，使全国国营油厂油料加工能力，由1980年的1 168万t，发展到1990年的2 000万t，2000年的2 500万t。

2. 大力推广浸出制油技术， 基本实现制油工业浸出化

浸出法制油技术是当今世界公认的、广泛应用的制油先进技术，是我国油脂工业的发展方向，这项先进技术在我国已经有了成熟的经验，它已被国家列入“六五”期间全国40项重大科技成果推广项目之一。为了使这项科技成果在全国推广应用，国家在资金紧缺的情况下，仍然给予了一定的资助。

浸出法制油技术被国家列入重点推广科技成果，这对全国油脂工业的广大职工、科技人员是一个极大的鼓舞。这是大家辛勤劳动、集体智慧的结晶。现在是推广浸出制油技术的大好时机，我们要珍惜这个时机，更加扎扎实实地做好工作，争取到20世纪末基本实现制油工业浸出化。今后凡是改建、扩建和新建油厂，只要条件许可，都要首先考虑采用浸出制油技术。我们计划从现在起到1990年全国再建浸出油厂或车间（包括改建、扩建和新建）200个，新增能力250万t，设想到2000年，国营油厂的浸出制油能力达到70%，从而基本实现制油工业浸出化。

3. 提高油脂精炼技术， 增加油脂精炼能力

搞好油脂精炼，增加精炼能力，提高油品质量，适应国民经济发展和人民生活水平不断提高的需要，是当前油脂工业发展的重点。这项工作已经引起各地有关领导的重视，我们要有70年代初攻克和推广“浸出制油技术”一样的热忱，用更加科学的态度来提高油脂精炼技术，积极研制和推广连续化的全炼油技术。

解决油脂精炼问题的重点，首先是要解决菜籽油、葵花籽油、棉籽油和米糠油的精炼。使之达到“三脱”或“五脱”的水平。在新建或改建精炼油厂（车间）的时候，我们要认真总结过去的经验，既要想全些，又要看远点，大、中城市尽量采用连续化的全炼油技术，但是我们也要防止不根据需要与可能一哄而起，搞一刀切，我认为，对于小城市，县城采用间歇式炼油的设备还是比较符合我国国情的。

我们计划 1990 年前，在粮食部门新建或改建 300 个精炼油厂（车间），新增炼油能力 100 万 t，后 10 年再建 250 个精炼油厂（车间）增加炼油能力 100 万 t。

按照这个设想，到 1990 年前各地的大、中城市都要建起相应规模的新的精炼油厂（车间），食用油的质量将有明显提高，到 2000 年，从精炼技术和精炼能力上来说，能够做到：城镇居民供应的食用油，除了群众对少数油品有习惯需要外，大多数油品质量，将达到一级油以上的标准。到那时，农村的食用油质量也将有较大提高。

4. 发展油脂制品生产，增加花色品种

我们要在利用全炼油技术，提高油品质量的基础上，积极研制和生产调和油，使之更富有营养，更有风味特色。我们还要根据市场需要，有计划地发展人造奶油、起酥油和其他食品专用油的生产，为食品行业提供多品种、高质量的油脂制品。

根据有关部门提供的全国糕点产量，以及考虑到人们生活习惯的改变，要有一个过程。我们设想：1990 年粮食部门将生产人造奶油、起酥油 15 万 t，2000 年生产 30 万 t，以适应市场和食品工业发展的需要。

5. 积极开展利用油料蛋白，造福人民

在大豆、花生、葵花籽、棉籽和油菜籽等植物油料中，不仅含有丰富的油脂，而且含有丰富的蛋白资源。由于世界食用蛋白缺乏，油料加工的同时提取植物蛋白早已引起了各国的重视，而且发展很快。我国人口众多，食用蛋白更加显得不足，因此积极开发利用油料蛋白资源，已经引起了有关方面的关注，在今年八月召开的农业技术政策讨论会上，专家们强调要“逐步改变用饼粕类作肥料的现象”。

我国的油料，品种繁多，油料植物蛋白的资源丰富，在短时期内充分利用这些资源，任务艰巨。因此，我们一定要从实际出发，要根据需要与可能，积极地、有计划地、分步骤地开发利用这些资源。

为了搞好利用我国油料蛋白的开发利用，我们的意见仍然是：在近几年内，要把主要精力放在抓好大豆、花生两个油料植物蛋白的利用上，当前要集中力量攻克大豆低温脱溶这一关，要在提高质量、降低成本上狠下工夫。争取在 1990 年前在生产技术上、质量上、成本上过关；让市场能够见到高质量的，在价格上群众能接受的各种油料植物蛋白制品。鉴于力量有限，当前我们要做的工作很多，任务很重。因此，对于棉籽、油菜籽等油料植物蛋白的利用，建议先搞一般的去毒方法，用作配制饲料的蛋白质资源。但是，为了将来扩大对棉籽、菜籽蛋白的利用和必要的技术储备，我们也不反对少数单位开展提取食用棉籽、油菜籽蛋白的研究工作。

6. 进一步搞好综合利用，提高社会经济效益

我们要继续根据原料、辅料和产品销路三落实的原则，充分利用粮油加工副产品，进一步搞好综合利用，提高社会经济效益。要巩固和发展利用米糠、玉米胚制油，争取在 1990 年前后，将米糠制油的利用率由现在的 60%，提高到 80%；玉米胚制油的利用率要保持在80%以上。要进一步开展综合利用，继续发展化工、医药等日用品，满足市场的需要。我们还要利用油料的皮壳作燃料，以解决部分能源，降低工厂生产成本。我们还要加强油脂化学和有关油脂营养成分的研究，合理利用各种油脂资源。

7. 节约能源，提高经济技术指标

我们要经常开展以节约能源为中心的技术改造和技术革新活动，使我国油脂工业的经济技术指标进一步达到或接近世界先进水平。

鉴于目前我国油厂规模较小等客观原因，所以有些经济技术指标难于达到世界先进水平，但从今后发展的观点来看，为了提高经济效益，我认为油料加工适当集中，油厂规模适当扩大，是我国油脂工业发展的趋势。

任何事物相比较，首先要有一定的可比性。根据我国的实际情况，到20世纪末，使油脂工业达到70年代或80年代初的世界先进水平，我们希望日处理油料或油饼50t以上的浸出油厂，要积极采用新设备，改进工艺，加强管理，要求在1990年前浸出每吨油料（或油饼）的溶剂消耗在5kg以下，加工每吨油料的蒸汽耗量在500kg以下，电耗在40度以下。日处理油料（或油饼）200t以上的浸出油厂，浸出每吨油料（或油饼）的溶剂消耗在3kg以下，加工每吨油料的蒸汽耗量在350kg以下，电耗在30度以下。

到20世纪末，除了做好上述重点任务外，我们还要在大、中型油厂，进一步提高机械化，连续化程度，完善检测装置，实行仪表显示，改善工人劳动条件，确保安全生产，实现文明生产等方面，都要有显著的进步。

以上奋斗目标和重点任务，我们一定千方百计地采取措施，加以实施。

（三）实现油脂工业现代化的措施

为了到20世纪末，使我国油脂工业达到70年代或80年代初的世界先进水平，实现油脂工业的现代化，我们必须认真实现上述奋斗目标。为保证上述奋斗目标的实现，需要采取以下措施：

1. 国营油厂与社队油厂之间要有一个粗线条的分工

我们要当好领导的参谋，积极反映情况，建议国家今后以收购油料为主，要明确城镇居民和军供、出口需要的成品油脂，由国营油厂按照国家质量标准进行加工。农民的口油，由社队企业或个体户自行加工。为了方便群众，国营油厂要积极开展代农加工和兑换业务，同时要帮助社队油厂提高加工技术水平和经营管理水平。

我们认为这种分工是至关重要的，这样做不仅有利于国营油厂的巩固和发展，提高社会经济效益，同时也便于统一布局，避免重复建厂。

2. 合理调整国营油厂的布局，适当发展较大规模的油厂

国营油厂的布局和规模，要充分考虑油料的来源，能源的供应，成品的销售以及交通条件和经济效益。今后大、中城市要发展较大规模的油厂，浸出油厂一般不要小于日处理30t油料（或油饼）的规模，精炼油厂（或车间）尽量建在销售地，采取适当集中精炼，大中城市的精炼油厂（或车间）一般不要小于日产30t精炼油的规模。

油料集中产区调出的油脂以目前的二级油质量标准为宜。建议今后油料集中产区在考虑发展全炼油规模时，应以本地区需要确定其规模的大小。

3. 有计划地，分期分批地对现有油厂进行技术改造

对现有企业进行技术改造，是我国到20世纪末实现工农业总产值翻两番的主要措施。要使我国的油脂工业进一步得到发展，实现油脂工业现代化，我们同样要着眼于对现有的油厂进行技术改造。

油厂的技术改造，要围绕着提高产品质量，增加产品品种，提高效率，降低消耗，最后达到提高经济效益这个中心来进行。根据这个要求，除了上述的要“合理调整国营油厂的布局，适当发展较大规模的油厂”外，油厂要积极推广应用选定型设备和各项科技成果，逐步淘汰能耗高、效率低、性能差、技术落后的陈旧设备。除了边远山区和油料分散产区外，要逐步淘汰90型榨油机、95型榨油机和罐组式浸出设备，推广和应用200型榨油机、202型预榨机和平转、环型等连续浸出设备。

前面讲过，目前我国国营油厂已有1 662个，如按车间计算（包括粮食加工厂附设的榨油车间），达到6 000多个，数目惊人。鉴于这种情况，今后各地需要增加生产能力时，主要应该通过对现有油厂进行改建和扩建来增加生产能力，一般不要再重新铺点，这样做可以不征或少征土地，有一定的技术力量，能够做到投资少，见效快。

为了推广浸出制油技术，今后新建油厂时和具有一定规模的机榨油厂进行改造时，一般都应积极采用浸出制油技术，在考虑规模时，要有点发展眼光，不要卡得太紧。

这里顺便说一下，关于缩短溶剂油馏程，提高溶剂油质量的问题，这是多少年来大家都关心的。现在锦州石油六厂，打算生产一批馏程为62～69℃的正己烷，然后运往吉林和上海试用，这是一件好事。希望试用单位认真做好对比试验，并将结果及时告诉我们，以便考虑是否大量生产，并商定溶剂价格等问题。

4. 加强油脂科学研究，进一步填补空白

我们要进一步发挥广大科技人员的聪明才干，为油脂工业的进一步发展，再立新功。

当前我们要继续同心协力，善始善终地抓紧完成制油设备的选定型工作。一定把武穴油厂的部分制油设备、上海油脂二厂和北京南苑油厂日处理50t油脂连续精炼项目抓好，并于明年鉴定通过，让一批油脂工业急需的新设备早些问世。

从油脂工业发展的要求看，当前要加快速度，重点研制以下新设备、新工艺：高效的油料清理设备和预处理设备；日处理油脂50t、150t的成套连续精炼设备；生产人造奶油、起酥油的成套设备和工艺；大豆低温脱溶的设备和工艺；生产油料蛋白制品的设备和工艺；“三废”治理以及各种高效的、节能的设备等。

为了加快研制的步伐，我们将分别从瑞典、瑞士、联邦德国、意大利、美国、日本和东欧等国引进一些适合我国需要的单机和成套设备，进行消化吸收。希望今后承担消化吸收任务的单位，一定要密切配合，集中技术骨干，做好这项工作。

这里我想顺便强调一下，我们引进的目的是为了消化吸收，是要根据我国的实际，进行改进设计，变成适合我国需要的东西，而不是单纯的为了引进一个工厂，解决一部分生产能力。这里值得提醒的是：现在有的地区，有的同志热衷于引进，把消化吸收搁在一边，有的甚至对已经消化吸收的国产设备不感兴趣，还要去重复引进，这是很不应该的。我希望，今后不论哪个地区引进哪种设备，都要组织力量，十分重视消化吸收工作。现在有些单位引进设备和技术对国内进行保密，不准科研单位和兄弟单位参观学习。我认为，这种做法是不对的，必须坚决纠正。

5. 搞好粮油机械生产，为油脂工业提供新的装备

粮油机械是粮油加工的基础，要使油脂工业在短短的十几年时间里达到世界先进水平，其中很重要的一条，就是要看我们的粮油机械工业能否先走一步，及时提供先进的设备。所以，我们必须花大力气，提高机械制造的技术水平，把产品质量、品种搞上去。要做到这一点，首先要搞好现有粮油机械厂的技术改造。我们打算在一些生产关键设备的粮油机械厂，增加部分冲压成型设备、专用车床、组合车床、精密车床等关键设备的检测仪器，为提高产品质量，增加产品品种创造必要的条件。

为了适应油脂工业现代化的需要，我们设想：到 1990 年将制油机械的生产吨位由 1980 年的 15 552t 增加到 3 万 t，增长近一倍，油机配件由 1980 年的 900t，增加到 2 000t，增长一倍多，改变制油机配件供不应求的状况。为了制油设备逐步做到专业化生产，在粮油机械的生产安排上，除了原来生产制油机械的粮油机械厂外，我们已经开始将部属绵阳粮机厂改为浸出设备和炼油设备的专业厂；我们正协助江苏省粮油工业公司，将宜兴粮机厂改造成能生产适合油脂工业特点的各种碟片离心机的工厂；我们同意湖南省粮油工业公司将常德地区粮油锅炉厂（原常德地区粮油机械厂）作为生产受压容器的定点厂；我们支持湖北、浙江等省的有关粮机厂生产成套浸出设备。

为了把粮油机械生产搞上去，我们在安陆、无锡、长治 3 个直属厂中，成立了厂部领导下的科研所，他们的主要任务是：开展技术革新，提高产品质量，与科研单位密切配合，研制新产品，对老产品实行更新换代。我们希望有条件的粮油机械厂和大型粮食加工厂要想办法设立相应的科研机构，以适应“四化”建设的需要。

6. 加强标准化工作，建立质量检验机构

我们要积极引用工业先进国家的产品质量标准，制订和修订适合我国情况的成品油、粕和油脂制品的质量标准。今后在新产品试制鉴定和推广的同时，要制定、审查和颁发相应的产品质量标准，要严格执行食品卫生法，确保产品质量。

要建立、健全产品质量检验机构充实检测手段，统一测试方法，逐步实现产品质量检验仪表化、科学化。我们设想，要在全国分产品种类建立若干个检测中心，对各厂的产品质量，实行监督检查。

为了统一油厂有关检化验方法，近两年来，江苏、上海、山东、浙江等省市粮油工业公司及其有关单位做了大量的工作，他们已经对饼粕残油、粕中含溶、油中含溶、湿粕含溶、混合油浓度、米糠油及向日葵油中含蜡，以及油料、油脂中的水分、杂质、含磷等检化验方法提出了方案，我们打算在明年春节前后召集有关单位一起研究制订。

7. 加强技术培训，提高职工素质

现在我们粮油工业的一个突出问题是职工队伍的素质不高。据统计，1982 年全国粮油工业职工总人数为49.86万人，其中有各类技术人员6 706人，仅占职工总数的1.14%，其中油脂工业技术人员为职工总数的0.26%，比重太小，与“四化”建设的需要不相适应，急需改变这种状况。我们设想，到2000年以前每个厂至少要配备4～5名技术人员（包括技术员、助理工程师、工程师）；大、中型厂要设有技术部门，配备人数要更多一些，初步匡算到2000年全国需要粮油工业技术人员3.51万人到4万人，而且还需要大批专业管理干部。解决技术人员和专业管理干部的途径，除了靠大专院校培养补充新生力量外，还要注意从现有职工队伍中选拔培养提高。各级粮油工业部门，都要制订各类人员的培训规划，明确培训目标，要举办各种专业学习班，对职工进行技术培训，提高他们的素质。对文化水平较低的职工要进行“双补”，通过“双补”普遍提高他们的文化水平。要求到2000年，所有职工都具有高中或高中以上的文化程度。

同志们，我国油脂工业的技术水平与世界先进水平相比存在不小的差距。现在形势要求我们在短短的十几年时间里达到经济发达国家现有的技术水平，任务是十分艰巨的。但我认为，我国油脂工业已经有了相当的基础，大家在实践中积累了许多丰富的经验。因此，我相信，只要大家以振兴中华的精神，努力工作，我国油脂工业现代化的目标是能够实现的。

三、谈谈“七五”计划期间我国油脂工业发展的设想

——在中国粮油学会油脂分会第一届年会上的主题报告

（1986年11月8日　于陕西西安）

首先，让我祝贺中国粮油学会油脂专业学会第一届年会在西安召开。油脂专业学会成立一年来，在中国粮油学会的领导下，在粮食部门各级领导的关怀下，在全国粮油科研院、所、大专院校和粮油加工厂的支持下，经过全体会员的共同努力，我们在油脂专业学会的组织创建、创办《中国油脂》会刊、开展技术培训和技术咨询活动、邀请国外专家来华讲学、交流油脂加工技术等方面取得了很大的成绩，为学会今后的发展和更好地开展工作奠定了基础，对此表示衷心的祝贺。

今年3月，我部在江西省九江市召开了“全国粮油工业会议”。这次会议总结了“六五”计划期间粮油工业的工作；拟定“七五”计划期间粮油工业的主要规划目标和粮油工业技术进步规划；研究了如何把粮油工业工作搞好搞活。季铭副部长到会并作了指示。现在我借此机会就“六五”计划期间我国油脂工业的发展情况和“七五”计划期间油脂工业的发展设想讲些看法，供大家参考。

（一）“六五”计划期间，我国油脂工业的发展较快

“六五”计划期间，由于实行了“改革、开放、搞活”的方针。我国国民经济发展较快，粮食稳定增产，油料生产增长幅度较大，促进了油脂工业的发展。“六五”计划期间，油脂工业的发展主要表现有以下几个方面：

1. 油料加工现状

油料加工能力继续增加，产量产值大幅度增长。为了适应油料生产大幅度增长的需要，“六五”计划期间，我们通过对油厂的改建、扩建和新建，增加了油料加工能力。据统计，1985年全国粮食部门的植物油厂达1 418个，植物油车间达6 802个，分别比1980年增长了31%和8.8%；油料加工能力达1 848万t，比1980年增加生产能力680万t，增长58%；职工人数达105 913人，比1980年增加25 204人，增长了24%。

随着油料加工能力的增加，植物油产量和油脂工业产值大幅度增长。1985年植物油产量达242万t，比1980年增加107万t，增长79%；油脂工业产值达43.7亿元，比1980年增加20.6亿元，增长89%。

2. 浸出制油迅速发展

“六五”计划期间，由于浸出制油技术列入了国家重大科技成果推广项目，加上浸出制油技术的先进性和明显的经济效益，被越来越多的人所接受，所以这几年发展迅速。五年中，国营粮油加工厂新建浸出车间146个，并改造、扩建了一批浸出车间，新增浸出能力319万t。1985年国营油厂共拥有浸出车间430个，浸出能力达到498万t，

分别比 1980 年增加 51% 和 178%。现在，国营油厂加工的油料已有半数通过浸出器处理，增产了较多的油脂。五年中，浸出法制油与机榨相比，增产油脂 28 万多吨，取得了较好的经济效益。同时，随着浸出工艺、设备日趋完善和浸出技术水平的不断提高，各项消耗有了明显的降低。以溶剂消耗为例，1980 年全国吨料（饼）平均溶剂消耗为 8.22kg，1985 年下降到 6.08kg，出现了一批全年平均溶剂消耗在 2kg 左右的浸出油厂，接近了国际上同类型浸出油厂的消耗水平。

3. 以米糠和玉米胚芽制油为中心的综合利用稳步增长

在资源的开发利用上，米糠榨油产量继续增加，1985 年达到 8.9 万多吨，玉米胚芽油的生产比较稳定，1985 年产量达到 1.1 万多吨。对油脚和其他副产品的综合利用获得了新的成就，1985 年生产各种脂肪酸、硬脂酸、油酸 1.3 万 t，生产谷维素粉 3.7 万多千克，肌醇 400 多吨，对满足医药、化工等方面的需要起了一定的作用。另外，不少地方利用葵花籽壳、棉籽皮和稻壳作燃料，节约了大量煤炭，提高了经济效益。

4. 油脂的精加工、深加工有了较快的发展

随着油料的稳定增产以及食品工业的发展和人民生活水平不断提高的需要，“六五”计划期间，我国油脂的精加工和深加工发展较快。油脂的精炼能力提高，品质改善，品种增加。“六五”计划开始时，我国的油脂精炼能力较差，工艺和设备很不完善，“三脱”“五脱”的精炼油和一级油产量很少，二级油的质量问题较多，群众意见较大。为了改变这种状况，各级粮食部门树立了“质量第一”的观点，狠抓了油脂精炼这个薄弱环节，对现有炼油设备进行改造。通过改善，完善了炼油工艺和设备，保证了二级油的产品质量，过去群众反映的色深、混浊、烟点低、焦煳味重等质量问题，基本得到了解决。在这同时，各地还增加了不少生产一级油和“三脱”“五脱”油的精炼能力。据统计，1985 年国营油厂已有一级油精炼能力 32.8 万 t，“三脱”“五脱”油的精炼能力 23.6 万 t，并生产了一级油 25 万 t，“三脱”“五脱”油 6.2 万 t。在生产“三脱”“五脱”油的基础上，还生产了色拉油、人造奶油、起酥油、营养调和油等 2 万余吨。此外，一些小品种和小包装的油品也相继投放市场，受到了消费者的欢迎。现在可以说，经过“六五”计划期间的努力，我国油脂工业在精加工、深加工方面已经迈出了可喜的一步，并为今后的进一步发展奠定了基础。

5. 制油设备的选定型工作取得了成果

为了实现油脂工业的现代化，自 1979 年起，我们对制油设备进行了标准化、系列化和通用化工作。几年来，在各级粮食部门的领导下，由于承担设计、试制和生产试验单位的重视，以及广大职工和科技人员的努力，取得了较好的成绩。通过选定型工作，我们研制成功了轧胚机、碟式离心机等一批新设备，使我国的制油设备和工艺（尤其是浸出工段）更加完善，使油脂精炼这个薄弱环节开始有了好转，有些设备和工艺已经得到了推广应用，取得了较好的经济效益。现在制油设备的选定型工作，已经完成了三分之二的工作量，剩下的主要是日处理 50t 连续成套精炼设备。这两套油脂连续精炼设备，经过上海油脂科研所、商业部西安、无锡粮油科研所以及上海油脂二厂和北京南苑油厂等单位的艰苦工作，都已进行了调试和生产试验，可望在今年年内组织鉴定。看来，采用我国自己设计、自己制造的油脂连续精炼设备为期不远了。

6. 制油机械生产进一步发展

随着我国粮油工业的迅速发展，“六五”计划期间，粮油机械工业也相应地得到了发展。1985 年产品产量达到 9. 87 万 t，比 1980 年增长 40. 5%，其中制油机械产量达到 25 700 多吨，比 1980 年增长 43%，超过了粮食机械的增长速率，基本满足了油厂的新建、改建和扩建的需要。

由于油脂工业和油脂机械工业的发展，促进了对外贸易交流。“六五”期间，我国制造的 200 型榨油机和成套浸出设备等制油机械出口到了东南亚和非洲国家，其中 200 型榨油机五年中共出口了 200 多台，受到了一些国家的好评，为国家增收了外汇。

与此同时，在这一期间，我们还引进了一些国家的生产设备，加强了与有关国家的技术交流和合作，这对改进和发展我国的制油设备，开发研制新产品起到了启发和借鉴作用。

总的来说，“六五”计划期间我国的油脂工业发展较快，生产稳定增长，技术水平和经济效益不断提高，工作是很有成绩的。

（二）“七五”计划期间，油脂工业的发展规划要点和主要奋斗目标

党中央在“七五”计划建议的主要奋斗目标中指出：“到 1990 年，……随着生产的发展，我国人民的消费将由温饱型逐步向小康型过渡。”在经济建设的主要方针中指出：“……必须在继续抓好日用必需品生产的同时，大力增产名牌产品和优质产品，发展新品种和新产品，开辟新的生产门类。应当把食品工业、服装工业、耐用消费品工业作为重点，带动整个消费品工业生产的更好发展。”党中央提出的方针是制定油脂工业发展规划的根据，我们要按照党中央“七五”计划的建议和《1981—2000 年全国食品工业发展纲要》的要求，努力发展油脂工业生产，以适应食品工业发展和人民生活水平不断提高的需要。

按照以上要求和“全国粮油工业会议”的精神，“七五”期间油脂工业发展规划的要点和主要奋斗目标设想是：

1. 继续推广浸出法制油

1985 年末，国营油厂的浸出制油能力为 498 万 t（包括油料一次浸出的能力、预榨浸出的能力和调饼复浸的折合能力），经过浸出处理的油料约占国营油厂全部加工油料的 50%。规划 1990 年经过浸出处理的油料达到 60% 以上。

2. 继续开展以米糠、玉米胚芽制油为中心的综合利用

要继续积极开展米糠制油、玉米胚制油和小麦胚制油，进而把整个综合利用开展起来。规划 1990 年米糠油产量要突破 10 万 t、玉米胚芽油产量 1. 5 万 t。米糠和玉米胚芽的利用率达到 70% 以上。

3. 积极扩大油脂精炼能力，提高精炼水平，生产多品种、高质量的食用油和食品专用油

要想方设法，因地制宜地扩大油脂精炼能力。规划到 1990 年一级油产量达到 100

万 t；“三脱”“五脱”油的产量达到 50 万 t。人造奶油、起酥油、色拉油和煎炸油等油脂制品产量达到 15 万 t。

4. **搞好引进设备和技术的消化吸收，扩大制油机械生产**

要根据我国的国情组织力量，有计划、有步骤地对引进设备和技术进行消化吸收，改进和发展我国的制油机械，尽快实现引进设备的国产化。在消化吸收和创新的基础上扩大制油机械的生产能力。规划 1990 年制油机械产量达到 3.1 万 t，比 1985 年增长 20.5%。制油机械生产要在满足国内需要的同时，要有更多的产品进入国际市场。

（三）“七五”计划期间，油脂工业需要着重做好的几项工作

为了完成实现上述发展规划和奋斗目标，促进油脂工业的进一步发展，我们要针对当前油脂工业中存在的问题，着重做好以下几项工作：

1. **发展浸出法制油要有计划、有控制地进行**

近几年来，浸出法制油的推广工作取得了令人满意的成果，这是油脂工业广大职工和科技人员辛勤劳动、共同努力的结果。根据各地的积极性，“七五”期间的规划，即经过浸出处理的油料占国营油厂全部加工油料的 60% 以上的任务是很容易实现的。我估计，搞好了今年就能实现。现在的问题是有些地方在发展浸出法制油中带有一定的盲目性。有的不管油料多少，不管吃得饱吃不饱就盲目建设，使新建的浸出车间长期停工待料；有的只看到浸出法制油的经济效益好，而不顾周围有没有浸出油厂，不顾现有的浸出能力够不够，就仓促建厂，致使有的一个县相继建了三、四个浸出油厂，造成互相争原料，大家吃不饱，你停我也停。有的不看材物料的供应情况，使刚建的浸出油厂由于溶剂和燃料等供应不足而被迫停产等。由于盲目建厂不仅发挥不了应有的经济效益，反而造成大量人力、物力和资源的浪费。这类事例，在全国不是个别的，还有发展的趋势，因此，必须引起重视。希望各地粮食部门一定要从宏观上加强领导，统一规划、合理布局，做到有计划、有控制地发展浸出制油。

这里，我想介绍一下溶剂油的供应情况。这些年来，由于浸出制油的迅速发展，各地需要的溶剂油数量越来越大，出现了供不应求的状况。从溶剂油的供应情况看，这几年增加过猛，1980 年全国供应溶剂油只有 17 000t，1985 年上升到 36 700t，今年各地实际需要 48 000 多吨，经过我们反复做工作，中国石化总公司只能提供 4 万 t 的货源，尚差 8 000t 的缺口，加上由于交通运输和供货不及时等原因，造成一些地区的浸出油厂被迫停产，影响了油料加工和经济效益的发挥。最近，各地在申报明年计划时提出了需要 74 000t 的计划，这个需要量显然是无法满足的。

为了研究解决溶剂油供应的紧缺问题，今年 7 月，我部在四川召开了由各省、区、市粮油工业公司参加的“溶剂油管理工作座谈会”。会议要求各地加强溶剂油的管理，提出了实行“核算申请、定额分配、节约奖励、超耗受罚、择优供应和保证重点”的溶剂供应办法，希望各地认真贯彻会议精神，解决溶剂油供应紧缺的根本途径是开源节流，当前的工作重点要放在节流上。各地要采取有力措施，对那些溶剂消耗高、经济效益差的浸出油厂进行整顿，并帮助他们限期把溶剂消耗降下来，经过帮助达不到

要求的，我们要采取果断措施，停止供应溶剂油。这个问题我曾多次讲过，但效果不大，希望各地引起重视，现在是需要我们认真对待的时候了。

针对上述问题，为了使浸出法制油健康地发展。我的意见是：在“七五”期间，除了油料资源丰富而浸出能力又不足，以及前些年浸出法制油推广较晚的少数地区需要建些浸出油厂外，一般暂时不要再建新厂了。对大多数地区来说，重点应在更新、完善工艺设备、降低消耗、提高经济效益上下功夫。

2. 抓好以米糠、玉米胚芽制油为中心的综合利用

米糠油、玉米胚芽油生产自 1972 年“全国增产油脂经验交流会”以来，尤其是 1977 年开始列入国家重点科技项目推广以来，有较大发展。这项工作的开展，不仅对平衡食油收支起了积极作用，并取得了较好的经济效益，为国家积累了资金。湖南省南县茅草街大米厂只有 73 人，由于坚持开展以米糠榨油为中心的综合利用，1984 年人均提供利润 11 273 元，平均每吨大米利润达 82.13 元，其中综合利用利润占 50.4%；宁乡县城关大米厂 109 人，1984 年人均利润 12 610 元，每吨大米利润 34.66 元，而大米本身利润只有 6 元多，综合利用利润超出大米加工利润好几倍。现在，我们已经积累了许多开展米糠、玉米胚芽综合利用的经验，为今后的进一步发展提供了条件。因此，对于规划中提出的到 1990 年米糠油突破 10 万 t，玉米胚芽油的产量达到 1.5 万 t，米糠和玉米胚芽的利用率达到 70% 以上的奋斗目标，只要各地继续重视，共同努力是能够实现的。这里，我想重点要注意的问题是，要注意提高米糠油、玉米胚芽油的食用率。米糠油和玉米胚芽油的营养价值高，这是大家公认的。但是这些年来的食用率并不高，尤其是米糠油，大多作为工业用油，这是很可惜的。解决这个问题的关键是要继续宣传食用米糠油和玉米胚芽油的好处，还要在精炼上下功夫，以改善米糠油的色、香、味。我们还要注意在精炼的基础上生产各种调和油，以增加花色品种，满足各方面的需要。通过收集或帮助他们开展米糠榨油，为社会创造财富。要注意对小麦胚芽的利用。

粮油加工厂在开展米糠和玉米胚芽制油的同时，还开展了对油脚、饼、粕等副产品的综合利用，并同样取得了较好的经济效益，积累了许多经验。为了把综合利用进一步搞好，根据这些年来的经验教训，我想也要注意以下几个问题：第一，要继续实行“原材料落实、辅助材料落实和产品销路落实”的原则，要加强计划性，避免盲目性。当前，特别要注意“三酸”“两碱”等辅助材料的落实，要注意产品的销路，现在有些综合利用产品销路不畅，要注意调查研究，开辟产品的新用途。第二，新上综合利用项目，要注意应变能力。鉴于不少综合利用产品的销路变化较大，因此要注意做到项目上得快，产品转向快。第三，综合利用的生产能力要适度，不宜过大。原料要立足于本厂、本地区。现在有的单位想搞较大能力的综合利用车间，原料想靠全省和外省供应，我认为这是很危险的。第四，对利用油脂作为原料的综合利用，要持慎重态度。当前国家食油消费增加，库存并不宽裕，想用大量食用油脂生产化工产品的把握性不大，加上这类项目一般投资较大，因此要特别慎重，不要盲目上马。

3. 发展油脂的精加工和深加工要注意我国的国情

对油脂进行精加工和深加工，是食品工业发展和人民生活水平不断提高的需要，是今后我国油脂工业发展的重点。为了使油脂的精加工和深加工有新的进展，我们在“七五”期间，对油脂的精加工和深加工的产品、产量提出了规划和奋斗目标。我认为，实现这个规划也是不难的。完成“1990 年‘三脱’‘五脱’油的产量达到 50 万 t。人造奶油、起酥油、色拉油和煎炸油等油脂制品产量达到 15 万 t”的任务，只要现有的生产设备和引进的设备都充分发挥作用，就能基本实现。重点是达到能生产 100 万 t 一级油的产量，要做很大的努力。

搞好油脂的精加工和深加工，前提是精加工。为此，要进一步扩大油脂的精炼能力。如何扩大油脂的精炼能力，我觉得要强调三点：

第一，连续炼油和间歇炼油一起上。我们曾多次讲过，发展连续炼油是我国油脂工业的发展方向，这是没有问题的。但是，鉴于我国的油厂比较分散，多数规模较小，因此采用间歇精炼还是合适的，尤其是县城一级的油厂。现在要防止一种倾向，就是不从本地区、本厂的实际出发，不考虑油源的多少，一说精炼，就想上连续的，认为间歇炼油太落后，这是不对的。我认为，衡量一个设备和一种工艺的先进与落后，主要看产品的质量和经济效益如何，要看是否适用。间歇炼油设备可以国产化，一般投资小，容易上马，只要加强管理，精心操作，同样可以保证产品质量，得到较好的经济效益。

第二，积极采用国产连续精炼设备。对一些规模较大的油厂，大、中城市以及有条件集中精炼的地区，可以采用连续精炼设备，并建议大家采用国产设备，不要一说上连续精炼，就去搞引进。七月下旬，我去上海、江苏看了几家采用国产连续精炼设备的油厂，很受启发。宜兴粮机厂生产的碟片离心机经过长期的生产考核，运转平稳，用户比较满意。当然国产离心机与国外进口的相比，在易损件的耐磨程度上以及皂脚中性油含量等方面还有一定差距。但总的概念是能用、好用了。如果今年上海油脂二厂和北京南苑油厂的连续精炼设备能够通过鉴定，那么我们可以正式投入批量生产，供应用户了。另外，北京粮科所研制成功的“泽尼斯”炼油法，也是属于连续炼油的设备，它可以代替离心机进行碱炼，效果也不差。各地可以因地制宜地选用。

第三，考虑精炼的程度要因地制宜，不要一说油脂精炼就要搞色拉油等高级油品。我们要充分考虑当前群众的消费水平和生活习惯，一定要从本地区的实际出发，研究确定油脂精炼的程度。现在有的单位引进的炼油设备，由于价格问题，生产停了下来，不仅发挥不了应有的经济效益，甚至连贷款也还不了，工作十分被动。我建议，在扩大油脂精炼能力的时候，总体方案可以考虑得远些、全些，具体实施方案可以分步进行。当前对大多数地区来说，首先把油脂精炼先搞到生产一级油的水平。

在油脂精炼的基础上进行深加工，生产各种油脂制品，以丰富市场，满足各方面的需要，这也是油脂工业发展的重要内容。这项工作我们已经有了一个较好的开端，今后还将继续发展。但这里也存在一个各地什么时候搞，搞什么和搞多大规模的问题，所以需要统一规划、合理布局。现在各地对搞人造奶油等油脂制品的积极性较高，有的一个省市，几家都搞。对这类产品我们更要从我国的国情出发，更要考虑当前群众的消费水平和生活习惯。今后发展这类产品要充分调查研究，进行市场预测。产品销售的立足点主要是在本地区，不要依赖于全国。现在，有些同志考虑问题总是想把产品销售寄托于全国。我想大家都想寄托于全国，那么也就没有全国了。有人认为，多了不怕，可以竞争。这固然不错，我们也主张竞争，通过竞争可以提高质量、提高水平，独家经营只能保护落后。但我认为，我国是实行计划经济的社会主义国家，竞争应该有个限度，不能盲目，以免造成人力、物力和资金的浪费。据我了解，现在全国引进生产人造奶油的设备已经不少了，产品供大于求，普遍反映开工不足。这个问题希望各地引起注意。

4. 积极组织引进技术的消化吸收，研制新产品

这些年来，通过利用外资、引进技术、开展技术交流，对加速实现油脂工业现代化的进程，具有积极意义。据统计到去年年底为止，全国粮食部门引进了28套油脂设备，加上今年引进的和外系统引进的估计接近50套。在这些引进设备中有成套浸出法制油、低温脱溶、机榨香油、油脂精炼、油脂氢化、油脂冬化、溶剂分提、脂肪酸分解和人造奶油生产等。可以说该引进的基本上都引进了。

实现油脂工业现代化是油脂工业广大职工和科技人员的共同愿望，现在需要研究的是如何实现现代化，是靠自力更生，还是靠继续引进成套制油设备？我认为靠继续引进成套制油设备，买一个现代化，这既不可能又不光彩。唯一的出路是靠我们发挥油脂工业行业十多万职工和科技人员的聪明才智，采取自力更生的办法来逐步实现油脂工业的现代化。为此我们必须从现在开始，组织力量，对引进的技术和设备进行消化吸收。为了做好这项工作，商业部科技司、设计院和粮油工业局准备像前几年搞米、面、油设备选定型一样抓好这项工作。引进技术和设备的消化吸收工作，要在对引进技术和设备进行全面比较和专家论证的基础上进行。要采取消化吸收与改进创新相结合的方针，不能满足于测绘、仿制，要根据我们的实际情况进行必要的改进和创新，使之形成新一代的、具有我国特色的、技术先进的设备。希望各地粮食部门和引进单位顾全大局，积极配合，为消化吸收工作提供方便，争取在一两年内抓出成效，尽快使引进的油脂设备国产化。

根据我国油脂工业的现状，需要消化吸收的设备很多，任务很艰巨，重点是放在以下一些设备上：高效油料预处理设备、轧胚机、低温脱溶装置、高速离心机、定量泵、真空干燥器、白土定量装置、过滤器、热交换器、脱色器、脱臭器、氢化罐、高温油泵、小型高压蒸汽锅炉和介质油加热炉等。

我相信，由于各级领导对消化吸收工作的重视，加上我们有了油脂设备选定型的经验，所以只要大家共同努力是能够完成这项任务的。

5. 制定和完善油脂的质量标准，修改操作规程

质量标准是搞好质量管理的基础，是组织现代化生产不可缺少的重要手段，是科学管理的重要组成部分，也是评比优质产品的依据。与油脂工业有关的现有质量标准和技术标准，对保证产品质量、推动优质产品的评比，搞好企业管理起到了积极作用。但是，应该看到，我们的基础比较薄弱，标准的水平低、不完备，尤其是随着油脂工业的不断发展，特别是精加工、深加工的发展，促使油脂产品升级。油脂制品增加，原有的一些标准已经远远不能满足油脂工业生产发展的需要，有的由于没有质量标准，影响了生产。因此，我们必须尽快制定和完善质量标准。

为了适应油脂精加工、深加工的需要，自去年起我们着手抓了《大豆、菜籽色拉油国家标准》和《人造奶油商业部标准》的制定工作，经过商业部西安油脂科研所和上海市油脂科研所的努力，起草了标准草案，并于今年6月召开了有关单位参加的标准讨论会，会后经过修改和再次征求有关单位意见，现在标准草案已经比较完善，我们想结合这次会议，再请部分专家提些意见，把标准正式定下来，以便报请国家标准局颁发。今后，我们还要对其他油品和油脂制品制定质量标准。另外，我们还要对原有的油脂质量标准，进行补充和完善，希望有关单位继续积极配合。

为了加强对油脂工业生产的技术管理，过去我们曾制定颁发了《榨油工厂操作规程》《油脂浸出工厂（车间）生产技术操作规程》和《油脂浸出工厂（车间）建筑、安装、生产安全防火规范》。这些规程和规范对加强油厂的企业管理、保证生产的正常进行和安全生产起到了重要作用。但是，随着油脂工业技术水平的不断发展，工艺和设备的完善，需要做些修改，希望科研单位、大专院校和油厂提出修改意见，并寄到商业部粮油工业局。另外，我们还要着手对油脂精炼和油脂制品等生产，制订操作规程。

6. 进一步加强油脂的科学研究工作

为了提高我国油脂工业的技术水平，这些年来，油脂科研所的科技人员和大专院校的老师面向生产实际，在开发新产品、完善油脂加工工艺和研制新设备等方面做了许多工作，付出了辛勤的劳动，取得了很大的成绩。我们油脂工业战线上的广大职工不会忘记他们所作的贡献。

实现油脂工业的现代化要依靠油脂科技进步。因此，我们要进一步加强油脂的科学研究工作。有关粮油科学研究工作的方针和当前工作的重点，今年9月商业部科技司在全国粮食科技计划会议上已经讲了，我不再重复。这里我想提三点建议：

第一，科研工作要进一步面向生产实际。中央领导同志一再强调，经济建设要依靠科技进步，科学技术要面向经济建设。上面我已讲了，过去科研部门在这方面做得是好的，今后要继续发扬光大。当前，要加强科研部门对技术转让的服务工作。我认为科技成果的转让仅仅是工作的开始，要使科技成果变成生产力，产生好的经济、社会效益，才算终结。因此，为了对使用转让技术的单位负责，我们必须加强技术转让的服务工作。

第二，研究工作要善始善终。一个重大科技成果的取得，往往要经过十次，几十次，甚至上百次的失败才能成功。我们要有这种精神来对待科研工作。要防止过去有的科研项目一经鉴定就万事大吉的错误做法，把鉴定会提出的修改意见搁置一边，致使有的科研项目本来稍加改进就可以推广也推广不了，这是很可惜的。

第三，科研单位之间要加强联系，分工负责。我们粮食部门的科技力量与国内其他行业相比差距较大，比较薄弱，因此，我们更应该珍惜这支力量，加强科研单位之间的联系和合作，充分发挥其作用。但是，我们过去在这方面做得是不够的，主要反映在对热门项目、容易上的项目大家抢着干，甚至你搞我也搞，而一些难度较大和生产又急需解决的项目却没有人干。我认为这是对科技力量的极大浪费，应当努力加以改变。

为了做到科研和生产紧密结合，这里我还想对油厂提三点要求：①我们要热情欢迎、积极支持、密切配合科研单位和大专院校到工厂去搞科研；②对经过考验的、公认的科技成果要积极采用；③有条件的油厂，要积极组织本厂的工程技术人员和有经验的熟练工人，结合本厂生产实际，进行科研活动，开展技术革新。

关于经营管理、技术改造、产品质量等问题的意见，我在“全国粮油工业会议”上已讲了，这里不再重复了。

以上讲的，由于准备时间仓促，没有来得及在局里讨论，也没有征求有关同志的意见，错误难免，好在大家都是同行，不当之处，请批评指正。最后，预祝年会圆满成功，油脂学会欣欣向荣。

四、“八五” 期间我国油脂工业要努力做好几项工作

——在中国粮油学会油脂分会第三届年会上的总结报告

（1990 年 10 月 9 日　于湖北武汉）

中国粮油学会油脂专业学会第二次会员代表大会暨第三届学术年会在完成了各项议程后，就要闭幕了，借此机会我对第一届理事会工作取得的成绩表示由衷的感谢，向新当选的第二届理事会表示由衷的祝贺！

下面我就“八五”期间我国油脂工业的发展讲点意见。

“六五”“七五”期间是我国油脂工业发展的黄金时期。据统计，1989 年全国粮食部门拥有国营油厂 1 401 个，植物油车间 7 016 个，其中浸出油厂（车间）达 799 个，炼油车间 1 151 个，职工 14 万人。油料年加工能力为 1 152 万 t，占植物油加工能力的 53. 88%，植物油产量为 270 万 t，油脂工业总产值为 56. 5 亿元，与 1985 年相比有了长足的增长。色拉油、高级烹调油、人造奶油、起酥油、代可可脂等高级油品和油脂制品有了发展，产量逐渐增加。与此同时，油厂的企业管理水平有了很大提高，各种消耗进一步下降，经济效益不断提高，涌现了一批省级先进企业和国家二级企业。通过技术革新和技术改造，企业面貌产生了很大变化。油脂工业引进技术设备的消化吸收工作进展顺利，已经取得了可喜的成绩。总之，“七五”期间我国油脂工业的发展令人满意，上了一个新的台阶。为了进一步提高发展我国的油脂行业，不断提高油脂工业的管理水平和技术水平，再上一个新台阶，为此，“八五”期间我国油脂工业要努力做好以下几项工作：

（一） 关于油厂的技术改造

“八五”期间，要进一步搞好油厂的技术改造，以适应油料生产发展的需要和增强油厂的后劲，在“六五”“七五”期间，油厂大都进行了不同程度的改造，但“六五”期间改造的油厂，尤其是浸出油厂到“八五”后期设备大多老化，又要进行改造，才能保持油厂的发展后劲。从生产能力上讲，现有油厂的生产能力已大大超过了油料的产量。今后油厂的发展，主要是对老油厂进行技术改造，坚持走以内涵扩大再生产的路子，一般不再铺新点、建新厂。当然，对加工能力不足的油料集中产区也可以新建，但要严格控制，规模不要小于日处理 50t 油料。在对老油厂进行改造时要特别在意起点高，从设计、施工、选用工艺设备都要注意起点高，要积极采用新技术、新工艺、新设备。通过技术改造，达到提高产品质量，降低消耗，增加花色品种，而不是换新厂房和在低水平上的重复改造。要在设计、选用设备上下功夫。现在有些厂设计自己搞，往往达不到上述要求。为此，我建议在改造时，要舍得花钱，也要请有关粮油科研院、所参加，请他们设计。

（二） 调整产品结构， 增加新产品

目前，油脂销路不畅，与进口油脂失控有关。但也应看到我们油厂的产品品种单一也是造成产品销量不畅的原因之一。为此，我们要充分利用当前的时机，积极调整产品结构，增加花色品种。当前，要充分发挥现有设备的作用，尤其是要发挥引进设备的作用，努力增加一级油、高级烹调油、色拉油、人造奶油、起酥油以及蛋黄酱等油脂制品的生产，以适应食品工业发展和人民生活水平不断提高的需要。要想方设法把高级烹调油这个新产品投放国内市场，开始推广时可能有些困难，但要坚持，要做大量的宣传工作，必要时要靠当地政府支持，采取一些行政措施，促使人们尽快改变旧的用油习惯。为了改变目前市场上仍然以供应二级油为主的现状，“八五”期间我们要适当建一些精炼油厂，以增加高档油品在市场供应中的比重。

（三） 油厂要逐步向化工方向延伸

为了增加油厂发展后劲和竞争能力，要充分发挥油厂的优势，在有条件的油厂发展油脂化工产品。要在进一步搞好油厂现有综合利用的基础上，逐步向油脂化工产品发展，即向油脂化工方向延伸，如脂肪酸的进一步利用、芥酸产品的提取及利用、磷脂产品的开发以及其他油脂精细化工产品等。开始这项工作时，一定要注意市场信息和市场的需求，不要盲目延伸。可以选择在有条件的、大一些的油厂进行试验，有些原料（如油脚等），各地要适当集中，先在一个油厂中进行，不要搞遍地开花。向油脂化工延伸，投入和技术要求都比较高，不同于一般综合利用，一定要认真抓好。

（四） 关于油料蛋白的利用

今后油厂的主产品应是油脂加蛋白，或者是油脂加蛋白和油脂化工产品，甚至蛋白和化工产品的地位要超过油脂。我们的油料蛋白资源十分丰富，要分开档次。当前食用部分主要有大豆蛋白、花生蛋白、葵花籽蛋白。饲用部分主要有菜籽蛋白、棉籽蛋白，当然菜籽蛋白和棉籽蛋白也不排除食用，但目前应该把主要精力放在去毒用作饲用上。在蛋白质资源利用上，“八五”期间食用级蛋白要在技术上有突破，在成本、产品质量上要跟上，在应用上要下功夫，要和其他行业（如食品厂、饮料厂）联系，搞好应用。

（五） 进一步搞好引进工艺设备的消化验收工作

近几年，油脂行业引进了不少国外先进的油脂、优质蛋白的工艺设备，也消化吸收了不少，明年将发挥效益，国家科委要求 1991 年 3 月不管搞完或没搞完，都要检查验收。为此，所有承担制油设备消化吸收工作的单位都要下大力，把这项工作善始善终地抓好，并抓出成果来。要让“八五”期间油脂科研上一个新台阶，消化吸收工作还有一个改进提高完善的问题。而且，还要进行严格的考核和鉴定，有的设备甚至在鉴定后还需经过一段时间运转考核，才能确定是否可以推广应用。我的看法是有的关键设备由于生产考核时间短，鉴定完了也不要急急忙忙推广，不要轻易说过关了。

（六）关于引进技术与外商合资合作问题

前几年，引进了不少东西，给我们积累不少经验教训，有些地区存在着重复引进，全国就更不用说了，这应引起注意。但是，不是说我们今后就不引进了，我的意见是对国外新的先进的工艺设备还要组织引进，组织消化吸收，为进一步提高我国油脂工业的技术水平服务，不能把这个门关死，但要有计划、有目的地引进，避免再出现重复引进。

关于与外商合资合作建厂问题，在今年八月下旬，由国家科协、轻工业部、商业部、农业部和卫生部联合召开的我国食品工业战略研讨会上，与会专家对在食品行业搞合资企业问题反映较大，特别是饲料行业。对油脂工业来说，我认为不应大搞合资企业，要搞合资企业，必须把握三点：一是合资企业的产品向国外的销售量要不低于60%（指原料在国内）；二是原料来源于国外，产品原则上应全部返销国外；三是对原料来源于国内，产品销售国内的合资企业项目，要严格控制，以保护民族工业。

（七）强化油厂的管理

近十年来，我们油厂的管理水平有了很大提高。“八五”期间油厂的管理水平要不断提高，要向现代化科学管理方向发展，特别是要在质量管理，降低消耗，重视安全文明生产上下功夫。“七五”期间浸出油厂（车间）的溶剂消耗有较大幅度下降，过去全国平均9kg，现在全国平均6kg。溶剂消耗不断下降，不仅反映了我国浸出技术水平的不断提高，同时反映了安全文明生产程度的不断提高。为了进一步确保粮油工业企业的安全文明生产，在“八五”全国粮油工业技术进步规划中，要求“八五”期末全国粮油工业有三分之二以上的企业达到安全文明生产企业的标准。对此，油厂应该率先达到要求，特别是浸出油厂（车间）应该做到百分之百的安全文明生产。在安全文明生产中，要注意废水、废气、废渣、废物的处理。另外，我建议在管理上，油厂要有经营观念，要积极开展自营业务，学会做生意。

（八）关于油厂的自动化

“七五”期间，我不提倡油厂搞自动化，因为我觉得油厂搞自动化起码要有两个必备条件：一是连续化和仪表化；二是国内的电子元件必须过关。在当时我觉得这两个必备条件还不太具备，而现在这两个条件有了，我们提出到1995年要有百分之十的大中型粮油工业企业在生产的计量、质量、安全控制等主要部位，推广应用微机技术。为此，我希望油厂特别是浸出和炼油工段，要积极应用微机技术，以保证产品质量，确保安全生产。大连油脂工业总厂的微机我去看了，科技质量司刘兴信副司长也去看了，他们在设备的压力、温度、蒸汽流量等方面都实现了微机控制，产品质量有保证，消耗也有控制，效果也好。我建议东北三省、北京、山东联络站和油脂加工学组联合举办的“微机在大豆加工中应用学术研讨会”在大连油脂工业总厂召开，商办工业管理司在适当时候也准备在那里召开推广应用交流会。

（九）关于新标准的制订

随着油脂科技事业的发展，油脂花色品种的不断增多，制订油脂新标准也是“八五”期间的一项重要工作，搞好标准的制订，对油厂的产品质量将起到保证和促进作用。

（十）进一步重视粮油机械工业的发展

粮油机械工业是为粮食系统商品流通中，购、销、调、存、加工等环节提供技术装备的基础工业。粮油机械工业的现代化是粮食系统现代化的基础。粮油工业的生产技术进步，很大程度上取决于粮油机械工业提供的装备水平。为了实现粮油工业现代化，首先要实现粮油机械工业的现代化。为此，在“八五”期间，我们要下大力对粮油机械工业进行技术改造，提高其自身的装备水平。粮油机械工业要依靠科技进步，积极研制新产品，努力为粮油工业提供先进、可靠、结构合理、外型美观的各种粮油机械。当前，要特别注意粮油机械的产品质量，不仅要注意产品的内在质量，还要十分重视产品的外型质量、包装质量和售后服务质量，要继续发展成套粮油加工机械的生产，争取有更多、更好的粮油机械产品打入国际市场。

当然，“八五”期间我们要做的工作很多，如信息的交流，还有国内和国际间的学术交流等，所有这些，归到一点，是要让我国的油脂工业有一个新的突破，上一个新的台阶。

五、 进一步振兴我国的粮油工业

——在粮油工业座谈会上的主题报告

（1991年5月12日　于黑龙江哈尔滨）

食品是人类赖以生存、社会向前发展的物质基础。自古以来，就有“民以食为天”的说法。粮油工业是食品工业的基础工业，是国民经济的组成部分，它与人民生活息息相关。我国粮油工业的发展有着悠久的历史，我国的面粉、大米加工工业与纺织工业一样是我国最早发展的民族工业之一。

粮油工业是在粮油加工工业基础上发展形成的一个比较完善的工业体系，它包括大米加工、面粉加工、杂粮加工、植物油加工、粮油食品、粮油机械、饲料和粮油副产品综合利用等。国营粮油工业紧密结合粮油商品流通，担负着全国城镇、军需粮油供应和粮油出口的加工任务，是整个粮食工作的重要组成成分。

（一） 粮油工业的基本情况和地位

全国所有制的粮油加工由粮食部门归口管理，95%以上的生产能力集中在粮食部门。轻工、供销、司法、农垦、民政等部门也有一些粮油加工能力，但大多是自给性生产。农业人口自食的口粮、口油，由乡镇企业和个体专业户加工，国家也开展代农加工。

到1990年年底，全国粮食部门所属的粮油工业企业有11 661个（其中：大米厂5 639个，面粉厂1 802个，杂粮厂405个，植物油厂1 392个，粮油机械厂241个，粮油食品厂1 329个），职工66.5万人。年末生产能力：大米5 430.5万t、面粉4 696.2万t、植物油（料）2 267.4万t、粮油食品500多万吨、粮油机械14.6万t、饲料1 794万t，具有点多面广、小型分散的特点，大部分粮油加工能力分散在县城和县城以下，而且综合性的加工厂较多。

1990年，全国粮油工业总产值达到294.2亿元，占全国食品工业总产值的24%，在全国七个食品工业中占第一位，占全国商办工业总产值的38.9%。主要产品产量为：粮食4 869.4万t（其中：面粉产量为2 681万t，占55.1%）、植物油292.5万t、粮油食品298万t、粮油机械8.2万t、饲料933.7万t；全年实现利税25.2亿元，占全国商办工业利税总额的43%。粮油工业产值较高，经济效益较好。粮油工业的产值在许多县的工业总产值中有着举足轻重的地位。

（二） 十年来， 我国粮油工业发生了显著变化

新中国成立以来，随着我国国民经济的发展，我国的粮油工业通过合理布局，加强企业管理，依靠技术进步，得到了迅速发展，保证了军需民食。但是，应该承认，我国的粮油工业技术水平与先进国家相比，存在着较大的差距。在过去较长的时期内，

鉴于我国人均占有量一直偏低，为了保证供应，我国粮油工业的发展，在保证产品质量的前提下，提高纯度、降低精度，努力提高出品率的指导思想下，基本上是在初加工上做文章，粮油加工产品档次低、品种少。党的十一届三中全会以来的十年中，随着我国食品工业的发展和人民生活水平不断提高的需要，我国粮油工业认真贯彻改革、开放的总方针，积极改革，不断探索，稳步前进。在取得了显著经济效益的同时（1990 年粮食部门所属粮油工业企业完成总产值294. 2 亿元，按可比价格计算，比1978 年152 亿元增长93. 4%；实现利润22. 38 亿元，比1978 年5. 77 亿元增长2. 87 倍），粮油工业的技术水平、产品档次不断提高，品种不断增加，丰富了市场，受到了群众的欢迎。近十年来，我国粮油工业发生了以下主要变化。

1. 搞活了经营

自 1985 年起，我国粮油购销实行了“双轨制”，这一改革加快了粮油工业从单纯的生产型向生产经营型转变的步伐，企业在完成国家计划内加工任务的同时，开始在市场自购原料加工销售成品，搞活了经营，提高了社会效益和企业的经济效益。据统计，1990 年全国粮食部门所属粮油工业企业自产自销大米97. 2 万 t，面粉 222. 6 万 t，植物油 68. 8 万 t，比 1984 年增长 5 ~7 倍。自营业务的发展使企业增强了市场观念，有利于转轨变型；弥补了企业计划内加工任务的不足，“找米下锅”，发挥了设备优势，扩大了生产，活跃了市场；通过市场竞争，加强了企业内部管理体制的改革，不断提高产品质量，降低消耗，提高管理水平。与此同时，使粮油工业利润构成发生了很大的变化。据全国十九个省、区、市统计，1989 年自营利润约 8. 4 亿元（占全部利润的30%），其中不少省市的自营利润已占到全部利润半数以上，取得了显著的经济效益。

2. 价拨经营有新发展

长期以来，粮食部门内部工商企业之间一直沿用解放初期对私改造时的代加工经营方式，随着生产的发展，这种代加工经营方式不利于保证产品质量，不利于出品率的提高，影响了充分利用有限的粮油资源开展综合利用；不利于全面经济核算，正确划分政策性亏损和经营性亏损，影响了企业加强管理、提高经济效益的积极性。

为了增强企业活力，几年来，各地以改革的精神，按照国务院的决定，在独立核算企业中积极推广价拨经营，即在工商企业之间，把粮油原料和成品按照合理的价格拨交对方，使工商企业的全部经济活动和经营成果，通过价值形式用货币表现出来。实践证明，这种经营方式能够理顺工商之间的关系，各自发挥自己的职能，促使企业逐步成为相对独立、自负盈亏的商品生产者和经营者。据统计，到 1990 年年底实行价拨经营的企业已达到4 516 个，占独立核算企业的71. 2%。部分地区还在改革价拨经营的作价办法，使价拨经营日趋完善合理，更有利于加工企业改善经营管理，调动职工的积极性。

3. 改善了产品结构

随着我国人民生活水平的不断提高和食品工业的发展需要，粮油工业企业在国家计划的安排下，根据粮源情况和市场的需要，开展了精加工、深加工，改善产品结构，增强产品品种，改变了过去的“老三样”（即标准粉、标二米、二级油）的状况，发展到了能够生产各种精制粉、专用粉、颗粒粉、精制米、清洁米、营养米、精制油、高级烹调油、色拉油、调和油等十几种产品。据统计，1990 年精米比例占大米产量的 82. 9%；精粉比例占面粉产量的 58. 8%。有些地区还恢复生产了一些传统优质食品，如无锡茂欣面粉厂“冰船牌”特制粉、武汉市的“牡丹牌”面粉、芜湖市的“鹰牌”富强粉、广州市的“红牡丹牌”优质面粉、黑龙江的“颗粒粉”等，受到了消费者的欢迎。

4. 发展了粮油食品生产

粮油工业实行一业为主，搞活经营，初步打破了粮油工业单一生产米、面、油制品的局面。采取以发展大众化食品、方便食品为主，同时发展一些中、高档食品、传统风味食品、营养食品和疗效食品等，丰富了市场，受到了消费者的欢迎。现在已基本上形成了以大众化食品为主的生产体系，粮油食品生产车间已发展到 7 009 个，比 1980 年的 2 329 个增加了 2 倍，粮油食品产量达 298 万 t，共有 13 个大类、40 多个品种、上千种产品。1990 年粮油食品总产值 26. 2 亿元，比 1980 年的 7. 6 亿元增加约 2. 5 倍，占全部粮油工业总产值的比例由 4. 1% 上升到 8. 9%。

在发展粮油食品生产的同时，各地坚持“科学、经济、适用、美观”的原则，注意改进产品的包装，力求造型新颖，款式大方，包装图案美观。

5. 加快了企业改造步伐

为了改变粮油工业企业长期以来存在的设备陈旧、工艺落后等问题，以适应国民经济不断发展的需要，逐步实现粮油工业的现代化。这些年来，粮油工业企业通过加强国际间的学术交流，派人出国进修、考察，筹集资金，立足于国内并引进部分国外先进技术和设备，对现有企业进行了技术改造。据统计，“七五”期间，全国粮油工业用于技术改造的资金达 45 亿元。到 1990 年年底，全国粮油工业固定资产原值为 124. 8 亿元，为 1978 年 23. 8 亿元的 5. 2 倍。经过改造的企业，完善了设备，改进推广了先进工艺，提高了一部分企业的自动化程度，改善了生产条件，保证了产品质量，取得了明显的经济效益和社会效益。1990 年末，等级粉生产能力达到 1 900 万 t，精炼油能力达到 560 万 t，浸出油能力达到 1 300 万 t，仅“七五”期间浸出法即比机榨增加油脂 55 万 t。

6. 消化吸收国外先进技术

据不完全统计，1981—1987 年的 7 年间，全国粮油工业共引进成套设备 220 项、引进单机 59 项、引进制造技术 6 项，总用汇额约 1. 8 亿美元，其中：引进大米加工成套设备 3 项、单机 1 项；面粉加工成套设备 53 项、单机 19 项；油脂加工成套设备 31 项、单机 2 项；挂面生产成套设备 29 项、单机 2 项；其他粮油食品生产成套设备 37 项、单机 12 项；引进粮机生产制造技术 6 项。上述这些引进项目来自瑞士、英国、意大利、西德、瑞典、日本、美国、比利时、法国、加拿大、澳大利亚、丹麦、奥地利、匈牙利、罗马尼亚、波兰等国以及香港和澳门地区。这些技术和设备基本上代表了当前的国际水平。

为了使引进技术和设备尽快实现国产化，我部成立了消化吸收领导小组和技术小组，安排了32项工艺和337台设备并列入了“七五”期间国家重点科技攻关项目。经过四年多的努力，绝大多数工艺和设备进行了鉴定、验收，大多设备已投入批量生产。消化吸收工作的完成，将大大提高我国粮油工业的技术水平和装备水平。

7. 粮油机械生产有了进一步发展

十年来，粮油机械工业发展迅速。截止1990年底，全国粮食部门有粮油机械厂241个，现有职工4.1万余人，粮机产量为8.2万t，比1978年增长1.2倍。除了产量、产值增长幅度较大外，粮油机械工业发展迅速还表现在以下方面：一是产品品种不断增加，1978年粮机产品品种只有300多种，经过十年的研制开发，粮机产品品种已增加到700种，而且规格、系列比较齐全；二是注重了成套设备的生产，如日产30、50t的联合成套碾米设备；LF·24联合成套制粉设备；日处理30、50、80、100、200t成套浸出设备；日处理30、50t油脂连续精炼设备；香麻油成套设备；时产1、1.5、2、3、5t饲料加工机组；FM·3方便面成套设备；挂面生产成套设备；米粉生产成套设备等；三是粮油机械产品的出口不断增加，并由过去的单机出口逐步走向成套设备的出口。1979年以来，创汇总额达3 751.7万美元，平均每年创汇312多万美元，1990年最高，已达到650万美元。浙江省余姚粮机厂1977年以来已向泰国出口了5套浸出设备，最近江苏省丹徒粮机厂又出口饺子机30台到台湾。总的来说，我国粮油机械工业发展是快的。现在我们已经建立起一个能够生产品种齐全、质量达到标准、自成体系的行业。产品除了能满足国内要求外，还能向世界40多个国家和地区出口。

8. 开展了横向经济联合

近几年来，粮油工业企业突破了部门所有的界限，开展了跨地区、跨部门、跨所有制的横向经济联合。目前，大体上有以下几种联合形式：

（1）以优质、拳头产品为龙头，组织联营公司　如江苏无锡粮机厂的M·Y型液压磨粉机，1984年荣获国家银质奖。该厂与部分省、市的8个粮机厂、1个面粉厂和商业部科研院、无锡粮科所组成了“华粮制粉设备工程公司”，承揽国内外面粉厂新建、扩建工程。这种联合能够合理利用各个企业现有的各种生产要素，扬长避短，共同受益，增强了应变能力。现在粮食部门已有制粉机械联营公司5个，油脂机械联营公司2个，粮仓机械联营公司1个，饲料机械联营公司1个，粮油食品机械联营公司1个，综合性粮油机械联营公司3个。这些联营公司成立以来做了大量的工作，取得了一定的成绩。

（2）科研与生产联合，组成科研生产联合体　如黑龙江省安达市制油厂与科研单位联合研制生产的食用和药用卵磷脂；山东省淄博市以面粉厂为骨干，与地、县粮油加工厂、乡镇粮油加工厂以及科研单位组成粮油工业联营公司。这种联合有利于推广科研成果，开拓新产品。

（3）联合投资办厂　如辽宁省鞍山市第一粮谷加工厂与鞍山钢铁厂共同投资建立了“碳化稻壳厂”，利润按投资比例分成，碳化稻壳灰由鞍钢做保温材料，使每吨钢降低生产费用0.2元，每年可节约40万元，提高钢坯成材率1.3%，多创利130万元。

（4）工贸结合，扩大了产品销售能力　如山东聊城市油厂利用加工技术的优势，与农村、外贸部门组成松散联合体，扩大产品出口创汇能力，仅1986年4个月内，农村提供原料1.1万t，出口花生油2 000多吨，创汇140万元。

（5）与乡镇企业联合　如四川省新津县关闭了所有乡镇油厂，由国营油厂牵头建立一个较大规模的浸出油厂，提高了出品率，保证了质量，双方均获得好处。

9. 外向型经济有了新的发展，与国际交往日益增多

在改革开放方针推动下，粮油工业的外向型经济有了新的发展。现在已建立起一批合资、合作企业和三来一补企业，如广东、福建、山东、河南等省已与美国、新加坡、香港等国家和地区建立儿童食品、面包和面粉生产的合资企业。广东的三来一补企业生产的产品名目繁多，有玩具、服装、鞋、手表机芯、汽车零件等。国际间的经济、技术合作已广泛开展，与许多国家和地区建立了经济、技术合作关系，我国已参加世界制油者大会三次，这个大会不久将在中国召开，我国的国际威望日益提高。

10. 粮食部门饲料工业已发展成为全国饲料工业的主体

1978年以来，粮食部门的饲料工业有了长足发展，到1989年底止已建成饲料加工厂4 021个，年生产能力2 567万t，年产量达到2 191.5万t，其中配混合饲料2 178万t，占社会产量的75%，预混合饲料、凝缩饲料也达到相当规模。1989年产值63亿元，实现利润5.48亿元。1980—1989年十年间累计生产饲料1.038 6亿t，节约粮食2 600万t，有力地促进了畜牧业的发展。

11. 实行承包经营责任制进度较快

粮油工业企业实行承包经营责任制，只有三年多的实践，但已取得了初步的成效。据统计，1990年底全国粮油工业企业实行承包的企业有3 206个。

粮油工业企业在实行承包经营责任制中，坚持“包死基数、确保上交、超收多留、歉收自补”的原则，兼顾国家、企业、职工和承包者各方面的利益，在保证国家财政收入稳定增长的前提下，企业效益提高，留利增加，增强了企业发展的后劲，职工生活有所改善。目前，实行的承包形式主要有三种：一是包上交基数，超基数全留，一般以承包前三年上交国家利税平均水平或者以前一年实际上交国家利税为基数；二是包上交基数，超基数分成，分成的比例有的“三七”，有的“四六”，大头留给企业；三是一些经营状况较好、生产发展较稳定企业，实行上交利税递增包干，超额全留，递增比例视企业情况而定，一般在5%～10%。

目前，粮油工业企业的承包责任制还在积极地、有计划地发展，各种承包方式正在日趋完善。

12. 推广应用现代管理方法

随着经济的发展，粮油工业企业应用现代管理的方法有：价值工程、全面质量管理、网络技术、滚动计划、ABC管理法、量本利分析、目标成本管理、微机应用等，开拓了企业视野，增强了现代化管理的意识和观念，促进了企业管理水平的提高，产品质量和企业经济效益都有了较大的改观。1982年以来，粮油工业有19个产品获国家质量奖，838个产品获商业部优质产品称号。有些产品还受到省、市、区政府及有关部门的表彰。江苏省镇江市生产的小磨香油1985年在巴黎博展会上荣获国际美食学会和

国际旅欧观光委员会授予的金质荣誉奖。浙江省杭州味精厂生产的“口得福”牌味精1986年荣获巴黎第十二届博览会金牌奖。到目前已有36个粮油工业和饲料工业企业荣升为国家二级企业，已有338个企业晋升为省、市级先进企业。今年又将通过审定7个国家二级企业。

总之，自党的十一届三中全会以来，我国的粮油工业在党的改革开放政策的指引下，在各级党政领导的关怀下，在粮食部门的重视下，经过广大职工的共同努力，粮油工业在深化企业改革、加强企业管理、加强技术改造、努力发展生产、调整产品结构、增加花色品种、提高产品质量、研究开发新产品等方面，取得了可喜的成绩，企业面貌焕然一新，基本上适应了国民经济发展和人民生活水平不断提高的需要。

十年来，我国的粮油工业虽然取得了很大的成绩，上了一个台阶，但是也存在一些问题，主要是：还有相当多企业设备陈旧，厂房简陋、破旧，亟待改造；有些企业社会效益好，经济效益差，缺乏自我改造和自我发展的能力；大多企业资金短缺，缺乏经营能力；地区之间、企业之间发展不平衡，相当数量的企业生产管理水平和职工素质不够高等，这些问题需要在今后的工作和改革中认真加以解决。

（三）关于粮油工业“八五”计划的指导思想、发展要求和奋斗目标

为了进一步振兴粮油工业，我们根据国家的要求制定了“八五”期间粮油工业的发展计划和十年规划，并经去年4月召开的全国第四次粮油工业处长（经理）座谈会和去年11月召开的全国商办工业工作会议上讨论修订，现将计划的指导思想、发展要求和奋斗目标向大家介绍一下。

（1）指导思想是　继续贯彻执行治理整顿和深化改革的方针，以提高经济效益和社会效益为中心，在保证产品质量，调整产品结构，提高产品纯度和出品率，节能降耗，减少污染，充分合理利用资源，确保市场有效供给的前提下，依靠技术进步，不断提高粮油工业生产技术水平，逐步实现粮油工业的现代化管理。

（2）发展要求是　粮油工业要继续贯彻在保证产品质量和提高产品纯度的前提下，努力提高出品率，减少粮油损失；面粉厂要适当放长粉路，发展等级粉生产；碾米厂要发展多机出白，加强白米整理工序；油厂要推广连续精炼；粮油工业要通过精加工、深加工，逐步向食品和油脂化工产品方向延伸；要积极生产市场需要的各种专用粉、专用油和粮油食品；重视杂交稻谷和杂粮加工，搞好粗粮细作；要继续搞好米糠和玉米胚制油，积极开展糠麸、米粞、油脚、皮壳等副产品综合利用，尤其是要重视蛋白资源的开发利用。

饲料工业要坚持“稳定发展、积极提高”的方针，以内涵扩大再生产为主进行工业建设和技术改造，以提高经济效益和社会效益为中心，以服务畜牧业、推动畜牧业现代化、改善人民生活为目的，依靠科技，强化管理，提高质量，增加品种，加强资源开发和原料→饲料→加工→销售一条龙企业建设，使饲料企业持续、稳定、协调发展。

（3）总的奋斗目标是　主要产品质量和生产技术达到工业发达国家20世纪70年代末、80年代初的水平。

①全国有四分之一的粮油工业企业通过技术进步达到国家二级企业及省级先进企业的标准。

②“八五”期间粮油工业年产值按3%的速度递增，利税按7%的速度递增，到1995年总产值达到350亿元，年创利税40亿元，依靠技术进步实现的产值要达到粮油工业总产值增加总额的50%以上。到2000年总产值达到400亿元，年创利税55亿元。

③引进消化吸收的粮油机械产品要达到或接近消化吸收对象的水平，基本实现国产化，国产化率要达到95%以上，部分设备达到同期工业发达国家先进水平。要有更多的粮油机械成套设备打入国际市场，年创汇达1 000万美元以上。

④积极推广并逐步采用微机监控与管理，到1995年要有10%的大中型粮油工业企业在生产的计量、质量、安全控制等主要部位推广应用微机技术。

⑤所有企业都要努力做到安全文明生产，到“八五”期末要有三分之二以上的企业达到安全文明生产企业的标准（标准另订）。

（四）今后要注意做好的几项工作

为了完成粮油工业的“八五”计划和十年规划，使粮油工业再上一个新的台阶，今后，我们要注意做好以下几项工作。

1. 进一步加强对粮油工业的领导

粮油工业是粮食工作的重要组成部分，粮油工业的现代化是粮食部门实现现代化的重要标志，哪个地区的粮油工业搞得好不好，很大程度上反映了该地区粮食工作搞得好不好。这些观点已经被各级粮食部门的领导所接受。“六五”“七五”期间，我们的粮油工业能有长足的发展，取得了很大的成绩，成为国民经济中不可缺少的组成部分，这与各级粮食部门的领导重视和加强对粮油工业的领导是分不开的。现在，我国的粮油工业已经打下了较好的基础，大有发展前途。但我们也要看到，当前粮油工业存在的问题和困难较多，不少企业缺乏自我发展的能力，尤其是随着社会主义有计划商品经济的进一步发展，粮油计划市场逐步缩小，调节市场逐步扩大，竞争将越来越激烈。现在粮油工业与其他行业之间，与合资、外资企业之间，商办工业内部各行业、各企业之间的竞争将日趋激烈，竞争的实质将是一场技术、人才、质量的竞争。

随着改革的不断深入，部分优惠保护政策也不可能无限期地延长下去，平等竞争的局面不久就会出现。今后，哪个企业管理水平高，产品更新换代快，档次和技术含量高，消耗低、成本低，就能在竞争中立于不败之地。竞争局面的出现，这对过去依赖于粮食部门征购粮食、油料，然后进行代加工或价拨加工的粮油工业企业将是严峻考验。这种在新形势下将要出现的激烈竞争不仅会影响粮油工业，还会影响粮油部门的所有企业，为此，我们要有足够的思想准备。部领导对这个问题十分重视，指示我们，粮油部门是全民所有制企业，是国民经济的支柱，粮食工业搞得好不好会直接影响社会和政治安定。在激烈的竞争面前要有责任感、紧迫感和危机感，要提高粮食部门的整体经济实力，增强企业的活力和生存发展能力，要吸取兄弟部门的经验教训，学会竞争，守住阵地。并责成部里有关粮食司局要在新形势下，研究对策，集中粮食部门的优势，开展本业为主，多种经营；要进一步搞好粮油的精加工、深加工，提高粮油食品在粮食供给中的比重；要针对粮食部门开展本业为主、多种经营，发展粮油食品，研究政策，搞好规划，争取在今年三季度召开一次由各省、市、区粮食局长参加的“本业为主、多种经营”工作会议。

上述这些指示精神，充分体现了部领导对粮食工作的重视，我们要深刻领会，认真贯彻。我认为，只要充分发挥粮食部门的优势，相互合作，握成拳头，统一规划，迎接挑战，我们粮食部门的企业就能在竞争中立于不败之地，不仅能守住阵地，而且会有更大的发展，为国家作出更大的贡献。这里需要强调的是，我们粮食部门内部一定要加强统一领导，要相互合作，发挥各自的优势，千万不要搞内部竞争。例如，在提倡粮食部门“本业为主、多种经营”时，我们就有一个如何充分发挥现有设施作用的问题。据了解，现在有少数地区一方面现有的粮油加工能力有余，另一方面又在粮库、粮站新建小型粮油加工设施，造成重复建厂，内部互争原料。有人认为，在粮库、粮站新建小型粮油加工设施后所得的利润上交比例小，优于粮油工业。我认为，这种眼光是短浅的，因为今后在竞争中谁能取胜，最后还得取决于谁的产品质量好、消耗低、出率高，谁的装备先进，谁的技术水平和管理水平高。在这方面现有的粮油工业企业相比之下有一定的优势。为此，我希望各级粮食部门一定要从全局考虑，注意协调内部关系，统一规划，以保护粮油工业来之不易的优势。特别是在今后激烈的竞争中，各级粮食部门的领导要更加重视和支持粮油工业，加强对粮油工业工作的领导。

在最近两次部办公会议上汇报商业工业工作时，胡平部长说，今后商业部的希望就在商办工业。针对商办工业产值在国民经济各部门中排列第五，仅次于机械、轻工、纺织和乡镇企业，比煤炭、建材、冶金、石化等工业部还要高时，胡平部长说，商业部也是工业部，并要我们加强对商办工业的宣传，要宣传商办工业技术领先、独一无二的、独具特色的生产和产品，宣传商办工业在国民经济中的地位和作用。部领导这样重视商办工业，我们很受感动。对此，我希望各地粮食部门的领导要好好领会部领导的讲话精神，重视粮油工业工作，协调好内部工商关系，为粮油工业的进一步发展创造更多的有利条件。

2. 认真抓好产品结构的调整

粮油工业要按照国务院的部署，进一步搞好治理整顿，要根据国家产业政策的规定，重点抓好产业结构和产品结构的调整。粮油工业属农副产品加工，为人民生活必需品，是国家重点支持发展的产业。最近我部制定下发了《国家产业政策商办工业细化目录》，按照国家产业政策的要求，提出了粮油工业重点支持和限制发展的行业和产品，各地要认真加以贯彻。

对粮油工业来说，重点是要调整好产品结构。去年，粮油产品销路不畅，企业的经济效益下降。造成这种现象的客观因素很多，如油脂积压与进口油脂失控有关。但也应看到我们粮油工业企业的产品品种单一，也是造成产品销路不畅的原因之一。有人在产品质量和品种问题上说：“只有疲软的产品，没有疲软的市场”，这应该引起我们每个企业的深思和重视。为此，我们要下力气充分利用当前的时机，积极调整产品结构，增加花色品种。当前粮油工业企业，要根据各地粮源的许可和市场的需要，继续发展精米、精面、精油的生产。面粉生产要注意开发各种等级粉、食品专用粉、谷朊粉、颗粒粉、预混合面粉等；大米加工要进一步发展精制米、免淘洗米、珠光清洁米、营养强化米的生产；杂粮加工要努力开发新的玉米制品、荞麦制品等，巩固提高已经生产的玉米粉、玉米渣、复合粉、玉米啤酒辅料等产品；油脂加工要充分发挥现有设备的作用，尤其是要发挥引进设备的作用，努力增加一级油、高级烹饪油、色拉油、调和油、人造奶油、起酥油、蛋黄酱等食品专用油脂的生产。要想方设法把高级烹饪油这个新产品投放国内市场。开始推广时可能会遇到一些困难，但要坚持，要做大量的宣传工作，必要时要靠当地政府支持，采取一些必要的行政措施，促使人们尽快改变旧的用油习惯。调整产品结构着力内部挖潜，节省投入；着力产品开发，力求产品适销对路，切实做到投入少、见效快、品种多、效益高，以满足市场各方面的需要。

所有粮油工业企业都要充分利用资源，搞好综合利用。要巩固和发展脂肪酸、植酸钙、肌醇、谷维素等现有综合利用产品，进一步开展以米糠、玉米胚制油为中心的综合利用。提倡用皮壳作为燃料或用煤气、蒸汽发电。

3. 依靠科学技术进步，搞好技术改造

“八五”期间，我们要继续依靠科学技术进步，进一步搞好粮油工业企业的技术改造，以适应粮油生产发展的需要和增强企业的后劲。在“六五”“七五”期间，大多数粮油工业企业进行了不同程度的改造，面貌有了改变。但是，我们还有相当一部分工厂由于缺乏自我发展的能力没有得到改造，任务仍很艰巨。就是已经改造过的企业，鉴于当时的条件，改造后的技术、装备不尽完善，到“八五”后期，有的需要重新改造，才能保持企业的发展后劲。从生产能力上讲，现在粮油工业的生产能力已大大超过实际需要量。

今后的发展主要是对老厂进行技术改造，坚持走以内涵扩大再生产的路子，一般不再铺新点、建新厂。当然，对加工能力不足的粮食、油料集中产区，也可以新建，但要严格控制，规模不宜太小。对老厂进行改造时，要进行严格的科学论证，起点一定要高，从设计、施工、选用工艺设备都要注意起点高，要积极采用新技术、新工艺、新设备，尤其要注意选用过了关的消化吸收设备。通过技术改造，达到提高产品质量，降低消耗，增加花色品种，提高经济效益的目的，而不是简单的盖厂房、换设备，在低水平上的重复改造。要在设计、选用设备上下功夫。现在有些厂自己设计，自己制造，往往达不到上述要求。为此，我建议在改造时，要舍得花钱，要请有关粮食科研院所参加，请他们设计，到专业化设备厂购置设备。

此外，我们要注意积极采用微机技术，在全国粮油工业企业“八五”技术进步规划中，要求到1995年有10%的大中型粮油工业企业，在生产的计量、质量、安全控制等主要部位，推广应用微机技术，以保证产品质量，确保安全生产。最近，国家计委在安排今年技术改造贷款计划时强调，今后企业在技术改造时都要积极采用电子技术。为了贯彻这一精神，我们打算抓些典型，召开一些现场经验交流，推动微机技术在粮油工业企业中的广泛应用，实现粮油工业的现代化。

4. 积极推进粮油工业向食品和油脂化工产品方向的延伸

根据部领导“本业为主，多种经营”“搞好精加工、深加工”的指示精神以及

“八五”计划中粮油工业要向食品和油脂化工方向延伸的指导思想，各级粮食部门的领导都要认真加以研究，制定规划，采取措施，积极推进粮油工业向食品和油脂化工产品方向的延伸，以提高粮油工业的竞争能力，增加附加值，提高企业的经济效益，进一步满足市场的需要。

粮食加工企业要把生产多品种的粮油食品排上重要议事日程，要根据市场需要和预测，积极筹建食品车间（厂）。生产各种米、面制品和粮油食品，尽快提高米、面制品和粮油食品在居民粮食供应中的比重。今后，大、中型米、面加工厂要附设食品车间，也可以在粮食部门单独建食品厂。在发展食品时，既要保持生产挂面、米粉、方便面、方便粥、馒头等大众化的产品，又要开发中、高档食品。同时，还要注意玉米的开发利用。我觉得，在新建食品车间（厂）时，对食品的档次问题眼光要放远些，在大、中城市和经济较发达的地区可考虑以中、高档为主，县城和集镇在发展大众化食品的同时，也要考虑生产一些中档食品，以满足不同层次的需要。发展粮油食品，要面向城乡两个市场，利用粮食部门的整体优势，广泛开展粮油食品的经销和兑换业务。与此同时，有条件的食品车间（厂），要想方设法把产品打入国际市场。

油厂要在进一步搞好现有综合利用的基础上，选择有条件的大、中油厂，逐步向油脂化工产品发展，如脂肪酸的进一步利用、芥酸产品的提取及利用、磷脂产品的开发以及其他油脂精细化工产品的生产等。开始这项工作时，各地主管部门一定要注意市场信息和市场的需求，合理布局，严格把关，严格审批制度，不要盲目延伸。可以选择在有条件的、大一些的油厂进行试验，有些原料（如油脚等），各地要适当集中，先在一个油厂中进行，不要搞遍地开花。要吸取过去有些综合利用产品盲目上马，一哄而起，造成产品大量积压，车间被迫停产的经验教训。向油脂化工产品延伸，投入和技术要求都比较高，不同于一般综合利用，一定要谨慎从事，认真抓好。

开发和利用油料蛋白资源是油厂的又一重要工作内容。我国的油料品种繁多，油料蛋白资源十分丰富，要好好开发利用这一资源，为人民造福。过去，我们讲油厂的主产品往往只是说油脂，而把大量的饼粕看作是副产品，这种观念应该改变。今后油厂的主要产品应是油脂加蛋白，或者是油脂加蛋白和油脂化工产品，甚至蛋白和化工产品的地位要超过油脂。在开展油料蛋白资源利用时，首先要分开档次。当前食用部分主要有大豆蛋白、花生蛋白和葵花籽蛋白；饲用部分主要有菜籽蛋白、棉籽蛋白。当然菜籽蛋白和棉籽蛋白也不排除食用的可能性，但目前应该把主要精力放在去毒后作饲料。在蛋白质资源利用上，“八五”期间食用级蛋白要在技术上有突破，要在产品质量上、成本上和推广应用上下功夫，并取得显著成效。尤其是在推广应用上，工作要跟上，要多做文章，要与其他行业（如肉联厂、食品厂、饮料厂等）联系，搞好应用。

5. 重视粮油机械工业的发展

粮油机械工业是为粮食系统购、销、调、存、加等环节提供技术装备的基础工业。粮油机械工业的现代化是粮食系统现代化的基础，粮油工业的生产技术进步，很大程度上取决于粮油机械工业提供的装备水平。为了实现粮油工业的现代化，首先要实现粮油机械的现代化。为此，在“八五”期间，我们要下大力对粮油机械工业进行技术改造，提高其自身的装备水平。要充分利用现有的工作母机进行改造，对精度要求较高的零部件，其加工机床要逐步配上微机，采用程序控制，必要时要购置些精密机床；要增加工装，提高工装系数；要配置必要的检测仪器，增强检测手段。粮油机械工业要依靠科技进步，积极研制新产品，努力为粮油工业提供结构合理、先进可靠、外型美观的各种粮油机械，当前，要特别注重粮油机械的产品质量，不仅要注重产品的内在质量，还要十分重视产品的外型质量、包装质量和售后服务质量。要继续发展成套粮油、食品加工机械的生产，并争取有更多更好的粮油食品加工机械产品打入国际市场。

6. 继续搞好引进设备的消化吸收国产化工作

“六五”“七五”期间，粮油工业引进了不少国外先进的米、面、油、食品等技术设备，为了使引进技术设备国产化，我部集中了大量的人力、物力，付出了辛勤的劳动，消化吸收了 32 条生产工艺，337 台设备，大多进行了鉴定、验收，其机械性能和主要技术经济指标大多达到或接近了引进技术设备的先进水平，为粮油工业的发展提供了一批先进设备，上了一个台阶。但是，要全面完成这项任务，工作量仍然很大，我们要再接再厉、善始善终把这项工作抓好并抓出成果来。为了使“八五”期间粮油工业技术再上一个新台阶，消化吸收项目鉴定、验收后，我们还要组织力量进行改进设计，使之创新。现在可以说，我国的粮油机械已经能够满足国内的需要，可以不再依赖进口。随着消化吸收国产化工作的进一步提高，今后我们要严格控制粮油加工成套设备的引进，当然，不是说我们今后一点也不引进了，我的意见是，今后对国外新的先进的技术设备还要引进，组织消化吸收，为进一步提高我国粮油工业的技术水平服务，但要有计划、有目的地引进，避免再次出观重复引进。

这里我想顺便讲讲关于与外商合资合作建厂的问题，对这个问题，大家议论较多。我认为引进外资，发展三资企业，对加速我国国民经济的发展具有一定的作用，但对不同行业应该采取不同的政策，有的行业应积极发展，有的应适当限制，有的应禁止。在去年八月下旬，由国家科协、轻工业部、商业部、农业部和卫生部联合召开的我国食品工业战略研讨会上，与会专家对在食品行业搞合资企业问题反映较大，特别是饲料行业，对粮油工业来说，我认为不属于高技术、高投入的行业，不应大搞合资企业。个别地区确实需要搞合资企业时，必须把握三点：一是合资企业的产品向国外的销售量要不低于60%（指原料在国内），最少要做到外汇平衡并略有节余；二是原料来源于国外，产品原则上应全部返销国外；三是对原料来源于国内，产品销售于国内的合资企业，要严格限制，以保护民族工业的发展。对已建成的三资企业，要真诚合作，双方要努力做好工作，在技术上、经营上不搞封锁。要加强对中方人员的管理，强化思想政治工作，使他们有强烈的爱国之心。

7. 强化粮油工业的管理

科学技术是生产力。管理是一门综合性的科学技术，从这个意义上讲，管理也是生产力。企业通过强化管理，可以出效益，出水平。有人说，一个工厂建成投产后，其经济技术指标的好坏，效益的高低，三分靠技术，七分靠管理。我赞成这个观点。

近十年来，我国粮油工业企业的管理水平有了很大提高，出现了一批国家二级企业，如哈尔滨市粮油工业企业等管理水平普遍较高的企业。“八五”期间，我们进一步强化管理，把粮油工业的管理水平再上一个台阶。要向现代化科学管理方向发展，要认真贯彻国务院《关于开展“质量、品种、效益年”活动的通知》精神，所有粮油工业企业，都要在提高产品质量、增加品种、降低消耗、提高经济效益、重视安全文明生产上下功夫。

今年一季度召开的全国工业企业工作会议，强调要加强企业的现场管理。现场管理既是生产第一线的综合管理，又是各项基础管理和专业管理在生产现场的具体体现和有机结合。粮油工业企业，尤其是浸出油厂和面粉厂要十分重视现场管理，才能确保安全文明生产，在“八五”全国粮油工业技术进步规划中，要求在“八五”末期，全国粮油工业有三分之二以上的企业达到安全文明生产企业的标准。在安全文明生产中，要注意废水、废气、废渣、废物的处理。另外我建议在管理上，所有粮油工业企业要有经营观念，积极开展自营业务。要加强经销工作，积极搞好市场调查、市场预测和市场分析，及时确定经销战略，要充实销售力量，调配懂技术、会经营的干部充实销售队伍，学会做生意。

8. 重视培养人才，提高人员素质

粮油工业科技力量比较薄弱，技术人员知识老化问题比较严重，各种专业人员也不配套，整个职工队伍的素质较差，不能适应经济发展和对外开放的需要。因此，培养人才是一个长期应当注意的问题，不能忽视。

培养人才要注意抓三个结合，即全国性培训与地区性培训相结合；正规办班与岗位练兵相结合；技术培训与文化补习相结合。除继续依靠全国高等院校及各省中等专业学校培养输送高级、中级技术人员外，还要大力提倡鼓励学会、专业协会、研究单位、院校、工厂等多渠道、多层次、多形式开展培训，积极举办各种短训班、函授学习班、业余学习班、技术讲座、学术与经验交流科普活动等。对职工进行广泛的专业培训，不断提高人员素质，造就一支智力型的职工队伍，为技术进步奠定基础。

六、 在第五次全国粮油工业座谈会上的总结报告

（1991年7月14日　于江苏苏州）

第五次全国粮油座谈会，从7月10日开始，开了五天，今天就要结束了。参加这次座谈会有各省、自治区、直辖市、计划单列市粮食局（厅）主管粮油工业的处长（经理），商业部无锡、武汉粮食科学研究所，商业部西安油脂科学研究所的负责同志共八十余人。江苏省粮食局吴国梁局长、山东省粮食局吕金聚副局长、上海市粮食局范尚农副局长、武汉市粮食局陈式耀副局长、安徽省粮油食品局刘炳兴副局长、广东省粮食局张祖麟局长、湖南省粮食局赵志兰副局长、福建省粮食厅茅同庆副厅长参加了这次座谈会并讲了话，与会代表受到很大鼓舞。

这次会议的主要内容是总结交流"七五"期间，特别是1990年各地发展粮油工业方面所取得的成绩和经验，认真领会、贯彻落实部领导对发展商办工业工作的指示精神；研究并提出做好今后粮油工业工作的意见；讨论修改《全国粮油工业安全文明生产先进企业考评细则（讨论稿）》。

会议期间，大家着重就随着粮食体制改革的深化，粮油工业面临的形势和对策以及增强市场意识、商品意识和竞争意识，粮食加工如何向食品方向延伸，油脂加工如何向油脂化工产品和植物蛋白产品方向延伸，以及粮油工业如何拓宽经营，进一步开展"本业为主，多种经营"，如何依靠科技进步搞好粮油工业的技术改造，提高产品质量，积极开发新产品；如何进一步加强企业管理，注重现场管理，强化经销工作，向管理要效益等方面问题进行了认真讨论，提出了诸多建设性的意见。为推动粮油工业的"两个延伸"，会议期间，举办了小型粮油食品新产品展示，对各地一些各具特色的、有代表性的粮油食品，大家边参观、边交流，受到了启发。会议开得是好的，达到了预期的目的。现在我就"七五"期间粮油工业的发展和今后的工作讲点情况和意见。

"七五"期间，全国粮油工业企业在各级党和政府的关怀下，在粮食部门领导的重视下，经过广大职工的共同努力，粮油工业在深化企业改革，增强竞争意识，拓宽经营，依靠科技进步，加速技术改造，提高产品质量，研制开发新产品，搞好精加工、深加工，强化企业管理，提高经济效益等方面取得了可喜的成绩，出色地完成了加工生产任务，保证了市场供应，为社会稳定作出了贡献。

到1990年底，全国粮油部门所属粮油工业企业达11 661个（其中：大米厂6 639个、面粉厂1 802个，杂粮加工厂405个、油厂1 392个、粮油食品厂1 329个、粮油机械厂211个）；职工66.5万人。年生产能力：大米5 430.5万t、面粉4 696.2万t、植物油（料）2 207.4万t、粮油食品5.0万t、粮油机械4.6万t、饲料1 794万t；主要产品产量为：粮食4 869.4万t（其中面粉产量为3 681万t，占55.1%），精米、精面的比重分别为82.9%和55.8%，植物油产量为292.5万t，粮油食品产量为298万t，

粮油机械产量为 2 万 t，饲料产量为 933.7 万 t，工业总产值达到 294.2 亿元，占全国食品工业总值的 24%，在全国七个食品工业中名列第一；粮油工业全年实现税为 25.23 亿元；年末拥有固定资产原值 124.85 亿元。

上述数据与“六五”末的 1985 年相比较，粮油工业企业增加 1 210 个；职工增加 11.35 万人。生产能力——大米加工增加 700 万 t、面粉加工增加 1 004.1 万 t、植物油（料）加工增加 419.6 万 t、饲料生产增加 534 万 t、粮油机械生产增加 4.22 万 t。主要产品产量——大米减少 351.9 万 t、面粉增加 15.6 万 t、植物油增加 50.5 万 t、粮油食品增加 107 万 t、饲料增加 247.7 万 t、粮油机械减少 1.67 万 t。精米、精面占大米、面粉总产量的比重分别提高 15.4% 和 21.7%；工业总产值增加 51.2 亿元，增长了 21%；实现利税增加 9.91 亿元，增长了 64.7%；年末拥有固定资产原值增加 76.07 亿元，增长了 155.95%。

粮油工业“七五”期间规划要点和主要奋斗目标要求，到 1990 年粮油工业总产值应达到 300 亿元，应实现利税 22 亿元；经过浸出处理的油料达到 60% 以上；粮油食品产量达到 350 万 t；精米、精面的比重分别达到 80% 和 50%；米糠油产量突破 10 万 t、玉米胚芽油产量 1.5 万 t；粮油机械总产量达到 15 万 t。根据 1990 年全国粮油工业工作实绩，对照“七五”规划要点及主要奋斗目标，在实现利税、浸出油料的处理能力、精米和精面的比重、玉米胚芽油的产量等方面都超额完成规划的要求；粮油工业的总产值、粮油食品和米糠油的产量接近完成规划的要求；粮油机械总产量虽然与规划要求相距较大，但“七五”期间粮油机械生产已满足了粮油工业发展和出口的需要。特别可喜的是，随着“七五”规划要点的实施，全国粮油工业依靠科技进步，重视技术改造，增强了企业的发展后劲；积极开发新产品，改变了成品粮油供应中的“老三样”，粮油工业的技术水平和管理水平有了很大进步，上了一个台阶，为粮油工业的进一步发展奠定了基础。上述成绩的取得是来之不易的，这是大家努力工作的结果。借此机会，我代表商办工业管理司，向全国工作在粮油工业战线上的全体职工表示衷心的感谢和诚挚的慰问。

“七五”期间，各地粮油工业在发展中积累了许多成功的经验。主要有：坚持深化企业改革，适时调整产品结构；搞活经营，开展自营业务；依靠科技进步，提高产品质量，研制开发新产品；加快技术改造的步伐，增强企业发展后劲；搞好精加工和深加工，发展粮油食品；在搞好现有综合利用的同时，积极开展“本业为主，多种经营”；重视粮油机械生产，积极组织消化吸收；面向两个市场，积极发展外向型经济；强化企业管理，提高职工和企业素质，向管理要效益等。这些成功经验，不仅保证了全国粮油工业“七五”计划的顺利实施，同时也是我们“八五”期间需要继续坚持和发扬的。

“七五”期间，我国的粮油工业虽然取得了很大的成绩，积累了许多成功经验，上了一个台阶，但也存在一些问题，主要是：在变化了的形势下，缺乏市场意识、危机意识和竞争意识；还有相当一部分企业设备陈旧，厂房简陋、破旧，亟待改造；有些企业社会效益好，经济效益差，缺乏自我改造和自我发展的能力；大多企业资金短缺，缺乏经营能力；部分粮油工业产品价格不顺，微利和亏损企业较多；地区之间、企业之间发展很不平衡，相当数量的企业管理水平和职工素质不够高等。这些问题需要在今后的工作中通过改革认真加以解决。

今年是执行我国国民经济和社会发展十年规划和“八五”计划的第一年，为全面完成粮油工业“八五”计划，使粮油工业再上一个新的台阶，今后我们要注意做好以下几方面的工作。

（一）进一步加强对粮油工业的领导，增强竞争观念

粮油工业是粮食工作的重要组成部分，粮油工业的现代化是粮食部门实现现代化的重要标志，一个地区的粮油工业搞得好不好，这些观点已经越来越被各级粮食部门的领导所接受。“六五”“七五”期间我国的粮油工业有了长足的发展，取得了很大的成绩，成为国民经济中不可或缺的一部分，这与各级粮食部门的领导重视和加强对粮油工业的领导是分不开的。现在，我国的粮油工业已经打下了较好的基础，大有发展前途。但我们也要看到，当前粮油工业面临的困难和问题较多，不少企业缺乏自我发展的能力，尤其是随着社会主义计划商品经济进一步发展，粮油计划市场逐步缩小，市场调节逐步扩大，竞争将越来越激烈。现在粮油工业与其他行业之间，与三资企业之间，以及商办工业内部各行业、各企业之间的竞争将日趋激烈；“你中有我，我中有你”的格局已经出现，粮油成品由粮食部门独家生产经营的局面将被打破。竞争将长期存在，特别是随着粮食流通体制和价格改革的不断深入，靠部门内保护政策取得的一些优势将会逐步消失，平等竞争的局面不久就会出现，竞争的实质将是一场技术、人才、质量的较量。在这种变化了的形势下，我们一定要改变观念，树立市场意识、商品意识，增强竞争观念。今后，哪个企业管理水平高，产品更新换代快，档次和技术含量高，消耗低、成本低，就能在竞争中立于不败之地。竞争局面的出现，这对过去依赖于粮食部门征购粮食、油料，然后进行代加工或价拨加工的粮油工业企业将是严峻的考验。

这种在新形势下出现的激烈竞争不仅会影响粮油工业，还会影响粮办饲料工业，乃至粮食部门的所有企业。为此，我们要有足够的思想准备。部领导对这个问题十分关注，指示我们：粮食部门是全民所有的企业，是国家经济的支柱，粮食工作搞得好不好会直接影响社会和政治安定；在激烈的竞争面前要有责任感、紧逼感和危机感；要提高粮食部门的整体经济实力，要发挥自己的优势，一手抓贸易，一手抓实业；要自己靠自己，增强企业的活力和生存发展能力，要吸取兄弟部门的经验教训，学会竞争，守住阵地；责成部里有关粮食司局要在新形势下，研究对策，集中粮食部门的整体优势，开展本业为主，多种经营；要进一步搞好粮油的精加工、深加工。提高粮油食品在粮食供应中的比重；要针对粮食部门开展本业为主，多种经营，发展粮油食品，研究对策，搞好规划，并决定今年九月召开一次由各省、市、区粮食局长参加的“本业为主，多种经营”工作会议等。上述这些指示精神，充分体现了部领导对粮食工作的关心和重视，我们要深刻领会，认真贯彻。我们认为，只要加强领导，充分发挥粮食部门的整体优势，相互合作，攥成拳头，统一规划，迎接挑战，我们粮食部门的企业就能在竞争中立于不败之地，不仅能守住阵地，而且会有更大的发展，为国家做出

更大的贡献。

这里需要强调的是，在激烈竞争面前，我们粮食部门内部一定要加强统一领导，统一规划，要密切合作，发挥各自优势，对外形成一个整体，千万不要搞“内战”，要注意充分发挥粮办工业现有设施、装备、技术的优势和充分利用粮食商业点多面广的优势，实行产销结合。粮食商业网点应当优先安排粮办工业产品的销售，成为粮油工业产品的销售点，代农加工的兑换点。至于粮食部门内部工商之间利益的再分配，可以商量，必要时粮办工业可适当让利于粮食商业。要防止在粮库、粮站新建小型粮油和饲料加工设施，造成重复建厂，内部争原料的倾向。有人认为，在粮库、粮站新建小型粮油、饲料加工设施后所得的利润上缴比例小，优于粮办工业。我们认为，这是一种急功近利、短视的做法。这样做的结果不仅会造成社会财富的浪费，而且会削弱粮食部门的整体作战能力。因为今后在竞争中谁能取胜，最后还得取决于谁的产品质量好、消耗低、得率高；谁的装备先进；谁的技术水平、管理水平高。在这方面现有的粮办工业企业相比之下有一定的优势。为此，我们希望各级粮食部门一定要从全局考虑，注意协调好内部关系，以保护粮办工业来之不易的优势。

为了增强企业的合力和竞争能力，粮油工业企业要注意做到“你无我有，你有我优，你优我联”，要注重发挥粮食部门的群体优势和规模经营效益，走联合的道路，积极探索组建企业集团。组织联合或组建企业集团，要以大型骨干企业或拳头产品为龙头，粮油工业生产为基础。在自愿、平等、互利和共同发展的基础上，积极联合工业企业、粮油贮运部门、粮油商业销售网点和科研机构等单位组织不同形式的联合体或组建企业集团。开始时，要根据当地的条件，首先在粮食部门内部为主组建，从小到大逐步发展。为了探索组建企业集团的经验，我们建议在条件许可时，京、津、沪和广州市可先走一步，组建制粉集团公司。

为了进一步振兴我国的粮油工业，在今后的激烈的竞争中，特别是在面临困难和问题时，各级粮食部门的领导要更加重视和支持粮油工业，加强对粮油工业工作的领导。在今年二月五日和三月九日两次部办公会议上汇报商办工业工作时，胡平部长说：“今后商业部门的希望寄予商办工业。”针对商办工业产值在国民经济各部门中排列第五，仅次于机械、轻工、纺织和乡镇企业，比煤炭、建材、冶金、石化等工业部门还要高时，胡平部长说：“商业部也是工业部，要加强对商办工业的宣传，要宣传商办工业技术领先、独一无二的、独具特色的生产和产品，宣传商办工业在国民经济中的地位和作用，要进一步加强对商办工业的领导。”部领导这样重视商办工业，我们很受感动。

对此，希望各地粮食部门的领导，要好好领会部领导的讲话精神，重视粮油工业工作，协调好内部关系，为粮油工业的进一步发展创造更多的有利条件。

（二）继续搞好粮油的精加工、深加工，推进粮油工业向食品和油脂化工、植物蛋白方向延伸

粮油工业要继续按照国务院的部署，进一步搞好治理整顿，要根据国家产业政策的规定，抓好产业结构和产品结构的调整。对粮油工业来说，重点是要调整好产品结

构。去年，粮油产品销路不畅，企业经济效益下降。造成这种现象的客观因素有很多，如油脂积压与进口油脂失控有关。但也应该看到我们粮油企业的产品品种单一，也是造成产品销路不畅的原因之一。有人在产品质量和品种问题上说："只有疲软的产品，没有疲软的市场"。这应该引起我们每个企业的深思和重视。为此我们要下力量充分利用当前的时机，积极调整产品结构，努力增加花色花种。根据部领导关于进一步搞好粮油的"精加工、深加工"的指示精神，今后粮油工业企业要根据各地粮油的许可和市场的需要，继续发展精米、精面、精油的生产。这一指导思想下，面粉生产要注意开发各种等级粉、食品专用粉，谷朊粉、颗粒粉、预混合面粉等；大米加工要进一步发展精制米、免淘米、珠光清洁米、营养强化米的生产；杂粮加工要努力开发新的玉米制品、荞麦制品等产品；油脂加工要充分发挥现有设备的作用，尤其要发挥引进设备的作用，努力增加一级油、高级烹调油、色拉油、调和油、人造奶油、起酥油等食品专用油脂的生产。要想方设法把高级烹调油这个新产品投放国内计划供应市场，开始推广时可能会遇到一些困难，但要坚持，要做大量的宣传工作，必要时要靠当地政府支持，采取一些必要的行政措施，促使人们尽快改变旧的用油习惯。为了进一步鼓励和推动粮油工业搞好精加工、深加工，我们打算，在今后的创优评选活动中，标准粉、标二米、二级油等粮油产品将逐渐退出商业部评选范围，增加粮油精加工和粮油食品在评优中的比重。

遵照部领导有关"发展粮油食品""向生产领域进行渗透性的延伸扩展"等指示精神以及"八五"计划中粮油工业要向食品和油脂化工、植物蛋白方向延伸的指导思想，各级粮食部门的领导都要认真加以研究，制定规划，采取措施，积极推进粮油工业向食品和油脂化工、植物蛋白加工方向的延伸，以提高粮油工业的竞争能力，增加附加值，提高企业的经济效益，进一步满足市场的需要。

这些年来，各地粮食部门对发展粮油食品十分重视，产量不断增加，品种不断增多，丰富了市场，方便了群众生活，取得了很大成绩。但也应该看到，粮油食品的产量只占我们粮食加工总量的6.1%，比重仍然不高。造成这种状况的原因很多，其中一个重要的原因是粮油食品的价格偏低，企业薄利、无利、甚至亏损而影响了生产积极性，这也是今后进一步发展粮油食品的主要矛盾，理应得到解决。但是为了满足市场需要以及今后粮油工业的生存和发展，我们不能因为目前粮油食品价格偏低而动摇粮食加工向食品方向延伸的信心。我们相信只要大家积极向物价等有关部门反映，价格偏低的问题迟早会理顺。现在，我们不能等理顺了价格再去延伸，要吸取过去有的地方"自己不搞，人家占领"的教训，以"只争朝夕"的精神去延伸，去占领市场。六月七日胡平部长在九江召开的全国商业粮食部门饲料公司经理会上讲话时说："今后粮店除了卖大米、面粉外，还需卖食品"。他主张将粮店改成粮油食品店，要卖食品，包括面包、饺子、面条等。按照胡部长的思路，今后粮店要卖丰富多样的食品，这些食品从哪里来？应该靠粮食部门自己生产，除了粮店生产一部分小食品外，看来大部分要靠粮油工业企业生产，我们要有这个雄心壮志。为此，我们希望粮食加工企业要把生产多品种的粮油食品排上重要议事日程，要根据市场需要和预测，在积极利用现有设备生产粮油食品的同时，进一步筹建更多的食品车间（厂），生产各种粮油食品，尽快提高粮油食品在居民粮食供应中的比重。

今后，大中型米、面加工厂要附设食品车间，也可以在粮食部门单独建食品厂。在发展食品时，既要保持和发展生产挂面、米粉、方便面、方便粥、馒头等大众化的产品，又要开发中、高档食品。部领导指示我们要继续发展挂面等大众化食品，不要放弃阵地。同时，还要注意玉米的开发利用。现在南方各省大米库存较多，要好好研究对大米的转化问题。我们建议，今后在新建食品车间（厂）时，对食品的档次问题要照顾沿海与内地不同层次的需要，眼光要放远些，在大、中城市和经济较发达的地区可考虑以中、高档为主，县城和集镇在发展大众化食品的同时，也要考虑生产一些中档食品，以满足不同层次的需要。发展粮油食品都要注意在提高产品质量，开发新产品，改进包装上下功夫。要面向城乡两个市场，利用粮食部门的整体优势，广泛开展粮油食品的经销和兑换业务。与此同时，有条件的食品车间（厂），要想方设法把产品打入国际市场。

油厂要在进一步搞好现有综合利用的基础上，选择有条件的大、中油厂，逐步向油脂化工产品延伸，如脂肪酸的进一步利用；芥酸产品的提取及利用；磷脂产品的开发以及其他油脂精细化工产品的生产等。鉴于向油脂化工产品延伸，投入和技术要求都比较高，不同于一般的综合利用，因此，开始这项工作时，各地主管部门一定要注意市场信息和市场的需求，合理布局，严格把关，要谨慎从事，不要盲目延伸。可以选择在有条件的大、中型油厂进行试验，有些原料（如油脚等），各地要适当集中，先在一个油厂进行，不要搞遍地开花。要吸取过去有些综合利用产品盲目上马，一哄而起，造成产品大量积压，车间被迫停产的教训。

开发和利用油料蛋白资源，是油厂的又一重要工作内容。我国油料品种繁多，油料蛋白资源十分丰富，要好好开发利用，为人民造福。过去我们讲油厂的主要产品往往只是说油脂，而把大量的饼粕看作是副产品，这种观念应该改变。今后油厂的主要产品应是油脂和蛋白，或者是油脂、蛋白和油脂化工产品，有的油厂甚至蛋白和化工产品的地位要超过油脂。在开展油料蛋白资源利用时，首先要分开档次。当前食用部分主要有大豆蛋白、花生蛋白和葵花籽蛋白；饲用部分主要有菜籽蛋白、棉籽蛋白，当然菜籽蛋白和棉籽蛋白将来也不排除食用的可能性，但目前应该把主要精力放在去毒后作饲料。在蛋白资源利用上，“八五”期间食用级油料蛋白要在技术上有新的突破，要在产品质量上、成本上和推广应用上下功夫，并取得显著成效。尤其是在推广应用上，工作要跟上，要多做文章，要与其他行业（如肉联厂、食品厂、饮料厂等）联系，搞好应用。

（三）转变经营机制和发展战略，积极开展“本业为主，多种经营”

粮油工业的本业就是米、面、油加工和粮油机械的生产，现已形成了一个完整的粮油工业体系，它是我国粮油加工的主渠道，为保证军需民食做出了重要贡献。党的十一届三中全会以来，在改革开放方针的指引下，为适应国民经济的发展和人民生活水平不断提高的需要，各地粮油工业企业在完成国家下达的计划任务的前提下，积极开展了多种经营，取得了较好的成效。特别是在发展粮油食品方面，有了长足的进步，粮油食品生产业也将成为粮油工业和支柱产业。但是，必须指出，粮油工业在发展多种经营方面，思想还不够解放，步子迈的还不够大，面还不够广，思路还不够开阔。整体上看，粮油工业开展多种经营还刚刚起步，或者说仅仅迈出了第一步，粮油工业发展多种经营的潜力还远远没有充分发挥出来。

（四） 继续抓好粮油工业技术改造， 推动粮油工业技术进步

科学技术是第一生产力。充分发挥科学技术的先导作用，对促进粮油工业的发展和技术水平的提高，有着十分重要的意义。经济建设必须依靠科学技术，科学技术必须面向经济建设，粮油工业的发展也必须依靠科技进步，加速粮油工业技术改造，这是振兴粮油工业，推动粮油工业技术进步的重大战略措施。

“六五”以来，由于各级粮食部门领导的重视，粮油工业的技术改造工作取得了显著的成效，企业的面貌和技术发生了很大变化。但由于粮油工业点多面广，底子薄，技术基础差，改造资金不足，至今仍有一些企业没有得到很好改造，即使“六五”期间已改造过的企业，有的因受当时条件的限制及管理不善等原因，也到了需要重新进行技术改造的时候了。从目前情况看，粮油工业的技术改造任务仍然十分繁重，必须认真抓好，以增强企业的发展后劲。

各地粮油工业主管部门要加强对技改工作的宏观管理，要按照国家产业政策的要求，统一规划，合理布局。要首先安排那些投资少、见效快、产品适销对路、效益好、出口创汇能力强以及加工能力严重不足地区的技改项目，并从资金、贷款、物资和政策上给予支持。对技改项目要严格审批手续，加强指导，严格管理。项目的可行性论证、规模投资、工艺设计、土建设计、设备的选择直到竣工验收和项目的后评估等，都要进行严格把关。特别要注意的是工艺设计和设备选择，绝不能为节省投资，企业自行搞设计，选择设备只图价格便宜而不考虑设备的性能和质量。我们提倡，工艺设计要找正规的设计单位，设备要选用技术先进、性能好的设备，使企业技术改造后真正体现技术进步，而不能搞在低水平上的重复改造。通过技术改造，要达到提高产品质量，增加花色品种，降低消耗，提高经济效益的目的。因此，企业的技术改造一定要积极采用新工艺、新技术、新设备；有条件的大中型企业，要积极采用微机技术，以提高粮油工业的生产技术和管理水平，逐步实现粮油工业的自动化、现代化。

粮油工业技术进步的水平，与其技术装备密切相关。粮油工业的现代化，首先要实现粮油机械工业的现代化。为此，“八五”期间我们要下大力对粮油机械工业进行技术改造，提高其自身的装备水平。要对现有的工作母机进行改造，对精度要求较高的零部件，其加工机床要逐步配置微机，采用程序控制，必要时要购置些精密机床；要增加工装，提高工装系数；要购置必要的检测仪器，增强检测手段。粮油机械工业要树立“以质量求生存，以品种求发展”的思想，当前要特别注意粮油机械产品的质量，不仅要注重产品的内在质量，还要十分重视产品的外观质量；要继续发展成套粮油加工机械的生产，并争取有更多更好的产品打入国际市场。要积极研制开发新产品，尤其要抓紧进行食品机械和包装机械的研制开发，为粮油工业的“两个延伸”服务。

“七五”期间，通过科技攻关在引进技术设备的消化吸收方面取得了很好的效果，

不少消化吸收成果，已在生产领域中推广应用，发挥了重要作用。但是，应当看到我国粮油工业生产技术水平和工艺装备的技术水平，虽然通过引进技术装备的消化吸收工作缩短了与先进工业国家的距离，但仍然存在一定的差距。消化吸收工作，从整体上说，远没有结束。“八五”期间，要在“七五”消化吸收成果的基础上，通过改进提高，实现其国产化，这项工作要比单纯消化吸收工作难度更大，需要花的力气更多。粮油工业战线上的广大科技人员，要与科研单位、大专院校继续通力合作，使生产与科研密切结合，为我国粮油机械的技术水平在短期内赶上世界先进水平和向粮油加工工业提供先进的技术装备作出贡献。

这里我想顺便讲一下关于建立“三资”企业的问题。对这个问题，大家议论较多，已成为一些地区所关心的“热点”问题。我认为引进外资，发展三资企业，对加速我国国民经济的发展具有一定的作用，但对不同行业应该采取不同的政策，有的行业应积极发展，有的应适当限制，有的应禁止。粮油加工发展三资企业一定要慎重，要考虑本地区的实际情况，不要赶时髦赶浪潮。按照国务院国（1991）14 号文《国务院关于加强外商投资重大项目审批工作的通知》中的有关规定，粮油加工属于限制发展的范围，加上我国的粮油机械生产已经能够满足国内的需要，为此，我们不主张大搞粮油加工合资企业。但对于两头在外的三资企业以及产品出口部分可使外汇平衡并有节余的合资企业，我们是积极支持的。对于那些产品全部或大部分内销的以及产品国内已有生产、技术水平一般的三资企业，我们是不赞成的，以保护我国民族工业的发展。对已建成的三资企业，要真诚合作，双方要努力做好工作，在技术上、经营上不搞封锁；要加强对中方人员的管理，强化思想政治工作，使他们有强烈的爱国之心。

（五）强化企业管理，增强经营意识

科学技术是生产力，管理是科学，从某种意义上讲，管理也是生产力。向管理要效益，已被粮油工业战线的广大干部和职工所认识。“抓管理、上等级，全面提高企业素质”的企业升级工作，已在企业中普遍展开并取得很好的效果，企业管理水平有了很大提高，出现了一批国家二级企业和像哈尔滨市粮油工业管理水平普遍较高的企业。但是，企业管理工作在全国很不平衡。因此，强化企业管理，全面提高管理水平仍然是粮油工业的紧迫任务。强化企业管理，首先要提高管理意识，积极采用现代化科学管理方法和手段，推动企业生产的发展。企业管理的内容很多，要从基础工作入手，班组建设、技术管理、质量管理、能源管理、标准化管理、财务管理、安全文明生产管理和生产指挥系统等专业管理工作，都是企业管理的基础工作；通过抓各项专业管理工作，建立和完善企业管理体系。

这里我要着重强调的是：要重视“现场”和“市场”。所谓重视“现场”，就是加强企业的现场管理，现场管理主要是对生产现场，运用现代化管理思想、组织方法和手段，综合贯彻各项专业管理对生产现场的要求，将生产力诸要素进行合理的配置和有机结合，对生产全过程进行有效的控制，实现均衡、安全文明生产。粮油工业企业要大力加强现场管理，全面开展安全文明生产活动，把安全文明生产作为企业各项评比的重要条件。今年，我们将根据修改后《全国粮油工业安全文明生产先进企业考评细则》试评第一批安全文明生产先进企业，评比的时间、方式、数额等具体要求，届时再通知大家。

所谓重视“市场”，就是要加强经销工作，要面向市场，增强市场意识，学会做生意。为了搞好经销工作，所有粮油工业企业的主要领导都要亲自抓，要充实和加强经销队伍，要把那些有知识、懂技术、会管理、善经营、熟悉经销业务的同志选拔到经营岗位上。要加强对经销人员的培训，提高他们的素质。要在市场调查、市场预测和市场分析的基础上，及时制定经销战略。要采用灵活多样的经销方式，研究制订合理的经销手段。要建立经销奖励办法，奖励有贡献的经销人员，调动他们的经销积极性。在经销活动中，要舍得花钱，重视广告宣传的作用。在开拓经营、克服市场疲软方面，不少企业采取了灵活的经销战略，摆脱了困境，救活了企业，取得了很好的经济效益。希望各地注意总结经销工作的经验，培育典型、以点带面，使粮油工业经销工作有一个新的发展。

（六）重视知识、重视人才，充分发挥科技人员的作用

企业进步的关键是技术，技术的关键是人才。这是因为人是诸多生产要素中最积极最活跃的因素。企业的一切生产活动都离不开有知识、懂技术的人。科学技术越发展，就越能体现科技人员的重要作用。不仅掌握先进技术、先进的设备需要技术人才，提高产品质量、研究开发新产品需要技术人才，企业技术进步需要人才，就是企业的现代科学管理也同样需要技术人才。可以说，只有重视知识，重视人才，积极培养大胆使用人才，充分发挥科技人员的作用，企业才能不断发展和进步。但是，从目前粮油工业企业的现实情况看，技术人才缺乏，职工整体素质不高，是粮油工业发展亟待解决的问题。

在科技力量不足的情况下，一定要使用好现有的科技力量，充分调动他们的积极性，发挥他们的作用，要同大专院校、科研机构相结合，进行长期的合作，进一步克服科研、生产两张皮的状况。大专院校和科研机构的科技人员，要树立为生产服务，为经济建设服务的思想，走与生产相结合的路子。在科技工作中，要根据粮油工业生产发展和技术进步规划的要求，选择那些生产急需，对推动粮油工业发展有积极作用的项目作为研究课题，只有这样才能使科研成果及时转化为生产力，科技成果才能得到推广应用。

要加强科技队伍的建设，重视吸收和培养科技人才。根据粮油加工向“两个方向延伸”的需要，企业的技术人才要与其相适应，不仅要吸收粮油加工方面的人才，而且要有计划地吸收食品、营养、生化、发酵、化工和计算机以及经济方面的技术人才。有条件的企业要选择有一定基础的、德才兼备、事业心强、有钻研精神的人员到大专院校进行培训，争取在较短的时间内实现企业科技队伍结构合理化。

企业科技队伍的建设和发展，要与企业的整体技术素质相协调。在增强企业科技力量的同时，一定要加强对全体职工的技术培训，举办不同层次的、各种形式的技术、管理、操作培训班，不断提高职工的技术素质。

今年是“质量、品种、效益年”，粮油工业企业要积极响应国务院的号召，参照商

业部有关商办工业开展“质量、品种、效益年”活动通知中的具体要求，扎扎实实地开展好这一活动，使粮油工业的产品质量、品种、效益有明显提高。

只要我们正视现实，统一认识，振奋精神，坚定信心，上下一齐努力，我们一定能在今后的工作中取得更大的成绩，为国家作出更大的贡献。

这次会议在江苏省苏州市召开，得到了江苏省粮食局、苏州市粮食局的大力支持，他们为会议作了周密安排，提供了优质服务，保证会议圆满完成了任务，我代表商业部商办工业管理司和全体与会代表向他们再次表示衷心的感谢。

七、抓住机遇，奋力开拓，加速粮油工业的发展*

（1992 年 刊于《粮食与饲料工业》第 4 期）

1991 年，全国粮油工业在各级政府和粮食部门领导的关怀、重视下，有了进一步发展。工业总产值比上年增长 7.68%；实现利税总额比上年增长 8.54%；年末拥有固定资产原值比上年增长 17.25%，取得了显著成绩。今年应在总结发展粮油工业的经验的基础上，进一步解放思想，转变观念，抓住机遇，奋力开拓，在竞争中使粮油工业工作再上一个台阶。为此，要努力做好以下几方面的工作。

（一）进一步认清形势，转变观念

转变观念，就是要改变我们几十年来形成的产品经济，分配经济观念，由产品分配型向商品经营型转变。在邓小平同志的重要谈话、中央政治局全体会议精神和七届人大五次会议精神的鼓励下，全国出现了改革高潮，我国的经济体制正在大步进入市场经济的轨道。过去，粮油工业的大多数产品是属于保市场的，是按国家计划进行安排的，尤其是成品粮油的生产和供应，基本上都在粮食部门，粮油加工企业生产什么产品，市场就供应什么产品。随着粮油购销同价和逐步放开经营，粮食部门独家经营的局面也将结束；人民生活水平逐步由“温饱型”向“小康型”过渡，粮食部门以经营原粮、经营“老三样”为主的局面即将结束，竞争越来越激烈，粮食部门面临着生产和发展的危机。从粮油放开经营的试点县、市看，粮食部门粮油经营量的大幅度下降，不仅危及粮食商业企业的生产和发展，同时也直接影响粮油工业企业的产品销售。粮油工业如果失去了市场，就失去了生命，形势十分严峻。为此，必须引起我们的高度重视，我们要面对现实，认真对待，研究对策。

第一，要树立市场观念。在深化改革的大潮中，粮油工业要适应改革的潮流，实现思想观念的大转变。要积极组织产品结构的调整，按市场需要，以市场为导向组织生产，即市场需要什么产品，就组织生产什么产品，不要被过去的条条框框束缚手脚。

第二，要树立竞争策略。现在围绕着农副产品加工方面的竞争越来越激烈，粮油逐步放开经营后，乡镇企业、个体户、农业部门、外贸部门、“三资”企业等办厂的格局是客观存在，不可逆转，竞争将是无情的。在优胜劣汰的客观法则下，我们有的地方在竞争中可能守不住阵地，有的企业可能有被人家吃掉的危险。为此，我们一定要树立竞争观念、联合观念，依靠科技进步，增强质量意识，积极开发新产品，在竞争中求生存求发展。要坚持“本业为主，多种经营”的方针，在组织好本企业生产的同时，思想要解放一点，要敢于打破部门界线和行业界线，进行延伸和扩展。有条件的企业，在市场调查的基础上，要敢于和善于跳出单纯搞粮油加工的原有天地。

---

*本文还发表在《粮油工业技术经验交流》1992 年第 3 期上。

第三，要有“超前意识”。粮油工业企业研制开发新产品，搞好现有产品的延伸时，在指导思想上要有“超前意识”，既要看到眼前，又要把眼光看得远些，产品既要注意以市场为导向，又要注意引导市场，引导消费，以满足不同层次的消费需要和适应人民生活水平从“温饱型”向“小康型”过渡的需要。

第四，要有科技、质量意识。要进一步树立“科学技术是第一生产力”的观念，依靠科技进步，积极研究开发新产品，改造传统产品，使企业都有自己的拳头产品、名牌产品。要注意产品的包装和消费者的心思，要十分重视产品质量，粮油工业产品要永远经得起市场和消费者的最终检验。

第五，要有营销策略。粮油工业企业要走向市场，产品销售要从过去“保市场”的天地里解放出来，走向争市场、挤市场。要讲究营销艺术，建立销售网络体系，千方百计拓宽市场，要把着眼点放在两个市场，即城乡市场和国内外市场。要在巩固城市“主战场”的同时，把眼睛盯住广阔的农村市场，并积极开拓国际市场。在今后的竞争中，粮油工业企业要有丢失一部分市场的思想准备，又要有挤占、夺回另一部分市场的精神，我们认为，只要有了市场，有了适销对路的产品，企业就能在竞争中立于不败之地。

（二） 深化改革， 转换企业内部经营机制

转换企业内部经营机制，就是要彻底破除旧体制下阻碍解放生产力和经济发展的弊端，建立独立自主、自负盈亏、结构合理的企业经营机制。为了搞活大中型企业，国家采取了一系列优惠政策，一些省市也相继推出了“四开放”“五自主”“六条船”等措施，收到了明显的效果，各地粮油工业的主管部门要根据本省、市的实际，在与地方政府有关部门协商一致的基础上，为本地区粮油工业企业选择恰当的经营方式，使企业走向市场、自主经营，真正成为自负盈亏的商品生产者和经营者。要学习和研究重庆商业部门实行“四开放”的经验，摸索实行经营放开、价格放开、用工放开和分配放开的做法和经验，搞活粮油工业企业。

（1）在经营上　为适应进一步改革开放和百家经商的形势，粮油工业主管部门和企业领导一定要尽快树立经营思想。我们提倡粮油工业企业在搞好生产的同时，要学会做买卖，学会做生意。现在，我们粮油工业企业身在商业部门，但大多不会做买卖、做生意，要尽快改变这种局面。在经营中，要不断总结和积累经验，由小到大，不断拓宽自己的经营范围和摸索各种各样的经营方式。浙江省萧山市粮油工业企业腾出繁华地段建商场、开饭馆，经营范围不断扩大，经济效益不断提高的作法值得各地借鉴。要积极开展自营业务，不断提高自营业务的比重，在这方面，浙江省的工作做得很有成就。1991 年，全省粮油工业实现利润 1.086 亿元，其中自营业务的利润为 8 945.12 万元，占全部利润的 82.34%，比上年增长 39.63%。

（2）在价格上　由于粮油产品涉及千家万户，是物价稳定、社会稳定的重要物质基础，因此，当前必须严格按照政府规定的价格执行。但是，粮油工业企业有相当一部分产品是不属于上述范围的，开展自营业务的产成品、副产品、综合利用产品以及延伸、扩展产品和新产品的价格，应该是允许随行就市的。另外，还有个优质优价的

问题，这里大有文章可做。我们认为，随着改革的深入和市场经济的不断发展，粮油产成品的价格亦将逐步摆脱行政干预，按经济发展规律办事。为了粮油工业企业有一定的发展后劲，为国家做出更多的贡献，我们主张，企业应该有较高的合理利润，为此，今后我们不要再片面地强调“保市场”“微利保本”等，人为地去束缚企业的手脚。

（3）在用工上　为调动企业、职工的积极性，各地都在进行企业劳动用工、人事制度的改革，推行全员劳动合同制，粮油工业企业也要积极稳妥地进行试点，推进用工制度的改革，经过试点，逐步做到四个“三”：搬掉“三铁”即“铁交椅”“铁工资”“铁饭碗”；做到“三能”即职工能进能出、干部能上能下、工资能高能低；推行“三制”即全员合同制、干部聘任制、内部待业制；实行“三岗”即在岗、试岗、待岗。

在进行企业劳动用工和人事制度的改革中，现在各地提法不一致，反映出了一些问题和困难，也存在一些不同的看法。各地粮油工业主管部门应抓一两个企业进行试点，摸索经验，以点带面，逐步推广。在试点中，一要选择各项基础工作较好、企业素质较高的单位进行试点；二要注意做到舆论先行，要按中央的精神在企业中进行广泛深入的宣传和学习，在改革配套、外部环境良好、职工思想认识提高的基础上，进行大胆改革；三是对优化组合下来的待岗人员，企业要认真进行深入细致的思想政治工作和转岗培训，立足于在企业内部消化，可以搞第三产业和其他创收路子，要妥善安排好年老体弱的老职工；四要允许职工合理流动，但对企业的业务骨干和重要岗位人员要注意保持相对稳定。

（4）在分配上　深化企业内部分配制度的改革与企业劳动用工、人事制度的改革是相辅相成的。粮油工业企业要积极进行分配制度的改革，实行工效挂钩和岗位技能工资制，体现按劳分配的原则，拉开分配档次。分配要向责任重、贡献大的高技术岗位和一线苦、脏、累、险岗位倾斜。与此同时，要引导和提倡效益工资较高的企业，按照需要与可能，将资金合理用于建立工资储备金、调整工资标准、考核增资、生产性岗位津贴和企业补充养老保险等，做到以丰补歉，正确处理好眼前利益与长远利益的关系。

（三）以市场为导向，继续搞好产品结构的调整

这些年来，随着我国国民经济的发展，人民生活水平不断提高和食品工业的发展，粮油工业的精加工、深加工得到迅速发展，品种多、质量高、群众满意，企业有了新的发展，缩短了与国外的差距，取得了显著成绩。

但在发展粮油的精加工、深加工方面，还应注意做好以下几点：

（1）要继续发展精米、精面、精油的生产，尽快提高其在成品粮油中的比重，以适应“温饱型”向“小康型”生活过渡的需要。今后，企业组织生产时，要以市场为导向，做到“市场需要什么产品，企业就生产什么产品”。要尽快改变一些地方群众不愿意吃标准粉、标二米、二级面，而企业还在继续生产，造成积压的局面。今后，精米、精面、精油的生产应以市场的需求为导向和根据企业的生产条件来决定，不再受

其占成品粮油比例的限制。

（2）注意满足不同层次的需要，在发展精加工的同时，对米、面产品也要注意研究开发生产一些糙米、粗面。但这种所谓的“粗”，绝不是重复过去的粗加工，而是要研究开发生产高档次的“粗”，制作出具有功能性、营养性和保健性的制品。与此同时，也不能忽视粗粮和小杂粮的加工生产和合理利用。为解决早籼米的出路问题，有的地方打算在精加工的基础上，对不同大米进行配制，生产出配制大米。我们应注意总结这方面的经验。

（3）要采取有力措施，把深加工提高到一个新水平。这些年来，我们在精加工上做了许多工作，取得了成效。但在深加工上步伐迈得还不够快，我们要结合企业技术改造，尽快把专用粉、专用油搞上去，以满足食品工业进一步发展的需要，取代部分地区食品工业和大宾馆用粉、用油依靠进口的局面。

（4）在发展精、深加工时，要关心农业生产的结构调整。最近农业部门邀请专家召开了“高产、优质、高效研讨会”，提出了一系列政策措施。我们粮食部门，尤其是以粮食、油料为原料的粮油工业企业，不能等闲视之，要十分关注这一变革，积极参与农业生产的结构调整，参与和支持粮油生产基地的建设，以保证粮油工业企业足够的优质原料。

（5）发展精加工、深加工，必须十分重视成品粮油的小包装。这个问题，现在已到了亟待解决的时候了。发展小包装容器，不能每个厂都去搞。我们的意见是：一个省可以集中搞一两个点，供应一片，这样做有利于提高小包装容器的质量，有利于降低成本。

（6）油脂的精加工，如生产高级烹调油、人造奶油、起酥油等，要适当集中在大中型油厂中生产，以利于副产品的综合利用和获取规模经济效益，不要都去搞小型炼油车间。

（四）积极推进粮油工业的“两个延伸”

关于粮食价格向食品方向延伸，油脂加工向油脂化工产品和植物蛋白方向延伸的问题，商业部作为今后粮油工业的发展方向，已列入了“八五”全国粮油工业技术进步规划。但在具体工作中还需注意以下几点：

（1）发展粮油食品，在指导思想上，除了要继续搞好大众化食品外，要有“超前意识”，搞好“两个延伸”，既要看到眼前，又要把眼光看得远些；产品既要注意以市场为导向，又要注意引导市场、引导消费。在规划时，各地要根据自己的实际确定延伸的品种、档次。从全国而言，沿海与内地，大中城市、开发地区与县城、集镇应有所区别。这里需要特别强调的是，大众化食品千万不能丢，因为它不仅城市居民需要，而且广大农村市场也需要，丢了它就是丢了相当一部分市场，千万不可忽视。

（2）积极发展速冻食品，如速冻饺子、包子、馄饨、窝窝头、八宝饭、烧卖、麻团、春卷、各类蔬菜等。在国外的超级市场上，速冻食品丰富多彩，已经普及。这两年我国的大中城市速冻食品发展较快，深受消费者的欢迎，是今后发展的方向。一套速冻装置，既可生产速冻食品、速冻菜，并能保持原有的风味，夏天还可以生产冷饮制品，而且投资不大，上马快，有优势。建议在消费水平较高的大、中城市和经济较发达的地区，粮油工业企业要积极发展速冻食品，使粮食部门在速冻食品的市场上占有一席之地。

（3）在研究粮食转化时，当前要特别重视研究对早籼米和杂交稻的开发利用。粮油工业企业一定要主动与科研院所合作，下大力攻克转化难关。要注意玉米系列食品的开发研究；要重视燕麦、荞麦、赤豆、绿豆、豌豆、蚕豆等各种杂粮、豆类的开发利用，在它们中间有的可以制成人们喜爱的食品，有的可以制成功能食品，有的可以制成各种馅点。

（4）要研究消费者的心理和需求，注意开发功能性、营养性、保健性食品的生产。随着粮油精加工、深加工和粮油食品生产的不断发展，要重视食品添加剂的开发，如烘焙制品品质改良剂、乳化剂、酵母营养剂、食品调味剂、营养强化剂、天然香料、天然色素及防腐、防霉、抗氧化剂等食品改良剂的生产。

（5）要充分利用各地的资源优势，积极开发天然饮料和天然食品，如矿泉水、果汁饮料、蔬菜汁等。现在农业部门推出了无污染“绿色食品”，受到了消费者的关注和喜欢。去年夏天，上海市矿泉水供不应求，占饮料销售量的三分之一，我们应该从中得到启迪。

（6）注意宏观管理，合理布局。“两个延伸”内容丰富，品种繁多，前景广阔。但有些产品，特别是油脂加工的延伸产品，市场有限，技术难度高，投入大，风险大。建议开始时要选择基础条件好、技术力量和经济实力较强、有一定承受风险能力的大中型企业进行延伸，切忌盲目上马、一哄而起。

（7）要重视食品机械的开发研制。食品机械门类较多，需要量大，但目前可供粮油工业两个延伸和城镇粮店选用的食品机械为数不多。为此，粮油机械厂要在安排粮机生产的同时，拿出一部分力量投入到研究开发食品机械方面来。今后，粮油机械厂也要跳出粮油机械的小天地，渗透到生产食品机械、小包装机械和其他机械产品的行列中去，不要在生产粮油机械上东抄西搬，搞内部竞争。

（五）坚持“本业为主，多种经营”的方针

粮食部门开展“本业为主，多种经营”，是经济和社会发展的客观要求，也是粮食部门在新形势下求生存、求发展，为国家多做贡献的必由之路。去年烟台会议后，各地粮食部门对开展“本业为主，多种经营”的重要性、必要性有了共识，付诸行动取得了成效。尤其可贵的是，一些地区在实践中不断探索，找到了开展多种经营的路子。粮油工业企业开展多种经营要拓宽领域，敢于和善于打破部门和行业界限，走出单纯依靠米、面、油加工的固有天地。

几十年来，粮油工业企业在独家经营和“保市场”思想的影响下，一直围绕着米、面、油加工做文章，门路越走越狭窄，不能适应当前商品经济发展和激烈的市场竞争。为此，我们要有挤、占的精神去拓宽领域。在这方面，台湾省油脂工业企业的做法很值得我们研究和学习。他们的经营范围已渗透进银行、建筑、房地产、食品饮料等行业，他们不但是生产型的，也是经营型的。在我们商、粮、供三家的工业企业中，供

办工业的开拓精神强，门路广，产品有新意，许多企业充满了生机和活力。近几年来，供办工业的产值利税一直保持着迅猛发展的好势头。1991 年商办工业总产值和实现利税分别比上年增长 8. 21% 和 16. 28%，其中，供办工业的总产值和实现利税分别比上年增长 12. 3% 和 26. 3%，发展速度为商办工业各行业之首。他们的闯劲和经验值得我们去总结和学习，鼓励有条件的企业积极开拓和发展跨部门、跨行业的产品。总之，在竞争中，粮油工业企业要打破过去的条条框框，自己解放自己，只要市场有销路，原料有保证，企业有条件、效益好，什么产品都可以搞，什么产业都可以干。

（六）依靠科技进步，加速粮油工业的技术改造

深化改革，扩大开放，以经济建设为中心，科学技术是第一生产力的地位和作用越来越突出，越来越重要。粮油企业的发展也同样必须依靠科技进步，走科技兴业的道路。今后企业进行技术改造、开发新产品、提高产品质量、降低消耗、增强发展后劲都要依靠技术进步。要及时了解科技市场信息，舍得花钱买专利、买技术。现在凡是经济技术指标先进、企业效益好、有发展后劲的企业，都十分重视科技进步，甚至连许多乡镇企业也在开始重视和依靠科技进步，他们已经意识到今后企业的生产和发展要依靠科学技术，有的甚至不惜工本地买技术、聘人才。他们对技术、人才作用的认识比我们强。在商、粮、供三家的工业企业中，供办工业的科技意识比粮办工业强。最近江苏省供销社在南京邀请了 11 家大专院校举办了科技成果发布会，使到会的企业开阔了视野，转让了不少高新技术，这种精神和做法值得我们粮办工业学习。

当前，市场竞争激烈，一些企业面临着优胜劣汰的挑战。要求企业得以生存和发展，就必须积极采用先进工艺、先进设备，加速企业的技术改造，以利于企业提高产品质量、档次，增加品种，降低消耗，提高经济效益，增强企业发展的后劲。

粮油工业是发挥国营粮食企业主渠道作用的重要物质基础。在面临激烈竞争的形势下，粮油工业企业要坚守阵地，坚守粮油工业阵地，不仅是粮食部门继续发挥主体地位和主渠道作用的需要，也是稳定市场、保证供应、稳定社会的需要。为此我们要有紧迫感和责任感。要坚守阵地，必须继续保持大中城市的粮油工业企业和大中型粮油工业骨干企业的优势，巩固县城一级和重要集镇的粮油工业企业，要想方设法筹集资金，突出重点，分期分批地加速对企业的技术改造，使粮油工业企业在质量、品种、技术、消耗、效益等方面领先于其他部门的企业，高出乡镇企业一筹。做到人家有的产品我们都能生产，我们有的产品人家很难生产，只有这样，才能继续保持粮油工业的优势并得到不断发展。

今后，粮油工业的技术改造要继续注意适度规模经营，重点支持具有竞争能力的大中型骨干企业，支持精、深加工及“两个延伸”的项目；支持看准了的跨部门、跨行业项目。与此同时，各地要关心县城一级和重要粮油企业的改造，比如面粉加工，不仅大中城市的面粉厂能生产高精度的等级粉和食品专用粉，县城一级和重要集镇的面粉厂也要考虑必要的改造，适当延长粉路，使之能生产等级粉，不仅满足县内非农业人口的口粮供应和食品工业用粉的需要，而且要通过开展代农加工、搞兑换、开办“粮食银行”等办法占领广大的农村市场。

为推动粮油工业的技术进步，我们提倡粮油工业企业要做到：对新产品、新技术的开发要舍得花钱，对看准了的技改项目要敢于贷款，敢于负债，以增强企业的发展后劲。

（七）发展横向联合，组建企业集团

发展横向经济联合、组建企业集团，是转换企业经营机制的一种有效途径。通过发展横向联合，可使企业在资源、资金、设备、技术和人才等方面进行合理交流，发挥各自的优势，促进经济结构和产品结构合理化，形成规模经济效益。粮油工业大多是中、小型企业，抗风险能力和市场竞争能力较弱，通过联合可以使优势互补，求得共同发展。在联合的基础上组建企业集团，这也是今后企业生存、发展的必由之路。当前，粮油工业企业在发展横向联合、组建企业集团中要注意以下几点：

一是要进一步提高对发展横向联合、组建企业集团的重要意义的认识，加快步伐。粮油工业企业要以大中型骨干企业为龙头，积极发展面粉加工、大米加工和油脂加工企业的横向联合，在各地组建集团的基础上，待条件成熟时，组建全国性的集团公司。

二是发展联合、组建集团要先从粮食部门内部搞起来，充分发挥粮食部门的整体优势。

三是由省市主管部门将本省市系统内的粮油工业企业组织起来成立集团，归属于省市工业公司领导，以便于统一组织协调，发挥群体优势。有的省市粮食局已经这样做了，效果不错。各地应探索总结自己的经验，使横向联合、组建企业集团的工作有领导地健康地向前发展。

（八）继续做好引进技术的工作，发展外向型经济

粮油工业企业要按照邓小平同志的重要谈话精神，在引进国外先进设备和发展“三资”企业上，思想要解放一点。今后，既要加强宏观指导，又要注意灵活一点，千万不能束缚我们自己的手脚，控制了我们自己。实践证明，发展“三资”企业，有利于动态跟踪国外先进技术；有利于利用外资改造老企业；有利于出口创汇；有利于提高企业的科学管理水平；有利于提高企业的综合素质和经济效益；有利于促进企业内部机制的转换和提高企业的竞争能力。利多弊少，应该努力争取。粮油工业发展“三资”企业，也要开阔视野，跳出单纯搞粮油加工的圈子，对有条件有一定实力的企业，不仅可以搞与我们行业有关的“三资”企业，同时也可以搞其他行业的“三资”企业；不仅可以在国内办“三资”企业，也可以到国外去办“三资”企业。此外，我们还可以发展沿海与内地、经济较发达地区与经济较不发达地区之间的合作和合资办厂。这样做，既可利用沿海、经济较发达地区的技术优势和一部分资金，帮助内地、经济较不发达地区共同进步，又能充分利用内地、经济较不发达地区的丰富资源，做到优势互补。

针对粮油工业的实际，当前在利用外资、发展“合资”企业时要注意做到：工作要积极、过细，头脑要冷静。在洽谈中要防止“过急”而受到不应有的损失；对具有我们自己特色、经济技术指标先进、效益好的大型骨干企业，不要搞“合资”。

粮油工业企业不仅要立足于国内市场，同时要走出国门，积极开拓国际市场，争取多出口创汇。去年商办工业出口创汇达 13 亿多美元，其中供销工业为 6 亿多美元，商业工业为 5 亿多美元，粮油工业（含饲料工业）只有 2 亿多美元。可见粮油工业的外向型经济落后于供销和商办工业，要积极开拓，奋起直追。

为进一步扩大出口，我们要做到：第一，抓住机遇，拓宽市场。要在稳定原有市场的同时，积极开拓挤占新的市场。当前要特别重视独联体、东欧市场、海湾中东市场和拉美市场；第二，搞好工贸关系，多渠道出口。要坚持多渠道出口的原则，在巩固发展原有出口渠道的同时，积极开拓新的渠道。要充分利用商业部几家公司的对外窗口；第三，利用边境贸易扩大出口。现在广西、云南、新疆、黑龙江等省区的边境贸易十分活跃，要积极组织，加强联系与合作，为各地粮油工业企业利用好这些窗口服务；第四，探索多种扩大出口的形式。如在境外合资办厂，设维修点等；第五，要重视粮油机械产品的出口，积极组织成套、单机和零部件的出口供应；第六，要积极开发新产品，确保产品质量，下大力改进出口产品的包装。为促进粮油工业的产品出口，商办工业管理司要积极为出口企业服务，提供信息，牵线搭桥，促进成交。

（九）继续抓好“市场”和“现场”

这几年来，在激烈的竞争中，我们粮油工业企业的市场观念有了加强，积累了许多宝贵的经验。有的增加经销人员，有的提高营销队伍的素质，甚至请总工程师出来搞经销；有的在全国增设销售网点，设代理商；有的积极参与和利用各地的粮油批发市场；有的不惜工本做宣传、做广告；有的放下“架子”，改善经营作风、改进服务态度，以质量高、品种多、服务好来赢得消费者的信誉；有的通过开展代农加工、搞兑换、开办“粮食银行”等办法，拓宽了农村市场；有的讲究营销艺术，重视营销策略，敢于探索和利用乡镇企业和外资企业的营销方式等，推动了促销工作，提高了企业的经济效益，搞活了企业。这些经验值得我们学习和借鉴。

有关“现场”问题。我们认为，企业的“现场”管理状况如何，不仅能反映出该企业总体管理水平的高低，也反映出该企业精神面貌的好坏、企业和职工素质的高低。一个“现场”管理脏、乱、差的企业，不可能有良好的企业精神和企业风貌，也不可能有好的经济效益。就是一时有较好的经济效益，也不可能长期保持下去。为此，必须高度重视，常抓不懈。

这些年，在各级粮油工业主管部门和粮油工业企业的重视下，我国粮油工业的管理水平有了很大提高，上了一个台阶，出现了许多国家二级企业、省市先进企业和文明生产企业，但发展很不平衡，相当一部分企业脏、乱、差的现象没有根本改变。应从抓基础工作着手，经过两三年的努力工作，彻底改变面貌。

强化企业管理，向管理要效益、要质量，已被大多数粮油工业企业所接受。根据国务院的通知决定，结合粮油工业企业的实际，今年要在效益、质量工作上狠下功夫，取得明显效果。

要深入开展企业扭亏增盈工作。近几年来，粮油工业企业在面临种种困难的情况下，通过各种措施注重经济效益，取得了可喜成绩。1991 年实现利税比上年增长

8.54%；企业亏损面由上年的10.4%降低到8.61%；亏损总额下降12.65%。但发展很不平衡，有的地区企业亏损面达百分之十几，个别的高达百分之二十几。粮油工业主管部门应在认真调查研究的基础上，采取有力措施，制订切实可行的扭亏增盈计划。通过深化企业改革，转换经营机制，向管理要效益，向质量、品种要效益，向节约降耗要效益，向开展多种经营要效益，向技术进步要效益。我们要努力工作，在去年的基础上，今年将企业亏损面、亏损额降低三分之一，实现利税创历史最高水平。

要牢固树立质量意识，把产品质量放在第一位。今年国家对产品质量问题采取了强有力的措施，"中国质量万里行"活动在全社会引起了强烈反映，现在有关部门正在制定《中华人民共和国产品质量法》，加强质量法制管理。粮油工业企业要继续强化质量意识，抓住当前有利时机，发动全体职工在企业内部开展创优活动。对待群众反映的质量问题，要端正态度、认真对待，在主观上找原因，并采取有效措施，及时处理解决。

（十） 进一步加强对粮油工业的领导

各级粮食部门的领导尤其是主要负责同志一定要带头转变观念，特别是在激烈的竞争中，粮油工业面临着改制和困难的时候，一定要更加重视、关心、支持和加强对粮油工业的领导，协调好粮食部门内部关系，千方百计为粮油工业的发展创造良好的外部环境和内部环境，做到贸易、实业两手抓，坚持粮食商业和粮办工业两个轮子一起转，以增强粮食部门的生存和发展后劲。

为适应进一步深化改革的需要，管理体制的改革势在必行。现在不少省市粮油工业公司、工业处正在向实体过渡，对此，我们应该抱积极的态度，欢迎这种改革。我们认为，现在的时机十分有利，早过渡比晚过渡好。但机构不管如何改革，粮油工业的体系不能打乱，不能削弱行业管理职能，并要想方设法使其有所加强，这是粮油工业进一步发展的需要，也是我们1万多个粮油工业企业和近70万职工的希望所在。今后行业管理的职能，主要是管方针政策、统筹规划、组织协调、监督服务。粮油工业公司、工业处向实体过渡后，一定要做到一手抓贸易、抓实业，一手抓管理，两者不能偏废，都要作出成绩。向实体过渡，开始时会遇到许多困难，各级粮食部门的领导和各地粮油工业企业要关心、支持和帮助他们克服困难，搞好过渡。

八、 试谈我国油脂工业面临的新挑战和对策

——在中国粮油学会油脂分会第四届年会上的主题报告

（1992 年 10 月 29 日　于湖南长沙）

随着我国粮油放开经营和社会主义市场经济的发展，市场竞争越来越激烈，目前国营油脂工业企业面临着多渠道经营和多部门建厂的竞争，处境十分艰难。随着世界经济的发展和我国恢复关贸总协定缔约国合法席位后，我国的油脂工业与其他工业企业一样将面临着新的挑战，为此，必须引起我们的高度重视，采取有力措施，做好充分准备。

（一） 20 世纪 90 年代世界经济的发展趋势

最近，一些经济学家发表文章，分析了 20 世纪 90 年代世界经济的趋势，其中一些分析值得我们深思和重视。

（1）从总量增长型向质量效益型转化　世界经济面临两大重要变化，一方面是科技革命的全面扩展；另一方面是经济结构深刻而广泛的调整，两者的结果正在导致世界经济的转型，即从总量增长型向质量效益型转化。这种变化在发达国家和新兴工业国家与地区表现得最为明显。由于科技革命的影响，90 年代世界经济增长速度未必有很大提高，但却正在向高质、高效、更加集约化和现代化方向发展，产品的技术和知识密集程度及其市场竞争能力会登上一个新台阶。

（2）其次是经济结构深刻而广泛的调整　90 年代，世界经济将进入一个大调整的历史性阶段，调整包括各国的经济结构与政策、不同程度的体制改革和企业经营管理制度的革新、教育制度的变革等。这种调整必然反映在国际经济关系方面，如贸易和金融制度变化，集团化和全球化规则的确立等。为适应这种变化，我国和其他发展中国家就不能单纯追求量的增长，而应重视质的提高，否则就会只能跟在人家后面跑，而丧失大好时机。

（3）集团化趋势进一步发展　全球化和集团化是 90 年代世界经济中的两个重要发展趋势；南北差距进一步扩大；前苏联地区经济将走出谷底，但形势仍很严峻。

（4）世界市场需要继续扩大　资金供应趋于紧张；西方贸易保护主义将加强和跨国公司的作用将进一步加强。

我认为，一些经济学家对上述 90 年代世界经济发展的分析，无论对搞经济工作的同志，还是对搞技术工作的同志，以及行政机关或油脂工业企业都具有重要的启迪作用。

（二） 关于我国恢复 WTO 合法席位后对工业企业的影响

今年 2 月份恢复的 WTO 准入谈判，进展很快。我国将力争在乌拉圭回合谈判中恢

复其缔约国的合法席位。为恢复 WTO 的缔约国席位，我国做了很大的努力，并将在贸易管理和贸易体制改革等方面不得不做出较大的让步——降低进口产品的关税；缩小进口许可证管理范围；简化或取消机电产品的进口审批制度；逐步取消给开放地区的特殊政策等，以符合 WTO 的无歧视原则，统一国别政策；调整一些进口管理政策，建立价格改革时间表，以解决双轨制价格以及国内比价关系与国际市场比价关系的差别问题等。

归纳以上各点，如果明年我国能顺利加入 WTO，我国对国内市场原有的保护屏障将在很大程度上被拆除，更深地介入国际市场和面对更为激烈的国际竞争，我国的工业企业（包括粮油工业企业）将直接面对来自国外产品的竞争，这将对我国经济产生深远影响。

（三） 分析我国加入 WTO 后对油脂工业的影响

就粮油市场来说，我国加入 WTO 后，具有竞争力的高质量的“洋米、洋面、洋油”将不可避免地进一步涌入国内市场，这无疑是对我国粮油工业企业的严重挑战。近年来，由于我国油料和油脂购销价格倒挂，进口油脂有利可图，加上多渠道进口造成的失控，致使大量棕榈油和廉价菜籽油、大豆油进入国内市场，造成国内油脂大量积压，使油脂工业企业走入了困境。我认为，这种困境今后将会继续扩大。

今年 9 月，我随同白副部长去马来西亚、新加坡考察。考察期间，对马来西亚棕榈油的生产发展情况做了调查。棕榈油具有产量高、成本低、用途广泛等特点，特别是用作煎炸食品有特殊的作用。因此，近年来世界棕榈油生产发展很快。尤其是马来西亚、印尼具有得天独厚的热带雨林优势，后来居上，居世界的领先地位。

据统计，90 年代世界 17 种油脂的总生产量为 7 730 万 t，其中棕榈油的产量为 1 030万 t。马来西亚近年来调整种植结构，改可可、橡胶为种棕榈树，产量直线上升。从 1970 年的 43 万 t，上升到 1991 年的 641 万 t，出口 500 多万吨，创汇 20 多亿美元，占世界棕榈油产量的 54%、出口量的 70%，成为世界最大的棕榈油生产国和出口国。棕榈树适合在赤道南北 5°的地区种植，每公顷棕果产量高达 22 ~ 25t，产毛棕榈油4 ~ 5t，比大豆同面积产油量高 9 倍多，比花生高 5 倍多，比油菜籽高 7 倍多。而且它是木本油料，常年收采、可保持 20 ~ 25 年商品化生长。由于马来西亚的棕榈油具有强劲的竞争力，加上目前我国食油的年产量在 50 亿 kg 左右，人均消费只有 4.5kg，远低于世界人均消费 14kg 的水平。从今后消费的趋势和食品工业不断发展的需要看，进口一定数量的棕榈油是不可避免的。尤其是我国加入 WTO 后，随着棕榈油进口关税的降低和缩小进口许可证管理范围后，棕榈油和其他廉价油脂迅速涌入我国市场的数量将会更多，这就势必会加大我国油脂工业企业的困难。

（四） 面对现实， 研究对策

综上所述，我国油脂工业企业将面临着新的挑战和困难，我们一定要面对现实，正视困难，通过认真学习、贯彻党的十四大精神，结合油脂工业的实际，认真研究和制定对策，变压力为动力，促使我国油脂工业的健康发展。

1. 加速油脂工业企业内部经营机制的转换

党的十四大文件指出："转换国有企业特别是大中型企业的经营机制，把企业推向市场，增强它们的活力，提高它们的素质。这是建立社会主义市场经济体制的中心环节，是巩固社会主义制度和发挥社会主义优越性的关键所在。"油脂工业企业要学习、领会十四大精神，认真贯彻《全民所有制工业企业转换经营机制条例》，把转换企业内部经营机制作为头等大事来抓。通过理顺产权关系，落实企业自主权，摆脱行政干预，使企业真正成为自主经营、自负盈亏、自我发展、自我约束的法人实体和市场竞争的主体，并承担起国有资产保值增值的责任。

为调动企业和职工的积极性，当前要进一步完善经营承包制；有条件的大中型企业经过当地政府批准，可以推行股份制，以利转换企业经营机制和积聚社会资金；深化分配制度和社会保障制度的改革，按照"多劳多得、按劳分配"的原则，加快工资制度的改革，拉开职工收入档次，使企业充满生机与活力。

2. 重视技术改造、发展规模经管

现在我国拥有国有油脂工业企业 1 400 多家，生产车间 7 000 多个，生产能力过剩，但是规模过小是一个突出问题。随着我国社会主义市场经济的发展和激烈的市场竞争，一些技术水平低、产品档次低、经济效益差的小型企业有可能在竞争中被淘汰。必须高度重视企业的技术改造，发展规模经营。党的十四大文件指出："国有资产投资的重点应当放在加强基础设施、基础产业，以及现有企业的技术改造和改建扩建上，尤其要重视老工业基地的大型骨干企业的技术改造。"为增强油脂工业企业的发展后劲和竞争能力，要重视采用现代最新技术，想尽办法、多方集资，把企业的发展规划和技术改造搞好。技术改造的起点要高，防止在低水平上的重复改造；对看准了的项目，要注意引进国外先进技术和积极利用外资；要重视规模经营，发挥规模经济效益，防止布点多、规模过小的重复建设。

3. 发挥整体优势，走联合之路

粮油工业企业要发挥整体优势，组建企业集团，走联合之路，我已讲过多次，没有引起大家的重视，进展甚慢。党的十四大文件号召的"鼓励有条件的企业联合、兼并，合理组建企业集团"看来这也是今后企业求生存、求发展的重要途径。我建议各级粮油工业主管部门，要根据本地的实际，组建以技术水平高、产品质量高、经营机制好、经济效益好的大中型油脂工业企业为龙头，其他油脂工业企业参加的集团公司。与此同时，要注意与大专院校、科技院所相结合，充分利用他们的科研成果；与粮食部门的储运、议价、商业相结合，充分利用他们的仓库设施和销售网点。集团公司成立后，要妥善处理好联合各方的利益分配关系；对大专院校、科研院所的科技成果实行有偿转让；对粮食部门的储运、议价、商业等采用让利的开明做法，实行有偿服务。总之，在利益分配的问题上，不能有短期行为，要用经济的办法，调动各方面的积极性，做到真诚合作，风雨同舟。

我认为，今后随着社会正在向现代化、集团化、国际化、市场化方向发展，我们的企业靠"单干"是行不通的，只有走联合的道路，发挥群体优越，才能增强竞争中

的抗衡能力。商业部商办工业管理司在继续搞好行业管理的同时，打算组建“中国华天商办工业总公司”，待批准登记后，我们打算在全国分别找十来家骨干油厂、面粉厂和粮机厂搞联合，以壮大联合各方的实力和增强知名度。

4. 积极研制和开发新产品， 改进产品包装

改革开放十四年以来，我国人民生活水平上了一个新台阶。现在我国“11 亿人民的温饱问题基本解决，正在向小康迈进。”要使 11 亿人民生活由温饱型向小康型过渡，我认为最主要的标志是在“吃、穿、用、住、行、玩”等多方面要有较大的改善和提高。就吃的方面来说，人们不仅要吃饱而且要吃好，不仅要吃好而且要讲究卫生、营养和保健，这对包括油脂工业在内的食品工业是一个压力，又是一个机遇。

我们要变压力为动力，抓住机遇，瞄准市场，依靠企业的技术进步，不断研制和开发新产品，要下决心，经过几年努力，使一些大中型骨干油厂能生产出多种油品及制品，以满足不同层次人民生活水平提高和食品工业发展的需要。油脂工业企业要像北京市的“绿宝”高级烹调油那样争创自己的名牌产品，以自己的实力抵制“洋油”的入侵，占领市场。我们还要十分重视商标和包装，提高小包装的比重，逐步改变群众用瓶“打油”的方式。据有关报道，香港的一些企业，经过几年的调查研究，在分析国内经济形势的基础上，打算采取联合行动，通过统一商标和包装，将产品打入大陆市场，他们的做法，值得我们深思。

5. 积极参与第三产业的发展

油脂工业企业在搞好本业同时，要根据市场需要和国家产业政策，积极开展多种经营，开拓和发展跨部门、跨行业的产品。党的十四大文件指出：“第三产业的兴旺发达，是现代化经济的一个重要特征”，“发展我国商业、金融、保险、旅游、信息、法律和会计审计咨询、居民服务第三产业，不仅有利于促进市场发展，提高服务的社会化、专业化水平，提高经济效益和效率，方便和丰富人民生活，而且可以广开就业门路，为经济结构调整、企业经营机制转换和政策机构改革创造重要条件”。十四大报告中指出了第三产业 8 个方面的内容，不只是传统的商业，有许多领域与我们有关。我们要打破传统的思维方法，积极参与、开拓第三产业。

据有关人士分析预测，我国第三产业的比重现在只占 27%，到 2000 年将提高到 40%；全国社会商品零售总额，今年预计为 1 万多亿元，到 2000 年将达到 3 万亿元。由此可见，发展第三产业天地广阔，前途光明。油脂工业企业通过内部经营机制的转换、产品结构的调整和优化劳动组合，要及时地组织富余人员积极开展多种经营和参与发展第三产业，为我国第三产业的发展做出应有的贡献。

6. 积极营销， 开拓国际市场

当前油脂工业面临着许多困难，油脂产品大量积压是一个突出的问题。为克服困难，我们要进一步强化营销工作，增强销售队伍，要研究营销艺术，重视营销策略，敢于探索和利用乡镇企业、外资企业的营销方式；要面向农村，积极开拓农村市场，除了继续搞好代农加工之外，要探索兑换业务，开展以油换料，以油换农副产品的活动；今后只要群众满意，企业有利，什么兑换业务都可以组织；要奖励有贡献的销售

人员，发动和鼓励职工推销。总之，我们要在营销上多动头脑，多想办法，推动促销工作，把企业搞活。

油脂工业企业除了要立足于国内市场外，同时要想法走出国门，积极开拓外向型经济。要善于利用各种渠道，将自己的名牌产品打入国际市场，争取多出口创汇。我们参加 WTO 后，就意味着我国市场与国际市场的完全接轨。为此，我们要树立“世界意识”，做到哪里有生意就到哪里去做，改变过去那种固守在家门口做生意的“小老板”思想意识。今后，有条件的油脂工业企业集团和大中型骨干企业，在积极引进外资的同时，要敢于和善于到国外去办厂，实行跨国经营，并根据十四大的精神，积极争取外贸自营权。

7. 强化管理， 提高效益

在六年前的第一次全国粮油工业处长（经理）座谈会上，我曾说过，管理是科学，而且是一门综合的科学，因此也是生产力。我还认为，企业管理在很大程度上反映在“现场”管理，企业的“现场”管理水平如何，不仅能反映出该企业总体管理水平的高低，也反映出该企业精神面貌的好坏，企业和职工素质的高低。一个“现场”管理脏、乱、差的企业，不可能有良好的企业精神和企业风貌，也不会有高质量的产品和好的经济效益。这些观念已被许多同志所接受。这些年，在大家的重视下，我国油脂工业的管理水平有了很大提高，上了一个台阶。但发展不平衡，相当一部分企业脏、乱、差的现象没有根本改变，需要继续下大力，彻底改变面貌。通过强化管理，向管理要质量、要效益，以适应世界经济发展“从总量增长型向质量效益型转化”。

8. 重视技术， 尊重人才

当今世界日新月异的科技进步，是推动世界各国经济发展的强大动力。两年前爆发的海湾战争，实质上是一次科技和综合国力的较量。从海湾战争中使我们认识到，一个国家科技落后必然会导致经济落后，就会受制于人。一个国家是这样，对一个企业也同样如此。在今后激烈的竞争中不重视科技，不重视科技投入的企业，其最终结果必然是被淘汰。为此，油脂工业企业都要重视科技，尤其是要重视高新技术的发展，要舍得花钱买技术买专利。努力提高科技进步在产值、效益增长中所占的比例。

重视科技、尊重知识，首先要尊重人才。党和政府历来强调要尊重知识，尊重人才。只有这样才能调动科技人员的积极性，国家才有希望，企业才能兴旺。为调动科技人员的积极性，我希望油脂工业企业领导要按党的十四大精神，下决心提高科技人员的待遇，改善科技人员的生活、学习、工作环境，只有这样才能更好地使他们积极工作，为企业的兴旺发挥他们的聪明才智。与此同时，我们还要重视职工素质的提高，开展各种培训，鼓励自学成才等办法为企业培养出大批人才。

我相信，只要我们认真贯彻党的十四大精神，认清形势、转变观念、正视困难、研究对策、抓住机遇、真抓实干，我国油脂工业的发展一定会跃上一个新的台阶。

同志们，我们这次会议是在全国认真学习、贯彻党的十四大精神的大好形势下召开的，会议将总结分会的工作、交流学术论文、研究布置明年的工作，希望大家努力把会开好。

这次会议在长沙市召开，得到了湖南省粮食局、上海市粮食局、湖南省粮油工业公司的大力支持，保证了会议的顺利召开。我代表商业部商办工业管理司、中国粮油学会油脂分会和全体与会代表，向他们表示衷心的感谢！

九、 在全国制油技术研讨座谈会上的讲话

（1993 年 12 月 24 日　于湖北鄂州）

同志们，由湖北省粮食局粮油食品工业公司主办、鄂城油脂工业总厂承办的全国制油技术研讨座谈会在鄂州市召开。参加这次会议的有来自全国十多个省市的有关代表。这次会议是在当前我国走向市场经济、粮食放开，经营放开的前提下召开的，会议很有必要，我希望这次会能针对当前油脂工业实际情况，研究一些新问题。因为这次来湖北时间比较短，来了以后，胡杏珍副局长要我参加这次会，跟大家见个面，我很高兴，现在我就今后我国油脂工业的进一步发展讲几点自己的想法：

（一） 中国的油脂工业和商办工业是大有希望的

我国的粮油工业企业现有 11 000 多家，其中油厂有 1 400 多家，年产食用油总量 300 万 t 左右，占全国油脂总产量的 40% ~45% 。这样的规模，都是我们国营油厂、粮食部门的油厂生产的。随着人们生活水平的不断提高，我国的油脂精深加工能力发展比较快，目前全国高档油品年生产能力约 50 万 t。在计划经济时期，我国的油脂工业企业以及我们油脂战线的广大干部职工，为保证市场供应、稳定市场、稳定物价，做出了贡献。这几年来，我国的油脂工业随着国民经济的发展而不断发展。在市场放开，粮食价格放开的情况下，我们各级粮食部门都要把全国的粮油工业企业，包括油脂工业，看作是我们粮食部门的一笔财富和重要的支柱产业，要看作是我们粮食部门走向市场经济，在竞争中求生存、求发展的重要物质基础，也可以说是我们粮食部门立足的基业，也是我们实力的体现，白美清副部长曾多次在全国粮食工作会上讲过这个精神。今年 6 月，国务院印发的《九十年代中国食物结构改革与发展纲要》的通知中提出了到 20 世纪末，实现小康的基本要求，也就是到 2000 年，我国人民食物消费和营养的基本目标是人均全年食用植物油的消费标准定为 8kg，人均全年 8kg 的数字的概念就是中国到 2000 年油脂的总产量，将要达到 1 000 万 t。今年是 600 多万吨，还有三分之一的差距，油脂需要量的不断增加，为油脂工业的进一步发展提供了机会，为此我国的油脂工业是大有希望的，大有前途的。今年，在烟台举办的全国粮食厅局长、总经理第三期高级研讨班上，白美清副部长指出：“粮食行业首先要把粮油食品工业、粮油食品商业作为支柱产业来抓，这是大有前途的”。所以说，我们不管遇到什么困难和问题，我国的油脂工业包括粮油工业是有前途的工业。

（二） 当前油脂工业所面临的问题和任务

当前粮油工业，包括油脂行业主要存在的问题：一是资金短缺，特别是流动资金短缺；二是原料不足，开工不足；三是仓容设施不足，包括原料、成品库的不足；四是销路不畅。当然，从现在开始到明年，油厂不存在销售问题，与前两年形势不一样，

而粮油工业的其他项目都面临着多渠道竞争、国内外竞争。资金短缺的问题，这是客观存在的。整个粮油工业，包括商办企业都存在这个问题，因为，我们过去商办工业企业包括油脂工业企业都是为了保市场，是地地道道的计划经济，因此，给我们各个企业核定的流动资金是微不足道的。过去的粮油原料都是由粮食部门收购，我们油厂生产加工主要是代加工和价拨加工，资金不发愁。现在我们的油厂要走向市场，资金不足的问题比较突出，这在全国都普遍存在。过去，加工企业的原料成品仓库掌握在粮食商业部门手里，他们将原料收购上来后，就调给油厂进行加工，而现在不行，现有企业要生存、求发展，要开展多种经营，所以，仓库、原料普遍相对不足。

当前粮食多渠道经营，竞争越来越激烈。我们不仅要与乡镇企业竞争，还要与中外合资企业竞争。再过 3 ~5 年，我看竞争的局面将会更加突出。而粮油工业企业包括油脂工业企业的包袱较重、人员多、老职工多，生活设施不配套，欠债较多，问题不少，这样参与竞争会越来越困难。今年就反映出油脂工业企业包括粮油工业企业经济效益出现大幅度下滑，可以说已经滑到了低谷，这是我们没有预想到的。1992 年是粮油工业的黄金时代，全国粮油工业实现的利税，可以说创了历史最好水平，但是，今年形势突变，到第 3 季度全国的粮油工业的利润，约 6. 5 亿元，去年同期是 18 多亿元。这反映粮价放开，经营放开后，我们在思想上还没有充分的认识和准备，不太适应，加之我们企业的困难很多，造成了经济效益的大幅度下滑。尽管当前企业面临的困难很多，但是我们要充满信心，发动职工渡过难关，通过发奋努力，尽快走出低谷。面对目前严峻的竞争局面，下一步油脂工业如何走出低谷？我讲几点意见供大家参考。

1. 要走联合的道路

工业的规模经营、集约化生产，以及向集团化发展，这是一个国家社会生产力水平提高的重要标志。当前，我国小厂遍地开花，这是不正常的。小企业多，是难以形成规模效益、形成产业集团的。在市场经济大潮中竞争力也很差，是经不住风浪的。我国工业企业在宏观上讲有些失控，这种局面不会很长。在市场经济大潮的冲击下，最终要淘汰小厂，留下的一定是具有规模经营，有一定经济实力的企业或集团，这样才能在国际上站稳脚跟。我国现有 1 400 多家油脂企业，这还不包括乡镇企业，要发展，必须要走联合发展之路，这是粮食部门要考虑的重要问题。目前，我国的粮油工业企业，包括油厂中小企业，抗风险能力太弱。为此，我们只能拧成一股绳，发挥整体优势，才能在市场上较量一番。所以，走联合之路势在必行。

这里我谈几点设想：一是厂厂联合，油厂与油厂联合，油厂与米面厂联合，与食品厂联合，与饲料加工厂联合，总之都可以联合，通过联合发挥几个厂联营的优势。狭隘的地方经济和区域经济的观念，是不适应市场经济发展的，现在是大市场、大流通、大贸易经济，靠计划经济，行政命令，农业产品就近加工，今后肯定是行不通的。我认为把两个厂或几个厂联合为一个厂，走规模经营、集团经营，靠质量取胜，是发展的必然。除了内部联合外，外部也可以联合。现在外商来办的企业都是年产几十万吨的产量，而我们都是日产 50、30t 的小型油厂，大的也就是一两百吨，从规模上肯定是不行的，必须联合起来，几个厂联合起来，扩大规模，要用经济手段联合起来。联合之后，富余人员、设施及场地，可以搞一业为主，多种经营，可以搞第三产业、房地产等，还可以搞别的产业。大家回去后可以试验，只要合乎经济规律，就可以联合起来，共同发展。

现在有一个奇怪的现象，“中国人”与“中国人”联合不起来，企业与企业联合不起来，乡与乡联合不起来，地区与地区联合不起来，上下级联合不起来，这是很可悲的，我们只能跟外商联合，内部却不愿联合，这是很奇怪的。这次在湖北开会，在联合的问题上，希望湖北带个好头。

2. 粮食系统内部工商联合问题

要发挥粮食部门的整体优势，工商要联合。工业企业没有仓库，商业有，这样工商完全可以用经济的办法联合。今后，只要是对粮食部门职工有利，大家就要想开一点，我们在内部不要太多计较，要抓紧时间搞好工商联合。现在一些工业企业为了生存，自己设点搞销售，这是对的，但没有粮食商业网点多，工业也没有这么大的能力到处设点，销售自己的产品，还是要靠粮食部门现有的网点。当然，遍布城乡的粮食部门的网点也有一些问题，比如有的不买我们粮食部门自己加工的大米、面粉，而到社队企业去买，搞回扣，质量差也不管，而我们的质量有保证却没有销路。这是值得我们各级粮食部门思考的问题。我认为只有运用经济的手段，把这些加工企业联合起来，增加我们粮食部门的凝聚力，发挥整体优势，才会立于不败之地。油脂工业企业今后面临的竞争越来越严峻，现在全国从饲料开始，发展到油厂、面粉厂，不光有合资，现在还有独资，搞的都是大企业。比如北京“康师傅”的产品，就是用我们面粉厂生产的专用面粉做的，市场销路好，有利可图，它现在要搞独资企业，要建立自己的面粉厂了。因此，形势越来越严峻，只有团结起来，一切问题才好解决。

3. 粮油工业企业（包括油脂工业企业）与粮食原料生产基地的联合

为了保证粮油工业企业粮油原料充足、质量可靠，我们应该有意识地与农业生产基地建立良好的合作关系。9 月份，我陪同白美清副部长到乌克兰，他们对粮油加工企业已开始酝酿搞股份制，但不与外商合资。他们采取的办法是分给主要工业企业、仓库一些股份，给农庄留 20% ~30% 的股份，其目的是紧紧抓住自己的原料不放，这是有道理的。现在看来，粮油加工与粮油生产基地的联合也是势在必行，我们要走联合的道路。目前全国有 1 400 多家油脂企业，今后肯定不需要这么多，肯定有不少要关门，与其等着被别人吞并，不如联合起来。

从油脂工业的发展情况来看，步伐比较快，生产能力不断扩大，档次不断提高，专用油、小包装油都已问世。今后沿海大中城市发展将更快些，深精加工对油脂加工来说是个契机，一个良好的机遇，我认为，油脂精炼水平、能力还要进一步发展。从宏观来看，深精加工能力要扩大，使高级烹调油，色拉油的产量进一步扩大。目前，北京等地的高级烹调油有些供不应求。现在抓综合利用是个比较好的机遇，以大豆为主体的油料加工及副产品的开发利用，现在销路开始扩大，食用油的小包装市场也看好，各地应因地制宜地发展，油脂化工产品也有一定的市场。油脂生产一定要向精深加工方向发展，精深加工的发展，也应该在联合的基础上发展，小规模不行，没有效益，一哄而起，大家都搞，结果都没有饭吃。这种机遇稍纵即逝，要抓住，不能错过。

现在油脂工业有很多新的东西，例如以大豆为原料的膨化浸出等一些新的制油方法，以及新的设备，这都是可以探讨的，但要防止一哄而起。

严格经营管理也是效益。几年来，油脂工业上了一个台阶，但全国的油脂工业跟商办工业一样效益呈下降趋势。现在有些同志认为，搞市场经济了，就不要管理了，可以乱来，这是一种糊涂认识。我们的企业还是要强调严格治厂，向管理要效益。在管理方面，一是要从严治厂，二是保证产品质量。当前粮油工业还面临着一个新问题就是原料的质量问题。现在粮油中掺泥土，掺石子的现象到处可见。我们要面对现实，增设和完善清理工序，确保产品质量。三是安全生产。今年的事故不断发生，过去没有发生的事故都出来了，工业司明年将认真抓一抓安全生产的问题。河南有个粮食部门办的增白剂厂，一次爆炸事故，全厂80人，死了27人，故事发生的原因，纯属违章操作，有章不循，蛮干，把人民生命财产当儿戏。我们的油厂现在事故也较多，这个问题要引起各级领导和企业的注意，安全生产与自己厂的效益息息相关。四是要继续搞好统计工作。现在有些企业对统计放松了，人员减了，不统计了，这样搞不利于企业生产经营管理，也不利于各级粮食部门的宏观管理。为此，各级粮食部门，粮油工业企业，除了做好生意外，企业管理还得抓一抓，还得有人搞统计工作。今后，各地机构改革，人员不管怎么减，但搞统计工作的人员不能减，统计工作不能忽略。五是抓好扭亏增盈工作。我们要想办法走出低谷。我们的粮油工业企业，挖潜的能力还是不小的，当前粮油工业的经济效益已走入低谷了。希望通过2～3年或3～5年时间能走出低谷，但这要靠我们粮油工业企业自身的努力，还要靠各级领导的支持，这几天我看了湖北省几个企业，从大冶到黄石，今天又看了鄂城，这三个地方的商办工业企业，总的来讲，管理得还行，有板有眼，看得过去，但从全国来看相当一部分企业管理放松了，希望同志们能认真抓一抓。

这次研讨会是油脂工业发展方向的一次研讨会，也是一个信息交流会，也是大家联合起来相互帮助做生意的机会。我认为这种形式是相当好的，希望大家针对当前油脂工业的实际，认真研究解决一些问题。

借此机会，我代表国内贸易部工业司、科技质量司以及华天实业公司，向全国油脂工业战线的广大职工表示亲切的问候。预祝这次大会圆满成功！

十、 2003 年的中国油脂工业

——在中国粮油学会油脂分会第十三届年会上的专题学术报告

（2004 年 6 月 10 日　于江苏无锡）

党的十一届三中全会以来，随着我国的国民经济快速发展，国力大大增强，人民生活水平不断提高，我国油脂工业发生了翻天覆地的变化，有了突飞猛进的发展。尤其是 2003 年，这是我国油脂工业快速发展中的“黄金年”。下面谈谈 2003 年我国食用油市场的供需情况、油脂工业的基本情况和特点以及油脂工业在发展中值得注意的几个问题，供大家参考。

（一） 2003 年我国食用油市场的供需情况

油脂工业的发展，离不开油脂消费市场的发展。回顾 2003 年我国食用油市场的供需情况，可以用四个字来概括，叫做“供需两旺”，或者叫“产销两旺”。

首先是“供”，2003 年我国食用油的总供给量有多少？这个总供给量包括国产油料及净进口油料加工成的食用油总量。据有关资料介绍，2003 年我国大豆、花生、油菜籽、棉籽、葵花籽、芝麻、油茶籽、亚麻籽等 8 种主要油料的总产为 5 694. 5 万 t，是 1998 年以来油料总产最高的一年，1998—2003 年中国 8 种食用油料产量见表 1。在 5 694. 5 万 t 国产油料中，扣除大豆、花生和葵花籽的直接食用部分后折油为 965 万 t。

表 1　　1998—2003 年中国 8 种食用油料产量　　单位：万 t

年度	1998	1999	2000	2001	2002	2003
大豆	1 515. 2	1 424. 5	1 540. 9	1 540. 6	1 650. 0	1 690. 0
花生	1 188. 6	1 263. 9	1 443. 7	1 442. 0	1 495. 0	1 505. 0
油菜籽	830. 1	1 013. 2	1 138. 0	1 133. 0	1 053. 0	1 240. 0
棉籽	765. 2	650. 9	750. 9	904. 4	836. 4	850. 0
葵花籽	146. 5	176. 5	195. 0	148. 0	200. 0	198. 5
芝麻	65. 5	74. 3	81. 0	80. 0	90. 0	91. 0
油茶籽	72. 3	79. 3	82. 3	82. 5	83. 0	83. 0
亚麻籽	52. 3	40. 4	25. 3	25. 3	32. 0	37. 0
合计	4 635. 7	4 723. 0	5 355. 8	5 355. 8	5 439. 4	5694. 5

注：①资料来源：国家统计局、农业部统计资料。

②2003 年的数字为有关机构预测数及估计数。

根据国家海关总署提供的资料，2003 年我国进口大豆 2 074. 1 万 t、油菜籽 16. 7 万 t；进口大豆油 188. 4 万 t、菜籽油 15. 2 万 t、棕榈油 332. 5 万 t，总折油 958. 3 万 t，扣除出口折油 35.5 万 t，净进口折油 922.8 万 t。是历年来进口数量最多的一年，1996—2003 年中国油脂油料进口情况见表 2。

表 2　　1996—2003 年中国油脂油料进口量　　单位：万 t

年度	1996	1997	1998	1999	2000	2001	2002	2003
进口折油	296.2	340.6	327.7	394.5	496.8	514.4	570.2	958.3
大豆油	129.6	122.5	82.9	80.4	30.8	7.0	87.0	188.3
菜籽油	31.6	35.1	28.5	6.9	7.5	7.0	7.8	15.2
棕榈油	100.9	115.6	92.9	119.4	139.1	151.7	222.1	332.5
大豆	110.8	287.6	319.3	431.9	1 041.9	1 393.9	1 131.5	2 074.1
油茶籽	0.04	5.5	138.6	259.5	296.9	172.4	61.8	16.7
出口折油	69.7	93.7	44.1	30.9	35.4	39.9	38.9	35.5
净进口	226.5	246.9	283.2	363.6	461.4	474.5	531.3	922.8

由表 1 1998—2003 年中国 8 种食用油料总产（万 t）、表 2 1996—2003 年中国油脂油料进口表（万 t）可见，2003 年我国食用油的总供给量为国产油料折油 965 万 t 和净进口油 922.8 万 t 之和，总计为 1 887.8 万 t，人均可供给量达到 14.5kg，这也是历年来的最高总供给量。随着我国人民生活水平的不断提高，食用油的消费增长速度较快，由 1996 年的 1 002 万 t 增加到 2003 年的 1 500 万 t（有人分析要高于 1 500 万 t，达到 1 650万 t 左右），年平均增长 70 万 t 以上。2003 年比 2002 年增长 90 万 t 以上。人均年消费量由 1996 年的 7.7kg 提高到 2003 年的 11.5kg，缩小了与世界人均年消费量 15kg 的差距。

1996—2003 年中国食用油消费情况见表 3。表中数字表明：2003 年我国食用油市场呈现出“产销两旺”的喜人局面；食用油总量出现了供大于需的状况；人均年消费量达到 11.5kg，与世界人均年消费量 15kg 只有 3.5kg 的差距，随着人民生活水平的进一步提高，食用油消费市场还有一定的空间，前景看好。这些数据都直接影响着中国油脂工业的发展。

表 3　　1996—2003 年中国食用油消费情况

年度	1996	1997	1998	1999	2000	2001	2002	2003
消费量/万 t	1 002.5	1 051.3	1 090.7	1 163.2	1 245.7	1 330.0	1 410.0	1 500.0
人均年消费量/kg	7.7	8.1	8.4	8.9	9.6	10.2	10.8	11.5

（二）2003 年我国油脂工业的基本情况和特点

“产销两旺”的食用油市场推动着我国油脂工业的进一步快速发展，尤其是 2003 年其发展速度之快，出乎人们的意料，创造了许多历史之最。

根据中国粮食行业协会对 2003 年全国粮油工业统计，全国日处理油料 30t 以上的油厂 1 493 个（其中 400～1 000t/d 的油厂 50 个，1 000t/d 以上的油厂 37 个），年处理油料能力 4 175. 5 万 t，年精炼能力 1 309 万 t，2003 年食用植物油加工企业单位数、生产能力、销售收入、利润总额一览表见表 4，食用植物油产量 953. 1 万 t（其中色拉油产量为 352. 2 万 t，高级烹调油产量为 67. 2 万 t），2003 年食用植物油企业主要产品产量见表 5，产品销售收入 862. 74 亿元，利润总额 21. 89 亿元，年末从业人数 99 434 人。上述数据都是历史最好的。

表 4　2003 年食用植物油加工企业单位数、生产能力、销售收入、利润总额一览表

	企业单位数/个	原料处理/（t/d）					年生产能力/万 t		产品销售收入/万元	利润总额/万元	年末从业人员/人
		100 以下	100～200（含 100）	200～400（含 200）	400～1 000（含 400）	1 000 以上	油料处理能力	精炼油能力			
合计	1 493	1 095	224	87	50	37	4 175. 5	1 309. 0	8 627 425	218 882	99 434
其中：国有企业	413	282	79	22	19	11	1 146. 2	330. 2	1 881 145	24 232	31 585
外商及港澳台商投资企业	34	7	3	5	7	12	678. 5	306. 8	3 393 862	129 847	10 497

表 5　2002 年和 2003 年食用植物油企业主要产品产量　单位：t

产品名称	2003 年实际	2002 年实际
食用植物油合计	9 531 159	7 806 167
其中：菜籽油	2 869 442	2 832 401
大豆油	3 919 475	3 262 331
花生油	453 778	457 809
棉籽油	266 387	280 151
其他	2 022 078	937 475
其中：色拉油	3 522 218	2 125 244
高级烹调油	672 081	596 778
一级油	874 804	860 027
二级油	2 616 520	2 470 418
其他	1 845 537	784 837

2003 年我国油脂工业有以下 4 个主要特点：

1. 加工能力进一步扩大，油厂规模日趋大型化

据《大豆网》报道，到 2003 年底，我国大豆加工企业共 557 家，日处理大豆能力 23. 12 万 t。其中 500t/d 以上的油厂 107 家，日处理大豆能力为 15. 73 万 t；1 000t/d 以上的油厂 63 家，日处理大豆能力 12. 7 万 t。另外，还有 2 000 多家小型油厂亦在不同程度地加工大豆。据估计，全年处理大豆能力高达 7 285 万 t，扣除其他油料加工和停产等因素，年处理大豆的有效能力大约为 5 200 万 t。

据了解，我国油厂的规模日趋大型化，目前全世界有 11 家日处理油料 6 000t 以上的大型油厂，其中 5 个在中国。他们分别是东海粮油，日处理油料能力 12 500t；广西防城港大海油脂，日处理油料能力 7 500t；秦皇岛金海油脂，日处理油料能力 7 000t；连云港益海油脂，日处理油料能力 6 000t；河北三河市汇福粮油，日处理油料能力 6 000t。全国拥有油料加工能力最大的企业是益海油脂、中粮集团、九三油脂、大连华农和大连华良。这 5 家企业集团目前已拥有日处理大豆加工能力 10 万 t 以上。

2. 产品结构进一步优化，档次不断提高

色拉油、高级烹调油的产量继续增加，占食用植物油产量的比例进一步提高。据统计，2003 年色拉油产量为 352. 2 万 t，比 2002 年 212. 52 万 t 增长了 65. 73%，占食用植物油总产量 37%，与 2002 年的 29% 相比提高了 8%；2003 年高级烹调油产量为 67. 2 万 t，比 2002 年 59. 68 万 t 增长了 12. 6%，占食用植物油总产量的 9. 5%，与 2002 年 8% 相比提高了 1. 5%。这两种油品绝大多数以小包装形式进入市场，深受消费者的欢迎。去年，嘉里粮油生产的小包装油品已突破百万吨。另外，橄榄油、油茶籽油、玉米油及米糠油等营养价值高的油品在一些经济发达的地区开始受到消费者的青睐。

3. “改制”工作取得明显成效

2003 年粮油工业统计资料表明，在 30t/d 以上的 1 493 个油厂中，国有企业 413 个，占企业总数的 27. 7%，其余均为民营企业和外商及港澳台商投资企业。油厂的“改制”取得了明显成效。预计再过两、三年国有油脂加工企业还会大幅下降，有的变为由多种经济成分参加的混合所有制企业，有的变成民营企业，这是大势所趋，实践证明早改比晚改好。据了解，“改制”后的油脂企业，去掉了沉重的历史包袱，吸取了民营企业和外资企业机制灵活等优点，保留了国有企业的长处，大多经营状况良好。

4. 经济效益好

据统计，2003 年全国 12 777 个粮油加工企业（其中 30t/d 以上的大米加工企业 7 815个，50t/d 以上的小麦粉加工企业 3 469 个）产品销售收入为 1 635. 7 亿元，实现利润总额 33. 62 亿元。其中食用植物油加工企业的产品销售收入为 862. 74 亿元，占粮油工业总销售收入的 52. 7%；实现利润总额 21. 89 亿元，占粮油工业利润的 65. 1%，效益明显好于大米加工企业和小麦粉加工企业。2003 年食用植物油加工企业的利润总额与 2002 年的 18. 66 亿元相比，提高了 17. 3%，是有史以来效益最好的年份。

（三）我国油脂工业在发展中值得注意的几个问题

2003 年是我国油脂工业快速发展的“黄金年”，也是我们油脂界难忘和留恋的一年。在这一年里，我们创造了许多历史之最。诸如国产油料创历史最高，达到 5 694. 5 万 t；进口大豆创历史之最，达 2 074. 1 万 t；净进口油脂（含进口油料折油）创历史最高，达 922. 8 万 t；当年食用油的总供给量达到 1887. 8 万 t，创历史最高；当年食用油的消费量达 1 500 万 t，人均年消费达 11. 5kg，又创历史最高。再加上油脂加工企业的产品销售收入、实现利润总额等都创历史最高，这是可喜的，也是油脂界梦寐以求的。

在这应该庆贺的时候，我们万万没有想到会出现“风云突变”，这就是今年 4 月份以来由于国内饲料行业需求不旺，油价下滑，进口大豆价格居高不下等原因，造成大多大豆加工企业亏损严重。为了回避风险，迫使一些企业减产、停产，这是我们很不愿意看到的。与此同时，我们又必须面对现实，冷静思考，乃至要做必要的反思。

1. 关于如何掌握进口油脂、油料的总量控制问题

2003 年我国油脂、油料的进口有些失控，没有按照市场需求组织进口，而是任凭少数企业在利益的驱动下，不做市场分析，盲目进口，造成进口“多”了。“多”多少？我们可以从 2003 年我国食用油的总供给量和实际消费量来分析。2003 年我国食用油的总供给量为 1 887. 8 万 t，其中净进口油（含油料折油）922. 8 万 t。全年消费油脂 1 500 万 t，供需相抵后有 300 多万 t 成为结转库存，这是相当大的数字。它是导致 2004 年油价下滑、大豆加工企业严重亏损的重要原因，也是影响当前油菜籽收购冷淡的间接原因。有人说：“今年油脂加工企业出现的不景气现象是对去年盲目进口油脂、油料的一种惩罚”，这种说法有一定道理。

2. 关于油脂加工能力问题

据《大豆网》称，到 2003 年底，我国大豆有效加工能力已达 5 200 万 t。目前还有 11 家大型大豆加工油厂已开工建设，预计到 2004 年底，大豆有效加工能力将达到 6 300万 t 以上；2005 年将达到 8 400 万 t。在我国要满足这样大的加工能力不知原料从哪里来，产品往哪里销？如果按这样的速度发展下去，对国家、对企业本身都不是一件好事。因为目前我国的油料加工能力已经很大了，相当一部分油厂已经处于“半年开工，半年停”的状态。再盲目扩大生产能力，从宏观上来讲是一种极大的浪费，从微观上讲增加了企业的风险程度，都是不可取的。我们不能受近 3 年来油厂效益普遍较好的影响而盲目扩大加工能力。

3. 关于油厂的规模和布局问题

规模化、大型化要因地制宜，不能一味追求大型化，也就是说要从实际出发，能大则大，不能大就不能勉强求大，否则会后患无穷。讲布局，就是要注意合理布局。现在一说建油厂，都要建大的，都要建在沿海的港口上。当然我们不反对在沿海、在港口建油厂，乃至建大型油厂。现在的问题是建的太多了，太集中了。有些港口同时建几个大油厂，油厂之间相距只有几百米。这样的选点和布局有多少好处，难道不值得我们深思吗？

4. 关于食用油消费市场的空间问题

2003 年我国人均年消费食用油已达 11.5kg，与世界人均消费量 15kg 还有 3.5kg 的差距。尤其是随着人民生活水平的进一步提高，应该说食用油消费市场的空间还有，而且还不小，这是可以肯定的。现在食用油消费市场的消费量每年以 70 ~ 90 万 t 的速度在递增，按这个速度，估计再过 3 年左右的时间，我国人均年消费食用油就能达 15kg。至于达到人均 15kg 后再要上个新台阶，可能就要慢了，因为中国人口多，地区和生活习惯差异大，更不同于西方发达国家。所以达到人均 15kg 后，食用油消费市场就会出现相对稳定。而人均年消费达到 15kg 的概念是什么呢？我们粗算一下，就是我国食用油的总供给量将达到 1 950 万 t，相当于我国去年食用油的总供给量 1 887.8 万 t，因为这个数字中的国产油料部分只有 8 种主要油料，而我国丰富的特种油料以及大量的米糠、玉米胚等谷物油料还没有包括进去。如果把这些油料资源包括进去，并充分利用起来，去年我国食用油的总供给量已能达到和超过人均 15kg。这就是说，我国现有的油料加工能力已经绰绰有余了。再上新项目，扩大加工能力应该慎之又慎了。

回顾自己的一生，我是中国油脂工业发展的鼓动者，也是喜欢在发展的一定时期，给大家泼点冷水、吹点冷风的人。但不管采用什么方式，其动机与目的都是一个，为了中国油脂工业能够健康地向前发展。

十一、 中国跻身世界油脂“四大”

（2004 年 8 月　刊于《粮油加工与食品机械》）

中国是一个油料生产大国和油料加工大国，也是一个油脂消费大国和油脂、油料进出口大国。本文简要介绍近几年来中国的油料生产、加工以及油脂供应情况。

（一） 中国是油料生产大国

我国的食用植物油料资源十分丰富，品种繁多。大豆、花生、油菜籽、棉籽和葵花籽等为我国五大食用植物油料，其中油菜籽和花生的产量居世界第一。除了五大食用植物油料外，我国还有许多特种油料资源，通常称为“小油料”。目前，我国特种食用植物油料作物的品种多达上百种，产量较大且已开发利用的有：油茶籽油、茶叶籽油、亚麻籽油、红花籽油、紫苏油、核桃仁油、杏仁油、苍耳籽油、沙棘油、松籽油、葡萄籽油、月见草油、南瓜籽油和番茄籽油等；另外还有米糠油、玉米油和小麦胚芽油等谷物油脂。在这些油脂中，含有丰富的不饱和脂肪酸，尤其是油酸和亚油酸含量高，还富含多种微量成分和生物活性物质，是开发调和油和功能性油脂的重要油源。

据统计，2003 年我国大豆、花生、油菜籽、棉籽、葵花籽等五大主要食用植物油料的总产量达5 694. 5 万 t，是1998 年以来油料总产最高的一年，其中大豆产量为1 690万 t。众多的特种油料，产量大多在几十万吨左右，其中开发利用潜力最大的是米糠资源，我国每年的稻谷产量约为 1. 8 亿 t。这些稻谷加工后能产米糠超过千万吨，可以作为油源利用的达几百万吨。这充分说明，中国的食用植物油料的品种及产量，是世界食用油料生产中有着举足轻重地位的大国。1998—2003 年中国食用油料总产量见表 1。

表 1　　1998—2003 年中国食用油料总产量　　单位：万 t

品种	1998 年	1999 年	2000 年	2001 年	2002 年	2003 年
大豆	1 515. 2	1 424. 5	1 540. 9	1 540. 6	1 650. 0	1 690. 0
花生	1 188. 6	1 263. 9	1 443. 7	1 442. 0	1 495. 0	1 505. 0
油菜籽	830. 1	1 013. 2	1 138. 0	1 133. 0	1 053. 0	1 240. 0
棉籽	765. 2	650. 9	750. 9	904. 4	836. 4	850. 0
葵花籽	146. 5	176. 5	195. 0	148. 0	200. 0	198. 5
合计	4 445. 6	4 529. 0	5 068. 5	5 168. 0	5 234. 4	5 483. 5

注：①资料来源：国家统计局、农业部统计资料。

②2003 年数字为有关单位的预测数字及统计数。

中国是油料加工大国，为适应人民生活水平不断提高和油料加工的需要，中国的油脂工业发生了翻天覆地的变化，有了突飞猛进的发展。尤其是 2003 年，是中国油脂工业快速发展中的“黄金年”，概括起来有以下 4 个特点：

一是，加工能力进一步扩大，油厂规模日趋大型化。我国的油料加工总能力已超过亿吨，成为世界上油料加工能力最大的国家。在油料加工能力进一步扩大的同时，油厂规模也日趋大型化。据了解，目前全世界有 11 家日处理油料 6 000t 以上的大型油厂，其中 5 个在中国。他们分别是张家港的东海粮油、防城港的大海油脂、秦皇岛的金海油脂、连云港的益海油脂以及河北三河市的汇福粮油。全国拥有油料加工能力最大的企业是益海油脂、中粮油、九三油脂、大连华农和大连华良，这 5 家企业集团目前已拥有日处理油料加工能力 10 万 t 以上。

二是，产品结构进一步优化，档次不断提高。色拉油、高级烹调油的产量不断增加，占食用植物油总产量的比例进一步提高。据中国粮油协会统计，全国 1 493 个日处理油料 30t 以上的油厂，2003 年生产色拉油 352. 2 万 t，比 2002 年的 212. 52 万吨，增长了 65. 7%，占食用植物油产量的 37%，与 2002 年的 29% 相比提高了 8%；2003 年生产高级烹调油 67. 2 万 t，比 2002 年的 59. 68 万 t，增长了 12. 6%，占食用植物油产量的 9. 5%，与 2002 年的 8% 相比提高了 1. 5%。这两种油品绝大多数以小包装形式进入市场，深受消费者的欢迎。2003 年嘉里粮油生产的小包装油品已突破百万吨。另外，橄榄油、油茶籽油、玉米油、米糠油等营养价值高的油品在一些经济发达的地区也开始受到消费者的青睐。

三是，“改制”工作得以显成效。根据 2003 年粮油工业统计表明，在日处理油料 30 万 t 以上的 1 493 个油厂中，国有企业 413 个，占企业总数的 27. 7%，其余均为民营企业和外商及港澳台商投资企业，与 3 年前大不一样，油厂的“改制”取得了明显成效。预计再过两、三年国有油脂加工企业的比例还会进一步下降，有的将变成多种经济成分的混合所有制企业，去掉了沉重的历史包袱，吸取了民营企业和外资企业机制灵活等优点，保留了国有企业的长处，大多经营状况良好。

四是，经济效益普遍较好。据统计，2003 年全国日处理油料 30t 以上的油厂，全年实现利润总额 21. 89 亿元。与 2002 年实现利润总额 18. 66 亿元相比，提高了 17. 3%，是有史以来经济效益最好的年份。另外，2003 年食用植物油工业的工业总产值和产品销售收入等经济指标也都好于往年，呈现一派欣欣向荣的景象。

（二） 中国是食用油的消费大国

随着我国人民生活水平的不断提高，食用油的消费增长速度较快，由 1996 年的 1 002. 5万 t 增加到 2003 年的 1 500 万 t（也有人分析高于 1 500 万 t），年平均增长 70 万 t 以上。2003 年比 2002 年增长 90 万 t 以上。人均年消费量由 1996 年的 7. 7kg，提高到 2003 年 11. 5kg，缩小了与世界人均年消费量 15kg 的差距。1996—2003 年中国食用油消费情况见表 2。

表2　　1996—2003 年中国食用油消费情况

项目	1996 年	1997 年	1998 年	1999 年	2000 年	2001 年	2002 年	2003 年
食用油消费量/万 t	1 000.2	1 051.3	1 090.7	1 163.2	1 245.7	1 330.0	1 410.0	1 500.0
人均年消费量/kg	7.7	8.1	8.4	8.9	9.6	10.2	10.8	11.5

注：①以上数字为统计分析数。
②人均年消费均按 13 亿人口平均计算。

我国食用油的消费水平虽已达到人均 11.5kg，但与世界人均年消费量还有 3.5kg 的差距，与欧、美、日等发达国家的人均消费量差距更大。随着我国全面建设小康社会和人民生活水平的提高，我国食用油的消费市场的消费量以每年 70.90 万 t 的速度递增，估计再过 3 年左右的时间，我国人均年消费量食用油就能达到 15kg。至于到达人均年消费食用油 15kg 后再要上个新台阶，可能就要慢些了。因为中国人口多，地区和生活习惯差距大，不同于西方发达国家。所以，达到人均 15kg 后，中国食用油消费市场有可能出现相对稳定。达到人均年消费食用油 15kg 的水平就意味着中国年食用油的总供给将达到 2 000 万 t 以上，这是任何国家无法相比的。

（三） 中国是油脂、 油料的进出口大国

为满足食用油消费市场的供应，我国除了发展自己的油料生产外，每年需要进口相当数量的油脂、油料。据了解，2003 年我国进口大豆 2 074 万 t，进口豆油 188.4 万 t，进口棕榈油 332.5 万 t，另外还进口了一定数量的油菜籽和菜籽油，这是历年来我国进口油脂、油料数量最多的一年。与此同时，我国也出口了一部分油脂、油料。由此可见，中国是世界上油脂、油料的进出口大国。1996—2003 年中国油脂油料进口见表 3。

表3　　1996—2003 年中国油脂油料进口表　　单位：万 t

项目	1996 年	1997 年	1998 年	1999 年	2000 年	2001 年	2002 年	2003 年
进口折油	296.2	340.6	327.7	394.5	496.8	514.4	570.2	958.3
豆油	129.6	122.5	82.9	80.4	30.8	7.0	87.0	188.4
菜籽油	31.6	35.1	28.5	6.9	7.5	7.30	7.8	15.2
棕榈油	100.9	115.6	92.9	119.4	139.1	151.7	222.1	332.5
大豆	110.8	287.6	319.3	431.9	1 041.9	1 393.9	1 131.5	2 074.1
油菜籽	0.04	5.5	138.6	259.5	296.9	172.4	61.8	16.7
出口折油	69.7	93.7	44.1	30.9	35.4	39.9	38.9	35.5
净进口折油	226.5	246.9	283.6	363.6	461.4	474.5	531.3	922.8

从表 3 中可以看出：一是 2003 年我国进口的油脂、油料折油达到 958.3 万 t，接近国产油料的折油量，这是历年来没有的；二是国产油料和进口油脂、油料的总折油达 1 800多万吨，而当年食用油市场的消费总量为 1 500 万 t 左右，供大于求约 300 万 t，

说明 2003 年进口多了一点，是导致前段时间油厂（尤其是大豆加工企业）不景气的原因之一；三是从油脂、油料的进口数量看，已远远超过了中国入世时对植物油进口配额的承诺，充分说明了中国政府是负责任的政府，说话是算数的。中国入世植物油关税配额承若数量见表 4。

表 4　　中国入世植物油关税配额承若数量简表

品种	2002 年	2003 年	2004 年	2005 年	配额内关税
豆油/万 t	251.80	281.80	311.80	358.71	9%
棕榈油/万 t	240.00	260.00	270.00	316.00	9%
菜籽油/万 t	87.89	101.86	112.66	124.30	9%
合计/万 t	579.89	643.66	694.46	799.81	
国营贸易	34%	26%	18%	10%	

注：资料来源于中国加入 WTO 法律文件。

十二、 2004 年中国油脂工业的回顾

——在中国粮油学会油脂分会第十四届年会上的专题学术报告

（2005 年 10 月 18 日　于北京）

2004 年，对中国油脂工业来说是很不寻常的一年，油脂工业遇到了许多问题。对此，在今年年初时，我曾经说过，要总结“2004 年的中国油脂工业”，可以用 6 句话 50 个字来概括，这就是：国内油料普遍增产；进口油脂油料再创新高；油厂效益不如往年；新建、扩建势头减缓；品牌意识不断增强；特种油脂引起重视。

（一） 国内油料普遍增产

有人说：2004 年由于“政策好，市场活，人努力，天帮忙”，粮油的生产形势都很好，是一个少有的丰收年景。据统计，主要粮食作物和产量均高于 2003 年。油料作物与粮食一样普遍增产。

据国家统计资料，2004 年我国大豆、花生、油菜籽、棉籽、葵花籽、芝麻、油茶籽和亚麻籽等 8 种主要油料的总产量达到 5 937 万 t，其中大豆产量 1 720 万 t、花生产量 1 431 万 t、油菜籽产量 1 304 万 t、棉籽产量 1 074 万 t、葵花籽产量 197 万 t、芝麻产量 89. 5 万 t、油茶籽 83. 5 万 t、亚麻籽 38 万 t。在这 8 种油料中，除了花生、葵花籽和芝麻的产量与 2003 年接近外，其余都高于 2003 年的产量。2004 年的油料总产比丰收的 2003 年油料总产 5 694. 5 万 t 增产 240 多万吨，是我国有史以来油料总产最高的一年，1985—2004 年中国主要油料生产情况见表 1。在 5 937 万 t 国产油料中，扣除大豆、花生、葵花籽和芝麻的直接食用部分后总折油达 1086. 9 万 t，也是有史以来油脂产量最高的一年，1998—2004 年国产油料折油一览见表 2。

表 1　　1985—2004 年中国主要油料生产情况　　单位：万 t

油料	1985 年	1990 年	1998 年	1999 年	2000 年	2001 年	2002 年	2003 年	2004 年
大豆	1 050. 0	1 100. 0	1 515. 2	1 424. 5	1 540. 9	1 540. 9	1 650. 0	1 690. 0	1 720. 0
花生	666. 4	636. 8	1 188. 6	1 263. 9	1 443. 7	1 442. 0	1 495. 0	1 505. 0	1 431. 0
油茶籽	560. 7	695. 8	830. 1	1 013. 2	1 138. 0	1 133. 0	1 053. 0	1 240. 0	1 304. 0
棉籽	704. 9	766. 0	765. 2	650. 9	750. 9	904. 4	836. 4	850. 0	1 074. 0
葵花籽	173. 21	133. 82	146. 5	176. 5	195. 0	148. 0	200. 0	198. 5	197. 0
其他	142. 6	120. 4	190. 1	194. 0	197. 7	187. 8	205. 0	211. 0	211. 0
合计	3 297. 81	3 452. 82	4 635. 7	4 723. 0	5 266. 2	5 355. 8	5 439. 4	5 694. 5	5 937. 0

表 2　　1998—2004 年国产油料折油一览表　　单位：万 t

项目		1998 年	1999 年	2000 年	2001 年	2002 年	2003 年	2004 年
大豆	产量	1 515. 2	1 424. 5	1 540. 9	1 540. 6	1 650. 0	1 690. 0	1 720. 0
	折油	112. 5	105. 8	114. 4	114. 4	122. 5	125. 5	127. 7
花生	产量	1 188. 6	1 263. 9	1 443. 7	1 442. 0	1 495. 0	1 505. 0	1 431. 0
	折油	200. 9	213. 6	244. 0	243. 7	252. 7	254. 3	241. 8
油茶籽	产量	830. 1	1 013. 2	1 138. 0	1 133. 0	1 053. 0	1 240. 0	1 304. 0
	折油	298. 9	364. 8	409. 7	407. 9	379. 1	446. 4	469. 4
棉籽	产量	765. 2	650. 9	750. 9	904. 4	836. 4	850. 0	1 074. 0
	折油	110. 2	93. 7	108. 1	130. 2	120. 4	122. 4	154. 7
葵花籽	产量	146. 5	176. 5	195. 0	148. 0	200. 0	198. 5	197. 0
	折油	30. 8	37. 1	41. 0	31. 1	42. 0	41. 7	41. 4
芝麻	产量	65. 5	74. 3	81. 0	80. 0	90. 0	91. 0	89. 5
	折油	17. 4	19. 8	21. 5	21. 3	23. 9	24. 2	23. 8
油茶籽	产量	72. 3	79. 3	82. 3	82. 5	83. 0	83. 0	83. 5
	折油	14. 5	15. 9	16. 5	16. 5	16. 6	16. 6	16. 7
亚麻籽	产量	52. 3	40. 4	34. 4	25. 3	32. 0	37. 0	38. 0
	折油	15. 7	12. 1	10. 3	7. 6	9. 6	11. 1	11. 4
总折油		800. 9	862. 8	965. 5	972. 7	966. 8	1 042. 2	1 086. 9

注：①国产大豆按 16. 5% 折油，油食比按 45∶55 计算；
②花生按 26% 折油，油食比按 65∶35 计算；
③油菜籽按 36% 折油；
④棉籽按 16% 折油，利用率按 90% 计算；
⑤葵花籽按 35% 折油，油食比按 60∶40 计算；
⑥芝麻按 38% 折油，油食比按 70∶30 计算；
⑦亚麻籽按 30% 折油；
⑧2004 年油茶籽产量为估计数，油茶籽按 20% 折油。

（二） 进口油脂油料再创新高

1985 年以前，由于我国当时食用油消费水平不高，我国一直是植物油和油料的出口国家。1986 年以后，我国开始成为植物油净进口国。近几年，由于国内市场对植物油的需求猛增，油料生产满足不了消费需求的快速增长，植物油的供需缺口日益扩大，国家需每年进口植物油，而且数量越来越多。目前，我国已成为植物油脂和油料的进口大国。

据统计，2003 年我国进口油脂和进口油料折油减去出口后的净进口折油为 922. 8 万 t，创造了历史最高纪录。2004 年我国进口大豆 2 023 万 t、油菜籽 47 万 t；进口大豆油 252 万 t、菜籽油 35. 3 万 t、棕榈油 385. 6 万 t，总折油达 1 055 万 t。出口花生果 9. 5 万 t、花生仁 40 万 t，扣除出口折油 30 万 t，净进口折油 1 025 万 t，首次突破 1 000 万 t，再创历史新高，1998—2004 年中国油脂、油料进出口见表 3。

表 3　　1998—2004 年中国油脂、油料进出口　　单位：万 t

项目	1998 年	1999 年	2000 年	2001 年	2002 年	2003 年	2004 年
进口折油	327.7	394.5	496.8	514.4	570.2	958.3	1 055.0
大豆油	82.9	80.4	30.8	7.0	87.0	188.4	252.0
菜籽油	28.5	6.9	7.5	7.0	7.8	15.2	35.3
棕榈油	92.9	119.4	139.1	151.7	222.1	332.5	385.6
大豆	319.3	431.9	1 041.9	1 393.9	1 131.5	2 074.1	2 023.0
油菜籽	138.6	259.5	296.9	172.4	61.8	16.7	47.0
出口折油	44.1	30.9	35.4	39.9	38.9	35.5	30.0
净进口折油	283.6	363.6	461.4	474.5	531.3	922.8	1 025.0

注：①2004 年数字为国家统计局发布数。
②进口大豆出油率以 18%、油茶籽以 36%。

综上所述，2004 年我国食用油的总供给量为国产油料折油 1 086.9 万 t 和净进口油 1 025 万 t 之和，总计为 2 111.9 万 t，人均可供给量达到 16.2kg。2004 年食用油的消费量约为 1 750 万 t，人均年消费量为 13.5kg。1996—2004 年中国食用油消费情况见表 4，进一步缩小了与世界人均年消费量 15kg 的差距。随着人民生活水平的进一步提高，食用油消费市场还有一定的空间，前景看好。

表 4　　1996—2004 年中国食用油消费情况

项目	1996 年	1997 年	1998 年	1999 年	2000 年	2001 年	2002 年	2003 年	2004 年
食用消费总量/万 t	1 002.5	1 051.3	1 090.7	1 163.2	1 245.7	1 330.0	1 410.0	1 500.0	1 750.0
人均年消费量/kg	7.7	8.1	8.4	8.9	9.6	10.2	10.8	11.5	13.5

（三）油厂效益不如往年

2003 年油厂的经济效益是有史以来最好的一年，也是粮油工业企业中效益最好的，全年实现利润 21.89 亿元，占粮油工业总利润的 65.1%。

2004 年，由于受到进口大豆价格大幅波动的影响，许多以加工进口大豆为主的企业遇到了前所未有的困难，经济效益不佳，有的出现了亏损或严重亏损，少数企业到了濒临破产的境地。据中国粮食行业协会对规模以上的全国粮油工业企业统计，2004 年油厂实现利润 3.683 3 亿元，占粮油工业总利润 17.455 5 亿元的 21.1%，是近年来效益最低的一年，也是粮油工业企业中效益最差的一年。

2004 年油厂的经济状况大体可分为三类：

第一类是依赖进口大豆生产的大厂，尤其是在 2003 年底至 2004 年上半年自己直接订货进口大豆的企业，大多经营困难，出现了亏损，有的亏损严重。

第二类是建在产地的中、小型油厂，原料主要靠当地或国产的，虽也受到进口大豆价格的影响（如影响油和粕的价格），但影响不大，一般经营状况尚好，大都能做到保本微利。

第三类是以购置毛油为主，生产各种食用油的精炼油厂，基本上不受进口大豆价格波动的影响，大多生产经营状况良好，如嘉里粮油就是一个最好的例子。

2004 年，油厂经济效益不佳的主要原因是大豆价格大幅波动造成的。而中国的大豆加工生产企业被大豆的价格波动套住的原因归纳起来大体有以下几点：

1. 我国大豆加工能力急剧扩张导致对大豆需求的急剧膨胀

据不完全统计，我国全年加工大豆的能力已超过 7 000 万 t，加上专门加工花生、油菜籽、棉籽、葵花籽等油料的加工能力，我国的油料加工总能力已超过亿吨。由于我国大豆加工企业生产能力的急剧扩张，各大豆加工企业为了保持一定的开工率就得采购大豆原料，从而忽视了市场对大豆产品的实际需求量，这在一定程度上夸大了对进口大豆的需求，造成过量进口。

2. 转基因政策的变化所导致的一系列变化

国家转基因管理政策的不稳定性增加了国内加工企业对进口大豆的投机需求和周转库存需求。2002 年以来我国政府的转基因管理政策和检疫许可证制度确实对进口大豆起到有效地调控作用。但由于转基因管理变动过于频繁，加上质检许可证发放的透明度不高，在客观上造成了一定的逆向调节效果，放大了企业对大豆进口的需求，主要体现在两个方面：一是企业对政府进口调控政策预期不稳定而产生的投机需求；二是为了降低经营风险，企业的周转库存增加。这样，虽然国际大豆市场价格高位运行，我国大豆加工企业却签订了大量的进口大豆合同，埋下了后期亏损的祸根。

3. 国内爆发 “禽流感” 的影响加剧了大豆加工企业的亏损

禽流感的爆发对我国家禽养殖业造成严重打击，使我国畜禽养殖业的存栏率直线下降。另外，日本等一些国家停止了对中国禽类产品的进口，也对中国畜禽养殖业产生了一定的影响。由于畜禽养殖业的大幅下降，直接影响了国内豆粕的消费量，使豆粕价格一直低迷不振。这也是造成国内大豆加工企业亏损的重要原因。

4. 大豆加工企业的风险管理意识不强

调查显示，在“大豆价格风波”发生过程中，我国部分大豆加工企业在大连商品交易所做了套期保值交易，有效地回避了“危机”带来的风险，九三油脂集团就是其中的例子；但大多数企业基本没有采取任何有效的回避风险的措施。这反映出我国大豆加工企业的风险管理意识十分淡薄。

以上 4 点是造成 2004 年我国大豆加工企业经济效益不佳，出现亏损或严重亏损的主要原因。

（四） 新建、 扩建势头减缓

近几年来，由于油厂的效益较好，油厂新建和扩建的势头一直强劲，甚至有的出现了盲目扩大生产能力的现象。特别是 2001—2004 年，在我国从辽宁大连到广西北海的几千公里的沿海港口兴建及正在兴建了约 100 个大型油脂加工企业，日处理量大多为 1 000 ~ 3 000t，其中辽宁大连、河北秦皇岛、天津塘沽、山东日照、江苏连云港、张家港、浙江宁波、福建厦门、广东汕头、东莞、广西北海等地兴建了约占全国 80% 以上的大型油脂加工企业，而其原料几乎都是进口大豆。在辽宁大连、天津塘沽、广东东莞等港口出现了“一港多厂”和“一镇多企”的现象。如在天津塘沽开发区内已经建成和即将建成的大型油脂精炼厂多达 8 家，精炼能力达 4 100t/d，浸出能力为 15 500t/d，天津塘沽开发区油脂加工企业情况见表 5；又如在广东东莞麻涌镇的一条街上就建设了大型油脂加工企业 6 家，合计浸出能力达 9 300t/d，精炼能力达 2 200t/d，广东东莞麻涌镇新沙巷油脂加工企业情况见表 6。2004 年由于油厂经济效益较差，影响了企业在银行的信誉，加上部分地区银根收缩，导致一部分正在动工新建、扩建的项目停了下来；有的原来打算新上的项目推迟动工。导致 2004 年新建、扩建的项目减少，势头减弱。从宏观角度看，这是一件好事。但从微观角度看，说明油脂加工企业的经济状况很不景气。

表 5　　天津塘沽开发区油脂加工企业情况表

企业名称	成产能力/（t/d）		
	浸出	精炼	专业油脂
天津嘉里粮油工业有限公司	1 800		
中盛粮油工业（天津）有限公司	3 000	1 000	400
天津龙威粮油工业有限公司		600	600
天津南侨油脂有限公司	1 500	300	
天津市油脂有限公司新巷油脂库	3 000		
北海粮油工业（天津）有限公司		1 000	300（分提）
正大集团（天津）实业有限公司	1 200	200	
天津惠鑫大豆科技开发有限公司（在建）	5 000	1 000	
合计	15 500	4 100	1 300

表 6　　广东东莞麻涌镇新沙巷油脂加工企业情况表

企业名称	成产能力/（t/d）		
	浸出	精炼	专业油脂
东莞华农饲料蛋白开发有限公司	1 800		
东莞中谷油脂有限公司	3 000	1 000	400
中盛粮油工业（东莞）有限公司		600	600
东莞市盈丰油粕工业有限公司	1 500		
统一嘉吉（东莞）饲料蛋白科技有限公司	3 000		
东莞市华南油脂工业有限公司		600	600
合计	9 300	2 200	1 600

（五）品牌意识不断增强

20 世纪 90 年代前，国营粮店都是凭票供应食用油（主要是原二级油），在一些大中城市也仅有为数极少的全精炼油，人造奶油、起酥油的数量就更少，小包装油几乎没有。而现在我们走进超市或连锁店，清晰、透明的各种品牌的小包装食用油琳琅满目，色拉油、高级烹调油（相当于新标准中的一级油、二级油）、营养调和油、浓香花生油、小磨香油、特种油脂以及专用油脂等产品品种应有尽有。现在中国食用油市场上，名牌产品竞相开花，如金龙鱼、福临门、鲁花三足鼎立，为全国家喻户晓的著名品牌，刀唛、海狮、口福、月季花、香驰、如意、汇宝、汇福、金石、九三、香谷坊、红蜻蜓、禧万年等地方品牌各展风采。它们占据了国内精炼油小包装市场的绝大部分份额，这充分说明油脂加工企业的品牌意识是很强的。现在可以说："中国超级市场货架上的各类小包装油品，与国外超市的小包装油品没有什么两样。"改革开放二十多年，中国食用油消费市场就发生了这样巨大的变化，这对我国这个人口众多，油料资源供需相对趋紧的国家来说，是一个了不起的进步。

2004 年，在中国名牌的评选中，粮油加工企业有 7 个大米生产企业的产品和 13 个小麦粉生产企业的产品，获得了中国名牌产品称号。在这一影响下，激发了油脂加工企业争创中国名牌产品的积极性。根据国家质量监督检验检疫总局和中国名牌推进委员会"关于做好 2005 年中国名牌产品申报工作的通知"精神，食用植物油中的大豆油、菜籽油和花生油已列入 2005 年中国名牌产品的评价范围。现在，一些大型的油脂加工企业正在认真组织申报材料。我相信，再过几个月，油脂加工企业一定会像大米、小麦粉一样，有几个产品会获得中国名牌产品的称号。

（六）特种油脂引起重视

由于地理和气候的多样性，我国的食用植物油料资源十分丰富，品种繁多。大豆、花生、油菜籽、棉籽、葵花籽、芝麻、油茶籽和亚麻籽等为我国八大食用植物油料，其中油菜籽和花生的产量居世界第一。除了八大食用植物油外，我国还有许多特种油料资源，通常称为"小油料"。所谓小油料是相对于八大油料作物而言的，因为它们的生长范围、播种面积和产量不如八大油料作物大。所谓特种油脂，就是利用特种油料生产的油脂。目前我国特种食用植物油料作物的品种多达上百种，产量较大、且已开发利用的有：茶叶籽油、红花籽油、紫苏油、核桃仁油、杏仁油、苍耳籽油、沙棘油、松籽油、葡萄籽油、月见草油、南瓜籽油和番茄籽油等等；另外还有米糠油、玉米油和小麦胚芽油等谷物油脂。在这些特种油脂中，含有丰富的不饱和脂肪酸，尤其是油酸、亚油酸和亚麻酸的含量较高，还富含多种微量成分和生物活性物质，是今后我国开发调和油和功能性油脂的重要油源。

随着人民生活水平的提高，人民对食用油的要求也越来越高，不仅关心油品的质量，而且在一部分人群中十分关心油脂的营养价值，尤其是对特种油脂十分关注。为了适应市场的需要，不少油脂加工企业对特种油脂的开发利用非常重视。如：上海一担坊利用特种油脂生产的特种营养调和油，鲁花公司研制的营养调味油以及安徽大平工贸集团生产的油茶籽油和米糠油等产品，一定会受到消费者的欢迎和喜爱。

（七）对2005年我国油脂工业的展望

我国油脂工业在经历了2004年的“大豆风波”之后，得到了许多启示。一是作为一个企业，不仅要有强烈的创利和扩张欲望，同时要有一个很好的回避和防范风险的意识。二是依赖进口原料加工的企业，要了解我国油脂的产、供、销情况，以免过多、过量进口，造成油脂供大于需。根据计算，我国2003年和2004年连续两年油脂的总供给量大于实际消费量300多万吨。这是造成油价、粕价低迷的重要原因。三是油厂的规模要适中，不能一味追求越大越好。四是要规范行业的职业道德，产品不能一味地降价销售，甚至采用低于成本的促销手段等。我认为以上几点启示，是我们花了沉重代价取得的。我们要面对现实，总结经验，增强信心，再振雄风。

十三、突飞猛进的中国油脂工业

——在中国粮油学会油脂分会第十五届年会上的专题学术报告

（2006 年 10 月 5 日　于北京）

油脂是人们赖以生存的最基本的营养素之一，中国的油脂工业作为一个产业则是新中国成立后才逐步建立并发展起来的。新中国成立时，我国的油脂工业大多以简单而原始的作坊生产为主，设备陈旧，工艺落后，操作笨重，生产环境差，经济技术指标落后。有一定规模的、现代化的油脂加工企业屈指可数，这与我们这个泱泱大国和农业大国极不相称。因此，建设一个现代化油脂工业是摆在每一位中国油脂工作者面前光荣而艰巨的使命。半个世纪以来，通过中国油脂工作者一代代的不懈努力，特别是党的十一届三中全会以来，中国的油脂工业发生了翻天覆地的变化，取得了令人瞩目的成就。

20 年前的金秋十月，全国的油脂科技工作者走到了一起，来到北京这个美丽的城市，成立了中国油脂界的学术组织——中国油脂学会（1986 年后更名为中国粮油学会油脂专业分会）。20 年来，油脂学会在中国科协的指导下，在中国粮油学会的直接领导下，在原商业部、原国内贸易部以及国家粮食局的支持和关怀下，经过广大油脂科技工作者和团体会员的不懈努力，中国粮油学会油脂专业分会从无到有，得到了长足发展和壮大。回顾油脂专业分会成立 20 年来的中国油脂工业，发生了翻天覆地的变化，有了突飞猛进的发展。20 年来，中国的油脂工业依靠自主创新和研究开发，通过借鉴国外先进的管理经验和消化吸收引进的先进技术装备，使中国的油料加工能力、生产过程的机械化、自动化程度大大提高，植物油脂产品花色品种琳琅满目，产品质量不断提高。制油过程中副产物的综合利用不断发展，油料中具有高附加值的生物活性物质的研究开发初见成效。随着中国社会主义市场经济体制的建立和逐步完善，粮油市场的完全放开，多种经济成分并存，国有企业、股份制企业、民营企业、合资及独资企业相互竞争，给我国的油脂工业带来了空前的生机与活力。今天，我们可以自豪地说：中国油脂工业在许多领域已经接近和达到国际先进水平。

（一）油料、油脂生产与消费快速增长

植物油料在国民经济中占有重要地位，其产量在农业生产中居第三位，仅次于粮食和棉花。20 年来，党和政府对发展植物油料生产十分重视，采取了一系列有力的措施，调动了农民种植油料的积极性，推动了植物油料的稳步发展。1985—2004 年，全国植物油料的产量由 3 295.81 万 t 发展到 5 937 万 t，增加了 2 641.19 万 t。油料的增产，对改善人民膳食结构，提高人民生活水平和发展国民经济建设起到了非常重要的作用，也为油脂工业的发展提供了丰富的物质基础。1981—2004 年全国主要油料作物产量见表 1。

据国家统计资料，2004 年我国主要油料的总产达 5 937 万 t，是有史以来最好的一年。在 5 937 万 t 国产油料中，扣除大豆、花生、葵花籽和芝麻的直接食用部分后折油 1 086. 9 万 t。

表 1　　1985—2004 年中国主要油料生产情况　　单位：万 t

年份	大豆	花生	油菜籽	棉籽	葵花籽	其他	合计
1985	1 050. 0	666. 4	560	704. 9	173. 21	142. 6	3 297. 81
1990	1 100. 0	636. 8	695. 8	766	133. 82	120. 4	3 452. 82
1998	1 515. 2	1 188. 6	830. 1	765. 2	146. 5	190. 1	4 652. 82
1999	1 424. 5	1 263. 9	1 013. 2	650. 9	176. 5	194	4 732. 0
2000	1 540. 9	1 443. 7	1 138. 0	750. 9	195. 0	197. 7	5 266. 2
2001	1 540. 6	1 442. 0	1 133. 0	904. 4	148. 0	187. 8	5 355. 8
2002	1 650. 0	1 495. 0	1 053. 0	836. 4	200. 0	205	5 439. 4
2003	1 690. 0	1 505. 0	1 240. 0	850. 0	198. 5	211	5 694. 5
2004	1 720	1 431	1 304	1 074	197	211	5 937

注：①其他油料包括芝麻、油茶籽和亚麻籽，不包括米糠、玉米胚芽等谷物油料，也不包括特种油料资源。
②2004 年数字为国家统计局发布数。

1985 年以前，由于我国当时食用油消费水平不高，我国一直是植物油和油料的出口国家。1986 年以后中国开始成为植物油净进口国。近几年，由于国内市场对植物油的需求猛增，油料生产满足不了消费需求的快速增长，植物油的供需缺口日益扩大，国家需每年进口植物油，而且数量越来越多。目前，我国已成为植物油和油料的进口大国，1998—2004 年中国油脂、油料进口情况见表 2。

表 2　　1998—2004 年中国油脂、油料进口情况　　单位：万 t

项目	1998 年	1999 年	2000 年	2001 年	2002 年	2003 年	2004 年
进口折油	327. 7	394. 5	496. 8	514. 4	570. 2	958. 3	1 055
大豆油	82. 9	80. 4	30. 8	7. 0	87. 0	188. 4	252
菜籽油	28. 5	6. 9	7. 5	7. 3	7. 8	15. 2	35. 3
棕榈油	92. 9	119. 4	139. 1	151. 7	222. 1	332. 5	385. 6
大豆	319. 3	431. 9	1 041. 9	1 393. 9	1 131. 5	2 074. 1	2 023
油菜籽	138. 6	259. 5	296. 9	172. 4	61. 8	16. 7	47
出口折油	44. 1	30. 9	35. 4	39. 9	38. 9	35. 5	30
净进口折油	283. 6	363. 6	461. 4	474. 5	531. 3	922. 8	1 025

注：①2004 年数字为国家统计局发布数。
②进口大豆出油率以 18%，油菜籽以 38% 计算。

2004 年我国大豆、花生、油菜籽、棉籽、葵花籽、芝麻、油茶籽、亚麻籽等 8 种主要油料的总产为5 937 万 t，其中大豆产量1 720 万 t，花生产量1 431 万 t，油菜籽产量1 304 万 t，棉籽产量1 074 万 t，葵花籽产量197 万 t，芝麻、油茶籽和亚麻籽合计产量为 211 万 t。2004 年我国进口大豆 2 023 万 t，油菜籽 47 万 t；进口大豆油 252 万 t、菜籽油 35. 3 万 t、棕榈油 385. 6 万 t，总折油 1 055 万 t，出口花生果 9. 5 万 t，花生仁 40 万 t，扣除出口折油 30 万 t，净进口折油 1 025 万 t。2004 年我国食用油的总供给量为国产油料折油 1 086. 9 万 t 和净进口油 1 025 万 t 之和，总计为 2 111. 9 万 t，人均可供给量达到 16. 2kg，2004 年食用油的消费量约为 1 750 万 t，人均年消费量为 13. 5kg，进一步缩小了与世界人均年消费量 15kg 的差距。随着人民生活水平的进一步提高，食用油消费市场还有一定的空间，前景看好。1996—2004 年中国食用油消费情况见表 3。

表 3　　1996—2004 年中国食用油消费情况

项目	1996 年	1998 年	2000 年	2001 年	2002 年	2003 年	2004 年
食用消费量/万 t	1 002. 5	1 090. 7	1 245. 7	1 330	1 414. 0	1 500	1 750
人均消费量/kg	7. 7	8. 4	9. 6	10. 2	10. 8	11. 5	13. 5

据预测，到 2010 年中国人口将增加到 15 亿，人均食用油消费按 15kg 计算，食用油的消费总量将达到 2 250 万 t，食用油的消费量将增加 500 万 t。为满足食用油消费量的不断增长，我们除了要进一步发展油料生产外，每年进口一定数量的油脂、油料也是必须的，而油料增产和进口油脂、油料的增长，为中国油脂工业的发展提供了重要的条件。

（二） 油脂工业水平得到了极大的提升

中国的油脂工业是一个朝阳产业。20 世纪 80 年代初期，我国的油脂工业形势空前大好，许多地区的政府部门为当地的食品工业投入了大量资金，特别是对粮油工业基础设施给予了极大的关注。许多企业从国外引入了成套先进的油脂设备和技术，使中国油脂工业企业的技术装备水平有了较大提高，引进和学习国外先进技术，缩短了中国油脂工业同国外先进国家水平的差距。据不完全统计，在这一阶段中全国油脂工业从国外引进了 50 多条生产线，外汇总投资约 5 000 多万美元，其中，仅北京市就引进了 6 条生产线，投资近 600 万美元，配套资金约 5 500 万元人民币。

20 世纪 80 年代是油脂浸出技术和全精炼油技术大力推广的年代，浸出制油厂在全部油厂中所占的比率大幅度提高。据统计，1984 年全国国营粮食部门共有浸出油厂（车间）363 个，浸出制油能力 332 万 t，浸出油产量仅 40. 4 万 t，浸出油脂的加工能力占当时油厂加工能力的 20%，浸出油的产量占油脂总产量的 17. 2%；1984 年全国共有全精炼设备年生产能力 50 万 t 左右，年生产全精炼油约 8. 9 万 t，平均设备利用率不足 20%。

据有关部门不完全统计，到 2004 年全国浸出油厂（车间）约 1 500 个，其中1 000t以上的大型浸出油厂近 100 家，油脂浸出能力突破了 8 400 万 t 大关，浸出油产量约达 1 100万 t，浸出油脂的能力占油脂加工能力的 90% 以上，浸出油的产量是油脂总产量的80%以上；2004年全国共有炼油设备的能力达400万t，年产精炼油1 400万t，其中一级油352万t，二级油70万t，人造奶油设备能力约100万t，年产量约50万t。

自1980年起，随着北京、上海等地一批人造奶油、起酥油、粉末油脂、可可脂、代可可脂生产企业的建成投产，结束了中国没有食品专用油脂的历史，使中国油脂工业由单一的植物油生产向油脂及其制品的深加工方向发展，有力地促进了中国食品工业的发展。据资料显示，1984年我国人造奶油设备能力只有2万t左右，而至1996年我国人造奶油的设计生产能力已达15万t，2001年生产能力又增至30万t，近几年来新的更大规模的人造奶油企业还在不断建设，仅从丹麦引进的人造奶油生产线就多达49条，单条生产线的生产能力1. 56t/h，到2004年底我国各类人造奶油的生产能力已突破100万t。同时，通过我国油脂科技工作者自主研发和消化吸收国外先进技术装备，油脂机械生产厂家和油脂生产企业密切配合，也取得了许多可喜成绩，使油脂机械生产水平上了一个新台阶，如大型油料预处理设备：大型榨油机、轧胚机、油料挤压膨化机、软化机、蒸炒锅等；在油脂浸出成套方面有：混合油负压蒸发新技术、浸出油厂闭路循环节能新技术、四号溶剂浸出技术、日处理1 000t以上油料浸出成套技术的开发等；在油脂精炼技术方面：大型碟式离心机、阿玛过滤机和大型脱色、脱臭设备的开发等。另外还有米糠油物理精炼新技术、塔式炼油新技术、棉籽油混合油精炼技术、生物酶精炼技术以及油料油脂综合利用技术等方面都取得了许多可喜成果。

新技术、新工艺、新设备的采用，不仅为中国的油脂工业企业带来了显著的社会效益，同时也带来了显著的经济效益。1984年全国油脂工业产值为23. 089亿元，利润为1. 205亿元；到2003年全国油脂工业产值即增至862. 74亿元，利润增至21. 89亿元。20年间中国油脂工业产值增长了37. 5倍，利润增长了18. 2倍。进入21世纪，特别是2003年，随着改革的不断深化和市场经济的发展，我国油脂行业引进外资的势头迅猛发展，我国沿海的一些港口又兴建了许多大型油脂加工企业，大大地提高了我国油脂行业的生产水平、技术水平、管理水平以及油脂产品的质量水平，这既丰富了人们的菜篮子，又带动了中国油脂工业向大型化、规模化、自动化、管理现代化方向发展，使中国油脂工业步入了接近和达到国际先进水平的昌盛时期。

（三） 琳琅满目的油脂产品

众所周知，中国油脂市场自1956年起实行计划定量供给，市场产品以“二级油”为主（相对于新标准的四级油），兼有少量的“一级油”（相对于新标准的三级油）。过去的“二级油”是一种经简易精炼的低品质食用油，这种油酸值较高（≤4mgKOH/g），色泽较深，有明显的原料油气味。在20年前中国改革开放的初期，这种低品质油脂已在多方面不能适应当时消费市场的要求：如高级宾馆、外事与外商驻京办事机构，特别是在花生油消费区更为明显，他们对计划供应的食用油不爱吃，因为这些油无法满足城市居民对家庭环境卫生的要求和西方饮食文化传统的要求。

为顺应市场的需求，1982年，由山东省粮油进出口公司在北京化工实验厂（后改北京黄油厂）率先引进油脂全精炼（脱胶、脱酸、脱色、脱臭）成套装备及人造奶油装备。随后北京、天津、上海、沈阳、武汉、重庆、南京、长沙、包头、乌鲁木齐、哈尔滨、佳木斯、柳州等大中城市及一些县级市也相继引进了生产能力在 50 ~ 100 t/d 的全精炼油成套设备，全年总精炼能力在 30 万 t 以上，油脂制品总能力在 5 万 ~ 8 万 t。这些引进的生产装备的投产，引导了油脂消费市场向高档油品的方向发展，引导了中国油脂工业向精加工、深加工方向发展，调整了中国油脂工业的产品结构同时也为食品工业产品的更新换代，提供了多种高品质油脂和专用食品用油，促进了食品工业的发展。

20 世纪 90 年代前，国营粮店都是凭票供应食用油（主要是原二级油），在一些大中城市也仅有为数极少的全精炼油，人造奶油、起酥油的数量就更少，小包装油几乎没有。而现在我们的超市或连锁店，清晰、透明的各种品牌的小包装食用油琳琅满目，色拉油、高级烹调油（相当于新标准中的一级油、二级油）、营养调和油、浓香花生油、小磨香油、特种油脂以及专用油脂等产品品种应有尽有。现在的中国食用油市场上，名牌产品竞相开花，如金龙鱼、福临门、鲁花三足鼎立成为全国家喻户晓的著名品牌。刀唛、海狮、口福、月季花、香驰、如意、汇宝、汇福、金石、九三、香谷坊、禧万年等地方品牌各展风采，它们占据了国内精炼油小包装市场的绝大部分份额。

现在可以说：“中国超级市场货架上的各类小包装油品，与国外超市的小包装油品没有什么两样。”改革开放 20 多年，中国食用油消费市场就发生了这样巨大的变化，这对我国这个人口众多，油料资源供需相对趋紧的国家来说，是一个了不起的进步。

（四） 油脂工厂规模日趋大型化

20 世纪 80 年代，我国的浸出油厂大多是 30 ~ 50t/d 的浸出油厂（车间），1988 年开封正大建设的 300t/d 浸出油厂在当时就是较大的浸出油厂，当时我国最大的浸出油厂——大连油脂工业总厂的生产能力也不过 500t/d，而当时在国外 1 000t/d 以上的浸出油厂已经很多了。

近几年，随着我国人口的增长及人民生活水平的不断提高，人们对油脂的消费也提出了新的要求。为了满足油脂消费日益增长的需要，我国油脂加工企业除了依靠国产油脂、油料外，每年需要进口部分油脂、油料，补充国内油脂、油料消费的缺口，从 1986 年起我国开始进口油脂、油料以来，逐年呈上升趋势，2003 年我国进口油料大幅度增加，仅进口大豆就超过了国产大豆的产量，达 2 074 万 t，2004 年我国进口大豆达 2 023 万 t。油脂消费的日益增长，促进了中国油脂工业快速地向大型化方向发展。

近几年来，特别是 2001—2004 年，在我国从辽宁大连到广西北海的几千公里的沿海港口兴建及正在兴建了约 100 个大型油脂加工企业，日处理量均在 1 000 ~ 3 000t，其中辽宁大连，河北秦皇岛，天津塘沽，山东日照，江苏连云港、张家港，浙江宁波，福建厦门，广东汕头、东莞、广西北海等地兴建了约占全国 80% 以上的大型油脂加工企业，而其原料几乎都是进口大豆。在辽宁大连、天津塘沽、广东东莞等港口出现了“一港多厂”的现象，广东东莞麻涌镇的一条街上就建设大型大豆加工企业 6 个。2004 年，国内民营企业和国外一些大集团公司又开始在内地兴建一些大型油脂加工企业，如新疆昌吉 1 000t/d 油厂，陕西石羊 2 500t/d 大豆油厂（西安邦淇），重庆 3 000t/d 大豆油厂，湖北天门 1 500t/d 菜籽油厂，黑龙江九三油脂 5 000t/d 大豆油厂，安徽蚌埠花园 3 000t/d 菜籽油厂等。

至今，在我国已形成了五大油料加工区：即东北加工区域（黑龙江九三油脂集团和吉林德大油脂公司为代表），环渤海加工区域（以大连华农公司、大连华良企业集团、山东莱阳鲁花浓香花生油有限公司、秦皇岛金海粮油公司、河北汇福粮油公司、山东益海油脂公司和山东黄海油脂公司等为代表），长江三角洲加工区域（以江苏张家港东海粮油工业公司、浙江新市油脂股份有限公司、南通宝港油脂公司、宁波金光油脂工业有限公司、上海良友集团、安徽大平工贸集团和蚌埠花园油脂等为代表），珠江三角洲加工区域（以广州植之元油脂实业有限公司、湛江华农饲料蛋白开发有限公司、东莞中谷油脂有限公司、东莞华农油脂公司、东莞嘉吉油脂工业公司、南天油粕工业公司和南海粮油工业公司为代表）和西部加工区域（以四川金石油脂公司、陕西邦淇油脂公司、新疆昌吉油厂和重庆大豆油厂为代表）。

据了解，目前全世界有 11 家日处理油料为 6 000t 的大型油厂，其中 5 家在中国，即江苏张家港东海粮油（12 500t/d），广西防城港大海油脂（7 500t/d），河北秦皇岛金海油脂（7 000t/d），连云港益海油脂（6 000t/d）和河北三河汇福粮油（6 000t/d）。全国拥有油料加工能力最大的集团企业有益海油脂、中粮集团、九三油脂、大连华农和大连华良，目前这几家企业集团已拥有日处理大豆加工能力 10 万 t 以上。

中国是一个油料生产大国和油料加工大国，也是一个油脂消费大国和油脂、油料进出口大国。据不完全统计，我国全年加工大豆的能力已超过 7 000 万 t，加上花生、油菜籽、棉籽、葵花籽等油料的加工能力，我国的油料加工总能力已超过亿吨，成为世界上油料加工能力最大的国家。中国油脂工业的快速发展，中国油脂消费水平和油脂、油料进口数量的快速增长，无疑是对世界油料生产的一大贡献。如今，中国的油脂界，南海、东海、金海、大海、益海等企业海纳百川，鲁花、华农、华良、海狮、九三、汇福、如意、香驰等企业各显神通，呈现出一派欣欣向荣的景象。

（五） 油料资源综合利用有了长足发展

20 年来，我国在油料、油脂综合利用方面取得了较大成绩，有了长足发展。20 世纪 80 年代初，我国油脂工业企业生产的饼粕大多作为动物饲料和肥料应用，炼油中油脚、皂脚和脱臭馏出物等副产品，不仅没有很好利用，有的甚至污染环境。当时国内一些研究机构虽然对油料蛋白的开发利用做了一些研究工作，但仅仅是基础性的研究和试验，真正的大豆蛋白生产企业只有吉林郭家店油厂和黑龙江三江食品公司两家。而磷脂等产品也仅仅是一些实验室的小试成果。一些油料、油脂的功能性成分（如维生素 E、甾醇、大豆低聚糖和蛋白肽等）的开发还停留在科研探索阶段。

随着我国食品工业的迅猛发展，特别是肉制品工业对大豆蛋白产品需求猛增，为我国大力发展油料蛋白工业提供了良好机遇，如今，我国的油料蛋白生产线达 100 多条，大豆蛋白年生产能力 30 万 t，年实际生产量约 20 万 t。据不完全统计，2003 年我国已建成或在建的大豆分离蛋白的生产企业有 38 家，生产线达 79 条，设计年产量约为 25 万 t；大豆浓缩蛋白的生产企业 9 家，生产量约 1 万 t；大豆组织蛋白的生产企业 12 家，生产量为 4 万 t。国家大豆工程技术研究中心、国家粮食局西安油脂科学研究设计院、武汉工业学院、河南工业大学、江南大学、北京粮食科学研究所、山东省粮油科学研究所、黑龙江省粮食科学研究所等单位在大豆蛋白的研发中取得了一批科研成果。

在开发大豆蛋白的同时，菜籽蛋白、棉籽蛋白、花生蛋白、葵花籽蛋白和米糠蛋白也得到了不同程度的开发应用，如油菜籽饼粕脱毒技术、棉籽饼粕脱酚制取棉籽蛋白技术、水剂法制取花生油及花生蛋白生产技术，葵花籽蛋白生产新技术，米糠蛋白开发利用等。可以说，近几年我国油脂界的科技人员在食用植物蛋白的研究开发中成果是最显著的。

另外，在大豆低聚糖、膳食纤维、大豆异黄酮、皂苷、天然维生素 E、植物甾醇、大豆磷脂及蛋白肽等深加工产品，特别是大豆异黄酮、天然维生素 E 和大豆磷脂产品的开发取得了可喜的成绩，已有许多骄人的产品问世。这是 20 年前油脂学会成立之初根本不能想象的。

（六） 油脂机械装备水平有了很大提高

改革开放以来，通过消化吸收和不断地自主创新，无论是油脂机械单机的技术水平或单机最大处理能力，还是成套设备和生产线的生产能力都得到了很大提高，我国的油脂机械装备业已经完全有能力为我国油脂加工行业提供技术含量高、生产能力大、性能先进、质量可靠的单机产品和成套设备，如大型液压紧辊轧胚机、大型螺旋榨油机、大型油料挤压膨化机、立式和卧式叶片过滤机、碟式离心分离机、日处理油料 1 000t以上的大型连续油料预榨浸出成套设备和 600t/d 大型油脂连续精炼成套设备等，其中有些装置的技术性能指标已接近或达到国际先进水平。而且还有不少中国的油脂机械设备出口到国外。

我国的油脂加工机械设备产品门类齐全，油脂加工设备包括了从大豆、油菜籽、花生、棉籽、葵花籽、米糠、玉米胚芽、油茶籽等各种不同油料作物收获后的干燥、清理、筛选、储藏及输送；油料的预处理、预榨、浸出、精炼、油脂包装与副产品的精深加工等全过程中各个单元操作所需的各种专用设备和通用设备。有些技术含量较高只能依靠进口的设备，随着我国基础工业的科技进步，现在都能由国内的企业生产制造（包括各种泵类、阀门、换热器、真空泵、自控元器件和设备等基础件和通用件等），从而满足了中国油脂工业发展的需要。我国油脂加工机械设备制造企业达 300 多家。

在这些制造企业中，生产油料预处理成套设备的企业主要有：大连宝锋机器制造公司、肇东东龙节能新技术有限公司、北京农机院油脂所、哈尔滨铸造厂等；生产榨油机械的企业主要有：河北南皮机械有限公司、湖北东方红粮食机械股份有限公司、江苏海安通用粮油设备公司、安陆天星粮油机械有限公司、安陆顺昌粮油机械制造有限公司和江苏泰兴粮油机械厂等；生产离心机的企业主要有：南京绿洲机器厂、江苏巨能机械有限公司和宜兴华鼎粮食机械有限公司等；生产油脂浸出、油脂精炼等成套设备的油脂工程公司主要有：武汉皇冠友谊油脂工程有限公司、西安坤伯工程有限公司、牧羊迈安德食品机械有限公司、郑州四维粮油工程技术有限公司、郑州力德工程技术有限公司、山东黄淮粮油机械集团公司和常熟华鑫机械有限公司等；另外，还有生产油脂专用泵、真空泵、油脂定量自动灌装机等配套设备的企业主要有：江阴福鑫机械有限公司、杭州西湖真空设备厂、航天集团西安向阳喷射技术有限责任公司和汕头市五星食品机械有限公司等。可以这样说，我国油脂加工机械制造业的发展，是我国油脂工业快速发展的重要保证。

（七）飞速发展的油脂科研及教育

众所周知，我国油脂科研和油脂专业人才的教育工作是新中国成立后才真正重视并成长起来的。1950 年南京工学院首次招收油脂专业学生，之后，我国的油脂专业仅在 4 个专业院校设立（无锡轻工业学院、天津轻工业学院、郑州粮食学院和武汉粮食工业学院），另外还有一些中专粮校设有油脂专业。1956 年 11 月成立了食品工业部北京轻工设计院，从此中国油脂科研工作从弱到强，科研课题从浅到深，科研队伍从小到大地发展起来。1965 年国家在西安成立了我国唯一的油脂专业科学研究机构——粮食部西安油脂制备研究所，对油脂工业的新工艺、新设备、新产品进行了系列开发研究，做了许多基础性工作，取得了许多优秀的科研成果。与此同时，国家粮食局科学研究院、国家粮食局无锡、武汉科研设计院及上海粮食科学研究所、浙江省粮食科学研究所、北京市粮食科学研究所等也都相继设立了油脂专业科研处室，开展了许多油脂浸出、油脂精炼、综合利用等方面卓有成效的研究工作。

20 世纪 80 年代初，油脂行业主要的科学研究工作是准备和完成国家“六五”“七五”科技攻关项目。80 年代开始，中国各地从国外引进了 50 多条生产线，其中包括油料预处理、压榨、浸出、炼油、氢化、人造奶油等。加工的油料有大豆、米糠、棉籽等。为控制重复引进和提高中国对油脂设备的设计和制造水平，择优消化吸收引进的设备成为“七五”攻关项目的主要内容之一。为此，商业部科技司、商办工业司和商科院于 1986 年初共同组成了油脂设备消化吸收领导小组，通过对引进设备的调查研究，筛选出拟消化吸收的工艺和设备，制定了实施方案并付诸实施。

“七五”攻关项目的重点是对油脂生产工艺流程和油脂专用设备的设计与研制，其中主要有植物油连续精炼技术、大豆的开发利用技术和人造奶油生产技术，并分别交给无锡、西安和上海等粮油科研所承担。经过八年的努力，“七五”攻关项目顺利完成，为中国油脂工业与国际先进水平接轨奠定了良好的基础。

为适应人民生活水平不断提高和油脂工业发展的需要，我国油脂科研院所和大专院校的科技人员，经过多年的不懈努力，在油料、油脂的成分结构与营养，特种油脂与专用油脂，加工技术与装备，双低油菜籽制油及浓香花生油生产新技术，油菜籽低温压榨、膨化、浸出制油新技术，大豆挤压膨化，低温脱溶，油料蛋白与综合利用等方面的研发做了大量的工作，取得了许多科研成果，为中国油脂工业接近和达到国际先进水平做出了贡献。

油脂专业教育与油脂科研一样，这几年来得到了快速发展，随着无锡轻工业学院更名为江南大学，郑州粮食学院更名为河南工业大学，武汉粮食工业学院更名为武汉工业学院并相继扩招，这三所学校的规模都有了很大的扩大，相继完成了由专门的粮油加工及储藏专业院校向综合性理工大学过渡，师资和在校生都今非昔比。随着改革开放和科技教育体制的进一步深化，我国的油脂行业吸引了众多非粮油行业的科研机构和大专院校参与油脂、油料专业的科学研究和人才培养。现在北京大学、清华大学、中国科技大学、华东理工大学、华南理工大学、四川大学、中国农业大学、浙江大学等著名的高等院校以及中国科学院等科研单位也在进行油料、油脂和植物蛋白的研究及其新产品的开发工作。据不完全统计，全国约有165所高校设立了食品专业。

江南大学、河南工业大学、武汉工业学院和国家粮食局西安油脂科学研究设计院等院校和科研单位都具备招收油脂和植物蛋白专业硕士研究生的资格，江南大学十多年前已具备并培养了许多油脂和植物蛋白专业博士研究生，为我国油脂工业培养了高素质的人才。

所有这些都说明，我国油料、油脂和植物蛋白的科学研究和教育工作已经引起了社会各方面的广泛重视，这对我国油脂科技事业和油脂教学工作的不断提高与发展必将起到巨大的促进作用，对我国油脂工业的稳步发展有着十分重要的意义。

（八）2004年我国油脂工业发展的特点及其对我国油脂工业的发展前景展望

1. 2004年我国油脂工业的发展特点

2004年我国油脂工业的发展特点主要有以下六个方面：一是由于国家对农业生产和农产品种植业的直接补贴政策的落实，2004年度国内植物油料普遍增产，尤其是大豆、花生、棉籽增产幅度较大；二是进口油料、油脂再创新高，净进口油脂和油料折油合计首次超过1 000万t；三是油脂加工厂效益下滑，许多以加工进口大豆为主要原料的大型油厂的效益直线下滑，有些厂出现了前所未有的巨额亏损；四是油厂新建扩建的势头有所减缓，由于国家宏观经济调控政策的出台，国家对土地征用的一些新政策的颁布，使一些重复建设和盲目扩建的油脂工程停建或缓建，从而有效地遏制了油厂的盲目新建和扩建；五是油脂品牌意识不断加强，出现了许多名牌产品和放心粮油产品；六是特种油脂引起了业内人士的高度重视。

2. 今后我国油脂工业的展望和建议

我国是一个具有13亿人口的农业大国，农业问题、农村问题、农民问题历年来是中央和国务院十分重视的首要工作。2005年中共中央（中发2005）1号文件，关于进一步加强农村工作，提高农业综合生产能力若干政策的意见中，首次把“重点支持粮食主产区发展农产品加工业，大力扶持食品加工业，特别是粮食主产区以粮食为主要原料的加工业”（这里所指的粮食包括油脂）写入其中。油脂加工业的兴衰与国民经济的发展和“三农问题”的解决落实息息相关，油脂加工业的兴旺发达将促进农业生产（油料生产）、农民增收和广大农村经济的振兴。可以说油脂工业是一个朝阳产业。

油脂是人们一日三餐的主要消费品，随着我国市场经济的逐步完善、人口的不断增加和人民生活水平的稳步提高，人们对食用油的消费也将不断增加。随着中国对加入WTO承诺的兑现，今后中国进口食用植物油和大豆的税率将逐步降低，未来几年中国对食用植物油和大豆的进口量将保持在较高水平上。由此可见，中国油脂工业的发展前景是十分美好的。

今后我们要以科学发展观为指导，加强对油脂行业宏观调控能力的集成，加强行业管理工作，有的放矢地进行油脂加工企业的改扩建工作；要继续下大力研制新工艺、新设备，提高效率，降低成本；有条件的油脂加工厂应加大科技的投入力度，增强新产品的研发，拓宽油脂产品的广度和深度，进行专用油脂、功能性油脂的研发；要加大新油源的开发力度，对米糠油、玉米油、油茶籽油以及特种油脂等进行深度开发；要重视对食用油的营养、安全、功能的研究；要进一步重视油料蛋白的开发利用；对大豆、油菜籽、花生和葵花籽等的副产品进行综合开发，如异黄酮、皂苷、维生素 E、甾醇、白黎芦醇、花青素等有价值的产品进行开发，创造更多的经济效益和社会效益。

综上所述，中国粮油学会油脂专业分会成立20 年来，特别是进入21 世纪的近几年来，我国油脂工业的发展是跨越式的，得到了突飞猛进的发展。

十四、2005 年的中国油脂工业

——在中国粮油学会油脂分会会长办公扩大会议上的主题报告

（2006 年 3 月 3 日　于广东深圳）

如何回顾总结 2005 年的中国油脂工业，是油脂界关心的问题。为客观反映 2005 年的中国油脂工业，2005 年 12 月 26 日，我参加了在天津市塘沽开发区召开的天津市大型油脂工业企业座谈会。会上，一些企业的负责同志围绕着 2005 年油脂工业的发展形势，2006 年的展望发表了许多建设性的意见，颇受启发。归纳起来，2005 年中国油脂工业的基本情况是：国产油料不如往年，进口油脂油料居高不下；油厂效益有所好转，但经营仍然艰难；油脂市场持续低迷，竞争更加激烈；新一轮重组开始，企业不断整合；名牌工程取得重大突破，油脂油料标准制修订工作进度加快；油脂工业走出低谷仍需加倍努力。

（一）国产油料不如往年，进口油脂居高不下

2005 年在农业生产方面总体上讲是属于风调雨顺的一年，全年粮食产量达到 4.84 亿 t 的好收成，但油料生产不如粮食，据有关资料表明，除大豆、花生和亚麻籽的产量与 2004 年略有增产外，其余油料作物的产量均低于 2004 年，总产量为 5 799.5 万 t，与 2004 年相比，减少了 137.5 万 t。在国产油料中，扣除大豆、花生、葵花籽和芝麻的直接食用部分后的总折油为 1 014.0 万 t，比 2004 年减少了 72.3 万 t，2004 年和 2005 年主要油料生产情况及折油一览见表 1。

表 1　2004 年和 2005 年主要油料生产情况及折油一览表　单位：万 t

年份		大豆	花生	油菜籽	棉籽	葵花籽	芝麻	油茶籽	亚麻籽	合计
2004	产　量	1 720.0	1 431.0	1 304.0	1 074.0	197.0	89.5	83.5	38.0	5 937.0
	折　油	127.1	241.8	469.4	154.7	41.4	23.8	16.7	11.4	1 086.3
2005	产　量	1 880.0	1 470.0	1 120.0	960.0	170.0	76.0	83.5*	40	5 799.5
	折　油	139.6	248.4	403.2	138.2	35.7	20.2	16.7	12.0	1 014.0
同期比较	增减量	+160	+39	-184	-114	-27	-13.5	0	+2.0	-137.5
	折油量	+12.5	+6.6	-66.2	-16.5	-5.7	-3.6	0	+0.6	-72.3

注：*油茶籽产量暂缺，假设与 2004 产量相同；

①折油按中国油脂工业发展史的折油计算方法；

②2005 年国产油料数来自中国粮油商务网的预测。

与国产油料相反，2005 年的进口油料居高不下，再创历史新高。据国家粮油信息中心提供的资料，2005 年我国大豆进口量为创纪录的 2 659 万 t，比 2004 年的 2 023 万 t

又多进了 636 万 t；进口豆油 169. 4 万 t，比 2004 年的 252 万 t 减少了 82. 6 万 t；进口棕榈油 432. 4 万 t，比 2004 年的 385 万 t 多进了 47. 4 万 t；进口油菜籽 29. 6 万 t，比 2004 年的 47 万 t 减少了 17. 4 万 t；进口菜籽油 17. 8 万 t，比 2004 年的 35. 3 万 t 减少了 17. 5 万 t。进口油脂油料总折油达 1 109. 5 万 t。2005 年出口花生果 41. 7 万 t，花生仁 33. 6 万 t，折油 27. 6 万 t。2005 年扣除出口折油 27. 6 万 t，净进口折油达 1 081. 9 万 t，比 2004 年多 57. 9 万 t，连创历史新高，2004 年和 2005 年油脂、油料进出口见表 2。

表 2　　2004 年和 2005 年油脂、油料进出口表　　单位：万 t

年　份	进口折油	大豆油	菜籽油	棕榈油	大豆	油菜籽	出口折油	净进口折油
2004	1 054. 0	252. 0	35. 3	385. 6	2 023. 0	47. 0	30. 0	1 024. 0
2005	1 109. 5	169. 4	17. 8	433	2 659. 0	29. 6	27. 6	1 081. 9
增减量	+55. 5	−82. 6	−17. 5	+47. 4	+636	−17. 4	−2. 4	+57. 9

注：①2005 年数字为国家粮油信息中心提供的资料；
②进口大豆出油率以 18%、油菜籽以 36% 计算；
③出口花生仁、果的量为 2005 年 1—11 月的合计数。

以上数据表明，2005 年我国食用油的总供给量（国产油料折油量和净进口折油量之和）为 2 095. 9 万 t，人均可供量为 16. 1kg，比 2004 年的总供给量 2 111. 9 万 t 减少了 16. 0 万 t；人均可供量比 2004 年的 16. 2kg 减少了 0. 1kg。据推测 2005 年我国食用油的总消费量为 1 850 万～1 900 万 t，人均年消费量为 14. 2～14. 6kg。另外，我们可以从表 1 和表 2 中看出，在总供给量中国产油脂比进口油脂少了 67. 9 万 t，国产油脂只占总供给量的 48. 4%。

（二） 油厂效益有所好转，但经营仍很艰难

众所周知，2004 年是中国油脂工业在发展中遇到困难最大的一年，油厂的经济效益普遍不佳，尤其是以进口大豆为主要原料的企业大多出现了亏损或严重亏损，少数企业到了濒临破产的境地。据中国粮食行业协会对规模以上的全国粮油工业企业统计；2003 年油脂工业企业实现利润高达 21. 89 亿元，2004 年下降到 3. 68 亿元，下降幅度之大，让人震惊。

2005 年，由于进口大豆的风波不像 2004 年那样大，油厂的效益有所好转，据推算，全年实现利润 8 亿～10 亿元，与 2004 年相比提高一倍多，出现了一些效益好的企业，其中以花生为主要原料的山东莱阳鲁花浓香花生油有限公司，2005 年全年生产花生油 18. 6 万 t，生产调和油 10. 3 万 t，实现利润高达 2. 65 亿元，上缴税收 8 900 万元，可以说是全国油脂行业的佼佼者。当然我们也应清楚地看到，2005 年油脂工业企业的经营状况虽然有所好转，但效益仍然不高，尤其是大豆加工企业，效益仍然不佳。造成这种状况的主要原因，一是，从进口大豆价格走势看，大豆周度价格走势图（平均价）如图 1 所示，2005 年的风险虽然没有 2004 年那样大，但风险仍然不小。从图 1 中我们可以清楚看到，自 2005 年 3 月下旬起，进口大豆的价格（平均到岸价）一路小幅下跌，这无疑给依靠进口大豆生产的企业造成经营的困难；二是进口大豆的榨油毛利

较低，中粮期货图表 2005 年以来进口大豆周榨油毛利如图 2 所示。来自大连、山东、江苏和广东的资料反映，2005 年只有 2、3 两月每吨进口大豆的制油毛利能达到 200 ~ 300 元，其余都在盈、亏 100 元左右徘徊。同样使用国产大豆制油的毛利也很低，有的甚至出现了亏损。

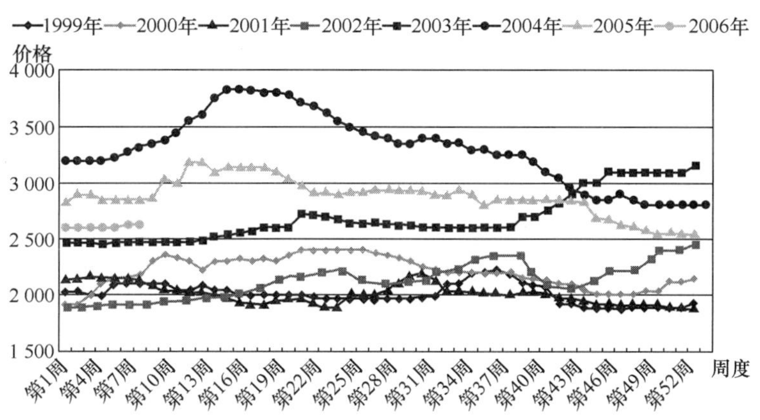

注：来自中国粮油商务网。

图 1　大豆周度价格走势图（平均价）

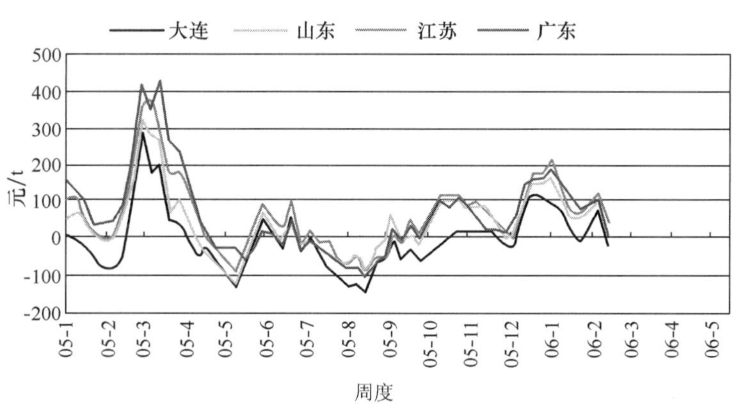

注：来自中粮期货。

图 2　2005 年以来进口大豆周榨油毛利

随着油脂工业企业 2004 年和 2005 年连续两年的不景气，导致经济实力大幅下降。据中国粮食行业协会统计，2004 年全国规模以上食用植物油加工企业 890 个，资产总额为 732.8 亿元，负债合计为 548.4 亿元，资产负债率为 74.8%，高于大米加工企业和小麦粉加工企业 3 ~4 个百分点。有的企业资产负债率高达 90% 以上，这是一个相当危险的信号。由于资产负债率高，加上连续两年的不景气，致使一部分企业在银行的信誉下降，信贷困难，资金短缺，生产经营艰难。

（三）市场持续低迷，竞争更加激烈

这两年，油脂工业企业的经济效益不如以往，除了上述分析的原因外，另一个主要原因是：市场低迷，不仅油价低迷，粕价也同样持续低迷。这种低迷的油脂市场，造成了企业无利可图，乃至亏损。从中国粮油商务网提供的1999—2006年国内四级豆油周度价格走势如图3所示，和2003—2006年国内一级豆油周度走势如图4所示，我们可以清楚地看到，2004年和2005年的四级豆油和一级豆油价格总走势，都是从年初价格稍高开始到年底一路走低结束的，这与2003年的油价走势形成了鲜明的对比。

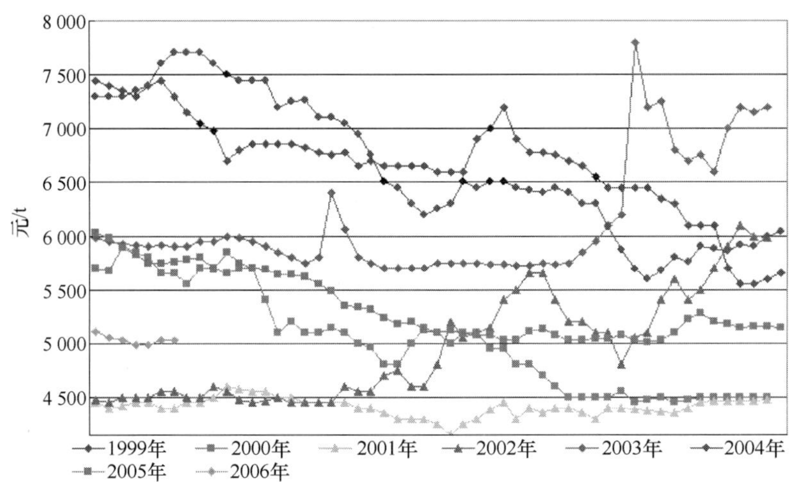

图3 1999—2006年国内四级豆油周度价格走势

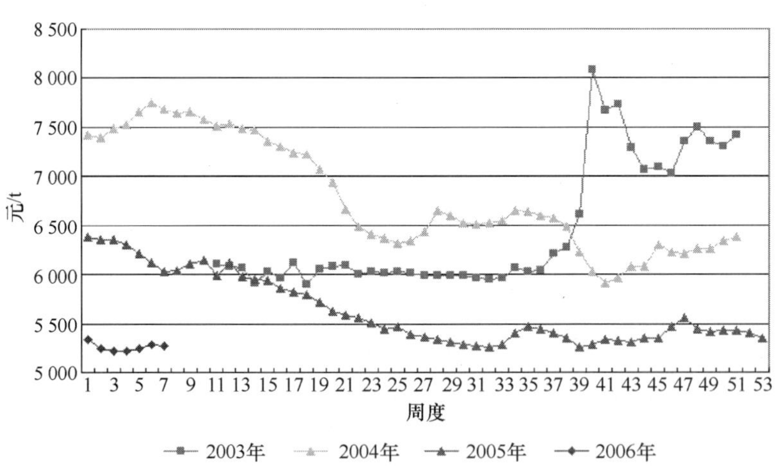

图4 2003—2006年国内一级豆油周度走势

与此同时，我们还可以从图5（中粮期货图）豆粕现货价格中看到，2005年的豆粕价格自3月起到年底，也是一路走低结束的。这种价格走势致使这两年油脂工业企业，生产、经营十分困难，而造成这种价格走势的根本原因是油和粕多了。我认为，目前我国油脂市场油和粕多的原因是进口多了。也可以说造成目前状况的重要原因是进口失控造成的。

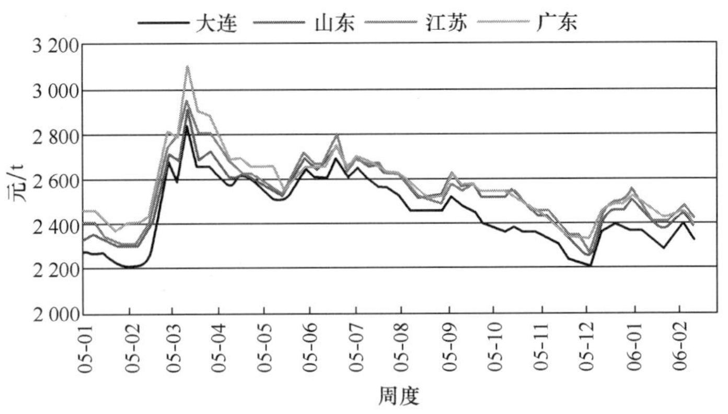

图5 （中粮期货图） 豆粕现货价格

我曾讲过，竞争，是市场经济的特征之一，也是市场经济所固有的，所以企业之间开展竞争是正常的。而同类产品之间的竞争应该体现在质量的竞争、价格的竞争、售前、售中、售后服务的竞争和企业信誉的竞争上，也是企业之间在技术、管理和人才等方面的全面较量，最后的结果是优胜劣汰，这是正常的、合法的竞争。这几年，油脂工业企业与其他行业一样，竞争十分激烈，这也是很自然的，但这里需要指出的是，油脂界的个别企业和少数人，在竞争中采取了不讲职业道德和不择手段的办法进行所谓的竞争，如一度在社会上出现的短斤缺两、掺假掺杂等损害消费者利益的现象；有的采用低于成本价的方法进行所谓的促销活动；有的在宣传自己产品时贬低他人的产品，说什么浸出法制取的油有毒、用转基因油料生产的油吃了不安全等。上述这些错误的作法和说法，必须引起我们油脂界的高度重视，认真加以纠正，以树立油脂界的良好风尚。

（四） 新一轮重组开始， 企业不断整合

随着市场竞争的加剧和企业结构的调整优化，粮油工业企业数量将进一步减少，规模逐步扩大，生产集中度明显提高。据中国粮食行业协会统计，2004 年，全国规模以上企业共有 8 546 个，比 2003 年减少了 33. 1% ，而汇总后的总产量、总产值和销售收入等均高于 2003 年。其中日加工能力在 400t 以上的大型油厂达 121 家。这充分说明粮油工业正在日趋大型化、规模化和集团化。

粮油工业企业重新整合、提升是集团化的必由之路。我曾在多次会上讲过，粮油加工企业只有通过整合，才能提升整体水平；只有通过整合，才能使企业做大做强做优，才能出现一批有实力的、超大型的“航母型”的米、面、油企业集团；只有通过整合，才能实施名牌战略，创立在全国有影响、有声望的知名品牌，才有可能像油脂行业的“金龙鱼”“福临门”和“鲁花”一样，在全国油脂市场上有相当的占有率；只有通过整合，才有实力和条件不断采用新技术、新工艺、新设备，才有可能使粮油工业向深度加工和综合利用方向发展，才有可能成为创新型企业；也只有通过整合，

才能成为名副其实的龙头企业，实现向“公司+基地+农户”的经济联合体方向发展。总之，粮油加工企业与企业之间，集团与集团之间的联合，是粮油加工企业整合、提升的必由之路，也是粮油工业发展的必然趋势。

前几年，我国的粮油加工企业在“改制”的基础上，进行了一些资产重组和联合、兼并工作，出现了一些有一定规模和实力的企业集团，对我国粮油工业的发展起到了促进作用。鉴于当时在重组整合过程中的想法较多，难度较大，因此，大多起点较低，重组后在全国有影响的大型企业集团屈指可数。针对当时的实际，为推进油脂工业企业的重组整合，2001 年 10 月我曾在中国粮油学会油脂分会第 11 届年会上发言时讲过，我国的油脂工业大多规模不大、实力不强，经不起大风大浪的考验，为此，必须进行战略性的调整，通过重组、联合和兼并等方式组成联合舰队。要寻找适合自己的有实力的合作伙伴，进行资产重组与联合。企业，特别是企业的领导人要解放思想，乐意被有实力的企业兼并。我认为一个企业能被比自己实力强的企业兼并，不是一件不光彩的事情，相反说明了自己的企业还有自身价值。所以，企业间进行资产重组、联合和兼并，是要有勇气的，只有有远见的企业家才能做到。

最近，在国内粮油贸易做得较出色，拥有几十个现代化粮油仓库设施和强大粮油科技队伍的、有实力的中谷粮油集团公司已并入属于世界 500 强的中国粮油进出口集团公司进行重组，这是国内粮油企业进行强强联合的典范。与此同时，在国内油脂工业企业经历了两年的风风雨雨后，有些企业经营面临困难，为了求生存求发展，他们勇敢地寻找到了自己的合作伙伴。如日照三维油脂将 61% 的股份转让给了邦基公司；湛江华农饲料蛋白开发有限公司将 30% 的股份转让给了托福公司；东莞华农饲料蛋白开发有限公司全部转让给嘉吉公司；南通宝港油脂发展有限公司和广东富之元油脂公司将分别被嘉吉公司和嘉里粮油所租用等。目前，社会上对上述重组整合有着不同的评价，这是很正常的。但我认为，这是油脂工业企业新一轮重组整合的开始，也是企业求生存、谋发展的必然结果，是顺应时代发展潮流的。

（五）名牌工程取得重大突破，油料标准制修订工作进度加快

品牌就是企业的“牌子”，是“招牌”，也是企业赖以生存的基础。在品牌基础上创出的“名牌”是著名品牌的简称，它是在市场上具有更高的知名度、更大的市场份额和信誉价值的品牌。名牌战略（即名牌工程）是企业从长远利益考虑，根据自身的实际和品牌现状而制定的发展名牌总体规划。企业的名牌战略是以创名牌和保名牌为核心，带动企业的持续、稳定、健康发展的战略。也可以说，谁获得了名牌，谁就获得了市场，谁就获得了良好的企业形象，所以它是企业的一项重要无形资产。

自 2001 年起，粮油行业在全国范围内开展了放心粮油工程，这一活动得到了社会各界的好评和消费者的欢迎。在此基础上，一些经营管理和经济效益好、产品质量高、科技投入大、创新意识强，有发展后劲的大型粮油加工企业积极开展了争创中国名牌的工程，做了大量的工作，取得了成效。在 2004 年的中国名牌评选中，金健、北大荒等七个大米品牌和金像、金苑等 13 个小麦粉品牌评为中国名牌产品。在 2005 年的中国名牌评选中，福临门、金龙鱼、富虹油品和口福的大豆油；金龙鱼、福临门、禧万年

和大平的菜籽油以及鲁花和胡姬花的花生油等十个食用油产品评为中国名牌产品。两年中，粮油加工企业荣获了 30 个中国名牌产品，是粮油加工企业开展名牌工程的重大突破，实属来之不易，我们应该向荣获中国名牌产品称号的企业祝贺。

鉴于中国名牌是当前中国企业的最高荣誉，是要求最高最严、含金量最高的称号，是企业的金字招牌。所以，我们希望已经获得中国名牌称号的企业要再接再厉，永远保持这一来之不易的荣誉，并希望有更多的企业能获得这一荣誉。

标准是衡量事物的准则，它可供作同类事物比较核对之用途。油脂油料国家标准和行业标准是衡量油脂加工企业、经营企业的产品是否合格的唯一尺度，是油脂油料有序流通的重要保证。与此同时，它为油脂油料及其制品的质量、营养、安全提供了技术保证和监督检查的依据。一个国家采用、制订的某一产品的标准，体现了该国在此领域科技水平的高低。所以制修订标准是一项政策性、实用性很强的基础工作，必须在广泛调查研究的基础上科学、合理地制订。随着我国油脂工业水平、科技水平和人民生活水平的不断提高，新产品的不断涌现，以及为了尽快与国际接轨，过去制订的标准已不能满足油脂油料生产和加工发展的需要，必须加以制订与修订。这也是油脂界最关心的大事之一。

在国家粮食局的重视下，成立了全国粮油标准化技术委员会，主抓粮油标准的制修订工作。在油脂油料方面，为了同国际接轨，国家粮食局自 2002 年起，组织国内油脂行业的科研院所、大专院校和大中型生产企业先后修订了大豆油、菜籽油、花生油、棉籽油、葵花籽油、油茶籽油、米糠油和玉米油等 8 个食用油质量标准和大豆、油菜籽等两个原料质量标准，并已陆续发布实施，这对规范油脂工业企业的生产，确保产品质量，促进油脂工业的发展起到了积极的作用。2005 年 10 月，又对新制订的食用调和油国家标准和新修订的芝麻油国家标准方案进行了最后一轮专家讨论，达成了许多共识，预计 2006 年将会发布实施。

为进一步加快粮油标准的制修订工作，2005 年 12 月 5 日国家粮食局又下发了“国家粮食局办公室关于做好 2005 年国家标准和行业标准制修订工作的通知”，通知向粮食及制品技术工作组、油料及油脂技术工作组、粮油储藏及流通工作组和粮油机械及仪器技术工作组下达了 82 项粮油国家标准的制修订计划和 22 项粮油行业标准的制修订计划。其中给油料及油脂技术工作组下达了 31 项国家标准的制修订任务，其中制订 17 项、修订 14 项，并要求在 2007 年按时完成。计划下达后，油料及油脂技术工作组的组长单位——武汉工业学院十分重视，给予了全力支持，组成了专家组。今后，油脂分会将全力支持这项工业，许多知名专家都将参加标准的制修订，以保质保量按时完成任务。

（六）油脂工业走出低谷仍需加倍努力

油脂工业企业在经历了两年的风风雨雨之后，有人对我国油脂工业的发展前景产生了困惑，这是可以理解的。但我认为，我国油脂工业的发展前景仍然是十分美好的，这是不用怀疑的。面对我国油脂工业的现状，重新振兴，需要做到两条，一是增强信心；二是加倍努力。所谓增强信心，就是要增强对我国油脂工业发展前景美好的信心。

我们要看到油脂工业是一个朝阳工业，随着人民生活水平的提高，油脂及其制品的品种和销量将进一步增加，质量将进一步提高；油脂的深度加工及综合利用刚刚起步，研发的潜力很大；两年的风风雨雨和经营不景气，让我们“吃一堑，长一智”，使我们的头脑更加清醒和聪明了，回避和防范风险的意识增强了，“跟风”、贪大和盲目扩张的思潮减少了，这是我国油脂工业发展前景美好的重要主客观条件。所谓加倍努力，就是说我国油脂工业要想走出低谷，重振雄风，不是轻而易举的，需要付出更大的努力才能实现。我们要面对当前油脂市场供大于求，油价、粕价仍然低迷却不会很快改善的现实；要面对自 2006 年 1 月 1 日起取消豆油、棕榈油、菜籽油进口免税配额和进口国营贸易管理，实行自动进口许可证管理，其关税将统一降至 9% 后可能带来的不利影响；我们还要面对市场竞争无序，部分企业资金短缺等困难。在上述现实和困难面前，我们只有增强信心、苦练内功、做出特色、精心经营、加倍努力才能改变我国油脂工业的现状。我相信，只要大家增强信心，加倍努力，2006 年的油脂工业一定会比 2005 年好，我国油脂工业的春天离我们不会太远。

油脂工业企业在经历了两年的风风雨雨，付出了沉重代价后，似乎有以下一些问题值得我们反思。

1. 关于我国食用油总供给量的调控问题

前面我已经讲过，这两年我国油脂市场上的油价、粕价一直低迷不振，严重挫伤了油农、加工企业和经营者的积极性。据了解，2005 年花生的每斤平均收购价为2.3 ~ 2.5 元；油菜籽的每斤平均收购价为 1.15 ~ 1.20 元；葵花籽的每斤平均收购价为 1.25 ~ 1.30 元，是近几年来最低的。造成这种状况的原因很多，但主要原因是东西多了，是供大于求。而造成供大于求的重要原因是进口油脂油料多了，失控了。为此，我们要呼吁有关部门，尽快研究解决进口油脂油料失控的问题。

2. 食用油供应有没有一个安全问题

国家对粮食安全十分重视，并提出了粮食的自给率要保持在 95% 以上。油脂虽然不同于粮食，但它也是人们赖以生存的不可缺少的重要物资。从 2004 年和 2005 年两年的油脂总供给量来看，国产油料实际能生产的食用油占油脂总供给量的比例，已经低于 50%。也就是说，我国一半以上的食用油供应来源要靠进口，这样的比例是否太高了？任其发展下去，会不会构成对我国食用油供应的安全问题。我的观点是肯定的，我认为在进口这个问题上也要有一个度，要尽量依靠国内发展油料生产来解决我国的食用油供应问题。

3. 关于油厂的规模问题

在这个问题上我曾讲过多次，我是主张油厂向大型化、规模化方向发展的，但我也一直强调要从实际出发，规模要适中，不能一味追求越大越好。最近，我做了一些调查研究，我认为就是在油料集中产区，油厂的规模也要适中，也不能贪大。我希望大家在这个问题上进行研讨，以求得共识，少走弯路。

4. 关于保护民族油脂工业企业的问题

这两年，由于生产经营不景气，致使一些大型油厂处境困难，被迫让人兼并。对此，引起了许多同仁的关注，并提出了要保护民族油脂工业的问题。从“食用油供应安全”的角度来看，我赞同这种观点。希望国家有关方面在政策上支持民族大型油脂工业企业的发展，尤其是在这些企业遇到暂时困难时，要帮一把，以帮助企业渡过难关，这是我们最希望的。但由于时代不同了，作为有志的企业家来说，不能期望政策的支持来发展自己，只能依靠自己求发展。

十五、 谈我国粮油工业的发展趋向

——在江苏省某市食品工业产业研讨会上的讲话

(2006 年 4 月 19 日　于北京)

民以食为天，粮油是人们赖以生存的最基本的营养素。回顾历史，中国的粮油工业作为一个产业则是从新中国成立后才逐步建立起来的。新中国成立时，我国的粮油工业大多设备陈旧，工艺落后，操作笨重，生产环境差，经济技术指标落后，有一定规模的、现代化的粮油加工企业屈指可数，这与我们这个泱泱大国和农业大国极不相称。因此，建设一个现代化的粮油工业是摆在每个粮油科技工作者面前光荣而又艰巨的使命。半个多世纪以来，通过中国粮油科技工作者一代代的不懈努力，特别是党的十一届三中全会以来，中国的粮油工业发生了翻天覆地的变化，取得了令人瞩目的成就。现在，我们可以这样说：中国的米、面、油加工业在许多领域已经接近和达到国际水平。最明显的是，粮油加工质量不断提高，产品琳琅满目。

众所周知，中国改革开放以前，我国的粮油市场大多以标准粉、标二米和二级油为主，品种单一，品质较低，不能满足市场和食品工业的需要。而如今，我们走进超市。各种等级的高品质小包装大米、小包装面粉、免淘洗米、专用面粉、营养强化面粉、色拉油、高级烹调油、浓香花生油，小磨香油和特种油脂等琳琅满目。现在我们可以说：中国超市货架上的各类小包装米、面、油产品，应有尽有，与国外超市的米、面、油产品没有什么两样。改革开放二十多年来。中国粮油市场上发生了这样巨大的变化，这对我们这个人口众多，粮油资源供应相对偏紧的国家而言，是一个了不起的进步!

人民生活水平不断提高，对食品工业中最重要的基础原料——粮油产品的要求越来越高。为适应市场的需求，今后我国粮油工业的发展趋向是：

1. 企业的生产规模日趋大型化规模化

随着市场竞争的加剧和企业结构的调整优化，粮油加工企业的数量将进一步减少，规模逐步扩大，生产集中度明显提高。据中国粮食行业协会统计，2004 年全国规模以上企业共有 8 546 个，比 2003 年减少了 33.1%，而汇总后的总产量、总产值和销售收入等均高于 2003 年。其中加工能力在 400t/d 以上的大型米厂达 48 家；加工能力在 400t/d 以上的大型面粉厂达 110 个；加工能力在 400t/d 以上的大型油厂达 121 个。

2. 粮油加工企业将进一步整合提升向集团化方向迈进

我曾在多次会上讲过，粮油加工企业只有通过全面整合，才能提升整体水平；只有通过整合，才能使企业做大做强，才能出现一批有实力，超大型的“航母型”米、面、油企业集团；只有通过整合，才能实施名牌战略，创立在全国有影响、有声望的品牌，才有可能像油脂行业的“金龙鱼”“福临门”和“鲁花”一样在全国市场上有相当的市场占有率；只有通过整合，才有实力和条件不断采用新技术、新工艺、新设备，才有可能使粮油加工向深度加工和综合利用方向发展；也只有通过整合，才能成为名副其实的龙头企业，实现向“公司 + 基地 + 农户”的经济联合体方向发展。我认为，粮油加工企业与企业之间，集团与集团之间的联合，是粮油加工企业整合，提升的必由之路。

3. 粮油产品必须坚持朝着安全优质营养方便的方向发展

粮油是人们最重要的食粮，也是食品工业的最基础原料。随着人民生活水平的不断提高，人们在关注粮油产品安全、放心的基础上，将进一步注重粮油食品的优质、营养和方便，为此积极发展绿色和无公害的粮油食品应该引起粮油加工企业的重视。

4. 品牌意识将进一步增强

质量是企业的基础，是企业的生命线，也是产品品牌的基础。品牌是商品市场的通行证，一个以高质量为基础的品牌，一旦被人们认可，将为企业的发展提供可靠的保证。为此，近几年来，有相当一部分的粮油加工企业开始重视品牌，积极实施名牌工程，通过大力培育和宣传品牌，增强了企业的质量意识和品牌意识，推动了经营管理水平和产品质量的提高。现在名牌产品越来越受消费者欢迎，市场占有率越来越高。2004 年和 2005 年全国粮油行业共获得三十个中国名牌，其中大米 7 个、面粉 13 个、食用油脂 10 个。据了解获得中国名牌称号的米、面、油生产企业的产品，深受百姓欢迎，有的出现了供不应求的情况。

5. 环境保护将被高度重视

随着工业化的进程，环境污染在加剧，植物的生长环境在进一步恶化。与此同时，食品加工的“工业化”也在加快，成品、半成品在食物消费中的比重在上升，因此人们越来越关心在植物生长过程中对食品原料的污染，同时也关心在加工过程中对食品品质的影响。今后，人们在关心食品外表质量的同时，将会更加关心米、面、油产品的内在质量，如过氧化值、农药残留、黄曲霉毒素等。

6. 粮油加工的副产品综合利用水平的进一步提高

粮油加工中的副产品如米糠、小麦胚芽、饼粕以及油脂精炼过程中产生的皂脚、馏出物等，大多含有丰富的营养物质、多种微量成分和生物活性物质，但多年来由于我国的加工企业规模小，资源集中困难以及提取技术的限制，这些宝贵资源没有得到充分的开发利用。近几年来。随着粮油加工企业的大型化、规模化、集团化以及提取技术的不断成熟，我国的粮油加工副产品综合利用将会不断有新的发展。

十六、 中国油脂工业的发展状况与趋势

——在中国烹调油与健康研讨会上的主题报告

(2006 年 5 月 11 日　于北京)

很高兴参加今天由中国营养学会举办的“中国烹调油与健康研讨会”。下面我就中国油脂工业的基本情况、发展趋势和油脂、油料生产、消费及进出口情况作一简要介绍，供大家参考。

(一) 我国油脂工业的基本情况

中国不仅是一个油料生产大国和油脂加工大国，同时也是一个油脂消费大国和油脂、油料的进出口大国。

就油脂加工而言，我国的油脂加工能力之大、企业之多均属世界之最。油脂加工是指对油料及原油（毛油）等基本原料进行处理制成成品食用油及其制品的过程。它是食品工业的基础工业，油脂加工的产品与人民的生活息息相关，是一个永不衰败的朝阳工业。

中国的油脂工业作为一个产业则是新中国成立后才逐步建立并发展起来的。新中国成立时，我国的油脂工业大多以简单而原始的作坊生产为主，设备陈旧，工艺落后，操作笨重，生产环境差，经济技术指标落后。有一定规模的、现代化的油脂加工企业屈指可数，这与我们这个泱泱大国和农业大国极不相称。因此，建设一个现代化油脂工业是摆在每一位中国油脂工作者面前的光荣而艰巨的使命。半个世纪以来，通过中国油脂工作者一代代的不懈努力，特别是党的十一届三中全会以来，中国的油脂工业发生了翻天覆地的变化，取得了令人瞩目的成就。

据中国粮食行业协会统计，2004 年全国加入统计的企业规模以上［注：是指日处理油料加工能力在 30t 以上（含 30t)］食用植物油加工企业 890 个，年生产能力为：油料处理能力为 5 138 万 t，精炼能力为 1 460. 5 万 t。其中：日加工能力 100t 以下的企业为 475 个，100 ~ 200t 的企业为 187 个，200 ~ 400t 的企业为 107 个，400 ~ 1 000t 的企业为 74 个，1 000t 以上的企业为 47 个。在加入统计的企业中，国有及国有控股企业 201 个，占 22. 6%；外商及港澳台商投资企业 46 个，占 5. 2%；民营企业 643 个，占 72. 2%。

加入统计的企业的食用植物油总产量为 953. 8 万 t，其中：大豆油 527. 7 万 t，占 55. 3%；菜籽油 230. 8 万 t，占 24. 2%；花生油 53. 3 万 t，占 5. 6%；棉籽油 35. 5 万 t，占 3. 7%。在总产量中，精炼油的产量为 817. 3 万 t。其中：精炼油中的一级油为 346. 8 万 t，占 42. 4%；二级油 211. 5 万 t，占 25. 9%；三级油 68. 7 万 t，占 8. 4%；四级油 190. 3 万 t，占 23. 3%。一级油（原色拉油）、二级油（原高级烹调油）和三级油（原一级油）的产量占精炼油总产量的 76. 7%。

加入统计的企业的现价总产值1 136.6亿元，利润总额3.7亿元（注：2003年为21.89亿元，2004年遇到了进口大豆价格风波的影响），资产总计732.8亿元，年末从业人数11.7万人。

以上一些统计数字与十年前相比，发生了以下四个方面的重大变化：

（1）从年末从业人员看　现有11.7万人，在产量、产值和资产总额大幅度提高的情况下，年末从业人数不但没有增加，反而比10年前的20多万人减少了一半。这充分说明我国油脂工业的劳动生产率大有提高；分析原因，主要归功于生产装备的机械化、自动化程度大大提高和减员增效等用人机制改革的成功。

（2）从所有制性质看　在2004年全国加入统计的企业的890个油脂加工企业中，国有及国有控股企业201个，占22.6%；外商及港澳台商投资企业46个，占5.2%；民营企业643个，占72.2%。这充分说明，过去国有油脂加工企业一统天下的局面已经彻底改变，粮食部门的“改制”工作取得了明显成效。随着改革的进一步深入，国有油脂加工企业的数量将会继续减少，成为油脂加工企业中的“少数民族”，看来，这是必然趋势。

（3）从企业生产规模看　日处理原料在1 000t以上的油脂加工企业有47个，这是一个了不起的变化。因为日处理1 000t以上的植物油加工企业在国外也不是多见的。据了解，目前，全世界有11家日处理油料6 000t以上的大型油厂，其中5家在中国，那就是江苏张家港的东海粮油，日处理油料能力达12 500t，是目前世界上日处理油料最大的油厂。另外，还有广西防城港的大海油脂，日处理油料能力7 500t；河北秦皇岛的金海油脂，日处理油料能力7 000t；江苏连云港的益海油脂，日处理油料能力6 000t；以及河北三河汇福粮油，日处理油料能力6 000t。这充分说明，我国油脂加工工业的生产规模正在日趋大型化。

（4）从产品的档次看　为顺应市场的需求，精油的比重和档次越来越高，品种越来越多。这充分说明，我国油脂加工水平和人民生活水平的不断提高。

众所周知，20世纪90年代前，国营粮店都是凭票供应食用油（主要是原二级油），在一些大中城市也仅有为数极少的全精炼油，人造奶油、起酥油的数量就更少，小包装油几乎没有。而现在我们的超市或连锁店，清晰、透明的各种品牌的小包装食用油琳琅满目，色拉油、高级烹调油（相当于新标准中的一级油、二级油）、食用调和油、浓香花生油、小磨香油、特种油脂以及专用油脂等产品品种应有尽有。在食用油市场上，名牌产品竞相开花。现在可以说：“中国超级市场货架上的各类小包装油品，与国外超市的小包装油品没有什么两样”。改革开放20多年，中国食用油消费市场发生了这样巨大的变化，这对我国这个人口众多，油料资源供需相对趋紧的国家来说，是一个了不起的进步！这也充分说明，中国油脂工业在许多领域已经接近和达到国际先进水平。

（二）我国油料、油脂生产与消费快速增长

植物油料在国民经济中占有重要地位，其产量在农业生产中居第三位，仅次于粮食和棉花。半个多世纪以来，党和政府对发展植物油料生产十分重视，采取了一系列

有力的措施，调动了农民种植油料的积极性，推动了植物油料的稳步发展。1985—2005年，全国植物油料的产量，由3 295.81万t发展到5 799.5万t，增加了2 503.69万t，增长了76%。油料的增产，对改善人民膳食结构，提高人民生活水平和发展国民经济建设，起到了非常重要的作用，为油脂工业的发展提供了丰富的物质基础。1985—2005年全国主要油料作物产量见表1。

表1　中国1985—2005年主要油料生产情况　单位：万t

年份	大豆	花生	油菜籽	棉籽	葵花籽	其他	合计
1985	1 050.0	666.4	560.7	704.9	173.21	142.6	3 297.81
1990	1 100.0	636.8	695.8	766.0	133.82	120.4	3 452.82
1998	1 515.2	1 188.6	830.1	765.2	146.5	190.1	4 635.7
1999	1 424.5	1 263.9	1 013.2	650.9	176.5	194.0	4 723.0
2000	1 540.9	1 443.7	1 138.0	750.9	195.0	197.7	5 266.2
2001	1 540.6	1 442.0	1 133.0	904.4	148.0	187.8	5 355.8
2002	1 650.0	1 495.0	1 053.0	836.4	200.0	205.0	5 439.4
2003	1 690.0	1 505.0	1 240.0	850.0	198.5	211.0	5 694.5
2004	1 720.0	1 431.0	1 304.0	1 074.0	197.0	211.0	5 937.0
2005	1 880.0	1 470.0	1 120.0	960.0	170.0	199.5	5 799.5

注：①其他油料包括芝麻、油茶籽和亚麻籽，不包括米糠、玉米胚芽等谷物油料，也不包括特种油料资源；
②2005年数字来自中国粮油商务网的预测。

从表1中可以看出，2005年我国主要油料的总产量为5 799.5万t，其中大豆产量为1 880万t、花生为1 470万t、油菜籽为1 120万t、棉籽为960万t、葵花籽为170万t；芝麻、油茶籽和亚麻籽的合计产量为199.5万t。在5 799.5万t国产油料中扣除大豆、花生、葵花籽和芝麻的直接食用部分后折油为1 014万t。

1985年以前，由于我国当时食用油消费水平不高，我国一直是植物油和油料的出口国。1986年以后中国开始成为植物油净进口国。近几年，由于国内市场对植物油的需求猛增，油料生产满足不了消费需求的快速增长，植物油的供需缺口日益扩大，国家需每年进口植物油，而且数量越来越多。目前，我国已成为植物油和油料的进口大国。1998—2005年中国油脂油料进口见表2。

表2　1998—2005年中国油脂油料进口　单位：万t

年份	1998	1999	2000	2001	2002	2003	2004	2005
进口折油	327.7	394.5	496.8	514.4	570.2	958.3	1 055.0	1 109.5
大豆油	82.9	80.4	30.8	7.0	87.0	188.4	252.0	169.4
菜籽油	28.5	6.9	7.5	7.3	7.8	15.2	35.3	17.8
棕榈油	92.9	119.4	139.1	151.7	222.1	332.5	385.6	433.0

续表

年份	1998	1999	2000	2001	2002	2003	2004	2005
大豆	319.3	431.9	1 041.9	1 393.9	1 131.5	2 074.1	2 023.0	2 659.0
油菜籽	138.6	259.5	296.9	172.4	61.8	16.7	47.0	29.6
出口折油	44.1	30.9	35.4	39.9	38.9	35.5	30.0	27.6
净进口折油	283.6	363.6	461.4	474.5	531.3	922.8	1 025.0	1 081.9

注：①2005 年数字来自中国粮油商务网的预测；

②进口大豆出油率以 18%、油菜籽以 38% 计算。

从表 2 中可以看出，2005 年我国进口大豆 2 659 万 t、进口豆油 169.4 万 t、进口棕榈油 433 万 t、进口油菜籽 29.6 万 t、进口菜籽油 17.8 万 t，进口油脂、油料总折油为 1 109.5 万 t。2005 年（1—11 月底）出口花生果 41.7 万 t、花生仁 33.6 万 t，折油 27.6 万 t。2005 年净进口折油达 1 081.9 万 t。其中：2005 年的大豆进口量、棕榈油的进口量以及进口油脂、油料总折油量、净进口折油量等均创历史最高。

以上数据表明，2005 年我国食用油的总供给量（国产油料折油量和净进口折油之和）为 2 095.6 万 t，人均可供量为 16.1kg。据推测，2005 年我国食用油的总消费量为 1 850 万 ~ 1 900 万 t，人均年消费量为 14.2 ~ 14.6kg，进一步缩小了与世界人均年消费量 15kg 的差距。随着我国人民生活水平的进一步提高，食用油消费市场还有一定的发展空间，前景看好。1996—2005 年中国食用油消费情况见表 3。

表 3　　1996—2005 年中国食用油消费情况

年份	1996	1998	2000	2001	2002	2003	2004	2005
食用消费量/万 t	1 002.5	1 090.7	1 245.7	1 330	1 410	1 500	1 750	1 850 ~ 1 900
人均年消费量/kg	7.7	8.4	9.6	10.2	10.8	11.5	13.5	14.2 ~ 14.6

（三）我国油脂工业的发展趋势

随着人民生活水平不断提高，对食品工业中的最重要基础原料——油脂产品的要求将越来越高。为适应市场的需求，今后我国油脂工业的发展趋势是：

1. 油厂的生产规模将日趋大型化、规模化

随着市场竞争的加剧和企业的结构调整优化，油脂加工企业的数量将进一步减少，规模逐步扩大，生产集中度明显提高。据中国粮食行业协会统计，2004 年，全国规模以上粮油加工企业共有 8 546 个，比 2003 年减少 33.1%，而汇总后的总产量、总产值和销售收入等均高于 2003 年。尤其可喜的是，在 8 546 个规模以上的粮油工业企业中，日加工能力在 400t 以上的大型米厂达 48 家；日加工能力在 400t 以上的大型面粉厂达 110 个；日加工能力在 400t 以上的大型油厂达 121 个。这充分说明生产集中度提高后产生的优越性和粮油加工企业生产规模向大型化、规模化的发展趋势。我认为这种趋势今后在油脂加工企业中将进一步加快。

2. 油脂加工企业将进一步整合、提升，向集团化方向迈进

油脂加工企业通过重新整合、提升是集团化的必由之路。我认为，油脂加工企业只有通过全面整合，才能提升整体水平；只有通过整合，才能使企业做大做强，才能出现一批有实力、超大型的“航母型”油脂企业集团；只有通过整合，才能实施名牌战略，创立在全国有影响、有声望的品牌，才有可能像“金龙鱼”“福临门”和“鲁花”一样在全国市场上有相当的市场占有率；只有通过整合，才有实力和条件不断采用新技术、新工艺、新设备，才有可能使油脂加工向深度加工和综合利用方向发展，才有可能成为创新型企业；也只有通过整合，才能成为名副其实的龙头企业，实现向“公司＋基地＋农户”的经济联合体方向发展。总之，油脂加工企业与企业之间，集团与集团之间的联合，是油脂加工企业整合、提升的必由之路，也是油脂工业发展的必然趋势。

3. 油脂产品必须坚持朝着安全、优质、营养的方向发展

油脂是人们赖以生存的最基本的营养素之一，也是食品工业的最基础原料，随着人民生活水平的不断提高，人们在关注食用油脂产品安全、放心的基础上，将进一步注重食用油产品的优质和营养，为此积极发展绿色和无公害的食用油脂产品应该引起油脂加工企业的重视。食用油脂产品在朝着“安全、优质、营养”的方向发展中“安全”是第一位的，也是消费者最为关心的。食品质量安全问题是关系人民群众身体健康和生命安全，关系到社会安定和国民经济发展。而食用油脂产品又是人们一日三餐不可缺乏的重要食物，为了让百姓能够吃上优质安全的米、面、油及其制品，自2000年底开始，中国粮食行业协会在全国开展了“放心粮油工程”，这项工作得到了国家粮食局、各级政府和有关部门的大力支持，受到社会各界的好评和消费者的欢迎。

“放心粮油”是指粮油加工企业严格按照大米、面粉和食用油的国家标准和食品卫生国家标准组织生产，生产出完全符合国家标准的粮油产品。“放心粮油”产品包括“放心大米”“放心面粉”和“放心油”等三大系列产品。这项工作会长期开展下去。

4. 油脂的深加工将进一步加快

为适应我国食品工业发展的需要，人造奶油、起酥油、煎炸油等专用油脂的生产以及利用油料饼粕生产各种功能性蛋白（如组织蛋白、浓缩蛋白和分离蛋白）等也将得到快速发展。

5. 特种油脂的开发利用将进一步引起重视

在油料作物中，除了油菜籽、大豆、花生、葵花籽和棉籽五大油料作物外，我国还有许多特种油料资源，通常称为“小油料”。所谓小油料，是相对于五大油料作物而言，因为它们的生长的范围、播种面积不如五大油料作物地广和量大，其产量自然也不能和五大油料作物相比。

我国特种油料品种多达上百种。目前，产量较大且已经开发利用的有：油茶籽油、茶叶籽油、翅果油、亚麻籽油、红花籽油、葡萄籽油、紫苏油、月见草油、核桃仁油、杏仁油、南瓜籽油、苍耳籽油、沙棘油、松籽油和番茄籽油等；另外还有米糠油、玉米油和小麦胚芽油等谷物油脂。

所谓特种油脂，就是利用特种油料生产的油脂。在这些油脂中，含有更丰富的不饱和脂肪酸，尤其是油酸和亚油酸含量高，还富含多种微量成分和生物活性物质。特种油脂在市场上的价格，要比五大油料产品价格高几倍。在这些方面，是五大油料作物所不及的。因此，开发利用特种油料，生产调和油及功能性油脂，是繁荣食用油市场，提高经济效益和人民健康水平，增加出口创汇的重要手段。今后将进一步引起重视。

6. 油脂加工企业的品牌意识将进一步增强

近几年来，有相当一部分的油脂加工企业开始重视品牌，积极实施名牌工程，通过大力培育和宣传品牌，增强了企业的质量意识和品牌意识，推动了经营管理水平和产品质量的提高。现在名牌产品越来越受消费者欢迎，市场占有率越来越高。经过大家的努力，在 2005 年的中国名牌产品评选中，有十个食用油产品评为中国名牌产品，他们分别是：福临门、金龙鱼、富虹油品、口福的大豆油；金龙鱼、福临门、禧万年、大平的菜籽油和鲁花、胡姬花的花生油。据了解，获得中国名牌称号的油脂加工企业的产品，深受百姓欢迎。所以，有人说："一个著名品牌不仅可以壮大一个企业，带动一个产业，乃至可以造福一个地区，振兴一个民族"，这是非常正确的。今后，油脂工业企业将进一步强化质量意识和品牌意识，实施名牌工程，以促进企业的健康、稳定发展。

7. 油脂加工企业的节能、 环保意识将被高度重视

建设资源节约型、环境友好型社会是党的十六届五中全会通过的《中共中央关于制定国民经济和社会发展第十一个五年规划的建议》中提出的重要任务之一，也是中国可持续发展战略的重大举措。文件中提出的有关建设资源节约型、环境友好型的内容和任务是完全适合我国油脂加工企业实际的。

在建设资源节约型社会中，油脂加工企业应该在以下几个方面努力取得成效。一是，油脂加工企业的生产原料及其产品，是国家的重要特殊商品，因此，节约一粒粮、一滴油，千方百计提高出品率仍然是我们必须长期坚持的；二是，油脂加工企业的用水、用电、用煤量较大，消耗指标较高，与国际先进水平仍有不小差距，只有通过强化管理，改进工艺和设备，才能努力把它降下来；三是，粮油加工中产生的皮壳和下脚料数量较大，要采用各种方法加以利用，变废为宝，如利用废油生产生物柴油等。

随着工业化的进程，环境污染在加剧，植物的生长环境在进一步恶化。与此同时，食品加工的"工业化"也在加快，成品、半成品在食物消费中的比重在上升，因此人们越来越关心在植物生长过程中对食品原料的污染，同时也关心在加工过程中对食品品质的影响。今后，人们在关心食用油外表质量的同时，将会更加关心油脂产品的内在质量，如过氧化值、农药残留、黄曲霉毒素等有害物质。我们要以对人民高度负责的精神，在油脂加工中努力消除和防止油脂产品的再度污染。与此同时，油脂加工中产生的灰尘和污水的排放将直接对环境的污染产生影响。对此，我们要想方设法，努力按国家规定的排放标准组织生产。

以上几点，是近两年来专家们在研讨今后油脂的工业发展趋向时的主要共识。当然，还有其他一些重要内容，这里不再一一讲了。

由于时间的关系，我就讲这些，耽误了大家不少时间，讲的不妥之处，望大家批评指正。

十七、 2006 年中国油脂工业和油脂市场的情况及特点

——在中国粮油学会油脂分会第十六届年会上的专题学术报告

（2007 年 9 月 11 日　于陕西西安）

2006 年是中国油脂工业发展中遇到的难得的好年份，也是整个粮油工业发展中遇到的难得的好年份，其中最为重要的标志是，企业的经济效益明显提高，尤其是油脂工业更为突出。中国油脂工业的经济效益在摆脱了 2004 年的阴影后，经过 2005 年的恢复性增长，2006 年的经济效益又有大幅度增长，创造了历史最高纪录。下面，我就 2006 年中国的油料生产、油脂油料的进出口和油脂工业的基本情况及特点介绍些情况，供参考。

（一） 国内油料生产情况

2006 年，我国八大油料的总产量和折油量与 2005 年相比大体持平。据国家粮油信息中心提供的资料，2006 年大豆产量为 1 550 万 t、花生产量为 1 380 万 t、油菜籽产量为 1 220 万 t、棉籽产量为 1 211 万 t、葵花籽产量为 168 万 t、芝麻产量为 72 万 t、油茶籽产量为 83. 5 万 t（此产量为估计数，与 2004 年产量相当）、亚麻籽产量为 35. 6 万 t，油料合计总产量为 5 720. 1 万 t，比 2005 年减少 79. 4 万 t；折油 1 043. 7 万 t，比 2005 年增加 29. 7 万 t，2004 年、2005 年和 2006 年主要油料生产情况及折油一览见表 1。2006 年较 2005 年油料总产量虽然减少了 79. 4 万 t，但总的折油量反而增加了 29. 7 万 t，其原因是增减油料的含油量和油食比不同。

表 1　　2004 年、2005 年和 2006 年主要油料生产情况及折油一览表　　单位：万 t

年份		大豆	花生	油菜籽	棉籽	葵花籽	芝麻	油茶籽	亚麻籽	合计
2004	产量	1 720. 0	1 431. 0	1 304. 0	1 074. 0	197. 0	89. 5	83. 5	38. 0	5 937. 0
	折油	127. 1	241. 8	469. 4	154. 7	41. 4	23. 8	16. 7	11. 4	1 086. 3
2005	产量	1 880. 0	1 470. 0	1 120. 0	960. 0	170. 0	76. 0	83. 5*	40	5 799. 5
	折油	139. 6	248. 4	403. 2	138. 2	35. 7	20. 2	16. 7	12. 0	1 014. 0
2006	产量	1 550	1 380	1 220	1 211	168	72	83. 5*	35. 6	5 720. 1
	折油	115. 1	233. 2	439. 2	174. 3	35. 3	19. 2	16. 7	10. 7	1 043. 7
2006 与 2005 增减比较	油料增减量	－330	－90	＋100	＋251	－2	－4	0	－4. 4	－79. 4
	折油增减量	－24. 5	－15. 2	＋36	＋36. 1	－0. 4	－1. 0	0	－1. 3	＋29. 7

注：＊油茶籽产量暂缺，假设与 2004 年产量相同；

①2006 年国产油料数字来自国家粮油信息中心；

②油料的油食比和折油按《中国油脂工业发展史》的计算方法计算。

（二）油脂油料的进出口情况

2006 年，我国油脂油料的进出口仍显强劲势头，数量继续增加。按国家粮油信息中心提供的资料，2006 年我国进口大豆达 2 827 万 t，较 2005 年的 2 659 万 t 多进了 168 万 t；进口大豆油 154.3 万 t，较 2005 年的 169.4 万 t 少进了 15.1 万 t；进口棕榈油 508.2 万 t，较 2005 年的 433 万 t 多进了 75.2 万 t；进口油菜籽 73.8 万 t，较 2005 年的 29.6 万 t 多进了 44.2 万 t；进口菜籽油 4.4 万 t，较 2005 年的 17.8 万 t 少进了 13.4 万 t。2006 年进口油脂油料的总折油为 1 202.4 万 t，较 2005 年多了 92.9 万 t，2004 年、2005 年和 2006 年油脂、油料进口情况见表 2。

表 2　　2004 年、2005 年和 2006 年油脂、油料进口情况　　单位：万 t

年份	进口折油	大豆油	菜籽油	棕榈油	大豆	油菜籽
2004	1 054.0	252.0	35.3	385.6	2 023.0	47.0
2005	1 109.5	169.4	17.8	433	2 659.0	29.6
2006	1 202.4	154.3	4.4	508.2	2 827	73.8
2006 与 2005 比较	92.9	−15.1	−13.3	+75.2	+168	+44.2

注：①2006 年数字为国家粮油信息中心提供的资料；
②进口大豆出油率以 18%、油菜籽以 36% 计算。

2006 年，我国出口油脂油料的数量和品种也有较大幅度增长。据国家粮油信息中心提供的资料，2006 年我国出口大豆 37.9 万 t、出口大豆油 11.8 万 t、出口菜籽油 14.5 万 t、出口花生油 1.3 万 t、出口其他植物油合计 2.7 万 t、出口花生仁果 32.4 万 t，出口油脂油料折油为 47.9 万 t，较 2005 年的 27.6 万 t，多出了 20.3 万 t，2005 年和 2006 年油脂、油料出口见表 3。

表 3　　2005 年和 2006 年油脂、油料出口情况　　单位：万 t

年份	大豆油	菜籽油	花生油	其他植物油	大豆	花生果	花生仁	花生仁果	出口油脂油料合计折油
2005	—	—	—	—	—	41.7 折油 10.8	33.6 折油 16.8	—	27.6
2006	11.8	14.5	1.3	2.7	37.9 折油 6.3	—	—	32.4 折油 11.3	47.9
2006 与 2005 比较	+11.8	+14.5	+1.3	+2.7	+6.3	−10.8	−16.8	+11.3	+20.3

注：①2006 年出口油脂油料数字为国家粮油信息中心提供的资料；
②花生仁、花生果的折油参照《中国油脂工业发展史》提供的折油计算方法，花生仁果按 35% 折油。

（三） 食用植物油加工业的基本情况

据中国粮食行业协会的统计，2006 年，全国加入统计的食用植物油加工企业 1 012 个，年生产能力为：油料处理能力为 7 177. 4 万 t，精炼能力为 2 166. 2 万 t。其中：日加工能力 100t 以下的企业为 468 个，占 46. 2%；100 ~ 200t 的企业为 225 个，占 22. 2%；200 ~ 400t 的企业为 145 个，占 14. 3%；400 ~ 1 000t 的企业为 99 个，占 9. 8%；1 000t 以上的企业为 75 个，占 7. 4%。在所有制方面，国有及国有控股企业 108 个，占 10. 7%；外商及港澳台商投资企业 70 个，占 6. 9%；民营企业 834 个，占 82. 4%。

加入统计的企业的食用植物油总产量为 1 730. 2 万 t，精炼油的产量为 1 219. 7 万 t。其中：精炼油中的一级油为 924. 2 万 t，占 53. 2%；二级油 170. 2 万 t，占 9. 8%；三级油 98. 7 万 t，占 5. 7%；四级油 292. 7 万 t，占 16. 9%。一级油、二级油和三级油的产量占食用油总产量的 68. 7%。在总产量中，大豆油 946. 8 万 t，占 54. 7%；菜籽油 285. 3 万 t，占 16. 5%；花生油 87. 4 万 t，占 5%；棉籽油 57. 9 万 t，占 3. 3%。总产量超过 60 万 t 的有江苏、山东、广东、河北、天津、黑龙江、福建、河南、上海、湖北、浙江、广西、辽宁等 13 个省市区，其中江苏省达 311. 9 万 t，山东省达 224. 5 万 t，广东省达 164. 7 万 t，河北省达 117. 1 万 t，天津市达 101 万 t。

加入统计的企业的现价总产值 1 737. 2 亿元，产品销售收入 1 739. 7 亿元，利润总额 46. 8 亿元，资产总计 980. 7 亿元，年末从业人数 10. 7 万人，分别比上年增长 23. 1%、20. 2%、145%、10. 5% 和 8. 1%。

通过上述情况和计算，我们可以得到以下几个重要数据：

第一：2006 年我国油料总产量为 5 720. 1 万 t，较 2005 年减少 79. 4 万 t；折油 1 043. 7万 t，较 2005 年增加了 29. 7 万 t。

第二：2006 年我国净进口油脂油料的折油数为 1 154. 5 万 t，即为进口油脂油料折油 1 202. 4 万 t，减去出口油脂油料折油 47. 9 万 t 之差。

第三：2006 年我国食用植物油的总供给量为 2 198. 2 万 t，即为国产油料折油 1 043. 7万 t，加上净进口油脂油料的折油 1 154. 5 万 t 之和。较 2005 年的 2 095. 9 万 t 增加了 102. 3 万 t。

第四：2006 年我国食用植物油的人均可供量为 16. 91kg，较 2005 年的 16. 1kg 增加了 0. 81kg。

第五：2006 年我国食用植物油的自给率为 47. 5%，较 2005 年的 48. 4% 下降了 0. 9 个百分点。

（四） 2006 年油脂市场和油脂工业的几个主要特点

1. 我国食用植物油的总供给量继续增长， 进口油脂油料保持强劲势头

前面所述，2006 年我国食用植物油的总供给量为 2 198. 2 万 t，人均可供量达 16. 91kg，与 2005 年相比，均有较大幅度的提高，保证了我国油脂市场和养殖业的发展需要，这是值得我们油脂界高兴的。与此同时，我们也应看到，在这 2 198. 2 万 t 的总

供给量中，国产食用植物油只有1 043.7万t，自给率只有47.5%，较2005年又下降了0.9个百分点。这充分说明我国国产油脂的自给率偏低，而进口油脂油料继续保持强劲势头，连创新高。对此，油脂界有两种不同的看法，一种认为，进口油脂油料数量不断增加，对我国的油脂市场和油料生产造成很大冲击，应该控制进口，并提出要进行“反倾销”；另一种认为，我国食用植物油的自给率不足50%，是低了一些，建议通过发展我国的油料生产，逐步提高食用植物油的自给率，减少对进口油脂油料的依赖程度，以防将来在国际市场上购不到足够的食用植物油而处于被动。至于对当前国家进口油脂油料，并不断增长的态势持赞同态度，认为这是必要的，是符合我国油脂市场和养殖业发展需要的，而且这种发展态势在今后的若干年内是不易改变的。我赞成后一种看法。

2. 我国油脂市场和油脂工业的格局发生了很大变化

在油脂市场上，过去菜籽油的供应量一直在我国油脂可供量中名列前茅。而现在情况发生了很大变化，被大豆油替代。在2006年我国食用植物油2 198.2万t的总供给量中，菜籽油只有455.7万t（国产菜籽折油加上进口菜籽油和进口菜籽折油，减去出口菜籽油），占食用植物油总供给量的20.7%。而大豆油的供给量达760.2万t（国产大豆折油加上进口大豆油和进口大豆折油，减去出口大豆油和出口大豆折油），占食用植物油总供给量的34.6%，远远高于菜籽油的比例，成为食用植物油市场上的第一油源。另外值得注意的是，2006年我国进口棕榈油达508.2万t，占食用植物油总供给量的23.1%，也高于菜籽油的比例，名列第二，而菜籽油已退居第三位。

在油脂工业中，大豆加工已成为我国油脂工业的主角。在我国亿吨以上的油料年加工能力中，大豆加工的能力已超过7 000万t。在2006年全国1 012个加入统计的食用植物油加工企业的1 730.2万t食用油总产量中，大豆油为946.8万t，占54.7%；菜籽油285.3万t，只占16.5%。这充分说明大豆加工与其他油料相比，已成为我国油脂工业的主角。

大豆加工已成为我国油脂工业的主角和大豆油的消费量在我国油脂市场上已名列前茅的格局变化，是我国油脂市场和油脂工业的重大变化，也是中国油脂工业突飞猛进的象征。

3. 油脂工业以利润总额为标志的各项经济技术指标好于往年

前面讲过，中国油脂工业的经济效益在摆脱了2004年的阴影后，经过2005年的恢复性增长，2006年利润总额达到46.8亿元，较2005年增长了145%，创造了历史最高纪录。这一效果的取得，除了归功于油脂工业企业的自身努力工作之外，在客观上我们巧遇了自去年第四季度后市场粮油价格的普遍“走高”，这也是去年油厂经济效益普遍较好的原因。

2006年，油脂工业除了利润总额创历史新高外，其他经济指标也创近年来最好水平。例如：加入统计的油脂工业企业的总产值达1 737.2亿元，比2005年的1 410.9亿元增长了23.1%；加入统计的企业的产品销售收入达1 739.7亿元，比2005年的1 446.9亿元增长了20.2%；加入统计的企业的总资产负债率为68%，比2005年降低了5.7个百分点等。这些成绩的取得是大家努力的结果，是来之不易的，希望油脂工业企业再接再厉，保持这种良好的发展势头。

4. 油脂工业企业的产权结构继续调整优化，生产集中度进一步提高

2006年在全国1 012个加入统计的油脂工业企业中，国有及国有控股企业108个，比2005年的150个减少了42个，比例由上年的14.4%下降为10.7%，减少了3.7个百分点；民营企业834个，比例由上年的80%上升为82.4%，增加了2.4个百分点，产权结构继续调整优化，企业活力进一步增强。与此同时，一批骨干企业通过改制重组，整合提升，进一步向集团化发展；一些规模小、条件差、质量低的小企业逐渐被市场淘汰，行业的生产集中度进一步提高。

从生产能力来看，在2006年全国油脂工业加入统计的企业中，日生产能力400t以上的企业达174个，比上年的148个增加了26个，其中日生产能力1 000t以上的大型油脂工业企业达75个，比上年增加12个。

从产品产量来看，2006年年产量达10万t以上的企业有30家，合计产量达1 079.9万t，占加入统计的油脂工业企业总产量1 730.2万t的62.4%。其中中粮集团、嘉里粮油集团和益海粮油集团的食用植物油产量均达到100万t以上，分别为205.4万t、188万t和152.3万t。国有油脂企业九三油脂集团，通过实行“公司+基地+农户”的经营模式，提高了企业的竞争能力，继2005年在大连和天津建成两个油厂后，2006年又在广西防城港建成了一座日处理5 000t大豆的油脂加工厂，从而使九三油脂集团的年加工大豆能力达到了700万t，2006年食用植物油的产量达到66.9万t。

另据中国粮食行业协会统计，中国粮油食品（集团）有限公司、嘉里粮油（深圳）有限公司、益海粮油集团、黑龙江九三油脂有限责任公司、嘉吉粮油（南通）有限公司、金光食品（宁波）有限公司、三河汇福粮油集团饲料蛋白有限公司、东马油脂（广州保税区）有限公司、仪征方顺粮油工业有限公司和山东鲁花集团有限公司等10家油脂工业企业，2006年的食用植物油的合计产量达797.3万t，占加入统计的油脂工业企业食用植物油总产量的46.1%。以上数据表明，我国油脂工业企业的生产集中度有了明显提高。

十八、2007年的中国油脂工业及油脂市场

——在中国粮油学会油脂分会会长办公扩大会议上的报告

（2008年4月8日　于湖南长沙）

如何评价和预测2007年和2008年的我国油脂工业和油脂市场，是油脂界都十分关心的事。春节前后，我通过与部分油脂加工骨干企业座谈和查阅了一些资料，试作以下评价和预测。

2007年是我国油脂工业发展中遇到的最好年份之一，同时也给油脂油料经营者带来了许多实惠的一年。分析原因，这是由于我国人民生活水平的不断提高，带动了我国食用植物油总供给量和人均占有量的新增长，为油脂工业的发展和油脂油料销售市场的繁荣创造了条件；由于油脂市场行情一路攀升，使油脂工业的各项经济指标好于往年；由于国产油料减产，国内消费增加，为确保市场需求，导致进口油脂油料的连创新高。

展望2008年，由于2007—2008年度全球油料产量减少，用途增多，库存下降，促使今后油脂油料价格上涨几乎是一种必然的趋势；为稳定市场，稳定物价，我国政府近期内出台了一系列政策措施，加大了宏观调控的力度。油脂加工企业，要在这样的大环境下求生存，谋发展。

（一）2007年，我国油脂工业及油脂市场出现了一系列之“最”

1. 国内油料产量连续三年减少，成为2004年以来的“最低点”

据国家粮油信息中心和美国农业部提供的资料，2007年，我国八大油料的总产量和折油量与2006年相比，都有不同程度的减少，虽然减幅不大，但均创自2004年以来的“最低点”，2004年、2005年、2006年和2007年主要油料生产情况及折油一览见表1。其中2007年大豆产量为1 400万t、花生产量为1 400万t、油菜籽产量为1 200万t、棉籽产量为1 260万t、葵花籽产量为180万t、芝麻产量为59万t、油茶籽产量为83.5万t（此产量为估计数，与2004年产量相当）、亚麻籽产量为35万t，油料合计总产量为5 617.5万t，较2006年的5 720.1万t减少了102.6万t。2007年国产油料扣去直接食用和留种等用途外，总折油量1 034.7万t，较2006年减少了9万t。

表1　2004年、2005年、2006年和2007年主要油料生产情况及折油一览表单位：万t

年份	产量/折油	大豆	花生	油菜籽	棉籽	葵花籽	芝麻	油茶籽	亚麻籽	合计
2004	产量	1 720.0	1 431.0	1 304.0	1 074.0	197.0	89.5	83.5	38.0	5 937.0
	折油	127.7	241.8	469.4	154.7	41.4	23.8	16.7	11.4	1 086.3

续表

年份	产量/折油	大豆	花生	油菜籽	棉籽	葵花籽	芝麻	油茶籽	亚麻籽	合计
2005	产量	1 880.0	1 470.0	1 120.0	960.0	170.0	76.0	83.5*	40	5 799.5
	折油	139.6	248.4	403.2	138.2	35.7	20.2	16.7	12.0	1 014.0
2006	产量	1 550	1 380	1 220	1 211	168	72	83.5*	35.6	5 720.1
	折油	115.1	233.2	439.2	174.3	35.3	19.2	16.7	10.7	1 043.7
2007	产量	1 400	1 400	1 200	1 260	180	59	83.5*	35	5 617.5
	折油	104.0	236.6	432.0	181.4	37.8	15.7	16.7	10.5	1 034.7
2006 与 2005 比较	油料增减量	-150	+20	-20	+49	+12	-13	0	-0.5	-102.6
	折油增减量	-11.1	+3.4	-7.2	7.1	2.5	-3.5	0	-0.2	-9

注：*油茶籽产量暂缺，假设与2004年产量相同。

①2007年国产油料数字来自国家粮油信息中心，其中葵花籽产量来自美国农业部；

②油料的折油和油食比的计算方法：国产大豆按16.5%折油，油食比按45∶55；花生按26%折油，油食比按65∶35；油菜籽按36%折油；棉籽按16%折油，利用率按90%计算；葵花籽按35%折油，油食比按60∶40；芝麻按38%折油，油食比按70∶30；亚麻籽按30%折油；油茶籽按20%折油。

2. 进口油脂油料再创历史新高

2007年，由于国产油料减产和油脂的消费量继续增长，我国进口油脂油料的数量再创历史新高。根据海关总署提供的资料，2007年我国进口大豆油282.3万t、棕榈油509.5万t、菜籽油37.5万t、其他油脂87.2万t，合计进口油脂916.5万t；进口大豆3 082.1万t（折油554.8万t）、油菜籽83.3万t（折油30万t）、芝麻19.4万t（折油7.4万t）、其他油料0.9万t（折油0.3万t），进口油料合计折油592.5万t。进口油脂油料总计折油1 509万t，2004年、2005年、2006年和2007年油脂、油料进口一览见表2，较2006年多进了306.6万t。

表2　2004年、2005年、2006年和2007年油脂、油料进口一览表　单位：万t

年份	进口折油	大豆油	菜籽油	棕榈油	大豆	油菜籽	芝麻	其他油料	其他油脂
2004	1 054.0	252.0	35.3	385.6	2 023.0	47			
2005	1 109.5	169.4	17.8	433	2 659.0	29.6			
2006	1 202.4	154.3	4.4	508.2	2 827	73.8			
2007	1 509	282.3	37.5	509.5	3 082.1	83.3	19.4	0.9	87.2
2007 与 2006 比较	+306.6	+128	+33.1	+1.3	+255.1	+9.5	+19.4	+0.9	+87.2

注：①进口数字来自海关总署；

②进口的其他油脂，包括椰子油、棕榈油、亚麻籽油、芝麻油、橄榄油、葵花籽油等；

③进口油料折油：大豆按18%、油菜籽按36%、芝麻按38%、其他油料按30%计算。

另据海关总署提供的资料和数据，2007 年我国出口油脂油料合计折油 35.6 万 t。由此可见，2007 年，我国净进口油脂油料的折油为 1 473.4 万 t（即为进口油脂油料折油 1 509 万 t 减去出口油脂油料折油 35.6 万 t 之差）。

3. 我国食用植物油总供给量和人均占有量均创历史最高水平

2007 年，我国食用植物油总供给量达 2 508.1 万 t（即为国产油料总折油量1 034.7 万 t 加上净进口油脂油料的折油 1 473.4 万 t 之和），较 2006 年的 2 198.2 万 t，增加了 309.9 万 t，增长 14.1%。

2007 年，我国食用植物油的人均占有量为 19.29kg，较 2006 年的 16.91kg 增加了 2.38kg，增长 14.1%。这样高的增长率是我国食用植物油供应史上从未有过的。现在，我国食用植物油的人均占有量，已达到全球植物油人均占有量 19.48kg 的水平。

4. 我国食用植物油的自给率降到历史最低水平

2007 年，在我国 2 508.1 万 t 食用植物油的总供给量中，国产食用植物油为 1 034.7万 t，自给率只有 41.25%，较 2006 年的 47.5%，又下降了 6.25 个百分点，成为我国历史上食用植物油自给率最低的年份。

5. 食用植物油的价格频创历史最高

2007 年，我国食用植物油的市场价格受国际石油价格和食用植物油价格不断攀升的拉动，各种食用植物油价格频创历史纪录，到去年年底，各种食用植物油及其饼粕等相关产品的市场价格与两年前相比，高了近一倍。

6. 油脂工业的各项经济技术指标均创历史之“最”

2007 年，由于我国食用植物油总供给的快速增长，加上油脂市场产销两旺，我国油脂工业的产量、产值、销售量、销售额和利润总额等经济技术指标都将创历史最高纪录。其中利润总额我估计将会在 2006 年 46.82 亿元的基础上进一步大幅度增加，有望超过 60 亿元。

（二）对 2008 年的油脂工业和油脂市场的展望

1. 关于对 2008 年油脂市场的看法

油脂工业的发展前景如何，离不开油脂市场的行情走势，2007 年全球油脂油料市场十分活跃，产销两旺，价格一路攀升。分析 2008 年的油脂市场，首先要看 2007—2008 年度的油料生产情况。我认为，2008 年的油脂市场受 2007—2008 年度油料生产情况影响极大，至少会影响到今年上半年。如何评价 2007—2008 年度的油料生产和油脂市场，我概括为四句话，十六个字，即为“产量减少、用途增多、库存下降、价格暴涨”。

所谓“产量减少”是指 2007—2008 年度的，全球油料受气候、种植面积等影响较 2006—2007 年度有所减少。据有关资料介绍，预计全球 2007—2008 年度油料产量为 3.913 亿 t，比上年度减产 3.7%。其中，主要是大豆减产幅度较大，减幅达 8.8%。

所谓“用途增多”是指食用植物油脂不仅可以作为食用和工业用，而且还能作为生物能源——即生产生物柴油。这几年在全世界兴起了一股利用植物油脂生产生物柴油的热潮，此热潮先从欧盟各国兴起，现在发展到一些植物油的生产、出口大国和地区，如美国、南美、马来西亚、印度尼西亚等，都制订了一系列发展生物柴油的政策措施，连我国这样的食用植物油进口大国这几年也建成了有 200 多万 t 产能的生物柴油生产线。

生物柴油在全球的快速发展，改变了油脂油料的需求结构，使油脂油料具有了能源属性。这一变化，使油脂油料过去由“人吃”发展到现在“汽车与人争吃”。与此同时，推动了全球对植物油的需求增长，促使全球的植物油供需将长期处于紧平衡状态，从而将长期影响植物油的价值和价格。

所谓“库存下降”是指由于全球 2007—2008 年度油料的产量减少，用途和消费的增长，油脂、油料的库存被迫下降。据美国农业部提供的资料，2007—2008 年度，油料的期末库存为 5 451 万 t，比上年减少 22.5%；2007—2008 年度全球食用植物油产量为 1.27 亿 t，比上年增长 4.0%，期末库存 814 万 t，比上年减少 7.8%。从全球油料、油脂的期末库存看，分别只有 5 451 万 t 和 814 万 t，总折油不足 2 000 万 t。全球这么点库存，只要一有风吹草动，对进口食用植物油消费依赖程度较大的国家将是一个严峻的考验。

所谓“价格暴涨”是指油脂、油料的市场价格出现了非正常的调价。有人测算，2007 年全球各种油脂、油料的价格上涨幅度已超过 50%。我认为，造成这一结果并不奇怪，这是受 2007—2008 年度全球油料减产、用途增多和库存下降的影响决定了的，而且这种影响和价格走势还将继续延续下去，除非 2008—2009 年度全球油料生产有较大幅度增长。现在看来，我们不能低估农产品能源化助推国际粮油价格愈演愈烈的可能性。有人在分析当前国际粮油价格暴涨时说，全球发展生物能源是引发粮油价格暴涨的催化剂，这是很有道理的。

通过以上分析，希望能对我国油脂加工企业在今后的经营决策时有所启示。

2. 油脂加工企业必须服从和服务于国家的宏观调控决策

众所周知，粮油是食品的基础，粮油价格是“百价之基”。为了稳定市场，稳定物价，近期，我国政府对粮油等食品价格出台了一系列政策措施，以加大政府宏观调控的力度。

为了扼制不断上涨的食用油价格，政府及相关部门出台的关于加大补贴力度、降低大豆进口关税、增加植物油国家储备、对部分重要商品和服务行业实行临时价格干预措施的实施办法；关于尽快规定并公布粮食经营者最低和最高库存量具体标准的通知；关于取消小麦等原粮及其制粉出口退税的通知；关于对 57 种粮食出口、征收临时性的出口关税（税率在 5% ~25%）以及关于下达 2008 年度部分农产品出口配额有关问题的通知等。这些政策和规定的出台，我理解，其目的是为了保证粮油这个重要特殊商品的安全，以保证市场供应和粮油价格的稳定，从而保证国家的安全与稳定，意义十分深远。油脂加工企业，尤其是大型油脂加工企业，要关心和模范执行这些政策规定。在这种新形势下，企业的生产经营既要考虑有利可图，获得适当的利润，以利企业发展，又要乐于承担社会责任，服从和服务于国家的宏观调控政策。为了做到这一点，企业要比任何时候更加注重和关心国家的粮油政策，注重粮油市场的调查研究，注重企业的经营决策。

3. 油脂加工企业要关心和支持国家实施振兴油料生产计划

为增加有效供给，提高我国食用植物油消费的自给率，稳定市场，稳定价格，国务院及有关部门做出了一系列振兴我国油料生产的计划和措施。

2007 年 9 月 22 日，国务院办公厅下发了《国务院办公厅关于促进油料生产发展的意见》，进一步明确了油料生产发展的基本原则、目标和任务，加大了对发展油料生产的扶持力度，提出了发展油料生产的政策措施。接着，农业部决定从今年起组织实施振兴油料生产计划，力争 2008 年油料生产面积达到 3.46 亿亩、平均亩产达到 135kg、总产量达到 4 700 万 t。到 2010 年，油料面积比上述目标扩大 2 080 万亩，平均亩产提高 10kg，总产提高 14%。另外，在去年年底召开的全国农业会议上，决定 2008 年全国农村经济工作的重点是要抓好粮食、油料和生猪生产这三件大事。

上述这些鼓励发展油料生产政策，对发展油料生产已见到了一定效果。据农业部预测，2007 年全国冬油菜面积增加 1 000 万亩以上。随着我国振兴油料生产计划和措施的实现，必将对稳定我国油脂市场、稳定油价做出贡献，与此同时，也为我国油脂工业的进一步发展提供重要的物质基础。为此，油脂加工企业要关心和支持振兴我国油料生产计划的实施，要千方百计通过油料加工增值，让种植油料的农民得到实惠，以调动他们的生产积极性。

十九、 我国食用油的产需简况与发展趋势

——在中国油菜产业发展高层论坛上的专题报告

（2012 年 3 月 23 日　于湖北荆门）

很高兴再次来到荆门参加“2012 年中国油菜产业发展高层论坛”。在去年的会上，我曾以“大力发展油菜产业，提高我国食用油自给率”为题发了言。根据今年论坛的主题——“关注食用油安全与健康”，我想给大家介绍一下“我国食用油的产需简况与发展趋势”，供大家参考。

（一） 我国油脂油料的生产与需求简况

1. 我国油料生产情况

为满足我国经济发展和人民生活水平不断提高的需要，国家在发展粮食生产的同时，高度重视发展油脂油料生产，促使了我国油脂油料生产不断提高。根据国家粮油信息中心的统计，我国油菜籽、大豆、花生、棉籽、葵花籽、芝麻、油茶籽、亚麻籽八大油料产量由 1990 年的 3 524. 6 万 t 上升到 2010 年的 5 811. 4 万 t，增长 64. 9%，平均年增长 3. 2%，我国 1990—2010 年主要油料生产情况见表 1。根据预测，2011 年我国八大油料的产量分别为：棉籽 1 188 万 t、大豆 1 350 万 t、油菜籽 1 280 万 t、花生果 1 620 万 t、葵花籽 240 万 t、芝麻 61 万 t、亚麻籽 34 万 t、油茶籽 115 万 t，总产量为 5 817 万 t，比 2010 年略有增长。

表 1　　我国 1990—2010 年主要油料生产情况　　单位：kt

年份	油籽总产量	其中：棉籽	大豆	油料	其中：油菜籽	花生果	葵花籽	芝麻	亚麻籽	油茶籽
1990	35 246	8 114	11 000	16 132	6 958	6 368	1 339	469	535	523
1991	36 311	10 215	9 713	16 383	7 436	6 303	1 422	435	515	621
1992	34 830	8 114	10 304	16 412	7 653	5 953	1 473	516	520	629
1993	40 076	6 730	15 307	18 039	6 936	8 421	1 282	563	496	488
1994	43 710	7 814	16 000	19 896	7 492	9 682	1 367	548	511	631
1995	44 585	8 582	13 500	22 503	9 777	10 235	1 269	583	364	623
1996	42 891	7 565	13 220	22 106	9 201	10 138	1 323	575	553	697
1997	44 587	8 285	14 728	21 574	9 578	9 648	1 176	566	393	857
1998	46 393	8 102	15 152	23 139	8 301	11 886	1 465	656	523	723

续表

年份	油籽总产量	其中：棉籽	大豆	油料	其中：油菜籽	花生果	葵花籽	芝麻	亚麻籽	油茶籽
1999	47 155	6 892	14 251	26 012	10 132	12 639	1 765	743	404	793
2000	52 910	7 951	15 411	29 548	11 381	14 437	1 954	811	344	823
2001	53 638	9 582	15 407	28 649	11 331	14 416	1 478	804	243	825
2002	53 788	8 309	16 507	28 972	10 552	14 818	1 946	895	409	855
2003	52 251	8 747	15 394	28 110	11 420	13 420	1 743	593	450	780
2004	59 445	11 382	17 404	30 659	13 182	14 342	1 552	704	426	875
2005	57 407	10 286	16 350	30 771	13 052	14 342	1 928	625	362	875
2006	55 044	13 559	15 082	26 403	10 966	12 738	1 440	662	374	920
2007	52 135	13 723	12 725	25 687	10 573	13 027	1 187	557	268	939
2008	58 559	13 486	15 545	29 528	12 102	14 286	1 792	586	350	990
2009	58 003	11 479	14 981	31 543	13 657	14 708	1 956	622	318	1 169
2010	58 114	10 730	15 083	32 301	13 082	15 644	2 298	587	324	1 092
2011 预测	58 170	11 880	13 500	32 790	12 800	16 200	2 400	610	340	1 150

另据统计，2011 年，我国国产油料的榨油量（除大豆、花生、芝麻和葵花籽等 4 种油料部分直接食用外）为 1 091.8 万 t，与 2011 年我国食用油的年度总供给量 2 865.1万 t 差距较大。2011 年我国国产油料制油量见表 2。

表 2　2011 年我国国产油料制油量　单位：kt

油料品种	制油量	出油量	出油率/%
油菜籽	12 000	4 260	35.50
花生果	7 500	2 363	31.50
棉籽	11 000	1 430	13.00
大豆	4 000	640	16.00
葵花籽	1 200	300	25.00
油茶籽	1 000	250	25.00
亚麻籽	300	90	30.00
芝麻	300	135	45.00
玉米油	—	600	—

续表

油料品种	制油量	出油量	出油率/%
米糠油	—	800	—
其他		50	
合计		10 918	

2. 我国油脂油料的进出口情况

在国家多项惠农政策的支持、鼓励下，我国的油料生产发展较快，但其发展速度仍跟不上人民生活不断提高的需求。为满足食用油市场供应日益增长的需求，我国政府采取了在提高国内油料产量的同时，增加了油脂油料的进口数量，并呈现不断加速上升的趋势，我国油脂油料进口量见表 3。现在，我国油脂油料净进口折油总量已由 2000 年的 461.4 万 t 上升到 2010 年的 2 088.9 万 t，十年间增长 353%，平均年增长 35.3%，1998—2010 年中国油脂油料进出口折油见表 4。但与此同时，出现了我国食用植物油的自给率已由 21 世纪初的 60% 下降到目前的 38% 左右。

表 3　我国油脂油料进口量　单位：kt

年份	大豆进口量	菜籽进口量	植物油进口量	其中			其他植物油
				豆油	棕榈油	菜籽油	
1996	1 108	0	2 640	1 295	1 012	316	17
1997	2 792	55	2 750	1 193	1 146	351	60
1998	3 196	1 386	2 060	829	930	285	17
1999	4 315	2 595	2 080	804	1 194	69	13
2000	10 416	2 969	1 872	308	1 391	75	99
2001	13 937	1 724	1 674	70	1 517	49	38
2002	11 315	618	3 212	870	2 221	78	43
2003	20 741	167	5 418	1 884	3 325	152	57
2004	20 229	424	6 764	2 517	3 857	353	38
2005	26 590	296	6 213	1 694	4 330	178	11
2006	28 270	738	6 715	1 543	5 082	44	46
2007	30 821	833	8 397	2 823	5 095	375	104
2008	37 436	1 303	8 163	2 586	5 282	270	25
2009	42 552	3 286	9 502	2 391	6 441	468	202
2010	54 797	1 600	8 262	1 341	5 696	985	240
2011	52 640	1 262	7 798	1 143	5 912	551	192

表 4　　1998—2010 年中国油脂油料进出口折油表　　单位：万 t

年份	进口折油	大豆油	菜籽油	棕榈油	大豆	油菜籽	出口折油	净进口折油
1998	327. 7	82. 9	28. 5	92. 9	319. 3	138. 6	44. 1	283. 6
1999	394. 5	80. 4	6. 9	119. 4	431. 9	259. 5	30. 9	363. 6
2000	496. 8	30. 8	7. 5	139. 1	1 041. 9	296. 9	35. 4	461. 4
2001	514. 4	7. 0	7. 3	151. 7	1 393. 9	172. 4	39. 9	474. 5
2002	570. 2	87. 0	7. 8	222. 1	1 131. 5	61. 8	38. 9	531. 3
2003	958. 3	188. 4	15. 2	332. 5	2 074. 1	16. 7	35. 5	922. 8
2004	1 055. 0	252. 0	35. 3	385. 6	2 023. 0	47. 0	30. 0	1 025. 0
2005	1 109. 5	169. 4	17. 8	433. 0	2 659. 0	29. 6	27. 6	1 081. 9
2006	1 281	154	4. 4	508	2 827	74	53	1 228
2007	1 510	282	37. 5	548	3 080	83	35. 6	1 475
2008	1 614	250	27	528	3 744	130	39	1 575
2009	2 056. 8	239. 1	132. 7	644. 1	4 255. 2	328. 6	20. 5	2 036. 3
2010	2 112. 7	134. 0	98. 5	569. 6	5 479. 7	160. 0	23. 8	2 088. 9

3. 我国食用油市场产销情况

2011 年，我国食用油市场年度总供给量为 2 865. 1 万 t，其中包括国产油料和进口油料生产的食用油为 2 050. 8 万 t。直接进口各种食用油合计 814. 3 万 t。2011 年我国食用油的食用消费量为 2 515 万 t，工业及其他消费为 250 万 t，出口为 12. 4 万 t，合计年度需求总量为 2 777. 4 万 t。年度结余量为 87. 7 万 t。这里，我们还可以推算出 2011 年我国进口油脂油料的总折油为 1 773. 3 万 t（即总供给量 2 865. 1 万 t 减去国产油料制油量 1 091. 8 万 t 之差），自给率为 38. 1%。2000—2011 年我国食用油市场综合平衡分析见表 5。

4. 我国食用植物油人均消费情况

随着国产油脂油料和进口油脂油料数量的快速增加，我国居民食用植物油的可供应量和人均年占有量得到了快速增长。据测算，我国居民人均年消费占有量由 2001 年的 10. 2kg 上升到 2011 年的 21. 2kg，已经达到世界人均水平，1996—2011 年我国人均年食用油消费情况表 6。

表 5　　2000—2011 年我国食用油市场综合平衡分析　　单位:kt

指标	2000/2001	2001/2002	2002/2003	2003/2004	2004/2005	2005/2006	2006/2007	2007/2008	2008/2009	2009/2010	2010/2011
生产量											
豆油	3 489	3 415	4 839	4 608	6 090	6 383	6 275	7 035	7 825	9 150	10 050
菜籽油	4 689	4 132	3 544	3 928	4 474	4 576	4 010	3 852	4 656	5 899	4 876
棉籽油	945	1 148	1 095	1 088	1 392	1 233	1 580	1 534	1 495	1 326	1 235
花生油	2 111	2 123	2 205	2 079	2 142	2 095	1 796	1 796	2 048	2 148	2 347
棕榈油	0	0	0	0	0	0	0	0	0	0	0
其他油脂	831	879	1 066	1 093	1 122	1 272	1 378	1 587	1 668	1 800	2 000
总计	12 064	11 696	12 749	12 795	15 220	15 558	15 037	15 804	17 691	20 323	20 508
进口量											
豆油	70	370	1 715	2 721	1 728	1 516	2 413	2 727	2 494	1 514	1 319
菜籽油	78	41	85	329	269	64	154	360	389	544	964
棉籽油	0	0	0	0	0	0	0	0	0	0	0
花生油	16	11	5	7	4	3	2	6	20	48	68
棕榈油	1 900	2 020	3 104	3 570	4 320	4 985	5 139	5 223	6 118	5 760	5 712
其他油脂	0	0	9	51	6	11	37	69	91	198	80
总计	2 064	2 442	4 918	6 678	6 327	6 580	7 745	8 385	9 111	8 064	8 143
年度供给量											
豆油	3 559	3 785	6 554	7 328	7 818	7 899	8 688	9 762	10 319	10 664	11 369
菜籽油	4 767	4 173	3 629	4 257	4 743	4 640	4 164	4 213	5 044	6 443	5 840
棉籽油	945	1 148	1 095	1 088	1 392	1 233	1 580	1 534	1 495	1 326	1 235
花生油	2 127	2 134	2 210	2 086	2 146	2 098	1 798	1 802	2 067	2 196	2 415

续表

指标	2000/2001	2001/2002	2002/2003	2003/2004	2004/2005	2005/2006	2006/2007	2007/2008	2008/2009	2009/2010	2010/2011
棕榈油	1 900	2 020	3 104	3 570	4 320	4 985	5 139	5 223	6 118	5 760	5 712
其他油脂	831	879	1 075	1 144	1 128	1 283	1 415	1 656	1 759	1 998	2 080
总计	14 129	14 139	17 667	19 473	21 547	22 137	22 782	24 188	26 802	28 387	28 651
国内食用消费											
豆油	3 056	3 316	5 000	6 483	7 020	7 400	8 050	8 250	8 500	9 100	10 000
菜籽油	4 500	4 700	3 800	4 200	4 500	4 700	4 050	4 200	4 200	4 500	5 500
棉籽油	930	1 140	1 100	1 150	1 380	1 200	1 600	1 550	1 300	1 250	1 250
花生油	2 112	2 120	2 202	2 102	2 200	2 000	1 850	1 790	1 840	1 950	2 300
棕榈油	1 600	1 800	2 450	2 500	3 100	3 750	4 000	4 000	4 650	4 600	4 300
其他油脂	602	642	798	893	828	957	1 071	1 330	1 425	1 600	1 800
总计	12 800	13 718	15 350	17 328	19 028	20 007	20 621	21 120	21 915	23 000	25 150
工业及其他消费											
豆油	420	450	480	550	600	650	650	650	680	800	950
菜籽油	0	0	0	0	0	0	0	0	0	0	0
棉籽油	0	0	0	0	0	0	0	0	0	0	0
花生油	0	0	0	0	0	0	0	0	0	0	0
棕榈油	300	300	640	950	1 150	1 220	1 150	1 150	1 150	1 200	1 250
其他油脂	221	230	245	235	227	228	253	263	273	280	300
总计	941	980	1 365	1 735	1 977	2 098	2 053	2 063	2 103	2 280	2 500
出口量											
豆油	53	51	13	15	40	105	94	102	83	75	52

菜籽油	74	34	12	5	6	66	119	7	10	5	4
棉籽油	0	0	0	0	0	0	0	0	0	4	3
花生油	15	12	13	25	25	15	20	10	10	9	10
棕榈油	0	0	0	0	0	0	0	0	0	0	0
其他油脂	0	0	0	12	66	90	85	60	55	30	55
总计	142	97	38	57	138	277	319	178	159	123	124
年度需求总量											
豆油	3 529	3 817	5 493	7 048	7 660	8 155	8 794	9 002	9 263	9 975	11 002
菜籽油	4 574	4 734	3 812	4 205	4 506	4 766	4 169	4 207	4 210	4 505	5 504
棉籽油	930	1 140	1 100	1 150	1 380	1 200	1 600	1 550	1 300	1 254	1 253
花生油	2 127	2 132	2 215	2 127	2 225	2 015	1 870	1 800	1 850	1 959	2 310
棕榈油	1 900	2 100	3 090	3 450	4 250	4 970	5 150	5 150	5 800	5 800	5 550
其他油脂	823	872	1 043	1 140	1 121	1 275	1 409	1 653	1 753	1 910	2 155
总计	13 883	14 795	16 753	19 120	21 143	22 382	22 993	23 361	24 177	25 403	27 774
结余量											
豆油	30	-32	1 061	280	158	-257	-106	760	1 056	689	367
菜籽油	193	-561	-183	52	237	-127	-6	6	834	1 938	336
棉籽油	15	8	-5	-63	12	33	-21	-16	195	72	-18
花生油	0	2	-5	-41	-79	83	-73	2	217	237	105
棕榈油	0	-80	14	120	70	15	-11	73	318	-40	162
其他油脂	8	7	32	4	7	8	6	3	6	88	-75
总计	246	-656	913	353	404	-245	-210	827	2 625	2 984	877

表 6 1996—2011 年我国人均年食用油消费情况

年份	食用油消费可供量/万 t	人均年消费占有量/kg
1996	1 002.5	7.7
1998	1 090.7	8.4
2000	1 245.7	9.6
2001	1 330	10.2
2002	1 410	10.8
2003	1 500	11.5
2004	1 750	13.5
2005	1 850 ~ 1 900	14.2 ~ 14.6
2006	2 271.7	17.5
2007	2 509.7	19.3
2008	2 684.7	20.7
2011	2 865.1	21.2

注：①2006—2008 年食用油消费量按国产油料扣去食用部分后的总折油量加上净进口折油之和。
②2001—2008 年的我国人均年消费按 13 亿人口计算；2011 年按 13.5 亿人口计算。

5. 几点启示

根据上述数据分析，可以看到如下一些问题，值得我们重视。

（1）2011 年，我国食用油的消费总量为 2 865.1 万 t，人均年消费量为 21.2kg，已经接近和提前超过了《国家粮食安全中长期规划纲要（2008—2020 年）》中预测的“到 2020 年我国居民人均年食用油消费量为 20kg，消费总量将达到 2 900 万 t”的指标。随着人民生活水平的进一步提高，城镇化进程的加快，我国食用油的消费量还将呈刚性增长，应该早做准备。

（2）《国家粮食安全中长期规划纲要（2008—2020 年）》中提出，到 2020 年我国食用植物油自给率不低于 40%。而目前我国食用油的自给率只有 38% 左右，如果不采取有效措施，要达到不低于 40% 的自给率是有难度的。我一直认为，提高我国食用油自给率的最有效途径是：①在耕地上，油料生产发展的重点应放在“冬抓休闲地，春抓撂荒地”上；②在油料品种的发展上，应重点放在扩大油菜籽、花生和葵花的种植上，放在扶持和发展以油茶为代表的木本油料和其他特种油料上；③在育种上，应重点放在提高单位面积产量和油料的含油率上；④在资源利用上，要把米糠和玉米胚芽等作为重要的油料资源，充分加以利用。

现在最大的问题是，种植油料的比价效益低，难以调动种植油料农民的生产积极性。如果再不研究解决调动种植油料农民的生产积极性，我国食用油的自给率还有可能会进一步下降，从而危及国家食用油供应的安全。

（3）要进一步研究利用两个市场，确保我国食用油的供应。我国人均耕地少，水资源匮乏，加上为确保我国粮食自给率在 95% 左右的红线不能逾越，以及人口增加和食用油消费的刚性增长，我国的食用油供应必须在进一步发展油料生产，增加油料产量的同时，充分利用国际市场。现在看来，靠我国自己的耕地和水资源来解决中国人的吃油问题是不现实的。为此，我们要想方设法在国外，加快建立完整的油脂油料供应链，增强对海外油脂油料的控制力，以保障我国食用油供应的安全。

（二） 国内外食用油市场的发展趋势

1. 国外食用油市场的发展趋势

（1）发展油脂、油料生产仍然是全球的发展趋势　为满足全球人口增长和生物能源的发展需要，发展油脂、油料生产仍然是全球油脂、油料市场的发展趋势。从目前看，发展潜力最大的是大豆油和棕榈油两大品种。大豆生产发展潜力最大的国家是巴西、阿根廷等南美地区和美国、加拿大等北美国家。油棕生产发展潜力最大的是印度尼西亚、马来西亚等亚洲地区。大豆油和棕榈油这两大品种将在很长时期内主宰着全球的油脂市场。

（2）生物能源将继续发展　随着石油资源的逐渐减少，利用粮食和油脂生产酒精和生物柴油等可再生清洁能源，已成为一些国家的首选。尽管当前利用油脂生产生物柴油在油脂供应自给率较低的国家中无法推行，但一些油脂油料的生产出口大国，这些年来发展生物柴油的步伐不断加快，尤其是目前在世界原油价格每桶在一百美元左右的情况下，更刺激了生物柴油的发展。这里需要引起我们关注的是，从长远来看，随着生物柴油的不断发展，必将出现“汽车与人争吃油脂”的现象，从而必将导致油脂、油料资源更加短缺，市场价格难以平稳。

（3）对食用油的质量与安全更加重视　为了保护消费者的健康与安全，世界各国都将更加重视食用油产品的质量与安全。高质量、高安全的知名品牌将受到消费者的青睐。为此，在油料生产加工过程中，必须严格操作规程，不断改进工艺和设备，严把产品质量关，杜绝3,4－苯并芘、黄曲霉毒素、反式脂肪酸等有害物质的含量和过氧化值超过允许范围。

（4）“营养与健康”将成为未来食用油市场的热门　随着科学的发展，未来的食用油市场将在安全的基础上更加重视油品的“营养与健康”，例如，将重视油品的脂肪酸组成；重视油品中的生物活性物质和微量成分的含量；重视脂肪酸的合理配比；重视特种油料的开发利用，利用其富含功能性成分的特点，生产营养健康的功能性油脂等。与此同时，科学家们通过科学比较，寻找具有最佳营养健康价值的油品，向消费者推荐。2010年世界卫生组织第113次会议对饮食、运动、生活习惯等议题进行了研讨，提出了全球健康新战略。会上在提出了最佳水果、最佳蔬菜、最佳肉类食品、最佳护脑食物、最佳汤食外，还推出了最佳食用油，指出玉米油、稻米油和芝麻油等为最佳。由此可见，“营养与健康”将成为未来食用油市场的热门话题和消费者追求的油品。

2. 未来五年我国食用油市场的发展趋势

根据《国家粮食安全中长期规划纲要》和《粮油加工业“十二五”发展规划》的精神，我觉得未来五年在国家有关政策指导下，我国食用油市场将进一步发展，食用油的供应量、质量等将进一步提高。与此同时，油料生产和食用植物油加工业也将随之发展。重点将体现在以下几个方面：

（1）食用油的市场需求将持续增长　随着我国人口增长、生活水平提高和城镇化进程加快，我国对食用油消费需求在总量上将继续保持刚性增长的趋势。

据原来的预测，到2020年我国居民人均年食用油消费量为20kg，消费需求总量将达到2 900万t。这一指标在2011年已经超过和接近达到。随着国民经济的继续平稳较快发展和城乡居民收入普遍较快增加，人民生活水平将进一步提高。这意味着在“十二五”期间，我国对粮油消费需求必将继续呈现刚性的增长，同时也意味着在“十二五”期间，我国粮油加工业将得到进一步的发展。

（2）利用两个市场，是满足我国食用油市场的必由之路　近几年来，国家及相关部门发布了一系列振兴我国油料生产的规划和措施，推动了我国油脂油料生产较快发展。促使2008、2009、2010和2011年连续四年我国大豆、花生、油菜籽、棉籽、芝麻、葵花籽、亚麻籽和油茶籽等八种油料的产量近6 000万t，创造了油料生产史上的最高纪录。这里需要强调的是，尽管我国的油料产量在逐年提高，但其增长速度仍然跟不上消费增长的速度，必须依靠进口来满足油脂市场的需求。为此，更好地利用国内、国外两个市场，满足食用油市场的需求，是我国必须长期坚持的。

（3）倡导“安全营养、健康消费”和“适度加工”等理念　食用油产品要以安全为基本要求，把“优质、营养、健康、方便”作为发展方向；在油脂、油料加工过程中，倡导适度加工，提高纯度，提高出品率，合理控制加工精度，避免过度加工。要树立健康消费观念，改变食用油产品“油色过淡”等的过度加工现象，最大程度保存油料中的固有营养成分，提升我国食用油产品标准水平。

（4）特种油脂、功能性油脂将得到重视与发展　在国家政策的支持下，未来五年我国以油茶籽为代表的特种油料生产将得到快速发展，特种油料资源将得到开发利用。食用油加工企业要利用特种油脂富含功能性成分的特点，生产营养健康的功能性油脂，以丰富食用油市场，满足不同人群的需要。

在米糠和玉米胚芽利用方面，国家将大力提倡米糠和玉米胚芽制油，为国家增产油脂。重点支持年加工5万t以上的稻谷加工企业配套采用米糠膨化保鲜技术装备，推广“分散保鲜、集中制油（浸出）”和“分散制油、集中精炼”模式，以提高米糠利用率和米糠油的品质。

（5）要发展专用油，发展小包装食用油　油脂是食品工业的基础原料，为满足我国食品工业需要，今后，不同用途的煎炸油、起酥油、凉拌油等专用油脂将得到快速发展。鉴于目前有品牌的小包装食用油已成为消费者心目中可以信赖的放心食用油的象征，因此，在今后的五年里小包装食用油也将进一步快速发展，并逐步替代乃至取消市场上的散装食用油供应（出售）。

（6）食用油市场的当家产品不会改变　众所周知，目前全球食用油市场的当家油品是大豆油和棕榈油，并且在很长时期内这种格局不会改变。我国食用油市场的当家产品也是大豆油和棕榈油，其次是菜籽油、花生油、棉籽油、葵花籽油、芝麻油等，另外还有上百种特种油脂，这种格局也不会有太大变化。在这一格局下，今后的食用油市场将会向我们提出，如何在进一步利用好当家油品的同时，充分发挥其他油品，尤其是在特种油品的作用方面多做文章，根据不同油品的特点，按照科学比配，生产出不同功能特性的营养健康型食用油品，以造福人民。

（7）在油脂消费上，要确保食用油的市场供给　鉴于食用油是国家食物安全中的重要组成部分，确保食用油市场的供应是我们的首要任务。为此，必须在确保食用的前提下，根据“不与人争油”的原则，妥善处理好食用与工业用油的关系。从国家食品安全、我国食用油自给率低和保护环境出发，对利用食用油生产生物柴油等项目将不予提倡，要严格控制。

二十、 在“中国移动食用油集采移动采购人员专业培训班”上的学术报告

(2012 年 5 月 28 日　于北京)

很高兴有机会在益海嘉里举办的“中国移动食用油集采移动采购人员专业培训班”上与大家见面。根据“专业培训”的计划安排，今天我就食用油的分类、组成和营养价值；我国油料作物品种繁多；我国食用油的产需情况；全国食用油市场主要品类的排序情况；我国油脂工业的基本情况以及今后的发展趋势，给大家介绍些情况，供参考。

（一） 食用油的分类、 组成和营养价值

1. 关于食用油的分类

我们日常生活中接触到的食用油脂很多，在通常室温环境下，呈现液态的叫油、固态的叫脂。从油脂的来源讲，大体可分为植物油脂和动物油脂两大部分。

- 油脂
  - 植物油脂
    - 草本植物油脂：大豆油、花生油、油菜籽油、葵花籽油、棉籽油等
    - 木本植物油脂：棕榈油、椰子油、核桃油、油茶籽油、橄榄油等
  - 动物油脂
    - 陆地动物油脂：猪油、牛油、羊油、鸡油、鸭油等
    - 海洋动物油脂：鲸油、深海鱼油等

在油脂分类中，除了植物油脂和动物油脂两大部分外，现在世界各国都在重视开发利用的另一类油脂——微生物油脂。

微生物油脂主要是利用农副产品及食品工业中产生的副产物乃至废弃物，通过微生物发酵，可以产生可供食用的富含亚油酸（LA）、γ - 亚麻酸（GLA）、α - 亚麻酸（ALA）、花生四烯酸（ARA）、二十碳五烯酸（EPA）和二十二碳六烯酸（DHA）等的微生物油脂。

开发微生物油脂的意义有：

（1）微生物油脂资源是可无限再生的资源　石油的开采量还能供人类 60 年的使用。因此，石油化工产品逐渐向油脂化学产品转移是必然的。

（2）通过微生物发酵，把农副产品及食品工业和造纸工业中产生的副产品乃至废弃物加以利用，生产微生物油脂的同时还保护了环境。

（3）生产微生物油脂不受场地、季节和气候变化，不受原料生产的影响，一年四季除设备维修外，都可连续生产。

（4）随着人口的增加，人们对油脂的需求量逐年增长，微生物油脂可以弥补特种油脂之不足。

（5）微生物油脂具有功能性，从丝状真菌中可提取富含多不饱和脂肪酸（如 γ - 亚麻酸、花生四烯酸、EPA、DHA 等）的保健微生物油脂。

微生物油脂的安全性已被世界各国科学家所证实，是完全安全的。目前主要问题是工业化生产投资较大，加上需要寻找培养和筛选合适的菌株等。

2. 油脂的组成及营养价值

油脂是甘油三脂肪酸酯的统称。纯净的油脂是多种脂肪酸与甘油形成的酯的混合物。天然油脂中的主要成分为“甘油三酸酯”（即中性油），占总量的95%以上。毛油中还含有：水分、杂质、游离脂肪酸、蛋白质、糖类、甾醇、色素、烃类、脂肪醇、蜡和磷脂、维生素等，还含有微量元素：铜、铁、锰、砷、汞、磷、钠、锌、镍和铅等，所以大多数都需要精炼后才能食用。

天然油脂在精炼后，去除了对人体有害的物质，得到了纯净的中性油，保留了食用油的主要营养成分（各种类型的甘油三酯）。

3. 油脂对人体健康的作用

油脂是人们食物中不可缺少的营养成分，每克油脂可产生热量 39.62kJ。

油脂提供了人体必需而又无法自身合成的必需脂肪酸，如亚油酸、α - 亚麻酸等，及各种脂溶性维生素 A、维生素 D、维生素 E、维生素 K 等，人体缺少这些物质将会发生多种疾病，危害身体健康。

油脂是人们生长发育中不可缺少的物质，是为人体提供热量、细胞构件、多种酶和激素成分的最重要物质之一。人们食用油脂，主要是摄取其所含有的各类脂肪酸，它们可分为饱和脂肪酸和不饱和脂肪酸，特别是后一类中的亚麻酸、亚油酸，以及花生四烯酸是唯一存在于油脂中的脂肪酸，也是人体中的“必需脂肪酸”，人类只能从油脂中摄取，而不能通过其他物质在体内合成，缺少了它们，就影响人体发育和身体健康，乃至多病。

综上所述，油脂对人体健康关系极大。那么是不是吃油越多越好呢？

营养学家为我们提供了一个参数，一个人每天油脂摄入量以每千克体重维持在 1 ~ 2g 就可以了。比如一个 60kg 体重的人，每天需要油脂 60 ~ 120g，按人们习惯说法，有 1.2 ~ 2.4 两就足够了。少了营养不够，多了容易肥胖，并会引发心脑血管疾病（长期食用过多的结果）。为什么要有一个幅度呢？因为它与人们的运动量有关，运动量大，消耗的热量多，需要量自然也高，所以运动量大的人群的需要量可以接近上限。

（二）我国油料作物品种繁多

我国的食用植物油品种繁多，资源丰富。在油料作物中，大豆、花生、油菜籽、葵花籽和棉籽是我国五大油料作物，其中油菜籽和花生的产量居世界第一。除五大油料作物外，我国还有许多特种油料资源，通常称为“小油料”。所谓小油料，是相对于五大油料作物而言，因为它们的生长范围、播种面积和产量不如五大油料作物大。

所谓特种食用油脂，就是利用特种油料生产的油脂。在这些油脂中，含有丰富的不饱和脂肪酸，尤其是油酸和亚油酸含量高，还富含多种微量成分和生物活性物质

（如维生素 E、植物甾醇、多酚物质、谷维素、角鲨烯等）。特种油脂，在市场上的价格，要比五大油料产品价值高几倍。在这些方面，是五大油料作物所不及的。因此，开发利用特种油料，生产特种食用油脂，是我国生产调和油及功能性油脂的重要油源，也是繁荣食用油市场，提高经济效益和人民健康水平，增加出口创汇的重要手段。

我国特种油料品种多达上百种。目前，产量较大且已经开发利用的有：油茶籽油、茶叶籽油、亚麻籽油、红花籽油、葡萄籽油、紫苏油、月见草油、核桃仁油、杏仁油、南瓜籽油、苍耳籽油、沙棘油、松籽油和番茄籽油等；另外还有资源丰富的稻米油、玉米油和小麦胚芽油等谷物油脂。

在特种油料资源中，大多产量在几十万吨左右，有的只有几万吨（见表 1），其中产量最多，开发利用潜力最大的是米糠和玉米胚芽资源。我国每年的稻谷产量和玉米产量约 4 亿 t。这些稻谷和玉米加工后能产米糠和玉米胚芽约 2 000 万 t，可以作为油源利用的超过千万吨，这是我国重要的油料资源。众所周知，我国是一个油料生产大国和油料加工大国，也是一个油脂消费大国和油脂、油料进出口大国。为满足食用油消费市场的供应，每年需要进口大量的油脂、油料。为提高我国食用油的自给能力，充分开发利用特种油料资源，包括利用好米糠和玉米胚芽资源显得尤为重要。

下面重点介绍有代表性的油茶籽油、红花籽油和稻米油的开发利用及营养价值。

1. 油茶籽油

油茶别名油茶树、茶油树。油茶籽油取自茶油树的果实，属多年生木本油料作物，主要生长在我国。另外，在印度、越南、印度尼西亚等国家也有一定数量的种植。我国以湖南省种植最多，其次是江西、广西、浙江等南方十多个省（区）都有茶油生产。

油茶籽由茶籽壳和茶籽仁组成。我们讲的油茶籽油是茶籽仁经过压榨或浸出所制得的油脂。

油茶籽油色清味香，油酸和亚油酸的含量高达 90%，其中油酸的含量高达 80% 以上。油酸是具有选择性降低“血清胆固醇”的作用，有明显降低血液中有害的“低密度脂蛋白胆固醇”的功效，对有益的“高密度脂蛋白胆固醇”却有保护作用。由于它的脂肪酸组成可与地中海地区的橄榄油媲美，加之碘价低，油脂稳定性好，不易氧化劣变等特点，所以有“东方橄榄油”的美称。长期食用有利于防止血管硬化、高血压和肥胖病。

2. 红花籽油

红花属一年生菊科草本植物，其生命力很强，对气候和土壤条件有广泛的适应性，具有耐干寒、抗盐碱、抗虫害等特点。我国种植红花以新疆为最多。

红花籽既可作为油料制取食用油，又可作为医药用。红花籽油是油酸和亚油酸含量最高的食用油脂之一。红花籽油中还富含维生素 E 和甾醇等营养物质。长期食用对于降血压、抗衰老、防治动脉硬化和降低血液胆固醇等有一定功效。红花籽油可与其他食用油调和成“健康油”和“营养油”，它还是制造亚油酸丸等保健药物的上等原料。因此，在国际市场上有很强的竞争力。

3. 稻米油

米糠是稻谷加工成大米过程中生产的主要副产品，是近代开发利用起来的谷物油料资源。利用米糠提取油脂，在世界上已有八九十年的历史。20 世纪 40 年代初，我国天津曾建有米糠榨油的工厂，但一直没有什么发展。1953 年以后，上海、武汉、广州等大城市才先后开始有较大规模的生产。1972 年起稻米油正式列入国家计划，并给予扶植，从此得到了较快发展。当时，稻米油的生产主要分布在长江流域和珠江流域的水稻产区，其中湖南省的产量最多。自 20 世纪 90 年代起，以黑龙江省为代表的东北三省的稻谷产量不断增长，成为全国稻谷的主产省和提供稻米商品粮的重要基地，也是稻米油生产潜力最大的地区。

我国盛产稻谷，米糠资源非常丰富，米糠制油大有作为。现在，稻米油已成为我国的重要油源。米糠中含有大量营养物质，稻米油除具备米糠中的营养物质外，其脂肪酸的组成比例合理，一般稻米油中含亚油酸 38%，含油酸 42%，比例为 1∶1.1。现代观点以油酸和亚油酸的比例为 1∶1 左右为佳，这样的油脂具有较高的营养价值。因此，稻米油是营养价值最高的食用油脂之一。另外，稻米油还含有维生素 E 和谷维素等天然抗氧化剂，是生产谷维素的主要原料。谷维素对调节植物神经失调有明显的效果，20 世纪 70 年代以来，我国医学临床已普遍采用。因此，大力发展稻米油及其深加工产品，对发展我国油脂工业和提高人民的健康水平都有重要的意义。

以上列举的三种特种食用油脂，在全国各大中城市，特别是沿海地区有的作为单独油品销售，有的作为制作调和油和功能性油脂销售，颇受消费者的青睐。

为了支持特种油料的开发利用，前些年国家发展与改革委员会将湖南金健米业的稻米油精深加工项目、江西武冠的茶油深加工及综合利用项目、新疆塔城的红花籽油精深加工项目等列入了国家农副产品深加工示范工程项目，在资金和政策上给予支持。我们相信，在国家政策的鼓励支持下，更多更好的特种食用油脂将与消费者见面。几种特种油料的生产及营养价值一览表见表 1。

表 1　几种特种油料的生产及营养价值一览表

品名	估计原料产量/万 t	含油率/%	主要脂肪酸组成（%）及理化常数	备注
油茶籽	110	28 ~ 32	油酸：83.3；亚油酸：7.4；棕榈酸：7.6；花生酸：0.6。碘值：80 ~ 90	其脂肪酸组成可与橄榄油媲美，有“东方橄榄油”的美称
茶叶籽	60 ~ 80	18 ~ 20	油酸：57 ~ 70；亚油酸：15 ~ 23；棕榈酸：11 ~ 15；亚麻酸：0.2 ~ 0.5；花生酸：0.05 ~ 0.9；茶多酚：0.05 ~ 0.3。碘值：82 ~ 88	脂肪酸组成与油茶籽油相接近
核桃仁	50	63 ~ 69	油酸：23.8；亚油酸：47.4；亚麻酸：15.8；棕榈酸：5.1	富含钙、磷、铁
紫苏籽	20 ~ 30	45 ~ 55	油酸：13 ~ 21；亚油酸：10 ~ 13；棕榈酸：5 ~ 8；亚麻酸：56 ~ 65	富含人体的必需脂肪酸 α - 亚麻酸

续表

品名	估计原料产量/万 t	含油率/%	主要脂肪酸组成（%）及理化常数	备注
亚麻籽	40	38～40	油酸：13～29；亚油酸：15～30；亚麻酸：44～61。碘值：170～200	富含 α－亚麻酸
红花籽	5～7	26～39	油酸：11；亚油酸：78；棕榈酸：6.9；亚麻酸：2.04。碘值：128.7	含有维生素 E、谷维素、植物甾醇等活性物质
葡萄籽	4～5	14～16	油酸：12～28；亚油酸：58～78；棕榈酸：5.5～11；亚麻酸＜1.0；花生酸＜1.0	富含脂溶性系列的维生素和花青素，属高级营养保健油，与红花油相当
沙棘籽	5～10（实际利用）	24	油酸：20～21；亚油酸：35～36；棕榈酸：9.5～9.7；亚麻酸：27～29	富含维生素 E、B 族维生素、维生素 K、类胡萝卜素、胡萝卜素、黄酮类、生物碱、有机酸、叶酸、甾醇等 100 多种活性成分。国际上被称为“油料黄金”
月见草籽	产量较少	22～30	油酸：7.7；亚油酸：73.5；棕榈酸：6.1；γ－亚麻酸：9.2	富含植物甾醇、三萜烯酸和维生素 E 等活性物质
油莎豆	—	35	油酸：64；亚油酸：11；饱和脂肪酸：20；亚麻酸：2。碘值：78	营养价值与花生油接近
玉米胚芽	资源丰富	35～47 胚芽含油	油酸：27～38；亚油酸：44～63；棕榈酸：10～15；亚麻酸：0.3～2.7；花生烯酸：1.0。碘值：103～128	富含维生素 A、维生素 E 和甾醇等活性物质，是理想的健康营养油
米糠	1 300～1 500	18～20	油酸：42；亚油酸：38；亚麻酸：0.3～1.5；花生酸：0.4～0.6	富含维生素 E、谷维素和植物甾醇等活性物质
油橄榄果	2011 年我国产量为 1 300t 左右；世界产量：260～300	整果含油 20～30	油酸：70～80；亚油酸：12；亚麻酸：0～1；花生酸：0～1	富含生育酚、橄榄多酚、角鲨烯等活性物质

（三）我国油脂油料的生产与需求简况

1. 我国油料生产情况

为满足我国经济发展和人民生活水平不断提高的需要，国家在发展粮食生产的同时，高度重视发展油脂油料生产，促使了我国油脂油料生产不断提高。根据国家粮油信息中心的统计，我国油菜籽、大豆、花生、棉籽、葵花籽、芝麻、油茶籽、亚麻籽等八大油料产量由 1990 年的 3 524.6 万 t 上升到 2010 年的 5 811.4 万 t，增长 64.9%，平均年增长 3.2%。根据预测，2011 年我国八大油料的产量分别为：棉籽 1 188 万 t、大豆 1 350 万 t、油菜籽 1 280 万 t、花生果 1 620 万 t、葵花籽 240 万 t、芝麻 61 万 t、亚麻籽 34 万 t、油茶籽 115 万 t，总产量为 5 888 万 t，比 2010 年略有增长，我国 1990—

2010 年主要油料生产情况见表 2。

表 2　　　　我国 1990—2010 年主要油料生产情况　　　　单位：kt

年份	油籽总产量	其中：棉籽	大豆	油料	其中：油菜籽	花生果	葵花籽	芝麻	亚麻籽	油茶籽
1990	35 246	8 114	11 000	16 132	6 958	6 368	1 339	469	535	523
1991	36 311	10 215	9 713	16 383	7 436	6 303	1 422	435	515	621
1992	34 830	8 114	10 304	16 412	7 653	5 953	1 473	516	520	629
1993	40 076	6 730	15 307	18 039	6 936	8 421	1 282	563	496	488
1994	43 710	7 814	16 000	19 896	7 492	9 682	1 367	548	511	631
1995	44 585	8 582	13 500	22 503	9 777	10 235	1 269	583	364	623
1996	42 891	7 565	13 220	22 106	9 201	10 138	1 323	575	553	697
1997	44 587	8 285	14 728	21 574	9 578	9 648	1 176	566	393	857
1998	46 393	8 102	15 152	23 139	8 301	11 886	1 465	656	523	723
1999	47 155	6 892	14 251	26 012	10 132	12 639	1 765	743	404	793
2000	52 910	7 951	15 411	29 548	11 381	14 437	1 954	811	344	823
2001	53 638	9 582	15 407	28 649	11 331	14 416	1 478	804	243	825
2002	53 788	8 309	16 507	28 972	10 552	14 818	1 946	895	409	855
2003	52 251	8 747	15 394	28 110	11 420	13 420	1 743	593	450	780
2004	59 445	11 382	17 404	30 659	13 182	14 342	1 552	704	426	875
2005	57 407	10 286	16 350	30 771	13 052	14 342	1 928	625	362	875
2006	55 044	13 559	15 082	26 403	10 966	12 738	1 440	662	374	920
2007	52 135	13 723	12 725	25 687	10 573	13 027	1 187	557	268	939
2008	58 559	13 486	15 545	29 528	12 102	14 286	1 792	586	350	990
2009	58 003	11 479	14 981	31 543	13 657	14 708	1 956	622	318	1 169
2010	58 114	10 730	15 083	32 301	13 082	15 644	2 298	587	324	1 092
2011 预测	58 170	11 880	13 500	32 790	12 800	16 200	2 400	610	340	1 150

另据统计，2011 年，我国国产油料的榨油量（除大豆、花生、芝麻和葵花籽等 4 种油料部分直接食用外）为 1 091.8 万 t，2011 年我国国产油料制油量见表 3，与 2011 年我国食用油的年度总供给量为 2 865.1 万 t 差距较大。

表 3　　　　2011 年我国国产油料油量

油料品种	制油量/kt	出油量/kt	出油率/%
菜籽	12 000	4 260	35.50
花生果	7 500	2 363	31.50
棉籽	11 000	1 430	13.00

续表

油料品种	制油量/kt	出油量/kt	出油率/%
大豆	4 000	640	16.00
葵花籽	1 200	300	25.00
油茶籽	1 000	250	25.00
亚麻籽	300	90	30.00
芝麻	300	135	45.00
玉米油		600	
米糠油		800	
其他		50	
合计		10 918	

2. 我国油脂油料的进出口情况

在国家多项惠农政策的支持、鼓励下，我国的油料生产发展较快，但其发展速度仍跟不上人民生活不断提高的需求。为满足食用油市场供应日益增长的需求，我国政府采取了在提高国内油料产量的同时，增加了油脂油料的进口数量，并呈现不断加速上升的趋势（见表4）。现在，我国油脂油料净进口折油总量已由2000年的461.4万t上升到2010年的2 088.9万t，十年间增长353%，平均年增长35.3%，1998—2010年中国油脂油料进出口折油见表5。但与此同时，出现了我国食用植物油的自给率已由20世纪初的60%下降到目前的38%左右。

表4　　我国油脂油料进口量　　单位：kt

年份	大豆进口量	菜籽进口量	植物油进口量	其中： 豆油	棕榈油	菜籽油	其他植物油
1996	1 108	0	2 640	1 295	1 012	316	17
1997	2 792	55	2 750	1 193	1 146	351	60
1998	3 196	1 386	2 060	829	930	285	17
1999	4 315	2 595	2 080	804	1 194	69	13
2000	10 416	2 969	1 872	308	1 391	75	99
2001	13 937	1 724	1 674	70	1 517	49	38
2002	11 315	618	3 212	870	2 221	78	43
2003	20 741	167	5 418	1 884	3 325	152	57
2004	20 229	424	6 764	2 517	3 857	353	38
2005	26 590	296	6 213	1 694	4 330	178	11
2006	28 270	738	6 715	1 543	5 082	44	46
2007	30 821	833	8 397	2 823	5 095	375	104
2008	37 436	1 303	8 163	2 586	5 282	270	25

续表

年份	大豆进口量	菜籽进口量	植物油进口量	其中： 豆油	棕榈油	菜籽油	其他植物油
2009	42 552	3 286	9 502	2 391	6 441	468	202
2010	54 797	1 600	8 262	1 341	5 696	985	240
2011	52 640	1 262	7 798	1 143	5 912	551	192

表 5　　1998—2010 年中国油脂油料进出口折油表　　单位：万 t

年份	进口折油	大豆油	菜籽油	棕榈油	大豆	油菜籽	出口折油	净进口折油
1998	327. 7	82. 9	28. 5	92. 9	319. 3	138. 6	44. 1	283. 6
1999	394. 5	80. 4	6. 9	119. 4	431. 9	259. 5	30. 9	363. 6
2000	496. 8	30. 8	7. 5	139. 1	1 041. 9	296. 9	35. 4	461. 4
2001	514. 4	7. 0	7. 3	151. 7	1 393. 9	172. 4	39. 9	474. 5
2002	570. 2	87. 0	7. 8	222. 1	1 131. 5	61. 8	38. 9	531. 3
2003	958. 3	188. 4	15. 2	332. 5	2 074. 1	16. 7	35. 5	922. 8
2004	1 055. 0	252. 0	35. 3	385. 6	2 023. 0	47. 0	30. 0	1 025. 0
2005	1 109. 5	169. 4	17. 8	433. 0	2 659. 0	29. 6	27. 6	1 081. 9
2006	1 281	154	4. 4	508	2 827	74	53	1 228
2007	1 510	282	37. 5	548	3 080	83	35. 6	1 475
2008	1 614	250	27	528	3 744	130	39	1 575
2009	2 056. 8	239. 1	132. 7	644. 1	4 255. 2	328. 6	20. 5	2 036. 3
2010	2 112. 7	134. 0	98. 5	569. 6	5 479. 7	160. 0	23. 8	2 088. 9

3. 我国食用油市场产销情况分析

2000—2011 年我国食用油市场综合平衡分析见表 6。2011 年，我国食用油市场年度总供给量为 2 865. 1 万 t，其中包括国产油料和进口油料生产的食用油为 2 050. 8 万 t。直接进口各种食用油合计 814. 3 万 t。2011 年我国食用油的食用消费量为 2 515 万 t，工业及其他消费为 250 万 t，出口为 12. 4 万 t，合计年度需求总量为 2 777. 4 万 t。年度结余量为 87. 7 万 t。这里，我们还可以推算出 2011 年我国进口油脂油料的总折油为 1 773. 3 万 t（即总供给量 2 865. 1 万 t 减去国产油料榨油量 1 091. 8 万 t 之差），自给率为 38. 1%。

4. 我国食用植物油人均消费情况

随着国产油脂油料和进口油脂油料数量的快速增加，我国居民食用植物油的可供应量和人均年占有量得到了快速增长。据测算，我国居民人均年消费占有量由 1996 年的 7. 7kg 上升到 2011 年的 21. 2kg，已经达到世界人均水平，1996—2011 年我国人均年食用油消费情况见表 7。

表 6　2000—2011 年我国食用油市场综合平衡分析　　单位:kt

指标	2000/2001	2001/2002	2002/2003	2003/2004	2004/2005	2005/2006	2006/2007	2007/2008	2008/2009	2009/2010	2010/2011
生产量											
豆油	3 489	3 415	4 839	4 608	6 090	6 383	6 275	7 035	7 825	9 150	10 050
菜籽油	4 689	4 132	3 544	3 928	4 474	4 576	4 010	3 852	4 656	5 899	4 876
棉籽油	945	1 148	1 095	1 088	1 392	1 233	1 580	1 534	1 495	1 326	1 235
花生油	2 111	2 123	2 205	2 079	2 142	2 095	1 796	1 796	2 048	2 148	2 347
棕榈油	0	0	0	0	0	0	0	0	0	0	0
其他油脂	831	879	1 066	1 093	1 122	1 272	1 378	1 587	1 668	1 800	2 000
总计	12 064	11 696	12 749	12 795	15 220	15 558	15 037	15 804	17 691	20 323	20 508
进口量											
豆油	70	370	1 715	2 721	1 728	1 516	2 413	2 727	2 494	1 514	1 319
菜籽油	78	41	85	329	269	64	154	360	389	544	964
棉籽油	0	0	0	0	0	0	0	0	0	0	0
花生油	16	11	5	7	4	3	2	6	20	48	68
棕榈油	1 900	2 020	3 104	3 570	4 320	4 985	5 139	5 223	6 118	5 760	5 712
其他油脂	0	0	9	51	6	11	37	69	91	198	80
总计	2 064	2 442	4 918	6 678	6 327	6 580	7 745	8 385	9 111	8 064	8 143
年度供给量											
豆油	3 559	3 785	6 554	7 328	7 818	7 899	8 688	9 762	10 319	10 664	11 369
菜籽油	4 767	4 173	3 629	4 257	4 743	4 640	4 164	4 213	5 044	6 443	5 840
棉籽油	945	1 148	1 095	1 088	1 392	1 233	1 580	1 534	1 495	1 326	1 235
花生油	2 127	2 134	2 210	2 086	2 146	2 098	1 798	1 802	2 067	2 196	2 415

棕榈油	1 900	2 020	3 104	3 570	4 320	4 985	5 139	5 223	6 118	5 760	5 712
其他油脂	831	879	1 075	1 144	1 128	1 283	1 415	1 656	1 759	1 998	2 080
总计	14 129	14 139	17 667	19 473	21 547	22 137	22 782	24 188	26 802	28 387	28 651
国内食用消费											
豆油	3 056	3 316	5 000	6 483	7 020	7 400	8 050	8 250	8 500	9 100	10 000
菜籽油	4 500	4 700	3 800	4 200	4 500	4 700	4 050	4 200	4 200	4 500	5 500
棉籽油	930	1 140	1 100	1 150	1 380	1 200	1 600	1 550	1 300	1 250	1 250
花生油	2 112	2 120	2 202	2 102	2 200	2 000	1 850	1 790	1 840	1 950	2 300
棕榈油	1 600	1 800	2 450	2 500	3 100	3 750	4 000	4 000	4 650	4 600	4 300
其他油脂	602	642	798	893	828	957	1 071	1 330	1 425	1 600	1 800
总计	12 800	13 718	15 350	17 328	19 028	20 007	20 621	21 120	21 915	23 000	25 150
工业及其他消费											
豆油	420	450	480	550	600	650	650	650	680	800	950
菜籽油	0	0	0	0	0	0	0	0	0	0	0
棉籽油	0	0	0	0	0	0	0	0	0	0	0
花生油	0	0	0	0	0	0	0	0	0	0	0
棕榈油	300	300	640	950	1 150	1 220	1 150	1 150	1 150	1 200	1 250
其他油脂	221	230	245	235	227	228	253	263	273	280	300
总计	941	980	1 365	1 735	1 977	2 098	2 053	2 063	2 103	2 280	2 500
出口量											
豆油	53	51	13	15	40	105	94	102	83	75	52
菜籽油	74	34	12	5	6	66	119	7	10	5	4
棉籽油	0	0	0	0	0	0	0	0	0	4	3

续表

指标	2000/2001	2001/2002	2002/2003	2003/2004	2004/2005	2005/2006	2006/2007	2007/2008	2008/2009	2009/2010	2010/2011
花生油	15	12	13	25	25	15	20	10	10	9	10
棕榈油	0	0	0	0	0	0	0	0	0	0	0
其他油脂	0	0	0	12	66	90	85	60	55	30	55
总计	142	97	38	57	138	277	319	178	159	123	124
年度需求总量											
豆油	3 529	3 817	5 493	7 048	7 660	8 155	8 794	9 002	9 263	9 975	11 002
菜籽油	4 574	4 734	3 812	4 205	4 506	4 766	4 169	4 207	4 210	4 505	5 504
棉籽油	930	1 140	1 100	1 150	1 380	1 200	1 600	1 550	1 300	1 254	1 253
花生油	2 127	2 132	2 215	2 127	2 225	2 015	1 870	1 800	1 850	1 959	2 310
棕榈油	1 900	2 100	3 090	3 450	4 250	4 970	5 150	5 150	5 800	5 800	5 550
其他油脂	823	872	1 043	1 140	1 121	1 275	1 409	1 653	1 753	1 910	2 155
总计	13 883	14 795	16 753	19 120	21 143	22 382	22 993	23 361	24 177	25 403	27 774
结余量											
豆油	30	-32	1 061	280	158	-257	-106	760	1 056	689	367
菜籽油	193	-561	-183	52	237	-127	-6	6	834	1 938	336
棉籽油	15	8	-5	-63	12	33	-21	-16	195	72	-18
花生油	0	2	-5	-41	-79	83	-73	2	217	237	105
棕榈油	0	-80	14	120	70	15	-11	73	318	-40	162
其他油脂	8	7	32	4	7	8	6	3	6	88	-75
总计	246	-656	913	353	404	-245	-210	827	2 625	2 984	877

表 7　　　　1996—2011 年我国人均年食用油消费情况

年份	食用油消费可供量/万 t	人均年消费占有量/kg
1996	1 002.5	7.7
1998	1 090.7	8.4
2000	1 245.7	9.6
2001	1 330	10.2
2002	1 410	10.8
2003	1 500	11.5
2004	1 750	13.5
2005	1 850 ~ 1 900	14.2 ~ 14.6
2006	2 271.7	17.5
2007	2 509.7	19.3
2008	2 684.7	20.7
2011	2 865.1	21.2

注：①2006—2008 年食用油消费量按国产油料扣去食用部分后的总折油量加上净进口折油之和。

②1996—2008 年的我国人均年消费按 13 亿人口计算；2011 年按 13.5 亿人口计算。

③2011 年我国人均年食用油实际消费量如按食用油实际消费 2 515 万 t 与工业及其他消费 250 万 t 之和 2 765万 t 计算，则 2011 年的人均食用油消费量应为 20.5kg。

5. 几点启示

根据上述数据分析，我们可以看到如下一些问题，值得我们重视。

（1）2011 年，我国食用油的消费总量为 2 865.1 万 t，人均年消费量为 21.2kg，已经接近和提前超过了《国家粮食安全中长期规划纲要（2008—2020 年）》中预测的“到 2020 年我国居民人均年食用油消费量为 20kg，消费总量将达到 2900 万 t”的指标。随着人民生活水平的进一步提高，城镇化进程的加快，我国食用油的消费量还将呈刚性增长，应该早做准备。

（2）《国家粮食安全中长期规划纲要（2008—2020 年）》中提出，到 2020 年我国食用植物油自给率不低于 40%。而目前我国食用油的自给率只有 38% 左右，如果不采取有效措施，要达到不低于 40% 的自给率是有难度的。我一直认为，提高我国食用油自给率的最有效途径是：在耕地上，油料生产发展的重点应放在“冬抓休闲地，春抓撂荒地”上；在油料品种的发展上，应重点放在扩大油菜、花生和葵花的种植上，放在扶持和发展以油茶为代表的木本油料和其他特种油料上；在育种上，应重点放在提高单位面积产量和油料的含油率上；在资源利用上，要把米糠和玉米胚芽等作为重要的油料资源，充分加以利用。现在最大的问题是，种植油料的比价效益低，难以调动种油农民的生产积极性。如果再不研究解决调动种油农民的生产积极性，我国食用油的自给率还有可能会进一步下降，从而危及国家食用油供应的安全。

（3）要进一步研究利用两个市场，确保我国食用油的供应。我国人均耕地少，水资源匮乏，加上为确保我国粮食自给率在95%左右的红线不能逾越以及人口增加和食用油消费的刚性增长，我国的食用油供应必须在进一步发展油料生产，增加油料产量的同时，充分利用国际市场。现在看来，靠我国自己的耕地和水资源来解决中国人的吃油问题是不现实的。为此，我们要想方设法在国外加快建立完整的油脂、油料供应链，增强对海外油脂、油料的控制力，以保障我国食用油供应的安全。

（四）全国小包装食用油市场主要品类及主要油品零售额等排序情况

在全国食用油市场上，小包装食用油的主要品类及其零售额等排序情况目前没有权威机构做过统计调查。上海尼尔森市场研究有限公司针对全国20个省市区所有城市和乡镇以及北京、上海、广州和成都等四个核心城市的现代零售渠道进行了调研统计，对零售研究发表了题为“食用油发展趋势及规模报告”，报告中对2011年我国小包装食用油市场的主要品类及主要油品零售额等情况进行排序。我看过后认为，报告中提供的数据有一定的参考价值，据我分析基本符合目前我国小包装食用油市场的实际，可以反映出小包装食用油几大品种在市场上的份额。

（1）2011年1—12月全国小包装食用油主要品类排序见表8。

表8　　全国小包装食用油主要品类排序

品类	零售额/万元	零售额占有率/%	零售量/t	零售量占有率/%	价格/（万元/t）
合计	3 861 399.95	100.00	2 333 941.59	100.00	1.65
调和油	1 307 485.91	33.86	931 694.76	39.92	1.40
花生油	702 788.56	18.20	262 434.41	11.24	2.68
大豆油	657 787.44	17.03	546 594.33	23.42	1.20
玉米油	366 412.98	9.49	183 177.26	7.85	2.00
菜籽油	313 578.86	8.12	251 422.23	10.77	1.25
葵花籽油	179 513.85	4.65	83 216.73	3.57	2.16
芝麻油	132 246.47	3.42	28 840.76	1.24	4.59
橄榄油	124 268.12	3.22	9 761.96	0.42	12.73
油茶籽油	12 991.24	0.34	1 974.74	0.08	6.58
亚麻油	11 531.17	0.30	6 014.43	0.26	1.92
芥花籽油	9 808.81	0.25	5 490.36	0.24	1.79
红花籽油	438.70	0.01	151.49	0.01	2.90
其他油种	42 547.82	1.10	23 168.14	0.99	1.84

（2）2011年1—12月全国小包装食用调和油主要油种零售额排序（见表9）。

表 9　全国小包装食用调和油主要油种零售额排序

品类	零售额/万元	零售额占有率/%	零售量/t	零售量占有率/%	价格/（万元/t）
合计	1 307 485. 91	100. 00	931 694. 76	100. 00	1. 40
普通调和油	831 367. 08	63. 59	645 568. 79	69. 29	1. 29
花生调和油	252 656. 08	19. 32	172 034. 70	18. 46	1. 47
葵花调和油	71 058. 65	5. 43	36 451. 28	3. 91	1. 95
坚果调和油	59 680. 22	4. 56	27 814. 08	2. 99	2. 15
深海鱼油	42 730. 94	3. 27	26 313. 40	2. 82	1. 62
橄榄调和油	33 101. 67	2. 53	11 380. 95	1. 22	2. 91
菜籽调和油	24 926. 03	1. 91	17 513. 24	1. 88	1. 42
茶籽调和油	21 960. 89	1. 68	12 991. 37	1. 39	1. 69
芝麻调和油	8 913. 10	0. 68	5 684. 73	0. 61	1. 57
玉米调和油	3 302. 65	0. 25	1 870. 16	0. 20	1. 77
大豆调和油	519. 53	0. 04	385. 46	0. 04	1. 35

（3）2011 年 1—12 月全国小包装食用油主要品牌零售额排序见表 10。

表 10　全国小包装食用油主要品牌零售额排序

品类	零售额/万元	零售额占有率/%	零售量/t	零售量占有率/%	价格/（万元/t）
合计	3 861 399. 95	100. 00	2 333 941. 59	100. 00	1. 65
金龙鱼	1 293 587. 22	33. 50	872 196. 90	37. 37	1. 48
鲁花	535 852. 00	13. 88	198 221. 57	8. 49	2. 70
福临门	368 886. 46	9. 55	257 008. 26	11. 01	1. 44
多力	133 560. 93	3. 46	56 420. 79	2. 42	2. 37
胡姬花	95 566. 23	2. 47	43 149. 83	1. 85	2. 21
龙大	75 848. 23	1. 96	41 115. 25	1. 76	1. 84
元宝	73 663. 30	1. 91	64 601. 13	2. 77	1. 14
西王	70 427. 07	1. 82	36 132. 19	1. 55	1. 95
长寿花	55 425. 66	1. 44	26 560. 95	1. 14	2. 09
香满园	49 443. 03	1. 28	38 926. 31	1. 67	1. 27
九三	48 271. 08	1. 25	42 948. 51	1. 84	1. 12
口福	35 268. 81	0. 91	29 343. 62	1. 26	1. 20
海狮	34 736. 77	0. 90	23 513. 80	1. 01	1. 48
红蜻蜓	34 671. 46	0. 90	27 654. 26	1. 18	1. 25

续表

品类	零售额/万元	零售额占有率/%	零售量/t	零售量占有率/%	价格/（万元/t）
欧丽薇兰	33 881.49	0.88	2 206.42	0.09	15.36
厨宝	28 886.63	0.75	21 653.02	0.93	1.33
骆驼唛	27 595.65	0.71	22 763.34	0.98	1.21
鲤鱼	25 348.97	0.66	20 826.59	0.89	1.22
奥利塔丽亚	23 402.20	0.61	2 604.83	0.11	8.98
金浩	22 334.40	0.58	15 083.48	0.65	1.48
鹰唛	21 828.72	0.57	13 284.35	0.57	1.64
花旗	21 727.95	0.56	18 457.15	0.79	1.18
鸿禧	17 725.37	0.46	9 495.43	0.41	1.87
汇福	17 584.57	0.46	14 635.13	0.63	1.20
刀唛	16 180.51	0.42	5 787.33	0.25	2.80
绿宝	14 465.27	0.37	8 402.35	0.36	1.72
四海	13 955.03	0.36	11 984.29	0.51	1.16
狮球唛	10 025.84	0.26	4 080.87	0.17	2.46
长生	9 934.00	0.26	3 923.31	0.17	2.53
品利	7 962.47	0.21	627.24	0.03	12.69
大满贯	7 719.49	0.20	5 617.95	0.24	1.37

（4）2011 年 1—12 月全国小包装食用油主要品类（花生油）、品牌零售占有率排序见表 11。

表 11　　全国小包装食用油主要品类（花生油）品牌零售额排序

各油种主要品牌	2011 年 1—12 月累计零售额占有率/%	2010 年 1—12 月累计零售额占有率/%	与上年同期占有率相比/%
花生油	100.00	100.00	
鲁花	55.16	48.74	+6.42
金龙鱼	13.74	16.03	-2.29
胡姬花	8.61	9.24	-0.64
龙大	6.30	5.69	+0.61
福临门	3.06	4.07	-1.01
长生	1.34	1.49	-0.15
刀唛	1.03	0.74	+0.28
鹰唛	1.78	1.59	+0.20
香满园	0.67	0.69	-0.02

续表

各油种主要品牌	2011 年 1—12 月累计零售额占有率/%	2010 年 1—12 月累计零售额占有率/%	与上年同期占有率相比/%
方香	0.71	0.66	+0.04
喜燕	0.64	0.95	-0.31
品品好	0.61	0.39	+0.22
鸿禧	1.09	1.42	-0.33
厨宝	0.52	0.23	+0.29
淳金	0.29	0.63	-0.34
绿宝	0.26	0.20	0.06
狮球唛	0.36	0.44	-0.08
多力	0.28	0.46	-0.18
口福	0.46	0.69	-0.23
骆驼唛	0.10	0.37	-0.26
汇福	0.01	—	+0.01
花旗	0.21	0.29	-0.08
天馨	0.14	0.02	+0.13
金菜花	0.01	0.00	+0.01
康力	0.00	0.04	-0.03
四海	0.02	0.03	-0.01

（5）2011 年 1—12 月全国小包装食用油分油种各品牌零售额排序，全国小包装食用油分油种各品牌零售额排序见表 12。

表 12　　全国小包装食用油分油种各品牌零售额排序

花生油	占有率/%	大豆油（一级）	占有率/%	玉米胚芽油	占有率/%	大豆油（其他）	占有率/%	菜籽油（其他）	占有率/%	葵花籽油	占有率/%	菜籽油（一级）	占有率/%	山茶油	占有率/%
合计	100.00	合计	100.00	合计	100.00	合计	100.00	合计	100.00	合计	100.00	合计	100.00	合计	100.00
鲁花	55.16	金龙鱼	40.02	金龙鱼	35.20	福临门	26.32	金龙鱼	47.05	多力	32.73	金龙鱼	48.97	金龙鱼	49.94
金龙鱼	13.74	九三	11.69	西王	19.22	金龙鱼	19.22	福临门	7.91	金龙鱼	25.86	红蜻蜓	13.79	润心	16.81
胡姬花	8.61	福临门	10.59	长寿花	12.77	元宝	16.50	香满园	5.83	鲁花	15.91	鲤鱼	12.95	金浩	15.28
龙大	6.30	元宝	7.71	福临门	11.11	龙江福	5.46	鲤鱼	5.08	福临门	12.53	福临门	8.37	绿海	8.71
福临门	3.06	大象	5.87	多力	2.35	海狮	5.15	红蜻蜓	4.17	海狮	4.02	道道全	4.66	绿谷油翁	2.90
鹰唛	1.78	汇福	3.39	古船	1.95	四海	4.59	八鱼	3.74	长寿花	2.51	八鱼	2.82	嘉木村	1.53

续表

花生油	占有率/%	大豆油（一级）	占有率/%	玉米胚芽油	占有率/%	大豆油（其他）	占有率/%	菜籽油（其他）	占有率/%	葵花籽油	占有率/%	菜籽油（一级）	占有率/%	山茶油	占有率/%
长生	1.34	日清	3.31	刀唛	1.95	香满园	3.59	道道全	3.35	葵王	1.05	丰大	1.83	利多	0.84
鸿禧	1.09	口福	2.96	狮球唛	1.68	日清	3.29	金成	3.33	绿宝	1.03	香满园	1.53	恩泉	0.70
刀唛	1.03	新食代	1.76	厨宝	1.57	福康源	2.66	长康	1.71	金鹿	1.00	葵王	1.21	金拓天	0.63
方香	0.71	火鸟	1.39	金银花	1.55	鸿鹤	1.51	金莱花	1.69	古船	0.90	天助	0.90	好日子	0.43
香满园	0.67	古船	1.33	海狮	1.37	口福	1.40	金健	1.67	刀唛	0.61	美食客	0.74	富川	0.36
喜燕	0.64	海狮	1.15	绿宝	0.91	汉福	0.81	奥星	1.65	狮球唛	0.46	金莱花	0.71	丹霞	0.21
品品好	0.61	中昌	0.88	鸿禧	0.82	九三	0.65	三餐源	1.56	融氏	0.23	邦琪	0.47	曼陀神露	0.14
厨宝	0.52	鸿鹤	0.84	大满贯	0.66	双雀	0.64	口福	0.83	香满园	0.10	大满贯	0.04	鲁花	0.04
口福	0.46	大满贯	0.81	香满园	0.61	鸿禧	0.28	鲁花	0.79	骆驼唛	0.04	口福	0.01		
狮球唛	0.36	绿宝	0.77	品品好	0.42	富虹	0.28	四海	0.51	大满贯	0.03	金象	0.00		
淳金	0.29	香满园	0.51	融氏	0.37	康味缘	0.12	百合花	0.33	红蜻蜓	0.02	四海	0.00		
多力	0.28	祥龙	0.41	鹰唛	0.33	绿宝	0.11	骆驼唛	0.02	口福	0.02				
绿宝	0.26	假日	0.36	口福	0.16	金莱花	0.10			汇福	0.01				
花旗	0.21	红蜻蜓	0.34	骆驼唛	0.13	红蜻蜓	0.08			鹰唛	0.01				
天馨	0.14	四海	0.21	花旗	0.11	鹰唛	0.07			金莱花	0.00				
骆驼唛	0.10	鸿禧	0.19	长生	0.09	大满贯	0.00								
四海	0.02	金象	0.14	红蜻蜓	0.05										
汇福	0.01	富虹	0.08	淳金	0.01										
金莱花	0.01	德大	0.02	金莱花	0.01										
康力	0.00	金莱花	0.01	康力	0.00										

（6）2011年1—12月全国小包装食用油分调和油各品牌零售额排序，全国小包装食用油分调和油各品牌零售额排序见表13。

表13　全国小包装食用油分调和油各品牌零售额排序

普通调和油	占有率/%	花生调和油	占有率/%	葵花调和油	占有率/%	橄榄调和油	占有率/%	菜籽调和油	占有率/%	茶籽调和油	占有率/%	芝麻调和油	占有率/%
合计	100.00	合计	100.00	合计	100.00	合计	100.00	合计	100.00	合计	100.00	合计	100.00
金龙鱼	61.08	金龙鱼	26.32	多力	48.13	金龙鱼	52.38	鲁花	44.97	金龙鱼	28.98	火鸟	86.74
福临门	14.95	胡姬花	13.01	金龙鱼	43.78	多力	27.39	金健	17.27	金浩	20.52	美食客	6.33
骆驼唛	3.44	鲁花	9.35	阿格利司	1.16	长寿花	7.55	多领健	11.94	香满园	12.39	香满园	0.90

续表

普通调和油	占有率/%	花生调和油	占有率/%	葵花调和油	占有率/%	橄榄调和油	占有率/%	菜籽调和油	占有率/%	茶籽调和油	占有率/%	芝麻调和油	占有率/%
厨宝	2.66	福临门	6.31	古船	1.68	金拓天	7.47	香满园	9.01	金拓天	9.63	味美香	0.71
龙大	1.84	龙大	6.26	海狮	1.49	阿格利司	1.26	老油坊	4.39	海葵	11.52	乾丰	0.54
花旗	2.12	年年	6.39	绿宝	0.82	中昌	1.62	百合花	3.65	金健	4.41	家家乐	1.38
口福	1.27	假日	2.40	葵王	0.89	犀牛	0.67	鑫驼峰	2.91	道道全	2.38	喜香汇	1.17
香满园	1.09	喜燕	1.90	长康	0.66	刀唛	0.50	金拓天	2.37	金拓	1.40	川江	0.37
鹰唛	1.12	口福	1.89	厨阿姨	0.45	大满贯	0.34	口福	1.71	长康	1.67	九康	0.09
盛洲	0.87	花旗	2.11	尉夫人	0.11	红灯	0.34	油中王	0.88	多力	0.72	香芝源	0.12
道道全	0.82	香满园	2.01	爱厨	0.25	厨阿姨	0.29	金莱花	0.41	盘中餐	1.09	锦芳	0.33
椰树	0.89	小康生活	2.08	邦琪	0.26	福临门	0.19	仙餐	0.26	绿谷油翁	0.77	好日子	0.37
纯滴	0.59	汇福	1.60	大满贯	0.09	狮球唛	0.00	金百香	0.00	银城	1.04	建华	0.08
鸿禧	0.32	健苑	1.48			金莱花	0.00			绿典	0.87	广味源	0.08
绿宝	0.34	鸿禧	0.98							天助	0.75	口福	0.21
红蜻蜓	0.24	金浩	1.28							葵王	0.29	三添	0.17
海狮	0.23	美食客	1.02							山润	0.66	金象	0.25
汉福	0.33	盘中餐	0.78							福临门	0.07	乐U	0.06
大满贯	0.19	长寿花	0.65									盈棚	0.03

综合2011年我国食用油市场调查，上海尼尔森公司认为，从销售规模上看，2011年全年食用油市场的销售量同比增长14.1%，平均价格同比增长16.1%，在量价共同驱动下，销售额总体增长32.5%；从主要指标上看，金龙鱼品牌仍保持第一品牌的位置；从分油种销售占比及增长率看：玉米油、橄榄油和菜籽油销售量增长较快，食用调和油所占比重最大。

（五）中国食用植物油加工业的基本情况

1. 企业数量及不同加工能力所占的比重情况

根据国家粮食局和中国粮食行业协会提供的统计数据及有关资料，2010年，全国加入统计的食用植物油加工企业1 468个。其中日加工能力100t以下的企业519个，占食用植物油加工企业总数的35.35%；日加工能力100～200t的企业314个，占21.39%；200～400t的企业344个，占23.43%；400～1 000t的企业163个，占11.10%；1 000t以上的企业146个，占9.94%，食用植物油加工企业按日加工能力划分比重如图1所示。

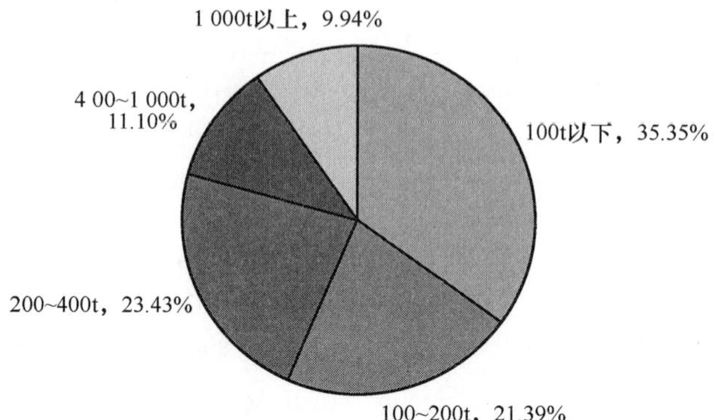

图 1　食用植物油加工企业按日加工能力划分比重图

2. 加工能力及产量情况

2010 年，食用植物油加工业年处理油料能力为 13 111. 1 万 t、油脂精炼能力为 3 972. 5万 t，分别比上年增加 2 164. 8 万 t 和 582. 6 万 t，增长 19. 8% 和 17. 2%；食用植物油产量为 2 242. 5 万 t；实际年处理原料 10 277. 9 万 t；产能利用率为 78. 39%。

3. 油料处理能力、 精炼能力和食用植物油产量按企业经济类型划分情况

2010 年，全国油料处理能力、精炼能力和食用植物油产量按企业经济类型划分，外商及港澳台商投资企业分别为 3 579. 1、1 428. 6 和 1 371. 4 万 t，分别占总数的 27. 30%、35. 96% 和 43. 48%；民营企业分别为 8 371、2 187 和 1 530. 4 万 t，分别占总数的 63. 84%、55. 06% 和 48. 51%；国有及国有控股企业分别为 1 161、356. 8 和 252. 6 万 t，分别占总数的 8. 86%、8. 98% 和 8. 01%，2010 年食用植物油加工业按经济类型划分企业年处理油料能力比重如图 2 所示、2010 年食用植物油加工业按经济类型划分企业年处理精炼能力比重如图 3 所示、2010 年食用植物油加工业按经济类型划分企业年处理食用植物油产量比重如图 4 所示。多元化加工格局已基本形成。

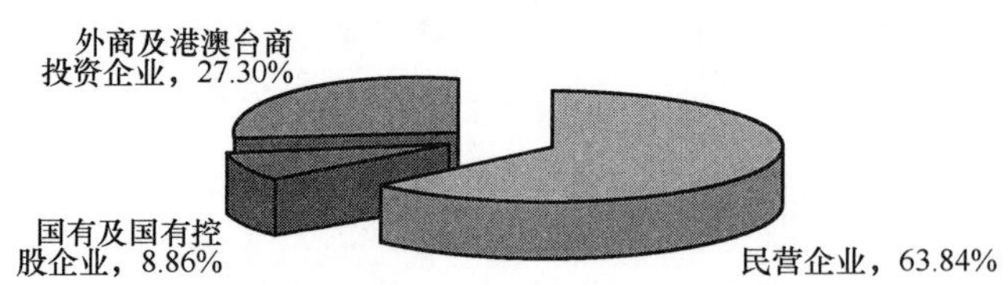

图 2　2010 年食用植物油加工业按经济类型划分企业年处理油料能力比重图

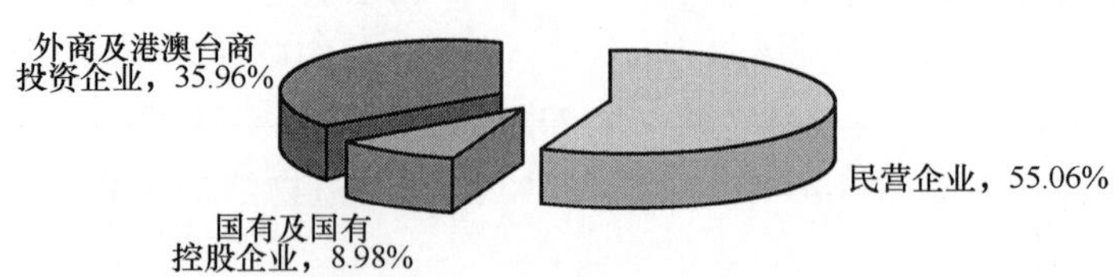

图 3　2010 年食用植物油加工业按经济类型划分企业年处理精炼能力比重图

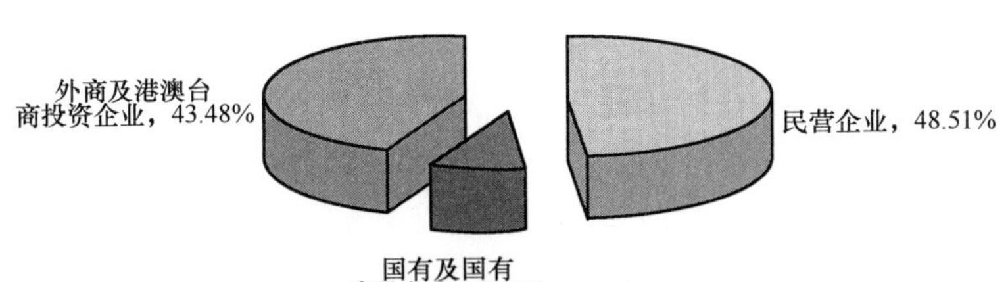

图4　2010 年食用植物油加工业按经济类型划分企业年处理食用植物油产量比重图

4. 油料处理能力、精炼能力和产量等排名情况

2010 年食用植物油加工业油料处理能力排名前三位的是江苏（1 770.4 万 t）、山东（1 722.1 万 t）和黑龙江（1 471.4 万 t）；精炼能力排名前三位的是江苏（617.2 万 t）、广东（489.9 万 t）和湖北（398.2 万 t）。食用植物油产量前十位的是：江苏（540.3 万 t）、山东（408.0 万 t）、广东（375.2 万 t）、湖北（219.8 万 t）、天津（176.9 万 t）、河北（149.5 万 t）、上海（144.4 万 t）、福建（116.8 万 t）、广西（109.0 万 t）和辽宁（108.8 万 t），2010 年食用植物油产量前十位的省市如图 5 所示。年产量 10 万 t 以上的企业 73 个，比上年增加 2 个，合计产量达 1 757.2 万 t，占加入统计的食用植物油企业总产量的 55.7%。产量位居前三位的企业分别是：益海嘉里（中国）（665.8 万 t）、中粮集团有限公司（245 万 t）和九三粮油工业集团有限公司（107.9 万 t）。

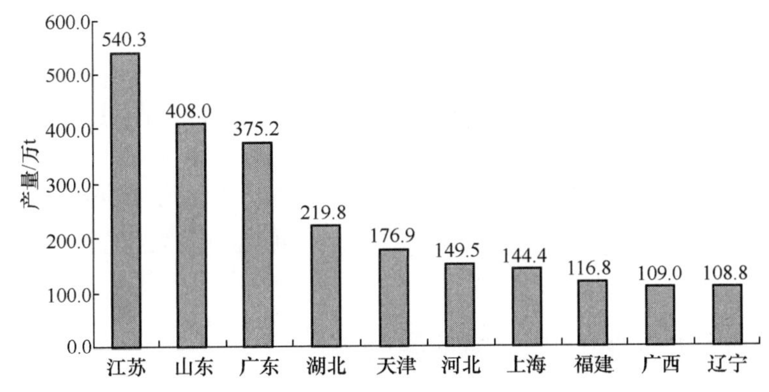

图5　2010 年食用植物油产量前十位的省市区

5. 产品结构和品种情况

从产品结构看，2010 年一级油的产量为 1 353.6 万 t、二级油为 90.1 万 t、三级油为 187.5 万 t、四级油为 642.5 万 t。另外，食用调和油的产量为 196.6 万 t；小包装食用油的产量为 324.8 万 t。

2010 年食用植物油产量以大豆油、菜籽油、棕榈油和花生油为主，四个品种产量达 1 984.8 万 t，占食用植物油产量的 88.5%，其中大豆油产量为 1 160.2 万 t，占总产量的 51. 7%；菜籽油产量为 512. 5 万 t，占总产量的 22. 9%；棕榈油产量为 181. 6 万 t，占总产量的 8. 1%；花生油产量 130. 5 万 t，占总产量的 5. 8%。其他油品的产量和所占比重是：玉米油 86. 2 万 t，占 3. 8%；棉籽油 76. 8 万 t，占 3. 4%；葵花籽油 21. 3 万 t，占 1. 0%；米糠油 21. 1 万 t，占 1. 0%；芝麻油 12. 7 万 t，占 0. 6%；油茶籽油 7. 7 万 t，占 0. 3%；其他油脂 32. 2 万 t，占 1. 4%，2010 年不同品种油脂占总产量的比重如图 6 所示。

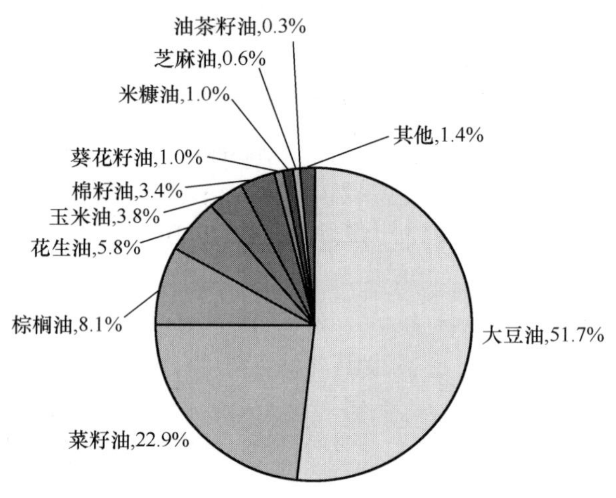

图 6　2010 年不同品种油脂占总产量的比重图

6. 主要经济技术指标情况

2010 年，加入统计的食用植物油企业工业总产值 4 352. 1 亿元，产品销售收入 4 310. 6亿元，利税总额 150. 3 亿元，利润总额 104. 8 亿元，资产总计 3 285. 3 亿元，年末从业人数 17. 9 万人。

综上所述，中国不仅是一个油脂油料的生产大国、加工大国和消费大国，也是一个油脂油料的贸易大国。在全球油脂油料的生产、加工、消费和贸易中具有举足轻重的地位和影响。

（六） 中国食用植物油加工业的发展趋势

为适应市场的需要，今后中国食用植物油加工业的发展趋向是：

1. 食用油的市场需求将持续增长

随着我国人口增长、生活水平提高和城镇化进程加快，我国对食用油消费需求在总量上将继续保持刚性增长的趋势。

据原来的预测，到 2020 年中国居民人均年食用油消费量为 20kg，消费需求总量将达到 2 900 万 t。这一指标在 2011 年已经超过和接近达到。随着国民经济的继续平稳较快发展和城乡居民收入普遍较快增加，人民生活水平将进一步提高。这意味着在今后中国对食用植物油消费需求将继续呈现刚性的增长，同时也意味着中国食用植物油加工业将得到进一步的发展。

2. 利用好两个市场满足中国食用油市场的需求

近几年来，国家及相关部门发布了一系列振兴我国油料生产的规划和措施，推动了我国油脂油料生产较快发展。促使2008、2009、2010和2011年连续四年我国大豆、花生、油菜籽、棉籽、芝麻、葵花籽、亚麻籽和油茶籽等八种油料的产量近6 000万t，创造了油料生产史上的最高纪录。但其增长速度仍然跟不上消费增长的速度。为此，必须更好地利用国内国外两个市场，才能满足中国食用油市场的需求，这一趋向在相当长的时间内是不会改变的。

3. 确保产品质量，倡导“安全营养”“健康消费”和“适度加工”等理念

中国政府对食品安全高度重视，食用植物油与人们生活息息相关，为此必须始终把“安全”与“质量”放在第一位。食用植物油加工企业将严格按国家卫生和质量标准组织生产；严格把好从原料到生产加工、产品销售等全过程的质量关，以确保食用植物油产品的绝对安全。在此基础上把“优质、营养、健康、方便”作为发展方向；在油脂油料加工过程中，倡导适度加工，提高纯度，提高出品率，合理控制加工精度，避免过度加工。要树立健康消费观念，改变食用油产品“油色过淡”等过度加工现象，最大程度保存油料中的固有营养成分；要根据中国的国情制修订好食用植物油的国家标准，提升我国食用油产品标准水平。

4. 重视资源综合利用、绿色环保和节能降耗

按照循环经济的理念，进一步提高粮油资源综合加工及转化利用水平。不断提高米糠、胚芽和油脚等副产物的综合利用水平。为此，要树立高效、低碳、节能、节粮和保护环境的意识，加大节能减排、保护环境的力度；要采用新型清洁生产技术，积极发展低消耗、低排放、高效率的加工模式，降低水、电、煤、溶剂等消耗和碳排量，减少污染物排放；要采取有力措施，严禁再上高消耗、高污染的建设项目。通过以上措施，确保到2015年，使我国食用植物油加工业的单位产值能耗比2010年降低10%以上，单位产值二氧化碳排放量比2010年减少17%以上。以建立安全、优质、营养、低耗、绿色、生态的现代食用植物油加工业体系。

5. 推进结构调整，淘汰落后产能

食用植物油加工企业将会加快组织结构的调整，引导企业通过兼并重组，通过产业园区建设，适度提高产业集中度，发展拥有知名品牌和核心竞争力的大型企业和企业集团，改造提升中小型企业发展的质量和水平，形成大中小企业分工协作，协调发展的格局。

要进一步加大对食用植物油加工企业技术改造的力度，通过采用先进实用、高效低耗、节能环保和安全技术，开发新产品，实施节能减排，降低成本，提高工效。与此同时，将充分发挥市场机制，强化卫生、环保、安全、能耗的约束作用，建立产业退出机制，加快淘汰一批工艺落后、设备陈旧、卫生质量安全和环保不达标、能耗物耗高的落后产能。

6. 提倡“一线多能”和“多油并举”

为充分发挥现有产能的作用，提高产能利用率，倡导单个企业通过技术改造，调整工艺和增设部分装置，以适应能加工两种以上原料的需要，做到“一线多能”。为增加油源，丰富市场，倡导在油料生产和加工中，除了要重视大豆、油菜籽、花生、棉籽等大宗油料外，还应重视葵花籽、芝麻等一般油料的生产与加工，尤其要重视以油茶籽为代表的木本油料和其他特种油的生产与加工，做到“多油并举”。

7. 特种油脂、功能性油脂将得到重视与发展

在国家政策的支持下，我国以油茶籽为代表的特种油料生产将得到快速发展，特种油料资源将得到开发利用。食用植物油加工企业将利用特种油脂富含功能性成分的特点，生产营养健康的功能性油脂，以丰富食用油市场，满足不同人群的需要。

在米糠和玉米胚芽利用方面，国家将大力提倡米糠和玉米胚芽制油，为国家增产油脂。重点支持日处理150t以上的稻谷加工企业配套采用米糠膨化保鲜技术装备，推广“分散保鲜、集中榨油（浸出）”和“分散榨油、集中精炼”模式，以提高米糠利用率和稻米油的品质。

8. 专用油和小包装食用油的发展步伐将进一步加快

为满足我国食品工业发展需要，今后，不同用途的起酥油、人造奶油、煎炸油、凉拌油和调味油等专用油脂将得到快速发展。

鉴于目前有品牌的小包装食用油已成为中国消费者心目中可以信赖的放心食用油的象征。为此，小包装食用油也将进一步快速发展，并逐步替代乃至取消市场上的散装食用油。

9. 在油脂消费上，将确保食用油的市场供给

鉴于食用植物油是国家食物安全中的重要组成部分，确保食用植物油市场的供应是我们的首要任务。为此，必须在确保食用的前提下，根据“不与人争油”的原则，妥善处理好食用与工业用油的关系。从国家食物安全、我国食用植物油自给率偏低和保护环境出发，对利用食用植物油生产生物柴油等项目将不予提倡，严格控制。

二十一、我国食用植物油加工业的现状与发展趋势

——在中国粮油学会油脂分会第二十一届年会上的专题学术报告

（2012 年 9 月 20 日 于安徽马鞍山）

为适应我国油脂工业的发展需要，原定在本次会上我打算就加快制修订好我国食用油国家标准讲点意见。鉴于本次年会的内容既是一次学术交流会，又是一次油脂产业发展论坛。为此，今天我发言的题目临时改为“我国食用植物油加工业的现状与今后发展趋势”。有关在“论文集”上刊登的我的文章——《加快进程，科学制修订好食用油国家标准》，今天我就不讲了，请大家抽点时间看看，对我在文章中讲的一些观点多提宝贵意见。下面我就我国食用植物油市场的简要情况、食用植物油加工业的现状与今后发展趋势介绍些情况和讲点意见，供参考。

（一）我国食用植物油市场简要情况

1. 我国油料油脂的生产与进出口情况

根据国家粮油信息中心测算，2011 年我国八大油料作物的产量分别为：棉籽 1 188 万 t、大豆 1 350 万 t、油菜籽 1 280 万 t、花生果 1 620 万 t、葵花籽 240 万 t、芝麻 61 万 t、亚麻籽 34 万 t、油茶籽 115 万 t，总产量 5 817 万 t，比 2010 年略有增长。

据海关统计，2011 年我国进口大豆 5 264 万 t、进口油菜籽 126. 2 万 t；合计进口各类植物油 886. 3 万 t（其中进口大豆油 131. 9 万 t、菜籽油 96. 4 万 t、花生油 6. 8 万 t、棕榈油 571. 2 万 t、其他油脂 80 万 t），我国油脂油料进口量见表 1；出口各类油脂合计 12. 4 万 t。

表 1　我国油脂油料进口量　单位：万 t

年份	大豆	油菜籽	植物油	其中：豆油	菜籽油	花生油	棕榈油	其他植物油
2011	5 264	126. 2	814. 3	131. 9	96. 4	6. 8	571. 2	80

另据统计，2011 年，我国国产油料的榨油量（除大豆、花生、芝麻和葵花籽等 4 种油料部分直接食用外）为 1 091. 8 万 t，2011 年我国国产油料榨油量见表 2，与 2011 年我国食用油的年度总供给量为 2 865. 1 万 t 差距较大。

表2　　2011 年我国国产油料榨油量　　单位：kt

油料品种	压榨量	出油量	出油率/%
油菜籽	12 000	4 260	35.50
花生果	7 500	2 363	31.50
棉籽	11 000	1 430	13.00
大豆	4 000	640	16.00
葵花籽	1 200	300	25.00
油茶籽	1 000	250	25.00
亚麻籽	300	90	30.00
芝麻	300	135	45.00
玉米油		600	
稻米油		800	
其他		50	
合计		10 918	

2. 我国食用油市场产销情况

2011 年，我国食用油市场年度总供给量为 2 865.1 万 t，其中包括国产油料和进口油料生产的食用油为 2 050.8 万 t。直接进口各种食用油合计 814.3 万 t。2000—2011 年我国食用油市场综合平衡分析（见表 3）。2011 年我国食用油的食用消费量为 2 515 万 t、工业及其他消费为 250 万 t，出口为 12.4 万 t，合计年度需求总量为 2 777.4 万 t；国内实际消费量为 2 765 万 t（即食用消费 2 515 万 t、工业及其他消费 250 万 t 之和）；年度结余量为 87.7 万 t。这里，我们还可以推算出 2011 年我国进口油脂油料的总折油为 1 773.3万 t（即总供给量 2 865.1 万 t 减去国产油料榨油量 1 091.8 万 t 之差），自给率为 38.1% 。

3. 我国食用植物油年人均可供占有量已达世界水平

据测算，我国年人均可供占有量由 1996 年的 7.7kg 上升到 2011 年的 21.2kg，已经达到世界人均水平，1996—2011 年我国年人均可供食用油占有量情况，见表 4。如按 2011 年食用油实际消费量 2 765 万 t 计算，我国人均年消费食用油为 20.5kg，也已达到世界人均 20kg 的水平。

4. 几点启示

根据上述数据分析，我们可以看到如下一些问题，值得我们重视。

（1）2011 年，我国食用油的消费总量为 2 865.1 万 t，人均年实际消费量为 20.5kg，已经接近和提前超过了《国家粮食安全中长期规划纲要（2008—2020 年）》中预测的“到 2020 年我国居民人均年食用油消费量为 20kg，消费总量将达到 2 900 万 t”的指标。随着人民生活水平的进一步提高，城镇化进程的加快，我国食用油的消费量还将呈刚性增长，应该早做准备。

表 3　2000—2011 年我国食用油市场综合平衡分析　单位:kt

指标	2000/2001	2001/2002	2002/2003	2003/2004	2004/2005	2005/2006	2006/2007	2007/2008	2008/2009	2009/2010	2010/2011
生产量											
豆油	3 489	3 415	4 839	4 608	6 090	6 383	6 275	7 035	7 825	9 150	10 050
菜籽油	4 689	4 132	3 544	3 928	4 474	4 576	4 010	3 852	4 656	5 899	4 876
棉籽油	945	1 148	1 095	1 088	1 392	1 233	1 580	1 534	1 495	1 326	1 235
花生油	2 111	2 123	2 205	2 079	2 142	2 095	1 796	1 796	2 048	2 148	2 347
棕榈油	0	0	0	0	0	0	0	0	0	0	0
其他油脂	831	879	1 066	1 093	1 122	1 272	1 378	1 587	1 668	1 800	2 000
总计	12 064	11 696	12 749	12 795	15 220	15 558	15 037	15 804	17 691	20 323	20 508
进口量											
豆油	70	370	1 715	2 721	1 728	1 516	2 413	2 727	2 494	1 514	1 319
菜籽油	78	41	85	329	269	64	154	360	389	544	964
棉籽油	0	0	0	0	0	0	0	0	0	0	0
花生油	16	11	5	7	4	3	2	6	20	48	68
棕榈油	1 900	2 020	3 104	3 570	4 320	4 985	5 139	5 223	6 118	5 760	5 712
其他油脂	0	0	9	51	6	11	37	69	91	198	80
总计	2 064	2 442	4 918	6 678	6 327	6 580	7 745	8 385	9 111	8 064	8 143
年度供给量											
豆油	3 559	3 785	6 554	7 328	7 818	7 899	8 688	9 762	10 319	10 664	11 369
菜籽油	4 767	4 173	3 629	4 257	4 743	4 640	4 164	4 213	5 044	6 443	5 840
棉籽油	945	1 148	1 095	1 088	1 392	1 233	1 580	1 534	1 495	1 326	1 235
花生油	2 127	2 134	2 210	2 086	2 146	2 098	1 798	1 802	2 067	2 196	2 415

续表

指标	2000/2001	2001/2002	2002/2003	2003/2004	2004/2005	2005/2006	2006/2007	2007/2008	2008/2009	2009/2010	2010/2011
棕榈油	1 900	2 020	3 104	3 570	4 320	4 985	5 139	5 223	6 118	5 760	5 712
其他油脂	831	879	1 075	1 144	1 128	1 283	1 415	1 656	1 759	1 998	2 080
总计	14 129	14 139	17 667	19 473	21 547	22 137	22 782	24 188	26 802	28 387	28 651
国内食用消费											
豆油	3 056	3 316	5 000	6 483	7 020	7 400	8 050	8 250	8 500	9 100	10 000
菜籽油	4 500	4 700	3 800	4 200	4 500	4 700	4 050	4 200	4 200	4 500	5 500
棉籽油	930	1 140	1 100	1 150	1 380	1 200	1 600	1 550	1 300	1 250	1 250
花生油	2 112	2 120	2 202	2 102	2 200	2 000	1 850	1 790	1 840	1 950	2 300
棕榈油	1 600	1 800	2 450	2 500	3 100	3 750	4 000	4 000	4 650	4 600	4 300
其他油脂	602	642	798	893	828	957	1 071	1 330	1 425	1 600	1 800
总计	12 800	13 718	15 350	17 328	19 028	20 007	20 621	21 120	21 915	23 000	25 150
工业及其他消费											
豆油	420	450	480	550	600	650	650	650	680	800	950
菜籽油	0	0	0	0	0	0	0	0	0	0	0
棉籽油	0	0	0	0	0	0	0	0	0	0	0
花生油	0	0	0	0	0	0	0	0	0	0	0
棕榈油	300	300	640	950	1 150	1 220	1 150	1 150	1 150	1 200	1 250
其他油脂	221	230	245	235	227	228	253	263	273	280	300
总计	941	980	1 365	1 735	1 977	2 098	2 053	2 063	2 103	2 280	2 500
出口量											
豆油	53	51	13	15	40	105	94	102	83	75	52

菜籽油	74	34	12	5	6	66	119	7	10	5	4
棉籽油	0	0	0	0	0	0	0	0	0	4	3
花生油	15	12	13	25	25	15	20	10	10	9	10
棕榈油	0	0	0	0	0	0	0	0	0	0	0
其他油脂	0	0	0	12	66	90	85	60	55	30	55
总计	142	97	38	57	138	277	319	178	159	123	124
年度需求总量											
豆油	3 529	3 817	5 493	7 048	7 660	8 155	8 794	9 002	9 263	9 975	11 002
菜籽油	4 574	4 734	3 812	4 205	4 506	4 766	4 169	4 207	4 210	4 505	5 504
棉籽油	930	1 140	1 100	1 150	1 380	1 200	1 600	1 550	1 300	1 254	1 253
花生油	2 127	2 132	2 215	2 127	2 225	2 015	1 870	1 800	1 850	1 959	2 310
棕榈油	1 900	2 100	3 090	3 450	4 250	4 970	5 150	5 150	5 800	5 800	5 550
其他油脂	823	872	1 043	1 140	1 121	1 275	1 409	1 653	1 753	1 910	2 155
总计	13 883	14 795	16 753	19 120	21 143	22 382	22 993	23 361	24 177	25 403	27 774
结余量											
豆油	30	-32	1 061	280	158	-257	-106	760	1 056	689	367
菜籽油	193	-561	-183	52	237	-127	-6	6	834	1 938	336
棉籽油	15	8	-5	-63	12	33	-21	-16	195	72	-18
花生油	0	2	-5	-41	-79	83	-73	2	217	237	105
棕榈油	0	-80	14	120	70	15	-11	73	318	-40	162
其他油脂	8	7	32	4	7	8	6	3	6	88	-75
总计	246	-656	913	353	404	-245	-210	827	2 625	2 984	877

表 4　　1996—2011 年我国年人均可供食用油占有量情况

年份	食用油消费可供量/万 t	年人均可供占有量/kg
1996	1 002.5	7.7
1998	1 090.7	8.4
2000	1 245.7	9.6
2001	1 330	10.2
2002	1 410	10.8
2003	1 500	11.5
2004	1 750	13.5
2005	1 850 ~ 1 900	14.2 ~ 14.6
2006	2 271.7	17.5
2007	2 509.7	19.3
2008	2 684.7	20.7
2011	2 865.1	21.2

注：①2006—2008 年食用油消费量按国产油料扣去食用部分后的总折油量加上净进口折油之和。

②1996—2008 年的我国人均年消费按 13 亿人口计算；2011 年按 13.5 亿人口计算。

（2）《国家粮食安全中长期规划纲要（2008—2020 年）》中提出，到 2020 年我国食用植物油自给率不低于 40%。而目前我国食用油的自给率只有 38% 左右，如果不采取有效措施，要达到不低于 40% 的自给率是有难度的。我一直认为，提高我国食用油自给率的最有效途径是：在耕地上，油料生产发展的重点应放在“冬抓休闲地，春抓撂荒地”上；在油料品种的发展上，应重点放在扩大油菜籽、花生和葵花的种植上，放在扶持和发展以油茶为代表的木本油料和其他特种油料上；在育种上，应重点放在提高单位面积产量和油料的含油率上；在资源利用上，要把米糠和玉米胚芽等作为重要的油料资源，充分加以利用。现在最大的问题是，种植油料的比价效益低，难以调动种油农民的生产积极性。如果再不研究解决调动种油农民的生产积极性，我国食用油的自给率还有可能会进一步下降，从而危及国家食用油供应的安全。

（3）要进一步研究利用两个市场，确保我国食用油的供应。我国人均耕地少，水资源匮乏，加上为确保我国粮食自给率在 95% 左右的红线不能逾越以及人口增加和食用油消费的刚性增长，我国的食用油供应必须在进一步发展油料生产，增加油料产量的同时，充分利用国际市场。现在看来，靠我国自己的耕地和水资源来解决中国人的吃油问题是不现实的。为此，我们要想方设法在国外，加快建立完整的油脂油料供应链，增强对海外油脂油料的控制力，以保障我国食用油供应的安全。

（二）我国食用植物油加工业的现状

2011 年，我国食用植物油加工业在食用植物油的产量、工业总产值、产品销售收入、产品结构等方面较 2010 年都有了较大提高和发展，为“十二五”发展规划的开局起了一个好头。

1. 企业数量及不同加工能力所占的比重情况

根据国家粮食局和中国粮食行业协会提供的统计数据及有关资料，2011 年，全国加入统计的食用植物油加工企业 1 426 个。其中日加工能力 100t 以下的企业 470 个，较上年减少 49 个，占食用植物油加工企业总数的 32. 96%；日加工能力 100 ~200t 的企业 319 个，占 22. 37%；200 ~400t 的企业 329 个，占 23. 07%；400 ~1 000t 的企业 149 个，占 10. 45%；1 000t 以上的企业 159 个，较上年增加 13 个，占 11. 15%，2011 年食用植物油加工企业按日加工能力划分比重如图 1 所示。

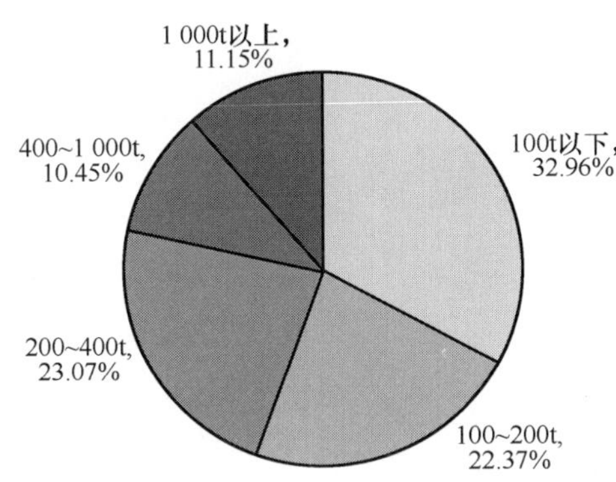

图 1　2011 年食用植物油加工企业按日加工能力划分比重图

2. 加工能力及产量情况

2011 年，食用植物油加工业年处理油料能力为 15 081 万 t、油脂精炼能力为 4 504 万 t，分别比上年增加 1 970 万 t 和 531. 5 万 t，增长 15. 0% 和 13. 8%；食用植物油汇总产量为 3 436 万 t，实际产量为 2 267 万 t；实际年处理原料 8 639 万 t；产能利用率为 57. 3%。其中，小包装油脂产量为 507 万 t，占实际产量的 22. 4%；调和油产量为 238 万 t，占实际产量的 10. 5%。

3. 油料处理能力、精炼能力和食用植物油产量按企业经济类型划分情况

2011 年，全国油料处理能力和食用植物油产量按企业经济类型划分，外商及港澳台商投资企业分别为 4 158 万 t 和 1 585 万 t，分别占总数的 27. 57% 和 46. 13%；民营企业分别为 9 125 万 t 和 1 493 万 t，分别占总数的 60. 51% 和 43. 45%；国有及国有控股企业分别为 1 798 万 t 和 358 万 t，分别占总数的 11. 92% 和 10. 42%，2011 年食用植物油加工企业不同经济类型年处理油料能力比重如图 2 所示，2011 年食用植物油加工企业不同经济类型油脂产量比重图 3 所示。

4. 油料处理能力、精炼能力和产量排名情况

（1）2011 年食用植物油加工业油料处理能力排名前十位的是：江苏（2 227 万 t）、山东（1 886 万 t）、黑龙江（1 580 万 t）、湖北（1 394 万 t）、广东（881 万 t）、新疆（747 万 t）、河南（682 万 t）、广西（585 万 t）、安徽（509 万 t）和天津（330 万 t），

如图 4 所示。

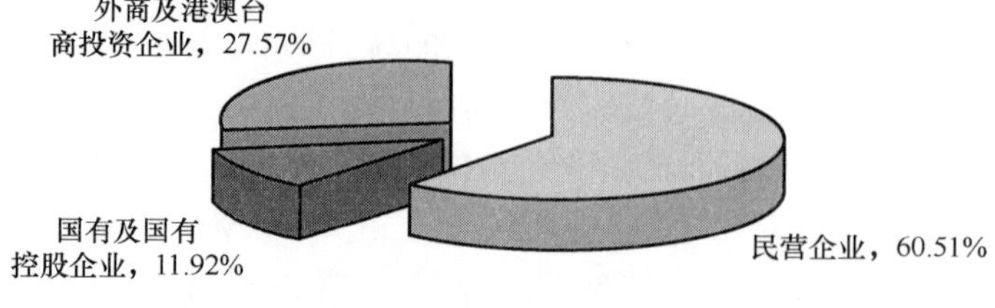

图 2　2011 年食用植物油加工企业不同经济类型年处理油料能力比重图

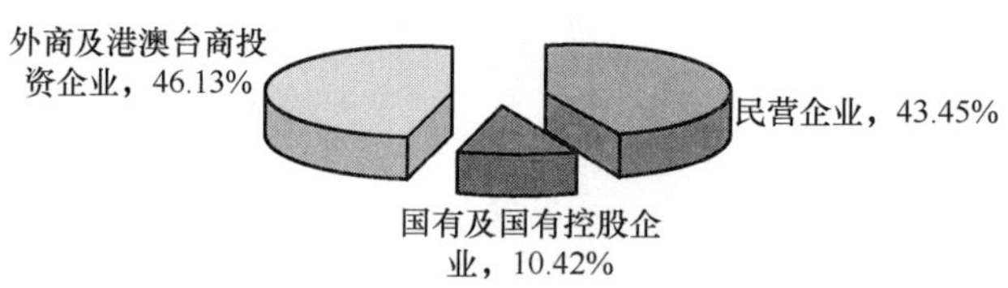

图 3　2011 年食用植物油加工企业不同经济类型油脂产量比重图

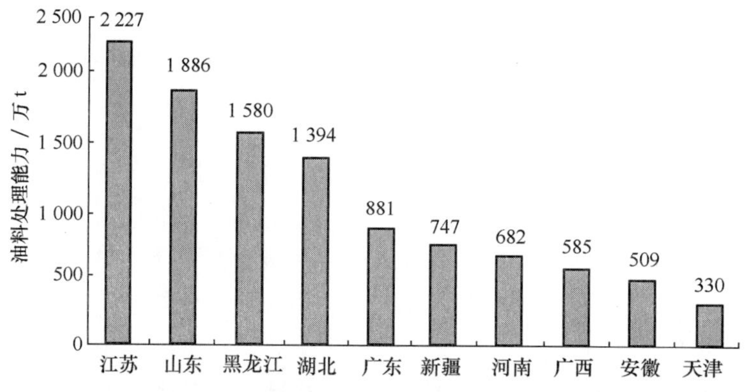

图 4　2011 年食用植物油加工业油料处理能力前十位的省市区

（2）精炼能力排名前十位的是：江苏（773 万 t）、湖北（526 万 t）、广东（430 万 t）、山东（408 万 t）、天津（261 万 t）、河南（185 万 t）、黑龙江（169 万 t）、新疆（165 万 t）、安徽（157 万 t）和广西（148 万 t），如图 5 所示。

（3）食用植物油产量排名前十位的是：江苏（516 万 t）、广东（432 万 t）、山东（403 万 t）、湖北（244 万 t）、天津（237 万 t）、上海（148 万 t）、河北（141 万 t）、广西（139 万 t）、福建（127 万 t）和河南（116 万 t），如图 6 所示。

（4）产量排名前五位的企业是：①益海嘉里（中国）（769 万 t，占总产量的 22.4%，比上年增加 89 万 t，增幅 13.1%）；②中粮集团有限公司（316 万 t，比上年增加 69 万 t，增幅 27.9%）；③九三粮油工业集团有限公司（113 万 t，比上年增加 5

万 t，增幅 4.6%）；④嘉吉（中国）公司（104 万 t，比上年增加 31.7 万 t，增幅 43.8%）；⑤中国中纺集团公司（72 万 t，比上年增加 1 万 t，增幅 1.4%）。

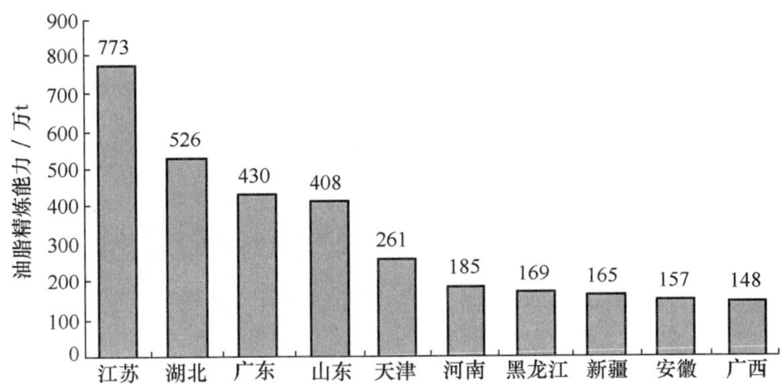

图 5　2011 年食用植物油精炼能力前十位的省市区

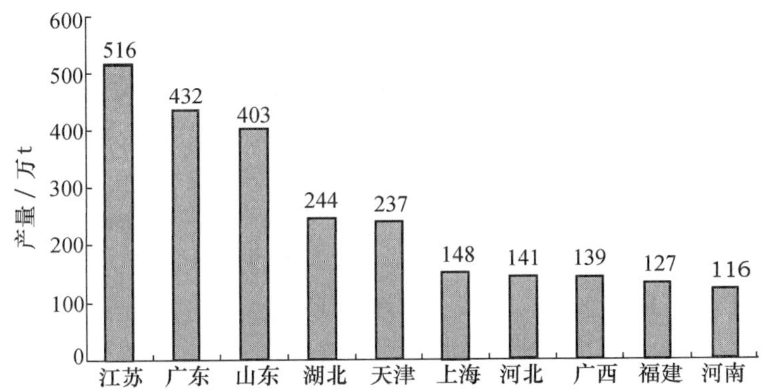

图 6　2011 年食用植物油产量前十位的省市区

产品结构：一级油的产量为 1 571 万 t、二级油为 83 万 t、三级油为 193 万 t、四级油为 661 万 t，分别占汇总产量的 45.7%、2.4%、5.6% 和 19.2%。另外，食用调和油的产量为 238 万 t，占实际产量的 10.5%；小包装食用油的产量为 507 万 t，占实际产量的 22.4%。

5. 产品品种情况

2011 年食用植物油产量以大豆油、菜籽油、棕榈油和花生油为主，四个品种产量达 2 945 万 t，占食用植物油汇总产量的 85.7%，其中大豆油产量为 1 648 万 t，占总产量的 47.9%；菜籽油产量为 694 万 t，占总产量的 20.2%；棕榈油产量为 460 万 t，占总产量的 13.4%；花生油产量 146 万 t，占总产量的 4.2%。其他油品的产量和所占比重是：玉米油 126 万 t，占 3.7%；棉籽油 103 万 t，占 3.0%；葵花籽油 43 万 t，占 1.3%；米糠油 34 万 t，占 1.0%；芝麻油 20 万 t，占 0.6%；油茶籽油 14 万 t，占 0.4%；其他油脂 149 万 t，占 4.3%，2011 年不同品种油脂占总产量的比重如图 7 所示。

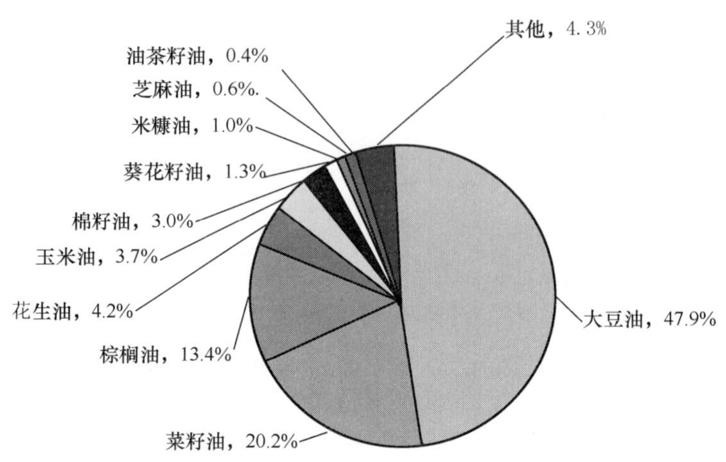

图7　2011 年不同品种油脂占总产量的比重图

6. 主要经济技术指标情况

2011 年，加入统计的食用植物油企业工业总产值 5 112. 9 亿元，产品销售收入 5 158. 6亿元，利税总额 147. 2 亿元，利润总额 78. 1 亿元（产值利润率为 1. 5%），资产总计 3 438. 8 亿元，负债合计 2 514. 9 亿元（资产负债率为 73. 1%），从业人数 18. 6 万。

（三） 我国食用植物油加工业的发展趋势

为适应市场的需要，今后中国食用植物油加工业的发展趋向是：

1. 食用油的市场需求将持续增长

随着我国人口增长、生活水平提高和城镇化进程加快，我国对食用油消费需求在总量上将继续保持刚性增长的趋势。

据原来的预测，到 2020 年中国居民人均年食用油消费量为 20kg，消费需求总量将达到 2 900 万 t。这一指标在 2011 年已经超过和接近达到。随着国民经济的继续平稳较快发展和城乡居民收入普遍较快增加，人民生活水平将进一步提高。这意味着在今后中国对食用植物油消费需求将继续呈现刚性的增长，同时也意味着中国食用植物油加工业将得到进一步的发展。

2. 利用好两个市场满足中国食用油市场的需求

近几年来，国家及相关部门发布了一系列振兴我国油料生产的规划和措施，推动了我国油脂油料生产较快发展。促使 2008、2009、2010 和 2011 年连续四年我国大豆、花生、油菜籽、棉籽、芝麻、葵花籽、亚麻籽和油茶籽等八种油料的产量近 6 000 万 t，创造了油料生产史上的最高纪录。但其增长速度仍然跟不上消费增长的速度。为此，必须更好地利用国内国外两个市场，才能满足中国食用油市场的需求，这一趋向在相当长的时间内是不会改变的。

3. 确保产品质量，倡导“安全营养、健康消费”和“适度加工”等理念

中国政府对食品安全高度重视，食用植物油与人们生活息息相关，为此必须始终把“安全”与“质量”放在第一位。食用植物油加工企业将严格按国家卫生和质量标准组织生产；严格把好从原料到生产加工、产品销售等全过程的质量关，以确保食用植物油产品的绝对安全。在此基础上把“优质、营养、健康、方便”作为发展方向；在油脂油料加工过程中，倡导适度加工，提高纯度，提高出品率，合理控制加工精度，避免过度加工。要树立健康消费观念，改变食用油产品“油色过淡”等过度加工现象，最大程度保存油料中的固有营养成分；要根据中国的国情制修订好食用植物油的国家标准，提升我国食用油产品标准水平。

4. 重视资源综合利用、绿色环保和节能降耗

按照循环经济的理念，进一步提高粮油资源综合加工及转化利用水平。不断提高米糠、胚芽和油脚等副产物的综合利用水平。为此，要树立高效、低碳、节能、节粮和保护环境的意识，加大节能减排、保护环境的力度；要采用新型清洁生产技术，积极发展低消耗、低排放、高效率的加工模式，降低水、电、煤、溶剂等消耗和碳排量，减少污染物排放；要采取有力措施，严禁再上高消耗、高污染的建设项目。通过以上措施，确保到2015年，使我国食用植物油加工业的单位产值能耗比2010年降低10%以上，单位产值二氧化碳排放量比2010年减少17%以上。以建立安全、优质、营养、低耗、绿色、生态的现代食用植物油加工业体系。

5. 推进结构调整，淘汰落后产能

食用植物油加工企业将会加快组织结构的调整，引导企业通过兼并重组，通过产业园区建设，适度提高产业集中度，发展拥有知名品牌和核心竞争力的大型企业和企业集团，改造提升中小型企业发展的质量和水平，形成大中小企业分工协作，协调发展的格局。

要进一步加大对食用植物油加工企业技术改造的力度，通过采用先进实用、高效低耗、节能环保和安全技术，开发新产品，实施节能减排，降低成本，提高工效。与此同时，将充分发挥市场机制，强化卫生、环保、安全、能耗的约束作用，建立产业退出机制，加快淘汰一批工艺落后、设备陈旧、卫生质量安全和环保不达标、能耗物耗高的落后产能。要警惕产能过剩，现在个别地区、个别品种的产能过剩，甚至严重过剩是不争的事实。要严格控制盲目投资、盲目求大和低水平重复建设，促进食用植物油加工业有序、健康和协调发展。

6. 提倡“一线多能”和“多油并举”

为充分发挥现有产能的作用，提高产能利用率，倡导单个企业通过技术改造，调整工艺和增设部分装置，以适应能加工两种以上原料的需要，做到“一线多能”。为增加油源，丰富市场，倡导在油料生产和加工中，除了要重视大豆、油菜籽、花生、棉籽等大宗油料外，还应重视葵花籽、芝麻等一般油料的生产与加工，尤其要重视以油茶籽为代表的木本油料和其他特种油的生产与加工，做到“多油并举”。

7. 特种油脂、功能性油脂将得到重视与发展

在国家政策的支持下，我国以油茶籽为代表的特种油料生产将得到快速发展，特种油料资源将得到开发利用。食用植物油加工企业将利用特种油脂富含功能性成分的特点，生产营养健康的功能性油脂，以丰富食用油市场，满足不同人群的需要。

在米糠和玉米胚芽利用方面，国家将大力提倡米糠和玉米胚芽制油，为国家增产油脂。重点支持日处理150t以上的稻谷加工企业配套采用米糠膨化保鲜技术装备，推广“分散保鲜、集中榨油（浸出）”和“分散榨油、集中精炼”模式，以提高米糠利用率和稻米油的品质。

8. 要积极推进粮油加工园区和国家粮油应急加工及供应体系建设

为延伸产业链，推动粮油加工业向专业化、规模化、集约化方向发展。食用植物油加工龙头企业、大型企业和企业集团应积极参与创建粮油加工园区，使之成为粮食产业化发展的新型载体，形成集粮食收购、储藏、运输、加工、销售、配送为一体的现代化粮食产业集群。与此同时，要积极参与国家粮油应急加工及供应体系建设，以保障国家应对重大自然灾害或突发事件时的粮油应急供应。

9. 专用油和小包装食用油的发展步伐将进一步加快

为满足我国食品工业发展需要，今后，不同用途的起酥油、人造奶油、煎炸油、凉拌油和调味油等专用油脂将得到快速发展。

鉴于目前有品牌的小包装食用油已成为中国消费者心目中可以信赖的放心食用油的象征。为此，小包装食用油也将进一步快速发展，并逐步替代乃至取消市场上的散装食用油。

10. 在油脂消费上，将确保食用油的市场供给

鉴于食用植物油是国家食物安全中的重要组成部分，确保食用植物油市场的供应是我们的首要任务。为此，必须在确保食用的前提下，根据“不与人争油”的原则，妥善处理好食用与工业用油的关系。从国家食物安全、我国食用植物油自给率偏低和保护环境出发，对利用食用植物油生产生物柴油等项目将不予提倡，严格控制。

二十二、 我国油脂油料的生产与供需简况

——在中国粮油学会油脂分会会长办公扩大会议上的专题报告

（2013 年 4 月 10 日　于河南滑县）

为研究部署每年的学会工作，在广大会员单位的热情支持下，油脂分会自 1998 年 5 月在浙江新市油厂召开第一次“中国粮油学会油脂分会会长扩大办公会议”起至今已 15 年了，本次会议是继 2002 年后第二次来到滑县召开“会长扩大办公会议”，对此，我要代表学会和全体与会代表对河南华泰粮油机械工程有限公司表示衷心的感谢。下面，我想在研究部署今年学会工作之前，先向大家通报一下 2012 年我国油脂油料的生产与供需简况、传达李克强总理对做好粮食工作的重要指示，以及植物油行业要防范塑化剂的污染等，介绍些情况和讲点意见，供大家参考。

（一） 我国油脂油料的生产与供需简况

2012 年我国国产油料生产总量与上年大体持平，进口油脂油料的总折油量较上年增长幅度较大，自给率继续下降，人均年食用油销量继续上升。

1. 我国的油料产量及榨油量

根据国家粮油信息中心预测，2012 年我国油菜籽、大豆、花生、棉籽、葵花籽、芝麻、油茶籽、亚麻籽等八大油料总产量为 5 935. 2 万 t，与 2011 年实际产量 5 941. 3 万 t 基本持平。八大油料预测产量分别为：油菜籽 1 380 万 t、大豆 1 228 万 t、花生 1 650万 t、棉籽 1 231. 1 万 t、葵花籽 235 万 t、芝麻 59. 5 万 t、油茶籽 160 万 t、亚麻籽 35. 5 万 t。我国 1991—2011 年主要油料生产情况见表 1。

表 1　我国 1991—2011 年主要油料生产情况　单位：kt

年份	油籽总产量	其中：棉籽	大豆	油料	其中：油菜籽	花生果	葵花籽	芝麻	亚麻籽	油茶籽
1991	36 311	10 215	9 713	16 383	7 436	6 303	1 422	435	515	621
1992	34 830	8 114	10 304	16 412	7 653	5 953	1 473	516	520	629
1993	40 076	6 730	15 307	18 039	6 936	8 421	1 282	563	496	488
1994	43 710	7 814	16 000	19 896	7 492	9 682	1 367	548	511	631
1995	44 585	8 582	13 500	22 503	9 777	10 235	1 269	583	364	623
1996	42 891	7 565	13 220	22 106	9 201	10 138	1 323	575	553	697
1997	44 587	8 285	14 728	21 574	9 578	9 648	1 176	566	393	857
1998	46 393	8 102	15 152	23 139	8 301	11 886	1 465	656	523	723
1999	47 155	6 892	14 251	26 012	10 132	12 639	1 765	743	404	793

续表

年份	油籽总产量	其中：棉籽	大豆	油料	其中：油菜籽	花生果	葵花籽	芝麻	亚麻籽	油茶籽
2000	52 910	7 951	15 411	29 548	11 381	14 437	1 954	811	344	823
2001	53 638	9 582	15 407	28 649	11 331	14 416	1 478	804	243	825
2002	53 788	8 309	16 507	28 972	10 552	14 818	1 946	895	409	855
2003	52 251	8 747	15 394	28 110	11 420	13 420	1 743	593	450	780
2004	59 445	11 382	17 404	30 659	13 182	14 342	1 552	704	426	875
2005	57 407	10 286	16 350	30 771	13 052	14 342	1 928	625	362	875
2006	55 044	13 559	15 082	26 403	10 966	12 738	1 440	662	374	920
2007	52 135	13 723	12 725	25 687	10 573	13 027	1 187	557	268	939
2008	58 559	13 486	15 545	29 528	12 102	14 286	1 792	586	350	990
2009	58 003	11 479	14 981	31 543	13 657	14 708	1 956	622	318	1 169
2010	58 114	10 730	15 083	32 301	13 082	15 644	2 298	587	324	1 092
2011	59 413	11 860	14 485	33 068	13 426	16 046	2 313	606	359	1 480
2012 预测	59 352	12 312	12 280	34 760	13 800	16 500	2 350	595	355	1 600

据预测，2012 年我国国产油料的榨油量（除大豆、花生、芝麻和葵花籽等四种油料部分直接食用外）为 1 150. 5 万 t，2012 年我国国产油料榨油量预测见表 2，与 2011 年国产油料榨油量 1 091. 8 万 t，增加 58. 7 万 t。分析原因主要是米糠油、玉米油、油茶籽油和花生油的产量较上年有所增加。

表 2　　2012 年我国国产油料榨油量预测

油料品种	压榨量/kt	出油量/kt	出油率/%
油菜籽	13 000	4 615	35. 50
花生果	7 700	2 426	31. 50
棉籽	10 800	1 404	13. 00
大豆	4 000	660	16. 50
葵花籽	1 000	250	25. 00
油茶籽	1 500	375	25. 00
亚麻籽	300	90	30. 00
芝麻	300	135	45. 00
玉米油		700	
稻米油		800	
其他		50	
合计		11 505	

2. 我国油脂油料的进出口情况

为满足食用油市场供应日益增长的需要，2012 年我国进口油脂油料的数量继续呈上升趋势。据海关总署统计，2012 年我国进口油脂油料的折油总计达 2 662. 9 万 t，较 2011 年增长 20. 18%，再创历史新高。其中，进口大豆 5 838. 4 万 t、油菜籽 293 万 t、芝麻 39. 6 万 t、亚麻籽 14. 8 万 t；进口大豆油 182. 6 万 t、棕榈油 634. 1 万 t、菜籽油 117. 6 万 t、橄榄油及其分离品 4. 1 万 t、其他植物油 25. 7 万 t、人造黄油 34. 7 万 t，我国油脂油料进口量见表 3；2012 年我国油脂油料进口统计见表 4。另据统计，2012 年出口油脂油料的折油总计为 26. 1 万 t，较上年增长 1. 88%，我国油脂油料出口统计见表 5。

表 3　　2012 年我国油脂油料进口量　　单位：kt

年份	大豆进口量	菜籽进口量	植物油进口量	其中：豆油	棕榈油	菜籽油	其他植物油
1996	1 108	0	2 640	1 295	1 012	316	17
1997	2 792	55	2 750	1 193	1 146	351	60
1998	3 196	1 386	2 060	829	930	285	17
1999	4 315	2 595	2 080	804	1 194	69	13
2000	10 416	2 969	1 872	308	1 391	75	99
2001	13 937	1 724	1 674	70	1 517	49	38
2002	11 315	618	3 212	870	2 221	78	43
2003	20 741	167	5 418	1 884	3 325	152	57
2004	20 229	424	6 764	2 517	3 857	353	38
2005	26 590	296	6 213	1 694	4 330	178	11
2006	28 270	738	6 715	1 543	5 082	44	46
2007	30 821	833	8 397	2 823	5 095	375	104
2008	37 436	1 303	8 163	2 586	5 282	270	25
2009	42 552	3 286	9 502	2 391	6 441	468	202
2010	54 797	1 600	8 262	1 341	5 696	985	240
2011	52 640	1 262	7 798	1 143	5 912	551	192
2012	58 384	2 930	9 600	1 826	6 341	1 176	257

表 4　　2012 年我国油脂油料进口统计表

商品名称	12 月数量/t	全年累计	
		数量/t	与上年同比增长率/%
豆油	202 575. 31	1 826 113. 91	59. 74
棕榈油	954 087. 31	6 341 162. 47	7. 25

续表

商品名称	12 月数量/t	全年累计	
		数量/t	与上年同比增长率/%
其中：硬脂	130 935. 19	1 110 694. 11	-8. 28
菜籽油或芥籽油	85 555. 30	1 175 817. 89	113. 43
初榨椰子油	16 442. 59	133 241. 34	21. 66
其他椰子油	4 833. 79	74 579. 99	22. 93
初榨棕榈仁油	26 176. 29	259 772. 29	-24. 42
其他棕榈仁油	13 990. 67	225 814. 02	371. 96
初榨亚麻籽油	2 585. 55	36 583. 90	115. 71
其他亚麻籽油	15. 26	1 016. 09	-53. 41
芝麻油	342. 44	2 094. 58	-11. 20
人造黄油	38 314. 84	346 843. 91	23. 36
其中：混合油	1 462. 61	15 055. 22	84. 94
橄榄油及其分离品	4 432. 86	41 276. 05	25. 72
花生油	3 267. 72	63 175. 31	3. 13
初榨葵花籽油或红花油	2 507. 83	104 633. 85	61. 73
其他葵花籽油或红花油	210. 99	2 161. 01	-70. 35
大豆	5 890 357. 00	58 383 853. 00	10. 91
油菜籽	217 958. 27	2 929 591. 92	132. 09
花生	182. 36	22 915. 91	-62. 59
芝麻	16 854. 29	395 648. 35	1. 63
葵花籽	1 117. 58	2 975. 86	-33. 54
亚麻籽	5 261. 64	147 911. 92	68. 32
起酥油	34 935. 85	315 728. 41	19. 49
折油总计	2 662 932. 40	23 825 805. 03	20. 18

注：资料来源海关总署。

表 5　　2012 年我国油脂油料出口统计表

商品名称	12 月数量/t	全年累计	
		数量/t	与上年同比增长率/%
豆油	8 843. 85	65 384. 77	27. 92
棕榈油	107. 92	871. 14	-32. 16
其中：硬脂	0. 00	0. 00	—
花生油	774. 28	8 219. 96	-6. 00

续表

商品名称	12 月数量/t	全年累计	
		数量/t	与上年同比增长率/%
菜籽油或芥籽油	553.25	6 630.82	102.47
芝麻油	219.15	3 805.94	7.30
初榨亚麻籽油	34.00	334.64	-17.51
其他亚麻籽油	120.31	1 130.82	-37.53
人造黄油	819.93	8 573.50	4.42
其中：混合油	0.00	0.00	—
花生果	14 899.26	146 059.09	-11.66
其中：花生仁	0.00	0.00	—
大豆	33 002.85	320 100.67	53.70
油菜籽	4.00	335.48	80.54
葵花籽	19 085.74	184 200.52	8.61
亚麻籽	325.95	4 222.70	45.76
种用芝麻	0.00	0.47	-56.97
其他芝麻	4 068.58	36 932.09	11.24
红花籽	0.00	1 785.64	275.94
初榨葵花籽油或红花油	0.00	1 006.40	3.49
其他葵花籽油或红花油	69.02	183.09	-2.73
折油总计	28 608.54	261 362.46	1.88

注：资料来源海关总署。

3. 我国食用油市场产销情况分析

根据国家粮油信息中心对我国食用油市场综合平衡分析，2011—2012 年度，我国食用油市场的总供给量为 3 061.1 万 t，其中包括国产油料和进口油料合计生产的食用油为 2 226.7 万 t；直接进口的各种食用油合计为 834.4 万 t。2000—2012 年我国食用油市场综合平衡分析见表 6。2011—2012 年度我国食用油的食用消费量为 2 630万 t，工业及其他消费为 255 万 t，出口油脂油料的折油总计为 9.6 万 t，合计年度需求总量为 2 894.6 万 t。年度结余量为 166.5 万 t。这里，我们可以推算出 2011—2012 年度我国利用进口油料生产的食用油和直接进口的食用油之和为 1 910.6 万 t（即总供给量 3 061.1 万 t 减去 2012 年国产油料榨油量 1 150.5 万 t），自给率为 38.0%，较上年自给率 38.1% 下降了 0.1 个百分点。2000—2012 年我国食用油市场综合平衡分析见表 6。

表 6　2000—2012 年我国食用油市场综合平衡分析　单位:kt

指标	2000/2001	2001/2002	2002/2003	2003/2004	2004/2005	2005/2006	2006/2007	2007/2008	2008/2009	2009/2010	2010/2011	2011/2012
生产量												
豆油	3 489	3 415	4 839	4 608	6 090	6 383	6 275	7 035	7 825	9 150	10 050	11 000
菜籽油	4 689	4 132	3 544	3 928	4 474	4 576	4 010	3 852	4 656	5 899	4 876	5 334
棉籽油	945	1 148	1 095	1 088	1 392	1 233	1 580	1 534	1 495	1 326	1 235	1 352
花生油	2 111	2 123	2 205	2 079	2 142	2 095	1 796	1 796	2 048	2 148	2 347	2 381
棕榈油	0	0	0	0	0	0	0	0	0	0	0	0
其他油脂	831	879	1 066	1 093	1 122	1 272	1 378	1 587	1 668	1 800	2 000	2 200
总计	12 064	11 696	12 749	12 795	15 220	15 558	15 037	15 804	17 691	20 323	20 508	22 267
进口量												
豆油	70	370	1 715	2 721	1 728	1 516	2 413	2 727	2 494	1 514	1 319	1 502
菜籽油	78	41	85	329	269	64	154	360	389	544	964	674
棉籽油	0	0	0	0	0	0	0	0	0	0	0	0
花生油	16	11	5	7	4	3	2	6	20	48	68	62
棕榈油	1 900	2 020	3 104	3 570	4 320	4 985	5 139	5 223	6 118	5 760	5 712	5 841
其他油脂	0	0	9	51	6	11	37	69	91	198	80	265
总计	2 064	2 442	4 918	6 678	6 327	6 580	7 745	8 385	9 111	8 064	8 143	8 344
年度供给量												
豆油	3 559	3 785	6 554	7 328	7 818	7 899	8 688	9 762	10 319	10 664	11 369	12 502
菜籽油	4 767	4 173	3 629	4 257	4 743	4 640	4 164	4 213	5 044	6 443	5 840	6 008
棉籽油	945	1 148	1 095	1 088	1 392	1 233	1 580	1 534	1 495	1 326	1 235	1 352
花生油	2 127	2 134	2 210	2 086	2 146	2 098	1 798	1 802	2 067	2 196	2 415	2 443

棕榈油	1 900	2 020	3 104	3 570	4 320	4 985	5 139	5 223	6 118	5 760	5 712	5 841
其他油脂	831	879	1 075	1 144	1 128	1 283	1 415	1 656	1 759	1 998	2 080	2 465
总计	14 129	14 139	17 667	19 473	21 547	22 137	22 782	24 188	26 802	28 387	28 651	30 611
国内食用消费												
豆油	3 056	3 316	5 000	6 483	7 020	7 400	8 050	8 250	8 500	9 100	10 000	10 800
菜籽油	4 500	4 700	3 800	4 200	4 500	4 700	4 050	4 200	4 200	4 500	5 500	5 500
棉籽油	930	1 140	1 100	1 150	1 380	1 200	1 600	1 550	1 300	1 250	1 250	1 300
花生油	2 112	2 120	2 202	2 102	2 200	2 000	1 850	1 790	1 840	1 950	2 300	2 400
棕榈油	1 600	1 800	2 450	2 500	3 100	3 750	4 000	4 000	4 650	4 600	4 300	4 400
其他油脂	602	642	798	893	828	957	1 071	1 330	1 425	1 600	1 800	1 900
总计	12 800	13 718	15 350	17 328	19 028	20 007	20 621	21 120	21 915	23 000	25 150	26 300
工业及其他消费												
豆油	420	450	480	550	600	650	650	650	680	800	950	1 000
菜籽油	0	0	0	0	0	0	0	0	0	0	0	0
棉籽油	0	0	0	0	0	0	0	0	0	0	0	0
花生油	0	0	0	0	0	0	0	0	0	0	0	0
棕榈油	300	300	640	950	1 150	1 220	1 150	1 150	1 150	1 200	1 250	1 200
其他油脂	221	230	245	235	227	228	253	263	273	280	300	350
总计	941	980	1 365	1 735	1 977	2 098	2 053	2 063	2 103	2 280	2 500	2 550
出口量												
豆油	53	51	13	15	40	105	94	102	83	75	52	60
菜籽油	74	34	12	5	6	66	119	7	10	5	4	4
棉籽油	0	0	0	0	0	0	0	0	0	4	3	2

续表

指标	2000/2001	2001/2002	2002/2003	2003/2004	2004/2005	2005/2006	2006/2007	2007/2008	2008/2009	2009/2010	2010/2011	2011/2012
花生油	15	12	13	25	25	15	20	10	10	9	10	9
棕榈油	0	0	0	0	0	0	0	0	0	0	0	0
其他油脂	0	0	0	12	66	90	85	60	55	30	55	21
总计	142	97	38	57	138	277	319	178	159	123	124	96
年度需求总量												
豆油	3 529	3 817	5 493	7 048	7 660	8 155	8 794	9 002	9 263	9 975	11 002	11 860
菜籽油	4 574	4 734	3 812	4 205	4 506	4 766	4 169	4 207	4 210	4 505	5 504	5 504
棉籽油	930	1 140	1 100	1 150	1 380	1 200	1 600	1 550	1 300	1 254	1 253	1 302
花生油	2 127	2 132	2 215	2 127	2 225	2 015	1 870	1 800	1 850	1 959	2 310	2 409
棕榈油	1 900	2 100	3 090	3 450	4 250	4 970	5 150	5 150	5 800	5 800	5 550	5 600
其他油脂	823	872	1 043	1 140	1 121	1 275	1 409	1 653	1 753	1 910	2 155	2 271
总计	13 883	14 795	16 753	19 120	21 143	22 382	22 993	23 361	24 177	25 403	27 774	28 946
结余量												
豆油	30	-32	1 061	280	158	-257	-106	760	1 056	689	367	642
菜籽油	193	-561	-183	52	237	-127	-6	6	834	1 938	336	504
棉籽油	15	8	-5	-63	12	33	-21	-16	195	72	-18	50
花生油	0	2	-5	-41	-79	83	-73	2	217	237	105	34
棕榈油	0	-80	14	120	70	15	-11	73	318	-40	162	241
其他油脂	8	7	32	4	7	8	6	3	6	88	-75	194
总计	246	-656	913	353	404	-245	-210	827	2 625	2 984	877	1 665

4. 我国食用油的人均消费情况

综上所述，2011—2012 年度我国食用油的需求总量为 2 894. 6 万 t，按全国 13. 5 亿人口计算，人均年消费量为 21. 4kg，较上年的 20. 6kg 又提高了 0. 8kg。1996—2012 年我国人均年食用油消费情况见表 7。

表 7　　1996—2012 年我国人均年食用油消费情况

年份	食用油消费量/万 t	人均年消费占有量/kg
1996	1 002. 5	7. 7
1998	1 090. 7	8. 4
2000	1 245. 7	9. 6
2001	1 330	10. 2
2002	1 410	10. 8
2003	1 500	11. 5
2004	1 750	13. 5
2005	1 850 ~ 1 900	14. 2 ~ 14. 6
2006	2 271. 7	17. 5
2007	2 509. 7	19. 3
2008	2 684. 7	20. 7
2011	2 777. 4	20. 6
2012	2 894. 6	21. 4

注：①2006—2008 年食用油消费量按国产油料扣去食用部分后的总折油量加上净进口折油之和。

②1996—2008 年的我国人均年消费按 13 亿人口计算；2011 年后按 13. 5 亿人口计算。

（二）传达李克强总理对做好粮食工作的重要指示

2013 年 1 月 15 日，是我国粮食工作者难忘的日子。时任中共中央政治局常委、国务院总理的李克强，来到国家粮食局科学研究院考察调研，并主持召开座谈会。在座谈会上，国家粮食局任正晓局长向总理汇报了粮食流通工作情况和有关建议，我有幸参加了座谈会，并代表科研人员发了言。李总理在听完汇报后做了重要指示，重点讲了守住管好“天下粮仓”；协调推进“新四化”；做好广积粮、积好粮、好积粮这三篇文章和管好“天下粮仓”，推进“新四化”必须依靠改革等四方面的问题。听了深受教育，对我来说感受最深的有以下几个方面。

1. 精辟论述了粮食的重要性

李总理在讲话中指出：守住管好“天下粮仓”。“仓廪实、天下安”，粮食是安天下之本。所谓守住管好“天下粮仓”，就是要巩固农业基础地位，保障国家粮食安全；面对未来复杂多变的形势，农业和粮食这个基础不能有丝毫削弱。这是治国安邦的头等大事，要坚持不懈地抓好；我国的工业化、城镇化进程不可逆转，十几亿人的吃饭问题谁也“背”不起，只能立足国内。现在我国粮食消费约占世界1/4，相当于全球粮食贸易量的2倍。在全球还有10亿人口严重缺粮的情况下，寄希望依靠进口是不现实的。因此，守住和管好“天下粮仓”，只有靠我们自己；做好广积粮、积好粮、好积粮这三篇文章。过去我们常常讲要广积粮，这句话现在没有过时，我们还得广积粮。目前我国粮食供需总体上仍处于紧平衡，“靠天吃饭”还没有根本改变，这将是一种长期状况，应对这种状况就得广积粮；我国改革开放以来30多年发展的巨大成就，一个重要体现是基本解决了人民群众的温饱问题。这个底线不能突破。守住管好“天下粮仓”，广积粮、积好粮、好积粮，就可以保住这个底线，做好这三篇文章有很大潜力，这是我们共同的工作、共同的责任。

2. 强调粮食的质量与安全

在讲话中李总理多次强调粮食的质量与安全。他说：随着工业化、城镇化的持续推进，粮食需求还将刚性增长，对粮食品种和品质的要求也会更高；保障粮食安全，是我们的基础性工作，是不可或缺的基础性保障。现在不仅是“民以食为天”，而且要“食以安为先”。“安为先”就要求“质为要”，要求保障粮食的质量；在保障食品安全上，粮食部门也要积极努力，比如你们利用生物技术削减粮食的霉菌毒素，在粮食储藏中用生物技术来杀虫等。总之，守住和管好“天下粮仓”，既要守住数量，又需要保证质量；积好粮就是粮食不仅数量要多，质量和品种还得要好。因为人民生活水平在提高、消费在升级，社会需要高品质、多样化的粮食，积好粮就是要增加那些市场需要的、优质粮油的产量和储备。

3. 摒弃过度消费要有所作为

李总理在讲到要协调推进新四化时指出：我们建设“新四化”，应当在科学发展中来推进，在转变经济发展方式中来推进。最近，我国东中部地区出现大范围、长时间的雾霾天气，引起社会广泛关注。这其中有自然因素，但也与粗放的生产方式有关。这种状况必须加以改变。我们的生产、建设、消费都不能以破坏生态为代价，落后的生产能力应该淘汰，而且必须淘汰，要严格执法。同时，过度消费也要注意摒弃。刚才你们讲到粮食的浪费现象，实际上也是过度的消费方式。当然现在出现的这些情况并不是一天两天造成的，是长期积累的结果，解决这些问题也需要较长的时间，但是我们必须有所作为。

4. 守住管好“天下粮仓”要靠改革创新

在座谈会上，李总理反复强调改革是最大的红利。他指出：改革最大最主要的目的是让人民群众受益、得到改革的红利，这样改革这个最大红利才是真正的红利。中国的改革30多年前发轫于农村，实践充分证明改革是最大的红利。现在我们守住管好“天下粮仓”，推进“新四化”，依然要靠改革创新，而且这方面有着巨大潜力。刚才你们提的一些建议，都需要用改革的办法来解决。比如全面落实粮食安全省长负责制，涉及中央和地方的关系，就需要财政体制的改革，农发行也有相应改革的问题；粮食安全省长负责制牵涉销区与产区的关系，涉及储备布局、市场组织等多个方面，这些也需要从改革的角度、用改革的思路来考量。实施“粮安工程”，也需要注重从改革中找办法。

5. 热情支持木本油料和米糠、玉米胚芽的开发利用

在座谈中，李总理热情支持木本油料和米糠、玉米胚芽的开发利用。他说：赞成你们研究在我国具有很大潜力的木本油料和米糠、玉米胚芽等含油副产品的开发利用；要深化国有粮食企业改革，进一步发挥市场机制的作用。比如茶油、米糠油，既然在技术上已有新突破，就可以考虑产业的发展。可以走出去闯市场，搞点技术转让的商业化运作，请发改委研究相关政策。

总理最后说：我赞成加大粮食科研投入，加强“粮安工程”建设，加快粮食流通体制改革；对你们的建议，有关部门要高度重视，认真研究，加大对粮食系统特别是改革创新的支持力度。

总理的上述精辟讲话，充分体现了党和政府对粮食工作的高度重视，充分体现了对粮食工作、粮食科研的关心和支持。我们粮食人要认真学习，深刻领会，苦干实干，守住管好“天下粮仓”，不辜负总理对我们的希望。

（三）植物油行业要重视防范塑化剂的污染

粮油产品的质量安全，与国家粮食安全一样是天大的事。为确保粮油产品的质量与安全，当前我们要特别重视防范塑化剂对粮油产品的污染问题。由于塑化剂对人类健康存在着潜在危害，从而引起了世界各国的广泛关注。现在，欧盟、美国、日本、中国等都先后将塑化剂（主要指邻苯二甲酸酯类物质）列入了优先控制的黑名单中。2011 年 6 月，我国卫生部规定了食品及食品添加剂中塑化剂的最大残留量。

近两年来，国内外先后发生某些食品被检测出含有塑化剂问题。从 2011 年 5—6 月间，我国台湾地区的饮料塑化剂添加事件，到稍后内地的方便面塑化剂事件，再到去年 11 月和年底前酒鬼酒和白酒等塑化剂事件的曝光。这一由塑化剂引发的食品安全问题，进一步引起了我国政府、社会各界和消费者的高度关注。

今年 1 月中旬，国务院食品安全办召开专题会议，通报了有关食品中塑化剂风险监测结果，研究部署了处置食品中塑化剂问题的措施。

2 月 8 日，国家粮食局任正晓局长在中国粮食行业协会王瑞元副会长报送的“塑化剂与粮油制品的安全”一文上批示：塑化剂是危及粮油食品安全的新“杀手”，必须引起高度重视。瑞元副会长所提五点对策请予认真研究，在标准修订、企业生产加工和科技研发等环节都要高度关注、严格把关。

2 月 26 日，中国粮食行业协会在京召开米、面、油加工骨干企业座谈会，交流了粮油加工企业防范塑化剂污染粮油制品的做法，研究了防范措施。

2 月 27 日，工业和信息化部召开酿酒、乳品、植物油行业“以钢代塑”专题会议，会上要求，各有关部门结合行业实际，尽快提出本行业防范塑化剂污染食品的实施意见。

在此基础上，3 月 6 日中国粮食行业协会发出了《中国粮食行业协会关于防范塑化剂污染粮油制品确保粮油质量安全的实施意见》，文件结合粮油行业的实际，提出了 6 条防范实施意见，希望粮油加工企业（特别是食用植物油加工企业）要对塑化剂可能

污染粮油制品的风险引起高度重视，采取切实有效的措施，严加防范，以确保粮油制品的质量与安全，促进粮油加工企业的健康发展。

二十三、2013 年中国食用油市场供需分析

——在中国粮油学会油脂分会会长办公扩大会议上的专题报告

（2014 年 4 月 12 日　于河北沧州）

本次“会长办公扩大会议”在沧州召开，会议得到了无锡中粮工程科技有限公司、中粮工程装备（南皮）有限公司的大力支持和精心安排，保证了会议的顺利召开。对此，我代表中国粮油学会油脂分会和全体与会代表表示衷心的感谢。本次会议将具体研究落实分会年会、两个国际会议、发展个人会员以及总会向中国科协申报的《2014—2015 年粮油学科发展研究项目》等各项工作。在具体研究工作之前，我先就有关 2013 年我国食用油市场以及国家对发展木本油料产业的设想向大家通报一些情况，供大家参考。

（一）2013 年我国食用油市场供需分析

2013 年，我国食用油市场总的情况可概括为以下几句话：国产油料产量及榨油量与上年基本持平；以大豆为代表的进口油料数量再创历史新高，进口油脂油料的折油总量继续增长，但增幅呈下降趋势；国内油脂市场货源充足，节余继续增加。

1. 2013 年我国的油料产量及榨油量

根据国家粮油信息中心预测，2013 年我国油菜籽、大豆、花生、棉籽、葵花籽、芝麻、油茶籽、亚麻籽八大油料总产量为 5 846. 8 万 t，与 2012 年实际产量 5 972. 3 万 t 基本持平。八大油料预测产量分别为：油菜籽 1 440 万 t、大豆 1 180 万 t、花生1 700万 t、棉籽 1 135. 8 万 t、葵花籽 235 万 t、芝麻 63. 5 万 t、油茶籽 190 万 t、亚麻籽 38. 5 万 t，我国 1991—2012 年主要油料生产情况见表 1。

表 1　我国 1991—2012 年主要油料生产情况　单位：kt

年份	油籽总产量	其中：棉籽	大豆	油料	其中：油菜籽	花生果	葵花籽	芝麻	亚麻籽	油茶籽
1991	36 111	10 215	9 713	16 383	7 436	6 303	1 422	435	515	621
1992	34 830	8 114	10 304	16 412	7 653	5 953	1 473	516	520	629
1993	40 076	6 730	15 307	18 039	6 936	8 421	1 282	563	496	488
1994	43 710	7 814	16 000	19 896	7 492	9 682	1 367	548	511	631
1995	44 585	8 582	13 500	22 503	9 777	10 235	1 269	583	364	623
1996	42 891	7 565	13 200	22 106	9 201	10 138	1 323	575	553	697
1997	44 587	8 285	14 728	21 574	9 578	9 648	1 176	566	393	857
1998	46 393	8 102	15 152	23 139	8 301	11 886	1 465	656	523	723

续表

年份	油籽总产量	其中：棉籽	大豆	油料	其中：油菜籽	花生果	葵花籽	芝麻	亚麻籽	油茶籽
1999	47 155	6 892	14 251	26 012	10 132	12 639	1 765	743	404	793
2000	52 910	7 951	15 411	29 548	11 381	14 437	1 954	811	344	823
2001	53 638	9 582	15 407	28 649	11 331	14 416	1 478	804	243	825
2002	53 788	8 309	16 507	28 972	10 552	14 818	1 946	895	409	855
2003	52 251	8 747	15 394	28 110	11 420	13 420	1 743	593	450	780
2004	59 445	11382	17 404	30 659	13 182	14 342	1 552	704	426	875
2005	57 407	10 296	16 350	30 771	13 052	14 342	1 928	625	362	875
2006	55 044	13 559	15 082	26 403	10 966	12 738	1 440	662	374	920
2007	52 135	13 723	12 725	25 687	10 573	13 027	1 187	557	268	939
2008	58 559	13 486	15 545	29 528	12 102	14 286	1 792	586	350	990
2009	58 003	11 479	14 981	31 543	13 657	14 708	1 956	622	318	1 169
2010	58 114	10 730	15 083	32 301	13 082	15 644	2 298	587	324	1 092
2011	59 413	11 860	14 485	33 068	13 426	16 046	2 313	606	359	1 480
2012	59 723	12 305	13 050	34 368	14 007	16 692	2 323	639	391	1 728
2013 预测	58 468	11 358	11 800	35 310	14 400	17 000	2 323	635	385	1 900

注：资料来源国家粮油信息中心。

据预测，2013 年我国国产油料的榨油量（除大豆、花生、芝麻和葵花籽 4 种油料部分直接食用外）为 1 169.4 万 t，2013 年国产油料榨油量预测见表 2，与 2012 年国产油料榨油量 1 159.2 万 t，增加 10.2 万 t。从表 1 和表 2 中我们可以看到，自 2011 年起我国油茶籽的产量与榨油量增长幅度较大。其中 2013 年的预测产量与榨油量都较 2012 年增长 9% ~10% 。充分说明，在国家的支持与扶持下，我国油茶产业的发展足有成效。另外需要说明的是，玉米油和米糠油的榨油量预测可能有误，建议采用国粮局的粮油工业统计数。

表 2　　2013 年国产油料榨油量预测

品种	产量/kt	压榨量/kt	出油量/kt	出油率/%
油菜籽	14 400	13 200	4 686	35.50
花生	17 000	7 800	2 457	31.50
棉籽	11 358	10 300	1 339	13.00
大豆	11 800	4 000	660	16.50
葵花籽	2 350	1 200	300	25.00
油茶籽	1 900	1 800	450	25.00

续表

品种	产量/kt	压榨量/kt	出油量/kt	出油率/%
亚麻籽	385	300	90	30.00
芝麻	635	360	162	45.00
玉米油			700	
米糠油			800	
其他			50	
合计			11 694	

注：资料来源国家粮油信息中心。

2. 2013 年我国油脂油料的进出口情况

为满足食用油市场供应日益增长的需要，2013 年我国进口油脂油料的数量继续呈上升趋势。据海关总署统计，2013 年我国进口油脂油料的折油总计达 2 453.9 万 t，较 2012 年增长 3.0%，与 2012 年较 2011 年增长 20.48% 相比，增幅开始趋缓。其中，进口大豆 6 337.5 万 t、油菜籽 366.2 万 t、花生 1.9 万 t、芝麻 44.1 万 t、亚麻籽 18.1 万 t；进口大豆油 115.8 万 t、棕榈油 597.9 万 t、菜籽油 152.7 万 t、花生油 6.1 万 t、橄榄油及其分离品 3.7 万 t、其他植物油 55.7 万 t、人造黄油 24.6 万 t。另据统计，2013 年出口油脂油料的折油总计为 26.2 万 t，较上年增长 0.17%。1996—2013 年我国油脂油料进口量见表 3，2013 年油脂油料进口统计见表 4，2013 年我国油脂油料出口统计见表 5。

表 3　　1996—2013 年我国油脂油料进口量　　单位：kt

年份	大豆进口量	菜籽进口量	植物油进口量	其中：豆油	棕榈油	菜籽油	其他植物油
1996	1 108	0	2 640	1 295	1 012	316	17
1997	2 792	55	2 750	1 193	1 146	351	60
1998	3 196	1 386	2 060	829	930	285	17
1999	4 315	2 595	2 080	804	1 194	69	13
2000	10 416	2 969	1 872	308	1 391	75	99
2001	1 3937	1 724	1 674	70	1 517	49	38
2002	11 315	618	3 212	870	2 221	78	43
2003	20 741	167	5 418	1 884	3 325	152	57
2004	20 229	424	6 764	2 517	3 857	353	38
2005	26 590	296	6 213	1 694	4 330	178	11
2006	28 270	738	6 715	1 543	5 082	44	46
2007	30 821	833	8 397	2 823	5 095	375	104

续表

年份	大豆进口量	菜籽进口量	植物油进口量	其中： 豆油	棕榈油	菜籽油	其他植物油
2008	37 436	1 303	8 163	2 586	5 282	270	25
2009	42 552	3 286	9 502	2 391	6 441	468	202
2010	54 797	1 600	8 262	1 341	5 696	985	240
2011	52 640	1 262	7 798	1 143	5 912	551	192
2012	58 384	2 930	9 600	1 826	6 341	1 176	257
2013	63 375	3 662	9 221	1 158	5 979	1 527	557

注：资料来源国家粮油信息中心。

表 4　　2013 年油脂油料进口统计表

商品名称	12 月数量/t	1—12 月累计	
		数量/t	与上年同比变化率/%
豆油	89 500. 52	1 157 586. 31	-36. 61
棕榈油	652 502. 75	5 979 071. 05	-5. 71
其中：硬脂	108 549. 79	1 105 228. 15	-0. 49
菜籽油或芥籽油	89 410. 11	1 526 832. 99	29. 85
初榨椰子油	2 183. 99	30 521. 78	-77. 09
其他椰子油	4 889. 42	100 160. 75	34. 30
初榨棕榈仁油或巴巴苏棕榈果油	23 430. 30	188 069. 14	-27. 60
其他棕榈仁油或巴巴苏棕榈果油及其分离品	45 685. 75	426 071. 83	88. 68
初榨亚麻籽油	997. 44	17 557. 91	-52. 01
其他亚麻籽油	19. 78	738. 86	-27. 28
芝麻油	133. 33	2 244. 89	7. 18
人造黄油	29 687. 68	245 746. 13	-29. 15
其中：混合油	1 526. 34	18 468. 38	22. 67
橄榄油及其分离品	3 459. 14	36 703. 21	-11. 08
花生油	3 839. 44	61 030. 57	-3. 39
初榨葵花籽油或红花油	77 089. 88	432 767. 40	313. 60
其他葵花籽油或红花油	381. 81	3 239. 95	49. 93
大豆	7 402 442. 83	63 375 349. 99	8. 55
油菜籽	506 509. 40	3 662 410. 23	25. 01
花生果	710. 44	19 162. 46	-16. 38
其中：花生仁	0. 00	0. 00	—

续表

商品名称	12 月数量/t	1—12 月累计	
		数量/t	与上年同比变化率/%
芝麻	18 205. 30	441 111. 51	11. 49
葵花籽	1 043. 45	1 828. 45	-38. 56
亚麻籽	21 387. 41	180 649. 78	22. 13
起酥油	26 608. 12	211 801. 96	-32. 92
折油总计	2 692 190. 37	24 539 672. 18	3. 00

注：资料来源为海关总署。

表 5　　2013 年我国油脂油料出口统计表

商品名称	12 月数量/t	1—12 月累计	
		数量/t	与上年同比变化率/%
豆油	6 379. 81	89 612. 21	37. 05
棕榈油	255. 12	2 005. 72	130. 24
其中：硬脂	0. 00	40. 16	—
花生油	1 297. 76	7 444. 57	-9. 43
菜籽油或芥籽油	694. 05	6 208. 89	-6. 36
芝麻油	487. 45	3 566. 97	-6. 28
初榨亚麻籽油	1. 23	258. 30	-22. 81
其他亚麻籽油	17. 11	991. 55	-12. 32
其他葵花籽油或红花油	39. 44	157. 03	-14. 23
人造黄油	955. 31	7 691. 09	-10. 29
其中：混合油	0. 00	0. 00	—
花生	19 369. 77	134 739. 82	-7. 75
其中：花生仁	0. 00	0. 00	—
大豆	9 563. 70	208 968. 71	-34. 72
油菜籽	0. 00	162. 28	-51. 63
葵花籽	30 537. 70	190 413. 87	3. 37
亚麻籽	692. 92	3 749. 30	-11. 21
种用芝麻	0. 00	1. 65	253. 00
其他芝麻	4 018. 24	34 125. 76	-7. 60
红花籽	0. 00	119. 69	-93. 30
初榨的葵花籽油或红花油	125. 05	1 146. 23	13. 89
折油总计	27 728. 55	261 799. 47	0. 17

注：资料来源为海关总署。

3. 2013 年我国食用油市场产销情况分析

根据国家粮油信息中心对我国食用油市场综合平衡分析，2012—2013 年度，我国食用油市场的总供给量为 3 374. 3 万 t，其中包括国产油料和进口油料合计生产的食用油为 2 371. 5 万 t；直接进口的各种食用油合计为 1 002. 8 万 t。2012—2013 年度我国食用油的食用消费量为 2 755 万 t，工业及其他消费为 275 万 t，出口油脂油料的折油总计为 10. 8 万 t，合计年度需求总量为 3 040. 8 万 t。年度结余量为 333. 5 万 t。这里，我们可以推算出 2012—2013 年度我国食用油的自给率为 38. 5%（即 2013 年国产油料榨油量 1 169. 4 万 t 与年度需求总量 3 040. 8 万 t 之比）。

4. 2013 年我国食用油的人均消费情况

综上所述，2012—2013 年度我国食用油的需求总量为 3 040. 8 万 t，按全国 13. 5 亿人口计算，人均年消费量为 22. 5kg，较上年的 21. 4kg 又提高了 1. 1kg，1996—2013 年我国人均年食用油消费情况见表 6。

表 6　1996—2013 年我国人均年食用油消费情况

年份	食用油消费量/万 t	人均年消费占有量/kg
1996	1 002. 5	7. 7
1998	1 090. 7	8. 4
2000	1 245. 7	9. 6
2001	1 330	10. 2
2002	1 410	10. 8
2003	1 500	11. 5
2004	1 750	13. 5
2005	1 850 ~ 1 900	14. 2 ~ 14. 6
2006	2 271. 7	17. 5
2007	2 509. 7	19. 3
2008	2 684. 7	20. 7
2011	2 777. 4	20. 6
2012	2 894. 6	21. 4
2013	3 040. 8	22. 5

注：①2006—2008 年食用油消费量按国产油料扣去食用部分后的总折油量加上净进口折油之和。
②1996—2008 年的我国人均年消费按 13 亿人口计算；2011 年后按 13. 5 亿人口计算。

（二） 要关注木本油料产业的发展

木本油料产业是我国的传统产业，也是提供健康优质食用植物油的重要来源。发展木本油料产业对提高我国油料综合生产能力，保障国家食用植物油供给安全，提高人民健康水平，促进生态林业和民生林业建设具有重要意义，从而引起了中央领导和各级政府的高度重视。根据国务院领导同志的指示精神，国家林业局在征得各省、自治区、直辖市人民政府意见后，起草制订了《国务院关于加快木本油料产业发展的意见（征求意见稿）》，并于3月5日发文征求中央有关部委的意见，现将《征求意见稿》的有关内容给大家作些简要介绍。

1. 关于加快木本油料产业发展的战略意义

意见中指出：加快木本油料产业发展是提高食用植物油生产能力、维护国家粮油安全的有力保障。我国木本油料树种资源十分丰富，种子含油率在40%以上的有150多种。如油茶、核桃等传统食用油料树种和油用牡丹、长柄扁桃、光皮株木、元宝枫、翅果、杜仲、盐肤木等新型食用油料树种不仅可广泛栽培，而且产量高，具有广阔的发展前景。目前，我国还有6亿多亩宜林荒山荒地、6 400多万亩25%（含盐量）以上坡耕地和大量的盐碱地、沙荒地等，利用这些土地大力发展木本油料，既不与粮争地，又能有效增加国内食用植物油供给，减少进口，对维护国家粮油安全具有战略意义。

意见中又说：加快木本油料产业发展是提高生态资源总量，改善生态的重要途径。加快木本油料产业的发展，有利于绿化国土、治理水土流失、防沙治沙；有利于扩大生态资源总量、改善生态；有利于建设生态文明和美丽中国。

意见中最后指出：加快木本油料产业发展是提高国民健康水平、改善民生的战略举措。加快木本油料产业发展，不仅可为人民群众提升生态福祉，显著增加木本食用植物油产量，还可以为山区沙区全面建成小康社会、提升民生福祉提供有力支撑。尤其是大力发展木本油料产业，对于保障健康优质食用植物油供给，优化现有食用油消费结构，提高人民整体健康水平，具有战略意义。

2. 关于加快木本油料产业发展的总体要求

意见中提出，力争到2020年，油茶、核桃、油用牡丹等木本油料树种种植面积达到2亿亩。木本油料基地投产后，逐步实现年产木本食用油500万t以上。

3. 关于加快木本油料产业发展的主要任务

意见中提出，在科学规划、优化布局的基础上，到2020年，建设400个油茶重点县、400个核桃重点县、200个油用牡丹、长柄扁桃、光皮株木、元宝枫、翅果、杜仲、盐肤木等木本油料重点县，建设一批集约化、规模化、产业化示范基地，逐步形成木本油料产业体系，实现木本油料产业全面协调可持续发展；扎实抓好木本油料良种苗木生产能力建设，强调发展木本油料生产，种苗是基础，良种是关键；全面加强木本油料生产基地建设，规划到2020年，新增木本油料林种面积8000多万亩，并对现有6000多万亩木本油料低产林进行抚育、更新和改造，着力提高现有木本油料林产量；大力推进木本油料产业化经营，积极培育木本油料加工龙头企业，鼓励和支持大中型油脂加工企业在主产区建立原料林基地，鼓励和支持企业利用新技术、新工艺，开发精深加工产品，提高附加值，延长产业链，鼓励和支持企业依法通过联合、兼并和重组等方式做大做强，形成跨地区、产供销一体化的木本食用油龙头企业；培育健全木本油料市场体系，鼓励和支持油脂加工企业到主产区建设仓储物流设施，建立长期稳定的购销合作关系；建立和完善木本食用油产品质量安全和标识认证体系，制定和完善木本油料种植、仓储、加工、销售等生产标准、产品质量标准及其检测方法，确保产品质量和食品卫生安全等主要任务。

4. 关于加快木本油料产业发展的政策措施

意见中提出，“完善木本油料生产财政扶持政策，要逐步加大国家基本建设投资对木本油料林基地建设和良种繁育的扶持力度，中央财政造林补贴要扩大对木本油料林的补贴规模，并逐步提高补贴标准，允许森林抚育资金用于木本油料林抚育，现代农业生产发展资金、扶贫开发资金、农业综合开发资金要向木本油料产业倾斜……并对木本油料生产企业适当减免企业所得税；促进木本油料产业与重大生态建设工程紧密结合；加大木本油料产业发展金融扶持力度……支持木本油料加工企业使用信贷投入，享受贷款贴息；支持木本油料产业科技研发和推广……鼓励企业发挥科技创新主体作用，支持企业与科研机构合作，大力开展精深加工和副产品开发等技术攻关等政策措施”。

鉴于发展木本油料产业是我国增加油料资源，提高食用油的自给能力最有效的重要举措，其发展潜力巨大，前景十分美好。为此，我希望油脂行业要高度重视，把发展木本油料产业作为油脂行业分内的事。要根据自身的特点，积极投入到发展木本油料产业中去，并为此作出应有的贡献。大专院校、科研单位和粮油机械制造企业要积极研究、开发适合于不同木本油料需要的烘干、剥壳、压榨、浸出、炼油及副产品综合利用的新工艺、新装备；油脂加工企业，尤其是大、中型油脂加工企业要把木本油料的生产经营作为企业生产经营的重要组成部分，为掌握优质油源和生产功能性油脂奠定基础。

（三） 油脂分会 2014 年工作要点

2013 年，油脂分会在总会的正确领导下，在全体会员的大力支持下，分会在坚持搞好两个服务；促进油脂工业的创新健康发展；积极开展学术交流和科普教育活动；科学制修订油脂油料国家标准和行业标准；发挥科技人才优势，为政府和有关部门献计献策，当好参谋等方面做了大量工作，取得了较好的成绩。

2014 年，油脂分会要认真贯彻党的十八大，十八届二中、三中全会和中央经济工作会议的精神，在总会的领导下，认真做好以下重点工作：

1. 要开好两个例会

“会长办公扩大会议”和“学术交流年会”是分会每年的两个例会，要认真筹备，周密安排。今年的“会长办公扩大会议”按计划正在河北沧州召开；9 月中旬将在江苏无锡召开“中国粮油学会油脂分会第 22 届学术交流年会”，我建议将“改革创新、转型升级、安全低耗”作为年会的主题。

2. 办好两个国际学术交流研讨会

（1）开好 5 月中旬在武汉召开的“首届稻米油国际科学技术大会”。交流世界主要稻米油生产国的技术与经验，进一步推动我国稻米油产业的健康发展，为国家增产食用油脂。

（2）开好 11 月中旬由中国粮油学会与美国 AOCS 联合在上海举办的“功能性油脂与食用油安全国际研讨会”。本次会议将重点交流和研讨如何防范 3 - MCPD、反式脂肪酸和塑化剂等有害污染物；介绍新资源食品——微生物油脂的发展情况与安全性；介绍食用油中具有高附加值的微量组分分析；成品油回色的防范措施以及注重作物安全等诸多热点问题。会后，还将组织国际专家在华举办一届“培训班”。

3. 继续搞好两个服务：为科技人员服务、为企业服务

分会将通过办好“年会各类学术交流研讨会”，培育和发现优秀论文，并推荐在分会创办和支持的《中国油脂》《粮油加工》和《粮食与食品工业》等刊物刊登；协助总会在做好科技成果鉴定的基础上，评审好 2014 年度的科技进步奖，为科技人员技术职称晋升服务；通过继续发挥好分会创办的“中国油脂工业知名品牌展示”的作用，利用各种机会，积极向媒体宣传展示知名品牌，扩大产品的知名度；认真做好部分企业产品的监制工作；积极向政府及有关部门反映企业的诉求和意见（如致函国家卫生计生委，对食品安全国家标准中有关米糠原油酸值的修改意见等）；发挥专家作用，认真组织好各类咨询活动；经国家粮食局人事司授权，办好油脂加工业职业技能培训班等，为企业的健康发展服务。

4. 科学制修订好油脂油料的国家标准和行业标准

最近获悉，在今年的全国粮油标准的制修订工作中，全国粮油标准化技术委员会油料及油脂技术工作组（不久将改名为“油料及油脂分技术委员会”）的任务最多最重，今年要完成 30 ~ 40 项标准的制修订工作，尤其是以木本油料油脂及新资源油料油脂标准的制修订任务更重更迫切。对此，油脂分会将继续全力支持油料及油脂技术工作组的工作，把科学制修订好油料油脂国家标准和行业标准，作为分会的重要工作任务，希望广大企业和油脂科技人员继续关心支持和积极参与各项标准的制修订工作。

5. 办好南北两个“油脂产品及装备技术展览会”

为扩大油脂工业产品的知名度，促进产品销售，经考察研究分会确定作为指导单位支持“广州艺帆展览服务有限公司”和“永红国际展览（北京）有限公司”分别在广州和北京每年的 5 月下旬和 10 月下旬举办“国际食用油及油脂机械产品展览会”，希望广大油脂加工企业和油脂机械制造企业根据自身实际特点踊跃参加。

另外，今年 5 月 1—13 日，由商务部、天津市人民政府、中华全国归国华侨联合会、中国商业联合会、中国外经贸企业协会、中国外商投资企业协会共同主办，北京市、河北省、山东省、辽宁省、中国太平洋经济合作全国委员会和中粮集团有限公司共同协办的“2014 中国 · 天津投资贸易洽谈会暨 PECC 国际贸易投资博览会”（简称津洽会）在天津梅江会展中心举行。展会面积将达 6 万 m^2。根据会议的统一安排，天津市商委将组织展览面积 8 000m^2 的食用油及油脂机械产品展览专馆，中国粮油学会油脂分会支持天津市商委在津洽会期间举办此展览。为配合和促进展览的成功举办，油脂分会和油料及油脂技术工作组将同时举办有关油料及油脂国家标准的研讨会。希望油脂加工企业和油脂机械制造企业踊跃参会参展，尤其是环渤海地区特别是滨海新区的企业都能带头参会参展。

6. 加强学会自身建设，积极发展会员，壮大学会力量

2014年，我们要把发展会员，壮大学会力量作为搞好学会自身建设的重要内容。我们要在总结前几年发展会员经验的基础上，把发展会员工作做得更好，并使之为常态。

根据目前油脂行业的实际，发展会员要突出重点，要有专人分头落实。在发展个人会员时，重点放在几家高等院校的博士、硕士研究生和毕业生身上；放在大型企业、企业集团中从事生产、质量管理和产品研发等科技人员身上；放在创新型企业中的科技人员身上；放在科研单位中从事油脂的科技人员身上。在发展团体会员时，要把以木本油料为代表的特种油脂加工企业作为重点。

为做好此项工作，我们已经把发展会员工作作为这次“分会会长办公扩大会议”的重要议题，布置分工负责加以落实。也希望大家支持学会的这项工作。

二十四、 在 2013 年度中咨公司石化轻纺行业专家组研讨会上的专题报告

（2014 年 6 月 12 日　于北京）

（一） 我国粮油加工业的概况及发展趋势

据统计，2012 年，全国加入统计的粮油加工企业 19 330 个（注：加入统计的企业，即规模以上的企业是指小麦加工日处理生产能力 50t 以上的企业、大米加工日处理生产能力 30t 以上的企业和日处理油料加工能力 30t 以上的企业）。另外，还有数以万计的小型粮油加工业遍及城乡。

在 2012 年的粮油加工业中，大米加工业、小麦粉加工业和食用植物油加工业的情况分别如下：

1. 大米加工业的基本情况

2012 年，中国加入统计的大米加工企业 9 788 个，年处理稻谷能力 3. 07 亿 t。其中日处理稻谷能力 100t 以下的企业为 5 156 个，年处理稻谷能力 6 605 万 t，分别占大米加工企业数和年处理稻谷能力的 52. 7% 和 21. 5%；日处理稻谷能力 100 ~ 200t 的企业为 3 017 个，年处理稻谷能力 9 371 万 t，分别占总量的 30. 8% 和 30. 5%；日处理稻谷能力 200 ~ 400t 的企业为 1 229 个，年处理稻谷能力 7 687 万 t，分别占总量的 12. 6% 和 25. 0%；日处理稻谷能力 400 ~ 1 000t 的企业为 324 个，年处理稻谷能力4 274万 t，分别占总量的 3. 3% 和 13. 9%；日处理稻谷能力 1 000t 以上的企业为 62 个，年处理稻谷能力 2 780 万 t，分别占总量的 0. 6% 和 9. 1%。

按所有制分，国有企业 833 个，产能 3 241 万 t，分别占总量的 8. 5% 和 10. 6%；民营企业 8 917 个，产能 27 070 万 t，分别占总量的 91. 1% 和 88. 1%；外资企业 38 个，产能 404 万 t，分别占总量的 0. 4% 和 1. 3%。

加入统计的大米加工企业的大米总产量为 8 882 万 t（实际处理稻谷 1. 37 亿 t）。其中一级和二级大米（相当于原国标中的特等米）的产量为 8 024 万 t，占总产量的 90. 3%；三级（相当于原国标中的标一米）和四级大米的产量分别为 724 万 t 和 68 万 t，分别占总量的 8. 2% 和 0. 8%。

加入统计的大米加工企业的现价工业总产值 4 183. 8 亿元，利税总额 109. 3 亿元，资产总计 2 149. 1 亿元，年末从业人数 26 万人。

2. 小麦粉加工业的基本情况

2012 年，中国加入统计的小麦粉加工企业 3 292 个，年处理小麦能力 2. 03 亿 t。其中日处理小麦能力 100t 以下的企业为 1 047 个，年处理小麦能力 1 159 万 t，分别占小麦粉加工企业数和年处理小麦能力的 31. 8% 和 5. 7%；日处理小麦 100 ~ 200t 的企业为

748 个，年处理小麦能力 2 528 万 t，分别占总量的 22. 7% 和 12. 5%；日处理小麦能力 200～400t 的企业为 883 个，年处 理小麦能力 5 866 万 t，分别占总量的 26. 8% 和 28. 9%；日处理小麦能力 400～1 000t 的企业为 507 个，年处理小麦能力6 743万 t，分别占总量的 15. 4% 和 33. 2%；日处理小麦能力 1 000t 以上的企业为 107 个，年处理小麦能力 4 007 万 t，分别占总量的 3. 3% 和 19. 7%。

按所有制分，国有企业 254 个，产能 1 393 万 t，分别占总量的 7. 7% 和 6. 9%；民营企业 2 991 个，产能 18 020 万 t，分别占总量的 90. 9% 和 88. 7%；外资企业 47 个，产能 890 万 t，分别占总产量的 1. 4% 和 4. 4%。

加入统计的小麦粉加工企业的小麦粉总产量为 9 613 万 t（小麦消耗量为 1. 3 亿 t），以生产特制一等粉和特制二等粉为主，其中特制一等粉产量 4 217 万 t，占总量的 43. 7%；特制二等粉产量 2 590 万 t，占总量的 26. 9%。特一、特二合计占总量的 70. 6%。

加入统计的小麦粉加工企业的现价工业总产值 3 136. 4 亿元，利税总额 87. 9 亿元，资产总计 1 435. 2 亿元，年末从业人数 19 万人。

3. 食用植物油加工企业的基本情况

2012 年，中国食用植物油加工企业 1 734 个，年生产能力为：油料处理能力为 1. 61 亿 t、精炼能力为 5 101 万 t，小包装油脂灌装能力为 1 606 万 t。其中日处理油料能力 100t 以下的企业 664 个，年处理油料能力 441 万 t，分别占总量的 38. 3% 和 2. 7%；日处理油料能力 100～200t 的企业 316 个，年处理油料能力 983 万 t，分别占总量的 18. 2% 和 6. 1%；日处理油料能力 200～400t 的企业 386 个，年处理油料能力 2 433 万 t，分别占总量的 22. 3% 和 15. 1%；日处理油料 400～1 000t 的企业 192 个，年处理油料能力 2 483 万 t，分别占总量的 11. 1% 和 15. 4%；日处理油料 1 000t 以上的企业 176 个，年处理油料能力 9 736 万 t，分别占总量的 10. 1% 和 60. 6%。

按所有制分，国有企业 137 个，产能 1 891 万 t，分别占总量的 7. 9% 和 11. 8%；民营企业 1 486 个，产能 10 305 万 t，分别占总量的 85. 7% 和 64. 1%；外资企业 111 个，产能 3 880 万 t，分别占总产量的 6. 4% 和 24. 1%。

加入统计的食用植物油加工企业的实际食用油总产量为 2 685 万 t（实际处理油料 8 494 万 t），以生产一级油为主，一级油的产量为 1 820 万 t，占总量的 67. 8%；二级、三级、四级油的产量分别为 66 万 t、245 万 t 和 554 万 t，分别占总量的 2. 5%、9. 1% 和 20. 6%。

在食用油的品种上，以大豆油、菜籽油、玉米油、棉籽油、花生油为主，产量分别为 1 350 万 t、774 万 t、165 万 t、153 万 t 和 138 万 t。另外，食用调和油产量为 204 万 t，小包装食用油产量为 650 万 t。

加入统计的食用植物油加工企业的现价工业总产值 6 008. 2 亿元，利税总额 170. 8 亿元，资产总计 4 151. 3 亿元，年末从业人数 19 万人。

以上一些统计数字与 20 世纪 90 年代末相比，发生了以下六个方面的重大变化：

（1）以上数字表明，改革开放以来，尤其是进入 21 世纪以来，为适应我国国民经济快速发展和生活水平不断提高的需要，我国粮油加工业取得了突飞猛进的发展，其发展速度、发展规模，在我国历史上，乃至世界历史上都是前所未有的。现在，我们可以无愧地说，我国粮油加工业的技术水平、装备水平、主要经济指标以及产品品种和质量等诸多方面已经达到和接近世界先进水平。

（2）为满足中国国民经济的快速持续发展和人民生活水平不断提高的需要，中国不仅是一个粮食、油料的生产大国、加工大国和消费大国，也是一个粮食和油脂油料的进出口大国。在全球粮食和油脂油料的生产、加工、消费和贸易中具有举足重轻的地位和影响。

（3）从企业所有制方面看，民营企业占主导地位。在大米、小麦粉和食用植物油三个行业中，民营企业不论在数量、工业总产值、产品销售收入，还是在资产总计、利税总额、从业人数等方面均占明显优势。与此同时，民营企业与国有企业、外资企业共同存在，同步发展的格局已形成。

（4）从年末从业人员看，在产量、产值和资产总计大幅度增长的情况下，年末从业人数不但没有增加，反而有所减少（2012 年米、面、油三个加工行业的年末从业人数合计为 64 万人，20 世纪末为 70 余万人）。这充分说明了中国粮油加工业的劳动生产效率大有提高。分析原因，主要归功于生产装备的机械化、自动化程度大大提高；归功于民营企业、外资企业机制活，用人少；归功于国有粮油加工企业改制重组的成功。

（5）从企业生产规模看，2012 年日处理原料在 400 ~ 1 000t 的粮油加工企业达 1 023个；日处理原料 1 000t 以上的企业有 345 个。这些大中型企业大多是在进入新世纪后发展起来的，这充分说明，中国粮油加工业的生产规模正在日趋规模化、大型化。

（6）从产品档次来看，为顺应市场的需求，精米、精面、精油的比重和档次越来越高，品种越来越多。从 2012 年的统计数据看，在大米生产中，一级和二级大米的产量占总产量的比例高达 90. 3%；在小麦粉生产中，特制一等粉、特制二等粉和专用粉的产量占总产量的 80. 4%；在食用植物油加工中，一级油、二级油和三级油的产量占总产量的 79. 4%。这充分说明中国粮油加工水平和人民生活水平正在快速提高。

（二）我国粮油加工业在发展中存在的主要问题

在我国粮油加工业快速发展，取得举世瞩目成就的同时，我们也要清醒地看到，在发展中还存在着许多亟待研究解决的问题。当前最主要的是以下四个问题：

（1）产能过剩，淘汰落后产能的任务十分艰巨　现在，我国粮油加工业的产能利用率不高，产能过剩，一些地区和品种的产能过剩较为严重已是不争的事实。根据国家粮食局的统计，2012 年，我国稻谷、小麦和食用植物油加工业的产能利用率继续下降，产能过剩问题尤其突出。例如，稻谷加工业平均产能利用率只有 44. 5%，比上年又下降了 0. 4 个百分点；小麦加工业平均产能利用率为 64. 0% 比上年下降了 0. 7 个百分点；食用植物油加工企业油料处理产能利用率为 52. 8%，比上年下降了 4. 5 个百分点；油脂精炼能力利用率为 52. 6%，比上年下降了 8. 3 个百分点。

上述统计数据表明，在产能过剩中，稻谷加工业的产能利用率最低，只有 44. 5%；食用植物油加工油料处理产能利用率和油脂精炼能力利用率在过去的一年里降幅分别高达 4. 5 个百分点和 8. 3 个百分点。另据统计，部分地区粮油加工业的产能过剩问题更加突出，调整和淘汰落后产能的任务十分艰巨。

（2）产业结构不合理，企业的规模化、集约化程度较低，布局不尽合理 初级加工产品多，产业链延伸不足，新产品开发速度慢，粮油主食品工业化生产不能满足城乡居民生活节奏加快的需要。

（3）成品粮油“过度加工”问题突出 现在，米面产品求“过精”“过细”“过白”和食用油产品片面追求色值“过淡”的倾向十分突出。不仅造成出品率下降，资源有效利用率大幅降低，而且造成大量能源浪费和粮油原料中固有营养成分的大量流失，需要下大力加以解决。

（4）粮油产品的质量与安全保障体系不够完善，亟待研究解决。

（三）我国粮油加工业的发展趋势

为适应市场的需要，今后中国粮油加工业的发展趋势是：

1. 粮油产品的市场需求将持续增长

随着我国人口增长、生活水平提高、城镇化进程加快和工业用途增加，我国对粮食和食用油消费需求在总量上将继续保持刚性增长的趋势，并预示着粮油加工将得到进一步的发展。

2. 利用两个市场满足中国粮油市场的需求

近些年来，国家及相关部门发布了一系列支持发展粮食和油料生产的规划和措施，取得了粮食生产的“九连增”和油料生产的快速发展。粮食和油料产量双创历史最高纪录。但其增长速度仍然跟不上消费增长的速度，尤其是油料生产。为此，我们将进一步坚持在立足国内的同时，必须更充分地利用国内国外两个市场，才能更好地满足中国粮油市场的需求，这一取向在相当长的时间内将成为常态。

3. 坚持安全质量第一，倡导“营养健康消费”和“适度加工”

中国政府对食品安全高度重视。粮油产品是人们一日三餐都离不开的最重要的食物，也是食品工业的基础原料，其安全与质量关系着人民群众身体健康和生命安全。为此、粮油加工企业必须始终把粮油产品的“安全”与“质量”，放在第一位，严格按国家标准组织生产，严把粮油产品质量关，以确保粮油产品的绝对安全。

在粮油产品安全的基础上，粮油加工企业将把“优质、营养、健康、方便”作为今后的发展方向；大力倡导“适度加工”，提高纯度、合理控制精度、提高出品率，最大程度保存粮油原料中的固有营养成分，防止“过度加工”；树立健康消费理念，改变片面追求米、面产品的“精”“细”“白”和食用油产品“油色过淡”等过度加工现象。引导消费者健康消费，科学消费。

4. 推进结构调整、淘汰落后产能

在今后一段时间里，粮油加工企业将会加快组织结构的调整，引导企业通过兼并重组，通过产业园区建设，进一步提高企业集中度，发展拥有知名品牌和核心竞争力的大型企业和企业集团，改造提升中小型企业发展的质量和水平，形成大中小企业分工协作、各具特色，协调发展的格局。

要进一步加大对粮油加工企业技术改造的力度，通过采用先进实用、高效低耗、节能环保和安全技术，开发新产品，实施节能减排，降低成本，提高工效。与此同时，将充分发挥市场机制，强化卫生、环保、安全、能耗的约束作用，加快淘汰一批工艺落后、设备陈旧、卫生质量安全和环保不达标、能耗物耗高的落后产能。

要积极调整产品结构，加快对“系列化、多元化、营养健康”粮油产品食品的开发；提高名、优、特、新产品的比重；大力发展米、面主食品工业化生产；扩大专用米、专用粉、专用油的比重；积极发展全麦粉、糙米、杂粮制品和特种油脂；进一步发展有品牌的米、面、油小包装产品，尤其是要加快发展小包装食用油，逐步替代乃至取消市场上的散装食用油。

5. 要把节能减排，实行清洁生产作为粮油加工企业发展的永恒主题

节能减排挽救地球家园的命运，维护人类的生存环境，已成为世界各国的共同任务和目标。

中国经济迅速发展，各项建设取得巨大成就，但也付出了巨大的资源和环境代价。为此，中国政府高度重视，对各行各业提出了节能减排的要求。根据国家节能减排的总要求，粮油加工业将把节能减排的重点放在节电、节煤、节汽、节水等降耗上。放在减少废水、废气、废渣、废物等产生和排放上，并按照循环经济的理念，千方百计采取措施加以利用和处置，实现污染物的零排放。

为防止粮油产品在加工过程中的“再度污染”，我们要推行清洁生产，通过对工艺、设备、过程控制、原辅材料等革新，确保粮油产品的质量与安全，达到节能减排，企业增效的目的。

6. 重视资源的综合利用

粮油加工企业在生产米、面、油产品的同时，还生产出大量的副产物，诸如稻谷加工中生产的稻壳、米糠、碎米等，小麦加工中生产出麦麸、小麦胚芽等，油料加工中生产出的饼粕、皮壳、油脚、馏出物等。这些副产物都是宝贵的资源。充分利用这些宝贵资源，为社会创造更多的财富是粮油加工企业义不容辞的责任。当前，对这些资源利用的重点将放在大力推广米糠和玉米胚的集中制油上；放在稻壳和皮壳用作供热和发电上；放在提高碎米、胚芽和麸皮等副产物的综合开发利用上；放在饼粕的最佳有效利用上。

7. 要大力推进主食品工业化生产

为适应城乡居民生活节奏不断加快的需要，方便百姓生活，逐步做到家务劳动社会化。国家对发展米、面主食品工业化生产高度重视，把发展主食品工业化生产列入了全国《粮油加工业“十二五”发展规划》的重点。为此，粮油加工企业将积极发展以大米、小麦粉和杂粮为主要原料制成的各类食品，如以大米为主要原料生产的方便米饭、方便粥、米粉、米糕和汤圆等；以小麦粉为主要原料生产的馒头、挂面、饺子、馄饨等；以及用杂粮或用杂粮与大米、小麦粉搭配为主要原料生产的上述有关主食品。因为这些可以直接食用，或只要稍加加工即能食用的半方便食品，是最适合中国百姓传统饮食习惯的健康方便粮油食品。

8. 要严格控制利用粮油资源生产生物能源

解决中国13多亿人口的吃饭问题是历届政府最大的事。随着中国人民生活水平进一步提高和人口增加带来的粮油需求刚性增长，以及饲料和工业用粮油的强劲增长，在当前，乃至今后相当长的时期内，中国的粮油供应并不宽裕。

为确保粮食安全，在《粮油加工业“十二五”发展规划》中明确指出要提高粮油的供给保障能力，确保口粮和饲料用粮供给安全。按照确保口粮和饲料用粮的要求，根据“不与粮争地，不与人争粮”的原则，从国家粮食安全和保护环境出发，对利用小麦粉生产谷朊粉出口的项目，以及利用食用油和粮食生产生物能源的项目，要予以严格控制。

（四）我国粮油加工产品的安全状况及存在的问题

1. 对我国粮油产品质量的总体评价

在我国，食品工业在国民经济中占重要地位。随着我国经济不断快速发展，食品的种类越来越丰富，产品数量供给充足有余，在满足食品需求供给平衡的同时，食品的质量安全问题越来越突出。假冒伪劣食品频频被曝光，危害消费者身体健康和生命安全的群发性事件时有发生，严重打击了广大消费者的消费心理。人们对食品安全谈之色变，食品质量安全问题已成为社会反映强烈的热点问题。针对三鹿奶粉、苏丹红事件、假药、毒酒等食品质量安全问题，我国政府高度重视，及时制定了《中华人民共和国食品安全法》等，并采取了一系列治理措施，使食品质量与安全明显提高。

当前，在暴露我国食品质量与安全的同时，我们也要客观、全面地评价我国食品的总体质量水平。也就是说，不能把我国的食品质量安全问题讲得一无是处，要施以正能量，要维护国家和民族的形象。对此，自去年以来，我在评价粮油产品总体质量安全水平时，多次对媒体的朋友们讲了以下一番话：

就目前我国粮油加工业的技术与装备的总体水平而言，已经接近和达到国际先进水平。纵观粮油市场，现在我们可以说，目前我国的粮油加工产品质量和品种是我国有史以来最好最多的时期，但与此同时也是暴露问题最多的时期。分析“暴露问题多”的原因，一是随着人民生活水平的提高，对品质的要求越来越高，不同人群的需求多样化趋势越来越明显；二是随着科技的进步，对粮油产品及其可能存在与产生危害物的认识越来越清楚，诸如粮食烘焙食品中的丙烯酰胺；粮油产品的塑化剂污染；食用植物油中的反式脂肪酸、3－氯丙二醇酯（3－MCPO）等。现在，我们不仅了解了这些有害物质的产生与危害，并有办法加以防范；三是个别企业由于管理不严，责任心不强，造成产品质量不稳定；四是人们的自由度增加，个别媒体不经科学调查，不征求行业的意见，以讹传讹，随意“炒作”，甚至将能点燃的挂面说成是“有问题产品”，将个别质量指标和卫生指标不合格的产品说成是有毒粮油产品等，造成消费者的心理恐慌。

在谈到市场上出现的“以假充真”和“假冒伪劣”产品时，我认为这是经营者的不道德表现和个人行为，必须通过提高全民素质教育和强有力的社会综合治理才能解决，它与正常的粮油加工产品质量没有关系，不能混为一谈。但无论如何，粮油加工产品的质量，必须引起我们的高度重视。

2. 粮油产品质量与安全方面存在的主要问题

（1）从源头治理十分困难　粮油产品的质量与安全应该从原料抓起，因为很多原料的质量直接关系到粮油产品的质量。但目前我国粮油产品的原料从农户种植到收割、晾晒、烘干，直至出售给粮库或粮油加工企业。在这一过程中，农户过量使用化肥和农药，以及收割后不适当的晾晒、烘干和储藏，都会给粮油原料的质量产生极大影响。如农药残留、重金属含量以及黄曲霉毒素、3,4－苯并芘含量超标等重大质量问题。而这些有害物质，除了在食用油加工过程中，通过油脂精炼可以除去或者减少其含量外，大米和面粉就难以除去，直接影响到大米和面粉的质量与安全。另外，不良的气候和环境也会使农作物产生霉变及真菌毒素等。以上这些问题都需要从源头开始治理，这对粮油加工企业而言，显得有些无能为力。

（2）防范加工过程中的再度污染，要求十分严格　粮油加工企业从原料进厂开始，首先要注意原料的安全储存；在加工过程中要防止各种辅料、包装物料对粮油产品的质量与安全产生影响；要防止“过度加工”对粮油品质产生负面影响；要杜绝滥用或超量、超范围使用食品添加剂；要严格按国家标准组织生产，绝不允许有害物质混入粮油产品。

（3）把好成品粮油产品的储存、运输和销售等环节的质量与安全关　要按规定严格控制成品粮油在储存、运输和销售等环节的温湿度要求，防止日照和雨淋，防止过期产品和变质产品投放市场。

（4）监管执法不到位　经常依赖于突击整治，专项整治，对食品安全监管执法不能做到常态化，常常是紧一阵、松一阵，使违法分子有机可乘。与此同时，监管执法人员的力量与素质有待于进一步充实与提高。既要防止执法过松，又要防止执法过度，出现冤假错案而损害企业利益。

（五）对进一步提高我国食品安全水平的几点建议

1. 建立协调的配合机制，研究政策措施

建议建立由相关多部门参加的协调配合机制，共同商讨有关制定和贯彻食品安全的相关政策措施，促进我国食品安全水平的进一步提高。

2. 要进一步完善食品安全的法律法规和标准体系的建立，使之更加科学和完善

要加快制、修订好各类食品国家标准和行业标准。本着既要与国标接轨，又要从我国的国情出发，合理确定标准中的各项指标。当前要防止一味追求高标准，要在确保食品安全的前提下，实事求是地将要求过高的质量指标修订好。

3. 加大政府投入，完善粮油食品质量安全检验监测体系的建设

要加强粮油食品质量检验监测体系的建设力度，构建粮油食品质量安全追溯体系，实现来源可追溯，流向可追踪，信息可查询，责任可追究，实现对粮油食品收购、储藏、加工、消费各环节的粮油食品质量检验监测，从源头上和过程中确保各环节粮油食品的安全。

4. 充实监管队伍力量，提高监管人员素质

为进一步加强对食品质量与安全的监管执法，要充实监管队伍的力量，做到监管执法常态化；要在监管执法人员中充实懂业务、懂技术人员的比重，提高整体监管执法人员的业务素质，做到监管执法严格、正确、公正。

二十五、 我国粮油加工业的发展趋势

——在中国粮食加工产业升级企业家和专家学者峰会暨粮食机械与粮食深加工新产品展示会上的主题报告

(2014 年 7 月 26 日　于河南郑州)

在我国粮油加工业正处于转变经济增长方式、调整产业结构的重要时期，为进一步贯彻《中华人民共和国食品安全法》，促进产业转型升级和粮油加工业的持续稳定发展，由中国粮油学会食品分会和河南亿德制粉工程技术有限公司主办的“2014 中国粮食加工产业升级企业家和专家学者峰会暨粮食机械与粮食深加工新产品展示会”，今天在我国小麦生产、面粉加工、面制食品和粮油机械制造大省河南郑州召开了，我衷心祝贺会议的顺利召开。根据会议的安排，我就以“我国粮油加工业的发展趋势”为题发个言，供大家参考。

（一） 对我国粮油加工业发展的总体评价

我国改革开放以来，尤其是进入新世纪以来，为适应我国国民经济快速发展和人民生活水平不断提高的需要，我国粮油加工业取得了突飞猛进的发展，其发展速度、发展规模和发展质量，在我国历史上，乃至世界历史上都是前所未有的。现在，我们可以无愧地说，我国粮油加工业的技术水平、装备水平、主要经济技术指标以及产品品种和质量等诸多方面已经达到和接近世界先进水平。

现在，我国粮油加工业正在实施“十二五”发展规划，为顺利实施粮油加工业“十二五”发展规划，国家粮食局于去年七月对粮油加工业“十二五”发展规划进行了中期评估。我想对评估的有关重点内容给大家做些介绍，以便大家了解全国粮油加工业“十二五”发展规划实施两年多来的情况及发展趋势。在评估中，对实施情况的总体评价是：加工规划实施以来总体进展情况良好。《规划》的实施引导了粮油加工业结构调整，促进了产业健康发展，对完善现代粮油加工体系、引导项目合理投资方向、转型升级起到了较好的导向作用，尤其是大力推进主食产业化发展取得明显成效。粮油加工业总体保持了平稳较快发展态势，按照发展的基本原则实现了规划中期目标，预计到“十二五”末期能较好完成规划各项目标和主要任务。

重点体现在以下方面：

1. 粮油加工业继续保持平稳较快发展态势

根据国家粮食局《粮油加工业统计资料》，2012 年粮油加工业总产值 22 797. 2 亿元，工业增加值 2 981. 3 亿元，利润总额 585. 8 亿元，与 2010 年工业总产值 15 408. 9 亿元、工业增加值 1 994. 1 亿元、利润总额 432. 8 亿元相比，分别增长了 47. 9%、49. 5% 和 35. 4%，继续保持平稳较快增长。工业总产值平均增幅达 24%，远高于规划

“产业规模和效益平稳增长，规模以上粮油加工企业总产值平均增长12%”的发展目标。预计到2015年，全国粮油加工业工业总产值将超过3万亿元。

2. 粮油加工业结构调整初见成效，规模化集约化水平不断提高

两年来，规模以上企业的产品产能、产量占比有所提高，规模化集约化水平提高。其中，食用植物油加工业、玉米加工业、饲料加工业产业集中度相对较高，日处理原料400t以上企业的产能、产量占比均在60%以上。稻谷、小麦加工业规模效应不断显现，产能400t以上大型企业的产能占比分别为23.0%、53.9%，占比分别提高了4.6、5.7个百分点，产量占比分别为33.3%、63.4%，占比分别提高了5.5、2.3个百分点。日处理400t以上企业产能占比，食用植物油油料处理提高了3个百分点，玉米加工提高了1.1个百分点，饲料加工提高了3.1个百分点。

3. 加快了产品结构调整步伐，主食产业化水平逐步提高

两年来，加快了系列化、多元化、营养健康粮油食品的开发，提高了优、新、特产品的比重，强化了质量安全意识，加强了品牌建设。通过大力发展符合国家产业结构调整指导目录鼓励类的粮油加工产品，严格控制大米、小麦粉和食用植物油的过度加工；实施“主食品工业化示范工程”，积极发展工业化生产的米粉（米线）、方便米饭、馒头、挂面、鲜湿面条等米面制品；扩大速冻米面制品规模，开发多种规格和口味的新产品；加快推进稻壳发电或供热、米糠制油、碎米制糖、麸皮制纤维食品、饼粕开发蛋白资源等，加快了产品结构调整和主食品产业化的发展步伐。

据统计，2012年粮食食品生产企业数量1 262个，比上年增加467个，增幅37.0%。2012年，粮食食品工业总产量1 967万t，比2010年增加78.7%。

4. 产业化龙头企业发展速度明显高于行业平均水平

2012年国家级、省级产业化龙头企业2 067个（其中省级产业化龙头企业416个），比2010年增加766个，同比增幅37.1%。中粮集团有限公司、中纺集团有限公司、中国储备粮管理总公司等大型龙头企业粮油业务销售收入增速较快，2012年同比增幅分别为10.5%、25.7%、41.5%，产值增速和利润水平明显高于全国平均水平。三大中央企业粮油加工产品销售收入1 229.3亿元，比2010年745.7亿元增长了483.6亿元，年均增幅32.4%。基本完成规划中提出的“企业组织结构不断优化，形成一批辐射带动能力强、具有竞争优势的大型加工企业、企业集团和产业集聚区，及大中小型企业分工协作、共同发展的格局”的目标。

5. 自主创新能力有所增强

粮油加工企业2012年科技研发投入达到43.9亿元，比2010年增加68.8%，获得专利3 215件，比2010年增加23.8%。其中，玉米加工业、食用植物油加工业、粮食食品加工业的科技研发投入列行业前3位。2012年粮油加工企业用于节能减排的支出为13.5亿元，占销售收入的0.06%。

6. 资源利用明显提升

稻壳、米糠、玉米胚等副产物综合利用率明显提高；2012年稻谷加工副产物米糠

1 331 万 t，比 2010 年增加 17%，小麦加工副产物 3 123 万 t，比 2010 年增加 55%。2012 年，米糠油的产量为 40 万 t，比 2010 年的 23 万 t，增长了 74%，年均增幅为 37%；2012 年，玉米油的产量为 165 万 t，比 2010 年的 118 万 t，增长了 39.8%，年均增幅为 19.9%。

以上实施情况，让我们充满信心，我们相信，到 2015 年，《粮油加工业“十二五”发展规划》的主要目标任务都能超额完成，粮油加工业将继续保持平稳较快发展的态势。

实施《粮油加工业“十二五”发展规划》的时间只剩下一年半时间了，明年是实施“十二五”发展规划的最后一年，也是研究起草“十三五”发展规划之年。在“十三五”期间，粮油加工业的发展趋势如何是大家关心的问题。根据会议的安排，下面我就这个问题讲些不成熟的意见。

（二）我国粮油加工业的发展趋势

为适应我国国民经济发展和人民生活水平不断提高的需要，今后我国粮油加工业的发展趋势是：

1. 粮油产品的需求将呈刚性增长，粮油加工业将进一步发展

随着人们生活方式和习惯的逐步改变，城乡居民直接消费的口粮总量呈下降趋势；食用植物油的年人均消费量已达 22.5kg，超过了世界人均约 20kg 的水平。但尽管如此，随着我国人口增长（每年全国新增人口 600 万～700 万人）、人民生活水平提高、城镇化进程加快（目前我国城市人口已达 7.1 亿之多，据测算，城市人口的粮食消费量要比农村人口多 30% 以上）、饲料和工业用粮油不断增长，我国对粮食和食用油消费需求在总量上其增长速度虽然不会像以前那样快了，但仍将继续保持刚性增长的趋势。这一发展趋势，预示着粮油加工业在“十三五”期间仍将保持平稳较快发展态势，规模以上粮油加工企业总产值年均增长 10% 左右是有可能的。

2. 坚持安全质量第一，继续倡导“营养健康消费”和“适度加工”

粮油产品是人们一日三餐都离不开的最重要的食物，也是食品工业的基础原料，其安全与质量直接关系着人民群众身体健康和生命安全。为此，粮油加工企业不论在任何时候，任何情况下，都必须把粮油产品的“安全”与“质量”放在第一位，要严格按国家标准组织生产，严把粮油产品质量关，以确保粮油产品及其制品的绝对安全。

在粮油产品安全的基础上，粮油加工企业仍要把“优质、营养、健康、方便”作为今后的发展方向；要继续倡导“适度加工”，提高纯度、合理控制精度、提高出口率，最大程度保存粮油原料中的固有营养成分，防止“过度加工”；要加强科普宣传，引导消费者科学消费，健康消费。

3. 要利用好两种资源、两个市场，满足我国粮油市场的需求

近些年来，国家及相关部门发布了一系列支持发展粮食和油料生产的规划和措施，取得了举世瞩目的粮食生产“十连增”和油料生产的快速发展，粮食和油料产量双创历史最高纪录。但其增长速度仍然跟不上我国粮油消费快速增长的需求，需要利用国

内外两种资源、两个市场来进行调节，才能满足我国粮油市场的需要。

据海关总署统计，2013 年，我国进口三大粮食合计为 1 100 多万 t（其中，进口小麦 550.7 万 t、进口大米 224.4 万 t、进口玉米 326.5 万 t）；进口大豆 6 337.5 万 t、油菜籽 366.2 万 t、其他油料合计 64.1 万 t；进口棕榈油；大豆油等油脂合计达 922.1 万 t。如此大的粮油进口数量是我国粮油进口史上从未见过的，其中尤其是油料油脂的进口数量之大，致使我国国产食用油的自给率只有 38.5%。

为确保国家粮食安全，党中央、国务院在我国粮食连年丰收，市场供应充足、平稳的情况下，高瞻远瞩，居安思危，在去年中央经济工作会议和中央农村工作会议上，提出了“确保谷物基本自给、口粮绝对安全”和“以我为主、立足国内、确保产能、适度进口、科技支撑”的国家粮食安全新战略，对此，我们要深刻领会，认真贯彻。为满足我国粮油市场的需求，我们要在进一步坚持立足国内的同时，根据“适度进口”的原则，粮油加工企业要更好地利用好国内外两种资源、两个市场，以确保国家粮油安全。

4. 要把节能减排，实行清洁生产作为粮油加工企业发展的永恒主题

根据国家节能减排的总要求，粮油加工业要把节能减排的重点放在节电、节煤、节汽、节水等降耗上，放在减少废水、废汽、废渣、废物等产生和排放上，并按照循环经济的理念，千方百计采取措施加以利用和处置，变废为宝，实现污染物的零排放。

为防止粮油产品在加工过程中的“再度污染”，我们要推行清洁生产，通过对工艺、设备、过程控制、原辅材料等革新，确保粮油产品在加工过程中不受“再度污染”，进行一步提高粮油产品质量与安全。

5. 推进结构调整、淘汰落后产能

在今后一段时间里，粮油加工企业仍将会加快组织结构的调整，引导企业通过兼并重组，通过产业园区建设，进一步提高企业集中度，发展拥有知名品牌和核心竞争力的大型企业和企业集团，改造提升中小型企业发展的质量和水平，形成大中小企业分工协作、各具特色，协调发展的格局。

要进一步加大对粮油加工企业技术改造的力度，通过采用先进实用、高效低耗、节能环保和安全技术，开发新产品，实施节能减排，降低成本，提高工效。与此同时，将充分发挥市场机制，强化卫生、环保、安全、低耗的约束作用，加快淘汰一批工艺落后、设备陈旧、卫生质量安全和环保不达标、能耗物耗高的落后产能。

要积极调整产品结构，加快对“系列化、多元化、营养健康”粮油产品食品的开发；提高名、优、特、新产品的比重；大力发展米、面主食品工业化生产；扩大专用米、专用粉、专用油的比重；积极发展全麦粉、糙米、杂粮制品和特种油脂；进一步发展有品牌的米、面、油小包装产品，尤其是要加快发展小包装食用油，以加快替代市场上的散装食用油。

6. 重视资源的综合利用

粮油加工企业在生产米、面、油产品的同时，还生产出大量的副产物，诸如稻谷加工中生产出的稻壳、米糠、碎米等；小麦加工中生产出的麦麸、小麦胚芽等；油料加工中生产出的饼粕、皮壳、油脚、馏出物等。这些副产物都是宝贵的资源。充分利用这些宝贵资源，为社会创造更多的财富是粮油加工企业义不容辞的责任。当前，对这些资源利用的重点将放在大力推广米糠和玉米胚的集中制油上；放在稻壳和皮壳用作供热和发电上；放在提高碎米、胚芽和麸皮等副产物的综合开发利用上；放在饼粕的最佳有效利用上。

7. 要大力推进主食品工业化生产

为适应城乡居民生活节奏不断加快的需要，方便百姓生活，逐步做到家务劳动社会化。国家对发展米、面主食品工业化生产高度重视。为此，粮油加工企业要积极发展以大米、小麦粉和杂粮为主要原料制成的各类食品，如以大米为主要原料生产的方便米饭、方便粥、米粉、米糕和汤圆等；以小麦粉为主要原料生产的馒头、挂面、饺子、馄饨等；以及用杂粮或用杂粮与大米、小麦粉搭配为主要原料生产的上述有关主食品。因为这些可以直接食用，或只要稍加加工即能食用的半方便食品，是最适合中国百姓传统饮食习惯的健康方便粮油食品。

8. 要严格控制利用粮油资源生产生物能源

解决中国13多亿人口的吃饭问题是历届政府最大的事。随着我国人民生活水平进一步提高和人口增加带来的粮油需求刚性增长，以及饲料和工业用粮油的强劲增长，在当前，乃至今后相当长的时期内，中国的粮油供应并不宽裕。

为确保国家粮食安全，我们要按照确保口粮和饲料用粮的要求，根据“不与粮争地，不与人争粮”的原则，从国家粮食安全和保护环境出发，对利用小麦粉生产谷朊粉出口的项目，以及利用食用油和粮食生产生物能源的项目，应继续予以严格控制。

9. 要进一步提高我国粮油机械的研发和制造水平

下面我想借此机会就我国粮机工业的发展多讲几句。我曾多次讲过，我国粮油工业的发展促进了粮机工业的发展，反之，粮机工业的发展保证了我国粮油工业的快速健康发展。由此可见，我国粮机工业的发展是我国粮油工业快速发展和实现现代化的根本保证，粮机工业的技术水平是粮油工业技术水平高低的集中体现。

为满足和促进粮油加工业的进一步发展的需要，我觉得我国的粮机工业在今后的发展中要在“重质量、重研发、强创新、上水平”上进一步下工夫，并着重在以下几个方面做出成效。

（1）要重视关键技术装备的基础研究和自主创新　目前，我国不少粮机产品仍处于仿制阶段，缺乏基础研究和自主创新，致使部分重大关键技术和装备仍然需要进口。如大、中型码头的装卸输送装备、高速离心分离设备、大型粮油原料干燥装备以及米面油深加工装备等，都有待我们去研发创新，尽快改变目前状况。为适应粮油加工业不断发展的需要，我们要通过自主创新，把粮油制造业的重点放在大型化、专用化、自动化和智能化上。

（2）要进一步提高粮机产品的质量　目前，我国的粮机产品的总体质量较好。但与世界一流设备相比，仍有较大差距。在外表质量方面：米、面、饲料加工设备在外资企业进入中国市场的冲击下，设备的制造水平和外表质量大有提高，与世界一流设备相差不大；制油设备的外表质量近年来也有提高，但改变不大，与米、面、饲料设备相比有差距，与世界一流设备相比差距更大，需要迎头赶上。在内在质量方面，我国粮机产品的内在质量尽管有了很大提高，但有些设备的稳定性、可靠性仍然不如世界一流水平的设备，仍然需要下大力气才能赶上。

（3）要重视开发节能降耗的设备　我国粮油加工业的电耗、水耗和蒸汽消耗等指标与国际先进水平相比仍有一定的差距，造成这一状况的原因，除了粮油加工企业自身的经营管理等因素外，粮机产品的先天性不足是造成各项能源消耗大的重要原因。为此，粮机企业要千方百计改进设备，早日生产出单位能耗低的粮机产品，以符合节能降耗的时代要求。

（4）研究开发粮机产品适合粮油加工企业实行清洁生产和“适度加工”的需要　要研究设备材质和传动部分“润滑剂”的选用，严防在加工过程中对粮油产品产生“再度污染”。

（5）要加快研究开发主食品工业化生产、杂粮加工和木本油料加工等装备　国家对发展主食品工业化生产、杂粮加工及其制品的生产和以油茶籽、核桃等为代表的木本油料的生产与加工高度重视，发展势头很好。而目前最为担心的是加工设备跟不上发展的需要，并有可能成为制约上述新兴产业发展的瓶颈。为此，希望粮机企业，要像重视研究开发米、面、油、饲料加工设备一样，积极研究开发主食品工业化生产、杂粮加工和木本油料加工等装备，以满足粮油加工业发展的需要。

（6）要进一步实施“走出去”战略　我曾多次讲过，我国的粮机产品的性能、设备门类的齐全和多样性，以及价格的合理性是任何国家难以比拟的，理应在国际市场上有很强的竞争能力。为此，粮机行业应该放眼世界、拓宽市场、走出国门。总结目前粮机产品在走出去中的经验，我们最需要的是：一要加强联合，防止相互竞价，内哄拆台；二要注重信誉和服务，防止做“一锤子”买卖。

我希望经过大家的努力，使我国粮机产品在“走出去”战略中能取得实质性的进展，使我国不仅仅是粮油机械产品的生产大国和消费大国，也能成为粮油机械产品的出口大国。

二十六、在“首期制油工国家高级工职业技能培训班”开班式上的致辞

（2014 年 12 月 9 日　于天津）

为贯彻落实国家粮食局“人才兴粮”战略，加快油脂工业技术人才培养工作，受国家粮食局人事司、国家粮食局职业技能鉴定指导中心的委托，由中国粮油学会油脂分会主办，天津市粮食行业特有工种职业技能鉴定站，九三集团（天津）大豆科技有限公司协办的“首期制油工国家职业资格培训班”，今天在天津市顺利开班了。在此我代表中国粮油学会油脂分会对此次培训班开班筹备工作付出辛苦努力的同志们表示感谢。对各位专家为此次培训付出的努力表示敬意。对参加培训的各位学员表示诚挚的问候。

高级技工是技师、高级技师的后备军，高级技工与技师、高级技师一样，都是各行各业的高技能人才，而高技能人才是我国人才队伍的重要组成部分，是各行各业产业大军的优秀代表，是推动技术创新和实现科技成果转化不可缺少的重要力量。21 世纪头 20 年是我国全面建设小康社会、开创中国特色社会主义事业新局面的重要战略机遇期。加快推进人才强国战略，大力加强高技能人才工作，培养造就一大批具有高超技艺和精湛技能的高技能人才，稳步提升我国产业工人队伍的整体素质，是增强我国核心竞争力和自主创新能力、建设创新型国家的重要举措，是在新的历史条件下巩固和发展工人阶级先进性、增强党的阶级基础的必然要求，对于促进人的全面发展，营造人才辈出、人尽其才的社会氛围，对于全面贯彻落实科学发展观、构建社会主义和谐社会，具有重大而深远的意义。

为适应我国经济社会的发展需要，当前和今后一个时期，国家将加快培养一大批数量充足、结构合理、素质优良的技术技能型、复合技能型和知识技能型高级技能人才。规划到“十二五”期末，我国高级技工水平以上的高技能人才占技能劳动者的比例达到25%，其中技师、高级技师占5%以上，并带动中、初级技能劳动者队伍的梯次发展。力争到 2020 年，使我国高、中、初级技能劳动者的比例达到中等发达国家水平，形成与经济社会和谐发展的格局。

为实现上述目标，全国各行各业都在根据自身的发展需要制定高技能人才队伍的建设规划。我国粮油加工行业也不例外，自 2006 年起，在国家粮食局的领导下，这项工作已经有序开展。

2006 年，国家粮食局决定在全国粮食行业推行职业资格证书制度，开展粮食行业特有工种职业技能鉴定工作。这是粮食行业深入贯彻落实科教兴国战略和人才强国战略、加强高技能人才队伍建设的一项重要举措，尤其是制油工的职业技能培训对我国油脂加工业的发展，油脂加工行业的人才队伍建设具有重要意义。

今天，我很高兴地看到来自天津地区的中储粮总公司、中粮集团、益海嘉里和九三集团的几家大型骨干油脂加工企业的 27 名具有丰富实践经验的优秀代表，汇集在中国油脂工业的集中地——天津，通过 4 天的培训和 2 天的考核，将大家多年来在理论和实践中所取得的成果客观地反映出来，为大家未来的发展、争当企业和油脂行业先进技术人员的代表打下良好基础。希望大家珍惜这次培训机会，努力获得优异成绩。

我相信，这次培训班，在理论水平高、实践经验丰富的全国知名教授的讲解和指导下、在全体学员的努力下，本次培训班一定能取得圆满成功。

二十七、学习《天津滨海新区粮油产业集群竞争力提升与转型升级对策研究》的心得体会

——在天津滨海新区粮油产业第十一次年末座谈会上的发言

（2015 年 1 月 20 日 于天津）

最近，我认真地学习了由天津市粮油学会组织编写的《天津滨海新区粮油产业集群竞争力提升与转型升级对策研究》一书，受益匪浅。读完本书后，我有以下三点感受：

第一，在深入调查研究的基础上，科学总结和实事求是介绍了近些年来我国粮油产业及集群发展的情况，对我国正在发展中的“粮油产业园区”和“粮油产业集群”给予了“定义”，这些情况和“定义”对我国发展粮油产业园区和集群很有参考价值。

第二，对天津滨海新区粮油产业集群的发展了如指掌。书中不仅全面介绍了天津滨海新区粮油产业集群的发展进程，同时客观地总结了天津滨海新区产业集群在发展中取得的成功经验，并对今后的发展提出了许多实事求是的、可操作的建议，其中有些建议不仅对滨海新区发展有用，乃至对全国都有参考意义。

第三，天津市粮油学会不愧是一个熟知国家和行业政策，深知企业和政府所求的行业群众性组织，是发挥企业与政府间桥梁与纽带作用的典范。

下面我想介绍一下读完本书后，我最难忘的一些内容：

（一）在粮油产业集群发展方面

1. 对粮油“产业园区”和“产业集群”给出了“定义”

“产业园区”是指在一定的区域范围内，以市场导向，以大型加工龙头企业和重要物流节点为依托，聚集各种资源和要素，进行规模化、集约化、专业化生产，形成区域优势明显、产业特色突出、功能布局优化、结构层次合理的现代化产业核心区，或分工明确、协作紧密、具有企业纵向一体化特征的产业聚集区。

“产业集群”是指在地理上靠近，同处或相关于一个特定产业领域的企业，高度地聚集在一起。是指在特定的区域中，具有竞争与合作关系，且在地理上集中，把有交互关联性的企业、专业化供应商、服务商、金融机构、相关产业的厂商及其他相关机构等组成的群体。集群的具体形式多种多样，主要包括高新区、开发区、科技工业园区、特色产业园等。

我认为这种对粮油“产业园区”和“产业集群”的解释比较完整，可以说是为粮油“产业园区”和“产业集群”给出了“定义”，我赞成这种解释。

2. 总结归纳了粮油“产业集群”的运作模式

本书在简要介绍了我国粮油加工业的情况，介绍了国内有代表性的 11 家大型粮油

加工企业集团和10个有代表的园区、集群发展的有关情况的基础上，总结归纳了粮油产业集群在发展中的运作模式、存在的问题，强调了地方政府在建设集群中的作用。其中对“产业集群”的运作模式归纳为：“龙头牵引，品牌带动”、“科技先导，重点突破”、“依托产业，两头延伸”、“循环、经济、综合利用”和“工商一体，优势互补”等五句话、四十个字，是非常精辟和有现实指导意义的。

3. 国外粮油产业再发展的做法值得我们借鉴

本书简要介绍了控制目前世界粮油市场80%交易量的世界四大知名粮商及其他知名国际粮商的经营内容、特点以及与中国粮油进出口贸易和合作的相关情况；介绍了有代表性的国家与地区食用油产业的概况，其中美国食用油产业的油厂规模大、机构精简、人员精干、油厂设备条件一般，但生产技术比较先进，集团合作化办企业的方式值得我们参考。尤其是书中介绍了美国目前的油厂大多比较老旧，国际上的最新技术与设备引用不多，但有许多做法比较实用。如在油厂的自动化方面，除了在炼油车间采用仪表自动控制外，在预处理、浸出车间都是采用仪表显示，人工调节，没有一味采用仪表自动控制。不仅减少了投入，降低了费用，同时能确保产品质量的稳定和很好的经济效益。这种做法，值得我们在企业改造时认真研究。

（二） 在天津滨海新区粮油产业集群的发展方面

本书较为详细介绍了天津滨海新区优越的地理位置、开发的基础与特点以及在全国开发区的地位；介绍了新区粮油产业集群发展的历程，目前的现状、特点、存在的主要问题；对新区粮油产业集群未来发展的展望、战略选择以及保障措施和对策建议，提出了许多好的中肯意见。

天津滨海新区粮油产业集群经过20年的耕耘，从20世纪末3家企业率先建设，发展至今已有19家企业，历经三次建设高潮；经历了由分散到集中，由单一到多元化；完善了产品结构，延伸了产业链条；建成和即将建成的企业大多来自各国各地和世界各国。据介绍，2010年滨海新区的生产总值达5 000多亿元，增速达25%以上，超过了上海浦东新区，这是十分可喜的。在粮油产业方面，19家企业，除一家外，都是油脂加工企业，已经成为全国最大油料油脂进口、加工基地和全国最大的油、粕供应基地。

天津滨海新区粮油产业集群的发展，不仅为天津市、天津滨海新区的发展做出了贡献，也为全国粮油产业集群的发展提供了经验，做出了贡献。

1. 本书全面总结了新区粮油产业集群发展的功能特点

粮油企业，高度集聚；横向配套，纵向延伸；产品结构，三足鼎立；
企业结构，三分天下；高新技术，奠定基础；质量保障，品种齐全；
满足国内，发展出口；占领市场，淘汰落后；节能低碳，全面达标；
综合利用，蓄势待发；信息技术，不断提高；企业管理，逐步加强；
园区和谐，文化积累；克服困难，抱团发展。

与此同时，本书还总结出了新区粮油产业集群在发展的做法与特点，那就是“高、大、全、优”。即为：引入式聚集，高起点发展；大企业齐聚，产业规模大；新建企业多，企业成分全；设备技术新，产品质量优。

以上这些做法与特点，大多内容值得各地在建设粮油产业园区和产业集群时研究参考。

2. 本书为今后新区粮油产业集群的发展提出了许多好的建议

在粮油产业定位方面，鉴于我国粮油供应依然处于“紧平衡”状态，从国家粮食安全考虑，建议滨海新区粮油产业必须在确保国家粮食安全，特别是天津市粮食安全的前提下做好规划和部署。

在产业发展导向方面，提出了要在确保食用规模不减的原则下，引入并适当增加粮食和饲料产业的比重；提出了要发展利用节能低碳技术，实现节能减排、低碳发展；提出了要关注大数据、云计算和移动互联网等新技术对粮油产业的影响与应用，努力为粮油产业的发展装上智慧脑袋；提出了要整合新区资源，分工协作，积极开展综合利用；提出了要关注和利用天津自贸区的发展，为新区粮油产业的发展创造更加有利的环境；建设新区的粮油产业朝着“高新、集群、链条”的发展思路，通过实施粮油加工的规模化、集群化、国际化和企业链战略，实现新区粮油产业的大发展，从而带动全国粮油产业的健康发展。

我觉得上述定位和导向很有价值，值得新区和粮油企业关注与研究。

（三） 几点建议

读完本书，我有以下三点建议，供参考。

第一，要始终坚持食用油加工是滨海新区粮油企业集群的最大亮点。本书中提出的要在确保食用油规模不减的原则下，引入并适当增加粮食和饲料产业的比重是对的。要把通过适当增加粮食和饲料产业的比重，进一步推动和促进食用油加工业的发展。

第二，本书在充分肯定天津滨海新区粮油产业集群发展所取得成就的同时，也能客观地指出存在的不足之处。其中给我印象最深的是“开发区的能源价格较高，蒸汽价格高居全国之首”。对此，应该引起开发区有关部门的重视。建议有关部门认真分析蒸汽价格高的原因，并千方百计想办法把蒸汽价格降下来，以实际行动来进一步支持企业的发展。

第三，本书总体水平较高，但我读完后感觉有些内容前后有点重复。建议个别章节、内容做适当合并、简化。另外，在第 8 页至第 10 页的图表用“万 t”单位表示，我认为不正确，应该改为“t”；第 74 页第 10 行中称“目前，国内主要食用油大型生产企业中粮和益海嘉里，占据国内粮油加工市场 60% 以上的份额”此处表述不正确，绝对没有这样大的份额，建议纠正或删去。

以上是我学习后的粗浅心得，很不全面，评价也不一定到位，所提建议不一定正确。谢谢大家！

第二章

油脂工业发展中的问题

一、 新世纪我国油脂工业的发展和当前值得注意的几个问题

——在中国粮油学会油脂分会第十一届年会上的主题报告

(2001 年 10 月 19 日 于辽宁大连)

在新世纪的第一个年头，在我国“十五”计划启动之时，我们在大连召开中国粮油学会油脂专业分会第十一届年会暨油脂机械展示会，大家欢聚一堂，学习贯彻中国科协第六次全国代表大会精神，总结分会一年来的工作，提出明年的工作计划，进行学术交流，展示油脂科技、油脂机械和革新成果，开展企业之间的合作，进行商贸洽谈，商讨我国加入 WTO 后油脂工业的应对之策，是十分必要的，它必将影响和推动我国油脂科技、油脂工业在新世纪的进一步发展。

我一生从事粮食工作，其中从事粮油工业管理工作经历了 30 个年头，1994 年起我又在中谷粮油集团公司工作了 7 个年头，现在我已经退休，从事学会、协会工作。在我从事粮油工业管理工作的年代里，由于自己对这个行业的酷爱，过去每年在不同场合都要对这个行业的工作和发展讲些自己的意见，与同仁们共同商讨。到企业后，由于自己不在行业管理岗位，所以自 1995 年起，我很少对这个行业的工作和发展发表自己的意见。现在正值进入新世纪和我国加入 WTO 的前夜，作为一个长期从事粮油工业管理工作的退休老兵，我想借此机会就新世纪我国油脂工业的发展和当前值得注意的几个问题讲些自己的看法，不当之处，请大家批评指正。

（一） 突飞猛进的我国油脂工业

回顾新中国成立之时，我国的油脂行业大多以古老和原始的作坊生产为主，设备破旧，工艺落后，操作笨重，生产环境恶劣，经济技术指标落后。有一定规模的、现代化的油脂加工企业屈指可数，与我们这个泱泱大国和农业大国极不相符。新中国成立后，随着我国国民经济的发展和人民生活水平的不断改善，在政府的支持下，在广大油脂科技工作者的辛勤努力下，经过几个“五年”计划，我国的油脂工业得到了迅速发展。特别是从 70 年代开始，我们在全国范围内推广应用先进的浸出法制油，开展了油脂设备的选型、定型和标准化工作，进行了引进技术和设备的消化吸收，以及国家“七五”、“八五”制油设备的攻关工作等一系列举措，推动了我国油脂工业的进一步发展，缩短了我国油脂工业与发达国家油脂工业的差距。尤其是改革开放以来，我们通过引进国外先进技术、先进设备和先进的管理经验，通过国家油脂市场的放开，以及中外合资企业的建成，我国的油脂工业发生了翻天覆地的变化，有了突飞猛进的发展。80 年代初期，我们曾经讲过，我国油脂工业与发达国家相比相差 20 ~ 30 年，今天我们可以自豪地讲：中国的油脂工业已接近和达到国外的先进水平，或者说“相差

已经不大了”。主要表现在：

（1）在油品质量上　改革开放前，我国油脂实行计划定量供应，供应城市居民的是二级油，一级油为数不多，广大农村采取自产自足，相当一部分地区和农村普遍食用毛油，杂质多、水分大、油色深、油烟浓，群众有意见。80 年代初期，我在商业部粮油工业局当局长的时候，收到了不少各地转来的群众来信，有的群众反映“在粮店买的油颜色深的像醋”；有的反映“买了一瓶菜油，回家放了几天，发现一小半是像糨糊状的沉淀物”。为此，1983 年我们在江苏昆山召开了全国粮油工业会议，专门研究提高油品质量问题。而今天，我们走进超级市场和各种连锁商店，清晰、透明的各类小包装食用油琳琅满目，色拉油、高级烹调油、调和油应有尽有。现在可以这样说“中国超级市场货架上的各类小包装油品，与国外超级市场的小包装油品没有什么两样”，这是一个了不起的进步。

（2）在技术经济指标上　随着油厂规模的扩大，科技水平的提高以及设备性能的改进和提高，油厂的技术经济指标也有明显提高。就浸出法制油而言，溶剂消耗在 1kg/t 料左右，煤耗在 40kg/t 料左右（含预处理车间），电耗在 20kW・h/t 料左右（含预处理车间），这已经不是个别油厂。这些技术经济指标与国外引进设备相比并不逊色。

（3）在制油设备上　随着油厂规模化、大型化的发展趋向和市场化的需要，处理 1 000t/d以上的浸出成套设备，处理油料 150t/d、300t/d 的大型预榨机，处理 150t/d 的大型蒸炒锅和处理 200t/d、300t/d 和 400t/d 以上的大型轧胚机已经问世，性能良好；处理 150t/d 以上的膨化机和处理 500 ~ 1 000t/d 大豆破碎机的样机正在进行生产试验，有望不久就能投放市场。

（4）在设计能力上　为适应市场和油厂大型化的需要，中国油脂工业的设计能力和水平也大大提高。现在，我们不仅能熟练地设计和建设中、小型油厂，同时能承担设计千吨以上油厂的成套交钥匙工程。尤其可喜的是，具有大型油厂设计能力的除了国家粮食储备局西安油脂科研设计院以及北京、无锡等几个原部属科研院以外，还涌现出了武汉友谊、郑州四维和无锡欧佰特等一批机制活、开拓精神强的后起之秀。现在中国有能力，利用自己的设备和设计能力，建设大规模油厂了。

综上所述，中国油脂工业取得的突飞猛进发展是有目共睹的。这一成绩的取得是来之不易的，首先要归功于党的改革开放政策，同时它凝聚着我们几代油脂科技工作者的辛勤劳动，这是我们永远不能忘记的。但是，在肯定成绩的同时，我们也要清楚地看到自己的不足和存在的问题。我国油脂工业在油脂、油料和油料蛋白的开发利用上，在油厂的综合技术经济指标上，在设备的内在质量和外表质量上，在大型碟片式离心机、大型预榨机、大型蒸炒锅、大型清理设备和膨化技术设备的研制开发上，在企业的现代化管理上，与国外先进水平相比仍然有不少的差距，需要我们在新世纪里奋发努力，迎头赶上。

（二）进入新世纪，迎接新挑战

人们难以忘怀的 20 世纪过去了，江总书记指出“在刚刚过去的 20 世纪，科学技术突飞猛进，科学理论充分发展，极大地推动了生产的发展和社会进步，人类创造了空前丰富的物质文化财富”。中国油脂工业也不例外，在20世纪，尤其是20世纪的后半世纪，是中国油脂工业快速发展的春天。中国油脂工业跨越式的发展靠的也是科技进步，是科学、正确的党的方针政策，是党的开放政策，使中国从油脂供应短缺的计划经济走向了社会主义市场经济，油脂市场由原来的粮食部门独家经营，改变为放开经营，注入了市场竞争的机制和活力，极大地推动了油脂工业的发展和油脂市场的丰富多彩。现在，我们已经进入21世纪，我认为21世纪的上半世纪，仍然是中国油脂工业快速发展的时期，是油脂科技高速发展、科技成果辈出的时期，也是市场竞争更加激烈，社会主义市场经济体系更加完善的时期。为了进一步推动我国油脂科技和油脂工业的健康发展，我们需要做的工作很多，下面我想着重讲三个问题。

1. 要重视和支持油脂科技

中国油脂工业发展的历史证明：油脂工业的发展离不开油脂科技的进步，油脂科技的进步推动了油脂工业的发展。江总书记指出：“科学技术是第一生产力，是先进生产力的集中体现和主要标志，也是人类文明进步的基石”，“当今世界，科学发现、技术发明与商品化产业化之间的关系越来越紧，科技成果转化为现实生产力的周期越来越短，科技进步和创新越来越成为经济社会发展的重要决定性因素”，这充分说明了未来科学技术对人类社会的巨大意义。中国油脂工业的发展也离不开油脂科技的进步和创新。为此，有远见的企业和企业家必须高度重视和支持我国油脂科技的进步。

促进油脂科技的进步和创新，不仅是科研院所和大专院校的重要任务，对每个企业来说同样重要，要重视科技人员，充分发挥他们的积极性和主动性，为企业的技术革新和新产品开发发挥他们的聪明才智。

中国的油脂科技要瞄准世界先进水平，紧密结合我国油脂工业的实际要求来确定方向，我认为近期内，我们要在油脂、油料和油料蛋白的进一步开发利用上；在大型设备的进一步研制和配套上；在生物技术和电子技术在油脂工业中的应用上；在油厂的节能、节水和环保工作上，以及前些日子学会在无锡召开的部分专家研讨会上，提出的“十五”期间我国油脂工业推广应用的高新技术，其中包括了一部分需要我们重视和研究的高新技术课题。我们要结合以上一些课题，组织力量，尽快取得成果，以进一步推动我国油脂工业的发展。

我们还要十分重视油脂科技的基础理论研究工作，希望实力较强的科研院所和大专院校，不仅要重视实用技术的研究开发，还要抽出一定的力量重视油脂科技的基础理论研究，以提高我们的学术水平和提升油脂科技成果的档次。

2. 油脂工业要在竞争中求发展

这几年来，油脂工业企业经受了激烈的市场竞争考验。在竞争中有的企业经不起激烈的竞争而败下阵来，濒临倒闭和破产；有的企业经受了考验，在激烈的市场竞争中不仅站稳了脚跟并有所发展，这种截然不同的结果，充分说明了市场竞争是无情的，是优胜劣汰的必然结果。我认为，竞争还是刚刚开始，因为这些年来的竞争主要体现在国内企业之间的竞争。现在中国加入WTO已经指日可待，中国加入世贸组织，也就是中国市场向世界开放，中国市场与世界市场融为一体，中国经济正式加入世界经济全球化的进程。中国加入 WTO 的最大承诺是“遵守规则、放开市场”，也就是我们必须按国际标准、国际通用规则和国际惯例这个国际贸易的规则办事。而放开市场的重点，也是国际性的跨国公司、大商社垂涎的中国的服务领域、农业领域的产品和市场。我国加入 WTO 谈判中，在对部分农产品市场准入承诺中有关油脂、油料的情况是：

大豆——实行单一关税管理，税率仍然保持现行的3%。

植物油——实行关税配额管理。大豆油——2002 年配额量为251.8 万 t，2005 年增长到330 万 t；棕榈油——2002 年配额量为 240 万 t，2005 年增长到 288 万 t；菜籽油——2002 年配额量为77.3 万 t，2005 年增长到 113 万 t；配额年增长率为 14%。三种植物油配额内税率为 9%，配额外税率由 2002 年的 75%降至 2004 年的 25%，到 2006 年取消关税配额管理。这些承诺对我国油脂工业和油脂市场来说意味着什么？我认为这是一个凶多吉少的信号：第一，“开放市场”，它意味着国外有实力的大公司、大商社不仅可以在中国建油厂，还可以直接经营油脂、油料，与中国企业平等竞争；第二，“2005 年前植物油实行关税配额管理”，2002 年大豆油、棕榈油、菜籽油三种植物油配额量合计为 569.1 万 t，2005 年增长到 731 万 t。其数量之大已超过中国目前植物油缺口的需要，加上进口油的成本比国内低，这无疑将对我国油脂市场和油脂工业的发展产生极大影响；第三，“到 2006 年取消关税配额管理”，这意味着中国油脂市场向世界彻底放开，植物油的进口不受限制，意味着对我国的油料种植业、油脂工业和油脂市场的冲击进一步加剧。

由此可见，加入 WTO 后我国的油脂工业将面临着更加激烈、更加残酷的市场竞争。对此，我们要面对现实，研究对策，早做准备，迎接挑战，在竞争中求生存、求发展。我相信，经过了前几年市场竞争的锻炼和考验，我们一定会有一批企业在激烈的市场竞争中求得更大发展。

竞争，是市场经济特点之一，也是市场经济所固有的，所以在社会主义市场经济条件下企业之间开展竞争是正常的。同类产品之间的竞争主要体现在质量的竞争，价格的竞争，售前、售中和售后服务的竞争，信用的竞争，也是企业技术、管理和人才的全面较量，最后的结果是优胜劣汰，这是正常的、公平的、合法的竞争。这里我要提醒大家，决不能搞不顾商业道德的、不择手段的非法竞争。

3. 加快油脂工业的改革步伐

党的十一届三中全会以来，中国经济实现了高速发展，综合国力大大增强，人民生活水平不断提高，靠的是“改革开放”政策，改革给中国经济注入了活力和动力。国家是这样，企业也是这样，要使企业充满生机和活力，必须坚持改革。当前，我国油脂工业遇到了相当大的困难和挑战，一些国有企业，由于人员过多、包袱沉重、设备陈旧、资不抵债而濒临破产。面对一些企业的生死抉择，我认为唯一的出路是坚持改革，加快改革步伐。

根据中央的精神和各地的成功经验来看，当前国有油脂工业企业（含油脂机械生产厂家），尤其是一些中、小型企业，改革的重点应该放在企业的“改制”上。“改制”说穿了，就是改变原有企业的“所有制”成分。在“改制”问题上，我认为只要符合“三个有利于”，企业能够得到生存和发展都可以尝试，如采用股份制、股份合作制和混合所有制等不同形式，大连华农集团是一个既有国家股（即地方政府参股），又有职工股和其他企业参股的混合所有制企业，他们是一个机制灵活、决策科学敏捷、经营有道、员工情绪饱满的企业，是一个充满生机和活力的大有希望的企业。最近，我有幸参观了一些“改制”企业，多数是成功的。

企业“改制”，既要大胆，又要过细工作，要根据企业不同情况分别对待，不能采取一种模式，一哄而起。在“改制”过程中，一要认真、合法评估原有资产，防止国有资产的流失；二要妥善处理好“改制”后的企业富余人员，不能推向社会；三要合理确定经营者与员工的持股比例。

对目前经营状况尚好的国有油脂企业，我们也不能安于现状，要有居安思危的长远眼光。鉴于我国的油脂工业企业大多数规模不大，实力不强，经不起大风大浪的考验，为此必须进行战略性的调整，通过重组、联合和兼并等方式组成联合舰队，要寻找合适自己的有实力的合作伙伴，进行资产重组与联合。企业，特别是企业领导人要解放思想，乐意被有实力的企业兼并。我认为一个企业能被比自己实力强的企业兼并，不是一件不光彩的事情，相反说明了自己的企业还有自身价值。企业间进行资产重组、联合和兼并，是要有勇气的，只有有远见的企业家才能做到，从这个意义上来讲，企业间的资产重组、联合和兼并，也是改革。我希望在不久的将来，通过企业间的资产重组、联合和兼并，中国能出若干个有实力、有影响、有竞争能力的大型油脂工业企业集团。

（三） 当前油脂工业值得注意的几个问题

前面我已讲过，我国油脂工业发展迅猛，势头很好，这是令人欣慰的，但在发展过程中不可避免地存在着这样那样的问题，需要引起我们高度重视，认真加以研究解决。

1. 关于油厂的规模和布局问题

由于历史原因，在过去计划经济年代，我国油厂普遍存在着规模小、工艺落后、设备陈旧、经济技术指标差，与国际先进水平相差甚远。改革开放后，通过出国考察和对外技术交流，使我们了解了国外先进的油脂工业，为了赶上国际先进水平，油脂界不少有志之士提出了中国油脂工业也要走规模化、大型化的路子，这是十分正确的。

在这一思想影响下，自1983年起，我在全国粮油工业会议上曾多次宣传中国粮油工业企业要逐步向规模化、大型化方向发展，但鉴于当时我国的油脂仍是计划定量供应，油厂的经济效益一般都较好，所以对规模化、大型化没有紧迫感。随着国内油脂市场的放开，引进技术、引进设备的展开，中外合资企业的建成，大家深感到中、小型油厂缺乏竞争能力，从而对油厂的规模化、大型化有了共识。尤其是近几年来，油厂的大型化趋势已成了现实。据调查，到今年上半年我国通过新建和扩建，已建成日处理油料在千吨以上的油厂达67家，另外约有10家正在建设之中。这是我国油脂工业迅猛发展和进一步迈向现代化的重要标志。

现在，对油厂的规模化、大型化不仅有了共识，而且还有迅猛发展之势。在这一时刻需要我们冷静思考，防止出现新的问题。当前值得我们注意的有两个问题，一是不能刮风，不能一哄而起；二是要注意合理布局。

所谓“不能刮风，不能一哄而起”，是讲新建和扩建油厂，都要根据自己所处的地理位置、交通情况、油料供应、产品的销售和辐射范围并适当考虑将来发展的需要来确定建厂规模，不能一味追求大型化。也就是说要从实际出发，能大则大、不能大绝不能勉强求大，否则会后患无穷。我始终认为，中国油脂工业总的发展趋势是规模化、大型化、是大厂挤小厂，但绝不是所有的中、小厂都不能生存下去，在经济、交通发达地区、在西北、西南地区，乃至一些油料产区，中、小油厂只要改变机制、经营有方，充分利用当地的优势，生存和发展的空间同样是很大的。

所谓“要注意合理布局”，是讲千吨以上的油厂建在什么地方，周围有多少油料加工能力，油料从哪里来？产品销到哪里去？都要经过详细调查和反复论证，绝不能头脑发热，轻举妄动。前面讲的已建成的67 家千吨以上油厂和正在建设中的10 来家千吨以上油厂，大多分布在东南沿海地区。这里我们要问，这些油厂布局都合理吗？有没有新的重复建设问题？我的回答是有，肯定有。而且可以预言，不用很长时间一些重复建设的大油厂同样会遭到经营不下去的困境。这里我还想提出一个问题，我国加入WTO 后，进口植物油的数量将逐年增加，根据我国油脂市场的需求，我们还要建多少千吨以上的大油厂？希望大家认真加以研究。

2. 关于质量问题

提起质量问题，大家都很熟悉，任何一个企业都知道必须树立“质量第一”的思想，都知道“质量就是生命”，尤其是粮油工业产品，涉及到千家万户，所以对质量问题更要倍加重视。但近年来，一些不法分子钻市场管理不严的空子，大肆制造、销售假冒伪劣商品，使广大消费者深受其害。去年以来，在经济利益的驱动下，市场出现了一批有毒大米，掺假和增白剂严重超标的面粉，以及掺假食用油等，引起了社会各方面的重视和关注，使广大消费者对市场上供应的米、面和油感到“不放心”。

为此，中国粮食行业协会专门召开会议，发出通知，要求粮油加工企业严格按照国家标准生产“放心粮油”，并在有关报纸上组织发表了全国100 多家企业联名倡议开展生产“放心粮油”的活动，组织专家撰写了什么是“放心粮油”的科普知识教材，并在有关报刊上发表，取得了较好的反响。为了使这一活动扎扎实实地开展下去，最近，中国粮食行业协会发出了关于开展首批“放心粮油”评审工作的通知。通知中决定于今年年底以前在会员单位（包括中国粮食行业协会和各省、区、市粮食行业协会会员）中进行首批“放心粮油”评审工作。对经过严格评审合格的会员单位，由中国粮食行业协会在春节前分别发给“放心米”“放心面”“放心油”证书和铜牌，并在有关报刊上公告。希望油脂加工企业关心这项工作，争当“放心粮油”的生产厂家。

为贯彻落实国务院关于整顿和规范市场经济秩序决定的精神，把打假与扶优相结合，保护消费者健康。最近，卫生部发出了“卫生部关于开展向消费者公示卫生安全食品的通知”。通知决定在全国范围内开展向消费者公示卫生安全食品活动，公示一批卫生安全食品。通知中还决定当前公示的产品为：大米、面粉、油制品、调味品、熟肉制品和奶制品等食品。

由此可见，社会各界对米、面和油的质量问题是多么关注。作为食品生产企业，严格按照国家标准生产优质、安全的产品，是最起码的要求，也是最起码的职业道德，因此，绝不能马马虎虎。所有粮油加工企业都要进一步强化质量管理，严格各种责任制，做到道道把关，确保让人们吃到优质、安全的“放心粮油”。要把生产优质、安全的“放心粮油”作为具体落实江总书记“三个代表”重要思想的高度来认识。

对于质量问题，不仅粮油加工企业要高度重视质量，粮油机械生产厂家也要高度重视质量问题。据我所知，现在有些企业生产的粮油机械产品质量差、性能差，乃至以次充好，冒名顶替，坑蒙拐骗，给用户造成了巨大的损失，反映强烈，这是绝对不能容忍的。希望有这类问题的企业和企业领导从企业的长远利益考虑，痛下决心，老老实实地走“质量第一”的正确路子。

3. 关于企业信用问题

我国步入市场经济后，出现了一个突出问题，就是信用问题。比如市场秩序混乱，假冒伪劣商品猖獗，欠账赖账、恶意逃债盛行，视信誉为草芥，视合同为空文等，有些现象在我们粮油工业企业亦同样存在。我在七年的企业工作期间深有感触，也深受其害。这是市场经济初期的沉渣泛起，是市场经济中的毒瘤，如不加以制止，就会祸国殃民，毁掉企业的前程。“十五”计划纲要中指出：“在全社会强化信用意识，整肃信用秩序，建立严格的信用制度，依法惩处经济欺诈、逃避债务、不履行合同和侵犯知识产权行为”。这是非常重要的。

所有粮油工业企业，都要树立以信用为本的思想，把讲信用、守信义作为企业职业道德的核心；把讲信义，重诺言看作是企业发展的保证，企业家必走的成功之路。不讲信用、不择手段、不计后果，是绝对办不好企业的，也是造就不了企业家的。在发达国家，个人信用是第二身份证，没有信誉，不讲信用，是办不好任何事的。对企业来说，信誉、信用也是企业的无形资产，它的价值是不能以金钱来衡量的。

今年3月，我陪白部长去河北柏乡粮库调查，在调查中该库主任、全国人大代表尚金锁同志对我们说：“多年来，我们坚持靠信誉去展示企业，去赢得客户，取得了走向市场的通行证”。他们从每一件小事做起，处处要求高质量，凡销售的粮食两次过筛后再包装，并坚持做到“四不调”：即超水杂标准不调，虫粮不调，破包漏袋不调，不符合要求的不调。国家规定的麻袋缝口9～11针，该库坚持缝11针以上。好信誉带来了大市场，他们的贸易伙伴由几年前的4个省、市12家企业增加到25个省、市的300多家企业，将一个年经营量只有2 000万斤的小库，发展到现在每年经营量超过五亿斤，十四年无亏损，年年有盈利的企业。并用不到十年时间发展成为有3亿斤库容的大库，这说明了“重信誉、严管理、高质量”的确是兴企之本。希望粮油工业企业都要向河北柏乡粮库学习，像他们那样讲信誉、守信用。

4. 关于企业管理问题

强调企业管理与质量问题一样，也是我在位时对全国粮油工业企业老生常谈的事。今天再谈企业管理与过去的情况不同了，最近我有机会看了一些企业，深感现在许多企业由于设备性能的改善、电子技术的应用，企业管理手段和条件比过去优越得多，但是管理水平不高，不客气地讲，现在企业的总体管理水平不如过去，脏、乱、差的企业，脏、乱、差的车间不难看到，这是我万万没有想到的。

企业管理的内容很多，今天我只强调两点：一是要文明生产，要尽快改变一些企业的脏、乱、差的现状，因为这是我们的门面，脏、乱、差与一个生产食品类的企业太不相称，缺乏生产优质、安全“放心粮油”的起码条件；二是要强调安全生产，要特别注意易燃易爆车间和仓库的防范措施，避免重大事故和恶性事故的发生。在这方面我们是有血的教训的。现在社会上重大、恶性事故不断发生，造成了很坏的社会影响，有人说这是管理不善的必然结果，我很赞成这种观点，希望大家引起高度的重视。

二、坚持走粮食购销企业与粮食加工企业联合经营的路子

——在中国粮油学会油脂分会常务理事会扩大会议上的讲话

（2003 年 7 月 13 日　于浙江德清）

《国务院关于进一步深化粮食流通体制改革的意见》中指出："鼓励和支持国有粮食购销企业、龙头企业和农民联合经营，形成生产、加工、销售一体化利益共同体，参与粮食流通。大力支持国有粮食购销企业、粮食加工企业和粮食经营企业在粮食播种前与农民依照《中华人民共和国合同法》的有关规定签订合同，实行订单收购。"去年，国家发展计划委员会等八部委以《关于印发加快国有粮食购销企业改革和发展意见的通知》（计综合【2002】667 号）中指出："有条件的国有粮食企业可以与粮食加工企业和科研单位实行联合，组成生产、收购、加工和销售一体化的经济实体，开展粮食产业化经营。"这就意味着国家提倡和支持国有粮食购销企业与粮食加工企业搞联合，以发挥各自的优势，推动粮食产业化经营的进程，提高企业参与市场竞争的能力，我认为这是一条正确的路子。

"购、供、调、存、加"，历来是整个粮食工作不可分割的整体。近几年来，随着粮食需求情况的变化，粮食流通体制改革的深化和粮食供销市场化改革的推进，粮食调拨、调运工作已逐步消亡。今年除了国家发生重大特发事件和个别地区发生重大灾害出现粮食短缺时，国家将会采取一定的粮食调拨、调运紧急措施外，通常情况下，粮食的调拨、调运将不复存在。但粮食加工业（这里讲的粮食加工业不只是原来粮食部门的粮食加工业，而是全社会的粮食加工业），是否仍是粮食工作的重要组成部分已经被人怀疑，或者说已经发生动摇，我认为，这是不对的。因为粮食加工业不仅是个重要产业，而且是粮食产业化经营（或者说粮食产业链）中的重要组成部分，那么，为了发展粮食产业化经营，改革粮食购销企业"买原粮，卖原粮"的传统经营方式，粮食购销企业理所应当积极与粮食加工企业进行紧密合作，联合搞好经营。这是一条唯一正确的路子。

鼓励和支持粮食购销企业与粮食加工企业联合经营，组成粮食生产、收购、加工和销售一体化的经济实体，实现"从种子到餐桌"的粮食产业化经营。我认为至少有以下好处。

（一）有利于发挥企业的各自优势，防止重复建设

粮食购销企业一般都拥有较多的粮食仓储设施和销售网店，而缺乏粮食加工装备；粮食加工企业一般都拥有较现代化的加工装备和充裕的加工能力，而缺乏原粮仓库和销售网店。为了搞活经营，现在有的粮食购销企业想投资增添粮食加工装备，有的粮

食加工企业根据生产的需要想投资增加原粮仓库，造成不必要的重复建设。如果两者结合起来，形成利益共同体，可以做到优势互补，避免重复建设，这是“利国、利企”的好事。

（二） 有利于粮食产业化经营的形成， 提高粮食企业参与市场竞争的能力

粮食产业化经营就是要把粮食生产、收购、加工和销售等环节组织联合起来，形成一体化的利益共同体，这也是我们通常讲的“形成产业链”。这样的联合体，可以做到取长补短，充分发挥各自优势，增强企业参与市场竞争的能力。粮食购销企业与粮食加工企业率先联合经营后，再与农场、粮食生产大户，优质粮油生产基地搞联合（包括与农民签订合同，实行订单收购等）就有了基础。我认为，随着我国粮食购销市场化进程的加快和世贸组织的加入，从长远看，粮食购销企业单纯地搞原粮买卖，粮食加工企业单纯地搞粮食加工，不走联合之路是没有出路的。

（三） 有利于储备粮的轮换和陈化粮的减少

粮食购销企业一般都承担为国家储存一定数量的储备粮，在粮食生产的正常年景，尤其是丰收年景，这些储备粮的轮换任务就显得相当繁重，稍有不当粮食陈化就难以避免，如果采取与加工企业联合经营，可以较好地避免此类问题的发生。可以设想为：粮食购销企业根据国家储备粮的轮换规定，分批作价交付给加工企业加工，加工企业分期分批将粮款如数付给购销企业，再由购销企业储备粮的标准要求收购新粮。这样做既能确保储备粮的按时轮换，避免陈化，减轻国家财政负担，又能减少粮食购销企业轮换时的出库费用，降低粮食加工企业在采购原粮时的经营费用，提高企业的经济效益，这对国家、企业都有好处。

（四） 有利于粮食队伍的稳定和社会的安定

粮食企业由于历史包袱重、职工多、设施简陋，在激烈的市场竞争中缺乏竞争能力，困难重重，濒临破产，下岗人员较多。如果粮食购销企业与粮食加工企业采取联合经营，实现优势互补，定能提高企业的经济效益，这无疑能减轻粮食企业下岗人员多的压力，有利于稳定粮食职工队伍，维护社会安定团结的大好局面。

（五） 有利于推进粮食企业之间的联合， 组建企业集团

粮食购销企业与粮食加工企业联合经营后，随着企业经济效益的提高，联合体的整体实力也将不断提高，在此基础上，联合体有可能向农业生产和粮油食品两个领域延伸，也有可能再与其他粮食购销企业和粮食加工企业的联合体进行再联合，组建粮食企业集团，如果经过几年努力，这个设想能够变为现实，这应该是国家的希望所在。我觉得，在我国有若干个乃至几十个有实力、有影响力的粮食企业集团，对实行粮食购销市场化后，应对国内外可能发生的突发性事件将是有益的。

（六）粮食购销企业与粮食加工企业采取联合经营已有一些成功的经验可以借鉴

早在20世纪70年代，原粮食部就要求粮油加工企业要与粮食仓储企业联合，提出了实行“厂仓结合，分别核算”。多年来的实践证明，凡按此要求进行联合的，企业都得到了较快发展。1991年9月粮食部门在山东烟台召开了“全国粮食系统发展多种经营经验交流会”，会前的大量经验和会后的实践证明，粮食部门只有坚持走“本业为主，多种经营”的道路，才是粮食企业发展的唯一出路，尤其是购销企业通过开办加工业和服务业等一系列多种经营后，增强了企业活力，提高了企业的经济效益。这样做既发挥了主渠道作用，又起到了更好地为城乡人民服务，为工农业生产服务的作用，受到了群众的欢迎。

现在可以说烟台会议前后的几年时间里，是我国粮食部门的“黄金时代”。就粮食部门的粮油工业来说，1991年总产值达581.7亿元，实现利税27.4亿元。可是后来，随着政策的改变，粮油加工作为附营业务分离出来，一些企业由于一时不适应变化了经营方式和经营环境，加上当时原粮收购价格提得过高，成品粮油价格难以同步提高，以及不准加工企业直接到产区收购原粮等原因，使粮油加工企业一度处于困境，经济效益大幅下降，甚至出现了全国国有粮油工业企业1996年亏损达13.2亿元的局面。反之，在此期间，有些粮食购销企业和粮食加工企业，从本企业的实际出发，在分清购销企业与加工企业责任的前提下，继续采取联合经营的，经营状况都很好。由此可见，粮食购销企业与粮食加工企业采取联合经营，是搞活粮食企业的好办法，可以取得双赢的效果。

三、 在2007年天津塘沽开发区油脂加工企业座谈会上的讲话

（2007年2月1日　于天津塘沽）

（一） 我们的来意

今天我与油脂分会的几位同志来天津塘沽开发区参加油脂加工企业座谈会，我讲三个方面的事情：

一是，元旦刚过，一转眼就要过春节了，在这辞旧迎新之际，我们几位代表油脂分会来看望大家，向大家提前拜个年，并通过在座的各位代表对全体员工致以诚挚的问候。祝大家在新的一年里，工作顺利，事业有成！预祝在座的各企业领导，在新的一年里取得更加辉煌的成就。

二是，想听听各企业在2006年中所取得的成绩和对今年工作的设想。2006年对油脂工业而言，是一个难忘和难得的好年份；也是整个粮油工业难忘和难得的好年份，其中最为重要的标志是，全国油脂工业的经济效益，在摆脱了2004年的阴影后，经过2005年的恢复和发展，2006年的经济效益有了较大幅度的增长。我估计，2006年油脂工业乃至粮油工业的经济效益将达到历史最高。就油脂企业而言，一般情况下，去年出现了较好的企业发展势头，产生这种效果，除了相应的工作以外，在客观上我们要总结自去年第四季度后的市场粮、油价格的普遍走高；尤其可喜的是，这种"走高"是恢复性的，良性的"走高"；粮油产品应稳住现有的价格。有人认为，当前的粮油价格，对农民，对企业，对国家都有好处，不应让"它"降下来。有人预测，2005年年底和2006年年初那种每吨四级菜籽油5000多元的价格已一去不复返了。我赞同这种市场分析。这次来塘沽，我想听听在座的企业2006年的生产、经营情况，以及对当前油脂市场的分析。

三是，想与大家商讨一下，如何办好中国粮油学会油脂分会今年的年会问题。油脂分会于去年在武汉召开了第十五届年会，会议期间一些代表和专家认为这几年天津塘沽的油脂工业发展较快，而今年的第十六届年会如果能在天津塘沽召开，届时可让与会代表到几个大企业参观学习。为满足大家的心愿，会后我曾与天津北海油脂和天津嘉里油脂的有关领导打了招呼，都表示全力支持。鉴于召开年会是油脂学会为科技工作者和企业提供交流和学习的机会，是大家所希望的，但开会总要有一些费用，尤其是油脂分会开会的开支，而学会本身没有这个能力，所以每年开会都要请所在地的油脂企业赞助，今年如果能在这里召开，经费上就需要得到大家的帮助。

（二） 我对当前油脂界几个问题的看法

1. 关于对浸出法制油工艺的不正确的说法

"化学溶剂"、"化学过程"等概念均系误导，人们不可能都吃压榨油（热榨油和

冷榨油）。

2. 关于转基因大豆油的安全性

大豆油中没有转基因成分，大豆油产品是安全的，人们可以放心食用。

3. 关于对产品宣传不能过头的问题

植物油脂作为三大营养素之一，是提供人体热量和不饱和脂肪酸的主要来源之一。相对而言，其他功能较少，不能把植物油脂及其功能性微量成分的作用讲得过头，甚至作为药物的功能宣传，不能让老百姓无所适从。

4. 关于推销自己产品好时，不能贬低他人的产品

说自己好时也要实事求是，留有余地。企业在推销自己的产品时，也要讲商业道德，不能贬低他人的产品，免沾“王婆卖瓜，自卖自夸”之嫌，造成适得其反的结果。

5. 关于油脂安全的问题

对油脂油料的来源问题，我们希望能通过发展中国的油料生产来满足市场需求，乃至有剩余用来出口。但这个问题，也要从当前的实际出发，该进口时也要进口。

6. 关于保护中国民族油脂工业的问题

这一点我在多次会议上讲过，希望中国民族油脂工业能稳步健康发展，但同时绝对不能说外资油脂工业是民族油脂工业发展的威胁，更不能有排外思想。我认为，外资企业是我国民族油脂工业发展中的竞争对手，但又是促进我国油脂工业发展的积极力量。我们应该承认，中国油脂工业发展到今天，与外资企业所作出的贡献是分不开的。

7. 关于要防止油脂的过度精炼问题

油脂中含有许多天然的营养成分和生物活性物质，对人体健康十分有益。但令人遗憾的是，在油脂精炼过程中，有些有效成分被当作“杂质”除去了。为此，我们要大力提倡食用油的精炼要适度。要最大限度地保留食用油中的有效成分不被破坏或流失。目前一些企业，为了迎合消费者盲目追求精炼油高度无色无味的需求，将油脂进行过度精炼。我认为，这种错误导向和盲目迎合是不可取的。

8. 关于发展生物柴油的问题

为解决石油资源的逐渐枯竭，各国都致力于新能源的开发研究。利用油脂和粮食生产生物柴油及燃料酒精，这是当前各国的热门课题，自然引起了我国各方面的关注。前段时间，利用油脂生产生物柴油掀起了热潮，对此引起了不同反响：有的人认为，发展再生的生物能源好处多，应该大搞，以便跟上国际步伐；有的人则认为，生物柴油的生产技术仍有待研究，只能考虑用废油和不可食用的油脂生产生物柴油。根据中国食用油总量不富足的实际，我们不能将食用油和进口食用油来生产生物柴油。应该反对在发展生物柴油项目上的盲目建设和一哄而起。

以上这些问题，希望引起我们油脂界的高度重视，以促进油脂工业的健康发展。本次座谈会在天津塘沽开发区召开，得到天津市粮油学会的大力支持，下发了通知，并事先专门召开了会议，对此我们深表谢意！

四、“十二五” 期间我国粮油加工业在发展中应关注的一些问题

——在中国粮油学会油脂分会会长办公扩大会议上的讲话

（2011 年 3 月 6 日　于北京）

今年是实施“十二五”发展规划的开局之年，大家对粮油加工业“十二五”发展规划的主要精神十分关心。鉴于《粮油加工发展规划（2011—2020 年）》和《粮油加工业“十二五”发展规划》至今尚未公布，但其基调大体已定，根据规划中有关粮油加工业发展的一些提法，结合我自己的感受，我觉得，以下一些问题应引起我国粮油加工企业在“十二五”发展期间的高度关注。

（一） 粮油的市场需求将持续增长

随着我国人口增长、生活水平提高和城镇化进程加快，我国对粮油消费需求在总量上将继续保持刚性增长的趋势。

据国家统计局 2009 年国民经济和社会发展统计公报，2009 年全国人口为 13.3478 亿人，比 2008 年增加 672 万人，自然增长率为 5.05%。预计 2015 年我国大陆人口将达到 13.69 亿人；2009 年全国城镇人口 6.2186 亿人，占总人口的 46.6%，比 2008 年增加 0.9%，预计到 2015 年城镇化水平将达到 51.5% 左右，城镇人口将达到 7.05 亿人，比 2009 年增加 0.8332 亿人；随着国民经济的继续平稳较快发展和城乡居民收入普遍较快增加，人民生活水平将进一步提高。这意味着在“十二五”期间，我国对粮油消费需求必将呈现刚性的增长，同时也意味着在“十二五”期间，我国粮油加工业将得到进一步的发展。

（二） 粮油加工业的布局将进一步完善

根据“统筹兼顾，协调发展”的原则，按照粮油生产、消费需求、加工业现有的格局和未来发展的潜力，坚持与原料供应相匹配，因地制宜，产区为主，兼顾销区和重要粮油物流节点，调整优化粮油加工业布局，基本形成布局合理、协调发展、优势互补、特色明显的粮油加工业新格局。这较前些年的粮油加工业“产业布局向主产区集中”的提法更加全面，更加科学。

与此同时，要妥善处理好规模扩张与质量提高、总量平衡与结构优化、初加工与精深加工比例、产区与销区协调发展等方面的关系，以引导粮油加工业的健康发展，促进产业布局更加完善。

（三） 倡导 “安全营养、 健康消费” 和 “适度加工” 等理念

粮油加工企业要以食品安全为基本要求，把“优质、营养、健康、方便”作为发

展方向；大力提倡适度加工，提高纯度，提高出品率，合理控制加工精度，避免过度加工。要增加全谷物营养健康食品的比重，树立健康消费观念，改变片面追求“精”“细”“白”的过度消费倾向。为使这一理念变为现实，粮油加工企业要积极配合，要做好思想准备，研究改进装备和加工工艺，制修订好粮油产品的国家标准。

（四） 要重视资源综合利用， 绿色环保和节能降耗

按照循环经济的理念，提高粮油资源综合加工及转化利用水平。不断提高米糠、皮壳、碎米、胚芽、麸皮和油脚等副产物的综合利用水平。树立高效、低碳、节能、节粮、环保意识，加大节能减排、环境保护力度，发展低消耗、低排放、高效率的加工模式，降低水、电、煤、溶剂等消耗和碳排量，减少污染物排放。到 2015 年，使粮油加工业的单位产值能耗比 2009 年降低 20% 左右，单位工业增加值用水量降低 30%，单位产值二氧化碳排放量比 2005 年降低 20%。以建立安全、优质、营养、低耗、绿色和生态的现代粮食加工业体系。

（五） 推进结构调整， 加快转变发展方式

要加快企业组织结构调整，培育壮大龙头企业，引导企业通过兼并重组，适度提高产业集中度，发展拥有知名品牌和核心竞争力的大型企业，改造提升中小型企业发展的质量和水平，形成大中小企业分工协作，协调发展的格局。

要调整产品结构，增加花色品种。按照“安全、优质、营养、健康、方便”的要求，加大新产品开发力度，增加花色品种，提高优、新、特产品的比例。要大力发展专用米、专用面粉、专用油等产品；实施“主食品工业化示范工程”，积极发展工业化生产的米、面制品和市场潜力大、附加值高、科技含量高的方便食品、休闲食品。

要加大对粮油加工企业技术改造扶持力度，鼓励和支持加工企业加大投入，采用先进实用、高效低耗、节能环保、安全技术，开发新产品，降低成本，提高工效。与此同时，要加快淘汰落后产能，充分发挥市场机制，强化卫生、环保、安全和能耗的约束作用，建立产业退出机制，逐步淘汰一批工艺落后、设备陈旧、卫生质量安全和环保不达标、能耗高的落后产能。

粮油加工企业只有通过上述结构调整，才能实施转变发展方式，提高经济效益。

（六） 促进产业集聚， 鼓励和支持粮油加工产业园区建设

充分利用现有资源和区位优势，推进企业适度集聚发展。鼓励和支持大型产业化龙头企业创建粮油加工产业园区，延伸产业链，向产、加、销一体化、专业化、规模化和集约化方向发展。打造一批科技含量高、综合利用全、带动能力强的粮油加工产业园区，并引导加工企业向粮油加工园区集聚，促进上、下游关联企业专业化协作配套，使之成为粮油产业化发展的新型载体，形成集粮油收购、储备、仓储、加工、配送、运输、质检、信息等为一体的粮油产业集群，以推进粮油加工业的集约化经营、规模化发展。

为此，大型粮油加工企业尤其是大型骨干企业应该在各地发展粮油加工产业园区

建设中发挥积极作用。

（七）将提出不同油料加工的发展重点

在油菜籽加工方面：根据不同地区的实际，将在油菜籽主产区分别建设一批年加工油菜籽 10 万 t 和 5 万 t 以上的项目；鼓励建设“一线多能”的多油料品种加工项目。推广菜籽脱皮膨化制油技术，提高菜籽蛋白的利用价值。

在花生加工方面：根据花生主产区的不同情况，分别改建、新建一批年加工花生仁 15 万 t 和 8 万 t 以上的项目；继续发展以浓香花生油为代表的特色花生油；适度开发花生蛋白制品，形成我国特色的花生加工集群。

在棉籽加工方面；鼓励在棉籽集中产区，新建、改建一批年加工棉籽 10 万 t 以上的“一线多能”项目；开发用于煎炸食品的专用棉籽油；推广棉籽脱酚技术，提高棉籽蛋白利用价值。

在大豆加工方面：要严格控制沿海地区大豆油加工产能扩张的速度和规模；鼓励内资企业通过兼并、重组和技术改造，淘汰落后产能，形成具有竞争力的加工企业集团或基地；稳定国产大豆加工产业群，提高国产大豆利用率；充分利用我国非转基因大豆的优势，支持大豆蛋白加工企业生产功能性蛋白产品，扩大功能性大豆蛋白在肉制品、面制品等领域的应用。

在特种油料加工方面：要积极开发利用以油茶籽为代表的特种油料资源，根据不同地区油茶籽的产量，建设若干个年加工油茶籽 5 万 t 和 3 万 t 以上的“一线多能”项目；提倡企业配套建设特种油料基地；支持企业利用特种油脂富含功能性成分的特点，生产营养健康的功能性油脂。

在米糠和玉米胚芽利用方面：要大力推广米糠膨化保鲜技术装备，推广“分散保鲜，集中榨油（浸出）”和“分散榨油，集中精炼”模式，提高米糠利用率。力争到 2015 年，使米糠油和玉米油的产量从 2009 年的 100 万 t 提高到 180 万 t。

（八）要增强自主创新，提升技术装备水平

要推进关键技术创新与产业化。应用现代技术，加强粮油资源深度开发和副产物综合利用、主食品工业化、健康谷物食品加工与绿色保藏等关键共性技术研发，加快推动高新技术产业化示范，提升粮油加工业整体技术水平；要加快企业技术改造升级。推进粮机装备自主化，依托骨干企业建设成套设备制造基地，提高关键设备大型化、智能化水平，重点发展稻谷、小麦、油料和玉米深加工大型高效节能节水设备，加强主食品工业化成套设备的自主创新。要重点支持有一定基础、市场前景广阔、技术含量高、规模较大的关键设备自主化示范：包括砻谷机、碾米机、抛光机、色选机等稻谷加工大型高效节能设备，小麦脱皮机、磨粉机、清粉机等成套制粉设备；重点支持日产 50t 以上发芽糙米、留胚米、营养强化米等新型食品加工设备，面粉后处理高效混合成套设备；日产 5t 以上面制主食品等自动化成套装备，挂面和方便面自动包装设备、米粉（米线）、方便米饭、鲜湿面条生产装备等关键设备自主化示范。加大信息技术应用，推广先进实用技术装备，采用新型清洁生产技术，实施节能减排；要加强技术创

新服务平台建设，搭建公共科技服务平台。提倡以企业为主体构建产业技术创新战略联盟，加强产学研结合，提高自主创新能力。

（九） 完善应急加工供应体系，确保有效供给和国家粮油安全

要建立和完善粮油加工引导生产、满足消费、调节供求的长效机制，保证粮油供应，稳定粮油价格。建立高效便捷的现代粮油供应体系，加强大中城市及重点地区、敏感地区供应渠道网点建设，保障城乡居民食用安全。按照“平急结合、精简节约、布局合理、利于管理”的原则，选择确定一批粮油应急加工企业和供应网点，以应对突发事件和冰雪、地震等严重自然灾害条件下的粮油应急需要。

在这方面，粮油加工企业，尤其是大中型粮油加工骨干企业可以发挥应有的作用。

（十） 要健全安全保障体系， 提高粮油产品的安全水平

要进一步完善粮油加工标准体系建设，加快制修订符合我国国情和特色饮食要求的粮油加工新产品标准，最大程度保存粮油原料中的固有营养成分，防止过度加工，科学提升我国粮油加工产品标准水平；要完善粮油产品的质量安全检测体系建设，推进加工企业 HACCP（危害分析和质量控制点）、ISO22000（质量管理体系）、GMP（良好操作规程）等质量管理体系认证；要强化对农药残留、重金属、污染物等指标的检测；要建立粮油加工企业的诚信管理体系，积极开展“放心粮油”示范工程，以确保粮油产品的安全。

（十一） 要强调行业的准入条件

要研究提出新建设项目的核准要求、企业资质、行业竞争、外商投资管理以及资源节约和环境保护等方面的具体要求。如在“行业竞争”中，将要提出为防止滥用市场支配地位或达成垄断协议，扰乱市场秩序；对玉米、小麦、稻谷加工能力达到全国总量的 10%，或实际加工量达到全国总量的 15% 以上的单个企业或集团，粮食行政部门要依法对其生产运营状况进行重点监测，原则上不再准予继续新建、扩建或并购粮食加工项目；在“资源节约和环境保护”方面，要大力开发和推广节能节水节粮技术装备，加快淘汰粮食加工高能耗、高粮耗、污染环境的工艺装备。对排放未达标整改后仍不符合环保标准和环境保护要求的企业，责令其停止生产。按照确保口粮、饲料粮供应的要求，根据“不与粮争地，不与人争粮”的原则，从国家粮油安全和保护环境出发，对利用小麦粉生产谷朊粉出口的项目，以及利用食用植物油和粮食生产生物能源的项目，要予以严格控制。

五、 我国食用植物油加工业的基本情况与在发展中应关注的问题

——在食品产业发展与安全高峰论坛上的主题报告

（2011 年 7 月 17 日　于河南鹤壁）

很高兴来到鹤壁，参加由鹤壁市人民政府举办的“食品产业发展与安全高峰论坛”，与大家一起研讨食品产业的安全与未来美好的发展前景。下面我就“我国食用植物油加工业的基本情况与在发展中应关注的问题”为题，向大家介绍一些情况，以供参考。

（一） 我国食用植物油加工业的基本情况

根据国家粮食局和中国粮食行业协会提供的统计数据及有关资料，2010 年，全国入统食用植物油加工企业 1 486 个。其中日加工能力 100t 以下的企业 519 个，占食用植物油加工企业总数的 34.92%；日加工能力 100～200t 的企业 314 个，占 21.13%；日加工能力 200～400t 的企业 344 个，占 23.15%；日加工能力 400～1 000t 的企业 163 个，占 10.97%；日加工能力 1 000t 以上的企业 146 个，占 9.83%，2010 年食用植物油加工企业按日加工能力划分比重如图 1 所示。

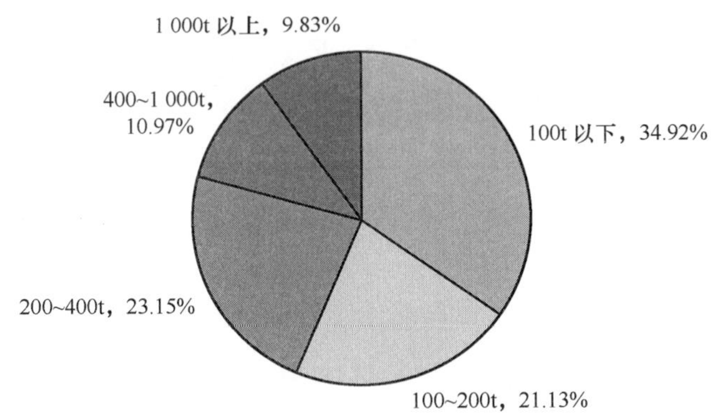

图 1　2010 年食用植物油加工企业按日加工能力划分比重图

2010 年，食用植物油加工业年处理油料能力为 13 111.1 万 t、油脂精炼能力为 3 972.5万 t，分别比上年增加 2 164.8 万 t 和 582.6 万 t，增长 19.8% 和 17.2%；食用植物油汇总产量为 3 154.4 万 t，实际产量为 2 242.5 万 t；实际年处理原料 10 277.9 万 t；产能利用率为 78.39%。年油料处理能力、精炼能力和食用植物油产量按企业经济类型划分，外商及港澳台商投资企业分别为 3 579.3、1 428.6 和 1 371.4 万 t，分别占总数

的 27. 30%、35. 96% 和 43. 48%；民营企业分别为 8 371、2 187 和 1 530. 4 万 t，分别占总数的 63. 84%、55. 06% 和 48. 51%；国有及国有控股企业分别为 1 161、356. 8 和 252. 6 万 t，分别占总数的 8. 86%、8. 98% 和 8. 01%。这三组数据的图解分别如图 2、图 3、图 4 所示。

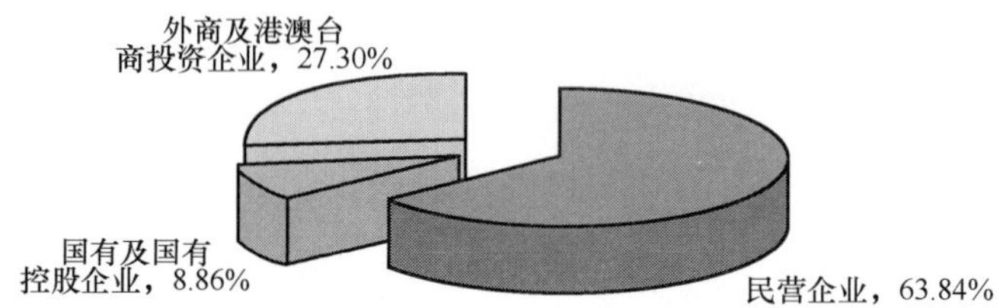

图 2　2010 年食用植物油加工企业年处理油料能力比重图

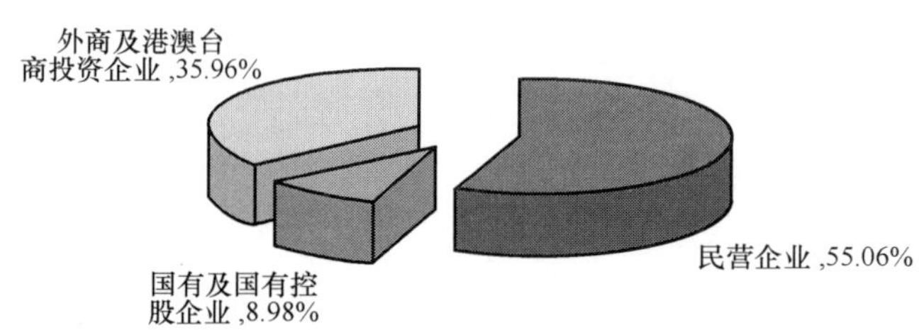

图 3　2010 年食用植物油加工企业精炼能力比重图

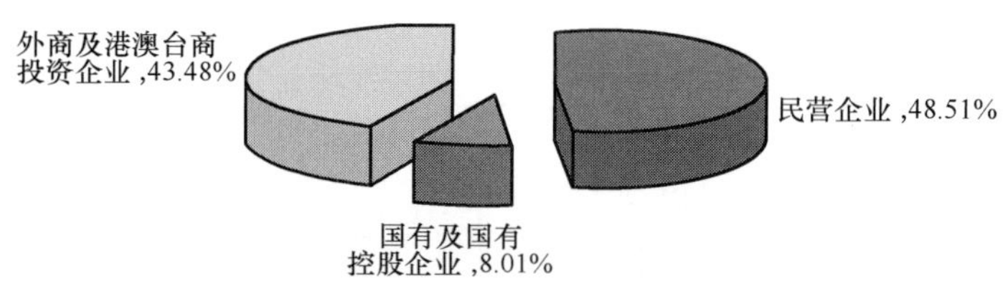

图 4　2010 年食用植物油加工企业产量比重图

2010 年食用植物油加工业油料处理能力排名前三位的是江苏（1 770. 4 万 t）、山东（1 722. 1 万 t）和黑龙江（1 471. 4 万 t）；精炼能力排名前三位的是江苏（617. 2 万 t）、广东（489. 9 万 t）和湖北（398. 2 万 t）。食用植物油产量前十位的是：江苏（540. 3 万 t）、山东（408. 0 万 t）、广东（375. 2 万 t）、湖北（219. 8 万 t）、天津（176. 9 万 t）、河北（149. 5 万 t）、上海（144. 4 万 t）、福建（116. 8 万 t）、广西（109. 0 万 t）和辽宁（108. 8 万 t），如图 5 所示。从产品结构看，一级油的产量为 1 353. 6 万 t、二级油为 90. 1 万 t、三级油为 187. 5 万 t、四级油为 642. 5 万 t。另外，食用调和油的产量为 196. 6 万 t；小包装食用油的产量为 324. 8 万 t。年产量 10 万 t 以上的企业 73 个，比上年增加 2 个，合计产量达 1 757. 2 万 t，占入统食用植物油企业总产量的 55. 7%。产量位居前三位的企业分别是：益海嘉里（中国）（665. 8 万 t）、中粮集团有限公司（245

万 t）和九三粮油工业集团有限公司（107. 9 万 t）。

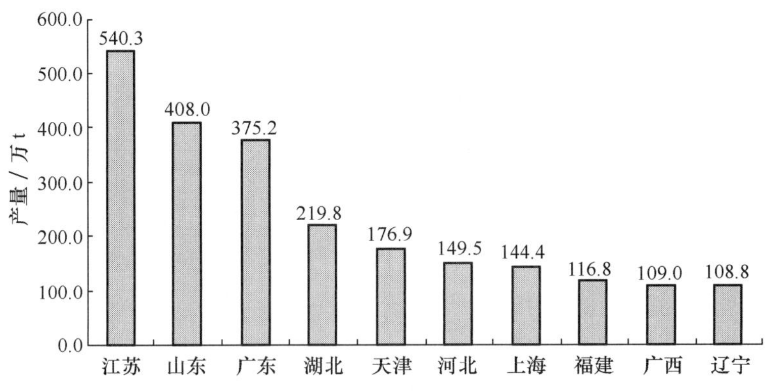

图 5　2010 年食用植物油产量前十位的省市区

2010 年食用植物油产量以大豆油、菜籽油、棕榈油和花生油为主，四个品种产量达 1 984. 8 万 t，占食用植物油实际总产量的 88. 5%，其中大豆油产量为 1 160. 2 万 t，占总产量的 51. 7%；菜籽油产量为 512. 5 万 t，占总产量的 22. 9%；棕榈油产量为 181. 6 万 t，占总产量的 8. 1%；花生油产量 130. 5 万 t，占总产量的 5. 8%。其他油品的产量和所占比重是：玉米油 86. 2 万 t，占 3. 8%；棉籽油 76. 8 万 t，占 3. 4%；葵花籽油 21. 3 万 t，占 1. 0%；米糠油 21. 1 万 t，占 1. 0%；芝麻油 12. 7 万 t，占 0. 6%；油茶籽油 7. 7 万 t，占 0. 3%；其他油脂 32. 2 万 t，占 1. 4%，如图 6 所示。

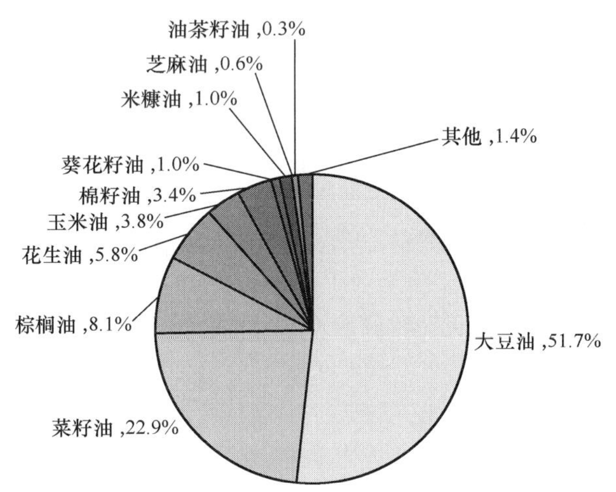

图 6　2010 年不同品种油脂占总产量的比重图

2010 年，入统食用植物油企业工业总产值 4 352. 1 亿元，产品销售收入 4 310. 6 亿元，利税总额 150. 3 亿元，利润总额 104. 8 亿元（产值利润率为 2. 4%），资产总计 3 285. 3亿元，负债合计 2 327. 2 亿元（资产负债率为 71%），年末从业人数 17. 9 万人。

（二）2010 年我国食用植物油加工业经济运行的主要特点

2010 年，我国食用植物油加工业在经济运行中主要有以下几个特点：

1. 生产能力和产量继续保持较高的增长速度

2010 年，入统食用植物油加工企业年处理油料能力为 13 111. 1 万 t、油脂精炼能力为 3 972. 5 万 t，分别比 2009 年增加 2 164. 8 万 t 和 582. 8 万 t，增长 19. 8% 和 17. 2% 。食用植物油的汇总产量 3 154. 4 万 t，比 2009 年增加 373. 5 万 t，增长 13. 4%。这些数据表明 2010 年度我国食用植物油加工业的生产能力和产量继续保持着较高的增长速度。

2. 现价工业总产值、 产品销售收入和资产总额等主要经济指标再创历史新高

2010 年，入统食用植物油企业现价工业总产值 4 352. 1 亿元，产品销售收入 4 310. 6亿元，资产总额 3 285. 3 亿元，分别比 2009 年增长 17. 9% 、19. 0% 和 29. 8% 。这些数据表明，2010 年我国食用植物油加工业的现价工业总产值、产品销售收入和资产总额等主要经济指标的增长率和绝对值均创历史新高。

3. 经济效益较好， 资产负债率上升

2010 年，我国食用植物油加工企业虽然受到了国际金融危机、国际原油及食用植物油价格大起大落的不利影响，但利税总额和利润总额分别达到了 150. 3 亿元和 104. 8 亿元，创造了历史之最，为米、面、油加工企业利税总额 233. 5 亿元和利润总额 168. 4 亿元的 64. 4% 和 62. 2% 。但值得注意的是，由于固定资产投资增长较快和原料价格上涨导致资金占有量大等原因，资产负债率由 2009 年的 58. 4% 上升到 2010 年的 71. 0% ，上升了 12. 6 个百分点，需要引起我们的高度重视。

4. 企业规模增大， 生产集中度进一步提高

在食用植物油加工企业中，2010 年日加工能力 400t 以上的企业 309 个，只占企业总数的 20. 8% ，但其油料处理能力达 9 573. 8 万 t，占油料处理总能力的 73. 0% ，油脂精炼能力达 1 965. 6 万 t，占油脂精炼总能力的 49. 5% 。据统计，2010 年年产量 10 万 t 以上食用植物油加工企业 73 个，合计食用油产量 1 757. 2 万 t，占入统食用植物油企业总产量的 55. 7% 。这些数据表明，我国食用植物油加工业的规模化和集约化程度正在加快。

5. 产品结构以大豆油和精炼油为主

在食用植物油产量中，2010 年，大豆油的产量为 1 160. 2 万 t，占总产量的 51. 7% ，占据食用植物油的半壁江山。米糠油和玉米油的合计产量达 107. 3 万 t，首次超过百万吨，成为在我国油脂市场上仅次于大豆油、棕榈油、菜籽油和花生油之后的第五大食用油产品。在产品档次上，一级油（色拉油）、二级油（高级调和油）和三级油（原一级油）的合计产量为 1 631. 2 万 t，占入统食用植物油加工企业食用植物油实际产量的 72. 2% 。从安全、营养和满足部分消费群体需要出发，2010 年我国小包装食用油达 324. 8 万 t；食用调和油的产量为 196. 6 万 t，这是值得我们关注的油品。

（三）“十二五”期间我国食用植物油加工业在发展中应关注的一些问题

今年是实施“十二五”发展规划的开局之年，大家对粮油加工业“十二五”发展规划的主要精神十分关心。鉴于《粮油加工业发展规划（2011—2020年）》和《粮油加工业“十二五”发展规划》至今尚未公布，但其基调大体已定，根据规划中有关粮油加工业发展的一些提法，结合我自己的感受，我觉得，以下一些问题应引起我国食用植物油加工企业在“十二五”发展期间的高度关注。

1. 食用植物油的市场需求将持续增长

随着我国人口增长、生活水平提高和城镇化进程加快，我国对食用油消费需求在总量上将继续保持刚性增长的趋势。

据预测，2020年我国居民人均年食用植物油消费量为20kg，消费需求总量将达到2 900万t。随着国民经济的继续平稳较快发展和城乡居民收入普遍较快增加，人民生活水平将进一步提高。这意味着在“十二五”期间，我国对食用植物油消费需求必将呈现刚性的增长，同时也意味着在“十二五”期间，我国食用植物油加工业将得到进一步的发展。

2. 粮油加工业的布局将进一步完善

根据“统筹兼顾，协调发展”的原则，按照粮油生产、消费需求、加工业现有的格局和未来发展的潜力，坚持与原料供应相匹配，因地制宜，产区为主，兼顾销区和重要粮油物流节点，调整优化粮油加工业布局，基本形成布局合理、协调发展、优势互补、特色明显的粮油加工业新格局。这较前些年的粮油加工业“产业布局向主产区集中”的提法更加全面，更加科学。

与此同时，要妥善处理好规模扩张与质量提高、总量平衡与结构优化、初加工与精深加工比例、产区与销区协调发展等方面的关系，以引导粮油加工业的健康发展，促进产业布局更加完善。

3. 倡导“安全营养、健康消费”和“适度加工”等理念

粮油加工企业要以食品安全为基本要求，把“优质、营养、健康、方便”作为发展方向；大力提倡适度加工，提高纯度，提高出品率，合理控制加工精度，避免过度加工。要树立健康消费观念，改变米、面产品片面追求“精”“细”“白”和食用油产品“油色过淡”的过度消费倾向。

为这一理念变为现实，粮油加工企业要积极配合，要做好思想准备，研究改进装备和加工工艺，制修订好粮油产品的国家标准。

4. 要重视资源综合利用，绿色环保和节能降耗

按照循环经济的理念，提高粮油资源综合加工及转化利用水平。不断提高米糠、皮壳、碎米、胚芽、麸皮和油脚等副产物的综合利用水平。树立高效、低碳、节能、节粮、环保意识，加大节能减排、环境保护力度，发展低消耗、低排放、高效率的加工模式，降低水、电、煤、溶剂等消耗和碳排量，减少污染物排放。到2015年，使粮油加工业的单位产值能耗比2009年降低20%左右，单位工业增加值用水量降低30%，

单位产值二氧化碳排放量比 2005 年降低 20%。以建立安全、优质、营养、低耗、绿色、生态的现代粮食加工业体系。

5. 推进结构调整，加快转变发展方式

要加快企业组织结构调整，培育壮大龙头企业，引导企业通过兼并重组，适度提高产业集中度，发展拥有知名品牌和核心竞争力的大型企业，改造提升中小型企业发展的质量和水平，形成大中小企业分工协作，协调发展的格局。

要调整产品结构，增加花色品种。按照“安全、优质、营养、健康、方便”的要求，加大新产品开发力度，增加花色品种，提高优、新、特产品的比例。要大力发展专用米、专用面粉、专用油等产品。

要加大对粮油加工企业技术改造扶持力度，鼓励和支持加工企业加大投入，采用先进实用、高效低耗、节能环保、安全技术，开发新产品，降低成本，提高工效。与此同时，要加快淘汰落后产能。充分发挥市场机制，强化卫生、环保、安全、能耗的约束作用，建立产业退出机制，逐步淘汰一批工艺落后、设备陈旧、卫生质量安全和环保不达标、能耗高的落后产能。

粮油加工企业只有通过上述结构调整，才能实施转变发展方式，提高经济效益。

6. 促进产业集聚，鼓励和支持粮油加工产业园区建设

充分利用现有资源和区位优势，推进企业适度集聚发展。鼓励和支持大型产业化龙头企业创建粮油加工产业园区，延伸产业链，向产、加、销一体化、专业化、规模化、集约化方向发展。打造一批科技含量高、综合利用全、带动能力强的粮油加工产业园区，并引导加工企业向粮油加工园区集聚，促进上、下游关联企业专业化协作配套，使之成为粮油产业化发展的新型载体，形成集粮油收购、储备、仓储、加工、配送、运输、质检、信息等为一体的粮油产业集群，以推进粮油加工业的集约化经营、规模化发展。

为此，食用植物油加工企业尤其是大型骨干企业应该在各地发展粮油加工产业园区建设中发挥积极作用。

7. 将提出不同油料加工的发展重点

（1）在油菜籽加工方面　根据不同地区的实际，将在油菜籽主产区分别建设一批年加工油菜籽 10 万 t 和 5 万 t 以上的项目；鼓励建设“一线多能”的多油料品种加工项目。推广菜籽脱皮膨化制油技术，提高菜籽蛋白的利用价值。

（2）在花生加工方面　根据花生主产区的不同情况，分别改建、新建一批年加工花生仁 15 万 t 和 8 万 t 以上的项目；继续发展以浓香花生油为代表的特色花生油；适度开发花生蛋白制品，形成我国特色的花生加工集群。

（3）在棉籽加工方面　鼓励在棉籽集中产区，新建、改建一批年加工棉籽 10 万 t 以上的“一线多能”项目；开发用于煎炸食品的专用棉籽油；推广棉籽脱酚技术，提高棉籽蛋白利用价值。

（4）在大豆加工方面　要严格控制沿海地区大豆油加工产能扩张的速度和规模；鼓励内资企业通过兼并、重组和技术改造，淘汰落后产能，形成具有竞争力的加工企业集团或基地；稳定国产大豆加工产业群，提高国产大豆利用率；充分利用我国非转基因大豆的优势，支持大豆蛋白加工企业生产功能性蛋白产品，扩大功能性大豆蛋白在肉制品、面制品等领域的应用。

（5）在特种油料加工方面　要积极开发利用以油茶籽为代表的特种油料资源，根据不同地区油茶籽的产量，建设若干个年加工油茶籽 5 万 t 和 3 万 t 以上的“一线多能”项目；提倡企业配套建设特种油料基地；支持企业利用特种油脂富含功能性成分的特点，生产营养健康的功能性油脂。

（6）在米糠和玉米胚芽利用方面　要大力推广米糠膨化保鲜技术装备，推广“分散保鲜、集中榨油（浸出）”和“分散榨油、集中精炼”模式，提高米糠利用率。力争到 2015 年，使米糠油和玉米油的产量从 2009 年的 100 万 t 提高到 180 万 t。

8. 要增强自主创新，提升技术装备水平

要推进关键技术创新与产业化，应用现代技术。加强粮油资源深度开发和副产物综合利用、主食品工业化、健康谷物食品加工与绿色保藏等关键共性技术研发，加快推动高新技术产业化示范，提升粮油加工业整体技术水平；要加快企业技术改造升级。推进粮机装备自主化，依托骨干企业建设成套设备制造基地，提高关键设备大型化、智能化水平，重点发展稻谷、小麦、油料和玉米深加工大型高效节能节水设备，加强主食品工业化成套设备的自主创新。要重点支持有一定基础、市场前景广阔、技术含量高、规模较大的关键设备自主化示范：加大信息技术应用，推广先进实用技术装备，采用新型清洁生产技术，实施节能减排；要加强技术创新服务平台建设，搭建公共科技服务平台。提倡以企业为主体构建产业技术创新战略联盟，加强产学研结合，提高自主创新能力。

9. 完善应急加工供应体系，确保有效供给和国家粮油安全

要建立和完善粮油加工引导生产、满足消费、调节供求的长效机制，保证粮油供应，稳定粮油价格。建立高效便捷的现代粮油供应体系，加强大中城市及重点地区、敏感地区供应渠道网点建设，保障城乡居民食用安全。按照“平急结合、精简节约、布局合理、利于管理”的原则，选择确定一批粮油应急加工企业和供应网点，以应对突发事件和冰雪、地震等严重自然灾害条件下的粮油应急需要。

在这方面，食用植物油加工企业，尤其是大中型骨干企业可以发挥应有的作用。

10. 要健全安全保障体系，提高粮油产品的安全水平

要进一步完善粮油加工标准体系建设，加快制修订符合我国国情和特色饮食要求的粮油加工新产品标准，最大程度保存粮油原料中的固有营养成分，防止过度加工，科学提升我国粮油加工产品标准水平；要完善粮油产品的质量安全检测体系建设，推进加工企业 HACCP（危害分析与关键控制点）、ISO22000（质量管理体系）、GMP（良好操作规程）等质量管理体系认证；要强化对农药残留、重金属、污染物等指标的检测；要建立粮油加工企业的诚信管理体系，积极开展“放心粮油”示范工程，以确保粮油产品的安全。

11. 要强调行业的准入条件

要研究提出新建设项目的核准要求、企业资质、行业竞争、外商投资管理以及资源节约和环境保护等方面的具体要求。如在“行业竞争”中，将要提出为防止滥用市场支配地位或达成垄断协议，扰乱市场秩序，对玉米、小麦、稻谷加工能力达到全国总量的10%，或实际加工量达到全国总量的15%以上的单个企业或集团，粮食行政部门要依法对其生产运营状况进行重点监测，原则上不再准予继续新建、扩建或并购粮食加工项目，这些准入条件对食用植物油加工企业也是同样适用的。

在“资源节约和环境保护”方面，要大力开发和推广节能节水节粮技术装备，加快淘汰粮食加工高能耗、高粮耗、污染环境的工艺装备。对排放未达标整改后仍不符合环保标准和环境保护要求的企业，责令其停止生产。按照确保口粮、饲料粮供应的要求，根据“不与粮争地，不与人争粮”的原则，从国家粮食安全和保护环境出发，对利用小麦粉生产谷朊粉出口的项目，以及利用食用植物油和粮食生产生物能源的项目，要予以严格控制。

六、 在2012年天津滨海新区食用油加工企业座谈会上的发言

（2012年1月4日　于天津）

（一） 我国的粮食形势

如何分析当前我国的粮食形势，对粮油企业来说是至关重要的。一个月前，我们在深圳召开了中国粮食行业协会小麦分会的会长扩大办公会议，会上白美清会长等领导就当前粮食的形势进行了分析，结合我自己的一些感受，大体可用三句话来概括“八连丰”后的我国粮食形势：

1. “近期粮食供应还是有保障的，粮价也是可控的”

2011年全国粮食总产量达5.71亿t（其中三大主粮达5亿t），取得“八连丰”的好收成（油料生产产量还未公布，但估计秋油形势很好，估计也是个丰收年），这为保障我国的粮食供应和粮价的可控、平稳，提供了物质基础。

2. “粮食供应紧平衡没有根本改变，紧平衡将成为我国粮食供需的常态”

由于受耕地、水资源因素的制约，我国增产粮油的速度缓慢，而需求继续呈刚性增长，尤其是饲料和工业用粮增长强劲。所以，从长远来看，粮食供应紧平衡将成为我国粮食供应的常态。在食用油的供应方面依赖进口，将成为我国食用油供需平衡的常态。

3. “粮食和农业有可能成为制约我国国民经济发展的瓶颈”

这些年来，在一些地方轻视农业，轻视粮食生产的现象有所抬头，变成了农业和粮食生产的副业化、粮食流通的边缘化和粮食管理部门的空心化，这种不正常现象使粮食成了“金融、粮食、能源”三大安全中的最薄弱环节。为此，专家们呼吁，这一现象必须引起我们的高度重视，建立符合我国国情的可持续、抗风险、能自主的粮食安全保障体系。

（二） 粮油加工在发展中应引起我们重视的几个问题

据了解，粮油加工业的“十二五”规划将会很快公布，我认为，对粮油加工企业来说，我们除了要始终高度重视粮油产品的质量与安全、营养与健康、绿色与环保、节能与减排等重点工作以外，我感到以下几个问题需要我们进行研究和重视：

1. 关于要求实施“清洁生产”的问题

为确保粮油产品的质量与安全，在粮油加工环节实行“清洁生产”是至关重要的。这项工作已在面粉行业取得经验并将逐步展开，他们采用小麦入磨前先进行轻度“擦

碾”以除去小麦表皮的尘土，再用纯净水对小麦进行“着水”，在小麦碾磨后的输送环节，管道改用不锈钢材质，以免管道生锈、腐蚀等不利情况的发生，从而使小麦粉中的菌落总数含量大幅下降，深受食品生产企业的欢迎，产品供不应求。我想大米和油脂加工在“清洁生产”中，也应该大有文章可做。

2. 关于要纠正粮油产品 “三过度” 的问题

粮油产品面广、量大，与人民生活息息相关。如今有些粮油产品在生产和消费过程中，存在着“过度加工”“过度包装”和“过度宣传”的“三过度”现象。现在，除了对“过度加工”已有共识外（但尚未纠正），在部分粮油产品中存在着的“包装过度”造成产品成本加大和包装物料等社会资源极大浪费的现象，没有引起我们的足够重视，并有越演越烈的发展势头。另外，在部分粮油产品中，尤其是对食用油产品的“宣传过度”现象比较突出。诸如“不含胆固醇”“非化学溶剂浸出”“不含抗氧化剂”“××指定用油”等，有的广告宣传故弄玄虚，使消费者不知所云等。上述“三过度”现象必须引起我们行业的高度重视，要像纠正行业的不正之风一样，努力加以纠正。

3. 关于所谓的 “回归自然， 提高营养价值” 的问题

从营养健康角度出发，近几年来，粮食加工中宣传“全谷物食品”，油料加工中宣传“冷榨油”，均属时尚并引起了社会的重视。对于这个问题，我觉得宣传也不能过头。

我认为，倡导营养、健康消费是当前发展的趋势，“全谷物食品”是营养健康食品的典型代表，发达国家高度重视正在掀起的“全谷物食品”热潮，随着我国人民生活水平的提高，“全谷物食品”在我国也开始被重视（2010 年我国全麦粉产量为 74.6 万 t，另有糙米、发芽糙米、苗芽米等的研究和生产）。

我认为，“全谷物食品”在我国是要被提倡发展的。“全谷物”是精加工而不是粗加工（需要加强精选清理），不是所有的谷物都能加工成“全谷物食品”的（从种植开始就要精选出高品质原料），“全谷物食品”不可能成为米面产品的主体，不能盲目发展。“全谷物食品”要想较好发展，必须研究解决其口感问题，否则难以开拓市场。对于发展“冷榨油”的做法也要适度，冷榨油是可以不通过精炼就能食用的。所以，并非所有的油料（如棉籽、油菜籽）都能用来进行冷榨的，冷榨油的原料必须经过严格精选，否则后患无穷。冷榨油也绝不可能成为世界食用油的主导产品。

4. 关于转基因大豆油的安全问题

大豆油是安全的，大豆油中不含转基因成分，人们可以放心食用。

七、 我国食用植物油的产需简况与学习贯彻《粮油加工业“十二五”发展规划》的建议

——在中国粮油学会油脂分会会长办公扩大会议上的专题报告

（2012 年 4 月 9 日　于山东济南）

本次会长扩大办公会议的主要内容是进一步研究落实今年 8 月 6 日总会将在北京召开的“第十四届国际谷物科技与面包大会暨国际油料与油脂科技发展论坛”和 9 月下旬分会将在安徽召开的“第 21 届学术交流年会”的有关事项。在研究讨论具体问题之前，我先给大家通报一下 2011 年我国食用植物油的产需简况，并就学习贯彻《粮油加工业“十二五”发展规划》讲几点建议，供大家参考。

（一） 我国油脂油料的生产与需求简况

1. 我国油料生产情况

为满足我国经济发展和人民生活水平不断提高的需要，国家在发展粮食生产的同时，高度重视发展油脂油料生产，促使了我国油脂油料生产不断提高。根据国家粮油信息中心的统计，我国油菜籽、大豆、花生、棉籽、葵花籽、芝麻、油茶籽、亚麻籽等八大油料 1990 年以来的产量见表 1。根据预测，2011 年我国八大油料的产量分别为：棉籽 1 188 万 t、大豆 1 350 万 t、油菜籽 1 280 万 t、花生果 1 620 万 t、葵花籽 240 万 t、芝麻 61 万 t、亚麻籽 34 万 t、油茶籽 115 万 t，总产量为 5 817 万 t，比 2010 年略有增长。

表 1　　我国 1990—2010 年主要油料生产情况　　单位：kt

年份	油籽总产量	其中：棉籽	大豆	油料	其中：油菜籽	花生果	葵花籽	芝麻	亚麻籽	油茶籽
1990	35 246	8 114	11 000	16 132	6 958	6 368	1 339	469	535	523
1991	36 311	10 215	9 713	16 383	7 436	6 303	1 422	435	515	621
1992	34 830	8 114	10 304	16 412	7 653	5 953	1 473	516	520	629
1993	40 076	6 730	15 307	18 039	6 936	8 421	1 282	563	496	488
1994	43 710	7 814	16 000	19 896	7 492	9 682	1 367	548	511	631
1995	44 585	8 582	13 500	22 503	9 777	10 235	1 269	583	364	623
1996	42 891	7 565	13 220	22 106	9 201	10 138	1 323	575	553	697
1997	44 587	8 285	14 728	21 574	9 578	9 648	1 176	566	393	857
1998	46 393	8 102	15 152	23 139	8 301	11 886	1 465	656	523	723
1999	47 155	6 892	14 251	26 012	10 132	12 639	1 765	743	404	793

续表

年份	油料总产量	其中：棉籽	大豆	油料	其中：油菜籽	花生果	葵花籽	芝麻	亚麻籽	油茶籽
2000	52 910	7 951	15 411	29 548	11 381	14 437	1 954	811	344	823
2001	53 638	9 582	15 407	28 649	11 331	14 416	1 478	804	243	825
2002	53 788	8 309	16 507	28 972	10 552	14 818	1 946	895	409	855
2003	52 251	8 747	15 394	28 110	11 420	13 420	1 743	593	450	780
2004	59 445	11 382	17 404	30 659	13 182	14 342	1 552	704	426	875
2005	57 407	10 286	16 350	30 771	13 052	14 342	1 928	625	362	875
2006	55 044	13 559	15 082	26 403	10 966	12 738	1 440	662	374	920
2007	52 135	13 723	12 725	25 687	10 573	13 027	1 187	557	268	939
2008	58 559	13 486	15 545	29 528	12 102	14 286	1 792	586	350	990
2009	58 003	11 479	14 981	31 543	13 657	14 708	1 956	622	318	1 169
2010	58 114	10 730	15 083	32 301	13 082	15 644	2 298	587	324	1 092
2011 预测	58 170	11 880	13 500	32 790	12 800	16 200	2 400	610	340	1 150

据统计，2011 年，我国国产油料的制油量（除大豆、花生、芝麻和葵花籽 4 种油料部分直接食用外）为 1 091. 8 万 t（见表 2），与 2011 年我国食用油的年度总供给量为 2865. 1 万 t 差距较大。

表 2　　2011 年我国国产油料制油量

油料品种	制油量/kt	出油量/kt	出油率/%
油菜籽	12 000	4 260	35. 50
花生果	7 500	2 363	31. 50
棉籽	11 000	1 430	13. 00
大豆	4 000	640	16. 00
葵花籽	1 200	300	25. 00
油茶籽	1 000	250	25. 00
亚麻籽	300	90	30. 00
芝麻	300	135	45. 00
玉米油		600	
米糠油		800	
其他		50	
合计		10 918	

2. 我国油脂油料的进出口情况

在国家多项惠农政策的支持、鼓励下，我国的油料生产发展较快，但其发展速度仍跟不上人民生活水平不断提高的需求。为满足食用油市场供应日益增长的需求，我国政府在提高国内油料产量的同时，增加了油脂油料的进口数量，并呈现不断加速上升的趋势，1996—2011 我国油脂油料进口量见表3。现在，我国油脂油料净进口折油总量已由2000 年的461.4 万 t 上升到2010 年的2 088.9 万 t，十年间增长353%，平均年增长35.3%。与此同时，出现了我国食用植物油的自给率由21 世纪初的60%下降到目前的38%左右的现实状况，1998—2010 年中国油脂油料进出口折油量见表4。

表 3　　1996—2011 年我国油脂油料进口量　　单位：kt

年份	大豆进口量	菜籽进口量	植物油进口量	其中：			
				豆油	棕榈油	菜籽油	其他植物油
1996	1 108	0	2 640	1 295	1 012	316	17
1997	2 792	55	2 750	1 193	1 146	351	60
1998	3 196	1 386	2 060	829	930	285	17
1999	4 315	2 595	2 080	804	1 194	69	13
2000	10 416	2 969	1 872	308	1 391	75	99
2001	13 937	1 724	1 674	70	1 517	49	38
2002	11 315	618	3 212	870	2 221	78	43
2003	20 741	167	5 418	1 884	3 325	152	57
2004	20 229	424	6 764	2 517	3 857	353	38
2005	26 590	296	6 213	1 694	4 330	178	11
2006	28 270	738	6 715	1 543	5 082	44	46
2007	30 821	833	8 397	2 823	5 095	375	104
2008	37 436	1 303	8 163	2 586	5 282	270	25
2009	42 552	3 286	9 502	2 391	6 441	468	202
2010	54 797	1 600	8 262	1 341	5 696	985	240
2011	52 640	1 262	7 798	1 143	5 912	551	192

表 4　　1998—2010 年中国油脂油料进出口折油量　　单位：万 t

年份	进口折油	大豆油	菜籽油	棕榈油	大豆	油菜籽	出口折油	净进口折油
1998	327.7	82.9	28.5	92.9	319.3	138.6	44.1	283.6
1999	394.5	80.4	6.9	119.4	431.9	259.5	30.9	363.6
2000	496.8	30.8	7.5	139.1	1 041.9	296.9	35.4	461.4
2001	514.4	7.0	7.3	151.7	1 393.9	172.4	39.9	474.5
2002	570.2	87.0	7.8	222.1	1 131.5	61.8	38.9	531.3

续表

年份	进口折油	大豆油	菜籽油	棕榈油	大豆	油菜籽	出口折油	净进口折油
2003	958.3	188.4	15.2	332.5	2074.1	16.7	35.5	922.8
2004	1 055.0	252.0	35.3	385.6	2 023.0	47.0	30.0	1 025.0
2005	1 109.5	169.4	17.8	433.0	2 659.0	29.6	27.6	1 081.9
2006	1 281	154	4.4	508	2 827	74	53	1 228
2007	1 510	282	37.5	548	3 080	83	35.6	1 475
2008	1 614	250	27	528	3 744	130	39	1 575
2009	2 056.8	239.1	132.7	644.1	4 255.2	328.6	20.5	2 036.3
2010	2 112.7	134.0	98.5	569.6	5 479.7	160.0	23.8	2 088.9

3. 我国食用油市场产销情况

2011 年，我国食用油市场年度总供给量为 2 865.1 万 t，其中包括国产油料和进口油料生产的食用油为 2 050.8 万 t。直接进口各种食用油合计 814.3 万 t，2000—2011 年我国食用油市场综合平衡分析见表 5。2011 年我国食用油的食用消费量为 2 515 万 t，工业及其他消费为 250 万 t，出口为 12.4 万 t，合计年度需求总量为 2 777.4 万 t。年度结余量为 87.7 万 t。我们可以推算出 2011 年我国进口油脂油料的总折油量为 1 773.3 万 t（即总供给量 2 865.1 万 t 减去国产油料制油量 1 091.8 万 t 之差），自给率为 38.1%。

4. 我国食用植物油人均消费情况

随着国产油脂油料和进口油脂油料数量的快速增加，我国居民食用植物油的可供应量和人均年占有量得到了快速增长。据测算，我国居民人均年消费占有量由 1996 年的 7.7kg 上升到 2011 年的 21.2kg，已经达到世界人均水平，见表 6。

5. 几点启示

根据上述数据分析，我们可以看到如下一些问题，值得我们重视。

（1）2011 年，我国食用油的消费总量为 2 865.1 万 t，人均年消费量为 21.2kg，已经接近和提前超过了《国家粮食安全中长期规划纲要（2008—2020 年）》中预测的“到 2020 年我国居民人均年食用油消费量为 20kg，消费总量将达到 2 900 万 t”的指标。随着人民生活水平的进一步提高，城镇化进程的加快，我国食用油的消费量还将呈刚性增长，应该早作准备。

（2）《国家粮食安全中长期规划纲要（2008—2020 年）》中提出，到 2020 年我国食用植物油自给率不低于 40%。而目前我国食用油的自给率只有 38% 左右，如果不采取有效措施，要达到不低于 40% 的自给率是有难度的。我一直认为，提高我国食用油自给率的最有效途径是：在耕地上，油料生产发展的重点应放在“冬抓休闲地，春抓撂荒地”上；在油料品种的发展上，重点应放在扩大油菜籽、花生和葵花的种植上，放在扶持和发展以油茶为代表的木本油料和其他特种油料上；在育种上，重点应放在

表 5　　2000—2011 年我国食用油市场综合平衡分析　　单位:kt

指标	2000/2001	2001/2002	2002/2003	2003/2004	2004/2005	2005/2006	2006/2007	2007/2008	2008/2009	2009/2010	2010/2011
生产量											
豆油	3 489	3 415	4 839	4 608	6 090	6 383	6 275	7 035	7 825	9 150	10 050
菜籽油	4 689	4 132	3 544	3 928	4 474	4 576	4 010	3 852	4 656	5 899	4 876
棉籽油	945	1 148	1 095	1 088	1 392	1 233	1 580	1 534	1 495	1 326	1 235
花生油	2 111	2 123	2 205	2 079	2 142	2 095	1 796	1 796	2 048	2 148	2 347
棕榈油	0	0	0	0	0	0	0	0	0	0	0
其他油脂	831	879	1 066	1 093	1 122	1 272	1 378	1 587	1 668	1 800	2 000
总计	12 064	11 696	12 749	12 795	15 220	15 558	15 037	15 804	17 691	20 323	20 508
进口量											
豆油	70	370	1 715	2 721	1 728	1 516	2 413	2 727	2 494	1 514	1 319
菜籽油	78	41	85	329	269	64	154	360	389	544	964
棉籽油	0	0	0	0	0	0	0	0	0	0	0
花生油	16	11	5	7	4	3	2	6	20	48	68
棕榈油	1 900	2 020	3 104	3 570	4 320	4 985	5 139	5 223	6 118	5 760	5 712
其他油脂	0	0	9	51	6	11	37	69	91	198	80
总计	2 064	2 442	4 918	6 678	6 327	6 580	7 745	8 385	9 111	8 064	8 143
年度供给量											
豆油	3 559	3 785	6 554	7 328	7 818	7 899	8 688	9 762	10 319	10 664	11 369
菜籽油	4 767	4 173	3 629	4 257	4 743	4 640	4 164	4 213	5 044	6 443	5 840
棉籽油	945	1 148	1 095	1 088	1 392	1 233	1 580	1 534	1 495	1 326	1 235
花生油	2 127	2 134	2 210	2 086	2 146	2 098	1 798	1 802	2 067	2 196	2 415

续表

指标	2000/2001	2001/2002	2002/2003	2003/2004	2004/2005	2005/2006	2006/2007	2007/2008	2008/2009	2009/2010	2010/2011
棕榈油	1 900	2 020	3 104	3 570	4 320	4 985	5 139	5 223	6 118	5 760	5 712
其他油脂	831	879	1 075	1 144	1 128	1 283	1 415	1 656	1 759	1 998	2 080
总计	14 129	14 139	17 667	19 473	21 547	22 137	22 782	24 188	26 802	28 387	28 651
国内食用消费											
豆油	3 056	3 316	5 000	6 483	7 020	7 400	8 050	8 250	8 500	9 100	10 000
菜籽油	4 500	4 700	3 800	4 200	4 500	4 700	4 050	4 200	4 200	4 500	5 500
棉籽油	930	1 140	1 100	1 150	1 380	1 200	1 600	1 550	1 300	1 250	1 250
花生油	2 112	2 120	2 202	2 102	2 200	2 000	1 850	1 790	1 840	1 950	2 300
棕榈油	1 600	1 800	2 450	2 500	3 100	3 750	4 000	4 000	4 650	4 600	4 300
其他油脂	602	642	798	893	828	957	1 071	1 330	1 425	1 600	1 800
总计	12 800	13 718	15 350	17 328	19 028	20 007	20 621	21 120	21 915	23 000	25 150
工业及其他消费											
豆油	420	450	480	550	600	650	650	650	680	800	950
菜籽油	0	0	0	0	0	0	0	0	0	0	0
棉籽油	0	0	0	0	0	0	0	0	0	0	0
花生油	0	0	0	0	0	0	0	0	0	0	0
棕榈油	300	300	640	950	1 150	1 220	1 150	1 150	1 150	1 200	1 250
其他油脂	221	230	245	235	227	228	253	263	273	280	300
总计	941	980	1 365	1 735	1 977	2 098	2 053	2 063	2 103	2 280	2 500
出口量											
豆油	53	51	13	15	40	105	94	102	83	75	52

菜籽油	74	34	12	5	6	66	119	7	10	5	4
棉籽油	0	0	0	0	0	0	0	0	0	4	3
花生油	15	12	13	25	25	15	20	10	10	9	10
棕榈油	0	0	0	0	0	0	0	0	0	0	0
其他油脂	0	0	0	12	66	90	85	60	55	30	55
总计	142	97	38	57	138	277	319	178	159	123	124
年度需求总量											
豆油	3 529	3 817	5 493	7 048	7 660	8 155	8 794	9 002	9 263	9 975	11 002
菜籽油	4 574	4 734	3 812	4 205	4 506	4 766	4 169	4 207	4 210	4 505	5 504
棉籽油	930	1 140	1 100	1 150	1 380	1 200	1 600	1 550	1 300	1 254	1 253
花生油	2 127	2 132	2 215	2 127	2 225	2 015	1 870	1 800	1 850	1 959	2 310
棕榈油	1 900	2 100	3 090	3 450	4 250	4 970	5 150	5 150	5 800	5 800	5 550
其他油脂	823	872	1 043	1 140	1 121	1 275	1 409	1 653	1 753	1 910	2 155
总计	13 883	14 795	16 753	19 120	21 143	22 382	22 993	23 361	24 177	25 403	27 774
结余量											
豆油	30	−32	1 061	280	158	−257	−106	760	1 056	689	367
菜籽油	193	−561	−183	52	237	−127	−6	6	834	1 938	336
棉籽油	15	8	−5	−63	12	33	−21	−16	195	72	−18
花生油	0	2	−5	−41	−79	83	−73	2	217	237	105
棕榈油	0	−80	14	120	70	15	−11	73	318	−40	162
其他油脂	8	7	32	4	7	8	6	3	6	88	−75
总计	246	−656	913	353	404	−245	−210	827	2 625	2 984	877

表 6　　1996—2011 年我国人均年食用油消费情况

年份	食用油消费可供量/万 t	人均年消费占有量/kg
1996	1 002. 5	7. 7
1998	1 090. 7	8. 4
2000	1 245. 7	9. 6
2001	1 330	10. 2
2002	1 410	10. 8
2003	1 500	11. 5
2004	1 750	13. 5
2005	1 850 ~ 1 900	14. 2 ~ 14. 6
2006	2 271. 7	17. 5
2007	2 509. 7	19. 3
2008	2 684. 7	20. 7
2011	2 865. 1	21. 2

注：①2006—2008 年食用油消费量按国产油料扣去食用部分后的总折油量加上净进口折油之和。

②1996—2008 年的我国人均年消费按 13 亿人口计算；2011 年按 13. 5 亿人口计算。

提高单位面积产量和油料的含油率上；在资源利用上，要把米糠和玉米胚芽等作为重要的油料资源，充分加以利用。现在最大的问题是，种植油料的比价效益低，难以调动种油农民的生产积极性。如果再不研究解决调动种油农民的生产积极性，我国食用油的自给率还有可能会进一步下降，从而危及国家食用油供应的安全。

（3）要进一步研究利用两个市场，确保我国食用油的供应。我国人均耕地少，水资源匮乏，加上为确保我国粮食自给率在 95% 左右的红线不能逾越以及人口增加和食用油消费的刚性增长，我国的食用油供应必须在进一步发展油料生产，增加油料产量的同时，充分利用国际市场。现在看来，靠我国自己的耕地和水资源来解决中国人的吃油问题是不现实的。为此，我们要想方设法在国外，加快建立完整的油脂油料供应链，增强对海外油脂油料的控制力，以保障我国食用油供应的安全。

（二）学习贯彻《粮油加工业“十二五”发展规划》的几点建议

为加快发展现代粮食流通产业，完善现代粮油加工体系，加快结构调整，推进转型升级，实现粮油加工业健康协调发展，充分发展加工对保障国家粮食安全的重要作用，去年年底和今年年初国家发展改革委、国家粮食局先后印发了《粮食行业“十二五”发展规划纲要》和《粮油加工业“十二五”发展规划》。《规划》在明确了“十二五”期间粮油加工业发展的指导思想、基本原则和发展目标后提出了今后 5 年发展的重点任务、产业布局和重点工程。就食用植物油加工业而言，我建议要着重关注以下几点：

1. **关注产业布局**

按照“坚持产区为主、兼顾销区和重要物流节点”的原则，要优化食用植物油加工业的布局；食用植物油加工企业要根据《规划》中提出的食用植物油加工业的布局重点、规模、重点工程以及对大豆、油菜籽、花生、棉籽和其他油料加工提出的具体布局和发展方向来规划自己的发展蓝图；要警惕产能过剩，严格控制盲目投资和低水平重复建设，促进食用植物油加工业有序、健康和协调发展。

2. **加快产业结构的调整**

要大力培育和发展食用植物油加工业的龙头企业，鼓励和引导大型食用植物油加工企业兼并重组，不断提高集中度；要推进产业化经营，提升优质油料基地建设规模化和标准化水平，逐步实现加工原料的专用化、规模化和标准化；要鼓励和支持企业改造升级，提高产品质量，增强市场竞争能力；强化环保、卫生、能耗、出品率、安全等指标的约束作用，加大对技术水平低、卫生质量和安全环保不达标、高能耗、高污染等产能的淘汰力度；鼓励建设一线多能、多油料品种加工项目，提高设备利用率。

3. **加快产品结构的调整**

要加快系列化、多元化、营养健康食用植物油产品的开发，提高优、新、特产品的比重，强化质量安全，加强品牌建设；要大力提倡适度加工，严格控制食用植物油的过度加工；要坚持多油并举，大力推进食用植物油加工品种多元化；要扩大专用油比重，提高油料综合利用水平，开发油料蛋白等产品。

4. **高度重视油料资源的有效利用**

为增产油脂，《规划》中提出，要优先选择日处理能力150t以上的稻谷加工企业，配备米糠膨化保鲜装备，为米糠制油提供稳定的原料；要依托稻谷、玉米主产区大型粮油加工企业、加工园区和产业集聚区，大力发展米糠油、玉米油等特色油脂加工；在长江中游及淮河以南地区，要大力发展油茶籽油等木本植物油加工，以增强食用植物油的供给能力。为利用好国产非转基因大豆的资源优势，《规划》中提出，要充分利用我国非转基因大豆适用于蛋白食品的资源优势，提高专用大豆加工产品的比重，支持发展建设大豆食品加工基地，加快推进传统豆制品工业化和豆粉类、发酵类、蛋白类等新兴豆制品产业化。

5. **注重安全营养，节能减排**

食用植物油加工企业要始终把确保产品质量、实施节能减排、做到安全文明生产放到企业工作的重中之重。以“安全、优质、营养、健康、方便”为宗旨，强化全产业链质量安全管理，大力倡导适度加工，合理控制食用植物油的加工精度，提高产品出品率。按规定完成单位产值二氧化碳排放减少17%以上和单位产值能耗降低10%以上的指标要求。

6. **健全安全保障体系建设**

为确保粮油加工产品的安全，要完善粮油加工业技术标准体系，加快制修订符合国情的粮油加工重点产品标准、生产技术规范和检测方法标准；要加大粮油食品安全检验监督能力建设，满足企业对原辅料、半成品、成品等的理化、微生物、农药残留、真菌毒素、重金属等指标快速检验的需要；要加快推行食品管理体系（GB/T 22000）、危害分析与关键点控制（HACCP）、良好操作规范（GMP）等质量管理与控制体系建设；要建立粮油食品质量安全产业链可追溯体系和企业诚信管理体系。

7. 积极推动科技进步与创新

要在食用植物油加工领域推广适度加工先进实用技术装备、综合利用和质量安全技术，应用清洁生产技术，实施节能减排与产业升级；要推进高效低耗节能加工、深度开发转化增值和副产品综合利用等新技术的研发及产业化；要在江苏、湖北、湖南、河北、河南等地发展食用油加工大型成套设备，提高关键装备的配套水平和智能化水平。

8. 积极推进粮油加工园区建设

为延伸产业链，推动粮油加工业向专业化、规模化、集约化方向发展。《规划》中提出要在全国重点建设60个粮油加工示范园区，并明确鼓励和支持粮食产业化龙头企业创建粮油加工园区，使之成为粮食产业化发展的新型载体，形成集粮食收购、储藏、运输、加工、销售、配送为一体的现代化粮食产业集群。对此，食用植物油加工龙头企业、大型企业和企业集团应积极参与，推进粮油加工园区建设。

9. 重视国家粮油应急加工及供应体系建设

《规划》中鼓励符合资质条件的食用植物油加工企业要积极参与国家粮油应急加工及供应体系建设，以保障国家应对自然灾害或突发事件时粮油应急供应的需要。

由此可见，《粮油加工业“十二五”发展规划》的内容十分丰富，对粮油加工业健康发展具有重要的指导意义，希望食用植物油加工企业进一步学习、领会《规划》的内容，结合企业的实际，制修订好本企业的发展规划，加强与有关行业主管部门的沟通，争取成为本地区粮油加工业发展规划中的重点项目。

八、 粮油加工业在发展中应处理好的几个问题

——在中国粮油学会油脂分会第二十二届年会上的主题报告

（2013 年 9 月 14 日　于上海）

中国是一个粮油生产大国、加工大国，也是一个粮油消费大国和进出口大国，在世界粮油生产、加工、贸易中有着举足轻重的地位。

改革开放以来，尤其是进入新世纪以来，为适应我国国民经济快速发展和生活水平不断提高的需要，我国粮油加工业取得了突飞猛进的发展，其发展速度、发展规模，在我国历史上，乃至世界历史上都是前所未有的。现在，我们可以无愧地说，我国粮油加工业的技术水平、装备水平、主要经济指标以及产品品种和质量等诸多方面已经接近和达到世界先进水平。

当然，在我国粮油加工业快速发展，取得举世瞩目成就的同时，我们也要清醒地看到，在发展中还存在着许多亟待研究解决的问题。为进一步促进我国粮油加工业的持续健康发展，我觉得当前应认真处理好以下一些问题：

（一） 要妥善处理好经营与管理的关系

对任何企业来讲，做好经营与管理两篇文章始终是企业生存与发展的根本保证。企业只有经营好，才能取得最大的经济效益和社会效益，才能为社会作出应有的贡献，才能做到自身发展做强做大。所以对企业来说，重视经营，千方百计搞好经营是理所应当的，是企业的头等大事，这也是粮油加工企业取得成功与发展的经验总结。

实践证明，粮油加工企业要想做好经营这篇文章，管理是基础。只有管理好，才能经营好。在强调企业管理时我过去曾多次讲过，“管理是一门综合性的学问，管理是科学，是生产力”。也可以说，一个经营好的企业，在管理上必然是严格、规范的，反之，一个在管理上紊乱、不规范的企业肯定不是一个好企业。为此，我们必须既要注重经营又要重视管理，两者不能偏废。

根据我的观察，这些年来，在一些粮油加工企业“重经营、轻管理”的倾向有所抬头，管理工作不如过去，甚至倒退。只讲数量，不讲质量；只讲生产，不讲安全、文明生产；只讲机械化、自动化和现代化，不讲发挥人的因素、现场管理；只讲销售，不讲服务、信誉等。从而造成产品质量不稳定，消耗高，缺乏竞争力；安全事故，乃至重大人员伤亡事故不断发生，给国家和人民生命财产造成重大损失，让人痛心；现场管理紊乱，脏、乱、差的现象屡见不鲜；在经营活动中，缺乏全心全意为消费者、为客户服务的思想，信誉差；个别企业在经营中唯利是图，以次充好，甚至造假售假，坑害百姓，败坏了粮食人有良心的美德。解决上述问题，必须从管理入手，从严管理，规范管理。要进一步提高对企业管理重要性的认识，做到在任何时候、任何情况下都不能削弱和放松企业的管理工作。

这里，我想强调一下，关于安全生产问题。安全是人类生存和发展的前提。当今社会，人人渴望安全，人人呼唤安全。现在，百姓谈论安全之多，政府重视安全程度之高，安全投入之大是从未见过的。尽管如此，全国重大、特大火灾和人员伤亡事故连连发生。矿井、企业爆炸；火车、汽车相撞；桥梁、房屋倒塌；大型国家粮、棉、油仓库火烧连营等。这些屡见不鲜的重大、特大事故，使人听了不寒而栗。不仅造成人员大量伤亡和国家财产的重大损失，也给国家的声誉造成负面影响。

近些年来，在我们粮油加工企业中，发生的浸出车间和粉尘爆炸、重大火灾和设备事故等并不少见。出现这些问题的责任在领导，最根本的原因是忽视管理，管理倒退。对此，粮油加工企业要引以为戒，吸取用鲜血和生命换来的教训。企业一把手要以“生命高于一切，责任重于泰山”的责任感来抓企业的安全生产。要在提高全体员工安全意识，营造人人“珍爱生命、关注安全”氛围的基础上，将实现安全生产的各项规程措施、制度标准、条例规定等责任落到实处，要一级抓一级，层层抓落实，做到安全人人有责、责无旁贷，形成安全生产事事有标准、有要求，处处有人抓的长效机制。要让所有领导和广大员工都认识到，做好安全工作只有起点，没有终点。只有真正做到领导重视，责任落实，教育到位，制度健全，才能确保安全生产，让广大员工切实领悟到“高高兴兴上班来，平平安安回家去”的真正涵义。

（二）要把粮油产品的质量与安全放在第一位

民以食为天，食以安为先。食品是人类赖以生存和发展的最基本的物质条件，食品安全涉及人类最基本权利的保障。随着经济的全球化，食品安全日益成为备受关注的热门话题。近几年来，世界上一些国家和地区食品安全的恶性事件不断发生，随着食品加工中化学品和新技术的广泛使用，新的食品安全问题不断涌现，严重地危害着百姓的健康，成为当今世界各国最为关注的食品安全问题。

在我国，食品工业在国民经济中占有重要地位。随着我国经济不断快速发展，食品的种类越来越丰富，产品数量供给充足有余，在满足食品需求供给平衡的同时，食品的质量安全问题越来越突出。假冒伪劣食品频频被曝光，危害消费者身体健康和生命安全的群发性事件时有发生，严重打击了广大消费者的消费心理。人们对食品安全谈之色变，食品质量安全问题已成为社会反映强烈的热点问题。针对三鹿奶粉、苏丹红事件、假药、毒酒等食品质量安全问题，我国政府高度重视，及时制定了《食品安全法》等，并采取了一系列治理措施，使食品的质量与安全性明显提高。

粮油产品是人们一日三餐都离不开的最重要的食物，也是食品工业的基础原料，其安全与质量关系着人民群众身体健康和生命安全，关系到社会的安定和国民经济的发展。为此，粮食加工企业必须牢记粮油产品的质量安全，与国家粮食安全一样是天大的事，必须始终把“安全”与“质量”放在第一位。要严格按国家标准组织生产，严把粮油产品质量关。绝不滥用或超量、超范围使用食品添加剂；绝不使用不符合卫生标准规定的原料、辅料和包装物料；绝不销售不合格产品、过期产品、变质产品和假冒伪劣产品；绝不容许有害物质混入粮油食品。要完善粮油产品的质量安全检测体系建设，加强对原辅料、半成品等的理化、微生物、真菌毒素、农药残留、重金属等指标的检测；要加快推行食品管理体系（GB/T 22000）、危害分析与关键点控制（HACCP）、良好操作规程（GMP）等质量管理与控制体系建设，确保粮油产品的绝对安全。

当前，在暴露我国食品质量与安全的同时，我们也要客观、全面地评价我国食品的总体质量水平。也就是说，不能把我国的食品质量安全问题讲得一无是处，要施以正能量，要维护国家和民族的形象。对此，自去年以来，我在评价粮油产品总体质量安全水平时，多次对媒体的朋友们讲了以下一番话：

就目前我国粮油加工业的技术与装备的总体水平而言，已经接近和达到国际先进水平。纵观粮油市场，现在我们可以说，目前我国的粮油加工产品质量和品种是我国有史以来最好最多的时期，但与此同时也是暴露问题最多的时期。分析“暴露问题多”的原因，一是随着人民生活水平的提高，对品质的要求越来越高，不同人群的需求多样化趋势越来越明显；二是随着科技的进步，对粮油产品及其可能存在与产生危害物的认识越来越清楚，诸如粮食烘焙食品中的丙烯酰胺，粮油产品的塑化剂污染，食用植物油中的反式脂肪酸、3－氯丙二醇酯（3－MCPO）等。现在，我们不仅了解了这些有害物质的产生与危害，并有办法加以防范；三是个别企业由于管理不严，责任心不强，造成产品质量不稳定；四是人们的自由度增加，个别媒体不经科学调查，不征求行业的意见，以讹传讹，随意“炒作”，甚至将能点燃的挂面说成是“有问题产品”，将个别质量指标和卫生指标不合格的产品说成是有毒粮油产品等，造成消费者的心理恐慌。

在谈到市场上出现的“以假充真”和“假冒伪劣”产品时，我认为这是经营者的不道德表现和个人行为，必须通过提高全民素质教育和强有力的社会综合治理才能解决，它与正常的粮油加工产品质量没有关系，不能混为一谈。但无论如何，粮油加工产品的质量，必须引起我们的高度重视。

（三）要纠正成品粮油产品在生产和销售中的“三过度”问题

成品粮油生产中的过度加工，以及在销售中的过度包装和过度宣传问题，是当前粮油加工业出现的突出问题，必须引起我们的高度重视，认真加以限制。

为改变米面产品片面追求过“精”、过“细”、过“白”和食用油产品片面追求色值过“淡”的倾向，我们要大力倡导“适度加工”，做到提高纯度，合理控制精度，提高出品率，节约资源消耗，最大程度保留粮油原料中固有的营养成分，防止“过度加工”。为控制成品粮油产品的“过度加工”，在《粮油加工业“十二五”发展规划》中指出，成品粮油产品的过度加工是粮油加工业发展中面临亟待解决的突出问题。多次强调要严格控制大米、小麦粉和食用植物油的“过度加工”。当前，我们要特别注意纠正大米加工中的“过度抛光”和食用植物油加工中的“过度精炼”问题。

为迎合消费者的感官需要，社会上的许多商品“过度包装”现象愈演愈烈，不仅造成产品成本加大和包装物料等宝贵社会资源的极大浪费，同时增加了大量城市垃圾和环境污染物。2013 年 2 月 28 日晚，中央电视台在焦点访谈前的广告中披露，全国城市的垃圾大多来自“过度包装”的废弃物，每年因“过度包装”造成的损失达 4 000 亿元人民币。近年来，我们粮油加工行业，受社会商品“过度包装”的影响，部分粮油产品的“过度包装”现象也很突出。在2012年举办的全国粮油精品展上，粮油产品的“过度包装”现象到处可见，尤其是大米和食用油的“过度包装”更为突出。我们在现场看到，一款名为“2.5kg/××一号木制礼盒”，内装5小包合计2.5kg“××一号”有机大米和一小瓶枸杞油，零售价为588元，出厂价为370元。另一款“3kg/××一号礼盒”（注：纸盒礼品装），内装8小包有机大米，合计3kg，零售价为400元。另外，以高档食用用油为名的豪华“过度包装”也到处可见。我认为，这种靠“过度包装”，卖高价的粮油产品，日子是长久不了的，我们不应提倡。

企业在经营活动中，为让消费者知情，促进产品的销售，利用广告及产品标签对其产品进行宣传，这是一种商业行为，是无可非议的。但问题是，有些宣传不是实事求是，夸大和“过度宣传”的现象时有发生；有的宣传含糊不清，消费者看了不明其意，有虚假宣传和蒙骗消费者的嫌疑。今年6月29日，中央电视台在晚间新闻后的有关新闻评论中，披露了一些所谓功能性食品，采用“过度宣传”、“虚假宣传”等手法蒙骗消费者。其中提到了个别食用油也存在这类问题。对此，要引起我们的高度重视，自觉加以整治。

在粮油产品的广告宣传和产品标签上，不符合国家要求的“过度宣传”、“模糊宣传”、“不平等宣传”的形式和表现很多。诸如：“某某专用产品”、“某某指定用产品”、“某某宴会用产品”等，尤其是食用油产品的“过度宣传”、“模糊宣传”现象更为突出，什么“不含胆固醇”、“非化学溶剂浸出”、“不含抗氧化剂”、“纯物理加工”等，真是费尽心机，五花八门，有的故弄玄虚，让消费者不知其意，其用意是贬低别的产品，抬高自己产品的身价。从长远看，这种做法既损害了别人，又不利于行业的健康发展，最终的结果是对自己也没有任何好处。纠正上述“三过度”现象，任务艰巨。我们一定要在提高认识的基础上，认真对待，有所作为。

（四）要加快产业结构和产品结构的调整

研究新的经济增长点，加快产业和产品结构调整，是促进粮油加工业持续稳定发展的重要保证。

总结粮油加工业的发展经验，当前调整产业结构势在必行。根据“十二五”发展规划的要求，要大力培育粮油产业化龙头企业，鼓励和引导大型企业兼并重组，不断提高产业集中度，增强企业的核心竞争力和抗风险能力。要进一步推进粮油产业化经营，提升优质粮油基地建设规模化和标准化水平，逐步实现加工原料的专用化、规模化和标准化。要鼓励和支持中小企业通过改造升级，提高产品质量，降低消耗，使产品具有特色，提高市场竞争能力。要依据国家产业结构调整指导目录，强化环保、卫生、能耗、出品率、安全等指标的约束作用，加大对技术水平低、卫生质量和安全环保不达标、能耗高、污染严重等落后产能的淘汰力度。

在调整产品结构方面，当前我们要加快对系列化、多元化、营养健康粮油食品的开发；提高名、优、特、新产品的比重；大力发展米、面主食品工业化生产；扩大专用米、专用粉、专用油的比重；积极发展全麦粉、糙米、杂粮制品和特种油脂；进一步发展有品牌的米、面、油小包装产品，尤其是要加快发展小包装食用油，逐步替代乃至取消市场上的散装食用油。

（五）要正确处理好“产能过剩”问题

为促使粮油加工业的健康持续发展，我们要高度重视并下大力气调整好粮油加工业的产能结构问题。现在，我国粮油加工业的产能利用率不高，产能过剩，一些地区和品种的产能过剩较为严重已是不争的事实。

根据国家粮食局的统计，2012 年，我国稻谷、小麦和食用植物油加工业的产能利用率继续下降，产能过剩问题尤其突出。例如，稻谷加工业平均产能利用率只有 44.5%，比上年又下降了 0.4 个百分点；小麦加工业平均产能利用率为 64.0%，比上年下降了 0.7 个百分点；食用植物油加工企业油料处理产能利用率为 52.8%，比上年下降了 4.5 个百分点；油脂精炼能力利用率为 52.6%，比上年下降了 8.3 个百分点。上述统计数据表明，在产能过剩中，稻谷加工业的产能利用率最低，只有 44.5%；食用植物油加工油料处理产能利用率和油脂精炼能力利用率在过去的一年里降幅分别高达 4.5 个百分点和 8.3 个百分点。据统计，部分地区粮油加工业的产能过剩问题更加突出，调整和淘汰落后产能的任务十分艰巨。

在调整产能结构中，首先我们要下大力气加快淘汰一批工艺落后、设备陈旧、卫生质量安全和环保不达标、能耗高的落后产能；其次是要提倡走内涵扩大再生产的路子，通过采用先进技术和装备，对老企业进行技术改造，达到淘汰落后产能、增加先进产能、提高质量、降低消耗和提高经济效益的目的。要严禁盲目铺新摊子，随意新建、扩建，造成新的产能过剩；再次是要严格控制盲目投资、盲目求大和低水平重复建设，促进粮油加工业有序、健康和协调发展。这里要特别强调的是要警惕跟风，盲目求大，现在一些利用国产粮油原料的新建企业，不考虑原料供应，随意建年处理原料能力 30 万 t、甚至 30 万 t 以上的规模，造成大多企业开工不足，半开半停的现象十分普遍，企业效益差，有的甚至已濒临倒闭，这种教训，应该引以为戒。

（六）要把节能减排，实行清洁生产作为企业发展的永恒主题

节能减排，挽救地球家园的命运，维护人类的生存环境，已经成为世界各国的共同任务和目标。

我国经济快速发展，各项建设取得巨大成就，但也付出了巨大的资源和环境代价，经济发展和资源环境的矛盾日趋尖锐，百姓对环境污染问题反应强烈。对此，我国政府高度重视，自“十一五”国民经济发展规划开始，提出了单位国内生产总值能耗降低 20% 左右和主要污染物排放总量减少 10% 的目标和任务。这是贯彻科学发展、构建社会主义和谐社会的重大举措；是建设资源节约型、环境友好型社会的最佳选择；是推进经济结构调整，转变增长方式的必由之路；也是维护中华民族长远利益的必然要求。

根据国家节能减排的总要求，我们粮油加工业也不例外，在全国《粮油加工业“十二五”发展规划》中指出：“到 2015 年，粮油工业单位产值二氧化碳排放减少

17%以上，单位产值能耗降低10%以上。”为此，粮油加工企业要按照规划提出的要求认真贯彻落实。要在进一步提高对节能减排重要意义的基础上，把节能减排的重点放在节电、节煤、节气、节水等降耗上，放在减少废水、废气、废渣、废物等产生和排放上，并按照循环经济的理念，千方百计采取措施加以利用和处置，实现污染物的零排放。

从目前的现状看，粮油加工企业在节能减排方面的潜力是很大的。根据国家粮食局2012年度的统计，全国平均加工每吨大米的电耗高达50.3度，加工每吨小麦粉的电耗高达68.8度，加工每吨食用油的电耗为103.6度，与行业内的先进平均指标差距很大。只要我们高度重视，多管齐下，制订积极可行的措施，是可以做好节能减排这篇文章的。

粮油加工企业要做好节能减排这篇文章，必须依靠科技进步，实施创新驱动。从最近业内获得的一些科技成果看，粮油加工企业除了要认真实施“适度加工”、防止“过度加工”外，要加强新工艺、新技术的研究，积极探索缩短工艺、减少设备的途径；粮油机械制造企业，要下大力气开发高效节能装备，为粮油加工企业节能减排创造条件。

推行清洁生产，是节能减排的重要抓手。粮油加工业实行清洁生产是防治环境和加工过程中对产品的污染，实现节能减排的最佳选择；是现代粮油加工业发展和文明生产的重要标志。其目的是优质、安全、节能、降耗、减污、增效。粮油加工企业实行清洁生产，通过对技术工艺、设备、过程控制、原辅材料等革新，可以确保粮油产品的质量与安全，达到节能减排，企业增效的目的。为防止粮油产品在加工过程中的“再度污染”，2008年10月，河南中鹤纯净粉业有限公司建成了一座年加工小麦30万t的“纯净面粉”生产线。他们按照清洁生产的要求，通过对小麦轻度剥皮、小麦采用净化水着水、粉间管道全部采用不锈钢管道等措施，使面粉中的菌落总数由通常的5 000CFU左右降低到500CFU以下，深受食品厂的欢迎，产品一直供不应求，经济效益显著提高。

前几天，我去山东潍坊的瑞福油脂股份有限公司参观学习，深受启发。该企业生产的崔字小磨香油是有600多年历史的中华老字号。为确保崔字小磨香油的质量，其十八代传承人——崔升扬早在20世纪30年代就提出了“料必优、水必好、器必洁、称必足”的十二字生产经营理念。我理解，其中前九个字就是实行清洁生产。

由此可见，节能减排和实行清洁生产，是粮油加工业发展的永恒主题，必须长期坚持下去。

（七）要进一步重视资源的综合利用

粮油加工企业在生产米、面、油产品的同时，还生产出大量的副产物，诸如稻谷加工中生产出的稻壳、米糠和碎米等，小麦加工中生产出的麸皮、小麦胚芽等，油料加工中生产出的饼粕、皮壳、油脚和馏出物等。这些副产物都是宝贵的资源。按照循环经济的理念，粮油加工企业要提高这些资源的综合加工和转化利用水平，为国家创造更多的财富。

根据国家粮食局的统计，2012 年全国就稻谷和小麦加工生产出的主要副产物有米糠 1 331 万 t、碎米 622 万 t、稻壳 2 519 万 t、小麦麸皮 2 989 万 t 和小麦胚芽 19 万 t 等。对这些宝贵资源的利用，当前的重点应放在大力推广米糠和玉米胚集中制油上，放在稻壳用作供热和发电上，放在提高碎米、胚芽和麸皮等副产物的综合利用水平上。

为充分利用这些宝贵资源，在全国《粮油加工业“十二五”发展规划》中明确提出，“要有效利用粮油资源，加强副产物综合利用。到 2015 年，稻壳、米糠、玉米胚等副产物综合利用率明显提高”。“要大力推广米糠和玉米胚等集中制油，为国家增产食用植物油。推广米糠膨化保鲜技术设备，采取‘分散保鲜、集中制油（浸出）’或‘分散制油、集中精炼’模式，明显提高米糠利用率”。至今，实施《粮油加工业“十二五”发展规划》已两年多时间了。以利用米糠和玉米胚芽制油为例已取得突破性进展。全国米糠油产量已由 2010 年的 23 万 t 提高到 2012 年的 40 万 t，增幅达 74%；玉米油的产量已由 2010 年的 118 万 t 提高到 2012 年的 165 万 t，增幅为 40%。米糠油和玉米油的合计产量已达 205 万 t，已经超过了原规划——到 2015 年米糠油和玉米油的合计产量达到 180 万 t 的计划，占 2012 年度食用植物油总消费量 2 894. 6 万 t 的 7. 1%。也就是说为我国食用油自给率作出了提高 7 个百分点的贡献，这是很不容易的。

尽管我们在推广米糠和玉米胚芽集中制油上已经取得了突破性的进展，但具体分析，还有许多潜力可挖。以米糠利用为例，2012 年全国生产了米糠油 40 万 t，粗略估算约需米糠 300 多万 t，只占全国米糠产量 1 331 万 t 的 22. 5%，对此，我们要把进一步提高米糠制油的利用率作为充分利用资源、为国家增产油脂的重中之重。我相信，在国家政策的指导和扶持下，经过大家的共同努力，几年后我国米糠油和玉米油的合计产量达到 300 万 t 左右，约占国内油脂供给总量的 10% 左右是有可能达到的。

（八） 要把发展主食品生产作为 “调结构、 转方式” 的重要举措

粮油加工企业发展主食品生产，主要是指发展米面主食品。我们通常说的米、面主食品是以大米、小麦粉和杂粮为主要原料制成的各类食品，如以大米为主要原料生产的方便米饭、方便粥、米粉、米糕和汤圆等；以小麦粉为主要原料生产的馒头、挂面、鲜湿面条、饺子、馄饨等；以及用杂粮或用杂粮与大米、小麦粉搭配为主要原料生产的上述有关主食品。这些主食品有的可直接食用，有的只要稍需加工即能食用的半方便食品，是适合中国人传统饮食习惯和符合城乡居民生活节奏加快需要的粮食制成品。

为方便百姓生活，逐步做到家务劳动社会化，国家对发展米、面主食品的生产高度重视，把发展主食品工业化生产列入了全国《粮油加工“十二五”发展规划》的重点，鼓励粮油加工企业在搞好传统的米、面、油加工产品的同时，积极发展米、面主食品工业化生产，提出到 2015 年，用于工业化生产的米面主食品占米、面产品总量的比例提高到 20% 以上。为推进主食品产业化生产的发展，去年 5 月，国家粮食局在郑州召开了《全国粮油加工业暨主食产业化工作会议》，8 月颁发了《关于进一步推进主食产业化，增强口粮供应保障能力的指导意见》。

在国家政策的鼓励支持下，许多地方政府也将发展主食品工业化生产，作为一项

民生工程，出台了许多优惠鼓励政策，发展势头很好。为促进粮油加工业的持续稳定发展，粮油加工企业要把发展主食品生产作为“调结构、转方式”的重要举措；作为改变传统的粮油加工业由生产成品粮油为主向生产成品粮油、主食品种同步发展转变，延伸粮油产业链的重要方式；作为满足城乡居民消费需要，扩大社会就业机会，促进农民增收、企业增效的重要内容。对此，粮油加工企业要把发展主食品生产作为今后的发展方向，加快步伐，持之以恒地向前推进。

（九） 要正确认识发展全谷物食品和低温压榨制油

粮油产品为最大程度地保留其原料中固有的营养成分，满足不同人群的需要，近些年来，全谷物食品和低温压榨油品在我国发展较快，其产品受到部分消费者的青睐。对这两个产品的发展前景，业内有不同的看法。对此，我想讲点自己的看法。

全谷物食品是指完整、碾碎、破碎或压片的谷物，其基本的组成包括淀粉质胚乳、胚芽与皮层，各部分组成的相对比例与完整的颖果一样。全谷物食品含有丰富的 B 族维生素、维生素 E、镁、铁和膳食纤维，还含有一些果蔬食品中没有的、营养价值很高的抗氧化剂。由于它具有高膳食纤维、低脂肪、低饱和脂肪酸、低胆固醇和低热量等特点，所以具有一定的保健功能，是当今世界公认的营养健康食品的典型代表之一。近年来，发达国家正在掀起全谷物食品的热潮，美国是全谷物食品需求增长最快的国家，目前全谷物产品在美国谷物食品中占 40% 以上，在高端谷物产品中占 70% 以上。

在我国，随着人们健康保健意识的增强，全谷物食品越来越受到更多人的青睐。糙米、发芽糙米、全麦粉和燕麦片等全谷物食品开始崭露头角，发展较快。据国家粮食局统计，2012 年全国糙米产量为 66 万 t，比 2011 年的 69 万 t 下降 5.3%，全麦粉产量为 174 万 t，比 2011 年的 104 万 t，同比增长 67.3%。总的来看，发展势头较好。

对在我国发展全谷物食品，我曾发表过一些文章，归纳起来有以下四个观点：

第一，全谷物食品在我国会得到较快发展，是今后发展的重点产品之一，但它不可能成为粮食加工中的主导产品，其发展速度与规模，一定要根据市场需要来合理确定。在发展全谷物食品的做法上既要积极，又要稳妥，切忌一哄而起，盲目发展。

第二，全谷物食品不是粗加工，其产品是高端食品。不是所有的小麦和稻谷都能生产出全谷物食品的，只有品质优良，经过反复清选后的小麦和稻谷等优质粮食品种，才能生产出全麦粉、糙米、燕麦片等一类全谷物食品。

第三，全谷物食品要与我国的杂粮开发利用相结合，做到既要具有丰富的营养，又要下大力气解决好“口感”和“吃法”问题。

第四，要加强全谷物食品营养与健康的关系与作用机理的研究。在此基础上，根据中国的国情，针对不同地区、不同年龄段和特定人群的需要，不断开发新的全谷物食品，推动全谷物食品的健康发展。

关于对采用低温压榨制油方法生产出各种“冷榨油”的看法。为在食用油中最大程度地保留油料中固有的各种生理活性物质和营养成分，这几年来，我国的一些食用油加工企业采用低温压榨制油方法，生产出了诸如冷榨花生油、冷榨菜籽油、冷榨大豆油等“冷榨油”，有的企业还在计划生产“冷榨葵花籽油”、“冷榨茶籽油”、“冷榨芝麻油”等。这些“冷榨油”大多不加精炼，只需经过沉淀、过滤即能投放市场，其亮点是营养丰富，原汁原味，为此，得到部分消费者的认可。

我对“冷榨油”的看法，有些类同对发展全谷物食品的看法。但对其今后的发展前景有些忧虑，因为其在执行越来越高的食用油卫生标准上容易出问题。对此，我希望生产“冷榨油”的企业，一定要更加严格把好原料的采购、储藏等质量关；把好加工各环节的清洁生产关；把好成品油的质量检测、检验关；把好成品油的包装、储存、运输和销售关，以确保“冷榨油”产品的质量与安全。

（十） 要严格控制利用粮油资源生产生物能源

解决中国 13 多亿人的吃饭问题是天大的事。为此，党和政府历来高度重视粮食生产和粮食供应，取得了历史罕见的粮食生产“九连增”，这是来之不易的。在充分肯定我国粮食生产和粮食供应取得辉煌成就的同时，也应看到，随着我国人民生活进一步提高和人口增加带来的粮食需求的刚性增长以及饲料和工业用粮的强劲增长，与耕地减少、水资源匮乏、气候变化等造成的粮食增产缓慢等极不相称的现状，以及近年来，我国进口粮油等数量之大，表明我国目前的粮食供应“紧平衡”状态没有根本改变，并预示“紧平衡”将成为我国粮食供需的常态。

为确保粮食安全，在《粮油加工业“十二五”发展规划》中明确指出要提高粮油的供给保障能力，确保口粮和饲料用粮供给安全。按照确保口粮和饲料用粮的要求，根据“不与粮争地，不与人争粮”的原则，从国家粮食安全和保护环境出发，对利用小麦粉生产谷朊粉出口的项目，以及利用食用植物油和粮食生产生物能源的项目，要予以严格控制。

为限制前些年玉米深加工无序发展，国家出于维护粮食安全角度，出台了一系列调控政策，引导玉米深加工产业健康良性发展，收到了成效。据统计，2012 年玉米深加工原料处理量 5 534 万 t，同比下降 1.2%，首次呈现玉米加工消费量下降。其中燃料乙醇的产量由 2009 年的 278 万 t，下降到 2012 年的 154 万 t，降幅达 44.6%。这充分证明了国家调控政策的威力，与此同时告诉我们，粮油加工企业在考虑新上项目时，一定要认真领会和贯彻国家的有关政策，以便少走弯路。

九、 油脂同仁急需关注及解答的热点话题

——在中国粮油学会油脂分会第二十三届年会上的闭幕词

（2014 年 9 月 22 日　于江苏无锡）

听了大家的发言，深受教育和启发，针对过去一年里在油脂行业出现的一些问题，在这里谈谈我的看法，希望能够引起各位的重视。

（一） 增香型油脂应控制蒸炒程度

有些企业为了迎合市场对油脂香味的追求，采用极高的温度炒籽，从而极有可能导致部分增香型油脂中 3,4－苯并芘含量超标。今年国家有关部门对食用油市场的抽检，已经发现部分产品 3,4－苯并芘含量超标，这要引起大家的高度重视。事实上，浓香型的油脂并不是越香越好。另外，鉴于 3,4－苯并芘能够被活性炭吸附去除，所以请企业研究、探讨能否在过滤环节，例如在滤布上添加活性炭对其进行控制。

（二） 要高度重视冷榨油的质量与安全问题

我是不主张大规模发展冷榨油的。冷榨油也是不可能成为油脂市场的主导产品的。其原因是低温冷榨对原料品质要求非常高，否则容易引起食品安全问题。而高温压榨油经过精炼，虽有部分营养损失，但产品至少是安全的，这在全世界已经有上百年的食用历史了。另外，不是所有的油料都适合低温冷榨，至少要满足以下四点，才可以考虑冷榨：

（1）油料产量较大，能够充分利用其蛋白质资源；

（2）得到的油料蛋白质与大豆蛋白质相比有竞争力；

（3）能够更多地保留油脂中的活性成分；

（4）食用油的安全有绝对保证。

不具备这四点，不要考虑低温冷榨，例如棉籽、油茶籽及亚麻籽等油料，都不应开展其低温冷榨。

（三） 关于用转基因油料生产的食用油安全问题

对转基因的认识和报道，我们要本着科学的理念和慎重的态度。否则的话，油脂界会被我们毁长城。我认为关于转基因的报道，有些媒体的言论完全是无稽之谈，比如说吃了转基因食品，十年后会全身长毛，头上会长出两只角，我本人已吃了几十年转基因食品，怎么没长出角来？在美国市场上有 70% 的食品都是转基因食品，怎么没有看到美国人头上长出角呢？这里我想告诉大家，中国政府对中国人民的健康是高度负责的。

为保障转基因食品的安全，国家制订了《农业转基因生物管理条例》，农业部配套

制订颁发了《农业转基因生物标识管理办法》和《农业转基因生物加工审批办法》，并规定进口转基因农产品都要经“国家转基因生物安全委员会”严格审查同意后才能进口。以大豆为例，目前转基因的大豆品种有30多个，经严格审查后，我国只允许进口其中的少数几个品种，因此，我们可以相信，凡经国家批准同意进口的转基因食品都是安全的。

这里，我还要告诉大家，由于转基因大豆中的转基因成分是以蛋白质为载体的，不与脂肪相结合，所以用转基因油料生产的食用油中是不含转基因成分的。这就更加表明，用转基因油料生产的食用油是安全的，消费者是可以放心食用的。所以我在这里要奉劝大家，应该科学理性地对待转基因食品。

（四）向大家通报一下近期我在回答记者采访时发表的几个观点

1. 关于转基因的标识

使用转基因的原料，要强制标识，这是国家规定的，但是使用非转基因的原料，为什么也要标识非转基因？国家并没有这样的规定。例如，我要买转基因的葵花籽油、转基因的花生油，你有吗？所以我主张那些使用非转基因原料的产品，就不要标识非转基因了，因为你标识了非转基因，就等于向老百姓暗示了其他油料都是转基因的。

2. 运动员吃不吃转基因食品?

首先，我要强调中国的粮油标准是适用于全国人民的，转基因食品也是适用于全国人民的，它不存在任何高低贵贱之分。如果运动员不吃转基因食品，那是他（她）个人的事情，与标准无关。一个人在家可以不吃转基因食品，但是只要离开家在外就餐，就可能会吃到转基因的食品。所以，我认为转基因食品是安全的，不需要担心。

3. 现在油价低，给油企带来极大的困难

我认为现在的油脂价格太低，甚至低于矿泉水，是不合理的。油脂行业要兼顾三方的利益，即农民、消费者和企业的利益。我们不能让企业长期处于亏损状态，长此以往，谁来保证粮油供应？有些企业，在明知亏损的情况下依然组织生产，来保证市场的稳定供应，这些企业对国家和人民做出了贡献。要考虑行业的长远发展，我们必须要兼顾三方利益，和谐发展。

4. 关于家用榨油机的问题

最近有媒体朋友问我，是否提倡家庭榨油机？我的回答是不提倡。原因有两点：第一，家庭榨油机得到的油脂，最大的问题是安全问题，因为普通老百姓没有能力选择绝对安全的原料，得到的油脂是毛油，不经过专业的精炼，有些毒素和有害物质无法去除，而且存放时间久了，极易变质；第二，得到的油饼怎么处理？如果千家万户都在家榨油，这些油饼怎么办？这会造成极大的资源浪费。从科学的角度讲，家庭榨油机、家庭碾米机等都不值得提倡。

（五）要建立正常的市场秩序

最近有苗头出现——有些企业在宣传产品时为了抬高自己，含沙射影地贬低他人，这是非常不好的现象。我们鼓励有竞争，也应该有合作。绝不允许违背市场规则，有损行业正常秩序。为了行业的长期稳定发展，我们必须像爱护自己的眼睛一样维护好行业的正常秩序。

第三章

规划与政策建议

一、 试谈我国食用植物油工业发展战略研究*

（2008 年 12 月 19 日　于北京）

油脂是人类食品最重要的成分之一。食用植物油是重要的消费必需品，与人民生活密切相关。食用植物油消费量的多少已成为衡量城乡居民生活水平高低的重要标志，在国家食物安全中占有重要的地位。食用植物油工业与种植养殖业、食品工业、饲料工业和化学工业等紧密关联，是关系国计民生的重要产业。

我国是一个油料油脂的生产大国和消费大国，也是一个油料油脂的加工大国和进出口大国。近年来，我国食用植物油工业快速发展，对满足城乡居民生活需求，带动农业结构调整、促进农民增收等发挥了积极作用。但是，在我国食用植物油消费量快速增长以及加工规模不断扩大的过程中，也出现了大豆油脂加工能力过剩、企业资产负债率偏高、油料进口对外依存度过高和自主创新能力较弱等问题。另外，近几年食用植物油价格波动较大，不仅影响到城乡低收入居民生活水平和企业正常生产经营，而且影响到国内油料产业的稳定发展。因此，保持食用植物油的稳定供给对国民经济平稳增长和建设和谐社会正起着愈来愈重要的作用。

为促进食用植物油工业健康、稳定、可持续发展，保障国家食用植物油供给安全，根据《国家粮食安全中长期规划纲要》和《国务院关于促进食用植物油产业健康发展保障供给安全的意见》以及国家有关政策和相关法规，发改委特制定《食用植物油工业发展规划》。

（一） 我国食用植物油工业的现状及存在的问题

1. 食用植物油工业的现状

随着城乡居民生活水平提高对食用植物油和动物性食品需求的增加，我国食用植物油、食用植物蛋白和饲料蛋白源消费快速增长，推动了食用植物油料加工业的快速发展。

（1）食用植物油工业加工能力快速提高　1996 年，我国植物油工业企业加工能力约为 3 000 万 t，食用植物油产量 300 多万吨，工业总产值 307. 28 亿元；2007 年食用植物油工业企业加工能力超过 1 亿 t，食用植物油产量约 2 350 万 t，现价工业总产值 2 515. 11亿元。

（2）食用植物油加工企业规模不断扩大　2000 年，我国日加工食用植物油料 500t 以上的加工企业有 60 家左右，其中日加工能力超过 2 000t 的只有 6 家。到 2007 年底，我国日加工食用植物油料 500t 以上的企业有 117 家，较 2000 年提高 95 个百分点。其

* 本文是为编制油料产业“十二五”发展规划，根据发改委产业司的要求，提供的研究论文。

中日加工能力超过 2 000t 的加工企业数量达到了 49 家。2007 年，国内食用植物油工业前 10 位企业的食用植物油产量达到 849 万 t，占 1 095 家规模以上企业总产量的 44.7%，占当年食用植物油消费量的 36.9%。生产集中度明显提高，企业规模日趋大型化。

（3）食用植物油加工企业的所有制结构有了重大变化　2007 年，全国规模以上食用植物油加工企业 1 095 家，其中国有及国有控股企业 103 家，占 9.4%；外商及港澳台商投资企业 68 家，占 6.2%；民营企业 924 家，占 84.4%。基本完成了国有企业的改制重组，形成了以民营企业为主体，国有企业、民营企业和外资企业多种所有制投资形式共同发展的新格局。

（4）食用植物油产品结构进一步优化　近十年来，在我国对各类食用植物油的需求快速增加的同时，加工品质不断提高，品种繁多，品牌产品琳琅满目。1996 年食用植物油主要是四级油，高品质的一、二级食用植物油产量只有 26.6 万 t，占食用植物油总量的 9.3%；2007 年一、二级食用植物油产量达到 1 260.5 万 t，占植物油消费总量的 54.8%；清澈透明的小包装食用植物油产量达到 575 万 t，占食用植物油消费总量的 25%，城镇居民基本都食用小包装品牌食用植物油。随着食品工业快速发展，饼干和面包用起酥油、人造奶油产品，方便面、膨化休闲食品用煎炸油，速冻方便食品、冰淇淋专用油脂以及巧克力、糖果等产品的专用油脂生产，也得到了较快发展。

（5）食用植物油机械装备水平逐步提高　国内食用植物油机械装备技术水平、单机最大处理能力、成套设备和生产线的技术水平都得到了很大的提高，食用植物油机械装备业已有能力为食用植物油工业的发展提供性能先进、质量可靠的装备。油料预处理及压榨设备，如破碎机、轧胚机、软化机、蒸炒锅、膨化机和榨油机等的机械性能和处理量达到了国外 20 世纪末先进水平：国产 2 000t/d 成套浸出设备的主机，如浸出器、脱溶机等的机械性能稳定，成套设备工程配套基本能满足国内大型食用植物油加工企业的需要，成套食用植物油精炼设备已能满足不同品种油脂的精炼需求。

2. 食用植物油工业现存的主要问题

在食用植物油工业快速发展过程中，也凸现了一些问题，主要表现为：

（1）发展布局不平衡　植物油工业产能呈现东部地区相对过剩、中西部地区和油料主产区不足，沿海沿江企业规模大且密集、内陆企业规模小且分散。尤其是大豆加工能力过剩、布局不尽合理，出现了“一港多厂”的现象。沿海沿江港口地区目前有 47 家日处理大豆 2 000t 以上的制油企业，形成了进口大豆的加工区。这些大豆企业的加工能力占全国大豆总加工能力的 80% 以上，年加工能力约为 7 000 万 t。河南省是我国花生的主产区，省内花生年加工能力不足 60 万 t。

（2）植物油料油脂进口依存度过高　2007 年国内油料可供制油的总量约为 4 160 万 t，生产食用植物油 1 034.7 万 t，远不能满足国内食用植物油需求。自 1996 年起，我国由大豆净出口国转变为净进口国。2007 年大豆进口量高达 3 082 万 t，比 2000 年的 1 042 万 t 增加 1.95 倍。大豆进口依存度从 2000 年的 48.1%，增加至 2007 年的 78.7%。与此同时，我国 2007 年进口大豆油 282.3 万 t、棕榈油 509.5 万 t。

（3）加工企业资产负债率偏高，抗风险能力较弱　相当一部分内资食用植物油加工企业，特别是改组改制的企业由于资产负债率高，人员包袱重，开工率低，导致经济效益差，有的甚至资不抵债。2007 年全国 1 095 个规模以上油脂加工企业资产总值为 1 432. 94 亿元，负债合计 983. 44 亿元，资产负债率平均高达 68. 6%。大多数中小型加工企业缺乏信贷支持，企业的原料采购和生产经营难以为继，设备老化、技术改造乏力，致使产品品种单一，缺乏市场竞争力的局面难以改变。

（4）产、加、销产业链较短　国外油脂加工企业大多走产业链一体化、产品多元化的道路，以此增强企业抗风险能力和竞争力。我国食用植物油加工企业大部分很少涉及油料收储、物流、贸易、深加工等产业链条的上下游环节，产业链短、产品结构不合理，抗风险能力弱，竞争力不强。

（5）自主创新能力较弱　入世以来，我国食用植物油加工技术总体水平有了较大的提高，加工企业单条生产线的生产规模得到提升，机械装备通过部分进口达到了国外同期技术先进水平。但与国外相比，油料粗加工技术还有差距，深加工水平较落后，综合加工利用水平较低，新产品开发滞后，品种和产品较为单一，产品低值高耗现象明显，部分关键设备与自动化控制系统主要依靠进口。国内食用植物油机械装备企业自主创新能力不强，机械装备生产粗放，设备运行稳定性不高，自动化、机电一体化水平较低，生产过程能源消耗较高。

（二）我国食用植物油工业面临的挑战

随着国民经济持续稳定发展，人民生活水平不断提高，油料油脂需求的刚性增长不可逆转，市场供求压力依然存在，进口量将进一步增加，食用植物油工业的竞争将更加激烈。

1. 食用植物油消费呈刚性增长

我国油料生产经历了 20 世纪 90 年代的快速发展，2001—2005 年期间的稳定发展和 2006 年以来的持续下降阶段，但长期以来国内油料生产不能满足消费需求的局面没有得到根本改变。2007 年油料产品的自给率下降到 40%，成为对国际市场依存度最高的大宗产品，油料产品进口压力居高不下，实际定价权和进口贸易货源在很大程度上被国际财团控制，食用植物油供给安全隐患日益凸现。

未来我国经济发展将总体上保持较高速度，社会和经济结构将发生深刻变化，工业化、城镇化、市场化速度加快，城乡居民收入的增长将拉动食用植物油和畜禽产品消费量的进一步增长，从而使油料产品的人均需求量和需求总量持续刚性增长。预计到 2020 年全国植物油需求量将达到 2 900 万 t，油籽饼粕需求量将达到 5 000 万 t 以上，均是国内现有生产能力的 3 倍以上，保障食用植物油供给安全的任务十分艰巨。

未来我国油料作物生产发展将受到耕地、水资源、劳动力等资源和条件的约束，使油料供给能力的持续提高难度越来越大。

预计 2010、2015 和 2020 年我国食用植物油消费量将分别达到 2 410、2 670 和 2 900万 t，与 2007 年相比，分别增长 12. 8%、17. 1% 和 24. 8%。

2. 油料油脂进口依存度偏高的局面短期内难以改变

近年来，我国油脂、饼粕消费一直保持高速增长，2003—2007 年，饼粕消费量年均增长 5. 9%，油脂消费年均增长 6. 4%，经济增长和城市化是驱动增长的主要因素。

目前，我国城市居民的家庭用油已经趋于稳定，但农村居民的家庭用油、餐饮用油和食品加工业用油还有很大的增长空间。

我国是一个耕地资源有限的国家，在单产增长缓慢的情况下，总产量主要取决于种植面积。而要迅速提高油料产量，必然会冲击到其他作物，甚至粮食作物的种植。因此，在短期内，大豆等油料依赖进口的局面很难改变。

3. 油料进口风险不断加大

由于石油资源的不断枯竭和全球性能源供给趋紧，一些传统的油料生产与出口大国为满足对能源的需要，有可能调整作物种植结构，如扩大玉米、甘蔗等作物面积而减少大豆等油料作物面积，必然导致全球油料总产和可供出口货源的下降。与此同时，一些油料主产国通过直接利用食用植物油生产生物柴油，也会减少食用植物油的供应，致使全球范围内食用植物油的供给量和可供出口的数量有可能出现较大波动。鉴于油料供给与保障已具有战略层面的重要性，主要油料出口国有可能随时调整出口政策，未来的油料进口贸易将缺乏主动权，进口货源难以保证。加上目前世界主要油料品种都已期货化，国际游资越来越庞大，投机资本什么时候、以多大规模在油料市场上进行炒作，极难确定，这将进一步增加油料价格变化的不确定性。上述因素决定了我国依靠进口油脂、油料来满足国内消费需求的风险将越来越大。

4. 企业生存空间和市场竞争更加激烈

目前，日加工原料 100t 以下的小型食用植物油加工企业大多开工不足，有的处于倒闭、停产或半停产状态，淘汰落后的小规模食用植物油加工企业任务繁重。食用植物油加工业低水平重复建设还在继续。以大豆加工为例，尽管加工能力已经严重过剩，但是大豆加工企业继续扩张的步伐并没有停止。为追求规模效益，部分企业仍然在沿海沿江地区再建或拟扩建大豆油脂加工厂，这将导致食用植物油加工行业产能进一步过剩，市场竞争更加激烈。

5. 食用植物油加工技术多功能化、高科技化发展更加迫切

进入 21 世纪以来，美国、日本等发达国家的食用植物油加工在食品酶工程、蛋白质工程、功能因子高效分离与高活性制备及分子修饰与质构重组等高新技术集成和工程化方面快速发展，食用植物油加工向多元化、高品质、健康化方向发展已成为一种趋势，食用植物油加工制品向精细化、专用化、功能化方向发展，形成了食用价值、保健价值和使用价值共生的局面。发达国家正在世界范围内将其技术领先优势转化为市场垄断优势，以专利申请为先导、以知识产权保护为手段，提高技术门槛、巩固竞争优势，对我国食用植物油加工业发起了严峻挑战。通过加工关键技术、装备制造技术、质量控制技术的研发，我国食用植物油加工向集约化、规模化、高科技化方向发展将成为今后的趋势。

（三）指导思想、基本原则和发展目标

1. 指导思想

以邓小平理论和“三个代表”重要思想为指导，全面落实科学发展观，按照全面

建设小康社会、构建社会主义和谐社会的重大战略部署与总体要求，针对我国食用植物油需求量不断增加、油料进口居高不下、油料自给率不断下降的现实，为了保障国家食用植物油安全，必须坚持大力发展国内油料生产，积极引导油脂加工企业走原料多元化的加工道路，提高国内油菜籽、大豆、花生、棉籽、葵花籽、油茶籽、米糠和其他油料品种的产量和资源利用率；支持大型企业走出国门，建立海外大豆油、棕榈油、棉籽油、菜籽油等加工和原料供应基地，提高油料综合供给能力；调整油料加工布局，合理控制大豆加工产能，适度发展其他油料加工能力；以科技为支撑，以优化结构、整合提升为重点，以增强自主创新能力、建设现代化油脂工业为目标，走新型油脂工业的发展道路；加强市场监管，规范油脂加工企业商业行为，维护市场竞争秩序，增强我国油料生产、加工和销售环节的主导权；扶持国内龙头企业，改变内资加工企业市场竞争力不足的局面；积极发展油料深加工，延伸产业链，提高资源综合利用水平。

2. 基本原则

（1）坚持走油料供给“两个多元化”的路子　一是国内油料生产多元化，在不与粮食作物争地的前提下，重视油菜籽、花生和葵花籽等油料生产，大力发展以油茶籽为代表的特种油料生产，充分利用米糠、玉米胚芽等谷物油料资源，实现油料资源生产供给多元化；二是进口油料多元化，适当控制进口大豆数量，增加进口油菜籽、棉籽、芝麻等其他油料，以降低对进口大豆的依存度。

（2）调整布局，适度发展　鉴于油料加工能力总体过剩和发展不平衡，为了调整布局，防止盲目投资和低水平的重复建设，在今后一段时间内，在油料集中产区、中西部地区、特种油料主产区以及米糠和玉米胚芽资源丰富地区的加工能力可适度发展，严格控制新增大豆油脂加工项目。

（3）优化结构、产业升级　加快油脂加工业的结构调整，鼓励企业继续向大型化、规模化和集团化方向发展；引导内资油脂加工企业通过联合、并购和重组方式，整合资源，做强做大；要淘汰一批落后的小型油脂加工企业，以提高行业的整体经济和技术水平。

（4）科技进步，提高质量　鼓励内资油脂加工企业加强科技研发和技术改造，促进科技进步；要重视提高产品质量，确保食用植物油卫生安全；要提高油脂加工机械装备制造水平，提高产品技术含量和核心竞争力。

（5）循环经济，综合利用　按照建设资源节约型、环境友好型社会的要求，大力发展循环经济，推行清洁生产，提高资源利用率，提高产品附加值，降低能耗、物耗，减少污染物排放。鼓励用非食用植物油脂和废弃油脂生产生物柴油，严格限制用食用植物油生产生物柴油。

（6）坚持开放，加强引导　油脂加工的规范和管理，认真执行准入政策，充分运用《中华人民共和国反垄断法》和外资并购国家安全审查制度进行监管，防范大型企业垄断或控制市场。同时，加强对现存外商独资和控股油脂加工企业的引导，充分利用其稳定的海外供货渠道和较强的抗风险能力，促进国内食用油市场稳步发展。

3. **发展目标**

根据科学发展观要求，食用植物油加工业要调整结构、合理布局、适度发展、提高效益，以达到可持续发展的目的。

（1）现在我国油料总加工能力已超过1亿t，其中大豆加工能力7 500万t，其他油料4 500万t。到2010年总加工能力增长到1亿3千万t，其中大豆加工能力控制在7 500万t，其他油料加工能力增加到5 500万t；到2015年总加工能力稳定在1亿3千万t，其中大豆加工能力控制在6 500万t，其它油料加工能力增长到6 500万t；到2020年总加工能力稳定在1亿3千5百万t，其中大豆加工能力保持在6 500万t，其他油料加工能力增长到7 000万t。

（2）2009—2020年食用植物油工业增加值年均增长率不低于10%。

（3）以大豆、菜籽、花生、棉籽为主要原料的油脂加工企业，日处理300t以上规模的加工能力占总加工能力的份额，到2015年提高到60%，到2020年提高到70%。

（4）充分利用米糠和玉米胚芽资源。米糠油和玉米油的产量，2010年达到60万t，2015年达到90万t，2020年达到100万t以上。

（5）增加精炼能力，一、二级食用植物油脂及专用油脂的产量占食用植物油总量的份额，到2010年达到60%，2015年达到65%，2020年达到70%。

（6）以自主创新技术为核心，到2020年我国油料油脂加工装备的国产技术和装备水平，要基本达到发达国家的同期水平，以替代进口。节能减排，单位产值能耗到2015年比现有水平降低15%，到2020年降低20%。主要污染物排放量符合国家相关标准指标。

（四）重点任务

鉴于我国植物油料资源短缺、产能分布不平衡，加工主体多元化、市场竞争加剧等现状，为了引导食用植物油工业健康发展，维护市场稳定，更好地满足城乡居民对食用植物油消费需求，为此，必须做好以下几项工作：

1. **严格准入条件**

食用植物油加工企业的建设必须符合国务院关于固定资产投资的有关规定；符合国务院、国家有关部门制订的食用植物油产业规划和政策：食用植物油加工拟建项目必须具备各种不同油料适度加工的最低规模，带动当地经济社会发展作用显著；企业资信度高、信用等级AA以上，资产负债率不得高于70%；严格遵守国家有关法律、法规；“三废”处理达到国家或地方的排放标准；加工副产品得到有效利用。

2. **调整产业布局**

我国食用植物油工业的总体布局不平衡，因此，根据未来种植、加工、消费、物流发展状况统筹规划，重点对大豆、油菜籽、花生、棉籽、葵花籽、米糠、玉米胚芽、油茶籽等油料产业布局进行调整完善。

（1）大豆　我国大豆加工业已形成以进口大豆为主的沿海沿江加工带及以国产大豆为主的主产区加工群，总体加工能力过剩，为此，要严格控制大豆加工企业重复建设、盲目扩大加工能力。

（2）油菜籽　我国油菜籽生产主要集中在长江流域，产量居油料的第二位，基本形成了长江中下游油菜籽加工产业带。但现有企业规模偏小、技术装备水平发展滞后，因此，根据油菜籽生产发展和市场油脂消费的需要，鼓励在原有加工产业布局的基础上，通过兼并、重组、联合等途径进行产业调整。支持在长江中下游加工产业带改建、扩建一批年加工油菜籽 10 万 t 以上的加工企业；在西部油菜籽产地建设一批年加工 6 万 t 以上的加工企业，适度提高我国油菜籽加工的规模化水平。

（3）花生　我国花生的主产区分布在胶东半岛、鲁西南、豫东豫北、苏北的黄淮海地区和河北、辽宁、湖北、广东、广西及鄂豫皖交界地区。重点支持在黄淮海花生主产区，通过改建、扩建一批年加工花生 10 万 t 以上的大型加工企业；在其他省区产地各建设一家年加工能力 10 万 t 以上企业，形成点面结合的花生加工产业新格局。

（4）棉籽　棉籽产量主要分布在新疆、山东、河北、湖北、河南、陕西、山西等省。为了适应产区分布的变化，支持在新疆产区通过新建、扩建、改建一批年加工棉籽 10 万 t 以上的加工企业；在其他棉籽相对集中的产地，改建、扩建、新建一批年加工棉籽 6 万 t 以上的加工企业。经过产业布局调整，形成我国棉籽加工规模和棉籽资源总量基本匹配、棉籽加工业与棉籽资源地域分布基本一致的合理布局。

开发国际市场，利用国外棉籽价格的优势，鼓励和引导加工企业扩大棉籽进口，支持油料国外采购向多元化发展，以降低对进口大豆的依存度。

（5）葵花籽　我国葵花籽生产主要集中在内蒙古、新疆，鼓励内蒙古、新疆建设几个年加工能力 6 万 t 以上的葵花籽加工企业，形成与资源相匹配的葵花籽加工产业集中区。

（6）米糠和玉米胚芽　我国米糠资源主要集中在南方稻谷主产区和东北稻谷主产区。鼓励在各主产区省市各建设一家米糠深加工、资源充分利用的示范企业和一批年加工米糠 3 万 t 以上的制油企业，提升米糠加工规模化水平。

东北是我国玉米加工基地，玉米胚芽量大、含油量高，应大力开发利用。鼓励在东北、华北、西北等玉米主产区，建设一批年处理玉米胚芽 6 万 t 以上的示范加工企业。

（7）油茶籽　我国油茶籽生产主要集中在湖南、江西、广西、浙江、安徽等省区。鼓励发展油茶籽加工业，支持在主产区建设一批年处理油茶籽 1.5 万 t 的示范加工企业。按照油茶籽产业发展规划，支持在福建、河南、贵州、云南、陕西等省新发展的油茶籽生产基地，各建设一家种植、加工、产品开发一体化加工园区，探索我国特色木本油料集约化、规模化种植与加工业发展新模式。

3. 提升科技与装备水平

大力加强高效低耗加工等食用植物油加工科技重大关键技术研发，强化新技术、新装备等科技成果的集成与转化示范，加强创新平台基地建设和人才队伍建设，提高食用植物油产业科技自主创新能力。依靠科技进步，突出科技创新，发挥大型加工企业科技投入的主体作用，加速提升我国植物油工业技术装备水平。

（1）开展油脂加工过程高效、低耗、节能技术　大力开发植物油料的低温和水酶法加工新技术，提高食用油脂得率和质量，发展大豆、花生、葵花籽食用植物蛋白的生产。

（2）加强油料加工副产品深度开发的研究　开发高质量、高附加值的食用、医药用和精细化工用产品，充分利用油脂精炼副产品中的磷脂、维生素 E、甾醇、甘油和脂肪酸等资源。

（3）深入开展油脂营养与安全的研究　提高对功能性油脂、专用油脂开发水平；加强对转基因油料产品、含反式酸油脂产品、含黄曲霉、农药等污染产品的快速检测技术的研究，保障食用油脂安全。

（4）加强节能降耗新技术、新设备研究　开发新能源和蒸汽二次利用，发展循环经济。

（5）提高油脂加工装备的工业设计　加强大型化、机电一体化、智能化设备研究开发，提升油脂机械设备加工精度和水平。为了加速产业发展，重点支持在北京、郑州、西安、无锡、武汉和新疆等地建设 6 个油脂加工工程中心。

（6）重点建设 2 ~ 3 个国家油脂工程技术研究中心、国家重点实验室和工程实验室。

4. 规范外资管理

严格按照《外商投资产业指导目录》国家有关外商投资的法律法规及外商投资产业政策，规范外资新建食用植物油加工企业和并购国内食用植物油加工企业。

5. 扶持内资企业做强做大

鼓励产学研联合攻关，帮助企业突破油料加工中制约发展的难题，为企业油料油脂产品开发与高效增值提供技术支撑。支持油料集中产区的龙头企业做强做大，并在财政、税收、信贷和土地征用等方面提供政策支持；鼓励建立大型油脂加工企业油脂储备制度并纳入储备体系规划。

6. 鼓励和引导企业“走出去”

支持油脂加工企业在境外建设原料生产基地和收储、物流设施，支持国内资本在境外投资建设油脂加工企业。

7. 注重资源节约与环境保护

推广油脂加工新技术，实现节能、降耗、减排，加强油厂废水、废气、废物处理，各类排放物指标达到国家规定的排放标准。

8. 调整规范进口

统一规范油脂油料进口管理办法，加强行业自律，提高国际市场话语权。

（五）政策措施

1. 科学规划，以科学发展观统筹食用植物油工业的发展

从保障国家食用植物油安全的战略高度和全局利益以及保障食用植物油应急供应需要的角度出发，做好食用植物油加工业的区域布局，使油料加工品种结构更加趋于

合理。防止出现油料加工产能的结构性过剩和加工能力的不足。通过科学规划和政策引导，促进食用植物油工业健康、稳定、持续发展。

2. 加快食用植物油工业结构调整，促进产业协调发展

严格执行《促进产业结构调整暂行规定》和《产业结构调整指导目录》。通过联合、兼并和重组等形式，重点扶持一批大豆年加工量60万t以上、油菜籽、花生、棉籽年加工量10万t以上、葵花籽年加工量6万t以上食用植物油加工企业，逐步形成产、加、销一体化跨地区的企业集团，推动食用植物油工业发展上水平、上规模。

通过延长产业链，调整产品结构，促进资源的深度开发和综合利用。开发科技含量高、附加值高的优质新产品，提高食用植物油加工企业的经济效益和市场竞争能力。

3. 增强自主创新能力，推动行业技术进步

整合科技资源，构建食用植物油加工业科技创新体系。坚持以科技为主的原则，充分利用食用植物油加工企业现有的产业和技术基础，采用高新技术特别是现代信息技术、生物技术、精细化工技术改造传统产业，使食用植物油加工业技术水平上一个新台阶，同时，要鼓励有条件的食用植物油加工企业建立技术研发中心，加大科技投入，进一步提高企业自主研发能力和持续创新能力。积极鼓励和支持企业与科研单位、大专院校形成利益共享、风险共担的产学研合作团队，推动企业技术研发能力的提高，积极探索建立有科技特色的服务机制和成果共享机制，建立产学研战略联盟。

油脂机械装备工业要结合食用植物油工业产品结构调整，完善与改进机械制造工艺和装备水平，使产品在工艺性能、制造质量和外观质量等方面有大的突破。加强产、学、研合作，开发研制一批大型化、机电一体化和智能化的食用植物油机械装备，进一步提升我国食用植物油加工业的整体水平。

4. 促进和稳定油料生产，大力开发利用现有油料资源

认真落实《国务院办公厅关于促进油料生产发展的意见》（国办发［2007］59号）和《促进大豆加工业健康发展的指导意见》文件精神，加强油料生产基地建设。着力培育大豆、油菜籽、花生、棉籽、葵花籽等大宗油料优势产业带。扶持和发展以油茶籽为代表的特种油料生产。引导、调整和优化农业种植结构，重点发展不与粮争地的油料品种，促进优质油料基地规范化和规模化建设。大力发展订单农业，推动油脂加工产业链的延伸和产业化的发展。重点支持对米糠、玉米胚芽等谷物油料资源的加工利用。

5. 鼓励和引导国内大型企业“走出去”，建立国外油料基地

鼓励有实力的国内大型企业在国外原料产地投资收储、物流设施，建立长期稳定的供货渠道。也可以考虑收购、参股国外油料种植、贸易企业，构建战略联盟。推动企业的国际化和产业链整合，提高原料控制能力。国家在政策、外汇资金、保险费用等方面提供支持。

6. 加大政策扶持力度

从事食用植物油加工的龙头企业和纳入粮油应急体系的企业，按财政部、国家税

务总局有关规定，免征企业所得税；企业研究开发新产品、新技术、新工艺所发生的各项投入，在缴纳企业所得税前扣除；引进技术和进口加工设备，符合国家有关税收规定的，免征进口关税和进口环节增值税：为支持龙头企业和纳入粮油应急体系的企业的发展，对于国家税收法律、政策权限在地方的税收，省级税务部门要结合当地实际制定相应的优惠政策。

对食用植物油加工龙头企业和纳入粮油应急体系的企业，应列入信贷重点扶持以及支持技改升级项目贷款优惠的范围，鼓励企业实现技术升级和做强做大。

7. 加强标准化建设，确保食用植物油安全，规范油脂加工企业运行

完善油脂加工标准体系。组织制定和修订食用植物油加工产品标准体系，确保食用植物油产品质量安全；组织制定和修订油脂加工厂设计规范、设备、生产能耗、安全防火、污染物排放等标准，规范油脂加工企业的设计和生产运行；建立对油脂加工产品国际标准和主要贸易国相关标准动态的跟踪和研究机制，使我国食用植物油工业的标准体系和国际标准及主要贸易国标准保持对接。

健全食用植物油工业质量控制体系。建立食用植物油加工企业质量控制标准、技术规程和管理规范，实行检测规范化、法制化管理，充分利用现代信息技术，使检测技术更加快速高效并节省成本。引导企业加强自身监测体系建设，全面推进企业 GMP（良好操作规程）、HACCP（危害分析与关键控制点）以及 ISO 9000、ISO 14000 族质量管理认证工作。

强化质检人员培训和认证。建立健全产品质量安全管理技术人员的资格和技能培训体系，不断提高质检人员素质和检测水平。

8. 建立食用植物油工业统计制度和信息发布制度

充分发挥并逐步强化国内粮油加工统计信息监测的职能，完善食用植物油加工业统计指导和信息服务，建立全面、准确、系统的食用植物油产业信息报告制度和发布平台，包括国际油料主产国生产形势监测评价系统、国内油脂油料生产量、消费量、进口量和价格监测评价系统，国内日处理 400t 以上规模油脂加工企业的产、销、存动态监测体系。通过国家权威信息机构定期向社会发布。

9. 加强舆论引导，提倡科学用油、合理用油和节约用油

加大宣传教育力度，增强居民对食用植物油科普知识的了解，正确引导食用植物油消费，鼓励居民改变传统膳食结构，提倡科学用油、合理用油和节约用油。引导商业饮食服务企业转变观念，减少浪费，抑制国内食用植物油消费的不合理增长。

（六）重点项目

为适应我国人民生活水平进一步提高对食用植物油需求量不断增加和油脂油料生产发展的需要，我国的油料加工能力需在调整布局的基础上适度发展。重点支持现有食用油加工骨干企业技术改造、技术升级、综合利用、节能减排、安全生产以及服务于国家宏观调控与应急供应的建设项目。

《国家粮食安全中长期规划纲要》预计到 2020 年我国食用植物油消费量将由现在

的 2 400 万 t 左右增加到 2 900 万 t 左右。与此相适应，油料加工能力应相应增加，由现在的 1. 2 亿 t 增加到 1. 3 亿 t，其中大豆加工能力由现在的 7 500 万 t 调减到 6 500 万 t，其他油料的加工能力由现在的 4 500 万 t 增加到 6 500 万 t。为此，需要通过改建、扩建和新建的方法支持建设一批重点项目。

1. 2009 年至 2010 年重点项目

（1）重点支持在油菜籽集中产区建设 15 个年加工油菜籽 10 万 t 以上项目，新增加工能力 200 万 t，产油 67 万 t；

（2）重点支持在花生集中产区建设 10 个年加工花生仁 10 万 t 以上项目，新增加工能力 150 万 t，产油 67 万 t；

（3）重点支持在棉花集中产区建设 10 个年加工棉籽 10 万 t 以上项目，新增加工能力 150 万 t，产油 24 万 t；

（4）重点支持在葵花籽集中产区建设 3 个年加工葵花籽 9 万 t 以上项目，新增加工能力 30 万 t，产油 10 万 t；

（5）重点支持以玉米为原料作工业用途的地区建设 5 个年加工玉米胚芽 10 万 t 以上项目，新增加工能力 70 万 t，产油 24 万 t；

（6）重点支持在米糠集中产区建设 20 个年加工米糠 3 万 t 以上项目，新增加工能力 80 万 t，产油 12 万 t；

（7）重点支持在油茶籽集中产区建设 5 个年加工油茶籽 1. 5 万 t 以上项目，新增加工能力 10 万 t，产油 2. 5 万 t。

以上 68 个项目，年新增油料加工能力 690 万 t，产油约 200 万 t。

2. 2011—2015 年重点项目

（1）重点支持在油菜籽集中产区再建 20 个年加工油菜籽 10 万 t 以上的项目，新增加工能力 300 万 t，产油 96 万 t；

（2）重点支持在花生集中产区再建 15 个年加工花生仁 10 万 t 以上项目，新增加工能力 200 万 t，产油 90 万 t；

（3）重点支持在棉花集中产区再建 10 个年加工棉籽 10 万 t 以上项目，新增加工能力 150 万 t，产油 24 万 t；

（4）重点支持在葵花籽集中产区再建 5 个年加工葵花籽 9 万 t 以上项目，新增加工能力 50 万 t，产油 17 万 t；

（5）重点支持以玉米为原料作工业用途的地区再建 10 个年加工玉米胚芽 10 万 t 以上项目，新增加工能力 100 万 t，产油 35 万 t；

（6）重点支持在米糠集中产区，再建 50 个年加工米糠 3 万 t 以上项目，新增加工能力 200 万 t，产油 30 万 t；

（7）重点支持在油茶籽集中产区再建 10 个年加工油茶籽 1. 5 万 t 以上项目，新增加工能力 20 万 t，产油 5 万 t。

以上 120 个项目，年新增油料加工能力 1 020 万 t，产油约 300 万 t。

3. 2016—2020 年重点项目

为充分利用米糠和玉米胚芽资源，对米糠油和玉米油建设项目继续给予重点支持，其他油料加工项目，视国产油料生产情况进行填平补齐，以满足油料加工的需要。

二、浅析2009年我国粮油市场的价格走势和粮油企业的发展前景

——在中国粮油学会营销分会年会上的主题报告

（2009年2月26日　于山东德州）

2008年对中国来说是一个多事、难忘的一年，对我国粮油工业来说也是极不寻常的一年。世界50多个国家出现的粮食严重短缺、粮油价格的大起大落、国家对粮油价格及其出口的宏观调控力度的加强以及全球金融危机的爆发等，无不对我国2008年的粮油工业产生深远的影响。

（一）2008年我国粮油工业经济效益普遍不佳

在刚刚庆贺了2007年我国粮油工业创造了以经济效益为代表的多项历史之最的欢乐情景下，2008年我们遭受了上述诸多不利因素的影响，致使许多企业经营困难，举步维艰。尤其是油脂工业企业，2007年其产量、产值、销售量、销售额和利润总额等主要经济技术指标均创历史最高纪录，其中利润总额突破了百亿元。但可惜的是好景不长，预计2008年粮油工业的利润将大幅下降，其中油脂工业的利润总额又可能降到近年来的最低点。由于国内外油脂油料市场价格自去年第四季度起一路大幅下跌，企业经营困难，亏损严重，我国油脂工业与2004年一样，成为经营最艰难的一年，一些中小企业又面临被兼并收购或破产的局面。这种急剧变化，是出乎大家预料的。

中国油脂工业在经过了2004年和2008年两次难忘的惨痛经历之后，给我们油脂界留下了个难得的启示，那就是：我们在庆祝胜利的时候，不要忘记困难又可能即将降临，反之，在遇到极端困难的时候，光明又可能即将来临。也就是说，我们要始终保持清醒的头脑，在胜利时，不能忘乎所以，在困难时，不能悲观失望。

分析2008年我国粮油工业的经济效益有可能下降至近年来最低点的原因，除了受国际石油和粮油价格大幅波动以及全球金融危机等影响外，受国家宏观调整的影响也是不小的。

为了保持我国粮油价格的相对稳定，去年年初国家发展改革委员会作出了对成品粮及粮食制品、食用植物油、猪肉和牛羊肉及制品、乳品、鸡蛋等食品类商品的临时价格干预措施，在这一干预措施下并规定企业对相关商品的提价和调价要事先申报和备案，经批准后方可实施。与此同时，为了确保国家的粮食安全，政府及相关部门出台了“关于尽快规定并公布粮食经营者最低和最高库存量具体标准的通知”、“关于取消小麦粉等原粮及其制品出口退税的通知”、“关于对57种粮食出口，征收临时性的出口关税（税率在5%～25%）”以及“关于下达2008年度部分农产品出口配额有关问题的通知”等，在上述措施和规定的影响下，2008年一些大中型粮油骨干企业顾全大

局，服从和服务于国家的宏观调控政策，使企业本来可以挣的钱没有挣到或没有挣够，为国家的粮食安全和粮油价格的稳定作出了贡献，大家是不会忘记的。

去年年底，国家发展改革委员会公布，根据《价格法》第 32 条规定，自 2008 年 12 月 1 日起解除对食品类商品的临时价格干预措施。这表明干预措施已经发挥了作用，完成了历史使命。这里有我们粮油加工企业所付的代价和作出的贡献。

（二） 浅析 2009 年国内粮油市场的价格走势

如何分析 2009 年我国粮油市场的价格走势，这是企业都很关心的。对此业内已有许多专家发表了自己的看法，这对我们企业来讲都很有参考价值。

我认为，2009 年国内粮油市场供应和价格走势总体上将是平稳的，粮油市场价格在低位上振荡的走势将会延续下去，这是基于有以下三个方面的实际来进行分析得出的结论。

1. 粮油资源相对充裕， 是国内粮油市场价格平稳的物质基础

（1）在谷物的生产和期末库存方面　据美国农业部 2008 年 12 月发布的全球农产品预测报告显示：预计全球 2008、2009 年度谷物产量为 22. 1597 亿 t，比上年度增加 9 559 万 t，预计全球 2008、2009 年度谷物期末库存为 3. 9375 亿 t，比上年度增加 4 008 万 t。其中 2008、2009 年度的小麦、玉米和大米的产量和期末库存均比 2007、2008 年度有所增长。

据有关方面的估计，2008 年我国粮食总产量约为 5. 258 亿 t，比 2007 年度的 5. 016 亿 t 增产 2 420 万 t，创历史最高；其中稻谷产量达 1. 93 亿 t，比 2007 年度的 1. 86 亿 t 增产 700 万 t；小麦产量达 1. 125 亿 t，比 2007 年度的 1. 06 亿 t 增产 650 万 t；玉米产量达 1. 65 亿 t，比 2007 年度的 1. 523 亿 t 增产 1 270 万 t。

（2）在油脂油料的生产和供应方面　据美国农业部 2008 年 12 月发布的全球农产品预测报告显示：预计全球 2008、2009 年度油籽产量为 4. 1827 亿 t，比上年增加 2 696 万 t，总供给量为 4. 7977 亿 t，比上年增加 1 571 万 t。有望达到历史最高水平。

根据国家粮油信息中心 2008 年 12 月提供的估计数据，我国 2008 年大豆预计产量为 1 650 万 t，较上年的 1 272. 5 万 t 增加 377. 5 万 t；油菜籽预计产量为 1 150 万 t，较上年的 1 057. 3 万 t 增加 92. 7 万 t；花生预计产量为 1 360 万 t，较上年的 1 302. 7 万 t 增加 57. 3 万 t；棉籽预计产量为 730 万 t，较上年的 762. 4 万 t 减少 32. 4 万 t；芝麻预计产量为 61 万 t，较上年的 55. 7 万 t 增加 5. 3 万 t；胡麻预计产量为 34. 7 万 t，较上年的 26. 8 万 t 增加 7. 9 万 t，2008 年以上 6 种主要食用植物油料产量较 2007 年增加 508. 3 万 t。

以上数据表明，2008、2009 年度国内外粮油生产和库存与 2007 年比较相对充裕，为我国 2009 年粮油市场价格的平稳奠定了物质基础。

2. 国家粮油储备稳步增长， 是调控国内粮油市场供应和价格稳定的又一物质基础

众所周知，我国的粮食储备大大高于国际人均储量水平。在 2008 年的世界 50 多个国家出现的粮食严重短缺、价格暴涨中，我国充足的储备粮食对确保粮食市场的供应、粮价的稳定以及抗震救灾的顺利进行发挥了不可替代的作用，做到了国家有粮，百姓

不慌。

食用植物油也是国家粮食安全的重要组成部分，与粮食相比，目前我国的油脂油料的自给率只有42%左右，不足一半。为保障国家在任何时候食用植物油市场的供应和价格的平稳，从2007年底开始，国家加强了食用植物油油料和油脂的储备。经过一年的努力，储备数量有了较大增加，已有足够能力应对油脂市场的风云变幻。

由此可见，我国充足的粮食储备和食用植物油脂油料储备是保证今后我国粮油市场供应和价格平稳的又一重要物质基础。

3. 全球金融危机和原油价格的一路走低，将影响粮油市场价格的攀升

现在看来，金融危机对全球的经济发展将产生巨大的影响，而且这种影响的时间将是较长的。在全球金融危机的影响下，将伴随着各国经济增速的下滑、部分出口产品的减少、企业经营不景气、失业人员增加等问题的出现，从而影响着人们消费水平的提高，甚至会出现各种生产资料和生活资料不会像前些年那样的活跃和价格的节节攀升。

而国际原油价格一度达到147美元/桶，现在跌至不足40美元/桶，这样大的跌幅历史罕见。由于粮油是再生清洁能源的重要原料之一，所以原油的价格走向会对粮油的价格产生一定的影响。2009年1月30日，北京青年报上登载了中国科学院的一篇有关“今年国际原油价格平均为35美元/桶”的预测报告。报告称，WTI（注：美国西德克萨斯轻质原油）原油期货价格2009年全年均价预计在30～40美元/桶，平均35美元/桶。如果各国救市措施没有达到预期效果，经济形势再度恶化，则油价很可能在2009年跌破30美元/桶。报告预计，2009年全年农产品期货价格将呈现整体下跌走势。玉米均价在275～315美分/蒲式耳，大豆均价在690～780美分/蒲式耳，小麦均价在405～455美分/蒲式耳，三种粮食期货的同比跌幅在40%左右。

综上所述，全球金融危机和原油价格的一路走低，将会影响粮油市场价格的攀升。

以上是我对2009年国内粮油市场供应和价格走势总体看法。由于在实际生活中，有时会出现粮油市场的价格变化较大。比如，每年天气和雨水是否正常？夏粮的收成如何？都会对粮油市场的价格产生直接影响，尤其是油脂油料市场的价格变化受多种因素的影响变化更大。为此，我希望有条件的粮油企业要设置专人，经常研究分析国家的宏观政策和粮油市场的走势，在经营活动中谨慎操作，以期取得好的经济效益。

（三）我国粮油工业有着美好的发展前景

粮油工业是粮油产业化经营中的重要组成部分，是搞活粮油经营，提升粮油附加值的不可缺少的中间环节，是食品工业的基础工业。半个多世纪以来，我国的粮油工业发生了翻天覆地的变化，取得了长足的发展。但与此同时，粮油工业在发展的道路上也会遇到这样那样的困难，对此我们不应丧失信心，相反，应该对粮油工业的发展前景充满希望。

在不久前公布的《2008—2020年国家粮食安全中长期规划纲要》中提出，随着人民生活水平的不断提高，粮油的消费需求将呈刚性增长。据预测，到2010年我国居民人均粮食消费量为389kg，粮食需求总量将达到5 250亿kg，其中谷物消费需求4 410亿kg，分别比2007年增加125亿kg和100亿kg。到2020年人均粮食消费量为395kg，需求总量将达到5 725亿kg，其中谷物消费需求4 775亿kg，分别比2007年增加600亿kg和465亿kg。另据预测，2010年我国居民人均食用植物油消费量为17.8kg，比2007年增加1.1kg；消费需求总量2 410万t，比2007年增加210万t。2020年人均消费量为20kg，消费需求总量将达到2 900万t。为适应粮油消费刚性增长的需要，纲要中强调要大力发展粮油食品加工业。

由此可见，国家粮食安全中长期规划纲要为我国未来的粮油市场和粮油工业的发展指明了方向，勾画了美好的发展蓝图。同时也充分说明了粮油工业是一个有发展前途的朝阳工业和生命产业，因此我们有理由为粮油工业的发展前景充满信心和希望。

三、我国油料产业发展存在的问题*

（2009 年 4 月 15 日　于北京）

（一）我国油脂油料生产不能满足市场需求，自给率偏低

根据国家粮油信息中心提供的数据，2007 年我国八大油料作物的总产量和折油与 2006 年相比，都有不同程度的降低，虽然减幅不大，但均降至 2004 年以来的最低点，见表 1。

表 1　2004—2007 年我国主要油料生产情况、折油　单位：万 t

年份		大豆	花生	油菜籽	棉籽	葵花籽	芝麻	油茶籽	亚麻籽	合计
2004	产量	1 720	1 431	1 304	1 074	197	89.5	83.5	38	5 937
	折油	127.1	241.8	469.4	154.7	41.4	23.4	16.7	11.4	1 086.3
2005	产量	1 880	1 470	1 120	960	170	76	83.5	40	5 799.5
	折油	139.6	248.4	403	138.2	35	20.2	16.7	12	1 014
2006	产量	1 550	1 380	1 220	1 211	168	72	83.5	35.6	5 720.1
	折油	115.1	233.2	439.2	174.3	35.3	19.2	16.7	10.7	1 043.7
2007	产量	1 400	1 400	1 200	1 260	180	59	83.5*	35	5 617.5
	折油	104.0	236.6	432.0	181.4	37.8	15.7	16.7	10.5	1 034.7

2007 年，我国食用植物油总供给量达 2 508.1 万 t，其中国产油料总折油 1 034.7 万 t，净进口油脂油料折油 1 473.4 万 t。进口油脂占总供给量的 58.65%，国产油脂占总供给量的 41.25%，较 2006 年的 47.5% 又下降了 6.25 个百分点，食用植物油的自给率降低到历史最低点。这样低的自给率，对国家食物安全将构成严重威胁。

（二）八大油料作物的产量多年徘徊在 5 700 万 t 左右

由于我国油料生产机械化程度较低，从种植到收获基本还是采用手工劳作，油料生产过程劳动力投入多，劳动强度大，生产成本高，加上我国油料作物主要分布在冬闲田、干旱、盐碱等中低产田，油料作物单产低且不稳，导致油料生产效益较低，农民生产积极性不高，油料种植面积、总产、单产持续下滑。据有关部门统计，2007 年全国油料生产面积、总产和平均亩产分别为 3.01 亿亩、3 841 万 t 和 127.6kg/亩，分别比 2005 年下降 16.1%、18.5% 和 2.9%，年均降幅分别达 8.1%、9.3% 和 1.5%，而

* 本文是根据农业部办公厅的来函要求，提供的论文。

且总产低于1999年的水平，是过去九年来的最低点。

我国八大油料年产量，2004年为5 937.0万t，2005年为5 799.5万t，2006年为5 720.1万t，2007年为5 617.5万t。据预测2008年基本维持在这个水平上。由此可见我国八大油料作物的年产量多年来一直徘徊在5 700万t左右，远远不能满足人民生活水平不断提高的需求。

（三）大豆、油菜籽和花生等主要油料生产没有大的突破

大豆、油菜籽和花生是我国油料的主要品种，2007年大豆产量1 400.0万t，油菜籽产量1 200.0万t，花生产量1 400.0万t，三种油料产量合计4 000.0万t，占2007年油料总产量5 617.5万t的71.21%。这么高的比例可以说明这三种油料的生产对我国油料生产的发展起着决定性的作用。然而这三种油料总产量2004年为4 455.0万t，2005年为4 470.0万t，2006年为4 150.0万t。纵观2004—2007年这三种主要油料总产量的变化，可以看出不但没有上升反而有所下降，生产基本没有突破。

（四）油料作物的单产、种植面积和含油率未有大的进展

目前，与国外相比我国油料作物单产和含油量均偏低，如果推广新育成的高油高产新品种，在含油量提高2个百分点、单产提高5%的情况下，单位面积产油量和效益可以增加10%以上。此外，南方冬闲田、滩涂、短季茬口和荒山荒坡等边际土地急需有生育期短的高产油菜、大豆、花生和油茶新品种，才能发展油料生产。

1. 制约油料生产面积

据有关方面预测，在不与粮食争地的情况下，油料种植规模还可以扩大8 000万亩以上。但是，目前与之配套的早熟高产油菜新品种和配套栽培技术、耐密植耐阴的大豆品种、油茶规模化种苗繁殖技术体系等关键技术还不成熟，制约了面积资源的有效利用。

2. 提高单产难度大

通过高产品种、高产栽培技术的研制，可进一步挖掘油料作物单产的潜力。提高单产潜力，首先要实现高产品种与高产栽培、高效土肥和植保技术相配套，克服水分胁迫、温度胁迫、病虫害危害等制约因素。在这些方面，我们还缺乏好的办法。

3. 暂时还没法提高含油率

在我国大宗油料作物中，含油量提高潜力较大的是油菜和花生。实现含油量提高的重要手段是选育高油高产新品种，加快高油高产新品种的成果转化和普及，实现品种更新换代，在这方面，我们也缺乏有效办法。

（五）以米糠和玉米胚芽为代表的油料资源未能得到充分利用

我国是世界上最大的稻谷生产国，年产米糠量达1 300万t左右，米糠含油14%～22%。我国也是玉米生产大国，玉米胚部占玉米籽粒质量的8%～12%，胚含油36%～47%，我国每年工业用玉米和食品用玉米的耗用量在5 000万t以上，每年能提取450

万～500万t的玉米胚芽。米糠和玉米胚是重要的油脂原料，与大豆、油菜籽等油料作物不同，不需要专门栽培，不占耕地。因此发展米糠、玉米胚芽制油对增产油脂意义重大。

有人测算，如果能将一半的米糠和玉米胚芽用于榨油，我们每年能为国家增产170万～200万t的优质稻米油和玉米油，这相当于1 000多万吨的大豆产油量，是不种田的“种田”。为此，我们要呼吁政府有关部门：要像重视发展油料生产一样重视米糠和玉米胚芽资源的利用，要像扶持发展油料生产一样扶持米糠和玉米胚芽榨油项目，要在项目审批、资金投入和税收等方面像发展油料生产一样支持米糠和玉米胚芽榨油项目，使其顺利进行。

（六） 加工业布局不尽合理

我国食用植物油加工业的总体布局不够平衡。随着我国大豆进口量不断攀升，养殖业对豆粕需求旺盛，因此在沿海迅速形成以进口大豆为主的油料加工产业带，这个加工产业带的产能占去我国油料加工能力的半壁江山，不仅造成了大豆加工能力的严重过剩，同时造成了油料加工能力的畸形发展。由于加工业布局的不平衡，内地油料产区加工业相对滞后，加工业对油料生产的拉动作用没有发挥出来，需要在发展中不断加以调整。

（七） 油料油脂价格偏低， 不能调动农民种植油料的积极性

当前，我国油料作物生产中，耕作、管理和收获每亩需要投入约10个劳动用工，劳动成本占总成本的一半以上，而发达国家油料生产的劳动力成本不足总成本的10%。如果通过研制和应用油料化学除草技术、高效施肥技术、机械化播种和收获等生产技术，实现油料作物的轻简化生产，将每亩劳动用工降到3～5个，对降低成本、提高生产效益具有十分重要的意义。但目前我国适宜的机械化生产的品种、栽培技术和机械装备研究刚起步，技术尚未成熟，制约了生产成本的降低。由于我国油料油脂生产成本较高，又没有被国家像粮食一样纳入补贴范围，导致了价格的长期偏低和价格的不稳定，从而很难调动农民种植油料的积极性。一些行家认为，就当前而言，如果豆油的价格每吨低于8 000元、菜籽油每吨低于10 000元和花生油每吨低于12 000元，就很难调动种植油料农民的生产积极性，国家增产油料油脂的计划就难以实现。

四、关于贯彻落实《国务院关于促进食用植物油产业健康发展保障供给安全的意见》（国发［2008］36号）的建议*

（2009年6月8日　于北京）

（一）对第二条“规范和引导油脂加工健康发展”中第六款“建立和完善油脂行业公平有序的竞争机制”的贯彻建议

（1）为油脂企业生产、经营创造良好的市场环境，要严格执行反垄断法等法律、法规和规定。禁止中介组织企业以及企业之间达成垄断协议，商定产品价格和市场投放量，扰乱市场经营秩序。

（2）油脂企业尤其是大型油脂加工企业，应自觉服从和服务于政府对粮油市场的宏观调控，严格控制单个企业或企业集团某种油料和油脂加工能力达到全国总量的10%以上，或实际加工量达到全国总量的15%以上；对即将达到上述规定比例的企业或企业集团有关部门应提前警示，严格控制；对已经达到上述规定比例的企业或企业集团，有关部门应提出警示，禁止其产能的继续扩大。并对其生产经营行为进行重点监测。

（3）严格执行广告法等法律、法规，规范油脂产品广告宣传。科学客观宣传油料油脂的营养价值，严禁不规范、误导消费者的广告宣传。建议成立油脂产品广告审查专家委员会，负责审查企业尤其是大型企业的油脂产品广告。

（4）企业应承担应有的社会责任，当国家发生自然灾害尤其是特大灾害时，企业要服从调配，保证应急需求和油脂市场的价格稳定。

（5）国家在支持大型企业和龙头企业的同时，在税收、信贷等方面也要支持有特色的信誉好、经营好的中小企业。

（6）在承担国家或地方储备油料油脂任务的仓储企业中建设油脂加工厂，其原料的作价要公正合理，仓库设施的使用费用要合理作价，以避免造成新的不平等竞争。

（二）对第三条第九款“完善油料油脂市场流通体系”中“积极培育油料油脂市场”的贯彻建议

（1）为促进产品的营销，大型油脂加工经营企业在其产品的重点销区，积极建立配送中心。国家将支持大型油脂加工经营企业建立配送中心，对配送中心的合理布局进行指导，并在政策和资金上给予一定的支持，以有利于在油脂市场发生不测时发挥

* 本文是根据国家粮食局的要求，为贯彻落实国发文件精神，代表中国粮油学会油脂分会提出的建议文件。

调控和应急作用。

（2）鉴于目前大型油脂加工经营企业大多数已经开始重视并利用期货交易套期保值的现状，要重点支持有一定规模和经营状况较好的中小企业参与期货交易套期保值，规避风险。要积极组织培训，使企业的主要负责人重视和懂得期货交易，帮助企业培养期货交易人才，要规范期货经纪公司的运作，为企业提供优质服务。

（三）对第四条“稳定和拓展油料油脂进口渠道”中“加大对企业‘走出去’的支持力度”的贯彻建议

在国发［2008］36号文件中，对本条提出了较为详细的内容，但关键是落实。总结油脂加工企业在“走出去”过程中的实际，重点抓好以下三点：

（1）在鼓励有实力的企业在境外积极开发棕榈油、棉籽油等合作项目，为保障我国油脂供应安全服务，并减轻我国过多依赖进口大豆和大豆油的局面。

（2）鉴于我国油脂机械制造水平已接近或达到国际同类先进水平，建议中国贸促会粮食分会积极组织国内产品质量高、服务态度好、有积极性的油脂设备制造企业联合走出国门，重点面向发展中国家和新兴市场国家。

（3）积极发挥中介组织的作用，成立由油脂行业相关专家、企业家组成的“走出去”战略联盟，组织国内有代表性的、有实力、有积极性的相关企业联合到国外去办厂。

（四）对第六条“加强市场监管和消费引导中”第二十一款“引导合理用油和健康消费”的贯彻建议

（1）严禁非食用油脂和废弃油脂进入食用油流通市场，逐步取消散装油脂进入消费市场，保证居民食用安全。

（2）要坚持食用优先的原则，严禁利用食用植物油加工转化生物柴油，鼓励已建成的生物柴油生产企业利用非食用油脂和废弃油脂生产生物柴油。

（3）规范企业的广告宣传和产品标识，由行业中介组织相关专家制定油脂广告宣传的规范用语，杜绝广告宣传中的不实之词和误导消费者的行为；完善食用油脂产品标识的相关标准，具体规定产品标识中必须和严禁标识的内容，保障消费者的知情权和选择权。

（4）要提倡“适度精炼”，因为油脂加工中的“过度精炼”会损失大量有利于人体健康的元素和物质，同时产生一定数量的不利于人体健康的反式脂肪酸等有害物质。

（5）引导商业饮食服务行业转变观念，改变烹饪方式，改进某些传统的油炸、煎炸“过油”等菜肴，减少浪费。

五、 对国家发展食用植物油产业政策的几点学习体会

——在中国粮油学会油脂分会第十八届年会上的开幕词

（2009 年 9 月 17 日　于江苏无锡）

为促进我国食用植物油产业健康发展，保障供给安全，自 2007 年起，国家有关部门制订出台了一系列促进油料生产和油脂工业发展的政策措施，诸如，国办发【2007】59 号《国务院办公厅关于促进油料生产发展的意见》；国发【2008】36 号《国务院关于促进食用植物油产业健康发展保障供给安全的意见》；2008 年 8 月 7 日，国务院办公厅秘书局印发的关于《国家粮食安全中长期规划纲要（2008—2020 年）》以及 2008 年 8 月，国家发展和改革委员会印发的关于《促进大豆加工业健康发展的指导意见》等一系列文件，在这一系列文件中，都强调要“立足当前，着眼长远”，从全局和战略高度在油料油脂生产、加工、流通、储备和进出口等各个环节采取综合措施，促进食用植物油产业健康发展，保障我国食用植物油供给安全。文件中明确了发展我国油料生产的基本原则、目标和任务；提出了要加大油料生产扶持力度的政策措施；对油脂加工的健康发展进行了规范和引导；强调了要重视稳定和拓展油料油脂的进口渠道以及健全食用植物油的储备和应急体系；倡导合理用油和健康消费等重要政策措施，并提出了许多指导性很强的意见，这几份文件是当前乃至今后相当一个时期指导我国油料油脂生产和油脂工业发展的纲领性文件。为此，我们必须认真学习，深刻领会，贯彻执行。下面，我想谈谈对上述文件的几点学习体会，与大家一起交流。

（一） 进一步加深了对食用植物油产业重要意义的认识

文件中都反复强调：“食用植物油是城乡居民重要的生活必需品、发展食用植物油产业和保障供给安全，对促进经济发展和社会稳定具有重要意义。”

通过对上述文件的学习和我国食用植物油供应的历史回顾，使我们进一步认识到，油脂是人类食品最重要的成分之一，食用植物油不仅是城乡居民重要的生活必需品，与人民生活密切相关，而且其消费量的多少已成为衡量一个国家城乡居民生活水平高低的重要标志，并在国家食物安全中占有重要的地位，食用植物油的供给是保障国家食物安全的重要组成部分。食用植物油产业中的油脂加工业与种植养殖业、食品工业、饲料工业和化学工业等密切关联，是关系国计民生的重要产业。

我国是一个油料油脂的生产大国和消费大国，也是一个油料油脂的加工大国和进出口大国，在国际上具有举足轻重的地位。回顾历史，近十年来，我国的油料生产和食用植物油工业快速发展，对满足城乡居民生活需求，带动农业结构调整、促进农民增收等方面发挥了积极作用。与此同时，在我国食用植物油消费量快速增长以及加工规模不断扩大的过程中，也出现了加工能力总体过剩和布局不尽合理，国内油料生产不能满足食用植物油消费量快速增长的需要，对外依存度过高等问题。另外，近年来

食用植物油价格波动较大，不仅影响到城乡低收入居民生活水平和企业的正常生产经营，而且影响到国内油料产业的稳定发展。为此，保持食用植物油的健康、稳定和可持续发展，对保障食用植物油的供给安全，对国民经济的平稳发展和建设和谐社会有着十分重要的意义。

（二） 学习了解了国家对发展油料生产的政策和重点

根据我国的国情，几份文件中都强调了发展油料生产的基本原则，这就是发展油料生产，提高我国食用植物油的自给率要在避免与粮食争地的前提下，适当恢复油料种植面积。这是从我国现有粮食耕地面积、水资源的情况以及粮食的自给率必须保持在95%左右的实际出发的，是完全正确的，我们要牢牢记住。

在扶持和发展油料生产中，国家提出了一系列政策措施和发展重点。对此，我的体会是要切切实实地抓好以下八点：

第一，要着力抓好油料生产中发展潜力最大的油菜籽的生产，特别是在长江流域，要充分利用冬闲地种植油菜。与此同时，要重视北方的春种油菜的种植，要通过“冬抓休闲地，春抓撂荒地”来发展油菜籽生产。

第二，要大力扩大产量高、含油率高，富含优质食用蛋白资源，基本不与粮食争“良田”的花生和葵花籽的种植面积。花生和葵花籽的种植地域广阔，花生适宜种植在比较瘠薄疏松的沙质土壤里，葵花能在盐碱地里生长，是最适宜在我国发展的油料品种。

第三，木本油料有许多是优质油源，为此，我们要在科学制定规划的基础上，扶持以油茶为代表的木本油料，重点支持适宜地区利用荒山荒坡发展木本油料的生产。

第四，要利用科技加快对油料新品种、新技术的培育和推广应用力度，把提高单产、含油率作为我国增产油料，提高我国食用植物油自给率的重要举措。为培育新品种，提高我国的油料产量和含油率，国务院在去年的36号文件中提出要“加强大豆转基因技术研究，建立高效安全的转基因大豆育种体系，加快选育抗除草剂、抗病虫、抗逆、优质和高产等转基因大豆新品种”。接着，又在今年的中共中央1号文件中，进一步强调了要“加快推进转基因生物新品种培育科技重大专项的进程，整合科研资源，加大研发力度，尽快培育一批抗病虫、抗逆、高产、优质和高效的转基因新品种，并促进产业化”。由此可见，国家对油料生产中采用转基因技术的态度已经十分明确，因此，我希望个别企业和个别媒体今后不要再对转基因大豆油等产品的安全性持怀疑态度，更不要借此炒作。

第五，国家要进一步增加油料生产基地的投资，加强油料生产基地的建设，加强水利等基础设施的建设，着力改善油料生产的条件。

第六，为调动农户种植油料的积极性，要完善和落实财政金融支持政策。要继续实施油茶和大豆良种补贴政策，完善补贴制度，扩大补贴范围。要研究制定对种植油茶等木本油料作物的补贴政策。完善对油料生产大县的奖励机制。鼓励各类金融机构增加对油料作物种植企业和农户信贷支持。稳步推进大豆、油菜、花生和油茶等油料作物的生产保险，并建立油料生产灾害风险防范机制等。

第七，业内专家建议，要重视米糠和玉米胚芽等油料资源的利用。国家要像重视发展油料生产一样重视米糠和玉米胚芽等资源的利用。要像扶持发展油料生产一样扶持米糠和玉米胚芽榨油项目。要在项目审批、资金投入、税收和补贴奖励等方面与发展油料生产一样对待。

第八，为把促进油料生产落到实处，国家要制定合理的油料油脂价格政策，以充分调动农户种植油料的积极性。就目前的油料油脂的价格分析，我认为以四级食用植物油为例，大豆油每吨低于 8 000 元，菜籽油每吨低于 10 000 元，花生油每吨低于12 000元，是很难调动农户种植油料积极性的。今年国内油菜籽的最低收购保护价从去年的每市斤 2. 20 元下降到 1. 85 元，降幅达 16% 。这样大的降幅，我担心会挫伤今冬农户种植油菜的积极性。现在，有些专家认为，威胁中国粮油安全最危险的因素是“弃耕抛荒”，稳定粮油价格，才是调动农民种粮、种油积极性的治本之策。这种说法是很有道理的。

（三） 关于对两个多元化和两个市场的理解

在《促进大豆加工业健康发展的指导意见》中提出了要“多油并举”和“走多元化原料供给道路”，我觉得在油料供给中，我们要坚持走两个多元化的路子。一是国内油料生产、供给的多元化。对此，我们要在不与粮食作物争地的前提下，重视发展油菜籽、花生和葵花籽等最有发展前景的油料生产，大力发展以油茶为代表的特种油料生产，充分利用棉籽、芝麻和亚麻籽等其他油料以及米糠、玉米胚芽等谷物油料资源，实现油料资源生产、供给的多元化；二是在油料油脂的进口环节，我们也要实现多元化。不仅要进口大豆，还要鼓励进口油菜籽、棉籽、芝麻和花生等其他油料油脂，以减轻对进口大豆和大豆油的依存度。

在《国家粮食安全中长期规划纲要（2008—2020 年）》中，当谈到“保障粮食安全的主要任务时”，提出了要“利用国外农业资源”，“积极利用国际市场调节国内供需”、“鼓励国内大豆生产、同时合理引导进口”，以满足国内的需求。规划中，根据我国食用植物油消费需求的刚性增长、耕地的减少、水资源短缺和气候变化等因素的影响，到 2020 年食用植物油的自给率不低于 40% ，我认为，这是实事求是的，根据这一规则，为满足我国食用植物油的需求，我们必须利用好国内国外两个市场“要在立足发展国内油料生产的同时，要充分合理利用好国际油料资源”。在这里，我还认为，对一个国家来说，利用好两个市场，尤其是利用好国际市场为我所用，这是很正常的。我们不能轻易说，因为进口增多，我国食用植物油市场被他人控制了。

（四） 关于规范和引导油脂加工工业健康发展问题

为我国油脂加工业的健康发展，在国务院 36 号文件中对推进油脂加工工业合理布局和优化结构，加快培育国有和民营油脂加工经营企业，建立和完善油脂行业公平有序竞争机制，加强对外商投资油脂经营行业的管理等方面作了详细而明确的规定，有利油脂加工业的健康发展。下面，我就“调整布局”和建立“公平有效竞争机制”谈些学习体会。

在《促进大豆加工业健康发展的指导意见》中指出："大豆加工业在发展过程中，也暴露出诸多问题，突出表现为'压榨能力严重过剩'，提出了要'控制规模、有序发展'，要'严格控制大豆油脂加工项目盲目投资和低水平重复建设'，要'通过兼并、重组方式，整合资源，淘汰一批落后的小规模大豆油脂加工厂，提高行业的整体水平'。"这里虽然讲得是大豆加工业，但对整个油脂加工业来说也应引以为戒。

鉴于我国油料加工能离每年已超过亿吨，其中大豆加工能力约为 7 500 万 t，其他油料加工能力约为 4 500 万 t，总体加工能力已经过剩，但在发展中同时在地区和品种等方面的不平衡，为改变这种情况，今后我国在油脂加工业的发展，应该根据科学发展的要求，朝着"调整结构，合理布局，适度发展，提高效益"的方向发展，以达到可持续发展的目的。我认为，在今后一段时间，在油料集中产区、中西部地区、特种油料主产区以及米糠和玉米胚芽资源丰富地区的加工能力可适度发展，与此同时，要严格控制新增大豆油脂的加工项目。这符合《国家粮食安全中长期规划纲要》中提出的为适应粮油消费刚性增长的需要，要"大力发展粮食食品加工业"的需求，符合 36 号文件中提出的"调整和优化油脂加工工业区域和产品结构，加快形成适应需要、分工合理、优势互补的油脂加工体系"的需求。

36 号文件中提出要"建立和完善油脂行业公平有序竞争机制"，业内专家进行了认真的讨论，提出了许多宝贵意见，归纳起来，主要有以下几点：

第一，为油脂企业生产，经营创造良好的市场环境，要严格执行反垄断等法律、法规和规定，禁止中介组织企业以及企业之间达成垄断协议，商定产品价格和市场投放量，扰乱市场经营秩序。

第二，油脂企业尤其是大型油脂加工企业，应自觉服从和服务于政府对粮油市场的宏观调控，严格控制单个企业或企业集团某种油料或油脂加工能力达到全国总量的 10% 以上，或实际加工量达到全国总量 15% 以上，对即将达到上述比例的企业或企业集团有关部门应提前警示，严格控制；对已经达到上述规定比例的企业或企业集团，有关部门应提出警示，不准其产能继续扩大，并对其生产经营行为进行重点监测。

第三，要严格执行广告法等法律、法规，规范油脂产品广告宣传，科学客观宣传油料油脂的营养价值，严禁不规范误导消费者的广告宣传，建议成立油脂产品广告审查专家委员会，负责审查企业尤其是大型企业的油脂产品广告，使广告内容科学、规范、客观地宣传油脂产品。

第四，企业应承担应有的社会责任，当国家发生自然灾害尤其是特大灾害时，企业要服从调配，保证应急需求和油脂市场的价格稳定。

第五，国家在支持大型企业和龙头企业的同时，在税收、信贷等方面也要支持有特色、信誉好、经营好的中小企业。

（五）关于加大对企业"走出去"的支持力度

为鼓励油脂加工企业开展对外经济技术合作、走出国门，在 36 号文件中提出了许多鼓励企业走出去的具体优惠政策措施。油脂加工企业要用好这些政策措施，以利走出国门。总结油脂加工企业在"走出去"过程中的实际，我认为要重点抓好以下三点：

第一，要鼓励有实力的企业在境外通过技术合作、投资、参股和并购等方式开发棕榈油、棉籽油等合作项目，建设油料生产基地及加工企业，为保障我国油脂供应安全服务。

第二，鉴于我国油脂机械制造水平已接近或达到国际同类先进水平，建议中国贸促会粮食分会积极组织国内产品质量高、服务态度好、有积极性的油脂设备制造企业联合走出国门，重点面向发展中国家和新兴市场国家。

第三，积极发挥中介组织的作用，成立由油脂行业相关专家、企业家组成的“走出去”的战略联盟，组织一批国内有代表性的、有实力、有积极性的相关企业联合到国外去办厂。

（六） 关于对合理用油和健康消费的认识

汇总上述4个重要文件，都提出了要“引导合理用油和健康消费”，这是非常重要的、及时的，对此，要提高认识，重点抓好以下六个方面的工作。

第一，要严禁非食用油脂和废弃油脂进入食用油流通市场。借鉴发达国家的经验，要逐步取消散装油脂进入消费市场，以保证居民食用安全。

第二，要坚持食用优先的原则，严禁利用食用植物油加工转化生物柴油，鼓励已建成的生物柴油生产企业利用非食用油脂和废弃油脂生产生物柴油。

第三，要规范企业的广告宣传和产品标识，建议由行业中介组织专家制定油脂广告宣传的规范用语，杜绝广告宣传中的不实之词和误导消费者的行为，完善食用油脂产品标识的相关标准，具体规定产品标识中必须和严禁标识的内容，以保障消费者的知情权和选择权。

第四，要提倡“适度精炼”，因为油脂加工中的“过度精炼”不仅会损失有利于人体的营养成分，同时会产生一定数量的不利于人体健康的反式脂肪酸等有害物质。

第五，要引导商业饮食服务行业转变观念，改变烹饪方式，改进某些传统的油炸、烹煎和“过油”等菜肴，减少浪费。

第六，要加强营养健康知识的宣传和教育普及，鼓励居民改变不合理的膳食结构，倡导低油饮食、健康消费，要在全社会树立“节约光荣，浪费可耻”的风尚。

六、 中国油脂加工科学与技术学科的现状与发展

（2010 年　刊于《中国油脂》第 1 期）

油脂加工科学与技术学科，是以植物油料和动物脂肪为基本原料，根据油脂化学和食品营养学原理，应用油料、油脂和油料蛋白质加工工艺学原理，生产各种食用植物油、食用动物脂和油料蛋白产品，并将工艺过程中的副产品进行综合利用的学科。属食品学科的一个分支学科。油脂加工科学技术和油脂工业相互依存，油脂科技的发展推动了油脂工业的发展，油脂工业的发展促进了油脂加工科学的进步。

油脂工业是我国粮油食品工业的重要组成部分，它是农业生产的后续产业，又是食品工业、饲料工业、轻工业和化学工业的重要基础产业，肩负着满足人民健康生活的物质需求和为社会提供多种必不可少的工业原料的双重任务，在我国国民经济中具有十分重要的地位和作用。

油脂是人类食品最重要的成分之一。20 世纪 50 年代以来，随着先进分析仪器及分析技术在油脂研究领域中的广泛应用，极大地促进了对油脂安全、营养和理化性质的认识。与此同时，人们健康意识不断增强，更多的医学、营养学专家与油脂科学家一起对油脂在人体内的功能进行了大量研究，促进了油脂营养学和食品安全的发展。

化学工程技术和机械工程技术的迅速进展、先进制造材料的应用、机电一体化以及信息技术、计算机集成控制技术的综合应用，促进了油料油脂加工、油脂化工技术的发展和油脂加工厂实现综合化、大型化、自动化以及以节能环保为目标的油脂工程装备技术的发展。目前，油脂加工科学技术学科已发展成为包括油脂化学、油脂安全与营养、油料油脂加工工艺学、油料油脂加工装备与工程以及油料、油脂综合开发利用等几大分支的学科。

中国不仅是一个油料生产大国和油脂消费大国，同时也是一个油料、油脂加工大国和进出口大国。就油脂加工而言，我国的油脂加工能力之大、企业数量之多均属世界之最。据国家粮食局的不完全统计，2009 年全国日加工油料能力 30t 以上的食用植物油加工企业 1 321 个，油料处理能力为 10 946. 3 万 t，精炼能力为 3 389. 9 万 t，食用植物油总产量为 22 88 万 t。这些油脂，就是市场上的食用植物油脂。由此可见，油脂加工业已成为我国粮食产业的重要支柱。

（一） 发展历程的简要回顾

1. 原始的土榨制油在中国经历了漫长的历史时期

直到鸦片战争前后中国才出现了较大的油坊和榨油工厂。到 19 世纪 80 年代，中国的油脂业使用机器动力的已有 7 家，到 1936 年抗日战争爆发前，已有 200 多个油厂，这期间西方一些先进的油脂加工技术和设备如高压板饼水压机、液压榨油机、螺旋榨

油机和罐组浸出器等被引进到中国，带动了中国民族油脂工业和油脂加工设备制造业的起步。

2. 新中国成立之初

连年的战争将先前的油脂工业基础几乎完全毁灭。新中国成立后油脂加工科学技术的主要任务是协助恢复重建中国的油脂工业体系，油脂加工科学技术的发展也主要体现在提高压榨油的出油率和增产油脂上。当时对油脂加工设备的研究开发主要集中在以解决处理量和出油率为目的的榨油上，而榨油方式则以手动液压榨油和螺旋式动力榨油为主。

3. 20 世纪 50—60 年代

1955 年，我国自行设计制造的第一套 50t/d 连续式平转油脂浸出设备在吉林蛟河油脂厂建成投入使用。这是我国油脂科技发展史上的一个里程碑，它标志着我国依靠自力更生建设现代化制油工业时代的开始。在油脂精炼方面，国营上海油脂一厂研制成功了脱水脱皂高速离心机应用于油脂连续碱炼；河南道口植物油厂试验成功的"高温淡碱"棉油精炼新工艺，以及 1963 年粮食部科研设计院组织设计的 30t/d 棕榈油连续脱酸、脱色、脱臭工艺和设备，体现了当时较高的油脂精炼方面的技术水平。

4. 20 世纪 70 年代

我国油脂加工科学技术研究的重点转移到了努力改进油脂加工工艺和设备，不断采用新技术、新工艺和新设备，扩大油源、多出油、出好油上来。研究开发和定型了 200 型、95 型螺旋榨油机、90 型液压榨油机、蒸炒锅、轧胚机和滤油机等榨油设备，以及罐组式、平转式、弓型、履带式、U 型、环型和 Y 型浸出器，DT 蒸脱机、高料层蒸脱机、层碟式汽提塔、管式汽提塔和尾气石蜡吸收工艺等一批先进的浸出设备和工艺，使我国油脂工业生产的机械化水平和各项技术经济指标大幅提高。与此同时，以油料油脂的副产品和下脚料为原料的综合利用也得到了较快发展，到 1978 年全国开展粮油加工副产品综合利用所能生产的新产品已达 40 多种。

5. 20 世纪 80 年代

是中国改革开放不断深化的年代。这一时期，我国从国外引进了 50 多套各种油料油脂精深加工生产线。通过对国外先进技术和设备的引进、消化吸收和再创新，研制了液压轧胚机、大型环型浸出器、碟式离心机、阿玛过滤机、真空脱色塔和脱臭塔等一大批适合我国国情的油脂加工工艺和设备，使我国油脂加工装备制造业上了一个新台阶，推动了我国油脂科技的进步和油脂工业的发展。

6. 20 世纪 90 年代

我国油脂加工学科加速了与物理化学、分子生物学与生物学、分离科学、系统控制学等相关学科的交叉与融合；从油脂作为一种食物基本成分扩展到与营养相关的生物活性成分的开发；加工理念从原来主要追求油脂得率向油脂、蛋白质及其他高附加值成分的综合加工利用转变；在油脂加工过程中开始应用生物技术、膜技术、分子蒸馏技术、挤压膨化技术、机电一体化技术和自动控制技术等高新技术，使油脂加工厂向大型化、高效率、清洁化方向发展。

7. 在油料油脂加工工艺研究方面

油脂制取节能减排技术、油脂物理精炼技术、油料挤压膨化浸出工艺技术、混合油负压蒸发工艺技术、混合油精炼技术、饼粕低温脱溶工艺技术、大豆脱皮生产等级粕技术、磷脂综合利用技术和油厂 PLC 自动控制技术等研究取得了可喜成绩。同时制（修）订了大量的油料、油脂产品标准和加工技术规程（规范），建立了较为完备的油脂工业标准体系，并在油脂加工企业中得到了很好的推广应用。

8. 在油脂工程装备技术方面

CAD 技术在油脂装备开发和油脂工程设计中被广泛采用，机电一体化技术和新材料，以及先进制造技术和设备的应用，使油脂工程及设备的工艺性能、自动化程度和工作可靠性得以大幅提升，油脂加工厂的生产能力日趋大型化。如液压轧胚机单台处理能力高达 500t/d，油料挤压膨化机单台处理能力达到 2 000t/d，螺旋榨油机预榨单台处理能力超过 300t/d，大豆预处理浸出生产线处理能力达到 5 000t/d，油脂精炼生产线处理能力达到 1 000t/d。另外，计算机控制技术在国内大中型油脂加工企业的工艺过程控制中得到广泛应用，节能减排等环保措施成为企业生产改造升级的主题。

除处理能力和规模日趋大型化外，油脂工厂的自动化、信息化程度、各项技术经济指标以及企业管理水平等方面呈现了一个全新的面貌。

9. 在油料油脂加工产品开发方面

油脂科学工作者开始更多地关注和重视对油料资源的综合开发利用。米糠、玉米胚芽、油茶籽、亚麻籽和红花籽等油料资源得到重视和开发利用。油脂产品种类呈现出多样性，茶叶籽油、紫苏油、核桃仁油、杏仁油、葡萄籽油、月见草油、南瓜籽油、松籽油和沙棘油等特种油脂、专用油脂和营养保健油等得以生产。

10. 在油脂包装方面

随着人们生活习惯和消费方式的改变，小包装食用油进入市场，一改过去市场上以散装油产品为主的局面，油脂小包装技术得到了空前发展。油脂灌装设备涵盖了从 0.3～5L 的家用瓶装、桶装小包装以及 10～25L 的餐饮业用油包装。为保护油品品质，开发应用了油脂充氮包装和避光包装等新技术。

另外，在这段期间，以大豆和花生为原料的组织蛋白、浓缩蛋白、分离蛋白及功能性和改性的蛋白产品等实现了工业化生产。磷脂及异黄酮、低聚糖等功能性成分以及其他高附加值产品呈现快速发展的趋势。

（二）近几年的最新研究进展

改革开放以来，我国的油脂加工科学技术学科和油脂工业发生了巨大的变化。依靠自主创新和研究开发，借鉴国外先进管理经验和对引进的先进技术装备消化吸收及再创新，使中国的油料加工能力和生产过程的机械化、自动化程度大大提高，植物油脂产品品种繁多，品质不断提高，制油过程中副产物的综合利用不断发展，油料中具有高附加值的生物活性物质的研究开发初见成效。

近几年，我国油脂加工科学技术学科硕果累累，据不完全统计，2005—2010 年间，我国油脂加工获省、部级以上的科技成果奖励达 35 项，其中“大豆磷脂系列产品工业化技术”成果同时获得 2010 年度国家科学进步二等奖（见附表 1、附表 2）。与此同时，自 2005 年起加快了国内标准的完善，与国外先进标准接轨，结合我国的国情完成了《大豆油》《菜籽油》和《花生油》等 157 项国家标准的修订工作，其中 2006 年完成了 36 项，2007 年完成了 51 项，2008 年完成了 70 项。推动了优质科学技术和油脂工业的发展。

1. 油脂化学研究现状与进展

油脂化学传统研究内容为油脂及其油脂伴随物的结构、物理、化学性质、油脂的氧化与抗氧化、脂质的代谢及对人体的作用、油脂及其伴随物的分析。

目前，油脂化学关注的重点已转移到油脂成分对人体的营养和功能的研究；对油脂脂肪酸种类、比例及甘三酯结构对人体健康作用的研究；利用生物技术和酶工程技术对油脂改性、结构脂质的制备、油脂伴随物的改性和油脂的抗氧化性能等研究。

根据这些研究成果指导大众改变油脂消费结构，为生产企业提供营养调和油的理论依据。油脂酶改性制备结构酯，替代传统食用油脂，避免传统油脂对人体的不良作用，以甘二酯、MCT（中碳链油脂）为代表的低热量油脂也是我国今后研究发展的重点。我国已批准新结构酯的生产和食用。根据油脂和结构脂质在人体内的代谢模式，人们正在试图利用转基因技术、遗传栽培技术，培育出符合人们期望的油料油脂类型。具有部分氢化油脂使用功能性、无反式脂肪酸或低反式脂肪酸含量的专用油脂研制和生产备受重视。利用高熔点植物油或全氢化油脂与其他植物油进行酶催化酯交换反应，是生产无反式脂肪酸专用油脂、替代部分氢化油脂较为有效的方法之一。开发新型低反式脂肪酸氢化催化剂和新的氢化工艺，是降低反式脂肪酸含量的另一途径。

脂肪酶催化连续生产食品乳化剂单甘酯，产品纯度高于 90%，可替代高温化学醇解生产工艺，脂肪酶催化酯交换反应生产人造奶油和起酥油已在瑞典投入工业化生产。利用脂肪酶 1，3 位专一性特点催化酸解反应制备新型结构酯，该工艺已在荷兰、德国和丹麦等国完成中试生产，并有一些产品如人乳脂替代品投放市场。我国对脂肪酶催化酸解反应制备结构酯也进行了大量研究，但目前还没有进行中试生产的报道。

2. 油脂加工工艺研究现状与进展

油料预处理不再只重视料胚结构性能对制油效果及后续工序的影响，而是更重视对油料中各种成分的品质保护。油料脱皮、料胚膨化和料胚湿热处理等技术被人们重视并应用于生产。利用大豆脱皮技术可生产蛋白质含量更高的等级粕；膨化技术的优点已得到业内认可，成为油料预处理工艺的标准工序，广泛用于处理高低含油油料；料胚湿热处理技术应用在棉籽加工中，有效解决了其饼粕的脱毒问题。

节能减排是油脂加工业的重要任务。国家发改委《关于促进大豆加工业健康发展的指导意见》中规定了单位国内生产总值能耗降低和主要污染物排放总量减少的指标要求。在浸出技术方面，为降低粕残油、溶剂消耗、能量消耗和提高浸出毛油质量，对混合油负压蒸发、湿粕预脱溶、溶剂尾气回收和乏气的余热利用进行了深入研究，并应用于实际生产，取得了显著效果。

水酶法作为一种新兴的制油方法，已经大量研究，并取得了阶段性成果。

酶脱胶、有机酸精炼脱胶和物理精炼等为油脂精炼重点研究内容。膜脱胶已进行多年的研究和中试试验，已有公司应用于工业化脱胶处理。

碱炼中和反应趋向“长混合”，有利于减少碱的用量、磷脂和皂脚的残留量。

提高脱色效率及减少白土使用量是近年脱色技术研究的重点。目前，两种新脱色方法得到推广和应用。添加白土前首先将水合硅胶与油脂混合，以吸附皂、磷脂及微量金属，然后再进行白土脱色处理，可节省白土 50% ~60%。废白土再利用技术可减少白土用量 50% 以上。基于逆流脱色工艺有节省白土的优点，将其应用于难脱色油脂的研究正在进行之中。

降低脱臭工序的能量消耗，提高脱臭效率及减少反式脂肪酸生成是设计新型脱臭工艺和设备时主要考虑的因素。低压操作、填料塔脱臭方法被重视和应用，冷冻真空技术得到企业的逐步认可，并在一些企业中开始应用。“多合一”脱臭塔，即脱气、加热、汽提、脱臭、热交换、热回收及冷却等操作在同一塔内完成，目前正在研发和推广过程中。

为确保食用油脱臭产品的安全，用封闭循环的高压蒸汽锅炉替代导热油等化学热媒加热方式正成为一种发展趋势。

制备生物柴油（脂肪酸甲酯）使用固体酸碱、纳米金属氧化、纳米磁性、固定化脂肪酶和固定化全细胞脂肪酶等新型催化剂的研究取得较大进展，降低催化剂生产成本、延长催化剂寿命和降低催化剂对微量杂质的敏感性等仍是目前的研究热点。

信息技术和机电一体化的应用使生产更加连续、稳定、安全和高效。

3. 油脂加工装备与工程技术研究现状与进展

近年来，国内油料油脂加工装备与工程技术获得长足发展，无论是油脂机械单机的技术水平和最大处理能力，还是成套设备和生产线的技术性能及指标都得到很大的提高。我国油脂加工机械设备门类齐全，油脂加工设备包括了不同油料作物及从农场到产品的全过程的各种专用设备和通用设备。我国的油脂机械装备业已完全有能力为我国油脂加工业提供技术含量高、处理量大、性能先进、质量可靠的单机产品和成套设备。

国内设计制造的大型原料清理筛、单机处理量 500t/d 的液压轧胚机、单机处理量 1 800 ~2 000t/d 油料挤压膨化机、单机处理量 300t/d 螺旋榨油机，以及大豆热脱皮系统等已投入使用，技术性能指标均接近或达到国际同类产品水平。环形浸出器、大型箱链式浸出器、负压蒸发系统和 DTDC 等设备处理能力都已达到了较高技术水准，处理能力达 3 000t/d 以上。碟式离心分离机、立式和卧式叶片过滤机、大型脱臭塔等设计制造已日趋完善，不仅遍布国内，还远销海外。碟式离心分离机最大单机日处理量已达 400t/d，但其稳定性、故障率、振动和分离效率等指标还不及国外同类产品。

在油脂深加工装备方面，与国外先进水平还存在较大差距，如棕榈油分提、人造奶油和起酥油等方面；在油料蛋白生产如醇洗大豆浓缩蛋白关键工艺技术和装备研究上取得了明显进步，但装备水平上还有待提高。

我国诸如核桃、杏仁、松籽、月见草籽、葡萄籽和沙棘籽等高附加值小品种油料资源丰富，顺应人们消费需求，针对加工不同高附加值小品种油料的小型化且具多种功能的组合榨油、精炼设备的研究开发成为当前国内一个热点。

国内油脂加工设备制造精度、使用寿命、生产稳定性和自动化程度等方面与国际先进同类产品还有一定差距，特别是制造技术对机械设备的性能可靠性存在影响，如大型转动轮、特殊机械密封、专用链条和轴承等工业基础件的稳定性和持久性还存在一些问题。国产的浸出器、脱溶烘干机、离心机、过滤机、脱臭塔和氢化反应器等关键设备在以上诸方面还应下功夫。

随着我国机械装备业整体水平的提高，油脂加工通用设备也有了很大提高，如刮板输送机、螺旋输送机、斗式提升机、风机、泵和真空泵等。但也普遍存在加工精度、材质等方面的问题，如大型刮板输送机，从材质到加工精度都有欠缺，所以运行平稳性、耐磨性、动力消耗和噪声等方面尚待改进。过程仪表、阀门及分析仪器方面的性能也有待提高，特别是其精度、灵敏度等方面。

我国开发完成了门类品种齐全的油脂加工设备，具有了较强的成套油脂加工设备的能力。国内有多个具有油脂加工大型工程的咨询规划、设计研发、设备制造、工程安装和调试培训等全程服务能力的公司，具备提供日处理油料 5 000t 大型连续油料预榨浸出和 1 000t 大型油脂连续精炼交钥匙工程的技术。我国也有能力提供一些不是我国常见品种的油料如棕榈油加工成套设备，其中有些装置的技术性能已接近或达到国际先进水平，而且还有不少油脂机械设备出口到国外。

近年来，随着国内特种油料资源和油料蛋白的开发，特别是花生、核桃等高含油油料蛋白和油脂开发技术上的需要，冷榨或低温榨油机的开发已初具规模。双螺杆和单螺杆榨油机已在油菜籽、花生、油茶籽和杏仁等油料加工中推广应用。单台榨油机处理能力已达 100t/d（油菜籽）。具有螺杆循环水强制冷却、榨笼喷淋冷油冷却的 200t/d 大型单螺杆冷榨机已试验成功。

目前，国内植物油料加工厂的主导潮流是加工规模大型化、生产经营集约化和工艺装备现代化。但整体而言，国内生产线系统自动化控制程度不高，生产稳定性、环保设施和能源消耗等方面与发达国家相比尚有差距，如普遍存在能源消耗偏高，产品质量不稳定，特别是浸出车间，我国油脂浸出企业对浸出新技术的发展、研究和应用的重视程度不够，使得一些新建浸出油厂的技术水平仍然与国外先进水平存在一定差距。浸出车间的在线检测和自动化控制与发达国家相差较大。随着浸出油厂生产规模大型化，在浸出生产中采用计算机对其过程进行检测与控制，实现浸出工艺参数最优化操作，对保持生产高效稳定运行、节能降耗、安全生产及提高工艺效果都具有重要的意义。

4. 食用油脂安全与营养健康的现状与进展

随着我国经济的发展和人民生活水平的提高，居民的食用油消费量不断增加。由于消费食用油品种结构性失衡和消费方式的不科学，导致对部分人群健康的负面影响逐渐显现出来。因此，对居民进行科学用油科普教育，变革现行油脂精炼工艺，通过适度精炼以最大限度保留油脂中的营养伴随物，通过合理调配生产具有平衡脂肪酸组成的调和油，以及为特殊消费人群开发的功能性油脂产品（如甘二酯、中碳链油脂等）已成为今后油脂安全与营养、健康方面的重要任务。

食用油脂的安全问题主要针对其中含有的微量有害成分，包括油料生产或油脂加工过程中产生或带入的，如油料从土壤和施用的肥料中吸收的重金属铅、汞和砷等以及其他有害物；油料生长过程中的各种农药残留；储运过程中受到3,4－苯并芘多环芳烃致癌物的污染，特别是花生、棉籽等在生长、收获和储运过程中易霉变，造成黄曲霉毒素污染等。

溶剂浸出是成功的制油方法。我国从20世纪50年代初期的以苯为溶剂，发展到以正己烷为主要成分的六号溶剂，现在我国大多数浸出油厂采用馏程更短的正己烷。正己烷影响人体中枢神经系统及运动噬神经细胞作用，欧洲允许食用油中正己烷最大残留量为30mg/kg。在我国新的食用油国家标准中，规定了三级和四级油的最大溶剂残留量为50mg/kg，一级和二级等高级食用油中不得检出，从而保证了我国市场供应的食用油在溶剂残留方面的安全性。由于空气中的正己烷对大气有破坏作用，被美国《清洁空气法案》列为空气污染有害物质而加以限制排放。我国在“十五”和“十一五”的科技支撑计划中都将开发更加高效低毒、节能环保的新型植物油浸出溶剂列为重点课题，对有可能采用的溶剂如丁烷、戊烷、异己烷和异丙醇等进行了研究。

由于反式脂肪酸对人体健康不利，目前一些发达国家对食品中反式脂肪酸的摄入量作出了规定。我国油脂科技工作者正在通过一些高新技术如新型催化剂高压低温油脂氢化工艺、软塔油脂脱臭工艺、酶法酯交换工艺和植物高熔点酯调配等方法减少烹调油和油脂深加工产品中的反式脂肪酸含量。

我国食用植物油市场目前存在的质量安全问题主要表现为：酸价、过氧化值超标，溶剂残留超标、不同品种食用植物油掺伪、泔水油等非食用油混入市场，以及散装油容器污染等问题。各级政府及消费者对食用油的质量安全关注程度越来越高，食用油安全快速、准确检测技术的研究开发成为解决食用油安全的关键环节。为适应现代社会对食品品质检测技术的“快速”“准确”“便携”等新要求，植物油的检测分析技术近年来有了较大进展。除传统的化学分析方法外，高压液相色谱、电分析方法、近红外光谱技术和化学生物修饰电极等在油脂品质检测中的应用正在加快研究之中。

5. 油料资源综合开发利用技术方面的研究现状与进展

（1）油料蛋白质的加工利用　化工分离技术的发展和综合系统工艺技术的应用，使得我们可以将油料中所含的各种有效成分非常精准地分离而分别加以利用，从而改变了人们片面追求油脂得率的观念，转而关注油料加工过程中对油料资源综合效益的发挥。

通过油料挤压膨化工艺代替传统工艺对料胚长时间高温蒸炒，改进浸出车间的DTDC结构，使油料蛋白质在加工过程中受热更均匀，降低受热温度和缩短受热时间，加工条件变得更加温和，既能有效钝化其中的抗营养因子，又能避免蛋白质过度变性，尤其是减少对热敏性氨基酸的破坏，提高作为饲料的蛋白质的效价。

目前大豆脱皮技术在大豆加工厂得到普遍应用。菜籽脱皮和冷榨制油技术也被列入了我国科技部“十五”和“十一五”的科技支撑计划中加以研究。

国内低变性豆粕加工方法有气流闪蒸脱溶和卧式A、B筒低温脱溶两种方式。由于气流闪蒸脱溶方法对设备制造、自动控制和工人操作要求较后者高，因此目前国内开发的低温脱溶系统多为卧式A、B筒低温脱溶方式，最大规模为300t/d。

我国大豆分离蛋白、浓缩蛋白和组织蛋白产量已居世界前列，花生蛋白饮料、花生组织蛋白已工业化生产。我国已建成世界上最大的蛋白肽饮料生产线。各种功能性分离蛋白、浓缩蛋白产品不断出现，经过改性的大豆浓缩蛋白其性能已接近大豆分离蛋白。

利用膜分离技术回收乳清蛋白和净化水技术已在工厂投入使用。从大豆饼粕的乙醇提取物中提取异黄酮、皂苷和低聚糖，已取得重要进展。

（2）油脂加工伴随物的加工利用　分子蒸馏、超临界流体萃取技术、亚临界丙烷萃取、膜分离技术已应用油脂加工伴随物的加工和分离。浓缩（液体、流质、塑性）磷脂、粉状磷脂、粒状磷脂、软胶囊磷脂及硬胶囊磷脂等已经工业化生产，分离纯化、复配、化学或生物改性等产品已经研究成功；皂脚制备混合脂肪酸，油脂脱色废白土溶剂萃取提取油脂装置建成并投入运行；从脱臭馏出物中分离天然维生素E、甾醇和脂肪酸甲酯，工业化生产可得到50%左右的天然维生素E浓缩物；芝麻油中提取芝麻素已经受到重视。米糠油中提取谷维素的得率已经提高，米糠粕提取植酸、肌醇技术仍有提高空间。

我国已引进了世界上用于粉末磷脂生产的最大超临界萃取装置。

（3）油脂的工业利用　生物柴油是植物油脂作为工业应用的一个重要领域。我国的油脂科技工作者也投入了巨大的热情和精力对植物油脂转化为生物柴油技术进行了研究，获得了一批科研成果和技术专利。也有一批企业投资兴建了技术水平不同、规模大小各异的生物柴油工厂。鉴于我国食用油短缺，原料油来源有限，加之在经济上无法与石油产品竞争，导致生物柴油产业目前在我国发展受阻。烹饪废油和部分动物脂肪、皂脚、废弃植物油等成为目前生物柴油主要原料，但须解决各种技术难题。酶法处理废油生产生物柴油的研究正在进行中。

（4）油料皮壳的利用　富含纤维素和木质素的油料皮壳生物质能源化利用的技术研究成为热点，油料皮壳除可以做动物饲料外，用于提取低聚木糖，生产糠醛，加工成活性炭产品，用于生产食用菌、提取增粘剂等技术也在不断研究中。

（5）新油源研究　美国国家可再生实验室通过现代生物技术培育成功“工程微藻”，实验室“工程微藻”中脂质含量达60%以上，户外生产的“工程微藻”脂质含量也超过40%，并指出发展富含油脂的微藻或“工程微藻”是为未来生物柴油产业提供油源的最佳方法之一。利用物理化学诱变已获得具有高产油能力的产油微生物资源。利用豆制品工业废液、造纸工业废液、废糖液及农作物秸秆、高糖植物等作为产油微生物培养基的研究正在进行。我国大量的荒地和干旱沙漠可选择种植不同种类的木本油料作物，如乌桕、文冠果、光皮树、麻疯树和欧李等发展前景广阔。

（三）发展趋势及对策

根据国际上对油脂加工科学与技术科学方面的研究取向，结合我国国情，在今后一段时间内，我国油脂加工科学与技术科学的发展重点有以下几个方面：

1. 加强油脂加工科学与技术科学基础理论研究

研究油料种子的显微结构，明确小油体和蛋白体在细胞中的存在形式，为研究油脂制备和蛋白质提取的新技术提供理论依据。

研究脂肪酸与甘油结合位置对油脂生理活性和营养价值的影响，为利用生物技术和酶工程技术对油脂、脂肪伴随物的改性以及新形结构脂肪的制备提供理论依据。

2. 提倡和发展油料适度加工技术

推广应用油料低温或适温压榨制油技术，最大限度保留油脂中有益天然成分，避免和减少油料蛋白的变性。

研究开发新型浸出溶剂，推广应用混合油全负压蒸发和浸出湿粕低温脱溶技术，避免油料蛋白质的变性和有效地脱除有害物质。

研究推广油脂适度精炼技术，采用酶法、膜过滤脱胶或低温脱胶，研究高效吸附剂对油脂脱胶、脱酸或脱色。推广应用软塔与双重温度脱臭技术，在高真空、适当温度和时间下对油脂脱臭，避免反式脂肪酸的产生。

研究油脂分提技术和酯交换技术，为食品专用油脂提供低反式脂肪酸和零反式脂肪酸的原料。

3. 增强自主创新能力，推动油脂加工装备的现代化

油脂机械装备制造业应结合油料加工技术的发展和产品结构的调整，完善与改进机械制造工艺和装备技术水平，使产品在工艺性能、制造质量和外观质量等方面有大的突破。加强产、学、研合作，开发研制一批大型化、稳定性强、机电一体化和智能化的油脂加工机械装备，进一步提升我国油料加工技术的现代化。

4. 进一步开展以大豆油为代表的油料蛋白资源和副产物综合利用

研究推广应用油料低温压榨和亚临界流体萃取相结合的制油技术，为油料蛋白资源利用提供良好的原料。

研究推广应用醇洗法制备大豆、花生浓缩蛋白技术，研究产品的物理改性技术。

研究大豆分离蛋白的物理和生物修饰改性技术，使其产品在食品工业中得到更广泛的应用。

利用分子蒸馏、超临界流体萃取、膜分离和超声波辅助酶解等技术开发利用大豆磷脂、异黄酮、皂苷和膳食纤维等副产品，从脱臭馏出物中提取甾醇和生育酚等高附加值产品，使之形成产业化。

研究水剂和有机溶剂萃取法制备菜籽浓缩蛋白和棉籽蛋白粉，采用多菌株与专用醇相结合的发酵和酶解技术制备高效价油菜籽和棉籽饲用蛋白。

5. 发展油料生产，积极开发油料新资源

配合农业部门研究油料杂交、小孢子培养和分子标记辅助等育种技术，选育高单产、高含油和耐病虫害的大宗油料优良品种。积极利用冬闲田、撂荒田，扩大大宗油料的种植面积，提高我国油料总产量。研究转基因技术改良油料品种，增强油料的抗

病虫害能力，减少农药的使用，增加油料产量，改善油料品质。

进一步研究米糠保鲜和米糠油精炼技术，为大力发展米糠、玉米胚芽等不与粮食争地的谷物油料资源的加工利用提供技术支撑，开展以油茶籽为代表的木本油料的种植与加工，重视亚麻籽、红花籽、紫苏籽和葡萄籽等特种油料的开发利用，筛选产油真菌菌种，借助现代生物工程技术生产微生物油脂。

6. 增强环境保护意识，积极开展节能减排

节能减排是油脂加工科技的重要内容，积极推广应用油料低温或适温制油技术和油脂适度精炼技术，努力降低油脂加工业水电煤和溶剂的消耗。采用物理和生物的方法对污水进行处理，采用石蜡吸附技术对浸出车间排除的废气进行处理。最大限度地降低污水和废气对环境的污染。

7. 加强标准建设，确保食用植物油安全

依据我国颁布的《中华人民共和国食品安全法》，组织制定或修改油脂加工产品标准体系，研究新的油脂快速检测方法和现代分析技术在油脂检测中的应用。重视研究油脂加工技术对油脂品质及其安全性的影响；研究适度加工对油脂营养源泉的关系；研究油脂加工过程中助剂对油脂安全与营养的影响等。确保人们对食用植物油产品质量安全的需求，使之更加适合我国人民消费水平和我国油脂工业的国情。加大宣传教育力度，增强人民对食用植物油科普知识的了解，正确引导食用油消费，提倡科学健康用油。

（同文作者：李子明　谷克仁　张根旺　刘大川　王兴国　冉萍　周丽凤）

附表 1　2010 年国家科技进步奖通过会审项目情况

项目名称	奖励等级	创新点	完成单位
大豆磷脂系列产品工业化技术	二等奖	解决油脂高效低耗分离、高黏性物料结团、液－固分离问题，国内首创生产药用产品，化学/酶定向修复技术	河南工业大学、江南大学、东北农业大学等

附表 2　2001—2010 年油脂学科获中国粮油学会科学技术奖一等奖、二等奖项目

序号	奖项	年份	项目名称	完成单位	完成人
1	一等奖	2005	油料脱皮、低温压榨制油新工艺及关键设备研究	武汉工业学院、湖北省安陆市天星粮油机械设备有限公司	刘大川、张麟、张安清、刘金波、胡世荣、张云龙、曲永军、赵解放、丁应生、郑竟成
2	一等奖	2006	YJCX 型箱链式浸出器	江苏牧羊迈安德食品机械有限公司	曾国良、胡晓军、张勇、肖振晓、周国权、郭万毅、张文儒、张玉胜、朱玉明
3	一等奖	2007	功能性大豆分离蛋白生产工艺及乳清浓缩回收技术研究与开发	山东御馨豆业蛋白有限公司	刘连民、张荣华、马庆亮、白玉国、毕伟民、宋恒祥、徐波

续表

序号	奖项	年份	项目名称	完成单位	完成人
4	一等奖	2008	ZY338 型螺旋榨油机研发与推广	河北南皮机械制造有限责任公司	潘小平、刘浦永、周家训、王国通、张国、刘金桐、唐俊峰、叶永专、张天祥
5	一等奖	2009	大豆磷脂系列产品工业化技术	河南工业大学、吉林省惠泽油脂有限公司、大庆日月星有限公司、河南粮油阳光油脂有限公司、郑州四维磷脂技术有限公司	谷克仁、李桂华、李树良、周川农、杨天奎、张根旺、杨国龙、梁少华、姜义东、王庚申、金华丽、杨涛、徐兆勇
6	一等奖	2009	紫苏资源综合高效利用新技术	武汉工业学院、湖北李时珍保健油有限公司、天津东方雷格工贸有限公司	刘大川、李江平、张麟、李俊、刘晔、张连江、张云龙、尹长春、黄永刚、张贤
7	一等奖	2010	日处理 50t 糠油精炼技术及成套设备	河南华泰粮油机械工程有限公司、安徽金润米业有限公司、福建天下农庄食品发展有限公司	闫子鹏、林家睦、薛锦峰、付成良、闫子党、申勇刚、范新田
8	二等奖	2005	拖链刮板翻动式浸出器	武汉友谊食品工程有限公司	罗骏、罗伟、林发军、汪自斌、康新林、许道英
9	二等奖	2005	高品质大豆浓缩磷脂和酶法改性磷脂生产技术	江南大学	金青哲、刘晔明、王一军、王兴国、周胜利、齐策、刘元法、潘秋琴
10	二等奖	2005	YPHD 系列油料挤压膨化机研制与应用	河南工业大学、郑州四维粮油工程技术有限公司	汪学德、刘玉兰、吴伟中、张百川、方泽应、王全国、罗圣明、徐兆勇、王工
11	二等奖	2005	一种脂肪酸平衡型食用油生产技术的研究	嘉里粮食管理（中国）有限公司	谢黔岭、杨波涛、刘贤文、刘志、常桂芳、罗臣
12	二等奖	2005	高纯度磷脂酰胆碱的制备及工业化试验	河南工业大学	李桂华、高风海、张根旺、谷克仁、江延超、尹德、姜义东
13	二等奖	2005	5S 物理压榨花生油生产工艺及食用油系列产品开发	莱阳鲁花贸易有限责任公司	孙孟全、官财基、闵承骞
14	二等奖	2005	食用植物油产品国家标准（大豆、花生油、菜籽油、葵花籽油、棉籽油、油茶籽油、米糠油、玉米油）	国家粮食局标准质量中心、国家粮食储备局西安油脂科学研究设计院、上海福临门食品有限公司、山东莱阳鲁花花生油有限公司等 14 个单位	薛雅琳、陈燕、陆小女、孙东伟、肖庆敏、杨富荣、卞清德

续表

序号	奖项	年份	项目名称	完成单位	完成人
15	二等奖	2005	植物油精制智能化装备的研究开发	国家粮食储备局无锡科学研究设计院	姚专、秦卫国、周建新、孙小平、袁榕、张晶、张春辉、周人楷、童惠英
16	二等奖	2006	药品大豆磷脂散研究开发	上海金伴食品有限公司	方玉英、刘汇汇、王波、孙桂华、卫巍、谈黎明
17	二等奖	2006	“一步法”脱酚棉籽蛋白生产技术	陕西中恒粮油工程技术有限公司	曹建琦、高洪乐、刘晓松、马鸿良、王建刚、周锡源
18	二等奖	2006	棕榈油制取成套设备	湖北碧山粮油机械设备有限公司	柯定尘、林四环、李建林、蒋丽军、邓维校、王家驹
19	二等奖	2007	油菜籽膨化预榨制油新工艺及关键设备研究	北京中农康元粮油技术发展有限公司、浙江新市油脂股份有限公司、贵州长城油脂化工有限公司	李子明、张甲亮、相海、马健、周海军、郭金强、王路鹏、牟仁生、李少华
20	二等奖	2007	双螺旋榨油机	国家粮食储备局武汉科学研究设计院、武汉粮农机械制造有限公司	谢科生、顾强华、甘维睿、陈德炳、龚任、钟鸣、吴绪翔、曹国锋、杨凡
21	二等奖	2008	高纯度大豆磷脂酰胆碱的制备	江南大学、江苏曼氏生物科技有限公司	曹栋、史苏佳、王兴国、曹雪华、裘爱泳、吕文平、华欲飞、孔祥珍、张恩全
22	二等奖	2008	食用油中黄曲霉毒素去除技术与装备的研究与应用	山东鲁花集团有限公司	孙孟全、孙东伟、毛文岳、宫晓华、王成春、宫永帅、周垂钦、丁志华
23	二等奖	2008	米糠膨化预处理、浸出成套设备	河南省滑县粮机厂	闫子鹏、薛锦峰、闫子党、范新田、李登民、王永礼、申勇刚
24	二等奖	2009	高品质大豆磷脂深加工关键技术及产业化开发	江南大学、上海市粮食科学研究所、山东渤海油脂工艺有限公司、上海金伴食品有限公司	刘元法、金青哲、刘方波、曹文明、曹栋、王兴国、周胜利、王波、齐策、郑伟、史苏佳、谈黎明
25	二等奖	2009	10 000t/a 醇法大豆浓缩蛋白工业化生产技术研究	河南工业大学、郑州四维磷脂技术有限公司	汪学德、刘玉兰、徐兆勇、张百川、谷克仁、马宇翔
26	二等奖	2009	20t/d 米糠膨化保鲜技术及关键设备	北京中农康元粮油技术发展有限公司	牟仁生、雷晓东、马显军、康泽、胡淑珍、李少华、李子明、相海、周海军、周龙长、王俊海、王振、任嘉嘉、任洲、宋健宇
27	二等奖	2010	高含油油料膨化－预榨－适温脱溶成套技术及关键设备研究	北京中农康元粮油技术发展有限公司、河北南皮机械制造有限责任公司	相海、潘小平、李少华、周家训、张国、任嘉嘉、胡淑珍、叶永专、康泽

七、我国粮油工业的基本情况及对农产品加工企业增值税改革的几点建议

——在国家税务总局召开的有关政策座谈会上的发言

（2010 年 2 月 22 日　于北京）

很高兴参加国家税务总局货物和劳务司召开的关于农产品增值税抵扣政策座谈会，现在我就我国粮油工业的基本情况作一简介，并对农产品加工企业增值税改革提点建议，供大家参考。

（一）我国粮油加工业的基本情况

我国不仅是个人口大国，同时也是一个粮食、油料的生产大国，粮油消费和粮油加工大国。正常年景，我国年产稻谷约 2 亿 t，小麦约 1 亿 t，玉米约 1.5 亿 t；年产油料约 0.6 亿 t，加上近几年每年进口油脂、油料 0.4 亿 t。这些丰富的粮油资源确保了我国粮油市场的供应，同时也为我国粮油工业的发展提供了重要的物质基础。

就粮油加工而言，我国的粮油加工能力之大，企业之多均属世界之最。

粮油加工是指对原粮、油料等基本原料进行处理制成各种成品粮油及其制品的过程。主要包括：稻谷加工、小麦制粉、玉米及杂粮加工、植物油加工和粮油加工机械设备、检测仪器的制造等。粮油加工业是粮油原料再生产过程中的重要环节和基础性行业，是搞活粮油经营，提升粮油附加值，促进农民增收的不可缺少的中间环节，也是食品工业的基础工业。粮油加工的产品与人民的生活息息相关，是一个永不没落的朝阳产业。

我国的粮油加工业遍及城乡，小型分散。有一定规模的加工企业的比例相对较少。根据国家粮食局和中国粮食行业协会提供的统计数据及有关资料，2008 年全国入统米、面、油加工企业数量为 11 352 个，其中大米加工企业减少 387 个，食用植物油加工企业增加 127 个。在 11 352 个入统企业中，国有及国有控股企业 1 366 个，占 12.0%；民营企业 9 836 个，占 86.7%；外商及港澳台商投资企业 151 个，占 1.3%。

2008 年，米、面、油加工企业的工业总产值为 6 356.2 亿元，产品销售收入为 6 298.0亿元，利润总额 93.63 亿元（产值利润率为 1.47%），资产总计 2 880.1 亿元，年末从业人数 45.84 万人。

2008 年，大米加工、小麦粉加工及食用植物油加工企业的基本情况如下：

1. 大米加工企业的基本情况

2008 年，全国入统大米加工企业 7 311 个，其中日加工能力 100t 以下的企业 5 296 个，占大米加工企业总数的 72.4%；日加工能力 100 ~ 200t 的企业 1 498 个，占 20.5%；200 ~ 400t 的企业 405 个，占 5.5%；400 ~ 1 000t 的企业 88 个，占 1.2%；1 000t以上的企业 24 个，占 0.3%，如图 1 所示。

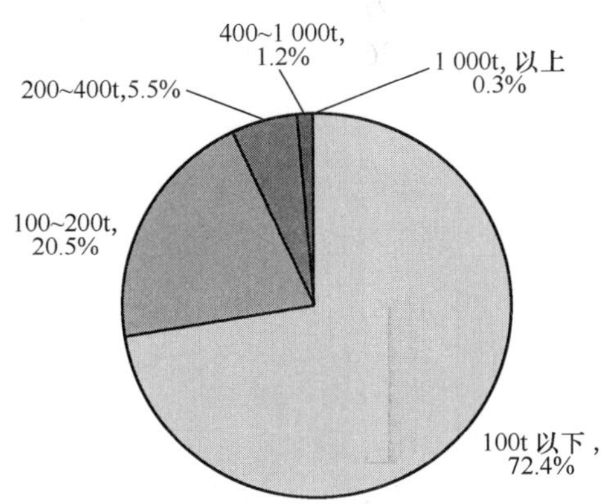

图 1　2008 年大米加工企业按日处理能力划分比重图

2008 年大米加工年处理稻谷能力为 1.60465 亿 t，大米产量 0.4783 亿 t，实际处理稻谷 0.74217 亿 t；产能利用率为 46.3%。产能和产量按企业经济类型分，民营企业产能和产量分别为 1.3632 亿 t 和 0.40794 亿 t，所占比例分别为 85.0% 和 85.3%；国有及国有控股企业产能和产量分别为 0.22476 亿 t 和 0.06299 亿 t，占 14.0% 和 13.2%，如图 2、图 3 所示。

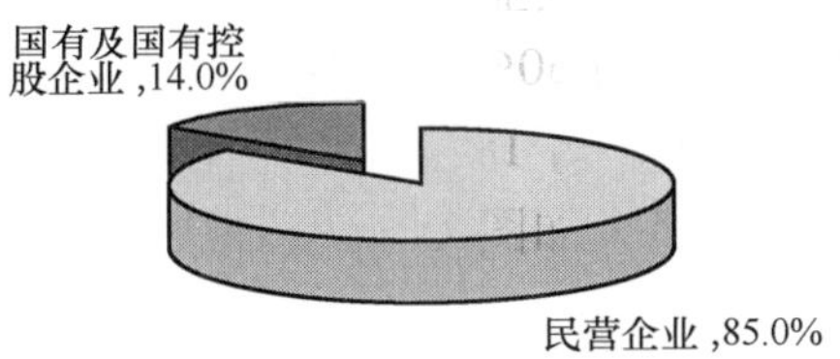

图 2　2008 年大米加工企业产能比重图

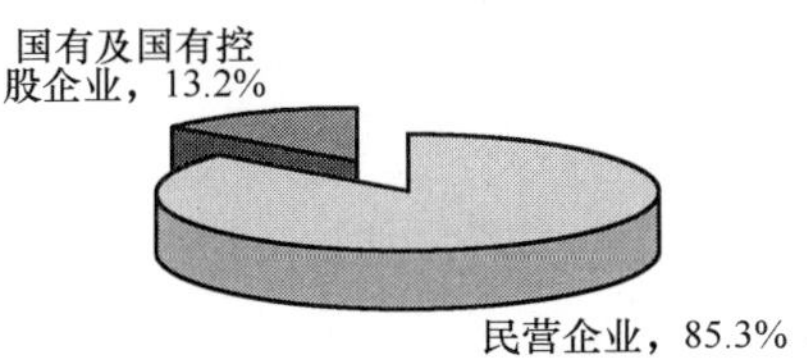

图 3　2008 年大米加工企业产量比重图

2008 年大米加工业产能排名前三位的是黑龙江（2 388.0 万 t）、江西（2 324.8 万 t）和湖北（2 123.0 万 t）。大米产量在 100 万 t 以上的有：湖北（673.9 万 t）、黑龙江（598.6 万 t）、江西（588.9 万 t）、安徽（581.9 万 t）、江苏（474.6 万 t）、湖南（318.6 万 t）、四川（221.6 万 t）、福建（208.1 万 t）、辽宁（193.8 万 t）、广东（155.9 万 t）、吉林（144.3 万 t）、广西（111.3 万 t）和河南（101.0 万 t）等 13 个省区，其中湖北、黑龙江和江西的大米产量居前三位，如图 4 所示。从产品结构看，以特等米和标准一等米为主，产量分别为 1 465.7 万 t 和 2944.0 万 t，分别占总产量的 30.6% 和 61.6%；标准二等米产量为 266.0 万 t，占总产量的 5.6%；糙米产量为 47.7 万 t，占总产量的 1%。

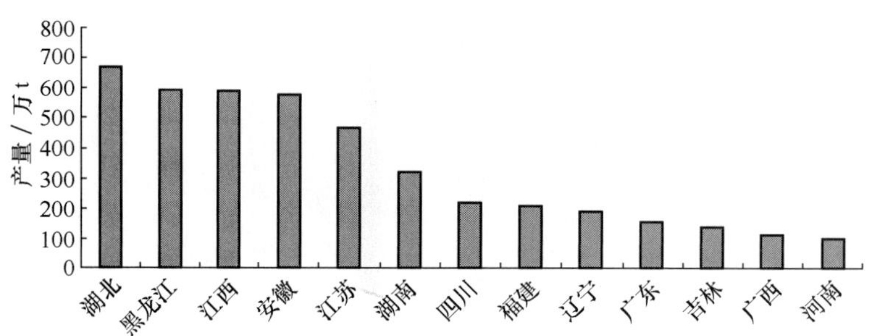

图 4　2008 年大米产量在 100 万 t 以上的省区

入统大米企业工业总产值 1 535.4 亿元，产品销售收入 1 533.7 亿元，出口交货值 15.3 亿元，利润总额 25.3 亿元（产值利润率为 1.65%），资产总计 782.8 亿元，年末从业人数 17.2 万人。

2. 小麦粉加工企业的基本情况

2008 年，全国入统小麦粉加工企业 2 820 个，其中日加工能力 100t 以下的企业 1 411个，占小麦粉加工企业总数的 50%；日加工能力 100～200t 的企业 659 个，占 23.4%；200～400t 的企业 514 个，占 18.2%；400～1 000t 的企业 185 个，占 6.6%；1 000t以上的企业 50 个，占 1.8%，如图 5 所示。

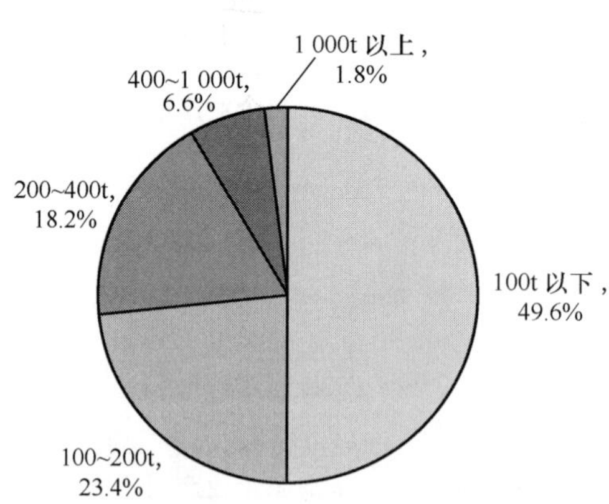

图 5　2008 年小麦粉加工企业按日处理能力划分比重图

2008 年，小麦粉加工业年处理小麦能力为 1.16004 亿 t，小麦粉产量 0.55056 亿 t，实际处理小麦 0.78464 亿 t；产能利用率为 67.6%。产能和产量按企业经济类型分，民营企业产能和产量分别为 0.96929 亿 t 和 0.45781 亿 t，所占比例分别为 83.6% 和 83.2%；国有及国有控股企业产能和产量分别为 0.14249 亿 t 和 0.06116 亿 t，占 12.3% 和 11.1%，如图 6、图 7 所示。

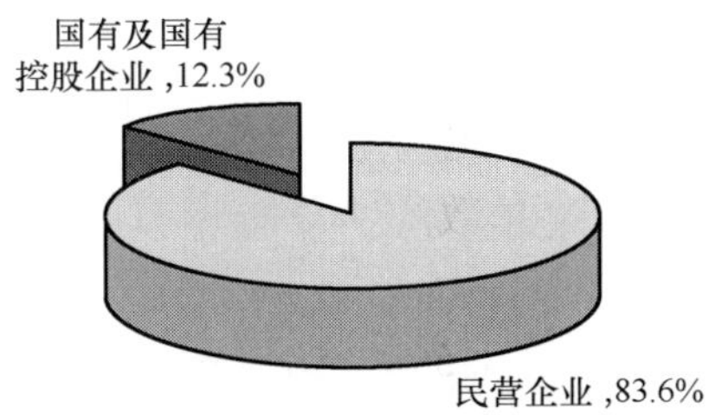

图 6　2008 年小麦粉加工企业产能比重图

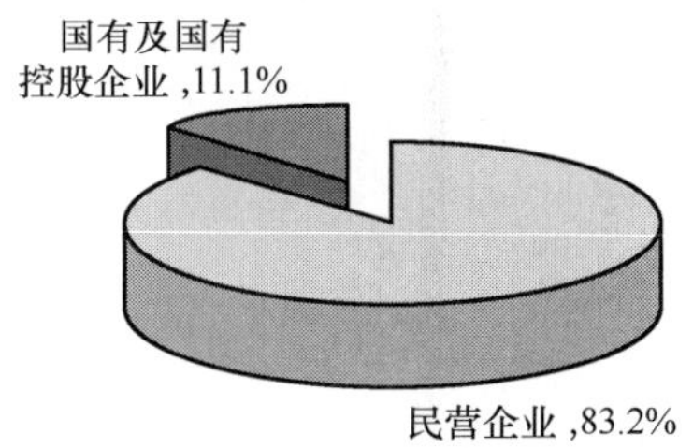

图 7　2008 年小麦粉加工企业产量比重图

2008 年小麦粉加工业产能排名前三位的是山东（2 349 万 t）、河南（2 313 万 t）和河北（1 090. 4 万 t）。小麦粉产量在 100 万 t 以上的有：河南（1 246. 7 万 t）、山东（1 129. 7 万 t）、江苏（679. 1 万 t）、安徽（505. 0 万 t）、河北（496. 6 万 t）、陕西（225. 5 万 t）、湖北（193. 5 万 t）、甘肃（143. 1 万 t）、广东（139. 9 万 t）、四川（115. 4 万 t）和新疆（113. 6 万 t）等 11 个省区，其中河南、山东和江苏的小麦粉产量居前三位，如图 8 所示。从产品结构看，以特制一等粉和特制二等粉所占比例较大，产量分别为 2 415. 3 万 t 和 1 368. 9 万 t，分别占总产量的 43. 9% 和 24. 9%；标准粉产量为 705. 2 万 t，占总产量的 12. 8%；专用粉产量为 702. 6 万 t，占总产量的 12. 8%；全麦粉产量为 88. 7 万 t，占总产量的 1. 6%。

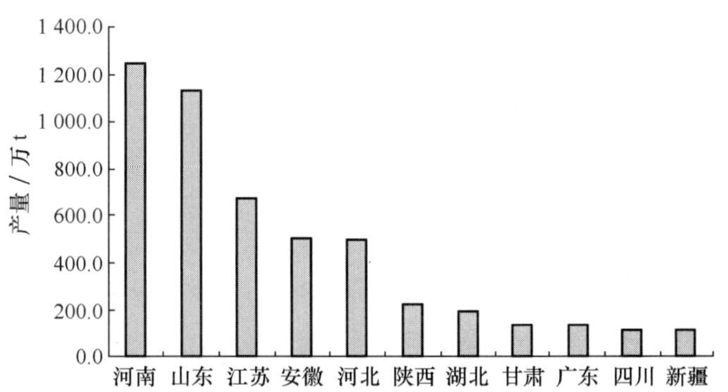

图 8　2008 年小麦粉产量 100 万 t 以上的省区

入统小麦粉企业工业总产值 1 385. 4 亿元，产品销售收入 1 334. 9 亿元，出口交货值 5. 04 亿元，利润总额 23. 58 亿元（产值利润率为 1. 7%），资产总计 634. 8 亿元，年末从业人数 15. 67 万人。

3. 食用植物油加工业的基本情况

2008 年，全国入统食用植物油加工企业 1 222 个，其中日加工能力 100t 以下的企业 598 个，占食用植物油加工企业总数的 48. 9%；日加工能力 100 ~ 200t 的企业 235 个，占 19. 2%；200 ~ 400t 的企业 211 个，占 17. 3%；400 ~ 1 000t 的企业 86 个，占 7. 1%；1 000t 以上的企业 92 个，占 7. 5%，如图 9 所示。

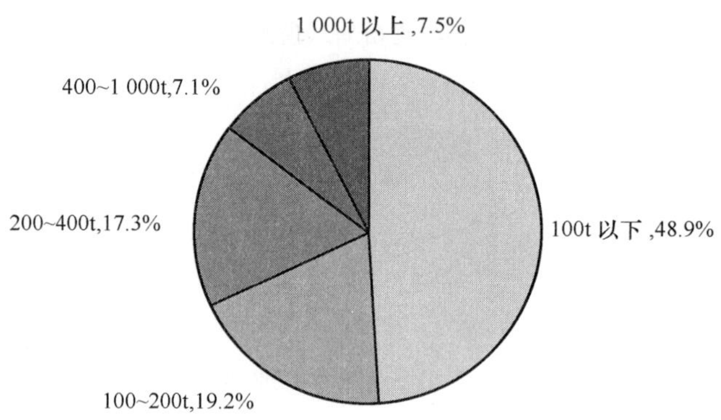

图 9　2008 年食用植物油加工企业按日加工能力划分比重图

2008 年，食用植物油加工业年处理油料能力为 0. 78657 亿 t、油脂精炼能力为 0. 27286 亿 t；食用植物油实际产量 0. 19278 亿 t；实际年处理原料 0. 56619 亿 t。年油料处理能力、精炼能力和食用植物油产量按企业经济类型划分，外商及港澳台商投资企业分别为 2 311. 4 万 t、1 064. 8 万 t 和 1 238. 6 万 t，分别占总数的 29. 4%、39. 0% 和 54%；民营企业分别为 4 568 万 t、1 360. 8 万 t 和 889. 6 万 t，分别占总数的 58. 1%、49. 9% 和 38. 8%；国有及国有控股企业分别为 986. 3 万 t、303. 1 万 t 和 165. 4 万 t，分别占总数的 12. 5%、11. 1% 和 7. 2%，如图 10、图 11、图 12 所示。

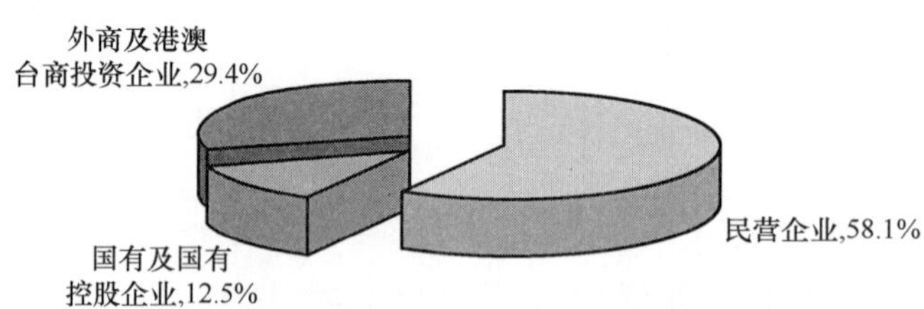

图 10　2008 年食用植物油加工企业年处理能力比重图

2008 年食用植物油加工业油料处理能力排名前三位的是山东（1 244. 9 万 t）、江苏（1 208. 2 万 t）和黑龙江（664. 8 万 t）；精炼能力排名前三位的是江苏（386. 5 万 t）、广东（365. 4 万 t）和山东（289. 0 万 t）。食用植物油产量前 10 位的是：江苏（351. 9 万 t）、广东（325. 4 万 t）、山东（318. 6 万 t）、天津（178. 9 万 t）、河北（138. 8 万 t）、福建（115. 3 万 t）、上海（110. 8 万 t）、河南（91. 6 万 t）、湖北（85. 9 万 t）和广西（85. 5 万 t），如图 13 所示。从产品结构看，精炼油的产量为 1 570. 7 万 t，其中

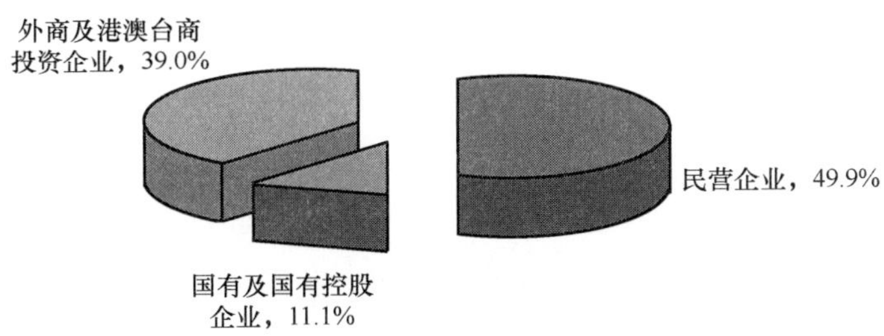

图 11　2008 年食用植物油加工企业精炼能力比重图

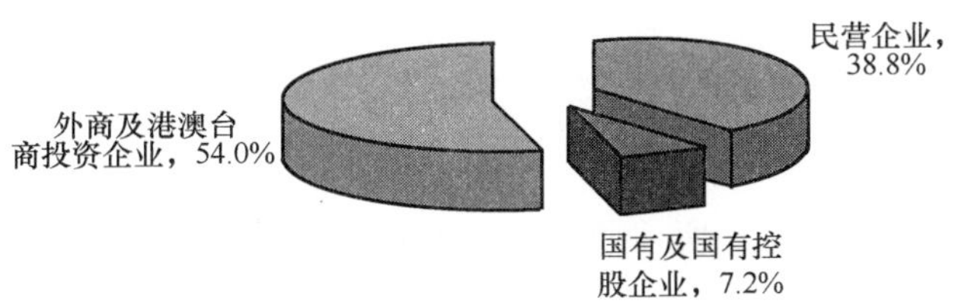

图 12　2008 年食用植物油加工企业产量比重图

一级油的产量为 956. 1 万 t、二级油为 89. 2 万 t、三级油为 153. 6 万 t、四级油为 371. 8 万 t。另外，食用调和油的产量为 114. 3 万 t。

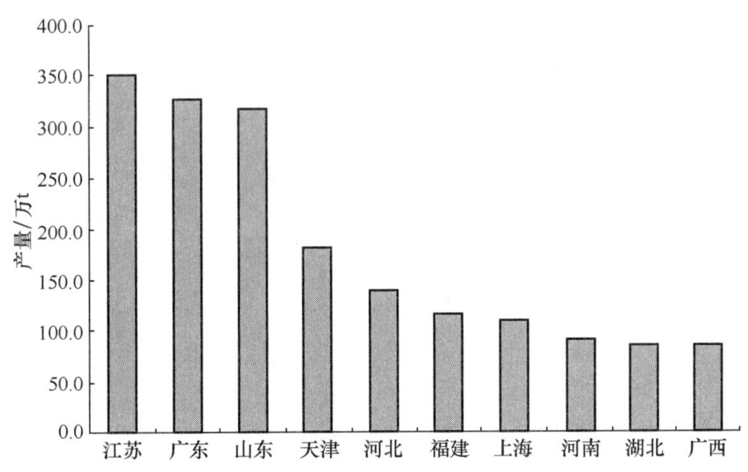

图 13　2008 年食用植物油产量前 10 位的省市区

食用植物油产量以大豆油、棕榈油和菜籽油为主，产量达 1 888. 0 万 t，占食用植物油总产量的 82. 3%，其中大豆油产量为 1 243. 5 万 t，占总产量的 54. 2%；棕榈油产量为 368. 5 万 t，占总产量的 16. 1%；菜籽油产量为 276 万 t，占总产量的 12. 0%。其他油品的产量和所占比重是：花生油 99. 5 万 t，占 4. 3%；棉籽油 92. 7 万 t，占 4. 0%；玉米油 85. 6 万 t，占 3. 7%；葵花籽油 28 万 t，占 1. 2%；油茶籽油 9. 8 万 t，占 0. 4%；

米糠油 9.4 万 t，占 0.4%；芝麻油 6.9 万 t，占 0.3%；其他油脂 73.8 万 t，占 3.2%，如图 14 所示。

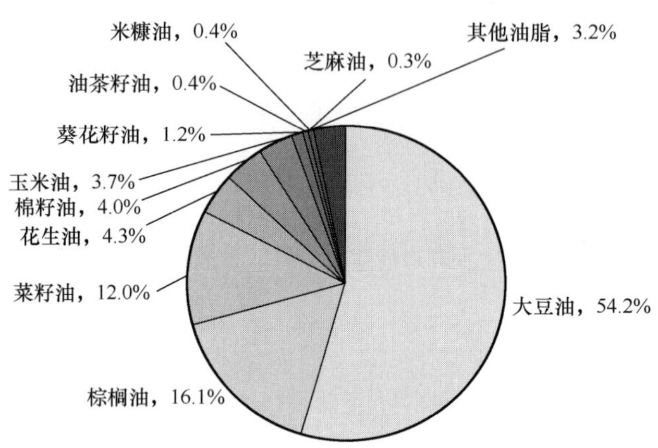

图 14　2008 年不同品种油脂占总产量的比重图

2008 年，入统食用植物油企业工业总产值 3 435.44 亿元，产品销售收入 3 429.44 亿元，出口交货值 46.51 亿元，利润总额 44.75 亿元（产值利润率为 1.3%），资产总计 1 463.21 亿元，年末从业人数 12.97 万人。

（二） 粮油加工业当前存在的主要问题

1. 现代粮食加工体系尚未建立

粮食加工企业规模小、布局分散、经营粗放和结构不合理等格局仍没有得到根本改变，总体发展水平不高。粮食加工与生产、物流和消费等环节有效衔接不紧密，对粮食产业的带动能力有限。特别是粮食应急加工体系建设刚起步，应急加工、物流和供应等环节还不够完善，难以有效解决类似非典、冰雪和地震等突发事件或边远地区、弱势群体粮食应急供应问题。

2. 粮油产品安全保障体系不够健全

从原料到产品的质量标准不完善，技术要求低，农药残留限量等安全卫生指标偏少，部分杂粮加工产品没有统一质量标准。食品安全检测手段薄弱，仪器设备不能满足快速检测的需要。快速检测仪器依赖进口，适用性不强。部分企业没有进行质量体系和食品安全体系认证，违规使用添加剂的现象依然存在。

3. 部分产品加工能力相对过剩

2008 年，稻谷、小麦、玉米加工企业产能利用率分别为 46%、50% 和 65% 左右，加工能力相对过剩。这既存在需要淘汰的落后产能，也有因产品种类单一所导致的结构性产能过剩、布局不合理所导致的区域性产能过剩。相当数量的原粮特别是农户自留粮，主要通过小作坊加工，产品产出率低，副产品未合理利用，食品质量安全存在隐患。大中型企业未有效开拓农村市场，产能不能有效发挥作用。

4. 自主创新能力较弱

粮食加工业科技投入少，2008 年仅占销售收入的 0.2% 左右，大大低于发达国家 2% ~3% 的平均水平，平均每 100 家粮食加工企业仅拥有 3 项发明专利，科技成果储备不足。技术创新体系不完善，缺少国家级工程技术中心、工程实验室等创新平台。关键技术装备的开发多数处于仿制阶段，缺乏基础研究和自主创新。

5. 副产物综合利用率较低， 企业经济效益较低

粮食加工副产物未得到充分利用。稻壳发电和直接填烧锅炉仅占 19% 左右，65% 左右的稻壳粉碎后被低效用作饲料配料；米糠用于制油仅占 5% 左右，绝大部分未经处理就用作饲料。大豆、马铃薯和杂粮等加工副产物利用更加有限，企业总体经济效益较低。2008 年我国入统粮油加工企业的产值利润率仅为 1.47%，其中大米加工为 1.65%，小麦加工为 1.7%，植物油加工为 1.3%。

（三） 对农产品加工企业增值税改革的几点建议

中国加入 WTO 以来，我国部分高成本低品质的农产品面临着西方经济发达国家低成本高品质产品的竞争压力，为抵御市场国际化对我国农产品加工业的冲击，作为应对措施之一，财税［2002］12 号及 105 号文件规定，增值税一般纳税人购进农业生产者销售的免税农业产品的进项税额扣除率由 10% 提高到 13%。

但是，现行的农产品加工企业增值税税收政策，已不能适应目前粮食收购市场的新变化，制约了农产品加工业发展，部分地方 3‰以上的税收预警值的做法与实际不相符合，有不合理的一面。为了促进农产品加工业的发展，现行的税收政策应予以适当改革。

1. 当前粮油原料收购渠道的现状

目前、粮油加工企业原料收购渠道主要有三种形式：

一是从国家储备库或地方粮库收购。这部分粮油由粮库开具增值税专用发票，粮油加工企业根据发票抵扣。但是只有在国家、地方粮库定期轮库或定期拍卖托市粮油原料时，企业才能购买，由于出库时间少、手续程序繁琐、运输困难等诸多原因，仅靠这一渠道收购原料是无法满足粮油加工企业正常生产需求的。

二是从周边农户收购。这部分原料占的比重不大，公司直接向提供身份证明的售粮农户支付现金，开具税务局指定的农产品专用发票，用于抵扣进项税额。

三是从粮食经纪人收购。这部分原料占的比重较大。根据当前我国相关税法规定，在农副产品收购发票使用方面，并未涉及承担着农民售粮中介的粮食经纪人，因此，粮油加工企业在发票抵扣方面存在着相当大的困难。

2. 农副产品收购发票使用方面存在的主要问题

国家实行农副产品收购发票这一政策的初衷是支持农业发展、增加农民收入、保障粮食安全，但是，随着形势的发展和改革的不断深入，国家关于农副产品收购发票方面的部分政策已经不能适应这一发展形势，不能满足粮油加工企业收购原料需求和广大农民售粮要求，在一定程度上不利于国家惠农政策的贯彻落实。因此，关于农副

产品收购发票方面的政策调整势在必行。

（1）在农民售粮环节　税务部门要求当地农民到粮油加工企业卖粮必须提供身份证明，但是大部分农民由于个人观念和其他原因，不愿意提供身份证明，若没有身份证明，粮油加工企业则不能抵扣这部分税款，只能将送货上门的农户拒之门外，造成了企业、售粮农民双输的局面。

（2）在粮食经纪人售粮环节　随着国家粮食改革的深入推进，粮油原料收购格局发生了很大变化，由农户到粮所售粮改变为农户卖粮给活跃在农村的粮食经纪人，粮油加工企业真正从农户手中收到的粮油原料很少，大多来自粮食经纪人。但是，目前国家税务部门执行抵扣的农产品收购发票适用对象，仅是种植粮食的“农业生产者”个人，对于收购粮油原料的粮食经纪人是不能抵扣的。粮食经纪人大多是利用自己的运输工具（如三轮车、拖拉机等），采取夫妇组合，父子组合等亲属合作方式，走街串巷，赚取自己的劳力及运输费用。当没有办理营业执照和税务登记证的粮食经纪人出售给粮油加工企业粮油原料时，按照国家税法规定，企业不能抵扣进项税，这对微利的粮食加工企业而言，是不能承受的。如果要想抵扣，只能让粮食经纪人办理营业执照和税务登记证，这对于赚取微薄收入的粮食经纪人，同样很难做到，这样，就直接增加了企业收购粮油原料的难度和农民卖粮的难度。因此，对“农业生产者”进行定义扩展很有必要。

（3）在粮油加工企业收购环节　一是跨区收购问题。近年来，随着人们生活水平的提高，粮食产品品种不断增加，为适应市场需求，粮油加工企业就必须到市外或省外采购粮食原料，但是当前国家税法要求不能有效地支持企业跨地区收购粮油原料，影响了粮油加工企业的正常生产需要。二是农副产品收购发票票额问题。当前，农副产品收购发票为千元版，每张开具不能超过 1 万元。但是，随着粮食原料销售量的增加和销售价格的提高，目前一般销售额在万元以上，这就需要开多张发票，提高了农民结算难度，增加了粮食加工企业的业务量。

（4）按销售收入的 3‰或 4‰征收增值税不尽合理

①部分地方税务部门对增值税实行最低预警值的征收办法，核定征收比例为销售收入的 3‰或 4‰，按照农产品加工业的特殊性质，大多企业达不到这个指标。以小麦加工业为例，自托市政策实行以后，面粉加工业的毛利率仅为 5% 左右。

②由于农产品加工业的特殊性，首先是原料购进季节性很强，每年有 1～3 个月是原料收购的旺季，大量的原料入库，进项税必然大量倒挂。如果每月仍按 3‰或 4‰的标准上交税款，容易造成账实不符、账表不符的现象。

③农产品加工业是微利行业，税负达不到 3‰或 4‰，特别是 2008 年第三季度以来，受金融危机的影响，农产品加工制品严重滞销，有的企业处于停产、半停产状态，产量和效益连续下滑。

④实现增值税转型政策后，有利于促进企业进行设备更新改造。若某企业集中购进一批设备，势必增加进项税，有可能出现零申报甚至负申报。若实行最低预警值的征收办法，增值税转型的优惠政策，企业就不能完全享受。

3. 相关建议

针对上述现状和问题，提出如下调整建议：

（1）建议国家税务部门根据粮食改制后形势的发展，考虑粮食经纪人的利益诉求，对“农业生产者”这一概念进行扩展，把担负广大农户和粮食加工企业中介的粮食经纪人包括进来，这样不仅方便了粮油加工企业，更是方便了广大售粮农民。

（2）建议国家税务部门在售粮农民“身份证明”提供上调整相关政策，根据地方实际情况，放宽对售粮农民的身份要求，方便农民卖粮。

（3）建议国家税务部门在跨地区收购粮油原料上调整相关政策，根据地区实际情况，在发票抵扣上，给企业跨区收购提供更多的便利，方便企业收购原料，方便农民售粮。

（4）建议国家税务部门印制万元版农副产品收购发票，方便农民售粮，减轻企业负担。

（5）不再设立最低预警值的征收办法，允许企业据实申报，允许企业零申报，甚至负申报。

八、关于应对木本油料大规模上市对植物油供求和市场的影响以及可能出现的购销等新情况的措施建议

——给国家粮食局调控司的回函

（2013 年 2 月 26 日　于北京）

国家粮食局调控司：

按照贵司 2 月 21 日来函的要求，经学会组织专家认真研究，详细分析了我国木本油料生产的情况，提出措施建议如下：

（一）我国木本油料生产的现状

我国的木本油料包括油茶籽、核桃、油橄榄、棕榈和茶叶籽等，以油茶籽、核桃为主体。2012 年估计产量油茶籽 160 万 t、核桃 50 万 t。产油量共计 35 万 t/a 左右，其中油茶籽油 25 万 t 左右（出油率 20%）、核桃油 10 万 t（核桃的直接食用部分约一半以上，出油率 40%）。

（二）我国木本油料生产的预测

油茶籽、核桃主要生长在山坡、丘陵和山岗地上，生长期及形成规模生产的时间较长。以现有生产发展趋势预测，如果油茶籽产量达到 400 万 t、核桃产量达到 200 万 t，大体需要 10 年时间。届时产油量：油茶籽 80 万 t/a、核桃油 70 万 t/a，共计 150 万 t/a。以全国每年消费 3 000 万 t 食用油计算，约占食用油消费量的 5% 左右，可提高自给率 5 个百分点。

（三）木本油料的营养价值和生产成本

油茶籽油、核桃油与橄榄油一样是富含营养的高端食用植物油，已经逐步得到公众的青睐。但是，油茶籽油、核桃油由于生长周期长，采集、脱皮、烘干和加工工艺特殊等因素，生产成本要高于其他食用植物油，销售价格类同橄榄油。因此，在相当一段时间内，销售市场的主体为白领等中高档消费人群。所以一旦出现产量大增，有可能出现滞销问题。

（四）对策措施

（1）在立足国内消费的基础上，研究产品走出国门扩大出口的配套措施；

（2）拓展使用途径，研究生产功能性食用油和高端食用调和油；

（3）研究开发使用于化妆、美容等用品，替代橄榄油等进口食用植物油；

（4）国家要出台最低收购保护价等扶持政策，以保护农民的种植积极性：①要把

国家发展其他食用植物油的优惠政策用于木本油料；②木本油料种植有利于绿化祖国山河、保护生态环境、建设美丽中国，应出台鼓励政策；③木本油料大多生长于边远山区、半山区，难以机械化，种植成本高，要把扶持贫困地区的有关政策落实到油茶产区，以予大力支持。

（5）要将提高油茶籽、核桃等木本油料加工装备和工艺的研究列入粮食公益专项和“粮安工程”扶持项目。要研究油茶籽、核桃的采集、去皮和烘干等设备，提高效率、保证质量；要研究和发展油茶籽等木本油料的深加工、综合利用技术与装备，提高附加值，增加企业和种油农民的收入。

以上措施建议，供参考。

九、关于对《国务院关于加快木本油料产业发展的意见（征求意见稿）》的建议

——给国家粮食局调控司的回函

（2013年3月14日　于北京）

国家粮食局调控司：

按照贵司3月10日来函的要求，经学会组织专家认真研究，大家一致认为《国务院关于加快木本油料产业发展的意见（征求意见稿）》（以下简称《意见》）制定的非常及时和详细，目标明确、措施具体，在不与粮争地的前提下，解决我国油料资源短缺的问题，提高食用油自给率，保障国家食用植物油供给安全，意义重大。同时，就有关内容提出了以下修改建议：

（1）P_4（六）总体目标……逐步实现年产木本食用油500万t以上。建议修改为："……逐步实现年产木本食用油300万t以上。"并以此目标，相应调整下文的指标要求。

修改理由：《意见》提出"力争到2020年……木本油料树种种植面积达到2亿亩……""……到2020年，新增木本油料林种植面积8000多万亩……对现有6000多万亩木本油料地产林进行抚育、更新和改造，着力提高现有木本油料林产量。"以此，可知现有木本油料林种植面积1.2亿亩，据我们了解，目前全国木本食用油的年产量不足100万t。由于木本油料生长周期长、采集、脱皮、烘干和加工工艺特殊等因素，在距2020年仅6年的时间，木本食用油的年产量从现在不足100万t，陡增至500万t以上，实难达到，逐步实现300万t以上是一个可经努力达到的目标。

（2）P_7（十一）……帮助农民规避市场风险。建议在此句之后，增加"在发展到一定时候，国家实行'木本油料收购的最低保护价'，以切实保护种植木本油料农民的积极性。"

（3）P_7（十二）……加大木本油料食用油生态原产地产品保护认定认证工作力度……建议在此句之后，插入增加"……加大木本油料食用油生态原产地产品保护认定认证工作力度，从木本油料的施肥、防虫、采集、烘干、储存等环节，都要按绿色、环保的标准，严格要求……"

（4）P_7（十四）……少用油、用好油……建议删去"少用油、用好油"的提法。

（5）P_9（十八）支持木本油料产业科技研发和推广……建议在此句之后，插入增加"支持木本油料产业科技研发和推广。将木本油料的采集、烘干、加工及综合利用列入国家科技创新开发项目，并给予重点支持……"

以上建议，供参考。

十、 加快粮油加工业的转型升级

——在武汉轻工大学课题专家咨询会上的演讲

（2014 年 12 月 18 日　于湖北武汉）

为编制好《粮食行业“十三五”发展规划》，武汉轻工大学受国家粮食局委托就“粮油加工业转型升级”召开今天的课题专家咨询会，以摸透、弄清粮油加工业的实际情况，面对新阶段、新问题、新情况，提出“十三五”期间粮油加工业转型升级的新思路、新战略、新举措，为编制好总体规划提供决策参考，这是一件很有必要的事。下面我就需要重点研究的四个问题提供些情况和讲点意见，供参考。

（一）“十三五”时期粮油加工业面临的新形势

刚刚结束的中央经济工作会议上，首次提出了中国经济进入了从高速增长转为中高速增长；经济结构不断优化升级；从要素驱动、投资驱动转向创新驱动的经济发展新常态。确定了明年乃至今后相当一段时间内的经济总基调仍然是“稳中求进”，中心工作是“提高经济发展质量和效益”。这也是我国各行各业今后工作面临的最重要的中心任务和制订“十三五”发展规划的指导思想。

“十三五”是我国全面建成小康社会的最后五年，随着人民生活水平和生活质量的不断提高，我们粮油加工行业面临着让百姓吃得“适口、营养、健康和多样化、方便化”的重任。

粮油加工业是一个传统产业，针对其相对饱和产能过剩的实际，“十三五”期间将有一个调整和化解产能过剩的重任。

针对当前粮油加工行业经营状况不佳的现实，产品差异化程度低等问题，为确保在“十三五”期间粮油加工业产值等重要指标平均增长速度不低于 10% 的水平，我们面临着转方式、调结构的艰难任务。

根据国家爱粮节粮的总体要求，粮油加工企业要在确保粮油产品质量与安全的前提下，通过努力提高出品率，限制过度加工，提高加工副产物的利用率，达到减少浪费、损耗的目的，任务十分艰巨。

另外，粮油加工业在节能减排、实施走出去战略、培养与造就一大批高素质科技与管理人才，实施创新驱动等方面面临的压力和任务也很繁重。

总之，“十三五”期间，粮油加工业面临着诸多艰难任务，需要我们勇敢面对，变压力为动力，以推动粮油加工业的稳步健康发展。

（二）当前粮油加工业转型升级中存在的主要问题

当前粮油加工业在发展中存在的主要问题有以下 6 点：

1. 产品结构调整不快，大路货多，差异性小

适合食品工业发展和不同人群需要的专用粉、专用米和专用油数量与品种都较少，粮油产品的附加值不高。

2. 调整和化解产能过剩问题任务艰难

据国粮局统计，2012 年在 9 788 个入统大米加工企业中，产能利用率只有 44.5%；在 3 292 个入统小麦粉加工企业中，产能利用率为 64%；在 1 734 个入统植物油加工企业中，产能利用率为 52.8%。需要加快发展先进产能，才能淘汰落后产能，任务艰巨。

3. 企业间兼并重组的步伐进展缓慢

小企业宁当鸡头不当凤尾，宁愿自生自灭，不愿被人兼并的思想；大企业在发展壮大中，宁可自己新建，不太愿意兼并他人的做法依然存在。中小型企业的特色不明显，其发展的质量和水平有待进一步提升。

4. 资源有效利用率不高

以米糠、玉米胚芽和小麦胚芽等为代表的资源利用率不高，尤其是米糠资源的利用率目前只有 20% 左右，远低于日本（利用率几乎 100%）、印度（利用率达 70% ~ 80%）等周边国家。国家需要下大力气，采取有效措施将利用率提高到 70% ~ 80%，为增产油脂、提高食用油的自给率作贡献。

5. 主食品工业化生产有待进一步提高

“十二五”期间，粮油加工业积极发展以大米、小麦粉和杂粮为主原料制成的各类食品，取得了较好的成就，但其发展速度仍然跟不上百姓的需求，需要进一步加快发展，以方便百姓生活。

6. 粮油加工企业的走出去战略效果不明显

企业在走出去时，常常是单枪匹马，各自为政，缺乏统一规划和协同作战，造成走出去的效果和对外声誉一般化。

（三）在保障粮食安全背景下，粮油加工业转型升级的新思路

在全国粮食科技创新大会上，国家粮食局党组书记、局长任正晓同志在讲话中指出，“粮食行业科技研究要紧贴国家粮食安全战略，聚焦保障粮食数量安全、粮食质量安全和粮食生态安全，重点攻克绿色生态储粮、粮食节约减损、质量卫生安全、粮情监测预警、信息技术运用等重大科技难题”。对此，粮油加工业在转型升级中完全可以为保障国家粮食安全作出自己的贡献。在“十三五”期间，我们要围绕粮食的数量安全和质量安全继续突出和强调做好以下几项工作：

1. 利用好两种资源、两个市场，为满足我国粮油市场需要服务

为确保国家粮食安全，党中央和国务院在去年的中央经济工作会议上，提出了“确保谷物基本自给、口粮绝对安全”和“以我为主、立足国内、确保产能、适度进口、科技支撑”的国家粮食安全新战略，对此，我们要深刻领会，认真贯彻。为满足我国粮油市场和部分品种余缺调节的需求，我们要根据“适度进口”的原则，利用好

国内国外两种资源和两个市场，进行“适度进口”，以确保国家粮油安全。

2. 继续坚持粮油产品安全质量第一，继续倡导“营养健康消费”和“适度加工”

粮油产品的质量安全与国家粮食安全一样，都是天大的事。为此，粮油加工企业不论在任何时候、任何情况下都必须把质量安全放在第一位。在粮油产品安全的基础上，粮油加工企业要把“适口、营养、健康和方便”作为今后的发展方向。要继续倡导“适度加工”，提高纯度、合理控制精度、提高出品率，最大程度保存粮油原料中的固有营养成分，要下大力气坚决纠正粮油产品的过精、过细、过白和油色过淡等“过度加工”现象。

3. 转方式、调结构，重点是调结构

首先要加快组织结构的调整，要继续引导企业通过兼并重组、产业园区建设，进一步提高企业集中度；加大企业的技术改造，积极采用先进实用、高效低能、节能环保的新工艺、新装备，发展先进产能，淘汰落后产能。其次是要继续积极调整产品结构，加快开发“系列化、多元化和营养健康”的粮油产品；提高名、优、特和新产品的比重；扩大专用米、专用粉和专用油的比重；积极发展全麦粉、糙米、杂粮制品和特种油脂；要进一步发展有品牌的米、面和油小包装产品，尤其是要加快发展小包装食用油，以加快替代和取消市场上的散装食用油。

4. 继续重视资源的综合利用

粮油加工中生产出的副产物很多，这些副产物都是社会的宝贵资源，必须充分利用。当前，对这些资源利用的重点仍将放在大力推广米糠和玉米胚芽的集中制油上；放在稻壳、皮壳作供热和发电上；放在提高碎米、小麦胚芽和麸皮等副产物的综合开发利用上；放在饼粕的最佳有效利用上。尤其是在米糠利用上，争取到2020年，使我国的米糠制油利用率达到70%～80%，达到和接近周边国家的水平，为国家多增产100万t米糠油，为提高我国3%食用油自给率做贡献。

5. 继续大力推进主食品工业化生产

粮油加工企业要把发展主食品工业化看作是向精深加工延伸，是调整产品结构的重要组成部分，是企业增收、方便百姓的有效途径。争取到2020年，我国生产各类主食品的总量达4 000万t以上，占大米、面粉销售量的20%左右。

6. 重视关键技术装备的基础研究和自主创新

为适应我国粮油加工业不断发展的需要，我们要通过自主创新，把粮油机械制造业的发展重点放在大型化、自动化、专用化和智能化上；放在开发节能降耗、适应实行清洁生产和“适度加工”的需要上；放在研究和开发生产各种小杂粮和木本油料的加工、设备制造上。

7. 进一步实施“走出去”战略

粮油加工企业走出去，要以粮机产品走出去为先导，走联合起来走出去之路。通过走出去不仅要让当地百姓受益，还要在有条件的地区，发展粮油生产，为我国的粮食安全添砖加瓦。

（四）“十三五”时期粮油加工业转型升级的政策建议

为百姓提供更多优质安全和营养健康的粮油食品，为方便百姓生活，提高资源的有效利用率，建议要增加政府投入，研究解决粮油加工业的实际问题，促使粮油加工业转型升级和健康发展。

（1）为提高米糠油的利用率，建议国家要像重视发展木本油料生产一样，出台有利于提高米糠油利用的奖励政策，即每生产出 1kg 米糠油，国家奖励补贴 1 元钱的政策。

（2）为避免粮油产品销售价格上下波动太大而影响种粮农民、消费者和经营企业的积极性，要及时研究解决兼顾三者利益的政策措施，以调动种粮农民的生产积极性，合理保护消费者和经营企业的积极性。

（3）要采取有力措施限制粮油产品的“过度加工”，重点要放在粮油产品的标准修订上，要修改哪些不利于“适度加工”的指标。另外，对大米加工的多次抛光要明令禁止。

（4）要继续鼓励粮油加工企业发展主食品工业化生产，要在投资、税收政策等方面给予优惠，以进一步推动这项民生工程的快速、健康发展。

第四章

油脂营养与油厂安全

一、浸出油厂（车间）事故实例

（1974年7月7日　于北京）

针对20世纪70年代我国浸出油厂发展迅猛，但由于管理跟不上，浸出油厂（车间）发生了一系列重大事故。为了引起各地的高度重视，王瑞元同志亲自汇编了在全国发生的53例“浸出油厂（车间）事故实例”，并以商业部粮食局的名义发至全国粮食部门，对浸出油厂（车间）的安全生产起到了积极作用。

近几年来，各地新建了一批浸出油厂（车间）。这些浸出油厂（车间）在增产油脂中发挥了积极作用。

浸出油厂（车间）投产后，各地通过发动群众，总结交流经验，加强安全措施，健全规章制度等，提高了油、粕质量，降低了溶剂消耗，促进了安全生产。但是也有一些单位，由于主客观方面的原因，发生了一些事故。还有少数单位，存在着只增产油脂，忽视安全生产，忽视产品质量的错误倾向，必须引起我们的高度重视。

最近，吉林、辽宁、浙江、上海、安徽、广东、广西、福建、湖北和四川等省市区，认真总结了浸出油厂（车间）在安全生产中正反两方面的经验，对历年来发生的重大事故进行了分析研究，提出了相应的改进措施，取得了较好的效果。为了沟通情况，共同吸取教训，现整理一部分有代表性的事故实例，并按事故起因初步分类，以便参阅（事故性质各地均有结论，从略）。望各地浸出油厂（车间）结合自己的实际情况，对照检查在安全生产中存在的问题，采取有效措施，确保生产安全。

（一）违章操作事故（5例）

（1）1972年12月4日，辽宁省开原制油厂，下午交接班后，中班看泵青工与装料青工未经班长同意，擅自互换工作岗位。由于操作不熟悉，原看泵青工把2号罐的料胚装满后，未给信号就开1号罐的阀门，将混合油压往2号罐，忘记打开2号罐的阀门，致使1号罐内及通往2号罐的管道内压力增大，考克蕊子顶出，混合油大量喷出，瞬时车间内充满溶剂气体使2名青工昏倒。消息传到全厂，工人们纷纷奔向浸出车间抢救。抢救时，有人喊停车，在慌乱中，按错了电钮，由于负荷过量，配电盘闸刀开关保险丝烧断产生火花而引起爆炸，造成了重大的设施损坏和人身伤亡事故。

（2）1973年1月11日，湖北省沔阳油厂，为了在连续蒸发器上部增设闪箱，焊工直接在蒸发器上动氧气切割，仅割了2cm长的缝隙就发生了溶剂气体爆炸事故，一股气流将焊枪打到焊工脸上而造成严重的局部烧伤。

（3）1973年7月6日，浙江省建德梅城粮油厂，出料时，操作工人只顾贪快，不顾浸出罐内余气是否放尽，急于打开顶盖。当螺丝拧松后，油粕随余气从顶盖冲出，操作工人当场被严重烫伤。

（4）1973年9月20日，吉林省郭家店粮油加工厂，试验向日葵籽一次浸出。交接班时，烘干机第4节堵塞，为排除故障，开打手孔处理，大量溶剂气体冲出。当时浸出器已停机停料，但没有停止入料提升机、封闭绞龙及混合绞龙，致使设备空转，溶剂气体从浸出器串到铁质提升机。由于提升机的轴与倾斜的盒帽摩擦起火星而引发爆炸。爆炸后，火苗蔓延至烘干机出口。经及时抢救，未造成重大人员和财产损失。

（5）1972年6月20日，吉林省镇赉县粮库浸出车间，在设备安装后进行试车，工人在连接溶剂库和循环库的管路后，为试验管路是否畅通，将溶剂放入管路，流进了循环库。次日，在改装循环库的放空管路时，烧电焊引起循环库爆炸。循环库从封头焊口炸开，炸倒和炸塌循环库墙壁、房盖，伤及3人。

（二）违反安全制度事故（5例）

（1）1972年6月2日，辽宁省八面城制油厂，1名当班工人将打火机擅自带入浸出车间。因打火机缺油，看泵工人拿去从溶剂油沉淀罐的玻璃试管下往打火机灌油，致使部分溶剂溅到地上，这时又进行打火机的打火试验，立即引起爆炸。玻璃试管被炸破，罐内溶剂倾泻而出，火苗越烧越旺，造成车间及设备全部烧毁。

（2）1972年9月，浙江省慈溪油厂，在罐装浸出毛油时，灌油工人思想麻痹，认为灌油处离浸出车间较远，擅自吸烟，引起火灾。

（3）1972年12月5日，浙江省绍兴工农油厂，在浸出米糠，蒸粕时发生“夹生现象”，糠粕中溶剂气味较重，送往榨油车间摊晾，当时榨油车间有人吸烟，引起糠粕起火。

（4）1973年11月28日，吉林省通化植物油厂软化车间检修，工人休息时在车间吸烟，烟头将干燥的木质提升机烧着，引起大火，经积极抢救，避免了火焰蔓延到浸出车间。

（5）1972年10月，浙江省邱隘油厂，有10多只装溶剂的空桶放在车间外，有1名泥工吸着香烟想看看桶内有没有“汽油”，当拧开桶盖时，立即引起爆炸，桶口喷出火焰，把泥工的卫生衣、棉衣等烧着，脸部轻度烧伤。

（三）擅离工作岗位事故（3例）

（1）1962年，上海油脂二厂浸出车间，有一名操作工人晚上打瞌睡，故意将分水器的凡尔开小一点，一直放水，结果溶剂随水流到苏州河里。河内船工生火，而引起火警。

（2）1972年11月，辽宁省营口市油脂厂，当班工人擅离工作岗位去睡觉，由于混合绞龙堵塞，电机超过负荷，运转时间过长，线圈烧坏，险些引发爆炸。

（3）1973年5月，广西柳州油脂厂，炒料工擅自将4层连续蒸炒锅改为全部装满料胚，待脱水符合要求后再出料。开始装料后，又擅离工作岗位，致使锅满后负荷过量，三角胶带与被堵死的皮带轮摩擦引起自燃。由于抢救及时，才未造成重大事故。

（四）设备事故（4例）

（1）1971年6月，广东省清远浸出油厂进行试车，根据设计要求卧式烘干机夹套钢板内层板要求 8mm，外壳要求 6mm。因材料不足，擅自改用 3 ~ 4mm 的钢板代替，加上焊接不良，又未进行试压检验，试车时，造成夹套内层爆裂。

（2）上海南汇油厂的地下溶剂库，因建造质量不好，地下渗水，池内积水深达 25cm，长期不加清理，积水变质。加上溶剂罐进口接头接触不严，进溶剂时有渗漏，致使地下溶剂库内沉积了大量溶剂气体和污浊气体。1971 年 6 月 29 日，进溶剂时，一把扳手掉进地下库里，当工人下库底找扳手时，因溶剂中毒而发生伤亡事故。

（3）1972 年，吉林省敦化植物油厂，操作工人从溶剂库往循环溶剂罐送溶剂时，由于循环溶剂罐的液位计考克失灵，又未检查，造成循环罐油满后压入分水器，由分水器跑掉溶剂 1 吨多。

（4）1972 年 5 月，安徽省全椒襄河油厂浸出车间“因循环溶剂罐玻璃管指示器断裂”损失溶剂 400 多千克。

（五） 误开阀门事故 （3 例）

（1）1967 年，上海崇明堡镇油厂罐组式浸出器出料时，没有先开顶盖即开出料门，当出料门打开时，油粕随余汽一起喷出，油粕喷到出料工人身上（赤膊操作），将其淹没烫伤，面积达 90%，经抢救无效死亡。

（2）1972 年 10 月 22 日晚，福建省蒲田县笏石油厂，在浸出罐下压时，由于上部溶剂蒸气阀门未关闭，混合油压不净，致使上蒸后粕中含有大量溶剂。出料门打开后，出粕器电机漏电，钻头碰罐壁，产生火花，引起火灾。3 名季节工受伤，厂房及设备被烧毁。

（3）1972 年 11 月 10 日，湖北省鄂城油厂，由于间歇蒸发罐的出气阀门未打开，蒸发罐内压力过高致使玻璃视镜炸裂，将操作工人的头部炸伤。

（六） 避雷器、 电器设备安装不符要求事故 （3 例）

（1）吉林省公主岭粮油加工厂建厂初期，浸出车间的避雷器接地与设备接地连接在一起，落雷时引到水化车间，使水化车间电闸保险丝爆断 2 根。

（2）1973 年 5 月 16 号，浙江省衢州油厂浸出车间，由于没有避雷装置，1 台电动机被雷击损坏。

（3）吉林省公主岭粮油加工厂，在试验风运豆粕时，临时安装了防水线，试验后，电源未断，电机拆除后把电线卷成一团放在墙角，在清扫卫生时，扫帚碰到电线引起电线冒火。

（七） 停电、 停车时发生的事故 （3 例）

（1）1964 年，上海油脂二厂浸出车间停产。停产时浸出罐内的料胚没有及时清理干净而引起料胚发焦自燃。

（2）1971 年，上海崇明堡镇油厂，因全场突然停电，浸出车间设备停止运转，间歇蒸发罐内的油将近蒸好，操作工人担心油跑掉，将灌顶凡尔关闭。送电后，只开了直接蒸汽管，忘开了灌顶凡尔，罐内压力升高，将罐顶盖冲出屋顶之外。

（3）1973 年，吉林省德惠植物油厂因停电而停车，浸出器内的混合油全部蒸发回循环溶剂罐，因循环溶剂罐容量小，又未及时送回溶剂库，致使溶剂由循环罐溢流到分水器，又经排水管外流到下水道，而损失溶剂 500 多千克。

（八） 易燃物起火事故 （4 例）

（1）吉林省扶余油厂、长春市油厂，用玻璃丝保温过热蒸汽管道时，将原垫纸一起包缠，由于温度过高，冒烟起火。榆树植物油厂用草绳缠玻璃丝外抹白灰保温过热蒸汽管，试车时草绳燃烧，由于发现及时，才未造成大的事故。

（2）吉林省长春市油厂，过热蒸汽保温不好，在通过软化工序的一段蒸汽管路上因落有粉尘而冒烟起火。1972 年试车时，粕烘干机使用棉线盘根，曾发生燃烧冒烟。

（3）1973 年 9 月，辽宁省大连油脂工业总厂浸出带绒带壳的棉籽。9 月 7 日，在一台轧胚机旁边的木质挡板处，因积累的棉绒长时间摩擦，而使棉绒着火，一个冒烟的火球落至下部拖带，发现后因惊慌而未能停车，此火球随料胚送至浸出车间进入浸出罐内，工人发现后立即将盖盖紧，打开蒸汽管，火球才被扑灭。

（4）1974 年 5 月，辽宁省大连油脂工业总厂在浸出车间旁边的麻袋库和一号库之间夹道处，因豆秸、破油毡纸等易燃物掉落在蒸汽管道上，由于焦化起火，而造成火灾，损失 40 余万元。

（九） 设备检修时，残留溶剂未除净，动用明火，引起事故 （4 例）

（1）1957 年，吉林省蛟河植物油厂在电焊浸出格时，由于浸出器内溶剂气体未除净而发生爆炸，损失惨重。

（2）1962 年，辽宁省大连油脂工业总厂大检修时，在分水器上部的一个法兰处烧焊，因罐内溶剂气体未除净，而引起爆炸，损失惨重。

（3）1970 年 11 月 1 日，辽宁省沈阳市第四粮库浸出车间停产检修时，发现两个蒸发器底部有残留溶剂，为除去溶剂，采用电焊烧割接管放溶剂。第一蒸发器烧割后，溶剂放了出来，未发生事故。第二天又烧割第二个蒸发器，当电焊枪刚接触第二个蒸发器底部小孔时，火苗奔向第一蒸发器接口处，立即引起第一蒸发器爆炸。

1972 年 2 月，该粮库拆检油泵时，将残余混合油流到草袋上，正遇电焊工在另一处烧电焊，火花溅到草袋上而引起火灾。

（4）1972 年 10 月 21 日，四川省高骈油厂，在生产过程中，发现蒸发罐漏气，当即用泥巴涂上后凑合生产，不久又发现罐壁漏油，被迫停产检查。24 日早晨，将蒸发罐拆下后在外面电焊补罐，当电焊枪刚接触罐壁时，罐内残留溶剂气体就发生爆炸，炸死一人，炸伤三人。

（十） 非浸出车间操作人员乱开阀门，引起事故 （2 例）

（1）1972 年 10 月，浙江省云和油厂浸出车间改装完毕，试车时，一名非浸出车间工人进入车间，擅自关闭蒸发罐上端进油管阀门，造成管内压力增大，玻璃视管爆裂，混合油大量外流。

（2）1973 年 2 月，浙江省丽云县召开农业学大寨会议，代表们参观粮油厂浸出车间，当时工人忙于出粕，没顾及参观人员。一位参观人员打开了分水器阀门，放跑了溶剂。

（十一）废水中带走溶剂，引起事故（4 例）

（1）1972 年 12 月，安徽省芜湖市油厂浸出车间停车检修，残存溶剂气体沉积在下水道中，电焊时，因火花落入下水道，而引起火警。

（2）1972 年 7 月，浙江省长兴油厂，由于对分水器放出的废水没有及时检查，溶剂随废水流入河中，值班工人在废水出口处吸烟，烟头丢入河内而引起燃烧。

（3）1973 年 2 月 29 日，吉林省山城镇植物油厂由于分水器跑溶剂，顺下水道流到水沟里，小孩玩火，将溶剂点着，沿下水道逆燃，致使厂内管道爆炸。

（4）1974 年 3 月 28 日早晨，吉林省蛟河植物油厂水源不足，冷凝器缺水，溶剂气体冷凝不下来，自由气体排出口的呼吸阀压砣重，空气排除不顺畅，造成循环油罐内压力增大，分水器和回油管路产生阻力，将分水器内的大量溶剂压到下水道，流到大河里。当时有 1 位朝鲜族老大娘在沿河用排出的热水洗衣服，在吸烟时引起燃烧，烧伤 3 人。火焰顺下水道进入车间，抢救中引起爆炸，伤 14 人。

（十二）粕中残留溶剂过高，引起事故（5 例）

（1）1970 年 8 月 29 日，辽宁省大连油脂工业总厂试生产真空豆粕，因出罐时豆粕带有溶剂气体及豆粉，用抽风机排至一间小屋内的布袋回收豆粕，屋内溶剂气体较大，夜班工人进行清扫，刚进门拉开电灯时引起爆炸，一个火球冲出来，将 3 名工人烧伤。

（2）1972 年 2 月 5 日夜间，安徽省淮南油厂浸出车间，循环溶剂罐积水。浸出时，溶剂内大量带水使糠粕上蒸下压不透，含有大量溶剂。出料时，溶剂熏人，操作工人用棉花堵住鼻孔出料，加上天气较冷，车间门窗全部关闭，糠粕中挥发出来的溶剂气体充满粕库。出料结束后当工人拉掉粕库风机的电源插头时，产生火花而引起爆炸、燃烧。烧掉仓库 10 间，重伤、轻伤各 1 人。

（3）1973 年 6 月 11 日，湖北省江陵城关米面厂浸出车间，将未脱净溶剂的糠粕放在锅炉房旁，因锅炉烟囱的火星掉在麻袋上，而引起燃烧。

（4）1968 年，上海嘉定油厂，因锅炉间出渣，蒸汽压力降低，浸出粕中溶剂蒸不净。当天用船运粕，船开到嘉定县时（已经天黑）发现麻袋里冒烟，船工点火观察，引起溶剂气体燃烧，烧伤 3 人。

（5）1973 年 7 月，吉林省吉林植物油厂，粕中溶剂未去净，出粕后又立即装袋，当载粕汽车开到厂外后，搬运工人点火吸烟，引起溶剂气体在麻袋表面燃烧，由于及时将麻袋推下汽车灭火，才未造成损失。

（十三）溶剂中毒事故（4 例）

（1）1958 年，吉林省蛟河植物油厂对事先没有熏蒸过的浸出器格子进行检修，几个工人轮流戴同一个防毒面具进入浸出器，由于防毒面具中活性炭吸附溶剂已经达到饱和和失去作用，最后下去的工人被熏倒，幸未死亡。

（2）1957 年，辽宁省大连油脂工业总厂大检修。检修后，生产班长戴了防毒面具进入溶剂罐检查，由于防毒面具脱落，造成中毒死亡。

（3）1960 年 6 月，吉林省四平植物油厂，初次检修溶剂循环罐，由于罐内溶剂气体未去净，工人下罐时又没有戴防毒面具，而被溶剂气体熏倒。

（4）1974 年 2 月 9 日，吉林省吉林市植物油厂，白班检修设备时将烘干机直接关闭。下午四点接班后，蒸粕时未开直接蒸汽阀门，晚六点，工人反映粕中溶剂味大，操作工人检查气压时，发现表压很高，误认为是刚开车的原因，没有停车，于是溶剂气味越来越大，将 3 名灌粕女工熏倒。

（十四）其他事故（3 例）

（1）解放前，辽宁省大连油脂工业总厂，一个工人在实验室吸烟，烟头烧着了衣服，本人未发觉，当他走到离浸出车间五、六米的地方，那里放有溶剂桶，立即引起溶剂着火，该工人被活活烧死。

（2）上海崇明堡镇油厂，把深井水抽干后，工人下去修理吸水管莲蓬头。因水井位于浸出车间附近，浸出车间的溶剂气体被吹到水泵旁，由于溶剂气体比空气重，沉积到井底。当修理工人下井后吸烟时，引起溶剂气体燃烧，两名工人脸部被烧伤而毁容。

（3）1972 年，上海油脂二厂，在罐组式浸出器出料时，把低压电灯放在罐内，由于出料时不小心，灯被打碎，而引起火警。

二、 在提高菜籽油质量技术座谈会上的总结报告

（1982年10月13日　于江苏昆山）

这次“提高菜籽油质量技术座谈会”从10月8日起，开了6天，今天就要结束了。现在，我把会议进行的情况和今后的工作要求，概括地讲几点意见。

（一） 会议的宗旨和议程

在全国学习、贯彻党的十二大文件的高潮中，根据部领导的指示精神，为了提高菜籽油的质量，扩大菜籽油的销路，我们在江苏省昆山县召开“提高菜籽油质量技术座谈会”。出席这次会议的有主产和主销菜籽油的20个省、市、自治区粮食厅（局）工业处，粮油工业公司主管油脂加工的负责同志；有科研、设计、大专院校和粮油加工厂的工程技术人员共计154人。圆满完成了会议的各项议程。

（1）这次会议，首先交流了经验。会上交流的经验文章共计30篇，涉及菜籽油的制备、菜籽油的精炼、菜籽油生产高级食用油、菜籽油的工业用途、菜籽油的储藏保管、菜籽油的营养和生产调和油的设想等方面的技术与工艺等多方面内容。大家认为，这次会议交流的内容丰富，技术性强，对做好今后的工作很有启发和帮助。

（2）会议期间，大家围绕着如何提高菜籽油的质量，多吃多用，扩大菜籽油的销路这个中心，进行了专题学术讨论。通过讨论，提高了认识、统一了思想、研究了提高菜籽油质量的要求和措施；修正了过去在油脂加工上的一些提法；议论了今后新增加工能力和油脂精炼能力时应该注意的问题。这对今后油厂的生产和建设具有一定的指导作用。

（3）会议安排参观了昆山油脂化工厂和太仓油脂化工厂，大家认真听取了他们的介绍，详细参观了这两个厂的预处理、浸出和炼油等车间的生产情况。一致认为，这两个厂的经营管理水平和经济效益都是比较好的，有些经济技术指标达到了国内先进水平。尤其是他们结合本厂实际，在设备的选用、改进和配套上，在生产工艺上有许多新的东西，对此，大家表示赞赏。

大家认为，召开这次会议是很必要的，会议交流的经验和讨论的问题很集中，大家畅所欲言，为提高菜籽油的质量献计献策。通过经验交流、参观学习和专题讨论，大家学到了不少东西，增长了许多知识。同志们表示：回去后要认真贯彻这次会议的精神，吸取各地的经验，结合本地区、本单位的具体情况，把提高菜籽油质量的工作认真抓好。我们相信，在全国认真学习、贯彻十二大文件的精神鼓舞下，经过大家的努力工作，一定能把菜籽油的质量搞好，适应市场需要，使群众满意，为扩大菜籽油的销路作出贡献。

（二）这次会议通过交流经验和专题讨论，综合大家的意见一致认为主要有四点收获

1. 对提高菜籽油质量的重要意义的认识有了进一步提高

会议期间，各地反映，去年以来菜籽油的库存越来越大，给各方面造成很大压力，必须认真解决好这个问题。大家认为，解决这个问题的唯一办法就是多销，而解决多销的问题，除了要研究解决好销售价格这个关键问题外，我们粮油加工厂如何生产出质量好、群众满意的菜籽油，也是很重要的一个方面。当前，有些地区，有些单位生产的菜籽油色深、混浊、烟点低和焦煳味重，群众有意见。尤其是过去不习惯吃菜籽油的北方地区，反映更加强烈，影响了菜籽油的销路。在这方面，大家在座谈时列举了许多例子，不少同志自己也有较深的体会，认识到如何提高菜籽油的质量是摆在主产和主销菜籽油地区油脂工作者面临的一项重要任务。我们一定要按照标准，生产出合格的菜籽油，使群众满意，以利扩大菜籽油的销路，为国家作出贡献。

2. 交流了各地提高菜籽油质量的经验，讨论研究了提高菜籽油质量的措施

大家认为，这次会上介绍的提高菜籽油质量的经验是十分宝贵的，有些经验和技术数据是很有代表性的，认真学习和因地制宜地应用这些经验和技术数据就能使我们有些地区的菜籽油质量提高一步。为了提高菜籽油的质量，经过大家认真讨论，研究了提高菜籽油质量的要求和措施，例如提出了从制油开始，严格把好毛油质量关；完善和提高炼油的各道工序；对几种不同等级的菜籽油的生产提出了各自不同的工艺要求。这些，都将对提高菜籽油的质量起到促进作用和保证作用。

3. 研究了今后新增加工能力和油脂精炼能力时，应该注意的问题

对预榨浸出提出了新的要求，修正了过去的有关提法；讨论了正确处理质量、产量和出油率这三者之间的关系。这些，对我国油脂工业的健康发展，无疑都是有益的。

4. 探讨了菜籽油的工业用途和生产高级食用油的问题

多吃和多用是扩大菜籽油销路的两个方面。大家认为，菜籽油的工业用途和生产高级食用油有着广阔的前景。这次会上提供的资料中，有些是介绍菜籽油的工业用途和生产高级食用油的，对打开大家的思路和进一步研究菜籽油的用途都很有参考价值。

（三）与菜籽油质量和销路有关的问题和解决办法

会议期间，大家针对提高菜籽油的质量、扩大其销路、提高我国制油工业的技术水平等问题进行了认真的座谈。在总结交流经验的基础上，大家对今后菜籽油的加工和利用，提出了许多好的建议。下面我就大家讨论的情况和今后的工作讲点自己的意见，供同志们参考。

1. 搞好菜籽油的加工工作，以适应油料生产形势

油料生产形势的好坏，体现了党在农业生产上的指导思想和党在农村经济政策的正确与否。大家都知道，20 世纪 50 年代，我国是一个食油出口国，每年平均出口食油

2.4 万 t。1955 年出口食油曾高达 12.5 万 t，同时还出口了大量的大豆。1956 年食油产量按全国人口平均达到 3kg。但是，后来由于“左”倾错误指导思想影响，片面强调了以粮为纲，忽视了多种经营，油料生产长期徘徊。“文化大革命”期间，油料生产遭到了严重破坏。1969 年，我国的食油产量为 14.6 万 t，全国每人平均只有 1.8kg。当时，油厂开工严重不足，国家食油库存降到了最低极限，从 1976 年起开始了吃进口油。许多地区食油定量下降，甚至不能保证供应，失信于民；饮食行业用油、糕点用油和工业用油，供应十分紧张，影响了这些行业的正常生产。

党的十一届三中全会以来，由于落实了党在农村的经济政策，建立和完善了各种形式的农业生产责任制，提高了粮食、油料收购价格和超购加价幅度，调动了农民的生产积极性，农业生产得到了迅速发展，油料作物产量连年大幅度增长。1980 年食油产量达到 26.65 万 t，使国内食油收支平衡有余，市场活跃，人民消费有所改善，食油净出口 1.35 万 t，从而结束了我国吃进口油的历史。1981 年，油料生产继续发展，食油产量达到 35 万多吨，全国每人平均达到 3.5kg 多，超过了历史最好水平。今年的油料生产形势仍然很好。在油料连年增长的形势下，在保证国内供应，食油收支有余的基础上，食油库存量增加很大，超过历史最高水平，食油出口量大大增加，恢复了我国传统食油出口国的地位。

在油料大幅度增长中，油菜籽的增长幅度最大。1981 年油菜籽产量达到 40.65 万 t，其中收购量为 28.5 万 t。分别比 1978 年增长 1.2 倍和 2.7 倍。今年的油菜籽又创新纪录，产量超过 50 万 t 大关，其中收购量达到 40 多万吨。在各种油料中，油菜籽已占第 1 位。1981 年菜籽油产量占食用油的三分之一以上，占国家调拨食油的一半以上。预计到明年 3 月底，菜籽油的库存将达 10 多万吨。因此，油菜籽已成为我国食用植物油的主要油源。可以说，油菜籽生产的迅速发展，对改善我国食油供应状况、对扭转我国吃进口油的局面、对提高人民的食油水平、对活跃市场都起了积极作用。目前，油菜籽已成为左右我国食用油形势的当家油料作物。

油料生产的迅速发展，为粮油工业提供了充足的原料，改变了过去许多油厂半年忙工半年闲的状况，促进了粮油工业的发展，为国家创造了财富、增加了积累。据统计，1981 年粮油工业总产值比 1980 年增加 15 亿元，增长 8.9%。利润比 1980 年增加 0.8 亿元，增长 11.8%。今年上半年的利润达 4.39 亿元，比去年同期增长 22%。这几年粮油工业产值、利润的增长与油厂任务饱满直接相关。从利润方面说，1981 年比 1980 年增加 8 000 万元，其中一个重要因素是油脂工业形势很好，1981 年植物油产量比 1980 年增加 37 万 t，估计增加利润 4 000 万元，占净增利润 8 000 万元的一半。所以，这几年油脂工业形势的根本好转，与油菜籽的连年大幅度增长有直接关系。由此可见，油菜籽生产的迅速发展，不仅左右了我国食用油形势，同时左右了我国油脂工业形势，对于这个来之不易的大好形势，我们要十分珍惜。

但是，我们也必须看到，由于我们的工作跟不上生产的发展，因此，在油菜籽的收购、加工、储存以及供应等工作中，出现了一些新的问题和新的情况。主要是——油菜籽新产区收购基数低、加价比重大、财政补贴多、食油成本高和购销倒挂；有些地区加工能力不足、技术水平低、菜籽油质量差；综合利用和工业用途的研究没有跟上，以及芥酸含量高等原因，使内销、外销都受到了影响，这就既增加了国家财政负担，又增加了食油的积压。现在产区普遍存在着菜籽油收购数量大、销不了、调不出和库存逐年增加，使积压越来越大。有的省区因油罐全部装满，而使油厂被迫停工；仓库装满了油菜籽而影响秋粮入库的现象。

对于上述在发展中出现的新情况、新问题，中央领导同志极为关注，并针对菜籽油和葵花油产量增长速度快，库存量大的情况，曾指示我们，国内要多吃菜籽油、葵花籽油，替代创汇高的花生、亚麻、大豆等油品、油料出口，以扩大销售，支持生产。最近，中央领导同志对《国内动态清样》刊载“遵义地区油菜籽滞销占库，秋粮无库贮存”报道做了批语，责成我们要“抓紧解决好”，并指示我们，要迅速采用菜籽油加工新技术；加工做好了，既可带动工业发展，又可减少财政补贴；要避免一般化的领导，着重钻研新问题，解决老问题。中央领导同志的关怀和指示，是对我们工作的最大鞭策。我们一定要适应油料生产的形势，认真做好油菜籽的加工工作。

今年 5 月，国务院已经决定，从明年开始调整油菜籽的收购政策，即采用超购固定比例（60% 超购，40% 统购）和计划控制收购的办法。同时，当前要解决扩大菜籽油的销路问题，要着重研究如何多吃、多用。这里，研究多吃是解决问题的主要方面。而要做到多吃，除了要研究解决好销售价格这个关键问题外，再就是质量问题。我们粮油加工厂一定要保证生产出质量好，群众满意的菜籽油，使产品质量符合群众的食用习惯和要求，以利扩大销路、支持生产和减轻国家负担，这已经成为各级粮食部门及其所属粮油加工厂的当务之急。

2. 提高菜籽油的质量，扩大菜籽油的销路

近几年来，随着油菜籽生产的迅速发展，油脂库存越来越大，普遍出现菜籽油销不了、调不出的状况。但是，这并不意味着我国的油脂生产已经到了“过剩”的地步。大家知道，我国是一个拥有 10 亿人口的大国，去年每人平均占有的食油量达到了 3.5kg 多，虽然已经超过历史最好水平，但与世界其他国家相比，我国每人平均食油占有量仍然是属于低水平的。尤其是随着人民生活水平的不断提高和食品工业的进一步发展，无疑对油脂的需求量将越来越大。但与此同时，我们也应清醒地看到，当前出现的一些问题，确实给各方面造成了很大的压力，如果不认真研究解决，不但会给国家造成很大的损失，而且还会影响今后的油菜籽生产。

当前，解决菜籽油积压的办法是千方百计想办法扩大销路，而扩大销路的途经有三条。一是争取出口，在这方面由于受到国际上低芥酸菜籽油的竞争，这几年出口菜籽油数量有所下降，今年略有回升，但数量有限；二是工业上多用，这在目前数量也不大，但有一定发展前途，需要进一步研究；三是国内多吃，这是扩大菜籽油销路的根本出路。如果全国城镇人口每人多吃 1kg 菜籽油，就能多销 2 万 t，加上农业人口和行业用油，销售量就更大了。因此，只要我们工作做好了，多销 5 万多吨是完全可能的。所以，我们想要多销油就要全国 10 亿人口多吃油，这是解决菜籽油积压的根本出路。

影响菜籽油销售的原因，除了价格问题外，就是菜籽油的质量问题。前面已经讲过，菜籽油质量差，主要反映在色深、混浊、烟点低和焦煳味重等方面。造成这些质量问题的因素很多，主要是三个方面：

（1）我们有些企业对油品质量不够重视，没有树立质量第一的观点　有的受“独家经营”思想的影响，不能摆正质量与数量的关系、质量与用户的关系，错误地认为“油品质量好坏都有人要”。有的不认真按照成品油的质量要求生产、没有严格的检化验制度、不合格的油品随意出厂，致使在卖给群众的菜籽油中，有时出现“一瓶菜籽油半瓶沉淀，是油还是酱油分不清楚”的怪现象，造成了很坏的影响。

（2）忽视了毛油的质量　有的在处理质量、出油率和产量三者关系上，片面强调了出油率；有的“预榨—浸出”的工厂，没有真正按照“预榨—浸出”的要求操作，实际上是“压榨—浸出”，造成机榨毛油和浸出毛油的质量都比较差；有的浸出油厂混合油蒸发温度偏高，使浸出毛油颜色加深。由于毛油质量差，给炼油工序带来了困难，从而难以炼出质量好的成品油来。

（3）加工能力不足，要加快进行设备配套　有些地区油菜籽连年丰收，原有的榨油能力不相适应，出现了当年的油菜籽加工不完，由于储存时间长，油菜籽发生霉变而影响了油品质量。尤其是有些主产油菜籽的地区，大多采用“95 型”榨油机榨油，用平底炒锅直接火炒籽，掌握不好容易发生焦煳现象；有的油厂为了片面追求出油率，往往将籽“炒老”、延长压榨时间、提高榨膛温度，使油饼出现焦煳，这是造成有些地区菜籽油色泽较深、焦煳味重的原因所在。在炼油方面，一般油厂的炼油车间只有几只大锅，进行水化、碱炼两个工序，缺少脱色、脱臭设备，只能精炼一般的二级食用油。当遇到毛油质量差的时候，就难以生产出合格的成品油。

上述这些问题，除了加工能力不足和设备不配套需要逐步解决外，剩下的问题是属于工作范畴，是完全可以解决的。为了把菜籽油的质量提升上去，根据各地多年积累的经验和大家讨论的意见，归纳起来有以下几点措施：

（1）树立质量第一的观点，正确处理质量、出油率和产量的关系　产品质量是企业的生命，树立质量第一的观点，这是大家都知道的。在今年刚刚过去的“全国质量月”中，国家经委要求所有企业要广泛开展“求实际效益，让用户满意”的活动，要把发展新品种，提高质量作为一项战略任务来抓，作长期艰苦的努力，从根本上改变我国工业产品品种不齐、质量不高的落后状态。对这一要求，我们粮油加工厂应该努力做到。

粮油工业是食品工业的重要组成部分。粮油产品与人民群众天天见面，与每个人的生活和健康息息相关，因此，我们更应该重视产品质量。“用户满意不满意”是对产品质量的最好鉴定。在油脂加工厂，多少年来，由于受油料资源不足的影响，在处理质量、出油率和产量的关系上，往往自觉不自觉地偏重于抓提高出油率。这在油料资源不足的情况下是可以理解的，而且对缓和当时的油脂紧张状况起过一定的作用。问题是，现在有些单位还在片面强调提高出油率而忽视油品质量。有的甚至不讲质量，以出油率的高低作为考核和发放奖金的唯一依据，这就不对了。当然，这个问题的出现，我们商业部粮油工业局是有责任的。

为了保证油脂产品的质量，油脂加工厂要摆正质量、出油率和产量三者之间的关系。一定要在保证油脂产品质量的前提下，努力提高出油率和精油率，合理掌握处理量，把我们过去偏重于抓提高出油率和精油率转变到以抓油品质量为主的轨道上来。

（2）改进生产工艺，严格操作规程，把好毛油质量关　毛油质量的好坏，对生产成品油的质量是至关重要的。毛油质量好，可以减轻精炼时的负担，容易炼出各种优质成品油。反之，毛油质量差，不但会加重精炼时的负担，费工费料、增加损耗，而且难以炼出高质量的成品油，这是大家都有体会的。毛油的质量，取决于原料的品质和制备工艺。从我们现在一些油厂的实际情况看，必须改进生产工艺、严格操作规程，才能把好毛油质量关。我们这次交流座谈中，介绍了许多好的技术经验。大家认为，以下几点提高毛油质量的经验是值得各地学习和借鉴的：

①注重原料的品质：要做好油菜籽的入库检验，严格水分要求，不合格的原料要及时进行处理。入库油料采取先进先出，勤查库，常测温，防止原料发生霉变。对于霉变了的原料，要分别保管、分别加工、生产的油脂要分别处理。

②加强原料的清理：现在有的油厂采取“筛打结合”，有的筛选后进行水洗等。不管采用哪种方法，清理后的油菜籽含杂量一定要达到“操作规程”中规定的不超过0.5%的要求。

③重视蒸炒、压榨工序：蒸炒、压榨是制油过程中的重要工序，它不仅关系到油料出油率的高低，同时关系到毛油的质量，因此必须严格遵守操作规程。

采用“95型”榨油机配平底炒锅炒料的油厂，蒸炒出料温度控制在125℃左右为宜，炒料时间一般为20～25min，入榨水分为1.5%～2.5%，备有2只以上平底炒锅的油厂，可实行双锅串联操作，避免单锅大火快炒。“95型”榨油机可以整籽压榨，但效果一般不甚理想，建议有条件的油厂采用“清理→脱皮→软化→炒料→压榨”的工艺流程；没有条件的，炒籽前要进行油菜籽的分级处理——先炒大粒，后炒小粒，防止炒籽生熟不均匀。为了保证毛油质量，可以考虑适当放宽干饼残油。要坚决制止为了多出几两油，而不顾毛油色深、有焦煳味，造成精炼时不得不进行脱色、脱臭的做法。在这方面，我们曾算过账，质量差的毛油比质量好的毛油在精炼过程中的损耗要大得多，经过折算，其损失超过多出几两油的收益。所以，今后这种费工费料、劳而无功的事，再也不要干了。

采用“200型”油榨机的工厂，生产工艺一般比较完善，但也要继续注意掌握合适的工艺条件，避免入榨温度过高而影响毛油和饼的质量。

要积极采用“预榨—浸出”工艺。国内外的经验证明，采用“预榨—浸出”工艺，是提高毛油质量，提高经济效益的理想方法。但是，严格地说，我国目前的“预榨—浸出”油厂实际上大多是“压榨—浸出”，因此，油品质量并无明显改善，必须迅速加以改进。1974年，在河南新乡召开的“粮油加工技术经验交流会”上，针对当时的情况和技术水平，曾经提出：“采用‘预榨—浸出’的地区，在浸出油质量未过关之前，不要随意放宽预榨饼的残油量”。要求在机榨时尽量多拿些油出来，以供食用。这一措施，在当时的历史条件下是十分必要的，这对保证食油供应，巩固浸出油厂起了积极作用。但是，现在与1974年相比，情况发生了很大变化。我国的油脂浸出和炼油技术有了很大提高，国家对浸出油颁发了食用卫生标准。我们现在完全有办法使浸出油的质量符合国家食用卫生标准。所以有必要对新乡会议提出的要求进行修改，恢复

"预榨—浸出"的本来含义。对于"预榨—浸出"的工艺要求，在《油脂浸出工厂（车间）生产技术操作规程（试行）》中做了规定。对加工油菜籽而言，其要求是：入榨胚料温度110℃、水分4%～5%、饼中残油12%左右。为了提高"预榨—浸出"油的质量、提高粕的质量、提高经济效益，我们要严格"预榨—浸出"工艺的要求。在这方面，昆山油脂化工厂、上海南汇油厂等为我们作出了示范。

④掌握混合油的蒸发温度：混合油的蒸发温度对毛油质量也有影响。为了保证毛油质量，国外大部分采用真空蒸发，以降低蒸发温度、改善毛油色泽。我们现在都是采用常压蒸发，蒸发温度过高，致使毛油色泽加深，水化时部分磷脂吸水困难。对于混合油的蒸发温度，"操作规程"中规定——毛油出口温度为110～115℃。希望所有浸出油厂认真改进操作方法，向"操作规程"要求靠拢。

⑤注意毛油过滤：毛油进入炼油车间或储存、外调前，一定要按照《榨油工厂操作规程》规定，经过2层滤布过滤或沉淀7d以上，保证毛油含杂含水符合要求。

（3）提高炼油技术，搞好油脂精炼　精炼菜籽油采用什么设备和工艺操作条件，要视毛油的质量和对成品油要求而定。所以目前很难规定一个固定的工艺流程和工艺操作条件。一个比较完整的工艺流程包括：水化→碱炼→水洗→干燥→脱色→脱臭等工序。一般来说，在毛油质量好的情况下，生产二级菜籽油或储存的油，只要经过水化脱磷和脱水干燥就可以了。精炼毛油质量较差或对成品油质量要求较高时，采用简单的水化工序就不够了，需要增加碱炼→脱色→脱臭等工序；在处理浸出毛油时，一般要增加"碱炼"和"脱溶"两个工序。

在这次会上交流的经验中，上海油脂二厂、江苏昆山油脂化工厂等介绍的生产"色拉油"的技术经验；上海油脂一厂介绍的生产"精制菜籽油"的技术经验；浙江海宁油厂、湖南桃源椒市油厂、四川广汉油厂、安徽安庆市植物油厂等单位介绍的生产二级或一级菜籽油的技术经验都很宝贵，可供各地学习参考。在学习中，各地要根据自己的具体情况，从实际出发，从市场需要和群众要求出发，因地制宜地采取措施，把菜籽油质量提高一步。同时，在技术上，我们应该有充分的准备，以便能随时生产出不同品级的菜籽油，满足市场和群众的需求。对原来不吃菜籽油的北方地区，群众对菜籽油的气味很不习惯，希望去掉。根据各地的经验，如果在脱臭时将油温控制在160℃左右、残压在10mmHg柱以下、脱臭6h以上，菜籽油中的气味就能够基本除去。

这里，我要强调一下对油脂脱水工序的要求。现在我们有不少油厂采用敞开大锅加热，有的用机械搅拌，有的吹压缩空气进行脱水，这种脱水方法容易使油脂发生氧化而导致过氧化值升高。最近，国家对食用油脂的过氧化值已正式列入卫生指标，要求不超过0.15%。为了达到这个卫生要求，对于采用上述脱水方法的油厂要尽快创造条件，实行真空脱水干燥。

总的说来，目前我国的油脂精炼技术仍然是个薄弱环节，也是我国制油工业与国外先进水平相比存在的主要差距。油脂精炼大多采用间歇式炼油工艺和设备，连续式或半连续式的炼油工艺和设备正在研制、引进、消化吸收之中。但是，我们相信，只要大家像前几年攻克油脂浸出技术一样下大力气，那么，不用很长时间，我国的炼油技术水平就能很快得到提高。

(4) 认真搞好产品的检验工作，把好质量关　为了把好质量关，我们要认真搞好产品质量的检验工作，严格按照产品的要求进行检验，做到不合格的油脂产品不出厂。

对于产品质量的管理，我们必须实行生产全过程的管理和全员性的管理。过去我们往往只注意产品的最后一次检验，这固然是工厂在产品质量管理中的一项重要工作，但是，产品检验是事后的，产品事后检验只能把不合格的产品控制在厂内不出厂，而不能把不合格的产品消除在生产过程中、不能提高产品合格率，同时也实现不了以提高产品质量求企业经济效益之目的。因此，我们在继续做好产品最后一次检验的同时，要把质量管理工作贯穿到整个生产过程中去，进行道道把关，以使上道工序生产出来的“中间产品”符合下道工序的要求，把不合格产品消除在生产过程中。

为了保证产品质量，我们不但要道道把关，而且要做到人人把关。不仅专职检验人员要进行认真的质量检验，更重要的是要教育企业的每个职工都要关心产品质量，人人对产品质量负责，牢固树立以生产优质产品为荣的思想。

现在，我们有些单位对于产品质量的检验工作不够重视，有的流于形式，起不到指导生产和把好质量关的作用，希望予以纠正。在强调把好质量关的时候，下面两种情况提请大家注意：

①对于实行“料油兼收”的地区，粮食部门要根据收购油脂的质量规定，严格把好质量关。对加工技术水平低、油品质量差的社队油厂，粮食部门要帮助他们提高技术、提高油品质量。对少数弄虚作假的要进行批评教育。

②为了解决加工能力不足，需要委托社队油厂加工一部分油料的地区，一定要在签订合同的同时，对油脂质量要有明确的规定。

(5) 加强职工技术培训，提高职工队伍的素质　一个油厂生产和经济效益的好坏、管理水平的高低、产品质量的优劣等，无一不与职工的技术水平高低相关。

现在，我们粮油加工厂的青年职工比例越来越大，他们有一定的文化水平，这是可喜的，但由于他们进厂前一般没有油脂加工方面的技术知识，所以没有操作技术。因此，必须加强对他们进行技术培训和技术考核，使他们尽快掌握应知应会和熟练技术；就是对于一些老职工，由于新的生产技术不断出现，同样也有一个需要继续学习、进一步提高技术水平的问题。因此，这就要求我们企业的领导在抓提高油脂质量的同时，也要加强职工的技术培训。

加强技术培训是提高职工队伍素质的一个重要方面，是重要的“智力投资”，是一项具有远见的“工程”，我们不能只顾眼前的工作，忽视技术培训。要从长远利益着想，把职工技术培训工作自觉地列入领导的议事日程，抓紧抓好。

3. 加强科学研究，搞好菜籽油的工业用途和高级食用油的研试工作

前面已经讲过，扩大菜籽油的销路，要靠多吃多用。提高菜籽油的质量，是从多吃方面提出来的，这是解决菜籽油出路的根本途径。但与此同时，我们不能忽视菜籽油的工业用途和生产部分人造奶油、起酥油等高级食用油，这是扩大菜籽油销路的又一个重要方面。在会上，大家介绍了不少这方面的情况。从一些资料中可以看出，菜籽油的工业用途和生产高级食用油有着宽广的前景。这项研究工作，在各方面的关注和努力下，正在积极地开展起来，当前，我们希望抓好以下几项研究工作：

（1）研究利用菜籽油作为工业用油　现在全国每年用于工业的食用植物油约 2 万 t，如果我们将其中的一半用菜籽油来代替，这对打开菜籽油的销路，将是一个贡献。在这方面，浙江省粮食科学研究所、上海市粮油工业公司油脂研究室等单位，已经做了许多工作，希望他们再接再厉，进一步取得成果。在研究的选题上，我们建议首先抓住市场需要、销路较大、经济效果好的项目作为突破口，并抓住不放，抓出成果。

（2）研究用菜籽油生产高级食用油　最近，许多地区，许多部门，都在开展菜籽油氢化制造人造奶油、起酥油的研究工作，并且已经取得了一些成果，有些单位已经开始小批量生产，受到群众欢迎。随着食品工业的发展和人民生活水平的提高，对油脂的质量和花色品种的要求越来越高。因此，各地根据市场需要生产一些人造奶油和起酥油是必要的，这也是解决菜籽油出路的一条途径。

（3）研究生产调和油　商业部粮食科技情报研究所，和商业部谷物油脂和化学研究所正在进行“调和油”的研制。这是在完善我国油脂精炼工艺和设备的基础上，合理利用我国的油脂资源、改善人们的油脂营养和健康、解决我国菜籽油、米糠油、葵花籽油和猪油的滞销积压，提高其经济效益的一项值得重视的工作。

总之，我们一定要重视和加强科学研究，只要我们的油脂加工技术进步了，菜籽油的积压滞销问题就能得到解决。最近，国务院领导同志指出，我们提出要开创社会主义现代化建设的新局面，到 2000 年使工农业总产值翻两番，究竟靠什么？翻两番不能建立在旧设备、旧工艺、旧技术和旧产品的基础上，必须主要靠技术进步，这是思想上、工作上必须明确的问题……要想使科技人员投身到现代化建设的伟大实践中去，为四化建设作出贡献，办法就是把各个科研单位的科技人员组织起来，参加公关、参加搞规划，使科技与生产密切结合。我们要遵照国务院领导同志的指示精神，动员油脂工业上的科技人员，把菜籽油精炼、菜籽油工业用途和菜籽油生产高级食用油的研试工作搞好，并尽快取得成绩。

4. 统一规划，合理布局，搞好油厂的建设

为了解决油料加工和油脂精炼能力与当前油料生产发展不相适应的矛盾，有些地区在地方政府的重视和支持下，筹集资金，正在扩建或新建一些油厂。为了搞好扩建和新建油厂的建设，各地应该有一个统一规划，以便做到布局合理。

对于油料加工能力不足，需要扩建或新建油厂的地区，我们希望尽量采用“预榨—浸出”工艺。为了提高经济效益，浸出油厂的规模不要太小。在油料资源不太集中的地方，不一定要县县建油厂，可以考虑邻近的县联合起来办油厂。

对于需要增加炼油能力的地区，要根据产品的要求选定炼油工艺和设备。生产二级菜籽油或作为储存用的菜籽油，在毛油质量符合要求的情况下，一般配置过滤、水化和真空干燥设备就可以了。对酸价较高和精炼浸出毛油时，则需要增设碱炼和脱溶设备。有些省、市、区粮食部门，为了提高内销菜籽油的质量、增加花色品种，计划筹建“全炼油”炼油车间（即水化、碱炼、脱色和脱臭），我们认为这是有必要的。但是，考虑到当前市场上对“全炼油”的需求量不是很大，加上国家目前对不同等级的油品价格尚未调整，因此，只能在大中城市搞一两个点先走一步，以便取得经验。为了既能适应市场的需要，生产多种产品，又能使设备得到充分的利用，炼油设备的配套，建议前面大些，后前小些，规模不要太大。就目前而言，除了京、津、沪等大城市外，“全炼油”设备的规格一般日处理量30～50t就差不多了。在选用设备时，鉴于目前连续式炼油设备正在研制。有的从国外引进成套炼油设备；有的刚刚进来；有的正在谈判之中。消化吸收和仿制还要有一段时间。为了满足需要，必须从实际情况出发，我们认为，当前先选用间歇式的脱酸、脱色和脱臭设备是可行的。因为它可以根据市场需要，随时调整生产批量和工艺条件，也是适合于我们现在有些油厂实际情况的。

对有些地区，为了扩大菜籽油的销路、满足食品工业发展、人民生活不断改善的需要，计划在菜籽油氢化的基础上，生产一些人造奶油和起酥油，这也是很需要的。但是，在考虑生产规模和布点时，请各地做好市场预测以及将来发展的可能，一定要从本地区的需要出发，统一规划、合理布局，千万不要把销售的希望寄托在外地，以免盲目建厂而造成不必要的浪费。

5. 当前油脂工业要抓好的四项工作

当前，油脂工业上需要做的工作很多，这次会议后，除了要把菜籽油的质量搞上去，为扩大菜籽油的销路作贡献外，我们还要抓好以下四项工作：

（1）抓好制油设备的选定型工作　制油设备的选定型工作，是1979年开始的。3年多来，在各地粮食部门的领导下，经过广大科技人员和职工的努力，工作进展较快。现在大部分试制设备正在安装、调试，不久就将陆续鉴定。但是，工作进展是不平衡的，个别单位承担的任务因为排不上日程，进度缓慢而影响整个工作。希望有关单位的领导过问一下这项工作。

要着重抓好湖北省武穴油厂选定型设备的试点工作；加快上海油脂二厂50t连续炼油设备的筹建工作。对这两个项目，大家寄予很大希望，渴望早出成果。总之，我们希望大家善始善终，继续抓紧抓好这项工作。

（2）集中力量，组织攻关，提高油脂精炼技术　为了提高我国的炼油技术水平，我们除了希望上海油脂二厂50t连续炼油设备早日研试成功外，我们还要组织力量，对北京南苑油厂引进的炼油设备进行消化、测绘和仿制；抓紧对该厂国内自己设计配套的50t/d连续脱色、脱臭设备的安装、调试，争取明年上半年能够进行鉴定。此外我们还要组织好天津、沈阳日处理150t全套连续炼油设备的引进工作。

（3）抓好专项投资的建设工作　为了解决油料连年丰收，油料加工、油脂精炼和储存能力的不足，在国家资金较紧的情况下，去年和今年，国家给我们追加了4 000多万元的专项投资，其中有2 500万元是用于解决油料加工和油脂精炼能力不足的。希望有筹建任务的地区和单位，抓紧工作进度，尽快形成生产能力，发挥投资效果。

（4）做好“统一油厂有关检化验方法”的制订工作　为了统一油厂有关检化验方法，去年12月，我们在常熟徐市油厂召开的“落实考察日本米糠浸出、糠油脱蜡技术研制项目鉴定和技术交流会”上，对饼、粕残油、粕中含溶、油中含溶、湿粕含溶、混合油浓度、米糠油和葵花籽油中含蜡以及油料和油脂中的水分、杂质、含磷等有关检化验项目进行了分工。一年来，承担任务的浙江等省市粮油工业公司及其有关单位已经作了大量的工作，希望继续抓紧做好这项工作。我们打算明年上半年邀请有关同志组织一次讨论，进行修改补充，力争早日试行。

会议期间，大家对当前不同品级的菜籽油销售价格一个样提出了意见。为了促进生产，大家认为，应该与米面一样，根据优质优价，按质论价的原则积极向有关部门反映，要求国家尽快调整和制订不同品级的食用油应该有不同的销售价格。同时大家认为，湖南省实行菜籽油按质论价，规定一级和二级菜籽油的不同销售价格，这种做法是值得各地参考的。

会议期间，各省市区粮食厅（局）工业处、粮油工业公司的领导和同志们对我们粮油工业局的工作提出了许多建设性的好意见，尤其是要求部里抓一下粮油工业企业的经营管理工作。我代表粮油工业局接受大家的意见，并表示感谢。

总之，当前我们要做的工作很多，任务十分艰巨，希望大家在党的十二大精神鼓舞下，振奋精神、刻苦钻研、努力工作、多做贡献。

我们这次会议在昆山县召开，由于得到了江苏省粮食厅、苏州地区行政公署粮食局、昆山县委、县人民政府和昆山县粮食局的大力支持，为会议作了很好的安排，为开好会议创造了有利条件，让我代表商业部粮油工业局、油脂局和全体与会议代表再次表示衷心的感谢！

三、 无论是浸出油还是压榨油，只要符合国家标准的就是好油

——在中国粮油学会油脂分会常务理事扩大会议上的演讲

（2003 年 7 月 20 日　于浙江德清）

大豆食用油等 8 个重新修订的商品质量国家标准已陆续颁发。这次修订的 8 个食用油标准，是在过去 20 多个食用油质量技术等级标准的基础上，参照国际同类产品先进标准，结合我国国情，经国内油脂行业的相关专家及大中型生产企业代表共同讨论通过的。此前，很多消费者对食用油的加工工艺有某些不科学的认识，对其质量、卫生也有不少质疑，对这次重新修订的商品质量国家标准更是概念模糊。在这里，与会专家们给了消费者一个明确而满意的答案。

（一） 新标准——清楚、规范、更放心

新的 8 个食用油标准有几个显著特点：一是将过去每个食用油品种有 3 个标准，分 4 个质量等级，即色拉油、高级烹调油、一级油和二级油，改为每个食用油品种只有一个标准，并按质量指标分为四个等级，即一级、二级、三级和四级；二是规定了在商品标签中要标明初制油的生产工艺和是否为转基因油料所生产的转基因食品。这两条规定意在更好地维护消费者对商品的知情权和选择权；三是单项技术指标，如酸价、杂质、水分、挥发物和过氧化值等要求更加严格。

专家们认为，油脂加工企业（包括中、小企业）只要认真按生产规程操作是能够达到新标准质量指标的。标准中关于“必须在商品标签中标明初制油的生产工艺”的规定，目前引起了社会各界的广泛关注，有媒体甚至认为，这将引起我国油脂市场的格局发生根本性变化。作为专业学术团体，中国粮油学会油脂分会认为，对这种不科学的认识应该加以澄清，以消除其对消费者的误导。

学会表示，浸出法制食用植物油脂的工艺是一种国际先进、科学的油脂生产工艺。用浸出法生产的食用油，只要能够符合我国新颁布执行的技术质量标准中任何一个质量等级，都是安全的，是可以放心食用的。

（二） 浸出油——工艺、应用、解疑惑

新标准出台的同时，社会上还有不少人会误认为压榨法制油工艺比浸出法制油工艺更先进、更科学，是代表油脂工业发展方向的一种制油方法。其实，这种观点是错误的，据专家介绍，目前在发达的国家和地区，浸出法制油工艺占到整个制油能力的 90% 以上，我国浸出油厂（车间）达 2000 多家，浸出法制油工艺已占整个制油能力的 80% 以上，不少厂家的主要经济技术指标达到或接近国外先进水平。

浸出法制油工艺的理论依据是萃取原理，这种方法在食品、医药等行业被广泛应用。浸出法制油选用符合国家相关标准的溶剂，利用油脂与所选定溶剂的互溶性质，通过溶剂与处理过的固体油料中的油脂接触而将其萃取溶解出来，并用严格的工艺脱除油脂中的溶剂。与压榨法相比，浸出法制油具有粕中残油少，出油率高；加工成本低、生产条件良好；粕的质量好；油料资源得以充分的利用等优点。

我国油脂工业企业目前使用的抽提溶剂是油料加工的专用溶剂，具有对油脂的溶解能力强、常温下能以任何比例溶解油脂；对非油物质、胶体化合物和硫化物等溶解力小，浸出的油脂较纯净；沸点低、容易回收；对设备无腐蚀作用等优点，与成分复杂、沸点高的普通汽油有着本质的区别。

此外，未经精炼等工艺处理的原油（毛油），不能直接用于人类食用，只能作为生产成品油的原料。为防止危害消费者的身体健康，原油必须经过精炼加工处理，达到各级油品的标准才能上市销售。

（三） 食用油——质量、 风味两不误

我国每年从国外进口的毛油都是用浸出法制油工艺生产的浸出毛油，这些进口浸出毛油必须经过精炼加工工序处理。精炼后的成品油在符合我国食用油质量标准和卫生标准后，方能上市销售，消费者大可不必为此担心。

我国植物油料种类繁多，不同油料的化学成分、含量、物理性状有差别。因此，选择油脂制取工艺，首先要考虑油料品种。对高含油油料采用“预榨—浸出”，如油菜籽、葵花籽仁和花生仁等；对低含油油料采用直接浸出，如大豆、米糠等；对带壳油料采用剥壳后取油，如花生果和油茶籽等；对某些油料中可产生特殊风味的油脂，为保持其产品不失去原有的风味和优良的品质，大多不直接采用溶剂浸出取油，而需要采取高温炒籽和压榨法取油，如芝麻油、浓香花生油、可可脂等油脂的生产。但为了充分利用油料资源，提高经济效益，压榨后所得的饼还要继续进行浸出。

在我国油脂工业发展的历程中，每一项重大的技术进步，都有力地促进了油脂行业的发展。目前，无论生产者还是消费者，都十分关注食用油的安全性。总之，贴有合格商品标签的食用油，无论是浸出油还是压榨油，只要符合我国食用油脂质量标准和卫生标准的，都是优质安全的食用油。

（与会专家：王瑞元、张根旺、曲永洵、李志伟、谢阶平、王兴国、刘大川、张崇伟、徐连庚、左恩南、傅敦智、丁福祺、周伯川、陶钧、刘世鹏、褚绪轩、陆业华、胡新标、何东平和罗永宗等）

四、综论油脂的营养与强化

——在中国粮油学会油脂分会2006年第二次会长办公扩大会议上的专题学术报告

（2006年4月26日　于江苏无锡）

我国政府对公众营养十分关注，在刚刚公布的食品工业“十一五”发展纲要中提出：“十一五”期间，我国食品工业产品的总量和结构要基本满足改善公众营养的需要，逐步消除营养不良、营养失衡等状况，不断改善城乡居民膳食结构和营养水平，使人民生活质量和健康状况明显提高。

油脂是人们膳食中最重要的营养成分和能量的来源之一。油脂品质的优劣和食用方法的合理与否，对人们的营养乃至健康影响较大，因此油脂的营养问题历来受到人们的格外关注。如果人们对油脂的摄入总量、品种搭配以及食用方法控制不当，非但不能促进人体健康，甚至会产生一定的负面影响。因此，引导人们全面、系统地掌握油脂与营养之间的内在联系，在生活中合理地控制食用油的摄入量、正确选择食用油的品种、并以科学合理的方法食用，对改善人们膳食结构、保持营养全面、均衡和提高人民健康水平至关重要。

（一）油脂的营养功能

1. 油脂的分子构成和伴随物

油脂是多种脂肪酸甘三酯的混合物，天然油脂中95%以上的主要成分为甘三酯，除此之外还含有一定量的非甘三酯成分，一般称为“类脂物”或“脂肪伴随物”。

膳食中油脂的主要功能之一是为人体提供热量。油脂中含碳量高达73%～76%，高于蛋白质和碳水化合物的含碳量。每克油脂产生的热量高达9.5kcal，是蛋白质和碳水化合物的两倍，是饮食中热量的重要来源。同时，油脂又是人体细胞组成的重要成分，在保护内脏、维持体温和维持人体正常新陈代谢方面起着重要作用。另外，油脂还提供人体无法合成而必须从体外摄入的必需脂肪酸（如亚油酸、亚麻酸和花生四烯酸等）和各种脂溶性维生素（如维生素A、维生素D、维生素E和维生素K等）。

2. 油脂中脂肪酸组成对营养的影响

在油脂的分子结构中，脂肪酸的分子质量占整个甘三酯分子质量的95%左右，其物理和化学性质的影响对油脂的营养起主导作用，所以，油脂的营养主要取决于脂肪酸的组成。而脂肪酸的种类和比例与人的心脑血管健康及营养状况密切相关。不少国家用调整膳食结构，特别是通过改变食用油脂的消费结构以求降低心血管病的发病率。

（1）油脂中饱和脂肪酸与营养　根据油脂分子中是否含有双键以及双键的数量，脂肪酸可分为饱和脂肪酸（SFA）和不饱和脂肪酸（UFA）。不饱和脂肪酸又可分为单不饱和脂肪酸（MUFA）和多不饱和脂肪酸（PUFA）。

天然油脂中饱和脂肪酸从 $C_{2:0}$ ~ $C_{30:0}$ 都有存在（见表1）。其中月桂酸、豆蔻酸、棕榈酸、花生酸以及二十碳以上的长碳链饱和脂肪酸等都会使人体血清胆固醇升高。脂肪摄入过多尤其是饱和脂肪酸摄入量过多，是导致血清胆固醇、甘油三酯和低密度脂蛋白胆固醇升高的主要原因，有增加患冠心病的危险性。而少数油脂中含有的中碳链脂肪酸（$C_{6:0}$ ~ $C_{10:0}$）对人体有着特殊的生理作用。

表1　　天然油脂中的主要饱和脂肪酸

系统名称	俗名	速记方法	分子式	分子质量/u	熔点/℃	来源
正丁酸 Butanoic	酪酸 Butyric	$C_{4:0}$	$C_4H_8O_2$	88.10	-7.9	乳脂
正己酸 Hexanoic	低羊脂酸 Caproic	$C_{6:0}$	$C_6H_{11}O_2$	116.15	-3.4	乳脂
正辛酸 Octanoic	亚羊脂酸 Caprylic	$C_{8:0}$	$C_8H_{16}O_2$	144.21	16.7	乳脂、椰子油
正癸酸 Decanoic	羊脂酸 Capric	$C_{10:0}$	$C_{10}H_{20}O_2$	172.26	31.6	乳脂、椰子油
十二烷酸 Dodecanoic	月桂酸 lauric	$C_{12:0}$	$C_{12}H_{24}O_2$	200.31	44.2	椰子油、棕榈仁油
十四烷酸 Tetradecanoicacid	豆蔻酸 Myristic	$C_{10:0}$	$C_{14}H_{28}O_2$	228.36	53.9	肉豆蔻种子油
十六烷酸 Hexadecanoic	棕榈酸 Palmitic	$C_{16:0}$	$C_{16}H_{32}O_2$	256.42	63.1	所有动植物油
十八烷酸 Octadecanoic	硬脂酸 Stearic	$C_{18:0}$	$C_{18}H_{36}O_2$	284.47	69.6	所有动植物油
二十烷酸 Eicosanoic	花生酸 Arachidic	$C_{20:0}$	$C_{20}H_{40}O_2$	312.52	75.3	花生油含少量
二十二烷酸 Docosanoic	山嵛酸 Behenic	$C_{22:0}$	$C_{22}H_{44}O_2$	340.57	79.9	花生、葵花籽油中含少量
二十四烷酸 Tetracosanoic	木焦油 Lignoceric	$C_{24:0}$	$C_{24}H_{48}O_2$	368.62	84.2	花生与豆科种子油含少量
二十六烷酸 Hexacosanoic	蜡酸 Cerotic	$C_{26:0}$	$C_{26}H_{52}O_2$	396.68	87.7	巴西棕榈蜡、蜂蜡
二十八烷酸 Octacosanoic	褐煤酸 Montanic	$C_{26:0}$	$C_{28}H_{58}O_2$	424.73	90.0	褐煤蜡、蜂蜡
三十烷酸 Triaconatanoic	蜂花酸 Melissic	$C_{30:0}$	$C_{30}H_{60}O_2$	52.78	93.6	巴西棕榈蜡、蜂蜡

(2) 油脂中不饱和脂肪酸与营养　根据油脂分子中含双键数的多少，不饱和脂肪酸分为单不饱和脂肪酸和多不饱和脂肪酸，常见油脂中不饱和脂肪酸组成见表2。单不饱和脂肪酸中最具有代表性的是油酸（$C_{18:1}$），它几乎存在于所有的天然油脂中，具有降低血液中低密度脂蛋白胆固醇（LDL）的作用，有预防动脉粥样硬化的效果。

表2　　常见油脂的不饱和脂肪酸组成

油脂名称	$C_{12:0}$以上饱和脂肪酸/%	油酸/%	亚油酸/%	亚麻酸/%	备注
大豆油	15	25	51	9	
菜籽油	6	66	14	8	高芥酸55%左右
花生油	17	61	22		有微量花生四烯酸
茶籽油	10	80	10		
米糠油	17	47	34	1	精炼油含维生素E 0.12%～0.2%及谷维素0.5%～1%
玉米油	17	29	54		
红花油	10	13	75	2	
核桃油	12	24	48	16	
棕榈油	53	38	9		
猪脂	45	42	9		花生四烯酸0.1%～0.3%

多不饱和脂肪酸又可分为$\omega-3$系列不饱和脂肪酸和$\omega-6$系列不饱和脂肪酸。$\omega-6$系列不饱和脂肪酸中的亚油酸、花生四烯酸是人体必需脂肪酸。花生四烯酸是人体合成前列腺素的重要前驱物质。亚油酸在人体内可被转化成γ-亚麻酸、DH-γ-亚麻酸和花生四烯酸。

$\omega-3$系列不饱和脂肪酸中对营养有着重要意义的是α-亚麻酸、二十碳五烯酸（EPA，$C_{20:5}$）和二十二碳六烯酸（DHA，$C_{22:6}$）。α-亚麻酸也是人体必需脂肪酸，它能在体内经脱氢和碳链延长生成EPA和DHA等代谢产物。DHA具有较明显的抗心率失常作用，可减轻胶原所致关节炎的症状，还有抗皮炎和降低银屑病发病率的作用。另外，它们对癌也有一定的抑制作用。流行病学研究证明，富含鱼油的膳食，可降低癌症发病率，使乳腺癌及肠癌死亡率下降。

值得一提的是，从丹麦人和爱斯基摩人的免疫调查中发现，他们的动物性脂肪摄取量都在营养摄取总热量的50%左右，超过世界粮食及农业组织推荐标准的一倍以上。特别是爱斯基摩人，其胆固醇摄取量是普通人摄取量的两倍。但其心脑血管发病率却在世界平均水平的10%以下，也就是说，动物脂肪和胆固醇都不是引起心脑血管疾病的原因。进一步研究发现，爱斯基摩人比丹麦人发生心肌梗死、支气管炎及甲状腺中毒等病症更少。其原因主要是二者摄入油脂中$\omega-3/\omega-6$系列脂肪酸的含量不同。丹麦人的$\omega-3/\omega-6$系列脂肪酸的含量约为0.33，而爱斯基摩人约为2.8。这是由于爱斯基摩人食物中鱼油很多，含有相当数量的EPA、DHA等，由此可见$\omega-3/\omega-6$系列脂肪酸的摄入比例非常重要。

3. 油脂伴随物（类脂物）与营养

众所周知，天然油脂是多种甘三酯的混合物，其中含有一定量的非甘三酯成分。油脂中的非甘三酯含量和种类是随着原料及加工工艺的不同而异，其成分复杂不一，其中含有许多特有成分。有些特有成分的存在，提高了食用油脂的营养价值，希望保留；有些则正好相反，要尽量去除。

（1）甾醇　甾醇又名类固醇，在动、植物油中普遍存在。其中胆固醇主要分布在动物油脂中。植物油中很少含有胆固醇，而通常含有β－谷甾醇、豆甾醇和菜油甾醇等植物甾醇。

常见植物油脂中的植物甾醇含量见表3。

表3　常见油脂中的甾醇含量

油脂名称	甾醇含量/%	油脂名称	甾醇含量/%
菜籽油	0.35～0.50	红花籽油	0.35～0.63
大豆油	0.15～0.38	亚麻油	0.37～0.50
棉籽油	0.26～0.51	椰子油	0.06～0.23
花生油	0.19～0.47	棕榈油	0.03～0.26
米糠油	0.75～1.80	橄榄油	0.11～0.31
葵花籽油	0.35～0.75	棕榈仁油	0.06～0.12
玉米油	0.58～1.50	油茶籽油	0.10～0.60
芝麻油	0.43～0.55	小麦胚芽油	1.30～2.60
可可脂	0.17～0.30	猪脂	0.11～0.12
牛乳脂	0.24～0.50	牛脂	0.08～0.14
蓖麻油	0.29～0.50	羊脂	0.03～0.10
鳕鱼肝油	0.42～0.54	比目鱼肝油	7.60

胆固醇在人体内具有重要的生理功能，主要包括：

①胆固醇是细胞膜的重要组成成分；

②胆固醇是合成胆汁酸和维生素D_3的原料，胆汁酸可帮助脂肪消化吸收，而维生素D_3可预防儿童佝偻病；

③胆固醇是合成类固醇激素，特别是合成性激素和肾上腺皮质激素的原料。这些激素对人体的健康和人类的繁衍都是不可缺少的。

人体中胆固醇来自于膳食和体内合成。体内合成量受膳食胆固醇水平影响，膳食胆固醇摄入过多时体内合成量减少，反之体内合成量增多。正常情况下，胆固醇在血液中要维持一个恰当的水平。但是，当体内脂质代谢发生异常或膳食胆固醇摄入量过多超过身体调节能力时，血液中的胆固醇浓度就会升高并逐渐在血管内壁上沉积而引起血管腔狭窄和心血管病。为此，中国营养学会建议健康成年人每日胆固醇摄入量不要超过 300mg。

植物油中的多种植物甾醇对人体健康具有积极的作用。它具有较强的抗炎效果，能够抑制人体对胆固醇的吸收，促进胆固醇的降解代谢，抑制胆固醇的生理合成等作用；可用于预防、治疗冠状动脉粥样硬化类的心脏病，对治疗溃疡、皮肤鳞癌和宫颈癌等有明显的疗效；可促进伤口愈合，使肌肉复生；增强毛细血管循环；还可作为胆结石形成的阻止剂等功能。由此可见，植物油中的甾醇对人体健康十分有益。

（2）磷脂　磷脂（即磷酸甘油酯）是细胞的基本组成成分，又是形成脑组织的重要物质之一，人脑中约含有 30% 的磷脂。大量的研究表明：磷脂在延缓衰老、降低血脂、治疗脂肪肝和肝硬化、增强动脉血管壁的弹性、减少细胞坏死等方面发挥着十分重要的作用。几种常见油料及其油脂中磷脂含量见表 4。

表 4　几种常见油料及其油脂中磷脂含量　单位：%

来源	大豆	棉籽	油菜籽	花生
油料	1.2~2.8	1.8	1.02	0.6~1.1
毛油	3.0~3.5	1.5~1.8	1.5~2.5	0.6~1.8

从表 4 中可以看出，大豆和大豆毛油中的磷脂含量明显高于其他油料、油脂。当前，我国已开发的大豆磷脂产品有：大豆粉末磷脂、改性磷脂、高纯度卵磷脂、氢化卵磷脂、脑磷脂、磷脂营养乳、磷脂片剂、卵磷脂胶囊和注射用大豆磷脂等，这些纯天然的磷脂产品，已经成为 21 世纪人们青睐的营养保健品。

（3）维生素 E　维生素 E 是生育酚的混合物，主要存在于植物油脂中，动物油脂中含量很少。生育酚具有抗不育、预防冠心病和癌症等作用，已成为当代药品和营养研究的热点。同时维生素 E 本身就是一种优良的天然抗氧化剂。食用油中的维生素 E 对延长油脂的保存期有着积极的作用。各种油脂的生育酚含量和组成见表 5。

表 5　各种油脂的生育酚含量和组成（精制油）

油脂名称	生育酚含量/（mg/100g 油）	油脂名称	生育酚含量/（mg/100g 油）
大豆油	71.9~116.7	葵花籽油	31.5~52.3
棉籽油	41.5~68.6	红花籽油	27.2~35.5
玉米油	68.0~77.0	芝麻油	38.8~49.2
米糠油	23.0~35.4	橄榄油	8.9~17.1
菜籽油	34.4~60.2	棕榈油	8.3~15.1
花生油	9.6~13.9	油茶籽油	6.9~9.8

（二）油脂营养存在的问题及对策

1. 关于对油脂摄入总量的控制问题

我国食品工业“十一五”发展纲要中指出：到 2010 年基本达到小康和更加富裕的

食物结构和膳食营养要求，全国人均每日摄入能量达到 2 300kcal，蛋白质 75g，脂肪 70g，其中：城市居民人均每日摄入能量 2 250kcal，蛋白质 75g，脂肪 80g；农村居民人均每日摄入能量 2 320kcal，蛋白质 75g，脂肪 65g。

目前，我国城乡居民膳食脂肪摄入量（见表 6）的状况是：从脂肪摄入总量看，我国城乡居民 2002 年的人均脂肪摄入量已达到 76g，其中城市居民为 86g，农村居民为 73g，都已超过我国食品工业“十一五”发展纲要中提出的到 2010 年全国人均每日摄入脂肪 70g，其中城市居民人均每日摄入脂肪 80g，农村居民摄入脂肪 65g 的目标值。在食用油的消费中，城乡差别和地区差别还较大。部分人群的脂肪摄入量已超出正常标准，导致了体重超标、高血压和高血脂等一系列有害健康的负面影响。因此要控制部分人群的膳食脂肪，包括食用油和食物中本身含有的脂肪摄入量。

表 6　我国城乡居民膳食脂肪摄入量

城乡居民	2010 年目标/［g/（人·d）］	2002 年摄入量/［g/（人·d）］	与目标值比较/%
城市居民	80	86	107.5
农村居民	65	73	112.3

从膳食成分提供的能量看，我国城乡平均脂肪提供的能量已从 1992 年的 22% 上升到 2002 年的 30%。但城乡差别较大，城市居民已经达到 36%，超过了世界卫生组织推荐的 30% 的上限。城市人口动物性脂肪摄入量占总脂肪摄入量的 36%，农村人口则更高，占 40%。由此可见，从有利于人们健康的角度看，我国城乡居民的脂肪摄入总量都应加以控制，其中动物性脂肪摄入量比例过高的问题也应引起重视。

2. 关于食用油营养均衡的问题

油脂的营养均衡是一个复杂的问题，它与消费群体自身的体质、营养及油脂的种类和特性密切相关，因此要因人制宜，食用时要注意做到各种油品的合理搭配。

1997 年美国国会发表膳食目标，要求蛋白质、脂肪和碳水化合物要有适当比例（12%∶30%∶58%）。其中饱和脂肪酸（SFA）、单不饱和脂肪酸（MUFA）和多不饱和脂肪酸（PUFA）都应在 10% 左右。而美国心脏病协会则提出，饱和脂肪酸应控制在 7% 以内。常见油脂的饱和脂肪酸（SFA）、单不饱和脂肪酸（MUFA）和多不饱和脂肪酸（PUFA）的比例见表 7。

表 7　常见油脂的 SFA∶MUFA∶PUFA 的比

油脂种类	SFA∶MUFA∶PUFA
菜籽油	0.17∶1.98∶0.85
大豆油	0.42∶0.67∶1.91
花生油	0.42∶1.72∶0.86
棉籽油	0.61∶0.54∶1.85
葵花籽油	0.30∶0.48∶2.22

续表

油脂种类	SFA : MUFA : PUFA
亚麻油	0. 32 : 0. 61 : 2. 07
棕榈油	1. 43 : 1. 16 : 0. 41
猪油	1. 42 : 1. 32 : 0. 26

1997 年中国营养学会发表了《中国居民膳食指南及平衡膳食宝塔》，对中国居民的膳食结构提出了建议。

对于多不饱和脂肪酸诸如亚油酸、亚麻酸和花生四烯酸的摄入量问题，目前认为成年人每天摄入 1. 5 ~ 6g 亚油酸对人体健康有益。但摄入量过多（即 $\omega-6$ 型脂肪酸过量）会导致人体免疫系统被抑制，加剧各种炎症。对于亚麻酸（$\omega-3$ 型必需脂肪酸），大多数人摄入量都不足，由于其主要存在于鱼油中，因此可增加膳食中的鱼类食品来增加 $\omega-3$ 型油脂的摄入量。目前认为 $\omega-3$ 与 $\omega-6$ 比值大于 1 时，人体免疫系统将能做出较好的反应，从而使炎症减少。

从表 7 中可以看出，单一油品的脂肪酸组成比例很难完全符合营养学要求，因此只有通过合理调配不同品种的油脂或是搭配食用不同品种油脂，将可解决这一遗憾。在实际生活中，由于消费群体的体质差异较大，选用的油脂应有所不同。对于胆固醇、低密度脂蛋白和血脂含量偏高的人群，可选用单不饱和脂肪酸含量较高的油脂。中国营养学会建议健康成年人的 SFA、MUFA 和 PUFA 摄入量各占膳食总能量的 10% 以下。而对于老年人和儿童可适当增加 PUFA 的摄入量。

3. 关于油脂中天然营养成分的保护问题

我国食品工业“十一五”发展纲要中强调要“注重保存食物原料固有的营养成分”。天然油脂中的类脂物有效成分非常丰富，例如米糠油中含有谷维素，棕榈油中含有类胡萝卜素，因此得名为红棕油等。这些有效成分含有较高的营养价值，特别是某些特种油脂中还含有一些生理活性物质，对人体十分有益。但令人遗憾的是，在油脂精炼过程中，这些有效成分大多被当作“杂质”除去了，在成品油中的含量已微乎其微。从这个角度而言，过度精炼的食用油其营养成分流失严重。因此我们提倡食用油的精炼要适度，要最大限度地保留食用油中的有效成分不被破坏或流失。目前有些生产企业为了迎合部分消费者盲目追求精炼油高度无色无味的要求，将油脂进行过度精炼，这种错误导向及盲目迎合将极大地影响食用油的天然营养价值。我们认为油脂精炼的根本目的应是去除那些食用油中对人体有害，或不利于油脂储藏和使用的杂质，适当地提高油脂的感官质量。而对于那些不影响油脂的使用性能，对人体健康又十分有益的成分，应设法最大限度地保留在成品油中。

4. 关于油脂的营养强化问题

为了提高人民的健康水平，世界各国对食品的营养强化都十分重视。其中维生素 A 缺乏是世界卫生组织（WHO）确定的世界上四大营养缺乏病之一。根据资料估计，全世界每年有 50 万学龄前儿童因维生素 A 缺乏而致盲，除此之外，尚有 1 亿儿童因为维生素 A 不足而引发了死亡率和严重感染率高的问题。所以维生素 A 不足状况已成为全球公共卫生规划的重点。油脂营养的强化问题日益受到业界的重视，许多国家和地区都通过立法或制定行业标准来规范维生素 A 的强化。

我国政府对维生素 A 的强化也做了具体规定。2000 年中国营养学会推荐的中国居民膳食维生素 A 推荐摄入量（RNI）见表 8。

表 8　　中国居民膳食中维生素 A 推荐摄入量（RNI）

年龄/岁	推荐摄入量（RNI）/（μg RE）
0 ~	400
0.5 ~	400
1 ~	500
4 ~	600
7 ~	700
11 ~	700
14 ~	男 800　女 700
18 ~	男 800　女 700
孕妇　初期	800
中期	900
后期	900
乳母	1200

从 1982、1992、2002 年全国城乡居民平均维生素 A 摄入量调查数据（见表 9）可以看出，我国居民维生素 A 实际摄入量与推荐摄入量相比还有较大差距。

表 9　　1982、1992、2002 年全国城乡居民平均维生素 A 摄入量

单位：μg/（人·d）

类别	城乡合计			城市			农村		
	1982	1992	2002	1982	1992	2002	1982	1992	2002
维生素 A 当量/μg	53.8	156.5	152.9	103.9	277.0	26.5	32.7	94.2	124.6
维生素 A 当量/μg	119.5	476.0	478.8	147.3	605.5	552.8	107.8	409.0	450.3

为了改变这种状况，我国在 1994 年颁布了 GB 14880—1994《食品营养强化剂使用卫生标准》，允许在芝麻油、色拉油和人造奶油等载体中添加维生素 A，添加量为 4 000 ~8 000μg/kg，相当于每千克油中加入 13 320 ~26 640 国际单位（IU）。现在我国生产维生素 A 食用油的厂家正在不断增加，维生素 A 食用油的销量正在逐步扩大。

（三） 油脂的安全问题与对策

近年来，人们对食品安全问题给予更多的关注，作为重要膳食成分之一的油脂安全问题也已引起公众的重视，诸如氧化生成物、丙烯酰氨及反式酸等问题使人们谈之色变。

1. 油脂中氧化生成物对健康的影响

油脂保藏直接关系到油脂货架期的长短，这个问题实质上就是油脂氧化稳定性问题。引起油脂氧化酸败的主要因素是温度、光线、空气、水分、催化剂和油脂的脂肪酸成分等，若要抑制或延缓油脂氧化，就须在可能的情况下最大限度地降低上述因素对油脂氧化的影响。

据研究，氧化酸败后的油脂，无论是其过氧化物还是二次分解产物，对人体都是很有害的。食用酸败后的油脂会使心肌受损害，油脂过氧化物能引起动脉粥样硬化和其他心脏病症状。研究表明，食用高过氧化值的油脂后对心血管有很大的破坏作用，而过氧化物中的自由基则能破坏人体中的DNA从而使癌症发病几率的增加。

2. 油脂中丙烯酰氨对健康的影响

食用植物油中本身并不含有丙烯酰胺（ACR），它是天冬酰胺酸与还原糖在高温加热过程中美拉德反应的产物。丙烯酰胺是一种有毒化合物，可导致细胞遗传物质DHA的损伤，高剂量的摄入会影响人和动物的神经系统与生殖系统，并对啮齿动物具有一定的致癌性，虽然还没有流行病学的数据表明丙烯酰胺对人类也具有致癌性，但并不能排除这种可能性，因此国际癌症机构（IARC）将丙烯酰胺列为“人类可能的致癌物”（见表10）。

表10　　国际癌症研究机构对致癌性的分类（1994年）

分类	评价内容	相关物质
1	对人有致癌性	沥青油、石棉、吸烟、镉等
2A	对人可能有致癌性	丙烯酰胺、苯并比（鱼焦）、杂酚油（木材防腐剂）、柴油机排除的气体等
2B	对人可能显示有致癌性	氯仿、咖啡等
3	对人致癌性不能分类	咖啡因、茶、胆固醇等
4	对人不可能有致癌性	己内酰胺（尼龙原料）等

大量的食品调查表明，含淀粉食品在经过烘烤、煎炸等烹调过程中会形成大量的丙烯酰胺。尤其是含有还原糖的食品原料经过烘烤、煎炸等烹调过程中产生的丙烯酰胺含量会增加10倍。反之，经过蒸煮的食品则不会生成丙烯酰胺。而肉、蛋类食品由于含有大量蛋白质，经过同样的高温烹调，丙烯酰胺的含量也不会有明显增加。表11是各国食品权威机构对食品中丙烯酰胺含量的检测值，其数据可以指导人们选择各种喜好食品的种类和正确的烹饪方法。

表11　　各国食品权威机构食品中丙烯酰胺检测值　　单位：μg/kg

食品	瑞典、挪威、瑞士、英国、美国五国食品管理局	日本国立卫生研究所
马铃薯片	170～2 287	467～3 544
法式油炸食品	<50～3 500	512～784

续表

食品	瑞典、挪威、瑞士、英国、美国五国食品管理局	日本国立卫生研究所
饼干、椒盐饼干	<30 ~ 3 200	53 ~ 302
美式早餐	<30 ~ 1 346	113 ~ 122
玉米片类	34 ~ 416	117 ~ 535
面包、面包卷	<30 ~ 162	<9 ~ <30
巧克力粉	<50 ~ 100	104 ~ 141
咖啡粉	70 ~ 320	151 ~ 231
啤酒	<30	<3

3. 油脂中反式脂肪酸对健康的影响

油脂中不饱和脂肪酸有顺式和反式两种结构。植物中的脂肪酸几乎都是顺式脂肪酸。但顺式脂肪酸在油脂加工过程中例如氢化会发生局部改变，而变成反式脂肪酸。

反式脂肪酸对人体健康有诸多危害：它是阻碍必需脂肪酸在人体内正常代谢的因素之一，不利于各种脂肪酸转换为前列腺素等有调节血脂和免疫作用的生理活性物质，也会妨碍脂溶性维生素的吸收和利用；其次，脂肪酸是细胞膜的重要构成材料，而反式脂肪酸增多后，细胞膜的结构会变得相当脆弱，使有害物质容易侵入，产生疾病；再者，反式脂肪酸缺乏激素免疫和调节机能，在代谢过程中会消耗大量的维生素和矿物质，而成为有害物质。

膳食中的反式脂肪酸主要来源于反刍动物的脂肪组织、乳及乳制品；经部分氢化加工的植物油脂；油脂精炼的脱臭工艺和不当的烹调方法等。由此可见，食用油中的反式脂肪酸主要来源于油脂的部分氢化和高温脱臭。人造奶油及起酥油均含有一定数量的反式脂肪酸，其中，人造奶油为 7.1% ~ 17.7%（最高为 31.9%），起酥油为 10.3%（最高为 38.4%）。在油脂脱臭过程中，温度通常高达 250℃以上，在这一过程中，也会产生一定数量的反式脂肪酸（0.4% ~ 2.3%）。因此，要防止油脂的过度精炼，要适当控制人造奶油和起酥油的用量，以便控制反式脂肪酸的摄入量。另外，在日常生活中，应尽量避免采用过高温度的油炸和烹饪（例如在着火的油中炒菜——中国餐饭中大多如此）方法，以控制食品中反式脂肪酸的含量。

我国食品工业“十一五”发展纲要中指出：食品工业要“注重以营养科学为指导，注重保存食物原料固有的营养成分，优化食品中营养素配比，维护和提升加工食品的营养品质，满足人民生活水平提高对营养健康的要求。”并提出要重点发展营养强化面粉、营养强化米。与此同时，强化维生素 A 食用油的国家标准制定工作即将完成。以上举措必将推动我国营养强化面粉、营养强化米和强化维生素 A 食用油的进程。我们相信，在国家政策的指引下，通过大力宣传，使人们树立正确的膳食营养和消费观念，加之切实有效的营养强化措施，我国人民的膳食结构和营养配比必将更加科学、更加合理。

五、 特种油脂的营养价值高

——在 2006 年中国特种油脂和橄榄油论坛上的演讲

（2006 年 5 月 14 日　于北京）

由中国国际贸易促进会农业分会举办的“2006 中国特种油脂和橄榄油论坛”今天在北京召开，借此机会，我将特种油脂及其营养价值作简要的介绍。

由于地理和气候的多样性，我国的食用植物油品种繁多，资源丰富。在油料作物中，大豆、花生、油菜籽、葵花籽和棉籽是我国五大油料作物，其中油菜籽和花生的产量居世界第一。除五大油料作物外，我国还有许多特种油料资源，通常称为“小油料”。所谓小油料，是相对于五大油料作物而言，因为它们的生长范围、播种面积和产量不如五大油料作物大，也被叫做“特种油料”。

我国的特种油料，种植历史悠久，品种繁多，地理分布较广，而且由于生产环境特殊，大多不施化肥、农药，无污染，其制品是天然的有机绿色食品，有多种保健功能。

所谓特种食用油脂，就是利用特种油料生产的油脂。在这些油脂中，含有丰富的不饱和脂肪酸，尤其是油酸和亚油酸含量高，还富含多种微量成分和生物活性物质。特种油脂在市场上的价格，要比五大油料产品价值高几倍。在这些方面，是五大油料作物所不及的。因此，开发利用特种油料，生产特种食用油脂，是我国生产调和油及功能性油脂的重要油源，也是繁荣食用油市场、提高经济效益、人民健康水平和增加出口创汇的重要手段。

我国特种油料品种多达上百种。目前，产量较大且已经开发利用的有：油茶籽油、茶叶籽油、亚麻籽油、红花籽油、葡萄籽油、紫苏油、月见草油、核桃仁油、杏仁油、南瓜籽油、苍耳籽油、沙棘油、松籽油和番茄籽油等，另外还有米糠油、玉米油和小麦胚芽油等谷物油脂。

据统计，2005 年我国大豆、花生、油菜籽、葵花籽和棉花籽五大主要食用植物油料的总产量为 5 600 万 t 左右，约占整个油料总产量的 95%。部分的特种油料大多产量在几十万吨左右，其中开发利用潜力最大的是米糠和玉米胚芽资源。我国每年的稻谷产量和玉米产量超过 3 亿 t。这些稻谷和玉米加工后能产米糠和玉米胚芽约二千万吨，可以作为油源利用的约千万吨，这是我国重要的油料资源。众所周知，我国是一个油料生产大国和油料加工大国，也是一个油脂消费大国和油脂、油料进出口大国。为满足我国食用油的自给能力，在积极发展我国油料生产的同时，充分开发利用特种油料资源，尤其是利用好米糠和玉米胚芽资源显得尤为重要。

下面重点介绍油茶籽油、红花籽油和米糠油的开发利用及营养价值。

（一）油茶籽油

油茶别名油茶树、茶油树。油茶籽油取自茶油树的果实，属多年生木本油料作物，主要生长在我国。另外，在印度、越南和印度尼西亚等国家也有一定数量的种植。我国以湖南省种植最多，其次是江西、广西和浙江等南方十多个省（区）都有茶油生产。

油茶籽由茶油壳和茶油仁组成。我们讲的油茶籽油是茶籽仁经过压榨或浸出所制得的油脂。我国每年油茶籽的产量在 80 万 t 左右，可生产茶油 16 万 ~ 17 万 t。

油茶籽油色清味香，油酸和亚油酸的含量高达 90%，其中油酸的含量高达 80% 以上。经科学证明，油酸有着重要的功能，它有选择地降低“血清胆固醇”的作用。也就是说，它具有显著降低人体血液中有害的“低密度脂蛋白胆固醇”的功效，而对人体有益的“高密度脂蛋白胆固醇”却有保留的功能。由于它的脂肪酸组成可与地中海地区的橄榄油相媲美，加之碘价低，油脂稳定性好，不易氧化等特点，所以有“东方橄榄油”的美称。长期食用有利于防止血管硬化、高血压和肥胖病。

（二）红花籽油

红花属一年生菊科草本植物，其生命力很强，对气候和土壤条件有广泛的适应性，具有耐干寒、抗盐碱和抗虫害等特点。我国种植红花以新疆为最多。

红花籽既可作为油料制取食用油，又可作为医药用。红花籽油是油酸和亚油酸含量最高的食用油脂之一。红花籽油中还富含维生素 E 和甾醇等营养物质。长期食用对于降血压、抗衰老、防治动脉硬化和降低血液胆固醇等有一定功效。红花籽油可与其他食用油调和成“健康油”和“营养油”，它还是制造亚油酸丸等保健药物的上乘原料。因此，在国际市场上有很强的竞争力。

（三）米糠油

米糠是稻谷加工成大米过程中生产的主要副产品，是近代开发利用起来的谷物油料资源。利用米糠提取油脂，在世界上已有八九十年的历史。20 世纪 40 年代初，我国天津曾建有米糠制油的工厂，但一直没有什么发展。1953 年以后，上海、武汉和广州等大城市才先后开始有较大规模的生产。1972 年起米糠油正式列入国家计划，并给予扶持，从此得到了较快发展。米糠油生产主要分布在长江流域和珠江流域的水稻产区，其中湖南省的米糠油产量最多。

我国盛产稻谷，米糠资源非常丰富，米糠制油大有作为。现在，米糠油已成为我国的重要油源。米糠中含有大量营养物质，米糠油除具备米糠中的营养物质外，其脂肪酸的组成比例合理，一般米糠油中含亚油酸 38%，含油酸 42%，比例为 1∶1.1。现代观点认为油酸和亚油酸的比例为 1∶1 左右为佳，这样的油脂具有较高的营养价值。因此，米糠油是营养价值最高的食用油脂之一。另外，米糠油还含有维生素 E 和谷维素等天然抗氧化剂，是生产谷维素的主要原料。谷维素对调节植物神经失调有明显的效果，20 世纪 70 年代以来，我国医学临床已普遍采用。因此，大力发展米糠油及其深加工产品，对发展我国油脂工业和提高人民的健康水平都有重要的意义。

以上列举的三种特种食用油脂，在全国各大中城市，特别是沿海地区有的作为单独油品销售，有的作为制作调和油和功能性油脂销售，颇受消费者的青睐。

为了支持特种油料的开发利用，前几年国家发展与改革委员会将湖南金健米业的米糠油和精深加工项目、江西武冠的茶油深加工及综合利用项目、新疆塔城的红花籽油精深加工项目等列入了国家农副产品深加工示范工程项目，在资金和政策上给予支持。我们相信，在国家政策的鼓励支持下，更多更好的特种食用油脂将与消费者见面。

这里需要说明的是：我们强调特种油脂营养价值高，有些特种油脂在某一方面的成分和所含的生物活性物质优于其他油脂，可供一部分人群的特殊需要，其目的是为了使大家更重视特种油脂的开发利用。不等于说此类油脂都是十全十美的，更不等于说其他的油脂营养价值不高。我们应该正确地、客观地告诉消费者，凡是符合国家标准的食用植物油都是富有营养的，尤其是大豆油、菜籽油、花生油、棉籽油、棕榈油和葵花籽油等大宗油脂，它们在食用时，除了具有食用油脂的共性外，在营养价值上都各有自己的特点，历来都是人们喜爱的食用植物油，经推算，其产量约占世界食用植物油产量的97%以上。反之，特种油脂（包括橄榄油）的产量之少是可想而知的，是无法替代大宗油脂的。所以，我希望在宣传特种油脂（包括橄榄油）营养价值高的同时，不要贬低大宗油脂的营养功能，这才是科学、客观的态度。

六、 四号溶剂浸出油脂工艺的生产安全和食品安全

（2007 年　刊于《中国油脂》第 32 卷第 7 期）

四号溶剂是纯净的液化丁烷和液化丙烷的混合物，与六号溶剂一样来源于石油炼制过程。四号溶剂应用于油脂浸出已有 17 年，已在全国建立了 20 余套浸出设备，用于几十种脂类物质的浸出生产。10 多年来，经过对其生产安全性的实践，借鉴液化石油气行业的有关安全标准并结合本工艺的特点，建立了一套有效的生产安全体系。兹对四号溶剂浸出油脂工艺及产品安全性做一简要介绍，供同行参考。

（一） 四号溶剂性质

四号溶剂的主要成分为液化丁烷（四碳烃，C_4），其名称是相对于六号溶剂以己烷为主（六碳烃，C_6）提出的。

在实际应用中，四号溶剂由丁烷（C_4）、丙烷（C_3）组成，表 1 列出了丙烷、丁烷的理化性质，并列出了六号溶剂的主要成分己烷的部分数据。表 2 是目前生产中使用的丙烷、丁烷溶剂的主要成分，是国家标准物质研究中心的检验结果。

表 1　　溶剂的理化性质

指　标	丙烷	丁烷	己烷
色泽及透明度	无色透明	无色透明	无色透明
气味	无臭	无臭	无臭
平均相对分子质量	44	58	86
介电常数	1.69	1.78	1.89
液体密度/（g/cm³）	0.484	0.568	0.652
沸点/℃	-47.1	-0.5	68.7
蒸汽压/（MPa，30℃）	1.09	0.32	0.027
爆炸上下限/%	2.1~9.5	1.8~9.1	1.1~7.5
闪电/℃	-104.4	-60	-22.8
自燃点/℃	466	405	260
危险度	3.52	4.06	5.82

表 2　　生产中使用的溶剂组成及含量　　单位：%

组分	丙烷溶剂	丁烷溶剂
甲烷	0.0044	0.058
乙烷	0.55	0.058

续表

组分	丙烷溶剂	丁烷溶剂
丙烷	99.4	3.8
异丁烷	0.005	36.0
正丁烷	0.031	59.0
异戊烷	0.0003	0.0005
正戊烷	0.0006	0.0003
正己烷	0.0008	0.0006
丁烯	0	0.24

由表1、表2可见，组成四号溶剂的 C_3 和 C_4 是高纯度的溶剂。在石油炼制分馏工艺中，甲烷、乙烷（沸点 -88.3℃）不易液化而很少存在于 C_3 和 C_4 馏分中，戊烷 C_5（沸点36.1℃）以上的成分不易气化，在 C_3 和 C_4 分馏时留在了液相中，也很少进入丙丁烷馏分中，从而保证了四号溶剂的纯净。

在实际应用中，丙烷和丁烷既可以以不同比例混合使用，也可以单独使用，如果使用纯丙烷（沸点 -47.1℃）做溶剂，混合油和粕的脱溶温度可以更低，物料中的热敏性物质更安全，残溶会在1mg/kg以下乃至检不出。

纯液化丙烷和丁烷的价格都略低于六号溶剂，火车和汽车槽车运输均可。

（二）四号溶剂浸出油脂工艺

1. 罐组式浸出工艺简介

四号溶剂浸出过程是在0.2～0.6MPa的压力下进行的，浸出设备为压力容器。

物料进入浸出器后，关闭进料阀，抽出罐中的空气，泵入混合油与其他浸出罐一起进行逆流浸出，视被浸物料的特性确定浸出时间和次数。达到理想的残油后，开始粕脱溶。脱溶时打开浸出罐与压缩机的联通阀，粕中的溶剂汽化后由压缩机抽出，压缩液化后流入溶剂周转罐。脱溶后的粕排出浸出罐即为成品粕，浸出罐进入下一循环。混合油在蒸发系统中蒸发，蒸发时混合油中的溶剂汽化后由压缩机抽出，压缩液化后流入溶剂周转罐，毛油打到精炼车间。

连续浸出工艺已有可行的方案，待资金落实后即实施。

2. 浸出工艺的优点

（1）浸出的全过程物料不需要强烈加热，脱溶温度为室温，确保了粕中、油中热敏性物质不变性。

（2）浸出过程中蒸汽消耗很低。六号溶剂浸出，最终不但要分别把粕和油加热到100℃以上，还要把相应的溶剂蒸发为气体再冷凝下来，消耗大量热能。本工艺中出粕和油的温度与进料温度基本相同，溶剂的蒸发热量大部分由溶剂液化时放出的热量来提供，热量消耗很低。

（3）残溶低、溶剂毒性小。本工艺生产的产品残溶都在10mg/kg以下，如果有必要，可以很容易达到 1mg/kg 以下（食用油国标中规定 10mg/kg 以下为未检出）。在溶剂毒性方面，根据毒理分级，已烷为低毒，丁烷、丙烷为微毒，其 LC_{50} 值为：丁烷 680g/m^3，已烷 120～150g/m^3。可见丁烷的吸入毒性比已烷低四五倍。

3. 浸出工艺应用情况

目前在全国十几个省建立四号溶剂浸出车间 20 余座，应用于核桃、万寿菊、微生物油、大豆和可可脂等许多产品的生产。仅本公司已大规模加工的产品有：大豆（10 000t/a）、小麦胚芽（3 000t/a）、叶黄素（2 500t/a）、辣椒红素（3 000t/a）、葡萄籽（2 000t/a）、玫瑰、灵芝孢子、香紫苏和核桃等多种原料和产品，取得了很好的效益。

（三） 四号溶剂浸出油脂工艺的生产安全性

按照国家《建筑设计防火规范》的要求，四号溶剂浸出车间与六号溶剂浸出车间一样，也是甲类一级防爆车间，车间的消防间距、泄爆面积等与六号溶剂车间基本相同。与六号溶剂相比，四号溶剂的爆炸上、下限区间大，爆炸下限较高，气体比重小不易积聚爆炸性气体，对溶剂逸出的爆炸危险性而言，四号溶剂是安全的。但四号溶剂是在压力下工作的，对设备、工人的要求高，而且一旦泄漏会带来很大的危险。因此，四号溶剂的浸出设备大多为压力容器，管道、仪表、阀门都工作在 0.2～0.6MPa 的压力下。但不论是与二氧化碳超临界萃取的 30～50MPa 的工作压力相比，还是与化工行业的许多中高压工艺相比，四号溶剂也仅仅工作在低压区间（1.6MPa 以下为低压），工业应用的安全性是有成熟技术和设备依托的。

（四） 四号溶剂浸出产品的食用安全性

四号溶剂由于主要应用于食品的加工提取，根据《中华人民共和国卫生法》的有关条文，四号溶剂属于食品助剂，对其食用安全性有着很高的要求。为此，我们对四号溶剂浸出产品的食用安全性进行了调查研究。

（1）联合国粮食及农业组织食品法典中，丙烷、丁烷都可用于食品加工，并且没有限残留量；美国《食品化学品法典》中，丙烷、丁烷名列其中，主要用作食品的推进剂、酥松剂、充气剂（阻断氧气剂）；美国食品与药品管理局 1983 年将丙烷、丁烷列为“一般认为安全”条目，没有残留限量；2000 年《日本食品添加剂规范标准》第七版可用溶剂中，丙烷、丁烷名列其中，对其在食品中的残留没有限制；早在 1999 年 3 月 24 日欧洲食品科学委员会就认可丙烷用于食品，也没有残留限量；另外，能查到的爱尔兰、新西兰等国家也都认可丙烷和丁烷用于食品加工中。

但除《食品化学品法典》中对丙烷、丁烷规定了几个技术指标以外，其他法典和标准中都只是规定可以使用而没有具体的技术指标。

（2）为了全面查找国外有关丙烷、丁烷标准，我们委托国家标准馆对用作食品助剂的液化丙烷、液化丁烷的国外标准进行了查新，在对 2006 年 10 月止的 ISO、IEC、美、英、日、德和法等 30 多个国家的国家标准和美国 400 多个行业标准进行了查新检索，查新结论：仅在美国食品与药品管理局中查到丙烷和丁烷可用于食品加工过程，但没有用作食品助剂的丙烷和丁烷标准。

（3）查阅《化学品毒性法规环境数据手册》，美国法规及德国建议值均为：在职业环境空气中容许接触限值为丙烷 1 800mg/m^3，正己烷 180mg/m^3，可见丙烷对人体的安全性高于己烷 10 倍。查阅《油脂浸出工艺学》，对人体健康极限浓度（负载时间平均值），正丁烷为 800 mg/kg，正己烷为 50 mg/kg，可见丁烷对人体的毒性比己烷小 16 倍。

（4）经河南省卫生防疫站和山东省卫生防疫站分别对四号溶剂进行毒理试验，试验依据《食品安全性毒理学评价程序和方法》GB 15193—1994 对小鼠急性毒性试验、Ames 试验、骨髓微核试验、小鼠精子畸形试验和大鼠 30d 灌胃喂养试验 6 个项目进行了试验研究，其结论为无毒。

（五）结束语

国际组织和发达国家都普遍认可丙烷、丁烷在食品中应用的安全性，但各国都没有制定溶剂标准，尽快制定我国的丙烷、丁烷食品助剂标准有着重要意义。四号溶剂毒性小于六号溶剂，在油和粕中的残溶低、能耗小，在一定范围内取代六号溶剂浸出工艺是可行的。

（同文作者，祁鲲：河南省安阳漫天雪蛋白有限公司，455000 河南省安阳高新区海河大道）

七、 粮油产品的营养与安全

——在油脂与健康高级论坛上的专题学术报告

（2009 年 5 月 16 日　于陕西西安）

很高兴参加由国家粮食储备局西安油脂科学研究设计院和国家粮食局油脂工程技术研究中心主办的“油脂与健康高级论坛”，根据会议的安排要我发个言，基于本次会议的主题是“油脂安全、营养与健康”，为此，下面我就以“粮油产品的营养与安全”为题，讲些情况和意见，以供参考。

（一） 粮油产品要更加关注营养与健康

食物是人类生存的基础，也是国家稳定和社会发展的永恒主题。粮油及其制品是食物的最重要组成部分，是人类生存繁衍的基础之基础。粮油加工及其产品，是食品工业的基础工业和基础原料。粮油加工的米、面、油产品及其制品与人民生活息息相关。由此可见，粮油工业是人类的生命工业，是“天下第一产业”，也是人类永不衰败的“朝阳产业”。

蛋白质、碳水化合物和脂肪是人类生存最基本、最重要的三大营养素，米、面、油及其制品是富含三大营养素的杰出代表，是人类解决温饱的主要标志。回顾人类社会的发展历史，人类在经过了漫长而艰难的历程后，才从“吃饱求生存”发展到懂得“吃好求健康”。我国是一个人口众多的大国，随着改革开放和经济的腾飞，人民生活水平不断提高，人们不仅要吃饱，而且开始讲究吃好，从而对一日三餐都离不开的粮油及其制品的要求越来越高。特别是近年来，随着人们的健康保健意识越来越强烈，对食品的功能性要求越来越高，也就是说，人们不仅关注吃好，而且要有营养，甚至已经把营养与健康自然地联系在一起，这是社会进步的表现，其中，“粮油的营养与健康”是当今粮油科学技术研究领域的热点问题，它既给粮油加工业提出了新的挑战，也给粮油加工业的发展提供了新机遇。

为顺应人们对“粮油产品的营养与健康”的需要，今后粮油加工企业在生产粮油及其制品时以及在宣传粮油产品时要注意以下几个方面：

1. 要最大限度地将各种营养成分保存在粮油制品中

大家都知道，在粮油加工的原料中，除了富含蛋白质、碳水化合物和脂肪三大营养素外，还富含其他多种营养物质、微量元素和生理活性物质，这些营养成分对人体健康十分有益。但遗憾的是，由于过度加工，这些营养成分流失严重，有的在成品粮油中的含量已微乎其微。为最大限度地将各种营养成分保存在成品粮油及其制品中，现在我们要提倡在粮油加工过程中“要注重纯度，控制精度”。

“注重纯度”就是要求粮油加工企业在生产中，为确保粮油产品的质量，必须严格按国家质量标准和卫生标准组织生产，要配备足够的清理和提炼设施，以保证产品的纯度，堵截大米含砂、面粉牙碜和食用植物油酸价过高、混浊沉淀等现象的出现。

“控制精度”就是为防止加工过程中片面追求成品粮油的过精过细和过度精炼，造成大量营养成分的流失和出品率降低，我们要纠正大米过精、面粉过白、油色过浅的现象，以达到提高纯度，控制精度的目的。为了消费者的营养与健康，在这方面，我们的生产企业要率先垂范，在生产经营活动中，不能为了迎合少数消费者盲目追求过精过细和无色无味的要求而进行大面积的过度加工，更不能出于商业的目的对“过度加工产品”进行不恰当的夸大宣传，以正确引导消费。

不久前，在合肥召开的“全国米糠、玉米胚芽资源利用经验交流会”上，我提议在下一步米糠油和玉米油国家质量标准的修订中，建议将原来的一、二、三、四级油改为一、二、三级油；将烟点这项指标舍去；对现有的色值、酸值等指标也需进一步斟酌。其目的就是为了最大限度地保存米糠油和玉米油中的营养素。

另外，在日常生活中，我们要提倡粗细搭配，粗粮细做。为此，我们要根据市场需要，积极生产发芽糙米、留胚米、全麦粉、冷榨油等，以满足消费者的不同需求。

2. 要关注粮油产品及其制品的营养强化

营养状况是决定公众健康和民族素质的重要因素。随着人民生活水平的提高，公众对营养和健康的要求日益增强。在现行的公众饮食结构中，维生素类和矿物质类营养素的缺乏和不平衡是全球性的问题。食物中长期缺乏这些营养素，就会对人类健康造成许多不良后果，为此国内外越来越重视食品的营养强化。经全球 80 多个国家半个多世纪的探索与实践，强化食物以其所独有的安全、经济、简便、广谱、不用改变饮食习惯等特性而被各国政府首选为改善公众营养的良方，并一致认为通过对主食（米、面、油产品）的营养强化是提高公众营养水平的有效途径。

改革开放三十年来，我国经济的快速发展为公众营养改善提供了有力保障。但是，由于公众营养知识匮乏、膳食结构不尽合理以及食品加工过程中营养素流失严重等多方面的原因，目前我国公众营养素摄入不足较为普遍。为提高人们的健康水平，我国政府对公众营养十分重视。我国食品工业“十一五”发展纲要中指出“‘十一五’期间，食品工业产品的总量和结构要基本满足改善公众营养的需要，逐步消除营养不良、营养失衡等状况”。食品工业要“注重以营养科学为指导，注重保存食物原料固有的营养成分，优化食品中营养素配比，满足人民生活水平提高对营养健康的要求。”并提出要重点发展营养强化面粉、营养强化米。与此同时，强化维生素 A 食用植物油的国家质量标准和强化面粉的国家质量标准已陆续颁布。

以上规划和举措必将推动我国营养强化面粉、营养强化米和强化维生素 A 食用植物油工作的进程。为此，粮油加工企业要密切关注和重视粮油产品及其制品的营养强化工作，以顺应市场的需要。我相信，在国家政策的指引下，通过大力宣传，使人们树立正确的膳食营养和消费观念，加之切实有效的营养强化措施，我国人民的膳食结构和营养配比一定会更加科学、合理，食品的营养强化工作一定会红红火火地开展起来。

3. 要重视功能性粮油产品及其制品的研发工作

我国自古就有食补、食疗的经验，就有“药食同源”的说法。在历代本草方剂典籍中都记载有单纯的药物或食品相结合进行营养保健、调理康复的食品，这也就是现在我们说的功能食品的雏形。

近年来，随着社会的进步、经济的发展和生活水平的提高，人们的健康保健意识越来越强，对功能食品需求也越来越迫切。何为“功能食品”？目前国内外对此尚未有一个统一的称谓，但大致有以下几种叫法：健康食品、特定用保健食品、功能性食品、改善食品、保健食品等。

功能食品在我国亦称为保健食品，自1995年立法以来有了长足发展，但与国外发达国家功能食品市场每年都以10%以上的发展速度相比差距较大。由此可见，功能食品作为一个产业在我国才刚刚起步。有关数据显示，2007年，我国人均GDP为2 400美元，恩格尔系数约达36%，标志着我国已进入了小康社会，预示着我国的功能食品产业将要进入迅速扩张的发展机遇期，这也是今后粮油加工产业发展的新的增长点。

众所周知，粮油加工的原料是“药食同源”的基础原料，富含多种具有特定保健功能的生理活性物质，尤其是在副产品中的含量更为丰富。为此，我们要研究通过应用现代提取、分离技术和生物技术将其分离、富集起来，再科学地组合到粮油产品中去，使其成为具有特定保健功能的粮油产品及其制品。在油脂加工方面，由于我国的油料品种繁多，尤其是特种油料资源十分丰富，在这些特种油料资源中，大多富含生理活性物质，利用好这些宝贵资源，生产功能性油脂具有很大潜力。当前，我们要重视功能食品的制备技术研究，要研究采用超临界流体萃取技术和分子蒸馏等技术来分离提取蛋白质、多糖、黄酮类、肽类等功能因子，为功能性粮油产品及其制品的开发打下坚实的基础。

4. 要逐步提倡按科学配比组织生产米、面、油产品

从饲料生产中得到的成功经验是配合饲料优于任何单一饲料，由此，我认为，人类的食物也是一样。多品种比单品种好，配合的比单一的好。从这个最简单的道理出发，为了人们的营养与健康，粮油加工的部分产品也应该按科学配比组织生产，例如油脂加工中生产的食用植物调和油，它是以改善营养或风味为目的，以一种食用成品植物油为主，加入一种或一种以上其他食用成品植物油混合调配制成的食用油脂。一般来说，这种油的营养价值要比单一油品高，其脂肪酸组成也要比单一油品合理，为此，我们应该提倡多吃符合国家质量标准和卫生标准的食用植物调和油。

另外，在大米加工中，也应考虑生产由两种以上的大米进行混合的配合大米，以达到优势互补，满足不同人群的消费需求。

5. 要加强舆论引导，提倡科学饮食、健康消费

我国传统膳食结构强调“平衡膳食，辩证用膳”，提倡含不同营养成分食物的互

补，提倡合理营养，防止因营养失衡（即营养过度或营养不足）而给健康带来不同程度的危害。

在消费粮食时，要提倡米、面、杂粮搭配（粗细搭配），防止偏食和盲目追求对米面产品的过度精细。

在消费食用植物油时，要鼓励居民改变不合理的膳食结构，提倡科学用油、合理用油和节约用油。要加强营养健康知识的宣传和教育普及，倡导低脂饮食，健康消费。要引导商业饮食服务行业转变观念，改变烹饪方式，改进某些传统的油炸、油煎、过油、过火等菜肴，减少资源浪费和对健康的危害。

（二）粮油产品要确保安全

食品安全问题是关系人类健康和国计民生的重大问题。近年来，一些国家和地区频发食品安全恶性事件。我国的食品安全问题也相当突出，比如去年发生的三聚氰胺奶粉事件。食品安全已成为全球性的重大战略性问题，并越来越受到世界各国政府和消费者的高度重视。

2009 年 2 月 28 日，第十一届全国人民代表大会常务委员会第七次会议通过了《中华人民共和国食品安全法》，并于 2009 年 6 月 1 日开始实施。这是一部保障我国食品安全，保护人民身体健康和社会和谐稳定的大法。为保障粮油食品的安全，国家粮食安全中长期规划纲要中指出：粮油食品加工业要按照“安全、优质、营养、方便”的要求，强化粮油食品加工企业的质量意识和品牌建设，促进粮油食品加工业的健康、稳定发展。根据规划要求，粮油产品在朝着“安全、优质、营养、方便”的方向发展中“安全”是第一位的，也是消费者最为关心的。由于粮油产品是人们一日三餐不可缺少的主要食品，粮油产品的安全关系人民群众身体健康和生命安全，关系到社会的安定和国民经济发展。为此，粮油加工企业必须确保粮油产品的绝对安全，并要着重做好以下几方面的工作。

1. 要进一步强化管理，确保产品质量与安全

为确保粮油产品的绝对安全，粮油加工企业都要牢固树立质量意识、安全意识、诚信意识、服务意识，要把提高产品质量和安全水平作为企业的首要任务。要进一步强化管理，健全质量保证体系，严格按国家质量标准和卫生标准组织生产；要加强和严格检测检验制度，严把原料质量进厂关和成品粮油质量出厂关，做到不符合质量要求的原料不进厂，不合格的产品不出厂；要建立并严格执行产品质量追溯制度，要对原料采购、生产加工、包装、储存、运输、销售等各个环节实行全过程管理和监控，确保质量合格，卫生安全；要建立并严格执行产品退市召回制度，一旦发现产品存在安全隐患，可能对人体健康和生命安全造成损害时，及时向社会公布有关消息，通知销售环节停止销售，告知消费者停止使用，主动召回产品，并向有关监督管理部门报告，以确保粮油产品质量安全、可靠，万无一失。

2. 要警惕“过度加工”和新资源、新材料可能给粮油产品带来的不安全性

如上所述，“过度加工”不仅会造成粮油产品营养素的严重流失，同时还会给粮油

产品带来一些不安全因素。例如，在油脂加工时，油脂在脱臭过程中的高温“过度精炼”，会产生一定数量的不利于人体健康的反式脂肪酸等有害物质。为此，我们要警惕“过度加工”给粮油产品带来的不安全性。

另外，随着食品工业的发展，食品种类和制作工艺日益丰富，特别是新的物质，如食品添加剂、新资源食品、转基因食品、食品用的容器和包装材料等的不断涌现可能带来的新的食品安全问题。对此，在粮油加工和经营活动中，也要引起高度警惕。

3. 要严格按规定使用添加剂

有人在评价食品添加剂时说：“食品添加剂是现代食品加工制造必不可少的关键性配料，没有食品添加剂，就没有食品制造和现代食品工业。”我赞同这种观点。现代粮油加工产品及其制品也离不开使用符合国家食用和卫生标准的食品添加剂。

为贯彻《中华人民共和国食品安全法》，确保粮油产品及其制品的安全，我认为粮油加工产品及其制品在生产中使用添加剂（含助剂）时应遵循以下几条原则：

一是在加工过程中或在成品粮油中必须添加的，我们一定要添加，如在小包装成品食用油中添加抗氧剂，以保证小包装食用油的保质期和消费时的质量与安全；

二是要按规定严格控制添加范围和添加剂量，严禁超范围使用和超量添加；

三是要按规定采用食用物质作为添加剂，严禁添加非食用物质和滥用食品添加剂；

四是在加工过程中或在产品中可加可不加的食品添加剂一律不准使用，如在面粉中添加过氧化苯甲酰和过氧化钙等化学增白剂会带来许多副作用和食品安全隐患，必须在修改标准时，取消过氧化苯甲酰和过氧化钙作为面粉的处理剂和漂白剂。

4. 要研究解决微量有害物质对成品粮油质量安全的危害

随着工业化进程的加快，环境污染在加剧，植物的生长环境在恶化。与此同时，食品加工的“工业化”进程也在加快，成品、半成品在食物消费中的比重在上升，因此人们不仅越来越关心在植物生长过程中对食品原料的污染，同时也关心在加工过程中对食品品质的影响。为此，粮油加工企业都要按《中华人民共和国食品安全法》的要求，严格生产条件，防止粮油加工产品及其制品在加工中的二次污染。今后，人们在关心食品外表质量的同时，将会更加关心米、面、油产品及其制品的内在质量，诸如过氧化值和反式脂肪酸的含量、铅、汞、砷等重金属的含量、农药残留、黄曲霉毒素等微量有害物质。这些微量有害物质潜在地危及着人们的健康安全，必须引起我们的高度重视，下大力加以研究解决。

5. 要建立健全粮油加工企业质量控制体系

为确保粮油加工企业的产品质量与安全，必须从基础工作抓起。要建立粮油加工企业的质量控制标准、技术操作规程和管理规范，实行检测检验规范化、法制化管理，充分利用现代信息技术，使检测检验技术更加快速高效，以指导企业生产经营。要引导企业加强自身检测检验体系建设，全面推进企业实施 GMP（良好操作规程）、

HACCP（危害分析和关键控制点）、ISO1400（环境管理体系认证）、OHSMS（职业安全健康管理体系认证）以及ISO9000质量管理认证工作，实行清洁生产。

要强化企业质检人员的培训和资格认证工作，建立健全产品质量安全管理技术人员的资格认证和技能培训体系，不断提高人员素质和检测水平，为企业的产品质量与安全把好关。

八、 严禁地沟油回流到餐饮

——在安徽省粮食行业协会举办的国内外粮油市场形势分析会上的演讲

(2010年6月6日　于安徽合肥)

前面我向大家简要介绍了“我国粮油供需的基本情况”、“全球粮油供需的简要情况”以及“价格走势”方面的情况，供大家参考。下面，我就有关对地沟油报道的看法讲几点意见。

这个事情得从2010年3月上中旬说起，当时《中国青年报》等许多报纸陆续刊登了武汉工业学院（现武汉轻工大学——编者注）何东平教授揭示有关地沟油问题的报道，在引起社会各界极大关注的同时，也提出了许多疑虑。

地沟油问题在各大媒体曝光后，我先后曾接到过20多个电话，询问有关地沟油的问题。3月25日晚，在江苏南通接受了广州《南方周末》的一个半小时的电话采访，对当时媒体提出的有关地沟油的种种疑虑我讲了五点意见。

第一，地沟油回流到餐饮的现象不是新问题。“希望政府重视解决地沟油问题”这不仅是何东平教授的呼声，也是全国油脂界有良知的科技人员的共同呼声。

第二，确有地沟油并有不少地沟油回流到餐饮的现象，但数量没有300万t之多。300万t地沟油的数字是根据我国目前食用油消费总量2000多万吨乘以约为15%的浪费损失推算出来的。地沟油主要是从餐饮垃圾中提取的油脂（一般的提取率为4%～5%）和反复煎炸食品后的剩油（如麦当劳等煎炸剩油），其重点是餐饮垃圾。在餐饮垃圾中，广大家庭、乡镇及小县城的餐饮垃圾数量较多，但一般难以集中。可以集中的是大、中城市的餐饮垃圾。所以地沟油的数量肯定不会有那么多，请消费者不要惊慌。

第三，地沟油是一种劣质油脂，只能作工业用油，不能作为食用。地沟油食用后对人体有害，但其毒性不会是砒霜的100倍。对于上述讲的地沟油数量和毒性问题上，请大家不要再去争论了，媒体也不要再炒作了，以免搞得人心惶惶。

第四，解决地沟油的问题是一项工程，要由政府出面，各方面通力协作才能制止其回流到餐饮。地沟油是一种资源，可以作为工业用油或制作生物柴油，应该提取加以利用。由于地沟油是一种不能食用的劣质油脂，所以政府应该把严防地沟油回流到餐饮看作是为民造福，办好事办实事的一项工程来抓。应采取各种手段和办法，将餐饮垃圾严格管理，集中起来加以利用。这是堵塞地沟油回流到餐饮的最有效方法。据悉，青海西宁市建设了一座日处理200t餐饮垃圾的处理厂，可将西宁市每天产生的餐饮垃圾集中处理掉。又悉，北京市每天产生的餐饮垃圾多达1 600t，奥运期间建设了一座餐饮垃圾处理厂。现在，每天可处理餐饮垃圾400t，打算再建4～5座餐饮垃圾处理厂。由此可见，只要政府重视，地沟油回流到餐饮的难题是可以解决的。

第五，要广泛进行全民教育。要制造声势，对餐饮垃圾的出售者、地沟油的制造者、销售者以及购买地沟油作为制作食品和餐饮用油的从业人员，进行良心教育和道德教育，做一个有益人民的公民；对广大消费者，要进行科普教育，懂得食用地沟油的危害性，提倡大家去超市、粮店等购买有品牌的小包装食用油。

九、 粮油加工业应关注的几个问题

——在粮油加工技术发展论坛上的演讲

(2010 年 8 月 18 日　于安徽亳州)

食物是人类生存的基础，也是国家稳定和社会发展的永恒主题。粮油及其制品是食物的最重要组成部分，是人类生存繁衍的基础之基础。米、面、油及其产品与人们生活息息相关，一直是人们和媒体所关心议论的热点问题。为适应时代发展的新要求，我觉得以下一些问题在较长一段时间内应引起我们粮油加工企业的高度重视，通过研讨，形成共识，以利粮油加工业的健康发展。

（一） 关于粮油产品的质量与安全问题

《中华人民共和国食品安全法》已于去年 6 月 1 日起实施，这是一部保障我国食品安全，保护人民身体健康和社会和谐稳定的大法。为有利于食品安全法的贯彻执行，国家成立了“国务院食品安全委员会”。国家从立法和成立权威机构来保障食品的安全，可见食品安全在中国的重要性。

作为食品生产企业和相关企业都应把食品的质量与安全放在第一位。为确保粮油产品的质量与安全，对粮油加工企业来说，除了把好粮油原料的采购、储存关，严格按国家质量标准组织生产外，还要研究和避免在生产过程中的潜在危害，比如，在食用植物油加工中高温蒸炒、高温压榨和高温脱臭等工艺可能会对产品安全带来的负面影响。由于食用植物油加工中使用的助剂较多，诸如溶剂、石蜡、磷酸、盐、碱以及各类助滤剂、脱色剂等，为了食用油的更加安全，就需要研究和采用对油脂及其产品更加安全的助剂。

最近，国家公布了《植物油抽提溶剂》新标准，规定自 2010 年 6 月 1 日起，GB 16629—2008，即《植物油抽提溶剂》新标准强制实施，此标准代替原 GB 16629—1996《6 号抽提溶剂油》。修改后的 6 号溶剂油除馏程由 60 ~ 90℃缩短到 61 ~ 76℃外，还降低了苯、溴、硫的含量，从而使食用植物油的质量与安全更有保证。食用植物油加工企业应积极采用新的溶剂。对于其他没有更好的新助剂替代之前，必须按要求严格采用食品级的和食品行业所允许使用的助剂。不得随意使用低级别的和劣质助剂；要特别重视将成品食用油脂及其制品中的过氧化值、反式脂肪酸和黄曲霉毒素等微量有害物质的含量控制在允许范围之内；我们要抓紧研究解决地沟油等非食用油脂混入市场以及散装油容器污染等问题。

在使用添加剂时，粮油加工企业要按规定严格控制添加范围和添加剂量，严禁超范围使用和超量添加，严禁添加非食用物质和滥用食品添加剂，对在加工过程中或在产品中可加可不加的食品添加剂一律不准使用等。前段时间，国务院食品安全委员会办公室印发了《关于落实国务院领导同志对 <警惕食品加工行业潜规则的危害>一文批示精神的情况报告》，报告中列举了形形色色的“潜规则”，如使用荧光增白物质将金针菇、白灵菇增白；腐竹、粉丝中使用吊白块；凉粉、面条中使用硼酸与硼砂增加口感；腐竹、米线中使用乌洛托品等。报告中提出，要加强风险监测和监督检查，要将大米、面粉的检查范围扩展至全行业和各环节，组织专家研究分析可能的食品安全隐患。我们一定要认真贯彻国务院领导同志的批示精神，清除粮油及其制品在加工中的潜在危害，以确保粮油及其产品的绝对安全。

（二）关于粮油产品的“适度加工”与标准的修订问题

为了消费者的营养与健康，近两年来，业内对粮油加工过程中出现的片面追求成品粮油的过精过细过白和过度精炼，造成大量营养成分流失、出品率的降低和能耗的大幅度提高等现象进行了认真反思，大家认为在粮油加工中应该提倡“提高纯度、控制精度、适度加工”，对纠正大米过精、面粉过白、油色过浅“过度加工”有了共识。为了将纠正“过度加工”，提倡“适度加工”落到实处，我认为现有米、面、油产品的国家质量标准应该考虑修订，比如，在油脂方面，建议将现在国家标准中的一级油作为凉拌专用油，将现国家标准中的二级油、三级油和四级油上升为新国家标准中的一级油、二级油和三级油，不再设四级油，达到以标准引导消费的目的；又如，在面粉中添加过氧化苯甲酰等化学增白剂会带来许多副作用和食品安全隐患，必须修改现行的国家标准，将其剔除。

（三）关于“产能过剩”问题

我国粮油加工业的产能过剩，个别地区和品种的产能过剩较为严重已经是不争的事实。但对粮油加工业的产能过剩要进行客观分析，我认为粮油加工业的产能过剩具有两重性，有消极的一面，也有积极的一面。对在低水平上的重复建设，造成国家财力物力大量浪费的落后产能，必须严格禁止。但过剩也有其积极的一面，那就是有过剩才有竞争，有竞争才能促使粮油加工业不断采用新技术、新工艺、新设备，形成先进产能。目前，我国粮油加工业的现状是设备陈旧、工艺落后、产品质量不稳定、产出率低、能耗高、污染严重和经济效益差的低水平落后的产能过剩，而高水平的先进产能不足。为此，我们要促使落后产能通过重组、改造和提升，转变为先进产能。与此同时，要鼓励有实力的大型企业通过兼并、改造落后产能，适度发展先进产能；要提倡通过竞争，通过发展先进产能淘汰落后产能。根据国务院常务会议精神，我们粮油加工行业要加快淘汰落后产能的步伐，促进行业健康、持续发展。

（四）关于节能减排问题

举世瞩目的哥本哈根气候会议尽管没有取得最圆满的结局，但为了挽救地球，改善已经被恶化了的人类生存环境，世界各国对从现在起实施“低碳经济”，进行“低碳生活”，实现“低碳增长”取得了共识。

我国政府向世界宣布的“低碳承诺”是不会改变的。承诺宣布：到2020年，我国单位GDP碳排放量比2005年下降40% ~50%。同时，到2020年非石化能源占一次性能源消费的比重达到15%左右；通过植树造林和加强森林管理，森林面积比2005年增加4 000万 hm^2，森林蓄积量比2005年增加13亿 m^3。

这就是说，我们一方面要减碳，另一方面要增氧。由此可见，实现这一承诺，任务十分艰巨，并将全面影响我国经济社会的发展。实现这一承诺，要靠全社会的共同努力。对我们粮油加工行业来说，今后“节能减排”工作必将放到更加重要的位置。要研究改进工艺、改进设备、严格管理，纠正“大马拉小车”，堵绝发生“跑、冒、滴、漏”的现象，提高余热、余汽和循环水的利用率，做到节约一度电、一滴水和一块煤；要杜绝噪声、污水、粉尘和烟灰等污染环境。

鉴于粮油加工企业的生产原料及其产品都是国家的重要特殊商品，因此节约一粒粮、一滴油，千方百计提高出品率仍然是我们必须长期坚持的。我们要对“过度加工”造成的能耗提高、营养下降、出品率降低的做法进行认真反思，并加以纠正。我们要采取措施，严禁再上高消耗、高污染的建设项目。让节能减排、保护环境、“低碳经济”、“低碳生活”和“低碳增长”的意识牢牢扎根于企业之中和企业全体员工的心里。

（五）关于转基因食品的安全问题

今年“两会”期间，不少“两会”代表就转基因食品的安全问题发表了两种截然不同的看法，至今人们对其安全性仍有许多疑虑。我认为，这是出于对食品安全的疑虑，是对消费者负责的表现。因此，有这样那样的疑虑，甚至担心是可以理解的。

了解转基因食品是否安全，对我们粮油加工企业来说是至关重要的，因为今后我们生产的米、面、油产品的原料是否涉及转基因技术，决定着市场供应的食品是否属于转基因食品，甚至决定着其是否安全。为此，粮油加工企业都要关心转基因食品安全性的讨论和最终的结果。

今年5月17日，中国科协在北京举办了“2010中国科协学术报告会——科学家的社会责任”，就当前社会上关心、讨论较多的热点问题，邀请了国内著名专家作报告，我很幸运参加了报告会。会上，中国农业科学院生物技术研究所所长、博士生导师林敏研究员作了题为“转基因生物技术研究与应用”的报告，他向与会者介绍了全球转基因农作物商业化种植的情况、我国政府的态度以及转基因食品的安全性。通过转基因技术的应用，能培育出多抗、优质、高产、高效的农作物新品种，大大提高了品种的改良效率，并可降低农药、肥料的投入，在缓解资源约束、保障粮食安全、保护生态环境、拓展农业功能等方面潜力巨大。

自1996年首例转基因农作物产业化应用以来，产业化应用规模迅速扩大，截至2009年底，全球已有25个国家批准了24种转基因作物的商业化应用。以转基因大豆、棉花、玉米、油菜为代表的转基因作物种植面积由1996年的2 550万亩发展到2009年的20亿亩，14年间增长了79倍。其中2009年美国的种植面积为9.6亿亩、巴西3.21亿亩、阿根廷3.195亿亩、印度1.26亿亩、加拿大1.23亿亩、中国5 550万亩、巴拉圭3 300万亩、南非3 150万亩。值得一提的是，2000年以来，美国先后批准了6个抗除草剂和抗药物转基因水稻，伊朗批准了1个转基因抗虫水稻商业化种植，加拿大、墨西哥、澳大利亚、哥伦比亚四国批准了转基因水稻进口，允许食用。

随着转基因农作物的产业化，生态和经济效益十分显著。为此，发达国家纷纷把发展转基因技术作为抢占未来科技制高点和增强农业国际竞争力的战略重点。

我国是一个人口大国，解决 13 亿人口的吃饭问题始终是头等大事。突破耕地、水等资源约束，减少环境污染，保障国家粮食安全和农产品有效供给，归根结底要靠科技创新与应用。经过多年努力，我国在重要基因发掘、转基因新品种培育及产业化应用等方面都取得了重大成果。党中央、国务院高度重视转基因技术研究与应用。2006 年，将转基因生物新品种培育重大专项列入《国家中长期科学和技术发展规划纲要(2006—2020 年)》；2008 年 7 月，国务院批准启动了转基因生物新品种培育重大专项；2009 年 6 月，国务院发布了《促进生物产业加快发展的若干政策》，提出“加快把生物产业培育成为高技术领域的支柱产业和国家的战略性新兴产业”；2010 年中央 1 号文件提出，“继续实施转基因生物新品种培育科技重大专项，抓紧开展具有重要应用价值和自主知识产权的功能基因和生物新品种，在科学评估、依法管理基础上，推进转基因新品种产业化”。遵照党中央和国务院的总体部署，按照“加快研究、推进应用、规范管理、科学发展”的指导方针，我国转基因生物技术正在积极健康地向前推进。

在谈到转基因食品的安全性时，报告人称：转基因食品是有史以来评价最透彻、管理最严格的食品。国内外实践证明，凡是经政府批准上市的转基因食品均是安全的。目前，转基因食品的应用范围已经较广，美国市场上 70% 的食品中含有转基因成分。我国市场上的大豆油，几乎都是用转基因大豆生产的。据估计，全球有一半以上的人直接食用过转基因食品。

林敏研究员的上述情况介绍，有利于帮助我们对转基因食品的全面认识，希望大家进一步关注转基因食品的发展。

十、关于“油茶籽油苯并（a）芘超标质量事件”有关问题的意见*

（2010 年 9 月 9 日　于北京）

针对“金浩油茶籽油苯并（a）芘超标质量事件”引起社会的广泛关注和强烈反响这一问题，中国粮油学会油脂分会王瑞元会长召集了江南大学王兴国教授、刘元法教授，河南工业大学谷克仁教授、刘玉兰教授，武汉工业学院刘大川教授、何东平教授，国家粮食储备局无锡科学研究设计院周丽凤研究员，国家粮食储备局西安油脂科学研究设计院周伯川教授级高级工程师、冉萍教授级高级工程师，中粮集团刘世鹏教授级高级工程师，中国农机院油脂所李子明研究员、相海研究员等油脂分会的专家综合各方面的信息，进行了专门讨论和分析，提出了以下几点看法和意见：

（1）油茶籽油是一种具有浓郁的中国特色的木本食用植物油，在我国已有 2000 多年的食用历史，有着丰富的民族文化内涵。李时珍的《本草纲目》等许多医书都记载了油茶籽油的食药双重功能。油茶籽油脂肪酸组成与橄榄油类似，油酸含量高达到 80% ~83%，比橄榄油含量还高，且含有丰富的维生素 E 和多酚类的活性物质。可以说油茶籽油是当今最优秀的食用植物油之一，茶油产业是我国油脂行业的特色产业，我们将不遗余力地推动这一产业的健康发展。

（2）经专家们认真科学地分析后我们认为，造成油茶籽油苯并（a）芘超标的原因主要有原料不当的晾晒（如在沥青路面晾晒造成污染）、烘干（如烘干过程受到烟气污染）、炒籽时操作不当（如温度过高造成部分原料焦煳）等几种因素，绝非是油茶籽油本身固有的，也不是制油工艺缺陷和浸出制油方法造成的。有些媒体报道，苯并（a）芘超标是浸出工艺的问题，这是一种无稽之谈，是对浸出制油没有科学依据的误解。世界上浸出法制油已有一百多年的历史了，无论是技术还是浸出溶剂都在不断改善和提升，浸出制油目前仍然是世界上先进、安全的技术，被广泛应用于植物油的制取。我们可以负责任的告诉消费者：浸出工艺不会造成油脂中苯并（a）芘超标。

（3）要解决成品油中苯并（a）芘超标的问题，最关键的是要对毛油中苯并（a）芘含量的监测。因为无论什么原因造成的油脂中苯并（a）芘超标，都不可怕。只要采用正确的精炼方法，如在脱色工序中添加适量活性炭，即可有效地除去油中的苯并（a）芘，使成品油中的苯并（a）芘含量完全符合国家标准——《食用植物油卫生标准》（GB 2712—2005）。消费者可以放心食用油茶籽油。

---

* 本文发表在《中国食品报》等多个报刊上。

（4）前车之覆，后车之鉴。油脂安全事关人体健康，我们呼吁广大油脂加工企业，应严格把好油脂质量关，不忽略每个环节的监控，视食品安全为生命，坚决贯彻执行《中华人民共和国食品安全法》《中华人民共和国产品质量法》《国务院关于加强食品等产品安全监督管理的特别规定》。严格自律，规范生产，应承当相应的社会责任；主动接受社会监督；为推动我国油脂行业的健康发展，为促进我国油脂科学技术发展和构建和谐社会，贡献我们的力量！

十一、特种油脂大有可为

——在第二届中国油脂与健康论坛上的专题学术报告

(2010 年 10 月 12 日 于辽宁本溪)

很高兴参加由国家粮食局西安油脂科学研究设计院主办、辽宁晟麦实业股份有限公司承办的“第二届中国油脂与健康论坛会”并与大家再次见面，共同探讨“油脂与健康”的关系。根据本次会议的主题是“特种油脂的营养与健康”，为此，我就这个话题发个言，供大家参考。

（一）油脂消费量的高低和对品质的要求是衡量一个国家经济发展和人民生活水平高低的重要标志

众所周知，油脂是人类食品最重要的成分之一，是人们生活所必需的消费品，是提供人们热能和必需脂肪酸，促进脂溶性维生素吸收，改善食物特有风味和增进人们食欲的重要食物。食用植物油消费的高低和对品质的要求是衡量一个国家经济发展和人民生活水平高低的重要标志。我国居民食用植物油的消费量由短缺经济年代每人每月 250g 的定量供应到如今的敞开供应，充分显示了我国经济的快速发展和人民生活水平的不断提高，是来之不易的。

改革开放以来，我国发生了翻天覆地的变化，生产不断提高，经济建设蒸蒸日上。我国油脂油料生产和供应发生了历史性的改变，为满足我国经济发展和人民生活水平提高的需要，在国内油料生产不断提高的同时，增加了进口油脂油料的数量（见中国 1985—2008 年主要油料生产情况表 1、1998—2009 年中国油脂油料进出口表 2），从而促使了我国食用植物油的供给量和人均占有量的不断提高（见 1996—2008 年中国食用油消费情况表 3）。

表 1　　中国 1985—2008 年主要油料生产情况　　单位：万 t

年份	大豆	花生	油菜籽	棉籽	葵花籽	其他	合计
1985	1 050. 0	666. 4	560. 7	704. 9	173. 21	142. 6	3 297. 81
1990	1 100. 0	636. 8	695. 8	766. 0	133. 82	120. 4	3 452. 82
1998	1 515. 2	1 188. 6	830. 1	765. 2	146. 5	190. 1	4 635. 7
1999	1 424. 5	1 263. 9	1 013. 2	650. 9	176. 5	194. 0	4 723. 0
2000	1 540. 9	1 443. 7	1 138. 0	750. 9	195. 0	197. 7	5 266. 2
2001	1 540. 6	1 442. 0	1 133. 0	904. 4	148. 0	187. 8	5 355. 8
2002	1 650. 0	1 495. 0	1 053. 0	836. 4	200. 0	205. 0	5 439. 4
2003	1 690. 0	1 505. 0	1 240. 0	850. 0	198. 5	211. 0	5 694. 5
2004	1 720. 0	1 431. 0	1 304. 0	1 074. 0	197. 0	211. 0	5 937. 0

续表

年份	大豆	花生	油菜籽	棉籽	葵花籽	其他	合计
2005	1 880.0	1 470.0	1 120.0	960.0	170.0	199.5	5 799.5
2006	1 550.0	1 380.0	1 220.0	1 211.0	168.0	191.1	5 720.1
2007	1 400.0	1 400.0	1 200.0	1 260.0	180.0	177.5	5 617.5
2008	1 550.0	1 500.0	1 180.0	1 350.0	220.0	250.0	6 050.0

注：①以上数字从我每年发表的文章中整理而来；②2008 年其他油料的合计产量为 250 万 t，其中亚麻籽的产量为 35 万 t，是我估算的；③2009 年八大油料的产量尚未公布。

表 2　　1998—2009 年中国油脂油料进出口表　　单位：万 t

年份	进口折油	大豆油	菜籽油	棕榈油	大豆	油菜籽	出口折油	净进口折油
1998	327.7	82.9	28.5	92.9	319.3	138.6	44.1	283.6
1999	394.5	80.4	6.9	119.4	431.9	259.5	30.9	363.6
2000	496.8	30.8	7.5	139.1	1 041.9	296.9	35.4	461.4
2001	514.4	7.0	7.3	151.7	1 393.9	172.4	39.9	474.5
2002	570.2	87.0	7.8	222.1	1 131.5	61.8	38.9	531.3
2003	958.3	188.4	15.2	332.5	2 074.1	16.7	35.5	922.8
2004	1 055.0	252.0	35.3	385.6	2 023.0	47.0	30.0	1 025.0
2005	1 109.5	169.4	17.8	433.0	2 659.0	29.6	27.6	1 081.9
2006	1 281	154	4.4	508	2 827	74	53	1 228
2007	1 510	282	37.5	548	3 080	83	35.6	1 475
2008	1 614	250	27	528	3 744	130	39	1 575
2009	2 056.8	239.1	132.7	644.1	4 255.2	328.6	20.5	2 054.2

表 3　　1996—2008 年中国食用油消费情况

年份	食用油消费可供量/万 t	人均年消费占有量/kg
1996	1 002.5	7.7
1998	1 090.7	8.4
2000	1 245.7	9.6
2001	1 330	10.2
2002	1 410	10.8
2003	1 500	11.5
2004	1 750	13.5
2005	1 850 ~ 1 900	14.2 ~ 14.6
2006	2 271.7	17.5
2007	2 509.7	19.3
2008	2 684.7	20.7

注：2006—2008 年食用油消费量按国产油料扣去食用部分后的总折油量加上净进口折油之和。

从以上3个表中反映的数字，可以清楚地说明以下一些问题：

（1）我国的油料生产得到较快发展，油料产量由1990年的3 452.8万t上升到2008年的6 050万t，增长75%，平均年增长4.2%。

（2）为满足食用植物油的市场供应，在提高国产油料产量的基础上，进口油脂油料数量快速上升。我国进口油脂油料净进口折油总量由1998年的283.6万t，上升到2008年的1 575万t，增长455%，平均年增长45.5%。

（3）食用植物油的自给率由1998年的74%下降到2008年的41%。

（4）人均年消费占有量由1996年的7.7kg上升到2008年的20.7kg，已经达到世界人均水平。

另据有关数字显示，2007年，我国人均GDP为2 400美元，恩格尔系数达36%，标志着我国已进入小康社会；2009年我国人均GDP已达到3 600美元，预示着我国正在全面进入小康社会。

随着人民生活的进一步提高，人们对食品的要求越来越高，已经开始讲究吃好，懂得“吃好求健康”。在食用植物油的消费方面，有相当一部分人群开始注重食用植物油的营养与功能特性，从而特种油脂普遍受到消费者的青睐。

（二）我国特种油脂资源丰富

由于地理和气候的多样性，我国的食用植物油品种繁多，资源丰富。在油料作物中，大豆、花生、油菜籽、葵花籽和棉籽是我国五大油料作物，其中油菜籽和花生的产量居世界第一。除五大油料作物外，我国还有许多特种油料资源，通常称为“小油料”。所谓小油料，是相对于五大油料作物而言，因为它们的生长范围、播种面积和产量不如五大油料作物大。

我国可食用的特种油料品种多达上百种。一般分为木本和草本两大类，木本特种油料以油茶籽、茶叶籽、核桃、油橄榄、松籽、杏仁、翅果等为代表，其余一般为草本特种油料。目前，产量较大且已经开发利用的有：油茶籽油、茶叶籽油、亚麻籽油、核桃仁油、核桃油、紫苏油、红花籽油、橄榄油、葡萄籽油、月见草油、杏仁油、翅果油、南瓜籽油、苍耳籽油、沙棘油、松籽油和番茄籽油等；另外还有资源丰富的米糠油、玉米油和小麦胚油等谷物油脂。

据统计，2008年我国大豆、花生、油菜籽、葵花籽和棉花籽等五大主要食用植物油料的总产量为5 800万t左右，是我国油料油生产史上产量最高的一年。众多的特种油料大多产量在几十万吨左右，有的只有几万吨，其中开发利用潜力最大的是米糠和玉米胚芽资源。我国每年的稻谷产量和玉米产量超过3亿t。这些稻谷和玉米加工后能产米糠和玉米胚芽约2 000万t，可以作为油源利用的约千万吨，这是我国重要的油料资源。众所周知，我国是一个油料生产大国和油料加工大国，也是一个油脂消费大国和油脂、油料进出口大国。为满足食用油消费市场的供应，每年需要进口大量的油脂、油料。为提高我国食用油的自给能力，充分开发利用特种油料资源，包括利用好米糠和玉米胚芽资源显得尤为重要。

（三） 特种油脂的营养价值高

所谓特种食用油脂，就是利用特种油料生产的油脂。在这些油脂中，含有丰富的不饱和脂肪酸，尤其是油酸和亚油酸含量高，还富含多种微量成分和生物活性物质，几种特种油料的生产及营养价值见表4。特种油脂，在市场上的价格，要比五大油料产品价值高几倍。在这些方面，是五大油料作物所不及的。因此，开发利用特种油料，生产特种食用油脂，是我国生产调和油及功能性油脂的重要油源，也是繁荣食用油市场，提高经济效益和人民健康水平，增加出口创汇的重要手段。

辽宁晟麦实业股份有限公司是生产经营特种油脂的佼佼者，该公司自创建以来的十年时间里，坚持以特种营养植物油为核心业务，以收购农产品、精加工并出口销售为盈利模式，不断创新，产品发展到几十个品种，销售收入和利润平均每年递增25%。2007年出口额1 600万美元（近1.1亿元人民币，占销售额的90%），个别品种在国际市场上占据了三分之一的市场份额；2008年国内终端产品的业务有明显增长，实现了销售额1 500万元，占公司总销售额的10%，为未来在中国内市场上的进一步增长奠定了很好的基础。

表4　　几种特种油料的生产及营养价值一览表

品名	估计原料产量/万t	含油率/%	主要脂肪酸组成（%）及理化常数	备注
油茶籽	100～120	28～32	油酸：83.3；亚油酸：7.4；棕榈酸：7.6；花生酸：0.6。碘值：80～90	其脂肪酸组成可与橄榄油媲美，有“东方橄榄油”的美称
茶叶籽	60～80	18～20	油酸：57～70；亚油酸：15～23；棕榈酸：11～15；亚麻酸：0.2～0.5；花生酸：0.05～0.9；茶多酚：0.05～0.3。碘值：82～88	脂肪酸组成与油茶籽油相接近
核桃	50～60	63～69 核仁含油	油酸：23.8；亚油酸：47.4；亚麻酸：15.8；棕榈酸：5.1	每百克含钙43～93mg、磷338～386mg、铁2.9～3.9mg
紫苏	20～30	45～55	油酸：13～21；亚油酸：10～13；棕榈酸：5～8；亚麻酸：56～65	富含人体的必需脂肪酸α-亚麻酸
亚麻籽	40～50	38～40	油酸：13～29；亚油酸：15～30；亚麻酸：44～61。碘值：170～200	富含亚麻酸
红花籽	5～7	26～39	油酸：11；亚油酸：78；棕榈酸：6.9；亚麻酸：2.04。碘值：128.7	含有维生素E、谷维素、植物甾醇等活性物质
葡萄籽	4～5	14～16	油酸：12～28；亚油酸：58～78；棕榈酸：5.5～11；亚麻酸<1.0；花生酸<1.0	富含脂溶性系列的维生素和花青素，属高级营养保健油，与红花油相当

续表

品名	估计原料产量/万 t	含油率/%	主要脂肪酸组成（%）及理化常数	备注
沙棘籽	5～10（实际利用）	24～26	油酸：20～21；亚油酸：35～36；棕榈酸：9.5～9.7；亚麻酸：27～29	富含维生素 E、B 族维生素、维生素 K、类胡萝卜素、胡萝卜素、黄酮类、生物碱、有机酸、叶酸、甾醇等 100 多种活性成分。国际上被称为“油料黄金”
月见草	较少	22～30	油酸：7.7；亚油酸：73.5；棕榈酸：6.1；γ－亚麻酸：9.2	富含植物甾醇、三萜烯酸和维生素 E 等活性物质
油莎豆	较少	35～37	油酸：64；亚油酸：11；饱和脂肪酸：20；亚麻酸：2。碘值：78	营养价值与花生油接近
玉米	资源丰富	35～47 胚芽含油（干茎）	油酸：27～38；亚油酸：44～63；棕榈酸：10～15；亚麻酸：0.3～2.7；花生烯酸：1.0。碘值：103～128	富含维生素 A、D、E 和甾醇等活性物质，是理想的健康营养油

下面重点介绍有代表性的油茶籽油、红花籽油和米糠油的开发利用及营养价值。

1. 油茶籽油

油茶别名油茶树、茶油树。油茶籽油取自茶油树的果实，属多年生木本油料作物，主要生长在我国。另外，在印度、越南、印度尼西亚等国家也有一定数量的种植。我国以湖南省种植最多，其次是江西、广西、浙江等南方十多个省（区）都有茶油生产。

油茶籽由茶油壳和茶油仁组成。我们讲的油茶籽油是茶籽仁经过压榨或浸出所制得的油脂。

油茶籽油色清味香，油酸和亚油酸的含量高达 90%，其中油酸的含量高达 80% 以上。由于它的脂肪酸组成可与地中海地区的橄榄油媲美，加之碘价低，油脂稳定性好，不易氧化等特点，所以有“东方橄榄油”的美称。长期食用有利于防止血管硬化、高血压和肥胖症。

2. 红花籽油

红花属一年生菊科草本植物，其生命力很强，对气候和土壤条件有广泛的适应性，具有耐干寒、抗盐碱、抗虫害等特点。我国种植红花以新疆为最多，其次是云南、河南和四川等省也有少量种植。

红花籽既可作为油料制取食用油，又可作为医用。红花籽油是油酸和亚油酸含量最高的食用油脂之一。红花籽油中还富含维生素 E 和甾醇等营养物质。长期食用对于降血压、抗衰老、防治动脉硬化和降低血液胆固醇等有一定功效。红花籽油可与其他食用油调和成“健康油”和“营养油”，它还是制造亚油酸丸等保健药物的上等原料。因此，在国际市场上有很强的竞争力。

3. **米糠油**

米糠是稻谷加工成大米过程中生产的主要副产品，是近代开发利用起来的谷物油料资源。利用米糠提取油脂，在世界上已有八九十年的历史。20 世纪 40 年代初，我国天津曾建有米糠榨油的工厂，但一直没有什么发展。1953 年以后，上海、武汉、广州等大城市才先后开始有较大规模的生产。1972 年起米糠油正式列入国家计划，并给予扶持，从此得到了较快发展。当时，米糠油的生产主要分布在长江流域和珠江流域的水稻产区，其中湖南省的米糠油产量最多。

我国盛产稻谷，米糠资源非常丰富，米糠制油大有作为。现在，米糠油已成为我国的重要油源。米糠中含有大量营养物质，米糠油除具备米糠中的营养物质外，其脂肪酸的组成比例合理，一般米糠油中含亚油酸 38%，含油酸 42%，比例为 1∶1.1。现代观点以油酸和亚油酸的比例为 1∶1 左右为佳，这样的油脂具有较高的营养价值。因此，米糠油是营养价值最高的食用油脂之一。另外，米糠油还含有维生素 E 和谷维素等天然抗氧化剂，是生产谷维素的主要原料。谷维素对调节植物神经失调有明显的效果，20 世纪 70 年代以来，对发展我国油脂工业和提高人民的健康水平都有重要的意义。

为了支持特种油料的开发利用，2002 年国家发展与改革委员会将湖南金健米业的米糠油和精深加工项目、江西武冠的茶油深加工及综合利用项目、新疆塔城的红花籽油精深加工项目等列入了国家农副产品深加工示范工程项目，在资金和政策上给予支持。另外，近几年来国家对以发展油茶为代表的木本油料的生产高度重视。以发展油茶为例，目前正在通过改良品种，扩大种植面积，对种植油茶实行多项扶持政策等措施，计划到 2020 年，将油茶籽的年产量由现在的 20 多万吨提高到 250 万 t。由此可见，物种油料的生产和开发利用的美好前景即将到来。我们相信，今后在国家政策的鼓励支持下，更多更好的特种食用油脂将与消费者见面；更多更好的特种食用油脂将为中国人的健康生活作出应有的贡献。

十二、 中国粮油学会油脂分会关于“反式脂肪酸安全问题”的意见

(2010 年 11 月 20 日　于江苏无锡)

近日，国内有关媒体关于“植物黄油的隐患”的报道引起社会的广泛关注和强烈反响，在普通消费者中引起恐慌，对油脂和食品行业产生了严重影响，为此，中国粮油学会油脂专业分会于 2010 年 11 月 20 日在无锡召开了“反式脂肪酸安全问题”评估会，中国粮油学会油脂专业分会王瑞元会长出席并主持了会议，与会专家综合各方面信息，进行了认真讨论，针对报道中的失实言论和夸大宣传，提出如下六条意见：

（1）氢化油不等同于人造奶油、植物奶油、植物黄油、植脂末、奶精等食品专用油脂产品，氢化油可以是这些食品专用油脂产品的成分之一。

（2）不同种类的氢化油中反式脂肪酸的含量差别很大。根据氢化程度不同，氢化油可以分为选择性氢化油（又叫局部氢化油）和极度氢化油两大类。选择性氢化油一般只进行了有限程度的氢化处理，其反式脂肪酸含量较高，平均在 20% 左右。极度氢化油是一种完全氢化（不饱和脂肪酸的双键几乎全部被饱和）的油脂，又称为硬化油，其中反式脂肪酸含量很低，一般为 1% 以下。

（3）食品专用油脂产品的配方中是否加入氢化油，加入哪种氢化油，以及加入多少？要根据该种专用油脂产品的用途而定，因此，不同专用油脂产品中反式脂肪酸含量差别很大。根据中国粮油学会的统计，我国食用氢化油年用量 10 万余吨，而目前全国食品专用油总产量为 100 多万吨，因此，氢化油在食品专用油脂中所占的比例总体上不超过 10%，实际上，食品专用油脂中 90% 以上成分为棕榈油、棕榈仁油、椰子油等，这些天然植物油无需氢化，所以不含反式脂肪酸。因此，“氢化油大量、广泛应用于食品”的说法并不属实，消费者无需恐慌。

由于东西方传统饮食习惯的巨大差异，总体上中国居民反式脂肪酸的摄入量远远低于西方发达国家，处于相对安全的水平上。但不能排除我国局部地区或特殊人群中可能存在反式脂肪酸摄入过高的情况，因此，要清醒认识到反式脂肪酸的危害性和行业面临问题的严重性和紧迫性。

（4）国际上绝大多数国家并没有禁止食用含有反式脂肪酸的食品，而是依据本国的反式脂肪酸摄入情况设定反式脂肪酸的限量标准或标签标示要求。目前国际上规定反式脂肪酸标签标示要求的国家为数还不多（仅有丹麦、瑞士、美国、加拿大等近十个国家和地区），设定反式脂肪酸限量标准的国家就更少了。

美国等国家强制规定在食品标签上标明反式脂肪酸含量，目的是给消费者以知情权和选择权。但含有反式脂肪酸的食品不等于有毒、有害食品，并不是说标签上注明有反式脂肪酸就表示这个食品不能吃了，否则，这样的食品就根本不可能面世。

（5）氢化油的危害在于其中存在的反式脂肪酸。西方国家的饮食中反式脂肪酸的摄入量比较高，因此其对人体影响的研究也比国内早。在反式脂肪酸对人体的作用方面，国内原创性的研究较少，基础研究还比较薄弱，大部分还是引用国外成果。从目前国际上的研究共识来看，反式脂肪酸的长期和大量摄入与心血管疾病之间，的确存在正相关性。但反式脂肪酸与糖尿病、乳腺癌等其他疾病的是否存在相关性并没有定论。有关媒体报道中声称“氢化油危害堪比杀虫剂”的说法是夸大的。

（6）油脂安全事关人体健康，国外对反式脂肪酸的危害研究和法制规范，必将影响中国油脂和食品行业。我们呼吁广大油脂加工企业，积极开发反式脂肪酸控制技术，推行减少反式脂肪酸的新工艺和新方案，从源头上把关，从根本上消除反式脂肪酸可能引起的健康隐患，以推动我国油脂和食品行业的健康发展。

十三、 安全营养是粮油产品的发展方向

(2012年9月21日 刊于《马鞍山日报》)

昨日，首次来马鞍山的中国粮油学会常务副会长、油脂分会会长王瑞元，刚刚在“中国粮油学会油脂分会第21届学术年会暨中国食用油产业发展论坛”上做完学术报告后，接受了本报记者独家专访。他认为，粮油加工企业要始终坚持把“安全”和“质量”放在第一位，在此基础上把生产“优质、营养、健康、方便”的产品作为发展方向；大力提倡适度加工，提高纯度，提高出品率，合理控制加工精度，避免过度加工。

王瑞元说，随着我国人口增长、生活水平提高和城镇化进程加快，我国对食用油消费需求在总量上将继续保持刚性增长的趋势。在《国家粮食安全中长期规划纲要(2008—2020)》中预测，2020年我国居民人均年食用植物油消费量为20kg，消费需求总量将达到2 900万t。为适应国民经济的继续平稳较快发展、城乡居民收入普遍较快增加、人民生活水平将进一步提高和食用植物油消费刚性增长的需要，《纲要》中提出要“大力发展粮油食品工业”。这意味着在“十二五”期间，我国食用植物油加工业将得到进一步的发展。根据国家粮油信息中心测算，2011年我国八大油料作物的产量分别为棉籽1 188万t、大豆1 350万t、油菜籽1 280万t、花生果1 620万t、葵花籽240万t、芝麻61万t、亚麻籽34万t、油茶籽115万t，总产量5 817万t，比上年略有增长。据测算，我国年人均可供占有量由1996年的7.7kg上升到2011年的21.2kg，已经达到世界人均水平。

王瑞元告诉记者，在国家政策的支持下，未来五年我国以油茶籽为代表的特种油料生产将得到快速发展，特种油料资源将得到开发利用。国家将会支持食用油加工企业利用特种油脂富含功能性成分的特点生产营养健康的功能性油脂，以丰富食用油市场，满足不同人群的需要。在米糠和玉米胚芽利用方面，国家将大力提倡米糠和玉米胚芽制油，为国家增产油脂。重点支持日处理5万t以上的稻谷加工企业配套采用米糠膨化保鲜技术装备，推广“分散保鲜、集中榨油（浸出）”和“分散榨油、集中精炼”模式，以提高米糠利用率和稻米油的品质。

王瑞元指出，食用植物油加工企业要加快企业组织结构的调整，引导企业通过兼并重组，通过产业园区建设，适度提高产业集中度，发展拥有知名品牌和核心竞争力的大型企业和企业集团，改造提升中小企业发展的质量和水平，形成大中小企业分工协作、协调发展的格局。同时，进一步加大对食用油加工企业技术改造的力度，通过采用先进实用、高效低耗、节能环保和安全技术，开发新产品。充分发挥市场机制，强化卫生、环保、安全、能耗的约束作用，建立产业退出机制，逐步淘汰一批工艺落后、设备陈旧、卫生质量安全环保不达标、能耗物耗高的落后产能。粮油加工企业只有通过上述结构调整，才能实施转变发展方式，提高经济效益。

谈到未来发展方向，王瑞元说，“十二五”期间，粮油加工企业要充分利用现有资源和区位优势，推进企业适度集聚发展。鼓励和支持大型产业化龙头企业创建粮油加工产业园区，延伸产业链，向产、加、销一体化、专业化、规模化、集约化方向发展，打造一批科技含量高、综合利用全、带动能力强的粮油加工产业园区，并引导加工企业向粮食加工园区集聚，促进上、下游关联企业专业化协作配套，使之成为粮油产业化发展中的新型载体，形成集粮油收购、储备、仓储、加工、配送、运输、质检、信息等为一体的粮油产业集群，以推进粮油加工业的集约化经营、规模化发展。

十四、 塑化剂与粮油制品的安全

——在油脂与健康论坛上的演讲

(2013 年 1 月 5 日　于北京)

2012 年 11 月酒鬼酒塑化剂事件的曝光，再次把人们的视线对焦食品安全，从 2011 年 5—6 月的台湾饮料塑化剂恶意添加事件，到稍后的内地方便面塑化剂事件，再到不久前白酒塑化剂事件，随着时间的推移，塑化剂引发的食品安全问题愈演愈烈，影响面已迅速扩大到我国台湾、香港和大陆内地乃至全世界，所涉食品也从饮料蔓延到方便食品、白酒、调味品、保健品、药品等。最近，卫生部进一步将婴幼儿食品、白酒、食用油、方便食品等纳入塑化剂风险监测的重点食品，对此，粮油加工企业应引起高度重视，要采取切实措施，将塑化剂在粮油制品中的含量降到最低水平，以确保粮油制品的安全。下面就塑化剂的用途与理化性质、粮油制品中产生塑化剂的来源、以及粮油制品防范塑化剂的对策介绍些情况，并讲点意见。

（一） 塑化剂及其危害

1. 邻苯二甲酸酯类塑化剂的用途与理化性质

塑化剂（plasticizer）是在工业生产上被广泛使用的高分子材料助剂，又称增塑剂。广义的塑化剂是指“凡是能添加到聚合物（如塑料）中改善产品塑性的物质”。广义的塑化剂种类很多，包括：邻苯二甲酸酯、脂肪族二元酸酯、脂肪酸酯、苯多酸酯、多元醇酯、环氧烃类、烷基磺酸酯等。狭义的塑化剂主要是指邻苯二甲酸酯类物质（phthalate esters，简称 PAEs），它们是邻苯二甲酸形成的约 30 种酯类物质的统称，目前它是塑化剂的主体，其产量占塑化剂总产量 80% 左右，在工业上广泛用于塑料成型，尤其用于聚氯乙烯和氯乙烯共聚物，还被用于橡胶、纤维素、染料、分散剂等产品。

邻苯二甲酸酯（PAEs）塑化剂是一类能起到软化作用的化学品，是塑化剂（增塑剂）的主要代表。根据用途，PAEs 可分为两类：即短碳链类（烷基碳数 1 ~ 6）和长碳链类（烷基碳数 7 ~ 13）。短碳链类的分子质量较小，主要有：邻苯二甲酸二甲基酯（DMP）、邻苯二甲酸二乙基酯（DEP）、邻苯二甲酸二丁基酯（DBP）、邻苯二甲酸二异丁基酯（DIBP）、邻苯二甲酸丁基苯甲基酯（BBP）等，其典型用途是作为溶剂用于化妆品和个人护理用品。长碳链类的分子质量较大，主要有：邻苯二甲酸二辛基酯（DNOP 或 DOP）、邻苯二甲酸二（2 - 乙基己基）酯（DEHP）、邻苯二甲酸二异壬酯（DINP）、邻苯二甲酸二异癸酯（DIDP）等，主要作为塑化剂、柔软剂用于塑料工业。在上述化合物中，我国对 DEHP、DBP、DINP 在食品和食品添加剂中的最大允许量已经予以规定。

PAEs 在常温下为无色透明的油状液体，难溶于水，易溶于甲醇、乙醇、乙醚等多种有机溶剂，属脂溶性物质。通常对热和化学试剂都很稳定，大多数是高沸点、低挥发度的液体，少数则是熔点较低的固体。作为酯类物质，PAEs在塑料制品中与塑料基质分子的相容性很好，二者混合后不会离析，故对塑料成型有一定作用，但它与塑料基质分子两者间没有紧密的化学键（如共价键）结合，而仅以氢键或范德华力与塑料相连，彼此仍保持独立的化学结构，随着使用和时间的推移，塑料制品中的PAEs可不断地释出至大气、土壤和水域中，造成对环境的污染，从而对人类健康造成潜在影响。例如，当塑料制品接触到食品时，其中的PAEs便会缓慢溶入其中，最终被消费者摄入体内。

2. 邻苯二甲酸酯类塑化剂的危害

塑化剂PAEs可通过呼吸道、消化道和皮肤吸收进入人体，尽管其大部分可以较快代谢、分解并通过尿液、粪便排出，但仍可能有少量在人体内积累。PAEs虽是结构相似的一类物质，但各种物质的安全性并不一致。总体而言，它们的急性毒性很低，其中DEHP曾被认为是安全的并在牛奶行业的管道塑料制品中推荐使用。大半个世纪以来，PAEs随着工业的发展而被大量生产使用，尚未曾发现由于人体或环境对该类化合物暴露而引起的灾害。但急性毒性低并不意味着其安全，还应关注其慢性毒性的危害。1981年首次报道了DEHP可能诱发啮齿类动物肿瘤，所以尽管DEHP和其他PAEs是否会提高人类发生肝癌的风险至今并没有定论，但国际癌症研究署（IARC）、美国环保署（EPA）还是将其列为人类可能的促癌剂或致癌物质。

对塑化剂安全性的担忧，更多的是其类雌激素作用带来的生殖毒性。毒理学实验表明，DEHP、DBP、BBP有可能引起男性内分泌紊乱，导致精子数量减少，并促使女性性早熟。

塑化剂虽然其急性毒性很低，但对人类健康的潜在危害已经引起世界的广泛关注，现在，欧盟、美国、日本、中国都先后将PAEs列入优先控制污染物的黑名单，美国有DEHP、BBP、DBP、DOP、DEP、DMP六种，我国有DEP、DMP、DOP三种。

（二）粮油制品中产生邻苯二甲酸酯类塑化剂的来源

食品中出现塑化剂，除了非法人为添加（如台湾饮料塑化剂事件）以外，主要有三种可能：一是原料受环境污染；二是在加工环节中产生；三是受到塑料包装的污染。粮油制品也不例外。

1. 粮油作物受环境污染的影响

随着工业发展和时间推移，塑化剂被大量生产和使用，由塑料等制品逐步转移到环境中的塑化剂越来越多，主要途径如焚烧塑料垃圾、农用薄膜中塑化剂的挥发等，目前塑化剂已成为地球上最为广泛的环境污染物，许多国家的大气、湖泊、河流和土壤中已检测出不同浓度的塑化剂。粮油作物从被污染了的环境中吸收塑化剂，随加工而进入制成品中，如溶解在油脂中。意大利公共卫生研究所的Natalia Nanni等发现，意大利市场上销售的172种植物油中，橄榄油污染比其他植物油严重，推测原因可能是橄榄吸收了环境中的塑化剂造成的。Chen Li等调查了我国不同省份、不同区域空气中塑化剂的总量，发现其从 5.2～1 153.0mg/m^{3}间变化，其中重庆和黑龙江最高。我国农田土壤的塑化剂污染也相当严重，不同地区 23 块耕地土壤调查显示，其浓度为 0.89～10.03mg/kg。Feng Zeng 等发现广州近郊土壤已被塑化剂中度污染。

2. 在粮油加工过程中受污染

粮油制品在加工过程中不可避免会接触到一些由塑料、橡胶材料制成的设备或管道、容器，其中如果含有塑化剂，就可能迁移到产品中而污染粮油制品。粮油加工企业可能接触到塑料、橡胶等聚合物制品的环节有：某些固体物料输送设备中的结构件，如斗式提升机的料斗、带式输送机的输送带、溜管（常用塑料作为衬填物），大米抛光机中的塑料固定片，分级筛中的尼龙网丝及两层筛网间的橡胶球，以及包装米、面和油料用的塑料编织袋，储料场常用的篷布、PVC（聚氯乙烯）维纶双面涂塑革等。但需要说明的是，上述聚合物制品中大部分都无需加入塑化剂，如食用油桶、塑料编织袋的原料常为 PE（聚乙烯）和 PP（聚丙烯），都不必加入塑化剂，但如果用回收的废旧材料制作聚合物制品，一般都可能会加入塑化剂。

粮油加工过程中使用的助剂有时也会带来或促进污染。如正己烷等溶剂若在其本身生产过程中接触塑料，则正己烷等溶剂中就可能含有塑化剂；又如正己烷等溶剂在提取油料油脂的过程中又接触到含有塑化剂的塑料制品，就可促使更多塑化剂进入食用油中。熊金龙等研究发现，油脂脱色白土中也含有少量的塑化剂，由此可污染食用油。

另外，粮油制品中如果使用香精和含香精的其他食品配料，则常常成为塑化剂污染的源头之一。在 2011 年台湾饮料塑化剂事件中被查出的 500 多种问题产品当中，主要的麻烦来源就是香精和含香精的食品配料。

3. 来自塑料包装的污染

经检测，几乎所有 PVC 制品或多或少都含有塑化剂，可能用于粮油制品包装的 PVC 制品包括 PVC 的保鲜膜、托盘、塑料瓶、垫片等。其次，橡胶垫片、PVDC（聚偏二氯乙烯）包装膜、回收塑料产品等包装粮油制品可能会添加塑化剂。刘红河等分析了午餐盒饭的 DEHP 污染状况，检出率为 53.2%，其中 16 份密封饭盒中 DEHP 量在 800～11 800μg/kg。

我国食用油包装大多采用无塑化剂的 PP、PE 材料，但若采用含有塑化剂的材料，其塑化剂的污染将会迁移到食用油中。一些不法企业使用劣质塑料油桶、瓶盖等，其塑化剂含量更高。杨科峰等发现，食品包装材料中的增塑剂（即塑化剂）会迁移进入食品中，在上海市场上购买的食用油样品中 DBP 和 DOP 含量高的，可能是由于塑料容器中 DBP 和 DOP 含量较高及在生产加工过程中被增塑剂污染所致。

（三） 粮油制品应对塑化剂的对策

随着塑料制品的广泛使用，目前塑化剂已成为全球无处不在的环境污染物。而邻苯二甲酸酯类塑化剂对公众健康的危害严重程度如何，需要进一步研究并予以量化。不久前发生的白酒塑化剂事件在公众中造成的极大震动，对食品工业造成的重大影响，充分显示出突发公共卫生事件所产生的影响的广泛性和严重性。这种由塑化剂引起的食品安全问题和商业纠纷事件，估计我国今后还会出现。

粮油制品是公众日常三餐的主食，消费范围广、数量大，在食品中具有重要和特殊的地位，因此，对粮油制品中的塑化剂进行食品卫生的安全性评价是非常必要的。建议组织科研机构，在确定可靠测定方法基础上，调查不同塑料包材的塑化剂含量，对不同种类和不同加工精度的粮油制品进行测试，对粮油制品储藏和使用条件变化对包材中塑化剂的迁移规律进行测试，以系统、全面获取我国大米、面粉、食用油中塑化剂暴露量的基础性数据，并在此基础上制定上述塑化剂在粮油制品中的最大允许量及每人每日允许摄入量（ADI），开展相关风险评价。完成上述工作，需要相当长的时间，我们不能等待。尽管粮油制品无需添加塑化剂，但由于原料生长、加工和包装等环节受到塑化剂污染，因此塑化剂对粮油制品的影响不能小看。对此，建议粮油加工企业要积极主动采取以下措施以消除塑化剂对粮油制品安全生产的隐患。

1. 要严格遵守我国对使用邻苯二甲酸酯类塑化剂的有关规定

粮油加工企业在生产粮油制品（含以粮油为原料生产的饮料等）的过程中，都要严格按我国卫生部2011年第16号“关于公布食品中可能违法添加的非食用物质和易滥用的食品添加剂名单（第六批）的公告”，禁止17个邻苯二甲酸酯类物质添加到食品和食品添加剂中去；以及卫办监督函［2011］551号文件明确规定的“邻苯二甲酸酯类物质……不是食品原料，也不是食品添加剂，严禁在食品、食品添加剂中人为添加”等规定，做到在任何情况下都不使用或变相使用邻苯二甲酸酯类塑化剂。

2. 要严把原辅料的质量关

粮油加工企业在严把粮油原料质量的同时，要严格把好在生产过程中使用的各种加工助剂（如溶剂、酸、碱、白土、石蜡等）的产品质量，防止加工助剂带入塑化剂的隐患。

3. 要调整工艺， 更换设备及部件

粮油加工企业（尤其是食用植物油加工企业）在生产过程中，要加强原料的清理，针对塑料杂质，提高原料筛选设备分选杂质的能力，减少塑料杂质进入生产环节；要尽量避免使用塑料管道、塑料设备和塑料容器；对粮油加工设备中可能接触到的塑料、橡胶等聚合物制品（如输送机的输送带，斗式提升机的料斗，用于接驳油的软管，压榨机上的引管，灌装机的灌装头引管，压滤机的支撑板，各类泵、阀、换热器的密封件等部件），要想办法检测其塑化剂含量，不符合要求的要创造条件，进行更换；对使用PVC作为材料的设备与部件，应尽快更换。

4. 要改进包装形式和材料

粮油加工企业要根据实际情况，选用安全的包装形式和包装材料，有条件的可选用非塑料包装材料。如挂面包装提倡纸包装；方便面、方便米线等的调味包可选用可食性包装材料，以及推广酱包、粉包、蔬菜包的“三合一”包装，以降低包装材料用量，减少污染；食用植物油加工企业可使用PET（聚对苯二甲酸乙二酯）、PE、PP等无需加入塑化剂的塑料包装材料；餐用人造奶油的保冷包装可使用PS（聚苯乙烯）塑料。要杜绝使用回收塑料材料制作的聚合物制品以及劣质塑料油桶和瓶盖。

5. 要优化粮油制品的贮藏条件

温度和存放时间是影响塑化剂迁移的重要因素，尤其是储藏温度越高，迁移速度越快，所以在粮油产成品的储藏和使用过程中，应尽量避免高温环境，尤其是在夏天最好在阴凉处储藏，以免造成食品容器、食品包装材料中塑化剂的溶出，而污染粮油制品。

（同文作者：金青哲、安骏）

十五、 中国食用油安全新思路

（2013 年 1 月 8 日　刊于《第一财经日报》）

随着我国国民经济的发展和人民生活水平的提高，我国食用油的消费量不断上升，并将继续保持刚性增长的趋势。这对我国未来的食用油供应形成了巨大挑战。

据国家粮油信息中心提供的统计数字，2011 年我国食用油总消费量达到 2 765 万 t，其中 2 515 万 t 在家庭、餐馆和食堂等终端被消费者直接消费，另外有 250 万 t 用于工业及其他间接消费途径。

由此测算，我国食用油人均年消费量已由 1996 年 7. 7kg 上升到 2011 年的 20. 5kg，达到世界人均 20kg 的水平。该数字在 2001 年首次突破人均 10kg 的水平，2008 年以来则维持在 20kg 上下的水平。业内专家普遍认为，这个数字在未来几十年还会出现持续上扬，从而对我们的食用油供应能力提出了更高的要求。

（一） 油脂自给率仅 38. 1%

在供给方面，除了前述 2 765 万 t 消费量，我国在 2011 年还出口了 12. 4 万 t 食用油，另有年度结余 87. 7 万 t，合计总供给量为 2 865. 1 万 t。虽然看上去能够满足现阶段的需求，但问题在于，这 2 856. 1 万 t 的总供给量中，国产油料的榨油量仅为 1 091. 8 万 t，进口油脂油料的合计总折油为 1 773. 3 万 t，自给率只有 38. 1%。

为满足市场日益增长的需求，同时考虑到我国耕地和水资源极度紧张的现状，国家不得不在国内油料之外，增加油料油脂的进口数量，并呈现加速上升的趋势。以我国进口量最大的大豆来说，2011 年我国大豆进口量 5 264 万 t，国家粮油信息中心预测，2012 年我国大豆进口量将达到 5 770 万 t 左右，这个数字约为我国大豆产量的 4 倍。

应该说，这是我们国家基于资源做出的正确战略选择。我们有限的耕地需要优先用于小麦、水稻、玉米三大主粮的生产，优先保障主粮自给自足。有专家测算，如果我国食用油自给率达到 95%，需要至少 6. 2 亿亩耕地，而现实情况是，我国没有如此巨量的土地用于种植油料，除非与主粮争地。

可以说，增加进口油脂油料是一个实事求是的选择，但也是一个无奈的选择。毕竟食用油也是与广大人民群众日常生活密切相关的生活必需品，国家也将食用油的供应充足、价格稳定作为宏观经济调控的重要内容，而过度依赖国际市场显然不利于保障食用油供应的数量和价格。

因此，提高食用油的自给能力是当务之急，中央也提出，要把我国食用油自给率提高到 40%。在笔者看来，如果在进一步提高我国油料产量的同时，能够充分利用原来被忽视、被浪费的一些油料资源，达到这个目标是有可能的。

（二）稻米油的价值

众所周知，我国是世界上最大的稻谷生产国和消费国，据统计，2012 年我国稻谷产量为2.04 亿 t，约占世界稻谷产量的三分之一。

而水稻中的米糠就是非常好的油料，由其制作而成的稻米油更是一种营养价值很高的食用油。在日本，它作为保健食品优先保障中小学生营养餐的供应，而在平民百姓生活中，则是作为一种奢侈品被使用。

这是因为，稻米油中富含谷维素、植物甾醇、维生素 E、角烯鲨等多种生理活性物质。其中谷维素的含量达1.4% ~1.5%，维生素E 的含量为0.1% ~0.15%，它们都是天然抗氧化剂，可以防止稻米油在储存过程中品质劣变，因此，稻米油较其他食用油更安全。

稻米油中还富含人体必需的油酸和亚油酸。从其脂肪酸组成来看，一般稻米油中含亚油酸 38%，含油酸 42%，比例为 1∶1.1。现代观点认为，亚油酸与油酸的比例应为1∶1 左右为佳，这也符合世界卫生组织推荐的最佳比例。所以，稻米油不仅是脂肪酸组成最为合理的单一油品，今后也将是我国发展功能性油脂的重要油源。

鉴于稻米油营养价值很高，长期食用有利于降低血液中胆固醇含量，降低血压调节植物神经，预防心脑血管疾病等功能，2010 年世界卫生组织第 113 次会议推荐稻米油、玉米油和芝麻油为最佳食用油。由此可见，稻米油是世界公认的营养价值高的优质食用油。

但在我国，这是一笔长期被忽视、被浪费的财富。在稻米油的开发利用上，我国的米糠利用率只有 15% 左右，与日本米糠利用率几乎 100%，以及印度的米糠利用率达60% ~70% 差距较大。

在稻谷加工中，米糠是其最宝贵的副产品，水稻 64% 的营养都在米糠里，含有丰富的脂肪，而且富含多种营养成分，是优质的油料资源。一般来说，稻谷出糠率为 7%左右，而米糠的含油率为 18% ~20%，相当于大豆的出油率。我国 95% 的稻谷用于加工，约产米糠 1 330 万 t。如果能够将 60% 的米糠资源用于榨油，我国每年可生产 120万 ~130 万 t 稻米油。这相当于在没有增加耕地负担的情况下，把我国的食用油自给率提高到了 42%。

我国早在 20 世纪 50 年代就开展了以米糠榨油为重点的综合利用工作；70 年代在国家政策的支持下，稻米油产量一度达万吨以上，对平衡当时国内油脂供应紧缺起到了积极作用。但由于当时的米厂规模较小，米糠榨油难以形成规模生产，加上米糠保鲜及精炼技术等不过关，所以产量一直徘徊在万吨左右。近几年来，国家对米糠资源的利用开始重视，加上稻米加工企业的规模化生产，米糠保鲜和精炼技术的提高，我国稻米油产量逐年提高。据统计，2011 年我国稻米油产量达 34 万 t。

因为有差距，稻米油的发展潜力也十分巨大。如果我们能够做好工作，推动米糠资源的开发利用，对提高我国食用油的自给能力将会发挥重要作用。

（三）发展稻米油还需国家支持

为进一步推动我国稻米油产业的健康发展，我认为还应在以下几个方面多做一些工作：

1. 希望政府有关部门重视米糠资源

把利用好米糠资源，为国家增产油脂看作像发展油料生产一样高度重视，要像支持发展大豆产业一样支持米糠资源的利用。建议国家在资金上给予支持，帮助有一定规模的稻米加工企业，配备米糠保鲜技术装备，对稻米油生产企业要根据实际产量给予一定的奖励。

2. 重视稻米油国家标准的修订工作

要从实际出发，加快修订稻米油国家标准，以引领稻米油产业的健康发展。

3. 加大稻米油产业的科技投入

鉴于稻米油的制取与精炼是所有食用植物油制取与精炼中最复杂的，加上稻米油中的生理活性物质较多，综合利用的前景广阔。为此，建议国家有关部门将稻米油产业的发展列入国家科技攻关项目。

4. 加大对发展稻米油产业的宣传力度

要通过宣传让政府有关部门都知道充分利用米糠资源，不仅能为国家增产油脂，提高我国食用油的自给能力，又能增加优质油源，造福人民。要通过宣传让消费者都知道稻米油是一种营养价值高的优质食用油，经常食用有利于人体健康。

十六、在健康生活与油脂科学高峰论坛上的致辞

（2013年4月20日　于北京）

今天很高兴能参加由“日清奥利友集团株式会社”和“日中健康科学会”共同举办的“健康生活与油脂科学”高峰论坛，与大家共同探讨如何科学合理地食用油脂食品。我从事油脂加工与科技工作已有四十多个年头了，由于工作的关系从20世纪80年代开始，与日清奥利友集团就有多方面的交流和合作，对日清奥利友集团比较了解，所以这次作为中国粮油学会油脂分会的代表为大会致辞感到十分高兴。

中国粮油学会油脂分会是中国油脂科技工作者之家，也是油脂加工企业之家。学会始终致力于为我国油脂科技的进步和油脂加工业的发展服务，是政府联系油脂科技工作者和企业的桥梁和纽带。学会成立二十多年来，为我国油脂科技的进步和油脂工业的发展作出了自己应有的贡献。

随着我国经济社会和科学技术的快速发展，在带给人们丰富物质享受的同时，也导致了人们膳食结构和生活方式的转变。消费者已开始更多地从营养健康以及个人情况出发来选择食用油，对食用油的需求呈现出了多样化的发展趋势。

日清奥利友集团是一家拥有百年历史的综合性油脂企业。特别是在20世纪80年代初，日清奥利友集团积极响应我国政府关于改革开放和引进外资的政策。据我所知，日清奥利友集团是第一批在中国建立合资企业的集团。当时他们的制油技术和生产能力在中国是处于领先地位的。在制油技术的交流方面，日清奥利友集团每年向中国派遣高层管理人员、技术人员的同时，还接待了不少中国的技术人员去日本研修。

近30年来，我始终关注着日清奥利友集团在中国的发展，为他们取得的成绩感到高兴。日清奥利友集团与其他国家的油脂企业相比是进入中国市场最早的，由于在经营管理模式等方面的原因，在中国的发展虽然不如其他国家的油脂企业快，但可喜的是日清奥利友集团在健康油的研发方面，注入了很大的力量，他们顺应时代变迁和人们饮食生活变化，不断进行技术革新，研发出了一系列具有保健功能的食用油。这次他们在中国推出了其中一个具有减肥功能的保健食用油——日清牌中长链脂肪酸食用油。在此，我为日清奥利友集团推出健康新理念的食用油产品表示衷心的祝贺，并预祝“健康生活与油脂科学”高峰论坛，取得圆满成功！

十七、植物油行业应对塑化剂污染时不我待

（2013年5月11日 刊于《中国油脂》周刊）

“最近，卫生部将婴幼儿食品、白酒、食用油、方便食品等列为塑化剂风险监测的重点食品，对此，粮油加工企业应引起高度重视，采取切实措施，将塑化剂在粮油制品中的含量降到最低水平，以确保粮油制品的安全。”日前，中国粮油学会常务副理事长、油脂分会会长王瑞元在接受粮油市场报记者采访时说，植物油行业当前要特别重视防范塑化剂对粮油产品的污染问题。

随着塑料制品的广泛使用，目前塑化剂已成为全球无处不在的环境污染物。王瑞元表示，尽管粮油制品无需添加塑化剂，但由于原料生长、加工和包装等环节受到塑化剂污染，因此塑化剂对粮油制品的影响不能小看。对此，粮油加工企业要积极主动采取措施以消除塑化剂对粮油制品安全生产的隐患。

王瑞元说，他和江南大学食品学院教授金青哲、中粮集团中国食品有限公司技术经理安骏合著的《塑化剂与粮油制品的安全》一书中，专门提出了“粮油制品应对塑化剂的对策”，可概括为“五要”。

1. 要严格遵守我国对使用邻苯二甲酸酯类塑化剂的有关规定

粮油加工企业在生产粮油制品（含以粮油为原料生产的饮料等）的过程中，要严格按我国卫生部2011年第16号“关于公布食品中可能违法添加的非食用物质和易滥用的食品添加剂名单（第六批）向公告”，禁止17个邻苯二甲酸酯类物质添加到食品和食品添加剂中去；严格按照卫办监督涵［2011］551号文件明确规定的“邻苯二甲酸酯类物质……不是食品原料，也不是食品添加剂，严禁在食品、食品添加剂中人为添加”等规定，做到在任何情况下都不使用或变相使用邻苯二甲酸酯类塑化剂。

2. 要严把原辅料的质量关

粮油加工企业在严把粮油原料质量的同时，要严格把好在生产过程中使用的各种加工助剂（如溶剂、酸、碱、白土、石蜡等）的产品质量，防止加工助剂带入塑化剂的隐患。

3. 要调整工艺，更换设备及部件

粮油加工企业（尤其是食用植物油加工企业）在生产过程中，要加强原料的清理，针对塑料杂质，提高原料筛选设备分选杂质的能力，减少塑料进入生产环节；要尽量避免使用塑料管道、塑料设备和塑料容器；对粮油加工设备中可能接触到的塑料、橡胶等聚合物制品（如输送机的输送带、斗式提升机的料斗、用于接驳油的软管、压榨机上的引管、灌装机的灌装头引管、压滤机的支撑板以及各类泵、阀、换热器的密封件等部件），要想办法检测其塑化剂含量，不符合要求的要创造条件，进行更换；对使用PVC作为材料的设备与部件，应尽快更换。

4. 要改进包装形式和材料

粮油加工企业要根据实际情况，选用安全的包装形式和包材，有条件的可选用非塑料包材，如挂面包装提倡纸包装；方便面、方便米线等的调味包可选用可食性包装材料，以及推广酱包、粉包、蔬菜包的“三合一”包装，以降低包材用量，减少污染；食用植物油加工企业可使用 PET（聚对苯二甲酸乙二酯）、PE、PP 等无需加入塑化剂的塑料包装材料；餐用人造奶油的保冷包装可使用 PS（聚苯乙烯）塑料。要杜绝使用回收塑料材料制作的聚合物制品以及劣质塑料油桶和瓶盖。

5. 要优化粮油制品储藏条件

温度和存放时间是影响塑化剂迁移的重要因素，尤其是储藏温度越高，迁移速度越快，所以在粮油产成品的储藏和使用过程中，应尽量避免高温环境，尤其是夏天的时候最好在阴凉处储藏，以免造成食品容器、食品包装材料中塑化剂的溶出，而污染粮油制品。

十八、 在《粮油产品质量安全与营养健康知识问答》中撰写的十二个问答题

(2014 年 12 月 12 日　于北京)

编者按

为广大消费者正确了解粮油产品的质量安全与营养健康，引导人们科学消费，合理消费，中国粮油学会于 2005 年组织专家，编写了《粮油产品营养与健康知识百问》的科普读本（主编王瑞元），得到了大家的好评。但随着科技和粮油产品的不断发展，原来的读本内容已不能完全适合读者的要求，需要进行完善与补充。为此，中国粮油学会决定重新编写《粮油产品质量安全与营养健康知识问答》。在新版读本（即将出版）中，油脂篇的内容由原来的 36 条增加到 70 条。在编写过程中，王瑞元同志除了负责油脂篇内容的策划、修改和总编外，他还亲自撰写了以下十二个问答题。

1. 我国油脂加工业和油脂产品与国际先进水平有差距吗?

我国油脂加工业与中华文明史一样，古老而悠久。据记载，在 2000 多年前的西汉时期，我国就已经有了植物油的制取方法。由此可见，中国古代制油技术，历史悠久，在世界上享有盛誉，并在相当长的时间内是世界上独有和先进的。但因长期受封建社会的影响，我国近代油脂工业的发展缓慢，与国际先进水平相比差距很大。改革开放以来，尤其是进入 21 世纪以来，随着我国经济的快速发展，我国的油脂加工业发生了翻天覆地的变化。现在，我国油脂加工业的技术、质量与装备等总体技术水平已经接近和达到国际先进水平。油脂产品的质量和品种是我国有史以来最好最多的时期，食用油市场上琳琅满目的各种小包装食用油产品其质量和包装与发达国家没有什么差距，丰富多彩的各类食用油产品是国外许多国家所不及的。

2. 什么是特种油脂? 它的营养价值高吗?

我国的油料作物品种繁多，油料资源十分丰富。油菜籽、大豆、花生、葵花籽和棉籽是我国的五大油料作物，其中油菜籽和花生的产量居世界第一。除五大油料作物外，我国还有许多特种油料资源，通常称之为“小油料”。所谓小油料，是相对于五大油料作物而言，因为它们的生长的范围、播种面积不如五大油料作物地广量大，其产量自然也不如五大油料作物那么多。

所谓特种油脂，就是利用特种油料生产的油脂。在这些油脂中，含有丰富的不饱和脂肪酸，尤其是油酸和亚油酸含量高，还富含多种生物活性物质。特种油脂在市场上的价格，要比五大油料产品高几倍。因此，开发利用特种油料，生产调和油及功能性油脂是繁荣食用油市场，提高经济效益和人民健康水平，增加出口创汇的重要手段。

我国特种油料品种多达上百种。目前，产量较大且已经开发利用的有：油茶籽油、茶叶籽油、亚麻籽油、红花籽油、葡萄籽油、紫苏油、月见草油、核桃仁油、杏仁油、

南瓜籽油、苍耳籽油、沙棘油、松籽油和番茄籽油等；另外还有稻米油、玉米油和小麦胚油等谷物油脂。由于上述油脂具备特有的功能，所以有着良好的开发前景。

特种油料的加工方法，与油菜籽、大豆、花生等油料的加工一样，都要先经过毛油制取，再经脱胶、脱酸、脱色、脱臭等精炼工序（油茶籽油和稻米油等还需进行脱蜡、脱脂等工序）方可食用。现在油茶籽油、稻米油、红花籽油和玉米油等，在全国各大中城市，特别是沿海地区已普遍销售，颇受消费者的青睐。

为了支持特种油料的开发利用，国家发展与改革委员会已将湖南金健米业的稻米油精深加工、江西武冠的茶油深加工及综合利用、新疆塔城的红花籽油精深加工等列入了国家农副产品深加工示范工程项目。在国家政策的鼓励支持下，今后更多更好的特种食用油脂将与消费者见面。

3. 我国有哪些木本油料资源？ 木本油料有哪些特点？

木本油料是我国特有的传统油料作物，也是提供健康优质食用植物油的重要来源。我国木本油料作物的树种资源十分丰富，种籽含油量在40%以上的有150多种，其中油茶和核桃是我国传统木本油料的代表，另外还有油用牡丹、长柄扁桃、光皮梾木、元宝枫、翅果、茶叶籽、杜仲、盐肤木等新型食用油料树种，这些树种不仅可广泛栽培，而且产量高，具有广阔的发展前景。目前，我国还有6亿多亩宜林荒山荒地、6 400多万亩25度以上坡耕地和大量的盐碱地、沙荒地等，利用这些土地大力发展木本油料，既不与粮食争地，又能有效增加国内食用植物油的供给。为此，引起了中央领导和各级政府的高度重视。

用木本油料制取的油脂，在脂肪酸组成上大多优于其他大宗食用油品，并富含维生素E、甾醇、角鲨烯、天然抗氧化物质等生物活性成分和富含磷、钙、镁、铁、锌、钾等微量元素，是生产功能性油脂的重要原料，在油脂界誉称为特种油脂。

木本油料自栽培到收获一般要经过3~5年时间，种籽的采集、烘干和加工与大宗油料相比费工费时，生产成本相对较高。

4. 为什么说浸出法制油工艺先进？ 食用浸出油安全吗？

浸出法制油，早在1843年起源于法国。由于科学技术的迅猛发展，国外制油工业走向集约化、规模化。当今，在工业发达国家，用浸出工艺生产的油脂，占油脂生产总量的90%以上。旧中国油脂工业十分落后，浸出工艺制油的企业寥寥无几。新中国成立以后，油脂工业得到相应的发展。尤其是“七五”期间，浸出法制油技术列入国家重点推广项目后发展迅速。至今，全国浸出法制油厂（车间）达到2000多家，浸出制油工艺已占整个制油生产能力的80%以上。

浸出法制油工艺的理论依据是萃取原理。这种方法，已经延伸到食品工业、医药行业等广泛采用。浸出法制油，是选用符合国家相关标准的溶剂，利用油脂与溶剂的互溶性质，经溶剂与处理过的固体油料中的油脂接触，将其萃取溶解出来，而后用严格的工艺和设备，脱除油脂中溶剂的一种先进、科学的制油方法。

浸出法制油的过程，一般分为五个基本工序。即浸出前对油料的预处理；预榨浸出或直接浸出；取得的萃取液（混合油）经蒸发、汽提脱溶，将溶剂与油脂分离；浸出后的物料（粕）经蒸发脱除溶剂；溶剂经回收后再利用。

浸出法制油之所以比压榨法制油科学、先进，是因为它具有粕中残油少、出油率高、加工成本低、生产条件好、粕的质量高、油料资源得以充分利用等优点。

用浸出法制油工艺制取的油脂叫浸出油。浸出油是由浸出毛油经过脱溶、脱胶、脱酸、脱色、脱臭和脱脂（有的还要经过脱蜡）等不同精炼工序处理，并达到新的国家质量标准和卫生标准的食用油，它与用其他方法制取的食用油一样，都是安全的，可以放心食用的。

5. 用转基因油料生产的食用油安全吗？

对转基因食品的安全性问题，是广大消费者关注的问题，用转基因油料生产的食用油是否安全，也是大家关心的问题。这里要向大家介绍的是，为满足我国食用油市场的需求，我们每年要从美国、巴西、阿根廷等国进口转基因大豆6 000多万吨和大豆油100万~200万t。也就是说，我国每年要有1 200万~1 300万t用转基因大豆生产的食用油进入油脂市场。

为保障转基因食品的安全，国家制订了《农业转基因生物管理条例》，农业部配套制订颁发了《农业转基因生物标识管理办法》和《农业转基因生物加工审批办法》，并规定进口转基因农产品都要经“国家农业转基因生物安全委员会”严格审查同意后才能进口。以大豆为例，目前转基因的大豆品种有30多种。经严格审查后，我国只允许进口其中的少数几个品种。由此，我们可以相信，凡经国家批准同意进口的转基因食品是安全的。

这里，我们还要告诉大家，由于转基因大豆中的转基因成分是以蛋白质为载体的，不与脂肪相结合，所以用转基因油料生产的食用油中是不含转基因成分的。这就更加表明，用转基因油料生产的食用油是安全的，消费者是可以放心食用的。

6. 市场上出现的家用“小榨油机”值得提倡吗？

近些年，在利益的驱动下，少数不法分子和企业铤而走险，致使食用油市场上“地沟油”返回餐桌、“假冒伪劣”和“以次充好”等现象时有发生，严重伤害了消费者的消费心理，让有些消费者对食用油的安全产生了困惑。为迎合少数消费者的困惑心理，市场上出现了以“自榨自食、眼见为实”等所谓优点的家用“小榨油机”。这些家用“小榨油”一度吸引了少数消费者，但久而久之，一些使用过家用“小榨油机”的消费者，对采用这种方式加工的食用油安全问题产生了新的疑虑，他们来信来电，询问油脂界的专家。在此，我们可以负责任地告诉大家，这种榨油方式不值得提倡，更不是现代社会的发展方向。其理由是：第一，鉴于采用这种方式榨油，不可能边榨边用，一般要榨取一定数量的油脂供一段时间食用。由于这些油脂未经精炼，容易变质，不宜储存；第二，这种未经精炼的自榨食用油，无法除去油料在种植和储藏过程中带给它的有害有毒物质，安全风险较大；第三，这种榨油方式不利于油料资源的综合开发利用，尤其是对需要靠大量进口油脂油料才能满足食用市场需求的我国，这种榨油和食用方式，任何时候都不能提倡。

7. 我国食用植物油市场上的品种有多少？ 产量和市场份额有多大？

我国在市场上的食用植物油品种多达几十种，是世界上食用植物油品种最多的国家之一。在市场上常见的大宗油脂产品有：大豆油、菜籽油、花生油、棉籽油、玉米油、棕榈油、葵花籽油、油茶籽油、芝麻油、亚麻籽油、米糠油、橄榄油、核桃油等等；还有目前数量相对较少的特种油脂，如红花籽油、紫苏籽油、牡丹籽油、小麦胚芽油、大米胚芽油、茶叶籽油、葡萄籽油、沙棘籽油、南瓜籽油、杏仁油、松籽油、番茄籽油、月见草油等；另外还有猪、牛、羊等动物油脂和微生物油脂。

根据国家粮食局2012年的统计，我国有1700多家有一定规模的食用植物油加工企业，根据其生产出的不同油脂品种的数量，可以计算出各类油品在市场上所占份额如下：大豆油的产量1 900多万吨，占总量的48.7%；菜籽油770多万吨，占19.5%；棕榈油500多万吨，占12.7%；玉米油165万t，占4.2%；棉籽油153万t，占3.8%；花生油138万t，占3.5%；葵花籽油48万t，占1.2%；米糠油40万t，占1.0%；油茶籽油26万t，占0.6%；芝麻油20万t，占0.5%；其他油品合计173万t，占4.4%。

8. 什么是色拉油？

色拉油（即国家新标准中的一级油）俗称凉拌油，是将毛油经过精炼加工而成的精制食用油，可用于生吃，因特别适合用于西餐“色拉”凉拌菜而得名。

色拉油是精炼油之精品，呈淡黄色，澄清、透明、无气味、口感好，用于烹调时不起沫、油烟少，在0℃条件下冷藏5.5h仍能保持澄清、透明（花生色拉油除外），除作烹调、煎炸用油外，主要用于冷餐凉拌油，还可以作为人造奶油、起酥油、蛋黄酱及各种调味油的原料油。色拉油的加工一般是先将油料加工成毛油，再经脱胶、脱酸、脱色、脱臭、脱蜡、脱脂等工序成为成品。色拉油的包装容器应专用、清洁、干燥和密封，符合食品卫生和安全要求，不得掺有其他食用油和非食用油、矿物油等。目前市场上供应的色拉油有大豆色拉油、菜籽色拉油、葵花籽色拉油，玉米色拉油和稻米色拉油等。

9. 什么是高级烹调油？

高级烹调油（即国家新标准中的二级油）是将普通食用油再加工成的精制食用油。它的外观澄清、透明、色泽淡黄，比一般食用油色浅，比色拉油色略深，无一般食用油存在的油料固有气味和口味（如油菜籽的辛辣味、大豆的豆腥味等），水分、杂质、酸价、过氧化值等比一般食用油低，但酸价高于色拉油，烟点比色拉油低5～10℃，用于烹调不起沫、油烟少，价格应该比色拉油低，是色味俱佳、营养丰富的高档食用油。主要作烹调用油，煎、炒、炸各种菜肴，也可做人造奶油、起酥油、调和油的原料。高级烹调油的选用原料、生产工艺、包装容器等与色拉油相同。目前市场上供应的高级烹调油有大豆高级烹调油、菜籽高级烹调油、花生高级烹调油、葵花籽高级烹调油，玉米烹调油和稻米高级烹调油等。

10. 什么是调和油？

调和油又称调合油，它是根据使用需要，一般是将两种以上经精炼的油脂（香味油除外）按脂肪酸合理构成比例调配制成的食用油。调和油澄清、透明，可作熘、炒、煎、炸或凉拌用油。调和油一般选用精炼大豆油、菜籽油、花生油、葵花籽油、棉籽油等为主要原料，配以一定数量的精炼过的稻米油，玉米油、油茶籽油、红花籽油、小麦胚油等特种油脂。其加工过程是：根据需要选择上述两种以上精炼过的油脂，调合成为调和油。

我国在20世纪80年初，从国外引入了调和油产品生产技术，主要是以不同的成品食用植物油为原料，通过科学调配，改善食用油的营养和风味。据有关部门统计，2012年我国食用植物调和油产量为200多万吨，其市场份额占15%左右。

11. 什么是人造奶油？ 其用途是什么？

人造奶油（也称人造黄油），是人工制造的奶油。奶油已有4000多年历史，而人造奶油只有100多年的历史，国外称为麦加林（Margarine），是从希腊语“珍珠”一词转化而来的，这是根据人造奶油在制作过程中，流动的油脂放出珍珠般的光泽而命名的。

人造奶油是指精制食用油添加水及其他辅料，经乳化、急冷捏合成具有天然奶油特色的可塑性油脂制品。由于配方和制作过程的差异，各国对人造奶油的定义和标准不尽相同。人造奶油分家庭用人造奶油和食品工业用人造奶油两大类。

家庭用人造奶油——主要是在饭店或家庭就餐时直接涂抹在面包上食用，少量用于烹调，市场上多为小包装销售。家庭用人造奶油必须具有保形性强、展延性好、口融性好、风味好和营养价值高等特性。根据不同的用途可分为硬型餐用人造奶油、软型人造奶油、高亚油酸型人造奶油、低热量型人造奶油、流动性人造奶油和烹调用人造奶油等多种。

食品工业用人造奶油——主要在食品工业的糕点、糖果中应用。根据不同用途分为通用型人造奶油、专用人造奶油（包括面包用、起层用和油酥点心用等人造奶油）、逆相人造奶油、双层乳化型人造奶油和调和人造奶油等。

制造人造奶油的原料油脂包括：猪脂、牛脂、鲸鱼油、鱼油等动物油；大豆油、棉籽油、椰子油、棕榈油、红花籽油、稻米油、玉米油、葵花籽油、菜籽油等食用植物油及其氢化油；动、植物酯交换油等。在制造人造奶油时，以上油脂都必需经过脱酸、脱色、脱臭等严格精炼后才能作为原料油脂。

为了改善人造奶油的风味、外观、组成、物理性质、营养价值等，在制造人造奶油时，根据配方还必须加入一定量的牛奶、食盐、乳化剂、防腐剂、抗氧化剂、香味剂、着色剂、食糖、维生素A和维生素D等添加剂。

人造奶油生产过程，包括原辅料配比混合、乳化、急冷、捏合、包装、熟化等多个阶段。

前些年，由于人们发现动脉硬化、高血压等疾病与动物脂肪中的胆固醇有关，而人造奶油中牛脂和猪脂用量很少或根本不用，所以人造奶油一跃成为受人们欢迎的产品。目前，全世界人造奶油的产量已经远远超过天然奶油的产量。我国生产人造奶油起步较晚，大多用于食品工业。随着我国人民生活水平的不断提高和饮食的多样化，人造奶油的生产也将得到较快的发展。

12. 什么是起酥油？ 其用途是什么？

起酥油是指精炼的动、植物油脂、氢化油或这些油脂的混合物，经急冷、充氮、捏合制成的固态可塑油脂或不经急冷、充氮、捏合加工出来的固态或流动态的油脂制品。用这种油脂加工饼干等食品时，可使制品酥脆。由此，人们把这种性能的油脂称作“起酥油”，把这种性能称为“起酥性”。起酥油起源于美国，在19世纪末，先是作为猪油代用品。20世纪初期，欧洲用催化剂氢化油脂的生产技术传入美国后，起酥油生产进入了新的时代。我国在20世纪80年代初期，上海、北京等地及全国先后开始生产起酥油，主要用于食品行业，其消费量迅速增加。

起酥油的品种、规格甚多，通常可分为全氢化型起酥油、混合型起酥油和特种起酥油。根据原料油脂种类、生产方式、乳化油添加与否、以及产品的用途、性状、性能还可分为许多品种。起酥油具有鲜明的奶白色或淡黄色奶油状组织和良好的气味，主要成分是脂肪。另外，根据用途可添加不同的添加剂辅料，一般常用的添加剂辅料有乳化剂、抗氧化剂、消泡剂、氮气、着色剂和香料等。起酥油广泛应用于烹调和烘焙食品，具有可塑性、起酥性、酪化性、乳化分散性、吸水性、稳定性和煎炸性。

起酥油的主要原料是经过精炼的动、植物油脂，如大豆油、棉籽油、菜籽油、稻米油、椰子油、棕榈油、猪油、牛油、鱼油及其氢化油。主要生产加工过程有原辅料配比混合、冷却、急冷捏合、充氮、包装和熟化等。

十九、 食品安全方面　油脂产品的污染问题——中国当下的关切焦点

（2015 年 1 月 10 日　于北京）

食用油安全的主要危害因素可分为物理危害、化学危害和生物危害。物理危害主要分为机械迁移、包材迁移以及外来杂质。食用油中的化学危害较多，污染源多为苯并芘、三氯丙醇、农药残留、反式脂肪酸以及塑化剂。而食用油的生物危害有以下较常见的两种，分别是花生油料中的黄曲霉毒素和玉米油料中的玉米赤霉烯酮。

（一） 危害因素来源环节

危害因素主要来自三个环节，即油料种植及储藏、食用油生产加工和产品使用环节。

1. 油料种植及储藏环节

常见的危害有重金属污染、二噁英污染、油料霉变以及农药残留。

（1）重金属污染　主要来源于工业污染，普遍的重金属污染源为砷、镉、铅和汞。我国的重金属污染情况范围广，程度深。数据显示中国内地受重金属污染的耕地面积已达 2 000 万 hm^2（3 亿亩），占全国总耕地面积的 1/6，并且还呈现不断加剧的趋势。

（2）二噁英污染　二噁英是含 Cl 的强毒性有机化学物质，500℃开始分解，800℃时 21s 完全分解。它可以损害多种器官和系统，一旦进入人体会长久驻留，因为其本身具有化学稳定性并易于被脂肪组织吸收，并从此长期积蓄在体内，可能透过间接的生理途径而致癌，对胎儿血液系统、淋巴系统及生殖系统造成危害。二噁英在体内的半衰期约为 7 ~ 11 年。在环境中，二噁英容易聚积在食物链中。食物链中依赖动物食品的程度越高，二噁英聚积的程度越高。

（3）油料霉变　油料霉变主要由毒素引起，我国谷物基本上是多种毒素混合存在，南方以黄曲霉毒素污染为主；北方则视季节而定，以黄曲霉毒素为主，或黄曲霉毒素、呕吐毒素、T－2 毒素等多种毒素混合存在。毒素分布虽有地域差别，但不完全呈地域分布特点；黄淮海平原黄曲霉毒素普遍较东北高，但东北玉米到南方受当地气候影响，若加工成混合料后，毒素水平再次提高。毒素类型及浓度取决于发霉时间及温度。谷物及饲料中的霉菌毒素污染情况会因为不同地区的气候，温湿度，以及加工方式而不同。一般北方低温干燥，饲料中霉菌毒素污染情况会较南方高温高湿地区轻。黄曲霉毒素高污染区域主要有广西、四川、贵州与云南。

（4）农药残留　农药残留会引起人与动物的急性、亚急性及慢性中毒，并且会影响农产品口感与农业生产，导致农作物品质下降。

2. 食用油生产加工环节

常见的物理危害是包材迁移和机械迁移，而化学危害则有苯并芘、三氯丙醇、反

式脂肪酸以及塑化剂。

（1）苯并芘　苯并芘是强毒性的致癌物，是16种多环芳烃中的一个种类，原料烘烤、焙炒与浸出溶剂质量会影响苯并芘的含量，机器迁移也会将苯并芘带入食用油中。

（2）三氯丙醇　三氯丙醇是脂肪在强酸下断裂水解而形成甘油，而甘油在强酸或高温条件下发生反应，HCl取代醇羟基而生成的。三氯丙醇是一种对机体的肾脏肝脏以及生殖系统有毒性的物质。世界卫生组织和联合国粮食及农业组织食品添加剂联合专家委员会第41次会议上，将三氯丙醇评价为食品污染物，要求其在水解蛋白中的含量应降低到工艺上可以达到的最低水平。

（3）反式脂肪酸　食品中的两个反式脂肪酸来源，分别是食品本身含有的，以及在食品的生产过程中产生的。油脂在部分氢化工艺过程或高温脱臭过程中会导致产生反式脂肪酸。由于反式脂肪酸的不适当摄入会导致多种疾病的发生，研究表明心脑血管疾病、糖尿病等多种慢性非传染性疾病与反式脂肪酸息息相关。因此在食品加工中，应尽量降低反式脂肪酸的含量。

（4）塑化剂　另一类受关注的污染物是包材中的塑化剂，其在受热的情况下会迁移进入食用油中，带来严重的食品安全隐患。香港浸会大学生物系用老鼠作进一步研究，发现曾经服食“塑化剂”的老鼠诞下的后代以雌性为主，并会影响其正常的排卵；诞下的雄性，其生殖器官较正常的小三分之二，精子数量大减，反映“塑化剂”毒性属抗雄激素活性，造成内分泌失调，影响其正常生育能力。

3. 食用油产品使用环节

最大的危害是油脂的氧化酸败。已经酸败了的油脂会破坏食品中的维生素，降低蛋白质中的有效赖氨酸含量，酸败产生的二羰基化合物还能在蛋白质肽链之间发生交联作用阻碍消化道酶的消化作用，使食品的营养价值降低。酸败食品中的过氧化脂的自由基能与人体细胞中核酸的碱基发生反应，诱发细胞遗传基因的突变，从而引起癌变。酸败食品中的过氧化物可以诱发细胞膜和细胞器上的磷脂过氧化，使细胞电子传导发生障碍，阻碍细胞呼吸的进行，引起动脉粥样硬化，心、脑血管阻塞性疾病。

（二）危害因素的管控措施

食用油中的危害因素可以通过防范措施和消除措施进行管理控制。其中，检测技术是采取消除措施的重要信息支持。

1. 防范措施

（1）通用防范措施　普遍的食用油危害因素防范措施有良好农业规范、良好生产规范、HACCP和科普。其中，良好农业规范可以运用在油料种植与储存环节，良好生产规范可以运用在食用油生产加工环节，HACCP可整个食用油生产供应链中运用，而科普则是面向消费者进行产品使用的知识普及。

（2）特定防范措施　除通用的防范措施外，针对每一个危害因素都有相应的特定防范措施。以下简述三种危害因素的防范措施，见表1。

表 1　　三种危害因素的防范措施

危害因素		防范措施
反式脂肪酸	产品配方的调整	通过加入一些有特殊性能的油脂（例：棕榈油或高油酸/低亚麻酸油），代替氢化油脂，在保持甚至提高油脂应用性能的前提下，降低反式酸的含量
	酯交换	通过酶或化学催化剂的作用，在较温和的条件下进行酶交换反应，反应脂肪酸含量较低。是取代氢化工艺生产低反式脂肪酸含量产品的理想技术
	分提技术	以棕榈油为例，通过分提技术获得不同性能的产品，分提过程不产生反式脂肪酸
	改进氢化工艺技术	采用新型贵金属铂（Pt）或钯（Pd）代替传统的镍（Ni）为催化剂，可在较低的温度条件下进行氢化反应，从而在一定程度地降低反式不饱和脂肪酸
	加工工艺	引起反式脂肪酸含量增加幅度的加工工艺为：冷压 $<$ 热压 $<$ 化学精炼
	精炼工艺	脱胶、脱酸与脱色工艺基本不影响反式脂肪酸的含量，而脱臭工艺会大幅度引起其含量的增加。以大豆油为例，在其他条件一致的情况下，反式酸含量与脱臭温度存在显著正相关关系（相关系数 0.996，$P<0.01$）
塑化剂	油脂加工过程中控制从环境带入的原料及添加剂；生产过程中管道连接尽可能采用金属垫片；在包装材料管控方面，要求供应商提供不使用塑化剂的包材，并且供应商审核及来料检测	
三氯丙醇	脱胶、脱臭与中和	能降低三氯丙醇在食用油中的含量

2. **消除措施**

对于已经存在于食用油中的危害因素，有效的消除措施是非常重要的管控手段。常见的消除手段有吸附、脱酸、脱色、脱臭和脱水等。同样，针对各种危害因素有特定的消除措施。表 2 简述两种危害因素的消除措施。

表 2　　两种危害因素的消除措施

危害因素		消除措施
多环芳烃	脱色、脱臭及吸附	能有效降低多环芳烃在食用油中的含量
黄曲霉素	精炼工艺（碱炼、吸附等）	涉及环节：油料种植储藏、仓储运输 在油脂加工中以优先采用碱炼及吸附法为宜

（三）关注地沟油

地沟油，泛指在生活中存在的各类劣质油，是一种质量极差、极不卫生的非食用油。地沟油会破坏人们的白血球和消化道黏膜，引起食物中毒，甚至致癌的严重后果。

因此“地沟油”被严禁用于食用油。但是一些不法商贩受利益驱动而不顾人民群众生命安全，私自生产加工“地沟油”并作为食用油低价销售给小餐馆，给消费者的健康带来极大伤害。因此“地沟油”已经成为人们生活中带来身体伤害的各类劣质油的代名词。

地沟油生产过程简单。将收集到的废弃油脂倒入沉淀池，加入添加剂，如明矾、硫酸等进行加热。废弃油脂中废弃的动植物油脂因加热而漂浮到上层，随后把褐红色的上层废油去除，在剩下的废油中添加木材的锯末并进行不断地搅拌，进行脱色工序。经过脱色后的废油装入到口袋进行挤压，得到了深棕黄色的废油。经过上述加工环节生产出来的地沟油就具备了相当的市场价值。

然而，地沟油的检测是非常困难的。地沟油是一个极不标准的研究对象，没有固定的组成，也没有典型的样品，给检测带来很大的不确定性。复杂多变的成分导致无法为地沟油找到特征指标，并且正常食用油的特征指标也无法在地沟油的检测中适用，部分地沟油的酸价或其他指标均符合标准，为地沟油的判定带来了很大的困难。由于检测技术的欠缺，地沟油的检测标准至今未能制定，多种监测方案仍有特异性缺乏的情况存在。

地沟油并不是魔鬼，而是“放错了地方”的一种回收的资源，它可以转化成生物柴油或成为化工原料。

地沟油的管控和检测都是治理地沟油的重要环节。从源头到去向做好监管，相对于定制检测方法更重要，若只重检测方法便造成本末倒置。地沟油的流入的原因多为不法商贩的图利心理及明知故犯。望以后能出台相关政策，让地沟油物尽其用，加强对餐馆、工厂的监管以及通过对不法分子的严惩来阻断地沟油流入餐饮市场的机会。

（四）总结

油脂工业面临一系列食品安全的问题，存在于农业、原料处理、加工和使用及使用管理等各个环节。解决安全食用的问题不仅是技术问题，也是管理问题。中国油脂工业建立和实践了系统的安全需求。面对新的食品安全问题，中国在技术和操作方面都有前瞻性的推进。食用油的食品安全与我们息息相关，从预测到预防，再到消除。在源头将危害控制，以保证产品的健康安全。

同文作者：王瑞元[1*]、徐学兵[2]、叶璐瑶[2]、郑超[2]（1. 中国粮油学会，北京 100037；2. 丰益全球研发中心/益海嘉里集团，上海 200137）

第五章

油脂企业品牌建设

一、 首谈粮油企业争创中国名牌应注意的几个问题

——在第二次全国重点粮油企业名牌工作会议上的主题报告

（2004 年 12 月 15 日　于天津）

今天，中国粮食行业协会、中国植物油行业协会在天津召开“第二次全国重点粮油企业名牌工作会议”，参加会议的除了荣获 2004 年中国名牌产品的 7 个大米生产企业和 13 个面粉生产企业的代表外，还特邀了部分油脂加工企业的代表参加本次会议。这次会议的目的是——总结全国粮油企业争创名牌的经验；研究如何在全国粮油企业中培育和巩固更多的中国名牌；配合中国名牌战略推进委员会做好 2005 年中国名牌产品评价目录的确定工作。下面，我就粮油企业争创中国名牌应注意的问题讲几点意见，供大家参考。

（一）“中国名牌” 来之不易

中国名牌是当前中国企业的最高荣誉，是要求最高最严、含金量最高的荣誉。可以这样说，获得中国名牌的多少，反映了一个地区综合经济实力的强弱，反映了其经济增长的质量与水平，同时也集中体现了一个行业的整体素质，标志着企业的信用和形象，反映了一个企业的管理水平、经营水平、产品档次和科技含量，是企业最重要的无形资产。因此，引起了各行各业的高度关注和重视，都把培育和争创中国名牌作为一项工程来抓，常抓不懈。

中国粮食行业协会对粮油企业培育和争创中国名牌高度重视，并作为一项工程来抓。2001 年上半年，国家成立了中国名牌战略推进委员会，同年 7 月，白美清会长在山东威海召开的中国粮油学会工作会议上就部署了在全行业开展培育和争创中国名牌和世界名牌的工作；7 月 30 日，中国粮食行业协会召开会长办公会议，成立了以白美清会长为组长的中国名牌战略推进委员会粮食行业专业委员会，并把培育和争创中国名牌作为一项工程来抓。

此后，我们多次向中国名推委汇报工作，反映粮油行业的实际情况，希望中国名推委将关系国计民生的粮油产品列入“中国名牌产品评价目录”。今年 2 月 10 日，中国粮食行业协会在北京召开全国重点粮油企业名牌工作会议，在广泛听取意见和征集资料的基础上，根据“名推委秘函（2004）1 号”《关于征求 2004 年中国名牌产品评价目录建议的函》的要求，中国粮食行业协会发文致国家质检总局质量管理司和中国名牌战略推进委员会，要求将食用植物油、大米、小麦粉列入 2004 年中国名牌产品评价目录。不久，中国名牌战略推进委员会于 3 月 30 日发出第 1 号公告，将大米、小麦粉列入了 2004 年中国名牌产品评价范围。接着，中国粮食行业协会向各省、市、区粮食行业协会发出了“抓紧做好 2004 年中国名牌产品申报工作的通知”，由此开始，正式拉开了中国名牌产品在粮油企业的评审工作的序幕。

经过企业申报，各省、市、区粮食行业协会和质检局的审核、推荐，至7月上旬，全国各地共向中国名推委推荐了27个大米生产企业和40个小麦粉生产企业，作为2004年中国名牌产品的参评企业。在此基础上，中国名推委于7月中旬组织专家，成立相关专业委员会，对参评企业严格按照标准进行综合评选，并将初选名单向社会公开征求意见。最后由中国名牌战略推进委员会全体委员会议审核确定在粮油企业中，金健、北大荒等7个大米品牌和金象、金苑等13个小麦粉品牌为中国名牌产品。这是全行业多年来共同努力的结果，这一结果不仅是获得中国名牌企业的荣誉，也是我们粮油行业的荣誉，实属来之不易。这一结果也充分体现了中国粮食行业协会想企业之所想的服务宗旨。

（二） 争创中国名牌应注意的几个问题

在中国粮食行业协会的信任和推荐下，我有幸参加了2004年中国名牌产品评价工作的全过程，在工作中我体会到粮油企业（重点是粮油加工企业）争创中国名牌产品，必须注意以下几点：

1. 要注意基本条件是否符合要求

专业委员会在评价审查时，发现以下之一者将取消参评资格：

（1）在近3年中，任何一年销量达不到申报条件的，即大米7万t以上，小麦粉8万t以上的，也就是说销量不过门槛的，取消参评资格；

（2）申报产品的注册商标，凡首次注册在国外的，不参加评价。申报产品的注册商标首次在港、澳、台地区的，均为境内商标。申报产品的注册商标是国外商标与中方联合品牌的，暂不参加评价；

（3）在市场准入条件审查时，申报企业尚未获得“全国工业产品生产许可证”的，取消参评资格；

（4）在近3年内，被省、市、区级以上质量监督抽查判为不合格的，取消参评资格；

（5）在近3年内，出口商品检验有不合格的，或者出口产品因质量问题造成较大损失，遭到外方索赔的，取消参评资格；

（6）近3年内发生重大质量、安全事故，或者有重大质量问题投诉经查证属实的，取消参评资格；

（7）在近3年内有2年或2年以上亏损的或评审前一年亏损的（如2004年评选时，2003年发生亏损的），取消参评资格。

在这次评审时，有6家粮油企业在申报材料中发现有上述问题，根据规定被专家们否决，对此我们感到十分惋惜。

2. 要注意填报数据的真实性

在评审中，专业委员会根据所掌握的信息和统计资料（对外公布的、社会公认的），对申报企业的数据进行严格审查。其中对集团型企业要作重点审查，如销售量、销售额等重要数据。一旦查出数据偏差在20%以上的，取消参评资格；数据偏差在

20%以下的，专业委员会将根据公认的权威数据对该数据进行修正，依据修正后的数据进行评价、打分。在这次评审中，有些企业在“总资产贡献率”、“成本费用利税率”和“研发比重”等方面数据太高，脱离实际。为体现公正的原则，对这些企业评价打分时，不仅不能给高分，而且还要扣分。专业委员会还对一家总资产贡献率严重不实的企业，取消了其参评资格。所以，我们希望申报企业在填报数据时，必须实事求是，不能抱任何侥幸的心理。

3. 参评企业要注意做强做大

前面讲的两点是参评企业的必备条件，要想成为中国名牌企业，必须获得较高的分值。评价、打分是各专业委员会根据中国名牌产品评价细则，公正、公平和科学合理进行的，这里没有任何人为的因素。评价打分包括“市场评价分”、“质量评价分”、“效益评价分”和“发展评价分”等。我认为，要想获得较高分值，首要的是必须把企业做强做大。也就是说在生产规模、产品销售量、产品销售额等指标上要在全行业名列前茅，成为全行业的第一集团军。只有这样，才能在专业委员会评价、打分时获得较高的分值，才有可能成为中国名牌。有专家说：“粮油企业需要名牌，名牌需要规模。没有名牌，粮油企业就无法领取市场通行证；没有规模，名牌就不能扩大对市场的占有率。只有名牌与规模联动，才能将产品的‘优’转化为市场的‘优’，最大限度地提高经营利润。”这是非常正确的。在评价、打分的过程中，我深深体会到，没有相当规模的企业是不可能争创中国名牌的，也可以说，中国名牌只能在又强又大的企业和企业集团中产生。

4. 产品必须是高质量的

有人说：“名牌就是著名品牌，但凡名牌都有特色，或功能先进，或工艺独特，或设计精巧，或服务周到，或质量上乘。名牌的特色就是要与其他品牌有差异，与众不同。”我赞同这种说法。为保证产品质量上乘，在评选中，鼓励申报产品采用的标准达到目前国际先进标准、或申报品牌出口发达国家或申报产品的标准达到国内先进水平。同时，参评企业必须提供省级以上质检机构出具的检测报告，以便专业委员会按质量水平高低评价、打分。为确保产品质量，考核企业的“质量保证能力”是十分重要的。在评价打分中，对参评企业获“国家质量管理先进企业奖”、国家级“质量免检”证书、“省级质量管理奖”，省级“质量免检”证书、“中国驰名商标”称号、“省级名牌产品”称号、通过质量体系认证和通过环境体系认证以及通过HACCP认证的都将给予一定的分值。另外，对企业售后服务网点的建设、产品的“三包”情况以及对消费者的意见处理等都要给予评价打分。

在评审时，我们还鼓励申报产品出口；鼓励小麦粉生产企业生产专用小麦粉，并给予一定的分值。

5. 必须有好的经济效益

前面已经讲过，在近3年内有2年或2年以上亏损的，或评审前一年出现亏损的企业都将取消参评资格。说实在话，就是不取消参评资格，它的分值也不会很高，因此，也就不可能评上中国名牌。就是3年内都不亏损，但盈利不高的企业要想评上中国名牌也很困难。为此，我们希望申报企业一定要十分注重经济效益。与此同时，申报企业还要重视“工业成本费用利税率”和“总资产贡献率”这两个重要考核指标。

6. 要注重企业的发展后劲

在评审中，评价企业发展后劲的主要依据是看企业的技术开发情况和企业规模水平。在技术开发方面，要看“企业新产品产值率的大小”；要看“企业研发费用占销售总收入的比重”的多少；要看申报的产品有没有“专利”；要看申报企业是否拥有国家级和省级技术研究中心或博士后流动工作站。在企业规模水平方面，主要看“企业总资产规模”的大小。

以上6个方面，是我参加2004年中国名牌产品大米和小麦粉专业委员会评审工作后的体会。总之，我认为申报企业只要在以上6个方面努力作出业绩，那么，争创中国名牌的意愿一定能实现。

（三）粮油企业要争创更多的中国名牌

争创更多的中国名牌是我们粮油企业的共同愿望。为了实现这一目标，我们要在今年的基础上，努力争取将食用植物油列入2005年中国名牌产品评价范围。我认为，食用植物油列入中国名牌产品评价范围的条件已经具备，主要表现在：

①油厂的规模较大，据不完全统计，全国日处理油料千吨以上的油厂就有70多家；

②食用植物油的品牌意识较强，有些著名品牌已家喻户晓；

③食用植物油的市场占有率较高，尤其是小包装食用植物油的市场占有率更高；

④经济效益较好，除今年外，这些年来油厂的经济效益普遍较好等。

以上这些都是我们申请列入2005年中国名牌产品评价范围的理由。我希望油脂加工企业，尤其是应邀参加本次座谈会的油脂加工企业，要做好思想准备，一旦名推委批准同意，就要积极申报，精心组织材料。争取像大米、小麦粉一样，有几个油脂加工企业的产品荣获“中国名牌”的殊荣。

同时，我们还要做好准备，迎接2007年的大米、小麦粉中国名牌的复评工作。在这项工作中，一要加紧培育更多的大米、小麦粉的生产企业创中国名牌；二要巩固现有20家中国名牌大米、小麦粉生产企业的品牌。

这里，我想着重讲一下如何巩固现有20家中国名牌产品品牌的问题。由于获得中国名牌产品称号的企业不是终身的，有效期只有3年，3年后要进行复评，复评的结果将是强者保留名牌、弱者丢失名牌，这是有先例的。所以有人说：“创名牌难，保名牌更难”，这是有道理的。因为科技在发展、时代在进步，3年后企业的名牌意识比现在更强，竞争越来越激烈，创名牌的要求也越来越高，越来越严。所以我希望荣获中国名牌产品称号的企业要居安思危，从现在起就要做准备，努力在复评时保住中国名牌产品的牌子。

为了在复评时保住中国名牌产品的牌子，我建议：

①要按照上述应注意的6个方面，逐条对照，找出差距和薄弱环节，提出切实可行的补救措施。

②要进一步通过整合、提升，做强做大企业，要按照白会长在“2004 中国（南昌）稻米论坛”上讲的：要坚持“在发展中创名牌，在创名牌中求发展”的指导思想来做强做大企业。据了解，这次评上的 20 个中国名牌产品企业中，有些企业的规模并不很大，年销售量和销售额刚刚过门槛，这是很危险的。因为下次复评的门槛不会像今年那样低了。

③要进一步强化管理。有人反映在获得中国名牌产品称号的 20 个企业中，有的企业管理水平不尽如人意，有的产品质量不够稳定，这是很不应该的。

④要千方百计提高企业的经济效益，据了解，现在有的企业经济效益不很理想，我们不愿意看到在 20 个中国名牌产品企业中出现微利甚至出现亏损的现象。

我相信，只要我们早做准备，认真对待，粮油企业一定能争创和巩固更多的“中国名牌”。

二、 再谈粮油企业争创中国名牌应注意的几个问题

——在第三次全国重点粮油企业名牌工作会议上的主题报告

（2005 年 7 月 10 日 于北京）

自 2001 年国家成立中国名牌战略推进委员会以来，全国粮油工业企业为争创中国名牌作了大量工作，取得了成效。在 2004 年的中国名牌评选中，金健、北大荒等 7 个大米品牌和金象、金苑等 13 个小麦粉品牌评为中国名牌产品。在今年的中国名牌评选中，又有 10 个食用植物油产品评为中国名牌产品，它们分别是：福临门、金龙鱼、富虹油品、口福的大豆油；金龙鱼、福临门、禧万年、大平的菜籽油和鲁花、胡姬花的花生油。两年中，粮油加工企业荣获了 30 个中国名牌产品，实属来之不易，这一成绩的取得是大家努力的结果，我们应该为荣获中国名牌产品称号的企业祝贺。

为进一步推进粮油企业争创中国名牌的工作，中国粮食行业协会、中国植物油行业协会于去年 12 月 15 日在天津召开了第二次全国重点粮油企业名牌工作会议。会上，我结合大米和小麦粉中国名牌的评选情况，就“粮油企业争创中国名牌应注意的几个问题”作了发言。今天，我想借此机会，结合今年食用植物油中国名牌产品评选中发现的一些新情况，就粮油企业争创中国名牌应注意的问题再讲几点意见，供大家参考。

（一） 获得中国名牌产品称号的企业应该是“全能冠军”

参加中国名牌评选的企业，要想获得中国名牌产品的称号，必须在评选时得到较高的分值。我曾讲过，对参评企业的评价，打分是各专业委员会根据中国名牌产品评价细则，公正、公平和科学合理进行的，这里没有任何人为的因素。

评价、打分包括“市场评价分”、“质量评价分”、“效益评价分”和“发展评价分”等 4 部分组成，总分设为 1 000 分，其中“市场评价分”为 500 分；“质量评价分”为 300 分；“效益评价分”为 100 分；“发展评价分”为 100 分。根据粮油企业产品的特点，经名推委秘书处批准同意，在“市场评价分”中，取消了“品牌知名度”30 分和“顾客满意指数”100 分，保留了其他的 370 分。也就是说，评价粮油企业中国名牌产品的满分设定为 870 分。在这个统一的标准下，专业委员会根据中国名牌产品评价细则和经过各省市审定、公示过的企业申报材料，按照计算公式，对号入座地进行计算机计算，最后按得分高低排出名次，并提出中国名牌产品的初选名单，供中国名牌战略推进委员会研究确定。

由此可见，一个企业要荣获中国名牌产品称号，不仅要重视“市场评价分”，而且要重视“质量评价分”、“效益评价分”和“发展评价分”。在评选中，我发现企业对“市场评价分”都十分重视，这当然是对的，因为“市场评价分”反映了一个企业申报产品的国内销售量、国内销售额、出口量、出口额、纳税额以及企业的纳税总额、总资产规模和总销售额等重要指标，其得分的高低，反映了这个企业在第一集团军中

的位置，但问题是有些企业因为忽略了“质量评价分”、“效益评价分”和“发展评价分”而得分偏低，以致不能获得中国名牌产品的称号。所以，有人说：“评中国名牌产品像学生高考一样，报考理工科大学的不仅数理化的成绩要好，语文、外语、历史、地理和政治等功课也要好，是‘全能冠军’。只有这样，才能取得较高的高考总分，才能考取大学乃至名牌大学。反之，不仅考不上名牌大学，连一般大学也很难被录取。”我觉得，这种说法有一定的道理。

（二）要十分重视企业管理，尤其是要重视“质量评价分”

管理是科学，是生产力，是企业争创中国名牌的基础，荣获中国名牌产品称号的企业，应该是企业管理水平高的企业。这些年来，随着粮油加工企业规模化、大型化和自动化，粮油加工企业的总体管理水平有了提高，但也确有一些企业管理水平不仅没有提高，甚至有所倒退，脏、乱、差的现象并不少见，有的甚至出现产品质量不稳定，抽查不合格的现象等。这是很不应该的。

在这次食用植物油中国名牌产品的评选中，我们也不难看出，参评企业的管理水平参差不齐，特别是有的企业对质量管理这个基础工作重视不够，因此得分不高，最后的结果是与名牌无缘，这可以说是顺理成章的事情。

这里，我想告诉大家，“质量评价分”高达 300 分，仅次于 370 分的“市场评价分”。在“质量评价”中，又分设为 150 分的“质量性能指标评价”和 150 分的“质量保证能力评价”两部分。在“质量性能指标评价”中又分为“产品质量检验指标得分”和“执行标准得分”，一般来说参评企业这两项都应该得高分。但也有少数企业在产品质量检验时，没有完成按新的国家标准进行检测，缺项、漏项，结果扣掉许多分数。在“质量评价”中，值得引起我们注意的是“质量保证能力评价”，这是保证一个企业生产出高质量的产品和确保产品质量稳定的重要基础工作。

其中设有“获国家质量管理奖 25 分”、“获省级质量管理奖 15 分”、“获省级名牌 10 分”、“获中国驰名商标 15 分”、“通过质量管理体系认证的（即 ISO9001）10 分”、“通过环境管理体系认证（ISO1400）10 分”、“通过 HACCP 认证 20 分”、“获 GMP 或二级以上计量确认 10 分”、“申报产品获省级科技进步奖加 10 分、获国家级科技进步奖的加 20 分”等子项目。在评选中，发现有些企业由于平时忽视了这些质量管理的基础工作，许多认证、取证工作没有进行，丢了许多分数，十分可惜。

（三）不能小看“效益评价分”和“发展评价分”

“效益评价分”为 100 分，其中分设为“工业成本费用利税率”和“总资产贡献率”各 50 分。这两项评价内容同样反映了企业的管理水平和经营水平的高低。从评价、打分的情况来看，企业之间的差距较大，这充分说明提高粮油加工企业的管理水平和经营水平的潜力还很大。

“发展评价分”也为 100 分，其中设有“企业新产品产值率”20 分、“企业研发费用占销售收入总的比重”满分 20 分、“申报产品获得的专利”得分 40 分和“拥有国家级技术（研究）中心”的计 20 分、“拥有博士后流动工作站或省级技术中心”的计 10

分。在“专利得分”一项中，每拥有一项外观设计专利加5分，最多累计两项，即可得10分；每拥有一项实用新型专利加10分，最多累计两项即可得20分；每拥有一项核心技术发明专利加30分。为鼓励发明创造和企业拥有专利，专利的最高分数可超过规定的40分，但不能超过100分。

在这次22个参评企业的25个食用植物油产品评选中，“发展评价”得分最高的为65分，一半企业的得分在20～30分，而另一半企业的得分只有10分左右。我分析，得分低的原因有三：

一是，在“企业新产品产值率”这一项中，按规定企业新产品应以科技部、国家税务总局、原对外贸易经济合作部、国家质检总局、国家环保总局等部委颁发的“国家重点新产品证书”为依据，企业得到2002—2004年国家认可的新产品证书的，可得20分，而在我们申报的22个企业中，一个也没有获得此类证书，所以在这一项大家都是“0”分。

二是，大多数企业缺乏产品专利，更缺乏实用新型专利和技术发明专利。

三是，缺乏“拥有国家级的技术（研究）中心和博士后流动工作站”等。

以上情况说明，我们的粮油加工企业在依靠科技进步方面重视不够，缺乏发展后劲，应该引起我们的高度重视。

（四）要进一步树立“质量第一”的理念

产品质量是企业争创中国名牌的重要基础。荣获中国名牌产品称号的企业，其产品质量应该是稳定的、高质量的，是经得起任何时候抽查检验的。反之，一个产品质量不稳定的企业是不可能获得中国名牌产品称号的。

在中国名牌产品评价细则中，对申报产品的质量作了严格的要求，规定了有以下问题之一者，取消企业的参评资格——“质检总局中国名牌申报产品专项质量抽查不合格的”；“在近三年内，被省（直辖市、自治区）级以上（含省级）质量监督抽查判为不合格的”；“在近三年内，出口商品检验有不合格的”或“因出口产品质量问题造成较大损失引起外方索赔的”。

在今年的中国名牌评选中，有三个企业的产品经专业委员会评选，列为向名推委建议的2005年中国名牌产品初选名单，后经名推委全体委员会议讨论通过，列入了2005年中国名牌产品的名录之中，并进行了第二次公示。在公示期间，发现这三个企业的产品在国家质量监督检验检疫总局中国名牌申报产品专项质量抽查中个别指标不合格，为严格执行规定，经第二次名推委全体委员会议讨论，取消了这三个企业的名牌称号。这说明，在中国名牌的评选中，对申报产品的质量要求是毫不含糊的。

我曾经说过，中国名牌是当前中国企业的最高荣誉，是要求最高最严、含金量最高的称号，是企业的金字招牌。为此，引起了社会各界的广泛关注，其产品质量是社会关注的重要方面。我希望已经荣获中国名牌产品称号的粮油加工企业，一定要进一步树立“质量第一”的观念，严把质量关，使产品合格率达到100%。尤其是对一个名牌称号多家企业（含贴牌企业）使用的集团型企业，更要严格统一质量标准，强化内部质量管理，杜绝任何环节上可能会出现的质量问题。

最后，我希望通过大家的共同努力，粮油企业能争创更多的中国名牌，已经荣获中国名牌产品称号的企业能永远保住这一块来之不易的“金字招牌”。

三、 在京粮集团古船油脂商务拓展会上的演讲

（2005 年 8 月 20 日 于北京）

今天，我很高兴参加由“京粮集团古船油脂”组织召开的“京粮集团古船油脂全国战略推进暨 2005 全国商务拓展会”。借此机会，我代表中国粮油学会，中国粮油学会油脂分会，对本次会议的召开表示热烈的祝贺！对各位领导、专家和油脂界的同仁们表示亲切的问候！根据会议的安排，要我讲讲我国油脂和油脂工业的形势。

今年 5 月中旬，我在安徽省安庆市召开的 2005 年油菜籽形势分析会上已经作了一次有关“2004 年中国油脂工业的回顾”的发言。发言中对 2004 年中国油脂工业在发展中出现的新状况、新问题作了回顾；对近几年来我国的油料、油脂生产、进出口和消费情况作了汇总；对今年的油脂市场作了分析。鉴于我的那次发言，已经全文登在中国粮油学会油脂分会会刊——《粮油加工》杂志上，并已发给大家，所以有关内容今天不再讲了。请大家感兴趣时，参考《粮油加工》就行了。

今天我想讲三句话：①北京的粮食部门为确保首都的军需民食作出了重大贡献；②京粮集团生产的粮油产品是优质、安全的“放心粮油”；③在经营上，要坚持“立足首都，面向全国”的方针。

（一） 北京的粮食部门为确保首都的军需民食作出了重大贡献

众所周知，“粮油”是国计民生的特殊主要商品。新中国成立 50 多年来，中国大多处于粮油供应偏紧的状况，为确保首都的军需民食，北京市粮食部门在市委、政府领导下作了许多历史性的贡献，保证了首都市场的粮油供应。

随着改革的深入，粮食部门实施了“政企分开”，京粮集团是全国粮食部门成立的最有影响、最有实力的企业集团，它是粮食部门为确保今后首都粮食安全的重要依托力量和具体实施部门。为此，作为首都人民都要关心、爱护、支持京粮集团的成立和发展。

（二） 京粮集团生产的粮油产品是优质安全的 “放心粮油”

“古船油脂”、“古船食品”、“古船米业”等都是京粮集团下设的有实力的企业实体。他们分别拥有自己的油脂加工、大米加工和面粉加工企业。这些企业具有一流的设备和丰富的管理经验，过去都是国内的著名企业。通过改革制度，他们保留了过去的优势，注入和激发了新的活力，使企业的发展势头越来越好。现在他们生产的粮油产品都能严格按照国家标准组织生产，是优质安全的“放心粮油”，他们生产的品牌都是北京名牌，老百姓心中信得过的产品。也就凭借这一点，他们的产品始终能够在首都这一涉外机构多、中央单位集中、人口众多的国际化大都市的市场中站稳脚跟，并不断取得令人瞩目的发展。

（三）在经营上要坚持“立足首都，面向全国”的方针

综上所述，北京是一个人口多的国际化大都市，作为北京的粮油企业，其经营、发展的着眼点，首先要“立足首都”这个大市场，把这个蛋糕做好做大。

与此同时，作为一个企业，要进一步发展壮大，必须“面向全国”，乃至世界。我觉得凭借质量好、品种多的“古船油脂”有这个条件。

这次，京粮集团把全国各地的经销商都汇聚一堂，共同拓展商务，这种做法很好。我认为，一个企业要做大，除了要有老百姓认可的优质产品外，还要有一支强大的营销队伍。在这方面我觉得有些好的经验可以分享：①营销商要与生产企业同舟共济，都是一条船上的人；②要互相支持不断改进营销方式。营销人员要学习生产企业有关生产知识、产品知识和产品特色，以便向用户交待与交流。交流时，讲话要实事求是，夸奖自己的产品好的同时不能贬低别人的产品；③要设计好产品广告。以上几点供大家参考。

最后，预祝本次会议取得圆满成功！

四、 三谈粮油企业争创中国名牌应注意的几个问题

——在全国放心粮油进农村工作会议上的主题报告

（2006 年 4 月 10 日 于北京）

质量是企业的基础，是企业的生命线，也是产品品牌的基础。品牌就是企业的“牌子”，是“招牌”，也是企业赖以生存的基础。在品牌基础上创出的名牌是著名品牌的简称，它是在市场上具有更高的知名度、更大的市场份额和信誉价值的品牌。名牌战略（即名牌工程）是企业从长远利益考虑，根据自身的实际和品牌现状而制定的发展名牌总体规划。企业的名牌战略是以创名牌和保名牌为核心，带动企业持续、稳定、健康发展的战略。也可以说，谁获得了名牌，谁就获得了良好的企业形象，谁就获得了市场。所以它是企业的一项重要无形资产。所以有人说：“一个著名品牌不仅可以壮大一个企业，带动一个产业，乃至可以造福一个地区，振兴一个民族”。这是非常正确的。

为促进粮油企业持续、稳定、健康发展，中国粮食行业协会在全国粮油行业开展了实施“放心粮油工程”和“名牌战略”。自 2001 年起，粮油行业在全国范围开展了放心粮油工程，这一活动得到了社会各界的好评和消费者的欢迎。在此基础上，一些经营管理和经济效益好、产品质量高、科技投入大、创新意识强、有发展后劲的大型粮油加工企业积极开展了争创中国名牌的工程。为推动“名牌战略”的实施，中国粮食行业协会先后召开了“二次全国重点粮油企业名牌工作会议”和“首次全国粮油行业大型企业联谊会”，做了大量的工作，取得了成效。在 2004 年和 2005 年的中国名牌产品评选中，全国粮油行业共获得了 30 个中国名牌，其中大米 7 个，小麦粉 13 个，食用植物油 10 个。这是大家努力的结果。

为推进粮油企业争创中国名牌工作，根据中国粮食行业协会的要求，我曾以“粮油企业争创中国名牌应注意的几个问题”为题，作过两次发言。根据 1 月中旬和 3 月 27 日名推委委员会议的精神以及名推委“关于征求 2006 年中国名牌产品评价目录和十一五期间重点培育产品建议”的要求，粮油企业在争创中国名牌中，除了我以前讲过的“应注意的几个问题”外，今后还应特别注意以下六个方面的问题。

（一） 要注重企业的科技创新

在不久前召开的全国科技大会上，胡锦涛总书记发表了重要讲话，明确提出了要坚持走中国特色自主创新道路，动员全党全国人民为建设创新型国家而努力奋斗的号召。作为一个争创中国名牌的企业，必须认真贯彻总书记的讲话精神，努力建设一个创新型的企业。为贯彻全国科技大会精神，建设创新型国家的总体要求，在今后评选中国名牌产品时，将会更加注重对企业科技进步和自主创新能力的考评。为此，争创中国名牌产品的企业，一定要在“新产品的开发”、“企业研发费用占销售收入总的提

取比重”、“是否拥有国家级技术（研究）中心”、“是否拥有博士后流动工作站或省级技术中心”、“是否拥有各类专利和发明创造专利”以及“是否能利用科技进步，节约资源，保护环境”等方面更加重视，以增强企业的发展后劲。

现在，在研讨科技创新与中国名牌关系时，大家都认为：“获得中国名牌称号的企业，应该是科技创新型企业。反之，就不可能获得中国名牌的称号，就是获得了，也难以保住这一称号。”这种说法，是很有道理的。前些日子，在确定 2006 年中国名牌产品评价目录时，把“拥有自主知识产权的高新技术产品”作为今年中国名牌的重点考虑产品，这类产品占了今年新增名牌产品评价目录的 38.81%。经过 2004 年和 2005 年两次中国名牌产品的评选活动，我深深感到，科技创新是我们粮油企业的薄弱环节。我们必须下大力，才能改变目前的状况，才能跟上时代发展的步伐。

（二） 要注意控制同类产品的名牌数量问题

中国名牌的评选工作已经进行了五年。在总结五年来的评选工作时，大家认为，为确保中国名牌的评选质量，在今后的中国名牌评选中“要增加评选产品的种类，控制同类产品的名牌数量”。也就是说同一类产品的名牌评选数量不能太多。就粮油加工企业已经评选过的食用植物油来讲，今后大豆油、菜籽油和花生油等三类产品的每类名牌数量要受到控制，不能评得太多，因此增加名牌数量的空间有限。

要想增加中国名牌的数量，只有通过培育新的产品种类，如调和油、芝麻油、葵花籽油、油茶籽油等种类。在米、面加工方面，可以考虑重点培育米、面的延伸产品，如挂面、米粉等人民喜爱的主食品。另外，我们还可考虑对“小杂粮”和粮油机械产品的培育，以推动整个行业的发展。

（三） 复评产品与初评产品将放在同一起跑线上进行评选

在中国名牌产品的评选中，通常有复评和初评的说法。对复评和初评，我的理解是：所谓复评是指已经评选过的某类产品，时满 3 年后（中国名牌产品的有效期为 3 年），需要重新评选的叫“复评”。反之，没有评选过的任何一类产品，现在符合并列入评价目录的，进行首次评选的叫“初评”。所谓“复评产品”是指已经评选上的某类中国名牌产品，现已时满 3 年，需要重新申报评选的产品，叫“复评产品”。所谓“初评产品”是指上次没有参加评选或没有评上现在申报选评中国名牌的同类产品。就粮油企业来说，2004 年国家已经对大米和小麦粉进行了中国名牌的评选工作，并分别取得了 7 个和 13 个中国名牌称号。按规定每次获得中国名牌称号的产品，其有效期为 3 年，明年就要到期，按要求届时要对大米和小麦粉这两类产品进行“复评”。在“复评”中，原来的 7 个大米产品和 13 个小麦粉产品为“复评产品”，其余新参加同类产品（大米和小麦粉）评选的为“初评产品”。

据我所知，在以往的复评中，“复评产品”只要符合参评条件，在获得中国名牌称号的 3 年中没有出现亏损和重大质量问题的，一般都能保留其称号。而参加复评的同类初评产品能否获得中国名牌，要看其得分的高低以及同类产品名牌的控制数量从严录取。而今后，这种做法可能会改变，变为把复评产品与初评产品放在同一起跑线上进行评选，以体现评选工作的更加公正、公平。在3月27日的名推委委员会议上，强调在今年的中国名牌产品评选时，坚持中国名牌不搞终身制和能上能下的原则。

（四） 参评企业的资格——门槛将加高

获得中国名牌产品称号的企业，其生产规模、产品销售量和产品销售额等指标，应该是在全行业中名列前茅的，属于全行业的第一集团军。

为了体现中国名牌产品的水平，对参评企业的资格审查十分重要，其中“门槛”的设定尤为重要。在2004年大米和小麦粉的评选中，我们设定的最重要的“门槛”是大米年销量在8万t以上；小麦粉年销量在7万t以上。在这个基本条件下，全国共向中国名推委会推荐了27个大米生产企业和40个小麦粉生产企业，共计67个企业的产品，作为2004年大米类和小麦粉类中国名牌产品的参评企业。通过评选，最后只有7个大米品牌和13个小麦粉品牌被评为中国名牌，合计20个品牌，不足参评企业的三分之一。现在看来，造成这种状况的原因主要是“门槛”设低了。为了改变这种状况，在2005年大豆油、菜籽油和花生油的中国名牌评选中，我们将年销量的“门槛”分别设定为30万、8万和10万t。参评的企业总数为23个，其中10个企业的食用油产品被评为中国名牌产品、占参评企业的43.5%。

总结以上经验，看来在明年大米和小麦粉的中国名牌复评中，其年销售量的“门槛”将要作较大幅度的提高，以真正体现粮油行业的水平。

（五） 数据一定要真实

衡量一个参评企业的好坏要看其实绩，实绩的好坏要靠数据来反映。如申报产品的国内销售量、国内销售额、出口量、出口额、纳税总额、总资产额、质量工程师及质量工作人员的数量、研发费占销售收入的比重、成本费用利税率、总资产贡献率等，这一系列的数据是反映一个企业生产经营状况的主要依据，也是在评审中，专业委员会的专家进行评价打分的唯一依据，为此，这些数据必须真实可靠。为了公正、公平，对各地上报的参评企业的主要数据，要在网上进行公示，发现问题并经调查核实后，确有弄虚作假的将立即取消参评资格。

在评选时，专业委员会的专家还将对申报企业的数据进行严格审查。在前两次评审中，发现有个别企业在“总资产贡献率”、“研发比重”等方面数据不实。为体现公正的原则，对这些企业评价打分时，不仅不给高分，而且还要扣分。对个别数据严重不实的，甚至取消了其参评资格。所以，我希望申报企业在填报数据时，一定要实事求是，不能抱任何侥幸心理。

（六） 要关注2006年中国名牌产品的评选要求

在3月27日名推委委员会议确定2006年中国名牌产品评价目录时，特别强调今年名牌产品推荐的基本要求和着眼点。

推荐的基本要求是——落实党的十六届五中全会精神，坚持科学发展观，有利于调整产业结构，转变增长方式；有利于促进科技进步，增强自主创新能力；有利于支持农业发展，增加农民收入；有利于节约资源，保护环境；有利于提高对外开放的水平，增加自主品牌产品出口；有利于保障健康安全；有利于区域协调发展。

根据基本要求，2006 年中国名牌产品推荐目录的着眼点是：

①着眼于提高自主创新能力，重点考虑核心技术拥有自主产权的高新技术产品；

②着眼于建设社会主义新农村，重点考虑促进农业发展、增加农民收入的产品；

③着眼于调整产业结构和增强经济发展后劲，重点考虑先进制造业产品；

④着眼于建设资源节约型和环境友好型社会，重点考虑节约资源和环保类产品；

⑤着眼于提高出口产品的质量和效益，重点考虑具有自主知识产权的自主品牌出口产品和替代进口产品；

⑥着眼于健康安全，鼓励优势品牌做大做强；

⑦着眼于区域协调发展，向中西部地区和东北老工业基地倾斜。

我认为，以上推荐目录的基本要求和着眼点，不仅是对评选今年中国名牌产品的要求，同时也是对今后评选中国名牌产品的要求。

明年是大米和小麦粉产品中国名牌的“复评年”，对申报企业考核三年业绩中的两年已经过去了，今年是最重要的一年，希望打算申报参评中国名牌的企业要加倍努力，早做准备，以取得优异的成绩。

五、 四谈粮油企业争创中国名牌应注意的几个问题

——在认真做好中国名牌产品的复评工作会议上的主题报告

（2006 年 12 月 6 日　于上海）

按照中国名牌战略推进委员会（名推委，下同）和国家质量监督检验检疫总局的规定，获得中国名牌称号的产品其有效期为 3 年，到期后将进行复评。根据这一规定，2007 年是大米和小麦粉中国名牌的“复评年”。为了做好复评工作，白会长要我就如何做好“中国名牌”产品的复评工作讲些意见。由于我过去已就粮油企业争创中国名牌应注意的问题发过三次言，我觉得基本的要求没有太大变化。这里，我想再强调要注意或重视六方面的工作。

（一） 注意做好申报材料的准备工作

鉴于 2007 年是大米和小麦粉中国名牌的“复评年”。为此，2004 年已经获得中国名牌产品的 7 个大米加工企业和 13 个小麦粉加工企业以及计划申报明年中国名牌产品的大米加工企业和小麦粉加工企业，从现在开始就要注意积累和整理资料，以便届时正确、全面地填报好“中国名牌产品申报材料”。这里需要强调的是：

①准备工作一定要充分。填写申报材料时，要有专人负责，并要配备会统计、懂财务的人员参加；

②填写“申报材料”要过细，切忌少报、漏项。做到要求附上的各种证件、证书不能少一个，产品质量检验报告中的检验结果不能少一项；

③各种表格、文字和各类印章（尤其是复印件）必须清晰，不能模糊不清；

④注意吃透填报“申报材料”的要求，要按“申报材料”的先后顺序组织编排材料，不要颠三倒四；

⑤文字、材料要突出重点，不要面面俱到。与“申报材料”要求无关的内容要尽量避免出现，如各级领导的视察照片、企业获得的省级以下的奖项证书等。

（二） 要注意填报数据的汇总整理工作

申报中国名牌的企业，其生产规模、产品产量和销量等一系列指标应该在同行业中排列前茅，绝大多数申报企业都拥有若干个子公司。所以在填写“申报材料”时，不仅要填报母公司（总部）的各项数据，同时要把各地子公司的数据（包括贴牌企业）一起汇总起来，才能反映自己的真实情况。

在汇总各子公司（包括贴牌企业）的各项数据时，都要出具当地统计、财政、税务等权威部门的证明，否则是不予认可的。做好数据的汇总整理工作，这件事情说起来容易，做起来难，是一件十分细致而又繁琐的工作，希望申报企业一定要提前做好准备，尤其是要把今年的数字好好汇总整理，因为今年的数字是 3 年中最为重要的。

（三）要注意填报数据的真实性

真实填写材料和填报各项数据，是对申报中国名牌企业的最起码要求，也是企业诚信的表现。在前几次发言中我讲过，衡量一个参评企业的好坏要看其实绩，实绩的好坏要靠数据来反映。如申报产品的国内销售量、国内销售额、出口量、出口额、纳税总额、利润总额、总资产额、质量工程师及质量工作人员的数量、研发费占销售收入的比重、成本费用利税率、总资产贡献率等，这一系列的数据是反映一个企业生产经营状况的主要依据，也是在评审中，专业委员会的专家进行评价打分的唯一依据，为此，这些数据必须真实可靠。为了公正、公平，对各地上报的参评企业的主要数据，要在网上进行公示，发现问题并经调查核实后，确有弄虚作假的将立即取消参评资格。

在评选时，专业委员会的专家还将对申报企业的数据进行严格审查。在前两次评审中，发现有个别企业在“总资产贡献率”、“研发比”等方面数据不实。为体现公正的原则，对这些企业评价打分时，不仅不给高分，而且还要扣分。对个别数据严重不实的，甚至取消了其参评资格。另外，在以往的评审中，经常发现有些企业的生产能力、产量和销售额等数据之间的矛盾较多，有的甚至不能自圆其说。对这类问题的处理是：轻者不能让其在专家打分时占到任何便宜；重者将作为弄虚作假处理。

为此，希望申报企业在填报各项数据之间一定要合情合理，不要出笑话，更不能有意弄虚作假。这里我还想告诉大家的是：在今年的中国名牌评选中，有 3 个企业在最后一轮公示中，有人举报数据虚假不实，并经名推委调查证实，有一个企业数据不实，有一个企业数据疑问较大，有一个企业数据严重弄虚作假。针对上述 3 个企业的做法，在名推委全体会议上一致通过取消了他们的评选资格。所以，我希望申报企业在填报数据时，一定要实事求是，不能抱任何侥幸心理。

（四）要十分重视申报产品的质量

我曾多次讲过，产品质量是企业争创中国名牌的重要基础。荣获中国名牌产品称号的企业，其产品质量应该是稳定的、高质量的，是经得起任何时候抽查检验的。反之，一个产品质量不稳定的企业是不可能获得中国名牌产品称号的。

在中国名牌产品评价细则中，对申报产品的质量作了严格的要求，规定了有以下问题之一者的，取消企业的参评资格：即为“质检总局中国名牌申报产品专项质量抽查不合格的”；“在近 3 年内，被省（直辖市、自治区）级以上（含省级）质量监督抽查判为不合格的”；“在近 3 年内，出口商品检验有不合格的”或“因出口产品质量问题造成较大损失引起外方索赔的”。由此可见，对参评产品出现过重大质量问题的，在中国名牌的评选中将会被一票否决。

在今年的中国名牌评选中，有 4 个企业的产品经专业委员会评选，列为向名推委建议的 2006 年中国名牌产品的名录之中，并进行了第二次公示。在公示期间，发现这 4 个企业的产品分别在 2004 年、2005 年和 2006 年的国家和省、市、区质检部门的质量抽查中个别指标不合格，为严格执行规定，经第二次名推委全体委员会议讨论，取消了这 4 个企业的名牌称号。这说明，在中国名牌的评选中，对申报产品的质量要求是毫不含糊的。

在上述4个企业中，有3个是属于食品加工企业。其中有1个全国知名的粉丝生产企业，曾发生过在2004年有3批出口粉丝因“过氧化苯甲酰”添加剂超标被责令退货的事件而取消了中国名牌称号；另外有2个知名的饼干生产企业，1个在2005年质量抽查中因“菌落总数”指标不合格而取消了中国名牌称号。另1个企业，由于饼干产品的行业新标准于2005年9月开始实施，在此之前，该企业印刷了大量的旧版包装物，为节约成本，该企业采用不干胶在原标识处贴上了新标识进行更正，但由于在包装、运输和销售中存在着新标识漏贴或脱落的现象，致使被抽查的个别产品包装标识不清。在当地质检部门抽查中发现标识不合格，并作出了产品不合格的结论。根据这一结论，在名推委的讨论中同样取消了该企业中国名牌产品的称号。

以上3个食品加工企业出现的产品质量问题，应该引起我们的高度重视。希望要想争创中国名牌产品称号的粮油加工企业，一定要进一步树立“质量第一”的观念，严把质量关，始终保持产品合格率达到100%，这是必须牢牢记住的“起码条件”。

（五）要关注中国名牌评价通则的变化

在今年的中国名牌评选中，与过去相比，中国名牌产品的“评价通则”有些变化，变化较大的是在“打分评价”部分。虽然今年中国名牌产品的评价总分依然为1 000分，但是在分值的分配上有所调整：“市场评价”从500分减少为350分；“效益评价”由100分增加为150分；“发展评价”由100分增加为200分。在“效益评价”的150分中，企业纳税状况占到了110分，新增了“企业纳税总额”和“申报产品纳税额”两个评分点。在“发展评价”的200分中，新增了“企业规模水平”、“申报产品获得科技进步奖情况”、“企业参与行业、国家以及国际标准制定的情况”3个评分点。

据了解，今后每年中国名牌产品的评价通则都会根据国民经济和社会发展的形势有所调整。今年之所以加大了对企业自主创新能力和纳税情况方面的分值，一是希望激发企业更加重视产品的技术含量，走自主创新之路；二是引导企业重视对社会的责任和回报。

另外，根据《2006年中国名牌产品评价通则》规定，今后的中国名牌产品初选名单都将在网上进行公示，欢迎公众点击，公开征求消费者的意见。进行“网上公示、公众点击”这一举措是为了发动社会各界，发动广大的消费者来参与和监督中国名牌产品的评价工作，以确保中国名牌产品是社会认可、消费者满意的优秀产品。所以我希望粮油企业要经常关心中国名牌产品评价通则的变化，以便做好复评和参评的准备工作。

（六）要重视培育新的粮油产品种类参评中国名牌

在总结6年来中国名牌评选工作时，中国名推委提出了在今后的中国名牌评选中“要增加评选产品的种类，控制同类产品的名牌数量”的要求。这就意味着，今后同一类产品的名牌评选数量不会太多。也就是说，明年复评的大米和小麦粉两个种类的名牌数量将会受到控制，不会评得太多，增加名牌数量的空间有限。所以，要想增加粮食行业中国名牌的数量，只有通过培育新的产品种类。

为了促使粮食行业能有更多的中国名牌，推动行业的健康发展，中国粮食行业协会曾多次向中国名牌推进委员会反映，要求将米、面、油的延伸产品，如挂面、米粉、食用调和油、芝麻油、葵花籽油、油茶籽油以及“小杂粮”和粮油机械等产品，列入今后的中国名牌评选范围之内。

今年 11 月 8 日，中国名牌推进委员会公布了《中国名牌产品“十一五”重点培育指导目录》，这是在各地和有关行业协会提出的中国名牌产品重点培育指导目录建议的基础上，经广泛调查研究，由中国名推委研究确定的。该目录包含了 17 个行业的 500 个产品，其中粮食行业有 3 个，那就是 2007 年的挂面，2008 年的食用调和油和香油。另外，与粮食行业直接有关的“大豆蛋白”和几种饲料机械。对此，我们要引起高度重视，做好各项参评的准备工作，力争将挂面、食用调和油和香油分别列入 2007 年和 2008 年的中国名牌产品评价目录范围。

在准备工作中，我觉得当前第一重要的是要做好“重点培育产品”的统计工作。也就是说，在今年的粮油工业统计工作中要增加挂面、食用调和油和香油的统计内容。希望各地粮食行业协会积极配合粮食行政主管部门做好新增项目的统计工作。与此同时，粮油加工大型企业和企业集团要认真填报上述新增项目的有关数据，并为争创明年的挂面中国名牌和后年食用调和油、香油的中国名牌做好充分的准备工作。

为推动粮油企业争创更多的名牌产品，我建议从明年开始将大米加工的延伸产品米粉，粮油机械中的磨粉机、高方筛、清粉机、米机、砻谷机、谷糙分离机、轧辊机、膨化机、榨油机、碟式离心分离机等粮油机械产品也能列入粮油工业统计之中。因为没有全行业的统计数据，是无法申报和评定中国名牌的，这是一个行业争创中国名牌最起码的基础工作。当然这样做会增加大家许多工作量，为此希望能得到大家的理解和支持。

总之，希望经过大家的努力，使更多的粮油企业的产品能荣获“中国名牌产品”称号。

六、 从大米和小麦粉中国名牌复评中得到的几点启示

——在中国名牌产品申报工作会议上的开幕词

（2007 年 9 月 2 日　于北京）

8 月 31 日，中国名牌战略推进委员会召开全体委员会议，讨论确定了 2007 年中国名牌产品名单，并决定于 9 月 11 日在人民大会堂举行授牌大会。粮油行业在今年的中国名牌评选中获得 28 个大米产品中国名牌、29 个小麦粉产品中国名牌和 8 个挂面产品中国名牌，总计获得 65 个中国名牌。今年粮食行业取得这么多数量的中国名牌产品，是来之不易的，是大家努力的结果。

在今年的中国名牌产品评选中，对我们粮油行业来说，大米和小麦粉产品属于复评，同时又新增了挂面产品的评选。在评选中，我觉得有以下几点启示值得我们总结，以进一步推进粮油企业“名牌工程”的健康发展。

（一） 粮油企业争创中国名牌的水平有了很大提高

在国家粮食局的关心支持下，中国粮食行业协会自 2001 年起在粮食行业开展了“放心粮油工程”，与此同时，积极推进名牌战略，培育粮油名牌产品，从而推进了粮油企业争创中国名牌的积极性。经过 2004 年大米、小麦粉中国名牌产品的评选和 2005 年大豆油、菜籽油、花生油中国名牌产品的评选后，粮油企业对争创中国名牌高度重视，普遍增强了质量意识和品牌意识，推动了经营管理水平和产品质量水平的提高。从大米和小麦粉中国名牌产品的评选情况看，今年参评企业的整体水平较 2004 年评选时有了明显提高，主要表现在以下 4 个方面：

1. 参评企业的规模越来越大，申报产品的销售量和销售额有了大幅提高

参加复评的 11 个小麦粉生产企业，2006 年的合计销售量为 664. 8 万 t、销售额为 136. 73 亿元、资产总额为 61. 88 亿元，比 2004 年的销售量 447. 1 万 t、销售额 88. 45 亿元、资产总额 47. 64 亿元，分别提高了 48. 68%、54. 58% 和 29. 89%；参加复评的 7 个大米生产企业，2006 年的合计销售量为 319. 8 万 t、销售额为 78. 3 亿元、资产总额为 61. 22 亿元，比 2004 年的销售量 240. 5 万 t、销售额 55. 89 亿元、资产总额 52. 43 亿元，分别提高了 32. 96%、40. 1% 和 16. 77%。由此可见，获得中国名牌产品称号的大米和小麦粉加工企业在两年内得到了快速发展，企业的规模越来越大，市场占有率越来越高，这也是争创和保持中国名牌产品的重要基础。

2. 参评企业的产品质量保证体系建设有了明显加强

在质量评价中，大多参评企业对实物质量水平十分重视，在执行标准方面，有些企业的申报产品积极采用国际标准，并将产品出口到发达国家；在实物质量指标方面，参评企业都能出具合格的实物质量检测报告，检测项目齐全，没有发现一个企业有漏

项掉项的现象。在质量保证能力方面，大多参评企业对申报产品质量保证体系建设十分重视，在强化企业内部管理的基础上，进行了一系列与食品生产有关的体系认证和安全认证。在这方面，总的感觉是新参评企业做得更认真，更好些。

3. 在企业发展，经济效益提高的同时，注意了对社会的贡献

在评选中发现，参评企业 2006 年与 2004 年相比，申报产品的纳税额普遍有了提高，对国家的贡献越来越大。以参加复评的 11 个小麦粉生产企业为例，2006 年申报产品的纳税总额（包括国税和地税）为 1.1762 亿元，比 2004 年的 0.9890 亿元提高了 18.93%。

4. 重视科技创新，促进企业发展

大多参评企业注意研发费用的提取，提高了研发费用在销售收入中的提取比重；大米和小麦粉产品获得的外观设计专利、新型实用专利和发明专利等明显多于 2004 年；申报产品获得的省、部级科技进步奖也明显多于往年；一些企业还积极参与行业和国家标准的制修订工作；有的在企业中还设有省级技术中心和博士后流动工作站等。

由于今年参评企业的整体水平较 2004 年评选时高，在专家评价时，参评企业的最终得分情况也明显高于 2004 年，其中大米和小麦粉产品的最高、最低分均高于 2004 年 170 分以上，有了很大提高。

（二）获得中国名牌产品称号的企业必须再接再厉，才能保持名牌荣誉

粮油企业通过开展“放心粮油工程”和“名牌工程”，企业的集约化程度、经营管理水平、质量意识、品牌意识和依靠科技进步的理念有了很大提高，但也应看到我们还存在着许多不足之处，必须努力改进，主要有两点。

1. 企业与企业之间差距较大，需要努力赶上

在今年的中国名牌评选中，粮油企业共获得了 65 个中国名牌产品称号。这一成绩的取得，除了大家的努力外，与国家质量监督检验检疫总局、中国名牌推进委员会对粮油行业的理解和关心是分不开的，这点我们一定要心中有数。我们不能有“名牌评上了，就可以歇歇了”的思想。我认为，所有评上中国名牌产品称号的企业，都应该借此机会对照检查一下自己的不足。我感觉在评上中国名牌产品称号的企业中，在有关申报产品的销售量、销售额、质量保证体系的建设与认证、纳税情况、重视科技创新的程度等方面差距甚大。

从这次大米、小麦粉和挂面产品的评价得分情况看，同一类中国名牌产品，分值高低相差高达二、三百分。在满分为1 000分评价中，分值在 600 分以上的产品只有 4 家企业的 5 个产品，其余都是四、五百分就获得名牌称号了，尤其是我们与其他行业的申报产品得分情况相比，差距就更大，因为他们有的最高分值达到 900 分以上。应该说分值的高低，反映了企业的整体水平，也反映了我们行业的整体水平，也是评选中排名的唯一依据。由此，我们每个参评企业都能找到自己的位置和差距。希望大家回去后认真找出差距，制订措施，努力赶上。

2. 参加复评的企业有进步，但进步不大

在这次参加复评的有 7 个大米生产企业和 11 个小麦粉生产企业，从他们申报的材料和得分情况看，与 2004 年相比，有进步，但进步不大，不如有的新参评企业进步快。主要反映在有的企业对质量保证体系的建设与认证重视不够；有的申报专利、申报科技进步奖、在企业内设立技术中心和参与行业和国家标准的制修订工作等重视不够，致使有些复评企业的得分不高，排名较后，险些被淘汰，这是很不应该的。

根据名推委的讨论意见，今后对复评企业的老名牌产品不再特别保护的精神和评选名牌产品要少而精的原则，再加上这次粮油行业获得的大米和小麦粉产品的中国名牌数量之多，是至今任何行业任何产品所没有的。为此，3 年后再复评时，大米和小麦粉产品的名牌数量已增加无望，说真的，到时不减少就很好了。面对这一现实，要想保持大米和小麦粉中国名牌产品称号的企业，只有再接再厉，扎扎实实做好工作，才能保持名牌的荣誉。

（三）参评企业要诚信为本，实事求是

企业在开展“名牌工程”时，必须扎扎实实地工作，在申报材料时必须实事求是，不能有半点虚假，这是对参评企业的最起码要求，也是企业诚信的体现。粮油企业在 3 次中国名牌产品的评选中，绝大多数企业在申报材料时都能做到诚信为本，实事求是，但也确有少数企业在申报材料时存在着数据不实，有的甚至严重不实。

由于中国名牌的评选工作始终坚持公开、公正、公平的原则，对参评企业的主要数据要进行两次网上公示，所以任何数据不实和弄虚作假的投机心理是不可能得到好处的。

在今年的中国名牌产品评选中，各地上报的粮油企业申报大米、小麦粉和挂面为中国名牌的材料合计为 89 份。这些申报材料在第一次公示后，国家质量监督检验检疫总局和中国名推委共收到各类投诉意见达 26 份。其中反映公示数据与申报材料数据不一致的 8 份；反映数据不实和严重不实的有 15 份；反映产品质量在当地监督抽查不合格的 3 份。这是粮油企业参加 3 次中国名牌产品评选以来反映问题最多的一次。

为贯彻公正、公平的原则，在评选时，专家小组根据各地主管部门对投诉的处理意见以及问题的性质和轻重程度，经过认真审核和讨论，取消了 3 个企业的参评资格；对公示数据与申报材料数据不一致的问题，由于申报材料数据均低于公示的数据，决定以申报材料的数据为准进行评价；对少数企业数据不合情理和不实的进行了严肃处理，在评价打分时不仅不给高分，而且还要扣分，使之不能让其占任何便宜。所以有人说，这是一桩“偷鸡不成蚀把米”的买卖。

对今年参评粮油企业申报材料反映问题多的情况，应该引起我们的高度重视。我们要在参评企业中提倡诚信为本，实事求是，希望大家要牢记任何伪造数据、弄虚作假的投机做法，不仅对企业没有好处，同时还会损害粮油行业的形象。我们千万不能把通过开展“名牌工程”，促进企业更好更快发展的好事办砸了。

（四）参评企业要关心和重视名牌评价通则的变化

在今年中国名牌产品的评价通则中，与往年相比发生了较大变化。在分值的分配上又有调整，“市场评价”和“质量评价”各为300分；“效益评价”和“发展评价”各为200分；在“市场评价”中增设了“品牌历史分”；在“质量评价”中增设了“加入中国产品电子监管网并激活上市分”、“获质量管理体系认证分”和“获国家标准化良好行为企业认证分”等；在“效益评价”中，增加了“申报产品国税赋税水平分”等。这些评价通则的变化，都是在网上公开的。

为了使评价通则更加科学合理，今后中国名牌产品的评价通则还会根据国民经济和社会发展的形势有所调整，希望参评企业关心和重视评价通则的变化，以便高质量的做好材料的申报工作。

（五）认真做好明年食用油脂产品的复评工作

明年是“大豆油”、“菜籽油”和“花生油”等中国名牌产品的复评年。希望参评企业按照上述大米和小麦粉的做法，早做准备，以期取得好的效果。这里我想重复强调三点：

①“申报材料”要过细，不要遗漏项目；

②证书和证明要齐全，复印件要清晰；

③填报数据一定要真实无误。

明年在搞好“大豆油”、“菜籽油”和“花生油”复评的同时，调和油和香油两个产品有可能作为中国名牌产品评选的新增项目，为做好准备工作，当前有两件事要做。一是要尽快促使调和油和香油的国家标准制订出台。这两个标准的制修订工作已经搞了几年了，至今不能出台的原因很多，我希望参与制订标准的企业和专家要从大局出发，采取求大同存小异的做法，早日完成标准的制修订任务；二是要了解清楚调和油和香油的生产情况，尤其是香油的生产情况，以便为参评产品设立合理的门槛提供依据。为此，过些时候中国粮食行业协会将会通知大家，做好这两个产品的统计数据，希望各地粮食行业协会和有关企业积极配合。

七、粮油加工企业的品牌、创新、开源和责任

——在中国粮油学会油脂分会第十七届年会上的主题报告

（2008 年 9 月 18 日　于河南郑州）

为开好本届年会，中国粮油学会油脂分会于今年 4 月 8 日在长沙召开了会长办公扩大会议，认真研究了开好本届年会的各项准备工作。会议确定了本届年会的主题为：品牌、创新、开源、责任。会议认为，认真实施“品牌、创新、开源、责任”的战略，对当前乃至相当一段时期的油脂工业和油脂科技具有十分重要的意义，并要我就这一主题撰写论文。下面，我就粮油工业和粮油科技如何实施这一主题讲些意见，供参考。

（一）品牌是企业的“牌子”，是企业的生命

自从人类社会进入原始的商品交换时代开始，就把交易中的货物内容和交易中的诚信程度看作为交易双方的必备条件。久而久之，这种交易货物的内容和交易中的信誉就变成了交易者的招牌，这种招牌又称为“牌子”，也就是现在我们常说的产品品牌，品牌好则生意好。

从我国出土的文物显示，中国是世界上最早使用品牌的国家。据有关资料记载，南北朝后期（公元6 世纪中后期），中国生产陶器的工匠已经在其产品上使用商业性署名以作为区别其他产品的标志，这种标志也可以说是品牌意识的萌芽。到了宋代，山东济南有一家专造细针的刘家铺，因为其店铺门前有一石兔，有一天，铺主灵机一动，就在其产品包装上印上了兔子的图形与“兔儿为记”的字样来区分自己与其他商铺的产品。这个“白兔”牌细针，可谓我国历史上最早最完整的品牌。据说，这家铺子在经营活动中由于重质量守信用，曾扬名当地。这说明，我们的祖先早就有了对品牌是企业的形象，是企业的牌子，也是企业的生命的认识。

回顾历史，显然在中国商品经济发展史上不乏品牌发展的资源，但由于我国传统社会重农轻商等主流思想的抑制，与商品经济和市场经济相匹配的品牌与品牌意识没有得到太大的发展。致使在现代市场经济中的所谓品牌还是属于西方的舶来品，大多知名的世界品牌都被几个西方发达国家所占有。这与我们这个历史悠久，人口众多和产品丰富的泱泱大国极不相称。

改革开放以来，中国经济快速发展，“中国制造”的产品风行全球，随着“中国制造”的迅速崛起，对中国经济的发展起到了促进作用，但同时，我们也付出了巨大的资源消耗和巨额的环境成本，更心痛的是由于“中国制造”产品没有自己的品牌，致使产品价格较低，一度在全球市场上成为低质、廉价的代名词。这种巨额的付出与相对的收益极不成比例的状况引起了我们国家的高度重视，使我们清楚地认识到品牌对于一个企业乃至一个国家的发展有着十分重要的意义，决心要努力将“中国制造”变成“中国创造”，打造中国自己的品牌。要像“同仁堂”、“全聚德”和“狗不理”等

中华老字号一样，在消费者心目中占据着很高的地位；要像“海尔”、“联想”和“青岛啤酒”等产品一样，让更多的中国品牌，成为全球市场最有影响力的品牌。

现在，有人在谈到品牌对一个企业，乃至一个国家的重要性时说：“品牌是什么？品牌是武器！是力量！在西方，品牌被人们称之为‘经济原子弹’。”品牌能见证一个国家的实力，是一个国家的形象和符号。像麦当劳、XO、奔驰、宝马……这些领袖级的世界品牌，向我们证明：“谁拥有了世界品牌，谁就拥有了世界。”品牌对一个企业来说，“赢得用户时，品牌是影响力；开拓市场时，品牌是战斗力。”由此可见，品牌对一个企业，乃至一个国家有着多么重要的意义。

在日常生活中，品牌作为企业的牌子，是一个企业区别于竞争对手的重要标记。品牌知名度的高低也能反映一个企业技术和设备的先进程度、社会信誉的好坏、市场份额的大小和无形资产的高低等。纵观国内外知名企业的成功经验，创立和发展品牌是企业长久不衰和保持市场旺盛生命力最有效的手段之一。品牌与企业具有同命运共存亡的特殊重要意义。因此企业都把创立和发展自己的品牌作为自己的战略任务。品牌建设包括：品牌定位、品牌设计、品牌塑造、品牌经营、品牌管理、品牌服务、品牌竞争、品牌推广、品牌创新、品牌升级、品牌保护、品牌扩张、品牌联合等，内容十分丰富，所以企业常把它作为一项重要工程来抓，常抓不懈。

我们粮油加工企业也不例外，通过抓品牌建设，增强了企业的质量意识、安全意识、诚信意识和服务意识，提高了企业的经营管理水平、产品质量水平、安全水平和技术水平，涌现出了一批全国性的和区域性的著名品牌。例如，在大米产品中，有北大荒、国宝、盘锦、五常和射阳等著名品牌；在小麦粉产品中，有五得利、白樱花、南山、古船、香雪、利达、皖王和金象等著名品牌；在食用植物油产品中，有金龙鱼、福临门和鲁花等三大全国著名品牌，有九三、海狮、红蜻蜓、绿宝、火鸟、汇福、爱厨、如意等区域性著名品牌，还有金浩茶籽油、富味乡和崔字牌香油以及金胚玉米油等著名油脂品牌；在挂面产品中，有克明和塞北雪等著名品牌等。上述这些粮油加工产品品牌在消费者心中。具有较高的知名度和美誉度。这些著名品牌，是企业长期精心培育和打造的结晶，是企业最宝贵的无形资产，也是企业不断发展的重要基础。

随着国民经济高速发展，我国已经进入了追求高质量的时代。这就要求我们的企业不仅要重视品牌建设，而且要实施品牌战略。因为实施品牌战略是时代发展的需要，是实现工业化和经济全球化的需要，是推动我国经济又好又快发展的需要。

党中央、国务院高度重视品牌战略。早在 1992 年，邓小平同志南巡视察企业时就指出：“我们应该有自己的拳头产品，创出我们中国自己的名牌，否则就要受人欺负。”在小平同志讲话精神的推动下，为振兴我国的民族工业，2001 年，按照国务院赋予的职能，国家质量监督检验检疫总局会同有关部委、行业协会、中介机构和主要新闻媒体成立了中国名牌战略推进委员会，有力地推动了中国企业争创中国名牌的积极性。我们粮油加工企业也不例外，把培育和争创中国名牌作为一项工程来抓。

几年来，粮油加工企业在中国粮食行业协会的组织推动下，在行业内全面开展“放心粮油工程”和品牌建设的基础上，积极实施名牌战略，做了大量的工作，取得了显著的成绩。在2007 年的中国名牌产品评选中，粮油加工企业，共有 65 个产品被国家质量监督检验检疫总局和中国名牌战略推进委员会授予“中国名牌产品”称号，其中大米产品 28 个，小麦粉产品 29 个，挂面产品 8 个。连同 2005 年 10 个食用植物油产品被评为中国名牌产品，总计为 75 个粮油加工产品被授予“中国名牌产品”称号。

由于名牌产品越来越受消费者欢迎，市场占有率越来越高，优势越来越明显。根据中国粮食行业协会 2006 年的调查统计，2004 年获得中国名牌称号的 7 个大米产品、13 个小麦粉产品和 2005 年获得中国名牌称号的 10 个食用植物油产品的粮油加工企业，其产品产量和经济效益都有大幅度提高。其中，2006 年 6 个名牌大米生产企业（不含黑龙江五常）的总生产量达 199.3 万 t，利润总额达 0.87 亿元，比 2005 年分别提高 61.5% 和 77.2%；2006 年 13 个名牌小麦粉生产企业的总生产量达 581.1 万 t，利润总额达 5.87 亿元，比 2005 年分别提高 21.9% 和 148.3%；10 个食用植物油名牌产品的生产量和利润也都有较大幅度增长，仅名牌企业——中粮集团食用植物油的产量就达 205.4 万 t，利润 8.62 亿元，分别比上年增长 32.1% 和 395.3%。

由此可见，一个产品的品牌，尤其是一个著名品牌，对一个企业的生存和发展乃至做强做大具有多么重要的意义。

（二） 创新是企业发展的动力

在党中央、国务院的高度重视下，为适应我国社会经济发展和人民生活改善对科技进步和创新提出的迫切要求，国务院制定了《国家中长期科学和技术发展规划纲要（2006—2020 年）》，做出了建设创新型国家的决策。

《纲要》指出，建设创新型国家的核心是增强自主创新能力。纵观人类社会发展的历史，创新是人类社会进步的强大动力，是一个民族进步的灵魂，是一个国家兴旺发达的不竭动力。一个国家、一个民族要想立于世界民族之林，就必须坚持不断创新。同样，一个企业要生存、要发展、要在竞争中立于不败之地，也必须勇于创新、坚持创新和善于创新。

创新是一个体系，企业创新包括制度创新、技术创新、市场创新和管理创新等几个方面组成。

过去，我在强调管理对粮油工业发展的重要性时曾多次讲过，管理是科学，是生产力，是效益。对粮油工业来说，管理包括质量管理、经营管理、资金管理、现场管理、制度管理和人才管理等，每一个方面都非常重要。粮油工业企业的管理创新就是要在不同时期，根据企业的特点能制订出一套保证产品质量、确保安全生产、资本运行良好、营销手段先进、现场管理文明、企业文化高尚的行之有效的方法，并随着时代的发展和外部环境的变化而不断改进，达到推动企业不断发展的目的。

改革开放三十年来，我国的粮油工业发生了翻天覆地的变化，企业的技术水平和管理水平上了一个新的台阶，涌现出了以著名品牌为代表的一批管理先进的企业，但我们也应该清楚地看到，粮油工业企业的管理水平仍然参差不齐，有些企业在重经营、轻管理思想的指导下，脏、乱、差的现象时有发生，有些企业的管理水平甚至不如过去，出现了倒退，这与上述讲的管理创新是格格不入的。

我认为在这些管理无序，生产现场脏、乱、差的企业中什么质量第一、安全生产、文明生产都将成为一句空话，企业要想发展，做强做大也是不可能的。我认为，生产现场管理的好坏，能够反映企业质量管理水平的高低、安全文明生产的程度和精神面貌的好坏，可以判断出这个企业有没有发展前途。最近，我参观了一些企业，如河南省粮油阳光油脂公司粕库有序的堆放，黑龙江泰丰粮油食品有限公司整洁的大米生产车间，给我的感触都很深。我跟同去考察的同志讲，看了他们的现场管理，可以相信他们生产的产品质量是可以放心的，安全文明生产是有保证的，企业做强做大是有希望的。由此可见，企业的管理创新也要脚踏实地，从最基础的点滴做起，才能取得成效。

下面我想讲讲关于粮油加工企业的技术创新。粮油加工企业技术创新的状况，反映了我们这个行业在国际上所处的水平，对一个企业来讲，还反映了是否具有发展后劲。

粮油加工企业技术创新的内容很多，重点包括对原材料、能源、设备、产品等硬件创新以及生产工艺程序设计、操作方法改进等软件创新。在粮油科技的技术创新中，自主创新是核心。自主创新从内容上主要包括：一是原始性创新，它是通过科研和开发，努力获得更多科学发现和技术发明；二是集成创新，它是通过各种与粮油加工相关的技术成果进行融合汇聚，形成具有市场竞争力的产品和产业；三是引进技术的消化、吸收和再创新。在自主创新中，企业是创新的主体。但我认为，根据粮油加工企业的特点和实际，原始性创新应该以大专院校和科研院所为主，企业积极参与并提供创新需要的试制、试验场所；集成创新和引进技术消化、吸收和再创新应该以企业为主，大专院校和科研院所是技术的后盾和支撑。当前，粮油加工企业在技术创新中，要注意以下几点：

1. 要充分认识技术创新，人才是关键

鉴于目前在粮油加工企业中，大型企业和企业集团为数甚少，人才缺乏是大多粮油加工企业普遍存在的问题。为此，企业在进行技术创新中，必须促进企业之间，企业与大专院校和科研单位之间的联合，实行产、学、研相结合的方针，进行联合攻关，以便早出成果，出好成果。与此同时，促进技术成果的转让，促进企业的技术集成和应用。江苏江南面粉有限公司与武汉工业学院联合，实行产、学、研相结合的方法，从小麦麸皮中成功研制出了“上一道”小麦膳食纤维，并很快应用于生产，产品上市后反映良好，现在有望出口美国等发达国家。这就是产、学、研相结合的范例。

2. 要进一步搞好引进技术的消化、吸收和再创新工作

据粗略统计，自20世纪80年代初至90年代中期，全国共引进各类粮油加工成套设备330多套，其中大米加工设备40多套，面粉加工及谷朊粉生产设备200多套，油脂浸出、精炼和低温豆粕生产设备等91套。为替代进口，自1987年起原商业部将引进技术的消化吸收国产化工作列入了国家“七五”重点攻关项目，组织动员了有引进设备的粮油加工企业、粮油科研院所、大专院校和粮油机械制造企业的数百名工程、设计人员共同参与。经过七年多时间的联合攻关，研制出了数十台（套）接近或达到国际先进水平的粮油加工设备，从而使我国的粮油工业和粮油机械制造水平上了一个台阶，缩短了与国外先进水平的差距。

进入21世纪以来，随着技术的进步，我们又引进了不少先进的粮油加工设备，尤其是引进了不少米、面、油的深加工设备，希望有条件引进技术的生产企业，主动联合粮油科研院所、大专院校和机械制造企业，对引进技术进行消化、吸收和再创新，为进一步提高我国粮油工业的技术水平作贡献。

3. 要注重实用技术的创新

在科技成果的转化中，一般来说，实用高新技术的转化率较高。为此，粮油加工企业在开展技术创新时，要把在生产中遇到的技术难点问题组织攻关，并能出其成果，这不仅对企业有利，同时对行业的发展将是一大贡献。湖南克明面业，为提高挂面的质量，降低能耗，几年来，他们在和面、面带熟化、切面和烘干等环节开展了一系列技术创新活动，取得了成功，获得多项国家实用技术发明专利，受到专家和同行的赞扬。

4. 要把技术创新纳入到争创名牌工程中去

一个企业是否重视技术创新，反映了这个企业有多大的发展后劲。为此，粮油加工企业要把“新产品的开发”、“企业研发费用占销售收入的提取比重”、“是否拥有国家级或省级技术（研究）中心”、“是否拥有各类专利和发明创造专利”以及“是否获得省级以上各类技术进步奖”等作为实施名牌工程的重要考核内容。

为实施名牌工程，企业必须加大研发力度，努力掌握高端核心技术，提高自主创新能力，提高产品质量水平，从而增强品牌的核心竞争能力。

（三）认真贯彻“开源”与“节流”并举的方针

“开源节流”是我国战国时期荀子论述财政投入和生产关系的理论，他主张“节其流，开其源”，以实现“下上俱富”的目标。也就是说国家的财政收入要建立在发展生产的基础上；实行“发展生产，撙节赋税”的政策，是比喻增加收入，节省开支。这一思想，至今仍对我国经济社会发展具有重要的现实意义。

我国资源总量大，是世界资源大国，但人口众多，又是世界人均占有量较低的资源小国。根据这一国情，我们在任何时候都必须贯彻“开源”与“节流”并举的方针，坚持一手抓“开源”，一手抓“节流”。

贯彻“开源节流”的方针，在我们粮油加工领域最重要的是要十分珍惜和合理利用涉及国计民生的粮油资源，降低消耗，成为一个资源节约型企业。总结过去的经验，粮油加工企业在“开源节流”中可作的文章很多，当前重点要抓以下几方面的工作：

1. 要重视资源的充分利用

粮油加工中产生的次粉、碎米、米糠和各类胚芽等副产品数量很大，可以考虑将次粉和碎米供作食用或替代面粉和大米供作它用，这是最大的“开源”；将米糠和各类胚芽作为油料资源，充分加以利用，为国家增产油脂，是当前最具现实意义的“开源”。为进一步推动米糠和各类胚芽资源的开发利用，中国粮油学会油脂分会打算在今年晚些时候召开现场经验交流会，希望能得到大家的关注。

2. 要注重纯度，控制精度

要把提高产品出品率看作是粮油加工企业贯彻“开源节流”方针的重要组成部分。为确保粮油产品的质量，粮油加工企业必须严格按国家标准组织生产，配备足够的清理和提炼设施，以保证产品的纯度，堵截大米含砂，面粉牙碜等现象的出现；为防止加工过程中片面追求过精过细和过度精炼，造成微量营养素的大量损失和出品率的降低，我们要纠正大米过精、面粉过白、油色过浅的现象，以达到控制精度，提高出品率的目的。

3. 要在建设资源节约型、环境友好型社会中做出应有的贡献

粮油加工企业在建设资源节约型社会中，在以下几个方面可以努力取得成绩。

（1）粮油加工企业的生产原料及其成品，都是国家的重要特殊商品。因此，节约一粒粮、一滴油，千方百计提高出品率仍然是我们必须长期坚持的，因为这与国家的粮食安全有着十分密切的关系。

（2）粮油加工企业在生产过程中的用水、用电、用煤量较大，消耗指标较高，与国际先进水平仍有不小差距，需要通过强化管理，改进工艺和设备，才能把它降下来。九三集团天津大豆科技有限公司通过对蒸汽再利用、变频节电和污水膜处理等方面的8项关键技术攻关，进行了工艺、设备的优化和改造。经过两年的生产应用，每年节汽5万多吨、节电300多万度、节水20多万吨、综合效益1200多万元，成为我国大型油脂加工企业节能减排技术改造的成功范例。

（3）粮油加工中产生的皮壳和下脚料数量惊人，要采用各种方法加以利用，变废为宝。如利用稻壳发电和利用废油生产生物柴油等。

4. 要配合社会积极进行节约用粮和科学用粮的宣传

“锄禾日当午，汗滴禾下土。谁知盘中餐，粒粒皆辛苦。”这首传诵至今的古诗充分说明了粮食的来之不易。“节约粮食，反对浪费”已成为中华民族的传统美德。但是，近几年来，社会上对节约粮食的观念开始淡薄，在食堂和餐厅，成碗米饭被倒，整个馒头被丢的现象屡见不鲜。这种现象不仅浪费粮食，也与人类文明不相匹配，亟需在全社会弘扬“节约粮食光荣”的风尚。与此同时，我们还要针对社会上存在的某些油炸、烹煎、过油、水煮等菜肴，食用油浪费惊人，危害人体健康的现象，正确引导食用油的消费，鼓励人们改变传统膳食结构，提倡合理用油、科学用油和节约用油。

（四）企业的社会责任是企业的应尽义务

企业是社会的组成部分，企业的发展离不开社会。反之，社会的进步和发展要靠企业所尽的社会责任。一般认为，企业社会责任是指：企业在追求利润最大化的同时，对社会应承担的责任或对社会应尽的义务。在当今世界，企业社会责任已经成为国际社会普遍适用的商业规则，成为所有国家市场的进入门槛和评价检验企业优劣好坏的重要标准，诸如，商业伙伴关系、市场营销、企业治理、产品质量、劳资关系、生产安全、环境保护、社会事业参与、对社会发展和进步的贡献等，企业的一切市场商业活动和社会行为无不受到各国政府、国际企业社会责任组织、媒体和全球消费公众的

高度关注。并上升为超越国界、超越社会制度、超越不同法律体系的全球普遍适用的企业规范性和强制性规则。

对中国企业来说，企业社会责任有的还不太熟悉。有必要学习和借鉴国际上先进的企业社会责任观念和经验，打造出具有中国特色的企业社会责任，使中国企业家在发扬中国优秀传统商业文化的同时，积极回报社会，成为社会美德的楷模和典范。为全面贯彻党的十七大精神，深入落实科学发展观，推动中央企业在建设中国特色社会主义事业中，认真履行好社会责任，实现企业与社会、环境的全面协调可持续发展，国务院国有资产监督管理委员会研究制定并下发了《关于中央企业履行社会责任的指导意见》，文件阐明了企业履行社会责任的重要意义、指导思想、总体要求、基本原则、主要内容和主要措施。我们认为，这个文件不仅适用于中央企业，它同样适用于不同行业、不同所有制的所有中国企业。

企业社会责任包括的内容很多，根据粮油加工企业的特点，我觉得现阶段应把重点放在以下五个方面。

1. 坚持依法经营，诚实守信

在经营中，要模范遵守法律法规和社会公德、商业道德以及行业规则，及时足额纳税，忠实履行合同，恪守商业信用，反对不正当竞争。尤其是照章纳税，及时足额纳税是企业应尽的最起码的社会责任，而纳税的多少也反映了一个企业对社会贡献的大小。为此，粮油加工企业要把交纳国税、地税的多少和国税赋税率的高低作为考核自己对社会贡献大小的重要内容。

2. 切实把好产品质量关和提高服务水平

粮油加工产品的质量与人们身体健康息息相关，为此，要保证产品的绝对安全、可靠。要把粮油产品的安全、可靠作为最重要的企业社会责任。在此基础上，要完善产品的销售服务体系，努力为社会提供优质、安全、健康的产品和服务，最大限度地满足消费者的需求，以取得广大消费者的信赖与认同。

3. 确保生产安全

粮油加工企业，尤其是浸出油厂（车间）要认真落实安全生产责任制，严防粉尘和溶剂爆炸等重大人员伤亡事故的发生。要努力为职工提供安全、健康、卫生的工作和生活环境，保障职工职业健康。

4. 加强资源节约和环境保护

粮油加工企业要认真落实国家有关节能减排的责任，完成当地政府规定的节能减排任务。要重视环保，增加环保投入，改进工艺和设备，确保在粮油加工中产生的灰尘、粉尘和污水的排放符合国家的排放标准，实施清洁生产。

5. 参与社会公益事业

粮油加工企业要积极参与社区建设，鼓励职工志愿服务社会，热心参与慈善、捐助等社会公益事业，关心支持教育、文化、卫生等公共福利事业。在发生像四川汶川地震等重大自然灾害和突发事件时，积极提供财力、物力和人力等方面的支持和援助。另外，在价格、成品粮油的供应等方面要服从和服务于国家的宏观调控。

以上是我最近一段时间读了有关材料的学习心得，不当之处，请批评指正。

八、在“中储粮金鼎食用调和油上市新闻发布会”上的致辞

（2012 年 8 月 8 日　于北京）

今天，非常高兴参加中储粮金鼎食用调和油上市新闻发布会。刚才，相关单位分别介绍了金鼎食用调和油产品的研制、鉴定、生产和监制方面的情况，中储粮把金鼎调和油的配方向全社会作了公布，这是我国发展食用调和油 20 多年以来的首个配方公布，是中国食用油行业具有里程碑意义的一件大事。

众所周知，油脂与蛋白质、碳水化合物一样是人类生存最基本、最重要的三大营养素。米、面、油及其产品是富含三大营养素的杰出代表，也是国家食物安全的重要组成部分。从营养与健康的角度看，食用油的脂肪酸组成是至关重要的，但遗憾的是，世界上没有一种单一油品的脂肪酸组成是十全十美的。为此，自 20 世纪 80 年代初，美、日等一些发达国家根据脂肪酸的合理配比，开始研发、生产和销售食用调和油。我国自 20 世纪 90 年代起，一些大型油脂加工企业在借鉴国外经验的基础上开始研发、生产和销售食用调和油。这些食用调和油大多以改善营养或风味为目的，用两种及两种以上的成品植物油经科学调配制成了各种食用调和油，并投放市场，得到了消费者的认可。

根据国家粮食局的统计，2011 年我国食用调和油的产量达 238 万 t，占小包装食用油 507 万 t 的 46.9%，比 2010 年食用调和油产量 196.6 万 t 和小包装食用油产量 324.8 万 t 分别增长了 21.1% 和 56.1%，产量不断上升，发展势头看好。但也应该看到，在发展的过程中也存在着一些问题，诸如：少数企业以盈利为目的，利用消费者对这一产品缺乏了解，混淆概念，随意冠名；一些不法分子采用以次充好，扰乱食用调和油市场，欺骗和坑害广大消费者，给食用调和油的声誉产生了负面影响。今天，中储粮总公司作为食用调和油市场的一个后进入者，把自己的产品配方公布于众，让消费者买的明白、吃的放心，彰显了一个勇于担当的央企关爱民生、顺应民意的情怀，必将在行业内起到很好的表率作用，促进我国食用调和油生产、销售的健康发展，重塑食用调和油的市场形象。

中国粮油学会是中国科学技术协会和国家粮食局领导下的全国性一级学会，是粮食科技人员之家，粮油企业之家。长期以来坚持以经济建设为中心，努力促进粮油科技与经济发展的结合，为推动科技进步和振兴粮食经济服务。在行业内积极推动我国粮油产品的规范化、标准化，倡导为消费者提供“安全、优质、营养、健康、方便”的粮油产品。中国粮油学会非常愿意与勇担社会责任、重视民众利益的企业共同努力，为我国粮油行业的健康发展贡献一份力量，为建立和维护良好的食用调和油市场而共同努力。最后，祝中储粮金鼎食用调和油上市成功！

九、 公布食用调和油配方是大势所趋

（2012 年 9 月 6 日　刊于《中国电视报》）

最近，一种号称营养丰富但价格较贵的新型食用油——调和油开始在市场上走俏，然而记者在走访调查时才发现，大多数厂家对食用调和油的成分都语焉不详、讳莫如深。

公开资料显示，2011 年我国调和油市场消费量已占小包装油消费总量的 30% 以上，终端市场上存在的调和油品种不下 20 余种。记者注意到，在众多品种的调和油中，却有一个突出的现象：尽管各厂家都在标注上称自己使用了最昂贵的油品如橄榄油、茶籽油等，也会标注其他成分，但其中高档油所占的比例却很少有人能明确标注，消费者根本看不到调和油所含各种成分的具体比例。这种对配方不清楚的命名和标识，在很大程度上忽悠着消费者，而企业却从中获得了不少利润。为了掩饰以次充好的经营行为，一些生产调和油的不良厂家还以“配方属于企业核心商业机密”为由不予公布。

不过，这种市场乱象已经开始被打破了。日前，中储粮油脂有限公司旗下一款食用调和油首次公布了配方，这也是我国首个委托第三方权威机构监制的食用调和油配方，配方中不仅包含了调和油的主要成分，还将每种成分的比例一并公布。针对食用调和油行业之内这“第一个吃螃蟹”的举措，中国粮油学会常务副理事长、油脂分会会长王瑞元教授在接受记者采访时表示，公布食用调和油的配方是大势所趋，目前食用调和油的国家标准正在制订当中，不久的将来，人们在购买调和油时就不用“猜谜语”，而是一目了然其配方成分，成为“我买油，我做主”了。

十、在2012年第二届中国（北京）国际食用油、油脂机械及包装博览会开幕式上的致辞

（2012年10月23日　于北京）

今天，我们在美丽的中国首都——北京，迎来了第二届北京国际食用油产业博览会的盛大开幕。借此机会，我代表本届博览会的指导单位——中国粮油学会油脂分会，对本届盛会的胜利召开表示热烈的祝贺，对与会领导、嘉宾及所有的参展者及参观者表示诚挚的问候！

去年的11月14—16日，我们在这里举行了第一届北京国际食用油产业博览会，参展的国内外企业数量之多，知名企业之多，产品品种之多，档次之高，规模之大，是北京乃至全国有史以来不多见的。

第二届北京国际食用油产业博览会，仍然是中国粮油学会油脂分会全程指导，并大力支持的食用油行业的一次盛会，是中国粮油学会油脂分会2012年度重点工作之一。在本届盛会上，我们不仅邀请到了中国中储粮总公司、中粮集团、益海嘉里、鲁花集团、西王集团、三星集团、龙大油脂公司等诸多行业知名企业参展，同时邀请到了西班牙展团、意大利展团及来自突尼斯、土耳其、马来西亚、希腊、新西兰等国的众多国外知名企业共同参展。由此可见，本届博览会仍然是中国2012年度规模最大、规格最高的食用油行业的盛会。

为充分发挥本届博览会的作用，展会期间还将举办若干个内容丰富的产业高端发展论坛，以便从多个角度帮助大家参加本届博览会取得成功。

本届博览会的目的，仍然是为大家搭建一个学习交流、展示交易和广交朋友、建立友情的发展平台。通过产品展示，宣传企业形象，提高产品品牌知名度，提高经济效益，促进产销企业之间的衔接；通过发展论坛，共商发展大计，促进产业健康发展。

为了能够成功举办第二届会议，永红国际展览（北京）有限公司做了大量认真、细致和卓有成效的工作。他们不愧为一支素质较高、办展经验丰富、具有极大发展潜力的工作团队，他们的努力成果赢得了全体参展企业的欢迎和尊敬。这也充分证明，中国粮油学会油脂分会选择这样的合作单位作为每年下半年举办国际食用油产业博览会的主办商是正确的。中国粮油学会油脂分会将与永红国际展览（北京）有限公司携手，共同为整个食用油产业搭建更好的供需结合平台。坚定不移地走品牌发展的道路，坚定不移地走科学发展的道路，坚定不移地走市场发展的道路。为了这个目的，我们愿意做出坚持不懈的努力！

最后，预祝本届博览会圆满成功！并希望在明年10月的第三届北京国际食用油产业博览会上与大家再次相会！

第六章

浸出制油法和米糠、玉米胚制油的发展

一、 在全国增产油脂经验交流会上的总结报告

(1972年6月9日 于湖南长沙)

5月26日—6月9日“全国增产油脂经验交流会”在湖南省长沙市召开。参加这次会议的有各省、市、自治区商业、粮食部门负责粮油加工工作的同志和基层企业以及科研单位的代表共195人。中央人民广播电台、新华社湖南分社、湖南日报社、一机部机械院。无锡轻工业学院、河南农学院等单位也派代表参加了会议。会议得到了湖南省各级领导的大力支持。

会议期间，学习了伟大领袖毛主席有关教导和中共中央（1972）12号文件、《国务院关于全国棉花、油料、糖料生产会议的报告》、《1972年全国计划会议纪要》、《全国商业工作会议报告》等文件。参观学习了长沙县金井粮站、醴陵县城关大米厂和长沙市油脂化工厂等单位，交流了各地增产油脂的经验；研究了规划；制订了措施。大家提高了认识，交流了经验，明确了任务，鼓舞了干劲。一致表示：一定要更高地举起毛泽东思想伟大红旗，以阶级斗争、路线斗争为纲，认真贯彻这次会议精神，为革命多增产油脂，为社会主义建设做出新的贡献。

当前，国内外形势大好，我国粮食生产连续10年获得丰收。油料生产方面，在毛主席批示“照发”的《国务院关于全国棉花、油料、糖料生产会议的报告》传达以后，各地认真贯彻了“以粮为纲，全面发展”的方针，加强了油料生产的领导，进一步落实了党的政策，扩大了种植面积，近年来，获得了较好的收成。粮油加工战线上的广大职工，高举毛主席“鞍钢宪法”的旗帜，深入地开展“工业学大庆”的群众运动，树立了“为革命多产油、产好油”的思想，提出了“宁流千滴汗，力争多产油”的战斗口号，千方百计为革命增产油脂，取得了显著的成绩，积累了丰富的经验。这些经验是：

（一） 狠抓路线教育， 促进油脂增产

毛主席指出：“思想上政治上的路线正确与否，是决定一切的。”路线对头，各项工作就有正确的方向，各种问题，就有正确的解决办法。

湖南省广大粮油职工在各级党委的领导下，坚持执行“发展经济，保障供给”的总方针，开展了“自力更生闯新路，土法上马炼糠油”，“向科学进军，叫米糠献宝”增产油脂的群众运动。14年来共生产毛糠油1.466亿万斤，其中1971年生产糠油1 480万斤，有力地解决了工业生产的发展和人民生活的需要，成绩是很大的。

各地开展米糠榨油，大部分是在1958年随着国民经济大跃进的形式发展起来的。米糠榨油经历了一个上马、下马、再上马的过程，大部分地区长期处于停顿状况，使这项工作的发展受到挫折。

事实证明：在增产油脂上亦同样存在着两种思想、两条路线的斗争。因此，只有

把开辟油源，为国家增产油脂提高到认真执行毛主席革命路线的高度来认识，狠抓路线教育，排除“左”的和“右”的干扰，才能保证群众性的增产油脂运动健康发展，步步深入。

（二） 依靠党的领导， 大搞群众运动

伟大领袖毛主席对于粮油工作曾作了一系列极为重要的指示，在毛主席亲切关怀下，各级党委对粮油工作历来十分重视，这是我们做好工作的根本保证。经验证明，增产油脂开展米糠榨油虽然是一项业务工作，但是它涉及的面很广，单靠业务部门推动这一工作是比较困难的。只有自觉地把增产油脂工作置于党的绝对领导之下，取得党委的领导和支持，大搞群众运动，增产油脂，开展米糠榨油就能持续发展。

湖南省委对米糠榨油十分重视，最近几年，省委主要负责同志亲自抓油脂的增产，听取汇报，具体指导。在各级党委的领导下，米糠榨油的群众运动，广泛地开展起来，有力地支援了工农业生产，全省国营米厂中，米糠榨油利用率达到100%，小型液压榨油机发展到1 900台，总结出了一套行之有效的技术操作规程，生产工序实现了机械化、半机械化，使糠油产量不断增加。

广东省各级党委，把开展米糠榨油列入议事日程。省委领导同志在会议上强调米糠榨油的意义，宣传“米糠榨油有理”，统一业务部门的认识，并亲自调查研究，狠抓典型，及时发现问题，解决问题，使这项工作得到顺利发展。

（三） 发扬 “自力更生”、 “艰苦奋斗” 的革命精神

福建省莆田县笏石油厂，遵照毛主席关于“自力更生”、“艰苦奋斗”的教导，厂小志气大，坚持土法上马，因陋就简，修旧利废。经过三个月的艰苦奋斗，仅花了七千多元，就建成了日处理量 7t 的浸出车间。半年的时间，就增产油脂五万多斤。

湖南省醴陵县城关大米厂“自力更生闯新路，土法上马炼糠油”的事例，是坚持“自力更生”、“勤俭办工厂”的典型之一。他们利用一间不到 20m^2 的小屋，只花了 50 元钱，就搞成了每班三个人精炼四百多斤糠油的炼油车间。

这些事例说明：只有发扬“自力更生”、“艰苦奋斗”的革命精神，才能把群众中蕴藏的社会主义积极性充分的调动起来，利用现有的物质条件，挖掘潜力，多快好省地发展粮油工业，为国家增产油脂。

（四） 坚持实践第一， 开展技术革新

广大粮油战线职工运用毛主席的哲学思想，坚持实践第一的观点，开展技术革新运动，把革命精神和科学态度结合起来，向生产的深度和广度进军。

上海市在推广油脂浸出的过程，坚持实践第一的观点，通过科学实验，解除了浸出粕“油分少，不肥田”的顾虑，为油脂生产采用新技术创造了条件。全市采用浸出法生产以后，出油率有较大提高，仅 1971 年即增产油脂近1 000万斤。

上海市川沙县油厂，在反复的生产实践中，堵塞了溶剂消耗过高的漏洞，使溶剂消耗达到了先进水平。浙江省德清县粮油厂使用“95 型”榨油机榨米糠油基本获得成

功，充分发挥了现有设备作用。山西省翼城县符册大队红旗油厂，是个集体所有制的油厂，创造了一套榨油操作规程“十二环”。棉籽出油率由 13 斤逐步提高到 18 斤以上。江苏省江都县大桥油米厂，狠抓榨油工艺中的“四个环节”，使大豆出油率达到 15 斤以上。湖北省武汉市东风油厂、江苏省南通市粮食公司改进工艺流程，保证冷榨豆饼的质量。辽宁省旅大油脂工业总厂，实现花生一次浸出，真空豆粕，老厂做出新贡献。黑龙江五常县制油厂，坚持反复实践，制造脱饼圈机的经验。吉林四平植物油厂、四川省成都榨油厂、江苏省溧阳县野生植物综合实验厂在利用野生油料榨油，为革命增产油脂做出了成绩。

（五）服务农业，支援农业生产的发展

毛主席教导我们：“工业部门的工作转移到以农业为基础的轨道上来。”粮油加工厂必须坚持为农业生产服务的方向，开展米糠榨油必须妥善处理与牲猪饲料的关系，支援农业生产和养猪事业的发展。

湖南省、广东省、湖北省孝感县在大力开展米糠榨油的同时，妥善处理了供应饲料的矛盾。积极开辟饲料来源，大搞统糠生产的代农加工饲料。湖南全省 95% 的国营米厂都有统糠车间，大搞饲料生产仅统糠一项去年就有 4. 5 亿斤，促进了牲猪的发展。1971 年全省牲猪存栏数为 1962 年的 2. 8 倍。广东省 1971 年全省粮食部门加工包括统糠在内的各种饲料达 11. 1 亿斤。该省潮安县庵埠公社粮油加工厂，1971 年就生产饲料 152 万斤，比 1970 年增加了 50%，去年公社养猪比 1970 年增加了 32%，实现了“一亩一猪”。湖北省孝感县全县米糠榨油利用率达到了 80%，加工统糠 720 万斤，去年全县牲猪存栏数比 1970 年增加 27%。这个县的肖港区是棉花集中产区，长期以来饲料不足，加工厂用红薯藤，黄豆叶等加工统筹 60 多万斤，促进了养猪事业的发展，全区平均每户养猪二头半。

一个省、一个县、一个区、一个公社的事例有力地证明，能不能促进养猪事业的发展，不在于米糠榨油不榨油，而是取决于执行什么路线，取决于是否贯彻以农业为基础的方针。

“农业的根本出路在于机械化”。几年来，各地在协助农村粮油加工机械化半机械化方面做了不少工作。山东省招远县实现磨面不出队，榨油不出社；山西省绛县实现全县社队油脂加工机械化、半机械化。提高出油率的经验，解放了大批的劳动力，有力地支援了农业生产。

毛主席教导我们：“对于我们的工作的看法，肯定一切或者否定一切，都是片面性的。”我们的工作虽然取得了很大成绩，但也存在着一些问题。由于我们学习马列主义和毛主席著作不够好，路线斗争觉悟不高，工作不够深入，增产油脂工作开展不够平衡，加工中出油率悬殊很大，油料资源没有得到充分利用，有些企业因管理不善，事故、浪费较多。这个问题都要认真加以总结，吸取教训采取措施，及时解决。

为了把油脂生产很快地促上去，以适应国民经济的发展、人民生活的提高、援外出口和人口增长的需要。粮油加工战线的广大职工，要在油脂加工生产上，积极采取有效的措施，千方百计为国家增产油脂，这是摆在我们面前的一项极为重要而光荣的

任务。

为了完成这项光荣任务，应该做好以下几点：

1. 深入进行思想和政治路线方面的教育，开展革命大批判

遵照毛主席关于“认真看书学习，弄通马克思主义”的伟大教导，我们要认真学习马克思主义、列宁主义、毛泽东思想。把学习同革命大批判结合起来，同本单位斗批改结合起来，同“抓革命，促生产，促工作，促战备”结合起来。同时，要结合工作实际，继续批判“潜力挖尽”、“制度无用”、“贪大求洋”等错误思想，认真贯彻执行毛主席关于“发展经济、保障供给”的财经工作总方针，树立为革命增产油脂的思想，为社会主义革命和社会主义建设做出新的贡献。

2. 广开油源，为革命增产油脂

我国油料资源丰富，增产油脂潜力很大，我们一定要扎扎实实地增产油脂的工作抓好。提出规划，落实措施，要见效果。

(1) 充分利用油料资源　为了使油料资源得到充分利用，要认真做到以下几点：

①因地制宜，抓住重点：长江以南的稻谷集中产区，要把米糠榨油积极地开展起来。

所有的产棉区，要进一步提高棉籽榨油利用率。无论是国营油厂加工的，还是留在农村加工的，除留下足够的种子外，都要充分利用。

以生产大豆为主的东北地区，以生产花生为主的山东、河北等地，要加强收购管理，防止流失。要在现有的基础上提高出油率。

各地都要把采集收购野生油料的工作提到议事日程上来，充分利用野生油料榨油。

大中城市要积极推广冷榨大豆作豆制品。已经推广的地方要继续巩固提高。还没有推广的地方要积极试验，逐步推广，一定要保证豆制品质量。

要积极推广用矿物油代替动、植物油作工业用油，为国家节约油脂。

②落实措施，要见效果：经与各地协商，初步确定 1972 年增产油脂 1.7 亿斤，比 1971 年增加 0.79 亿斤。其中米糠油 0.8 亿斤，其他油料增产油脂（包括玉米胚芽、冷榨大豆、野生油料等）5 900 万斤，“浸出法”增产油脂 3 500 万斤。

为了完成这一计划，要统筹兼顾，全面安排。在开展米糠榨油的同时，积极生产各种饲料。做到既增产油脂，又支援养猪事业的发展。

对于开展米糠榨油的不同认识，要继续通过科学实验，宣传解释，统一认识，争取各方面的积极配合和支持。

对于开展米糠榨油、玉米胚芽榨油等必须补充的材料和设备，应该贯彻“自力更生”的方针，因陋就简，充分利用现有设备。做到少花钱，多办事，把材料用到刀刃上。不能只花钱，不见效。

凡油脂调入地区，要尽早实现自给；油脂已经自给的，还要做到自给有余；历来油脂调出的地区，争取为国家做出更大的贡献。

③加强油料管理：加强野生油料的收购工作。没有开展野生油料收购工作的地方，粮食部门要主动与有关部门协商，确定收购管理机构，收购价格不合理的要适当调整；

没有规定价格的，经过调查研究，由省、市、自治区确定合理的价格。收购的野生油料，要及时加工，防止霉烂损失。

野生植物油的管理，我们初步意见：目前由各省、市、自治区管理使用。如果军工、出口需要上调一些时，临时与各地商量。

米糠油要纳入国家计划，作为考核指标。

米糠油的管理可参考湖南省“统一计划，分级管理”的办法试行。省与地、县的分成比例，可根据各地具体情况自行确定，但留给地方的比例不宜太多。为了支援社会主义建设，生产的米糠油，也应对国家有所贡献。具体办法，待后再同各地商定。

（2）充分发挥现有设备作用，提高出油率　充分发挥现有榨油设备的作用，提高出油率，是增产油脂的主要方面。所有工厂都要保证质量的前提下，进一步提高出油率，把出油率作为重要考核指标来抓，为国家多出油，出好油。出油率没有达到本厂历史最高水平的，要积极采取措施，迅速使出油率达到和超过本厂历史最高水平；出油率一直停留在较低水平的，要发动群众找原因，提高措施，尽快赶上先进水平。

要建立必要的检化验制度，以指导生产，把好质量关。检化验制度被废弃了的，要立即恢复。

在充分发挥现有设备的前提下，浸出法是提高出油率、增产油脂的先进方法。今后将有计划、有步骤地发展。新建浸出油厂（车间）必须注意以下几点：

要全面规划，统筹安排，经过试点，取得经验，逐步推广。防止一拥而上，决不可把战线拉得太长。

要在贯彻油料基本上在产地加工政策的前提下，浸出油厂（车间）的选点要充分注意油料来源；首先要建在油料集中产区，没有油料来源的或油料生产不稳定的地方，都不要建，避免造成浪费。

新建浸出油厂（车间）的规模，以小型为主，一般不要建大的。要尽量建在原来的油厂中，采取“预榨浸出”。

坚持“自力更生”的方针，既考虑建厂的需要，又根据国家物资供应情况的可能。要集中使用资金、材料、设备，首先抓紧安排正在施工中的浸出油厂（车间）的收尾、配套需要的物资。做到建一个，投产一个、巩固一个、见效一个。

已经建成投入生产的浸出油厂（车间），必须保证油、粕质量；降低粕中残油；减少溶剂消耗。一定要有安全措施。严格安全制度，严守安全操作规程，确保安全生产。

3. 整顿和加强企业管理

要认真贯彻全国计划会议精神，把整顿和加强企管理当做一项重要的任务来抓。

（1）加强领导　各级商业、粮食部门要加强对粮油工业的领导。要有领导干部亲自抓。根据“抓革命，促生产”的需要，本着精兵简政的原则，要将管理机构健全起来，要配备专职人员，人员要相对稳定。

（2）把好质量关　粮油工业的产品与人民生活密切相关，必须保证质量。要严格遵守操作规程和各个工序的工艺要求，保证成品质量。要有质量检化验制度。要加强原料和成品的保管工作，防止霉烂变质、油脂酸败。

利用粮油加工副产品生产的医药、食品和农药等产品，一定要经过有关部门的检验和鉴定，合格以后，再行生产。

粮油机械厂要加强调查研究，听取使用单位意见，改进设计，提高质量。不合格的产品，不能出厂；已经出厂的，要负责返工修理。

（3）建立健全规章制度　所以企业都要根据全国计划会议的精神，结合斗批改，集中一段时间，放手发动群众，把必要的生产管理制度建立和健全起来，抓好七项主要的经济技术指标。在建立规章制度时要注意几个方面：要适应生产发展的需要，要符合党的政策，有利于巩固和加强党的一元化领导，有利于调动广大工人、干部和技术人员的革命积极性，有利于工人阶级内部的团结。

加强统计工作，根据国家规定，及时、准确地报送各种报表。

（4）加强安全生产　认真贯彻执行中央有关加强安全生产的通知，经常向职工进行安全生产教育加强设备维修，增添必要的防护设施，遵守操作规程，防止伤亡、火灾事故，严防阶级敌人破坏。恢复安全生产大检查制度，做到以防为主，保证安全生产。

（5）检修做好清仓查库、清产核资工作。

（6）管好粮油机械工业　目前，我国粮油加工设备比较落后，加工能力不足；粮油机械制造能力薄弱，不仅担负着全国粮油加工设备的制造和维修配套，并且还要出口援外任务。因此各级商业、粮食部门仍需继续抓好粮油机械制造工作，经常督促检查，不能撒手不管，机械厂不能随意借口转产。

国家计划内的粮油机械产品，由国家统一分配。在保证完成国家计划的前提下，地方可以安排自己需要的粮油机械产品。

粮油机械厂要更好地为粮油加工服务，反对那种重主机，轻配套、配件；重制造，轻维修；重数量，轻质量的错误倾向。

4. 积极支援农业生产

毛主席教导："中国只有在社会经济制度方面彻底完成社会主义改造，又在技术方面，在一切能够使用机器操作的部门和地方，统统使用机器操作，才能使社会经济面貌全部改观。"粮油工业企业在做好本职工作的同时，把支援农业生产作为一项重要任务。

各级粮食部门要有专人管理农村粮油加工，有的地方设粮管员、有的设加工员的仍应坚持。要经常深入社队宣传党的粮油政策，了解粮油产购销情况，要搞好调查研究，积极帮助农村逐步实现粮油加工机械化和半机械化。

国营粮油加工厂要积极帮助社队粮油加工厂改进工艺、改进设备、培训工人、提高粮油产品质量、提高粮油出品率和改善经营管理。

国家粮油加工厂要充分利用粮油加工副产品积极生产统筹饲料和其他饲料，促进养猪事业的发展。

5. 大搞技术革新和科学实验，开展综合利用

为了适应工农业生产蓬勃发展，逐步改变粮油加工技术设备落实状况，要积极开展群众性的技术革新和科学实验活动。

开展技术革新和科学实验，最根本的是靠毛泽东思想，靠党的领导，靠群众路线，靠自力更生。要广泛发动群众，发挥群众的智慧。充分利用现有生产设备潜力和物资资源，改进加工设备和生产工艺，改善劳动条件，减轻劳动强度。对于群众性的革新和科学成果要及时总结，不断提高。要破处迷信，解放思想，积极开展专业人员和群众性的科学实验相结合的科学实验活动。对已试验成功或正在试验的一些科研项目，建议各地要及时组织总结交流。根据当前情况，结合油脂加工工作急需解决的一些问题，提出以下课题，供参考：

研究棉籽、菜籽饼做饲料；小型浸出设备的选型、定型和配套；改进 200 型榨油机；研究野生油料成分及利用价值；研究油料、油脂的储藏保管；研究适用于农村粮油加工的机具。

“综合利用大有文章可做”。粮油加工企业凡有条件的，都要积极抓好粮、油副产品的综合利用，做到“一业为主，多种经营”，油厂要以榨油为主，首先做好油脂加工工作，不能颠倒主次。

综合利用重点要放在支援农业生产和节约粮油上，油厂的综合利用，着重是对油脚的利用。米糠榨油以后，对糠饼的综合利用，要注意饲料的供应，不能无限利用。

开展粮油副产品的综合利用，要贯彻“自力更生”方针。原料要立足本厂、本地资源，厂房、设备、动力和技术力量，要根据本厂现有条件。要加强领导，全面规划，防止单纯追求产值。要讲究实效，要考虑到销路，避免造成浪费。

粮油工作历来都是在毛主席、党中央领导下，全党来抓的。无产阶级文化大革命以来，各级党委和革委会对粮油非常重视，抓得很紧。搞好粮油工业的关键，在于加强党的领导。各级粮食部门，必须紧紧依靠党的领导，要自觉地把粮油工作置于党的绝对领导之下，增强党的观念，加强党的团结，要经常地向党委汇报情况、反映问题、请示工作，当好党委的参谋。在党委的一元化领导下，搞好粮油工作。

基层单位的同志们！你们处在粮油加工战线的第一线，艰苦奋斗，努力工作，为支援工农业生产作出了贡献。你们全心全意为人民服务，受到了广大群众的赞扬。这次你们向全国增产油脂经验交流会介绍了很多好的经验，为开好这次会议和推动增产油脂的工作起了很大作用，为社会主义革命和社会主义建设作出了新的贡献。

当前，国内外形势一派大好。让我们紧紧地团结在以毛主席为首的党中央周围，进一步贯彻执行毛主席关于“备战、备荒、为人民”的伟大战略方针，和“必须把粮食抓紧”等一系列指示，继续发扬“自力更生”“艰苦奋斗”的革命精神。谦虚谨慎、戒骄戒躁。“抓革命，促生产，促工作，促战备”，多快好省地完成党和国家交给我们的光荣任务！

团结起来，争取更大的胜利！

二、在商业部粮油加工技术经验交流会上的总结报告

（1974 年 9 月 21 日 于河南新乡）

商业部召开的粮油加工技术经验交流会，从 9 月 10 日开始，共开了 12 天。今天就结束了。

这次会议是在批林批孔运动正朝着深入、普及、持久的方向发展，夏收作物南方早稻获得丰收，工业生产也有新的增长的大好形势下召开的。会议期间，华罗庚同志和小分队的同志们就推广应用“优选法”、“统筹法”问题到会作了报告和指导，使与会同志受到教育和鼓舞。参加会议的代表学习了中共中央《1974》2 号文件；畅谈了抓革命，促生产的大好形势；交流了开展批林批孔运动，推广应用“优选法”、油脂浸出工艺、制粉风运技术的经验，还参观了新乡市面粉厂、辉县浸出油厂。在同志们的共同努力下，特别是 150 多位来自基层的同志们相互交流，认真学习，取长补短，共同提高。技术小组的同志们也付出了辛勤的劳动。会议是开得比较好的，收到了预期的效果。有的代表说：“这次会议是一次抓革命，促生产的会议，是一个鼓干劲、学先进的会议”。

现在，我根据会议交流、讨论的问题，综合谈一些意见，由于水平不高，错误之处，请同志们批评指正。

（一）深入批林批孔，狠抓革命，猛促生产

毛主席教导我们说：“革命就是解放生产力，革命就是促进生产力的发展。”中共中央《1974》2 号文件也指出：“完全可以相信，随着批林批孔的不断深入，工农业生产的形式将会越来越好。”事实证明：无产阶级文化大革命和批林批孔运动，是推动社会主义生产的强大动力。哪里革命抓的好，群众觉悟提高快，哪里的生产就上去得快。这次会上，天津市第一面粉厂、吉林省四平植物油厂、黑龙江省东宁县制油厂和上海市油脂二厂等单位，介绍了他们深入批林批孔，培养工人理论队伍，促进生产发展的经验。这些经验说明：只要狠抓革命，从根本上改变人们的精神面貌，就可以大大解放生产力，“批林批孔步步深，生产面貌日日新”。粮油加工厂的广大职工遵照中央指示，增强革命团结，坚守岗位，坚持生产，就地闹革命，节约闹革命，保证了市场供应，做出了优异的成绩。根据大家的讨论。他们的经验大体归纳如下：

1. 要抓好革命，促好生产，必须在党委领导下，狠抓大事不转向

伟大领袖毛主席亲自发动和领导的批林批孔运动，是上层建筑领域里马克思主义战胜修正主义，无产阶级战胜资产阶级的政治斗争和思想斗争，是我们全党和全国人民政治生活中的头等大事。各地粮油加工厂（车间）在当地党委领导下，发动群众，教育群众，逐步认识到这场斗争的深远历史意义和重大的现实意义，排除各种干扰，

牢牢掌握斗争大方向，深入批判林彪效法孔老二“克己复礼”的反对纲领，批判反动没落阶级的意识形态孔孟之道，进一步看清了林彪修正主义路线的极右实质，大大地提高了广大干部和群众阶级斗争和路线斗争觉悟，进一步调动了社会主义积极性，革命和生产都出现了大好形势。

2. 培养、建立一支工人社会理论队伍

工人阶级是批林批孔的主力军，是社会主义革命的领导阶级。在长期的革命斗争和反复学习的过程中，工人同志们逐步认识到工人阶级不仅要改造旧的物质世界，而且要改造旧的精神世界；工厂的任务不仅要搞好生产，而且更重要的是组织工人批林批孔，批判资产阶级，批判修正主义和一切剥削阶级的意识形态，把巩固无产阶级专政的根本任务落实到基层。我们粮油加工厂有许多老工人生长在旧社会，他们苦大仇深。他们在批林批孔中，发挥主力军的作用，忆旧社会的苦，思新社会的甜，阶级觉悟，路线觉悟不断提高，他们努力克服文化水平低的困难，认真学习革命理论，运用马克思、列宁主义的立场、观点、方法，研究我国两千多年来儒法斗争的历史，批法批儒，古为今用，通过总结历史上阶级斗争的经验为现实的阶级斗争和路线斗争服务。一支工人理论队伍建立起来后，就可以帮助广大群众学习辩证唯物主义和历史唯物主义，提高马列主义和毛泽东思想水平。从历史根源和阶级根源上把批林与批孔的关系联系起来，提高到理论上进行分析批判，从而加深对批林批孔重要意义的认识。这是当前推动批林批孔运动的深入、普及、持久的一条重要途径。

3. 领导带头，团结群众，正确执行党的路线、政策

毛主席指示我们：“思想上政治上的路线正确与否是决定一切的。”我们的伟大领袖毛主席和党中央，为我党制订了社会主义历史时期的基本路线，又制订了各项路线和政策。要使这些马克思主义的路线、政策得到落实，领导是一个关键。不少粮油加工厂的领导，深刻认识到正确执行党的路线、政策的重要性，不断提高这方面的自觉性。他们站在运动的最前列，出以公心，大胆领导，按照党的路线、政策，团结95%以上的干部和群众。他们敢于坚持真理，抵制不正之风。对群众，政治上关心、思想上帮助、生活上体贴。这样，领导作风好，路线抓的好，队伍带得好，群众运动搞得好，就必然能够调动人们的社会主义积极性，不断夺取革命、生产的双胜利。

同志们！这次会上各单位介绍批林批孔，抓革命，促生产的经验是丰富的、宝贵的，以上概括不一定很恰当、很正确，只是归纳同志们的一些看法和大家共同学习。不妥之处，请批评。

（二）积极推广应用“优选法”

会议期间，华罗庚同志和小分队的同志到会作了应用优选法的报告，根据大家座谈讨论和体会，现就粮油加工厂如何推广应用“优选法”的问题，提出以下几点意见：

（1）粮油加工厂推广应用“优选法”是有效地增产节约粮油，贯彻“深挖洞，广积粮，不称霸”的伟大战略方针，更好地贯彻党的“鼓足干劲、力争上游、多快好省地建设社会主义”总路线的一种科学试验方法。

最近两年来，有些地区的粮油加工厂在批林整风和批林批孔运动的推动下，得到华罗庚同志和小分队同志的具体帮助，推广应用了“优选法”。增产节约了大量的粮油，受到国务院同志的重视和支持。我国粮油和油料还是不充足的，各地经验，优选法在提高粮油加工出品率为重点。但这必须在保证产量质量，提高产品纯度的前提下进行，同时还要注意提高产量，降低成本。由于“优选法”是从生产实践总结出来的科学方法，它的应用范围极为广泛，只要我们认真学习，正确运用，在粮油加工的各个环节都可以收到良好的效果，实现“优质、高产、低消耗”，从而帮助我们多快好省完成粮油加工的任务，促进粮油工业生产水平的不断提高。

（2）推广应用优选法必须以毛主席的《实践论》和《矛盾论》两篇光辉哲学著作为指导思想。“优选法”的基础是实践，只有通过实践才能认识和掌握生产规律。用科学方法指导生产，脱离实践就谈不上什么优选法，这一点十分重要。在应用这个科学方法时，可能会遇到影响生产效果的因素。多种矛盾，错综复杂地交织在一起，而且互相影响。因此，必须认真学习和应用毛主席关于抓主要矛盾的教导，通过反复实践，用全力找出它的主要矛盾来进行优选。

粮油加工的原料品种，质量经常有变化，各厂的设备、工艺条件也不尽相同，推广应用优选法必须从实践出发，通过自己的生产实践，提出自己的科学数据，总结自己的经验。由于影响生产过程的客观条件并不是静止、一成不变。矛盾在一定条件下也会转化，今天找到的理想方案，不一定适合明天。因此，推广应用优选法不是一劳永逸的，而是一件经常性的工作，更不能在一时取得一些成绩就停顿起来，要在生产中不断实践、不断应用，才能不断地创造新的成果。

（3）能不能把推广应用“优选法”的工作搞好，关键在于领导各级粮油加工厂部门要积极主动地争取地方党委对推广应用“优选法”的领导和支持。开展这项工作，要以块块为主，条块结合来抓，就更有力量，更好推动，我们建议，各项粮油加工部门，根据自己的情况，建立必要的推广应用优选法的组织。如设立办公室，成立领导小组，指定专人抓，组织小分队等。做到组织上有人抓，工作上有人管，方法上有人传。粮油加工厂应成立以工人、干部和技术人员组成的三结合班子，要把这个科学方法送到工人师傅的手中。使推广应用优选法有牢靠的群众基础，充分发挥群众的智慧，提项目，找矛盾，搞好优选。

由于目前各地区、各单位推广应用“优选法”的情况不一致，发展不平衡，少数地区、少数单位做的较好，多数地区、多数单位还没有很好开展。因此，在尚未推广应用“优选法”的地区，应该根据各地具体情况，先行试点，有计划、有步骤地开展。在已经开展应用的地区和单位。要进一步抓好“广优选，重实效”。对生产过程中每道工序、每个环节，都要进行优选，使之配套成龙，以取得更大的成效。“优选法”搞得好不好，要从生产的实践效果来鉴别。推广“优选法”的工作并不是孤立的，应与技术革新的群众运动结合起来，只有这样，才有利于这一工作的开展和巩固。

各级粮油加工部门要注意抓好典型，取得经验，然后由点到面的逐步开展，做到推广一个，巩固一个。使推广应用“优选法”的工作既轰轰烈烈，又扎扎实实。在推广应用“优选法”的过程中，要注意抓好思想教育工作，克服各种思想障碍。还要注意总结和交流这方面的先进经验。

为了在粮油加工厂中合理组织生产，更有效地安排工作，我们还应该学习应用“统筹法”，在这方面我们经验不多，体会也不深刻，建议各地先进试点，总结经验。

我们相信通过这次大会，推广应用优选法的工作将在各地加工厂很好地开展起来，我们要努力做到“思想不松，组织不散，试验不停，成果不断”，使这个科学的工作方法在粮油加工方面发挥更大的作用，为国家增产节约粮油作出更多更好的贡献。

（三）巩固、提高油脂浸出工艺

油脂浸出工艺在我国还是一项较新的技术。实践证明，它是油脂加工厂为国家增产油脂的一个有效途径，也是油脂加工厂采用先进技术，减轻工人劳动强度，改善劳动条件，改变我国油脂工业落后面貌的一个重要措施，是今后的发展方向。

无产阶级文化大革命以来，特别是近年来，油脂加工厂的广大职工，学习了毛主席关于“深挖洞，广积粮，不称霸”的伟大教导，在各级党委的领导和重视下，响应“工业学大庆”的号召，高举“鞍钢宪法”的旗帜，坚持艰苦奋斗，自力更生的方针，发展了一批浸出油厂（车间）。据统计，无产阶级文化大革命以前，全国投产的浸出油厂（车间）只有 20 多个。去年年底达 300 个，其中已经投产的有 180 多个，从全国看，1972 年采用浸出法增产油脂1 800多万斤。1973 年增产油脂3 700多万斤，为 1971 年的 2. 6 倍。这对平衡油脂购销和解决部分地区的市场供应及工业用油起到了积极作用。这是无产阶级文化大革命的一项丰硕成果，是毛主席革命路线的伟大胜利。

新建浸出油厂（车间）投产后，各地通过发动群众，总结交流经验，加强了安全措施，健全规章制度，提高了油、粕质量，降低了溶剂消耗，促进了安全生产。许多新建浸出油厂（车间），通过派出去，请进来的方法，学习技术，逐步掌握了生产规律，出现了一批油、粕质量高，溶剂消耗低，安全生产好的单位。

但是，也有些单位，由于设备不配套，操作不熟练，制度不健全等原因，在安全生产和油、粕质量等方面还存在一些问题。有少数单位，只注意增产油脂，忽视安全生产，忽视产品质量，发生了一些事故，造成了不好的影响。特别是油、粕质量问题，由于溶剂气味大，群众有意见。发生这些问题，主要是由于我们商业部对食油质量关系到广大群众健康的重要性认识不足，对推广浸出法存在的问题，没有采取有力措施加以解决，我们是有责任的。最近中央领导同志指示我们：“这件事关系到广大群众的健康，责成我们会同有关部门迅速了解解决。”这对我们是极为重要的教育和鞭策。必须引起我们的高度重视，严肃对待，认真解决。

这次会上，在代表同志们的一致努力下，通过交流经验和认真讨论，提出了《有关提高浸出油、粕质量的意见》和《浸出油厂（车间）安全注意事项》两个文件，希望各地结合本地区的条件参照试行。并在试行中加以补充、完善。

当前，如何对待油脂浸出工艺。我们提出了如下一些意见：

最近几年来，浸出油厂发展较快，部分浸出油厂还正在筹建中，已经投产的浸出油厂（车间）也存在在一些问题亟待解决。因此，当前要采取巩固、提高的方针。在今后的二、三年内一般不再新建。对现有浸出油厂，建议由省、市、自治区统一组织力量，进行一次认真检查。

（1）对已经投产的浸出油厂（车间），必须保证油、粕质量，严格控制油、粕中残留溶剂的含量。供作食用的浸出油，在当前缺乏化验仪器和食用卫生标准以前，一定要做到没有溶剂气味，没有异味，对溶剂含量高，群众意见较大，经卫生部门检验不合格的油、粕，一律不准出厂供作食用和牲畜饲料，要重视安全生产，一定要有安全设施，严格安全制度和操作规程，千方百计地减低溶剂消耗，确保安全生产。对那些油、粕质量差，设备不配套，技术不过关，溶剂消耗高的浸出油厂（车间）建议暂停生产，积极帮助整顿改进后再行生产。生产豆油采取“一次浸出”的地区，要十分重视油、粕质量。注意饲料效果，改进生产工艺；并会同有关部门进行多样的饲养实验。广泛宣传饲料使用方法。采用“预榨浸出”的地区。在浸出油质量未过关之前，不要随意放宽预榨饼的残油量。

（2）对正在施工的浸出油厂（车间），要重视施工质量，要注意设备配套，为投产后保证油、粕质量和安全生产创造条件。

（3）即将投产的浸出油厂（车间），为防止投产后因溶剂暂时供应不足，被迫停产，造成设备腐蚀，我们建议待溶剂供应解决后再行试生产或投产，已经投产的浸出油厂（车间）目前因溶剂供应不足停产的，也要注意设备保养问题。

要迅速地研究制定浸出油、粕的质量检验制度，充分发挥现有化验设备的作用，指导生产，把好质量关。

今后发展浸出油厂（车间），必须采取积极。稳妥的方针，有计划、有步骤地进行，要从现有的浸出油厂（车间）中总结经验教训，集中资金、材料和设备，并经过一定的批准手续，防止草率从事，粗制滥造，要做到建成一个，投产一个，巩固一个，见效一个，新建浸出油厂（车间）的选址，要充分注意油料来源和安全条件，一般采取“预榨浸出”。

关于浸出油、粕中含有有害物质的问题，我们正在继续调查试验，具体的去除方法今后另行通知。当前在油脂浸出生产中存在的问题，是前进中的问题，是发展中的问题，只要我们认真对待，努力工作，是可以解决的。

（四）需要注意的几个问题

1. 坚持实践第一的科学态度和实事求是的工作作风

毛主席教导我们：“一切真知都是从直接经验发源的”又说“按照实践情况决定工作方针。这是一切共产党员所必须牢牢记住的最基本的工作方法。”这次会议，大家交流了推广应用“优选法”、油脂浸出工艺、制粉风运技术的经验，各地在推广运用时，要结合本地区、本单位的实际情况，经过自己的实践，得出自己的数据，使先进经验开花结果，不要不顾条件地生搬别人的办法，硬套别人的数据。我们不反对必要的参观访问和现场交流，但是最主要的还是靠本单位的广大职工按照实践第一的观点，找出矛盾，具体解决。有些生产科研方面的问题，往往要经过一个较长期的实践过程，才能取得接近正确的认识。在不断实践、不断认识的过程中，我们可以做广泛的探讨和研究，提出某些看法，但不宜过早的下结论，要留有余地，这是一个唯物主义者必须遵循的科学态度。

领导部门要注意抓好典型，总结经验，最近几年，各地积极开展群众性的技术革新活动，粮油加工方面不断涌出一些新工艺和新设备，这是大搞群众运动的可喜成果，是推动粮油工业生产不断发展的积极因素，我们应该热情支持，认真对待。在推广运用这些新工艺，新设备时，一定要经过试点，抓好典型，总结经验，做好心中有数。实践证明，这样做既热情地支持了群众的社会主义积极性，又有领导、有组织地把这种积极性和各地的不同条件结合起来，使之持久地开展起来，反之，不经过试点，不抓好典型，放任自流，遍地开花，表面上轰轰烈烈，开展很平，实际上战线拉的很长，工作不扎实，欲速则不达，甚至一哄而起，给国家造成损失，领导陷于被动，群众热情也会受到挫伤。这几年，我们在某些工作中，是有过这些教训的，尽管是前进中难免发生的支流现象，而且主要责任在商业部，也希望我们共同汲取教训，以便继续前进。

“实事求是”是我们伟大领袖毛主席的一贯教导，我们必须牢牢记住。要如实反映情况，谈成绩与缺点都要符合实际，一就是一，二就是二，既不扩大，又不缩小。领导部门要注意加强调查研究，没有调查研究就没有发言权。要让一切结论产生于调查情况的末尾，而不是在它的先头。

2. 加强企业管理

我们粮油加工厂的企业管理水平，从总的方面看，是逐年提高的，但在地区间，企业间不够平衡，有的差距还较大。在生产条件基本相同的情况下，产品质量有好有坏，生产成本有大有小，劳动生产率有高有低；有的厂很少出事故，有的比较正常，车间卫生状况也较少；有的厂新建不到几年，却破烂的不像样子，虽然采用了先进的风运技术，车间的生产面貌和卫生状况并没有明显的改善。这说明企业管理是个必须抓的重要问题。当前要认真贯彻落实中共中央《1974》2 号文件，特别是企业领导，要团结“一班人”，坚持正确的思想政治路线，按照党的路线，政策组织起一支浩浩荡荡的能战斗的队伍，把企业管理工作抓细一点，抓严一点。对于生产技术管理，必须尊重科学，严格要求，不能任意修改工艺，先进设备也可能发挥不了它的先进性。只有在推广应用新工艺，新设备的同时，注意狠抓企业管理工作，才能收到良好的效果。

3. 抓好安全生产

在这次会上，油脂组专门交流了浸出油厂（车间）安全生产的经验。技术小组还做了专题发言，印发了文件，这里不再重复。现在讲的安全生产问题不单是浸出油厂（车间）要注意，所有的粮油加工厂都要注意，安全生产的内容也不再是溶剂中毒或点燃爆炸，有关防火、防盗、防污染以及粉尘爆炸，工伤事故，毁损设备等都属于安全生产范畴之内。今年 7、8 月份，商业部在河北省秦皇岛市邀请十四个省市着重谈了粮食部门如何加强消防安全问题。这是因为今年上半年，有的地区、有的仓库和加工厂连续发生了一些重大的火灾事故，使国家和人民的生命财产遭受巨大损失，在政治上也造成不良影响，必须引起我们严重注意，在那次座谈会上，与会同志一致认为要把批林批孔运动和本单位的实际紧密结合起来，加强基本路线的教育，加强战备观念，敌情观念，这是最根本的一条。另外，还要加强领导，采取措施，例如，开展安全大检查，切实清除隐患；建立和健全群众性的消防组织；进一步贯彻落实“以防为主，以消为辅”的方针等。目前秋粮、秋油的加工旺季即将到来，请同志们回去以后，立即对本地区，本单位的消防安全工作进行一次部署和检查，确保节日的安全生产和充足供应。全面的安全工作如何抓，如何加强？也要有针对性的做出计划，迅速落实。

同志们！会议结束了，新的战斗任务正摆在我们的面前，我们要在各级党委领导下，深入、普及、持久地开展批林批孔运动。进一步贯彻落实中共中央《1974》2 号文件，加强革命团结，抓革命、促生产、抓大事、促大干，夺取革命、生产的更大胜利，迎接中华人民共和国成立二十五周年！

三、 关于印发《全国增产油脂经验交流会纪要》的通知

（1974 年 12 月 30 日 于北京）

各省、市、自治区粮食局，江苏省、福建省、河南省、西藏自治区商业局：

全国增产油脂经验交流会纪要，经过全国粮食工作会议讨论、修改，现发给你们，请研究执行。在执行中有什么问题和意见，请及时告诉我们。

全国增产油脂经验交流会纪要

1972 年 5 月 26 日—6 月 9 日，商业部在湖南长沙召开了增产油脂经验交流会。会议以路线斗争为纲，批判了林彪反革命修正主义路线，拟定了增产油脂计划，讨论了改善粮油加工企业经营管理和支援农业等问题。

粮油加工企业的广大职工，在毛主席革命路线指引下，经过深入进行思想和政治路线方面的教育，阶级斗争和路线斗争觉悟不断提高，“工业学大庆”的群众运动日益深入，为革命增产油脂的热潮不断高涨。据初步统计，1971 年全国仅米糠榨油、浸出法提油、冷榨大豆做豆制品、玉米胚芽和野生油料榨油等，就增产油脂达 4.95 多万吨，并出现了很多先进事迹。例如：

湖南省的国营米厂，90% 都有榨油车间，米糠榨油利用率达到 80%。1971 年生产糠油 0.7 万多吨，并总结出一套米糠油生产、精炼的操作规程。

上海市油脂加工全部采用浸出新工艺，一年可增产油脂近5 000t，并总结了确保安全生产，降低溶剂消耗，提高油、粕质量的经验。陕西省积极发展农村机器榨油，改进棉籽收购、加工工作，1971 年全省除留种以外，棉籽绝大部分利用于榨油。

湖北省武汉市东风油厂、江苏省南通市粮食公司，积极开展冷榨大豆做豆制品，既增产了油脂，又保证了豆制品的质量。

吉林省四平植物油厂、四川省成都榨油厂、江苏省溧阳县野生植物综合实验厂，走出工厂，调查研究，积极配合有关部门采集、收购野生油料榨油，增产了油脂。

江苏省江都县大桥油厂，狠抓大豆榨油操作中的“四个环节”，出油率达到了 15% 以上；山西省翼城县符册大队红旗油厂，摸索出掌握棉籽榨油操作技术的“十二个环节”，出油率由 13.5% 提高到 18%。

山东省招远县粮食局，配合工业商业、物资等部门，积极帮助社队实现了粮油加工机械化、半机械化，改进机具，提高了粮油加工出品率。

大家认为，这些经验应当进一步总结推广。

会议认为，1971 年增产油脂工作虽然取得了一定的成绩，但也存在一些问题。主要是：有的地方对增产油脂缺乏足够的重视，油料流失现象还较严重，特别是棉籽还没有被充分用于榨油；油脂加工出油率，地区之间、工厂之间悬殊很大；粮油加工企业管理

不善，制度不健全，事故不断发生。这些问题都要引起重视，采取措施，加以解决。

随着国民经济的迅速发展，人们生活水平不断提高，以及出口援外的增加，对油脂需要将会更多。必须认真执行“以粮为纲，全面发展”的方针，努力增加油料生产。同时，还要充分利用现有油料资源，在加工过程中，努力挖掘生产潜力，为国家增产更多的油脂。为此，要抓好以下工作：

（一） 广开油源， 增产油脂

我国油料资源丰富，增产油脂的潜力很大。要深入发动群众，把增产油脂作为一项经常工作，认真抓好。

稻谷集中产区，要积极开展米糠榨油，生产米糠油要列入国家计划。在开展米糠榨油的同时，要积极生产饲料，支援养猪事业。产棉区，要进一步提高棉籽榨油利用率，除留下足够的种籽以外，都应充分利用榨油。要配合有关部门，做好野生油料的采集、收购工作，积极开展野生油料榨油。要提倡冷榨大豆做豆制品。在保证豆制品质量的前提下，确定冷榨大豆的出油率。积极推广玉米胚芽榨油。工业用油要广泛开展节约代用。

要充分发挥现有设备能力，改革生产工艺，改进操作技术，挖掘生产潜力。所有企业，都要在短期内使出油率达到本厂历史最高水平，力争赶上先进水平。

新建浸出油厂（车间），要坚持自力更生，有计划、有步骤地进行。选点要充分注意油料来源，规模应以小型为主，尽量在原有的油厂中扩建。要确保生产安全，保证油、粕质量，减少溶剂消耗。

（二） 整顿和加强企业管理

粮油工业企业，要高举“鞍钢宪法”的旗帜。根据 1972 年全国计划会议精神，要把整顿和加强粮油工业企业管理，作为一项重要任务来抓。要发动群众，把考勤、技术操作规程和岗位责任制等必要的生产管理制度建立、健全起来，根据粮油加工企业的不同情况，分别抓好产品产量、质量，原材料、燃料和动力消耗，以及劳动生产率、成本、利润等主要经济技术指标，以改变纪律松弛，无章可循，不讲经济核算，不抓经营管理的现象。要恢复安全大检查，加强设备维修，增添防护设施，做到以防为主，安全生产。

要认真执行粮油质量检验制度，把好质量关。不合格的产品一律不能出厂。要加强原料和成品的保管工作，防止霉烂变质。

要继续做好清仓查库、清产核资工作，改变家底不清和物资积压、浪费等现象。

粮油机械修配制造厂，要为粮油加工企业服务，不能转产。要保质保量完成国家计划。反对重制造，轻维修；重主机，轻配件；重数量，轻质量的错误倾向。

（三） 积极支援农业

支援农业，是各级粮食部门的一项重要任务。粮油加工方面支援农业的主要措施是：第一，要安排专人管理农村的粮油加工，配合有关部门，合理规划农村粮油加工网点，积极发展粮油加工机械化、半机械化。第二，帮助社队粮油加工厂搞好经营管理，坚持社会主义方向，纠正任意提高加工费、克扣斤两、搞非法买卖、以物易物等不正之风。第三，帮助改革加工机具，培训技术人员，组织经验交流，提高粮油加工出品率。第四，帮助利用粮油加工副产品生产饲料，促进养猪业的发展。

（四）大搞科学实验，开展综合利用

粮油加工企业，要积极改善生产条件，开展群众性的技术革新和科学实验，努力改进生产工艺、设备和操作技术，不断采用新工艺、新技术、新设备，积极发展适合我国特点的粮油加工工业。当前，主要解决粮油加工的原料上仓、成品入库的机械化；改进榨油机械和小型浸出设备的选型、定型及配套；研究棉籽饼、菜籽饼作饲料以及油脂、油料的储藏；要推广结构简单、操作方便、坚固耐用的农村粮油、饲料加工机具。

粮油加工企业，在完成粮油加工任务的同时，要积极开展综合利用，做到“一业为主，多种经营”。综合利用的重点，主要是对油脚的利用，要研究从油脚中提取有用的物质。榨油以后的糠饼主要是用于饲料，一般不要再搞其他产品。开展综合利用，要贯彻自力更生的方针，设备和技术力量，要立足本厂、本地。生产的产品，需经有关部门鉴定，合格后再扩大生产，而且要落实销路，避免浪费。

各级粮油加工部门，必须紧紧依靠党的领导，依靠群众，坚持无产阶级政治挂帅，钻研科学技术，为增产油脂作出贡献。

附件1　增产油脂计划表

地区	1971年增产油脂						1972年计划增产油脂					
	合计	米糠榨油	玉米胚芽榨油	野生油料榨油	冷榨大豆	浸出法	合计	米糠榨油	玉米胚芽榨油	野生油料榨油	冷榨大豆	浸出法
全国	9 954.22	4 896.62	599.92	769.9	2 275.08	1 412.7	15 046.27	7 128.1	1 099.5	832	2 782	3 204.67
四川	7	1		6			218.5	200		7		11.5
贵州	6.7	5.7	1				36	30	6			
云南	10	10					167	70	15	50	2	30
西藏												
陕西	177.32	43.82	17.92		88.58	27	205	45	40		60	60
甘肃							50	20		30		
青海												
宁夏							5	5				
新疆												
河南	147	3		144			185	25		155		5
湖北	546	370			132	44	1 350	600			400	350
湖南	1 490	1 480	10				1 665	1 600	15			50

续表

地区	1971 年增产油脂						1972 年计划增产油脂					
	合计	米糠榨油	玉米胚芽榨油	野生油料榨油	冷榨大豆	浸出法	合计	米糠榨油	玉米胚芽榨油	野生油料榨油	冷榨大豆	浸出法
广西	249	249					530	500				30
广东	1 347.17	1 000		279		68.17	1 483.17	1 200		200		83.17
上海	1 914.9	26.4	195	150	543.5	1 000	1 990	90	200	150	550	1 000
江苏	1 001.8	634		90	247.8	30	1 570	900		120	250	300
浙江	611.4	436.4				175	750	500				250
安徽	192.03	164				28.03	600	400				200
福建	202.5	129			68	5.5	331.5	200	1.5		70	60
江西	241.2	152			77.2	12	450	300			100	50
山东	18.9	12	6	0.9			100	68	12	20		
北京	289.8	16.8	15		258		482	20	20		410	32
天津	124.2	14.2		100	10		130.1	20.1		100	10	
河北	15	15					55	30	10			15
山西	3.7	3.7					146	20	30			96
内蒙							35	15	20			
辽宁	998	120	5		850	23	1 110	150	30		850	80
吉林	100		100				770	70	200			500
黑龙江	260.6	10.6	250				632	50	500		80	2

附件 2 米糠油计划管理意见

随着我们农田水利基本建设的迅速发展，稻谷产量将逐渐增加。利用米糠榨油，是油脂生产的一项重要来源。为了有利于调动各方面的积极性，更多地生产米糠油，需要对米糠油进行计划管理。为此，提出以下意见：

（1）国营粮油加工厂，要积极开展米糠榨油。在一定的时间内，国家对开展米糠榨油所必需的设备给予支持。米糠油的生产，要纳入国家计划，单列专项指标，一年一定，年终考核。

（2）国营粮油加工厂生产的米糠油，实行“统一计划，分级管理”。目前，国家队各省、市、自治区，分别按 30% ~50% 分成上缴或抵扣食油调入指标。省与专、县的分成比例，由各省、市、自治区自行研究确定。

（3）各地分成留用的米糠油，可以用于工业（肥皂等）和市防虫行业用油。

（4）上缴的米糠油，要单列调出指标，按季安排。超产的米糠油，国家不再分成上调，由各地安排使用。

四、 在全国米糠、 玉米胚芽榨油工作会议上的总结报告

（1978 年 6 月 30 日 于黑龙江牡丹江）

全国米糠和玉米胚芽榨油工作会议，今天就要结束了！这次会议，从 6 月 20 日开始，到 6 月 30 日结束，共开了 11 天。

会议期间，适逢第五届全国人民代表大会第二次会议胜利召开，这对我们的会议是极大的鼓舞和推动。大家认真学习了叶剑英委员长的开幕词和华国锋总理的政府工作报告（要点），并联系实际进行了座谈、讨论，一致认为华总理的报告，是保证全国工作的着重点转移，实现“四化”的指路明灯。表达了全党全军和全国人民的共同意志，共同心愿。在这股强劲东风的推动下，同志们满怀激情地取经送宝，订计划，表决心，要在深入开展以高产、优质、多品种、低消耗为中心的增产节约运动中，多增产米糠油、玉米胚芽油。为国家为人民多作贡献。

这次会议，根据党的三中全会精神，回顾了自 1977 年以来，使用国家技能技措款增产，米糠油和玉米胚芽油的实际效果；交流了提高资源利用率、出油率、精炼率、油米比、降低成本，为国家积累增加增产油脂等方面的基本经验；参加学习了牡丹江市制米厂的提胚榨油工艺；安排了 1979—1980 年米糠和玉米胚芽榨油的技措项目；并畅谈了今后开展这项工作的意见。

总之，会议开得很好，经过大家的共同努力，达到了预期目的。现分四个问题，谈谈看法和意见：

（一） 必须努力增产油脂

全国解放以来，我国油料作物的生产，总的趋势是增产的，但增产幅度低于其他经济作物，与工农业生产迅速发展的大好形势很不适应，油脂供应偏紧。特别是由于林彪“四人帮”的干扰、破坏，更加深了油脂的紧张程度。以全国时有产量为例，最高年份是 1956 年为 204 亿斤，1976 年下降到 133 亿斤，用于榨油部分也相应的减少了。食油调出，最多时有 19 个省、区，调出数量只有 1.6 亿斤。供应出口，最高年份 6 亿多斤，近 3 年来出口变成了进口。由于油料生产下降，许多地区的农村留油水平下降，有 10 个省区降低了口油定量。

在以华主席为首的党中央一举粉碎了“四人帮”以后，全国各地遵循抓纲治国的战略方针，贯彻落实党在农村的各项经济政策，油料生产有了迅速的恢复和发展。1978 年，全国食油产量达到了 30 亿斤的历史较好水平。今年夏季油菜籽的生产情况也是好的，如果能够精打细算，产量可能达到甚至超过去年的夏季水平。但是，我们还应该清醒地看到，我国人民的食油水平仍然是很低的，有些地区的口油水平降低后，至今尚未恢复。随着国民经济的全面调整和在调整中进行的需要，工业用油的数量将不断增加。油脂产需之间的矛盾必须经过艰苦的努力，才能进一步得到缓和。如果我

们看不到这一点，只看到产量增加的一面，看不到需要增长的一面，或者只看到局部，看不到全局；我们的油脂工作就会陷于被动，就会自觉不自觉的影响着国民经济的调整和前进，甚至拖后腿，为“四化”作贡献就会成为一句空话。会议期间，不少同志提出了增产油脂工作和国民经济全局联系起来看的观点是很正确的。

根据中央历次指示，解决食油问题的根本途径，除了努力发展油料作物生产，大力提高单位面积产量外，另一个重要措施是开发不与粮食争地的油料资源。而发展米糠和玉米胚芽榨油，就是巨大的油源。充分利用这两项资源，使它为人民生活日益增长的需要服务，是完全符合坚持“立足国内，自力更生”的方针，是坚决甩掉吃进口油帽子，力争在较短时间内，改变食油供应紧张状况的重要途径之一。

开辟米糠资源，是从 1953 年开始的。20 多年来，由于对米糠榨油的认识不够一致，对这项工作抓的时紧时松，因而产量时高时低，很不稳定。到 1958 年年产量已接近6 000万斤，1965 年又下降到2 600万斤。1966 年以后的 10 年，因林彪“四人帮”的干扰、破坏，米糠油产量一直徘徊在 6000 万 ~ 7000 万斤。粉碎“四人帮”以后，国家采取积极扶植的方针，米糠油产量才大幅度上升。1977 年全国米糠油产量达到 1. 15 亿斤，玉米胚芽油产量达到1 260万斤。1978 年米糠油产量又上升到 1. 4 亿斤，等于两年翻了一番。玉米胚芽油产量也上升到1 900多万斤，出现了空前的递增速度。这两项油脂加在一起，共计 1. 6 亿斤，相当于 485 万亩菜籽的产油量或 890 万亩大豆的出油量。正像同志们所说的，是“不动锄镰的丰收”。这是粮油工业职工在各级党委的领导和重视下，在有关部门的支持和配合下，辛勤努力的结果。这个方向是完全正确的，经验是十分可贵的，我们必须在现有基础上总结经验，继续前进。

（二） 落实技措项目， 增产油脂效果

为了大力发展米糠油、玉米胚芽油生产，从 1977 年开始，国家拿出6 000万元资金，分三年，每年以2 000万元用于增加榨油与精炼能力，扩大资源利用。第一年用的是国家财政预算上的预备费；第二、三年使用国家技措资金。这是党和国家交给我们的光荣任务，也是对增产油脂的极大关怀。

两年来，国家用于发展米糠油、玉米胚芽油的专项技措费4 000万元，地方自筹资金2 518万元，合计6 518万元。计划在 1979 年底以前，增建 1 877 个增油点。截至目前，已完成1 247个点，占计划数的 66% ，其中，榨油点1 764个，已完成 10 个；增添了各种榨油机3 000台，浸出设备 10 套，增加了每年可以处理油料395 800t 的榨油能力和16 600t 的炼油能力。这两批增建的技措点，各地先抓调查研究，后抓定点落实；从原料来源、榨油设备、厂房建筑到工艺设计，都进行了具体安排，有 66% 的技措点作到了当年投资，当年生产，当年见效。例如，江西省在抓建点工作上，强调做好“一定、三落实”，即定资产油脂任务，落实资金、落实设备、落实材料，专款专用，限期投产。两年来共兴建了 100 个技措点。1978 年兴建的 69 个技措点，均于当年竣工，年底增产糠油 170 万斤。目前，全省 459 个独立核算企业，已有 310 个做到了碾米、榨油、饲料生产一条龙。同时，为解决毛油精炼，提高油品质量，从 1976—1977 年共增建了四个精炼车间，每年可以精炼毛糠油6 500t，占现有毛糠油总产量的 81% 。由于精

炼能力的增加，为保证米糠油用于食用，创造了条件。黑龙江省，国家两年投资237万元，地方自筹资金350万元，兴建了87个点，加上原有的23点，共有110个点。全省玉米加工厂，除边境线和部分以库带厂的以外，基本上厂厂有点。年加工玉米胚芽能力达5万t以上，为提胚榨油大发展，提供了有利条件。

不少地区在建点过程中，花钱不多，收益较大，取得了明显的效果。每万元投资增产2万斤油脂以上的有：江西省23 900斤，湖南省23 300斤，安徽省23 100斤。万元投资增产3万斤油脂以上的有：上海市111 000斤，江苏省45 000斤，浙江省39 000斤。他们的经验很值得学习。但是，从全国看，有些地区在建点时，由于对资源情况调查研究不够，点虽建成，未能投产；有的点因设备不能及时供应，动力不配套，不能投产；有的点因"三材"供应脱节，延迟了施工期限，不能按期竣工，以致还有34%的技能点尚未建成。希望有的省、区今年下半年着重抓一下，多花点力气，保证在1979年底以前投产收效。

两年来，增产油脂的效果很大，主要表现在：

（1）参加了油脂购销平衡，弥补了购销差额。1977、1978两年增产的米糠油、玉米胚芽油，全部交付粮油商业部门平衡使用。1977年纳入全国油脂购销计划的有9 200万斤，1978年1.2亿斤。对平衡全国油脂购销起到了一定的作用。湖南省1977年，由于茶油减产，供应紧张，库存减少，有40多个县市脱销，就用精炼糠油供应市场。这一年全省生产精糠油1 200多万斤，其中用于食油的占86%。江西省1976—1978年，食油销售1.06亿斤，与同期收购数相比，应挖库存1 700余万斤，由于发展了米糠油生产，不但库存未挖，反而略有增加。浙江省的义乌、巨县等缺油县，自开展米糠榨油后，变成自给有余。湖北省的应山县也是缺油县，1971—1978年生产糠油112万斤，等于该县八年的调入量，可供全县行业用油四年零三个月。这类事例，在其他各省、区也不是罕见的。

（2）活跃了市场，保证了供应。发展米糠榨油、玉米胚芽生产，在全国各地普遍收到了效益。如辽宁省的沈阳、旅大、鞍山、营口等市，加工的玉米全部实现了提胚榨油。鞍山、旅大去年初每人每月补助一两玉米胚芽油。沈阳市去年生产玉米胚芽油、米糠油138万斤，全部供给了饮食行业炸果子。丹东市1977—1978两年内补助居民用油39万斤，使市场大为改观，受到广大群众的欢迎。黑龙江省鹤岗市，从超产的玉米胚芽油中拿出15万斤调剂市场，在豆油偏紧的情况下，市场各种油炸货常年不断。今年1—5月，又拿出16万多斤油调剂市场，使服务业、工矿食堂、群众三满意。佳木斯市原来市场上只有9家炸油条，现在增至35家，还保证了12个较大的企业的食堂每周吃上一、两次油炸货。市委很满意，第一季度给予奖励6 000元。

（3）为国家增加了积累。1977年和1978年，两年在1976年的基础上，共增产米糠油、玉米胚芽油1.056万斤，按中等水平匡算，约获利3 000万元。如果把开展油脚综合利用的收入算进去，为国家积累的资金更为可观。上海市综合利用的利润一年约1 100余万元，占工业利润的16%。湖南省粮油工业利润约3 000多万元，其中开展米糠榨油提供的利润约700多万元，约占1/4。黑龙江省1976年至今年5月，玉米提胚榨油利润550万元，占全部综合利用利润的68.2%。由此可见，增产米糠油、玉米胚芽油，既可为国家增加积累，又对粮食经营中扭亏增盈起了积极作用。

（4）玉米提胚榨油后，由于玉米面中减少了易酸败的脂肪酶，有利于提高成品质量，便于保管。米糠榨油经过蒸炒，可以抑制酸价，糠饼用作饲料也较易储存调运。

（5）开展米糠榨油、玉米胚芽榨油，一般都在米厂、杂粮厂附设车间实现一条龙生产，因而促进了米厂和杂粮厂的设备更新和工艺改革，不同地程度改变了老厂的面貌。

（三）几点基本经验

几天来，通过大会发言，小组座谈，广泛地交流了经验。我仅就同志们体会较深，认识较一致，具有一定代表性的经验，归纳为如下几点：

1. 当好党委参谋，争取各级领导和群众的广泛支持

增产米糠油、玉米胚芽油，与饲料供应存在一定的矛盾，而且在某些地区还十分突出。在这个问题上，党委有顾虑，群众有意见。同时，广大群众在认识和利用这些新油源，也有一个过程。从我们主观上讲，合理的利用资源，为社会增加财富，为国家积累资金，也是在实践过程中逐步尝到甜头的。打倒“四人帮”之后，全国政治上、经济上都出现了崭新的局面。国务院 1977 年国发 141 号文件关于大力发展油料生产，尽快改善食油供应的指示中，强调“要大力开展米糠和玉米胚芽榨油”，同年，国家计委也介绍了米糠榨油的有关情况；各地粮食部门进一步推广湖南省在大米厂内附设糠油和统糠车间的经验，提倡在加工大米的同时，一手抓米糠榨油，一手抓统糠生产。两年来这个经验，已经在全国开花结果。绝大多数地区明确规定：米糠必须先经榨油，糠饼粉碎加统筹饲料。这样，就把碾米、榨油、生产统糠组成了一个整体。既促进了米糠油生产，又解决了养猪饲料。因而得到了各级领导的重视，以及广大群众的支持。如辽宁省自国家安排增产油脂技措项目后，立即出现了省、市、地委亲自抓，财办亲自动 7 手，计委积极支持，各部门亲密配合，大搞米糠油、玉米胚芽油生产的高潮。

在省委在省人民代表大会和有关会议上，都大讲米糠、玉米胚芽油生产的重要性，并列为搞好人民生活的一项措施，要求各级党委和业务部门给予支持。1977 年鞍山、丹东产油曾超过百万斤，1978 年又有沈阳、旅大两市超过百万斤，取得了可喜的成绩。上海、浙江、江西、湖北、陕西、安徽、福建等省市，分别在国营农场和农村社队养猪场，用米糠和糠饼进行了长期喂养的对比实验，科学数据反复证明糠饼喂猪并不低于用米糠养猪的长膘率。而且米糠经过榨油，减少了糠蜡，去掉了杂味，增加香味，猪爱吃，易消化。他们一方面用事实进行宣传，另一方面还抓了统糠饲料生产，实事求是的解决实际问题。湖南是发展米糠榨油较早的一个省，而且产量稳定，年年上升，他们养猪存栏数也是逐年增加的。从全省年末存栏数看，1962 年 533 万头，1965 年 916 万头，1972 年1 645万头，1977 年2 034万头，1978 年2 065万头。油脂多了，猪仔也多了，这些数字是很有说服力的。

2. 采取经济措施，发挥地方与企业积极性

近几年来，各地都大力发展米糠、玉米胚芽油，因地制宜地制定了一些经济措施，

调动了省、地、县和基层企业积极性。

米糠油、玉米胚芽提油分成比较普遍，大体上有六种做法：①规定上交比例，超产部分提留各半。湖南省规定计划的产油数，以九成交省，一成留地方；福建省是七成交省，三成留地方；这两个省还规定了超过部分提留各半。②黑龙江省规定，以加工百斤玉米产油五两为基数，列入计划，超过基数的全部将给地方。③三级分成。江西省规定，省、县、地市三级，按“七、二、一”比例分成。④两级分成。浙江、四川两省规定，省和地方两级按七三分成；湖北省是六四分成。⑤吉林、广东两省生产的米糠油、玉米胚芽油，全部留给地方包干使用。⑥陕西省积极帮助外系统（牛奶厂、淀粉厂、酒精厂等）生产胚芽油，规定95%交给粮食部门，5%留企业使用。这六种作法，尽管提留比例不同，但都贯彻了增产多留的原则，有利于调动各级的生产积极性。

在实行油脂分成的同时，有些地区还采取利润留成的办法，即上交国家一部分，其余部分留给地方和企业。实行这种办法，使企业掌握了一部分资金，购置必要的生产设备，用于扩大再生产。生产进一步发展了，利润也多了，为国家积累资金的贡献也就更大了。这种既利国家又利地方和企业的办法，是符合经济规律的。会上不少同志反映，如不采取这种积极的措施，仍然用“就水煮饭”，有多少钱，办多少事的消极办法，是不利于发展生产的。

3. 推行适当的奖励办法，表彰先进，带动全面

两年来，各地在发展米糠、玉米胚芽油工作中，为了进一步提高资源利用率、出油率、精炼率、油米比，还本着以精神鼓励为主，物质鼓励为辅的原则，直接同企业的经济利益挂钩，奖励生产优秀的单位和个人。湖南省今年三月在召开全省粮油工业会议上对增产米糠油、统糠成绩显著，油米比在0.8%以上的两个地区和十三个县市以及油米比在0.9%以上的29个米糠油车间，76个统糠车间，均分别授予奖旗奖金。会上还明确规定，今后把油米比作为一项奖励指标，凡油米比在0.9%以上，吨油成本在400以下的米糠油车间，都给予奖励。

辽宁省一年来已增产米糠油和玉米胚芽油近一倍。为了更好地调动基层企业职工增产油脂的积极性，丹东市还推行了玉米提胚单项奖励。浙江省今年2月份，在全省米糠油经验交流会上，对米糠榨油做出了突出成绩的三个厂，颁发了奖状和奖金。安徽省安庆地区试行以油米比和出油率两个定额指标来检查糠油生产，并作为奖励的依据。凡米糠油生产成绩显著的单位，优先解决米糠油设备投资和宿舍扩建。由于实行了这种奖励办法，米糠油产量、出油率、油米比都大大提高。总之，这些奖励办法，对表彰先进，推动增产米糠油、玉米胚芽油起到了很好的作用。

4. 加强领导，组织评比，生产管理互相促进

1976年湖南益阳会议以来，很多地区，都从抓生产进而抓管理。大家深刻地体会到，过去就生产抓生产，不但生产上不去，质量无保证，为国家积累资金的水平也很低。那种就生产抓生产的思想方法，与办社会主义先进企业的要求是很不相称的，必须用科学的管理方法去促进生产。在这方面，各地都积累了不少经验。

（1）各地对米糠和玉米胚芽，普遍列为油料；榨出来的油统一纳入国家计划，加强了管理。不少地区还明确提出了“管糠如管油”的口号。我们赞成这种严格的管理办法，不然就无法保证米糠资源。

（2）为了解决不讲核算，不计成本，不算盈亏，吃“大锅饭”的思想，不少企业在工商关系方面，明确了责任，签订了合同，有的还实行了价拨结算办法。工商之间，互相监督，互相促进。四川省对毛糠油的调拨作价，本着以质论价的原则作了明确的规定。

（3）不少企业进一步健全了定额管理与班组核算，对煤耗、电耗、溶耗、成本、利润都提出明确的指标要求。同时，开展厂内班组之间，个人之间的比、学、赶、帮、超活动；试行奖惩制度，把企业的生产水平与职工的物质利益结合起来，给予鼓励；省、地级企业主管部门在这个基础上，下达了评比指标，开展了厂际之间，县际之间的社会主义劳动竞赛。

以上这些办法都有利于促进生产单位加强经济核算，用最少的消耗，取得最大的经济效果。

5. 不断革新技术，组织交流经验

为适应米糠油、玉米胚芽油生产的发展，各地在生产过程中，不断总结经验，革新设备，改革工艺，开展“传、帮、带”以及各种技术练兵活动，对提高油米比、出油率、精炼率，都获得良好的效果。例如上海市为了适应米厂零星分散，浸出油厂比较集中的特点，控制米糠酸价不断增加，摸索出了一套简易的连续烘干工艺，把水分降低到5%～6%，保管两个月，酸价稳定在12左右，然后集中榨油。这样做，投资少、成本低、上马快，有利于保证油脂质量。特别是在菜籽加工的旺季，既能为菜籽让路，又能防止米糠霉坏，储存待榨。由于技术上的改革，目前，全市米糠利用率已达72.2%，油米比达到0.98%。这个初步经验告诉我们，对某些地区由于糠源过分分散，不便及时集中榨油、炼油，提供了解决的途径。

黑龙江省鹤岗市制米厂，1978年玉米胚芽采取了润水喷气，“三压、三选”，道道提胚的工艺；榨油采取了提温排潮，入榨高温低水，饼粕复榨的经验，由于掌握了入榨水分与温度的关系，做到了提胚数量多，纯度高，榨油效率高，全年平均油粮比达到0.98%，今年1—5月份，平均1.17%，是生产胚芽油行之有效的好办法。辽宁省抚顺、沈阳两市，采取玉米胚芽油平均出油率14斤提高了10～11斤。

以上这些经验，归纳的很不全面。希望大家回去后，结合本地区、本企业的具体情况，因地制宜地加以运用推广。

两年来，发展米糠油，玉米胚芽油生产取得了可喜的成绩，这是主流。但工作中尚存在一些问题，突出的是工作发展不平衡，资源利用率高的达90%，低的不到20%；油米比高的超过1斤，低的不到1两；出油率高的达到13%，低的只有5%，精炼率高的达到78%，低的不到50%；吨油成本有的高达千元以上，低的仅在300元左右。这些不平衡状况，充分说明还有很大潜力可挖，很多工作要做。

（四）对今后工作的意见

1. 贯彻调整、改革、整顿、提高的方针，生产要大上

把全国工作的着重点转移到社会主义现代化建设上来，这是党的十一届三中全会的重大战略决策，是当前和今后相当长的一个时期的中心任务。最近，华国锋总理在五届人大二次会议作政府工作报告中指出："从今年起集中三年的时间，认真搞好国民经济的调整、改革、整顿、提高，把它逐步纳入持久的按比例的高速发展的轨道。这是我们把工作着重点转移到社会主义现代化建设上来之后，实现四个现代化的第一个战役，必须努力打好。"调整、改革、整顿、提高四方面的任务是相互联系的，互相促进的。但是，调整是目前国民经济全局的关键。具体到我们工作上，调整就是要把米糠油、玉米胚芽油生产进一步搞上去，生产更多更好的油脂，为工农业生产和人民生活需要服务。这是全国油脂形式决定的，是全国人民的殷切期望，也是国家交给我们的光荣而艰巨的任务。

我们有丰富的米糠和玉米胚芽资源可以利用，有相适应的榨油能力可以发挥作用并积累了较丰富的经验，只要我们广泛深入地把职工群众的生产积极性调动起来，坚持下去，就会出现一个充分利用资源，合理利用榨能，更多地增产油脂的大干快上的新局面。各地上报计划 1979 年生产米糠油 1.51 亿斤，玉米胚芽油2 480万斤。从 1—5 月份执行情况看，米糠油产量计划一般偏小。我们的意见是，计划指标暂不调整，但工作要落实，力争超过。

2. 进一步利用资源，挖掘潜力

一个国家对资源的开发利用情况，标志着它的科学技术和管理水平。我们对米糠和玉米胚芽的利用，就是开发祖国物质宝库中的一项油源。目前，我们对米糠榨油的利用率仅占国营米糠源的 64%，生产了 1.4 亿斤米糠油。玉米胚芽榨油利用率也只占 48%，生产了近2 000多万斤油脂。应该说，我们对资源的利用率、出油率都是很低的。这样的生产水平与我们要在 20 世纪内实现四个现代化的步伐要求差距很大。如果按照目前机榨效能，即便把国营糠源全部利用起来，也只能生产 2 亿多斤油脂。要进一步扩大资源利用率、提高出油率，多生产油脂，就必须解放思想，用于创新。为此，我们的意见是，在具体安排上可分为两步走：

第一步，1980 年年底以前，要充分发挥国家技措项目的效能，把 22 亿斤糠源和约 3 亿斤的玉米胚芽资源基本上利用起来，米糠油产量达到 2 亿斤，玉米胚芽产量达 2 700多万斤。要求各省、市、区的米糠榨油利用率达到 80%，油米比达到 0.5%，出油率 10% 以上，精炼率达到 65%，吨油成本不超过 400 元。玉米胚芽榨油利用率达到 60%，提胚率达到 6%，纯度不低于 60%，出油率达到 14.5% 油粮比达到 0.5%，吨油成本 400 元以下。为了保证这些经济指标的实现，各地要根据本地区的现状，制订相应的实施办法。与上述指标差距大的，要采取积极措施，奋起直追。已经达到或超过以上指标的要进一步挖掘潜力，创造新水平，力争多贡献。

第二步，从 1981 年以后，着重发展浸出车间。但要从实际出发，要在充分发挥现

有机榨能力的基础上，按照更新设备的要求，有计划、有步骤地根据地理条件，资源多寡，合理流向，在稻谷、玉米主产区，统筹规划，改造机榨，兴建小型浸出车间。如采用浸出工艺取油，国营糠源22亿斤，以利用80%计，产油量可达2.5亿～3.0亿斤，比机榨多出1亿多斤油。玉米胚芽资源同样以利用80%计，也可以多产油1 000余万斤。只要我们做好工作，这些油脂是唾手可得的。

农村资源更加丰富。据粗略匡算，留在农村的米糠约100亿斤，可产油10亿斤；玉米胚芽约54亿斤，可产油7亿多斤，两项合计17亿斤。假定利用50%，仍可产油8亿多斤，比利用国家资源大2倍多，这是我们扩大油源的主攻方向。希望各地同志对农村资源的利用，要尊重当地党委的意见，在自愿两利，等价交换的原则下，先行试点，总结经验，逐步推开。

为了把第二步规划搞好，请同志们回去以后，有重点地搞些调查研究，提出比较切合实际的分年设想，在本年10月份以前告诉我们，以便统一研究。

3. 按经济规律办事，调动生产积极性

发展米糠油、玉米胚芽油生产，要采取与之相适应的经济措施，才能充分发挥地方和企业的积极性。

不少地区生产米糠油、玉米胚芽油采取一定比例的分成措施，用于繁荣地方市场，改善口油供应，是符合实际情况的。但我们建议留成比例和有关规定应由省、市、区掌握，不宜下放，更不准把油分给个人，所有销售数量都要纳入计划。

有些地区实行了综合利用利润留成，用于改善企业生产条件，扩大再生产。从全国粮油工业看，约有固定资产20余亿元，如按4%提取折旧费，每年仅拿到更新改造资金8 000万元，要用这笔资金来更新我们将近一万个企业的设备，大约需要25年才能轮完，更难谈到扩大再生产。因此，有些地区从实际情况出发，协商地方财政部门，自米糠、玉米胚芽榨油的综合利用利润中酌提一定比例的留成，也是一种可行的办法。

4. 统一规划，全面安排

要促进米糠油、玉米胚芽油生产大上，必须在党委领导下，统一规划，全面安排。

对于新上的技措点，一定要注意资源情况，合理布局，科学的组织生产。今年是落实国家技措项目的最后一年，各地要吸取前两年兴建技措点的经验教训，加强调查研究，慎重选点定点，抓紧备料施工，及时培训人员，按期投入生产。避免从主观愿望出发，盲目定点建点，造成不应有的浪费损失。

对于已有贡献的老点，要继续发挥它们的作用，做好填平补齐工作。近两年，我们兴建的榨油车间，有些是在抢时间、争速度，因陋就简的情况下投产的。有的占用了职工宿舍和临时工棚，有的设备不配套，有的自制土锅炉或使用报废锅炉，有的使用过分简陋的蒸炒、精炼设备等，为了保证生产安全，确保油品质量，必须优先解决这些已上马投产的车间而又存在实际问题的填平补齐工作。

我们生产的米糠油、玉米胚芽油主要是用于食用。在毛油生产基本铺开的情况下，加强精炼环节，做好脱酸、脱臭、脱蜡、脱色，使油品质量符合食用标准，是保证人民身体健康的迫切要求。建议各地在安排国家技措项目时，要考虑安排适当的精炼能力，逐步增大米糠油、玉米胚芽油用于食用的比重。

5. 不断总结经验，提高管理水平与技术水平

一个企业的好坏，关键在于管理水平的高低。我们的企业，一般来说，管理水平是不高的，不计消耗、不讲定额、不明责任、不计成本、不讲经济效益的现象还很普遍，所以必须加强企业管理。加强企业管理，就是用科学的管理方法和先进技术，组织好企业的生产活动，提高劳动效率、提高经济效果。因此，每个企业都必须建立、健全以岗位责任制为中心的各项规章制度，实行严格的经济核算制，建立起合理的、高效率的、文明的生产秩序和工作秩序。为此，我们提倡：

（1）工商之间拨交油料、油品，均实行价拨结算。这样做，有利于工商双方改善经营和企业安排生产，做到名副其实的"独立核算"，而绝不是什么"争利润"。拨交价格要在分清责任的基础上，按照利润分配，工略大于商的原则，由省、市、区粮食部门合理确定。暂时仍维持代加工办法的，一定要签订合同并试行按油品计算工缴费。

（2）要切实贯彻执行各尽所能，按劳分配的原则，把企业收入和职工收入的高低，同他们对国家贡献的大小直接联系起来，坚决纠正干好干坏、干多干少一个样的平均主义倾向。在发展米糠油、玉米胚芽油生产中，对确有突出贡献的车间，班组和个人试行单项奖励，授予奖旗和颁发奖金，以鼓励先进，促进后进。奖励办法由各省、市、自治区粮食局制定，报党委批准。对于那些生产效率过低，长期不能改正、提高的企业，也应有适当的制裁办法。

（3）深入贯彻"挖潜、革新、改造"的方针，开展技术革新和科学实验活动。当前要着重探索玉米提胚中的加水、润水问题，提高提胚纯度和提胚率的生产工艺以及米糠油的精炼工艺。只要从技术上、设备上加以认真的研究和改进，生产水平就会大大提高一步。

（4）提高企业管理水平和技术水平，改革现行的经济管理体制是很重要的。目前，各省、市、区粮油工业成立企业性的专业公司越来越多，这是经济管理体制改革的方向，应认真总结经验，用企业化的方法把粮油工业企业管理好。

6. 在党委统一领导下，大造开展米糠油、玉米胚芽榨油的舆论

利用米糠和玉米胚芽榨油已经多年，特别是近两年来，在各级党委领导下，经过各有关部门的密切协作，搞了一些科学实验，加强了宣传报道，从而扭转了一部分人的思想认识，使米糠油、玉米胚芽油产量得到了大幅度上升。但彻底解决认识问题，还要依靠持之以恒的科学实验，进行实事求是的宣传，不能简单从事或企图一劳永逸。要用科学的数据说明米糠油和玉米胚芽油的营养成分和饼粕的营养价值。要根据本地区的具体情况，深入农村社队养猪场去作米糠、饼粕的对比饲养。用事实说话，以道理服人，这比照搬外地结论更有说服力量。要运用报纸、刊物、广播、电影等各种宣传工具大造舆论，把利用米糠、玉米胚芽榨油的好处宣传到家喻户晓，人人皆知。只有把阻力变成动力，广大群众支持了，我们发展生产的规划才能落到实处。

在抓纲治国大见成效，举国上下安定团结的大好形势下，党中央决定从今年起，把全国工作的着重点转移到社会主义现代化建设方面来，这是一个伟大的历史性转变。在这个转变中，全国人民的中心任务就是实现四个现代化，我们的工作就是围绕着这个中心任务去进行调整、改革、整顿、提高，彻底改变粮油工业不适应人民和国家迫切需要的落后状态。

当前，方针已经确定，任务已经明确，我们要用党的政策，把企业的积极性调动起来，把广大职工群众的积极性调动起来，把米糠、玉米胚芽榨油工作再大大地向前推进一步，做到多产油、产好油，以优异的成绩迎接国庆三十周年，为打好实现四个现代化的第一个战役而积极工作，为把我国建设成为社会主义的现代化强国而努力奋斗！

五、积极推广和应用新成果，提高浸出制油工业的科技水平

——在全国发展浸出制油工作会议上的主题报告

（1980 年 6 月 10 日 于北京）

采用浸出制油技术是我国油脂工业的发展方向。

浸出制油技术，在我国是解放后才逐渐发展起来的。这种新技术，解放前在我国只有个别厂应用。解放后，浸出工厂逐渐增加，到 20 世纪 70 年代前期发展到近 300 座。到今年 2 月，全国浸出油厂共 323 座，属于粮食部门领导的有 305 座。这些厂在减轻油厂工人劳动强度、改善劳动条件、降低消耗、增产油脂、改变我国油脂工业的面貌等方面发挥了积极作用。

但是，上述 300 多座浸出油厂只占全国国营油厂生产能力的 15%。同时，有一部分浸出油厂没有开工，有的厂管理水平低、安全措施差、溶剂消耗高达吨料 20kg 以上。特别是有些油厂精炼设备不配套，浸出油至今不能食用。为了改变这种情况，提高我国浸出制油工业的科技水平，需要积极推广和应用新成果、新技术。

为了进一步发展浸出制油工业，我们主张对一些油料产区和米糠资源集中的地区，提倡发展浸出制油，但是要采取积极、稳妥的方针，有计划、有步骤地进行。筹建浸出油厂，一定要有充分的原料来源，要讲求经济效果；要有设计图样、严格按建厂程序办事，防止草率、粗制滥造。要集中人力、资金、材料和设备，加速建厂速度，确保工程质量，做到筹建一个、投产一个、见效一个。新建浸出油厂（车间）的选点，要充分注意油料来源和安全条件，扎扎实实地发展我国的浸出制油工业。

我们建议，对日处理量在 30t 以上的老厂改造，只要符合浸出油厂（车间）安全防火规范，都应逐步改造成浸出厂（车间）。如果全国油脂工业实现浸出化，与机榨对比每年可多出油 15 万 t 左右。

为提高我国浸出制油工业的技术水平，使各项经济技术指标接近或赶上国外先进水平，除了要进一步加强企业管理外，建议各地根据具体情况、结合老厂改造和设备更新，有领导、有计划、有步骤地、因地制宜地积极推广和应用行之有效的科技新技术、新成果。

（一）在预处理方面

要重视和加强预处理工序，配套足够的清理设备，合理选用烘干、破碎、软化、轧胚和蒸炒设备，确保入浸料胚或预榨料胚的质量要求。

采用大豆一次浸出的油厂，在大豆水分比较稳定的情况下，推广先烘干脱水，后破碎，再软化、轧胚的新工艺，以减少入浸料胚的粉末度，有利于溶剂的渗透，提高

浸出效果。

米糠浸出油厂，要重视糠栖的分离，最大限度地将米栖分离出来；米糠的预处理，可以采用高料层二节锅，进行高水分蒸胚，软化再用三节卧式烘干机快速脱水，达到米糠水分符合入浸要求。米糠经过高水分蒸胚后，可以使米糠中的淀粉在蒸气、水分和机械搅拌的作用下，黏结成小颗粒，改善米糠在浸出时渗透差的状况。根据上海松江、江苏南京等油厂的经验，对设有五层立式蒸炒锅的米糠浸出油厂，只要改进工艺操作，符合高水分蒸胚的要求，也能收到一定的效果。

（二） 采用新型平转浸出器

今后在新建浸出厂（车间）和现有浸出油厂需要更换浸出器时，凡是采用平转浸出器，日处理在50t以上的都可以采用18格，高料层，新鲜溶剂及混合油采用单泵循环和间歇大喷淋。浓混合油格设有帐篷过滤器。进料绞龙采用重力门料封等合理的结构形式。对日处理量在50t以下的，除了浸出格可以适当减少外，其他结构形式均可考虑采用。

（三） 在粕的脱溶干燥方面

对采用大豆一次浸出的油厂，为了提高浸出粕的脱溶效果，降低粕中残留溶剂，提高浸出粕的饲料营养价值，可以采用DT蒸脱机。

对于采用预榨浸出的油厂，前几年粮食部陕西油脂科研所设计成高料层蒸烘机。从浙江省海宁县试验油厂两年来的实际使用情况看，该设备具有结构简单、脱溶效果好等优点，可以在预榨浸出油厂使用。至于高料层蒸烘机能否适用于大豆一次浸出的脱溶，一定要经过反复试验，取得确实可靠的生产数据后再确定是否推广。

（四） 关于混合油蒸发和热能的利用

混合油蒸发系统的设备，我们与国外相比，没有多大差别，只是在工艺上，我们采用的是常压蒸发，而国外普遍采用真空负压蒸发。但从工艺性能和效果上也能达到要求。吉林省蛟河植物油厂采用的双段层碟式汽提塔保证了浸出毛油的质量，各地可以推广使用。目前存在的薄弱环节是我们对热能的利用不够重视，一些含热能较大的二次蒸气，如蒸脱机、汽提塔出来的溶剂（水蒸气）、第一蒸发器出来的溶剂蒸气等所携热能都没有得到再利用，直接进入冷凝器，既浪费了热能，又增加了冷却水的用量。蛟河植物油厂和旅大油脂工业总厂对DT蒸脱机的二次蒸汽进行了利用，取得了一些效果。希望各地充分发挥广大科技人员和工人的聪明才智，把热能的利用，包括降低煤耗、电耗和溶剂消耗的工作当为重点工作去抓，抓紧抓好，取得效果。

（五） 在自由气体回收方面

对于自由气体中溶剂的回收，由于我们过去采用的方法比较落后，回收效果都不太理想。蛟河、旅大两厂采用液体石蜡回收自由气体中的溶剂后，对降低溶剂消耗取得了显著的效果。我们建议，日处理量在50t以上的浸出油厂可以采用液体石蜡回收装置。对于处理量在50t以下的浸出油厂，由于生产能力小，尾气量少，是否采用液体石蜡回收装置，需要通过生产实践，进行经济分析，积累经验。从江苏常熟县徐市油厂浸出棉籽、菜籽饼溶剂消耗吨饼3～5kg的情况来看，日处理量在50t以上的浸出油厂，只要严格控制溶剂的“跑、冒、滴、漏”，保证足够的冷凝面积，溶剂消耗也有可能达到比较好的水平。

为了有效地推广和应用新技术、新成果，根据蛟河、旅大和常熟市油厂的经验，必须注意以下三点：

（1）要认真学习和领会新成果的有关技术资料，吃透技术关键。为了少走弯路，各地首先要把兄弟单位在研试中的经验、教训和关键性的技术问题了解清楚，在此基础上，结合本地区、本单位的具体情况，做出切实可行的实施计划，进行周密的设计。

（2）推广、应用新成果，要有计划地进行。建议各地对计划推广应用的研试成果，最好结合老厂改造先搞一两个点，在有了自己的经验后再全面铺开。选点确定之后，要做到组织、资金、材料“三落实”，对所需的资金、材料要给予保证。

（3）推广应用研试成果工作要自始至终，一抓到底，抓出成效。

六、在全国米糠油、玉米胚芽生产经验交流会上的总结报告

（1980 年 7 月 17 日　于广西南宁）

全国米糠油、玉米胚芽油生产经验交流会，今天就要结束了。会议从 7 月 10—17 日共开了 8 天，到会的代表 108 人，大会发言 13 人。

这次会议，根据“发挥优势，保护竞争，推动联合”的方针，检查了自 1977—1979 年，3 年来落实国家技措项目，增产油脂，增加积累的成果；交流了发展米糠油和玉米胚芽生产建设方面的经验；议论了开辟农村资源，扩大资源利用率的方式方法；明确了今后的制油发展方向。各地还提出了今后 3 年发展米糠油和玉米胚芽油的初步规划。会议开得很好，正如同志们所说：“解放了思想，提高了认识，明确了方向，增强了信心。”

下面分三个问题讲几点看法和意见。

（一）落实技措项目，发挥设备潜力，为国家增产了油脂

发展米糠油和玉米胚芽油生产，国家极为重视。给予了大力扶植。从 1977 年开始，国家拿出6 000万元的专项资金，分 3 年，每年投资2 000万元用于增加榨油设备和精炼能力。1980 年国家又拨款2 000万元，发展油脂生产。

3 年来，国家用于发展米糠油和玉米胚芽油的专项技措费，连同地方自筹资金共为8 600多万元，计划在 1980 年年底以前，增建2 155个增油点。截至目前，已经建成1 622点，占计划建点数的 75%。其中，榨油点1 967个，已建成1 516个；精炼点 133 个，已建成 80 个；浸出点 55 个，已建成 26 个。共增添了各种榨油机3 600多台，浸出设备 40 套增加了每年可以处理油料 8.76 亿斤的加工能力。其中，浸出能力9 500多万斤，占加工能力的 10.09%，精炼能力可达到7 300多万斤，这是粮油工业的一项基本建设，我们必须充分发挥它的效能为国家创造更多的财富。

随着技措项目逐年落实投产，米糠和玉米胚芽资源利用率也相应增长。全国米糠利用率已由 1976 年的 35.28% 上升到现在的 66.23%，米糠利用率较高的有湖南、上海、江西、湖北、浙江、广西、江苏、安徽、福建等省市区。全国玉米胚芽利用率已由 1976 年的 17.9% 上升到 63%；利用率较高的有黑龙江、辽宁、上海等省市。

由于技措项目发挥了效益，1977 年米糠油产量，由 1976 年以前的 6、7 千万斤猛增到 1.15 亿斤；玉米胚芽油产量增长到1 260万斤。1978 年米糠油产量上升到 1.4 亿斤，玉米胚芽油产量上升到1 900多万斤。1979 年米糠油产量增长到 1.53 亿斤，玉米胚芽油产量增长到2 500多万斤，出现了空前递增的速度。1979 年这两项油脂加在一起，共计 1.78 亿斤，比 1976 年的产量增长了一倍多，相当于540 多万亩油菜籽的产油

量或990多万亩大豆的产油量，这是发挥优势的成果。由于3年来共生产了4.67亿斤油脂（其中：米糠油4.09多亿斤，玉米胚芽5 800多万斤）。在油脂供应较紧的情况下，发挥了作用。从1977—1979年，全国生产的米糠油和玉米胚芽油纳入全国油脂购销计划的3.5亿斤；其中，1977年9 200万斤，1978年1.2亿斤，1979年1.38亿斤。

3年来，由于米糠油和玉米胚芽油大量供应食品行业做糕点，供应工矿企业，补助居民定量，改善人民生活，受到各级党政领导的重视和群众的欢迎，例如：江苏省镇江地区，正常年景每年缺油约400万斤，1977年全区收购油脂仅230万斤，销售需要763万斤，缺油533万斤，由于米糠油生产435万斤，弥补了差额，当年只调入了98万斤油，1978年米糠油又继续增长，全地区转调进为调出150多万斤，从根本上改变了缺油面貌。黑龙江省自1977年开始规定：油粮比超过0.5%的，超产部分全部归地方。1979年全年就有300万斤超产油投放到各地饮食行业、副食品加工厂，使各地市场的油炸品花色、品种和数量有了很大的改善。广西壮族自治区每年供应工业部门1 000万斤米糠油，解决了肥皂紧缺问题。湖南、湖北、江西、浙江、上海等省市每年投放市场或作工业用油的数量都很大，对活跃市场，繁荣经济，起到了积极的作用。

3年来的经济效益，也是可观的，约获利6 500多万元；除偿还国家3年投资技措款6 000万元外，还为国家积累了500多万元利润。今后随着技措项目的逐个配套落实，必将发挥更大的经济效益。

3年来，虽然在增产米糠油和玉米胚芽油方面取得了很大的成绩，但也存在一些问题，如：有的地区，对资源情况底细不清，盲目定点，造成不应有的损失。有的点或因"三材"供应脱节，或因设备不能及时供应，或因动力不配套等原因，延误了施工期限，不能按时竣工投产，致使还有25%的技措点尚未建成，影响到投资效果。希望各地区要抓紧督促检查，具体指导，认真帮助解决问题，务必把这三年的技措项目在1980年尽快地建成投产。

（二）总结经验，继续前进

去年6月，在牡丹江会议上总结了推广利用米糠榨油、玉米胚芽榨油五点基本经验。一年来，各地结合八字方针的深入贯彻和新的形势变化。这些经验又得到进一步的完善、充实和发展，主要有：

1. 因地制宜地利用资源，组织生产

从全国看，大体上有两种做法：一种是以机榨为主，以湖南省为代表。他们的经验较成熟，经受了多年的考验，效果很好，湖南省在每个大米厂附设榨油车间、饲料车间，形成碾米、榨油、生产饲料综合利用一条龙。为了适应米厂分散，确保新糠入榨，确定了"分散榨油，集中精炼"的方针，不但全省米糠榨油的利用率达到了95%，糠油产量始终居全国首位，而且全省平均出油率达到6.2kg，油米比9.87，精炼率达到了76%以上。另外一种做法是以浸出为主，以上海市为代表，他们根据常年浸出能力有余，菜籽加工旺季又严重不足的特点，对保护糠源和确保米糠质量极为重视，并结合当地的气候条件，摸索到一些烘干米糠，抑制酸价的技术措施，实行"分散烘干，集中浸出"。上海市的措施有力，切合实际，使米糠榨油利用率高达95.61%，油米比

为1.28，平均出油率达到6.92kg。上海市是我国人口最多的大城市，油脂需求量很大，由于充分利用了米糠资源，对于平衡油脂产销，保证轻工生产起到了重要的作用。湖南省、上海市的经验启示我们，考虑问题一定要从实际情况出发，因地制宜，不能一刀切。学习先进经验，推广先进经验，不注意自身的具体条件，不分析自己的情况，优势就成为一句空话，就可能违反客观规律，把好事办成坏事，把经验变成教训。

2. 调糠就浸，扬长避短，保护竞争

一年来，计划用国家技措费筹建的浸出车间，由28个增至55个，已建成的由10个增至26个。如何利用浸出厂的先进技术，发挥优势，广西在这方面提供了好经验。他们建成投产的浸出车间有10个，其中9个主要是生产米糠油。今年1—5月份，全区有22个县的105个厂所向浸出车间调拨集中了1 170万斤米糠油，使浸出糠油产量占总产量的比重达到了56%。以每百斤米糠，浸出法较压榨法多产油4斤计算，约增产油脂40余万斤，南宁市与附属的邕宁、武鸣、扶绥等县商定，把这些县出油率低，成本高的机榨停下来，将米糠集中到南宁市的浸出油厂加工，8个月共调出米糠404万斤，不但每百斤米糠多出3~5斤油，增产了10~20万斤油脂，而且提高了各县的米糠回收利用率，保证了各县的上调油脂任务。这样做，既符合八字方针的要求，对榨油能力进行了调整，又经过竞争和比较，择优选择，充分发挥了先进设备的优势。这是一条带有普遍意义的经验。

3. 坚持工商协作，推广价拨经营

一年来，各地对价拨经营在认识上有进一步的提高。过去，一般认为这是调整粮食企业工商关系的好办法，有利于消除“大锅饭”，改善经营管理。学习和实践使我们又进一步认识到这种做法实质上是粮食工商企业实行联合的一种形式，使资源和设备利用的更合理。这种联合形式，通过价拨，在作价和费用划分上使工商双方都得到了经济效益，在这次会议上，广西桂平县粮食局介绍的经验，他们按照保证工商双方有力的原则计价调拨米糠，全县19个厂所都增加了收入，仅今年1—4月份，工商双方就获利4.44万元。江苏省苏州地区的昆山、吴县、吴江、无锡等县在粮油工商企业之间试行了价拨经营，商业拨付油厂的米糠确定了专用价，每百斤米糠由油厂加价一角，糠粕打包费、下力费、运费由油厂负担。这样做，商业减少了支出，工业增加了收入，调动了工商双方的积极性，这些事例告诉我们，任何一种好的管理办法，经营形式，都要在解放思想，提高认识的基础上加深理解和运用，只有这样，才能从小生产者的狭隘眼界和经营方法中解放出来。

（三）对今后工作的几点意见和要求

1. 不断提高思想认识，为适应新形势，增产米糠油和玉米胚芽油做出新贡献

长期以来，我国食油的产需矛盾一直是十分尖锐的，首先是油料生产发展不快，食油产量增长速度长期低于人口增长的速度。以1977年与1952年相比，人口每年平均递增2.1%。而食油产量每年只递增0.5%。1979年的油料产量49.3亿斤，虽已超过历史最高水平，但按总人口平均占有也不过5斤，还没有达到1955年每人平均占有6

斤的最好的水平。即便恢复到全国平均占有 6 斤的最好水平，与国外相比，差距还很大（美国人平均占有 49 斤，加拿大 35 斤，阿根廷 54 斤，苏联 16 斤，印度 9 斤）。这与粉碎“四人帮”以后，我国人民生活水平日渐提高，旅游事业、国际交往迅速发展的新形势很不适应，必须引起高度重视。

当前，值得注意的一种倾向是，近三年来，在油料生产有了较快恢复和发展的形式下，有些同志滋长了盲目乐观的情绪，他们认为，“油料丰收了，吃油问题解决了”，而没有看到人民群众的食油水平，目前还仅仅停留在每人每月三、四两的低水平。工业用油的紧缺状况，也不是在短时间内能够解决的，我们必须树立全局观念，以发展的眼光去考虑问题；要把开辟油源作为油脂生产的一项重要任务去抓，并且要抓紧抓好，继续抓出成效来。

利用米糠和玉米胚芽资源生产油脂，是发展油脂生产的一个重要组成部分。1979 年 10 月，李先念副主席曾指出：米糠油和玉米胚芽油生产潜力很大，我们要利用这两项资源，使它为人民日益增长的需要服务，这是立足国内，自力更生解决油脂问题的正确途径，如果把国营加工厂的 22 亿斤糠源和 3 亿斤玉米胚芽资源基本都利用起来，可产油 2. 3 亿斤，约占 1979 年全国食油收购量 22. 4 亿的 10. 3%；如能把 50% 的资源改用浸出法取油，可生产 3. 5 亿斤油，约占食油收购量的 15. 76%；如再把农村资源利用起来，油脂紧张状况更会好转。米糠油和玉米胚芽油，除了具有一般植物油的营养成分，还含有丰富的油酸、亚油酸、谷维素和生育酚等有益的营养成分，经常食用，可以帮助降低人体血清胆固醇，防止动脉硬化，高血压和其他一些疾病。因此，被国际上誉为健康营养油，深受欢迎，可见增产米糠油和玉米胚芽油，对增进人民身体健康也有很大的好处。

2. 总结经验，发展浸出制油

采用浸出法制油，是我国油脂工业的发展方向。它的优越性在于能够最大限度地提高出油率，增产油脂，节约人力，减轻工人劳动强度，改善劳动条件，实现文明生产。因此，今后国家的技措投资重点是发展浸出。目前，我国浸出油厂和车间虽然已有 323 个，其中属于粮食部门领导的有 305 个，这个数字只占全国国营油厂油脂生产能力的 15%，还不适应国民经济发展的要求，为了有计划地发展浸出，我们提倡对一些米糠和玉米胚芽资源集中的地区，要本着积极，稳妥的方针，在充分发挥现有设备能力的基础上，因地制宜地积极采用先进制油技术，有计划、有步骤地结合老厂改造，更新换代。筹建米糠和玉米胚芽浸出油厂的规模，要根据资源情况而定，为保证浸出油厂的经济效果，规模不宜过小。选点时，网点布局要合理，要有充分的原料资源，有利于及时返还糠粕。建厂时要尊重科学，有设计图样，要严格按建厂程序办事，要防止草率、粗制滥造。要集中人力、资金、材料和设备，加快建厂速度，确保工程质量，做到按期投产。要充分挖掘现有浸出油厂的潜力，在浸出能力许可的情况下，通过改进和增设部分设备，做到既能浸出其他油料，又能浸出米糠和玉米胚芽，充分发挥浸出效益。我们在发展浸出法制油的同时，一定要重视和发挥现有机榨设备的作用，继续改进工艺和设备，进一步提高出油率，提高油和饼的质量，为增产油脂发挥更大的作用。

发展米糠浸出，建议各地推广和应用以下先进技术：

（1）新糠烘干去水，防止米糠酸价升高　发展米糠浸出制油，除一些大城市有便利的交通条件，能把市区的米糠当天集中到油厂进行浸出外，对较多的中小城镇，就很难做到把当天的新鲜米糠送到油厂。为了防止米糠酸价升高，一年多来，上海市松江县新桥米厂经过反复实践，摸索出了一套适合本地区米糠烘干去水的工艺条件和设备。他们的做法是用一灶两锅，第一锅米糠先迅速升温到100℃左右，炒3min，再经立式绞龙送至第二锅内，缓慢升温到110℃后出料冷却。这个办法的好处是，设备简单，操作方便，去水效果高，色泽新鲜，酸价基本稳定，可供调糠集中浸出的地区参考。

（2）米糠高水分蒸炒法　米糠中含有较多的米栖，在进入蒸炒前，先进行糠栖分离，可以提高米糠的纯度，提高米栖的利用价值。糠栖分离设备，可以采用三层平面回转筛。经过糠栖分离后的米糠可以采用高料层二节锅，进行高水分蒸胚，然后再用三节卧式烘干机快速去水，达到符合米糠水分入浸要求。米糠经过高水分蒸胚后，可以使米糠中的淀粉在蒸汽、水分和机械搅拌的作用下黏结成小颗粒，改善米糠在浸出时溶剂渗透性差的状况，提高浸出效果，各地对现有的四、五层蒸炒锅设备，只要改进操作工艺，符合高水分蒸胚的要求，也能达到一定的效果。

（3）采用新型平转浸出器　我国根据日本平转浸出器的性能结构设计制造的新型平转浸出器，在蛟河、旅大、常熟县徐市油厂，经过一年多的生产实践，证明具有结构合理、产量大、浸出效果好、溶剂消耗低的特点。今后各地新建浸出车间或考虑老厂的设备更新时，凡是采用平转浸出器，日处理大豆、菜籽饼、棉籽饼在50t以上和米糠30t以上的，建议采用十八格料格，高料层（米糠除外），新型溶剂及混合油采用单泵循环和间歇大喷淋，浓混合油格设有帐篷过滤器，进料绞龙采用重力门料封等合理的结构型式。米糠产量低于30t的，除料格可以适当减少外，其他结构型式均可采用。

（4）采用自由气体回收技术　对自由气体中的溶剂回收，我们过去的方法比较落后，回收效果很不理想。蛟河、旅大油厂采用液体石蜡回收自由气体中的溶剂，对降低溶剂消耗取得了显著的效果。因此，日处理米糠量在30t以上的浸出车间，采用液体石蜡回收装置是有利的。对日处理米糠在30t以下的浸出车间，由于产量小，尾气量少，是否采用液体石蜡回收装置，请各地在生产实践中摸索经验。

在尾气回收方面，江苏省的一些油厂做出了成绩，以徐市油厂为例他们现在的浸出系统虽然是常压操作，但配备了足够的冷凝面积，自由气体中溶剂的回收效果也很好。1979年平均浸出米糠的溶剂消耗为6.14kg/t料，1980年上半年浸出米糠的溶剂消耗下降到4.51kg/t料。由此可见，日处理量在30t以下的浸出油厂只要严格“跑、冒、滴、漏”，配备足够的冷凝面积，溶剂消耗也可以达到较好的水平。

在玉米提胚榨油方面，我国的提胚工艺和设备，基本上是利用玉米加工设备和玉米产品的生产结合在一起进行的。提胚技术采用得较多的是，玉米经清理除杂后，用绞龙和存料箱进行润水润气，米机剥皮、破碎，风气比重机提取大胚，然后再“三压，三选”，道道提胚，效果较好。有的地区使用打麦机进行破渣提胚，提胚效果也较好。但提胚率一般在5%～6%，纯度在60%左右，与国际上提胚率为9%～10%，纯度70%以上的先进指标相比，差距还很大。希望各地进一步研究和改进提胚工艺和设备，在提高玉米提胚率，提高纯度和油粮比方面下功夫，为增产玉米胚油作出新贡献。

3. **积极推广油饼浸出**

由于我国制油工艺设备比较落后，油料资源得不到充分合理地利用，浪费现象比较严重。以 1978 年为例，粮食部门所属油厂共生产了 116 万 t 油脂，其中采用浸出法制油的 16 万 t，仅占 14%，采用机榨法取油的却占 85%。按每百斤料平均少出 4 斤油计算，每年损失油脂约 15 万 t，另外我国每年还生产 45 万 t 油菜籽，工艺上绝大部分是采用机榨以及农村土榨处理的，这部分油料每年损失的油脂约达 1. 8 万多吨，浪费资源现象十分严重。开展油饼浸出，把油饼中残留的油脂尽可能拿出来，是改变当前浪费油源的有效措施。湖北省黄梅县小池油厂，几年来大力开展油饼浸出，收到了良好的效果。这个厂为了充分利用油料资源，仅用 15 万元，在 1976 年增建了一座履带式、日处理 20t 的小型浸出车间。投产四年多，共处理油饼 1. 43 万多吨，每百斤油饼平均出油四斤一两，增产油脂 590t，盈利 35. 53 万元。四年的利润相当于投资的 2. 37 倍。小池油厂开展油饼浸出的经验，可供各地参考。

我们大体匡算了一下，在原有油厂的基础上，增建一个日处理 30t 的浸出车间，需 30 万 ~40 万元的投资，40 ~50t 钢材，一年左右时间可建成，投产后全年按 260d 生产计算，每年可处理油饼 7、8kt，可增产油脂 310t，一年左右的时间即可拿回全部投资。这种既增产油脂又增加积累的办法，是符合“挖潜、革新、改造”方针的。开展油饼浸出，请各地抓紧试点，用最短的时间抓出成效来。

4. **充分利用资源， 挖掘增油潜力**

目前，我们对米糠、玉米胚芽的资源管理逐步在加强，利用率逐年在提高，发展趋势是好的。但是，也有个别地区对国家资源任其流失，米糠利用率很低；有的对资源明管暗不管；也还有任意批供的现象，值得注意。为了发挥资源优势，为国家增产油脂，请各地认真检查一下资源管理情况，并在加强宣传、提高认识的基础上，采取有效措施，提高资源利用率。

农村资源丰富，要下大功夫抓好试点，采取各种有效措施，把留在农村的 100 亿斤糠源和 54 亿斤玉米胚芽资源，逐步利用起来，这是国家的一笔巨大财富。充分利用农村资源，对生活用油不断增长的需要，具有举足轻重的地位。去年 5 月牡丹江会议，我们曾把利用农村资源作为今后开发油源的主攻方向提出来，请各地积极进行试点，总结经验。

利用农村资源的有效办法，这次会议，大家认为，搞代加工和兑换（必须遵守自愿两利、等价交换的原则）是一种办法，但不是唯一方式。根据“发展优势，保护竞争，推动联合”的方针，我们要进一步解放思想，提高认识，紧跟形势，把利用农村资源的办法搞宽一些。为此，我们建议各地可开展联营试点，社队提供原料，国营厂提供设备、技术，在国社之间、地区之间开展联营的方式，各地可因地制宜，逐步摸索经验。生产出来的油脂和经营利润，经过协商，合理分配，也可以考虑与基层供销部门联合，由他们组织货源，我们给予一定的手续费。有条件的地区，还可以由社队提供毛油，国营油厂组织精炼。总之，不管我们采取兑换或联营哪一种方式，目的是为了充分利用农村资源，给农民以实惠，帮助农村尽快地富裕起来，以改善社员生活，支援农业生产。绝不能单纯在利润上兜圈子，更不能以行政办法加以干涉。希望大家共同努力，在3、5年内，在利用农村米糠和玉米胚芽资源方面，闯出些新路子，作出新贡献。

5. 重视油品质量， 提高精炼技术

我们生产米糠油和玉米胚芽油，目的是能吃能用。要使人民群众吃的满意，就要十分重视产品质量。

目前，我们生产的米糠油、玉米胚芽油，由于精炼技术跟不上，大多作为工业用油。近几年来，各地建了一些炼油车间，将一部分精炼米糠油和玉米胚芽油投放市场，供作食用。但是，由于设备不配套，精炼技术不过关等原因，致使食用米糠油和玉米胚芽油中含蜡较多，酸价较高，有异味，油品质量差，群众有反映。有的将不经脱蜡的米糠油和不经水化，碱炼的玉米胚芽油供作食用；有的甚至将毛油直接供作食用，影响很坏。

上述问题，如果不尽快解决，将有损于米糠油和玉米胚芽油的声誉，影响米糠和玉米胚芽榨油的进一步发展，必须引起重视。

为了解决米糠油和玉米胚芽油的食用问题，在今后 3 年中，各地要根据实际需要和“集中精炼”的方式，继续合理增设炼油点，进一步完善现有炼油点的工艺和设备。我们要把提高精炼技术作为油脂生产的一个主攻方向，抓出成果。

今后，凡是作为食用的米糠油，一定要经过脱酸、脱色、脱臭、脱蜡。目前没有条件做到“四脱”的单位，要尽快创造条件，做到脱酸、脱臭、脱蜡后供作食用。玉米胚芽油一定要经过水化、碱炼、脱臭后才能供作食用。要禁止毛糠油、毛玉米胚芽油直接供作食用。

为了保证碱炼米糠油和玉米胚芽油的质量，提高碱炼率，一定要重视毛油的质量，认真把住这一关。毛油要按照部颁发的榨油工厂操作规程，认真执行毛油经二层滤布过滤或沉淀 7d 以上后才能出厂的规定。

鉴于目前米糠油和玉米胚芽油还没有统一质量标准的情况下，建议各地参照食用植物油的国家质量标准和卫生标准，制订企业标准，并请各地及时将制订的有关标准告诉我们，以便尽快制订米糠油和玉米胚芽油的国家质量标准和卫生标准。

在生产过程中，还要根据市场的供需情况，利用副产品，积极开展综合利用，为社会创造财富，为国家积累资金。

1980 年米糠油和玉米胚芽油生产计划，去年在牡丹江会议上曾作过安排。因农业生产的变化，稻谷加工量减少，各地又进行了调整。根据调整后计划，米糠油 1.7 亿斤，玉米胚芽油2 900万斤，两项合计是 1.99 亿斤。今年要力争超额完成计划。根据今年上半年各地上报的生产实绩，米糠油完成8 900多万斤，玉米胚芽油完成1 400多万斤，两项合计完成了年计划的 51%，比去年同期略有增长。说明我们工作是有成绩的。但是，还必须看到今年的计划数总的说来是偏低的，而且客观上还存在一些不利因素，希望大家回去后，要本着扬长避短的方针，充分发挥设备潜力，调动生产积极性，特别是产量较高的地、市、县要注意巩固工作，防止出现忽升忽降现象，共同为超额完成 1980 年米糠油和玉米胚芽油生产计划而努力。

七、浸出法是先进的制油工艺，浸出油是优质安全的食用油

（2004 年 1 月 5 日　刊于《中国油脂》周刊）

为了同国际接轨，国家粮食局组织国内油脂行业的科研院所、大专院校和大中型生产企业，在整合了过去多个食用油质量技术等级标准的基础上，参照国际同类先进标准，结合我国国情，重新修订了大豆食用油等 8 个商品油脂的质量标准，并陆续颁布实施。

在新的食用油质量标准中，规定了在商品的标签上要标明初制油的生产工艺，即是用压榨法生产的，还是用浸出法生产的。这一规定的目的是为了切实维护消费者对商品油脂的知情权和选择权。近来，对于在食用油商品标签上标明初制油的生产工艺，已经引起了社会各界的广泛关注，甚至有媒体认为这一措施将对我国油脂市场格局产生“根本性变化”；同时，误认为压榨制油工艺比浸出法制油工艺“更先进、更科学”，“是代表油脂工业发展方向的一种制油方法”。其实，这是一种不科学的提法，是一种误导。

我是一名从事油脂加工、油脂技术管理工作有着 40 多年经历的技术工作者，在这里我负责任地告诉广大消费者，用浸出法生产食用植物油的工艺，是早已被国际公认并普遍采用的一种先进、科学的油脂生产工艺。而用浸出法生产的食用油，只要符合国家颁布的食用油技术质量标准中任何一个等级，都是优质、安全的食用油，是可以放心食用的。

浸出法制油，早在 1843 年就起源于法国。由于科学技术的迅猛发展，国外制油工业向着集约化、规模化发展。当今，在工业发达国家，用浸出法工艺生产的油脂，占油脂生产总量的 90% 以上。新中国成立以前，我国油脂工业十分落后，浸出法工艺制油的企业全国只有日本投降后在东北留下的一家。新中国成立后，油脂工业得到相应的发展。尤其是“七五”期间，浸出法制油技术列入国家重点推广项目后，才得到迅速发展。至今，全国浸出法制油厂（车间）达到2 000多家，已占到整个制油能力的 80% 左右。

浸出法制油工艺的理论依据是萃取原理，这种方法已被食品工业、医药行业等广泛采用。浸出法制油，是选用符合国家相关标准的溶剂，利用油脂与溶剂的互溶性质，经溶剂与处理过的固体油料中的油脂接触，将其萃取溶解出来，而后用严格的工艺和设备，脱除油脂中溶剂的一种先进、科学的制油方法。浸出法制油的过程，一般分为 5 个基本工序。即：①浸出前对油料的预处理；②预榨浸出或直接浸出；③萃取液（混合油）经蒸发、汽提脱溶，将溶剂与油脂分离；④浸出后的物料（粕）经蒸发脱除溶剂；⑤溶剂经回收后再利用。

浸出法制油之所以比压榨法制油科学、先进，是因为它具有粕中含残油少、出油率高、加工成本低、生产条件好、粕的质量高、油料资源得以充分利用等无可比拟的优点。

我国油脂工业使用的抽提溶剂，是国家专门为油料加工安排生产的专用溶剂。它具有对油脂的溶解能力强，常温下能以任何比例溶解油脂；对非油物质、胶体化合物、硫化物等溶解能力小；浸出的油脂纯净；溶剂沸点低，易回收；对设备无腐蚀作用等优点。它与那些成分复杂、沸点高的普通汽油有着本质的区别。

这里必须告诉大家，不论是用浸出法，还是用压榨法生产出的油脂，在未经精炼之前，都称之为"毛油"（原油）。国家新标准中规定"毛油"是不能直接用于人类食用的，只能作为生产各级成品油的原料油。原料油只有经过精炼加工处理达到各级油品的质量标准后，才能上市销售。

国家新标准中规定的三级油和四级油（相当于原标准的一级油和二级油），须经过脱溶、脱胶、脱酸处理；国家新标准中规定的一级油和二级油（相当于原标准的色拉油和高级烹调油）则须经过脱溶、脱胶、脱酸、脱色、脱臭及脱酯（人们俗称"六脱"）等精炼工序处理。经精炼后生产出符合国家质量标准和卫生标准的食用油，才可上市销售。

我国是一个食用油生产大国，同时又是一个食用油消费大国。随着人民生活水平的提高，食用油的消费量不断增加。目前，我国国内油料生产的食用油，尚不能满足市场供应，每年需从美国、巴西、阿根廷以及欧洲进口几百万吨的浸出毛油，并经过精炼加工处理，符合我国食用油质量标准和卫生标准后，方能上市销售，消费者为此不必担心。

我国植物油料种类繁多，不同油料的化学成分、油脂含量、物理状态均有差别。因此，油脂制取工艺的选择，首先要考虑油料品种特性。对高含油料，采用预压榨浸出，如油菜籽等；对低含油料，采用直接浸出，如大豆等；对带壳油料，采用脱壳分离后取油，如花生、葵花籽等；对某些油料中可产生特殊风味的油脂，为保护其产品不失原有的风味和优良品质，大多不采取直接浸出法取油，而需要用高温炒籽和机械压榨法取油，如芝麻油、浓香花生油、可可脂等油脂的生产。但为了使油料资源得到充分利用，提高经济效益，压榨后的饼，仍然需要进行浸出取油处理。

在我国油脂工业发展历程中，每一项重大技术进步，都有力地促进了油脂行业的发展；每一项新技术的应用，都为发展经济起到了积极的作用。在食用油脂的生产、消费环节中，从事食用油生产的人员，同时也是食用油的消费者，他们和普通百姓一样，也十分关注食用油的安全性。当前，全国上下，各行各业都在认真贯彻"三个代表"的重要思想。食用油生产岗位上的广大职工，以其对产品的绝对安全和对人民身体健康高度负责的态度，作为贯彻、落实"三个代表"的具体体现，为保证城乡人民生活需要和身体健康作出自己的贡献。

总之，贴有合格商品标签的食用油，无论是浸出油还是压榨油，只要符合我国食用油的质量标准和卫生标准的，都是优质安全的食用油。

八、充分利用米糠、玉米胚芽资源，为国家增产油脂

——在全国米糠、玉米胚芽资源利用经验交流会上的开幕词

（2009年6月8日 于安徽合肥）

在广大粮油加工企业的要求下，在安徽省粮食局、安徽省粮食行业协会的支持下，为充分利用米糠和玉米胚芽资源，为国家增产油脂，提高我国食用植物油的自给能力，中国粮油学会油脂分会今天在安徽合肥召开“米糠、玉米胚芽资源利用经验交流会”，以进一步推动米糠、玉米胚芽资源的利用，提高米糠、玉米胚芽的利用率。参加本次经验交流会的有从事稻米油和玉米油生产、加工、营销、科研、教育、管理等方面的领导、专家、教授和企业家，也有从事米糠、玉米胚芽制油设备的生产企业和成套设备供应厂商以及油脂行业相关企业和报社的代表，是进一步推动我国米糠、玉米胚芽资源利用的一次盛会。借此机会，我就以“充分利用米糠、玉米胚芽资源，为国家增产油脂”为题，讲些意见。

（一）发展油料生产，是提高我国食用植物油自给率的重要措施

油脂是人类赖以生存的、最重要的营养素之一。在人们日常生活中，食用植物油是重要的消费必需品，与人民生活息息相关。食用植物油消费量的多少已成为衡量城乡居民生活水平高低的重要标志，在国家食物安全中占有重要地位。改革开放以来，尤其是近些年来，随着我国经济的快速发展，人民生活水平不断提高，各类消费品呈不断增长趋势，食用植物油的消费也不例外。

在国内日益旺盛的消费需求拉动下，为满足城乡居民对食用植物油的需求，我国油脂油料的进口连年猛增。与此同时，造成了国内食用植物油的自给率连年下降，目前自给率不足一半，只有41%，充分表明我国食用植物油供应的对外依赖度过大。由于食用植物油是国家食物安全的重要组成部分，目前如此高的对外依赖度，随时都有可能危及我国食用植物油市场的安全，从而引起了有关方面的高度重视。为减少食用植物油供应的对外依赖度，提高自给率，国家及有关部门提出了一系列振兴我国油料生产的规划和措施，诸如2007年以国务院办公厅名义发的《国务院办公厅关于促进油料生产发展的意见》（国办发［2007］59号）；2008年9月为推动油茶产业的发展，以国务院名义在湖南召开了全国油茶产业发展现场会；最近公布的《国家粮食安全中长期规划纲要》等。在这些规划、措施中，都提出了要加强油料生产基地建设；着力培育大豆、油菜籽、花生、棉籽、葵花籽等大宗油料优势产业带；扶持和发展以油茶籽为代表的特种油料生产；引导、调整和优化农业种植结构，重点发展不与粮食争地的油料品种，促进优质油料基地规范化和规模化建设等。随着规划的实施，无疑会促进我国油料生产的发展，从而为提高我国食用植物油的自给能力作出贡献。

但我们也应该充分认识到，从我国的国情出发，提高我国食用植物油自给率的难

度是很大的，我认为，主要受到以下两点的制约：

一是植物油的消费需求呈刚性增长。《国家粮食安全中长期规划纲要》中指出，食用植物油消费将继续增加。据预测，2010 年我国居民人均食用植物油消费量为 17.8kg，比 2007 年增加 1.1kg；消费需求总量为2 410万 t，比 2007 年增加 210 万 t。2020 年人均消费量为 20kg，消费需求总量将达到2 900万 t。随着需求量的不断增加，提高自给率的绝对数将越来越大，对油脂生产增长的要求也越来越高。经专家们研究，根据我国实际，在中长期规划纲要中确定食用植物油的自给率不低于 40%。

二是油料生产的发展不能与粮食争地。从中长期发展趋势看，我国受人口、耕地、水资源、气候、能源和国际市场等因素的影响难以逆转，我国的粮食和食物安全将面临严峻挑战。为确保我国粮食自给率在 95% 左右的硬指标，油料生产的发展要贯彻不与粮食争地的原则。为此，我认为，在发展我国油料生产，提高食用植物油自给率的过程中，要着眼于以下几个方面：在耕地利用上，油料生产发展的重点应放在“冬抓休闲地，春抓撂荒地”上；在油料品种的发展上，应重点放在扩大油茶籽、花生和葵花的种植上，放在扶持和发展以油茶为代表的木本油料和其他特种油料上；在育种上，应把重点放在提高单位面积产量和油料的含油率上；在资源利用上，要把米糠和玉米胚芽等作为重要的油料资源，充分加以利用。

（二） 充分利用米糠和玉米胚芽资源， 为国家增产油脂

我国是世界上最大的稻米生产国和消费国。稻米与小麦、玉米一样，是我国的主要粮食品种，据有关方面统计，2008 年我国稻谷产量为 1.93 亿 t，约占世界稻谷产量的 1/3，占我国粮食产量的 2/5。我国约有 8 亿人口以稻米为主食，每年因直接食用稻米及其制品而耗用稻米 1.3 亿 ~1.4 亿 t。由此可见，稻米及其制品的消费是我国最大、最稳定的粮食消费品种。

在稻米加工中，米糠是其最宝贵的副产品。一般来说，稻谷加工的出糠率为 6% ~8%（含米胚），平均为7%左右，米糠的含油率 18% ~20%。根据2008 年我国 1.93 亿吨的稻谷产量，按 95% 用于加工大米，约产米糠1 300万 t。由于米糠的含油量相当于我国的大豆含油量，所以它是极其宝贵的油料资源。如果在我国稻米加工中能将一半左右的米糠资源用于榨油，出油率按 16% 左右计算，那么，我国每年能生产稻米油 110万 ~120 万 t。

玉米也是我国的主要粮食品种，我国也是世界上最大的玉米生产国和消费国之一。2008 年，我国玉米产量为 1.65 亿 t，产量仅次于稻谷，居第二位。玉米除了食用外，是生产饲料、淀粉和酒精燃料等的最佳原料，用途很广、经济价值较高。在玉米中，胚芽的含量约占玉米总量的 10%，胚芽含油率高达 36% ~47%。在生产淀粉和酒精燃料时，提胚的纯度和提胚率相对较高，提胚率高达 9% 左右，出油率在 30% 以上。但在一般的玉米加工中，提胚率为 7% 左右，由于提取的胚芽往往含有部分胚乳，因此含油量一般为 25% ~30%，出油率在 20% 左右。由此可见，玉米胚芽与米糠一样，也是极其重要的油料资源。玉米胚芽的提取与米糠的提取不同，它主要集中在制作淀粉和酒精燃料等工业用玉米加工中，其次是生产玉米粉、玉米粒等食品用玉米中。据有关部

门测算，2007 年我国工业用玉米的耗用量为4 270万 t，食品用玉米的耗用量为1 000 万 t。按上述的提胚率和出油率计算，可分别得到 380 多万吨较高纯度的玉米胚芽和 70 多万吨纯度一般的玉米胚芽。利用率按 50% 计算，合计每年可生产玉米油 60 多万吨。

稻米油和玉米油是分别以米糠、米胚和玉米胚芽为原料，采用压榨法或浸出法提取并经精炼得到的食用油脂。富含多种营养物质和生物活性物质，味道纯正、清淡，是国际上公认的优质食用植物油。

综合上述，只要我们重视米糠和玉米胚芽资源的利用，每年为国家生产 170 多万吨的稻米油和玉米油是可能的，如能加强政策支持力度，做好工作，那么每年为国家生产 200 万 t 的稻米油和玉米油也是有希望的。我认为，我们每年生产 170 万 t 乃至 200 万 t 稻米油和玉米油是一个了不起的数字，它相当于我国1 000多万 t 大豆的产油量，是不种田的种田。如能实现，到 2020 年我国的稻米油和玉米油产量可占2 900万 t 食用植物油消费量的 6% 左右，也就是说能提高 6% 左右的自给率。由此可见，充分利用米糠、玉米胚芽资源，为国家增产油脂，对平衡我国食用植物油的供应将起到举足轻重的作用。

（三） 做好米糠、 玉米胚芽资源利用的几点建议

回顾历史，我国很早就开展了以米糠和玉米胚芽榨油为重点的综合利用工作，但发展速度较慢，资源利用率较低。1972 年，原商业部在湖南长沙召开了“全国增产油脂经验交流会”，从此，在原国家计委的支持下，在全国范围内开展了声势较大的以米糠、玉米胚芽榨油为中心的综合利用，并相继在湖南南县、广西南宁、辽宁大连和黑龙江牡丹江召开了经验交流会，旨在推动这项工作的持久开展。经过几年的努力，稻米油和玉米油的产量一度达到万吨以上，对平衡当时国内油脂供应紧缺起到了积极作用。但由于当时的米厂规模较小，米糠和玉米胚芽榨油难以形成规模生产，加上保鲜技术不过关，米糠易发生酸败变质，所以产量一直徘徊在万吨左右。总结我国米糠和玉米胚芽的榨油的经验，为做好今后米糠和玉米胚芽资源的利用工作，我们觉得以下几点值得我们注意：

1. 要做好工作， 进一步引起有关部门对米糠和玉米胚芽资源利用的重视

如上所述，我国有着极其丰富的米糠和玉米胚芽资源，其折油量相当于我国每年大豆产量的折油量。充分利用这一宝贵资源，对国家增产油脂，提高我国食用植物油的自给能力，将会起到立竿见影的效果。为此，我们要呼吁国家有关部门，要像重视发展油料生产一样重视米糠和玉米胚芽资源的利用；要像扶持发展油料生产一样扶持米糠和玉米胚芽榨油项目；要在项目审批、资金投入和税收等方面像辅助油料生产一样支持米糠和玉米胚芽榨油项目，使其顺利进行。

2. 要针对米糠不易保鲜的特点， 因地制宜采用多种办法加以利用

为降低毛油的酸值，提高精制稻米油的得率，自 20 世纪 70 年代起，湖南省粮食部门总结出了一套“新糠上榨，提高得率”、“分散榨油，集中精炼”的成功做法，至今还在一些地区和企业发挥着积极的作用。随着米糠保鲜技术的逐步解决以及相对规模

化生产的需要，有些企业采用“分散保鲜，集中榨油（浸出）”的方法。对此，在米糠榨油上，企业可根据当地的实际分别选择“分散榨油，集中精炼”或“分散保鲜，集中榨油（浸出）”这两种方法，甚至还可选择其他方法。我觉得，只要从实际出发，对企业有利，把米糠和玉米胚芽资源利用起来就好。

3. 要进一步重视对米糠、玉米胚芽等制油设备的研究

这些年来，我国的米糠、玉米胚芽制油技术和设备有了一定的提高，但提高的程度不大，尤其是不能很好地根据米糠和玉米胚芽的特点来研制和设计成套设备，大多套用常规的制油设备，创新程度较低。

前些日子，在北京中农康元粮油技术发展有限公司研制成功的“日处理20t米糠膨化保鲜技术及关键装备”鉴定会上，从各项技术指标看，专家们对其给予了高度评价。希望有关科研设计单位，大专院校和设备制造厂家都要重视米糠和玉米胚芽制油设备的研究，以进一步提高设备的质量和性能。

4. 对米糠和玉米胚芽榨油后的其他综合利用项目，要持慎重态度

由于伴随着米糠和玉米胚芽榨油的副产品较多，各种可利用和提取的营养物质也较多，为此，大家都想上些其他综合利用项目，这是可以理解的。根据以往的经验，上其他综合利用项目时，一定要进行充分的市场调研，要考虑产品销到哪里去，有多大销售市场？切忌一哄而起，盲目上马，尤其是中小型企业在考虑其他综合利用项目时一定要慎之又慎。例如糠蜡的提取和利用，尽管这个项目较好，但也不能大家都上。要防止由于其他综合利用项目的盲目上马而影响了米糠和玉米胚芽榨油发展，在这方面历史的教训是很深刻的，希望大家牢牢记取。

5. 要探讨修订米糠油和玉米油的国家标准，以利企业发展

根据每五年进行一次标准修订的要求，我国的米糠油和玉米油国家标准已到了修订时期。

从有利于最大限度地保存稻米油和玉米油中的营养素和有利于企业发展的目的出发，在下一步米糠油和玉米油国家标准的修订中，建议将米糠油改为“稻米油”；将原来的一、二、三、四级油改为一、二、三级油；将烟点这项指标舍去；另外对现有的色值、酸值等指标需进一步斟酌。

九、 大力发展玉米油生产是提高我国食用植物油自给率的重要举措

——在玉米胚芽油的健康功效国际论坛上的演讲

(2011年7月20日 于山东邹平)

今天我和中国粮油学会常务副理事长兼秘书长胡承淼同志很高兴来到中国最大的玉米淀粉糖和玉米油生产基地——邹平，参加由国家发改委宏观院公众营养与发展中心等单位举办的“玉米胚芽油的健康功效国际论坛暨粮油营养（玉米油）入省行启动仪式”，与大家一起探讨我国玉米油未来的美好发展前景。下面，我就发展玉米油生产的重要性、我国玉米油的生产现状以及营养价值作些简要介绍，供大家参考。

（一） 大力发展玉米油生产是提高我国食用植物油自给率的重要举措

众所周知，油脂是人类食品最重要的成分之一，是人们生活所必需的消费品，是提供人们热能和必需脂肪酸，促进脂溶性维生素吸收，改善食物特有风味和增进人们食欲的重要食物。食用植物油消费的高低和对品质的要求是衡量一个国家经济发展和人民生活水平高低的重要标志。我国居民食用植物油的消费量由短缺经济年代每人每月250g的定量供应到如今的敞开供应，充分显示了我国经济的快速发展和人民生活水平的不断提高，是来之不易的。

随着我国经济持续平稳较快发展、人口增长、生活水平提高和城镇化进程加快，我国对食用油的消费需求在总量上仍持续保持刚性增长的趋势。

在国内日益旺盛的消费需求拉动下，为满足城乡居民对食用植物油的需求，我国在发展国内油脂油料生产的同时，近些年来加大了油脂油料的进口数量，并呈现出不断增长的态势。随着油脂油料进口数量的猛增，我国食用植物油的自给率连年下降，目前自给率已下降至不足40%，且有继续下降的趋势，这充分表明我国食用植物油供应的对外依赖度过大。鉴于食用植物油是国家食物安全的重要组成部分，目前如此高的对外依赖度，随时都有可能危及我国食用植物油市场的安全，从而引起了有关方面的高度重视。为减少食用植物油供应的对外依赖度，提高自给率，自2007年起国家及有关部门提出了一系列振兴我国油料生产的规划和措施，强调了发展油料生产和提高资源利用率是提高我国食用植物油自给率的重要举措，提出了要在不与粮食争地的前提下千方百计扩大油料种植面积；要利用资源，要把米糠和玉米胚芽作为重要的油料资源，充分加以利用。

玉米是我国的主要粮食品种之一，我国是世界上最大的玉米生产国和消费国之一。2010年，我国玉米产量为1.7亿t，产量仅次于稻谷，居第二位。玉米除了食用外，是生产饲料、淀粉和酒精燃料等的最佳原料，用途很广、经济价值较高。在玉米中，胚

芽的含量约占玉米总量的10%左右，胚芽含油率高达36%～47%（相当于油菜籽的含油量）。在生产淀粉和酒精燃料时，提胚的纯度和提胚率相对较高，提胚率高达9%左右，出油率在30%以上。但在一般的玉米加工中，提胚率为7%左右，由于提取的胚芽往往含有部分胚乳，因此含油量一般为25%～30%，出油率在20%左右。

由此可见，玉米胚芽是极其重要的油料资源。玉米胚芽的提取与米糠的提取不同，它主要集中在制作淀粉和酒精燃料等工业用玉米加工中，其次是生产玉米粉、玉米渣等食品用玉米中。据有关部门测算，2010 年我国工业用玉米的耗用量为5 000多万 t，食品用玉米的耗用量为1 000万 t。按上述的提胚率和出油率计算，可分别得到 450 多万吨较高纯度的玉米胚芽和 70 多万吨纯度一般的玉米胚芽。利用率分别按 80%、50%计算，每年分别可生产玉米油 108 万 t 和 7 万 t，合计每年可生产玉米油 115 多万吨。相当于 700 多万吨国产大豆的产油量，相当于5 000多万亩的大豆产量，使不种田的“种田”。如能实现，到 2020 年我国玉米油产量可占2 900万 t 食用植物油消费量的 4%左右，也就是说能提高 4%左右的自给率。由此可见，充分利用玉米胚芽资源，为国家增产油脂，是提高我国食用植物油自给率的重要举措。

（二）我国玉米油生产的发展前景美好

回顾历史，我国很早就开展了以米糠和玉米胚芽榨油为重点的综合利用工作，但发展速度较慢，资源利用率较低。1972 年，原商业部在湖南长沙召开了“全国增产油脂经验交流会”，从此，在原国家计委的支持下，在全国范围内开展了声势较大的以米糠、玉米胚芽榨油为中心的综合利用，并相继在湖南南县、广西南宁、辽宁大连和黑龙江牡丹江召开了经验交流会，旨在推动这项工作的持久开展。经过几年的努力，稻米油和玉米油的产量一度达到 5 万 t 以上，对平衡当时国内的油脂供应紧缺起到了积极作用。但由于当时的玉米加工企业规模较小，玉米大多作为食用，工业用比例较低，玉米胚芽榨油难以形成规模生产，加上保鲜技术不过关，技术装备落后等原因，所以玉米油的产量一直徘徊在 1 万 t 左右。

改革开放以来，尤其是进入 21 世纪以来，随着人民生活水平的不断提高，国家对油脂油料生产的高度重视，油脂科技水平及油脂工业的快速发展，生产淀粉、酒精和燃料乙醇等工业用玉米比重的急剧增长，为玉米油生产的健康快速发展奠定了基础。据国家粮食局对规模以上粮油加工业的不完全统计，2008 年，我国玉米油产量达 85.6 万 t，2009 年高达 87.7 万 t，在我国食用植物油中，其产量已成为仅次于大豆油、棕榈油、菜籽油、花生油之后的第五大食用植物油品种。并大多以小包装高端食用油形式进入广大超市和百姓餐桌。

在即将发布的“粮油加工业‘十二五’发展规划中”，明确提出了要积极支持利用玉米胚芽集中制油，到 2015 年，将玉米油和米糠油的产量由目前的 100 万 t（米糠油约为 13 万 t）提高到 180 万 t。因此可见，我国玉米油生产的发展前景十分美好，我们可以预计，再有几年，我国玉米油的产量就能实现上述 115 万 t 的目标。

（三） 玉米油是优质健康食用油

随着人民生活水平的提高和科学技术的发展，未来的食用油市场将在安全的基础上更加重视油品的“营养与健康”。例如，将重视油品的脂肪酸组成；重视油品中的生理活性物质和微量成分的含量；重视脂肪酸的合理比配；重视特种油料的开发利用，利用其富含功能性成分的特点，生产营养健康的功能性油脂等。

玉米油具有很高的营养价值，是国内外公证的高端食用油。玉米油中富含植物甾醇（含量达1.1%）和维生素E（含量达0.09%）等生理活性物质；从脂肪酸组成看，不饱和脂肪酸的含量高达80%以上，其中亚油酸含量50%以上，油酸含量在30%左右，它们都是人体必需且又自身不能合成的脂肪酸。经常食用，具有降低人体胆固醇、软化血管、降低血压、预防和改善动脉硬化、减少心血管病发生等作用。

为引导公众健康消费，世界卫生组织科学家们经过近三年的调查研究和科学比较，寻找出了具有最佳营养健康价值的油品，向消费者推荐。今年早些时间，《北方新报》报道了世界卫生组织第113次会议对饮食、运动、生活习惯等议题进行了研讨，提出了全球健康新战略。会上在推出了最佳水果、最佳蔬菜、最佳肉类食品、最佳护脑食物、最佳汤食外，还推出了玉米油、米糠油和芝麻油为三大最佳食用油。

随着我国玉米油生产的发展和人们对“营养与健康”意识的增强，玉米油必将成为“优质食用油”的代表之一而深受广大消费者的青睐。

十、 在“科学对抗亚健康媒体沙龙”上的演讲

（2011 年 8 月 8 日 于北京）

非常高兴参加由《生命时报》主办，中国粮油学会油脂分会支持的金龙鱼谷维多稻米油 2011 年科学对抗亚健康媒体沙龙。根据城市人群健康调查资料表明：城市中的亚健康人群的数量正在逐年上升，这是快节奏的都市生活带来的隐患。对此，要引起我们的高度重视，我们要采取措施，科学对抗亚健康。如何对抗亚健康？我认为，广大都市白领除了要积极锻炼身体，保持健康乐观的心态外，更需要平衡的膳食营养。因为健康与饮食息息相关，一日三餐对于上班族补充每日消耗和人体必需的营养是必不可少。

俗话说得好，药疗不如食疗，其实食疗就是利用健康食品来改善机体功能，用食疗来弥补缺损，恢复元气，以抵御疾病的侵袭，达到维护健康的目的，比如金龙鱼谷维多稻米油，它的谷维素含量高达3 000 ~ 7 000mg/kg，同时富含植物甾醇和天然维生素 E，经常食用有利于身体健康，是深受亚健康困扰、追求高品质生活都市人们最佳选择的食用油之一。稻米油与玉米油、芝麻油一样，是世界卫生组织去年推荐的三大最佳食用油之一。

尤其难得的是，稻米油来自富含生理活性物质和微量营养素的米糠，而以往稻谷加工之后的米糠大多作为饲料或者做其他用了。而今，金龙鱼谷维多稻米油变废为宝，不仅生产出了营养丰富的稻米油，同时为国家增产了食用油，这是不种田的“种田”，是在不与粮食争地的情况下，提高我国食用油自给率的有效途径之一，有利于国家的粮油安全。

科学对抗亚健康媒体沙龙是专门针对亚健康状况开展的一次科普教育活动，对当今都市白领非常有针对性和现实意义。为了更好地投身工作，我们倡导白领阶层增加户外体育锻炼活动，同时保证合理的膳食和均衡的营养，提高人体对抗亚健康的能力，更好地实现人生价值，为社会和家庭多作贡献。

十一、稻米油开创绿色营养新天地

（2011年9月9日 刊于《中国油脂周刊》）

对开创了“舌尖上的中国”的中华民族来说，食用油历来是国人厨房和餐桌上的主角。但多年来，受生产能力的限制，中国一直是进口食用油的大国，对进口食用油依赖度较高。油品短缺的窘境，使我们不得不想方设法扩大自身的油品供给能力，寻找新的油料来源。

但是，由于我国耕地面积有限，要想获得更多的油脂原料，单靠扩大油料种植面积并不能从根本上解决问题。在这种情况下，“低碳环保”的稻米油，似乎让我们看到了食用油发展的新希望。

稻谷在加工成精米的过程中，要去掉外壳、米皮和米胚（统称为米糠），它是稻谷加工的主要副产品。米糠虽只占稻米总重量的7%，却集中了64%的稻米营养素，富含各种营养素和生理活性物质，被联合国粮食及农业组织誉为“被未充分利用、挖掘的天然营养源”。从米糠中提取的稻米油，主要由不饱和脂肪酸组成，还含有丰富的谷维素、植物甾醇、维生素E、角鲨烯等天然活性成分，集天然抗氧化剂之大成。谷维素还能镇静助眠、缓解疲劳。这些活性物质还可减少胆固醇在血管壁上的沉积，防治高血压、高血脂等疾病。即使是在高温煎炒之下，稻米油也不会变色，是世界卫生组织推荐的三大健康油之一。

既然稻米油有如此多的好处，为什么直到今天才走上国人的餐桌呢？其实在欧美、日韩等国家，提取稻米油的历史已达百余年，这种健康食用油一直受人们喜爱，在日本它也是最主要的高端油种，是日本厚生省指定的中小学校午餐用油。可是由于米糠原料难以收集、容易变质等技术难题，我国稻米油的开发遇到“瓶颈”，使这一“营养宝库”大多被浪费掉了。而今，金龙鱼谷维多稻米油率先创建了益海嘉里特色的“分散保鲜、集中浸出、集中精炼”的循环加工经济模式，保证原料新鲜、产品质优，将原来白白丢失的资源利用起来了。由于稻米油的生产不与粮食等农作物争夺宝贵的土地资源，从某种程度上来说，这是一种不种田的“种田”，是一种安全环保的“绿色产业”。

中国是稻米生产大国，如果合理应用，我国每年可生产200多万吨稻米油，相当于目前我国国产大豆的产油量，这也将使我国食用油自给率提高6%~8%。可以说是在不与粮食争地的情况下，有效缓解了我国的食用油安全问题。这无论是从国计民生的角度，还是从平衡膳食的角度而言，都具有非凡的、深远的意义！

十二、 发展稻米油产业， 造福人民大众

——在稻米油国际高端论坛会上的开幕词

（2012 年 6 月 10 日 于北京）

由中国粮油学会主办，益海嘉里和中国粮油学会油脂分会承办的“稻米油产业国际高端论坛”今天在北京顺利召开了。首先让我代表主办单位和承办单位对在座的各位嘉宾和各位同仁表示最热烈的欢迎和诚挚的问候。

本次会议将研讨和交流发展稻米油产业的美好前景，进一步推动稻米油产业的发展。下面我就以“发展稻米油产业，造福人民大众”为题，对中国稻米油产业未来的发展介绍些情况和讲点意见。

（一） 我国稻米油资源丰富， 稻米油发展潜力巨大

随着我国国民经济的稳定持续发展和人民生活水平的不断提高，我国食用油的消费量不断上升，并将继续保持刚性增长的趋势。为满足食用油市场供应日益增长的需要，国家采取了在发展油料生产提高国内油料产量的同时，增加了油脂油料的进口数量，并呈现不断加速上升的趋势。据国家粮油信息中心提供的统计数字，2011 年我国食用油的消费量达2 515万 t，工业及其他消费量为 250 万 t，合计为2 765万 t，人均年消费量已达 20. 5kg，已经达到世界人均 20kg 的水平。而在2 765万 t 的总消费量中，国产油料的榨油量仅为1 091. 8万 t，自给率不足 40%，只有 39. 5%。鉴于食用油是国家食物安全的重要组成部分，因此，提高食用油的自给能力是当务之急。从目前来看，在进一步发展油料生产提高我国油料产量的同时，充分利用油料资源是提高我国食用油自给率的有效方法。

众所周知，我国是世界上最大的稻米生产国和消费国。稻米与小麦、玉米一样，是我国的主要粮食品种。据有关方面统计，2011 年，我国稻谷产量为 2 亿多 t，约占世界稻谷产量的 1/3，占我国粮食产量的 2/5。我国约有 8 亿人口以稻米为主食，每年因直接食用稻米及其制品而耗用稻米约 1. 4 亿 t。由此可见，稻米及其制品的消费是我国最大、最稳定的粮食消费品种。

在稻米加工中，米糠（含米胚）是其最宝贵的副产品。一般来说，每百斤稻谷加工的出糠率为 6% ~8%，平均为 7% 左右，米糠的含油率约 18% ~20%。根据 2011 年我国 2 亿多吨的稻谷产量，按 95% 用于加工稻米，约产米糠1 330万 t。由于米糠的含油量相当于我国的大豆含油量，所以它是极其宝贵的油料资料。如果在我国稻米加工中能将 60% 的米糠资源用于榨油，出油率按 16% 计算，那么，我国每年能生产出 120 万 ~130 万 t 稻米油，相当于 700 多万吨国产大豆的产油量，是不种田的“种田”。与此同时，能提高我国食用油 4% 自给率。

稻米油生产在我国已有较长历史，早在 20 世纪 50 年代就开展了以米糠榨油为重点

的综合利用工作；70 年代在国家政策的支持下，以米糠和玉米胚芽榨油为中心的综合利用在全国范围内再度兴起，稻米油产量一度达万 t 以上，对平衡当时国内油脂供应紧缺起到了积极作用。但由于当时的米厂规模较小，米糠榨油难以形成规模生产，加上米糠保鲜及精炼技术等不过关，所以产量一直徘徊在万 t 左右。近几年来，国家对米糠资源的利用开始重视，加上稻米加工企业的规模化生产，米糠保鲜和精炼技术的提高，我国稻米油产量逐年提高。据统计 2010 年我国稻米油产量达 21. 1 万 t。这里需要指出的是尽管稻米油的产量这几年提高很快，但其米糠的利用率还不到 10% 。

综上所述，我国米糠资源丰富，稻米油的发展潜力巨大。只要做好工作，充分利用米糠资源，对提高我国食用油的自给能力将会发挥重要作用。

（二） 稻米油是一种营养价值高的优质食用油

稻米油是由米糠（含米胚）经压榨或浸出制取的食用油脂。而米糠是稻谷的精华，米糠中含有稻谷中的绝大部分营养成分。因此，用米糠制得的稻米油是营养价值很高的优质食用油。

稻米油中富含维生素 E、谷维素、植物甾醇等多种生理活性物质。其中维生素 E 的含量为 0. 1% ~0. 15% ；谷维素的含量达 1. 4% ~1. 5% ，它们都是天然抗氧化剂，可以防止稻米油在贮存过程中品质劣变，因此，稻米油较其他食用油更安全。

稻米油中富含人体必需的油酸和亚油酸。从其脂肪酸组成来看，一般稻米油中含亚油酸 38% ，含油酸 42% ，比例为 1∶1. 1。现代观点认为，亚油酸与油酸的比例应为 1∶1左右为佳，这也符合世界卫生组织推荐的最佳比例。

鉴于稻米油营养价值很高，长期食用有利于降低血液中胆固醇含量，降低血压调节植物神经，预防心脑血管疾病等功能。2010 年世界卫生组织第 113 次会议推出稻米油、玉米油和芝麻油为最佳食用油。由此可见，稻米油是世界公认的营养价值高的优质食用油。

（三） 我国稻米油产业的发展前景美好

近几年来，我国稻米油产量不断增加，发展势头较好，展望未来，我们对稻米油产业的美好前景充满信心。

1. 国家对稻米油产业的发展高度重视

今年年初，国家粮食局印发了《粮油加工业“十二五”发展规划》。规划中明确提出“要大力推广米糠和玉米胚等集中制油，为国家增产食用植物油。”要“推广米糠膨化保鲜技术设备，采取‘分散保鲜、集中榨油（浸出）’和‘分散榨油，集中精炼’模式，明显提高米糠利用率。”提出“要依托稻谷、玉米主产区大型粮油加工企业，加工园区和产业集聚区，大力发展稻米油、玉米油等特色油脂加工。”为使规划落到实处，规划中更具体提出“要优先选择日处理能力 150t 以上的稻谷加工企业，配备米糠膨化保鲜装备，为米糠制油提供稳定的原料”等。在全国《粮油加工“十二五”发展规划》中如此强调要发展稻米油产业实属少见，这充分表明了国家对利用米糠资源，为国家增产油脂的高度重视。

2. 米糠保鲜和精炼技术的提高，为稻米油产业的发展提供了保证

随着我国油脂科技水平不断提高，米糠膨化保鲜技术、米糠制油技术装备和稻米油精炼技术都有了明显提高。以中国农机院油脂所为代表研制的米糠膨化保鲜技术装备和以河南华泰粮油机械工程有限公司为代表研制的米糠浸出制油与精炼技术成套装备，经国内多家企业使用，效果良好，完全能满足稻米油生产的需要，他们为我国稻米油产业的发展提供了可靠的技术支撑。

3. 启动了稻米油国家标准的修订工作

在确保稻米油产品质量与食用安全的前提下，为最大程度地保留成品稻米油中固有的营养成分，避免过度精炼对产品质量产生的负面影响，提高精炼率，全国粮油标准化委员会油脂油料工作组已经启动了对原稻米油国家标准的修订工作。经专家研讨，标准的修订将根据实际，对稻米油的等级、色值、烟点和酸价等指标作出较大的修改，以推动我国稻米油产业的健康发展。

以上三条的贯彻实施，为我国稻米油产业的发展提供了重要的保证。

（四）对进一步发展我国稻米油产业的几点建议

为进一步推动我国稻米油产业的健康发展，我觉得还应在以下几个方面多做一些工作。

1. 要重视米糠资源的充分利用

希望政府有关部门把利用好米糠资源，为国家增产油脂看做像发展油料生产一样高度重视，要像支持发展大豆产业一样支持米糠资源的利用。建议国家要在资金上给予支持，帮助有一定规模的稻米加工企业，配备米糠保鲜技术装备，对稻米油生产企业要根据其实际产量给予一定的奖励。

2. 要重视稻米油国家标准的修订工作

要从实际出发，加快步伐修订好稻米油国家标准，以引领稻米油产业的健康发展。

3. 要加大稻米油产业的科技投入

鉴于稻米油的制取与精炼是所有食用植物油制取与精炼中最复杂的，加上稻米油中的生理活性物质较多，综合利用的前景广阔。为此，建议国家有关部门将稻米油产业的发展列入国家科技攻关项目。

4. 要加大对发展稻米油产业的宣传力度

要通过宣传让政府有关部门都知道充分利用米糠资源，不仅能为国家增产油脂，提高我国食用油的自给能力，又能增加优质油源，造福人民大众。要通过宣传让消费者都知道稻米油是一种营养价值高的优质食用油，经常食用有利于人体健康。

最后，预祝本次论坛圆满成功，谢谢大家！

十三、在“泰安京泰工贸有限公司六万吨玉米油项目启动仪式”上的致辞

(2013年4月15日　于山东泰安)

今天我和中国粮油学会油脂分会的李子明、何东平两位副会长以及相海副秘书长，很高兴来到泰安，参加“泰安京泰工贸有限公司六万吨玉米油项目启动仪式暨泰安工贸有限公司与山东西王食品有限公司合作签约仪式”。借此机会，我代表中国粮油学会和中国粮油学会油脂分会对泰安京泰工贸有限公司6万t玉米油项目启动和泰安工贸有限公司与山东西王食品有限公司合作签约表示最热烈的祝贺！

众所周知，玉米油中除了富含油酸和亚油酸等十分宝贵的脂肪酸外，还富含植物甾醇和维生素E等生理活性物质，是国内外公认的营养价值很高的、高端优质健康食用油。也是去年年初世界卫生组织第113次会议推荐的5种最佳食用油之一。我国玉米胚芽资源丰富，玉米油的发展前景十分美好。根据国家粮食局的统计，2010年我国玉米油产量已达86.2万t。产油量已成为仅次于大豆油、菜籽油、花生油和棉籽油后的第五大食用油品。

为提高我国食用油的自给能力，满足人民生活水平不断提高的需要，今年年初，在国家粮食局颁发的《粮油加工业“十二五”发展规划》中强调了要大力支持和积极发展玉米胚芽榨油，为国家增产油脂。由此可见，泰安京泰工贸有限公司在泰安建设年产6万t玉米油项目是符合国家产业政策要求的。

今天，我们还特别高兴地看到，在泰安京泰工贸有限公司6万t玉米油项目启动之时，泰安工贸有限公司与山东西王食品有限公司合作签约。大家都知道，以生产玉米油为主的“西王食品”去年2月22日已在深圳A股上市，是中国玉米油生产企业的佼佼者，今天他与泰安工贸有限公司合作签约，一定会给泰安工贸有限公司的发展增添无穷的力量。我们相信，两个强者之间的合作，一定能为我国玉米油产业的做大做强树立标杆和榜样。

最后，我们希望泰安京泰工贸有限公司6万t玉米油项目，在当地政府及有关部门的支持、帮助下，尽快竣工投产。

第七章

“一线多能” 和 “多油并举”

一、 中国油脂工业与大豆产业

——在全国首届大豆产业发展对策高层论坛上的主题报告

(2006年6月3日 于北京)

很高兴参加今天由国家食物与营养咨询委员会举办的“全国首届大豆产业发展对策高层论坛”会。下面我就中国油脂工业的基本情况和油脂、油料的生产、消费情况及振兴我国大豆产业等问题作一简要发言，供参考。

(一) 我国油脂工业的基本情况

中国不仅是一个油料生产大国和油脂加工大国，同时也是一个油脂消费大国和油脂、油料的进出口大国。

就油脂加工而言，我国的油脂加工能力之大、企业之多均属世界之最。油脂加工是指对油料及原油（毛油）等基本原料进行处理制成成品食用油及其制品的过程。它是食品工业的基础工业，油脂加工的产品与人民的生活息息相关，是一个永不衰败的朝阳工业。

据中国粮食行业协会的不完全统计，2002年，全国拥有一定规模的食用植物油加工企业5 169个（缺海南、宁夏和部分民营企业的数字）。2004年全国入统企业规模以上［注：是指日处理油料加工能力在30t以上（含30t)］食用植物油加工企业890个，其中：日加工能力100t以下的企业为475个，100～200t的企业为187个，200～400t的企业为107个，400～1000t的企业为74个，1 000t以上的企业为47个。在入统企业中，国有及国有控股企业201个，占22.6%；外商及港澳台商投资企业46个，占5.2%；民营企业643个，占72.2%。

入统企业的食用植物油总产量为953.8万t，其中：大豆油527.7万t，占55.3%；菜籽油230.8万t，占24.2%；花生油53.3万t，占5.6%；棉籽油35.5万t，占3.7%。在总产量中，精炼油的产量为817.3万t。其中：精炼油中的一级油为346.8万t，占42.4%；二级油211.5万t，占25.9%；三级油68.7万t，占8.4%；四级油190.3万t，占23.3%。一级油（原色拉油）、二级油（原高级烹调油）和三级油（原一级油）的产量占精炼油总产量的76.7%。

入统企业的现价总产值1 136.6亿元，利润总额3.7亿元（注：2003年为21.89亿元，2004年遇到了进口大豆价格风波的影响），资产总计732.8亿元，年末从业人数11.7万人。

另外，据有关统计与推算，我国油料年加工能力已经超过亿t，其中大豆年加工能力已超过7 000万t。

以上一些统计数字与10年前相比，发生了以下四个方面的重大变化：

1. 从年末从业人员看

从业人员有11.7万人，在产量、产值和资产总额大幅度提高的情况下，年末从业人数不但没有增加，反而比10年前的20多万人减少了一半。这充分说明，我国油脂工业的劳动生产率大有提高。分析原因，主要归功于生产装备的机械化、自动化程度大大提高和减员增效等用人机制改革的成功。

2. 从所有制性质看

在2004年全国入统企业的890个油脂加工企业中，国有及国有控股企业201个，占22.6%；外商及港澳台商投资企业46个，占5.2%；民营企业643个，占72.2%。这充分说明，过去国有油脂加工企业一统天下的局面已经彻底改变，粮食部门的“改制”工作取得了明显成效。随着改革的进一步深入，国有油脂加工企业的数量将会继续减少，成为油脂加工企业中的“少数民族”，看来，这是必然趋势。

3. 从企业生产规模看

日处理原料在1 000t以上的油脂加工企业有47个，这是一个了不起的变化。因为日处理1 000t以上的植物油加工企业在国外也不是多见的。据了解，目前，全世界有11家日处理油料6 000t以上的大型油厂，其中5家在中国，那就是江苏张家港的东海粮油，日处理油料能力达12 500t，是目前世界上日处理油料最大的油厂。另外，还有广西防城港的大海油脂，日处理油料能力7 500t；河北秦皇岛的金海油脂，日处理油料能力7 000t；江苏连云港的益海油脂，日处理油料能力6 000t，以及河北三河汇福粮油，日处理油料能力6 000t。这充分说明，我国油脂加工工业的生产规模正在日趋大型化。

4. 从产品的档次看

为顺应市场的需求，精油的比重和档次越来越高，品种越来越多。这充分说明，我国油脂加工水平和人民生活水平的不断提高。

众所周知，20世纪90年代前，国营粮店都是凭票供应食用油（主要是原二级油），在一些大中城市也仅有为数极少的全精炼油，人造奶油、起酥油的数量就更少，小包装油几乎没有。而现在我们的超市或连锁店，清晰、透明的各种品牌的小包装食用油琳琅满目，色拉油、高级烹调油（相当于新标准中的一级油、二级油）、食用调和油、浓香花生油、小磨香油、特种油脂以及专用油脂等产品品种应有尽有。在食用油市场上，名牌产品竞相开花。现在可以说：“中国超级市场货架上的各类小包装油品，与国外超市的小包装油品没有什么两样”。改革开放20多年，中国食用油消费市场发生了这样巨大的变化，这对我国这个人口众多，油料资源供需相对趋紧的国家来说，是一个了不起的进步！这也充分说明，中国油脂工业在许多领域已经接近和达到国际先进水平。

（二）我国油料、油脂生产与消费快速增长

植物油料在国民经济中占有重要地位，其产量在农业生产中居第三位，仅次于粮食和棉花。半个多世纪以来，党和政府对发展植物油料生产十分重视，采取了一系列

有力的措施，调动了农民种植油料的积极性，推动了植物油料的稳步发展。1985—2005年，全国植物油料的产量，由3 295.81万t发展到5 799.5万t，增加了2 503.69万t，增长了76%。油料的增产，对改善人民膳食结构，提高人民生活水平和发展国民经济建设，起到了非常重要的作用，与此同时，为油脂工业的发展提供了丰富的物质基础。中国1985—2005年全国主要油料作物产量见表1。

表1　　中国1985—2005年主要油料生产情况　　单位：万t

年份	大豆	花生	油菜籽	棉籽	葵花籽	其他	合计
1985	1 050.0	666.4	560.7	704.9	173.21	142.6	3 297.81
1990	1 100.0	636.8	695.8	766.0	133.82	120.4	3 452.82
1998	1 515.2	1 188.6	830.1	765.2	146.5	190.1	4 635.7
1999	1 424.5	1 263.9	1 013.2	650.9	176.5	194.0	4 723.0
2000	1 540.9	1 443.7	1 138.0	750.9	195.0	197.7	5 266.2
2001	1 540.6	1 442.0	1 133.0	904.4	148.0	187.8	5 355.8
2002	1 650.0	1 495.0	1 053.0	836.4	200.0	205.0	5 439.4
2003	1 690.0	1 505.0	1 240.0	850.0	198.5	211.0	5 694.5
2004	1 720.0	1 431.0	1 304.0	1 074.0	197.0	211.0	5 937.0
2005	1 880.0	1 470.0	1 120.0	960.0	170.0	199.5	5 799.5

注：①其他油料包括芝麻、油茶籽和亚麻籽，不包括米糠、玉米胚芽等谷物油料，也不包括特种油料资源；
②2005年数字来自中国粮油商务网的预测。

从表1中我们可以看出，2005年我国主要油料的总产量为5799.5万t，其中大豆产量为1 880万t；花生为1 470万t；油菜籽为1 120万t；棉籽为960万t；葵花籽为170万t；芝麻、油茶籽和亚麻籽的合计产量为199.5万t。在5 799.5万t国产油料中扣除大豆、花生、葵花籽和芝麻的直接食用部分后折油为1 014万t。

1985年以前，由于我国当时食用油消费水平不高，我国一直是植物油和油料的出口国。1986年以后中国开始成为植物油净进口国。近几年，由于国内市场对植物油的需求猛增，油料生产满足不了消费需求的快速增长，植物油的供需缺口日益扩大，国家需每年进口植物油，而且数量越来越多。目前，我国已成为植物油和油料的进口大国，1998—2005年中国油脂油料进出口见表2。

表2　　1998—2005年中国油脂油料进出口　　单位：万t

年份	1998	1999	2000	2001	2002	2003	2004	2005
进口折油	327.7	394.5	496.8	514.4	570.2	958.3	1 055.0	1 109.5
大豆油	82.9	80.4	30.8	7.0	87.0	188.4	252.0	169.4
菜籽油	28.5	6.9	7.5	7.3	7.8	15.2	35.3	17.8
棕榈油	92.9	119.4	139.1	151.7	222.1	332.5	385.6	433.0

续表

年份	1998	1999	2000	2001	2002	2003	2004	2005
大豆	319.3	431.9	1 041.9	1 393.9	1 131.5	2 074.1	2 023.0	2 659.0
油菜籽	138.6	259.5	296.9	172.4	61.8	16.7	47.0	29.6
出口折油	44.1	30.9	35.4	39.9	38.9	35.5	30.0	27.6
净进口折油	283.6	363.6	461.4	474.5	531.3	922.8	1 025.0	1 081.9

注：①2005 年数字来自中国粮油商务网的预测；②进口大豆出油率以 18%、油菜籽以 38% 计算。

从表 2 中我们可以看出，2005 年我国进口大豆2 659万 t、进口豆油 169.4 万 t、进口棕榈油 433 万 t、进口油菜籽 29.6 万 t、进口菜籽油 17.8 万 t，进口油脂、油料总折油为1 109.5万 t。2005 年（1—11 月底）出口花生果 41.7 万 t、花生仁 33.6 万 t，折油 27.6 万 t。2005 年净进口折油达1 081.9万 t。其中：2005 年的大豆进口量、棕榈油的进口量以及进口油脂、油料总折油量、净进口折油量等均创历史最高。

以上数据表明，2005 年我国食用油的总供给量（国产油料折油量和净进口折油之和）为2 095.6万 t，人均可供量为 16.1kg。据推测，2005 年我国食用油的总消费量约为1 850 万 ~ 1 900万 t，人均年消费量为 14.2 ~ 14.6kg，进一步缩小了与世界人均年消费量 15kg 的差距，但还远远低于美国的人均年消费 58kg 的水平。随着我国人民生活水平的进一步提高，食用油消费市场还有一定的发展空间，前景看好，1996—2005 年中国食用油消费情况见表 3。

表 3　　1996—2005 年中国食用油消费情况

年份	1996	1998	2000	2001	2002	2003	2004	2005
食用消费/万 t	1 002.5	1 090.7	1 245.7	1 330	1 410	1 500	1 750	1 850 ~ 1 900
人均年消费量/kg	7.7	8.4	9.6	10.2	10.8	11.5	13.5	14.2 ~ 14.6

综上所述，我们可以看到以下一些情况和需要思考的问题。

1. 大豆加工已经成为我国油脂工业的主角

在我国亿吨以上的油料年加工能力中，大豆年加工能力已超过7 000万 t，占我国整个油料加工能力的 70%。在 2004 年全国 890 个入统食用植物油加工企业的 953.8 万 t 食用油产量中，大豆油为 527.7 万 t，占 55.3%。由此可见，大豆加工与其他油料相比，已经成为我国油脂工业的主角。

2. 大豆油在我国食用油消费市场上已经名列前茅

根据计算，2005 年在我国食用油2 095.9万 t 的总供给量中，大豆油为 787.6 万 t（含国产大豆油 139.6 万 t、进口大豆油 169.4 万 t 和进口大豆2 659万 t 的折油 478.6 万 t），占 37.6%；进口棕榈油 433 万 t，占 20.7%；菜籽油 431.7 万 t（含国产菜籽油 403.2 万 t、进口菜籽油 17.8 万 t 和进口油菜籽 29.3 万 t 的折油 10.7 万 t)，占 20.6%；国产花生油 248.4 万 t，占 11.9%。以上四个油品合计占我国 2005 年食用油总供给量的 90% 以上，其中大豆油排名第一。这也是大豆油是世界第一大食用油源在中国食用油消费市场上的具体体现。

3. 国产食用油的比例偏低

在 2005 年我国食用油总供给量2 095.9万 t 中，国产食用油的供给量为1 014万 t，只占总供给量的 48.4%。这样低的比例，引起了油脂界的关注，提出了食用油供应有没有一个安全问题。大家认为，国家对粮食安全十分重视，并提出了粮食的自给率要保持在 95% 以上。油脂虽然不同于粮食，但它也是人们赖以生存的不可缺少的重要物资。从 2004 年和 2005 年两年的油脂总供给量来看，国产油料实际能生产的食用油占油脂总供给量的比例，已经低于 50%。也就是说，我国一半以上的食用油供应来源要靠进口，这样的比例是否太高了？任其发展下去，会不会构成对我国食用油供应的安全问题。为此，大家认为，在进口这个问题上也要有一个度，要尽量依靠国内发展油料生产来解决我国的食用油供应问题。

4. 关于我国食用油总供给量的调控问题

这两年我国油脂市场上的油价、粕价一直低迷不振，严重挫伤了油农、加工企业和经营者的积极性。据了解，2005 年花生的每斤平均收购价为 2.3 ~2.5 元；油菜籽和大豆每斤平均收购价为 1.15 ~1.20 元；葵花籽的每斤平均收购价为 1.25 ~1.30 元，都是近几年来最低的。造成这种状况的原因很多，但主要原因是东西多了，是供大于求（在 2004 年和 2005 年两年中，我国每年食用油的总供给量大于总消费量，都在 300 万 t 左右）。而造成供大于求的重要原因是进口油脂油料多了，失控了。为此，油脂界的专家们呼吁：请有关部门尽快研究解决进口油脂油料失控的问题。

5. 关于保护民族油脂工业企业的问题

这两年，由于受进口大豆风波的影响，致使整个油脂工业企业生产经营不景气，尤其是一些依靠进口大豆为原料的大型油厂处境更加困难，有的被迫让人兼并。对此，引起了许多同仁的关注，并提出了要保护民族油脂工业的问题。从“食用油供应安全”的角度来看，油脂界的一些专家赞同这种观点。希望国家有关方面在政策上支持民族大型油脂工业企业的发展，尤其是在这些企业遇到暂时困难时，要帮一把，以帮助企业渡过难关，这是大家最希望的。当然，由于时代不同了，作为有志的企业家来说，不能期望政策的支持来发展自己，只能依靠自己求发展。

从以上情况和需要思考的问题中，充分说明“大豆产业”与我国的油脂工业和食用油消费息息相关。

（三） 振兴“大豆产业”势在必行

中国是大豆的故乡，这是世界公认的。自 20 世纪 60 年代以来，世界大豆生产迅速发展。到 2001 年，世界大豆总产量达 1.72 亿 t，比 1990 年的 1.08 亿 t 增长了 63%。在此期间，我国的大豆产量也有较大幅度的增长，由 1990 年的1 100万 t 提高到2001 年的1 540.6万 t，增长了40%，低于美国增长的43.8%，远远低于巴西增长的88.5%和阿根廷增长的143%，致使我国的大豆产量在世界排位时，退居第四位。这与我们这个人口大国、油脂油料消费大国和农业大国极不相称。为满足人民生活水平不断提高的需要，我们必须奋起直追，振兴我国的“大豆产业”。油脂界的专家们认为，振兴我国“大豆产业”的有利条件很多，其最大的优势是：

1. 大豆作为油脂工业的原料，有着广阔的市场

前面已讲过，我国食用油的消费量和大豆的进口量数字都很大。大豆不仅可以作为油料资源，同时制油后的饼粕，又是发展我国饲养业的优质蛋白资源。随着人民生活水平的提高，这种需求还将进一步增大。这是发展我国“大豆产业”的得天独厚的优势。我们应该通过振兴“大豆产业”，不断增加大豆产量，增加农民收入，替代或部分替代进口大豆，抑制进口大豆数量快速增长的势头，提高国产油脂在我国食用油总供给量中的比重，以确保食用油供应的安全。

2. 大豆是我国食品、饮料工业的主要原料和辅料之一

我国的大豆制品有着悠久的历史，其产品十分丰富，它是人们喜爱的富有营养的食品。我国的大豆制品分为传统豆制品和新兴豆制品两大类，另外，还有人们喜爱吃的豆芽等制品。据统计，我国直接用于食品的大豆，约占我国大豆产量的60%。随着我国人民生活质量的提高，大豆在食品、饮料工业中直接应用的数量还将进一步提高。尤其是我国的大豆属非转基因大豆，作为食品、饮料工业的原料，不仅深受国内的喜欢，同时也会受到国外的欢迎，为此，具有良好的出口前景。这也是振兴我国“大豆产业”的有利条件，我国大豆制品简表见表4。

表4　　我国大豆制品简表

类别		系列	主要产品
传统豆制品	发酵豆制品类	豆腐系列	豆酱、酱油、豆豉、酸豆乳、酸奶酪等
		腐乳系列	红腐乳、白腐乳、臭豆腐等
	非发酵豆制品类	豆腐系列	水豆腐、干豆腐、冻豆腐、复水豆腐、内酯豆腐、无渣豆腐、菜汁豆腐、豆花、豆腐粉等
		豆干制品系列	腐竹、百叶、千张、豆皮、豆筋、香干、豆丝、豆片等
		素制品系列	豆腐泡、豆腐卷、油炸丝、油炸条、油炸片、素虾、豆什锦、素火腿、素牛排、辣干、熏素鸡等
新兴豆制品	蛋白制品类	冲调饮料系列	速溶豆粉、豆奶粉、豆奶、豆腐晶、豆乳、大豆炼乳等
		添加剂用系列	分离蛋白、浓缩蛋白、组织蛋白、全脂大豆粉、脱脂大豆粉、半脱脂大豆粉、活性蛋白粉、半活性蛋白粉、水解蛋白粉、大豆发泡粉、乳清蛋白粉、大豆精粉、功能性蛋白粉等

3. 大豆加工中的副产品综合利用前景广阔

大豆全身是宝，它不仅营养丰富，而且还含有许多生物活性物质。所以有人说：

“大豆是万能之药”、“是最有希望预防癌症的食品之一”，这是很有道理的。大豆经过加工，不仅能制得人们喜爱的食用大豆油和营养丰富的优质大豆蛋白（饼、粕），同时能取得许多副产品。这些副产品经过综合利用能够变废为宝，如从油脚中提取磷脂及其系列产品；在炼油的馏出物中提取天然维生素 E 和甾醇；在饼粕中提取各种高质量的大豆蛋白粉、大豆低聚糖、大豆异黄酮、大豆蛋白肽、大豆皂苷和大豆膳食纤维等综合利用产品，从而进一步提高了大豆的价值。

以上几点，是“大豆产业”的优势所在，我们应该趁势振兴我国的“大豆产业”。油脂界的专家们认为：我国的“大豆产业”能否发展，除了国家要有一个好的扶持政策外，还要看我国大豆在国际上有没有竞争能力。而目前衡量大豆有没有竞争力的重要指标是要看其蛋白质的含量和含油率的高低。应该说“含油率低”是当前我国大豆产品竞争力不强的关键所在，为此，要千方百计组织力量，培育出我国的高蛋白质、高脂肪的大豆品种，并全面加以推广应用。

二、 开拓创新， 推动芝麻产业的发展

——在全国芝麻及芝麻制品新技术论坛上的开幕词

（2006 年 11 月 2 日　于上海）

今天，我们在这里召开 2006 年全国芝麻及芝麻制品新技术论坛。首先，我代表主办单位对来自各方面的领导和专家表示热烈的欢迎。在当前我国的芝麻生产、贸易和加工处在关键时刻之际，从事芝麻农业、贸易、加工和研究等方面的领导和专家聚集在上海，共商我国芝麻产业的发展，这是一件具有十分重要意义的事情。下面，我就推动芝麻产业发展讲点意见，供大家参考。

（一） 国内外芝麻的生产情况

据史料记载，芝麻是西汉张骞出使西域后传入我国的。但在浙江吴兴钱山漾和杭州永田畈先后出土了 4500 年前的芝麻。由此可见，芝麻在我国有着悠久的种植历史。芝麻在我国古代又称为胡麻、巨胜、油麻、方茎、狗虱、交麻和脂麻等。芝麻名称如此复杂，这不是一般外来品种所常见的。芝麻的用途极为广泛。成书于东汉的重要农书《四民月令》中对当时人们播种胡麻（即芝麻）的时间进行了科学总结。我国在三国时已经掌握了芝麻的榨油技术，晋代芝麻油之名已经在文献中记载，宋代的陆游在《荞麦初熟》中描述："胡麻压油油更香，油新饼美争先尝"。白居易在《寄胡饼与杨万州》中说，"胡麻饼样学京师，面脆油香新出炉"。说明芝麻已经成为当时达官贵人的食品。

芝麻也是世界上最古老的油料作物之一。目前，世界芝麻年种植面积在 700 万 hm^2 左右，单产在 $450kg/hm^2$，总产量约 300 万 t。从 1961—2004 年的 44 年间，种植面积增加了 25%，单产提高了 50%，总产量增加了近一倍。世界芝麻种植分布在 60 多个国家，种植面积在 70 万 hm^2 以上的国家只有 4 个，依次排列为：印度、苏丹、缅甸和中国。据联合国粮食及农业组织统计，2000—2004 年，上述 4 国合计年种植面积为 494. 1 万 hm^2，占世界种植面积的 73. 0%。合计总产量 210 万 t，占世界总产量的 68. 2%。

根据 2004 年国家统计局的资料，我国大豆、花生、油菜籽、棉籽、葵花籽、芝麻、油茶籽和亚麻籽 8 种油料作物的总产量为5 937万 t。其中，芝麻是我国小品种油料作物中的大品种，2004 年产量为 89. 5 万 t，2005 年产量约为 76 万 t。大于油茶籽、亚麻籽的产量。河南、安徽和湖北是我国芝麻的主要种植基地，占到我国芝麻年产量的 3/4 左右。正常年景，我国芝麻种植面积在 70 万 hm^2 左右，占世界种植面积的1/10；总产量在 75 万 t 左右，占世界总产量的 25% 左右。近 10 年的平均单产超过1 000kg/hm^2，远远高于$450kg/hm^2$ 的世界平均单产水平。我国芝麻的含油率高（通常在 52% 以上），粒色纯正，口感好。我国芝麻在国际上享有盛誉，在国际贸易中居于重要地位。

（二） 芝麻是人们喜爱的食品

芝麻及其制品已经成为人们饮食生活中喜爱的重要食品。在我国市场上，芝麻油、芝麻酱、芝麻糊等产品以及利用芝麻生产的汤圆等传统食品和烘烤食品琳琅满目，深受消费者喜爱。

芝麻及其制品不仅是人们喜爱的食品，它的特有功效又在医学上有重要用途。中国医学认为：芝麻的性味甘、平、无毒。中医认为，芝麻为滋养强壮剂，有补血、明目、祛风、润肠、生津、补肾、通乳、养发等功效，适用于身体虚弱、头发早白、贫血、津液不足、大便燥结、便秘、头晕耳鸣等症状。由于芝麻的特有功效，在我国已把黑芝麻和芝麻油列入了中国药典，明确了功能及使用范围。与此同时，在美国、英国和日本等国也把芝麻油列入了本国药典。

在日本的药典中，对作为药用芝麻油作了规定，主要用作软膏、膏药的基料。也用于各种注射针剂的稀释剂。在日本已制订了作为化妆品原料的芝麻油的质量标准。芝麻油广泛用于各类化妆品，如眼影膏、口红、粉底、冷霜及保湿剂等各类化妆品，其安全性已得到确认。美国食品及药物管理局也规定：芝麻油可以在接触皮肤、眼睛、头发和黏膜等多种化妆品中使用。

印度研究人员的最新研究显示，通过人体试验，长期食用芝麻油能够显著降低高血压的发病率，而且还会降低高血压患者为了降低血压所必须服用的药物数量。

随着国内外对芝麻研究的发展，人们对芝麻的功能有了进一步的认识。最近的很多研究都报道了芝麻中的微量成分木酚素类化合物具有许多生理功能，引起世人对它的关注。芝麻木酚素类化合物（主要为芝麻素）的生理功能有：解毒、抗菌、保护肝脏的功效；调血脂的作用；抗氧化、抑制肿瘤的作用等。现在，日本等国家已经把芝麻素开发出来，作为保健食品的基础原料。

为进一步研究开发对芝麻素特殊功效的利用，日本成立了全国性的芝麻研究会。定期举行研究活动，指导芝麻的消费和生产。韩国也有类似的组织。2002 年 5 月，在我国台湾召开了“芝麻素国际高峰论坛”专题研讨会。专题研讨芝麻素对心血管保护机理和效果，芝麻素的肝脏保护机制及效果，反响十分强烈。现在在日本、美国和我国的台湾地区已经有了以芝麻素为基础原料的保健食品。

随着人民生活水平的不断提高和对芝麻制品及其功能的进一步开发利用，今后，我国芝麻及其制品的消费量将会不断增加。据上海商情中心的统计，2004 年，在上海的超市、大卖场的抽样调查中，芝麻油的销售量比 2003 年增加近 50%。现在我国芝麻及芝麻制品的消费市场差别较大，城市的芝麻用量明显高于农村，经济发达地区的芝麻用量高于经济欠发达地区。目前，我国芝麻的年消费量在 60 万 t 左右。在一般情况下，我国芝麻总产量的 50% 用于榨油，30% 食用，15% 左右出口。但近年来，我国芝麻的贸易已经从芝麻的出口国变为了进口国。根据中国食品土畜进出口商会油脂油料分会的统计，2005 年，我国芝麻的出口量为51 207t，进口量为153 602t。进出口相抵，我国的芝麻净进口量为 10.2 万 t。这说明，随着社会的发展和人民生活水平的提高，我国现有的芝麻总产量已不能满足芝麻消费量逐年增长的需要。

（三） 我国芝麻产业发展中存在的问题及振兴对策

我国种植芝麻历史虽然十分悠久，但把芝麻作为一个产业来抓一直未受到应有的重视，致使我国芝麻产业发展中存在的问题较多。

1. 在芝麻生产上存在三个突出的问题

一是芝麻产量不稳定。我国芝麻的2/3种植在一年两熟制地区，生育期间常遇涝灾和病害的威胁，长期以来，由于在生产上缺少高度抗病耐渍的芝麻品种，造成芝麻的产量极不稳定，在涝灾严重的年份，致使产量和质量大幅度下降；二是芝麻的品质不稳定。生产主要是以农户为单位分散种植，缺乏合理布局，品种多而乱杂，专用性差，最终导致芝麻品质一致性差，商品品质低劣，与市场需求极不相称，直接影响芝麻加工业的发展和国际竞争力，同时，也使为数不多的优良芝麻品种无法大面积推广使用；三是栽培管理粗放，技术落后，生产上缺乏优质高产规范化种植技术体系。

2. 对芝麻及其制品的研究开发工作重视不够

全国至今没有一个粮油科学研究机构将此项工作作为研究的重点工作之一。从而造成我国目前对芝麻的科学认识肤浅；缺乏对芝麻产品的系统规划和研究；缺乏对芝麻及其制品开发的新技术、新设备，致使不能提高资源的利用率和商品转化率。

3. 芝麻及其制品的加工技艺低下

以芝麻油生产为例，企业的生产规模较小，工艺比较落后，机械化、自动化程度不高，生产效率较低，产品质量不稳定，品种较少，尤其新品种少等。

以上这些问题，是制约我国芝麻产业发展的“瓶颈”，必须引起我们的高度重视。为振兴我国的芝麻产业，我们希望先在以下3个方面引起重视。

（1）希望农业部门把芝麻产业纳入到农业发展的计划中去，把芝麻经济作为支柱产业之一，制定发展战略，制订相应的政策，使中国芝麻产业走上规模化、集约化的道路，以达到增加芝麻产量，提高芝麻质量，满足国家对芝麻消费量日益增长的需要。

（2）希望加工企业要与科研院所紧密结合，大力开发芝麻延伸产品，在精加工、深加工上做文章。用新观念、新技术、新工艺更新传统芝麻加工业，开发出既能体现地域特点，又能大面积覆盖市场的芝麻系列产品，实现芝麻产品的多层次增值，满足国内外市场的需要。

（3）希望进一步加强农业、贸易、加工和科研等方面的联系与合作，每年召开一次类似于今天这样的研讨论坛会，以沟通信息，交流经验，共商促进我国芝麻产业发展的大计。

三、 我国茶油产业应大力发展

（2010 年 9 月 29 日　刊于《中国食品报》）

近期，“金浩油茶籽油苯并（a）芘超标事件”引起社会的广泛关注和强烈反响。针对这一问题，中国粮油学会油脂分会 27 日向记者发来邮件，呼吁正确对待“金浩油茶籽油事件”，强调浸出工艺不会造成油脂苯并（a）芘超标，油茶籽油是当今最优质的食用植物油之一，茶油产业是我国油脂行业的特色产业，应不遗余力推动这一产业的健康发展。

中国粮油学会油脂分会会长王瑞元召集了江南大学教授王兴国、刘元法，河南工业大学教授谷克仁、刘玉兰，武汉工业学院教授刘大川、何东平，国家粮食储备局无锡科学研究设计院研究员周丽凤，国家粮食储备局西安油脂科学研究设计院教授级高工周伯川、冉萍，中粮集团教授级高工刘世鹏，中国农机院油脂所研究员李子明、相海等多位专家，综合各方面的信息，进行了专门讨论和分析，提出三点意见。

（1）油茶籽油是一种具有浓郁中国特色的木本食用植物油，在我国已有 2000 多年的食用历史，有着丰富的民族文化内涵。李时珍的《本草纲目》等许多医书都记载了油茶籽油的食药双重功能。油茶籽油的脂肪酸组成与橄榄油类似，油酸含量高达 80% ~83%，高于橄榄油，且含有丰富的维生素 E 和多酚类的活性物质，是当今最优质的食用植物油之一。

（2）造成油茶籽油苯并（a）芘超标的原因，主要包括原料晾晒不当（如在沥青路面晾晒造成污染）、烘干不当（如烘干过程受到烟气污染）、炒籽时操作不当（如温度过高造成部分原料焦煳）等，绝非是油茶籽油本身固有的，也不是制油工艺缺陷和浸出制油方法造成的。有媒体报道，苯并（a）芘超标是浸出工艺的问题，这是一种无稽之谈，是对浸出制油工艺的误解。浸出法制油已有 100 多年的历史，无论是技术还是浸出溶剂都在不断改善和提升，浸出制油目前仍是世界上先进、安全的技术，被广泛应用于植物油的制取。我们可以负责任地告诉消费者：浸出工艺不会造成油脂中苯并（a）芘超标。

（3）要解决成品油中苯并（a）芘超标的问题，关键是对毛油中苯并（a）芘含量进行检测。无论什么原因造成的油脂中苯并（a）芘超标都不可怕，只要采用正确的精炼方法，如脱色工序中添加适量活性炭，即可有效除去油中的苯并（a）芘，使成品油中的苯并（a）芘含量符合国家《食用植物油卫生标准》（GB 2716—2005）。

中国粮油学会油脂分会呼吁，广大油脂加工企业应该严格把好油脂质量关，不忽略每个环节的监控，坚决贯彻执行《中华人民共和国食品安全法》、《中华人民共和国产品质量法》、《国务院关于加强食品等产品安全监督管理的特别规定》，严格自律，规范生产，承担相应的社会责任，推动我国油脂行业健康发展。

四、 我国食品专用油脂概况介绍

（2011 年 2 月 6 日　刊于《中国油脂》周刊）

（一） 食品专用油脂概况介绍

食品专用油脂是一类专门为工业食品加工使用的油脂，包括起酥油、人造奶油、氢化油脂及各类专用油脂，应用于糖果巧克力、烘焙、冷饮、煎炸、配方奶粉、植脂鲜奶油、植脂末、调味品等。

通常用于食品专用油脂的油脂原料有棕榈油、大豆油、椰子油、棕榈仁油、乳脂、牛油等，其中乳脂和牛油就含有 3% ~7% 不等的天然反式脂肪酸。

目前国内食品专用油脂的加工工艺有：不同油脂调配、分提、酯交换、氢化。其中调配、分提和酯交换工艺是不产生反式脂肪酸的，只有部分氢化会产生反式脂肪酸，极度氢化也是不产生反式脂肪酸的。

根据国家粮油信息中心统计，2009—2010 年度我国食用油消费总量为2 320万 t，工业及其他用油 232 万 t。其中全国各种专用油脂总产量约为 100 万 t，氢化油在专用油脂中所占的比例总体上不超过 10%，即 10 万 t 左右。实际上，专用油脂中 90% 以上成分为棕榈油、棕榈仁油、椰子油等，这些天然植物油几乎不含反式脂肪酸（来源：中国粮油学会油脂分会报告）。

近年来我国科研机构和加工企业一直在致力于降低反式脂肪酸的研究，不断改进油脂和食品生产工艺。

（二） 不同食品专用油脂的种类介绍

食品专用油脂的种类介绍见表 1。

表 1　同食品专用油脂的种类介绍

专用油脂品项	用途	原料和工艺
起酥油	饼干、冰淇淋、煎炸、休闲食品、速冻食品、膨化食品	主要以不同熔点棕榈油调配、急冷捏合、充氮气包装
人造奶油	烘焙面包、蛋糕、饼干、曲奇、糖果、爆米花等	主要为不同熔点棕榈油、棕榈仁油、椰子油、精炼豆油、乳脂、牛油等调配，添加水、香精、乳化剂、乳制品等急冷捏合而成
特殊精炼混合油	调味品、婴幼儿奶粉	精炼豆油、精炼混合植物油（主要关注脂肪酸组成、反式酸、非转基因原料等）
氢化油脂	糖果、巧克力、植脂末、单甘酯等	主要原料有椰子油、棕榈仁油、棕榈油等，通常为部分氢化或极度氢化

注：以上专用油脂最主要的品种是起酥油和人造奶油，占大部分销量。

（三） 专用油脂的应用领域

（1）烘焙用油　包括面包、蛋糕、酥皮等用油；

（2）冷饮用油　包括冷冻面团用油和冷饮用油；

（3）糖果用油　（奶糖类）熬煮糖果和凝胶糖果不用油或用油很少，充气糖果用少量油脂，焦香糖果对油脂的要求比较高；

（4）巧克力制品及涂层用油　巧克力对油脂要求比较高，目前氢化油脂使用比较广泛；

（5）膨化食品用油　给产品增加风味和口感；

（6）煎炸用油　要求具有耐煎炸性；

（7）夹心用油　主要是饼干夹心等用油；

（8）其他　如制作乳化剂、调味剂、婴儿配方、医药等。

（四） 益海嘉里十分重视食品专用油脂的生产

为了尽量减少食品专用油脂中的反式脂肪酸，早在10年前（约2000年）该公司的科技人员就开始研究低反式脂肪酸的技术和产品。他们不仅研究油脂加工工艺，在国内率先开发出低反式脂肪酸的婴儿配方奶粉专用油脂产品并取得了国家发明专利（授权公告号CN1973646B），而且也对设备进行改造，极大地降低了各类油脂在精炼过程中产生的反式脂肪酸含量。

现在，他们正在研究利用多种技术来逐步取代氢化技术，包括物理、化学或者生物技术。这里讲的生物技术是指酶法酯交换技术，不仅具有安全、绿色、环保等优点，而且能最大程度上减少油脂里的营养成分（比如维生素E和植物甾醇等）在油脂加工过程中的损失。此技术与其他技术相比具有工艺操作简单，反应条件温和，生产出的产品品质稳定，生产能耗低、无污染等优点。目前，这项技术已在他们的欧洲工厂投入使用，不久将会考虑在中国工厂使用。

对于食品专用油脂，他们采用分提、酯交换、调配等工艺，已经推出很多含低反式脂肪酸产品。这些产品应用范围覆盖烘焙、糖果、巧克力、冷饮、煎炸、配方奶粉、速冻食品、调味品等多个食品行业。其中开发的低反式脂肪酸烘焙油脂包括起酥油、人造奶油（包括片状酥皮油）、液态酥油，多数产品已经投产并销售多年，产品品质得到了客户的认可。

五、 丰富馆藏资料， 开发博物馆功能

——在中国沙洋油菜博物馆史料捐赠仪式上的致辞

（2011 年 3 月　于湖北沙洋县）

在中国油菜产业发展高层论坛期间，中国粮食行业协会决定向中国沙洋油菜博物馆捐赠史料，并在这里举行捐赠仪式，这既是对沙洋县发展油菜产业，弘扬油菜文化的肯定，也是对沙洋油菜产业、油菜文化发展的期望与支持。

沙洋是“双低”油菜籽资源大县，也是油菜籽加工强县，创造了油菜籽平均单产全国第一的纪录，年产量达 12 万 t。打造出了“中国油菜看湖北，湖北油菜看沙洋”的亮丽名片。

在发展油菜产业的同时，沙洋县十分注重培育油菜文化。中国沙洋油菜博物馆，是全国第一家以油菜为主题的博物馆，通过图文、实物、模型、雕塑、沙盘、灯箱、参与体验等多种陈展方式，生动介绍并展示了油菜起源和进化、人类利用油菜的历史和文化、油菜的功用价值和民生意义，以沙洋县油菜产业的发展，为我们打开了一扇了解油菜文化的大门，让我们充分感受到油菜文化的独特魅力。

博物馆开馆一年多来，接待中外参观的领导、嘉宾、专家学者近 10 人（次），为推动油菜文化的传播和产业的发展作出了积极贡献。在此，我代表中国粮食行业协会、中国粮食经济学会，向中国沙洋油菜博物馆、沙洋县委、县政府、湖北洪森天利油脂生物科技有限公司表示衷心的感谢！

希望沙洋县以这次捐赠活动为契机，进一步丰富馆藏资料，不断开发博物馆的功能，并以此为平台打造油菜文化的全国品牌。我们希望油脂行业的主管部门、科研单位、龙头企业要十分注重油菜文化促进油菜产业发展的推动作用，支持沙洋县进一步加大“双低”油菜产业的生产、加工、开发力度，延伸产业链，在推进油菜文化大繁荣的同时推进油菜产业大发展。

六、 大力发展油菜产业， 提高我国食用油自给率

——在中国油菜产业发展高层论坛上的主题报告

（2011 年 4 月 1 日　于湖北荆门）

很高兴在这油菜花盛开的季节里来到我国油菜籽生产的第一大省——湖北，来到湖北油菜籽的集中产区——荆门市，参加由湖北省粮食局、荆门市人民政府和中国粮油学会油脂分会共同举办的“2011 年中国油菜产业发展高层论坛”，与大家共同探讨我国油菜产业未来的发展趋势、政策措施和油菜籽的精深加工等战略问题。下面，我就以“大力发展油菜产业，提高我国食用油自给率”为题发言，供大家参考。

（一） 我国人均年食用油消费量已达到世界人均水平

众所周知，油脂是人类食品重要的成分之一，是人们生活所必需的消费品，是提供人们热能和必需脂肪酸，促进脂溶性维生素吸收，改善食物特有风味和增进人们食欲的重要食物。食用植物油消费的高低和对品质的要求是衡量一个国家经济发展和人民生活水平高低的重要标志。我国居民食用植物油的消费量由短缺经济年代每人每月 250g 的定量供应到如今的敞开供应，充分显示了我国经济的快速发展和人民生活水平的不断提高，是来之不易的。

改革开放以来，我国发生了翻天覆地的变化，生产不断提高，经济建设蒸蒸日上。我国油脂油料生产和供应发生了历史性的改变，为满足我国经济发展和人民生活水平提高的需要，在国内油料生产不断提高的同时，增加了进口油脂油料的数量，我国 1985—2009 年主要油料生产情况见表 1，1998—2010 年中国油脂油料进出口见表 2，1996—2008 年中国食用油消费情况见表 3。

表 1　我国 1985—2009 年主要油料生产情况　单位：万 t

年份	大豆	花生	油菜籽	棉籽	葵花籽	其他	合计
1985	1 050.0	666.4	560.7	704.9	173.21	142.6	3 297.81
1990	1 100.0	636.8	695.8	766.0	133.82	120.4	3 452.82
1998	1 515.2	1 188.6	830.1	765.2	146.5	190.1	4 635.7
1999	1 424.5	1 263.9	1 013.2	650.9	176.5	194.0	4 723.0
2000	1 540.9	1 443.7	1 138.0	750.9	195.0	197.7	5 266.2
2001	1 540.6	1 442.0	1 133.0	904.4	148.0	187.8	5 355.8
2002	1 650.0	1 495.0	1 053.0	836.4	200.0	205.0	5 439.4
2003	1 690.0	1 505.0	1 240.0	850.0	198.5	211.0	5 694.5
2004	1 720.0	1 431.0	1 304.0	1 074.0	197.0	211.0	5 937.0

续表

年份	大豆	花生	油菜籽	棉籽	葵花籽	其他	合计
2005	1 880. 0	1 470. 0	1 120. 0	960. 0	170. 0	199. 5	5 799. 5
2006	1 550. 0	1 380. 0	1 220. 0	1 211. 0	168. 0	191. 1	5 720. 1
2007	1 400. 0	1 400. 0	1 200. 0	1 260. 0	180. 0	177. 5	5 617. 5
2008	1 550. 0	1 500. 0	1 180. 0	1 350. 0	220. 0	250. 0	6 050. 0
2009	1 498. 1	1 470. 8	1 365. 7	1 274. 0	195. 6	210. 9	6 015. 1

注：①以上数字从我每年发表的文章中整理而来；

②2008 年其他油料的合计产量为 250 万 t，其中亚麻籽的产量为 35 万 t，是我估算的；

③2009 年八大油料产量由国家粮油信息中心提供；

④2010 年八大油料产量尚未公布。

表 2　　1998—2010 年中国油脂油料进出口表　　单位：万 t

年份	进口折油	大豆油	菜籽油	棕榈油	大豆	油菜籽	出口折油	净进口折油
1998	327. 7	82. 9	28. 5	92. 9	319. 3	138. 6	44. 1	283. 6
1999	394. 5	80. 4	6. 9	119. 4	431. 9	259. 5	30. 9	363. 6
2000	496. 8	30. 8	7. 5	139. 1	1 041. 9	296. 9	35. 4	461. 4
2001	514. 4	7. 0	7. 3	151. 7	1 393. 9	172. 4	39. 9	474. 5
2002	570. 2	87. 0	7. 8	222. 1	1 131. 5	61. 8	38. 9	531. 3
2003	958. 3	188. 4	15. 2	332. 5	2 074. 1	16. 7	35. 5	922. 8
2004	1 055. 0	252. 0	35. 3	385. 6	2 023. 0	47. 0	30. 0	1 025. 0
2005	1 109. 5	169. 4	17. 8	433. 0	2 659. 0	29. 6	27. 6	1 081. 9
2006	1281. 0	154. 0	4. 4	508	2 827. 0	74	53. 0	1 228. 0
2007	1 510. 0	282	37. 5	548	3 080. 0	83	35. 6	1 475. 0
2008	1 614. 0	250	27	528	3 744. 0	130	39	1 575. 0
2009	2 056. 8	239. 1	132. 7	644. 1	4 255. 2	328. 6	20. 5	2 036. 3
2010	2 112. 7	134. 0	98. 5	569. 6	5 479. 7	160. 0	23. 8	2 088. 9

表 3　　1996—2008 年中国食用油消费情况

年份	食用油消费可供量/万 t	人均年消费占有量/kg
1996	1 002. 5	7. 7
1998	1 090. 7	8. 4
2000	1 245. 7	9. 6
2001	1330. 0	10. 2
2002	1 410. 0	10. 8
2003	1 500. 0	11. 5
2004	1 750. 0	13. 5
2005	1 850 ~ 1 900	14. 2 ~ 14. 6

续表

年份	食用油消费可供量/万 t	人均年消费占有量/kg
2006	2 271.7	17.5
2007	2 509.7	19.3
2008	2 684.7	20.7

注：2006—2008 年食用油消费量按国产油料扣去食用部分后的总折油量加上净进口折油之和。

从以上 3 个表中反映的数字可以清楚地说明以下一些问题：

（1）我国的油料生产得到较快发展，油料产量由 1990 年的3 452.8万 t 上升到 2009 年的6 015.1万 t，增长 74.2%，平均年增长 3.9%。

（2）为满足食用植物油的市场供应，在提高国产油料产量的基础上，进口油脂油料数量快速上升。我国进口油脂油料净进口折油总量由 2000 年的 461.4 万 t 上升到 2010 年的2 088.9万 t，十年间增长 535%，平均年增长 35.3%。

（3）食用植物油的自给率已由 21 世纪初的 60% 下降到目前的 37% 左右。

（4）人均年消费占有量由 1996 年的 7.7kg 上升到 2008 年的 20.7kg，已经达到世界人均水平。

随着我国经济持续平稳较快发展，以及人口增长、生活水平提高和城镇化进程加快，我国对食用油的消费需求在总量上仍将继续保持刚性增长的趋势。

（二）发展油料生产是提高我国食用植物油自给率的当务之急

据有关数字显示，2007 年我国人均 GDP 为2 400美元，恩格尔系数达 36%，标志着我国已进入小康社会；2010 年我国人均 GDP 已超过4 000美元，预示着我国正在全面进入小康社会。据预测，2020 年我国居民人均年食用油消费量为 20kg，消费总量将达到2 900万 t。

在国内日益旺盛的消费需求拉动下，为满足城乡居民对食用植物油的需求，我国在发展国内油脂油料生产的同时，近些年来加大了油脂油料的进口数量，并呈现出不断增长的态势。随着油脂油料进口数量的连年猛增，我国食用植物油的自给率连年下降，目前自给率已下降至不足 40%，且有继续下降的趋势，这充分表明我国食用植物油供应的对外依赖度过大。鉴于食用植物油是国家食物安全的重要组成部分，目前如此高的对外依赖度，随时都有可能危及我国食用植物油市场的安全，从而引起了有关方面的高度重视。

为减少食用植物油供应的对外依赖度，提高自给率，国家及有关部门提出了一系列振兴我国油料生产的规划和措施，诸如 2007 年以国务院办公厅名义发的《国务院办公厅关于促进油料生产发展的意见》（国办发［2007］59 号）；2008 年 9 月为推动油茶产业的发展，以国务院名义在湖南召开了全国油茶产业发展现场会；2009 年公布的《国家粮食安全中长期规划纲要》等。在这些规划、措施中，都强调了发展油料生产是提高我国食用植物油自给率的当务之急，提出了要加强油料生产基地建设；着力培育大豆、油菜籽、花生、棉籽、葵花籽等大宗油料优势产业带；扶持和发展以油茶籽为代表的特种油料生产；引导、调整和优化农业种植结构，重点发展不与粮食争地的油料品种，促进优质油料基地规范化和规模化建设等。随着规划的实施，无疑会促进我国油料生产的发展，从而为提高我国食用植物油的自给能力作出贡献。

但我们也应该充分认识到，从我国的国情出发，提高我国食用植物油自给率的难度是很大的，我认为，主要受到以下两点的制约：

一是，植物油的消费需求呈刚性增长。《国家粮食安全中长期规划纲要》中指出，食用植物油消费将继续增加。据预测，2020 年我国居民人均年食用植物油消费量为 20kg，消费需求总量将达到2 900万 t。随着需求量的不断增加，提高自给率的绝对数将越来越大，对油脂生产增长的要求也越来越高。经专家们研究，根据我国实际，在中长期规划纲要中确定食用植物油的自给率不低于 40%。现在看来，达到这一目标难度很大。

二是，油料生产的发展不能与粮食争地。从中长期发展趋势看，我国受人口、耕地、水资源、气候、能源和国际市场等因素的影响难以逆转，我国的粮食和食物安全将面临严峻挑战。为确保我国粮食自给率在 95% 左右的硬指标，油料生产的发展要贯彻不与粮食争地的原则。为此，我认为，在发展我国油料生产，提高食用植物油自给率的过程中，要着眼于以下几个方面：在耕地利用上，油料生产发展的重点应放在"冬抓休闲地，春抓撂荒地"上；在油料品种的发展上，应重点放在扩大油菜籽、花生和葵花的种植上，放在扶持和发展以油茶为代表的木本油料和其他特种油料上；在育种上，应把重点放在提高单位面积产量和油料的含油率上；在资源利用上，要把米糠和玉米胚芽等作为重要的油料资源，充分加以利用。

（三） 发展油菜籽生产是提高我国食用油自给率的最佳选择

我国不仅是一个油料生产大国，也是油料资源和品种最丰富的国家。由于地理和气候的多样性，粮食加工数量之大，赋予了我国油料品种繁多，资源丰富。在油料作物中，油菜籽、花生、大豆、棉籽、葵花籽、芝麻、油茶籽和亚麻籽是我国的八大油料作物，其中油菜籽和花生的产量居世界第一。除八大油料作物外，我国还有上百种可食用的特种油料和丰富的米糠、玉米胚芽、小麦胚芽等谷物油料资源。千方百计发展与挖掘我国的油料生产和油料资源潜力是提高我国食用油自给率的必由之路。

在发展油料生产中，我认为，在我国发展油菜籽生产是潜力最大、希望最大的品种，是提高我国食用油自给率的最佳选择。因为发展油菜籽生产具有 5 个方面的优势。

1. 种植范围广， 适应性强

油菜籽是我国最重要的油料作物，在很长的历史时期里，菜籽油一直是我国食用油市场的当家产品，为我国食用油市场的供应作出了贡献。

我国油菜的种植范围宽广，几乎全国所有的省区都能种植，从大类上分，可以分为冬油菜和春油菜两大产区。其中冬油菜的种植面积和产量在 90% 以上，主要集中在冬季无严寒的长江流域及以南地区；春油菜主要集中在东北和西北地区。近几年来，我国油菜的播种面积稳定在1亿～1.1亿亩，湖北省的油菜播种遥遥领先，在全国居首位，2010年达1 740万亩，其次是湖南、四川、安徽等省，2007—2010年全国油菜播种面积见表4。

表4　　2007—2010年全国油菜播种面积　　单位：万亩

地区	2007	2008	2009	2010
全国	8 463	9 891	10 917	10 950
湖北	1 391	1 721	1 749	1 740
湖南	915	1 164	1 524	1 500
四川	1 121	1 329	1 406	1 433
安徽	930	1 005	1 083	1 020
江西	603	729	809	795
贵州	600	620	701	690
江苏	651	683	714	675
河南	534	566	573	555
内蒙古	308	332	329	338
其他	1 410	1 754	2 033	2 205

注：数据来源：国家粮油信息中心，2010年数据位预测数据。

2. 不与粮食争地，发展前景好

根据我国发展油料生产必须遵循不与粮食争地的原则，而油菜是我国唯一的冬季油料作物，基本不与粮食争地，是我国发展油料生产的最佳品种。据有关资料介绍，目前我国长江流域及以南地区约有1亿亩冬闲田和适合种植油菜的河滩地。只要政策得当，经济效益较好，能调动种油农民的积极性，那么在现有基础上全国增加5000万亩油菜种植面积，增加200万～250万t菜籽油是有可能的。而增加200万～250万t菜籽油，相当于我国每年国产大豆的产油量，按现有我国食用油消费总量，能提高6%～8%自给率。可见发展油菜籽生产的重要性。

3. 油菜籽的产量高，含油率高

我国油菜籽生产的产量较高，一般亩产为125～130kg，江苏、河南两省的平均亩产都在150kg以上，2007—2010年全国油菜籽单产统计见表5，全国油菜籽的产量稳定在1 200万～1 300万t，湖北省的油菜籽产量位居第一，2007—2010年全国油菜籽产量见表6。与大豆生产相比，2009年播种面积少于大豆播种面积2800多万亩，单产高于大豆，总产量只比大豆少100多万吨。油菜籽属高含油的油料，目前国产油菜籽根据含油率的高低划分为5个等级，平均约为38%，双低油菜籽含油率高的达40%以上，接近于花生的含油率，是国产大豆含油率的一倍多。所以，尽管油菜籽的播种面积比大豆少得多，但是其产油量要比国产大豆油的产量高出近一倍，2009年油菜籽的播种面积、单产、总产与产油量与大豆的比较见表7。

表 5　　2007—2010 年全国油菜籽单产统计　　单位：kg/亩

地区	2007	2008	2009	2010
全国	125	122	125	115
河南	161	172	162	166
江苏	168	165	170	156
四川	136	142	142	140
湖北	139	126	135	132
安徽	140	139	146	127
湖南	99	94	101	100
贵州	107	98	101	72
内蒙古	67	61	68	71
江西	69	71	76	69
其他	119	122	123	102

注：数据来源：国家粮油信息中心，2010 年数据位预测数据。

表 6　　2007—2010 年全国油菜籽产量　　单位：万 t

地区	2007	2008	2009	2010
全国	1 057	1 210	1 366	1 260
湖北	193	215	237	230
四川	153	189	200	200
湖南	91	110	153	150
安徽	130	140	158	130
江苏	110	113	122	105
河南	86	97	93	92
江西	42	52	61	55
贵州	64	60	70	50
内蒙古	21	20	22	24
其他	168	214	250	224

注：数据来源：国家粮油信息中心，2010 年数据位预测数据。

表 7　　2009 年油菜籽的播种面积、单产、总产与产油量与大豆的比较

油菜籽种类	播种面积/万亩	单产/kg/亩	总产/万 t	折油总量/万 t
油菜	10 917	115.0	1 366	491.8
大豆	13 784.7	108.7	1 498.2	247.2
油菜比大豆	−2 867.7	+6.3	−132.2	+244.6

4. 菜籽油是消费者喜爱的优质食用油

我国居民，尤其是长江流域及以南地区的居民普遍喜爱食用菜籽油。菜籽油，尤

其是双低菜籽油的营养价值很高。我国农业战线上的科技工作者经过 20 多年对油菜品质的改良，取得了显著成绩，使全国目前“双低”油菜品种的种植面积达 90% 以上。从脂肪酸组成看，菜籽油，尤其是“双低”菜籽油中不饱和脂肪酸的含量高达 90% 以上，其中油酸含量高达 60% 以上，亚油酸的含量为 20% 左右，亚麻酸的含量接近 10%，其油酸含量接近橄榄油和油茶籽油，符合世界卫生组织和中国营养学会推荐的 $n-3$不饱和脂肪酸与 $n-6$ 不饱和脂肪酸为（4 ~6）：1 的比例。另外，菜籽油中还富含植物甾醇和维生素 E 等生理活性物质。所以，菜籽油是一种营养健康型的优质食用油。

5. 菜籽饼粕是优质的蛋白质资源

油菜籽中一般含有 21% ~24% 的蛋白质，脱脂菜籽粕中含有 33% ~39% 的蛋白质。据国家饲料工程技术研究中心 2007 年统计结果表明，菜籽粕的常规成分含量与中国饲料数据库基本一致；在氨基酸含量上，与大豆粕相比较，除赖氨酸含量低于豆粕外，其他氨基酸含量与豆粕近似，菜籽粕中必需氨基酸平均含量见表 8。由此可见，菜籽蛋白是一种理想的营养源，可以替代部分大豆粕用作饲料。随着我国饲料产量逐年增加，推动了我国对菜籽粕消费量的增加和进出口的变化，近年来我国菜籽粕的生产和消费情况见表 9。

表 8　　菜籽粕中必需氨基酸平均含量　　单位:%

必需氨基酸	普通菜粕	普通菜饼	双低菜粕	豆粕
组氨酸（His）	0.83	0.76	1.02	1.07
精氨酸（Arg）	1.95	1.72	2.15	3.12
异亮氨酸（Ile）	1.41	1.22	1.16	1.76
亮氨酸（Leu）	2.55	2.18	2.59	3.20
赖氨酸（Lys）	1.52	1.35	1.94	2.45
甲硫氨酸（Met）	0.69	0.58	0.76	0.64
胱氨酸（Cys）	0.52	0.66	0.88	0.66
苯丙氨酸（Phe）	1.43	1.26	1.44	2.18
苏氨酸（Thr）	1.48	1.29	1.75	1.88
缬氨酸（Val）	1.87	1.55	1.65	1.95
色氨酸（Trp）	0.40	0.35	0.45	0.68

注：数据来源：国家饲料工程技术研究中心 2007 年统计数据。

表 9　　近年来我国菜籽粕的生产和消费情况　　单位：万 t

年份	国内生产	进口	出口	消费
2006	725.65	25.39	4.14	746.90
2007	707.10	28.96	9.37	726.69
2008	831.08	30.84	4.98	856.94
2009	1 050.45	24.77	33.50	1 041.71
2010	880.38	121.62	5.63	996.37

注：国内生产菜粕的量计算方法为（国内油菜籽产量 + 进口油菜籽量 - 出口油菜籽量）×62%。油菜籽产量数据来源于表 1，进出口数据来源于海关数据库，消费数据为国内生产 + 进口 - 出口。

发展油菜籽生产，除了上述 5 个方面的优势外，围绕对菜籽油、菜籽饼粕和加工过程中产生的副产物进行深度利用的研究很多，前景宽广。

综上所述，发展油菜籽生产，是我国发展油料生产，提高食用油自给率的最佳品种。

（四） 要研究提出发展油菜产业的政策措施

为使发展油菜产业落到实处，需要研究提出相应的政策措施。总结我国油菜产业的发展经验，我觉得在以下四个方面要多做工作：

（1）要加大发展油菜产业的支持力度 要呼吁政府有关部门，像过去支持发展大豆产业一样支持油菜产业的发展。

（2）要想方设法调动种油农民的积极性 要在种植补贴、油菜籽最低保护收购价的确定、提高种植油料的比价效益等方面调动种油农民的生产积极性。

（3）国家要继续重视和支持油菜的品种改良工作 增加科技投入，提高油菜籽的单产和含油率。

（4）要将提高油菜籽加工装备和工艺的研究列入国家有关科技发展规划 要重点加强对油菜籽加工成套设备的研究，提高关键设备大型化、智能化和机电一体化水平；要重点研究和发展油菜籽加工大型、高效、节能节水设备，以及深加工、综合利用装备，提高油菜籽加工的附加值，进而增加种油农民的收入。

七、发展油茶产业是提高我国食用油自给率的重要举措

——在中国油茶产业产学研峰会上的专题学术报告

（2011 年 12 月 9 日　于湖南衡阳）

很高兴来到我国油茶生产的第一大省——湖南，参加由清华大学职业经理培训中心、新食品杂志社主办、湖南大三湘油茶股份有限公司等单位承办的“中国油茶产业产学研峰会”，与大家共同探讨我国油茶产业未来的发展前景。下面，我就以“发展油茶产业是提高我国食用油自给率的重要举措”为题发言，供大家参考。

（一）发展油料生产是提高我国食用植物油自给率的当务之急

众所周知，油脂是人类食品重要的成分之一，是人们生活所必需的消费品，是提供人们热能和必需脂肪酸、促进脂溶性维生素吸收、改善食物风味和增进人们食欲的重要食物。食用植物油消费的高低和对品质的要求是衡量一个国家经济发展和人民生活水平高低的重要标志。我国居民食用植物油的消费量由短缺经济年代每人每月 250g 的定量供应到如今的敞开供应，充分显示了我国经济的快速发展和人民生活水平的不断提高，是来之不易的。

改革开放以来，我国发生了翻天覆地的变化，生产不断提高，经济建设蒸蒸日上。我国油脂油料生产和供应发生了历史性的改变，为满足我国经济发展和人民生活水平提高的需要，在国内油料生产不断提高的同时，增加了进口油脂油料的数量。我国 1985—2009 年主要油料生产情况见表 1，1998—2010 年中国油脂油料进出口见表 2，1996—2008 年中国食用油消费情况见表 3。

表 1　　我国 1985—2009 年主要油料生产情况　　单位：万 t

年份	大豆	花生	油菜籽	棉籽	葵花籽	其他	合计
1985	1 050.0	666.4	560.7	704.9	173.21	142.6	3 297.81
1990	1 100.0	636.8	695.8	766.0	133.82	120.4	3 452.82
1998	1 515.2	1 188.6	830.1	765.2	146.5	190.1	4 635.7
1999	1 424.5	1 263.9	1 013.2	650.9	176.5	194.0	4 723.0
2000	1 540.9	1 443.7	1 138.0	750.9	195.0	197.7	5 266.2
2001	1 540.6	1 442.0	1 133.0	904.4	148.0	187.8	5 355.8
2002	1 650.0	1 495.0	1 053.0	836.4	200.0	205.0	5 439.4
2003	1 690.0	1 505.0	1 240.0	850.0	198.5	211.0	5 694.5
2004	1 720.0	1 431.0	1 304.0	1 074.0	197.0	211.0	5 937.0
2005	1 880.0	1 470.0	1 120.0	960.0	170.0	199.5	5 799.5

续表

年份	大豆	花生	油菜籽	棉籽	葵花籽	其他	合计
2006	1 550.0	1 380.0	1 220.0	1 211.0	168.0	191.1	5 720.1
2007	1 400.0	1 400.0	1 200.0	1 260.0	1 80.0	177.5	5 617.5
2008	1 550.0	1 500.0	1 180.0	1 350.0	220.0	250.0	6 050.0
2009	1 498.1	1 470.8	1 365.7	1 274	195.6	210.9	6 015.1

注：①以上数字从我每年发表的文章中整理而来；

②2008 年其他油料的合计产量为 250 万 t，其中亚麻籽的产量为 35 万 t，是我估算的；

③2009 年八大油料产量由国家粮油信息中心提供；

④2010 年八大油料产量尚未公布。

表 2　　1998—2010 年中国油脂油料进出口表　　单位：万 t

年份	进口折油	大豆油	菜籽油	棕榈油	大豆	油菜籽	出口折油	净进口折油
1998	327.7	82.9	28.5	92.9	319.3	138.6	44.1	283.6
1999	394.5	80.4	6.9	119.4	431.9	259.5	30.9	363.6
2000	496.8	30.8	7.5	139.1	1 041.9	296.9	35.4	461.4
2001	514.4	7.0	7.3	151.7	1 393.9	172.4	39.9	474.5
2002	570.2	87.0	7.8	222.1	1 131.5	61.8	38.9	531.3
2003	958.3	188.4	15.2	332.5	2 074.1	16.7	35.5	922.8
2004	1 055.0	252.0	35.3	385.6	2 023.0	47.0	30.0	1 025.0
2005	1 109.5	169.4	17.8	433.0	2 659.0	29.6	27.6	1 081.9
2006	1 281	154	4.4	508	2 827.0	74	53	1 228.0
2007	1 510	282	37.5	548	3 080.0	83	35.6	1 475.0
2008	1 614	250	27	528	3 744.0	130	39	1 575.0
2009	2 056.8	239.1	132.7	644.1	4 255.2	328.6	20.5	2 036.3
2010	2 112.7	134.0	98.5	569.6	5 479.7	160.0	23.8	2 088.9

表 3　　1996—2008 年中国食用油消费情况

年份	食用油消费可供量/万 t	人均年消费占有量/kg
1996	1 002.5	7.7
1998	1 090.7	8.4
2000	1 245.7	9.6
2001	1 330	10.2
2002	1 410	10.8
2003	1 500	11.5
2004	1 750	13.5
2005	1 850 ~ 1 900	14.2 ~ 14.6
2006	2 271.7	17.5
2007	2 509.7	19.3
2008	2 684.7	20.7

注：2006—2008 年食用油消费量按国产油料扣去食用部分后的总折油量加上净进口折油之和。

从以上3个表中反映的数字可以清楚地说明以下问题：

（1）我国的油料生产得到较快发展，油料产量由1990年的3 452.8万t上升到2009年的6 015.1万t，增长74.2%，平均年增长3.9%。

（2）为满足食用植物油的市场供应，在提高国产油料产量的基础上，进口油脂油料数量快速上升。我国进口油脂油料净进口折油总量由2000年的461.4万t上升到2010年的2 088.9万t，十年间增长535%，平均年增长35.3%。

（3）食用植物油的自给率已由21世纪初的60%下降到目前的37%左右。

（4）人均年消费占有量由1996年的7.7kg上升到2008年的20.7kg，已经达到世界人均水平。

随着我国经济持续平稳较快发展，以及人口增长、生活水平提高和城镇化进程加快，我国对食用油的消费需求在总量上仍将继续保持刚性增长的趋势。

在国内日益旺盛的消费需求拉动下，为满足城乡居民对食用植物油的需求，我国在发展国内油脂油料生产的同时，近些年来加大了油脂油料的进口数量，并呈现出不断增长的态势。随着油脂油料进口数量的连年猛增，我国食用植物油的自给率连年下降，目前自给率已下降至不足40%，且有继续下降的趋势，这充分表明我国食用植物油供应的对外依赖度过大。鉴于食用植物油是国家食物安全的重要组成部分，目前如此高的对外依赖度，随时都有可能危及我国食用植物油市场的安全，从而引起了有关方面的高度重视。为减少食用植物油供应的对外依赖度，提高自给率，国家及有关部门提出了一系列振兴我国油料生产的规划和措施，诸如2007年以国务院办公厅名义发的《国务院办公厅关于促进油料生产发展的意见》（国办发［2007］59号）；2008年9月为推动油茶产业的发展，以国务院名义在湖南召开了全国油茶产业发展现场会；2009年公布的《国家粮食安全中长期规划纲要》等。在这些规划、措施中，都强调了发展油料生产是提高我国食用植物油自给率的当务之急，提出了要加强油料生产基地建设；着力培育大豆、油菜籽、花生、棉籽、葵花籽等大宗油料优势产业带；扶持和发展以油茶籽为代表的特种油料生产；引导、调整和优化农业种植结构，重点发展不与粮食争地的油料品种，促进优质油料基地规范化和规模化建设等。随着规划的实施，无疑会促进我国油料生产的发展，从而为提高我国食用植物油的自给能力作出贡献。

但我们也应该充分地认识到，从我国的国情出发，提高我国食用植物油自给率的难度是很大的，我认为，主要受到以下两点的制约：

一是，植物油的消费需求呈刚性增长。《国家粮食安全中长期规划纲要》中指出，食用植物油消费将继续增加。据预测，2020年我国居民人均年食用植物油消费量为20kg，消费需求总量将达到2 900万t。随着需求量的不断增加，提高自给率的绝对数将越来越大，对油脂生产增长的要求也越来越高。经专家们研究，根据我国实际，在中长期规划纲要中确定食用植物油的自给率不低于40%。现在看来，达到这一目标难度很大。

二是，油料生产的发展不能与粮食争地。从中长期发展趋势看，我国受人口、耕地、水资源、气候、能源和国际市场等因素的影响难以逆转，我国的粮食和食物安全将面临严峻挑战。为确保我国粮食自给率在95%左右的硬指标，油料生产的发展要贯彻不与粮食争地的原则。

为此，我认为，在发展我国油料生产，提高食用植物油自给率的过程中，要着眼于以下几个方面——在耕地利用上，油料生产发展的重点应放在“冬抓休闲地，春抓撂荒地”上；在油料品种的发展上，应重点放在扩大油菜籽、花生和葵花的种植上，放在扶持和发展以油茶为代表的木本油料和其他特种油料上；在育种上，应把重点放在提高单位面积产量和油料的含油率上；在资源利用上，要把米糠和玉米胚芽等作为重要的油料资源，充分加以利用，以提高我国食用植物油的自给率。

（二）发展油茶生产是提高我国食用油自给率的尚佳选择

我国不仅是一个油料生产大国，也是油料资源和品种最丰富的国家。由于地理和气候的多样性，粮食加工数量之大，赋予了我国油料品种繁多，资源丰富。在油料作物中，油菜籽、花生、大豆、棉籽和葵花籽是我国的五大油料作物。除五大油料作物外，我国还有上百种可食用的特种油料和丰富的米糠、玉米胚芽、小麦胚芽等谷物油料资源。千方百计发展与挖掘我国的油料生产和油料资源潜力，是提高我国食用油自给率的必由之路。

在发展油料生产中，我认为，在我国发展油茶籽生产是潜力最大、希望最大的品种之一，是提高我国食用油自给率的尚佳选择。因为发展油茶籽生产具有以下5个方面的优势。

1. 历史悠久，种植范围广

油茶别名油茶树、茶树油。为多年生木本油料作物，它与油棕、油橄榄和椰子并称为世界四大本油料植物。油茶主要生长在我国，在我国已有2000多年的栽培历史。另外，越南、印度尼西亚等国家也有一定数量的种植。我国以湖南省种植最多，其次是江西、广西、浙江、安徽、湖北等南方10多个省（区）都有油茶生产。正常年景，当前我国油茶籽的产量在100万t左右，可年产油茶籽油20多万t，是特种油料中的“大哥大”。

2. 不与粮食争地，发展前景好

根据我国发展油料生产必须遵循不与粮食争地的原则，而油茶大多正好是种植在南方广阔的贫瘠山坡、丘陵和山岗地，基本上不与粮食争地，是我国发展油料生产的最佳品种之一。

3. 油茶生产是国家重点支持的产业

为提高我国食用植物油的自给率，国家在发展油料生产中明确规定将支持油茶产业的发展，并提出到2020年将我国油茶籽油的年产量由目前的20多万t，提高到250万t。如能实现这一目标，到2020年后，我国每年能增加200多万t油茶籽油，相当于我国每年国产大豆的产油量，按现有我国食用油消费总量，能提高自给率6%～8%。

4. 油茶籽油是消费者喜爱的优质健康食用油

在众多的木本油料植物中，油茶是我国特有的木本油料树种之一，油茶的主要产品油茶籽油是一种高端健康食用油，是我国特有的高档民族品牌食用油脂，其不饱和脂肪酸含量高达90%以上、其中油酸的含量高达80%以上，远远高于其他食用油脂，完全可以与橄榄油媲美，加之油茶籽油的碘价低、油脂稳定性强、不易氧化变质等特点，被国内外专家誉为“东方橄榄油”。经常食用有利于预防动脉血管粥样硬化、高血压和心脑血管等疾病。

5. 发展油茶生产有良好的经济效益和生态效益

鉴于油茶适宜在南方贫困地区的山坡、丘陵和山岗地种植，又是多年生的木本油料作物，因此大面积种植油茶，发展油茶产业，不仅有利于提高我国食用油的自给率，同时有利于绿化当地的山河，保持水土，涵养水源，调节气候，发挥其良好的生态效益，还有利于支持贫困地区的经济发展，是一举多得的好事。所以，我们相信只要政府重视、政策得当、经济效益较好、能调动种植者的积极性，那么我国的油茶产业一定能得到快速发展。

发展油茶生产，除了具有上述5个方面的优势外，围绕对油茶籽油、油茶籽饼粕和加工过程中产生的副产物进行深度加工利用的潜力很大，前景宽广。

综上所述，发展油茶生产，是我国发展油料生产，提高食用油自给率的尚佳品种，同时也有助于提高“三农”的经济效益、社会效益和生态效益，的确是一件大好事！

（三）要进一步研究提出和落实发展油茶产业的政策措施

为使发展油茶产业落到实处，需要研究提出和落实相应的政策措施。总结我国已有的油茶产业的发展经验，我觉得在以下方面还要多做工作。

（1）要加大发展油茶产业的支持力度　我们要继续呼吁政府有关部门，像过去支持发展大豆产业一样支持油茶产业的发展。

（2）要想方设法调动种油农民的积极性　要在种植补贴、提高种植油茶的比价效益等方面调动种油农民的生产积极性。

（3）国家要继续重视和支持油茶的品种改良工作　增加科技投入，提高油茶籽的单产和含油率。

（4）要将提高油茶籽加工装备和工艺的研究列入国家有关科技发展规划　要研制油茶籽的采集、去壳、去皮和烘干等装备，提高效率、保证质量；要进一步加强对油茶籽加工工艺和成套设备的研究，以提高产品质量、降低消耗；要研究和发展油茶籽的深加工、综合利用技术与装备，提高油茶籽加工的附加值，进而增加加工企业和种油农民的经济效益。

八、 充分利用茶叶籽制油为国家增产食用油脂

——在中国茶叶籽油产业发展与高峰论坛上的开幕词

（2011 年 12 月 20 日　于北京）

发展油料生产和充分利用油料资源，是提高我国食用油自给率的当务之急！茶叶籽作为新油料资源发展潜力巨大，茶叶籽油是优质健康的特种食用油。我认为：一要进一步提高对茶叶籽油产业重要性的认识；二要精心培育茶叶籽油产业的龙头企业；三要加大对茶叶籽油产业的科技投入。

为充分利用茶叶籽制油，为国家增产食用油脂，促进茶叶籽油产业的发展，由中国粮油学会油脂分会主办，中国茶叶流通协会支持，浙江泰谷农业科技有限公司协办的“中国茶叶籽油产业发展高峰论坛”今天在北京召开。首先我代表中国粮油学会油脂分会欢迎在座的各位领导和专家参加此次高峰论坛，共同探讨我国茶叶籽油产业未来的发展前景。下面，我就以“充分利用茶叶籽制油，为国家增产食用油脂”为题讲几点意见，供大家参考。

（一） 发展油料生产和充分利用油料资源是提高我国食用油自给率的当务之急

目前我国每年食用油消费总量已达2 500万 t 左右，其中 60% 以上依赖进口。随着我国经济持续平稳较快发展，以及人口增长，生活水平提高和城镇化进程加快，我国对食用油的消费需求在总量上仍将继续保持刚性增长的趋势。这就意味着我国油料生产跟不上油脂需求的增长将成为常态。

鉴于食用植物油是国家食物安全的重要组成部分，目前如此高的对外依赖度，随时都有可能危及我国食用油市场的安全。如何解决我国食用油供应的短缺，保障国家食用油供应安全，除了积极发展油料生产外，另一个重要的途径就是充分利用我国自身的资源优势，大力发掘新油源，特别是要充分利用不与粮棉争地的现有油料资源制油，以缓解我国食用油料短缺的问题。

（二） 茶叶籽作为新油料资源发展潜力巨大

根据有关专家介绍，我国是世界上最早发现和利用茶树的国家，也是世界上最早栽培油茶的国家，具有两三千年的种植历史。茶叶和油茶是同目、同科、同属的植物，是山茶属的不同树种。千百年来，茶叶树只利用了它的芽叶，而油茶树则只能用它的果籽制油。

我国现有茶园面积约3 200万亩，茶叶籽是茶树的种子，长期以来，茶叶籽作为茶叶生产的副产物，因无人收购和利用大多被遗弃在地里，造成了这一宝贵生物资源的极大浪费。

茶叶籽整籽含油为 15% ~25% ，与大豆相当。以平均亩产 30kg 茶叶籽估算，可年

产茶叶籽约 100 万 t，与目前油茶籽的产量相当。如果通过品种和种植技术的改良提高，发展叶籽两用茶园，甚至开发以产籽为主的高产油料茶园，那么，未来完全有可能实现年产百万吨以上高档茶叶籽油的产业规模，发展潜力巨大。只要做好工作，必将能为解决我国食用油供应的短缺作出贡献。

（三） 茶叶籽油是优质健康的特种食用油

茶叶籽油富含不饱和脂肪酸，且脂肪酸构成比例较为均衡。据有关资料介绍，茶叶籽油的脂肪酸组成与油茶籽油、米糠油相似；不饱和脂肪酸的含量与油茶籽油、米糠油相近；油酸的含量比米糠油高，略低于油茶籽油和橄榄油，但亚油酸的含量比油茶籽油、橄榄油高，略低于米糠油。茶叶籽油中富含植物甾醇、维生素 E、角鲨烯等活性物质，尤其是富含具有特征指标的天然茶多酚。这些物质能够调节免疫活性细胞，增强免疫功能，消除人体自由基，具有很强的抗氧化、抗衰老、防“三高”等功能，是适合于煎炸、烹调的优质营养食用油。

（四） 对发展茶叶籽油产业的三点建议

国家卫生部于 2009 年 12 月批准茶叶籽油为“新资源食品”；2011 年 l0 月茶叶籽油国家标准的制订工作已正式启动，为茶叶籽油产业的发展提供了基础。为推进茶叶籽油产业的发展，我觉得应在以下三方面多做工作。

1. 要进一步提高对茶叶籽油产业重要性的认识

加大政府对茶叶籽油产业的扶持力度。充分利用茶叶籽制油，为国家增产食用油脂，不仅有利于缓解我国食用油的短缺，为消费者提供一种优质健康的高档食用油；同时还可以给茶农带来额外的收益，是一个利国利农利民的阳光产业，应该大力发展。据了解，从去年开始国家已把开发茶叶籽油产业列入扶持开发项目。建议国家有关部门要像支持油茶籽油产业发展一样，在政策、资金等方面给予大力支持。

2. 要精心培育茶叶籽油产业的龙头企业

茶叶籽油产业的发展涉及到各个环节，从原料到技术、生产、销售等，需要解决一系列的问题，因为这是一个新兴产业。在产业发展中，企业是产业发展的主体。据了解，目前我国已有 10 余家企业从事茶叶籽油的开发，但规模都还不大。要想尽快将茶叶籽油产业做大做强，必须要有实力雄厚的资本介入，充当行业的领头羊，这样产业发展才有希望，类似于花生油中有鲁花，玉米油中有三星和西王。本次论坛会的协办单位——浙江泰谷农业科技有限公司是由位居中国民营企业 30 强的正泰集团投资控股设立的现代农业高科技公司，该公司以茶叶籽油为主导产品，依托正泰集团在工业制造和现代企业管理方面的丰富经验、利用广泛的社会人脉资源和遍布全球的营销渠道网络，构筑了与国内外茶学、油脂加工、营养医学等权威专家和机构的战略合作关系。他们为了茶叶籽油产业的发展，正在积极努力扩大茶叶籽油在社会上的影响力，今年该公司的万吨茶叶籽收购计划预计可为茶农增加4 000万元左右的收入。他们基础扎实、实力雄厚、目标远大。我们希望有更多的像“泰谷农业公司”这样的企业为我国茶叶籽油产业的发展壮大作出自己的贡献。

3. 要加大对茶叶籽油产业的科技投入

要研究茶叶籽的采集、烘干、剥壳等设备，提高效率，保证茶叶籽油的质量；要切实做好茶叶籽油生产设备的选型和关键设备的改造改进；要研究和开发茶叶籽油的精深加工以及饼粕和下脚料等副产品的综合利用技术与装备，提高茶叶籽加工的附加值，进而增加茶农收入，提高其采集茶叶籽的积极性。

九、 利用蛋白深加工提高油料附加值

（2012 年 9 月 1 日 刊于《中国油脂》周刊）

“我国油料资源十分丰富，油料蛋白是生产各种植物肽的优质原料。《大豆肽粉》的国家标准已于 2008 年制订和获批，玉米肽已被卫生部批准为新资源食品，花生肽作为新资源食品已经上报卫生部。可以预测，不久的将来，米糠肽、油菜籽肽等油料蛋白肽都将陆续‘晋升’为新资源食品。”8 月 28 日，由何东平教授主持的，在湖北武汉召开的《花生肽》《玉米肽》标准制订启动会暨中国植物多肽产业发展研讨会上，中国粮油学会常务副理事长、油脂分会会长王瑞元还告诉记者，充分利用油料蛋白进行深加工，是提高油料附加值、增加农民收入的有效途径。

由于油料蛋白肽具有生理活性强、抗氧化、抗疲劳、降血脂、降血压以及护肝、健脑、醒酒等功效，我国已于 20 世纪 80 年代开始研发、生产、应用植物多肽。

王瑞元强调，《花生肽》《玉米肽》标准虽然属于行业标准，但也要严格按照标准制修订程序来制定。同时花生肽、玉米肽可以直接食用，因此不仅要重视产品质量指标，而且要严格各类卫生指标。同时我国大多数人对油料蛋白肽还不熟悉，因此要参照国际同类标准以及我国《大豆肽粉》的国家标准制订。

据介绍，玉米肽是以玉米中的蛋白质为原料，再经过酶水解、分离、浓缩、干燥加工成的小分子肽物质。我国是玉米生产大国，年种植面积达 4 亿亩，2011 年玉米总产量19 175万 t，比上年增加1 450万 t。2009 年我国加工玉米淀粉消耗玉米量为 2 550 万 t，占玉米总量的 17%，加上酒精所需玉米量为1 273万 t，占玉米总量 8%，两项合计消耗玉米3 823万 t，在深加工过程中，产生玉米蛋白粉约 234 万 t。

我国玉米总产量位居世界第二，占世界玉米总产量的 20%。近几年受各种因素影响，玉米价格偏低，经济效益不明显，所以对玉米蛋白质进行加工或利用蛋白酶的水解加工成高营养的肽类食品，为玉米深加工开辟了新途径。

另据不完全统计，国内已有 13 家花生蛋白原料生产企业，其中 7 家花生肽原料的生产企业，花生肽的年产量近万吨，主要分布在山东、辽宁、河南、湖北、广东等地。随着人们对肽的认识加深，对肽的需求量也会越来越大，制订《花生肽》《玉米肽》行业标准，对保障食品安全，改善我国民众的膳食营养具有重要的意义。

十、提倡“一线多能”和“多油并举”

（2012年11月24日 刊于《中国油脂》周刊）

“为充分发挥现有产能，提高利用率，倡导单个企业通过技术改造，调整工艺和增设部分装置，以适应能加工两种以上原料的需要，应做到‘一线多能’。为增加油源，丰富市场，倡导在油料生产和加工中，除了要重视大豆、油菜籽、花生、棉籽等大宗油料外，还应重视葵花籽、芝麻等一般油料的生产与加工，尤其要重视以油茶籽为代表的木本油料和其他特种油的生产与加工，做到‘多油并举’。”近日，中国粮油学会常务副理事长、中国粮油学会油脂分会会长王瑞元在接受粮油市场报记者专访时如是说。

王瑞元提出，要进一步提高粮油资源综合加工及转化利用水平，不断提高米糠、小麦和玉米胚芽及油脚等副产物的综合利用水平。为此，要树立高效、低碳、节能、节粮和保护环境的意识，加大节能减排、保护环境的力度；要采用新型清洁生产技术，积极发展低消耗、低排放、高效率的加工模式，降低水、电、煤、溶剂等消耗和碳排量；严禁上马高消耗、高污染的建设项目。确保到2015年，使我国食用植物油加工业的单位产值能耗比2010年降低10%以上，单位产值二氧化碳排放量比2010年减少17%以上。以建立安全、优质、营养、低耗、绿色、生态的现代食用植物油加工业体系。

要推进结构调整，淘汰落后产能。食用植物油加工企业应加快组织结构调整，引导企业通过兼并重组以及产业园区建设，适度提高产业集中度，发展拥有知名品牌和核心竞争力的大型企业和企业集团，改造提升中小型企业发展的质量和水平，形成大中小企业分工协作、协调发展的格局。

要进一步加大对食用植物油加工企业技术改造的力度，通过采用先进实用、高效低耗、节能环保和安全的技术、开发新产品、实施节能减排、降低成本、提高工效。与此同时，将强化卫生、环保、安全、能耗的约束作用，建立产业退出机制，加快淘汰一批工艺落后、设备陈旧、卫生质量安全和环保不达标、能耗物耗高的落后产能。要警惕产能过剩，要严格控制盲目投资、盲目求大和低水平重复建设。

王瑞元预测，在国家政策的支持下，我国以油茶籽为代表的特种油料生产将得到快速发展，特种油料资源将得到开发利用。食用植物油加工企业将利用特种油脂富含功能性成分的特点，生产营养健康的功能性油脂。在米糠和玉米胚芽利用方面，要大力提倡米糠和玉米胚芽制油，为国家增产油脂。重点支持日处理150t以上的稻谷加工企业配套采用米糠膨化保鲜技术装备，推广“分散保鲜、集中榨油（浸出）”和“分散榨油、集中精炼”模式，以提高米糠利用率和稻米油的品质。

王瑞元表示，要积极推进粮油加工园区和国家粮油应急加工及供应体系建设，延伸产业链，推动粮油加工业向专业化、规模化、集约化方向发展。食用植物油加工龙头企业、大型企业和企业集团应积极参与创建粮油加工园区，使之成为粮食产业化发展的新型载体，形成集收购、储藏、运输、加工、销售、配送为一体的现代化粮食产业集群。与此同时，要积极参与国家粮油应急加工及供应体系建设，以保障国家应对重大自然灾害或突发事件时的粮油应急供应。

王瑞元分析，为满足我国食品加工发展需要，今后，不同用途的起酥油、人造奶油、煎炸油、凉拌油和调味油等专用油脂将得到快速发展。同时，小包装食用油也将进一步快速发展，并逐步替代乃至取消市场上的散装食用油。

王瑞元特别强调，鉴于食用植物油是国家安全中的重要组成部分，因此，必须在确保食用的前提下，根据“不与人争油”的原则，妥善处理好食用与工业用油的关系。

从国家食物安全、我国食用植物油自给率偏低和保护环境的角度出发，对利用食用植物油生产生物柴油等项目将不予提倡，要严格控制。

十一、发展微生物油脂前景广阔

——在微生物油脂应用研讨会上的演讲

（2014 年 3 月 22 日 于湖北武汉）

很高兴陪同原国家林业局副局长、中国林业经济学会李育材理事长，原国家粮食局副局长、中国粮油学会张桂凤理事长来武汉，参加由全国粮油标准化委员会油脂油料工作组、武汉轻工大学、江南大学、河南工业大学主办，嘉必优生物工程（武汉）有限公司协办的“微生物油脂应用研讨会”。刚才，两位理事长都发表了热情洋溢的讲话，充分肯定了发展与应用微生物油脂的重要性，李理事长还给我们全面介绍了国家对发展木本油料产业的重视以及今后美好的发展前景，听了深受鼓舞。对此，我们油脂行业将全力支持木本油料产业的发展，并努力作出应有的贡献。

本次会议的主题是研讨微生物油脂的应用问题。目的是通过研讨，增加共识，进一步加强微生物油脂的研发力度，加快现有成果的推广应用，为社会作出贡献。

微生物油脂在整个油脂学科中，是一门新的学科。对此，我与大多油脂界的科技人员一样，对它较为生疏。前些日子，我拜读了何东平教授编著的《微生物油脂学》一书，尤其是在去年年底，我与相海同志来武汉参观了嘉必优生物工程（武汉）有限公司，受到了一些启蒙教育。下面我讲几点意见，作为自己参观、学习的心得。

（一）微生物油脂的诞生丰富了油脂学科的内容

众所周知，在我们日常生活中接触到的食用油脂种类很多，在通常室温环境下，呈现液态的叫油，呈固态的叫脂。长期以来，对于油脂的分类，我们都归宿于从油脂的来源讲起，大体可分为植物油脂和动物油脂两大部分。自 100 多年前开始，尤其是近二、三十年，世界各国都在重视开发利用另一类油脂——微生物油脂。微生物油脂的诞生，丰富和增加了油脂学科的内容，成为一个新兴的综合学科。

微生物油脂是利用产脂微生物，经过生物工程发酵技术生产出含有油脂的菌体（或藻体），再经油脂工程技术提取和精炼，生产出合格的微生物油脂。它是一门由微生物工程学、油脂工程学和食品营养工程学组成的新兴综合学科，是由多个高新技术有机结合的一项综合性新技术，是油脂学科在发展中具有革命性的事件，其发展前景十分美好。

（二）微生物油脂的诞生为人类增添了多种功能性食用油源

微生物油脂的最大特点之一，是可以通过人为的筛选和培育，得到不同的产油菌株，从而能生产出可供食用的富含 γ－亚麻酸（GLA）、α－亚麻酸（ALA）、花生四烯酸（ARA）、二十碳五烯酸（EPA）和二十二碳六烯酸（DHA）等功能性微生物油脂。这些功能性油脂，大多含人体无法自身合成的必需脂肪酸。

经国内外大量研究证明，这些功能性油脂，有的能促进脑部发育，增进智力和预防老年性痴呆症；有的对心血管疾病、高血压、高血脂、动脉粥样硬化、糖尿病等有预防作用；有的能增强免疫调节作用，有抗癌和增加机体自身免疫作用；有的能防止皮肤老化、延缓衰老、抗过敏反应等作用。

上述功能性油脂在植物和动物体内含量很低，甚至可忽略不计。为满足少数特殊人群的需要，目前，人类只能从稀有的月见草和夜来香等植物油中获取 γ-亚麻酸（GLA），从深海鱼油中获取 EPA 和 DHA。随着全球人口增长、健康意识和生活水平的提高、资源减少，功能性油脂缺乏的矛盾更加突出。而现在，功能性微生物油脂的诞生为解决这一难题找到了出路。

（三）在我国推广应用微生物油脂更具特殊意义

微生物油脂，不仅是一种功能性油脂，而且是一种食用安全的油脂。经大量科学临床实验证明，微生物油脂是可供人类食用的安全食用油脂。现在利用微生物生产的含 DHA 的油脂，已在全球 70 多个国家准予应用。现在，美、英、日等发达国家也是生产和应用微生物油脂的领跑者，仅著名的美国马泰克公司在全球就建有多家大型微生物油脂的生产工厂。

我国 1994 年将 ARA 列为营养强化剂，允许在婴幼儿配方食品中使用；2007 年 8 月，我国卫生部通过了马泰克公司生产的 DHA 藻油的新资源食品认证；2010 年 3 月，我国卫生部批准发酵法生产的 ARA 和 DHA 为新资源食品，并明确在符合相关要求条件下允许在婴幼儿食品中使用。由此可见，微生物油脂是可供人们食用的安全油脂。

利用生物技术除了可以生产出高纯度，具有特殊功能和安全性的油脂外，生产微生物油脂还具有不受场地、季节和气候变化等条件限制；资源丰富，原料充足，可以利用农副产品及食品工业、造纸工业中产生的废水、废料等廉价碳源，变废为宝；不与粮食争地，生产周期短，产品质量可控、稳定，易形成规模化生产等诸多优势，因此，引起了世界各国的高度重视。

我国是一个拥有 13 亿多人口的大国，随着我国经济的发展和人民生活水平的不断提高，我国食用油的需求量快速增长，2013 年我国食用油的需求总量达3 040.8万 t，人均年消费量为 22.5kg，其中利用国产油料生产的食用油只有1 169.4万 t，而其余的 1 871.4万 t 食用油都是依靠进口油脂油料来满足食用油市场需求的，自给率只有 38.5%。为提高我国食用油的自给能力，国家出台了一系列增加油料作物产量的措施，取得了一定的成效。现在，微生物油脂的问世，不仅为人类增加了一种优质食用油源，而且它不与粮食争地，为此，在我国推广应用微生物油脂更具有特殊意义。

我国在微生物油脂的研究与应用方面与发达国家相比虽然起步较晚，但发展势头看好。据了解，自 1997 年武汉星辰现代生物工程有限公司建成到现在的 17 年中，又有罗盖特生物营养品（武汉）有限公司、嘉必优生物工程（武汉）有限公司、湖北福星生物科技有限公司、广东润科生物有限公司、湖南佳格生物技术有限公司、山东德阳华泰生物工程有限公司、福建厦门全德威生物技术有限公司和湖北咸宁的两个微生物油脂加工企业等，共有 10 多家微生物油脂生产企业相继建成投产，其中嘉必优生物工程（武汉）有限公司属下就有 4 家企业。这意味着，在我国微生物油脂生产的发展势头看好，前景广阔。

（四） 微生物油脂在发展中需要进一步研究的几个问题

微生物油脂的发展与研究虽然已有 130 多年历史，但在油脂学科中，仍属于一门新兴的年轻学科。为促进微生物油脂在我国的健康快速发展，我觉得以下一些问题需要进一步研究。

(1) 要进一步加强对多种不同产油菌株和优质高产菌株的筛选和培育。我认为，生产微生物油脂的核心是能否筛选和培育出能产油的菌株。而微生物油脂的进一步发展要靠能否筛选和培育出能满足不同需要的“多种不同”的产油菌株和“优质高产”菌株，并把研发的重点放在“多种不同”和“优质高产”两个方面上。也可以说，对微生物油脂的研究与开发是无止境的，而目前的研发成果仅仅是微生物油脂发展过程中的起步阶段，其今后的发展前景是难以预测和无法估量的。

(2) 要根据微生物油脂的特点，进一步深入研究与普通植物油不同的生产加工工艺与精炼方式，使之更加科学合理，提高效率。要根据大多消费者的习惯，妥当处理好部分微生物油脂具有的固有气滋味问题。要针对微生物油脂不饱和程度高的特点，妥当处理好易氧化的问题。

(3) 要在制订和贯彻好藻油行业标准的基础上，进一步制订好其他不同微生物油脂的行业标准和国家标准。与此同时，要研究微生物油脂添加到其他食用油中后的含量检测方法，以指导企业生产，确保产品的质量与安全。

(4) 要注重微生物油脂在生产过程中产生的废渣、废液的综合利用，以节约资源，提高经济效益。

(5) 要进一步重视研究与开发微生物油脂生产的新工艺、新技术、新装备，要在保证产品质量的前提下，努力在降低消耗、提高得率，最大限度地降低生产成本上下功夫，把微生物油脂的生产成本降低到消费者能接受的水平上，以推动微生物油脂的发展，造福人民。

最后，我相信本次研讨会的成功召开，一定会推动我国微生物油脂的健康、快速发展。

十二、 我国芝麻产业的发展

——在芝麻油加工技术研讨会上的主题报告

(2015 年 9 月 18 日　于广西防城港)

很高兴来到防城港，参加了上午举行的“防城港富味乡油脂食品有限公司的开业庆典”活动。现在我们又在这里召开芝麻油加工技术研讨会，根据会议的安排，在技术研讨会开始之前，我先向大家简要介绍一下有关我国芝麻产业的发展情况。

(一) 我国是芝麻的生产大国

芝麻是世界上最古老的油料作物之一，芝麻在我国古代又称为胡麻、巨胜、油麻、方茎、狗虱、交麻和脂麻等。据史料记载，芝麻是在西汉张骞出使西域后传入我国的。但在浙江吴兴钱山漾和杭州水田畈先后出土了4500年前的芝麻。由此可见，芝麻在我国有着悠久的种植历史。

据悉，世界上有六十多个国家种植芝麻，排名前四位的依次是：印度、苏丹、缅甸和中国。世界芝麻年种植面积在700万~800万 hm^2，产量为450万 t 左右。

正常年景，我国芝麻的种植面积在70万 hm^2 左右，约占世界芝麻种植面积的十分之一；产量在60万~65万 t，其中2014年产量为63万 t（见表1），约占世界芝麻产量的七分之一。

在我国，河南、安徽和湖北是我国芝麻的主要种植地区，上述三省约占我国芝麻产量的四分之三。

表 1　中国芝麻产量　单位：kt

年份	芝麻产量	年份	芝麻产量
1998	656	2007	557
1999	743	2008	586
2000	811	2009	622
2001	804	2010	587
2002	895	2011	606
2003	593	2012	639
2004	704	2013	624
2005	625	2014	630
2006	662		

注：资料来源国家粮油信息中心。

（二）我国是芝麻的消费大国

芝麻的用途极为广泛。成书于东汉的重要农书《四民月令》中对当时人们播种胡麻（即芝麻）的时间进行了科学总结。我国在三国时已经掌握了芝麻的榨油技术，晋代芝麻油之名已经在文献中记载，宋代的陆游在《荞麦初熟》中描述："胡麻压油油更香，油新饼美争先尝"。白居易在《寄胡饼与杨万州》中说，"胡麻饼样学京师，面脆油香新出炉"。说明芝麻和芝麻油已经成为当时达官贵人的食品。

在现代社会，芝麻及其制品仍然是我国消费者喜爱的食品。在我国市场上，芝麻油、芝麻酱、芝麻糊等产品以及利用芝麻生产的汤圆等传统食品和烘烤食品琳琅满目，深受广大消费者的喜爱。

由于芝麻及其制品在我国粮油食品市场上始终呈现旺盛的消费势头，所以，现在我国国产芝麻的产量已不能满足市场的需求。为满足市场的供应，近些年来，我国每年需要进口较大数量的芝麻。据海关统计，2014 年我国进口芝麻 57 万 t，进口芝麻油 1923t。另据估计，2014 年我国通过边贸进口芝麻约 10 万 t。这样，连同国产芝麻 63 万 t，2014 年我国实际消费芝麻约 130 万 t，其消费量约占世界芝麻总产量的 30%。由此可见，我国是世界芝麻的消费大国。

（三）芝麻油是我国消费者喜爱的健康食用油

前面讲过，目前，我国每年大约需要消费 130 万 t 芝麻，其中国产芝麻大约有 45% 直接供人们食用或作食品原料。用于榨油的芝麻约 100 万 t，能生产芝麻油 45 万 t 左右。

我国市场上的芝麻油也称香油，而香油是小磨香油和机制香油的统称，亦即具有浓郁或显著香味的芝麻油。在加工过程中，芝麻中的特有成分经高温炒料处理后，生成具有特殊香味的物质，致使芝麻油具有独特的香味，有别于其他各种食用油，故称香油。

在我国，按加工工艺不同，芝麻油可分为小磨香油、机制香油和普通芝麻油。

小磨香油简称小磨油，又称小磨麻油。它以芝麻为原料，用水代法加工制取，具有浓郁的独特香味，是良好的调味油。用水代法加工制取小磨香油在我国已有 400 多年历史，是中国特有的制油方法。

机制香油又称香麻油、麻油。它以芝麻为原料，通过特定的工艺，用机榨制取，具有显著的芝麻油香味，用途与小磨香油相似。

普通芝麻油俗称大槽麻油。它以芝麻为原料，是用一般压榨法、浸出法或其他方法制取的芝麻油的统称。由于加工方法不同，普通芝麻油的香味清淡，远不如小磨香油、机制香油的香味浓郁或显著。一般用作烹调油，也可作为制作糕点、糖果、食品的主要辅料。

由于芝麻和芝麻油中富含诸多有益于人体健康的微量活性物质，如木酚素类化合物（主要为芝麻素）等，为此，世界卫生组织（WHO）经近 3 年的调研，于 2011 年召开的世界卫生组织第 113 次会上，推荐出芝麻油、玉米油和米糠油为最佳食用油。

而在我国广大消费者心目中，早就把芝麻油当作高端健康食用油了。

（四） 芝麻油加工应关注的几个问题

我国芝麻油加工企业的数量多，但生产规模普遍较小，像安徽燕庄、上海富味乡、山东瑞福那样的企业为数不多。由于芝麻油加工企业小而散，致使产品质量与各项经济技术指标参差不齐，亟待需要研究解决。当前，为确保芝麻油产品的质量，我觉得以下一些问题应引起我们的重视。

1. 要研制芝麻原料的高效整理和清理设备

我们要针对国产原料品种多、含杂多、品质一致性差等问题以及进口不同国家的原料多、品质不一等实际情况，加快研制灵活高效的整理和清理设备，确保芝麻原料的质量符合加工需求，进而确保芝麻油及其制品的质量。

2. 要加快推广应用现代" 水代法" 制取小磨香油的步伐

用“水代法”加工小磨香油，是我国特有的加工方法，其产品深受消费者的欢迎，但“水代法”制油与机榨制油相比，存在着一般规模都较小的问题；在炒籽、扬烟、墩油、撇油等环节存在着费工费时且生产环境差的现象；废渣浆难以利用且易污染环境；石磨维修率高且费工费时等问题，需要注入现代技术，改造传统工艺。

在这方面，河南工业大学与山东潍坊瑞福油脂调料有限公司合作研制成功了规模化、连续化、现代化的小磨香油生产线，并在瑞福油脂成功使用，取得了很好的经济社会效益，获得了中国粮油学会的科学技术一等奖。这项技术应该加快在有一定规模的小磨香油生产企业中推广应用。

3. 要贯彻 “适度加工” 的原则， 对芝麻油的香味进行 “适当调整”

鉴于在生产香油时，对芝麻进行高温焙炒是产生香味的传统关键环节，但同时也存在着“焙炒”过头，容易生产3，4－苯并芘等一类有害物质的问题，应该引起我们的高度重视。解决这个问题，我认为一要严格执行食品安全的底线，科学合理地“适当调整”芝麻油的香味，纠正一味追求芝麻油香味的倾向，并适时向消费者进行科普宣贯；二要调整和改造加工工艺，避免“焙炒”过头；三要研究在不影响芝麻油香味的前提下，去除芝麻油中有害物质的有效方法。在这方面，河南工业大学已经取得了许多成果。

4. 要加大对芝麻及其制品的研究， 进一步开发芝麻的延伸产品

芝麻中富含营养和生理活性物质，研究开发利用好这些功能性物质，不仅能为百姓造福，而且能使农民增收、企业增效、促进芝麻产业的健康发展。在这方面，富味乡集团和台湾大学经过多年深入研究，取得了许多成果。过一会儿，他们将会给我们作精彩的报告，介绍他们的经验。

十三、 葵花籽油是中国的优质食用油源

——在国际葵花籽油研讨会暨国际葵花籽油理事会成立大会上的发言

（2015 年 10 月 14 日　于上海）

很高兴参加由国际向日葵协会主办的“国际葵花籽油研讨会暨国际葵花籽油理事会成立大会”。首先，我代表中国粮油学会油脂分会对会议的顺利召开表示热烈的祝贺，对到会的各位嘉宾和各位代表致以诚挚的问候。根据会议的安排，下面我以“葵花籽油是中国的优质食用油源”为题，向大家简要介绍有关中国油料油脂的生产与消费情况、葵花籽及葵花籽油的生产与消费情况和葵花籽油在中国市场上的发展前景。

（一） 中国油料油脂的生产与消费情况

随着人民生活水平的不断提高，我们对油料油脂的需求数量不断攀升。为满足市场的需要，近些年来，中国政府出台了一系列有关鼓励发展油料生产的政策措施，推动了我国油料生产的持续稳定发展。据统计，2013 年，我国油菜籽、大豆、花生、棉籽、葵花籽、芝麻、油茶籽、亚麻籽八大油料的总产量为 5845. 9 万 t，较 1993 年的 4007. 6 万 t，增长了 45. 9% （见表 1）。

表 1　中国油料产量　单位：kt

年份	油料总产量	年份	油料总产量
1993	40 076	2004	59 445
1994	43 710	2005	57 407
1995	44 585	2006	55 044
1996	42 891	2007	52 135
1997	44 587	2008	58 559
1998	46 393	2009	58 003
1999	47 155	2010	58 114
2000	52 910	2011	59 413
2001	53 638	2012	59 723
2002	53 788	2013	58 459
2003	52 251		

注：资料来源国家粮油信息中心。

在我国政府一系列惠农政策的推动下，促进了我国油料生产的不断增长，但其增长速度仍跟不上消费增长的速度。为保证油料油脂市场的供应，自 20 世纪 90 年代起我

国每年需要进口较大数量的油料油脂。据海关统计，2014 年，我国进口各类油料合计为 7751. 8 万 t，进口各类植物油脂总量为 787. 3 万 t（见表 2）。

表 2　　中国油脂油料进口量　　单位：kt

年份	油料进口量	植物油进口量
2000		1 872
2001		1 674
2002	11 945	3 212
2003	20 976	5 418
2004	20 756	6 764
2005	27 042	6 213
2006	29 280	6 715
2007	31 858	8 397
2008	39 005	8 163
2009	46 331	9 502
2010	57 046	8 262
2011	54 818	7 798
2012	62 280	9 600
2013	67 835	9 221
2014	77 518	7 873

注：资料来源国家粮油信息中心。

另据统计，2014 年度，我国食用油的消费总量为 3167. 4 万 t，较 2000 年的 1245. 7 万 t，增长了 154. 3%，14 年间，平均每年增长 11%；2014 年我国人均年食用油消费量达 23. 2kg，较 2000 年的 9. 6kg，增长了 13. 6kg，14 年间，人均每年增长 0. 97kg（见表 3）。

由此可见，中国是一个油料油脂的生产大国、进口大国和消费大国。

表 3　　1996—2014 年我国人均年食用油消费情况

年份	食用油消费量/万 t	人均年消费量/kg
2000	1 245. 7	9. 6
2001	1 330	10. 2
2002	1 410	10. 8
2003	1 500	11. 5
2004	1 750	13. 5
2005	1 850 ~ 1 900	14. 2 ~ 14. 6
2006	2 271. 7	17. 5
2007	2 509. 7	19. 3

续表

年份	食用油消费量/万 t	人均年消费量/kg
2008	2 684.7	20.7
2011	2 777.4	20.6
2012	2 894.6	21.4
2013	3 040.8	22.5
2014	3 167.4	23.2

注：2000—2008 年的我国人均年消费按 13 亿人口计算；2011—2013 年按 13．5 亿人口计算；2014 年按 13.6782 亿人口计算。

（二） 中国葵花籽及葵花籽油的生产与消费情况

1. 中国葵花籽的生产情况

由于地理和气候的多样性，赋予了我国油料品种繁多，资源丰富。在我国的油料作物中，按产量排列，葵花籽仅次于油菜籽、大豆、花生和棉籽之后，排名第五。

葵花适于生长在光照长、降雨量少、纬度在40°左右的地区，加上葵花具有节水、抗旱、耐盐碱、耐贫瘠等特点，所以在我国众多的河滩地、下湿地和盐碱地，只要光照充沛，都可以种植。

近些年来，我国葵花籽的种植面积稳定在近百万公顷，播种面积变化不大，但其产量呈逐年上升趋势。2014 年，我国葵花籽的种植面积为 97.5 万 hm^2，产量约为 250 万 t（见表4）。主要分布在我国的内蒙古、新疆、河北、山西、宁夏、甘肃以及辽宁、吉林和黑龙江等省区，其中内蒙古的产量约占全国的40%，新疆占20%。

2. 中国葵花籽油的产量

我国的葵花籽大体分为两种，一种是专供榨油用的油葵，另一种是食用与榨油兼之的籽粒大、有棱，呈灰色或黑白花色的普通葵花籽。目前，我国葵花籽大多为普通葵花籽。由于我国人民喜爱将葵花籽烘炒后作为干果食用，加上部分葵花籽仁直接作为食品工业的原料，两者的消费量接近我国葵花籽产量的一半。也就是说，我国用于榨油的葵花籽只占产量的50%～55%，葵花籽油的产量近几年来一直在40 万 t 左右。

表 4　2001—2014 年中国葵花籽种植面积及产量

年份	种植面积/万 hm^2	产量/万 t
2001	101.58	147.78
2002	113.09	194.60
2003	117.30	174.30
2004	93.49	155.15
2005	102.02	192.79
2006	98.78	180.30

续表

年份	种植面积/万 hm^2	产量/万 t
2007	71. 92	118. 68
2008	96. 43	179. 17
2009	95. 87	195. 56
2010	98. 40	229. 80
2011	94. 02	231. 30
2012	88. 85	232. 27
2013	92. 34	242. 32
2014	97. 50	250. 00

注：资料来源国家统计局、国家粮油信息中心；2014 年为预计数。

（三） 中国葵花籽油的进出口情况

近几年来，随着消费者对葵花籽油认知度的提高，我国葵花籽油的消费数量快速增长，估计目前每年葵花籽油的消费量为 80 万 ~ 90 万 t。由于国产葵花籽油只有 40 万 t左右，所以缺口较大，需要通过进口来满足市场的需求（见表 5）。

表 5　　中国葵花籽油进出口情况　　单位：万 t

年份	进口数量	出口数量
2003	3. 48	0. 02
2004	2. 08	–
2005	0. 01	0. 10
2006	3. 01	0. 01
2007	6. 76	0. 00
2008	0. 51	0. 06
2009	14. 49	0. 03
2010	12. 90	0. 01
2011	6. 47	0. 10
2012	10. 46	0. 10
2013	43. 28	0. 12
2014	45. 03	0. 08

注：资料来源中国海关进出口数据统计；在进口中，由于葵花籽油与红花籽油是一个税号，所以在进口葵花籽油的数量中包含了红花籽油，但数量十分有限。

（四） 葵花籽油在中国市场上的发展前景

从国家政策和我国油脂市场上的需求情况看，我认为，葵花籽油在我国市场上的发展前景是十分看好的。主要体现在以下几个方面。

1. 发展葵花产业符合国家政策

目前，我国每年食用油的消费量已超过 3000 万 t，但其自给率不足 40%。为提高我国食用油消费的自给能力，国家出台了一系列政策，鼓励发展国产油料，其中发展葵花产业是最有优势和最有发展前景的。因为葵花具有节水抗旱、抗盐碱和改良土壤的作用，适合于在我国广大的西北、内蒙古等干旱、盐碱化和沙化的土壤中种植。发展葵花产业不仅能做到不与粮食争地，增产油料（据统计，2012 年我国葵花籽单位面积产量为 2614.1kg/hm^2，即平均亩产为 174.3kg，产油量远高于种植大豆）、提高农民的经济收入，还能绿化环境和改善土壤，是一举多得的好事。

2. 葵花籽是优良的油料资源

葵花籽含油率高（我国葵花籽的平均含油率在 30%～35%，其中油葵全籽含油率高达 45%～50%，普通籽含油率在 25%～35%），葵花籽仁可榨油，且出油率高；葵花籽饼粕是优质的蛋白资源，既能作饲用，又能作食用；葵花籽壳不仅可作燃料，又是制作活性炭的好原料；葵盘可生产出性能优良的果胶，能广泛用于食品和医药等行业；葵杆可以作为制造纸浆的原料等。

由此可见，葵花籽全身是宝，产品链条长，综合开发价值大，是优良的油料资源，值得大力发展。

3. 葵花籽油是优质食用油

葵花籽油中不饱和脂肪酸的含量高达 90% 以上（经对我国内蒙古生产的葵花籽油测定，其中亚油酸含量为 62.2%、油酸含量为 23.8%），葵花籽油的人体消化吸收率高达 96% 以上；葵花籽油中富含维生素 E、胡萝卜素以及镁、磷、钠、钙、铁、钾、锌等营养物质，素有健康食用油之称；葵花籽油清淡透明、烟点高、烹饪时易保留天然食品风味，与其他大众食用油相比，在中国消费者心目中葵花籽油属优质高端食用油品，其产品深受消费者青睐，市场需求旺盛。

4. 通过“适度进口”来满足中国葵花籽油市场需要的趋势不会改变

当前，我国葵花籽及葵花籽油市场需求旺盛，为满足市场的需要，我们要在积极发展国产葵花产业，不断提高葵花籽产量的同时，将会充分利用好国际葵花籽和葵花籽油的资源，通过“适度进口”，满足市场需求。从表 5 中我们已清楚看到，近两年我国每年进口的葵花籽油数量都在 40 万 t 以上，高于国产葵花籽油的数量。我认为，这是符合“多油并举”和“走多元化原料供应道路”要求的，葵花籽及葵花籽油“适度进口”的趋势是不会改变的。这里，我想提出一个问题，在葵花籽油贸易中，今后可否象大豆一样，在进口葵花籽油的同时，进口一部分葵花籽，请大家研究。现在看来，葵花籽的比重小和易变质是制约葵花籽国际贸易的重要原因。综上所述，我对中国葵花产业的发展充满信心，对葵花籽油在中国市场上的发展前景十分看好。

第八章

油脂设备选定型与消化吸收

一、在全国制油设备选型、定型、标准化会议上的总结报告

（1978 年 3 月 2 日 于陕西西安）

全国制油设备选型、定型、标准化会议，今天就要结束了。这次会议，从 2 月 18 日开始到今天共开了 13 天，会议讨论并通过了“制油设备选型、定型、标准化方案”和“制油设备选型、定型、标准化工作计划”。通过这次会议，选定了食用植物油加工厂所需的清理设备、剥壳和分离设备、破碎和轧胚设备、蒸炒设备、压榨和浸出设备、过滤和精炼设备共 56 种，175 台，明确了工作分工，落实了设备的设计、制造和生产试验计划，会议开得是成功的。

这次会议，是在党的十一届三中全会提出了 1979 年全党工作的着重点将要转移到社会主义现代化建设上来的新形势下召开的。各地对制油设备的选、定型工作十分重视。多数省、市、自治区，派出以分管这一工作的处长、经理、所长带队，有技术干部和有经验的科技人员参加的代表小组。有关院校也派人出席了会议。会议期间，进行了认真的讨论，充分发挥了民主，做到了畅所欲言，对方案做了许多补充和修改，任务得到了落实。总的来看，与会同志对修改后的方案是满意的，接受任务也是愉快的。

会议期间，还听取了 3 位工程师关于国内外油脂生产和技术发展情况的介绍。

这次会议，国家标准总局也很重视，派员到会指导；财经出版社也派人出席了会议；陕西省粮食局局长在百忙中参加了我们的会议。省粮食局和陕西油脂工业科研所，抽出许多同志为会议服务，做了大量工作，为开好会议创造了良好条件，借此机会再次表示感谢！

这次会议的成果全部体现在“方案”和“计划”里，即将正式下达，在文件未下达前，请先按这次会议的“方案”和“计划”行动起来。

关于做好制油设备选型、定型、标准化工作，我想讲三个问题，供同志们参考。

（一）搞好粮油加工设备选型、定型、标准化工作，是实现粮油工业现代化的一个必不可少的组成部分

标准化，是实现农业、工业、国防和科学技术现代化必不可少的一项技术基础。搞好标准化对保证和提高产品质量，合理发展产品品种、规格、增加产品生产，节约原料、材料，巩固和推广科技成果，便于生产协作，使用维修和技术交流都具有重要作用。在社会主义建设中，推行标准化，是国家的一项重要经济政策。在五届人大第一次会议上的政府工作报告中指出——“机械工业担负着为国民经济各部门提供技术装备的重要任务，要按照专业化协作的原则组织起来，统一规划，搞好产品的标准化、系列化、通用化”。

从我们粮油加工机械来看，实现标准化同样是十分重要的，我们的产品品种规格繁多，机型杂乱，许多同类产品的型号不一，图纸不一，结构不一，技术要求不一，零部件不能通用互换，极大地阻碍着技术革新和技术改造的进行。仅以榨油常用的“95 型”和“90 型”榨油机为例，尽管都是一个型号，但省区间、工厂间的零部件都存在不能通用和互换的情况。而这两种设备的易耗零部件又很多，这种情况如不能及早改变，就会影响产品质量和劳动生产率的进一步提高，甚至影响生产。

关于粮油工业如何实现现代化，如何赶超世界先进水平，还待进一步探讨，要提出具体要求。我们认为，粮油加工设备的产品质量标准化，品种规格系列化，零部件通用化，是不可少的，其他如工艺定型化、装备机械化、车间环境卫生、劳动条件的改善等，也都属于实现现代化的范畴。会议开始时，我说过了，制粉、碾米设备选型、定型、标准化工作早已开始，估计今年可以基本结束。现在开始进行制油设备的选型、定型、标准化工作也是我们粮油工业的一项重要基础工作，目的是为了早日实现粮油工业的现代化，是为了实现三中全会提出的工作着重点的转移。我们一定要把这项工作提到这样一个高度来认识，并以实际行动积极做好粮油加工机械的选型、定型、标准化工作。

（二） 谈谈有关制油设备选型、 定型、 标准化方案的几个问题

1977 年，我们在调查了部分省、市油厂、机械厂情况的基础上，提出了方案初稿。1977 年 12 月，在江苏省常熟县开了个座谈会，对方案进行了讨论，提出了修改意见。后经商业部科技局、设计院、粮油工业局三个单位又反复研究，进行了多次修改，这次会上经过大家讨论修改补充才定了下来。关于这个方案，我想讲以下几个问题：

1. 这个方案是根据我国的油料生产和收购政策， 即 “基本上收油不收料” 或“油料兼收”， 油脂加工按 “产地加工” 的原则来考虑的

在短时期内，我国还不能改变以中小型厂加工为主的现状。因此，在机榨油厂选用了单机日处理油料 1t、4t、8t 3 种机型，即现在所说的“90 型”、“95 型”、“200 型”；浸出厂以 10t 为起点，100t 为最大系列。这样做的目的是为了适应各种不同类型的地区和工厂。我们都知道，国外大型油厂较多，大型油厂各项经济技术指标都比较先进，特别是浸出油厂，但另一方面也应该看到，我国地区辽阔，经济发展也不平衡，以大型油厂为主很不现实，完全采用先进工艺，一时还不能做到。因此，在方案中我们既保留了先进国家已不多用的机榨，也采用了较为先进的浸出设备。我们认为，新建厂日处理量在 30t 以上的，应该采用浸出设备，或预榨浸出设备，不要再只搞机榨了。这样，我们的生产技术才能向前发展。

2. 这个方案既根据国内现状， 又考虑了将来的发展， 尽可能地做到在技术上先进， 经济上合理， 在主要设备方面要接近和赶上世界先进水平

在讨论中，有的同志批评这个方案起步低了，我想可能是我们保留了液压榨油机和螺旋榨油机，保留了间歇式精炼和其他一些较为落后的设备。关于这个问题，我们认为，保留这些设备是从现实出发的，是因为我们在短期内不但不能淘汰它们，每年还要补充

这类设备。比如，我们提倡米糠榨油、玉米胚芽榨油，这两种油料不宜集中，多数地区只能选用“90 型”或“95 型”榨机。又如，在我国锅炉和燃料问题未得到解决前，先进的榨油机和浸出设备也不能普遍推广，还要有个较长的过渡时期。到条件具备时，比如，油料加工可以从零散到集中了；国家的热源供应有保证了，像“90 型”、“95 型”以至“200 型”榨机就会逐步淘汰，就可采用先进的浸出法生产。我们的浸出法在标准上也有了，先进与落后同时并存，是我们制油设备选、定型方案的一个特点。

3. 这个方案只考虑了大豆、米糠、花生、油菜籽、棉籽、油茶籽、向日葵 7 种油料，还有一些油料未考虑进去

有些同志建议增加，我们考虑还是不增加了，各地如有需要，可以自行选定，作为地方标准，过了一个阶段，再上升到行业或国家标准。因为现在 7 种油料，已有 56 种设备，如果再增加，任务不易落实，同时像油棕、油橄榄等油料，目前产量不大，分布也不广，可先由地方搞起来。胡麻、芝麻等油料，虽然数量不少，只要清理设备改动一下，其他设备还可应用，也可由地方先搞起来。

4. 这个方案，在辅助设备上，只列了常用和多用的，并不是把所有设备都列入进去了

各地可因地制宜地自行选用；有些设备可以选用碾米、制粉的设备。选用其他标准设备和通用设备，也未列入。各地在进行油厂设计时，亦可自行选用。

5. 定型之后，并有了批量生产，老产品就要逐步淘汰，但不是一下子停止生产，要有个过渡期

特别是有些零配件，还要妥善安排，因为有些老厂还要更新设备，还要维修设备，但新建厂和全部更新设备的厂，要采用选定型设备。因此，从长远看，生产新的定型产品是有前途的，承担任务的厂要看到这一点。

6. 定型之后，是不是就一成不变，停滞不前了呢？不是！

设备定型，实现“三化”，并不是妨碍技术的发展。我们在处理“三化”与技术发展的关系，产品既要创新，努力赶超世界先进水平，又要在生产上、使用上有一个相对稳定时期，不宜频繁变动。科研要“百家争鸣”、“百花齐放”，要广泛开展群众性技术革新和技术革命运动。通过优选，把科研和“双革”的成果纳入设计，鉴定投产时，更要符合“三化”要求，要保持一定时期的相对稳定。生产单位，不能随意改动已经统一了的东西，确实需要改动的，也要按照图样管理办法，经过有关部门批准。定型产品到了需要做大的改变时，再做统一改动。

实践是检验真理的唯一标准，我们这个方案，也同样要接受实践的检验，在执行过程中，根据实际情况。可能还要作必要的修改。但任务落实以后，一定要努力做好工作。

（三）积极行动起来，做好制油设备选型、定型、标准化工作

我们开了会，定了“方案”，定了“计划”，仅仅是工作的开始，大量的具体的工作还在后头。请各地同志，回去以后要狠抓落实工作。根据制粉、碾米选型、定型、标准化工作的经验，我们认为，主要是组织落实、任务落实、进度落实。

（1）组织落实就是从省市到基层，组织一个临时领导班子，有人牵头，有人抓具体工作，还要定期开会研究工作。

（2）任务落实就是把任务具体落实到单位，落实到人，谁负责抓设计，谁负责抓试制，谁负责搞好生产试验。

（3）进度落实就是时间要求赶前不赶后。因为这个工作是一环扣一环的，哪个环节出了毛病也不行。在这次定的计划中，有不少任务是两个以上省负责的，要开好协作会，明确分工，要求有事及时联系。总之，工作要求既要积极又要踏实，不能松松垮垮。时间不等人，全国都在前进，各行各业都在前进，如果我们至 1980 年完成制油设备选型、定型工作，以下几点是需要注意的：

1. 做好选、定型工作，科研、设计、制造和使用单位要密切协作

从设计开始就要加强调查研究，广泛听取各方面意见，既要考虑工艺效果，又要考虑制造工艺的可能；既要考虑赶超世界先进水平，又要从国内现状出发。我们要求选、定型的设备，注意技术指标要先进，同类机型主要零部件，特别是易损件，要做到最大限度的通用互换。外购件要采用易购的标准件，造价力求低廉，操作力求简便，不要搞花架子，要讲求实效。在设计工作上要坚决贯彻国家标准和有关卫生标准，做到图样标准化。对设计方案，要认真进行讨论，工作要落实到实处。

基型产品设计并定型后，就要抓紧进行系列设计，系列设计搞不出来，我们的产品就配不了套，满足不了各类型油厂的要求，例如制粉设备系列设计进展缓慢，满足不了目前生产要求，应引以为戒。

为了搞好设备的设计工作，实现图样标准化，我们打算为承担制油设备设计的同志办一期图样标准化学习班，请承担设计任务的同志和将来承担审图任务的同志参加，具体时间、地点和办法另行通知。鉴于过去在无锡和安陆办学习班的教训，各地在选派人员时，一定要选派承担任务的同志，不要派无关人员，以免加大审图的修改工作量。

2. 要把质量放在第一位

我这里说的质量，包括两个环节，一个是设计质量，一个是制造质量。设计质量，要求计算精确，符合工艺要求，图样质量高，实现标准化。制造质量要求符合产品质量标准，要贯彻十三项通用技术条件，零部件合格率要达到 85% 以上。为了做到这一点，在试制样机的同时，就要考虑工艺装备问题，没有一定的工艺装备是不能保证产品质量的。要加强质量检验的工作，配齐应配的检测工具。我们在考虑样机试制单位时就考虑了定点生产问题，现在试制样机的厂，就是将来批量生产的主力厂。要搞“三化”就要搞“三定”，即定型、定点、定批量，搞专业化生产，没有专业化生产就没有现代化，没有高速度；没有专业化生产，“三化”成果也就得不到巩固，质量也就得不到提高。我们的粮油机械生产要逐步做到这一点。

3. 要狠抓各项工作的落实

我们已经有了搞碾米、制粉设备选定型工作的经验，最主要的一条就是狠抓落实，环环扣紧，职责明确。关于这个问题，部里 1978 年曾发过一个文件，叫做“关于做好碾米和制粉设备定型、标准化工作的意见”。我们准备在这个文件的基础上做适当的修改补充，随计划下达。这个文件是我们四年来搞选定型工作经验的概括，它规定了在各个环节上应该怎样抓工作。也明确了责任和工作要求。大家一定要按要求办事。开会研究工作时，一定要先把这个文件熟悉一下，知道自己应该做什么工作，知道怎样去做。从省粮食局开始要层层抓落实工作，做好工作，关键在于领导，选定型工作也不例外，省、市、区粮食局的有关单位要抓，科研单位的领导同志也要抓，生产厂和担负生产试验任务的油厂领导也要抓。

这里我特别要说一说粮机厂的领导，特别是部属粮机厂的领导，一定要把新产品试制任务列入工作日程，不能只抓生产任务，忽视定型产品的试制工作。要看到现在的定型新产品，就是将来的产品，老产品是要逐步淘汰的。今年我们就打算提出一个粮油加工机械淘汰产品的目录，从明年起，有些可以用新的定型产品代替的设备，就不再安排生产了；有些过渡产品，尽量做到不再扩大生产。

生产试验也很重要，不能安装在厂里就了事，而是要按规定认真测试，做好记录，找出存在问题，为进一步修改样机提供可靠依据。建议任务重的省、市、区粮食局工业处和粮油科研所、粮机厂都要组织一个小班子来抓这项工作。否则容易顾此失彼。我们部里三个单位，科技局、设计院和粮油工业局共同领导这项工作，科技局是综合单位，设计院和工业局抓的具体工作多一些。我们三个单位经常一起商量工作。遇到问题共同研究解决。省里也应该这样做。我们工业部门既是设备的制造单位，又是使用单位，更应该积极主动做好工作。

4. 在时间上， 我们希望有个高速度

制油设备选定型工作，总的要求是1980年结束，有些设备能够在1981年正式批量投产。有的单位反映时间紧了一些，我们看，只要领导重视，工作抓得紧，是能够完成的。主要设备要集中力量打歼灭战，任务重的所和厂，要很好地组织一下力量。我们倡议，在选定型工作上来个竞赛，看谁搞得又快又好。

5. 关于费用和材料问题

搞新产品设计、新产品试制，搞生产试验，是要花些钱的，也要用些材料。国家每年给的标准化费用不多，分到各省的钱只能做些补贴，过去制粉、碾米设备选定型工作也是这样做的。材料问题，由我们负责，但不专项拨给，先由省垫付，我们认账。

最后，我想附带谈一下，善始善终地完成制粉、碾米设备选定型工作问题。制粉设备的选定型工作，从1975年到现在，已经是第五个年头了，但还拖了个比较大的尾巴，有十种设备需要鉴定，我们工作抓得不紧，现在应该迎头赶上。1977年开始，碾米设备虽然开始的比较晚，但进度较快，32项设备中，只有11项未进行鉴定，这些项目除砂辊开槽机外，均已进行生产考核，今年都可以鉴定完。会议期间，我们曾和有关同志分别谈过，把计划排了排。我们希望有关省、市、区粮食局和有关单位抓一抓，力争今年结束，这样我们明年就可批量的安排定型产品生产。我们就可能用定型设备来建厂和援外出口了。

让我们深入贯彻党的十一届三中全会精神，积极行动起来，为在1980年以前完成制油设备选型、定型、标准化工作任务，为实现制油工业现代化而努力奋斗！

二、在考察日本大豆浸出制油技术研试项目鉴定和技术交流会上的总结报告

（1980 年 5 月 31 日　于辽宁大连）

考察日本大豆浸出制油技术研试项目鉴定和技术交流会议开了 11 天，今天就要结束了。参加这次会议的有全国 21 个省、市、区粮食局、浸出油厂、赴日考察组成员、部属科研所、粮机厂、粮食院校及有关单位的代表共 110 人。国家科委也派人参加了会议。

这次会议从 5 月 21 日在吉林省蛟河县开幕，在辽宁省大连结束。会议首先对蛟河植物油厂落实考察日本大豆浸出制油技术研试项目进行了鉴定，并进行了技术交流。接着全体代表又对旅大油脂工业总厂落实考察日本大豆浸出制油技术研试项目进行了鉴定，也交流了经验。这次会议先后在两地召开，人员比较多，给会议的组织工作带来一定的困难。由于得到了吉林省、辽宁省粮食局和吉林市、蛟河县、旅大市粮食局的大力支持，使会议开得很顺利，我代表粮食部科技局、外事局、粮油工业局和全体与会代表，表示衷心的感谢。

会议期间，大家听取和讨论了蛟河植物油厂和旅大油脂工业总厂落实“研试项目”的工作总结和生产试验情况。根据鉴定的要求，会议组织了技术鉴定小组，详细考察了这两个厂的实际生产情况，进行了认真的测定。技术鉴定小组根据测定结果，对照国内外浸出油厂的技术水平，实事求是地对两厂“研试项目”取得的成果作出了评价。会议期间，代表们在鉴定和学习蛟河、旅大两个油厂经验的同时，还互相交流了经验，并对学习推广应用两厂的经验，以及进一步发展我国的浸出制油技术等方面的问题，广泛进行了座谈。许多代表说：“这次会议开得是好的，研试成果显著，学到了经验、找到了差距、解放了思想、增强了赶超国外先进水平的信心”。

现在我就大家对讨论的鉴定意见进行归纳，并讲些意见。

（一）研试项目的主要成果

我部食用油考察组于 1977 年 1 月 18 日—2 月 11 日考察了日本大豆、米糠制油和精炼技术。大豆制油，考察了丰年制油株式会社的清水工厂和日本大豆制油株式会社的神户工厂；米糠制油，重点考察了房总油脂株式会社的千叶工厂和船桥工厂。考察的效果较好，收获较大。回国后，考察组及时总结和印发了有关考察资料。

为了落实考察成果，1977 年 5 月在北京召开了吉林、辽宁、江苏、湖北、陕西 5 省粮食局的工业处、科研所领导及全体考察组成员参加的落实赴日考察大豆、米糠制油和精炼技术研试项目会议。经研究决定，大豆制油在吉林省蛟河植物油厂和辽宁省旅大油脂工业总厂，米糠制油及精炼技术在江苏省常熟县徐市油厂分别进行研试。在

国家科委的大力支持下，在吉林、辽宁、江苏省各级粮食部门的领导和组织下，在这3个厂的广大职工积极努力下，本着“洋为中用”和“先进可靠”的原则，结合老厂改造，在认真研究领会赴日考察报告和历次对日技术座谈资料的基础上，对研试项目进行了认真细致的设计、设备制造、安装、设备空运转、重车试验、试生产、生产测定，在试产中调整了工艺，改进了操作。经过两年多的工作和生产实践，研试项目达到了预期的目的，收到了可喜的成果。根据这次会议对蛟河、旅大两厂的鉴定，主要取得了以下成果。

1. 加强了原料的预处理工序

过去，我国的浸出油厂对原料的预处理不够重视，设备简陋，入浸料胚的质量一般达不到工艺要求，直接影响浸出效果。为了改变这种状况，蛟河、旅大两厂在研试项目中采用了日本的先进技术，加强了原料的清理，选用了大豆破碎机和液压轧胚机等新设备。蛟河植物油厂大豆经清理后采用了先烘干去水，后破碎再软化轧胚的新工艺，使轧胚后的豆胚不再烘干去水，达到直接浸出的要求。改变了过去先软化大豆，后轧胚，再烘干去水，造成豆胚粉末度大，不利于浸出的老工艺。由于这两个厂加强了原料的清理，严格控制了入浸豆胚的厚度在0.3mm左右，并保证豆胚结实而有弹性，为浸出豆粕残油达到0.5%的设计要求创造了先决条件。从测定的结果看，这两个厂采用的破碎机的破碎效果都接近或达到了日本的水平。蛟河植物油厂由于采用了先烘干去水→破碎→软化→轧胚→豆胚不经烘干直接浸出的新工艺后，其入浸豆胚的粉末度只有3%左右，接近了日本的水平。

2. 改进设计，制造、采用了新型平转浸出器

过去，我国采用的平转浸出器，其格子的分配多少不一；格子的高度和料层高度较低（格子高度一般为1.2m，料层高度不到1m）混合油循环采用连续喷淋，喷淋、浸泡、滴干不明显；浸出温度较低（一般为45℃左右）致使浸出效果较差，使用同样大小的浸出器与国外相比，浸出时间长、产量低、混合油浓度低、粕中残油高。这次研试，两个厂根据日本经验，对原有国内的平转浸出器进行了改进设计，采用了18格和高料格（格子高度为2.5m）料层高度为2m的浸出器结构形式；新鲜溶剂及混合油循环采用单泵循环和间歇大喷淋，使料胚在浸出时喷淋、浸泡、滴干的界线比较明显，浓混合油格设有帐篷式过滤器，代替目前国内常用的混合油过滤器，在工艺操作上，将浸出温度保持在55℃左右。

由于平转浸出器的改进和加强了原料的预处理，提高了浸出效果。浸出器的产量和浸出时间都好于国内同类型浸出油厂。旅大油脂工业总厂的平转式浸出器直径为7.6m，大豆一次浸出的日处理量达到320~350t，而国内差不多大小的浸出器日处理量只有120~150t，提高了一倍多。蛟河植物油厂的平转式浸出器的直径为3.5m，日处理量达到55t，比国内同样大小的浸出器产量提高也近一倍。在浸出时间上，国内平转浸出器每转一周的时间约120min，蛟河、旅大两个厂的浸出器每转一周的时间均为90min。在粕中残油方面，日本采用连续浸出的粕中残油为0.5%左右，旅大油脂工业总厂去年全年的平均粕残油为0.49%，蛟河油厂这次测定平均粕残油亦为0.49%，都达到了日本的水平。为了赶上日本的浸出时间和粕残油的水平，蛟河植物油厂在生产试验中，对浸出器每转一周的时间缩短到60min进行了对比试验，取得了在产量、料胚质量不变的情况下，粕中残油达到0.52%～0.57%的良好指标，也接近了日本的水平。

3. 采用了新设计的D－T蒸脱机

浸出豆粕的脱溶，过去国内普遍使用卧式烘干机。脱溶效果较差，溶剂损耗较大，不少浸出油厂粕中残留溶剂的指标达不到要求；豆粕中的有害酶类不能很好的被破坏，影响饲料的营养价值。经过一年多的生产试验，采用新设计的DT蒸脱机后，浸出豆粕的脱溶效果比较理想，粕中残留溶剂稳定在500mg/kg以下，达到了国外先进水平。豆粕中的有害酶类破坏完全，保证了粕的质量，提高了饲料的营养价值。

4. 采用了层碟式汽提塔

混合油汽提设备，过去国内大多使用填料汽提塔。这种汽提塔容易堵塞，需要定期清理，脱溶效果不够稳定。蛟河油厂采用了两段层碟式汽提塔后，较好地解决了上述问题。浸出毛油中残留溶剂的含量稳定在50mg/kg以内，其残留溶剂的含量，达到了食用植物油的国家卫生标准，保证了浸出毛油质量。并为今后在炼油工序中研究可否省去脱溶设备提供了数据。

浸出毛油中残留溶剂的含量，日本为300～500mg/kg，进口的美国浸出毛油，其溶剂含量都在600mg/kg以上。由此可见，蛟河、旅大两厂浸出毛油中残留溶剂的含量已经低于日本和美国。

5. 采用了自由气体回收装置

自由气体的回收方法，国内一般采用填料塔、油桶吸收法和冷冻吸收法等装置来回收自由气体中的部分溶剂，效果一般较差，大多数浸出油厂排放到大气中的尾气，其溶剂含量达不到油脂浸出工厂生产技术操作规程中其体积比不超过0.1%的要求，溶剂消耗大。有的浸出油厂由于回收效果差，就干脆不用，设备流于形式。

蛟河、旅大两厂在研试中采用了液体石蜡吸收自由气体中溶剂的回收装置，把浸出系统内的自由气体全部汇总到吸收塔内，经液体石蜡吸收后再排空，从而保证了浸出系统的负压操作，降低了溶剂消耗，有利于安全生产。从去年12月的测定结果看，这两个厂排放到大气中的尾气，其溶剂含量都符合油脂浸出工厂（车间）生产技术操作规程的要求。由于这两个厂采用了自由气体回收装置、DT蒸脱机和层碟式汽提塔，降低了排空尾气、粕和毛油中的残留溶剂，为溶剂消耗达到设计指标（吨料5kg）起了重要作用。去年旅大油脂工业总厂全年平均溶剂消耗为吨料3.07kg，今年1—2月的平均溶剂又降低到吨料（大豆）1.6kg，赶上了日本的水平。

蛟河、旅大两厂的研试项目，经过一年多的生产试验和反复测定，达到了两个0.5%的设计要求，有些技术指标还好于原来的设想，接近或赶上了日本的水平，为缩小我国浸出制油技术与国外先进水平的差距迈出了一大步。尤其可喜的是，随着这些项目研试成功，在经济效果上已经有了很大的收益。旅大油脂工业总厂去年共加工大豆46 500多吨，平均溶剂消耗为吨料3.07kg，平均粕残油为0.49%。与改造前1977年该厂使用罐组式浸出器的平均溶剂消耗吨料 5.6kg，平均粕残油为 0.67% 相比，全年节约溶剂 63t，增产豆油 84t，两项合计经济价值达 20 余万元。蛟河植物油厂的各项经济技术指标也是明显的好于改造前的指标。该厂去年加工大豆10 400t，平均溶剂消耗为吨料 5.44kg，比改造前的吨料 11kg 下降了 5.56kg，节约溶剂 59t，仅这一项就节约开支 5.9 万元。改变了过去几年每年亏损 3 万 ~5 万元的被动局面，去年实现了扭亏为盈，上缴利润 5.7 万余元，对国家作出了自己的贡献。

（二）认真总结我国浸出制油技术经验，进一步发展浸出制油工业

采用浸出制油技术是我国油脂工业的发展方向。我们要在认真总结浸出制油技术经验的基础上，积极推广和应用研试成果，进一步发展浸出制油工业。

解放前，我国只有旅大油脂工业总厂一个罐组浸出车间。1955 年轻工业部在蛟河植物油厂，依靠自己的力量，第一次自己设计、自己建造了我国第一座平转式浸出油厂。1957 年，我国从比利时进口了一套日处理 100t 的履带式浸出设备，安装在西安油脂化学厂。从此，打开了我国制油工业新的一页，为采用浸出制油法迈出了可喜的第一步。

60 年代，我国又陆续兴建了一些浸出油厂，正式投产使用的总数增加到 20 多个，大多数分布在华东和东北地区。浸出器的型式有：平转、履带、罐组、弓型和 U 型 5 种。

70 年代前期，我国的浸出制油工业在国家计委的支持下，在各地粮食部门的积极努力下，为了改变我国制油工业的落后面貌，为国家增产油脂，浸出油厂像雨后春笋般地发展起来。经过短短四五年的努力，据 1974 年底统计，全国粮食系统已经有 298 个浸出油厂（实际建成开工的有 250 多个），比 60 年代增加了 270 多个。1974 年 9 月，针对当时有些浸出油厂，由于设备不配套，操作不熟练，制度不健全等原因，在安全生产和油、粕质量上存在的一些问题，我部在河南新乡召开了全国粮油工业技术经济交流会。会议期间，对浸出油厂提出了巩固、提高的方针，对存在的一些问题研究了解决办法，并建议各地对浸出油厂的发展适当稳定一个时期，集中人力、物力、财力对现有的浸出油厂进行填平补齐，巩固提高。

新乡会议后，各级粮食部门的领导，科技人员和浸出油厂的职工，迎着前进中的困难，不断从生产实践中总结经验，加强生产管理，组织技术力量对生产工艺和设备的薄弱环节进行攻关，使浸出油厂在巩固中提高。不少地区还在巩固、提高的过程中，稳步得到发展。根据今年 2 月我部在北京召开的粮食工业工作会议上各省、市、区粮食局报的数字统计，我国现有浸出油厂 323 个，其中属于粮食部门领导的有 305 个，属于轻工、农垦和社队领导的有 18 个。另外，各地正在筹建中的还有 19 个。这些浸出油厂，不但在减轻工人劳动强度、改善劳动条件、为国家增产油脂和降低消耗等方面发挥了积极作用，同时也为改变我国制油工业的落后面貌、为我国浸出制油工业的发展奠定了基础。

但是，我们要清醒地看到，存在的问题还不少。例如，新乡会议后，有的地方对已经上马的浸出油厂没有认真地去做工作，使一部分浸出油厂有的没有开工，有的开

工不久就停产不用了，造成很大的浪费；有的地方由于强调技术条件差，怕出事故、怕油、粕质量不过关，对浸出制油采取消极观望的态度；有的浸出油厂，由于管理水平低，安全措施差，事故发生不断。

在技术上，这几年虽然有了很大提高，但与国外先进水平相比差距还很大。不少浸出油厂的溶剂消耗高达吨料 20kg 以上，个别浸出油厂的溶剂消耗甚至高达 30 ~ 40kg。有的油、粕质量不过关，有损浸出油厂的名声。特别是在油脂精炼方面，由于有些厂没有精炼设备或设备不配套，浸出油至今不能食用，只能当做工业用油。对上述问题，只要我们思想重视，依靠技术人员和工人，采取措施，积极推广和应用行之有效的新技术、新成果，坚定浸出制油是我国制油工业发展方向的信心，那么所有问题都是可以解决的。

目前，我国浸出油厂虽然已有 300 多个，但只占全国国营油厂油脂生产能力的 15%，远不能适应四个现代化的要求。为了进一步发展浸出制油工业，我们主张对一些油料产区和米糠资源集中的地区提倡发展浸出。但要采取积极、稳妥的方针，有计划、有步骤地进行。筹建浸出油厂，一定要有充分的原料来源，要讲求经济效果，要有设计图样，严格按建厂程序办事，防止草率、粗制滥造。要集中人力、资金、材料和设备，加速建厂速度，确保工程质量，做到筹建一个，投产一个，见效一个。新建浸出油厂的选点，要充分注意油料来源和安全条件。扎扎实实地发展我国的浸出制油工业。

我们建议，对日处理量在 30t 以上的老厂改造，只要符合浸出油厂安全防火规范，都要逐步改造成浸出厂。如果全国油脂工业实现浸出化，与机榨对比每年可多生产出油脂约 15 万 t。

（三） 积极推广和应用新技术、新成果，提高浸出制油工业的技术水平

为提高我国浸出制油工业的技术水平，使各项经济技术指标接近或赶上国外先进水平，除了要进一步加强企业管理外，我们要根据各地浸出油厂的具体条件，结合老厂改造和设备更新，有领导、有计划、有步骤地、因地制宜地积极推广和应用行之有效的新技术、新成果。

蛟河、旅大和常熟徐市油厂在落实赴日考察研试项目中，经过一年多的生产考核，已经在降低粕中残油，降低溶剂消耗，提高油、粕质量等方面取得了显著的效果。积极推广和应用这些研试成果，在经济效果上将会带来很大的收益。据统计，1979 年东北三省用浸出法加工大豆约 42 万 t，平均溶剂消耗吨料约 11kg，平均粕残油在 1% 左右。如果都能达到先进指标，将可节约 600 多万元，这是个十分可观的数字。所以一定要积极做好这些成果的推广工作。我们建议各地推广和应用如下研试成果：

1. 在预处理方面

要重视和加强预处理工序，配备足够的清理设备，合理选用烘干、破碎、软化、轧胚、蒸炒设备，确保入浸料胚或预榨料胚的质量要求。

采用大豆一次浸出的油厂，在大豆水分比较稳定的情况下，推广先烘干去水，后破碎，再软化、轧胚的新工艺，以减少入浸料胚的粉末度，有利于溶剂的渗透，提高

浸出效果。

利用米糠浸出的油厂，要重视糠粞分离，最大限度地将米粞分离去除；米糠的预处理，可以采用高料层二节锅，进行高水分蒸胚后，可以使米糠中的淀粉在蒸汽、水分和机械搅拌的作用下，黏结成小颗粒，改善米糠在浸出时渗透性差的状况。根据上海松江、江苏南京等油厂经验，对设有五层立式蒸炒锅的米糠浸出油厂，只要改进工艺操作，符合高水分蒸胚的要求，也能收到一定的效果。鉴于目前在资金、材料都比较紧的情况下，可以先借用原有设备，待今后设备更新时再行考虑。

2. 采用新型平转浸出器

在制油设备选型定型标准化的设计中，根据蛟河、旅大和常熟徐市油厂研制使用的新型平转浸出器的结构形式，目前粮食部江苏科研设计所正在设计 JP 型平转浸出器。这种平转浸出器具有结构合理、产量大、浸出效果好等优点，是 70 年代先进的浸出器之一。

今后在新建浸出油厂（车间）和现有浸出油厂需要更换浸出器时，凡是采用平转浸出器，日处理量在 50t 以上的都可采用，高料层，新鲜溶剂及混合油采用单泵循环和间歇大喷淋。浓混合油格设有帐篷过滤器。进料绞龙采用重力门料封等合理的结构形式。对日处理量在 50t 以下的，除了浸出格可以适当减少外，其他结构形式均可考虑采用。

3. 在粕的脱溶干燥方面

对采用大豆一次浸出的油厂，为了提高浸出湿粕的脱溶效果，降低粕中残留溶剂，提高浸出粕的饲料营养价值，可以采用 DT 蒸脱机。

对于采用预榨浸出的油厂，前几年粮食部陕西油脂科研所设计成高料层蒸烘机。从浙江省海宁实验油厂两年来的实际使用情况看，该设备具有结构简单、脱溶效果好等优点，可以在预榨浸出油厂使用。至于高料层蒸烘机能否适用于大豆一次浸出粕的脱溶，一定要经过反复试验，取得确实可靠的生产数据后再考虑是否推广的问题。

4. 关于混合油蒸发和热能的利用

混合油蒸发系统的设备，我们与国外相比，没有多大差别。只是在工艺上，我们采用的是常压蒸发，而国外普遍采用真空蒸发。但从工艺性能和效果上也能达到要求。蛟河、旅大两厂使用的层碟式汽提塔已经在制油设备中作为选定型设备。目前存在的薄弱环节是我们对热能的利用不够重视，一些含热能较大的二次蒸汽，如蒸脱机、汽提塔出来的溶剂 - 水蒸气，第一蒸发器出来的溶剂蒸气等热能都没有得到利用，直接进入冷凝器，既浪费了热能，又增加了冷却水的用量。蛟河植物油厂和旅大油脂工业总厂对 DT 蒸脱机的二次蒸汽进行了利用，取得了一些效果，希望各地充分发挥广大科技人员和工人的聪明才智，把热能的利用，包括降低煤耗、电耗和溶剂消耗的工作当作重点工作来抓，抓紧抓好，取得效果。

5. 在自由气体回收方面

对于自由气体中溶剂的回收，由于我们过去采用的方法比较落后，回收效果都不太理想。蛟河、旅大两厂采用液体石蜡回收自由气体中的溶剂后，对降低溶剂消耗取得了显著的效果。我们建议，日处理量在50t以上的浸出油厂可以采用液体石蜡回收装置。对于处理量在50t以下的浸出油厂，由于生产能力小，尾气量小，是否采用液体石蜡回收装置，需要通过生产实践，进行经济分析，积累经验。从江苏常熟县徐市油厂浸出棉籽、油菜籽饼溶剂消耗取得吨饼3～5kg的良好指标来看，日处理量在50t以下的浸出油厂，只要严格控制溶剂的“跑、冒、滴、漏”，保证足够的冷凝面积，溶剂消耗有可能达到良好的水平。

为了使上述研试成果和各地在生产实践中创造的新技术、新成果在全国各地开花、结果。根据蛟河、旅大和常熟徐市油厂在研试项目中的经验，在推广和应用中，必须注意以下三点：

（1）要认真学习和领会研试成果的有关资料，吃透技术关键　在推广和应用各种技术成果时，为了少走弯路，首先要把兄弟单位在研试中的经验、教训和关键性的技术问题了解清楚，在此基础上，结合本地区、本单位的具体情况，做出切实可行的实施计划，进行周密的设计。防止一知半解和不根据本地区、本单位的具体情况进行生搬硬套。

（2）推广、应用研试成果，要有计划地进行　建议各地对计划推广应用的研试成果，最好结合老厂改造先搞一、两个点，在有了自己的经验后再全面铺开。选点确定后，要做到组织、资金、材料三落实，对所需的资金、材料要给予保证。要组织技术力量，制定方案，进行设计，并对方案和设计图样进行审查；对设备制造、设备安装质量进行检查，及时组织试生产，解决试生产中出现的问题，取得预期的效果。

（3）推广应用研试成果工作要自始至终，一抓到底，抓出成效　推广和应用研试成果的工作与其他工作一样，并不是一帆风顺、轻而易举的，而是需要通过艰巨的工作，付出一定的代价才能取得预期效果。因此，在工作中，肯定会遇到这样那样的问题。在遇到问题时，只要我们正确地对待困难，充分发挥工程技术人员和工人们的积极性，工作自始至终，一抓到底，那就一定能够抓出成果来。

让我们在党的十一届三中全会的精神鼓舞下，为适应“四个现代化”的要求，为发展我国浸出制油工业，为我国浸出制油技术尽快赶上世界先进水平而共同努力！

三、在落实考察日本米糠浸出、米糠油脱蜡技术研制项目鉴定和技术交流会上的开幕词

(1981年12月4日　于江苏常熟)

落实考察日本米糠浸出、糠油脱蜡技术研试项目鉴定和技术交流会议今天开始了。这次会议是去年蛟河→大连召开的落实考察日本大豆制油技术研试项目鉴定会议的继续。

1977年1月18日—2月11日我部组织的食用油考察组考察了日本的大豆、米糠制油和糠油脱蜡技术，由于考察前目的明确，准备充分，考察时认真刻苦，所以考察的效果较好，收获较大。为了使考察收获得到推广应用，在国家科委的大力支持下，经与有关省研究，决定将日本的大豆、米糠制油和糠油脱蜡技术分别在蛟河、大连和徐市油厂进行研试。四年来，在各级粮食部门领导的重视下，在这三个厂广大职工和有关科研人员的共同努力下，经过认真的设计，设备制造，安装，设备空运转，空车试验、试生产、生产测定以及测试中调整工艺、改进操作等工作，使研试项目都达到了设计要求，取得了可喜的成绩。蛟河、大连落实考察日本大豆制油技术研试项目的鉴定会议已在去年5月开过了。其研制成果正在各地推广应用。

从今天开始，我们要对徐市油厂落实考察日本米糠浸出和糠油脱蜡技术的研试项目进行鉴定。徐市油厂的研试项目，是由粮食部江苏科研所和常熟县徐市油厂共同承担的。其内容主要包括三个方面：

一是加强米糠的预处理，改变米糠的物理性能。他们选用了平面转筛进行糠粞分离，以除去米粞和杂质，提高米糠进行高水分快速焖蒸，在温度、水分和机械搅拌的作用下，使米糠中的淀粉糊化，粉状米糠黏合成小颗粒，再经三节卧式烘干机烘干，使米糠有砂粒感，符合米糠入浸的水分要求。通过米糠物理性能的改变，以有利于浸出时的溶剂渗透，提高浸出效果。

二是改进设计了适合浸出米糠的新型平转浸出器。采用了十八格，新鲜溶剂间歇大喷淋，五个混合油喷管，管下设置三角槽、混合油采用单泵循环、糠粕采用可开门出料并设有缓冲装置，以及出料采用双绞龙，达到降低粕中残油、降低溶剂消耗之目的。

三是采用糠油冷冻布袋吊滤脱蜡。根据日本糠油冷冻结晶，布袋吊滤脱蜡的工艺和设备，设计制造了一套日处理5t脱臭糠油的脱蜡车间，经过碱炼、脱色、脱臭后的糠油，待油温降至80～85℃时，送到脱蜡车间冷冻房的结晶罐内，经72h的冷冻结晶，油温逐渐降到6～10℃，然后放入室温为15℃的过滤室用布袋吊滤，使得到的糠油含蜡量达到食用要求。

上述三项研制项目，分别于1979年6月和1981年1月试生产以来，设备运转正

常，根据生产测定和会前的预测，各项技术指标达到了设计要求。糠粕残油率平均为1.08%，溶剂消耗为5.28kg/t糠，糠油含蜡量为0.01%左右，冷却试验0℃，60min透明，脱臭糠油经脱蜡后的得率达到80%~85%。上述这些指标，达到了国内的先进水平，有的接近或达到了日本的同类水平。

这次会议，我们一方面要进行认真的测定，根据会议测定结果和生产试验以及会前预测的情况。实事求是地对研制项目所取得的成果给予评价；另一方面，我们要总结徐市油厂在研制中的宝贵工作经验，把徐市油厂的工作经验和研试成果带回去，推广应用，开花结果。我们还要借这次会议的机会交流各地在米糠浸出和糠油精炼等方面的经验；座谈今后几年内油脂工业方面的几项重要工作。所以这次会议的内容是比较丰富的。我们希望大家共同把这次会议开好，并把会议精神带回去，并贯彻好。

根据鉴定会议的要求，会议将成立领导小组和技术鉴定小组。技术鉴定小组再分设测定小组、化验小组和资料审查小组。希望大家认真负责地把各自的工作做好。

关于这次会议的日程安排，已经发给大家，我就不讲了。这里需要说明的是，由于这次鉴定中的脱蜡部分，分析有关测定数据需要4天多时间，所以这次鉴定会的时间稍长一些，预计12月4日才能结束，希望大家安下心来，自始至终的把会议开好。

为了这次会议的顺利召开，江苏省粮食局、苏州地区行政专署粮食局、常熟县粮食局和徐市油厂从筹备原料、总结资料到会议的组织接待等方面，做了大量的、细致的工作，保证了这次会议的顺利召开，我代表粮食部粮油工业局、科技局、外事局和全体与会代表，对他们表示衷心的感谢！

四、在落实考察日本米糠浸出、米糠油脱蜡技术研制项目鉴定和技术交流会上的总结报告

（1981年12月13日　于江苏常熟）

落实考察日本米糠浸出、糠油脱蜡技术研制项目鉴定和技术交流会议开了9天，今天就要结束了。参加这次会议的有全国22个省、市、区粮食厅（局），浸出油厂、赴日考察组成员、部属科研所、粮食院校及有关单位的代表共130多人，国家科委也派人参加了会议。

为了这次会议的顺利召开，自11月16日起止25日，我们邀集了九省市20个单位31名代表对研制项目进行了预测。经过10天认真的、全面的测定，进一步核实了研制项目在生产考核期间所提供的测定数据，他们的辛勤劳动，为会议的顺利召开创造了条件。

这次会议在江苏省常熟县徐市镇召开，参加会议的人员较多，加上交通又不太方便，给会议的组织工作和接待工作带来了许多困难。由于得到了江苏省粮食厅、苏州地区行政公署粮食局、常熟县粮食局和徐市油厂的大力支持，使会议开的很顺利，我代表粮食部粮油工业局、科技局、外事局和全体与会代表再次表示衷心的感谢。

会议期间，大家听取和讨论了徐市油厂落实研制项目的工作总结和生产试验报告。根据鉴定的要求，会议组织了技术鉴定小组，详细考察了徐市油厂的实际生产情况，进行了认真的测定。根据会议测定的结果以及会前预测和生产试验的情况，对照国内外米糠浸出和糠油脱蜡的技术水平，实事求是地对徐市油厂研制项目取得的成果作出了评价。会议期间，代表们在鉴定和学习徐市油厂经验的同时，还互相交流了经验，并对学习应用徐市油厂的研制成果和今后油脂工业战线上的工作进行了广泛的座谈。现在我就大家在这次鉴定会上讨论的鉴定意见进行归纳，并对今后油脂工业战线的工作讲点意见。

（一）关于研制项目的鉴定情况

1. 研制项目的主要成果

我部食用油考察组于1977年1月18日—2月11日考察了日本大豆、米糠制油和糠油脱蜡技术，考察的效果较好，收获较大。

为了落实考察收获，1977年5月在北京召开了吉林、辽宁、江苏、湖北、陕西5省粮食局的工业处、科研所领导及全体考察组成员参加的落实赴日考察大豆、米糠制油和糠油脱蜡技术研制项目会议。经研究决定，米糠浸出及糠油脱蜡技术的研制项目在江苏省常熟县徐市油厂进行。在国家科委的支持下，在江苏省各级粮食部门的领导和组织下，在徐市油厂与粮食部江苏科研所的密切配合和积极努力下，结合老厂改造，

在认真研究领会赴日考察报告和历次对日技术座谈资料的基础上，对研试项目进行了认真细致的设计、设备制造、安装、调试和生产测定。经过生产考核和测定，研试项目达到了设计要求。主要取得了以下成果：

（1）加强米糠的预处理　1972 年后，各地对米糠资源的利用普遍重视，米糠制油得到了迅速发展。在米糠制油中，大多采用压榨法制油。只有少数工厂采用浸出法制油。由于原来米糠浸出制油的主要生产工艺和设备比较落后，因此许多经济技术指标与国外的先进水平相比，差距很大。尤其是过去我们对米糠的预处理不够重视，对米糠呈粉状，含淀粉量高的特性没有很好处理，造成浸出工序溶剂渗透困难，致使浸出效率低，产量低，粕中残油高，溶剂消耗高等问题。为了改变这种状况，徐市油厂在研试项目中采用了日本的先进工艺，加强了米糠的预处理，选用了平面回转筛；新设计了两层立式封闭蒸锅和三节卧式烘干机，使米糠预处理车间的设备配套成龙。从生产试验和测定结果证明，选用了 SM80 型三层平面回转筛，经过改进后，可以用于糠粞分离，产量能够满足日处理 50t 米糠浸出油厂的需求。经过筛选后的米糠除去了米粞和杂质，提高了米糠的纯度，提高了米粞的使用价格；两层立式封闭蒸锅，能使米糠进行高料层高水分快速焖蒸，在温度、水分和机械搅拌的作用下，使米糠中的淀粉糊化，粉状米粒黏合成小颗粒，经三节卧式烘干机烘干，米糠呈颗粒状，从而改变了米糠的物理性质，有利于浸出时的溶剂渗透，提高浸出效率；三节卧式烘干机，能使焖蒸过的高水分米糠，经过快速烘干脱水，达到米糠入浸水分的要求。由于时间短，能最大限度的控制米糠在烘干过程中色素的增加，提高了浸出毛油的质量。

（2）改进设计了适合浸出米糠的新型平转浸出器　根据日本的经验，为适合浸出米糠，同时又能够适应浸出预榨饼的需求，粮食部江苏科研所和徐市油厂对原来国内研制的浸出器进行了改进设计。改进后的新型平转浸出器，采用了 18 格、新鲜溶剂间隔大喷淋、5 个混合油喷管，管下设置三角槽、混合油采用单泵循环、出粕采用前开门，并设有撬杠和出料装置，以及出料采用双绞龙等，在工艺操作上，将浸出温度保持在 50℃以上。

由于平转浸出器的改进和加强了米糠的预处理，克服了原来平转浸出器的缺点，提高了浸出效果。降低了粕中残油，降低了溶剂消耗，提高了毛油质量。经过两年多的生产考核，米糠浸出溶剂消耗平均为 5. 28kg/t 料，粕中残油平均为 1. 08%，与改进前的平均溶剂消耗 8. 21kg/t 料，粕中残油 2. 57%，有较大幅度的降低。在预榨浸出中，菜籽饼的溶剂消耗平均为 3. 72kg/t 饼，粕中残油为 0. 72%；棉籽饼的溶剂消耗平均为 1. 63kg/t 料，粕中残油为 0. 3%。上述这些指标都达到了国内先进水平。

（3）糠油冷冻布袋吊滤脱蜡　为了使米糠油供作食用，脱蜡是把好糠油质量关的重要环节。过去国内脱蜡一般是糠油精炼冷却后用压滤机过滤，由于糠蜡结晶不稳定，加上压滤机的产量低，脱蜡效果差，精炼糠油的含蜡量仍在 0. 3% 左右导致冷冻试炼不合格，影响食用糠油的质量。为提高我国食用糠油的质量，徐市油厂和粮食部江苏科研所，根据国情，参考日本糠油冷冻养晶，布袋吊滤脱蜡的工艺和设备，设计制造了一套日处理 5t 脱臭糠油的脱蜡工艺。经过测试，食用糠油的含蜡量为 0. 01% 左右，冷冻试验 0℃，15min 透明，脱臭糠油经脱蜡后的得率为 80% ~85%，这些指标达到和接近日本同类方法的水平，为我国生产高质量食用米糠油提供了技术基础。

徐市油厂的上述研试项目，经过了生产考核和实际测定，各项技术指标达到了设计要求。提高了我国米糠浸出和糠油脱蜡的技术水平，缩小了与国外的差距。随着这些项目的研试成功，在经济效果上已经有了一定的收益。该厂自 1979 年下半年以来，共浸出米糠油2 000多吨，浸出菜籽饼近 2 万 t，浸出棉籽饼 2. 3 万多吨，其溶剂消耗和粕中残油与改造前相比，节约溶剂 37t，增产油脂 215t，两项合计经济价值 34. 5 万元，接近研制项目的全部投资。

2. 学习和应用研试成果

为了提高我们米糠浸出和糠油脱蜡的技术水平，我们建议各地米糠浸出油厂要根据自己的具体条件，结合老厂改造和设备更新，有领导、有计划、因地制宜地积极推广和应用徐市油厂的研试成果和会议期间介绍的其他科研成果。

在徐市油厂的研试项目中，有关米糠浸出项目，由于建成投产时间较长，效果显著，又经过几次全国会议的介绍，所以许多地区的浸出油厂已陆续来徐市参观学习，并把学到的东西带回本单位，结合自己的实际情况加以应用，取得了不同程度的效果。这些自发的学习和应用精神，是十分可贵的，也是值得提倡的。为了进一步扩大研试成果，我们建议各地组织技术力量，对米糠浸出油厂进行一次普查，总结经验，找出存在问题，提出改进措施，以便有计划地推广应用徐市油厂的米糠浸出研试成果。

米糠油冷冻布袋过滤脱蜡工艺，是一个设备简单，操作方便，脱蜡效果好，糠油质量高的脱蜡方法。缺点是车间建筑面积较大，一次性投资较多，建议各地根据自己的实际需要，因地制宜的学习应用。会议上，上海市粮油工业公司油脂研究室介绍的“三合一”（脱胶、脱酸、脱蜡）炼油工艺，对糠油的脱蜡效果也很好，各地也可根据情况学习应用。在糠油的脱蜡方面（包括葵花籽油的脱蜡），我们希望大家继续研究更加简单的方法，以便推广应用。

在推广和应用科研成果时，我们既要防止思想保守僵化，对他人的科技成果一概不加推广应用，又要防止不根据本地实际情况，生搬硬套，或不经选点试验，取得自己的经验后再逐步推广，而是一哄而起，到头来却不了了之。

在推广和应用科技成果中，黑龙江省的粮油工业公司的做法值得参照学习。该省自 1971 以来，先后新建了六个浸出油厂，由于当时投资紧，缺乏经验，原有的一些工艺和设备比较落后，造成溶剂消耗和粕中残油高。1979 年全省平均溶剂消耗为 15kg/t 料，粕中残油为 2%，为了改变这种落后状况，1979 年他们派人去蛟河、大连学习，将蛟河、大连赴日考察的科研成果先在鹤岗油厂逐条落实，当年就取得了很好的效果。在取得经验的基础上，去年公司投资 58 万余元，对其他五个浸出油厂分别不同的情况进行技术改造，取得了显著的效果。1980 年全省平均溶剂消耗下降至 9kg/t 料，今年下半年又下降到 7. 3kg/t 料，粕中残油平均下降到 1. 5%。一年半的时间，共节约溶剂 529t，经济价值约 60 万元，等于公司的投资数。

黑龙江省粮油工业公司的上述做法，值得提倡，我们希望各地都像黑龙江省那样积极而有成效的推广应用研试成果。

（二） 抓好今后几年内油脂工业方面的几项主要工作

会议期间，大家对今后油脂工业方面的工作进行了广泛的座谈，要求我讲点意见，下面我就抓好今后几年内，油脂工业方面的几项主要工作，讲点自己的意见，供同志们参考。

1. 结合老厂改选， 继续有计划地发展油脂浸出工业

在我国粮油工业中，油脂浸出工业的发展历史较短，全国现有的300多个浸出油厂大多是在1972年以后筹建的。近十年来，全国粮油加工厂的广大职工和科技人员，在资源材料紧缺、技术力量薄弱、工艺设备不够完善的情况下，迎着前进中的问题，克服了重重困难，使油脂浸出工业稳步地向前发展。

近些年来，由于广大职工和科技人员的努力，我国油脂浸出工业发展的速度较快，技术水平有很大的提高。我们不仅建设和巩固了300多个浸出油厂，而且锻炼了科技人员，培养了一大批技术工人。针对油脂浸出工业发展中出现的问题，经过认真的科学研究，推广应用了许多新技术、新设备，通过对外技术座谈和出国考察，落实推广了一批研试成果。从而使油脂浸出工业设备逐步配套，工艺更加完善。尤其是蛟河、大连和徐市油厂，在老厂的改造中，积极应用国内外的先进技术，认真落实赴日考察成果，取得了可喜的成绩。他们为完善我国的浸出工艺和设备作出了贡献，为老厂技术改造提供了借鉴。另外，经过这些年的实践，油脂浸出工艺的优越性越来越被人们所认识，许多地区的有关领导，支持当地粮食部门发展油脂浸出工艺。现在，我们可以说，发展油脂浸出工业的条件已经具备。我们要珍惜这些来之不易的条件，使我们的油脂浸出工业进一步稳步地向前发展。

应该肯定，这些年来，我国的油脂浸出工业的发展速度是快的，工作是有成绩的。但也应该看到，就生产能力来说，浸出能力只占全国国营油厂生产能力的15%，远远不能适应四个现代化的要求。

党的三中全会以来，由于党在农村的经济政策的进一步落实，农业生产形势很好，尤其是油料生产形势更加喜人，食油产量持续增长。1981年产量预计达到34亿斤，比上年增加12亿多斤。与1977年相比，四年增产34亿斤，增长一倍多，人年均6斤9两，超过了1956年人年均6斤的历史最高水平。

油脂形势的历史性变化，为粮油工业提供了充足的原料。目前许多地区的油厂已经改变了过去那种半年生产半年闲的局面，有的甚至感到加工能力不足，尤其是在油菜籽和葵花籽的集中产区，由于产量猛增，亟待需要增加榨油能力。我们希望这些地区在想方设法解决当前油料加工的同时，要有一个规划，是在结合老厂改造，或新建油厂时，要有计划、有步骤地发展预榨浸出。今后新建浸出油厂要遵循科学，要继续严格按照过去提出的建厂方针办事。为了取得较好的经济效果，在一定油料集中产区，新建浸出油厂的规模不宜过小，要尽量不建或少建日处理量20t以下的浸出油厂（车间）。

2. 提高油脂精炼技术， 发展油脂制品

根据中央和国务院领导同志的指示精神，粮食部要逐步改变职能单一化，加强经

营观念，把经营粮油和发展食品工业结合起来，积极组织各种粮油食品的生产，不仅要搞食品的粗加工，而且要搞精加工，以满足市场需求，丰富人民生活，增加企业收入，逐步减少国家的财政补贴，这是新形势下粮食部门的一项新任务。粮食部门要充分利用自己的优势，发展粮油食品。

粮油工业是食品工业的基础工业，粮食是食品工业的重要原料，生产各种粮油制品，满足食品工业的不同用途，是食品工业发展的需求。但是，目前我国的粮油制品，远远不能满足食品工业发展的需求，尤其是满足不了中、高档食品工业发展的需求。

在粮油工业中，油脂精炼技术是个薄弱的环节，也是我国制油工业与国外先进水平相比存在的主要差距。长期以来，由于我国对食用油脂的习惯要求不同，油脂精炼技术的发展缓慢。目前大多采用间歇式的油脂精炼工艺和设备，连续式和半连续式的炼油技术应用极少，食用油脂的质量较差。

由于食用油脂质量差，加上油脂氢化等工序还没有搞上去，我国的油脂制品，在国际市场上不仅没有竞争能力，而且连生产出口食品的起酥油也要进口。目前，国内市场供应的食用油脂，严格来说是属于粗加工的食用油脂，但就这样的食用油脂，在有些地区，由于精炼工艺不完善，设备不配套，造成油品质量不稳定，甚至不符合食用油脂的质量标准，群众有意见。尤其是这几年来，菜籽油和葵花籽油的产量增长速度很快，库存较大。国务院领导同志指示我们，国内多吃菜籽油、葵花籽油，代替创汇高的花生、芝麻、大豆等油品、油料出口，以扩大销售，支持生产。但是，由于我们的油脂精炼技术跟不上，菜籽油气味脱不尽，油品质量较差，致使销售受到影响。因此，迅速改变油脂精炼技术的落后状况，提高油品质量，增加油脂制品，提高出口油的竞争能力，满足市场需求，丰富人民生活，这是摆在我们每个油脂工作者面前的一项紧要任务。

当前，我们要努力抓好以下几件工作：

（1）保证食用油脂的质量，抓紧菜籽油、葵花籽油炼油点的建设　为对人民身体健康负责，我们要重申，今后凡供作食用的油脂，必须符合国家食用油脂的质量标准。对未经精炼或是经精炼不符合质量要求的食用油脂一律不准出厂销售；对那些虽有炼油设备，但由于工艺不完善，设备不配套，操作技术不过关，质量不符合要求的，要及时采取措施，认真加以解决，保证食用油脂的质量；对少数缺乏油脂精炼设备的地区，要想方设法增设炼油设备。为了提高经济效益，有利于油脚的综合利用，新建油脂精炼点要适当集中。

为解决油脂精炼能力的不足，扩大菜籽油和葵花籽油的销售，替代出创汇的花生、芝麻、大豆等油品、油料出口，在当前资金较紧的情况下，今年国家给我们追加了3 000万元的基本建设投资，以解决部分省区油料加工、油脂精炼和油脂储存等能力的不足。在这笔追加资金中，有1500万元将用于解决油料、油脂加工能力的不足，其中将建设10个日处理50t的精炼油厂（车间），希望有筹建任务的地区，抓紧筹建工作的进度，尽快形成生产能力、发挥作用。

（2）要搞好上海油脂二厂的日处理50t连续精炼项目和北京南苑油厂进口的日处理150t连续碱炼项目　上海油脂二厂的连续精炼项目，是由上海市粮食科研所、粮食部江苏科研所分别设计的带科研性的选定型项目，由于这两个所的共同努力，设计图样已全部完成，目前分别在上海市粮油工业机修厂、江苏宜兴粮机厂和江阴粮机厂试制样机。为加快这一项目的进度，请这几个厂抓紧样机试制，保质保量地按时交付样机；希望上海油脂二厂及时完成基建工程，以便样机及时进厂，组织安装，争取明年年底试生产。我们希望设计、试制、使用单位，从样机进厂、验收、安装、调试、生产试验、组织鉴定，直至完成竣工图，都要团结一致，通力合作，把50t连续精炼项目尽快搞出成果来。

北京南苑油厂进口的150t连续碱炼项目，亦是大家所关心的，希望南苑油厂和有关单位组织好进口设备的验收、安装、调试和测绘等工作，使国外的先进技术为我所用。我们对上述两个项目寄予很大希望，希望与这两个项目有关的单位，再接再厉，尽快建成投产，为提高我国油脂精炼技术作出贡献。

（3）加快油脂氢化等研试工作，增加油脂制品　前面已经说过，严格讲，目前国内市场上供应的食用油脂大都属于初级制品。为满足市场需求，丰富人民生活，将精炼后的油脂经轻度氢化，并按氢化的程度和熔点的高低，制成各种起酥油，满足高级饼干、高级糕点的需求。并在此基础上，才能进而发展人造奶油、冰淇淋等一系列高档花色食品。

由此可见，随着食品工业的发展，对油脂精炼和油脂深加工提出了新的要求。我们不仅要把油脂精炼搞上去，而且要把油脂氢化搞上去。建议上海、北京、天津等大城市先走一步，在解决油脂精炼的同时，根据市场需求和考虑到将来的发展，增设一定规模的油脂氢化（包括冬化）车间和油脂制品车间，以满足食品工业发展的需求。

为了给筹建油脂氢化车间提供科学依据，希望上海市粮科所加快这项研试工作的进度，尽快取得成果。

同志们，提高油脂精炼技术，是摆在我们面前的一项艰巨而又紧迫的任务，我们希望工作在油脂工业战线上的广大职工和科技人员，拿出像前几年发展油脂浸出的那种劲头，迅速把油脂精炼技术搞上去。

3. 狠抓节能工作，提高管理水平

今年以来，党中央和国务院发出了一系列有关节能的文件和指令。指出："目前，我国能源紧张……已成为国家经济中的一个突出问题"。解决能源问题，要争取"开发和节约并重"，近期把节约放在优先地位，对国民经济实行以节能为中心的技术改造和结构改革的方针。我们要认真贯彻执行，把节能工作作为当前油脂工业刻不容缓的一件大事抓紧抓好。

在油脂工业战线上节能的潜力很大，任务也很艰巨。在节能工作中，我们要抓好对溶剂油、煤、汽、水、电的消耗。在大豆一次浸出油厂，上述几项节能项目一般占加工成本的50%～70%。因此，降低消耗，不仅节约了能源，同时也是降低成本的一项重要措施。当前，要抓好以下几方面的节能工作：

（1）进一步降低溶剂消耗　近几年来，各地围绕着降低溶剂消耗、确保安全生产等方面，做了大量的工作，总结了许多宝贵的经验，溶剂消耗逐年下降。例如，1978年全国平均溶剂消耗为14.8kg/t料（饼），1979年下降到9.1kg/t料（饼），1980年又

下降到8.22kg/t料（饼）。随着溶剂消耗的逐年降低，不仅事故越来越少，安全生产得到了保障，而且成本不断降低，以大豆直接浸出为例，全国1978年为256.14元/t油，1979年为247.67元/t油，1980年为242.95元/t油。因此，溶剂消耗的逐年下降，反映了我国油脂浸出技术水平和管理水平的不断提高，是广大职工和科技人员辛勤劳动的结果。但是，我们必须看到，溶剂消耗的高低很不平衡，1980年上海市平均溶剂消耗为3.12kg/t料（饼），而有的省区平均高达20kg/t料（饼），这种高低悬殊的情况在每个省市区同样存在。尤其是目前我国的平均溶剂消耗与国外的先进水平相比差距仍然很大，我们要再接再厉，迎头赶上。

根据各地的经验，降低溶剂消耗的路子很多。许多浸出油厂，通过采用合理的工艺和设备；加强企业管理，提高操作技术，杜绝溶剂的跑、冒、滴漏，对降低溶剂消耗起了显著的作用。经过这几年的实践，大豆一次浸出采用DT蒸脱机；预榨浸出采用高料层蒸烘机；混合油汽提采用层碟式汽提塔；处理量较大的浸出油厂，采用液体石蜡回收装置等，这些设备对降低溶剂消耗，提高油、粕质量有显著的效果，建议各地继续因地制宜推广使用。与此同时，各地要根据原料、设备等不同特点，进一步开展技术革新，对那些经过实践考验，有利于降低溶剂消耗的新设备、新工艺，我们都要积极推广应用。对那些溶剂消耗高达15kg/t料（饼）以上的浸出油厂，建议各地组织技术力量，逐个进行“会诊”，找出存在的问题，研究解决方法，争取在1982年内把溶剂消耗降下来。

（2）重视节煤节汽　节煤与节汽是节约能源的重要组成部分。在这方面由于过去我们没有像对降低溶剂消耗那样重视，因此消耗普遍较高，高低相差悬殊。据统计，1979年，全国平均每加工1t油料耗煤148kg，最低的上海市平均耗煤68kg，而有的省区都高达200~300kg。耗煤高的原因除了有些锅炉的热效率低和烧煤浪费大外，主要是由于在生产过程中，我们对热量的利用不合理，蒸汽浪费大，耗用多。以大豆直接浸出为例，每加工1t大豆平均需要耗用1t蒸汽，而国外只需300~400kg，差距很大，由于耗煤、耗汽高，不仅浪费了能源，而且增加了生产成本。根据目前耗煤的状况一般占成本的20%~30%。所以，今后我们对节煤节汽的工作，也不能当作无足轻重的小事了。

为了节约用煤，我们要根据经能［1981］162号文件通知精神，努力提高锅炉的热效率，降低锅炉排渣的含碳量，降低锅炉排烟温度，充分利用烟道余热；要进行水质处理，达到《低压锅炉水质标准》的规定；对利用间接蒸汽的生产设备，要注意提高冷凝水的回收率。我们要注意合理用汽，节约用汽。建议各地对用汽量较大的油厂，将其主要用汽设备进行一次热能利用情况和热平衡测试，对那些热能利用不合理的要进行调整；要注意蒸汽的重复使用，充分利用含热能较大的二次蒸汽，提高热能的利用率，我们还要认真研究节约蒸汽，提高热能利用率的新设备，新工艺。

（3）注意节约水、电　节约水、电的工作，过去我们也是不够重视的。尤其在用水方面，许多粮油加工厂至今没有确定消耗指标，采取用多少算多少，浪费严重，耗用量大。在用电方面，加工1t油料的平均耗电量普遍较高，而且高低很不平衡。根据统计，1979年全国平均的耗电量为35度/t料，最低的是12度多，平均为26度/t料，而有的省份却高达 50 度/t 料以上。

为了做好节约水电的工作，我们要合理配置电器设备，对在正常使用时负载率低的电动机、变压器要进行调整和更换，清除“大马拉小车”的现象，要严格控制使用电热设备，今后凡是能使用煤、燃气等能源加热的一律不得使用电能加热，并建议设计部门暂不设计使用电能加热的设备。要提高水的循环使用率，做到一水多用。要把水耗提到与溶剂消耗、能耗、电耗一样重要的地位，作为考核工厂的经济技术指标。

为了使节约能源的工作扎扎实实地有成效开展起来，所有粮油加工厂都要把节能工作作为整顿重点，提高企业管理水平的一项重要内容。在搞好企业整顿，提高企业的水平和基础上，根据企业的不同情况，分别建立节能机制或指定到人负责节能工作。为了使能源消耗和管理科学化，要配备必要的能源计量、测试仪和仪表，并采取相应措施管好，用好。要建立健全各种能源消耗（溶剂、煤炭、燃气、电、水等）的原始记录，定期进行结算和分析，在此基础上制定工艺耗能定额和耗能定额管理制度。

为推动粮油加工厂节能工作的开展，明年我们将计划召开节能工作经验交流会，请各省市的粮油工业主管部门在总结交流本地经验的基础上，随时向粮食部粮油工业局推荐节能工作方面的典型材料。

4. 重视油料植物蛋白资源的利用

在大豆、花生、葵花籽、棉籽和油菜籽等植物油料中，不仅含有丰富的油脂，而且还含有 20% ~50% 的蛋白质。因此，开展油料植物蛋白资源的利用，具有十分重要的经济意义。尤其是在世界人口急剧增长、食用蛋白比较缺乏的情况下，如何充分利用油料植物蛋白资源，造福人类，已成为一项非常重要的研究课题。20 世纪 70 年代以来，美、日等国对油料植物蛋白的开发利用十分重视，发展很快，技术逐渐成熟，工业化生产已具规模。

植物蛋白，尤其是油料植物蛋白，它含有比较齐全而又为人类所必需氨基酸的成分，是一种营养丰富的食品；它又是一种具有保水性、乳化性、弹性和黏结性等机械特性的食品原料，不仅可以单独制成食品，也可以与蔬菜或肉类等配制成各种各样的食品。所以，油料植物蛋白的利用，是食品工业的一个重要组成部分。

这些年来，在油料植物蛋白的利用方面，各地进行了许多尝试，做了不少工作，取得了一定的成绩。但是，由于我们对油料植物蛋白的研究利用历史较短，所以无论在利用率上还是在技术上与国外都有很大差距。为了逐步改变我国人民的食物构成，增加食品中的蛋白质含量，满足食品工业发展的需要，我们要在油料加工过程中，既能取得较多数量的油脂，又能获得较高质量的蛋白质，这是摆在我们面前的又一重要工作。

为了充分利用资源，满足食品工业的发展需要，我们要把油料蛋白的制取、利用，作为油厂的主业，摆到与制油、炼油一样重要的地位。

我国的油料品种繁多，油料植物蛋白的资源丰富，在短时期内充分利用这些资源，任务艰巨。为了从实际出发，近几年内，我们要把主要精力放在抓好大豆、花生、向日葵等油料植物蛋白的利用上。为充分利用大豆蛋白资源，建议有关院校、科研单位和粮油加工厂，当前要集中力量进一步攻克大豆低温脱溶这一关，尽快将溶剂消耗降下来，进一步提高经济效益。为保证大豆蛋白制品的质量，在加工低温脱脂豆粕时，要注意原料的选择，加强原料的清理，增设必要的脱皮设备，以保证脱脂豆粕的质量，提高目前有些地区市场供应的人造肉质量。鉴于当前的力量有限，对于棉籽、油菜籽等油料植物蛋白的利用，由于需要进行去毒处理后才能供作食用或药用，根据国内外的经验，其工艺设备比较复杂，成本不易过关，建议先搞一般的去毒方法，作为配制饲料的蛋白来源。但是，为了今后扩大对棉籽、油菜籽蛋白的利用和必要的技术贮备，我们不反对少数单位对提取食用棉籽、油菜籽蛋白的研试工作。

（三） 加快步伐， 搞好制油设备的选定型工作

为了使制油设备标准化、系列化、通用化，1979 年 3 月我们在陕西省西安市召开了制油设备选定型工作会议。经研究讨论，确定了 57 种选定型设备。两年多来，在各地粮食部门领导下，由于承担设计、试制和生产试验单位的重视，以及广大职工和科技人员的努力，制油设备选型定型工作进展顺利。

到目前为止，我们已经完成了设备的设计方案审定和设计任务，制定了设备的生产试验方法。现在大多数设备正在试制，不久就将陆续进行生产试验。在这项工作中，浙江的 ZX・10 螺旋榨油机、粮食部安陆粮机厂 ZX・18 螺旋榨油机、广东的花生剥壳机和分级圆筛、广西的油茶籽剥壳机和轧胚机等设备的工作进展较快，有的已经鉴定，有的样机正在进行生产考核，很快就要鉴定。

总的来说，制油设备选定型工作进展是顺利的，工作是有成绩的。但是，我们在完成样机试制、样机的生产考核、组织鉴定、图样审定以及系列设计等工作的任务还十分繁重，大量的艰苦细致工作还在后面。

为了加快制油设备选定型工作的步伐，我们要求试制单位抓紧试制工作及时提供样机。对承担试制的湖北省广济县武穴油厂试验点的选定型设备和上海油脂二厂50t/d连续炼油设备的粮油机械厂，由于这两个点的试验设备比较集中，需要组装以后才能试验，一定要按照规定时间提供样机，以免影响选定型设备的试验；承担样机生产考核的粮油加工厂，要提前做好准备，以便样机到厂后，立即安装进行生产试验；对已经进行生产考核的有关设备，试验单位要及时写出生产试验报告，设计单位和试制单位要根据设备鉴定要求，备齐技术文件，积极组织鉴定，为了减少程序，对一些在鉴定中修改意见不大，条件成熟的设备，可以在设备鉴定的同时进行图样审定；对个别进度较慢的设备，请主管部门过问一下，研究解决存在的问题，以跟上整个制油设备选定型工作的步伐。我们希望承担制油设备选定型项目的所有设计、试制和生产试验单位共同努力，争取 1983 年上半年完成设备鉴定和图样审定工作。

为了适应当前有些地区建厂的需要，我们打算在全力抓好选定型工作的同时，计划选几个不同类型的工艺设备比较齐全、合理，经济技术指标比较先进的浸出油厂作为基础，继续讨论修改，完成全套技术图样，作为制油设备选定型工作未完成以前的推广项目，以满足当前的急需。为了做好这项工作，我们将与有关省市商量并希望各地积极推荐。

（四）统一有关检化验方法和统计单位

大家知道，一个工厂要进行有效的生产管理，就要不断的对经济技术指标和生产工艺参数进行正确的测定。正确而又统一的测定方法，是同行业中进行技术交流的语言，是技术评议中可比性的统一基础。现在，全国的植物油厂，在主要的几项经济技术指标上，测定方法和统计单位还不很一致。例如浸出粕的残油，在取样部位上，有的厂在浸出器的出料口，即用湿粕取样化验；有的厂是在蒸烘机出口，即烘干粕取样化验。由于取样位置的不同，产生了残油的差异。在残油的化验方法上，抽提的时间有 1h、2h、4h 之差别，使用仪器也有所不同，这样也影响到化验的数值。

在统计单位上，如溶剂损耗，过去曾用过吨油作为计算基数，现在改用吨料作为计算基数。在以吨料为计算基数中，大部分地区用入浸料计算，即直接浸出的按原料计算，预榨浸出的按入浸饼量计算，但也有的地区预榨浸出是以原料量进行计算的。这样在技术交流中，还要进行一次换标，才能互相比较，很不方便。因此，统一植物油厂的检化验方法和统计单位，是十分重要的工作。

去年，在蛟河、大连召开的考察日本大豆制油技术研试项目的鉴定会上，已与到会的有关代表打过招呼，今年 3 月份，粮食部粮油工业局对省市区粮食厅（局）下达了文件，希望在本省市内，选择一、两个检测经验丰富的厂、所，把一些主要经济技术指标的化验方法写成资料寄给我们。之后，我们收到了几份资料，由于不全，我们没有把它归纳整理。趁这次鉴定会的机会，把这项工作再提出来，希望大家关心支持。根据以往的经验，每做一件工作，单靠号召，不落实到具体的单位和人员身上，这件工作就会落空。为了做好这项工作，我们按项目分工，初步意见是：饼、粕残油的检化验方法请江苏省负责；粕中含溶剂、油中含溶剂以及米糠油、葵花籽油中含蜡量的测定方法请上海市负责；湿粕含溶、混合油浓度的测定方法请山东省负责；油料、油脂的水分测定和含磷量的测定方法请浙江省负责。

上述项目，请承担任务的省市，再具体落实到厂、所的技术人员，接受这项工作的单位和人员，可以向有关的单位索取资料，有关单位寄给我们的资料，我们将分项寄给项目承担单位。请各单位提出倾向性的意见，整理成资料，一式二份，一份寄给我们，一份留在本单位。这次会议，有的省工业处、工业公司没有来人，请这个省的代表回去后向省局汇报。我们希望承担任务的单位，能在明年 8 月份前，完成任务，争取在三、四季度召集有关人员讨论确定。

关于油厂几项主要经济技术指标的统计单位问题。这里做一个统一的规定，以后进行统计和上报材料，就按下面的规定办——煤耗、电耗、水耗，以及原料量的吨数为计算基数。溶剂消耗以入浸料（直接浸出为原料吨数，预榨浸出为入浸饼的吨数）为计算基数。过去预榨浸出用吨原料计算的，请在今年年终报表中就改过来。加工成本用吨油计算。

同志们，这些年来，由于广大职工和科技人员的辛勤劳动，油脂工业技术水平有了很大的提高，这是值得庆贺的。但是，当前我们需要做的工作还有很多，任务十分艰巨，希望大家再接再厉，多做贡献，为进一步提高我国的油脂工业技术水平而共同努力！

五、 在湖北省武穴油厂部分制油选定型设备鉴定会上的总结报告

（1985 年 4 月 4 日　于湖北武穴）

湖北省武穴油厂部分制油选定型设备鉴定会开了 6 天，今天就要结束。参加这次鉴定会的有 14 个省、自治区、直辖市粮食局，有关科研设计所、院校、粮油机械厂和油厂的代表共 78 人。

会议期间，大家听取和讨论了武穴油厂关于部分选定型制油设备的生产试验报告和工作总结。根据鉴定的要求，会议组织了技术鉴定小组，考察了武穴油厂的实际生产情况，认真进行了工艺性能测定，仔细审查了技术资料。

根据测定的结果以及生产实验报告，对照选定型设备的设计要求，大家实事求是地对在武穴油厂进行生产试验和考核的 ZX18 螺旋榨油机、JP320 平转浸出器、ZHL 高料层蒸脱机、QTJ 双段层碟式汽提塔、ZFG 长管蒸发器、SGF 分水器、尾气回收装置、FLY. 50 圆打筛、LJZ－立式圆锥齿轮减速器和压滤机等 10 种设备进行了鉴定。同时对已经鉴定的 YPD－B. 60×60 对辊轧胚机、GSS. 12 水平刮板输送机、GSZ. 12 刮板输送机、GSL. 12 刮板输送机和 DTL 链条式斗式提升机等 5 种设备的运转情况表示满意。

大家一致认为，武穴油厂部分选定型制油设备的生产试验工作是成功的，是有成绩的。这一成绩的取得，与湖北省粮食局、黄冈地区粮食局和广济县粮食局的直接领导和重视分不开的；是所有设计单位、试制单位以及参加筹建武穴油厂的土建、设备和工艺设计小组全体同志密切配合和辛勤劳动的结果；是武穴油厂全体职工认真负责地进行调试和生产考核的结果。在座谈中，大家赞扬武穴油厂在安排部分选定型制油设备试验的同时，对原来的厂房、车间的摆布、工艺及设备等进行了全面的技术改造，使油厂面貌焕然一新；大家赞扬武穴油厂在技术改造中，坚持边改造、边生产、边培训技术力量；既保证了技术改造的进度，又不影响油料的加工，保证了生产任务的完成，通过派出去、请进来培训技术力量，使改造的武穴油厂很快投入了正常生产，保证了选定型设备生产考核的顺利进行。

尤其可喜的是，改造后的武穴油厂已经取得了显著的经济效益。3 年来，特别是浸出车间投产以来，经济效益逐年提高，到去年为止，已经创造利润 124.6 万元，为改造总投资 200 万元的 62%，预计今年可以全部回收。另外，武穴油厂的溶剂消耗、粕中残油、浸出毛油及成品油的质量等经济技术指标比较令人满意。现在可以这样说，武穴油厂的厂容厂貌、采用的工艺和设备、各项经济技术指标以及经济效益等在中、小型油厂中，达到了我国油脂工业的先进水平。希望武穴油厂的全体职工在县委、县政府和省、地、县粮食部门的领导下，进一步加强企业的经营管理，技术管理，再接再厉，努力工作，为我国油脂工业的技术改造和实现四个现代化作出贡献。会议期间，

代表们就制油设备的选定型以及今后的油脂工业等工作进行了座谈，提出了许多好的建议。现在我就大家座谈的情况和对今后的工作讲点意见：

（一） 关于制油设备的选定型工作

制油设备标准化、系列化、通用化工作是1979年开始的。在陕西省西安市召开的全国制油设备选定型工作会议上，确定了62种选定型设备。几年来，在各地粮食部门的领导下，由于承担设计、试制和生产试验单位的重视，以及广大职工和科技人员的努力，工作是有成绩的。通过选定型工作，我们研制成功了轧胚机、碟式离心机等一批新设备，使我国的制油设备和工艺更加完善；使油脂精炼这个薄弱环节开始有了好转；有些设备和工艺已经得到了推广应用，取得了较好的经济效益。尤其是针对制油设备和工艺的特点，为了全面地、系统地进行生产考核，我们集中力量，改造了武穴油厂和上海油脂二厂的炼油车间，现在这两个厂的改造工作均已完成。这种作法有利于总结经验，有利于对制油设备和工艺的进一步完善，有利于各地参观学习。总之，制油设备的选定型工作，对我国油脂工业的技术改造，实现四个现代化起到了积极作用。

但是，应该看到，我们的工作还存在着一些不足之处。主要是少数选定型设备的进度较慢，时间拉得长了一些。造成这个问题的原因，除了制油设备的种类较多以及生产考核比较复杂等客观原因外，主要是我们部里对这项工作抓得不紧，有些前紧后松的现象。为了加快选定型工作的步伐，提出以下两点意见：

1. 要进一步加强对选定型工作的领导， 善始善终地做好工作

到目前为止，62种选定型设备中，有24种设备进行了鉴定或评议。另外，商业部西安油脂科研所设计的JZ. 120罐组式浸出器和商业部无锡粮食科研设计所设计的LYG炼油锅、LYG脱色锅以及LYX脱臭锅，经过生产考核，在近期内就要鉴定。剩下的三十多种设备，大多已经安装完毕，有的正在进行生产考核；少数设备，由于种种原因，有的还没有完成设计任务，有的还没有试制。因此，从整个选定型的工作量来讲，大体上只完成了三分之二，任务还十分艰巨。为了善始善终地完成制油设备的选定型工作，我们希望各地粮食部门要进一步加强领导，对承担设计、试制和生产试验单位存在的问题，要及时研究解决。

2. 保证在今年内完成并结束制油设备的选定型工作

由于当前需要做的工作很多，任务十分繁重。就油脂工业来说，我们不仅要抓好选定型工作，而且要着手抓引进设备的消化吸收工作，抓新设备、新工艺、新产品的研制工作。从趋势看，后两项工作将越来越突出。为此，我们必须集中力量，保证在今年内完成并结束制油设备的选定型工作。

为了保证在今年内完成并结束制油设备的选定型工作。对已经鉴定或评议的设备，要根据鉴定会提出的要求，在今年三季度前完成图样的修改和整理工作；对已经完成生产考核的选定型设备，要抓紧整理资料，尽快进行鉴定；对已经安装和正在安装的选定型设备，设计、试制和生产试验单位要组织力量，密切配合，全力以赴地抓紧进

行生产考核，保证在今年内全部鉴定完毕；对于三辊轧胚机、软化锅、立式蒸炒锅、平面回转筛、偏心振动筛等少数设备至今还没有设计或试制的，可以暂缓进行，不再进行设计和试制，什么时候再进行设计或试制，今后另行研究。

上海油脂科研所和商业部无锡粮食科研设计所设计的日处理50t成套连续精炼设备，已经在上海油脂二厂安装完毕。这项研试任务，项目新、设备多、难度大，是这次选定型设备的精华，大家寄予很大希望。对于这项研试任务，上海市粮食局十分重视，有关设计和生产试验单位作了最大努力，现在即将进行生产考核。我们希望他们继续努力，克服困难，使这项研试任务尽快取得圆满成功，为我国油脂工业的发展作出贡献。

（二）1984年油脂工业的发展情况和今后需要注意的几个问题

会议期间，大家对今后油脂工业的工作进行了座谈，关于我国油脂工业的发展前景，1983年11月，我在第3次全国油脂专业学术交流及科技情报工作会议上曾作过发言。现在我就当前油脂工业的发展情况和今后需要注意的几个问题讲点意见，供大家参考。

1. 1984年油脂工业的发展情况

这些年来，随着党的农村经济政策的进一步落实，调动了广大农民的生产积极性，农业生产得到了迅速发展，粮食和油料作物的产量连年增长，为粮油工业提供了充足的原料，促进了粮油工业的进一步发展。尤其是1984年，各地粮油工业部门在各级党委和政府的领导下。以改革精神推动了各项工作，加速了企业整顿的步伐，加强了粮油工业企业的技术改造，扩大了粮油精加工、深加工的能力，进一步发展了粮油食品生产，提高了经济效益，取得了可喜的成绩。据统计，1984年全国粮油工业总产值达到225.3亿元，比上年增长6.9%，实现利润13.2亿元，比上年增长19.8%。经济效益的增长大大超过了产值的增长。1984年油脂工业的发展形势也很好，主要表现出以下三个特点：

（1）浸出制油得到了迅速发展　由于浸出制油技术具有先进性和明显的经济效益，它得到了国家及有关部门的重视和支持，尤其是这项技术已被粮油工业部门的广大职工所接受，所以这几年来发展迅速。据统计1984年全国浸出油厂达363个，比上年又增加了20个。浸出制油能力达332万t，浸出油产量达40.4万t，分别比1983年增长11.1%和28.3%。浸出制油的能力已占国营油厂加工能力的20%，浸出油的产量已占国营油厂油脂产量的17.2%。如果按照这个速度继续发展下去，那么，到2000年，国营油厂浸出制油能力达到70%，基本实现制油工业浸出化的目标是完全能够实现的。

（2）全炼油和油脂制品的生产已经开始起步　品种、产量增长很快。为了满足食品工业发展和人民生活水平不断提高的需要，油脂工业正在向精加工、深加工方向发展，过去那种油品质量差、品种单一的状况开始改变。据统计，1984年全国国营粮油加工厂共生产全炼油8.9万t，色拉油2.8万t，人造奶油772t，分别为1983年的121.9%，302%和322%。另外，我们还生产了起酥油146t，增加了花色品种，这是十分可喜的。今后，随着各地油脂精炼设备增加和技术水平的提高，全炼油和油脂制品的产量、品种将会得到更快的发展。

（3）加快了引进步伐，签定了一批成套设备的引进合同　据有关省、自治区、直辖市粮食部门不完全统计，到今年1月止，全国已签订合同的引进国外油脂加工成套设备达17套，其中油脂精炼成套设备10套，此外，还有成套浸出设备、成套低温脱溶设备、成套机榨香油设备以及人造奶油生产设备。据了解，今年各地还将引进十套油脂加工设备。随着引进技术和设备的不断进行，如果我们的工作能够跟上，积极组织消化吸收，那么，它将促进我国油脂工业技术水平的提高。

2. 需要注意的几个问题

这几年来，总的来说，不论是油脂工业的生产情况，还是油脂工业的技术发展，形势是令人满意的。如果我们进一步做好工作按照这个速度和方向发展下去，那么到2000年使我国的油脂工业达到或接近国际先进水平，实现油脂工业的现代化是有希望的。但是，在工作中也出现了一些问题，需要引起我们的注意和重视。主要有以下几点：

（1）要进一步加强企业管理，注意产品质量　这些年来，油厂经过企业整顿，恢复和建立、健全了各项规章制度，使企业的经营管理水平有了很大的提高。但是，我们应该承认，与其他工业部门相比，我们的职工队伍文化技术水平不高，经营管理水平较低。有章不循、管理混乱、产品质量低劣等现象，在少数企业时有发生。有些地方的粮油产品质量差，群众写信到中央，反映强烈，造成了很坏的影响。

为了提高油品质量，我部于1982年10月在江苏昆山召开了“提高菜籽油质量技术座谈会”，会上强调了质量的重要性，提出了提高油品质量的措施，两年多来，各地对提高油品质量都很重视，做了许多工作。现在从全国来说，不论是质量还是品种与两年前相比有提高、有增加。但是，却有少数油厂，仍然不顾产品质量，片面追求产量、产值和利润。对设备该维修的不维修，对不合格的产品出厂不检验、不把关，将含溶剂高、异味大、水分高，杂质多的浸出油供给群众食用，造成了几起不该发生的质量事故。我们希望全国油脂工业战线上的广大职工引以为戒，进一步加强企业的经营管理和技术管理，牢牢树立“质量第一”的观念，把好产品的质量关。

为了便于用户监督，我主张粮油加工企业今后都要创出自己的产品品牌。过去，由于粮油实行统购统销，加上供应偏紧，我们没有考虑创产品品牌的问题，因此造成了产品质量不论好坏，价格却是一个样，群众没有挑选余地。今后，随着粮油收购、加工和销售政策的进一步放开，粮油加工企业之间在成本上、质量上的竞争将越来越明显，它迫使粮油加工企业在成本上、质量上狠下功夫，创出自己的产品品牌，才能求得生存和发展的空间。在这方面我们与国外的差距较大。去年9月我们应日本日清制油株式会社的邀请访问了该公司。该公司及其所属油厂，经过80年的努力，创出了日清色拉油、日清调和油、日清调味油和日清煎炸油等产品品牌，受到了消费者的欢迎。现在日本市场上出售的家庭食用油中，日清公司占一半，成了全日本最大的制油公司。该公司之所以能够创出知名品牌，与他们注重产品质量和用户信誉是分不开的。为了把好质量关，他们对原料、半成品和最终产品都制订了严格的质量标准。在生产中通过道道把关和强有力的检测手段，使产品质量一直相当稳定。为了保证产品符合食品卫生要求，特别注意车间卫生，他们的车间干净卫生，凡是生产现场工人都要换鞋以后才能进入，有的进入车间前还要消毒3min，所有车间都要穿上清洁的工作服。另外，他们具有"用户至上"的基本观念。为了确保产品质量，工厂还专门设置了烘焙实验室，对各种食用油脂进行煎炸和烘焙食品的试验，以品尝滋味和观察烘焙食品的外观。在产品销售上，他们一般都采取送货上门和产销直接挂钩的方法，经常听取用户对产品的反映。由此可见，一个企业要创出一个知名品牌是要付出艰巨劳动的，是一件很不容易的事情。也正因为这样，所以有些企业感到自己创立品牌比较困难，为了生存，就不得不交纳一些费用向名牌厂家借用别人的品牌，并严格按照名牌产品的质量标准生产，随时准备接受名牌厂家对产品质量的检查和监督。

国外企业这种注重产品质量，争创品牌的做法，值得我们借鉴和学习。从形势发展的需要看，为了保证我国成品粮油、粮油食品和粮油机械产品的质量，粮油工业企业应该尽快恢复和创出自己的产品品牌。以便彻底改变我们现在那种市场供应的成品粮油没有品牌，好坏不分以及质量优劣对企业没有任何压力的现状。

此外，为了适应油脂工业精加工、深加工的需要今年我们要着手制订各种精制油、人造奶油、起酥油等产品质量标准，希望有关科研单位和院校给予大力支持。

（2）引进工作要有计划、有控制地进行　要注意消化吸收，注重引进技术。粮食部门引进粮油加工和粮油食品成套设备是从1981年开始的。到今年1月，据二十个省、自治区、直辖市粮食部门的不完全统计，已经引进或签订合同的成套设备共有103套，其中面粉设备17套，碾米设备1套，油脂设备17套，面包设备13套，方便面设备21套，挂面设备21套，其他食品设备13套。1985年各地还打算引进78套。

通过引进设备，促进了我国粮油加工技术水平的提高，增加了生产能力，同时改变了粮油工业企业职工闭目塞听，故步自封的保守思想，开始对国外现代化粮油工业的技术水平有所了解，起到了解放思想的作用。这对今后粮油工业的技术改造，实现现代化将会产生深远的影响，但也存在着一些问题：一是管理较乱，多头审批，使引进的全面情况难以掌控。现在有的省粮食局掌控不了全省粮食部门的引进情况，我们商业部粮油工业局虽然是引进粮油加工技术装备的归口单位，但也掌控不了全国的引进情况；二是引进成套设备多，引进制造技术少。几年来引进成套设备已签订合同的约5 000万美元，而设备的制造技术一项也没有引进来；三是有的引进项目未作详尽的调查研究就成交，不仅价格上吃了亏，而且有的设备引进后不能很好的发挥作用；四是消化吸收缓慢。各地引进设备一般偏重于形成生产能力，不仅自己缺乏消化吸收的积极性，有的甚至不让人家参观学习，消化吸收；五是由于引进的设备来自不同的国家和不同的厂商，型式、规格、技术要求各不相同，国内难以组织相应的零配件生产，随着引进设备的增加，零配件供应将越来越困难。为了维持生产，在相当一段时间里引进设备的单位不得不依赖外商供应零配件。

上述问题，必须引起我们的注意。为了把引进工作做好，现在我讲几点意见，供大家参考。

① 技术引进工作一定要有计划、有控制地进行。今后，各省、自治区、直辖市粮食部门，对本地区的引进技术，要严格审查、严格把关，防止盲目性和重复引进。对

我国自己能生产的设备或已经消化吸收的设备，要多做工作，说服引进单位，尽量采用国产设备。特别是在当前国家外汇结存急剧下降的情况下，我们更应该这样做。现在有一个不太好的倾向，就是一说引进，大家都要引进；一说我国的粮油加工设备与国际先进水平相比有差距，就说国外的设备什么都好，把我们的设备、技术说得一无是处。这种不根据我国国情的片面性认识应该迅速纠正。就油脂工业来说，据了解，我认为，由于历史的原因，我国的油脂精炼技术和设备与国外相比差距较大，为了加快步伐，把油脂精炼技术搞上去，引进一些成套炼油设备，我是赞成的。在油脂制备方面，我们也有一定的差距，但差距不大。就全国来说，引进几个关键设备，进行消化吸收，也是可以的。但是，我不赞成都去引进成套设备，特别是不赞成再去引进成套浸出设备。

② 引进技术和设备时，一定要把情况弄清楚，不能操之过急。据了解，有些引进单位，在引进技术和设备时，存在着急于求成的现象。他们在既没有与外商进行技术座谈，也没有进行技术考察的情况下，就签订了引进设备的合同。我认为，这种做法是草率的，是容易被外商在技术上和价格上钻空子的。为了防止在技术上和价格上被外商钻空子，确保引进项目的先进性。在签订合同前，一定要把外商的情况弄清楚。要按照引进项目的程序进行。首先要认真做好技术选择和技术经济可行性分析，然后在国内做些了解，以便挑选制造设备的外商。为了了解引进技术和设备的情况，要设法通过有关途径与几家外商进行技术座谈。在技术座谈的基础上，请几家外商分别提供引进技术和设备的初步报价，并经过初步比较后，有针对性的组织出国考察，进而再进行详细的技术谈判和商务谈判。最后经过“货比三家”，根据技术先进、质量可靠和价格合理的原则与一家厂商签定合同，千万不能操之过急。

为了把引进技术和设备的工作做好，充分利用国内已经掌握的信息，有目的的选择几家外商是十分重要的。在这方面，商业部粮油工业局与外商的接触较多，了解和掌握的情况较全面，我们可以为各地引进时提供必要的信息。希望大家很好地利用这个信息渠道。

③ 要注意组织以工程技术人员为主体的引进领导班子。引进技术和设备是一项技术性很强的工作。因此，必须组织一个以工程技术人员为主体的和由内行领导参加的强有力的引进领导班子。这个引进班子的主要成员应该参加引进项目的技术论证、对外技术座谈、出国考察和商务谈判等全过程。

这里，值得注意的是，现在有些引进项目在出国考察时，考虑照顾各方面的关系太多，行政人员多，工程技术人员少，这对引进技术和设备，调动工程技术人员的积极性等都是不利的。必须引起注意，迅速纠正。为了把引进工作搞好，建议今后出国考察时，工程技术员的比例不要少于二分之一，其中至少要有一名技术全面、过硬的工程技术人员参加。

④ 引进技术和设备后，要注意消化吸收。引进先进技术和设备的目的，不是单纯地为了解决生产能力不足和产品质量差、品种少的问题，而主要是为了提高我国粮油加工的技术水平。所以，我们要像国外那样，走“引进—仿制—创新”的路子。在引进技术和设备后，要十分重视消化吸收，尽快组织测绘、仿制和创新。今后要明确引

进技术和设备的单位除了有使用权以外，还应由主管部门规定其责任——有仿制能力的企业应限期仿制出来，按时做到了，并在技术上还有所创新的，要予以奖励；没有完成的应给予批评教育以至必要的经济处罚。对于那些没有仿制能力的单位，主管部门则应组织力量搞测绘仿制，使用单位要提供方便，不搞技术封锁。

⑤ 注重引进制造技术，提高我国粮机生产的技术水平。今后的技术引进，重点应放在引进先进的制造技术上，我们要选择几个条件较好的粮机厂同外商就合作生产、合资经营、技术等进行洽谈；此外，在国内要打破部门界限，逐步实现与机械、军工部门的联合，加快引进设备和技术的消化吸收和制造能力。只有这样，才能提高我国粮油机械生产的技术水平，进而才能从根本上解决我国的粮油工业技术水平落后的状况。这也是许多国家走过来的成功经验，我们应该好好吸取。

为了及时总结经验，搞好引进工作，最近，商业部以（85）商工字第 4 号文件发出了“关于改进粮油加工技术设备引进工作的通知”，希望各地粮食部门认真贯彻执行。

（3）关于油脂工业技术改造的起步与采用自动化问题　最近，有些同志认为，为了使我国的油脂工业技术水平尽快赶上或接近世界先进水平，提出在技术改造时起步要高些，这是完全正确的。所谓起步高些，我的理解就是要尽量采用国内成熟的先进技术和设备，使改造后的企业在 10、20 年后不致落后。但是，现在有些同志在谈论起步时往往把采用所谓的“自动化”问题联系起来，有的认为采用“自动化”就是起步高的标志。对于这个问题，我想讲点看法，与大家商量。

去年 9 月，我参观了日清制油株式会社的横滨矶子工场，这个工厂的自动化程度是比较高的，是我看到的所有国外油厂中自动化程度最高的一个厂，也是唯一的一个厂。这个厂自动化程度比较高，主要表现在：在原料仓库、预处理、压榨、浸出和油脂精炼等工段的主要部位，都采用了工业电视，随时可以观察到各关键部位的运转正常与否；工艺流程中的主要技术参数，如流量、产量、温度、压力等都采用电子计算机记录，并随时可反映出来，工场长通过无线电报话机进行遥控指挥。在产品的包装和商品集装方面自动化程度就更高。产品的包装，包括马口铁皮听装、聚乙烯瓶装和玻璃瓶装等都是采用自动线进行包装；商品的集装、仓库的堆放以及发货等也都实现了自动化。但是，在国外大多油厂不是一味追求自动化，而是十分注重从实际出发。他们在搞机械化、连续化的同时，也有许多地方仍然采用人工操作。例如，与矶子工场同一家公司的神户工场和大阪摄津制油工场的许多工段和包装是采用手工操作的；三国制果（米制品）工场的成品包装多数是用低工资的女工进行的。像矶子工场这样自动化程度较高的油厂，我在日本、美国和意大利也没有看到有第二家。今年 2 月，我去日本考察了砻谷胶辊生产情况，所到工厂没有看到自动化程度较高的。他们的生产效率比我们高，质量比我们好，主要是通过合理的工艺、配方以及采用专用设备等来实现的。

从国外考察看到的实际情况，我认为，今后我国制油工业中的浸出和炼油等工段，以及部分产品的包装可以逐步搞些自动生产线。由于搞自动化必须建立在高度的机械化、连续化和仪表化的基础上才能实现的，加上搞自动化的投资比较大，保养维修要求高，所以，我们一定要从我国的实际出发，千万不要一哄而起，不要把起步高与自动化等同起来。当前，对大多数粮油加工厂来说，首先要着眼于搞好机械化、连续化和仪表化，尽快实现文明生产和科学生产。

（4）关于进一步搞好科技攻关，积极推广和应用科技成果的问题　为了提高我国的油脂工业技术水平，这些年来，油脂工业战线的广大职工和科技人员面向生产实际，在开发新产品、完善加工工艺和研试新设备等方面做了许多工作，取得了很大的成绩。在油脂制备方面，油脂浸出工艺和设备更加完善，成套设计和制造的能力越来越强，经济技术指标越来越好；在油脂精炼方面，随着制油设备的选型定型和引进设备的消化吸收工作的开展，我们开始有了自己的连续精炼设备；在副产产品利用方面，我们对油料蛋白、米糠油以及油脚的利用，做了大量的研究，开发了许多新产品。这些科技成果，有的已被国家列入“六五”期间的全国重大科技成果推广项目。通过推广和应用，已经发挥了明显的经济效益。我们要继续积极推广和应用，发挥其更大的作用。

中央领导同志一再强调，经济建设要依靠科技进步，科学技术要面向经济建设。这是我们的一项重大方针。最近，中央领导同志同6位“四化”建设中作出突出贡献的科技人员座谈时指出，中国当前的科技政策是，把科技成果迅速地推广到经济建设上去，转变为生产力，科技人员搞科研不能只开花，不结果，不要华而不实。

中央领导同志的指示，为我们油脂科技工作指明了方向，我们要按照这个精神来搞科研，组织攻关，并积极推广和应用科技成果，使它取得应有的经济效益。

为了搞好油脂科技工作，我们要进一步面向现实，充分利用各方面的科技力量，发挥系统内外的科研院所、高等院校的作用，搞好厂校、厂所挂钩和联合，以提高经济效益为中心，围绕着提高产品质量、开发新品种、节能降耗和环保安全，搞好科技攻关、消化吸收和技术推广，使我国的油脂工业技术水平不断提高。

近几年来，一些外系统的科研院所、高等院校，他们以国家的“四化”大业为重，走向社会，积极进行科学研究。对这件事，我们应该抱欢迎的态度。对他们研究成功的油脂科技成果应该积极推广和应用。在使用成果时，要根据规定付给一定的成果转让费。

关于“多维营养油”的问题，大家议论较多。对这项研试工作，我们始终抱欢迎和支持的态度，并预祝它能取得最后的成功。为了听取各方面的意见，去年5月8日，国务院领导同志曾主持召开了“多维营养油”座谈会。参加会议的有：国家科委、国家计委、国家经委、中国科学院、科技大学、农牧渔业部、商业部、中央财经领导小组办公室、北京市粮食科学研究所等单位约20人。座谈的结果是“意见分歧较大，尚须进行中试和论证”。不要急于定论。会上决定，今后由国家科委牵头，有关部门参加组成专家小组，继续进行试验性生产，待通过国家级鉴定后，再组织专家进行技术经济论证，提出推广和扶植发展的意见。到现在为止，时间过去快一年了，这项研试任务至今还没有进行鉴定。鉴于上述情况，除了已经在搞“多维营养油”的油厂要继续搞好试验外，建议各地暂时不要再上这个项目了。今后能不能推广应用，它将取决于中试能否成功，能否通过国家级鉴定。到时，我们将把中试鉴定和专家组论证的结果，告诉大家。

（5）关于溶剂油的供应问题　随着浸出制油的迅速发展，溶剂的需要量越来越大。据统计 1979 年溶剂的需要量只有 1.6 万余 t，1984 年猛增到 3.2 万 t，增加了一倍，今年各地计划需要量达到 3.8 万余吨。为了满足生产的需要，经与石油化工总公司反复联系，给予了很大支持。他们除了通过对原有的溶剂油生产厂挖潜、革新、扩大生产能力增加溶剂油产量外，还积极开辟了一些新的溶剂油生产单位。他们虽然做了最大的努力，但溶剂油的供应仍然感到偏紧。去年，有些地区的浸出油厂由于一度出现溶剂油供应不上，影响了生产。

为了保证浸出油厂的正常生产和浸出制油的进一步发展，溶剂油的供应问题，亟待研究解决。解决的办法是“开源节流”。在“开源”方面，我们要继续与石油化工总公司联系，请他们采取措施，扩大溶剂油的产量。但是，扩大产量要有条件，要有时间，不可能一下子解决当前的急需。最现实的办法是，我们要在“节流”上下功夫，这方面的潜力是很大的。从目前全国的浸出能力来看，应该说每年供应 3 万多吨溶剂油是绰绰有余的，现在的问题是溶剂消耗仍然过高。据统计，1984 年全国每浸出 1t 油料或 1t 油饼的平均溶剂消耗为 6.6kg。从省、市之间来看，溶剂消耗低的省、市平均只有 3～4kg，高的平均达 10 kg，甚至 20kg，至于企业之间高低相差更加悬殊。根据我国现有的浸出制油技术水平，不论从工艺上还是设备上来看，完全有可能将溶剂消耗下降到吨料、吨饼 5kg 左右。为此，建议各地组织技术力量，对溶剂消耗高于 10kg 的浸出油厂（车间）进行一次“会诊”，从管理上、技术上找原因，帮助企业解决存在的问题。对那些管理混乱，溶剂消耗高，经过帮助后没有明显进步的浸出油厂要下决心进行停产整顿。为了鼓励先进，鞭策落后，我们打算进一步研究溶剂油的供应办法，必要时将采取“择优供应”和“定量供应”的办法。

此外，为了保证现有浸出油厂生产的正常进行，我们希望各地想办法建溶剂油中转储存库，平时多存一些溶剂油，以应溶剂油临时供应不上的急需。

（三）1985 年粮油工业局的主要工作打算

最近，各地粮油工业部门的有关同志要我讲讲今年粮油工业局的主要工作打算，以便互相通气。借此机会，我把今年局里的工作打算给同志们介绍一下。

为了适应国民经济建设发展和人民生活水平不断提高的需要，努力开创粮油工业新局面，在新的一年里，我们打算着重抓好以下几项工作：

1. 进一步抓好粮油精加工、深加工，扩大精米、精面、精油的生产和供应

我们要在继续扩大京、津、沪三大市精米、精面、精油加工能力和供应的同时，注意扩大各省省会所在地和重点旅游地区、工矿区的加工能力和供应。据统计，全国 1984 年精米加工比重已达到 51.7%；精面加工比重达到 26.9%，我们要进一步增加精米、精面的加工比重。提高精米、精面加工比重的立足点主要放在对老厂的技本改造上。米厂改造要抓大米出产地区和精米供应比重大的大中城市；面粉厂改造重点抓好由去年国家贷款 1 亿元投资的 8 个厂，建成投产后，年增精面生产能力 55t。以及各地引进设备的安装、投产，油厂改造除进一步推广浸出制油加工工艺外，重点抓好油脂精炼。要抓紧组织国内成套连续精炼设备的鉴定和推广工作，加快引进设备的到货、

安装和投产的进度。我们还要积极抓好粮油加工副产品综合利用，生产各种配合、混合饲料。据统计，1984 年粮油工业部门生产的配合、混合饲料的加工比重已达到 47.3%。为了提高饲料的质量，我们要进一步多生产配合、混合饲料，减少统糠饲料的产量。

2. 大力发展粮油食品

为了进一步推动粮油食品工业的发展，打算召开一次全国粮油食品工业会议，结合举办一次粮油食品展览会。总结交流几年来的工作，检阅粮油食品工业的成果，研究提出今后发展粮油食品工业的方向和措施。我们设想，粮油食品要在继续发展大众化食品的同时，积极发展高、中档食品和各种方便快餐食品。除了继续抓好面制品生产外，北方地区要注意抓好玉米的利用，生产各种适销对路的玉米制品；南方地区要注意抓好米制品的生产。要努力增加产量，增加花色品种，为城乡人民生活服务。

3. 要加强技术管理， 促进企业的技术改造

根据“食品工业 1985—1987 年更新改造重点措施项目”的要求；我们申报了 1985 年全国粮油工业技术改造项目共 40 多项。这些项目待国家经委批准下达后，要采取措施，认真实施。要加强引进技术和成套设备的领导和管理。为了做好工作，我们打算召开一次全国粮油工业部门技术引进经验交流会，总结几年来技术引进方面的经验，沟通信息，提出今后引进工作的意见和要求。要积极开展技术咨询活动，使各地的引进工作少走弯路。对已经引进的技术和设备，要组织消化吸收。要进一步抓好新设备、新工艺、新产品的研制推广工作；要善始善终地做好米、面、油和挂面设备的选定型工作。

4. 认真抓好粮油机械生产， 组织成套联营

要根据市场需要，安排好粮油机械生产，对制造榨油机、成套碾米设备、成套制粉设备和方便面设备等紧俏产品的粮机厂，要采取措施，尽量多增产一些，以满足用户的需要。粮机生产要解放思想，打破部门行业界限，实行对内对外同时开放。通过对外引进技术、合作生产等形式，引进一批先进技术和设备，生产具有国际先进水平的粮机产品。同时，我们还要面向全国，借助机械、军工部门的技术力量和物质基础，联合设计制造粮机产品。要组织米、面、油、饲料加工机械，仓储机械成套设备联营和粮机销售联营，发展成套设备生产能力，以满足国内外市场的需要。

5. 加强质量管理， 充分发挥质量监督检验站的作用

为适应精加工、深加工发展需要，要组织制订有关精米、精面、精油以及油脂制品的质量标准。北京、上海、武汉三个粮油食品质量监督检验站，要监督粮油加工厂，严格按照食品卫生标准生产大米、面粉、油脂和各种粮油食品，并不定期地进行抽检；无锡、长治、安陆三个粮机质量监督检验站，按照产品质量要求，对粮机产品组织抽查。各地对用户意见较大，质量较差的粮油产品和粮机产品，要帮助工厂采取措施，限期改进。同时，要认真抓好优质产品的评选工作。通过制订质量标准，检查评比，促使产品质量进一步提高。

此外，我们还要认真做好七个直属粮机厂的下放工作；做好物资的供应工作；做好工业普查的准备工作；加强技术培训，办好各种学习班。

概括起来讲，今年我们要着重抓好五个方面的工作，开好两个会议。

我们这次既是鉴定会，又是一次选定型的工作会议。这次会议在湖北省广济县召开，会议得到了湖北省粮食局、黄冈地区粮食局、广济县委、县政府、广济县粮食局的大力支持与帮助，借此机会，让我代表商业部科技司、商业部粮食设计院、商业部粮油工业局和全体与会代表向他们表示衷心的感谢！

六、 做好消化吸收工作， 推动油脂工业技术进步

——在全国油脂引进技术消化吸收工作会议上的主题报告

（1987 年 12 月 18 日 于江苏无锡）

全国油脂引进技术消化吸收工作会议，今天在无锡市召开，这是研究油脂引进技术消化吸收，尽快实现国产化的第三次工作会议。对油脂引进技术的消化吸收工作，商业部和部属所去年就进行了酝酿和构思。今年 2 月，部科技司、粮油工业局、商科院经商议成立了消化吸收领导小组，下设技术小组，3 月在无锡召开了第一次工作会议，明确了消化吸收工作的目标和要求；研究确定了主要的工作内容、消化吸收的对象和设计生产规模；拟定了消化吸收的近期工作计划。

自此之后，消化吸收工作进入了工作轨道。5 月初—6 月中旬，我们组织了消化吸收调查组，分南北两个小组，分赴南北两大地区对现有引进技术包括工艺和设备，进行了实地考察、调查，提出了消化吸收技术方案讨论稿。8 月中旬以油脂专业学会的名义，邀请全国油脂科技界著名的专家和教授，在无锡召开了消化吸收技术方案论证会。这次专家论证会，也可以看作是消化吸收的第二次工作会。根据专家的评议和提出的意见，会议对消化吸收技术方案作了修改，会后由各专题小组按论证会的意见进行了整理，现在我们大家看到的《油脂设备消化吸收技术方案》就是专家论证会后的审定稿。油脂工业对引进技术的消化吸收，实现油脂工业先进技术的国产化，是我们油脂界的奋斗目标。现在我就消化吸收工作讲些意见，供同志们参考。

（一） 十年来油脂工业技术水平有了很大提高

油脂技术的消化吸收工作，是我们油脂界的一件大事，是“七五”的后 3 年推动油脂工作技术进步的中心工作，整体的消化吸收工作，现在已经是出台戏了。其实，油脂技术消化吸收的小型折子戏，早已用各形式进行了编导，而且取得了显著的科技成果，并在生产中得到推广应用，取得了巨大的经济效益。以油脂浸出为例，我国 20 世纪 50、60 年代不论在生产能力上，还是在技术进步上，几乎处于停滞不前状态，70 年代初期，我们利用当时油脂供应紧缺，油料增产又无指望的情况下，使浸出法制油有了推广发展的机会，浸出油厂的总数发展到 300 多个。但是在闭关自守的环境里，仍然是采用落后的罐组和老式的手转浸出器，经济技术指标落后，能源消耗、溶剂消耗都很高，浸出油的质量也很差，可以说无法与国际水平相比。

1973 年邓小平同志主持国务院工作后，中断多年的对外技术交流恢复了，“四人帮”倒台后，对外技术交流日趋活跃。1977 年商业部赴日考察小组回国后，我局和科技司当即抓了考察成果落实工作，首先是抓了浸出设备的主机设计和浸出工艺条件的改进。选择了大连油脂工业总厂（日处理大豆 300t）、吉林省蛟河植物油厂（日处理大豆 50t）、江苏省常熟徐市油厂（日处理米糠 50t 和糠油脱蜡）作为试验点，对原有的

平转浸出设备以及浸出工艺进行了改进研制，在研制中采用 18 个料格、溶剂大喷淋、加大混合油循环、喷淋浸泡滴干、DT 蒸烘机、层碟式汽提塔和矿物油吸收等新技术，这些新技术经过较长时间的生产考核，分别于 1980 年和 1981 年完成技术鉴定。与此同期，西安油脂科研所吸收了西德鲁奇式蒸烘机的优点，研制出了高料层蒸烘机。

1979 年春，我们又组织了油脂设备的选定型工作，选出的定型设备近 80 台，从油料的预处理、压榨、浸出到油脂精炼无一不包，任务很大，涉及面很广，几乎动员了当时油脂界的全部科技力量。这是党的十一届三中全会之后，我们油脂界响应党中央的号召，为实现油脂技术现代化的一次大进军。这项工作，经历了 8.5 个年头，于今年 7 月下旬，以上海油脂二厂的日处理 50t 连续碱炼、脱色、脱臭工艺和设备的圆满通过技术鉴定正式结束。在油脂设备的选定型工作中也有不少设备是吸收了国际同类先进设备的技术信息、有关资料或广告图片，依靠我们科技人员的聪明才智，自行设计、制造成功的，除前面提到的成套浸出设备外，比较重要的、技术难度较大的还有：轧胚机、碟式离心机、连续脱色、脱臭等工艺和设备。

这些主机的设计试制及其应用，都达到了预期的目标。另外，在选定型范围之外，各地的大专院校，科研所根据国外的资料进行了各种单项课题的研究，如上海粮油科研所的日处理 20t 选择性氢化工艺和设备；无锡轻工业学院的大豆低温脱溶和棉籽浸出去毒（棉酚）工艺和设备（环形浸出器）；西安所的环形浸出器、物理精炼、棉仁直接浸出；浙江省粮科所的综合利用开发技术等。这些科研成果，汇集起来，并在工业生产中推广应用，有力地推动了油脂工业的技术进步，使我国油脂工业的技术水平普遍有了提高，上了一个台阶，一些主要的经济技术指标，如粕残油、溶剂消耗等，已有一批工厂能达到或接近国际先进水平；油脂连续碱炼、脱色、脱臭国产成套设备和工艺的研制成功，标志着我国的油脂精炼技术迈上了新的台阶。

上述成绩的取得是我们油脂界广大科技人员和职工十多年辛勤劳动的结果，现在，我们可以自豪地说，用我们自己的技术，自己的设备装备自己的企业并向世界水平迈进的历史时代已经到来了。

（二） 我国油脂工业与国际先进技术的差距

在充分肯定十年来科研和工业技术进步的基础上，我们还应看到，我国油脂工业的技术现状与国际先进水平相比，还有不少差距。近十年来，通过各种对外技术座谈、出国考察、引进设备等，给我们带来了大量的技术信息，使我们有了具体的比较对象。我国油脂技术水平与国际先进水平的差距，在 1986 年第 1 期《中国油脂》上刊登的题为《油脂科学技术长远（1986—2000 年）发展规划的建议（讨论稿）》已有了详细的论述，在这个规划中有的是属于长远的发展目标，如国外现在发展趋向是大型化、电脑自动控制，这与我们现在工厂星罗棋布，小型分散的现状相比，就不是我们近期追求的目标，而只能随着国民经济的发展，国家整体技术的提高，逐步地有条件地让一些基础较好的油厂先走一步，扩大生产规模，提高自动化程度。而绝大多数工厂，在相当一段时期内，仍将以中小型为主。还有的差距是我们目前必须立即组织力量，通过消化吸收，在技术上赶上去的。如油脂生产中的各种单机的质量和性能、先进的工艺条件，节能技术，仪表控制等。我们这次会议就是组织落实这些近期目标的实现。仍以我们大家熟悉的油脂制取为例，差距主要表现在：预处理设备的落后面貌仍改变不大，不少车间噪声大，粉尘飞扬，除棉籽外的许多油料清理设备是借用或稍加改进的粮食清理机械，专门为油料清理进行研究和设计的设备不多，所以油料清理工序一直处于有可选用的设备，但无满意设备的状况；轧胚机处理量小，压力小，压出的胚片质量不高等，是我们多年来想解决的问题之一；对于榨油机，我们的螺旋榨油机多年来没有改进，需要在结构上、性能上改进，以提高产量，便于操作。

在浸出方面，浸出器比20世纪70年代的有了许多改进，结构上也学习了国外许多先进的地方，但这种学习还是局部的，是参照有限的资料，我们自己设计的，再加上制造上的一些问题，在使用中总是还有这样那样的问题；混合油蒸发，都是采用常压蒸发，负压蒸发只有个别工厂在试验之中；在经济技术指标上，平均水平比国外差，我们的平均吨料消耗：溶剂6～7kg，蒸汽500kg左右，电15kW·h左右。而国外一般吨料消耗是溶剂2kg左右，蒸汽300kg左右，电11kW·h。就是国内地区之间，工厂之间，各项指标也参差不齐，好的可与国际先进水平相比，差的简直到了叫人难以置信的地步。

另外，我们的成套设备配套性能差，单机性能不够完善，有时一套同样的设备，在不同的工厂里，会出现不同的结果。这固然有企业管理和人员素质上的差异，但也说明成套设备性能和质量上的不完善，要靠管理和工人的精心操作来弥补，才能得到较好的效果，一旦企业管理和工人技能跟不上，设备上的缺点就暴露出来了。

在油脂精炼方面，我们与国外的差距就更大一些。现在从点上说，国产连续碱炼，脱色、脱臭设备已有上海、北京、无锡3个规模为日处理50t和30t的生产车间，而且都是今年三季度通过技术鉴定的。油脂成套连续精炼设备，我们从无到有，并已在生产中应用，确实是一个很大的成绩，但是在单机性能、质量和成套性能上都需要进一步改进和提高。从面上说，我国的食用植物油，仍然以供应二级油为主，许多工厂的炼油设备是间歇式的，炼耗大，技术水平低。顺便提一下，我国的高级烹调油和色拉油国家标准制订工作，已经基本完成，其中大豆、菜籽两个油品的标准，今年4月已经发布，标准本正在印刷中。花生、棉籽、葵花籽、米糠四个品种，1988年二季度也可发布。我国高级烹调油和色拉油国家标准的制订工作是按国家标准局的有关要求，参照国际先进国家的同类产品标准，结合国内实际，既考虑了向国际标准靠拢，保持标准应有的水平，又要使我们的企业经营努力可以达到，但不迁就落后进行的。

过去我们一些用间歇式工艺和设备生产的高档油脂，也曾叫色拉油。现在用新的标准去衡量，他们的产品质量就可能达不到要求，特别是最后脱臭工序，必须作较大的技术改进才能生产出名副其实的产品来。所以努力改变油脂精炼的落后面貌是我们今年的重点工作之一，也是这次消化吸收工作的重点之一。

在油脂制品生产方面，油脂氢化工艺和设备的研究，已在上海通过了技术鉴定，并发挥了较好的经济效益。对于油脂氢化、人造奶油、起酥油的生产，现在不仅有了产品，而且能满足市场的需要。但我们的产品质量还不是很好，品种还不多。在油脂制品生产方面，不仅生产工艺要求高，设备要求精良，而且还有一定的技艺。国外提供给我们的技术一般都属于大路货，企业的生产秘诀对我们是保密的，这就要求我们通过科研和生产实践来不断积累经验，向国际水平靠近。至于人造奶油生产设备，国内处于空白，但鉴于目前引进设备的生产能力已大于产品的市场需要，大型的这类生产设备的消化吸收可以暂缓，什么时候市场出现转机，再行组织力量上马。当然我们也欢迎有力量的单位，自行先走一步，搞一些小型的适销对路的人造奶油设备，以适应小范围市场的需要。

在油料蛋白的利用方面。对油料蛋白的综合开发利用、今后会日益显示出它的重要性，增加我国人民蛋白质的摄入量，发展动物蛋白的生产固然重要，但根据我国的国情，动物蛋白的发展不可能很快很多，满足人民的蛋白营养需要双管齐下，要在发展动物蛋白质的同时，积极开发植物蛋白利用。过去，我们对植物蛋白的开发利用，做了许多工作，如自己研制了低温脱溶设备、采用水溶法生产花生油和花生蛋白粉，以及植物蛋白的新产品豆奶、膨化蛋白等。与此同时，对饲用蛋白的研究，也做了许多工作。但是，我们对油料蛋白的开发利用还仅仅是起步阶段做的一些工作，与国际先进水平相比差距还很大，如大豆的脱皮、杀酵去腥、各类产品的生产工艺和设备的研制等，都有待我们去攻克。

总之，我国油脂工业的技术落后于国际先进水平。我上面提到的以及这次消化吸收方案中列入的，仅仅是油脂工业发展中最迫切需要攻克的技术问题，是需要动员全行业整体活动，全力以赴，协同作战的项目。在引进的成套设备中，还有一些配套设备，大家一看就觉得它的设计思想很巧妙，使用方便，有利于改进工艺流程的整体效果的，我们没有一一列入。对此，我们希望有能力的单位自立项目，用打短平快的方式，一个一个地拿下来，与整体消化吸收相配合，形成一个全方位的立体作战格局，使我们的油脂工业在较短的时期内，赶上或接近国际先进水平。

（三） 树立三个观念，做好消化吸收工作

从1982年开始，我国油脂工业行业已经从联邦德国、瑞典、美国、日本、意大利、比利时、英国等引进了成套浸出设备或浸出主机10套、大豆低温脱溶设备4套、大豆组织蛋白2套、浓缩或分离蛋白3套、芝麻香油3套、油脂精炼设备约30套、人造奶油12套、代可可脂5套，合计约69套。总的来看，引进的这些技术比较先进，绝大部分属于国际20世纪70年代的水平。通过这些技术引进，使一批企业改变了落后面貌，增添了后劲，为食品工业的发展和油脂生产技术的进步起了推动作用。但是，改变油脂工业的落后面貌，不能单纯靠引进，而且，现在引进的技术几乎都是技术硬件。因此，为实现我国油脂工业的现代化，使引进技术在我们这个行业中生根、开花、结果，产生更大的效益，必须走引进技术和自主开发相结合的路子，即搞好引进技术的消化吸收工作，实现先进技术国产化。

要搞好消化吸收工作，全行业必须树立三个观念：

一是，要有战略观念，就是要真正把引进技术的消化吸收工作，当作发展油脂工业、发展食品工业和推动本行业技术进步的一个战略步骤来对待；

二是，要有全局观念，各有关方面，要从整体利益出发，在行业规划的指导下，

统一步调，扬长避短，择优定点，集中力量打歼灭战，防止各行其是，重复布点，互相封锁，自成体系的做法；

三是，要有效益观念，消化吸收工作要和“双增双节”运动紧密结合，发扬勤俭节约的精神，以满足社会需要和提高经济效益出发，不搞“花架子”；同时，各地区、部门和企业以消化吸收的成果要持欢迎态度，只要过关，就必须采用，不得制造借口再到国外去买。

消化吸收的这三个观念，是国务院对消化吸收工作的指导精神。所以，在我们油脂技术的消化吸收工作中，各地区、各部门、各企业都要自始至终地树立起这三个观念。在前一时期消化工作吸收工作的筹划与调查工作中，有关的单位基本上遵循了这三个观念。在组织消化吸收技术小组时，有关的粮食局、公司、科研所都积极配合，指派得力的科技人员参加。在5月调查组分南北两地进行引进点考察时，受到各单位的热情接待和支持，调查组需要查阅、复印的技术资料，也基本上得到了满足，在这次调查考察工作中支持和配合得好的单位有：北京市粮食局、北京市油脂公司及所属房山、南苑、大红门油厂；内蒙自治区粮油工业公司、包头市粮食局、包头制油厂；辽宁省粮食局、沈阳市粮食局、沈阳第三粮库；天津市油脂公司及静海油厂；河北省固安油厂、黑龙江省粮食局、哈尔滨市粮食局、三江食品公司；吉林省粮食局及前郭旗二油厂、湖北省粮食局、荆门油厂、武汉油厂；江苏省粮食局；江西省粮食局及樟树油厂；上海市粮食局、上海油脂四库、上海油脂二厂以及上海储炼厂。

借此机会，我代表部消化吸收领导小组对他们的积极配合和支持表示衷心的感谢。但也有个别的单位以种种理由为借口，采取不配合的态度。对这种做法，我们感到十分遗憾，希望今后不要再发生这些类似情况，因为消化吸收工作不是哪一个部门、哪一个单位或哪一个科研所的事。这项工作的成败，关系到我们油脂行业兴旺发达、技术进步的大事，是我们油脂行业的共同愿望。所以，全行业一定要认真贯彻国务院对搞好消化吸收工作所作的树立三个观念的指导精神，识大体，顾大局，同心协力，共同把消化吸收工作做好。

（四）关于消化吸收工作的步骤和责任制

消化吸收的步骤或者说层次，可分四步进行，第一步是使引进技术投产、达标。现在引进设备的厂家，有的已经投产、有的还在安装中。对安装中的设备，要保质保量，抓紧进行，尽快投产；第二步是对零部件、原材料的国产化；第三步是对需要消化吸收设备进行测绘、研制；第四步是发展创新。现在我们要做的是第二、第三步的工作，合在一起做了，对于消化吸收项目的技术状况，推广价值，技术方案的论证，我们在今年8月第二次消化吸收工作会上完成了，这次会议的任务是要落实消化吸收责任制。首先要确定每个项目的承担单位和归口管理部门，做到工作层层有人抓，并明确各个单位的责任范围；其次是要组织消化吸收的协作组。我们将按项目进行分类，再按主机系统进行组合，各承担单位就是协作组的成员，协作组由项目主机单位牵头（组长），各协作组成员对牵头单位负责，各牵头单位要负责本组的技术问题和工作的协调安排。各协作组牵头单位对商业部油脂技术消化吸收工作领导小组负责。领导小组下设技术小组，技术小组对计划内的消化吸收项目的技术在参数，具体实施方面具有咨询、论证、审查、修正以至最终确定的权利。

在完善组织形式的基础上，实行分别签订协议，落实分层承包的办法，也就是由主承担单位代表项目协作小组与商业部签订项目总承包协议书（油脂连续精炼和大豆蛋白综合开发项目，无锡所和西安所已分别与国家计委签订了承包合同），各协作组参加单位，配套设备单位分别与牵头单位签订分项承包协议书，商业部作见证。协议书的内容上对项目的经费使用、完成期限、协作单位的关系与配合要求、主要经济技术指标及试验安装、调试、投产的工作进度及技术参数，都要有具体的要求。

（五） 关于做好消化吸收工作的要求和原则

我们这次消化吸收工作，一个突出的问题是任务重、时间紧、经费少。任务重，在消化吸收技术方案中有 20 条工艺流程、93 台单机要测绘、设计、制造、调试、组装试产；时间紧，就是到 1990 年要完成全部单机样机的制造、调试，与国家计委签订合同的两个攻关项目还必须于 1990 完成试生产和技术鉴定，只有 3 ~4 年的时间不能说不紧；经费少，商业部向国家计委申请到的经费只有 400 万元，是以油脂精炼和大豆综合开发利用两个项目申请的。其他项目的经费、只能紧缩这两个项目的开支，抽出一部分资金以及由各地自筹解决。在这种情况下，为了保证消化吸收工作进展顺利，我提出以下四点要求：

1. 要突出工作重点， 集中力量抓好对行业技术进步影响较大的项目

已与国家计委签订合同的两个攻关项目是我们这次工作的重点必须集中力量、集中资金按合同要求保质保量地完成。已列入这次消化吸收方案的其他项目，有的要测绘、设计、制样机，有的只测绘设计作为技术储备，一旦有了经费，再安排试制。对于经费，要发挥两个积极性，大家要把目光放得远些，不要单纯等待国家拨款，各地方、各企业都要积极争取自己出钱上项目。只有国家、地方、企业一起出钱搞消化吸收，才能使油脂技术的消化吸收的整体工作进展得快一点，时间、经费少的困难也就可以得以缓和。

2. 承担单位要把承担的项目， 作为本单位的中心工作来对待

要派本单位最得力的干部和科技人员参加这项工作，内部也要明确责任制，不要把项目拿到手后，就当作一般工作，等钱等物，走过去的老路。这里，我们把话说在前头，有困难的要早讲，吃不了的不要勉强，以免给整个工作拖后腿，影响全局。拿到了项目就要按合同不折不扣地去完成。

3. 各协作组之间要互相配合， 通力合作， 协作组成员要当作在同一条船上

建立共同的荣誉观。遇到困难和挫折，要合力去克服，不要互相埋怨，推诿扯皮、甚至拆台，影响团结，影响工作。

4. 被测绘的单位， 要顾全大局， 尽早为测绘创造条件

被测绘的单位要尽力为测绘工作提供方便，使消化吸收工作迈出良好的第一步。

这次参加消化吸收具体工作的单位很多，涉及到各单位之间的各种利益。为了做

好消化吸收，调动各方面的积极性，对消化吸收工作的有关问题提出以下 10 条原则。

（1）单机先按原样机进行测绘、制造，然后与原样机进行对比试验，技术鉴定验收后再行改进使之国产化。对看样设计的设备，其工艺参数要达到或接近国外同类产品的技术水平。

（2）方案中消化吸收设备所需的原材料，要尽量立足国内解决。个别特殊的国内供应有困难的原材料、元件需要进口的，也要持慎重态度，并要事先与部里打招呼。

（3）本系统不能承担的零部件、仪器、仪表及设备，经部消化吸收领导小组同意后，由承担单位负责与外系统横向联合解决，特别要重视与军工部门的联合。

（4）计划内消化吸收的工艺及设备技术资料完成后，要及时上交部科技司和粮油工业局各一份。为便于宏观控制，今后除了部已定点的制造厂外，各设计单位不能任意转让，若要转让，需经消化吸收领导小组批准同意。图样最后审定工作，由技术小组或其委托单位的有关人员负责。

（5）测绘工作由设计、制造及被测绘单位共同负责，测绘小组要对每台设备制订详细的测绘方案，做到测绘时不损坏一个零部件。如有损坏由商业部负责解决。

（6）消化吸收的成果，由设计、制造及被测绘单位共享，成果分享的比例另行商定。

（7）承担试制任务的企业、必须是技术条件、装备条件、检测手段完备，并具有批量生产的能力，以保证产品的质量。对原来承担过类似设计和制造过的单位优先安排，以利专业生产，避免重复布点。

（8）承担制造压力容器的企业，必须持有劳动人事部门颁发的压力容器制造许可证和计量许可证。承担压力容器的设计单位，必须持有劳动人事部门颁发的压力容器设计许可证。

（9）对有些省市的设计、制造单位已经测绘、试制了的设备，可以申请列入部消化吸收计划内，将来由部组织鉴定；地方自立的消化吸收项目，注意不要与部里的项目重复。

（10）关于测绘费、设计费，试制费用的安排。由于国家拨的攻关费用少，多数项目安排的费用缺额很大，国家给的只是补助性，不能满足实际需要。不足部分由各承担单位自行解决。将来设备做好以后，一律采取有偿转让的办法。至于无锡所、西安所承担的两个 50t 项目，其设备费用由两个所自行安排并报部消化吸收领导小组备案。

同志们，我们油脂技术消化吸收工作所处的形势对我们十分有利，党的十三大报告把发展科学技术和教育事业放在首要位置。最近，总书记又说："现在看来，经济效益和科技进步更带有根本性，更尖锐。科技进步不解决，经济效益不提高，国家和人民就富不起来。如果在这两个极为重要的问题上没有很高的觉悟，没有紧迫感，不真正下决心抓好，我们会越来越落后"。中央领导对科技的高度重视是我国科技进步的希望和保证。我相信依靠我们自己的科技人才，依靠我们油脂界全体人员的智慧和力量，经过大家的共同努力，我们一定能圆满地完成油脂技术的消化吸收工作，我们一定能在预定的时间内，实现我国油脂工业的现代化。

七、 在全国商办机械工业工作座谈会上的主题报告

（1991 年 10 月 16 日 于四川乐山）

全国商办机械工业工作座谈会今天开幕了，参加这次会议的有各省、区、市商业局、粮食厅（局）、供销社主管商办机械工业工作的处长（经理）、有关企事业单位的负责同志 100 多人。商业部顾问亲临会议指导并将做重要讲话，国务院机电产品出口办公室处长、四川省乐山市副市长、四川省供销社主任、四川省粮食局副局长、四川省商业厅厅长、山东省粮食局副局长、中国商业对外经济技术合作公司副总经理也出席了会议。

这次会议的主要内容是——传达贯彻今年全国机电产品出口计划工作会议的精神，座谈讨论进一步加强商业部机电产品出口工作的意见和办法；总结交流今年全国商办机械工业工作经验，研究分析存在的主要问题；安排布置明年商办机械工业工作。

会议期间拟请四川省粮食局、江苏省粮食局、供销社，哈尔滨市商委和部分企事业单位介绍加强商办机械工业的领导、深化改革、强化经营管理、推进科技进步、开发新产品市场、搞好全质管理、艰苦创业振兴商机等方面的经验。并请大家对我司拟定的《商业部机电产品出口工作管理细则》等有关工作规则进行讨论修改，还将研究布置明年参加“首届全国节汇机电产品展览会”等有关事项。通过大会小会交流，分组座谈讨论，总结过去、分析现在、展望将来、学习典型、推广经验、完善措施、加强领导，进一步推动商办机械工业的发展。

（一） 商办机械工业的现状和去年以来的生产情况

商办机械工业担负着为商办工业和商业流通、服务业提供技术装备的任务，经过几十年的发展，特别是“六五”、“七五”期间对 600 多项引进技术和关键设备的消化吸收创新工作，产品质量和技术水平显著提高，已形成配套生产能力，不少设备已具有 20 世纪 80 年代年代国际先进水平，不但可部分替代进口，有的产品已批量出口。碾米、制油、酿造等主机和冷冻机械占全国产量的 60%，江苏仪征汽车厂、生产的公安警车获全国同类汽车拉力赛第三名，年生产能力达一万辆，今年产值可突破 5 亿元，北京商用汽车制造厂用其生产的 BS6601 A 型轻型客车为 1990 年北京亚运会改装的 4 台广播现场转播车，成功地为江泽民总书记点燃第十一届亚运会火炬进行了现场转播，今年该厂又被国家旅游局和中汽总公司选定为国产轻型旅游车定点生产厂；哈尔滨商业机械总厂研制的适于中国传统饮食的饺子机，出口 26 个国家和地区，创汇 283 万美元，去年在新西兰莱比锡国际农机博览会上获得金奖，今年 1 月，国务委员、国家科委主任宋健同志视察湖北安陆粮食机械厂时，对该厂产品中有 58.5% 出口非常高兴，欣然提词“粮机从这里走向世界”。从整体上看，商业、粮食、供销社系统各行业专用机械基本可以自给，为全国商办工业企业基本建设和技术改造发挥了重要作用；社会

所需的饮食服务机械和多种商业服务设施也多为商办机械工业企业所提供。商办机械工业是中国商业现代化的装备部，商办机械工业产品不但可满足国内市场需要，而且已出口 50 多个国家和地区，在国际市场上有一定的竞争能力。

1990 年我国商办机械工业企业有 767 个，职工91 422人，完成工业总产值 17. 25 亿元（按 1980 年不变价格计算），比上年增长 15%，实现利税 2. 57 亿元，比上年减少 14. 3%。据对 21 个省、区、市商业、粮食、供销社系统不完全统计（商业 8 个省市、粮食 21 个省市、供销 5 个省市），截至今年 6 月底，商办机械企业完成工业总产值 70 333万元，比去年同期增长 26. 7%，其中：商业机械增长 14%、粮油机械增长 11. 3%、供销机械增长 48. 5%；完成粮油机械产量27 754t。比去年同期增长 5. 1%。与去年产值增长、利税下降的情况相比较，今年上半年商办机械工业出现产值增长，产量增加，效益回升的好势头。

去年以来，各地商办机械工业主管部门及所属企业在各级党委、政府关怀、重视和各有关部门的大力支持下，经过广大干部职工的共同努力，克服种种困难，经受了严峻的考验。在深化企业改革，增加竞争意识，开拓经营，依靠科技进步，强化企业管理等方面取得了可喜成绩。主要表现在：

1. 出口迅速增长

去年全国商办机械行业出口创汇2 480万美元，其中：商业机械 707 万美元、粮油机械 684 万美元、供销机械1 089万美元，创造了历史上的最好成绩。今年上半年已出口创1 000多万美元，现仍保持旺盛势头。涌现了一批出口创汇大户，湖北安陆粮食机械厂、广东广德不锈钢制品有限公司、江苏省扬中县吉扬电子有限公司等 9 个企业年出口创汇额超过 100 万美元。

2. 消化吸收取得明显成效

“七五”期间引进的 600 多项加工设备及 40 多条先进工艺技术的消化吸收和建立 10 多个示范厂的工作进展顺利。目前，已基本完成试制、试验、考核工作，去年以来，对相当一部分设备进行了鉴定验收，为“八五”、“九五”期间在商办工业系统全面推广应用奠定了基础。

3. 产品结构得到调整

多数企业根据市场变化，及时调整产品结构，积极研制开发适销对路的新产品，取得了较好的经济效益。江苏溧阳粮食机械厂根据饲料行业的发展趋势，进行市场预测，去年以来，适时开发了近 20 种新产品，迅速占领了市场，去年产值较上年翻了一番；今年 1—7 月又比去年同期产值增加 39. 67%，利税增加了 34. 83%。

4. 企业管理水平普遍提高

商机行业涌现了一批国家级、省级先进企业。去年，哈尔滨商业机械总厂、江苏泰州商业机械厂、江苏无锡粮食机械厂、湖南常德粮食机械厂被评为第二批商办机械工业国家二级企业，现在商机行业共有 7 个国家二级企业。

5. 产品质量有所提高

“以质量求生存”、“质量第一”的观念，在企业中已逐步深入人心。今年商机行业又有 28 个产品获得部优秀产品称号。

上述成绩的取得是来之不易的。这是各级商办机械工业主管部门、有关院所和全国商机企业的广大职工共同努力的结果。借此机会，我代表商业部商办工业管理司和商业部机电产品出口领导小组，向战斗在全国商机战线的 9 万多名职工表示衷心的感谢和诚挚的问候。

（二）商业部系统机电产品出口工作情况

根据国务院领导同志的指示和国务院机电产品出口办公室关于加强机电产品出口组织领导的要求。为加强对我部机电产品出口工作的统一管理，更有效地组织协调系统出口工作，进一步开拓国际市场，扩大出口创汇，我部于 1990 年 8 月成立了商业部机电产品出口领导小组和机电产品出口办公室。傅立民副部长担任部机电产品出口领导小组组长。领导小组下设办公室挂靠在商办工业管理司，日常工作由我司机械处负责。商业部机电产品出口办公室成立一年多来主要做了以下几项工作。

1. 建立机构，明确职责

去年 6 月，胡平部长在哈尔滨召开的商办机械工业机电产品出口工作座谈会上强调，要加强对商业部机电产品出口工作的领导。8 月商务部以部发（90）工字第 686 号文件决定成立了商业部机电产品出口领导小组和机电产品出口办公室，其职责为：

（1）负责管理商业部系统机电产品出口工作；

（2）贯彻执行国家对机电产品出口的方针政策，结合系统的实际情况制定实施措施；

（3）制定本系统支持机电产品出口的政策，编制系统机电产品出口规划；

（4）编制系统机电产品出口工作年度计划并组织实施；

（5）会同国家进出口商检局开展出口机电产品质量许可证管理；

（6）制定出口产品的指导性最低限价，审批重要成套设备出口的价格，协调出口产品的价格；

（7）负责出口产品质量监督检查，组织重大技术攻关和重点技术进步项目的开发；

（8）协调企业和外贸单位的关系，协助解决工作中出现的问题，沟通信息，做好服务；

（9）完成国务院机电办和部领导交办的任务。

2. 调查研究，摸清家底

商业部机电出口办成立以后，立即着手对商业部系统机电产品出口情况进行摸底调查。据统计，商业部系统所属机电产品出口企业共 75 个。1989 年出口额为 1100 万美元，1990 年出口额达2 480万美元，比上年增长 125%，今年上半年已出口 1 000 多万美元，可望实现全年出口2 500万美元的计划。商办机械工业出口的产品有 18 大类。主要出口东南亚、东欧及其他一些第三世界国家。一部分产品出口到美国、日本、意大利等国。

3. 列入计划，重点支持

随着对外交往的扩大和商机产品技术性能、质量水平的不断提高，尤其是近两年来，我们重点抓了机电一体化和成套设备的生产，为产品打入国际市场提供了有利条件，增强了我国商办机械工业产品在国际市场上的竞争能力，尤其是在发展中国家享有较高声誉。我们将具有较高水平、有较大出口潜力的36种商办机械工业成套设备和26个重点技改项目分别上报列入我国机电大行业规划和国家计委“八五”技术改造规划，并将外向型企业的技术改造分期分批纳入国家年度计划，其中1991年批准安排了13个有出口任务的商办机械工业企业技术改造项目。

4. 开拓市场，扩大出口

去年下半年至今年7月，部机电产品出口领导小组的领导和机电办的同志，分别率团赴德国、马来西亚、日本、印度、新西兰、苏丹等国参加有关国际展览，并征求有关部门对商业部系统出口机电产品在这些国家使用的情况和意见，进一步了解外商对我国商办机械工业产品的需求，积极开拓国际市场、扩大出口，并努力探索我国同东南亚及苏联、东欧国家合作在境外办厂，合资合作生产的途径。

5. 积极宣传，搞好服务

我们利用各种机会，采取多种方法，加强宣传商机产品出口的情况，取得了明显效果。一方面提高了商办机械工业的知名度，得到社会各方面的了解和支持，另一方面增强了商机企业的自豪感，调动了积极性。部机电办不仅通过《商办工业》杂志、商业机械和粮油机械信息刊物及时向企业提供服务，并主动联系，由《中国机械》开办了一期“中国商办机械工业”专刊，向135个国家发行。根据胡平部长、傅立民副部长最近的指示，我们拟将36种成套名特优新及技术先进的机电产品编印成中英文对照的《商业部机电产品》样本。以增进世界各国对我国商办机械工业的了解并加强合作；我们还积极帮助出口企业与外贸企业取得联系，多渠道出口；在产品技术、质量、销售价格上总体把关，并帮助企业解决一些关键问题。

为搞好服务，争取国家对商机出口工作的支持，今年8月，我们向国务院机电产品出口办公室领导汇报了部机电办成立一年来的工作，并要求将我部系统符合条件的企业列入国家出口扩权企业、基地企业，申请列入国家机电产品出口技改专项贷款计划，将我部出口计划纳入国家机电产品出口计划，对商机产品出口实行优惠扶持政策，并要求对深化管理、培训人才、开辟销售渠道、提供信息等方面给予支持，近日已审批同意将湖北安陆粮食机械厂的出口榨油机设备技术改造项目列入国家机电产品出口专项技改贷款计划。

6. 制订办法，规范管理

为了搞好机电办的工作，建立起正常的工作秩序，做到规范化管理，我们在进行大量调查研究的基础上，拟定了《商业部机电产品出口工作管理细则》，就各项工作的程序做了规定和要求，提请这次会上大家讨论修改后，印发各地执行。

（三） 面临的困难和形势

商办机械工业面临的主要困难：首先是市场竞争激烈。随着国家基本建设规模的压缩和调整，社会总需求量下降，加之军工、机电等部门转产商业产品，部分乡镇企业加入商业产品生产行列，市场竞争日趋激烈，原来一直畅销的产品出现了滞销库存积压；第二是向外转移的利润不断增加。企业产值利润率偏低、税率上调、能源和原辅材料涨价、成本上升。据调查，有些企业，利润转移中新增贷款多支利息占44.33%，新增税收转移占20.65%，各类物资涨价转移占32.4%，今年上半年的可比产品成本上升了近20%。这是造成去年商业工业产值上升15%，利税却下降14%的主要原因之一；第三是企业的社会负担过重，据有关方面统计，目前企业上交各类税种和基金多达8种；营业外支出庞大、部分企业仅退休金一项就占工资总额的40%以上，企业已不堪重负；第四是资金短缺。企业自我消化因素增多，维持生产和扩大再生产的固定资金及正常周转的流动资金严重不足；最后是部分商机企业本身缺乏竞争意识、应变能力差、新产品开发缓慢、管理不善等原因，造成了企业效益下降。

以上这些困难和问题，使商办机械工业的生产受到很大影响，大家要有责任感、紧迫感和危机感，并要认真对待。同时，也要看到，这些困难是前进中的困难，是可以克服和正在解决的困难。我认为，困难作为制约因素，是和有利因素并存的，两者是对立的统一，相互处于不断斗争与转化之中。经过近3年的治理整顿，特别是近1年来调整与改革，经济形势和外部环境正在逐渐好转，有利因素正在增加，今年的商机生产已出现明显的转机。当前的形势对我们商办机械工业的发展有很多有利条件。其一，治理整顿的主要任务已由“双紧缩”转到压缩投资规模的基础上抓提高效益和调整机构，逐步启动市场。国家已采取了下调信贷利率，增加信贷的投放量，适当放宽对社控消费的限制，取消一些不利于市场启动的规定等一系列微调措施。

大环境正向有利于商机工业发展的方向转化；其二，近几年，我们通过研制开发和对引进关键设备技术的消化吸收和创新，我们商办机械工业技术水平上了一个台阶，加之商机产品出口价格一般仅为发达国家同类设备的1/3～1/2，在国际市场上有较强的竞争能力，相当一部分企业至今尚未得到改造；其三，“六五”前期新建、改建、扩建的企业其关键设备、工艺需要用具有20世纪80、90年代水平的商机产品进行下一轮改造；其四，各级领导对商办机械工业非常重视。国务委员宋健同志视察安陆粮食机械厂并作了重要指示和批示，胡平部长讲：“商业部也是工业部”，“商业部寄希望于商办工业”强调了商办工业的地位作用和装备部门的重要性；其五，商办机械工业经过几十年的发展，积累了大量的宝贵经验，掌握了适合商办机械工业特点的生产技术，拥有一支科研、设计、制造的技术队伍。在竞争中占有很大优势和主导作用。在管理上，商机产品的制造和应用都由商业、粮食、供销部门统一组织，这是商机工业发展的得天独厚的优势；其六，近几年市场发生的巨大变化，也锻炼了商机企业，使我们逐步形成了自觉、主动、积极适应外界变化的动态发展观念，逐渐摸索出在市场变化中渡难关、求生存、谋发展的经验，可以说，商办机械工业已基本具备了克服困难，继续前进的物质基础和政治保证，有条件摆脱困境，求得新的发展。

（四）今后的工作意见

今年后两个月和明年，商办机械工业要紧紧围绕提高质量、发展品种和提高经济效益着重抓好7项工作：

1. 强化市场观念，建立销售机制

李鹏总理在《关于国民经济和社会发展十年规划和第八个五年计划纲要的报告》中指出："按照发展有计划商品经济的要求，建立计划经济与市场调节相结合的经济运行机制，是深化经济体制改革的基本方向。"随着改革的进展，市场调节的成分将会越来越大，因此，我们必须迅速转变单纯的计划经济的观念，实现由生产型向生产经营型；由速度型向效益型转变，抓生产必须从市场出发；提高效益观念首先要强化市场观念，建立销售机制。强有力的推销活动是提高竞争力的重要手段，要把销售摆到重要的位置，列入重要的议事日程，把销售作为整个生产过程的头等重要环节抓紧抓好。

企业销售机制，要从销售的全过程去思考，用系统的观点分析影响销售工作的各个因素，强化销售工作的各个环节，把销售与企业的生产、管理、产品开发紧密联系在一起。领导要重视抓销售，各部门要结合业务促销售，工程技术人员要参与搞销售，探索试行全员销售，把销售工作作为系统工程来抓。建立企业销售机制，首先要造就精干、高效的销售队伍。把懂技术、会管理、善经营、熟悉经销业务的同志选拔到经营岗位上来，加强对经销人员的培训，提高他们的素质，千方百计地为他们提供适宜的工作环境，在生活上关心，在工作上放手，在思想上严格管理。

要积极进行市场调查、市场预测和商场分析，及时制定经营战略。要采用灵活多样的经销方式及合理的经销手段。要制订完备的销售责任制和奖励办法，使销售人员既充满责任感，又充满开拓的热情。对有贡献的经销人员要及时进行奖励，调动他们的经销积极性。根据一些企业销售责任制的实践，责任制要搞好"一定六包"。"一定"即定岗定位；"六包"即包销售指标、包销售价格、包销售时间、包销售费用、包资金回笼、包无遗留问题。根据责任制内容，制定奖罚措施。各企业要结合本单位实际来制定责任制，不要照抄照搬。要搞好全程服务。销售服务是售前、售中、售后全过程的服务。售前，要舍得花钱重视广告宣传的作用；建立销售网络，进行市场跟踪，注意信息反馈。售中，要做好技术咨询。售后，要指导安装、帮助调试、培训人员、交付生产并做好质量跟踪。销售服务工作的好坏，已成为用户选定产品的重要条件之一，而用户使用情况良好，就是替制造企业做活的广告，可以引来更多的用户。

组织订货会、建立销售网点、主动上门找需方订货等是加强经销手段的有效方法，我们要不断总结经验，充实完善。订货会过去部里每年都举行一次，现根据市场发生变化的情况来探索新的形式。今年有些企业自发同销售网络联合组织了不同类型的订货会，效果较好，特点是：自觉自愿、订货方式灵活多样，请来的需方多，供方提供的产品不重复。今后订货会还是要召开的，如何开呢？大家可进一步探讨。建立销售网点，是提高产品市场覆盖率，扩大产品销售批量的保证，同时也能跟踪市场，及时反馈信息。北京中商商业机械销售设施公司在这方面做了大量工作，受到商业企业的好评。各地商业主管部门对开拓经销工作要加强领导、积极支持、注意引导、培育典型、以点带面，使商办机械工业企业的经销工作有一个新的发展。

2. 调整产品结构， 努力开发新产品

当前，企业在研究市场，搞好经营战略决策，强化销售工作的基础上，适时调整产品结构至关重要，要切实做到“人无我有，人有我优，人优我廉，人廉我转”。市场是瞬息万变的，今年的畅销产品，明年可能滞销，产品本身也有个生命周期，不可能“永久不衰”。这就要求我们必须根据市场变化，及时做出调整决策。调整中要注意三点：一是，要深谋远虑，有战略眼光。调整不是渡难关的权宜之计，一定要把近期调整与长远发展结合起来，力求形成一个既有畅销产品、储备产品、又有瞄准未来市场开发的产品的合理结构；二是，要从地区商机行业的特点和优势出发，突出特色、扬长避短、善于自辟蹊径、发展“拳头”产品；三是，要贯彻产业政策，避免盲目性。对于限制发展的领域和产品，特别是“热门”产品，要服从国家和商业部的统筹规划，避免新的重复。

开发新产品是企业发展的必由之路。胡平部长最近对杭州“娃哈哈”营养食品厂的崛起做了批示，让我们认真研究，得出经验。“娃哈哈”的经济奇迹使我们受到很大启发——商办机械工业在激烈的竞争中，开发市场要多方面，产品方向要多样化。必须对多行业、多层次、多品种进行综合开发。要多几种行当，多几条渠道，多几个财源。在坚持“本业为主”的基础上，积极参与“你中有我、我中有你”的竞争格局，开拓和发展跨行业、跨部门、跨地区、不同产业的产品，只要市场有销路，原料有保证，企业有条件，有较好的经济效益，什么机械产品都可以搞，这样才能把企业搞活，做到“生意兴隆通四海、财源茂盛达三江”，在竞争激烈的市场上立于不败之地。商机产品与人民生活密切相关，具有小批量、多品种、易调整的特点，开发新产品的潜力很大。目前，要根据商办机械工业“八五”规划的要求，坚持一创（发展创汇产品）三节（节汇、节能、节材产品）二保（保证商业系统购、销、调、存、加各环节对先进技术装备的需要，保证市场有效供给和人民生活所需要的机电产品）。积极开发适销对路的新产品，适应市场需要。增强应变能力，真正实现“生产一代、研制一代、预研一代”。在重视研制具有当代国际先进水平的成套设备的同时，还应十分重视研制开发各种包装机械。

为搞好新产品开发，国家计委和国家科委分别以计科技［1989］1549 号、［1990］国科发计字 835 号文件制定了优惠政策，对列入国家级的新产品开发项目可以减免税 2 ~ 3 年和自定价格试销 3 年。请大家按照文件规定的申报程序对符合条件的新产品项目积极申报，努力用好国家的政策。

3. 增强质量意识， 提高产品质量

近几年，商机产品的质量水平有了一定的提高，但从总体上看还存在不少问题，部分产品制造质量低劣，机械和工艺性能差；外观油漆、铸件、焊接问题突出，用户反映强烈，这些问题亟待解决。

最近，朱镕基副总理在河北视察军工企业时指出：“全体职工都要重视产品质量，靠什么销售？靠你牌子是铁的，质量是铁的，要靠这个东西过得硬。”产品质量是企业各方面工作的综合反映。前面我讲过要建立销售机制，而提高产品质量是该机制的核心。产品销售，不仅仅取决于销售方法的灵活、销售渠道的通畅，更取决于产品自身的质量。只有产品质量过硬，才能永葆市场青春。我们要牢固树立质量取胜的思想，把提高产品质量切实放在第一位。

在安排生产计划和材料供应计划时，要优先保证优质产品生产的需要；开发产品的规划、立项和布点，要把质量作为重要依据；在制订科技发展规划和技术改造计划时对提高质量有重大作用的项目要优先安排；在科技成果和新产品评定和鉴定时，质量水平和可靠性指标要列为主要考核内容；在验收生产项目时，凡质量保证措施不落实的不予验收；在企业承包中，要把质量责任指标列入承包内容。

在企业干部职工中要普遍开展质量教育活动，形成人人关心质量，为提高产品质量献策出力，树立为提高产品质量做贡献光荣的风气。要按科学管理的要求，建立健全有效的管理机制和质量保证体系，认真开展全面质量管理，重视搞好工艺装置、提高工装系数，确保产品质量。

充分发挥国家、部、省各商办机械产品质量检测站的作用，开展质量抽查活动，促进整个行业产品质量的提高。

作为提高质量的一项重要保证措施，要继续抓好标准化和质量工作。积极宣传贯彻《中华人民共和国标准法》，把商办机械行业标准化工作纳入依法管理的轨道。企业要认真执行新的国家标准、行业标准和法定计量单位，尤其是抽样标准；建立健全企业内部的标准化组织机构，配备专职标准化人员，严格按标准化组织生产；搞好执行标准的清理整顿，企业要制定高于国标和行业标准的内控标准。部里对制定标准的工作每年都有计划安排，希望承担制定任务的单位，要积极按计划抓紧完成。1990 年 8 月 24 日，国家技术监督局分别以 10、11、12、13 号令发布施行了《国家标准管理办法》《行业标准管理办法》《企业标准管理办法》，请大家认真执行。

我司明年准备举办几期宣传有关国家标准的学习班，为各地培养商机标准化骨干。

根据国务院领导同志的讲话精神，为减轻企业的负担，决定企业升级和评优等一切评比工作暂停。但各商机企业不能因此而淡化质量意识。“以质量求生存”只有过硬的产品质量才能占领市场，企业才能兴旺，希望引起大家的高度重视。

4. 发展外向型经济， 搞好商机出口工作

商办机械工业产品出口要贯彻国务院机电办“八五”期间机电产品出口抓质量、上档次、树信誉、求效益的战略指导方针，努力开拓国际市场，积极出口创汇。着重做好以下几点：

（1）发挥系统的整体优势，提高出口效益　目前，商机产品出口多由外贸部门代理，中间环节多，出口效益不高。1989 年部机构改革时，成立了中国商业对外经济技术合作公司、中国商业外贸公司、中国供销外贸公司负责商业部的对外经营。最近，中国商业对外经济技术合作公司拟组织成立华商机械设备出口联合公司，实行“一联合、三统一、三公开”，目的是发挥系统的群体优势，提高企业的出口效益。今后，商机产品出口要坚持多渠道、少环节、高效率、高效益的原则，有出口供应任务的商办机械企业在维持老渠道的同时，要充分利用部里的对外窗口。因为部里的对外公司对我们行业的业务熟悉，能针对性地分析国外市场，寻找客户，便于组织成套设备出口和接受工程项目。商业部有对外经营权的公司将积极拓宽国际市场寻找客户，及时向商办机械行业提供信息服务，靠周到的服务和诚恳的态度为企业提供方便。促使商机企业扩大出口提高效益。

（2）调整出口产品结构，大力组织成套设备出口　实现由单机向成套；由机械产品向机电一体化产品；由一般技术产品向高新技术高附加值产品出口发展。实行抓成套设备出口带动单机、软件、服务、劳务出口的战略。降低换汇成本，提高经济效益。

（3）抓好商机出口生产体系建设　根据国务院机电办的有关文件规定，年出口创汇100万美元以上的为出口扩权企业，年出口创汇超过300万美元的为出口基地企业。去年，商机行业有9个企业创汇300多万美元，今年有的企业或企业集团经过努力可望突破300万美元，部机电办拟在明年初向国务院机电办、申报审批第一批商办机械出口扩权企业和出口基地企业，望有关企业根据《商业部机电产品出口工作管理办法》的规定做好申报准备。

（4）争取机电产品出口技改专项贷款　国家为鼓励机电产品出口，每年安排出口技改专项贷款。专项贷款支持的重点和优先安排对象是：技术密集和附加值高的出口产品的技改项目；上质量、上档次，创汇效益好、市场潜力大的出口产品的技改项目。按照这一原则，除按原规定申报纳入国家技改贷款计划外，出口基地企业和扩权企业的技改项目，我们每年将向国务院机电办申报列入国家机电产品出口专项技改贷款计划。

（5）采取倾斜政策，支持企业出口　商业部将对出口企业的技改资金、材料供应、信息提供、人员培训等方面要给予优惠，希望各商业、粮食厅（局）、供销社．主管部门对机电产品出口企业给予大力支持。积极帮助企业解决实际问题。

（6）出口企业要用好优惠政策　国家对出口企业给予了不少优惠政策，我们要用足、用好、用活，各出口企业一定要吃透有关文件精神，例如退税问题、跟踪结汇问题、出口奖励等，要主动与主管部门、税务、外汇管理、外贸等部门加强联系取得支持，保证政策的落实。

（7）积极发展境外合资办厂　这是商机出口的一种好形式。现正在洽谈的几个项目，一定要搞好考察、论证评估，尤其要注意产品销售市场和经济效益分析，为商办机械工业产品在较短时间内被更多国家所了解；为商办机械工业企业更好地了解国际市场，增强中国商办机械工业在世界上的知名度和竞争能力，扩大市场覆盖面作出贡献。

（8）培养外向型经济人才　采取多种形式培养既熟悉商办机械专业，又懂外语和外经、外贸知识的外向型经济人才，使我们的企业能够及时了解国际信息，不断扩大出口创汇。

5. 依靠科技进步，抓好技术改造和消化吸收

“八五”期间，我们要下大力气对商办机械工业进行技术改造，提高自身的装备水平。首先，技改要同开发新产品、增加技术含量、提高产品质量结合在一起。要重点支持骨干企业、消化吸收产品、机电一体化产品、成龙配套产品、出口创汇产品以及基础零部件的生产环节进行技术改造，关键是要对现有的工作商机彻底改造，对精度要求较高的零部件，其加工机床要逐步配备微机，采用程序控制，必要时要购置些精密机床；要增加工装，提高工装系数；要购置必要的检测仪器，增强检测手段。同时，要加强技改的管理。认真做好项目可行性研究，重点做好技术先进性和项目经济效益的分析研究。商机企业的技改主要靠贷款，要靠改造后的新增效益还贷增收，因此，工作一定要做细，把有限的资金用在刀刃上。各地主管部门要严格把好关。要提足用好折旧、大修理基金；尽可能每年从留利中拿出一定比例增加自有流动资金，增强自我改造、自我发展能力。技改项目实施中，主管部门要掌握工作进度，及时帮助解决问题，促使项目早日完成、早日见效；项目完成后，要及时了解项目的效益情况，加强指导和管理，帮助其发挥效益。今后各地上报商机技改项目，在原规定基础上向商办工业管理司机械处增报一份，以便机械处在项目的技术性、可行性和宏观布局方面总体把关。

消化吸收和国产化工作。对已经鉴定过的消化吸收项目要在试点的基础上进行推广，尚未鉴定的要争取在今年底尽快完成鉴定、验收工作，尽快投入生产，逐步形成生产能力，并在消化吸收的基础上进行改进、创新、实现国产化。需要特别指出的是，我们决不能满足现有的水平，不要认为商机行业通过消化吸收技术水平上了一个台阶，同国外差距不太大了，要看到消化吸收产品中在制造质量等方面还存在一些问题，不能有丝毫松懈，不能把已经缩小的差距重新拉大，一方面我们要不断完善消化吸收成果，更重要的是要瞄准国外同类设备的进展，继续不断地跟踪当代先进技术，不断提高我国商机的水平。

另外，国务院生产办公室决定，明年 3 月在北京举办“首届全国节汇机电产品展览会”。经研究，我们选择了 35 个生产技术管理水平较高，效益较好，自我研制和消化吸收国产化设备具有国际 20 世纪 80 年代同类产品水平的企业，组成商业部展团参展。在展览会上我部参展的几十个产品要争取大多能评为“节能优秀产品”替代进口，为国家节省外汇；与此同时，通过参展进一步提高商业部系统机电产品的知名度，并学习借鉴兄弟部门企业好的经验，提高机电一体化程度。增强商机设备在国内、国际市场的竞争能力。为办好这次展览，我们将参展单位请到会上，研究办展中的具体事宜，请各主管部门、参与企业单位集思广益，发表意见，做好工作，圆满完成参展任务。

6. 强化现场管理，提高行业管理水平

内抓现场，外抓市场，是企业生存与发展不可缺少的两个基本环节。现场管理是企业一项综合性、基础性的管理，其核心是提高质量，提高效益。当前，要向工艺管理、纪律、技术三位一体上水平的目标努力，为企业管理的整体优化打好基础。要把各项专业管理落实到生产现场，开展安全性评价活动，实现均衡，安全、文明生产，达到优质、低耗、高效的目的，每个商机企业必须结合本企业实际，制定优化现场管理工作的规划，明年内治理好一两个主要车间。

关于商机生产计划和统计工作。为了掌握全国商机生产情况，便于制定有关政策，各地要加强编制年度商机生产计划和统计工作。目前，个别省、市厅（局）、社不能按时寄送有关报表，影响分析全国的商机情况，应引起重视。我司制订了《编汇商办机械工业产品生产计划暂行办法》这次请大家讨论修改后，正式施行。今后，各地主管部门在每年第一季度内要将本地区当年的商机生产计划报至我司；每个季度按有关规定及时寄送统计报表。我们将及时汇总，并通报各省、区、市主管部门，便于大家了解全国的情况。

关于生产许可证的工作。按照《生产许可证管理条例》，我们对重要的商机产品实施许可证制度。现在，由于制定国标的工作进展缓慢，一些商机产品质量监督检测中心未经过计量认证与机构验收等问题，不能对有些产品进行发证工作，我司正在积极与有关部门联系，催促解决，争取加快商机产品生产许可证的发放工作。为做好这项工作，这次会上，我们印发了《关于商办机械工业产品发放生产许可证工作的有关说明》，供大家参考。

7. 加强领导，进一步推动商办机械工业的发展

商办机械工业的现代化是商业现代化的基础，实现商业现代化，商办机械工业要先行。商办工业各部门的生产技术进步，很大程度决定于商办机械工业提供的装备水平。部领导十分重视商办机械工业，胡平部长、何济海、傅立民副部长、黄凉尘顾问曾多次参加全国商办机械工业会议并作重要讲话，平时也很关心商办机械生产情况，我司在技改资金十分紧缺的情况下，优先安排了 26 个含商机企业专项贷款4 275万元，其中半贴息贷款2 750万元进行技术改造。正如傅立民副部长在 1989 年武汉会上讲的那样：改造好一个商机企业比改造一个加工企业要重要得多，它所产生的社会效益更大。因此，请各地商办机械工业主管部门要进一步关心支持商机工业的发展，尤其在当前比较困难的情况下，更要积极帮助企业排忧解难。各省、市（区）要有专人分管商机工作，有条件的可设专门管理机构。江苏省粮食局、江苏省供销社、哈尔滨市商委的经验，值得各地借鉴。

我们的商机企业和分管商机具体工作的同志要主动向领导汇报工作，并努力做出优异成绩，争取领导的支持。这次会议的精神，希望同志们回去向省局（厅）长、省社主任汇报，以进一步加强对商机工作的领导。

商办机械工业面临的任务是艰巨的，前景是令人鼓舞的。只要我们坚定信心、积极进取、脚踏实地、团结奋斗，商办机械工业一定会得到持续、稳定、协调的发展。

这次会议在四川省乐山市召开，得到了四川省粮食局、商业厅、供销社尤其是四川省粮食局和乐山市人民政府、乐山市粮食局的大力支持，他们为会议作了周密的安排，我代表商业部商办工业管理司、商业部机电产品出口办公室和全体与会代表向他们表示衷心的感谢！

八、深化改革，提高效益，加速商办机械工业发展

——在全国商办机械工业座谈会上的主题报告

（1992 年 4 月 15 日　于河北承德）

1992 年全国商办机械工业座谈会今天在承德开幕了，这次会议的主要任务是：认真贯彻邓小平同志的重要谈话精神，按照部领导近期对商办工业的指示和全国机电产品出口工作会议的要求，重点研究如何进一步解放思想，转变观念，抓紧有利时机，大胆进行改革，提高经济效益，加速商办机械工业的发展。现在我先讲些情况和意见，供同志们参考。

（一）1991 年的工作成绩和主要经验

1991 年全国商办机械工业在各主管部门和企业的共同努力下，克服困难，积极进取，奋力开拓，取得了可喜的成绩。

1. 生产销售增长，经济效益提高

1991 年完成工业总产值 26. 48 亿元，比上年增长 22. 5%；完成产量 14. 88 万 t，比上年增长 18. 27%；实现利税 3. 32 亿元，比上年增长 29. 09%。其中，商业机械实现 7 435万元，增长 9. 8%；粮油机械实现 1. 28 亿元，增长 6%；供销机械实现 1. 3 亿元，增长 71. 5%；全员劳动生产率达到31 260元/（人・a），比上年增长 31. 78%。实现了产值、销售、利税同步增长，利税增长的幅度大于产值的增长，商办机械工业已走出低谷，呈现稳定发展的良好势头，产值、利税，全员劳动生产率的增长幅度分别比全国机械行业的增长值高 4. 2%、2. 29% 和 13. 88%。

2. 出口创汇，创历史最高水平

1991 年商业部系统机电产品出口总额达到3 426万美元，比上年增长 38. 14%，机电产品出口额占商办机械工业总产值的比重为 7. 08%，创造了历史上的最高水平。其中，商业机械1 795万美元、粮油机械 474 万美元、供销机械1 157万美元。商办机械工业产品出口创汇的增长幅度比全国机电产品出口的增长值高 10. 74%。年出口创汇超过 50 万美元的商机企业有 17 个，比去年增加了 6 个。这 17 个企业创汇额占商办机械工业机电产品出口创汇总额的 70. 03%。

3. 强化企业管理，质量明显提高

各地商机企业普遍加强了全面质量管理工作，产品质量明显提高。去年有 28 个商机产品获得了部优产品称号，承德商业机械公司的装配式冷库获国家质量金质奖，云南商业机械厂的远红外烤箱获得了国家银质奖，山东潍坊商业设备厂的医用高压氧仓获国际尤里卡金奖，江苏无锡粮食机械厂、江苏大丰供销机械厂获部质量管理奖，江苏南通棉花机械厂、湖南湘粮机械厂、陕西咸阳粮油机械厂的有关班组获全国商业系

统优秀质量管理小组称号。

与此同时，各企业对现场管理、能源管理、设备管理、定额管理、财务管理等方面进行了综合治理，企业整体素质有所提高。哈尔滨商业机械总厂、江苏宝应粮食机械胶辊厂、江苏大丰供销机械厂、湖北鄂州碾米砂辊厂、广东佛山商业机械厂等被评为部商办工业设备管理优秀单位。

4. 调整产品结构，品种增多，档次提高

去年部里安排了26个商机企业技术改造项目，工程进展顺利，不少省（市、区）厅（局）、社也把商机企业改造列为重点，企业技术进步工作得到加强，常德粮食机械厂砻谷胶辊生产线等一批起点高、技术含量高的项目通过了验收；“七五”期间商办机械工业列入国家级的攻关项目，现大都进入批量生产阶段，正在逐步推广应用，商机的技术水平和商办工业装备水平上了一个新的台阶，山东棉机公司在完成国家攻关项目验收后，根据商业部商办工业发展规划，努力做好推广应用工作，积极为棉花加工厂改造提供新型成套设备；根据市场变化，紧紧跟踪世界先进水平，不断研制开发新产品，上档次、上水平，去年各地商机企业申报列入部新产品开发项目17个。

5. 转换经营机制工作开始起步

去年各地都在积极探索，大力转换企业内部经营机制，在经营、分配、用工等方面进行了改革。中央工作会议之后，一些商机企业立即行动，研究制定了“打破三铁”转换企业内部机制的方案，北京商用汽车制造厂等企业已着手付诸实施，部分省市的主管部门也组织有关企业开始了试点。

上述成绩，凝聚了全国商办机械工业战线广大干部职工的艰辛和智慧，做出了奉献，创造了许多宝贵的经验，归纳起来，主要有以下5条：

（1）不断开发新产品，大力促进企业发展　根据市场变化，及时调整产品结构，积极开发新产品是企业兴旺发展的主要经验之一。哈尔滨商业机械总厂建立了三个信息网络：厂内、国内、国外；四个保证体系：开发、试制、质量、标准化管理。坚持上新、创新，以新取胜；意识超前、以快取胜的原则，收到了很好的效果。企业年年有新产品投放国际国内市场，去年新产品产值率达到40.2%，工业总产值年递增率为29%，利税年增长为27.1%。江苏溧阳粮食机械厂产值、利税连年增长也得益于瞄准市场、开发新产品。很多商机企业实施“全员开发”策略，打破只有技术人员搞开发的常规，发动全体职工搞新产品，同有关单位联合搞开发，研制成功投产获效益后，厂里进行重奖。

在开发新产品方面，我司通过召开各种会议，利用出差等机会进行引导，并为大家提供信息；组织协调科研、院校等单位同商机企业联合开发；主动与有关部门联系为企业申报新产品计划、实施减免税；为企业开发新产品创造良好的外部环境等，做了一些努力，推动了商机行业新产品的开发工作。

（2）努力抓好营销工作，增加企业效益　在激烈的竞争中，各企业的市场观念不断加强，经营决策和管理水平有了进一步的提高。一些既懂技术又懂管理，具有较高素质和较强竞争意识的人员，充实到销售和服务队伍中来，拓宽了市场，经济效益明显提高。商业部洛阳冷冻机械厂采取了灵活的经销战略，在各地建立了40多个经销代理点，给代销点让利并赋予代销点维修和反馈信息的任务和相应的权利，去年该厂经代销点销售的产品占全厂总销售收入的50%以上，扩大了市场，增加了效益。同时，由于代销点直接面对用户，市场信息灵通，反馈及时，去年厂里从代销点得到了60多条关于产品的改进意见，有力地促进了产品质量的提高。许多企业由厂领导带队走访用户，征求意见，及时解决质量问题，并积极举办或参加各类展销订货会，开办用户技术培训班等，千方百计扩大影响，提高了企业的知名度和市场占有率。

（3）积极扩大出口，发展外向型经济　去年商办机械工业产品出口取得了令人鼓舞的成绩。其经验：一是坚持了多渠道出口的原则。各商机出口企业一方面继续保持给老用户供货，另一方面积极开拓新渠道，特别是注意发挥商业部系统的群体优势，积极利用部里几个对外公司的窗口，收到明显效果。去年出口创汇的商机企业有75个。通过27家外贸公司出口，其中，通过部里对外公司出口创汇的比例逐步上升；二是抓好重点出口企业。刚才受到表彰的17个商办机械工业机电产品出口创汇成绩显著企业的出口创汇额，在全国商机行业出口中具有举足轻重的地位。

一年来，我司和部机电出口办及各地对这些企业重点扶持、积极服务、提供信息、牵线搭桥、促进成交，并帮助他们排忧解难，促进了这些企业出口创汇的增长，推动了我部系统机电产品出口工作；三是商办机械企业与国外合资合作取得了进展，据不完全统计，目前商机企业与外方合资合作生产的有11项，其方式有境外办厂、境外办维修点、出口成套设备在境外合作办厂、在国内与外商合作等。安陆粮食机械厂在印尼合资办厂，在布隆迪办维修点，进一步扩大了粮机的出口，增加了企业效益；四是抓出口的基础工作。去年我们制订下发了《商业部发展机电出口产品工作管理细则（试行）》；建立了商业部机电产品出口统计报表制度；组织进行了商机企业申报机电产品基地企业和扩大出口企业的工作。加强了商机行业出口工作的管理；五是得到了国务院机电产品出口办公室和各地机电产品出口办的支持。为商办机械工业机电产品出口创造了良好的外部环境。

（4）转变思想观念，增强竞争意识　各级商办机械工业的主管部门和所属企业，面对新形势，增强了紧迫感、危机感。自觉转变观念，加大改革力度，积极采取对策，变压力为动力，在国际国内市场竞争中得到了锻炼，提高了应变能力。

（5）各级领导重视，推动了商机发展　部领导对商机工作非常关心重视，经常过问生产情况，曾多次给予指示；我司自1989年机构改革以来，先后7次组织召开各类全国性的商机工作会，总结经验、部署工作、制定法规、交流信息，加强了行业领导和管理；各地主管部门也都积极为商机企业排忧解难，尤其注重商机企业职工队伍素质提高和领导班子建设。全国商机企业涌现出一批密切配合、团结协作、带领职工奋发进取开拓创新的领导班子，保证了商办机械工业的发展。

（二）1992年的主要工作

1992年商办机械工业的工作重点是：深化改革，转换机制；调整结构，科技兴企；提高质量，抓好销售；拓宽市场，扩大出口；强化管理，提高素质；发展联合，提高效益，加速商办机械工业发展。

奋斗目标是：1992 年实现工业总产值 29 亿元，销售收入 28 亿元，利税总额 3.7 亿元，全员劳动生产率 3.3 万元/（人·a），产品产量 16.6 万 t，出口创汇4 100万美元。分别较上年增长 10%、15%、12%、11.8% 和 20%。亏损企业和亏损额分别较上年下降 50%。具体要求是：

1. 外增“动力”、内破“三铁”，转换企业经营机制，增强企业活力

外增“动力”就是各级主管部门要积极为企业创造平等竞争的良好的外部环境，把企业推向市场。现在国家体改委等有关部门正在制定《企业法》实施条例，明确界定，切实保障所有权，落实经营权。对企业所有权和经营权如何分离，企业有哪些经营权，如何保证行使经营权，政府和企业各有什么义务等，都作了比较明确的具体规定。正式颁布后，各地要认真研究贯彻。目前一些省市推出的“四放开”、“五自主”、“六条船”等措施收到了明显的效果，各地商办机械工业的主管部门可根据本省、市的实际，在与地方政府有关部门协商一致的基础上，为本地区商机企业选择恰当的经营方式，如投入产出总承包、全员合同承包、利税分流、股份制、仿照中外合资企业政策和一厂两制等管理办法，使企业走向市场、自主经营，真正成为自负盈亏的商品生产者和经营者。对于效益差的企业要区分情况分别对待，采用“一厂一治”、“一厂一策”的办法，重点帮促使他们尽快走上正常的发展轨道。对产品现无销路又无发展前途，经营性亏损严重的企业，可鼓励有活力的商机企业兼并。

发展横向联合组建企业集团，是转换企业经营机制的一种有效途径。根据商办机械工业的实际情况，目前可采取两种方式：一是由省（市）主管部门将本省系统内的商机企业组织起来成立集团，归属省厅（局）、社工业公司领导，以便统一组织协调，发挥群体优势。湖南、江西省粮食局已经这样做了，效果不错；二是以龙头产品的生产企业为核心，组织成立生产成套设备的企业集团。用共同的经济利益，把各配套企业紧密地联结在一起，形成规模经济，希望各地主管部门和企业继续探索不断创新，发展各种形式的联合，提高商办机械工业的竞争能力。

内破“三铁”就是要大力转换企业内部机制，分析“老国”普遍不如“老乡”、“老外”搞得活的原因。概括讲是两条：从外因来讲，主要是自主权大小和税负轻重不同；从内因来讲，主要是内部机制不同。内部机制不同又集中地表现在内部分配制度和劳动人事制度上，乡镇企业和三资企业是在商品经济大潮中发展起来的，受商品经济法则的支配，形成了一套多劳多得、优胜劣汰的工资制度和用人制度；而国营企业在过去的体制下形成了“三铁一大”即铁工资、铁饭碗、铁交椅、大锅饭，制约了企业活力。国营企业如何根据有计划商品经济发展的需要，建立灵活的经营机制已成为搞活企业的当务之急。商机企业要抓紧时机，把破“三铁”作为转换企业内部机制的突破点，根据兄弟单位的经验，结合本地区、本企业实际对分配、用工、价格、经营等进行大胆地探索、改革。

企业分配制度的改革。要取消大锅饭、废除铁工资，实行工效挂钩和岗位技能工资制，体现按劳分配原则，拉开档次。通过改革，把高技术岗位的工资提上去；把一线苦、脏、累、险岗位的工资水平提上去；把对企业产品质量和经济效益贡献大的职工的工资水平提上去。与此同时，要引导和提倡效益工资较高的企业，按照需要与可能，合理用于建立工资储备金、调整工资标准、考核增资、生产性岗位津贴和企业补充养老保险等，做到以丰补歉，正确地处理好眼前利益与长远利益的关系。

企业劳动人事制度改革。要砸碎铁饭碗、搬掉铁交椅。根据需要招工、用工，企业可按有关规定辞退职工，职工也可按照合同规定提出辞职实现双向选择；打破干部、工人的界限，按公开、平等、竞争、择优原则聘任管理人员。方式可以多种多样，如全员劳动合同制、优化劳动组合、岗位聘用制等，对优化下来的富余人员，可采取缺什么补什么的办法进行重新上岗前的培训，达到要求上岗工作，也可开办第三产业或办其他事业扩大就业面，消化不了的富余人员实行厂内待业。

进行企业劳动用工、人事制度的改革，概括起来讲要逐步做到四个“三”：搬掉“三铁”、做到“三能”、实现“三制”、实行“三岗”。

转换企业内部机制，必须加强企业的各项基础工作，提高管理水平，防止重蹈“以包代管”的覆辙。要切实搞好定员定额工作，为企业分配制度和劳动人事制度改革提供准确的依据。要坚持抓好工艺突破口工作，严格工艺纪律和工艺管理。要加强节能降耗工作，努力降低成本、增收节支。要广泛开展管理系统设计，逐步实现企业管理整体优化。凡是实践证明行之有效的管理办法，都应继续抓下去。

我司准备选择 2 ~3 个商机企业作为联系点，通过总结经验，协助所在地主管部门做好转换商机企业内部机制的工作，并及时向部领导和有关部门汇报反映情况，争取各方主持，加快改革步伐，从点上取得经验，指导商办机械行业企业转换内部经营机制，增强企业活力。

2. 调整产品结构， 依靠科技振兴企业

适时调整产品结构，加快开发新产品是科技兴企的关键。各商机企业要努力做到：

（1）制订 3 ~5 年的产品结构调整和新产品开发规划和滚动计划。新产品开发要适应市场的需求，要有超前开发意识，要求每年开发的新产品不少于厂内产品的 10%，新品产值率不低于 30%。

（2）适应保护知识产权的新形势，强化自主开发能力。吸取国内外开发新产品的经验，调动职工搞革新、搞发明创造的积极性，形成企业自己的技术优势和特色。

（3）发展新产品起点要高，要继续引进国外先进技术，采用国际标准组织生产，重视提高产品的可靠性。努力发展国内、国际市场销售前景好的高技术产品，机电一体化高附加值产品。

（4）采用纵向和横向发展相结合的矩阵式新产品开发战略。要实现品种、规格的系列化、成套化；大力发展变型产品、派生产品或特殊用途的产品，以满足市场需求多样化的要求。积极发展食品加工机械、小包装机械和饮料机械，在这方面我们开发的速度太慢，必须加快。提倡采用电子技术改造正在生产的老产品；将引进的国外先进技术移植到自行开发的新产品或改造老产品上。

（5）按规定从年销售额中提取不少于1% 的技术开发费和新产品减免税的收益，要提足、用好。要建立专门的账目，专款专用。

（6）建立总工程师为首的技术管理体系，组织有产品设计、工艺、工装设计、试制人员参加的一条龙的新产品开发系统，缩短开发和投产周期。

（7）积极采用 CAD 计算机辅助设计等先进的设计方法和手段，提高设计质量，缩短周期，计算机辅助设计不低于 10%。

（8）要善于加强与科研单位、大专院校密切合作，充分利用他们的技术优势为企业开发适销对路的高新产品，以促进企业的发展。与此同时，企业要保证科研单位有合理的经济利益。

技术改造是科技振兴商机的重要手段。必须围绕新产品的商品化及引进技术的消化吸收和国产化，采用先进、成熟、适用的技术进行改造，尽快形成批量生产能力。部里安排 1992 年商办机械工业企业技术改造项目共 21 个，总投资 7 670 万元，贷款总额5 869万元，其中半贴息贷款3 290万元，当年贷款2 480万元；安排 1991 年续建项目 10 个，贷款额2 500万元，其中半贴息贷款1 040万元。各有关省（市、区）主管部门和企业一定要狠抓落实，保证项目按期完成，尽快投产见效。

商办机械行业一定要做到：敢于跳出商机的圈子，市场需要什么就组织开发生产什么；对新产品开发要舍得花钱；对看准了的技改项目要敢于贷款，敢于负债，以增强企业的发展后劲。

统筹规划加强行业管理，促进企业技术进步。为解决机电工业重复建设和散乱的问题，经国务院同意，国家计委和机电部对机电工业全行业进行统筹规划，建立了“八五”期间技改、基建项目“一本账——总投资 500 万元以上的项目”，并组织有关专家进行了审查。我部商办机械工业“八五”期间进入全国机电工业“一本账”的技改、基建项目共计 43 项，投资总额38 131万元，用汇 850 万美元。国家计委、国务院生产办、银行、海关等部门已明确表态，要以行业规划“一本账”作为审批项目、安排年度投资、发放贷款和海关放行的依据。我部参加了农、牧、渔、林机械，轻工、食品、包装、商业机械和汽车等三个行业规划组的工作，商机行业由我部组织专家审查，各地要重视加强社会商机行业的管理。

3. 狠下工夫， 提高质量

今年，国家对产品质量问题采取了强有力的措施，《中国质量万里行》活动，在全国引起了极大的震动。现在有关部门正在制定《中华人民共和国质量法》，加强质量法制管理。各地各企业要继续强化质量意识，在提高质量上狠下工夫。

（1）建立质量责任制　实行质量否决权，把质量好坏与分配挂钩，严格考核，奖惩兑现，真正把质量视作企业生命，使提高产品质量成为企业和职工的自觉行动。对质量不好、用户反映强烈的企业，经调查核实被新闻单位“曝光”者，第一次进行通报批评，限期整顿，停发有关人员的奖金。第二次被“曝光”者，厂长就地免职，取消企业相关的一切荣誉称号，情节严重、危害人身安全和健康的要承担法律责任。

（2）健全全面质量管理体系　严格工艺纪律，做到人人遵守工艺，道道工序合格，确保产品的制造质量；对原材料、配套件、协作件进厂到售前售后服务和备品备件供应等影响产品质量的各个环节实行全过程管理控制。商机行业目前普遍存在的外观油漆、铸件、焊接等方面的质量问题，各企业要尽快制定切实可行的措施，认真加以解决。

（3）宣传贯彻 GB/T 10300《质量管理和质量保证》系列国家标准　这个标准是等效采用国际标准 ISO 9000 系列制订的，对产品的开发设计、生产、安装和服务作了详细规定，是我国全面质量管理走向规范化、国际化和系统化的标志。各商机企业从下半年开始要根据 GB/T 10300 标准制定和修订企业质量手册。

（4）组织实施《工业产品质量分等导则》国家标准　我司将组织有关单位编制商办机械工业的分等产品目录和相应的管理办法。请各地配合做好这项工作。

（5）开展产品质量抽查活动　自 1990 年起，我部会同国家工商行政管理局和中国消费者协会，对市场商品进行抽查，并将抽查结果公诸于世，宣传优质产品，对不合格产品给予“曝光”，收到较好的效果。从今年起，对商机产品也将进行抽查。

4. 开拓市场，强化销售

自去年以来，商机的生产经营保持兴旺发展势头。但要清醒地看到，我国恢复关贸总协定缔约国地位和加入世界知识产权组织以后，国内市场将与国际市场逐步接轨，大部分机电产品的进口关税将有较大幅度的调整，商机企业将直接面对世界强手竞争，同时原材料价格也将逐步并轨，靠低价原材料获取效益的优势也要丧失。面临严峻的挑战，我们要有危机感，变压力为动力。在下大力提高技术、管理和质量的同时，必须积极参与竞争，开拓市场，强化销售工作。首先，要做好市场预测和分析，为开发新产品、改进老产品及时提供可靠的依据。其次，要发展多种形式的工贸联合体，壮大实力，拓宽市场。再次，抽调技术人员加强销售工作，造就一支既懂得产品工作原理和功能，会使用，会修理，又熟悉经营销售策略和技术的销售队伍。还要大力加强售前售后服务，特别是售后技术服务，解除用户后顾之忧，并为企业反馈信息。

5. 扩大商机出口，积极利用外资

按照 1992 年全国机电产品出口工作会议的精神，结合商机出口工作实际，今年我们要努力贯彻“全方位、多元化和重点市场、重点产品、重点突破相结合”的方针，积极开拓国际市场，争取多出口创汇。

（1）抓住机遇，拓宽市场　商办机械工业产品外销相对集中在东南亚和非洲地区，去年出口东南亚占 49.8%，非洲占 21.5%，开发这些国家和地区的市场潜力还相当大，我们要在稳定发展原有市场的同时，积极开拓挤占新的市场。一是独联体、东欧市场。原苏联解体以后，变成了十几个独立国家，东欧也发生了剧变，这些国家各自开始发展新的经贸关系，为我们发展同他们合作提供了机会，要积极开拓，乘势进入，机不可失，时不我待。据了解，独联体和东欧对我国的食品机械颇感兴趣，需要量较大，对商机扩大出口十分有利；二是海湾中东市场。虽然海湾战争使这一地区的经济受到一些影响，但这些国家的经济实力比较雄厚，处于重建和发展阶段，向这个地区出口商机产品是有前途的；三是拉美市场。主要在支付手段等方面采取一些灵活做法，商机的一些产品进入拉美市场是完全可能的。

（2）搞好工贸关系多渠道出口　商机企业应主动与有关外贸公司联系，介绍产品和企业情况，在保证效益争取出口的前提下，可作适当让利，以调动外贸公司的积极性，提高成交率。要坚持多渠道出口的原则，在巩固发展原有出口渠道的同时，要积极开辟新的渠道，要充分利用部里的对外窗口，多与部里的几个对外公司合作，对他们联系组织的项目，要首先保证供货，发挥商业部系统的整体优势。

（3）探索多种扩大出口的形式　在境外办厂、设维修点，既可以避开贸易壁垒，增加散件出口及发展转口，又可以加强售后服务，为建立商情网、销售网和维修网服务；出口成套设备与外方合作办食品厂是商机出口的一大优势；易货贸易也是一种扩大出口的途径。企业要与当地有关部门积极联系，解决好对方易货的销路。我们要继续努力，积极探索，争取外向型经济有更大发展。

（4）抓好商机出口生产体系建设　4 月底，部机电产品出口办公室将向国务院机电产品出口办公室申报第一批商办机械出口基地企业和扩大出口企业。希望各地按商业部部发（91）工字第 1182 号文的要求，抓紧报送有关材料。今后每年都要组织申报，请各厅（局）、社和有关企业积极配合，做好这方面的工作。

（5）加强出口统计分析工作　统计信息工作是宏观管理的重要手段，从今年开始，我们建立了商业部机电产品出口统计报表制度，请各地主管部门按商业部部发（91）工字第 1246 号文的要求，按时报送，我们汇总分析后将向各省市和有关部门通报。商业部从今年起对年出口创汇超 50 万美元的商机企业进行表彰，希望各地对获奖企业按有关规定给予精神和物质奖励。部机电产品出口办公室今年下半年拟对商机出口经济效益作一次调查，总结经验，分析存在问题，推动工作，并向有关部门反映，为企业排忧解难。

扩大对外开放，胆子要更大一点。今年商办机械工业要在确保我方有合理经济效益的基础上，同国外发展合资合作方面有一个较大的发展。要多搞些“三资”企业，搞合资企业的好处很多：一是有利于动态跟踪国外先进技术；二是有利于老企业改造；三是有利于出口；四是有利于提高管理水平；五是有利于提高企业的综合素质和经济效益；六是有利于企业内部机制的转换。利用外国及港澳台的资金、技术和外销渠道，建立合资企业可以做到“借钱办事”、“借船出海”，用他们的钱办好我们企业的事，借合资企业的“船”把我们的产品打到国际市场去。在形式上，合资合作都可以，全厂合资、一厂两制都可以搞。通过利用外资，引进先进技术，提高产品档次、质量，调整改善产品结构，提高企业管理水平，促进企业内部机制的转换，力争取得更好的经济效益。

部领导对我们商办工业包括商办机械工业极为重视，部长提出今年商办工业要唱大戏，指示我司要拍好“商办工业电视系列片”、调查公布商办工业 3 个百家企业和表彰“十佳企业”、选编好商办工业之最、写好“商业部也是工业部”专论等几件大事，我们正在组织力量逐项落实。这次会议上印发的《部领导对发展商办工业的批示讲话》请大家认真学习努力贯彻。

今年是我国加大改革步伐，加快经济发展非常重要的一年，为加速商办机械工业的发展提供了有利时机，我们要解放思想，抓紧时机，大胆改革，奋力开拓，真抓实干，创造优异的成绩迎接党的十四大召开。

这次会议在河北省承德市召开，得到了河北省商业厅、粮食局、供销社、承德地区行署、地区商业局、承德市人民政府、市商业局、承德商业机械公司和新华饭店的大力支持，他们为会议作了周密的安排，我代表商业部商办工业管理司、商业部机电产品出口办公室和全体与会代表向他们表示衷心的感谢！

九、 谈谈我国粮油机械的发展与走出国门

——在全国粮油机械生产研讨会上的主题报告

（2007 年 5 月 17 日 于北京）

为了回顾我国粮油机械工业的发展历史，最近我查阅了一些历史资料，并从谢健、张元培等权威人士那里了解了一些我国粮食加工机械的发展历史。通过这些活动，使我得出这样一种认识：我国粮油加工业的发展给粮油机械工业提供了广阔的发展空间，而粮油机械工业的进步又促进了粮油加工业的大发展，可以毫不夸张地说，二者是鱼与水的关系，谁也离不开谁。回顾历史还使我们认识到这样一个事实——我国的粮油机械工业经历了从无到有，从小到大，从弱到强，从进口到出口的过程，才造就了今天这样一个繁荣、进步的大好局面。

（一） 我国粮油机械工业的兴起

粮油机械工业是粮油工业的重要组成部分。粮油机械工业包括米、面、油、饲料加工设备的制造；粮油仓储、运输设备的制造；粮油食品深加工以及包装、计量、销售设备；粮油检测化验仪器设备。

新中国成立以前，我国的粮油工业大多以简单而原始的作坊为主。除上海、天津、北京、广州、武汉、沈阳等几个大城市外，绝大多数地区都是用土磨、土碾和土榨加工粮油，设备陈旧、工艺落后、操作笨重、生产环境差、经济技术指标低下的状况可想而知。有一定规模，像样的加工企业屈指可数，而且这些企业的生产设备大多是从国外进口，更为严重的是，全国没有一家专门生产粮油机械设备的制造厂，这与我们这个泱泱大国和农业大国的地位极不相称。随着我们国民经济的恢复，尤其是“一五”时期，我国的粮油加工产量增加迅猛，而为数众多的粮油加工企业设备陈旧、年久失修、无力承担这样的任务，急需进行更新改造。

为了尽快改变这种状况，当时的粮食部决定建立粮油机械厂，实行专业生产，并随即于 1958 夏天在青岛市首次召开了粮油机械工作会议，制定了粮食部门发展粮油机械规划，这次会议拉开了全国兴建粮油机械工业的序幕。当年 10 月，即在北京东郊面粉厂机修车间的基础上，建立了北京粮食机械厂；次年 3 月经国务院批准，又将无锡市重工业部门所属的机械制造厂和化工部门所属的橡胶滚筒厂移交给粮食部，合并成立了部属的无锡粮食机械厂，同时批准上海市粮油机械制造厂划归粮食部直属管理；1964 年又在郑州钢板油库建设工程队的基础上，扩建为粮食部郑州粮食机械厂。至此，初步形成了粮食部门自己的粮油机械制造的骨干力量。

1965 年，在全国各行各业开展备战备荒的背景下，有计划地对沿海大城市骨干企业实施内迁。粮食部门先后将北京粮机厂与生产榨油机械产品的天津市同义和机械厂合并迁往山西省长治市，将上海粮机厂迁往湖北省安陆县，将无锡粮机厂的砻谷胶辊

车间迁往湖南省常德市，与此同时将地处西部地区的四川绵阳粮机厂和甘肃永登粮机厂收归粮食部扩建为直属企业。最终形成了无锡、安陆、长治、常德、郑州、绵阳、永登等7个粮食部直属粮机厂。使米、面、油加工和仓储运输机械设备达到了的配套成龙，批量生产的水平。

在粮食部建立直属粮机制造企业的影响下，为适应各地粮油工业的发展，各省、市、自治区相继兴建了一批由省市、自治区粮食厅（局）、直接管理的粮油机械制造厂；一些条件较好、粮油工业比较发达的地区、县级粮食部门也建设了一批粮油机械厂；不少大中型粮油加工厂内设置机修车间，实行修造结合，致使我国在20世纪70年代中期就拥有了相当规模的粮油机械制造能力。

为支持和促进粮油机械工业的健康、协调发展，原粮食部粮油工业局通过计划安排，进行宏观指导，将粮油机械的产品分为部管、省管和厂管3类，以国内粮食部门为主要销售对象，按照需要逐级平衡，其中，7个直属粮食机械厂的生产计划纳入全国计划，承担着制造技术要求相对较高，不适于分散生产的产品，根据当年的基本建设计划和设备更新的需要，实行全国统一分配。省管产品，除了为本省粮油工业发展生产提供产品外，部分产品也要纳入全国分配。一些地、县粮油机械厂制造的产品和厂管粮油机械产品，大多属于生产工艺中的附属、简易、少量的产品，主要根据当地和本省需要生产，一般不作全国统一分配。但不论哪种产品的年度生产计划，都要纳入全国计划，按照“以需定产、择优安排、定点生产、联合成套”的原则进行综合平衡，并组织原材料物资供应。与此同时，在安排年度生产计划时，每年都要组织粮机产品的产需双方签订供销合同，以防止盲目生产，保证各地粮油工业的发展需要。

经过20多年不懈的努力，我国的粮油机械工业得到了长足发展。据统计资料表明，到1985年全国独立核算的粮油机械制造厂达233家，粮油机械工业总产值3.8139亿元；固定资产总值3.4323亿元；粮油机械产品产量合计为9.8万t，砻谷胶辊27.59万只。我国粮油机械工业的兴起，为新建、扩建和改造粮油工业企业提供了装备，初步满足了粮油工业发展的需要。与此同时，土磨、土碾和土榨式粮油加工作坊被彻底淘汰，也结束了依赖进口的局面，实现了粮油加工工业的机械化和生产工艺的连续化。在全国范围内，粮油工业面貌发生了根本的变化。

过去若干年来给人们印象中的粮食加工工人所谓“绳捆孛绑”、“进去十八，出来八十”的尴尬局面，以及在云贵高原流传的“冷吊酒，热榨油，女儿莫进打油楼”的谚语，都成了历史的笑谈。全国成品粮油的加工从数量上到质量上都满足了当时的市场供应，保证了军需民食，支持了国民经济的发展。到1985年全国成品粮食产量达到5 000多万t，其中大米2 265多万t、面粉2 525多万吨、杂粮225多万吨以及植物油250多万吨。粮油工业总产值达243多亿元，在中国食品工业中居首位。

粮油机械工业的发展，也创造了粮油工业出口援外的辉煌。20世纪80年代初开始，我国以小型砻谷机、碾米机和200型榨油机为代表的产品，每年出口达数千台之多，合计创汇2 600多万美元。其中“东方红”牌粮机和“双狮”牌砻谷胶辊成为东南亚市场上的畅销产品，并承担了我国政府对第三世界经济援助的粮油加工厂项目达30多个，对这些国家和地区的政治、经济产生巨大影响。其中最有代表性的是，援助缅甸和阿尔及利亚的碾米厂、援助赞比亚的玉米面厂、援助几内亚的花生油厂、援助罗马尼亚的葵花油厂以及援助马里的碾米附属稻壳发电厂项目等，这一系列的成绩，都体现了粮油机械工业几代员工辛勤劳动的成果，为国家争得了荣誉。

（二） 我国现代粮油机械工业的发展

自20世纪50年代末开始，我国的粮油机械工业经历了从无到有，从小到大的发展过程，为我国粮油及食品加工业的发展作出了贡献。与此同时，我们也清醒地看到，由于当时条件的限制，我国的粮油机械产品在制造质量、单机性能、成套水平、大型和关键设备的研制以及机电一体化程度等方面还相对滞后，粮油工业各项经济技术指标与国外先进设备相比还存在着很大的差距，只能满足当时在计划供应条件下成品粮油加工的需要。为适应我国粮油深加工、企业逐步向大型化方向发展，粮油工业实现现代化，赶上国际先进水平的需要，必须进一步加快粮油机械工业的发展步伐，实现粮油机械工业的现代化。为此，自20世纪70年代末开始，在全国范围内组织实施了粮油设备的选型、定型、标准化；“七五”攻关和引进技术消化吸收战略；与此同时国外知名企业在中国合资、独资建设粮油机械厂的出现，进一步推动了我国粮油机械工业的发展。

1. 粮油设备的选型定型标准化工作， 推动了我国现代化粮油机械工业的发展

从1976年年底开始，国家工作的重心逐渐向以经济建设为中心方向转移。在粮油工业行业，针对我国粮油机械设备型号杂乱、规格繁多、通用性差、成套性差、经济技术指标落后等状况，由当时的主管部门商业部按照国家提出的对现有机械设备要进行标准化、系列化、通用化以及对选定的设备进行重新设计，淘汰落后设备的总体要求，决定对碾米、制粉和制油设备进行选型、定型、标准化工作。此项工作，在原商业部的统一规划下，由科技司、粮油工业局和商科院3个单位组成米、面、油设备的选型、定型、标准化工作领导小组，由科技司牵头对上联系，立项申请经费；粮油工业局负责选定型和标准化的方案审定、组织设计、试制、试验和鉴定，协调工作进度等工作；商科院拟订有关标准化的技术方案、参与设计、试验等工作。

领导小组成立后，分别于1978年下半年至1979年上半年召开了选型、定型、标准化工作会议，确定了碾米、制粉和制油设备的选定型方案，明确了工作分工，落实了设计、制造和生产试验计划。确定了近100种300多台设备作为标准化、系列化、通用化的工作内容，其中油脂加工选定了清理、剥壳、分离、破碎、轧胚、蒸炒、压榨和浸出成套设备、精炼成套设备等共56种175台。为全面考核单机的技术性能和配套后的整体性能，选定型方案决定将新设备组成两条生产线，即日处理80t的油菜籽、棉籽预榨浸出生产线和日处理50t的精炼油生产线。分别安装在湖北武穴油厂和上海油脂二厂进行实际生产条件下的全面考核。整个选定型和标准化工作，从1979年2月西安选定型工作会议开始至1987年7月在上海对油脂二厂精炼油生产线通过技术鉴定为止，标志着碾米、制粉和制油设备的选定型、标准化工作的全部结束，前后经历了8个春秋，包括从一系列的规划开始，到制订方案、设计、审定、试制、安装调试和验收鉴定等，在我国粮油机械制造业发展史上，堪称是一项庞大的里程碑式的系统工程。参

加这项工作的有各地粮油工业主管部门的领导、粮油科研院所、大专院校、有关粮油机械制造企业和粮油加工企业中的工程、设计人员成千上万。这项工作的胜利完成，为我国粮油工业和粮油机械工业的进一步发展，为我国粮油加工设备批量出口和成套对外援助奠定了坚实的基础，同时为后续开展的粮油加工设备“七五”科技攻关和引进技术消化吸收积累了经验、培养了人才、锻炼了队伍。

2. “七五”攻关和引进技术消化吸收工作的顺利实施，缩短了我国与国际先进水平的差距

在党的十一届三中全会提出的我国到20世纪末实现小康社会的奋斗目标指引下，我国经济建设进入快速发展的阶段，人民生活水平不断提高，其中与建设小康社会和提高人民生活水平息息相关的食品工业也同步快速发展。与此同时，对于食品工业的基础工业——粮油工业提出了新的要求，粮油加工产品一贯以“老三样”为主的局面受到严峻的挑战。精米、精面、精油的需求呈直线上升的趋势。面临当时我国粮油机械工业制造的设备大多不能满足精深加工的需要，而且各项经济技术指标与国外相比差距较大的实际情况，从20世纪80年代中期起，在原商业部粮油工业局和各省、市、自治区粮食局的共同协作规划下，有计划地引进了一批具有国际先进水平的米、面、油加工成套设备。粗略统计，到90年代中期，全国共引进各类粮油加工成套设备330多套，其中大米加工设备40多套，面粉加工及谷朊粉生产设备200多套，油脂浸出、精炼、低温豆粕生产设备、人造奶油、起酥油生产设备和可可脂生产设备等91套。

为了替代进口和节约外汇，自1987年起，在原商业部科技司和粮油工业局的统一规划下，将引进技术的消化吸收国产化工作列入国家“七五”重点攻关项目。在实施中与粮油设备选定型和标准化工作一样，组织动员了全国粮油科研院所、大专院校、粮油机械制造企业和引进设备的粮油加工企业的力量，按照引进技术国产化的方案，将引进技术中的先进工艺和关键设备纳入“攻关项目”。

通过“七五”攻关和引进技术消化吸收，实现了部分引进技术设备的国产化。以油脂加工为例，通过“七五”攻关和消化吸收，完成了自清式离心机、脱皂离心机、脱水离心机、阿玛过滤机、真空脱色塔、脱臭塔、液压轧胚机和环型浸出器等新一代油脂专业设备的设计和试制任务，并建成了一条日处理50t的油脂连续精炼生产线，安装在合肥油厂，经近5年的试运转，各项指标接近和达到引进设备的水平。随着“七五”攻关项目和引进技术设备消化吸收国产化的实现，使我国的粮油工业和粮油机械制造水平又上了一个台阶，进一步缩短了与国外先进水平的差距。

通过上述一系列的工作，进一步推动了我国粮油机械工业发展。据原内贸部工业司统计，到1996年全国独立核算的粮油机械厂有271家，粮油机械产品产量达26.7万t，其中榨油机械为1.85万t、磨粉机械为2.85万t、碾米机械为1.87万t、食品机械为0.4万t、通用机械为1.81万t、饲料机械为0.82万t、售粮油机械为0.29万t以及袭谷胶辊36万只，粮油机械工业的产值达20.32亿元（当年价格）。与80年代中期相比，不但产量、产值有了大幅度的增长，尤其在产品品种和质量上，发生了一个质的飞跃。这一事实见证了我国粮油机械工业的快速发展历史。

3. 引进和利用外资，提升了我国粮油机械工业的现代化水平

随着我国改革开放的进一步深入，粮油工业引进和利用外资不断取得新的进展。自 1993 年起我们鼓励有声望的国际粮油设备制造商到中国合资或独资兴办粮油机械制造企业。先后有瑞士、日本和美国等知名粮油设备制造商兴办了无锡布勒机械制造有限公司、佐竹机械（苏州）有限公司和武汉皇冠友谊油脂工程有限公司。这些合资、独资企业的出现，不仅给我们带来了国际最高、最新的制造技术，同时又带来了先进的管理经验；不仅给我国的粮油机械制造行业引入了竞争对手，带来了压力，同时又使我们的企业把压力变成求生存谋发展的动力。在这段不寻常的发展过程中，又赶上我国粮食流通体制改革的不断深入。为了解决和克服国有企业历史遗留的包袱和管理机制上存在的弊端，各地粮食部门对原来的国有粮油工业包括粮油机械工业进行了管理体制和所有制方面的改革，至今绝大多数企业完成了重组、改制。

经过这一脱胎换骨的改革，极大地调动了经营者的积极性，焕发了粮油机械工业的生机和活力，有力地促进了我国粮油机械制造工业的快速发展，涌现出一批新型优秀的粮油机械制造企业，例如江苏牧羊集团、正昌集团和巨能机械有限公司；湖北永祥粮机公司和安陆天星制油设备工程公司；河南开封二粮机；湖南郴州粮机厂和湘粮机械厂；浙江耀江粮机厂和齐鲤粮机有限公司；河北南皮机械有限公司和张家口粮机厂；天津核工业理化工程研究院以及山东黄淮粮油机械集团有限公司、大连宝峰机械制造有限公司和陕西衮雪制粉机械公司等。可以这样说，这 10 多年是我国粮油机械工业又一次最好最快的发展时期，我国粮油机械工业产品发生了一个质的变化，许多产品已经接近和达到国际先进水平，从而为我国粮油机械在新的起点上，实施新一轮的“走出去”战略，奠定了可靠的基础。

（三）我国粮油机械要走出国门

我国粮油机械工业从 1958 兴建开始，已经经历了半个世纪的历程。这一发展过程凝聚着全国粮油科技和粮油工业几代人的辛勤和劳动，是来之不易的。

随着我国粮油机械制造工业的发展，我国已经成为粮油机械设备的制造大国，可以预料在不久的将来，还将成为粮油机械设备的出口大国，这不仅是粮油机械工业的发展趋势，也是我们同行业内人士的责任。我之所以这样说是有以下几点理由的：

（1）从国际环境方面来看，我国成功的外交政策和我国国际地位空前的提高，给粮油机械产品走出国门创造了极好的条件　正如大家都十分清楚的，现在，“中国制造”这个词，在国际上反响很大，不论是在欧美发达国家还是在尚处于贫困的地区，“中国制造”的商品到处可见，但是在与国际民生有着密切关系的中国制造的粮油加工机械产品在国际市场上却见得不多，这是一个严峻的现实。这一现实，对我们这个行业来说既是压力，又是激励我们“走出去”的动力和机遇。

（2）产品质量有了很大提高　近几年来，随着我国粮油机械工业不断创新和应用高、精、尖的加工手段，不仅使产品表面平整度和光洁度与国外先进设备相差无几，而且内在质量也有很大提高，这是在 10 年以前无法做到的。

（3）设备性能先进、可靠　现在我国有相当一些粮油机械产品其性能和经济技术

指标已接近和达到国外同类产品的先进水平。同时，随着我国基础工业的技术进步，粮油设备中采用的原材料和各类基础通用件的质量可靠性有了明显提高，如各种泵类、阀门、换热器、气动元件、电机和自控元器件等，从而进一步保证了主机设备的可靠性和成套设备的稳定性。

（4）设备产品门类齐全，可以适合不同用户的需要　由于我国粮油资源丰富，品种较多，地区差异较大，粮油加工企业的生产能力各异，客观上形成了我国的粮油机械能制造能力可以满足不同国家和地区各类粮油生产及其不同生产能力企业的需要。

（5）价格合理　我国粮油机械产品的价格与国外同类产品比较，具有较大的价格优势。适合于不同国家特别是国民经济和粮油加工业欠发达的国家和地区用户的需要。

（6）国家的优惠政策，鼓励企业积极走出去　例如上海合作组织成员国之间经济贸易优惠政策等。在这个方面，粮食贸促分会和中国进出口银行进行了多次联系，积极争取为粮机出口和对外经济贸易合作取得优惠信贷支持。

综上所述，我们可以肯定地说，我国的粮油机械可以走出国门，而且应该走出国门，大好时机，不容错过。但是怎样走出国门？我们认为既要满腔热情，又要科学冷静，避免盲目行动、一哄而起。为此，我提出以下意见：

（1）要抓紧建立一个统一的对外联络的平台，避免单枪匹马，各自为战，提倡大家联合起来到国外找市场，搞推销　回顾20世纪60—80年代的粮机出口，就是首先通过中国贸促会组织的国外巡回展览，由原粮食部粮油工业局组织重点粮机企业的技术人员进行专业演示、讲解工作，从而逐步给了国外同行一个感性认识。与此同时积极组织有关企业参加每年两次的广交会，结交了一些国外老客户，逐渐形成粮机产品的批量出口。目前这种机制已经发生了变化，应该说条件变得比过去更好、更有利。首先我们早已有了行业的中介组织，如中国粮食行业协会和中国贸促会粮食行业分会（简称“两会”），它们本身的职能就是联接政府与企业的桥梁和纽带，它们的宗旨就是为企业服务，国家赋予他们直接组织企业到国外办展、参展的职能。

事实上，最近几年“两会”已经为此进行了许多前期准备工作，例如去年9月与新疆维吾尔自治区粮食局共同举办了“中国—中亚粮油企业合作发展论坛”。国家粮食局出资，国家粮食局副局长、中国贸促会粮食行业分会会长张桂凤同志到会并作了重要讲话。中亚各国30多位代表与会，我国10多家粮机企业到会作了产品推介活动。会议取得了一个共识，希望中国与中亚各国尽快组建一个常设联系机构，初步定名为“中国——中亚粮油合作发展促进会”。这个构想得到了上海合作组织中国实业家委员会的首肯，并表示拟将其纳入上合组织架构以内。与此同时，去年12月中国贸促会在昆明召开了“中国－南亚商务理事会”，旨在发展中国与南亚各国间各领域的经济贸易合作。粮食贸促分会有幸被吸收为会员单位，粮食贸促分会的田雨军同志出任第一届理事会理事。这些都显示了搭建粮油机械出口机制的平台已经基本成形。特别应引起我们关注的是，今年5月28日，中国贸促会会长万季飞将率50多人的代表团访问俄罗斯和中亚诸国，粮食贸促分会及部分粮机企业的代表将随团前往，并在哈萨克斯坦召开中国粮机推介信息发布会，他们将携带近百家中国粮机产品资料在会上作介绍。

我相信通过这些活动后，在粮机行业“走出去”这个问题上，“两会”将会进一步与各企业加强沟通和联系，及时交换信息，共同策划“走出去”的具体实施方案，力争在较短的时间内见到实效。

（2）集中精力，选准目标、避免重复、少走弯路　我之所以提出这个意见，是基于历史上的经验。前面我已讲到，我国的粮油机械水平有了很大的提高，但是不可否认，我们的国外市场主要是那些粮油工业欠发达国家和地区，具体的讲就是非洲、中亚、东南亚等国家和地区，这些国家和地区大多曾经与我们有过交往和了解，特别是在非洲遗留有我国政府援建的数十个粮油加工厂项目。这些项目一度对该国的国民经济发展起了积极作用，同时给当地人民群众留下了深刻的印象，建立了深厚的友谊。去年“中非合作论坛北京高峰会”之后，又掀起了新一轮的中非热，国家出台了一些鼓励政策。现在，这些国家的粮油加工状况大都没有多大变化，加上原来援建的项目其工艺和设备已经老化，有许多工作可做，这正是我们“走出去”的机遇所在。

（3）练好内功、建立诚信、站稳脚跟　要使我国粮油机械“走出去”，不能凭一时的热情，不能图眼前的利益，而应当有一个统一的、长远的规划和措施，特别是要练好内功。我这里所说的内功，一是要有一批会外语、懂技术、善经营，能够“走出去”的人才；二是要有适应“走出去”的运行机制。新疆维吾尔自治区粮食局到中亚考察粮机市场的同志得到的反映是，那里确实有广阔的市场，我们的产品在质量，价格上很受欢迎，但人家却不放心，因为我们有的企业把产品卖出去，拿到钱就万事大吉，毫不考虑售后服务问题，如果这样“走出去”，其结果只能是走一处，败一方，而且不仅是败坏一个企业的声誉，很可能要连带整个中国产品的声誉。

因此，要做到能够真正走出去，站稳脚跟就不仅仅是一句口号，而是包括许多扎扎实实的工作和配套措施，需要我们集思广益，认真对待。去年在新疆召开的“中国–中亚粮油企业合作论坛会”上，国家粮食局张桂凤副局长向中外到会代表引用了“诚招天下客”的古语，并且当面承诺中国出口产品将保证做好售后服务工作。这是代表政府主管部门许下的诺言，凡是想“走出去”的企业必须认真落实。历史的教训，无数的事实证明，没有诚信是站不住脚的，如果是对自己的产品不负责任，不考虑售后服务，像这样的企业我的意见还是不要“走出去”为好。

（4）要有耐心、多渠道，开辟国际市场　实现“走出去”的战略必须具备足够的耐心和毅力，今天提出的“走出去”也不仅仅是卖出多少台设备就了事，还要着眼到国外去办合资、独资企业，这就包含了资本和技术的输出内容。我建议，粮油机械企业在“走出去”办企业时，可以考虑联合国内有实力的大型粮油加工企业一起“走出去”，以实现企业之间的“优势互补”。所以，我认为“走出去”这是一个复杂、庞大的系统工程，绝不可能一蹴而就。在这里，我再次希望在座的同行，在“走出去”的问题上一定要积极进取、扎实工作、练好内功、诚信经营、做出成绩，再创粮油机械产品“走出去”的新辉煌！

十、联合起来，是我国粮油企业实施“走出去”发展战略的当务之急

——在搭建中国－中亚粮油企业合作交流平台研讨会上的主题报告

（2007年10月11日 于新疆喀什）

在国家粮食局的关心、支持下，国家粮食局发展交流中心、中国粮食行业协会、中国国际贸易促进委员会粮食行业分会于5月17日在北京联合举办了“中国企业跨国投资研讨会暨粮油企业‘走出去’战略研讨会”，国家粮食局张桂凤副局长、中国粮食行业协会白美清会长出席了会议并作了重要讲话；来自全国各地粮油加工、粮机制造骨干企业的100余名代表参加了会议。会上，有关领导和专家就我国粮油企业，尤其是粮油机械制造企业能不能“走出去”和如何“走出去”等问题进行了发言；一些企业的代表从我国粮油机械工业的发展与走出国门、开拓中亚粮油机械市场等不同侧面进行了深入交流；会议期间，与会代表出席了由商务部、中国国际贸易促进会等单位主办的“中国企业跨国投资研讨会”，提高了对党中央、国务院提出的“走出去”战略部署的认识，对企业跨国投资的政策措施以及在实施跨国投资中应注意和准备的问题等方面，有了比较全面的了解。会议开得很成功，增强了粮油企业“走出去”的信心。

为落实我国“走出去”的发展战略，帮助和促进粮油企业尤其是粮油机械生产企业开拓中亚市场，拓展对中亚地区的对外投资、合作与国际化经营贸易，经国家粮食局批准，今天，国家粮食局发展交流中心与新疆维吾尔自治区粮食局在美丽的喀什召开第二届“搭建中国－中亚粮油企业合作交流平台研讨会”，应邀参加本次研讨会的在座的各位代表，是国内有代表性的粮油加工、粮油机械生产企业和粮油科研设计单位的代表。通过研讨，共商联合开拓国际尤其是中亚市场的大计。借此机会，我就粮油企业“走出去”和如何“走出去”再讲些意见，供大家参考。

（一）我国粮油企业和粮机企业已经具备了“走出去”的条件

在5月17日召开的“中国企业跨国投资研讨会暨粮油企业‘走出去’战略研讨会”上，通过交流与研讨，一致认为，我国粮油企业和粮机企业已经具备了“走出去”的条件。主要体现在以下几个方面：

1. 我国经济的快速发展和国际地位的空前提高，给粮油企业和粮机产品走出国门创造了极好的条件

我国国民经济的持续、稳定、快速发展，国家实力增强，人民生活不断提高世界公认，与世界各国的交流和经贸往来不断扩大；我国的国际地位空前提高，“中国－东盟峰会”的召开，上海合作组织的建立，“中非合作论坛”的举办，为我们实施“走

出去”战略，营造了良好的环境，搭建了很好的平台。为落实党中央、国务院提出的“走出去”战略部署，国家有关部门，已确定了要“引导和规范企业对外投资合作，完善财政、信贷、外汇、保险等政策措施，支持有实力、有信誉、有竞争力的各种所有制企业走出去”的方针政策，出台了许多优惠政策，为我国粮油企业实施“走出去”战略创造了良好的宏观环境，我们应该抓住这个难得的机遇，把粮油企业走出国门的文章做好。

2. 粮油企业“走出去”已经有了一定的基础

随着我国粮油机械工业的发展，自20世纪60年代开始，结合援外任务，曾经创造过粮油工业出口外援的辉煌。到20世纪80年代，以小型磨粉机、碾米机和200型榨油机为代表的我国粮机产品，每年出口达数千台之多，合计创汇2 000多万美元。其中“东方红”牌粮机和“双狮”牌砻谷胶辊成为东南亚市场上的畅销产品。自60年代初援助越南建设米厂开始，先后为第三世界国家建设了30多个粮油加工厂。其中最有代表性的是，援助越南、缅甸和阿尔及利亚的米厂；援助赞比亚的玉米面厂；援助几内亚的花生油厂；援助北也门的棉籽油厂；援助罗马尼亚的葵花油厂和大豆浸出油厂；援助巴基斯坦的米糠浸出油厂以及援助马里的碾米附属稻壳发电装备等。改革开放以来，尤其是近10年来，我国粮机出口又有新的发展，有的已出口到发达国家。其中有代表性的是江苏牧羊集团和正昌集团的饲料加工机械及成套设备；河北南皮机械有限公司和湖北安陆天星制油设备工程公司的榨油机械；湖北安陆永祥粮机公司和浙江耀江粮机厂的碾米机械及成套设备；河北张家口粮机厂和河南开封茂盛粮机有限公司的磨粉机械及成套设备等。另外，以中粮公司为代表的一批重点粮油企业，通过内外结合、工贸结合，培养了一批熟悉外贸的人才。以上所述，为我国粮油企业“走出去”积累了经验，打下了良好的基础。

3. 我国粮油机械产品质量上乘，设备性能先进、可靠，为“走出去”提供了重要的物质基础

我国的粮油机械工业通过设备的选型、定型、标准化工作、“七五”攻关和引进技术的消化吸收缩短了与国际先进水平的差距。近几年来，随着我国粮机工业的不断创新和应用高、精、尖的加工手段，不仅使产品的外表质量与国外先进设备相差无几，而且内在质量也有很大提高。与此同时，随着我国基础工业的技术进步，粮油机械设备中采用的原材料和各类基础通用件的质量可靠性有了明显提高，有力地保证了粮油机械产品的先进性和可靠性，进而使我国有相当一部分粮油机械产品其性能和各项经济技术指标已接近和达到国外同类产品的先进水平，已经成为国内外用户心目中的名牌产品，这是我国粮油企业和粮机产品“走出去”的重要物质基础。

4. 我国粮油机械产品门类齐全，可以满足不同用户的需要

由于我国粮油资源丰富，品种较多，地区差异较大，粮油加工企业的生产能力各异，加上我们拥有近300家粮油机械制造企业，这就在客观上形成了我国粮油机械的制造能力和产品可以满足不同国家、不同地区和不同生产能力加工各类粮油产品的需要。我国粮油机械制造能力之大，产品门类之齐全，是世界上任何国家都无法比拟的，这是我国粮机产品走出国门的最大优势。

5. 我国粮机产品的价格合理，有很强的竞争优势

我国各类粮油机械产品与国外同类产品比较，具有明显的价格优势。适合于不同国家的需要，尤其适合于国民经济和粮油加工业欠发达国家和地区的广大用户需要。这种价格优势，在国外享有“物美价廉”的好声誉。

6. 我国拥有一支很强的，高水平的粮油科研设计队伍

以无锡、北京、郑州和武汉为代表的我国粮油科研设计队伍，近半个世纪以来，为我国设计建造了成千上万个粮油加工厂、饲料加工厂和粮油仓库，为我国粮油企业的技术进步，赶上世界先进水平作出了贡献。他们是我国粮油企业走出国门，在国外投资建厂的可靠技术保证。

以上几点，充分说明，我国粮油企业和粮机企业已经具备了“走出去”的条件。

（二）我国粮油企业“走出去”应该注意的几个问题

我国粮油企业和粮机企业不仅已经具备了“走出去”的条件，而且还有许多独特的优势，只要应用得当，充分发挥自己的优势，一定能把我国从粮油机械设备制造大国变成粮油机械设备的出口大国和粮油企业对外合作投资大国。回顾和总结我国粮油企业“走出去”的里程，有许多经验教训值得我们吸取，以便粮油企业在新一轮的“走出去”战略中少走弯路。在“中国企业跨国投资研讨会暨粮油企业‘走出去’战略研讨会”上，许多领导、专家和企业代表，对过去我国粮油企业在“走出去”中存在的问题和今后应该注意的问题提出了许多好的建议，归纳起来主要有以下 5 点：

1. 要充分利用好粮食行业的中介组织，抓紧搭建统一对外联络服务平台

以免企业单枪匹马，各自为战，提倡大家联合起来到国外去找市场，搞推销，搞合作。回顾过去计划经济年代的粮机出口，粮机企业都是通过中国国际贸易促进会和每年的两次广州交易会结交国外新老客户的。粮机产品的出口和对外援助项目的建设都是通过政府有关主管们组织实施的，虽然出口数量有限，却是井井有条。但现在情况发生了很大变化，为了“走出去”企业单枪匹马自找门路，各自为战的现象比较普遍，企业“走出去”的成本较高，挫伤了“走出去”的积极性。现在，在新形势下提出“走出去”的发展战略，鼓励粮油企业走出国门，就需要同时考虑重新组合力量，开辟一个顺畅的渠道，搭建一个合适的平台，那就是政府支持、协会牵线、整合提升、扩大联合。

2. 在联合的前提下，规范企业行为，逐步做到对外统一价格，统一售后服务

现在，在这方面的问题较多，由于各自为战，对外无法协调，竞争无序，造成在出口产品的价格上互相压级压价，甚至互相拆台、互相贬低。据了解，我国粮机企业在中亚市场相互恶意竞争，消耗很大，使我国的粮油机械产品在国际市场上得不到应有的国际贸易利润；由于价格偏低，造成一些企业的出口产品无利可图，影响了售后服务，影响了零配件的及时供应，这种急功近利的行为，给中亚国家留下了“价低质次”的坏印象，给用户留下了使用“中国的粮机产品不放心”的极坏影响。这种一锤子买卖的做法，不仅对企业的自身利益没有好处，同时损害了“中国产品”的形象和国家的形象。为了保护企业和行业的长远利益，大家认为“走出去”的粮油企业，急需组织联合起来，并规范企业的行为。

3. 粮油企业“走出去”，必须坚持“诚信为本”

经验告诉我们：诚信是国际交往中合作的基础。企业以“诚信为本”签订合同，执行合同，就能赢得客户的信任。反之，“言而无信”或“出尔反尔”最终只能是自毁形象，产品和企业被市场所抛弃。经验还告诉我们：只有本着“互助、互求、互需、互惠”的原则与客户建立长期的合作关系，才能实现企业和客户的双赢局面。在这方面，我们有些企业做得还很不够，有的甚至不讲信誉，不顾后果。这里，我想向大家介绍一副对联，在北京西直门的车公庄有一个名为“健魁春”的饺子馆，在他的门口挂了一副“良心交易永生财，善性经营多得利”的对联，每次路过时我都要念一遍，很受感触。我常想，这样的小店都能把“良心交易”和“善性经营”作为自己的座右铭，难道我们有些粮油企业就不懂得“诚信”的重要性吗？对此，我曾说过，一个企业如果没有诚信，早晚是站不住脚的。并奉劝他还是不要“走出去”为好。

4. 在“走出去”的地区布局上，除了传统地区以外，目前应配合中国与东盟10+1自由贸易区的发展和上海合作组织向经济合作方面发展，“西进南下”，拓展市场

进而为将来东亚贸易区的形成及早布点设厂，打好基础。同时需要向中东、非洲拓展。至于西欧、北美、拉美等粮油市场，那里跨国公司已苦心经营多年，但也有空间可寻，我们应谨慎从事，逐步开拓，通过发挥我们的优势和长处，取得进展。

5. 要逐步熟悉当地的风土人情，风俗习惯，贸易法律法规，逐步融入当地社会，并要逐步使企业人才本土化

要在当地使领馆的帮助下，尽快熟悉情况，打通关系，促进与当地粮油界的合作，以收互利共赢之效。与此同时，要注意练好内功。这里所说的练好内功，一是要有一批会外语、懂技术、善经营，能够“走出去”的人才。二是要有适应“走出去”的运行机制。

以上5点，是大家对今后我国粮油企业如何“走出去”的共识。大家认为，只要我们不断总结经验，坚持扬长避短，我国粮油企业“走出去”的路子就将会越走越宽畅。

（三）联合起来，是我国粮油企业实施“走出去”发展战略的当务之急

我国粮油企业实施“走出去”发展战略的各项准备工作，千头万绪，但我认为当前最重要最急需的是要把大家组织起来，搭建对外联络的服务平台，这是我国粮油企业能否“走出去”的当务之急。我们这次研讨会的主要任务，就是把大家请来，共商联合开拓国际尤其是中亚市场的大计。

在粮油企业“走出去”战略研讨会上，国家粮食局张桂凤副局长在总结报告中明

确表示，国家粮食局支持“搭建中国－中亚粮油企业合作交流平台”。并要求粮食贸促会和中国粮食行业协会进一步发挥中介服务功能，抓紧与有实力的企业联系，把他们吸收到这个组织内，形成一个中国对中亚粮食行业合作的强大群体，为这些企业“走出去”创造有利条件。从本次研讨会的三个议题看，就是要具体贯彻落实国家粮食局和张局长的报告精神，把大家组织联合起来，进一步推动粮油企业走出国门。下面，我就研究成立上海合作组织中国实业家委员会框架下的“中国实业家委员会粮油分会（筹备组）”讲点认识和意见，供大家讨论时参考。

（1）成立“中国实业家委员会粮油分会（在正式批准成立前为筹备组）” 是粮油企业，尤其是粮机企业在新形势下，组织联合起来，走出国门的重大举措和重要组织形式，是非常及时的和必要的。这个组织，不仅要帮助企业拓展中国与中亚诸国间粮油企业的合作，同时将帮助粮油企业走向其他国际市场。

（2）“中国实业家委员会粮油分会”根据总会的章程和要求，将制订自己的章程和主要任务 为不影响工作，我建议：在未经正式批准登记成立前，在本次研讨会期间，先组建“中国实业家委员会粮油分会筹备组”，以便开展工作；当前的主要任务，是否可以参考我在前面归纳的5点“应该注意的问题”有重点的逐步推进；当前“走出去”的重点地区，应该放在与中亚诸国间粮油企业的合作上；赞同国家粮食局发展交流中心提出的2007、2008年对外交流的工作计划。

（3）“中国实业家委员会粮油分会”办公地点设在北京，挂靠中国贸促会粮食分会或国家粮食局发展交流中心，业务工作受他们指导和帮助。

（4）关于“中国实业家委员会粮油分会”的组织机构 建议设会长1名、副会长若干名；秘书长1名、副秘书长2名；名誉会长、顾问、技术专家若干名。为便于工作，会长、秘书长由中国贸促会粮食分会或国家粮食局发展交流中心选派。

（5）为方便对中亚诸国联系，会议期间，还将讨论在乌鲁木齐成立“中国粮油机械出口联合体” 它是“中国实业家委员会粮油分会”旗下的重要对外窗口。有关“联合体”的组织形式、主要任务等将由张新哲同志作详细介绍。关于联合体的组织领导机构，为避免重复，其成员由“中国实业家委员会粮油分会”选派或实行两块牌子，一套人马。

第九章

溶剂油和统计工作

一、在1993年全国粮食系统溶剂油工作座谈会上的发言

（1993年7月20日　于山东青岛）

1993年全国粮食系统溶剂油工作座谈会议今天在青岛召开了。这次会议有两个主要内容：一是给中商华天实业公司青岛粮食溶剂油公司正式挂牌；二是溶剂油的工作座谈会议。青岛粮食溶剂油公司从今年6月1日起，归属国内贸易部中商华天实业公司，成为华天实业公司的直属企业。部领导对此很重视，白部长多次指示，并专门为公司正式挂牌写了贺信。我代表国内贸易部商办工业司、中商华天实业公司，向到会的各省、市、自治区的同志们表示热烈的欢迎，并通过你们向全国从事油脂工业和溶剂油计划管理以及供应工作的同志们表示衷心的感谢。

在过去的十个月里，我们受到了原油资源减少、溶剂油价格放开、供应紧张、生产成本提高、交通运输困难的考验，召开这次会议的目的是：初步探索如何在社会主义市场经济的条件下，搞好溶剂油的计划、管理和供应，保证浸出油厂的需要；针对当前工作中的一些问题，研究对策。我想通报一些情况并就大家所关心的几个问题，谈谈看法，供同志们参考。

（一）上半年的工作情况

今年我们安排溶剂油供应计划64 400t，在中国石化各供货厂家的支持下，经过青岛粮食溶剂油公司和在座的同志们共同努力，到6月底已发运溶剂油27 000t，完成年计划的42%。其中，大庆、天津、齐鲁、镇海、辽化、茂名6个炼油厂均完成年计划的50%，金陵的计划也接近一半。但是，由于有些厂家因设备，原料、计划安排和铁路运输等原因，任务完成的不太理想，到目前为止，兰炼只完成年计划的15.8%，长岭完成29%。往年的供应大户，锦州炼油厂由于原料运输及其他原因，只完成了年计划的12.6%，该厂全年8 000t的生产计划，已无指望，这是我们没有料到的。

今年溶剂油供应的一个突出矛盾，是受铁路运输紧张、限制因素增加的制约，虽然青岛粮食溶剂油公司派业务员驻厂全力催发，主动找铁路部门联系，但矛盾未能得到缓解，造成了今年上半年全国溶剂油供应紧张，个别省、地区甚至供应中断，给一些浸出油厂的生产带来困难。今年5月，中石化公司在青岛开会，部里周基兴同志和青岛溶剂油公司的同志，向他们反映了六号溶剂油供需矛盾尖锐，发运不正常的情况，希望他们在生产、发运上予以倾斜。中石化及各供货厂家的领导们表示，在下半年将加强六号溶剂油的生产和发运，要尽最大努力争取完成年度计划。

（二）下半年的供需形势

我们预测下半年的供需矛盾仍将十分突出。金陵、天津、镇海三个炼油厂的检修，

到7月中下旬才能完成，生产完全正常估计也要到8月以后。其他几个厂的检修任务也都安排在下半年。这样在时间上，要完成全年所未完成的供应计划就十分紧张，另外铁路运输的紧张局面，短期内根本不可能得到缓解。

面对供需矛盾十分突出的严峻形势，我认为应从以下四方面进行有力工作，来缓解供需紧张的矛盾。

第一，要节约挖潜。各地粮油工业主管部门和浸出油厂要采取强有力措施，坚定不移地把溶剂油消耗降下来，这不仅是增产节支，提高企业管理水平，增加经济效益的要求，也是企业安全、文明生产、消除不安全隐患的要求。要提高广大职工的节能降耗意识，严格管理，科学管理，加强对设备的维修保养，杜绝跑、冒、滴、漏。对于溶耗高的企业，各地粮油工业主管部门要督促，检查加强管理，组织专家会诊、咨询，限期整改。如再不奏效，请各省、市粮油工业主管部门将溶耗在10kg以上的企业，上报商办工业司，我们将通报全国，并在溶剂油供应上采取措施。

第二，要扩大油源。虽然这方面的主动权不在我们手里，但我们要宣传，做工作。青岛溶剂油公司要加强同各供货炼油厂的联系，密切双方的关系，争取支持，使这些炼油厂尽可能地增加供应量。另外，我们还要有计划地开发新点，尽量增加溶剂油的供应量。要研究在新形势下，如何运用经济的方法与溶剂油生产厂家建立密切的联营关系，确保溶剂油的长期供货。下一步我们还要研究青岛溶剂油公司与各省如何用经济的方法联合，建立一定形式的联营公司。在溶剂油的计划，供应工作中，单枪匹马干不了大事，只有联合才能形成力量。这两个问题，今天我第一次提出，希望大家研究讨论，形成共识。

第三，要堵塞漏洞，杜绝“跑油”。青岛溶剂油公司的同志们要在这方面下工夫，工作要深入扎实。做具体工作的业务人员，对分管联系的炼油厂一定要对产量、库存、流向，做到心中有数，不仅计划内的数量要拿到兑现，而且超产部分也要力争能拿到。今年下半年有些厂将超产，我们要千方百计地把这块资源争取到。

第四，要尽力认真解决发运中的每个环节。目前，运输已经成为制约能否完成全年计划的重要因素。我们除了要继续协助各供货厂家作好发运工作外，还拟定租6辆槽车，准备放在镇海、长岭两个炼油厂，以解决有油无罐的矛盾。为解决溶剂油槽车少的困难，我们还打算租、买一些槽车，以掌握运油的主动权，鉴于这方面的投入较大，届时要请各地溶剂库、站通力合作，必要时，要考虑采用集资的方法。今天我把这件事也作为问题提出来，希望大家研究。

（三）进一步做好溶剂油的归口管理，加强宏观调控

青岛粮食溶剂油公司自6月1日起归属国内贸易部中商华天实业公司，成为该公司的一个直属企业，这是为了适应六号溶剂油价格放开，计划仍由我部统一归口管理的形势和粮食流通体制改革进一步深化的需要。青岛溶剂油公司成立以来，一直得到了青岛市粮食局的关心、爱护和大力支持，得到了各省、市粮食局、粮油工业公司的支持和协助。多年来，青岛溶剂油公司通过自身卓有成效的工作，基本保证了全国1 400多家植物油厂的正常生产，并为系统外的用户提供了一定数量的货源，为满足军

需民食和市场供应做出了成绩。为此，我代表国内贸易部商办工业司、中商华天实业公司向青岛市粮食局，各省市粮食局，粮油工业公司表示衷心的感谢！希望今后一如既往，继续给予支持和帮助。

在这里我顺便向大家通报一个情况。在最近确定的国内贸易部机构组建已定方案中，仍有商办工业司。新组建的商办工业司将担负全国粮办工业、商业工业、供销工业的行政管理工作。今后溶剂油的行业归口管理、协调分配仍由商办工业司承担，生产计划、分配计划仍由商办工业司与中国石化总公司及其下属公司和炼油厂衔接后下达；中商华天实业公司青岛溶剂油公司负责具体实施。

我在去年太仓会议和年初计划衔接会议上，就溶剂油的统一计划，统一归口问题做了反复强调。从放开价格后的 10 个月来看，总的情况不错。全国绝大多数省、市、自治区坚决贯彻了太仓会议精神，为六号溶剂油的统一计划，统一供应创造了良好的外部环境，使主渠道的作用得到发挥。但是，在溶剂油供应工作中发生的一些情况使我感到有必要再进一步强调，加强宏观管理，对做好溶剂油归口工作的重要性。

我们有个别地区、个别厂家不愿意听“统一归口”这个词，愿意自己去瞎捅，去吃“小灶”，想搞“一国两制”。如有一个油厂盲目采购经过 3 次倒手的溶剂油，到手的价格已是每吨高达 3 880 元；还有某油厂，通过关系批了两车油，他们没有拿去自用，而是坐地以每吨 3 050 元的价格卖了提货单。这种做法不仅冲掉了车皮计划，而且把溶剂油价格也搞乱了。

今年以来，各炼油厂的溶剂油价格一再上调，究其原因，固然主要有原油价格上涨、溶剂油供求矛盾尖锐的一面，但我们系统内部自相残杀，竞相抬价，倒买倒卖也起到了推波助澜的作用。锦州石化公司 6 月下旬通知青岛溶剂油公司，准备把油价由每吨 2 600 元，提到 3 050 元，其理由是，我们系统内有的单位声称，可以全部包下来，他们有市场。经过再三做工作，才勉强同意调整到 2 950 元/t。我以前讲过，在价格放开放和供需矛盾大的今天，要特别强调全局观念。我们各地溶剂油主管部门、库、站、浸出油厂是一家，要互相支持，互相帮助，互相理解，千万不要互相拆台搞内耗。可有些同志就是不顾大局，只考虑自身小利，其结果是造成各炼油厂竞相提价，吃亏的还是我们。对此，我们感到十分痛心。

5 月份，中石化公司在青岛开会时，我们与他们谈及六号溶剂油的问题。他们再次表示，各炼油厂希望我们统一归口管理，统一结算。他们又一次重申，只要你们系统内部不乱，六号溶剂油的供应渠道就不会乱。

今天，我再次强调，要十分珍惜溶剂油计划仍由部里统一归口管理，珍惜经过多年的辛苦工作与中石化系统建立起的良好协作关系，因为这是来之不易的局面，遵守统一计划、统一经营、统一对外的规矩。遵照白部长“各级粮油工业部门要继续做好溶剂油的归口管理工作，要加强宏观调控，协调一致，搞好生产。”的指示，我再次重申一下，六号溶剂油的统一归口管理要加强，各省、市、自治区粮油工业部门及各油厂、库、站，不要直接到供货炼油厂去要油；六号溶剂油由部里统一与中石化衔接计划，定购包销、安排生产；由中商华天实业公司青岛溶剂油公司组织发运、进行结算、调剂余缺和提供服务。

（四）服务收费与资金问题

今年我们将溶剂油管理费从2%，提高到4%，考虑到溶剂油本身价格的上涨因素，我们规定青岛溶剂油公司的管理费最高收到100元。目的是为了在可能的情况下减轻浸出油厂的资金压力，减少生产成本。但是有些地方中转费用收取过高，有些省除了省级管理部门及省级库站收费外，地区也加码收费，出现了溶剂油三级管理收费的不正常现象。这样的层层加码，加重了植物油厂的负担，逼着他们到炼油厂自行采购，找门路拉关系，结果造成恶性循环，冲击了整个溶剂油市场。各省主管部门及库站，在服务过程中，收取合理的手续费是应当的，但绝不能靠高收费来增加效益，绝不能要利不要义。包括青岛溶剂油公司在内的各省、市溶剂油主管部门及库、站，在组织计划内溶剂油供应工作时，其主要的宗旨是服务，应是有限的有偿服务，绝不允许牟取暴利。

当前，资金紧张也是溶剂油供应工作中的一个主要问题。没有资金，炼油厂就不发油，甚至有个别炼油厂即使资金已到账上，也不发油。目前，越来越多的炼油厂已要求预付货款，这就给青岛溶剂油公司本来就有限的一点资金带来了新的困难。一年前，大多数厂家溶剂油每吨价格仅1 000多元，现在几乎全在2 600～2 800元，最高每吨2 950元。青岛溶剂油公司今年的销售额要近2亿元，仅有几百万元的流动资金，缺口很大，而靠贷款则利息开支大，而且也贷不出来。这就要求各省、市、自治区千万不要拖欠货款，对一些省市，可能要改变结算的方法，加快资金周转。在资金问题上，青岛溶剂油公司得到了西安、河南、四川等省市的大力协助，一个电话打过去，很快几十万就汇出了，希望大家继续给予支持。

最后，我要强调一下关于强化管理的问题。前几年，由于各地粮油工业主管部门和粮油工业企业的努力工作，全国粮油工业的管理水平上了一个台阶，但去年以来，随着机构、人员的变化，使粮油工业的管理工作大大削弱了，发生了许多不该发生的重大事故，给国家财产与人民生命造成了重大损失，这是很不应该的。教训极其深刻。我认为，企业深化改革、搞活经营、走向市场，不能忽视管理工作；我们的各级主管部门也不应该因为机构改革、人员分流、办实业、搞经营而放松对行业的管理工作。我现在围绕溶剂油的问题讲三点意见，务必请各地注意。

（1）要加强对溶剂油库、站的安全管理，最近部里在总结各地库、站经验的基础上制订、印发了“六号溶剂油库安全防火规范”，我们已带到会上，发给大家，希望严格贯彻执行。

（2）省、市粮油工业主管部门，要组织力量，对浸出油厂进行一次安全检查，查隐患、堵漏洞，严防恶性事故发生。

（3）各浸出油厂严禁使用不符合要求的溶剂油，对个别厂家无视规定，把人民生命当儿戏、随意采购、使用非定点厂生产的不符合要求的溶剂油来生产食用植物油的错误做法，要认真检查，严肃处理。

中商华天实业公司青岛粮食溶剂油公司正式挂牌后，我们对他们的要求将更加严格。希望他们不辜负部领导的殷切期望，进一步改善服务态度，提高服务质量，以崭新的形象服务于全国的油脂工业企业。

二、 在1999年全国溶剂油工作会议上的发言

（1999年6月19日　于云南昆明）

首先，我代表中谷集团公司和白董事长，问候全体与会代表，希望本次会议开得圆满成功。我同意吴总的讲话，希望按照华天公司王总的部署，齐心协力继续做好溶剂油的供应工作。下面我就做好六号溶剂油的供应工作讲几点想法。

（一） 对六号溶剂油供应工作的回顾

六号溶剂油这一个特殊用途的商品，是浸出油厂进行生产的、不可缺少和替代的重要物资，加上六号溶剂油的质量状况，直接关系到食用植物油质量和卫生要求。因此，从20世纪70年代初，尤其是1972年全国增产油脂工作会议后，原粮食部粮油工业局在国家有关部门的支持下，将六号溶剂油作为一个重要物资纳入了粮油工业重要工作内容，实行了统一计划，统一分配。

随着我国的油脂工业的发展，特别是浸出油厂的迅速发展，六号溶剂油的需求量和供应量不断增加。六号溶剂油的供应任务，工作繁重，单靠原粮油工业局物资处的几位同志已不能胜任这项业务。为了进一步做好六号溶剂油的供应工作，经原粮油工业局研究决定，1993年组建青岛粮食溶剂油公司，在原粮油工业局领导下，具体组织经办六号溶剂油的供应工作，在原各省市的粮食局工业处、工业公司、物资站等部门的大力协同下，20多年来，无论在如何困难的情况下，大家想方设法，做了很多艰苦卓绝的工作，出色地完成了六号溶剂油的供应工作。大家为我国的油脂工业的发展，为浸出油厂的正常生产作出了贡献，这是大家公认的。

二十几年来，我们围绕着六号溶剂油，在一起工作，结下了深厚的感情，取得了优异的成绩，这是令人十分欣慰的。但是，我们在回顾过去，取得成绩的同时，也应该认真总结经验教训，看到不足，以便更好地做好工作。

我回顾了一下，值得我们总结的是，“少了、多了、散了”这六个字。

少了——就是在六号溶剂油的供应短缺或偏紧的情况下，我们大家齐心协力，有很强的凝聚力，千方百计想方设法、合理分配、科学调度，通过开源节流，保证了浸出油厂的生产供应，这是很了不起的。这段漫长的时光，是值得我们怀念的。如今，六号溶剂油供应宽松了，随之而来的是齐心协力的局面少了，全行业的凝聚力也小了。

多了——通过开源，调动了溶剂油生产厂家的积极性，不到两三年的时间，溶剂的产量达十几万吨，与实际需要量8万~10万t相比，超过了1/3，明显出现了供过于求。在这种“多了”的情况下，出现了人心浮动，主要表现在油厂直接购进溶剂油；溶剂油生产厂家，出于自身利益搞自营；出现了个体经营溶剂油的苗头；溶剂油销售中少数单位、个别同志的离心倾向出现了。

散了——由于“多了”，出现了一些动摇、“内讧”和离心倾向，自然就出现有些

"散了"的现象，这是事实。对此，我们曾反复做工作，强调溶剂油的供应不能乱、不能散。这种离心倾向和散了的现象，使一些地区和单位尝到了"怪味"、吃尽了苦头。有人讲这种情况，对有些人来说"真是搬起石头砸自己的脚"。这种教训，我们应该认真总结，牢牢吸取。

（二） 珍惜六号溶剂油供应工作的新机遇

面对前几年六号溶剂油供过于求，和出现的种种混乱状况，许多有心人，为了继续做好六号溶剂油这种特殊商品的供应工作，出了许多主意，想了不少办法，但是都不奏效。

正在大家处于困惑和溶剂油供应工作处于"十字"路口之际，国家为了加强宏观管理，规范生产经营，防止国家税收流失，稳定国内成品油市场，国家税务总局发出了《国家税务总局关于印发修订后的〈汽油、柴油、消费税征收范围注释〉的通知》即国税发［1998］192号文件。

根据国家税务总局［1998］192号文件精神，中国石油天然气集团公司，中国石油化工集团公司，最近分别发出了"关于加强溶剂油生产销售整改的通知"和"关于下达1999年溶剂油生产计划的通知"，明确规定：

（1）列入"两集团公司"生产计划的溶剂油不属于汽油的消费税征收范围。反之，不按"两集团公司"计划生产和销售的溶剂油，一律要按汽油征收消费税。

（2）各生产企业生产的溶剂油，除六号溶剂油由国内贸易部、中商华天实业公司所属青岛粮食溶剂油公司、各粮油物资公司经销外，其他溶剂油原则上都要销售给使用溶剂油的生产企业，不能销售给其他单位用于调和生产汽油。

这两个通知和这两条规定，表明了全国的六号溶剂油仍由华天公司所属两个子公司来统一管理和经营，表明了六号溶剂油的生产也要按下达的计划生产。

我认为，这两个"通知"和"规定"，是在这几年来溶剂油生产和经营过程中总结出来的，是国家加强宏观管理，规范生产经营的重要举措，是非常正确和非常必要的。这至少说明了：市场经济，不是不要宏观管理，不是不要计划。这两个"通知"和两条规定，不仅规范了"石油化工"和"石油天然气"部门溶剂油的生产和经营，同时也规范了六号溶剂油的经营。这为我们在座的各位继续做好六号溶剂油的供应工作提供了难得的新的机遇。

中谷粮油集团希望华天公司以及所属的青岛、茂名两公司，希望在座各位都要十分珍惜这一新机遇，搞好经营、改善服务、开创六号溶剂油供应工作的新局面。

（三） 六号溶剂油供应工作中几个值得注意的问题

做好溶剂油供应工作，大家都有很多经验，可以讲在座的各位都是"老手"了，但是在新形势下，我们需要强调以下几点。

1. 要多包容，少"内讧"

工作中、经营中（包括分配中）出现这样那样的问题和不同意见是难免的，但是我们大家一定要从大局出发，多包容，多理解，多体谅，千万不要"内讧"，既不要挖自己的“墙脚”，更不能挖他人的“墙脚”，千万不能让历史教训再现。为了响应上述的“两个通知”和“两个规定”，中谷粮油集团要求华天公司要承担起六号溶剂油供应工作的统一领导和协调工作，同时亦希望大家积极配合。

2. 要多坚守，少“贪心”

企业在经营中要讲效益，这是可以理解的，也是应该的。但必须坚守原则，不要“贪心”，要适可而止。这里我要再次强调，希望大家做到以下三点：一是，坚持“只扫自己门前雪”，也就是希望在座的各位管好自己供应的管辖范围，千万不要把手伸得太长；二是，经营中加价幅度不能太大。不能只要人家降价，只顾自己盲目加价，而加重油厂的负担，最后落得适得其反；三是，要守法经营，坚持六号溶剂油只能销售给油厂，不能销售给其他企业用于调和生产汽油，从中牟利。对这个事情要有规定：一经发现哪个单位有此类问题，华天公司及所属的两公司要立即撤销其六号溶剂油的经营权（不再分配）。

3. 要多信誉，少“欠债”

讲信誉，守合同方面过去做得一直不错，但近年来有些单位不太讲信誉，不太守合同。突出表现在付款问题上，这是绝不能允许的。古今中外，做生意，一手交钱，一手交货，这是天经地义的事。哪有拿了货不交钱的？我们知道现在的六号溶剂油的经营中三角债不少，尤其是拖欠青岛、茂名两公司的三角债不少，让他们背上了沉重的包袱，这怎么行呢！今后，要有规定，谁不交款，就不给谁发货，生产上因此出了问题自己负责；还应该要求有计划地归还老的欠账。

最后，欢迎大家去北京时到中谷集团公司和华天公司走走，谢谢大家！

三、 在2006年全国粮油工业统计工作研讨会上的发言

（2006年9月6日　于新疆乌鲁木齐）

为深入做好粮油工业统计工作，不断完善统计制度，进一步提高统计质量和统计人员的业务水平，在国家粮食局的关心重视下，今天我们在祖国边境美丽的乌鲁木齐召开“全国粮油工业统计工作研讨会”。本次会议将总结2005年度粮油工业统计工作，交流经验；表彰2005年度粮油工业统计先进单位和先进个人；研究讨论《粮油工业统计报表制度》修订方案；结合《国家粮食流通统计制度》进行粮油工业统计知识培训；布置2006年度粮油工业统计工作。借此机会，我代表中国粮食行业协会对大家的到会表示最热烈的欢迎，对多年来大家为粮油工业统计工作付出的辛勤劳动表示最衷心的感谢！本次会议得到了新疆维吾尔自治区粮食局和自治区粮食行业协会的大力支持，对此，我代表中国粮食行业协会和全体与会代表表示衷心的感谢！

下面我就粮油工业统计工作讲几点意见。

（一） 要进一步重视粮油工业的统计工作

统计工作是一切经济工作的基础。粮油工业的统计工作，是粮油工业发展最重要的基础工作。我认为，粮油工业统计有以下几方面的重要性。

1. 它为领导决策提供重要数据和依据

粮油工业与其他行业一样，其工业统计提供的数据是我们粮食行业各级领导研究加强和发展粮油工业工作的重要依据，也是各级领导为搞好粮油工业工作进行研究决策的重要依据。

2. 粮油工业统计提供的数据是研究粮油工业发展规划的重要依据

粮油工业与粮油的购、销、调和存一样历来是粮食工作的重要组成部分，粮油加工业与农业和提高农民收入关系密切，是粮油再生产过程中的重要环节和基础性行业，是粮油产业化经营（或者说粮油产业链）中的重要组成部分，是搞活粮油经营、提升粮油附加值的不可缺少的中间环节，也是食品工业的基础工业，粮油工业的产品与人民生活息息相关。为此，各级政府对此都十分重视，不同期间对食品工业（包括粮油加工业）的发展都要进行规划，其中粮油加工业的发展是规划的重要组成部分，而搞好粮油加工业发展规划的重要依据是粮油工业统计提供的数据。多年来的经验证明，没有粮油工业统计提供数据，就无法搞好粮油工业的发展规划。

3. 粮油工业统计反映的数据是我国粮油工业的基本情况，是写文章、进行对外交流和在国内研讨粮油工业的重要依据

我始终认为，没有粮油工业的统计，有关全国粮油工业的基本状况这篇文章就无法写好，也无法进行对外交流和在国内进行有的放矢的研讨粮油工业的发展。

4. 粮油工业统计数据是我国粮油工业发展的历史写照

在现在的全国粮油工业统计中，包含了我国粮油工业规模以上的企业数、生产能力、产品产量、现价工业总产值、产品销售收入、资产总计、资产负债率、从业人数、产品出口和利润总额等重要数据。这些重要数据反映了我国粮油工业的现状，历年来的数字变化，反映了我国粮油工业的发展过程。为此，它是我国粮油工业发展的写照。没有这些数据，今后，我们就无法总结我国粮油工业的发展历史。

以上所述，充分说明了粮油工业统计工作的重要性，希望大家进一步重视粮油工业统计，做好粮油工业的统计工作。

（二） 粮油工业统计工作取得了很大成绩

众所周知，由于机构改革的变化，我国较为完整的粮油工业统计自 1997 年起不再进行了。由于统计的中断，粮食行业就缺少了粮油工业的统计数字，这给各级粮食部门研究提出粮油工业的发展规划、发展战略和产业政策等方面的意见和建议带来了困难。2001 年 4 月，中国粮食行业协会成立了粮油工业专业委员会，为了改变这种状况，专业委员会成立后，在国家粮食局的重视与支持下，经国家统计局批准同意，增加了几个除国家统计局已有的粮油工业统计数据外的统计数字，由此全国粮油工业统计工作逐步得到恢复。

鉴于当时粮油工业的统计人员不足，加上粮油工业的统计数字要求是全行业的，所以恢复时工作十分困难，导致 2002 年度的粮油工业统计《汇编》和《分析报告》难以全面准确地反映全国粮油工业的基本情况，只能起到参考作用。但我们高兴的是，几年来，在国家粮食局和各省区市粮食局、粮食行业协会的重视和支持下，经过大家不懈的努力，特别是由于在座的各位统计人员的辛勤劳动，使我们现有的粮油工业统计资料与前几年相比有了很大进步，统计数字越来越接近实际，可以这样说，现在的粮油工业统计数字可以供各级领导决策和研究提出粮油工业发展规划、发展战略和产业政策时应用了。

应该说，这是一个了不起的成绩，是对粮油工业的一大贡献，是来之不易的。对此，我要再一次代表中国粮食行业协会，对国家粮食局和各省区市粮食局、粮食行业协会的重视和支持表示衷心的感谢！对在座的各位统计人员的辛勤劳动表示衷心的感谢！

（三） 再接再厉进一步提高粮油工业统计质量

前面我已说过，从我国粮油工业发展需要出发，自 2002 年起，粮油工业统计逐步得到了恢复，取得了很大成绩。但与此同时我们也应看到，随着我国粮油工业不断发展和有关领导部门要求我们提供数字的需要，我们要在现有粮油工业统计项目的基础上进行修订和补充。从工作实际需要出发，我觉得有以下一些项目内容需要补充和修订。

（1）关于粮油工业统计对象的规定，是否可以再恢复为 2004 年规模以上的企业（即大米加工厂日处理稻谷能力 30t 以上，小麦粉加工厂日加工小麦能力 50t 以上，食用植物油加油加工厂日加工油料能力 30t 以上)，以便使数据的可比性强一些。

(2) 是否应该增加企业纳税总额和能源消耗两个重要经济技术指标。在今年的中国名牌评选中，为引导企业重视对社会的责任和回报，新添了“企业纳税总额”和“申报产品纳税”两个评分点，并将这两个评分点作为“效益评价”中的主要内容。

(3) 是否需要增加挂面和粮油机械制造的统计内容。近几年来，我国以挂面为主的面制主食品生产和以米、面、油和饲料加工机械为主的粮油机械生产有了很大发展。为推动挂面和粮油机械生产的进一步发展，中国粮食行业协会已经向中国名牌推进委员会推荐，希望将挂面生产作为“中国名牌产品”的评价目录范围，与此同时，我们也打算推荐粮油机械产品作为“中国名牌产品”的评价范围。鉴于这点，我们迫切需要增加这两项有关数据的统计。

为进一步提高粮油工业统计质量，国家粮食局的领导和有关司的领导对此高度重视，主持召开了粮油工业统计修订工作座谈会，并形成了《粮油工业统计报表制度》修订方案，供本次会议讨论通过。希望大家从实际出发，在总结经验的同时，认真研究，取得共识，以促进粮油工业统计工作的更加完善。

(四) 关于 2006 年的工作安排

(1) 继续认真贯彻中华人民共和国统计法和国家粮食流通统计制度，认真做好 2006 年粮油加工业统计年报工作，保证其合法性、科学性、准确性和及时性。

(2) 修改和完善粮油工业统计制度，配合国家粮食局调控司做好下一年度粮油工业统计制度备案工作。

(3) 继续加大统计工作力度，争取更多的省市与当地统计部门联合下文，拓宽统计渠道，扩大统计覆盖面。

(4) 充分发挥计算机网络优势，希望没有采用统计软件汇总的省市区要尽快落实这项工作。2006 年年报我们要全部实现用软件报送。

(5) 继续做好统计分析工作，提高分析质量，为指导行业发展提供可靠依据。

(6) 继续开展粮油工业统计评比活动，促进统计工作不断发展。

四、 认真做好浸出溶剂油的生产供应工作

——在2007年溶剂油及其下游市场论坛上的开幕词

（2007年4月20日 于山东青岛）

很高兴参加今天由青岛粮食溶剂油公司举办的2007年溶剂油及其下游市场论坛会，并与在座的各位从事多年溶剂油生产、经营和使用工作的新老朋友见面。下面我就我国油料、油脂的生产情况和对浸出溶剂油工作的要求讲点意见。

（一） 我国油料、 油脂的生产情况

我常说，我国不仅是一个人口大国，又是一个油料生产、油脂加工、油料油脂进出口和油料油脂消费大国。正常年景，我国的大豆、花生、油菜籽、棉籽、葵花籽、芝麻、油茶籽和亚麻籽等8种主要油料的总产量为5 500万~6 000万t。据统计，2005年我国上述8种油料的总产量为5 800万t。

随着我国经济的快速发展和人民生活水平的不断提高，国内市场对食用植物油的需要呈现出快速增长的态势，致使近几年来，国内油料生产已满足不了国内油脂市场的需要，每年需要进口大量的食用油料油脂。据海关统计，2005年我国进口大豆2 659万t、进口豆油169.4万t、进口棕榈油433万t、进口油菜籽29.6万t、进口菜籽油17.8万t，进口油料、油脂的总折油达1 109.5万t，超过了国产油料中扣除大豆、花生、葵花籽和芝麻的直接食用部分后的总折油1 014万t，成为世界上最大的油料、油脂进口国。

通过以上数据表明，2005年我国食用油的总供给量，应为国产油料总折油扣除出口油料折油27.6万t，加上进口油料油脂总折油之和，即为2 095.6万t。按13亿人口计算，人均可供量为16.1kg。

上述大量的国产油料和进口油料、油脂，都要经过加工，才能制成各种成品油及其制品，才能满足人们“一日三餐”和食品工业生产的需要。也就是说，要有足够的油料油脂加工能力。据典型调查和测算，我国的油料油脂加工能力已超过亿吨，其中大豆加工能力已经超过7 000万t。

由此可见，我国不仅是一个油料生产大国和油料油脂进出口大国，同时也是一个油料油脂消费大国和油料油脂加工大国。

（二） 在油料加工中， 浸出法制油仍然是最先进的制油方法

在油料加工中，浸出法制油仍然是当今世界公认的最先进的制油方法，也是我国最先进的制油方法。当今，在工业发达的国家，采用浸出工艺生产的油脂，占油脂生产总量的90%以上。我国的浸出法制油工艺，自20世纪70年代初开始在全国推广应用，尤其是“七五”期间，国家将浸出法制油技术列入了重点推广项目后得到了快速

发展。至今，全国采用浸出法制油的工厂（车间）达 2 000 多家，浸出制油工艺占整个制油生产能力的 80% 以上。

浸出法制油工艺的理论依据是利用萃取原理。这种方法，已经延伸到食品、医药等行业广泛应用。浸出法制油，是选用符合国家相关标准的溶剂，利用油脂与溶剂互溶的性质，经溶剂与处理过的固体油料中的油脂接触，将其萃取溶解出来，而后用严格的工艺和设备，脱除油脂中溶剂的一种先进、科学的制油方法。

浸出法制油之所以较其他制油方法科学、先进，是因为它具有粕中残油少、出油率高、加工成本低、生产条件好、粕的质量好、油料资源得以充分利用等优点。

用浸出法制油工艺制取的油脂叫浸出油。浸出油是由浸出毛油经过脱溶、脱胶、脱酸、脱色、胶臭等一系列精炼工艺处理，最后与用其他方法制取的食用油一样，达到新的国家标准和卫生标准，而成为安全、放心的食用油。

（三） 浸出法制油必须选用符合国家相关标准的溶剂

先进的浸出法制油能否得到推广应用，选用好符合国家相关标准的溶剂至关重要。到目前为止，世界各国曾经使用过的溶剂有：水、酒精、二硫化碳、苯、醛、酮、粗汽油、醚类、六号溶剂油、正己烷、丁烷等十余种。能够被选用的原则是，除了必须具有良好的油脂溶解性能外，其可操作性、安全性、环保性和经济性都十分重要，但自 19 世纪 80 年代初，浸出法制油起源至今，世界上仍未找到一种十全十美的理想溶剂。

在我国，自 20 世纪 60 年代以来，六号抽提溶剂油一直是我国采用浸出工艺制取食用油的专用萃取溶剂。经过多年使用证明，它具有对油脂的溶解能力强、常温下能以任何比例溶解油脂；对非油物质、胶体化合物、硫化物等溶解能力小、浸出来的油脂比较纯净；溶剂沸点低、易回收；对设备无腐蚀作用等优点，它为我国油脂工业的发展和保障我国食用油的供给发挥了重要作用，立下了不可磨灭的功劳。但与此同时，我们也应实事求是地看到，随着我国油脂工业的发展以及人们对食用油卫生的更高要求，现行的六号抽提溶剂油因其馏程范围较宽（60 ~ 90℃）、芳烃和硫等有害物质的含量相对偏高等原因，已不能完全满足油脂工业发展的需要，亟待改进提高。

尤其是随着油料、油脂的深度加工，对溶剂油的要求越来越高。以大豆加工为例，目前市场上出现了各类大豆蛋白产品、大豆异黄酮、大豆皂苷、大豆低聚糖、大豆蛋白活性肽、食用大豆纤维粉等深加工产品。这些深加工产品都是以低温豆粕为原料的，而高质量的低温豆粕的生产又离不开必须选用较六号溶剂油更好的溶剂，如正已烷、丁烷等溶剂。

为改进提高六号抽提溶剂油的质量，2003 年 7 月 17—19 日，中国粮油学会油脂专业分会在浙江省德清县召开了“中国粮油学会油脂专业分会常务理事扩大会议”，会上，油脂界 30 多位知名专家对六号抽提溶剂油存在的质量问题和改进要求提出了许多建设性意见，希望对六号抽提溶剂油的质量标准进行修订。

事后，中国石油化工股份有限公司高度重视，根据中国石油化工企业的技术进步情况，组织专人，对六号抽提溶剂油的国家标准进行修订，并于去年 8 月 8 日在南京召开了"六号抽提溶剂油国家标准修订研讨会"，与会代表对修订的六号抽提溶剂油新的国家标准给予了充分肯定，认为，这是中国油脂工业的一件大事、一件好事，希望国家有关部门能早日批准实施。

新的抽提溶剂油国家标准分为 A、B 两类（B 类即为原六号抽提溶剂油标准），其中 A 类（即精制溶剂油）与 B 类溶剂油相比，有以下几方面的重大变化：馏程由原来的 60 ~ 90℃，缩短为 61 ~ 75℃；芳烃含量由原来的不大于 1.0%，降低到检测不出；含硫量由原来的不大于 0.012%，降低到不大于 0.001% 等。为确保 A 类抽提溶剂油的质量，在生产中，石化生产企业首先要严把原料质量关，并执行严格的生产操作工艺。

据估算，目前全国油脂加工企业每年所需抽提溶剂油多达十多万吨，新标准发布后，抽提溶剂油生产要在生产工艺和设备上作较大调整，短期内不可能全部调整过来，需要有一个过程。为不影响油脂加工企业的生产，所以仍保留了原来的六号抽提溶剂油（即 B 类）。

在这一新标准未批准实施之前，现在中国石油化工股份有限公司金陵分公司已经对 A 类抽提溶剂油进行了数年的试生产和销售工作，从产品的实际使用情况看，对提高食用油脂和粕的质量，降低溶剂消耗和能源消耗，进而提高企业的经济效益，效果显著，深受油脂加工企业的欢迎。由于该产品较原六号抽提溶剂油更安全、更卫生，所以它不仅适合于在油脂加工行业中应用，同时也适合于在玩具行业、涂料行业以及食品、电子行业中应用。

在这里，需要值得一提的是，数年来，金陵石化为保证 A 类抽提溶剂油的质量，他们不仅在对原料的选用上更加精细，同时对生产工艺和设备作了调整，采用了二次加氢重整，以确保 A 类抽提溶剂油中砷、硫、芳烃等有害物质的含量降低到最低水平。随着原料的精细选用和工艺、设备的调整，A 类溶剂较 B 类溶剂的生产成本随之有所增加，但他们为了配合油脂行业的推广使用，并未对新溶剂油（A 类）产品的价格作大幅度调整，受到了用户的一致赞扬。

（四）几点建议

为进一步提高抽提溶剂油的质量和确保抽提溶剂油的供应，我希望抽提溶剂油的生产厂家、经营单位和油脂加工企业要注意做好以下几点。

第一，新标准批准公布后，石化部门要创造条件，尽快做到全部生产和供应 A 类抽提溶剂油。我建议，在新标准公布之日起，经过 2 ~ 3 年的努力，石化部门不再向浸出油厂供应 B 类抽提溶剂油；在此基础上，2 ~ 3 年后，浸出油厂不再使用 B 类抽提溶剂油。根据青岛粮食溶剂油公司的估计，2006 年全国油脂加工企业耗用溶剂油约为 12 万 t，其中正己烷约为 4 万 t、精制溶剂油（即 A 类溶剂油）约为 3 万 t、六号溶剂油约为 5 万 t。由此可见，现在六号溶剂油的使用量已不足 50%。所以，经过 2 ~ 3 年的努力，是有可能实现不再使用六号溶剂油的。

第二，要进一步研制新的抽提溶剂油。为了尽快与国际接轨，建议石化部门要积极创造条件，尽快生产足够数量的食品工业用正己烷，以满足浸出油厂的需要。据了解，目前国内石化生产厂家每年已经能提供的商品己烷量在 3.5 万 ~ 6 万 t 左右。我们相信，随着我国石化工业的进一步发展，我国油脂工业全部采用正己烷作为浸出溶剂的时间不会等待太久。

第三，要确保抽提溶剂油的供应。我国油脂工业发展到今天，与中石化和中石油两大集团多年来对粮油行业的支持是分不开的。我们希望能够继续得到两大集团的关心和支持。由于抽提溶剂油的供应不同于其他石油产品，一般有淡季和旺季之分，不同季节的供应量会有所变化，但总体供应量不会有变化，希望能得到保证。为确保油脂加工企业抽提溶剂油的总量需要，我们还希望两大集团对用于粮油行业的抽提溶剂油在计划和产量上不要给予限制。

第四，要在互信的基础上，保持溶剂油的经销渠道。青岛溶剂油公司多年来与溶剂油的生产厂家，与各地溶剂油的经营企业，与广大浸出油厂建立了良好的信誉和合作关系，这是很好的。我希望这种良好的信誉和合作关系能继续保持并发扬下去。多年来的实践证明，青岛溶剂油公司经营的溶剂油质量是“放心的”。为了让百姓吃到放心粮油产品，自 2001 年起，中国粮食行业协会在国家粮食局和各级政府的支持下，在全国实施了“放心粮油”工程，得到了消费者的欢迎。在“放心油”的评选过程中，我们经常说，浸出油厂要生产出“放心油”，首先要用“放心溶剂油”。

在回顾我国浸出制油工艺的发展过程时，我们要特别对中石化和中石油两大集团、对以金陵石化为代表的长期从事溶剂油的生产企业、对六号抽提溶剂油新国家标准的修订单位——中国石化股份有限公司石油化工科学研究院和长期从事溶剂油经营工作的青岛溶剂油公司，表示衷心的感谢，感谢他们为促进我国油脂工业的健康发展，为促使油厂生产出更多、更好的食用油所表现出来的高度社会责任感。

五、 在酶制剂在油脂工业中的应用和发展研讨会上的致辞

（2013 年 9 月 15 日　于上海）

欢迎大家参加油脂分会与诺维信公司联合举办的“酶制剂在油脂工业中的应用和发展研讨会”。

我国油脂工业经过几十年的自主创新和研究开发，通过借鉴国外先进的管理经验和消化吸收引进的先进技术装备，使中国的油料加工能力、生产过程的机械化、自动化程度大大提高，植物油脂产品花色品种琳琅满目，产品质量不断提高。制油过程中副产物的综合利用的范围和技术不断发展，油料油脂中具有高附加值的生物活性物质的研究开发初见成效。随着中国社会主义市场经济体制的建立和逐步完善，粮油市场的完全放开，多种经济成分并存，国有企业、民营企业、外资企业、股份制企业、合资及独资企业相互竞争，给我国的油脂工业带来了空前的生机与活力。

但是，我们仍需继续下大力气研究新工艺、新设备，提高效率，降低成本。还要加大新油源的开发力度，对米糠油、玉米油、油茶籽油以及特种油脂等进行深度开发。这方面生物技术的飞速发展给我们提供了一个良好的发展机会。21 世纪是生物技术时代，也是油脂的生物技术时代。随着育种科学、生物化学及分子生物学的发展，基因工程、微生物及酶工程技术在油脂领域得到广泛应用，这不仅改良了多种油料，而且培育出工业用途的新油源，制备出多种功能性保健油品。酶制剂在油脂工业中的应用潜力也是有目共睹的。

酶制剂不仅可用于酶法脱胶、酶法降酸，尤其在酯交换、生物柴油的制备、特种油脂加工领域都有潜在的应用机会。我们应该大力研究、推动和鼓励酶技术在中国油脂行业的应用和发展。

丹麦诺维信公司是全球最大的工业酶制剂和工业微生物制剂生产商，该公司多年来致力于发展生物创新技术，为日新月异的未来市场需求提供卓越的解决方案。与此同时，诺维信公司在油脂行业也进行了深入的研究，使用酶制剂替代传统化学品，将传统的化学工艺升级为生物工艺，提高了产品的得率和油品的质量，消减了污染物的产生。我们相信，在不久的将来，生物技术在油脂工业的创新发展中，将会发挥越来越重要的作用。

最后预祝本次研讨会圆满成功！

第十章

油脂工业相关标准建设工作

一、保质、保量，按时完成2007年油料及油脂标准制修订工作

——在油料油脂技术工作组2007年第一次工作会议上的总结报告

(2007年4月4日 于湖北武汉)

全国粮油标准化技术委员会油料油脂技术工作组2007年第一次工作会议，经过大家的努力，在完成了各项议程后，今天就要顺利结束了。会议传达了全国粮油标准质量工作会议精神；听取了2005年国家标准制修订项目起草人对项目进展情况的汇报；下达了2006年制修订国家标准项目；布置了2008年国家标准制修订项目的申报工作；确定了《食用油脂加工中辅料的安全与评价》《地沟油的检测方法》《油脂工业通用术语》《废弃食用油脂管理方法》《散装食用油标识与标签》《油脂掺伪的检测方法》等6个自选课题。会议开得很成功，达到了预期目的。

会议期间，我听取了大家的讲话，很受启发。下面，我就“保质、保量，按时完成2007年油料及油脂标准的制修订工作”讲点意见，以供参考。

（一）进一步提高对油料及油脂标准制修订工作重要性的认识

在对同类事物的比较核对中，标准是唯一的尺度。所以，有人说：“标准是衡量事物的准则”，这是非常正确的。油料及油脂的国家标准和行业标准，是油脂行业的重要技术法规，是衡量油料及油脂生产、加工和流通的基础，是油脂市场有序流通的重要保证。与此同时，它为油料油脂及其制品的质量、营养和安全提供了技术保证和监督检查的依据。一个国家制订、采用的某类产品的标准，体现了该国家在此领域科技水平的高低，反映了该国的经济发展水平和人民的生活水准。由于标准是一个行业的技术法规，标准一旦批准，企业必须执行。所以制修订标准工作是一项政策性和实用性很强的基础工作，必须在广泛调查研究的基础上科学、合理地制订。

另外，随着我国油脂工业水平、科技水平和人民生活水平的不断提高，新产品的不断涌现，以及为了尽快与国际接轨，过去制订的标准已不能满足油料及油脂生产和加工发展的需要，必须加以制订和修订，这是油脂界十分关心的大事。

（二）油料及油脂标准的制修订工作任务繁重

半个世纪以来，经过全国广大粮油科技工作者的不懈努力，在我国粮油行业先后制订了400多项粮油标准，其中国家标准和行业标准各为200余项。这些标准为保证我国粮油生产和加工产品的质量、卫生及安全，保证粮油产品的有序流通起到了积极作用。推动了粮油加工业的健康发展，立下了不可磨灭的历史功勋。但从发展的眼光来看，这些标准在许多方面已不能适应粮油行业发展的需要，亟待重新制订和修订。我

认为，原有的粮油标准存在以下一些主要问题。

1. 采标率偏低

在原有标准中，等同、等效或参照、采用国际标准的比例偏低（等同、等效或参照、采用国际标准化组织ISO和国际食品法典委员会CAC等标准的）。据有关数据表明，我国现有的粮油国家标准中，采用国际标准的只占23.3%，较目前全国农产品加工国家标准的总采标率27.7%，低4.4个百分点；与法国、英国、德国以及整个欧共体的采标率在80%以上相比，差距更大。

2. 标龄太长

在我国现有的400多个粮油标准中，绝大多数是在20世纪80年代初至90年代初制订的，标龄长达15~20年，与发达国家一般5年左右修订一次标准的做法相差甚远。由于我国粮油标准的标龄太长，所以现有的大多数标准已不能满足现实的需要，亟待作较大的修订。

3. 新标准的制订工作跟不上粮油行业的发展需要

随着我国经济的发展，人民生活水平的提高，粮油经营方式的改变，科学技术的发展以及新产品的层出不穷，急需制订一些新的标准，才能适应粮油行业的发展。以大豆加工为例：如大豆异黄酮、大豆皂苷、大豆低聚糖、大豆蛋白活性肽、食用大豆纤维粉等标准都需制订；为适应当前油脂市场的需要，本次会议确定的6个自选项目的标准制订；另外，还有许多特种油脂的产品标准也需要制订。

4. 基础标准的制订工作更显薄弱

我认为，粮油标准大体可分为三类，即基础标准、方法标准和产品标准。据我估计，在现有的粮油标准中，最多的是产品标准，其次是方法标准，最少的是基础标准。从过去和当前的实际出发，这是符合我国国情的。但从长远看，我们不能忽视基础标准。我认为，基础标准是制订其他标准和保证其他标准实施的基础，是标准的标准。例如：油脂工业通用术语和定义、油脂加工技术规范、油厂的卫生规范、油厂的良好操作规范（GMP）、油厂基本建设通则、油厂的环境保护管理规范等。据了解，在国际标准化组织制订的标准中，基础标准占了相当的比例。

5. 标准中卫生指标反映不全

鉴于世界各国对食品的安全越来越重视。所以，在粮油标准中对卫生指标的要求越来越严，越来越细。例如，对农药残留、重金属含量和对黄曲霉毒素标示等项目越来越多，在这方面我们的差距很大，有待提高。

上述情况表明，要解决存在的这些问题，需要做许多工作。由此可见，摆在我们面前的油料及油脂标准的制修订工作任务十分繁重。

（三）保质、保量，按时完成油料及油脂标准制修订工作

根据全国粮油标准化技术委员会下达的任务，油料及油脂技术工作组今年要完成29项标准的制修订任务，加上我们自选的6项标准，共35项标准要在年内完成，任务

确实艰巨。但我相信，在国家粮食局的重视和领导下，在全国粮油标准化技术委员会秘书处的具体指导和帮助下，在组长单位和各参与制修订工作单位和专家们的努力下，我们应该对完成这一光荣而又艰巨的任务充满信心。为保证油料及油脂标准制修订工作的顺利进行，中国粮油学会油脂分会决定全力支持这项工作，并把它作为学会今后的重点工作之一，组织和动员业内知名专家关心和参加标准的制修订工作。

为保质、保量，按时完成标准的制修订工作，与会代表在会议期间出谋划策，提出了许多好的实施建议，借此机会，我再强调几点。

1. 要通力合作

每项标准的制修订工作，涉及的单位和人员较多，这一方面说明大家积极参与和高度重视标准的制修订工作，这是很好的；但从另一方面看，单位多了，参与人员多了，需要有很多组织协调工作。所以，我希望大家在牵头单位的带领下，搞好分工，各尽其责。大家都要学会既能当好主角，又能当好配角，搞好通力合作。要做到在工作中互相通气，多多商量，不要把问题都带到专家审定会上。

2. 要认真细致，精益求精

粮油标准是指导和规范粮油行业生产、加工、流通的技术法规，从某种意义上讲，它也是国家法制和法律组成部分的补充。因此，对标准条款中的每个数据指标、每项要求都要做到有据可查，经得起推敲。起草人在编写时，要认真细致，对条款中的一字一句，乃至一个标点符号都要认真校对，不能犯任何丢三落四的低级错误；对标准中采用的某些通用条款，要进行反复核对，以便与其他同类标准的条款相一致。在过去的标准审定中，这方面的差错是屡见不鲜的。所以我希望负责编写标准的每位起草人员，一定要仔细工作，精益求精。

另外，为提高标准起草工作的水平，起草人员要积极参加有关培训，提高自身的素质。

3. 要顾全大局，商量办事

在研究、讨论制修订标准的过程中，专家们各自发表不同意见是正常的，但必须做到经过大家分析、研究后，形成一致的意见。为此，我希望大家都要学会善于听取别人的意见。要提倡顾全大局，求大同存小异，不能无休止地各持己见，形不成一致意见而贻误时间，要吸取过去有些标准制修订进度太慢的教训。为此，前些日子我在一些会上曾经说过，要加快食用调和油和芝麻油的国家标准审定工作，以便上报审批，为明年中国名牌的评选创造条件。

4. 要制订切实可行的标准制修订工作的实施计划

为保质、保量，按时完成油料及油脂标准的制修订工作，承担单位都要按照完成日期的要求，制订工作进度表。在制订工作进度时，完成时间要留有充分的余地，要本着赶前不赶后的原则去制订实施计划，以确保油料及油脂标准制修订任务保质、保量，按时完成。

5. 通过提高制标水平，提升我国在国际标准化组织中的应有地位

我国是一个油料、油脂的生产大国和加工大国，又是一个油料、油脂的进出口大国和消费大国。与此同时，也是一个拥有油脂科技人员最多的国家。我们应该为世界油脂工业的发展做出自己的贡献，并具有相应的地位。

在油料及油脂的标准制订工作中，我们也应在国际标准化组织中找到自己应有的地位。为此，当务之急是要提高我们的制标水准，我们要支持组长单位——武汉工业学院成为国家粮食局在武汉的粮油标准研究中心。在此基础上，进一步创造条件，争取早日成为国际标准化组织（ISO）油脂标准化委员会的成员国。

各位专家、各位同仁，本次会议开得很成功，我相信，会议结束后，经大家的努力，油料及油脂标准的制修订工作一定会上一个新的台阶。

二、在《玉米油》国家标准研讨会暨中国玉米油产业发展论坛上的致辞

（2012 年 5 月 10 日　于山东邹平）

今天，我们来到中国玉米油最集中的产地——山东邹平，召开《玉米油》国家标准研讨会暨中国玉米油产业发展论坛。本次会议是由全国玉米油标准化技术委员会油料及油脂技术工作组、河南工业大学、江南大学、武汉工业学院和中粮集团西安油脂科学研究设计院联合主办，山东三星集团有限公司承办的一次对我国玉米油产业发展有着重要意义的会议。借此机会，我代表中国粮油学会油脂分会，对在座的各位专家、企业家表示最热烈的欢迎和诚挚的问候！对为开好本次会议进行周到安排，付出辛勤劳动的三星集团表示衷心的感谢！为开好本次会议和制定好食用油国家标准，我提出以下三点意见。

（一）《玉米油》国家标准是重要的食用油标准

《玉米油》国家标准除了与其他食用油的标准一样重要之外，我认为还有其独特的重要意义。

1. 玉米油已成为我国一大油品

进入新世纪以来，我国玉米油产业发展势头喜人，2010 年玉米油的产量已接近 90 万 t，成为仅次于大豆油、菜籽油、花生油和棉籽油的第五大油品，为提高我国食用油的自给率做出了重要贡献（自给率提高了三个百分点）。

2. 玉米油是一种高端的优质健康食用油

玉米油中亚油酸和油酸等不饱和脂肪酸含量高达 80% 以上。富含维生素 E 和甾醇等生物活性物质，是世界上公认的优质健康食用油；是 2010 年世界卫生组织（WHO）推荐的最佳食用油（玉米油、稻米油和芝麻油等）之一。在我国已经受到消费者的青睐。

3. 修订好国标推动玉米油产业的发展

在国家粮油加工“十二五”发展规划中，反复强调要大力发展玉米油生产，为国家增产油脂，从而增强食用油的自给能力。由此可见，更加科学地修订好《玉米油》的国标，必将对我国玉米油产业的发展起到积极的推动作用。

（二）修订《玉米油》国标的重点

《玉米油》国标的修订，已进行了三年时间，去年这个时候曾在北京研讨过一次，大家提了修改意见。加上平时我也听了专家们和企业的一些反映，我认为现在已经到

了应该加快出成果的时候了。对《玉米油》国标的修订重点，我认为主要要考虑以下几个问题。

（1）色值的指标修订。过去的指标都是（红，黄）≤n（一级玉米油，黄≤30，红≤3.0）。为防止过度精炼造成的色值过淡，我建议今后的食用油标准在色值的指标中不仅要有小于多少的要求，也要有黄、红大于多少的要求，也就是要规定在一个范围之内，如黄25～30，红2.5～3.0。

（2）删除烟点。

（3）要从实际出发，调整成品油和毛油的酸值指标。

（4）建议修改等级划分。由原来的4级改为3级，即去掉原来的一级油（即色拉油），将原来的一级油作为凉拌专用油。烹调油只分三级，新的一级为原来的二级，新的二级为原来的三级，新的三级为原来的四级，不再设四级油。

（5）关于冷冻试验的温度和时间。原定为0℃，5.5h，也有不同的意见，大家可以商讨。还有其他一些不同意见，例如玉米油特征指标，脂肪酸组成和酸值等指标。大家都要顾全大局，协商解决，不能老是议而不决，不能再拖下去了！

（三）对标准制修订的几点建议

食用油标准修订，大家参与了，现在大家的热情很高，这是好的，为把标准工作搞得更好，我提三点建议。

（1）制修订标准，既要借鉴国际标准，又要结合我国国情　修订后的标准既要有一定的先进性，又要科学、合理、有较强的可操作性，最终目的是能促进我国食用油产业的健康发展。

（2）制修订标准，要考虑贯彻国家“倡导”导向　例如防止过度加工，要最大程度地保留原料中固有的营养成分；防止过度加工造成的危害，例如反式脂肪酸和3－氯丙二醇酯（3－MCPD）的产生等。

（3）要加快制修订的进程　当前任务很重，但要区别对待，要有轻重缓急之分。例如米糠油的标准要抓紧修订。制定标准要改变方式，可先让少数专家在调研和听取不同意见的基础上，提出修订方案，再听取大家的意见。根据大家的意见，再修订、定稿。对不同意见，既要认真分析，又要说服大家顾全大局，防止无休止地商讨，防止雷声大雨点小、只开花不结果的现象再度发生。

三、 加快进程， 科学制修订好食用油国家标准

——在中国粮油学会油脂分会第二十一届年会上的专题报告

（2012 年 9 月 20 日　于安徽马鞍山）

根据会议的安排，有关油脂油料的市场分析及价格走势，将由陈刚和涂长明两位副会长给大家做精彩报告；有关我国油脂工业的基本情况及发展趋势，我在“第十四届国际谷物科技与面包大会暨国际油料与油脂科技发展论坛”上和在济宁召开的“会长办公扩大会”上已做过讲话。今天，我想以“加快进程、科学制修订好食用油国家标准”为题，就制修订好食用油国家标准的重要性、近年来我国食用油国家标准的制修订情况以及进一步制修订好我国食用油国家标准讲几点意见。

（一） 科学制订好标准确保食用油的质量与安全

标准，从最初产生到现在，已有数千年历史。我国早在《文选 · 袁宏〈三国名臣序赞〉》中就有“器范自然，标准无假”。吕延济注：“器量法度出于自然，为人标望准的，无所假借也”的表述。目前，逐步成为国际惯例，成为衡量事物的依据或准则。标准是对重复性事物和概念所做的统一规定，它以科学、技术和实践、经验的综合为基础，经过有关方面协商一致，由主管机构批准，以特定的形式发布，作为共同遵守的准则和依据。说得通俗一点，标准就是在一定范围内共同遵照的规则，是法规的组成部分。由此可见，标准具有鲜明的法律属性。它和法律一起，好比车之二轮，鸟之两翼，共同保障着市场经济有效、正常运行。所以，标准一旦批准发布，任何群体都必须严格遵守，按标准活动，不能我行我素，做到在标准面前，放弃一切自由，以树立标准的权威性。

当今世界，标准和标准化水平已成为各国各地区核心竞争力的基本要求。一个企业，乃至一个国家，要在激烈的国际竞争中立于不败之地，必须高度重视标准对企业、对国家发展的重要意义。进入 21 世纪以来，发达国家已纷纷制订了各自的标准和标准化发展战略。

目前，我国正处在重要的历史发展机遇期，面对国际形势和国内发展对标准化工作提出的挑战和要求，党中央国务院高度重视，胡锦涛总书记、温家宝总理在多次重要讲话中要求加强重要技术标准的制订；《国家中长期科学和技术发展规划纲要（2006—2020 年）》明确把实施技术标准战略作为我国科技发展的两大战略之一；《国民经济和社会发展第十一个五年计划规划纲要》中有 15 处对标准化工作提出了新要求。这充分说明，标准和标准化战略已上升为国家意志。

从宏观上看，标准是国民经济和社会发展的重要技术支撑，事关社会主义市场经济发展全局。从微观上看，标准事关企业的生存与发展，标准是企业组织生产和经营活动的依据，高标准才有高质量。从全球经济形势看，标准是走向市场，尤其是走向

国际市场的“通行证”。从发展趋势看，标准是市场竞争的制高点，“得标准者得天下”。可见，标准与制修订标准之重要。

标准的制订和类型按使用范围划分有：国际标准、区域标准、国家标准、专业标准和企业标准5种；按内容划分有：基础标准、产品标准和辅助产品标准（注：我国油料及油脂技术标准分为基础标准、产品标准和方法标准）；按成熟程度划分为：法定标准，推荐标准、试行标准和标准草案等。我国标准的分级为：国家标准、行业标准、地方标准和企业标准。在标准中，根据其约束性划分为：强制性标准和推荐性标准两类。

鉴于标准是企业组织生产和经营活动的依据，所以国家规定——企业在生产经营中，其生产的产品没有国家标准和行业标准的，应制定企业标准并经相关部门批准备案，作为组织生产的依据。已有国家标准和行业标准的，国家鼓励企业制定严于国家标准或行业标准的企业标准，在企业内部适用，以确保产品质量与安全。

油料及油脂的国家标准和行业标准，是油脂行业的重要技术法规，是衡量油料及油脂生产、加工和流通的基础，是油脂市场有序流通、遏制假冒伪劣的重要保证。与此同时，它为油料油脂及其制品的质量、营养和安全提供了技术保证和监督检查的依据。可以这样说，一个国家制定、采用的某类产品的标准，体现了该国家在此领域科技水平的高低，反映了该国家的经济发展水平和人民的生活水准。由于标准是一个行业的技术法规，标准一旦批准发布，企业必须执行，所以制修订标准工作是一项政策性和实用性都很强的基础工作，必须在广泛调查研究的基础上科学、合理地制订。

（二）我国油料、油脂标准体系已基本建立

中国油料、油脂标准体系（即食用油国家标准体系）的发展与中国粮油行业的发展密切相关。中国油料、油脂标准的制修订，一直按照促进生产，维护人民健康，兼顾国家、农民和消费者利益等原则进行。60年来，经历了从无到有，从粗到细，从地方标准、部颁标准到国家标准的发展历程。随着中国粮油行业发展的历程，中国油料、油脂标准化工作大体可分为以下三个阶段：

1. 起步阶段（从新中国成立初期到改革开放前）

这一阶段油料、油脂标准化工作的主要内容是：在计划经济体制下，围绕大力发展油料、油脂生产，提高油料、油脂产品数量，着力解决人民群众的温饱问题，制定了一些油料标准和油脂等级的标准。对计划经济体制下国家制定的统购统销、定级定价政策的实施起到了重要的作用，在一定程度上促进了农业生产的发展。

2. 发展阶段（改革开放后到20世纪90年代末）

随着中国农村生产力的不断发展，油料、油脂产品产量的提高和品种的增多，加工产品种类的多样化，为适应农业生产发展和工业化生产的需要，参考国际标准和国外先进标准，制订了大量的油料、油脂产品质量、检验方法、操作规程、机械和器具等多种类型的标准。这些标准的制定与实施在规范农业生产、提高油料、油脂产品产量、丰富市场和满足供应等方面发挥了积极作用。这一阶段油料、油脂标准数量迅速

增加，中国油料、油脂标准体系初步形成。但受当时生产条件、检验技术水平和认识水平的限制，还没有规定有关人身健康的营养成分指标，也没有按加工工艺的区别规定不同的主要质量指标。标准的总体水平还不高，标准体系尚需进一步完善。

3. 全面提升阶段（20 世纪 90 年代末至现在）

在这一阶段中国农业进入了新的发展时期。油料、油脂产量提高较快，加上进口油料、油脂数量不断攀升，油脂市场由供给不足转变为油脂市场产品琳琅满目，食用油实行敞开供应。这一阶段围绕着农业结构的调整，农产品质量的提高，标准水平和质量随之提升。根据国务院关于“进一步拉开粮食品质差价、季节差价和地区差价，切实做到按质论价”的精神，从 1999 年开始，对主要油料、油脂等质量标准、卫生标准和检测方法标准等强制性国家标准进行了全面修订。在标准制修订中，始终坚持从中国的实际情况出发，借鉴先进国家的相关指标，以市场为导向，以最佳使用品质和最终用途为目标，同时兼顾国家、农民和消费者的利益。制定了既有一定的先进性、科学性，又有较强的可操作性的粮油质量标准。

为顺应粮油标准化工作的发展需要，2003 年国家标准化管理委员会决定由国家粮食局牵头组建成立了全国粮油标准化技术委员会（以下简称粮标委），负责统一管理全国粮油标准化技术工作。粮标委下设粮食与制品、油料及油脂、粮油储藏及物流、粮油机械及仪器设备四个工作组，分别具体承担相关方面的标准化工作。粮标委秘书处设在国家粮食局标准质量中心。

十年来，在粮标委的正确领导下，秘书处充分发挥了各技术工作组的作用，科学、及时地制修订了各类粮油国家标准，满足和推动了我国粮油行业的发展需要。油料及油脂技术工作组自全国粮油标准化技术委员会成立以来，在粮标委秘书处的直接领导下，在中国粮油学会油脂分会的支持下，加强了与油料、油脂相关科研院所、大专院校、质检机构和加工企业的联系，积极开展油料、油脂标准的宣传和制修订工作，取得了非凡的成绩，成为粮标委几个技术工作组中的佼佼者。自 2005 年以来，先后完成了《大豆油》《菜籽油》《花生油》《棉籽油》《葵花籽油》《核桃油》《葡萄籽油》和《花椒油》等 147 项国家标准的制修订工作。其中 2006 年完成 36 项油脂国家标准；2007 年完成 51 项油脂国家标准；2008 年完成 60 项油脂国家标准（其中 10 项正在待批中）。与此同时，今年还有 15 项油脂国家标准和 10 个行业标准正在制修订中，并向国标委新申报了 42 项油料和油脂的国标制修订任务。

另外，值得一提的是，油料及油脂工作组在研究制修订标准的同时，分别组织召开了《油茶籽油》《菜籽油》《玉米油》《棉籽油》《起酥油》《茶叶籽油》和《食用植物调和油》等国家标准制修订研讨会暨营养与健康高层论坛，推动了油脂工业的健康发展。

综上所述，60 年来，经过我国几代油脂科技工作者的不懈努力，现在我们可以说：我国油料、油脂标准体系已基本建立。

（三）对进一步制修订好我国食用油国家标准的几点建议

随着我国油脂工业水平、科技水平和人民生活水平的不断提高，新产品的不断涌现，加上任何一项标准都不可能是尽善尽美的，在实施过程中，总会发现有缺陷和不完善之处，为此，需要对原有标准进行整体或局部改造。通过改造，使之成为更加符合我国油脂工业实际的、更加符合安全营养要求的、完善的标准。从这个意义上讲，科学制修订好国家标准和行业标准，是我国油脂界的永恒主题，是油脂界关注的大事。

在制修订食用油国家标准中，我们虽然已取得了很大成绩，但仍然跟不上我国油脂工业发展的需要。为此，进一步制修订好我国食用油国家标准，是促进我国油脂工业健康发展的需要。根据我的体会，在制修订食用油国家标准中应注意以下几点。

1. 制修订标准必须坚持我国的国情

我国是一个油料、油脂的生产大国和加工大国，又是一个油料、油脂的进出口大国和消费大国。与此同时，我国还是一个油料资源丰富、品种繁多、饮食文化悠久和油脂科技人员最多的国家。我们理应在制订油料、油脂标准乃至为世界油脂工业的发展作出自己的贡献，并具有相应的地位。为此，在制修订食用油国家标准时，我们必须从我国的实际出发，制修订出符合我国国情和特色饮食要求的各类食用油国家标准。在制修订标准中，对于成熟的、大众通用的国际标准或先进国家标准，我们要认真研究采用；对于一般性的、与我国国情和现有标准有较大差异的，我们要根据国情部分采用或不以采用，绝对不能照搬照抄；对于我国油料产量名列世界前茅的品种如花生、油菜籽、棉籽、米糠等，其标准（含国际标准）要力争有我国的主导意见，决不能任意听从其他国家摆布；对于我国特有的特种油料、油脂如油茶籽油等标准要做到以我为主。

2. 要把食用油的质量与安全放在第一位

当今，食品安全受到世界广泛关注，我国政府高度重视。在各类食品标准中，涉及人身健康与安全的指标，不能降低标准要求，只能越来越严。食用油是食品安全中最敏感的产品之一，众所关注。在食用油国家标准的制修订中，对残留溶剂、过氧化值、黄曲霉毒素、3,4－苯并芘等质量安全指标必须从严规定；对议论已久的农药及重金属残留，迟早将会列入标准要求，要做好思想准备；对新发现的、公认的有毒有害物质，如反式脂肪酸等，要根据国际上的通常要求和我国的实际，经充分研讨后，在标准指标中加以补充规定。从而使食用油国家标准，更加完善、更加严格，以确保食用油的质量与安全。

3. 要关注和服务于国家政策导向

鉴于标准就是法规，从广义上讲它是法律的组成部分。所以，标准的制修订是一项政策性很强的基础性工作，必须关注和服务于国家政策导向。就食用油国家标准而言，为最大程度保存油脂、油料中的固有营养成分，防止过度加工导致大量营养素的损失以及产生的负面影响，已经引起政府有关方面的重视，并在国家发展和改革委员会、国家粮食局印发的《粮食行业“十二五”发展规划纲要》和《粮油工业“十二五”发展规划》中，多处倡导适度加工，合理控制成品粮油加工精度，提高产品出品率的政策导向。为使这一导向落到实处，我们在制修订食用油国家标准时应该认真考虑加以贯彻。我认为，通过对烟点、色值、酸值、水分和冷冻试验等非涉及人身健康与安全指标的合理修订，可以控制食用油产品的过度加工。

4. 要研究制标方法，加快制标进程

前面我已讲过，自粮标委油料及油脂技术工作组成立以来，取得了非凡的成绩，但其制标进程仍然跟不上我国油脂科技和油脂工业日益发展的需要。我认为，现在需要研究制标方法，才能加快制标进程。今年 5 月 10 日在山东邹平三星集团召开的“《玉米油》国家标准研讨会暨中国玉米油产业发展论坛”会上，我就改进制标方法提了些建议。为加快制标进程，我觉得油料及油脂技术工作组在制修订某一标准前，可以考虑成立一个由各方专家组成的制标小组。制标小组经广泛调查并听取不同意见后，草拟提出标准的制修订方案。方案可先请有关单位和专家函审，根据函审意见进行初次修改。在此基础上召开一、两次由有关单位和专家参加的研讨会，再次听取大家的意见后进行修改即可。对不同意见，要认真分析，有的要采纳，有的要说服大家顾全大局，防止无休止地研讨。要避免经过长达八年、十年研讨还是制定不出一个标准的现象再度发生。

5. 制修订标准要分轻重缓急

由于我国油料、油脂品种繁多，很多标准需要制订，加上随着科技进步的日新月异，我们过去制订的标准有许多需要重新制修订。对此，摆在我们油料及油脂技术工作组面前的任务十分繁重。面对这一繁重任务，技术工作组要认真进行梳理，根据“轻重缓急、突出重点”的原则，先制修订最重要、最急需的标准。从当前的实际看，我认为稻米油国家标准的修订是最急需的，因为它有利于粮油加工业“十二五”发展规划的实施，促进我国米糠资源的利用，为国家增产油脂。

6. 制标工作要通力合作，商量办事

鉴于标准是行业的技术法规，关系企业的生存与发展，为此大家高度重视并积极参与，这是好的。但从另一方面看，大家的积极性高了，参加的单位和人员多了，不同意见也多了，形成一致意见的难度也大了。对此，我希望大家都要学会善于听取别人的意见，提倡要有全局观点，采取求大同存小异的商量办事方式，将意见集中起来加以统一。避免无休止地各持己见，因形不成一致意见而贻误时间，要吸取过去有些标准制修订进度太慢的教训。

7. 在制标中要重视基础标准的制修订

从总体上看，我国粮油基础标准的制修订开展的比较薄弱。我感觉，在现有的粮油标准中，最多的是产品标准，其次是方法标准，最少的是基础标准。这种现象，从过去和当前的实际需要看，是符合我国国情的。但从长远看，我们不能忽视基础标准的制订。我认为，基础标准是制修订其他标准和保证其他标准贯彻实施的基础，是标准的标准。例如，油脂工业通用术语和定义、油脂加工技术规范、油厂的卫生与操作规范、油厂基本建设通则、油厂的环境保护管理规范等，都需要研究制修订。据了解，在国际标准化组织制订的标准中，基础标准占了相当的比例，这是需要我们认真研究和学习的。

四、在《牡丹籽油》行业标准暨中国牡丹籽油产业发展论坛上的演讲

（2013年9月7日　于山东菏泽）

很高兴再次来到素有“菏泽牡丹甲天下，天下牡丹出菏泽”之称的中国牡丹之都——菏泽。参加由全国粮油标准化技术委员会油料及油脂技术工作组主持召开的《牡丹油脂》行业标准研讨会。

我还记得在去年4月20—22日，正是菏泽牡丹盛开的季节，我应邀参加了由菏泽市人民政府主办的“牡丹产业发展高峰论坛”，听取了牡丹产业的发展前景，参观了菏泽市著名的曹州牡丹园，从而对牡丹产业的发展前景有了较深印象。本次研讨会是要研究制订《牡丹籽油》的行业标准，以推动牡丹产业的健康发展。下面我就制订《牡丹籽油》行业标准讲点意见，供大家参考。

（一）我国是牡丹资源最丰富的国家

牡丹属芍药科芍属木本植物。我国是牡丹的原产地，也是牡丹资源最丰富的国家，牡丹在我国已有2 000多年的栽培历史。至今，牡丹广泛种植于我国的河南、山东、安徽、陕西、四川、甘肃、浙江等地，尤以河南洛阳和山东菏泽种植最多，我国牡丹的种植面积已达30万亩。牡丹是我国著名的国花，开始主要作为高贵美丽的名花供人们观赏，后来发现可作药用，进而又发现其种子含有大量蛋白质和脂肪，可以加工利用。尤其是以“凤丹”、“紫斑”为代表的两种牡丹种子的产量和含油率最高，可以供作食用。与此同时，其副产物果荚皮、种皮中含有丰富的多酚和多糖等生理活性成分，深加工后增值潜力很大。另外，还可以从牡丹的花朵、叶、根、皮中获得一种具有挥发性芳香气味的次生代谢物——牡丹精油，将广泛用于制药、杀虫、抑菌、食品添加剂、日用化妆品等行业。由此可见，牡丹全身是宝，牡丹产业发展前景看好。

（二）《牡丹籽油》是一种优质食用油脂

牡丹大多用于观赏，一般通过嫁接实现快速繁育，很少产籽。但其中用来制取中药“丹皮”的“凤丹”、“紫斑”牡丹籽产量却很高。据了解，20世纪70年代，有人进行“丹皮”高产试验，牡丹籽生产量每亩可达900kg以上，而目前，一般生产条件下生产通常能达到250kg。牡丹籽的含油量一般为30%～35%。

经检测，牡丹籽经过常规加工方法得到的牡丹籽油，其中主要脂肪酸组成为亚麻酸（$C_{18:3}$）含量为≥38.0%，亚油酸（$C_{18:2}$）含量为≥25.0%，油酸（$C_{18:1}$）含量为≥21.0%。另外，牡丹籽油中还含有磷、钙、镁、铁、锌、钾及维生素A、维生素E等多种营养成分，它与橄榄油、油菜籽油、核桃油、茶叶籽油、杏仁油等同属木本食

用油脂，是一种营养价值很高的优质食用油。由此，2011 年 3 月 29 日，经卫生部正式批准，“牡丹籽油”列入了新资源食品。

鉴于我国种植牡丹的地域广，可利用的土地量大，加上近年来随着一大批牡丹深加工产品的研发和面市，牡丹产业（包括发展油用牡丹）已愈来愈引起中央、省、市领导的高度重视，做过许多重要批示，推动了牡丹产业的快速健康发展。我们油脂界要积极支持牡丹产业的发展，并将重点放在油用牡丹籽的开发利用上。

（三）制订好《牡丹籽油》的行业标准

为推动牡丹产业的发展，国家粮食局标准质量管理办公室发文，将制订《牡丹籽油》行业标准列入了 2012 年粮油行业标准制定计划，由武汉轻工大学和山东菏泽尧舜牡丹生物科技有限公司负责起草制订。本次研讨会将要讨论修改他们提出的“征求意见稿”。为修改好这个标准，我提几点建议。

（1）鉴于牡丹籽是我国特有的食用油料资源，《牡丹籽油》行业标准是我国特有的食用油标准，古今中外没有可以借鉴的资料，所以制定该标准时应该本着从我国国情和《牡丹籽油》的特点出发，自主的、实事求是地来制订这项标准。

（2）鉴于牡丹籽是属于小品种油料，目前我国的产量较少，因此，在开始制订标准时不要完全套用过去的食用油标准，诸如在对加工方式的要求上，不必再分压榨油和浸出油；在等级的划分上，不必像大品种那样分为一级油、二级油、三级油和四级油，最多分为一级油和二级油，甚至可以考虑只设一个等级，即《食用牡丹籽油》行业标准，待今后产量较大时，食用量增加时再分等级。

（3）鉴于《牡丹籽油》中不饱和脂肪酸含量在 90% 以上，尤其是亚麻酸的含量高达 38% 以上。根据这个特点，为保证《牡丹籽油》的货架日期，要特别强调在加工、包装和销售等环节的抗氧化问题，以确保过氧化值的不超标。

五、在《DHA 藻油》标准研讨会上的演讲

（2013 年 10 月 29 日 于北京）

今天很高兴参加《DHA 藻油》标准研讨会！近年来我国食用植物油总供给量持续增长，发展油料生产，提高我国食用油自给率，是国家粮食安全的重要组成部分。

DHA（二十二碳六烯酸，俗称脑黄金），是一种对人体非常重要的多不饱和脂肪酸，是 $\omega-3$ 多不饱和脂肪酸家族中的重要成员。国内外已有大量临床研究报道了 DHA 对人类的积极功效——能促进婴幼儿的脑部和视力的机能发育，并有助于婴幼儿的生长发育。同时，DHA 还具有减少血栓形成、预防心脑血管疾病、降血脂、预防动脉硬化、抗癌、预防糖尿病、延缓衰老等功效。

市场上的 DHA 产品主要来源于鱼油和海洋微藻。与鱼油 DHA 相比，藻油是一种纯植物性 DHA 原料，从人工培育的海洋微藻中提取，未经食物链传递，是目前世界上最纯净、最安全的 DHA 来源。

（一）DHA 藻油的制作过程

制备 DHA 藻油所用的海藻是在一定培养基中生长发酵后提取所得的。DHA 藻油从海藻中提取出来后，一般采用食用油工业中的常规方法和程序进行提纯、脱色和脱臭处理。为了尽量减少富含 DHA 的藻油在加工过程中的氧化，必须在每个生产环节上都尽可能使用最低有效温度和最短处理时间来进行质量控制，最后还要通入氮气冷藏包装或抽真空的办法对 DHA 藻油进行连续保护和包装储存。提取出来的 DHA 藻油中一般含 35% ~60% 的 DHA。

（二）DHA 藻油食用油

2010 年 DHA 藻油食用油在中国一经面世，就受到注重健康养生的中国消费者们的青睐，成为食用油市场的新宠。最早创新的 DHA 藻油食用油中的 DHA，来源于全球 DHA 领导品牌——美国马泰克公司。它直接从藻油中提取，是一种无任何海洋污染的 DHA，整个生产过程都经美国食品与药物管理局（FDA）批准。更重要的是，DHA 藻油纯度可高达 35% 以上，且无异味、耐高温，再加上不经食物链沉淀，的确是健康的最好选择。

DHA 藻油食用油，是各年龄段的人们摄取 DHA 的首选，对人体的“大脑养生”更是格外有效。在国外“脑健康”很早就已经成为了备受关注的话题。在 20 世纪 90 年代初就有报道，DHA 不仅可以促进人脑活动，还能使头脑聪明。然而，据《中国人 DHA 食用情况》营养调查显示，中国人对 DHA 功效的认知度虽然全球领先，但摄入量却普遍低于国际水平，儿童的摄入量更是堪忧。采用海洋微藻发酵法生产 DHA 藻油，不仅给整个行业带来技术上的革新，也将在中国食用油市场掀起“脑健康”风暴。

其实很多上班族由于工作压力大，会经常处于“脑衰”状态，其大脑急需要补充DHA。但比起专门购买昂贵的保健补品，若能通过日用饮食来进补，既容易长久坚持下来，也更易达到比较持久的效果。因此中国的食用油生产商也开始探讨在食用油中添加DHA藻油（直接从藻类中提取的不含海洋污染的DHA藻油）。据悉该种DHA藻油在世界75个国家超过350种婴儿配方奶粉、膳食补充剂、食品和饮料中都可以找到它们的存在。

可以预料，随着人们生活水平的提高和对健康、保健的日益重视，特别是社会各界对儿童健康发育的万分关注，DHA藻油必将将成为国际市场的宠儿，必将得到广泛的应用。

六、在《芝麻油》国家标准修订研讨会上的演讲

（2013 年 11 月 24 日 于安徽合肥）

很高兴参加本次研讨会，与大家一起研讨《芝麻油》国家标准的修订工作。本次研讨会在安徽合肥召开，首先我要代表中国粮油学会油脂分会，对安徽省粮食行业协会和安徽燕庄油脂有限责任公司为研讨会的召开所作的精心安排表示衷心的感谢；对前来参加研讨会的各位代表表示热烈的欢迎。下面我先讲几点意见以供参考。

（一）我国是芝麻的生产大国

芝麻是世界上最古老的油料作物之一。据史料记载，芝麻是西汉张骞出使西域后传入我国的。但在浙江吴兴钱山漾和杭州永田畈先后出土了 4 500 年前的芝麻。由此可见，芝麻在我国有着悠久的种植历史。

芝麻品种繁多，种植范围广。据悉，世界上有 60 多个国家都种植芝麻，排名前四位的依次是印度、苏丹、缅甸和中国。其产量约占世界芝麻总产量（300 万 t 左右）的三分之二。

正常年景，我国芝麻的种植面积在 70 万 hm^2 左右，约占世界芝麻种植面积的十分之一左右；产量在 60 万 t 左右，约占世界芝麻产量的五分之一。

在我国，河南、安徽和湖北是我国芝麻的主要种植地区，其产量约占我国芝麻产量的四分之三左右。

（二）我国是芝麻的消费大国、加工大国

芝麻及其制品是我国消费者喜爱的食品。在我国市场上，芝麻油、芝麻酱、芝麻糊等产品以及利用芝麻生产的汤圆馅等传统食品和各种烘烤食品琳琅满目，深受消费者的喜爱。

现在，我国国产芝麻的产量已经不能满足市场的需求。为满足市场需求，近些年来，我国每年需要进口芝麻约 40 万 t，另外，每年约有 10 万 t 芝麻通过边贸进入我国，连同国产芝麻 60 万 t，合计我国每年约需 110 万 t 芝麻才能满足市场的需求，其消费总量约占世界芝麻总产量的三分之一。由此可见，我国是世界芝麻的消费大国。

据统计，2012 年我国芝麻总用量为 110 万 t，其中 40% 直接用作食品，60% 用于芝麻油的生产。另据统计，在全国工商注册的小磨香油生产厂家，加工用去芝麻每年约 30 多万吨。所以，我国也是世界芝麻油的加工大国。

（三）芝麻油是世界公认的最佳健康食用油

芝麻含有丰富的油脂和蛋白质，具有很高的食用价值。芝麻油在许多化学、生物和生理特性方面与其他植物油相比有较多优势。由于芝麻和芝麻油中含有许多微量成

分——木酚素类化合物（主要为芝麻素）的活性物质。具有解毒、抗氧化等诸多生理功能，可以作为保健食品的基础原料。为此，2010 年世界卫生组织第 113 次会议，推荐玉米油、米糠油和芝麻油为最佳食用油。

（四）以我为主，修订好芝麻油国家标准

GB 8233—2008《芝麻油》国家标准与其他食用油国家标准相比，自 2009 年实施以来只有五年多时间，其质量指标尽管相对较为合理，但我认为也要贯彻适度加工、营养健康和节能减耗等精神，参考其他食用油国家标准修改的情况并与之相衔接进行修订。对此，提出以下几点建议供参考。

（1）鉴于我国是芝麻的生产大国，消费大国，也是芝麻油的加工大国，所以这项标准与其他标准不同，应该根据我国的实际，以我为主进行修订。

（2）要参考其他食用油国家标准的修订情况，对特殊指标、色值、水分及挥发物、烟点、酸值、等级划分等指标做适当修改。

（3）要研究如何防范及鉴别芝麻香油的掺假防伪问题。

（4）需要研究是否要在标签中说明芝麻的生产国名问题。鉴于现在我国每年进口的芝麻多达 50 万 t（连同边贸进入）并大多用于榨油，而国产的 60 万 t，只有 30 万 t 用于榨油，可见进口芝麻的榨油量已高于国产芝麻的数量。但至今在芝麻油的标签上尚未见到用国外原料生产芝麻油的字样。为让消费者知情，现在已有必要在芝麻油标签上说明产品原料的生产国名。

（5）鉴于生产小磨香油时，焙炒是产生香味的关键环节，但也存在着“焙炒”过度，易产生 3,4 - 苯并芘以及反式脂肪酸等问题。对此，如何加以防范，应该关注。

（6）芝麻酚、芝麻素等活性物质，是否要列入特性指标之中的问题，为稳妥起见可分两步走，目前可先将其指标放在附录中，待条件成熟时再调整。

（7）在“加工工艺”中，该产品标准在标识用水代法、压榨、压滤或浸出等加工方式的同时，是否要包括“低温冷榨法”生产芝麻油，需要大家认真研究。我认为为了确保芝麻油产品的质量与安全，目前在国家标准中最好不要包括在其中，加工企业可按企业标准组织生产。

七、在《油脂工业清洁生产评价指标》研讨会上的演讲

（2013 年 12 月 22 日　于浙江德清）

由全国粮油标准化技术委员会油料及油脂技术工作组主持召开的“油脂工业清洁生产评价指标”标准研讨会今天在美丽、富饶的浙江德清举行，从而我们有机会再次相聚在一起，共商我国油脂工业的标准制订工作。本次研讨会由浙江新市油脂股份有限公司协办，他们为本次研讨会的顺利召开做了大量的准备工作，对此，我代表油脂分会表示衷心的感谢。

浙江新市油脂股份有限公司是著名的油脂加工企业，其油菜籽的加工能力与实际产量一直名列我国油菜籽加工企业前茅。浙江新市油脂股份有限公司的前身是浙江新市油厂。在我国计划经济年代，新市油厂的经营管理经验曾多次在我国粮油工业经验交流会上进行交流，给大家留下了深刻的印象。1998 年 5 月 20 日，中国粮油学会油脂分会在新市油厂成功召开了首届“会长扩大办公会议”，参加会议的 33 名代表认真研究了分会的工作，具体部署了召开“中国粮油学会油脂专业分会第四次会员代表大会暨第八届学术年会”的各项准备工作，保证了年会的成功召开。由此，油脂分会“会长扩大办公会议”的做法一直延续到现在，成为分会每年的例会。由此可见，浙江新市油脂股份有限公司为我国油脂工业的发展和学会工作作出了贡献。在这里，希望他们再接再厉，为我国油脂工业的发展和支持学会工作作出更多更大的贡献。

各位代表，本次研讨会是商讨“油脂工业清洁生产评价指标”标准，也就是要研讨“我国油脂工业清洁生产标准”。对这一评价指标（即标准）大家可能不太熟悉，我和大家一样，没有像制订其他食用油质量标准那样，比较熟悉。为此，在开会之前，我看了一些资料，学习了 2006 年由国家环境保护局发布的“清洁生产标准食用植物油工业（豆油和豆粕）”即 HJ/T184—2006，有了些粗浅认识，下面，我讲几点学习心得。

（一）油脂工业推行清洁生产意义重大

油脂工业企业推行清洁生产，是保证产品质量与安全，提高资源利用率，实现节能减排的最佳选择；是现代油脂工业发展和文明生产的重要标志。

为在油脂工业推行清洁生产，首先要知道什么是清洁生产。清洁生产（cleaner production）在不同的发展阶段或者不同的国家有不同的叫法，例如，“废物减量化”、“无废工艺”、“污染预防”等，至今没有统一的叫法。但其基本内涵是一致的，即对产品和产品的生产过程、产品及服务争取预防污染的策略来减少污染物的产生。

在综合各种说法后，采用了“清洁生产”这一术语，来表征从原料、生产工艺到产品使用全过程的广义的污染防治途径，给出了以下定义：

“清洁生产”，是一种新的创造性的思想，该思想将整体预防的环境战略持续应用

于生产过程、产品和服务中，以增加生态效率和减少人类及环境的风险。对生产过程，要求节约原材料与能源，淘汰有毒原材料，减降所有废弃物的数量与毒性；对产品，要求减少从原材料提炼到产品最终处置的全生命周期的不利影响；对服务，要求将环境因素纳入设计与所提供的服务中。

中国对清洁生产的定义为：清洁生产是指，既可满足人们的需要又可合理使用自然资源和能源，并保护环境的实用生产方法和措施。其实质是一种物料和能耗最少的人类生产活动的规划和管理，将废物减量化、资源化和无害化，或消灭于生产过程之中。同时，对人体和环境无害的绿色产品的生产，亦将随着可持续发展进程的深入而日益成为今后产品生产的主导方向。

综上所述，清洁生产的定义包含了两个全过程控制——生产安全过程和产品整个生命周期全过程。对生产过程而言，清洁生产包括节约原材料与能源，尽可能不用有毒原材料并在生产过程中就减少它们的数量和毒性；对产品而言，则是从原材料获取到产品最终处置过程中，尽可能将对环境的影响减少到最低。

对生产过程与产品采取整体预防性的环境策略，以减少其对人类及环境可能的危害；对生产过程而言，清洁生产节约原材料与能源，尽可能不用有毒有害原材料并在全部排放物和废物离开生产过程以前，就减少他们的数量和毒性；对产品而言，则是由生命周期分析，使得从原材料取得至产品的最终处理过程中，竭尽可能将对环境的影响减至最低。

上述对清洁生产的定义表达起来有些费劲。我觉得国家环境保护局于2006年发布的“清洁生产标准食用植物油工业（毛油和豆粕）”HJ/T184—2006中，对清洁生产的定义表述得比较通俗简明，即“清洁生产”是指不断采取改进设计、使用清洁的能源和原料、采用先进的工艺技术与设备、改善管理、综合利用等措施，从源头消减污染，提高资源利用效率，减少或者避免生产、服务和产品使用过程中污染物的产生和排放，以减轻或者消除对人类健康和环境的危害。

在了解清洁生产的定义后，我们就不难理解清洁生产的目的是节能、降耗、减污、增效。节能就是节约能源，即节电、节煤等；降耗就是降低消耗，也就是减少原辅材料的损失，提高资源利用效率；减污就是减少污染物的产生；增效就是增加经济效益。由此可见，在油脂工业积极推行清洁生产意义重大。

（二）制订好油脂工业清洁生产评价指标标准

根据国家发展和改革委员会、环境保护局、工业和信息化部的要求，为贯彻实施《中华人民共和国环境保护法》和《中华人民共和国清洁生产促进法》提高资源利用率，减少和避免污染物的产生，确保油脂产品的质量和安全，保护和改善环境，本次研讨会，将研究制订油脂工业清洁生产评价指标，即要制订油脂工业清洁生产标准，也就是将油脂工业推行的清洁生产制订成标准，并认真加以贯彻，促进油脂工业的健康发展。

为在油脂工业中推行好清洁生产，其评价指标即标准的制订十分重要，因为标准是衡量和考核企业清洁生产工作实施情况的依据。为此，要推行好清洁生产，必须标准先行。

制订油脂工业清洁生产标准与制订产品质量标准相比，其考核指标的内容与项目要多得多；数据采集与计算方法要复杂得多。根据清洁生产的一般要求，清洁生产指标原则上可分为生产工艺与装备要求、资源能源利用指标、产品指标、污染物产生指标、废物回收利用指标和环境管理要求等元素。在考核和评价清洁生产水平方面又划分为三级技术指标。即一级：国际清洁生产先进水平；二级：国内清洁先进水平；三级：国内清洁生产基本水平。例如，以大豆油为例，在资源能源利用指标类中，其考核指标分为原辅材料的选择、大豆利用率、吨料溶剂消耗、吨油白土消耗、吨料电耗、吨料水耗和吨料煤耗等。在清洁生产的水平考核方面，以溶剂消耗为例，一级吨料溶剂消耗为≤1.0kg；二级为≤2.5kg；三级为≤5.0kg。

由此可见，油脂工业生产标准考核范围之广，内容之多，要求之高，是所有单一油脂产品质量标准所没有的。所以，我认为它是油脂工业化中的大标准，是标准中的标准。油脂加工企业只要认真实施清洁生产，达到标准中三级以上的水平要求，就能确保油脂产品的优质与安全，实现节能、降耗、减污、增效的目的。

（三） 对制订和实施油脂工业清洁生产标准的建议

为制订和实施好油脂工业清洁生产标准，促进油脂工业的健康发展和技术水平的不断提高，提出以下几点建议：

（1）要按国家对清洁生产的要求，根据我国油脂工业实际，高标准制定好油脂工业清洁生产标准。鉴于该标准的考评指标范围广、内容多、要求高，为此，必须对各项指标的确定，要根据我国油脂工业的现状一个个认真讨论，取得共识。使制订的各项考评指标既能体现先进性，又能体现可行性。

（2）由于本标准的内容和考评指标多，我估计通过今天一天的会议可能难以全部定下来。为慎重起见，建议代表们将这次会上未确定的指标带回去，听取本单位有关人员的意见后再将建议返还给油料及油脂技术工作组秘书处，由秘书处根据大家返回的意见进行认真梳理和修改。使标准更加科学合理。

（3）由于本标准的文字表述及计算方式较多且较繁琐，为使大家能看懂并理解，要下些功夫，尽量做到文字表达通俗易懂，以便企业贯彻实施。

（4）本标准是油脂工业中的大标准，认真贯彻实施本标准，有利于我国油脂工业整体技术水平和管理水平的提升。但鉴于本标准的内容多，计算公式繁琐，为便于企业实施，建议油料及油脂技术工作组在本标准制订工作完成后，组织有关人员再编一套本标准的“贯彻”提纲，对实施本标准的意义、重点内容以及繁琐的计算公式及较难理解的文字表达等作些解析。

八、关于《食品安全国家标准食用植物油》（征求意见稿）的意见和修改建议

（2014 年 1 月 3 日　于北京）

国家卫计委及标准委：

为了更好的贯彻和执行《食品安全国家标准　食用植物油》，我会于 2013 年 12 月 22 日在《米糠油》国家标准研讨会期间，组织行业有关专家和企业代表对《食品安全国家标准　食用植物油》（征求意见稿）进行了认真的讨论，现将有关建议反馈如下。

（1）建议在《食品安全国家标准　食用植物油》中对原油的用途予以限定，规定原油不能食用。

（2）鉴于植物原油酸值不会直接对食品安全构成威胁，参照国际上的通常做法，建议在《食品安全国家标准　食用植物油》中取消对“植物原油酸值”的限定。

（3）若确需保留原油酸值指标，建议《食品安全国家标准　食用植物油》依据油料实际情况，针对不同油料品种，设立原油酸值的限定值：

①以大豆、油菜籽、花生、葵花籽、芝麻、亚麻籽、油茶籽等为原料制得的原油，酸值≤4mgKOH/g 。

②以玉米胚、棉籽、棕榈果、棕榈仁为原料制得的原油，酸值≤10mgKOH/g；以米糠为原料制得的原油，酸值≤25mgKOH/g。

这里需要说明的是，为提高我国食用油的自给率，近几年在国家政策的扶持支持下，我国米糠和玉米胚资源的利用有了长足发展。据国家粮食局统计，2012 年这两种食用油的产量已达 205 万 t，约占我国国产油料产油量的 20%，是来之不易的。如果按《征求意见稿》中对米糠原油的酸值≤10mgKOH/g 和玉米原油酸值≤4mgKOH/g 执行，将会给这两种刚刚发展起来的植物油带来毁灭性的打击。为此，我们恳请贵委多听听企业和主管部门的意见后再做决定。

九、对《米糠油（稻米油）》国家标准的修订意见

（2014年5月5日 于北京）

油脂油料制修订工作组及专家组：

为提高米糠的利用率，为米糠油生产企业服务，当前，加快修订好米糠油国家标准，是油脂行业当务之急要做的一件事情。

1. 关于米糠油的名称

我认为可用：稻米油又称米糠油或米糠油又称稻米油。

2. 关于修订稻米油的特性指标

（1）是否可以考虑删去一部分特性指标，如折光指数、碘值、皂化值、不皂化物等；重点保留脂肪酸组成。

（2）重点修改豆蔻酸（$C_{14:0}$）、亚麻酸（$C_{18:3}$）、油酸（$C_{18:1}$）和棕榈－烯酸（$C_{16:1}$）等标准，使不同地区、不同品种的米糠生产的稻米油其脂肪酸组成均能包括在其中。

3. 修改毛糠油的名称及酸值

（1）将原来的毛糠原油改为毛糠油。

（2）从实际出发，建议将毛糠油的酸值，提高到20mgKOH/kg左右，鉴于目前的实际，大多毛糠油的酸值（尤其是在夏季）大多远高于20mgKOH/kg，但我们不能订的太高。因为我们要提倡新鲜米糠入榨和通过膨化保鲜利用。所以，经过努力，毛糠油的酸值订在15～20mgKOH/kg左右是有可能的。

4. 关于修订稻米油的有关质量指标问题

既要考虑原先的标准，也要考虑贯彻“适度加工、节能降耗”，以及食用米糠油的实际。从实际出发修订质量指标。为此，建议如下：

（1）取消原一级油的标准，将原来四个等级标准改为三个等级。

（2）将原来的二级米糠油标准作适当修改后，作为新标准的一级米糠油标准，其他新二级和新三级米糠油的标准依次类推。

（3）新米糠油的色值、烟点、酸值、水分及挥发物等指标应作相应变更。建议一级米糠油的烟点不要高于200℃，新三级米糠油的酸值提高到≤4mgKOH/g。

（4）要否将谷维素的含量作为特性或质量指标，大家可以讨论，但我倾向于这次暂不放在新标准中，5年后再修订时讨论，因为这涉及其他食品的特性指标是否要有规定，如芝麻油中的芝麻酚，油菜籽油中的茶多酚以及橄榄油中的橄榄酚等。

以上建议，供大家参考。

十、在美藤果（油）系列标准制定暨美藤果产业战略发展研讨会上的开幕词

（2014 年 8 月 26 日　于云南西双版纳）

很高兴来到美丽的西双版纳，参加由全国粮油标准化技术委员会油料及油脂技术工作组主办的和由西双版纳印奇生物资源开发有限公司协办的“美藤果（油）系列标准制定暨美藤果产业战略发展研讨会”。与大家一起讨论和制订又一个木本油料及其产品的标准制订。下面我先抛砖引玉讲点学习心得。

（一）国家高度重视木本油料的发展

进入 21 世纪以来，尤其是今年以来，中央领导和各级政府高度重视木本油料产业的发展，召开了一系列促进以油菜为代表的木本油料产业发展大会，制订了一系列促进木本油料生产发展的规划和政策措施，并取得了显著效果。据有关统计表明，我国的油茶籽生产已由 2008 年的不足 100 万 t，发展到了 2013 年的 190 万 t，核桃产量已由 2008 年的 40 多万 t，发展到了 2013 年的 233 万 t。为促进木本油料产业的进一步发展，根据国务院的有关指示精神，国家林业局在征集各省、自治区、直辖市人民政府意见后，起草制订了《国务院关于加快木本油料产业发展的意见征求意见稿》，并于今年上半年发文征求了中央有关人员的意见，估计不久就会公布。意见中提出，力争到 2020 年，油茶、核桃、油用牡丹等木本油料树种种植面积达到 2 亿多亩。木本油料基地投产后，估计到 2028 年，我国年产木本食用油能达到 500 万 t 以上。

这里，我们要问，国家为什么这样高度重视木本油料产业的发展呢？理由很多。

1. 为满足我国食用油市场发展的需求

随着我国人民生活水平不断提高的需求，我国食用油的需求量不断增加，而我国油料生产的发展赶不上食用油消费量的增长速度，自给量只有 38% 左右，依赖进口程度过高。发展木本油料产业，有利于满足我国食用油市场进一步发展的需求，有利于提高我国食用油的自给能力。

2. 适宜在我国种植的木本油料树种资源十分丰富

据了解，我国有 150 多种籽含油量在 40% 以上的木本油料树种，其中油茶和核桃是我国传统木本油料的代表，另外还有油用牡丹、长柄扁桃、光皮梾木、元宝枫、翅果、杜仲、盐肤木以及美藤果等新型食用油料树种，这些树种不仅可广泛栽培，而且产油量高，发展前景广阔。

3. 不与粮食争地

目前，我国还有荒山荒地 6 400 多万亩，25 度以上斜坡地和大量的盐碱地、沙荒

地等。利用这些土地大力发展木本油料，既不与粮食争地，又能有效增加国内食用植物油的供给。

4. 有利于美丽中国的建设

加快木本油料产业的发展，有利于绿化国土、治理水土流失、防沙治沙；有利于扩大生态资源总量、改善生态；有利于建设生态文明和美丽中国。与此同时，有利于山区百姓的增收和脱贫致富。

5. 有利于为消费者提供优质营养的健康食用油

从木本油料中制取的油脂，在脂肪酸组成上大多优于其他大众食用油品，并富含维生素 E、维生素 A、维生素 D、甾醇、角鲨烯、天然抗氧化物质等生理活性成分，富含磷、钙、镁、铁、锌、钾等矿物质，是生产功能性油脂的重要原料，在油脂界誉称为“特种油料”。

（二） 美藤果是优良的木本油料，发展前景看好

昨天在昆明机场，我们看到了西双版纳印奇生物资源开发有限公司的一幅广告，其中醒目的广告词是“印奇美藤果油，雨林长寿油王”。今天清早，我认真地学习了一遍研讨会印发的资料，使我深思美藤果与油橄榄和油茶一样，是一种优良的木本油料。其最大的特点如下：

（1）美藤果能做到与草本油料一样，当年种植，当年挂果收获，2 ~ 3 年即能进入盛产期，盛产期长达 10 ~ 15 年。从而优于大多木本油料从栽培到挂果收获，需要 3 ~ 5 年的缺陷，更优于草本油料只能播种一次，收获一次的缺陷。

（2）产量高、含油量高。美藤果的种子亩产一般产量为 120 ~ 150kg，最高可达 200kg。种仁含油高达 45% ~56% 。

（3）美藤果油是一种优质健康食用油。其不饱和脂肪酸的含量高达 92% ~93% ，其中亚麻酸的含量高达 50% 以上，亚油酸的含量为 33% 以上，油酸的含量为 9% 左右。另外，维生素 E 等活性物质和钙、铁、镁、钾等矿物质的含量较为丰富，不愧为大自然赏赐给人类的上佳“礼品”。

美藤果于 2006 年从南美引入我国西双版纳，为推动美藤果产业的发展，印奇生物资源开发有限公司已建成年产 1 000t 美藤果油及其深加工产品的生产线，并规划配套建设 3 万 ~4 万亩生产基地。我们相信随着国家相关政策的到位，规模化种植、采集和加工技术的不断完善，美藤果产业一定会得到健康快速的发展。

（三） 认真制定好美藤果（油）系列标准，促进美藤果产业的健康发展

“美藤果”这个“美名”对我们在座的许多专家来讲，大家还是第一次听到，今天要研究制订好《美藤果》《美藤果油》和《美藤果蛋白粉》三个行业标准，是很不容易的事，对此，我想提出三点建议：

（1）鉴于这三个标准，没有别的国家参考标准，制订的难度较大。但我认为，不管如何，这三个产品也是油料、食用油和植物蛋白粉的组成部分。为此，其标准的格

式、内容可以参考我国其他油料、油脂和蛋白粉的标准，再根据美藤果（油）的特点作相应的调整。

（2）要把产品的安全放在第一位。鉴于美藤果油的提取方法比较简单，一般只需低温压榨，不需精炼即可食用。为保证食用安全，对美藤果的精选就显得尤为重要，要绝对控制其霉变籽、发芽籽和有害杂质混入；在加工环节，各类容器和关键部位的加工机器要符合清洁生产要求，倡导清洁生产，防止加工过程对产品的“污染”，确保产品的绝对安全。

（3）鉴于美藤果油的不饱和脂肪酸的含量高达92%～93%，尤其是亚麻酸含量高达50%以上，其抗氧化问题必须引起高度重视，以确保油品在储存、销售和消费环节中的安全。

我们相信，通过标准的制订，一定能促进美藤果产业的快速健康发展。

十一、我国核桃产业发展前景美好

——在核桃系列国家标准制修订暨核桃产业发展研讨会上的书面报告

（2015 年 10 月 22 日　于西藏拉萨）

首先我代表中国粮油学会油脂分会感谢大家对发展我国核桃产业的关心，千里迢迢从祖国四面八方来到美丽的拉萨，参加由全国粮油标准化委员会油料及油脂工作组、武汉轻工大学、江南大学和河南工业大学共同举办，由西藏特色产业股份有限公司承办的“核桃系列国家标准制修订暨核桃产业发展研讨会”，共同商讨核桃产业发展大计。

二十年前的早些时候，原国家粮食储备局组织了全国各省市区粮食部门的 56 位领导同志，组成了“赴藏慰问和对口支援团”。我协助原国家粮食储备局常务副局长许宗仁同志带领慰问团来到了西藏。在一个星期的时间里，我们受到了西藏自治区粮食部门和藏族同胞的热情招待；受到了原任西藏自治区书记、现任中共中央政治局委员、北京市委书记郭金龙同志和原自治区主席热地等同志亲切接见；通过在拉萨和日喀则等地的参观学习，让我们饱尝了美丽、神秘的西藏风情和风俗人情，深感西藏是伟大祖国的宝地。至今，我对二十年前在西藏的一幕幕仍然记忆犹新，我很想再次来到西藏，与同志们一起分享拉萨的美景，共商核桃产业的发展。但鉴于近期我另有任务出差在外，不能前来参加会议，但我十分愿意以“我国核桃产业发展前景美好”为题，介绍些情况和讲点意见，并请周丽凤研究员代我发言。

（一）我国种植核桃历史悠久

核桃又名胡桃、羌桃，是落叶乔木胡桃科核桃属，与腰果、扁桃、榛子并称世界四大干果。

核桃起源于西亚、欧洲东部和南部等地区。根据历史记载，核桃是西汉（公元前 140 年）张骞出使西域后带回中国，开始播种的，至今已有 2000 多年的种植史。核桃的品种很多，在我国广泛栽培的有普通核桃和铁核桃两种。普通核桃遍及我国东西南北，而铁核桃则主要分布在我国西南地区（云南、贵州、四川西部及西藏的东南部）。这两个主要品种构成了我国栽培核桃的主体。据了解，到 2003 年底，经过资源普查、引种、实生选种和杂交育种，我国已成功选育出 50 多个优良品种，120 多个优良品系和 140 多个农家品种，为我国核桃产业的发展奠定了基础。

（二）核桃是珍贵的果木，核桃油是高端的食用油脂

中医学认为核桃性温、味甘、无毒、有健胃、补血、润肺、养神之功效，具有较

好的保健作用。所以，核桃是一种营养和经济价值都很高的珍贵果木，是最有发展前景的木本油脂树种，核桃油是国内外公认的高端食用油脂。

大家都知道，核桃果主要有核桃壳、核桃仁和横隔组成，其中核桃仁的含量为43% ~64%（见表1）。烘焙加工后的核桃和核桃仁都是我国消费者喜爱的高端干果食品。原味核桃、咸味核桃仁、琥珀核桃仁等是百姓喜爱的营养休闲佳品；核桃仁广泛用于糕点食品工业，是糕点食品工业的高级辅料。目前，我国生产的核桃和核桃仁大多作为干果和食品工业的原料。

核桃不仅是高端干果食品和食品工业的原料，又是优质高端食用油的原料。核桃仁含有丰富的营养成分，其中脂肪含量在60% ~70%，远高于大豆、油菜籽、花生、葵花籽等油料作物（见表2），是地地道道的高含油油料作物。核桃仁不仅含油量高、出油率高，而且人体必需的维生素 A、维生素 D、维生素 K 等多种维生素和 K、Na、Ca、P、Fe、Se 等矿物质元素的含量较高（见表3），且含有肌醇、咖啡酸等活性成分。核桃油中，亚油酸含量为50%左右，亚麻酸含量一般为10% ~15%，油酸含量为24%左右（见表4）。由此可见，核桃油是营养价值很高的高端食用油。

表1　核桃组成成分　单位:%

核桃	核桃壳	核桃仁	横隔
含量/%	35 ~55	43 ~64	1 ~2

表2　核桃仁主要营养成分　单位:%

核桃仁	脂肪	蛋白	碳水化合物	纤维素
含量/%	60 ~70	14 ~20	5 ~10	6

表3　核桃仁矿物质元素含量　单位:%

物质	含量/%	物质	含量/%
钙	65.2	维生素 B_1	0.265
铁	2.6	维生素 B_2	0.15
钾	3.01	磷	280
铜	1.18	锌	19.5
钠	6.18		

表4　核桃油脂肪酸组成　单位:%

品种	肉豆蔻酸 $C_{14:0}$	棕榈酸 $C_{16:0}$	硬脂酸 $C_{18:0}$	油酸 $C_{18:1}$	亚油酸 $C_{18:2}$	亚麻酸 $C_{18:3}$	其他
花生油	0.1	11.6	3.1	46.5	31.4	1.5	5.8
大豆油	0.1	11	4	23.4	53.2	7.8	0.5
玉米油	0	12.2	2.2	27.5	57	0.9	0.2
棉籽油	0.9	24.7	2.3	17.6	53.3	0.3	0.9

续表

品种	肉豆蔻酸 $C_{14:0}$	棕榈酸 $C_{16:0}$	硬脂酸 $C_{18:0}$	油酸 $C_{18:1}$	亚油酸 $C_{18:2}$	亚麻酸 $C_{18:3}$	其他
葵花籽油	0.2	6.8	4.7	18.6	68.2	0.5	1
芝麻油	0	9.9	5.2	41.2	43.2	0.2	0.3
橄榄油	0	13.7	2.5	71.1	10	0.6	2.1
核桃油	0	5.1	2.5	23.8	47.4	15.8	5.4

（三） 我国核桃产业发展业绩骄人

随着我国经济的持续稳定发展和人民生活水平的不断提高，我国食用油的消费量不断增加。目前，我国每年食用油的消费量已超过 3000 万 t，但其自给率不足 40%。为提高我国食用油消费的自给能力，国家出台了一系列政策，鼓励发展国产油料，其中发展以油茶籽为代表的木本油料取得很大成效。从这几年的实际发展情况看，我认为，在我国木本油料中，核桃、油茶和文冠果等三大木本油料是最有发展前景的木本油料树种。其中核桃产业的发展业绩更为骄人。

据国家林业局提供的资料，2014 年末，全国实有核桃种植面积达 722.8 万多公顷，实有结果面积为 285.6 多万公顷，产量达 271.3 多万吨。与 2011 年末实有核桃种植面积 458.8 多公顷、实有结果面积 166.7 多万公顷、产量 165.5 多万吨相比（见表 5），分别提高了 57.6%、71.3%、和 63.9%。三年平均分别增长 19.2%、23.8% 和 21.3%。尤其是 2014 年的核桃产量已达 271.3 多万吨，成为木本油料中产量最高的和发展潜力最看好的树种。

表 5　　2011—2014 年我国核桃产量

年份	种植面积/hm^2	实有结果面积/hm^2	产量/t
2011	4588027	1667515	1655508
2012	5628820	2138718	2046904
2013	6523124	2535858	2325010
2014	7228470	2856715	2713741

另据联合国粮农组织数据库资料显示，2013 年世界核桃产量为 345.8 万吨，其中我国的核桃产量遥遥领先于世界各国。

（四） 推动核桃产业发展的几点建议

在国家政策的推动和支持下，近些年来，我国核桃产业取得了长足发展，令人鼓舞。为进一步推动木本油料产业的持续健康发展，去年 12 月 26 日国务院办公厅印发了《关于加快木本油料产业发展的意见》，提出了木本油料产业发展的“总体要求”、“主要任务”和“保障措施”，再次强调各地区、各有关部门要高度重视木本油料产业发展，要把木本油料产业发展列入重要议事日程，出台有针对性的配套措施，及时解决产业发展中的矛盾和问题。

木本油料产业发展与油料加工业息息相关。木本油料产业的发展，将为我国油脂加工业提供大量的优质油料资源，促进油脂工业的发展。为此，我们油脂加工业要按照要求高度关注和积极支持木本油料产业的发展。针对核桃产业的发展，油脂加工业应该在以下几个方面多做工作，有所作为，以推动核桃产业的持续健康发展。

1. 加快制修订好核桃系列国家标准，引领核桃产业发展

我国是世界上最大的核桃生产大国，2014 年核桃产量已达 271.3 多万吨。目前，核桃系列国家标准的制修订工作跟不上核桃产业的发展，必须加快步伐制修订好核桃系列国家标准，以适应和引领核桃产业的进一步发展。因为，只有有了标准，核桃及其系列产品才能更好地投放市场，才能进一步提高消费者对核桃及其系列产品的认知度。也只有有了标准，企业才能严格按标准生产出安全和高品质的核桃及其系列产品，争创名牌，提高产品知名度。

2. 要从实际出发，科学制修订好核桃系列标准

鉴于木本油料大多是我国特有的或产量最大的，加上目前作为油料资源加工成食用油脂的数量相对较少，国际上很少有同类产品的标准可以参考。从这一实际出发，在制修订核桃系列标准时，建议要考虑以下三点：第一、要有别于大宗油料、油脂的质量标准要求；第二、鉴于国际上没有核桃系列产品的标准可以借鉴，所以我们应该参照其他木本油料标准，以我为主制修订好核桃系列产品的质量标准；第三、鉴于我国目前用于榨油的核桃数量不大，所以在制修订核桃油质量标准时，其等级分类，不用像大宗油品那么多，建议最多不超过两个级别。

3. 要积极研制适合于核桃加工的机械设备，提高生产加工机械化水平

由于目前我国的核桃用于榨油数量较少，所以加工规模小而分散、加工机械装备落后、生产环境差、劳动强度大等造成的产品质量不稳定、利用效率低、经济效益差等问题没有引起大家的重视。但随着核桃产量的快速增长，核桃加工机械装备落后而制约核桃产业发展的矛盾将会很快凸现出来。为此，我们要积极创新研制适合于核桃加工的各种装备，研制的重点建议放在以下几个方面：一要研制不同规格的高效青皮脱皮机、清洗机；二要针对核桃品种多、果实大小不一、果壳厚薄不一、坚硬度不一等特点，研制出适用于不同品种的高效核桃破壳机及壳仁分离机；三要针对核桃仁含油量高和核桃加工量将快速增长的特点，加快研制大型高效榨油机。在这方面，中国农机院油脂所通过采用“喂料—排油—输送—预榨—压榨”的一体化设计，创新开发了双螺杆榨油机，取得了初步成功，希望他们再接再厉，早出成果。另外，我们要针对核桃油中不饱和脂肪酸含量高达 90% 左右，尤其是亚麻酸含量较高（一般为 10% ~ 15%），容易酸败的问题，研究在加工、包装、储存等环节的防范措施，以确保核桃油的质量与安全。

4. 要重视核桃制油后副产物的综合利用

核桃在制油过程中，将产生大量的副产物——饼粕和果壳。这些副产物都是宝贵的资源。核桃饼粕是优质的蛋白资源，既能饲用，又能食用；核桃壳不仅可以作燃料，又是制作活性炭的优质原料，要好好研究加以利用。通过精深加工和综合利用，做到为百姓造福，为企业增效，为农民增收。

5. 要重视核桃产业的经营

前面我已讲过，从目前的发展业绩和发展势头来看，核桃产业是木本油料产业中最有发展前景的产业。为此，我建议有实力的大型油脂加工企业，要探索在核桃集中产区，敢于投入，逐步建立自己的生产和加工基地，为核桃产业发展添力，为企业发展开创新的领域。

各位专家，由于最近出差较多，我只抽了一天时间匆忙写了这份发言稿，许多地方没有推敲，不妥之处，敬请原谅。最后，祝大家在拉萨身体健康，生活愉快。预祝研讨会圆满成功。

第十一章

国际交流与出国考察

一、 利用联合国援款赴美学习考察中的几点做法

（1980年12月15日 于北京）

如何利用联合国有限的援救，搞好“技术引进”项目，以达到真正对我国粮油工作现代化有所使用的效果，这对我们还是一个新课题。今年9月3日—10月15日，我部接受援款的第一个项目——油脂工业学习考察组，对美国油脂工业进行了考察学习。回国后，向有关单位作了汇报，同志们反映较好，现将他们的几点主要做法介绍如下，以供参考。

（一） 认真做好考察前的各项准备工作， 主要是人员选配和技术摸底，做到人员技术配套， 考察重点明确

这个组由五人组成，领队的是部工业局主管油脂工业的一名处长，他既是技术人员，又是管理人员，对全国油脂工业的全貌较为熟悉。其他四人中，有三人是具有较丰富经验的油脂专业的工业、设计、科研工程师，一个人是无锡轻工业学院油脂系的教授（兼翻译），这个班子的特点是人员组成较配套，技术水平、理论水平比较高，实践经验比较丰实，这对于出国考察学习先进技术来说，是比较理想的班子。后来他们在美国学习考察期间，美方专业人员反映，说：“上次到中国搞技术座谈，没有人提出什么问题，想谈也谈不起来。这次你们提的问题深，谈得好，共享我们的技术，我们很感兴趣。”事实说明，专业学习考察组的成员必须是懂技术的内行。

在技术摸底方面，考察组同志认真查阅了美国油脂工业方面的有关技术文献和美国德拉沃公司和皇冠公司来华技术座谈资料，对美国的油脂工业有了一个初步的概念。同时，还对我国油脂工业的现状做了分析研究，找出了与国际先进水平的差距，在此基础上明确了赴美学习考察的重点是油脂精炼和浸出车间的热量利用。

组内同志根据每个人的特长进行了具体的分工，做到各负其责，各有侧重，对重点设备、主要工艺则采取一人为主，大家配合，力争把能拿到的技术都拿到手。这个分工从实地考察到回国后搞技术总结，一贯到底，保证了这次任务的顺利完成。

（二） 始终注意突出重点， 考察一个厂， 解决一两个重点问题

在美国考察第一个浸出油厂的时候，对该厂的原料仓库、原料运送、原料的预处理、浸出车间和粕的处理等设备和工艺，进行了一般性的全面考察，对美国的油脂工业有了一个初步的感性认识，这在一开始是必要的。但是美国的油脂加工厂的规模都比较大，一般都在日处理原料1 000t左右。厂房大、设备多、工艺流程长，而对于一个厂的考察时间只安排半天或一天。针对这种情况，大家认为，如果都做一般性的全面考察，就会忽略重点，形成一般化。为此，他们从考察第二个工厂起，强调突出重

点，全组同志拧成一股绳，采取集中力量打歼灭战的办法，做到考察一个工厂解决一两个重点问题。具体做法是每到一个厂，首先请厂方介绍概况及工艺流程，从中找出我们要抓的重点，然后在下车间时，全组同志就注意围绕着这个重点，进行突破，取得了较好的效果。例如，在考察两个安迪逊·克莱顿食品厂时，重点考察了他们的油脂精炼车间，分别解决了脱色、氢化、冬化等工段所采用的设备结构形式和工艺操作条件。在考察琼斯迪尔太油厂时，重点解决了浸出车间的热量利用和冷却水的串联使用方法等。

（三） 细看、 勤问、 做好笔记， 做到当天所得资料， 当天整理完毕

在考察过程中，大家都能做到细看勤问，认真做好笔记，每到一个工厂，不管考察半天还是一天，中间从不休息。尽管考察组的同志大都年过半百，个别人已年过花甲，但为了把先进的技术拿到手，大家在车间里上上下下，不怕累、不怕冷、不怕热、连续作战，从不叫苦。这种刻苦、虚心学习的精神，每到一处都给对方留下深刻的印象。

为了把白天参观学习所得的各种印象，及时整理成材料，每天晚上他们都坚持认真核对笔记、整理资料、小结当天的收获、研究第二天考察的重点和方法。还充分利用休息日，较系统地小结几天的收获。在考察期间，他们共整理出了四、五万字的学习考察日记，为回国后进行技术总结和落实考察成果，打下了良好的基础。

（四） 发扬艰苦朴素的作风， 注意节省开支， 为国家节约外汇

这次联合国拨给油脂工业学习考察组的生活费是包干使用的。为了给国家节约外汇，一到纽约，他们就了解美国生活费用的开支情况，订出至少节约 5 000 美元的计划，并先把 5 000 美元存入银行，还取得了 15. 89 美元的利息。

为了实现节约计划，他们找小饭馆吃比较便宜的饭食，有时候就买些面包、水果作早点。在住房上，接待单位都安排的是单人房间，他们主动改住双人房间。在纽约的 10 多天里，每次到我常驻联合国代表处谈工作、去航空公司联系机票等，没有一次叫过出租车，都是乘坐公共汽车、地铁、有时甚至步行，在美国 40 多天里，衣服自己洗，事事注意节约每一分外汇。整个考察期间，他们的伙食、住宿、交通和杂费等生活费用只用了整个生活费用的 34. 3% 。平均每人每天的生活费为 26. 5 美元，为国家节省外汇 1 万余元。

（五） 认真搞好技术总结， 切实落实考察成果

在落实学习考察成果方面，他们回国后主要抓了两件工作：一是，认真细致地进行技术总结，已写出近 10 万字的技术资料，计划印发全国油脂工业系统，让这方面的科技人员和生产单位广泛参考、应用这些资料；二是，在部、局领导的重视与支持下，于 12 月中旬在上海召开了各省、市有关科技人员座谈会，详细介绍美国在油脂工业方面的先进技术，落实几项考察成果的科研项目，研究修改各种制油设备的选定型设计方案，其目的是把落实考察学习成果的工作抓紧、抓好、抓出成果。

二、赴美国油脂工业考察工作总结报告

（1980 年 12 月 22 日　于北京）

根据联合国技术合作发展部的安排，我们自 1980 年 9 月 3 日—10 月 14 日，对美国的油脂工业进行了考察。

考察前，联合国技术合作发展部通过美国劳工部，由法仑区油脂机械厂（主要接待单位）为我们安排了具体的考察日程。根据考察日程的安排，我们自 9 月 8 日—10 月 3 日共 26 天，先后实地考察了 11 个油脂加工厂以及法仑区油脂机械厂，并与美国棉花协会、棉籽产品协会和美国大豆协会进行了技术座谈。在 11 个油脂加工厂中（11 个油脂加工厂的名单附后），7 个是加工棉籽和大豆的浸出油厂，他们都是采用法仑区油脂机械厂设计制造的油脂加工设备，另外 4 个油脂加工厂是 2 个安迪逊・克莱顿食品厂（即油脂精炼厂）、密西西比州马克斯的凯斯特大豆油厂和伊利诺斯州迪凯特的 ADM 公司大豆蛋白制品厂（具体单位名单附后）。

出国考察前，我们进行了认真的技术准备，在分析研究我国油脂工业存在的薄弱环节的基础上，制订了这次考察的重点，即油脂精炼、大豆蛋白的利用（浸出豆粕低温脱溶）和浸出车间的热量利用，以及液压轧胚机、DT 蒸脱机这两个设备需要进一步改进、完善三个方面，从而做到了心中有数。在考察中，我们得到了接待单位热情友好的接待，在技术上，他们耐心讲解，尽力提供技术资料，为我们这次考察的顺利进行，并取得一定的收获提供了有利条件。

通过这次考察，除了在大豆蛋白的利用方面由于事先未向联合国技术合作发展部提出要求，没有安排接待单位而未达到考察要求外，其他两个方面的考察重点，基本上达到了预定的目的，取得了较好的收获。现将这次考察的总的印象、主要收获、几点体会和落实考察成果的设想报告如下：

（一）总的印象

（1）美国的油厂规模大，生产技术比较先进。尽管大多数工厂比较老，国际上的最新技术引用得不多，但是许多地方的先进经验对我国比较实用。例如混合油精炼、冬化、间歇式氢化的工艺和设备，以及榨油机的制造工艺等都是易于在国内推广使用的。在自动控制方面，除了炼油车间采用仪表自动控制外，在预处理车间、浸出车间都只采用仪表显示、人工调节，没有实行仪表自动控制。

（2）美国的油厂机构精简，人员精干。一个日处理 300t 的棉籽油厂，全厂只有 60 余人，其中管理人员只有 5 人；一个日处理 1 500t 的大豆油厂，全厂只有 125 人，其中管理人员只有 20 人，而且有职有权。法仑区油脂机械厂的副经理说："东欧一些国家的工程技术人员对一个问题长期讨论得不出结论，而在我们这里，我一个人签字就解决问题。"

（3）产品不断更新和扩大多种用途，特别重视产品质量，取得用户信任。这是法仑区油脂机械厂从小到大，坚持数十年不败而且逐步得到发展、富有信誉的经验所在。他们说，我们的工厂不算大，如果不在产品质量上取得用户信任，并不断改进产品早就已经被淘汰了。事实确是这样，他们厂拥有较大的技术队伍，而且都是在生产厂工作过的，是富有实际经验的，他们经常在改进产品结构性能上下功夫，所以该厂生产的设备不是一成不变，而是不断改革，使其日趋完善。同时，尽量扩大产品的使用范围，如螺旋压榨机可用于榨油、人造橡胶的脱水动物内藏物的挤压干燥和动物油脂的压榨等，最近还考虑扩大作为大豆蛋白的挤压机等。这种强调产品质量，扩大产品用途，不断改进产品性能的精神，是很值得国内粮食机械厂学习的。

（4）工厂的领导都要经过实际的锻炼、学校毕业后先在车间实践，从实际工作中发现人才，培养提拔，即使是资本家的子女，也要有真才实学才能当经理。

（5）拉博克的平原合作棉籽油厂是一个农业机构组织起来的合作化企业，他们逐步发展到现在拥有 87 个轧花厂，13 个收购站，原料充沛，管理也比较科学，已经发展成为世界上最大的棉籽浸出油厂，日处理棉籽 1 200t。这种合作经营的企业方式，对改变我国油厂小型分散的形式有一定的借鉴。

（6）工厂的卫生条件不够好，棉籽预处理设备普遍陈旧，这方面是他们的不足之处。

（二）主要收获

1. 原料的预处理方面

（1）了解了罗脱斯振动筛的结构及用途　该筛采用两个支承平板在两块石墨承托上作往复运动，并采取了避震措施，或用钢索悬吊或用弹簧避震。石墨支承耐磨性能好（一般可以使用一年后再更换），这种筛选机震动小，运转平稳，筛选效果好。参照其结构形式，对改进我国的筛选机所存在的支承磨损快，容易产生震动，筛选效果差等问题有一定参考价值。另外，在一些大豆浸出油厂中，采用这种筛选机进行大豆的清理、大豆破碎后的皮、仁分离和粕粉碎后的分级，效果都较好。这种在一个工厂中采用型式规格相同的设备，做清理、分离分级等不同用途的做法，大大简化了备件，便于管理和维修。

（2）液压轧胚机　采用了储压加弹簧作为缓冲硬物进入轧胚机时的安全装置，以减少冲击，保护轧辊；用螺母代替螺杆调节轧辊间隙，这样可以加大接触面，减少磨损；在轧胚机机罩口上设有吸风口，以除去料胚中的部分水分；为了减少安装在楼面上的轧胚机振动，采用了弹簧避震装置，用弹簧支承轧胚机座和电机，这些措施，对改进我国的液压轧胚机减轻轧辊破损，减少震动很有帮助。轧辊磨光的磨头行走装置，采用双杆或较大的单杆支承这两种方法，对我们设计磨辊装置有参考价值。

另外，有些浸出油厂采用手揿泵的液压紧辊装置，可以大大简化液压系统，降低造价和维护费用。这种方法在有些油厂中还用作板框式压滤机的压紧装置，代替螺杆。这种简单易行的方法，对进一步研究改进我国的轧胚机和板框式压滤机很有启发。

（3）榨油机　法仑区油精机械厂设计制造的预榨机结构合理、性能良好。为了便于榨笼的装拆，减轻工人劳动强度，采用了铰链式的结构；设有水冷榨膛及调节出饼厚度的装置；榨螺的制造，以铸钢作基料，用堆焊硬质合金焊条的加工工艺，旧榨螺的修复同样采用表面堆焊的方法，这样，一个榨螺可以修复三、四次，减少油厂易损件的消耗费用。这些合理的结构形式和榨螺制造、修复的加工工艺，对改进我国的200型榨油机和202预榨机有参考价值。

2. 浸出方面

（1）在法仑区油脂机械厂设计、制造的成套浸出设备中，对两次蒸汽的余热利用考虑得比较完善合理，既节约了蒸汽的消耗，又节省了冷却水的用量。例如：利用蒸脱机的混合蒸汽作为第一蒸发器的热源；第一蒸发器后的冷凝器，用蒸汽喷射泵抽真空，其排汽有的引入第一蒸发器作热源，有的引入蒸水罐作热源；汽提塔后的冷凝器用蒸汽喷射泵抽真空，其排汽引入蒸水罐作热源；还有的油厂，利用第二蒸发器的溶剂蒸汽与新鲜溶剂直接接触，进行热交换，提高新鲜溶剂温度；蒸水罐蒸出的蒸汽引入第一蒸发器作为热源等。

对于浸出车间余热的利用，是我国目前存在的薄弱环节。通过考察，对我们今后如何利用两次蒸汽的余热，降低消耗，节约能源，有很大的启发和帮助。

（2）在冷却水的使用上，采用了冷凝器冷却水串连使用，以增加水的流速，提高给热系数。例如：在日处理1 200t棉籽的浸出设备中，采用了第一蒸发器的冷凝器和最后冷凝器串连；汽提塔冷凝器和第二蒸发器的冷凝器串连。在日处理300t棉籽的浸出设备中，采用了汽提塔冷凝器、最后冷凝器和第一蒸发器的冷凝器串连。这种合理串联使用冷却水的方法，对改进我国浸出车间内冷却水的使用方法很有好处。

（3）法仑区油脂机械厂制造的DT蒸脱机，经过不断改进，最后设计的一种采用了第一层用间接蒸汽加热，提高湿粕温度，脱除部分溶剂；第二层喷直接干蒸汽，作为脱除粕中溶剂，以防止粕在蒸脱过程中的结团现象。在结构上，采用自动料门控制各层的料层，并提出了粕在蒸煮过程中不需要加压的论点，主张不用喇叭口来控制料层高度。在实际使用中，采用喇叭口控制料层高度是从底层逐层控制上层料层的，路线长、反应慢、出现堵料后难于排除，没有采用自动料门（本层控制本层的料层高度）方便。另外，DT蒸脱机的顶部设有百叶窗，在上三层设有内通道，三层以下的各层锅底各开三个透气窗。这样既保证了溶剂蒸汽排出时的通畅，又避免了冷凝溶剂直接倒回到下面去的现象。

法仑区油脂机械厂制造的新的DT蒸脱机的结构形式，以及粕在蒸煮过程中不需要加压的论点，对研究和改善我国的DT蒸脱机很有帮助。

（4）大多数棉籽浸出油厂，棉籽经过清理、脱绒、壳仁分离、软化、轧胚后，料胚不经预榨，采取直接浸出，这对缩短工艺流程，减少建厂投资，降低消耗，提高油、粕质量有一定的好处。

（5）一些棉籽浸出油厂，采用了混合油精炼，这种炼油方法，可以缩短油厂的工艺流程，提高油品质量，提高精炼率。在我们所看到的三个采用混合油精炼的浸出油厂中，其工艺流程与国内的混合油精炼大体相同，但在有些方面对我们有很大启发，例如：对于皂脚的处理，有的厂采用列管加热器把皂脚加热后进行闪发脱除溶剂；有的将皂脚打入 DT 蒸脱机的第二层混入粕中（国内打到第一层），这样可减少蒸脱机的负荷，减少泡沫性等好处；皂脚的分离有的采用瑞典阿尔法拉伐 SRG214 碟式离心机分离，有的采用夏普耳密闭型管式离心机分离。这种离心机与国内的管式离心机结构基本一样，所不同的是将进油口、出油、出皂口密闭起来。

另外，还向我们介绍了混合油冬化的情况，对我们有很大启发。如果这一工艺应用到米糠、棉籽浸出中去，将对提高米糠油的食用价值有很大意义，也是制油工业的一项革新。

3. 油脂精炼方面

在油脂精炼技术上，我国与国外的差距较大，存在的问题不少，是我们这次考察重点主攻方向，通过考察，学到了不少东西，对进一步搞好油脂设备选定型的设计方案，将有很大帮助，主要有以下几点收获：

（1）关于脱胶的工艺流程和漂白剂的使用。油水先经管路混合器进行初混合后，到混合罐混合 0.5～1h，此时加进双氧水漂白剂，而后送到阿尔法拉伐碟式离心机连续分离，油经真空干燥器去水，粗磷脂经立式刮板薄膜蒸发器（结构与国内的相同）去水到 1% 以下，冷却后到一个调和罐加精炼油和工业脂肪酸稀释，并根据需要加一定量的过氧化苯酰再次漂白；磷脂的输送，采用内齿轮泵，进薄膜蒸发器的毛磷脂用无级调速器控制流量，这一工艺流程和漂白剂的使用方法，对我们有一定的参考价值。

（2）关于碱炼工段。美国的绝大多数油厂都采用阿尔法拉伐碟式离心机，与我们国内掌握和使用的情况大体相同，所不同的是在油碱的比配上，他们是用仪表自动控制进行比配，其顺序大体是，碱液和油采用管路混合器和浆板混合器两次充分混合。用比例控制仪自动控制油和碱的流量，调整好比例后，碱液流量自动跟随油流量的改变而改变，并始终按原定的比例供应。这次我们搜集到了两种自控系统图和了解到了所有仪表的型号。

（3）关于连续脱色工段。在我们看到的两个精炼油厂中，出于他们根据生产的油脂产品的需要，都采用了二次脱色流程。第一次称预脱色，在碱炼之后进行，作为初脱色和吸附残皂。第二次称后脱色，在氢化之后，作为再脱色和吸附残镍。脱色连续进行，过滤采用叶片式或板框式压滤机交替使用。

漂土由可变螺旋输送给料器（用无级变速器控制）供料，经过预混器混合后泵入脱色器，脱色器分二层，中间没有搅拌，上层除空气，下层进行脱色反应，罐外加热，油和漂土的混合物用列管热交换器进行热交换，热、冷油都用翅管式加热器加热或冷却。通过考察，对脱色的工操作条件，白土定量装置，脱色器和热交换器的结构形式有了了解，可以作为改进我国脱色工段的设备作参考。

（4）关于油脂氢化工段。了解了间歇式和连续式两种氢化工艺和有关使用氢气的安全操作规程。我们参观的三个炼油厂，都是生产食用氢化油的，以轻度氢化为主。间歇式氢化锅采用分组蛇管加热和冷却，用透平式搅拌器搅拌。搜集了氢化的主要操作工艺条件。

（5）关于油脂冬化工段。这一工段目前在国内还是空白，为了使油脂中的不同成分得到合理利用，提高油品质，这一工段是不可缺少的。

在考察中，我们参观的两个冬化车间基本相同的，都是在 37～38 ℉的冬化室内，使油温从 110 ℉在 3d 内冷却到 44 ℉，而后过滤，其中一个厂用一台真空过滤器过滤，另一个厂配 6 台板框压滤机交替使用。

通过考察，基本掌握了冬化工段的工艺操作条件，以及所需的设备，总的感觉是工艺设备都比较简单，可供我国今后建设冬化车间参考。

（6）关于脱臭方面。参观的炼油厂，都是采用双壳体半连续式的脱臭器，在脱臭中都采用联苯作为载热体，这和我国一样。但在安全措施方面考虑得比较周到，在流程中设有一套联苯脱水装置，在联苯凝液的回流系统中有一个分水器和冷凝装置，能及时处理联苯中的水分，保证了安全运行。这对改进我国联苯炉的安全设施，保证安全，很有帮助。

4. 其他方面的收获

（1）详细了解了适合于油厂中使用的各种不同泵类的结构形式和规格型号。例如：混合油循环泵，高压、低压供油泵，高压、低压碱液泵，皂脚泵，磷脂泵，脱臭塔真空系统下的抽出泵，脱色塔泵等。这对今后合理选用泵类，很有参考价值。

（2）搜集了部分油脂制品（如起酥油、大豆和玉米胚芽色拉油，片状起酥油和乳化油）和大豆蛋白质品的规格和用途。

（3）了解了美国采用液相旋风分离法分离棉酚、提取棉籽蛋白的试验过程中存在的主要问题，以及失败的经过。这可以作为我们今后研试提取棉籽蛋白的借鉴。

（4）了解了美国试种无色腺体棉籽的经过，以及目前推广种植中存在的问题。

（5）了解了浸出粕残油的测定方法及取样方法。美国大多数浸出油厂认为浸出粕的残油控制在 1% 比较合适，过低则无多大意义，其结果只能是延长浸出时间，增加油脂精炼的损耗。他们测定粕残油都是在浸出器下料口取样，用石油醚抽提，这种取样和化验方法，根据查阅资料一般要比我国的取样和化验方法的残油低 0.5% 左右。这些情况，对我们今后制定浸出粕的取样和化验方法，研究确定浸出粕的残油有一定的启发。

上述几个方面，是我们这次考察的主要收获。这些收获如能落实应用，将对改进我国部分制油设备，改进部分制油工艺，提高我国制油工业的水平是有帮助的。

（三） 考察工作中的几点做法和体会

这次领导派我们去美国考察油脂工业，是对我们的极大信任，也是我们向国外学习先进技术，提高技术水平的极好机会。同时，我们亦深感责任之重，如何通过考察，将更多的国外先进技术学到手，为我所用，为提高我国油脂工业水平作些应有的贡献。我们是本着这种愿望去美国考察学习的。通过考察，收到了一定的效果，基本达到了预期的目的。下面把我们这次考察工作的几点做法和体会，汇报如下：

1. 认真做好考察前的技术准备工作， 做到重点明确各有分工

考察前，我们认真查阅了美国油脂工业方面的有关技术文献，重新学习了美国德拉沃公司和美国皇冠公司来华技术座谈资料，从而使我们在出国前对美国油脂工业情

况有了一个初步的概念。同时我们认真回顾了解放以来，特别是近几年来，我国油脂工业水平不断提高的喜人局面，研究讨论了我国油脂工业与国际先进技术水平相比的差距，在此基础上，确定以油脂精炼、大豆蛋白的利用和浸出车间热量利用以及了解液压轧胚机、DT 蒸脱机的结构形式等方面作为考察重点。为了充分发挥考察组全体同志的作用，在明确考察重点后，根据每个人的专长，组内进行了分工，使大家各负其责，各有侧重，从实地考察到技术总结，都贯彻了这一分工原则。为了提高考察效果，对重点设备、主要工艺，采取以一人为主大家配合，做到分工不分家，保证了考察任务的完成。

2. 始终注意突出重点，采取集中力量打歼灭战的办法，做到考察一厂，解决一个具体问题

在考察第一个浸出油厂的时候，我们对该厂的原料仓库、原料输送、原料的预处理、浸出车间等设备和工艺进行了一般性的全面考察，从而使我们对法仑区油脂机械厂设计制造的设备，对美国油脂工业有了一个初步的了解。我们认为，在开始时这样做是很必要的，但是我们又感到，美国的油脂加工厂的规模都比较大，一般都在日处理原料 1 000t 左右。厂房大，设备多，工艺流程长，而安排我们对一个厂的考察时间一般只有半天或一天。根据这种情况，为了达到预期的考察目的，对考察的方法我们及时进行了研究，大家认为都作一般性的全面考察，往往会造成对考察重点了解得不深不透，达不到预期的考察目的。为此我们决定从考察第二个工厂起改变考察方法，抓住考察的重点，全组同志拧成一股绳，采取集中力量，打歼灭战的办法。做到考察一个厂，解决一个具体问题。

在大家统一思想的基础上，从考察第二个厂开始，我们首先请厂里负责人介绍概况及工艺流程，从中找出和决定考察该厂的重点，以便在下车间实地考察时，全组围绕着一两个重点设备，进行突破，取得了较好的效果。例如，我们在考察两个安迪逊·克莱顿食品厂时，重点考察了他们的油脂精炼车间，分别解决了脱色、氢化、冬化等工段所采用的设备结构形式和工艺操作条件；在参观马克斯镇金凯斯特大豆油厂时，重点解决了脱臭时采用联苯作为载热体以及保证联苯炉安全运行的脱水装置；在考察拉博克平原油厂时，重点解决了油碱比配问题；在考察孟菲斯南方棉籽油厂时，重点解决了用管式离心机脱皂的混合油精炼方法，以及皂脚的处理问题；在考察琼斯镇迪尔大油厂时，重点解决了浸出车间的热量利用和冷却水的串连使用问题等。

通过实践，我们感到在考察时采取一般性的全面考察与重点考察相结合，以重点考察为主，始终注意突出重点，采取集中力量打歼灭战的办法，是保证考察取得预期效果的一个重要方面。

3. 认真做好考察组成员的选派工作，是保证考察工作取得预期效果的另一个重要方面

由于领导上的重视，这次考察组的成员配备比较理想，有的熟悉设备，有的熟悉工艺，有的熟悉炼油，有的熟悉混合精炼油，加上大家对国内油脂加工上存在的主要问题，心中都比较有数，所以在考察时，对有些设备、有些问题，一看就懂，一听就明白，提高了考察效果。

另外，翻译懂业务对提高考察效果十分重要，这次考察，由于翻译懂业务，加上多数同志能听懂英语、看懂资料，大家配合得又比较好，所以考察比较顺利。

4. 勤看、勤问、做好笔记，及时整理资料

在考察中，我们每到一地，总是不顾途中疲劳，就先与接待单位取得联系，经常是刚把行李放下，就去工厂参观，千方百计争取时间多看一些，以完成领导交给我们的考察任务。

在考察时，大家都能做到勤看勤问，认真记好笔记。每到一个工厂，不管考察半天还是一天，中间从不休息，大家在车间里上上下下不怕脏，不怕热，不怕冷，不怕累，连续作战，从不叫苦，大家在考察中表现出来的刻苦学习和虚心学习的精神，每到一处都给接待单位留下了较好的印象。

为了及时整理资料，每天晚上大家都能认真核对笔记，整理资料，小结当天考察的收获，研究下一步的考察重点及考察方法。我们经常利用休息日对每个厂考察的主要收获进行小结整理，在考察期间，我们及时整理和写出了四五万字的考察日记，利用在纽约等飞机的时间，及时草拟了给联合国的考察工作报告，回国后及时写出了工作总结，总之大家在时间上抓得是很紧的。

5. 全组同志团结一致，相互帮助，认真执行涉外法律

在这次整个考察过程中，每到一个地方或者离开一个地方，都靠我们自己动手，没有外宾陪同，所以同志们更加团结一致，相互体贴、相互帮助，从未发生争吵现象。

在考察过程中，我们根据涉外有关规定和出国前领导的再三嘱咐，严格遵守涉外法律，没有出任何问题。在考察开始时和考察结束时，我们都及时地向我国常驻联合国代表团进行了汇报和请示，并得到了他们的大力帮助。

6. 注意节省开支，为国家节约外汇

在出国考察前，我们认真学习了我部赴日、赴瑞士、赴意大利考察组的工作总结，他们那种在取得考察成果的基础上，十分注意节约，为国家节约外汇的做法，对我们的教育启发很大，留下了深刻的印象。大家决心向他们学习，千方百计为国家节约外汇。为了节约开支，我们到了纽约就打听美国的生活费用的开支情况，决定至少要为国家节约5 000美元，于是就先把5 000美元现金存入银行，并取得了15.89美元的利息，这样既安全，又有利。为了节约开支，在生活上，我们都是找小饭馆吃比较便宜的东西，有时到超级市场买些面包、水果作早点。在住房上，接待单位都给我们安排了单人房间，我们都是自己改为住双人间。在纽约的十多天里，去联合国汇报请示，去民航打听飞机票等，没有一次叫过出租车，都是乘坐公共汽车、地铁，甚至经常是步行。在考察的40多天里，衣服自己洗，行李自己拿，注意节约每一分钱。这次考察，联合国给我们15 700美元的生活费和市内交通费，由于大家注意节约开支，只花了5 300多美元约占整个费用的34.3%，平均每人每天生活费用为26.5美元（包括伙食、住宿、交通费等）共为国家节约10 300多美元。

7. **这次考察中，我们体会到提出考察要求是个很重要的步骤**

我们这次考察，由于事先没有提出考察大豆蛋白的提取和利用这一要求，所以接待单位没有安排，我们未看到大豆低温脱溶的浸出油厂，所以这方面未能达到预期的考察效果。

（四）对落实考察成果的设想

这次考察在技术上是有一定收获的，我们建议尽快加以落实，及早取得成果，初步设想如下：

1. **结合全国制油设备选定型工作，落实考察成果**

这次考察的重点，以及所要解决的问题，大多是在全国制油设备选定型中存在的疑难问题，有些是属于讨论选定型设计方案中的悬挂问题。为了把制油设备的选定型工作搞得更好，及时将这次考察的主要收获应用进去，我们打算在技术总结告一段落后，召集有关承担选定型设备的设计、制造单位开一次会，首先将这次考察的收获向大家作介绍，在此基础上讨论和修改部分选定型设备的设计方案。需要参加的单位有：①上海市粮食科研所承担设计的连续脱色、脱臭成套设备，并建议他们增加冬化工段，在脱臭中建议他们使用联苯作为热载体；②上海市粮油工业公司承担设计的夏普尔管式离心机，建议他们再设计一种密闭管式离心机，以便在混合油精炼中能分离皂脚；③粮食部江苏粮食科学研究设计所承担设计的日处理50t炼油设备，要进一步研究油、碱匹配的问题；④粮食部湖北粮科所承担设计的液压轧胚机，研究改进缓冲装置和磨辊装置；⑤粮食部安陆粮机厂承担设计的200型榨油机和202预榨机，研究改进榨笼的结构，水冷榨调饼机构和榨螺的制造工艺；⑥粮食部长治粮机厂承担设计的板框式压滤机，建议他们采用液压紧板；⑦吉林省粮食局工业处承担设计的DT蒸脱机，研究改进料门控制、百叶窗的结构形式等。

2. **关于混合油精炼中的皂脚处理**

建议由粮食部陕西油脂科研所在大荔油厂进一步实验，及早取得成果。关于混合油冬化工艺，建议部里列入科研计划。

3. **关于浸出车间的热能利用及冷却水的串联使用**

一是，请无锡轻工业学院利用实验工厂进行小型试验，取得有关参数；二是，找一个计划新建日处理大豆100t以上的浸出油厂（初步打算与黑龙江省粮食局商量），建议他们采用这个工艺。

附：考察接待单位

1. 俄亥俄州　皮奎　法仑区油脂机械厂
2. 田纳西州　孟菲斯　美国棉花协会
3. 田纳西州　孟菲斯　美国棉籽产品协会
4. 密苏里州　圣路易斯　美国大豆协会
5. 亚拉巴马州　迪凯特　凯斯特油脂产品厂

6. 田纳西州　孟菲斯　南方棉籽油厂
7. 阿肯色州　海伦娜　海伦娜油脂公司
8. 阿肯色州　海伦娜　需斯兰特食品公司
9. 密西西州　马克斯　凯斯特大豆油厂
10. 密西西州　瑷斯镇　迪尔太油厂
11. 得克萨斯州　舍曼　安迪逊·克莱顿食品厂
12. 得克萨斯州　拉博克　拉博克棉籽油厂
13. 得克萨斯州　拉博克　平原合作棉籽油厂
14. 伊利诺斯州　杰克逊维尔　安迪逊·克莱顿食品厂
15. 伊利诺斯州　迪凯特　ADM 公司大豆蛋白制品厂

三、赴意大利植物油精炼、加工设备考察和订货组工作总结

（1983 年 2 月 25 日　于北京）

根据中意两国三年经济、技术和财政合作计划纪要，意大利政府对商业部“食用油及油脂加工厂”项目给赠款 200 万美元、政府低息贷款 240 万美元，经研究确定，此项目安排在辽宁省沈阳市第三粮库内。

为了落实这一项目，去年第四季度，中国粮油工业公司与商业部粮油工业局一套人马、两块牌子在北京分别与意大利考斯塔集团、CMB 公司两家公司进行了技术会谈，初步了解了两家公司准备提供的设备情况和技术水平，探讨了报价。

为了进一步落实这一项目，尽快签订合同，经部领导批准，去年 12 月，中国粮油工业公司会同有关单位组建了考察组，并认真地进行了出国前的技术准备和业务准备。

今年 1 月 13 日，中国粮油工业公司和中国技术进口总公司联合组织，以中国技术进口总公司的名义、以王瑞元同志为团长的植物油精炼、加工设备考察、订货组一行 8 人到达意大利首都罗马，根据任务，考察、订货组自 1 月 14 日—2 月 7 日，分别对 CMB 公司和考斯塔集团所属或有关的油厂和设备制造厂进行了全面的技术考察，在考察的基础上，进行了认真的技术会谈和商务谈判。在考察、订货期间，全组同志遵照部领导关于引进设备要做到“技术先进、设备可靠、价格合理”的指示精神，齐心协力，并取得了我国驻意大利使馆商务处的帮助，最后与意大利 CMB 公司以 285 万美元（离岸价）的价格签订了合同，较好地完成了考察、订货任务。

（一）考察、技术会谈和商务谈判的简要经过

遵照部领导的嘱咐，为了取得驻外使馆的帮助，到达罗马后的当天晚上，我们就向驻意使馆商务处汇报了这次考察、订货的任务和工作计划，介绍了这个“项目”的落实准备情况以及在国内与两家公司谈判的结果。汇报后，商务处同意我们的工作计划，赞成我们通过技术考察和商务谈判后，按照“技术先进、设备可靠、价格合理”的原则，最后与一家公司签订合同。

1. 认真考察

本着一视同仁，实事求是的精神，根据事先商定的计划，我们自 1 月 14 日—27 日（共 14 天），先后对 CMB 公司和考斯塔集团所属和有关的 9 个油厂、4 个设备制造厂进行了全面的技术考察（其中用 6 天时间考察了 CMB 公司所属和有关的 4 个油厂、2 个设备制造厂；用 8 天时间考察了考斯塔集团所属和有关的 5 个油厂、2 个设备制造厂）。在考察开始时，我们分别对两家公司讲明了我们这次来意大利是要通过技术考察和商务谈判，根据“三条原则”，最后与一家公司签订合同，并分别预祝他们在竞争中取胜。

在考察中，大家不怕劳累，认真细致地了解了情况、搜集资料。通过实地考察，我们及时地进行了小结和对比，对两家公司作出了实事求是的评价。大家认为，CMB 公司实质上是一个制油设备的专业制造厂，已有 30 多年的历史，主要生产、经营制油、油脂精炼和油脂加工设备，曾为世界四十多个国家和地区建设了 650 个油厂，有丰富的建厂经验，享有一定的声望。另外，该公司有较强的技术力量和设计能力，设备的制造质量较好；考斯塔集团实质上是一个经营海运、纺织、建筑和油脂的公司，自己虽然没有设备制造厂，但有所属油脂加工厂，而且经营得很好。其特点是，所属油脂加工厂选用的设备较好，工艺比较合理，技术管理水平较高，有较好的技术培训条件。

总的感觉是，这两家公司在技术上各有特长，都有能力承担沈阳的项目。因此，谁能取胜，最后要看价格。

通过考察，不仅使我们进一步了解了两家公司准备提供给我们的设备情况和技术水平，同时使我们看到了意大利采用的油脂精炼、加工设备是较好的，精炼、加工技术水平和产品质量是具有国际水平的。从而进一步提高了我们对引进成套油脂精炼、加工设备的兴趣。

2. 认真进行技术会谈和商务谈判

技术考察刚结束，两家公司按照我们事先提出的要求，进行了继北京后的第二次报价。

为了给商务谈判做好充分的准备，我们自 1 月 28 日—2 月 2 日（共 6 天），分别与两家公司进行了详细的技术会谈，进一步明确了供货范围和技术要求；按照我们事先草拟的稿子和做法，讨论、修改了合同文件和有关附件。在此基础上，两家公司又进行了第三次报价。

经过技术考察、技术会谈和三次报价，一切准备工作已经就绪。2 月 3 日，我们就很顺利很自然地转到了商务谈判。在商务谈判中，我们经常事先研究对策，统一口径，不让对方摸清我们的底细。在方法上，我们始终采取“引而不发”的策略，就是只讲两家公司和技术水平都可以，都有承担项目的能力。并指出，最后看谁的价格合理，我们就同谁签合同。在价格问题上，我们反复向两家公司讲世界市场的行情以及竞争对手的竞争力，以便充分利用两家公司在竞争中的矛盾，让其主动让价。

在整个考察、订货期间，尤其是在商务谈判中，两家公司都表现出要千方百计地争取做成这笔生意，因此，在谈判中，时时流露出成交心切，在价格上一降再降，并分别于 2 月 4 日和 5 日，进行了最后报价，四次报价（离岸价）表见表 1。

表 1　四次报价（离岸价）表　　单位：万美元

报价日期	CMB 公司	考斯塔集团	CMB 公司与考斯塔相比
1982. 10—1982. 11 北京期间	393. 60	455. 70	-62. 10
1983. 1. 28	335. 87 附有：保温材料、电缆、烧轧锅炉及 14 个罐，价值约 21 万美元	395. 00	-59. 13 加上附件价值 21 万美元实际相差约 80 万美元

续表

报价日期	CMB 公司	考斯塔集团	CMB 公司与考斯塔相比
1983. 2. 3	303. 50 附有：保温材料、8 吨镍、14 个罐价值约 15 万美元	372. 50	-69. 00 加上附件价值 15 万美元 实际相差约 84 万美元
1983. 2. 4—1983. 2. 5	285. 82 附有：同上	335. 00	-49. 18 加上附件价值 15 万美元 实际相差约 64 万美元

根据上述报价，经大家反复研究，并取得了商务处的意见后，确定与 CMB 公司成交。为了善始善终做好工作，在商务处的协助下，我们首先做了不成交的考斯塔集团的善后工作。最后与 CMB 公司商定整个项目以 285 万美元（离岸价）的价格成交，其中赠款 200 万美元，政府贷款 85 万美元，并于 2 月 7 日签订合同。这个价格比 CMB 公司在北京的第一次报价低 108 万美元，比考斯塔集团的最终报价便宜 64 万美元。

（二）引进设备的生产规模、供货范围、交付时间以及对成套设备的评价

引进的成套油脂精炼、加工设备，对油脂的适应性广，可以处理各种食用植物油脂，主要原料油为菜籽油、葵花籽油和大豆油。

1. 生产规模

引进设备的生产规模是，24h 生产脱胶、脱酸、脱蜡油，即“前三脱油”150t；其中 100t“前三脱油”可以继续进行脱色、脱臭，即为“后两脱”，产品是高级烹调油（色拉油）；其中 40t“五脱油”可以进行氢化并能继续生产 30t 人造奶油或 40t 起酥油。

2. 供货范围

合同规定，CMB 公司提供的上述成套设备，主要包括 150t/d 的脱胶、脱酸、脱蜡设备；100t/d 的脱色、脱臭设备；40t/d 的氢化设备以及后脱色、脱臭设备和 30～40t/d的人造奶油、起酥油设备。这些设备将划分为三个车间（即油脂精炼车间、氢化车间和人造奶油、起酥油车间）。为了保证引进成套设备的完整性，这三个车间，除了土建和车间内普通照明需由我方负责外，所有设备，包括管道、保温材料、电缆、安装时用的不锈钢电焊条等均由 CMB 公司提供。

在车间外，卖方还将提供一台采用燃煤方式的热介质油的锅炉、一套人造奶油中试装置、部分化验仪器、足够三个月使用的镍催化剂以及足够数量的氢气连接管道和阀门。另外，设备交付使用后，为了保证设备的正常运转和生产的正常运行，卖方还将提供足够两年用的备留备件。

在技术服务和技术培训方面，费用中包括了卖方 15 人/月的专家来华服务费用和整个项目的工程设计费用；包括了我方将派遣 12 人 2 个月的培训费用。

总之，这个项目在价格上是比较合理的，其供货范围是比较齐全的。

3. 交付时间

按照规定，成套设备的交付时间，自合同生效（两国政府批准）后第 13、15 个月分两批交货，30 个月内建成投产。

按照正常情况，只要两国政府批准合同的时间不晚于四月份，沈阳三库的土建工程抓得紧，这套设备 1984 年上半年可以交货，第四季度运到现场，并开始安装，1985 年上半年安装完毕并着手调试，第四季度可以建成投产，交付使用。

4. 对成套设备的评价

通过对两家公司 13 个油厂及设备制造厂的考察和技术交流，根据合同的规定，我们认为 CMB 公司所提供的这套油脂精炼、加工设备，从工艺、设备的先进性和可靠性上，从经济技术指标等方面来衡量，可以说，是具有目前国际水平的。

5. 在油脂精炼工艺和设备方面

在脱胶、脱酸、脱蜡工段中，采用的主机——碟式离心机，将是西德维斯特法利亚公司制造的，其工艺性能是先进可靠的，具有运转平稳、耐用，适用于多种油脂的精炼，它与瑞典阿尔法拉伐公司生产的离心机一样，在世界上享有声望。这种离心机在结构上的特点是上进油，避免了下部漏油的现象，另外，操作压力也较低，配套的辅助设备比较简单。它的主要经济技术指标可以达到，杂质：0%；水分 < 0.1%；游离脂肪酸 0.05% ~ 0.1%；含皂量：10 ~ 20mg/kg。这些指标，是国际上的先进水平。

在脱色、脱臭工段中，脱色的工艺、设备也是比较先进的，尤其是在白土过滤方面，该公司生产的白土过滤设备在国际上享有较高的声誉，得到了许多国家的采用，其主要技术指标，白土中的残油可小于 25%。该公司能生产三种型式的脱臭设备，经过反复讨论比较，我们选定了一种对飞溅油回收的方法比较可靠的脱臭设备。经过脱臭后的油脂，其质量指标能达到国际水平，其主要指标是，烟点：230℃ 以上；稳定度：15h 以上；过氧化值：0。

6. 在油脂氢化和后脱色、脱臭方面

油脂氢化工艺和设备与其他国家都差不多。但在氢化罐的内部结构上有些独特之处，由于搅拌轴的运动在下部，搅拌轴上装有一个推进器，能促进氢气与油脂充分接触，缩短了氢化时间，提高了氢化效率，氢的消耗指标较浓（每吨油脂每降低一个碘价消耗 1.1m^3 氢气）。另外，氢化油经过后脱色、后脱臭，其最终产品的含镍量可以达到 1mg/kg 以下。这些指标，都是较先进的。

7. 在人造奶油和起酥油方面

其主要设备，如急冷均质机、高压油泵等，是进口西法优内沃锁的，据我们了解这家公司所生产的人造奶油、起酥油设备质量较好，销路也很广，因此是信得过的；其包装机是选购意大利依马机械自动化公司制造的；辅助设备是 CMB 公司自己制造的，其产品质量用质观也是较好的。

综合以上所述，这次与 CMB 公司成交的这套设备，不仅在价格上比较合理，在供货范围上比较齐全，而且在技术上可以说是先进、可靠的。

（三）技术方面的收获

临行前，部领导嘱咐我们“这次去意大利，除了要选好设备，订好合同外，还要通过技术考查，尽量多学点东西”。遵照领导的指示精神，大家注意利用考察、订货这个好机会，千方百计了解情况，收集资料，学到了不少有用的东西。

1. 在工艺方面

我们详细地了解了葵花籽油的两种脱蜡工艺。

一种是采用离心机分离的连续脱蜡工艺。这种脱蜡工艺，我国曾经做过试验，由于工艺条件不尽掌握，至今尚未得出结论。在这次考察中，我们了解了离心机脱蜡的工艺和操作条件。对结晶温度、结晶时间、结晶时罐内的搅拌速率、油中的含水量以及加工方法、离心分离时控制的油温以及升温的方法等重要的工艺条件进行了较详细地了解。这些工艺数据，对我国还在进行的离心机脱蜡试验工作，是有参考意义的。

另一种是采用板框式过滤器过滤的间歇式脱蜡工艺，这种方法简单易行，产品质量稳定这对中小型炼油厂比较适用。

2. 在设备方面

我们了解了以下几种设备的结构、性能，这对我们今后改进、研制设备是有参考价值的。主要有：

（1）CMB 公司生产的弹簧轧胚机　这种轧胚机的结构是采用弹簧紧辊，液压调整和定位，胚厚在 0.5 ~ 0.8mm，比我国目前要求的厚些，但它具有操作方便，产量高，辊面磨损小，机件震动和噪声小，便于维护保养等优点。

（2）白土过滤设备　意大利采用的白土过滤设备种类很多，有立式的、卧式的，有连续的、半连续的和间歇的等。这些过滤设备，我们可以考虑有选择性的进行研试。

（3）脱臭设备　在考察中，我们看到意大利的脱臭设备种类很多。有适用于制造人造奶油用的半连续的立式脱臭器；有适用于生产凉拌油的连续式或间歇式的脱臭器，这些脱臭设备大部分是多层盘式脱臭器，但层盘的结构各有不同；还有平放串联间歇脱臭器，形成了一个连续脱臭组。这些脱臭器都有自己的特色，并都附有脂肪酸回收装置。真空装置都采用真空加速器，然后再加两级蒸汽喷射泵，真空度都能达到残压 1 ~ 3mmHg。

这次收集的上述几种脱臭器的图纸资料是十分有用的。

（4）新型的氢化设备　意大利 CMB 公司和加拿大公司制造的油脂氢化设备，其特点是在氢化罐中间装有一个导管，下端装一个螺旋桨推进器，使导管内的油脂向上游动，从而达到油脂与氢气充分接触。另一种氢化罐是在搅拌轴上装置一个特殊的离心泵，使氢气进入离心泵翼轮，排入油中，达到油脂与氢气充分接触，提高氢化效率。这两种氢化设备结构合理，对我们启发很大。

3. 在设备制造方面

通过考察设备制造厂，以下两方面的制造工艺是可以学习、采用的：

（1）了解了受压容器封头的制造工艺及专用设备，用这种方法制造封头，产品质量具有保证，效率高，并适合制造各种不同类型的封头。

（2）了解了离心机碟片的制造工艺，转鼓的动平衡方法及动平衡标准和几个主要P件的加工方法。

上述几个方面是我们在技术上的主要收获，有关技术方面的收获，我们将另作详细总结并准备在《油脂科技》上发表。

（四）几点体会

1. 在国外一切活动，要按照部领导指示的原则办

出国前，根据国内掌握的情况，写出考察计划，向部领导汇报，部领导作了引进设备要做到“技术先进、设备可靠、价格合理”的三点指示，并希望这套设备的价格掌握在350万美元左右，尽量少用贷款。我们在国外的一切活动，始终注意贯彻这三条原则。这是取得考察、订货胜利的关键。

2. 在使馆商务处的领导和支持下做好工作

在国外，我们曾向使馆商务处先后做过三次汇报。第一次是到意大利的当天晚上，向商务处汇报了考察、订货的工作计划，商务处同意我们的计划，并根据国外情况作了一些补充指示；第二次是在经两周技术考察之后，提出了商务谈判的具体意见，商务处表示赞同；第三次是最后拍板定案之前，向商务处汇报选定与CMB公司成交的意见，请商务处协助做好善后工作，他们表示积极支持，并邀请考斯塔集团到商务处谈落的结果，做他们的工作，主动提出到CMB公司参观，表示祝贺和支持。

由于我们注意尊重商务处的领导，得到了商务处的积极支持，使工作进展顺利。

3. 大家献策，统一思想，团结一致，共同对外

考察小组全体同志经常不顾疲劳，开会研究情况、分析形势、提出具体行动计划，对可能发生的问题，作了详细分析、研究对策，大家出主意，统一思想，从而取得了谈判的有利地位，使合同签订顺利，善后工作处理得较好，使落选者心服，成交者感到压力很大，有利于今后工作。

4. 利用矛盾，展开竞争，取得优惠

据外经部的同志介绍，这次订货与一般买卖不尽相同。首先，这是中意两国经济技术与财政合作项目，主要设备要从意大利购买；其次是，赠款部分的价格一般不用再谈，而且软件要占一定的比例，这对压价不利；再次是，考斯塔在促成这个项目中起了一定的作用，而且这个集团在意大利是有一定影响的。

针对这些情况和特点，这就要求我们在考察订货过程中谨慎从事；既要设法多省点钱，又要确保设备质量；既要利用竞争这块牌子，又要防止考斯塔从中作梗；既要争取对我们有利的条件，又要便于卖方得到政府的尽快批准。在上述思想指导下，大家团结一致，群策群力，在整个考察、订货过程中，我们采取了以下一些做法：

第一是统一口径一致对外，从技术到商务，该谁讲，怎么讲，内部都事先研究，统一口径一致对外，不让对方摸清我们的底细；第二是避免倾向性，认真考察两家安排的厂子，使结论产生于调查研究的末尾；第三是在集中谈判期间，虽然人手少，翻

译人员不足，时间又紧，但我们仍然采取了从技术到商务两家都谈的策略，充分摆开竞争的场面；第四是在谈判中，充分利用两家竞争激烈，都渴望与我成交的迫切心情，采取“以我为主”和“引而不发”的策略，力争取得好的条款和价格。所谓“以我为主”就是在商务谈判时，拿出我们的稿子，介绍我们的做法，说服对方接受我们的条款内容；所谓“引而不发”就是在价格问题上，反复讲世界市场行情以及竞争对手的竞争力，把“球”踢给对方，让其主动降价。

由于采取了上述做法，不仅使成交价具有一定的竞争性，取得了较为合理的价格，而且使合同条款对我方较为有利。争取了一些优惠条款，例如，两年用的备件，双方确定了一个清单。为确保备件足够两年用量，在备件清单的最后写了一条：如上述清单所列备件不够两年使用，卖方将免费向买方供应所需备件。

通过此次技术考察和商务谈判，并且最后与 CMB 公司成交，在这个过程中，使我们深深地体会到要想取得谈判的主动权，最终取得比较合理的价格，其中利用两家以上的厂商进行竞争是十分重要的。

5. 全组同志工作认真负责，同志之间互相帮助，认真执行涉外纪律，注意节约开支

在整个考察、订货过程中，全组同志工作认真负责，一丝不苟，不怕劳累，连续作战。为了按时完成任务，大家天天加班到深夜，由于时间紧，在半个月的技术、商务谈判中，大家乐意地放弃了星期天的休息，积极工作。在同志之间，大家相互体贴，互相帮助。有时有的同志身体不舒服，大家都主动的互相照顾。

在生活方面，大家外出从不叫出租汽车，乘坐公共汽车，有时口渴了喝自来水；在住房上，找房钱便宜的小旅馆，不住单人间改住双人间，千方百计注意节约开支，为国家节约外汇。这次考察、订货，根据预算，给了我们 15 000 美元生活费，由于在两周技术考察期间两家公司负担了有关费用，再加上大家注意节约开支，一共花了 4 700多美元，约占整个费用的 31.4%，共为国家节约外汇 10 300 美元。

另外，在出国期间，大家根据涉外有关规定，严格遵守涉外纪律，没有出任何问题。

（五）对下一步工作的几点建议

（1）向经贸部汇报签约公司、赠贷款金额等情况。由于沈阳有半年结冻期不能进行土建工程，若在四月以后批准，将致使土建延到 1984 年解冻后才能施工，影响执行合同条款，为此请求两国政府尽快批准合同。

（2）根据合同规定的买卖双方的职责范围，建厂单位迅速编报土建和锅炉、变电设备、水塔、中间贮罐、废水处理等以及从意大利离岸到大连港及至沈阳三库运输费的国内支付人民币的计划，报请有关部门批准，以利展开建厂工作。

（3）辽宁省、沈阳市粮食局要敦促建厂单位抓紧恢复或组建工厂的领导机构，配备强有力的领导班子和工作班子，并做到相对稳定。积极做好土建和配套工程的设计准备工作以及水塔、锅炉、变电设备的施工，把责任落实到人。

（4）建厂单位要认真选拔工厂的生产工人，酝酿出国学习人员，选配英文译员，为先在国内有关工厂学习、翻译技术资料以及为安装、生产做好准备。

（5）建厂单位应着手落实氢气、氮气的质量、数量和硅藻土、白土、介质油等辅助、消耗材料的质量和数量。

（6）希望商业部有关司局在技术上、物资上和对外联系等方面，继续关心和支持这个项目。为保证今后生产的需要，请商业部油脂局帮助安排一部分精炼油储存罐。

四、 赴意大利食用植物油精炼加工设备订货考察小结

（1983年3月19日　于北京）

根据“中意三年经济、技术和财政合作计划”，意大利政府就“食用油及油脂加工厂”项目将为我部提供200万美元赠款和240万美元低息贷款。经研究确定，此项目安排在辽宁省沈阳市。

为落实此项目，1982年10月11日，中国粮油工业公司与有关单位会同中国技术进口总公司在北京分别同意大利考斯塔集团和CMB公司进行了技术会谈；今年初，又组成以我部粮油工业局副局长王瑞元同志为组长的中国技术进口总公司植物油精炼、加工设备订货考察组，赴意大利继续进行会谈。

遵照部领导关于引进设备要技术先进，设备可靠、价格合理的原则，从今年1月14日—2月7日分别对CMB公司和考斯塔集团所属或有关的九个油厂、四个制造厂进行了技术考察。在此基础上，进行了技术会谈和商务谈判。在我驻意使馆商务处的协助下，于2月7日同CMB正式签约。全套植物油精炼加工设备、总金额为285万美元（离岸价，其中使用赠款200万美元、低息贷款85万美元），比该公司在北京的第一次报价低100多万美元，比考斯塔最后报价低64万美元，圆满地完成了订货考察任务。

我部在引进大型成套设备及使用赠贷混合援款方面，还缺乏经验。这次赴意大利设备考察订货组做了很多工作，取得了较好的成绩。现将他们的基本做法小结如下。

（一）充分准备，心中有数，居于主动地位

出国前准备工作的好坏，对国外考察订货的整个过程都具有重要意义。赴意考察订货坚持需要和可能相结合的原则，充分注意经济效益，肯定了项目的可行性，在这个基础上，首先落实了国内投资等有关准备工作，其次进行了细致周密的调查研究。

从现代油脂加工和设备状况、国际市场动态、价格行情等方面通过技术会谈，分析对比，同国外商所驻京代表机构接触摸底以及向有关单位学习了解，在出国前，较全面地完成了技术资料及商务文件等文字准备工作；并且针对了解到的对方情况，具体制定了考察计划、谈判方案（包括技术、商务两方面）以及具体分工。由于准备工作比较充分，有详尽的计划、措施，所以在实际工作中保证了统一口径、一致对外、互相配合，使我方能心中有数，居于主动地位。

（二）认真考察，利用“订货”机会，扩大技术方面的收获

在考察中，本着一视同仁、不带倾向性的原则，根据事先拟定的计划，进行了全面的技术考察。该组全体成员认真负责、一丝不苟、不顾旅途疲劳，连续作战，认真细致地了解情况，搜集资料，并且及时整理、研究、分析、对比，不仅为下阶段谈判打好了基础，还十分注意利用“订货”这个好机会，收集到许多有用的资料。如：在

考察过程中，利用双方迫切希望成交的心情，获得了不少平时难以得到的图纸、数据、照片和资料，并且重新认识和肯定了意大利油脂工业的实际水平。在考察期间，充分利用时间，在 14 天（包括休息日 2 天），行程数千里，参观考察了 13 个单位，保证了考察的质量。

（三） 以我为主、 利用竞争， 更好地使用外资

在接触两家公司的整个过程中，充分利用竞争，坚持“以我为主”、“引而不发”的策略，克服了优惠援款使用中的被动局面，获得了较大的收益。所谓“以我为主”，就是在谈判中，坚持以我方草拟的技术文件和商务条款，反复介绍我方习惯作法，说服对方接受我们的条款和条件；所谓“引而不发”，就是在任何时候的接触中，只讲两家公司的技术水平都有承担项目的能力，根据事先掌握的情况，反复向两家公司讲世界市场的情况，强调竞争对手的竞争力。因此，使两家公司急于成交的心情愈演愈烈，在竞争中价格一降再降，而商务条款一再让步，技术服务和辅助设施一再增加，从而争取到了较为优惠的价格和条款。从初步技术谈判到签约成交，两家公司主动四次降价，实际下降幅度达 120 余万美元，取得了具有一定竞争性的成交价。我方还得到了成套设备以外较完整的辅助设施与材料、对外贸易中很难争取的商务条款，以及优惠的技术服务条件。充分说明为了更好地使用外资，利用两家以上的厂商进行竞争是十分必要和行之有效的。

（四） 团结紧张， 勤俭节约， 坚持优良的传统和作风

在考察订货的整个过程中，全体成员工作认真，一丝不苟，为了按时完成各项任务，放弃了星期天的休息，不怕疲劳，连续作战，天天加班到深夜，互相体贴，互相帮助，有的同志身体不舒服，大家都主动互相照顾。在生活上，外出从不叫出租车，而是乘公共汽车；在住房上，租用便宜简单的小旅馆，不住单人房间，千方百计注意节约开支，为国家节省外汇。根据预算生活费为 15 000 美元，由于大家坚持勤俭节约的作风，也利用了对方迫于成交的原因，一共花了 4 700 多美元，约占预算的 31.4%，为国家节省外汇计 10 300 美元。遵守外事纪律。

五、 赴日本日清制油株式会社考察体会

（1985 年 7 月 刊于《中国油脂》）

应日清制油株式会社的邀请，1984 年 9 月 18—30 日商业部派出油脂和面粉加工技术考察组，对日本的油脂加工、面粉加工以及米、面制品的生产进行了考察。

通过参观访问、技术座谈和搜集资料等形式，使我们了解了日本部分油脂产品的配方、质量标准、检化验方法以及加工工艺和设备；初步了解了有关米、面制品的生产情况；搜集了一些有参考价值的技术资料。这里我就通过考察讲几点体会和看法。

（一） 日本的一些工厂在处理自动化与手工操作的关系上是从实际出发的

我们参观的日清制油横滨矶子工场是全日本最大的制油工场，拥有日处理 200t 的预榨机 4 台，1 500t/d 的平转浸出设备一套，750t/d 的履带浸出设备两套和日处理 50t 芝麻饼的履带浸出设备一套。并配有日处理 800t 全炼油能力的精炼设备。另外还有机榨麻油、豆乳生产线、大豆蛋白生产线和维生素 E 生产车间等。该工场的特点是：生产规模大、自动化程度高、技术水平先进、经济效益好。

所谓自动化程度高，主要表现为：在原料仓库、预处理、压榨、浸出、油脂精炼等工段的主要部位，都采用了工业电视，随时可以观察到各关键部位的运转正常与否；工艺流程中的主要技术参数，如流量、产量、温度、压力等采用电子计算机记录，并随时可反映出来；工场长通过无线电报话机进行遥控指挥。在产品包装和商品集装方面，自动化程度就更高。产品的包装，包括马口铁皮听装、聚乙烯瓶装和玻璃瓶装等都是采用自动线进行包装；商品的集装、仓库的堆放以及发货等也都实现了自动化。由于自动化程度高，所以操作工人少，全工场人员只有 350 人。其中日处理 1 500t 的平转浸出车间（包括前处理和后处理）每班只有 3 人；管理 4 台预榨机；日处理 800t 菜籽的预榨车间每班才 1 人。

通过考察，我们感到日本油厂的自动化程度是比较高的。但是，他们不是一味追求自动化，而是十分注重从实际出发，在搞自动化的同时，也有许多地方仍然采用人工操作。例如，与矶子工场同一家公司的神户工场和大阪摄津制油工场的许多工段和包装是采用手工操作的；三国制果（米制品）工场的成品包装，多数是用低工资的女工进行的。

从这次考察看到的实际情况，我认为，今后我国制油工业中的浸出和炼油等工段，以及部分产品的包装可以逐步搞些自动化。但是，由于搞自动化必须建筑在高度的机械化、连续化和仪表化的基础上才能实现的，加上搞自动化的投资比较大，所以，我们一定要从我国的实际出发，千万不要一哄而起。当前，对大多数粮油加工厂来说，首先要着眼于搞好机械化、连续化和仪表化，尽快实现文明生产和科学生产。

（二） 技术改造的目的是为了提高经济效益

为了提高经济效益，日清制油株式会社的所属制油工场，都比较重视利用引进或自创的先进技术和设备来进行技术改造。在技术改造时，他们注意对现有设备进行技术改进，充分发挥其作用。例如，矶子工场虽然是1963年填海新建的，但该场50年代进口的阿法拉伐离心机至今仍然在使用。该场1957年从比利时德斯梅公司引进的两套750t/d和一套50t/d履带浸出设备，经过多次改进，现在仍在使用。通过改进，充分发挥了这些设备的生产能力，提高了产量，提高了经济效益。

日清公司的神户工场建厂已经三十多年，尽管经过几次技术改造，但厂房仍显陈旧、简陋，他们对现有设备始终采取能利用的尽量加以利用，不搞推倒重来。如该场使用的8台相当于我国200型的榨油机，经过多次改造作为预榨机，并使预榨菜籽每台产量高达50t/d，最大限度地发挥了它们的作用。此外，该场的老式机械真空泵也还在使用。

总之，他们的指导思想是在保证产品质量，提高经济效益的前提下，强调应用先进技术和设备，对企业进行技术改造。但是，在技术改造时，他们又十分注意少花钱多办事，对现有设备、厂房，尽量加以利用和改造，千方百计发挥其作用，绝对不搞推倒重来。我认为，他们对企业进行技术改造的指导思想是对的，是很值得我们借鉴的。

（三） 注重产品质量和用户信誉

日清制油株式会社及其所属油厂经过近80年的努力，创出了日清色拉油、日清调和油、日清调味油和日清煎炸油等产品的牌子，受到了消费者的欢迎。现在在日本市场上出售的家庭用食用油中，日清公司占一半，成了全日本最大的制油公司。该公司所以能够创出牌子，与他们注重产品质量和用户信誉分不开的。为了把好质量关，他们对原料、半成品和最终产品都制订了严格的质量标准。在生产中通过道道把关和强有力的检测手段，使产品质量一直相当稳定。为了保证产品符合食品卫生要求，特别注意车间卫生，他们不仅车间清洁卫生，而且许多地方工人都要换鞋后才能进入。有的进入车间前还要消毒3min，进入所有车间都要穿上清洁的工作服。另外，他们具有“用户至上”的基本观念。为了确保产品质量，工厂还专门设置了烘焙实验室，对各种食用油脂进行煎炸和烘烤食品的试验，以品尝滋味和观察烘焙食品的外观。在产品的销售上，他们一般都采取送货上门和产销直接挂钩的方法，他们经常听取用户对产品的反映。

由此可见，要创出一块牌子是要花出艰巨劳动的，是一件很不容易的事。也正因为这样，所以有些企业感到自己创牌子比较困难，为了生存，就不得不交纳一部分费用向名牌厂借用牌子，并严格按照名牌产品的质量标准生产；随时准备接受名牌厂对产品质量的检查。

从形势发展的需要看，为了保证我国成品粮油、粮油食品和粮油机械产品的质量，粮油工业企业应该尽快恢复和创出自己的产品牌子。现在我们那种市场供应的粮油成品不挂牌子、好坏不分以及质量优劣对企业没有任何压力的现状亟待改变。

（四）与日本相比，油脂精炼技术和设备落后，是我国油脂工业的主要差距

通过考察，我们感到我国油脂工业的技术水平与日本相比较，确实存在着不小的差距。主要表现在，除了自动化程度和产品包装上存在着明显差距外，最突出的是我国的油脂精炼技术和设备落后。至于在制油工艺和设备方面，虽然也有一定差距，但差距不大，例如，在油料的清选、轧胚、干燥等工段，总的感觉差距不算太大。在预榨和浸出方面水平接近，预榨部分我国存在的主要问题是预榨饼的残油还放得不够宽；在浸出工段尽管我国的油厂规模较小，溶剂馏程又不如日本的短。但是主要技术经济指标上，我国已有相当一部分油厂已经接近他们的水平。

在油脂精炼方面，日本油厂生产的都是全炼油，而我国目前能生产全炼油的单位为数不多（精炼设备多数采用间歇式罐炼）。由于我国生产不出好的全炼油，所以油脂产品比较单调，而在日本，油脂产品比我国要多得多。仅日清公司矶子工场的油脂制品就多达400多种，这是我们与之最明显的差距。

为了使我国的油脂工业赶上世界先进水平，满足人民生活不断提高和食品工业发展的需要，当前，我们应该首先把油脂精炼技术和设备尽快搞上去。要发展油脂制品，生产全炼油是基础。所以，我们第一步要先搞全炼油，使它达到色拉油的水平。第二步是在搞好全炼油的基础上或者在搞全炼油的同时，根据市场需要，搞些油脂氢化，进而生产人造奶油、起酥油等各种油脂制品，这是我们必须走的路。我认为，尽管我国的油脂工业与国外先进水平相比存在着不小的差距，但是我们已经有了相当的基础，只要我们抓住把油脂精炼搞上去这个主攻方向，通过全国油脂科技人员和广大职工的共同努力，不用很长的时间，是可以赶上去的。

（五）重视引进先进技术和设备，并加以消化、吸收，是加快我国油脂工业前进的重要途径

在这次考察中，我们所到的油厂，都不同程度地引进了国外的先进技术和设备。例如，他们使用的履带浸出器是从比利时德斯梅公司进口的；使用的碟式离心机是分别从瑞典阿法拉伐公司和西德维斯特法利亚公司进口的。这些先进技术和设备引进后，不仅改变了工厂的面貌，发挥了较好的经济效益，同时通过消化、吸收、改进、提高，变成了自己的东西，这是日本油脂工业发展迅速的成功经验。这个经验，对我们来说是可以借鉴的。

为了加快我国油脂工业前进的步伐，现在各地对引进国外的先进技术和设备都比较重视，这是好的。但是，为了搞好这项工作，我觉得当前要注意以下几个问题：

（1）引进前，一定要把情况弄清楚，不能操之过急；

（2）要注意组织以工程技术人员为主的引进领导班子；

（3）引进技术和设备后，要注意消化吸收；

（4）注意引进制造技术，提高我国粮机生产技术水平。

六、在北京国际植物蛋白、油脂、淀粉新技术讨论会上的主题报告

（1986 年 11 月 10 日　于北京）

首先我代表参加这次讨论会的中国代表热烈祝贺由中国粮油学会、美国油脂化学协会、联邦德国柏林工业大学联合举办的国际植物蛋白、油脂、淀粉新技术讨论会在北京召开。向远道而来的各国代表表示热烈的欢迎。

为了交流情况，现在我借这次机会，把中国植物蛋白的利用情况以及油脂加工工业和淀粉生产情况作简要介绍。

（一）中国植物蛋白的利用情况

在我国人民摄取的蛋白质中，植物蛋白占主要成分，据统计，由膳食摄取的蛋白质中植物蛋白占89%。从我国的人口和生产的情况估计，在较长的一段时间内，这种膳食结构不会有很大的改变。因此，充分利用我国的植物蛋白资源就显得更为重要。

植物蛋白的来源，除了从粮食中摄取外，油料蛋白将是一个重要的资源。我国1985 年的油料产量约为3 500 万 t，折成蛋白质约为800 万 t。如果将其中的三分之一用于直接食用，每人每天可增加 6.6g，这对改善人民的营养状态是很有意义的。为此，我国的一些院校、科研单位和工厂在为油料蛋白利用方面做了大量的开发研究工作，并取得了一定的成绩。

大豆是重要的食用蛋白资源，在中国已有 4 000 多年的种植历史，历代人民用它制出了各种有价值的蛋白食品，如豆酱、豆腐、腐乳等，这些传统的大豆蛋白食品至今仍然在丰富着人民的膳食生活，成为补充人体蛋白资源的重要来源。在传统的大豆蛋白食品的制造技术方面，已经有了很大的改进和提高，目前正在向机械化生产发展。在新的大豆蛋白食品方面，近年来引起了各方面的关注，许多单位进行了开发研究工作，如分离蛋白、组织蛋白、豆乳、酸豆乳等，并有一些产品进入市场。随着食品工业的发展，新的大豆食品将会加快发展步伐。

花生是我国的主要油料之一，1985 年花生的产量达660 万 t。花生除了直接制成炒制食品和榨油外，在花生蛋白的开发利用方面也有了一定的进展，目前已进入市场的有脱脂花生粉、浓缩蛋白和组织蛋白等，为食品工业提供了很好的原料。

葵花籽是我国近几年来发展较快的油料之一，1985 年产量达 134 万 t。为了进一步利用好这一资源，产区的有关单位对其蛋白食品的开发研究做了大量工作，从葵花籽中提取浓缩蛋白和分离蛋白已进入中试阶段。鉴于我国的东北、西北、内蒙等地区有适合种植葵花的土壤和气候，今后将是一个很有前途的油脂和蛋白资源。

我国种植的棉花和油菜籽，基本上都是含有棉酚腺体和高芥酸、高硫代葡萄糖苷

型的，这两种油料产量很大，是一种潜在的食用蛋白资源，我们目前正在解决脱毒的技术问题，使其能广泛地用于饲料工业。此外，我国农业部门已着手进行无棉酚腺体棉籽和低芥酸、低硫代葡萄糖甙油菜籽（双低）新品种的研究，不久的将来这两种无毒的油料蛋白将会与大豆一样成为直接食用的重要蛋白资源。

小麦蛋白的利用在我国也有悠久的历史，面筋和油面筋是深受人民欢迎的古老的传统产品。在新产品开发方面，现在已有小麦活性面筋粉进入市场，随着烘焙工业的发展，今后这类产品将会得到进一步的发展。

上述情况表明，我们在不断改进提高传统的植物蛋白食品的同时，新的植物蛋白的开发利用已经起步。我们相信，今后我国植物蛋白的开发利用，一定会得到迅速发展。

（二） 中国的油脂加工工业

建国初期，由于科学技术落后，食用油脂加工大多数地区是以人力为主的土法榨油，机械化生产的油脂加工厂寥寥无几。1949 年，全国只有 300 多个植物油加工厂，植物油产量只有 9 万多吨。随着我国国民经济的发展，油脂加工工业得到了很大的发展。

为了适应油料生产不断增长的需要，我们通过对油厂改建、扩建和新建，增加了油料加工能力并调整了布局。1985 年年底，我国拥有国营油厂 1 400 多个，油料加工能力达 1 848 万 t。植物油产量达 242 万 t。由于我国的油脂加工多在油料产区，除大中城市设有生产规模较大的油脂加工厂外，有 80% 以上的中、小型油厂都分散在县城或以下。另外，我国除国营油脂加工厂外，农村还有集体和个体所有制的油脂加工厂，主要加工农民自食用油，也加工一部分成品油交售给国家。有的地区农村缺少加工能力，国家也代农民加工一部分或用油料兑换油脂。由于油脂加工工业的迅速发展和布局逐步趋向合理，保证了油料的及时加工。

为了改变油脂加工工业的落后面貌，我们加强了油脂的科学技术研究工作，积极进行技术革新，采用了各种新技术、新设备和新工艺。经过三十多年的努力，在国营油厂中，土法榨油已被机榨和浸出法制油所代替。1985 年国营油厂中共有浸出车间 430 多个，浸出能力达 498 万 t。现在，国营油厂加工的油料已有半数通过浸出处理，增产了油脂，提高了经济效益。

在油脂精炼方面，由于我国过去对食用植物油的质量要求不高，一般以二级油供作食用，所以，油脂精炼能力不足，精炼技术落后。近几年来，随着油料的稳定增产、食品工业的发展和人民生活水平的提高，油脂的精加工和深加工得到了发展，油脂的精炼技术和精炼能力有了提高、品质改善、品种增加。1985 年，国营油厂中已有一级油精炼能力 32.8 万 t，“三脱”和“五脱”油 6.2 万 t。在生产“三脱”“五脱”油的基础上，还生产了色拉油、人造奶油、起酥油、调和油等油脂制品 2 万余吨。此外，一些小品种和小包装的油品也相继投放市场。

在资源开发利用上，为了做到物尽其用，增加产品，提高经济效益，油厂采取了“一业为主，多种经营”的方针，提倡在搞好油脂加工的同时，积极开展综合利用。

1985 年米糠油产量达到 8.9 万 t，玉米油产量达到 1.1 万 t。对油脚和其他副产品的综合利用也取得了较好的成效，1985 年共生产各种脂肪酸、硬脂酸、油酸 1.3 万多吨，生产谷维素粉 37t，肌醇 400 多 t，对满足医药、化工等方面的需要发挥了一定的作用。

为了适应油脂加工工业的发展，我国的粮油机械制造工业也得到了迅速的发展，改变了旧中国油脂机械主要依靠进口的局面，并逐步建设成为一个能自行设计、制造和进行技术服务的行业。1985 年，我国粮食部门管理的粮油机械厂有 237 个，产量达到 10 万 t，其中制油机械产量为 2.5 万多吨。

随着油脂加工工业和粮油机械工业的发展，促进了对外贸易交流。山东省青岛市生产的浓香花生油出口数量逐年增加；江苏省镇江市生产的小磨香油获得了国际美食学会和国际旅游观光委员会授予的金质荣誉奖。我国生产的制油设备（主要是 200 型榨油机和成套浸出设备）已向一些国家和地区出口，得到了用户的赞扬。饼粕、大豆磷脂、肌醇、油酸、糠醛等产品也有一定数量的出口。

为了加快我国油脂加工工业的技术进步，我们依靠自己的力量，加强了油脂科技工作，取得了许多新的成果，为油脂加工工业的发展起到决定性的作用。与此同时，这一时期，我们还引进了一些国家的油脂生产设备，加强了与有关国家的技术交流和合作。从今年开始，我们已开始了第七个五年计划，按照国家“七五”计划的要求，我国的油脂工业将进入一个新的发展时期。除了努力提高产量外，我们将进一步发展油脂工业的精加工和深加工，力争在油脂制品方面有一个新的突破，继续提高油脂精炼水平，完善工艺、设备、增加新品种。在油脂精炼方面，重点先解决好菜籽油、葵花籽油和米糠油的精炼。巩固发展浸出法制油，重点是更新、完善工艺设备、降低消耗、提高技术水平和提高经济效益。进一步搞好油脂加工工业的技术改造，开拓综合利用的新产品，探索增产油脂的新途径；继续搞好米糠、玉米胚榨油和利用皮壳作燃料等。与此同时，我们还将有计划地对粮油机械厂进行技术改造，增加产品，提高质量，以适应油脂工业的发展需要。通过以上途径，把我国油脂工业提高到一个新的水平。

在这期间，我们将进一步加强与世界各国同行们的合作，探讨进行技术交流与合作的途径和可能性，增进友谊、开展交流、加强合作和促进发展。

（三） 中国的淀粉工业

我国淀粉生产的原料主要是玉米、甘薯、马铃薯、木薯和小麦等。目前淀粉生产工厂有 165 家，生产规模以中小型为主。据 1984 年统计，淀粉年产量为 80 万 ~90 万 t，其中 5% 供出口。

近几年来，我国的淀粉工业发展较快，在借鉴和引进国外先进技术的基础上，对原来 50 年代的生产设备和工艺技术进行了改进，自行设计和研制了一批新型高效的淀粉生产专用设备。过去已应用在生产中的有针磨、旋流器、离心筛和曲筛。在麸质分离和淀粉精制工序中引进了离心分离设备和漩液分离器。此外，还设计出了适合中国国情的各种小型成套加工设备。通过技术改造和新工艺、新设备的应用，生产技术指标有了明显的提高。尤其淀粉收率的提高更为明显，大部分工厂收率达 60% 左右。

随着淀粉加工工艺的改进和技术水平的不断提高，淀粉生产的深加工产品、淀粉糖产品、发酵产品及变性淀粉等淀粉产品的应用范围不断扩大；玉米胚的利用比较普遍，玉米油的产量大幅度增加。

淀粉衍生物除过去的单一品种——糊精外，已研制出数十种新产品，如氧化淀粉、交联淀粉、淀粉交联酯醚以及淀粉接枝共聚物等。目前有的产品已经进入商品化生产阶段，产品应用到造纸、纺织、医药等多种工业领域。

在淀粉糖生产方面，目前能工业化生产的有：结晶葡萄糖、葡萄糖浆、麦芽糖浆、果葡糖浆等。1984 年，我国淀粉糖产量约为 25 万 t。以液体葡萄糖为起点，淀粉糖深加工的研究也取得了一定的成绩。已经研究成功的项目有含果糖 42% 的果葡糖浆、山梨醇、柠檬酸、赖氨酸、味精、葡萄糖内酯等。现在，我国已经能够生产果葡糖浆所需的 α - 淀粉酶、糖化酶和固定化异构酶。我国第一个万吨果葡糖浆生产线已经投入生产。根据“七五”计划，我国还将新建淀粉及淀粉加工厂。此外以大米直接生产果葡糖浆的小型工厂已通过鉴定；山梨醇的研制已在中试的基础上扩建成年产 2 500t 的生产车间；利用木薯片生产味精的技术已在一些味精厂应用，经济效益显著。

在淀粉生产中，以淀粉为原料生产的粉丝、粉条、粉皮等产品是我国的传统食品。其主要原料是绿豆、蚕豆和豌豆。在粉丝的加工中，采用离心筛、真空和面机等设备，提高了产品的质量、提高了出品率。此外，有些工厂开展了粉丝产品的综合利用工作，生产出了豆汁酱油、豆腐块等产品，开辟了蛋白资源利用的新途径。

以上情况表明，我国的淀粉工业有了较快的发展，为了满足各方面的需要，在“七五”期间，我国淀粉工业还要进一步发展，淀粉产量将达到500 万 t，以适应国民经济不断发展的需要。

七、 赴巴西考察大豆加工技术工作小结

（1987 年 10 月 19 日　于北京）

根据中巴科技合作混合委员会第二次会议纪要，应巴西农业部的邀请，商业部派出大豆加工技术考察组，一行 3 人（组长王瑞元，成员过祥鳌和胡新标），于 1987 年 9 月 28 日—10 月 12 日赴巴西（在巴西逗留的时间是 9 月 30 日—10 月 10 日，共 11 天），对巴西大豆生产的科学研究以及储藏、加工等进行了考察。

考察期间，参观了里约热内卢国家农科院食品技术研究中心、隆得利那国家农科院大豆研究中心和巴西利亚国家农科院稀疏草原研究中心 3 个研究单位；参观了帕拿别谷物运输、烘干、清理机械制造工厂和 2 个农业合作社；考察了魏氏公司设在隆德利那的薄荷脑、薄荷油工厂和肯别大豆油厂以及巴西植物油工业公司设在保托阿利格的大豆油厂和拉加多油厂。了解了巴西的大豆加工技术，拜访了设在巴西利亚的国家农科院总部的、设在圣保罗的阿别奥巴西植物油工业联合会、圣巴拉公司、卡吉尔公司。看了录像，听取了有关大豆生产、加工和出口等方面的情况介绍。

这次考察，巴方接待单位友好热情，国家农科院主席利伐多先生会见了考察组全体成员。为了落实考察经费，安排好接待单位，中国驻巴西大使馆做了大量工作，保证了考察工作的顺利进行。考察期间，中国驻圣保罗领事馆的黄志良总领事会见了考察组。考察结束后，陶大钊大使会见了考察组成员，并进行了亲切的交谈。

考察期间，通过参观访问、技术交流和收集资料，对巴西的大豆生产、大豆加工技术以及科学研究等情况有了一定的了解，取得了一定的收获，关于巴西大豆加工的技术情况，由于在巴时间仓促，有些资料未能收集，巴方有关单位答应以后寄来，我们将根据资料的提供情况届时再进行技术总结。现将这次考察的主要情况小结如下。

（一） 巴西的大豆生产发展与科学研究紧密结合

巴西的主要油料为大豆、花生、棉籽、葵花籽及蓖麻籽等。

巴西大豆在 20 世纪 50 年代才开始种植，到 70 年代发展为大规模种植，目前巴西大豆年产量已达 1 800 万 t，仅次于美国，成为世界第二大豆生产国。

在短短的十几年时间里，取得如此显著成绩，除了巴西地大和得天独厚的气候条件外，主要原因是巴西工农业生产都是紧紧依靠科学研究。例如，国家农科院隆德利那大豆研究中心和其他研究部门，针对大豆生产与发展情况，进行了许多有成效的研究工作。他们首先进行大豆育种，使大豆能适应各种气候与土壤条件下生长，特别是在低纬度下也能很好地生长，使大豆生产逐渐由南向北推移、发展。但是种植面积扩大后，带来的问题是低纬度地区气温高，病虫害多，针对这种情况，他们紧接着又进行杀虫剂的研究，特别是生物杀虫剂的研究工作，使病虫害得到有效的防治与控制，又不至于使土壤受到污染。与此同时，研究中心还进行改良大豆品种，防止退化以及

生产多品种豆类的研究工作，并用来制造各种赢得人们喜爱的食品，从而进一步促进了大豆生产的发展。

（二） 巴西大豆蛋白的开发利用方兴未艾

综前所述，可知巴西在近十几年来大豆产量获得了很大的提高。大豆、大豆油和大豆饼粕的出口不断增加。但在大豆的直接食用方面或做豆腐、豆芽等都很不普遍，其原因是巴西人特别不喜欢大豆所具有的那种豆腥味。

近年来，巴西的一些公司企业和工厂在大豆蛋白的开发利用上，做了不少工作。据在圣保罗市的桑巴拉公司介绍，他们正从事于用大豆或低温豆粕作原料，生产各种组织蛋白（含蛋白50%，呈粉状、粒状或片状）、浓缩蛋白（含蛋白70%，呈粉状）、组织浓缩蛋白（含蛋白70%，呈粒状，片状）和分离蛋白（含蛋白90%，呈粉状）。它们大部分都被作为填充剂，这不但能提高食品中的蛋白含量，增强营养，且能改善食品的功能特性，如保鲜性、增白性以及持油、持水性等，效果良好。

目前该公司（全巴西最大的大豆蛋白公司）生产的两种组织蛋白其品质甚好。第一种名为埃斯可而（ESCOL），第二种名为马格斯坦（Maxten）。它们的规格如下：埃斯可而组织蛋白。色泽：浅黄（当然也可配成其他颜色）；气味：谷物清香味，吸水后具有咀嚼感；成分分析：蛋白质（$N\times6.25$）52.0%，水分6.0%，灰分6.0%，脂肪1.3%，碳水化合物（稍有起伏）34.7%；吸水性：能吸取比其本身质量重2倍的水；蛋白质效率比：最低也为2.0（以牛奶乳酪作2.5计标）。在肉类中的添加量也高达25%。

桑巴拉公司还生产一种较为有名的大豆分离蛋白，取名为90HG，这种分离蛋白具有较强的独特的胶质性，它的各种功能特性也很显著。

成分分析为：蛋白质（$N\times6.25$），最低为90%，水分最高为6.0%，纤维素最高0.8%，脂肪最高0.8%，灰分最高6.0%，pH（10%的溶液）6.6~7.4。

在无机盐类中，钙的含量最高为0.15%，钠最高含量1.5%，磷最高含量1.5%，重金属的最高含量为0.6mg/kg。

其蛋白质的氨基酸组成（以每百克产品中有多少克氨基酸表示）为：*赖氨酸5.8、组氨酸2.3、精氨酸6.7、天冬氨酸10.7、*苏氨酸3.2、甘氨酸3.8、丙氨酸3.5、*胱氨酸0.8、*缬氨酸4.0、*蛋氨酸1.0、*异亮氨酸4.1、*亮氨酸7.0、酪氨酸3.1、*苯丙氨酸5.1、色氨酸0.9、丝氨酸4.6、谷氨酸18.2、脯氨酸4.9；（有*者均为主要氨基酸）。

虽然该公司对这些蛋白产品的制造技术有些保密，但在交谈中发现，他们还是沿用了美国ADM公司和GPC公司的生产方法，而无多大的创新。

在巴西植物油公司的保托阿里格油厂中，有二套大豆蛋白生产设备。

第一套也为组织蛋白生产装置，有两条生产线，一新一旧。每条生产线均配备了两台由美国温哥华公司提供的膨化挤压机，每条的生产量为2t/h，每台膨化挤压机的价格约为100万美元。

第二套为豆奶粉生产装置，原料为精选大豆或低温脱溶豆粕，经清理、破碎去皮、浸泡、在沸水中磨粉（去豆腥味）、加热破坏多种抗营养因素，然后进行离心分离。分离所得的不溶固体物质，经干燥（或再经粉碎）作饲料用；而呈液状的蛋白质溶液，则经浓缩，并加入各种添加剂后，经喷雾干燥而成豆奶粉。这种豆奶粉可迅速溶在水中而成为豆奶。

根据添加剂的不同，豆奶的品种也随之而改变，如有纯豆奶、巧克力豆奶、香草豆奶、酸豆奶等。实际上加入添加剂的另一作用，是想完全掩盖尚剩的一些豆腥味罢了。我们在品尝这些豆奶产品时，觉得在味觉上比美国的豆奶要稍差些。

这套豆奶粉生产线的产量为40t/d，得率50%左右，折算成原料，每天约处理80t大豆。全套豆奶设备价格为1 000万美元。

据介绍，全巴西唯有这个工厂大规模地生产豆奶粉。

总的来说，虽然巴西在大豆蛋白的开发利用上，作了不少的努力，但到目前为止，据悉仅占大豆加工总产量的0.8%左右，低于美国及日本。但随着巴西大豆产量的不断增长，估计在蛋白的利用上将会有一定的前途。

（三）巴西油脂工业相当于20世纪70年代初的水平

巴西地大物博，全国面积共有851万km^2，是南美洲的最大国家。其大豆的种植面积遍及南方各州（现在逐步向中部、北部地区发展）。

由于国内外大豆加工业的激烈竞争，要求具有较高的劳动生产率，所以油厂越建越大。经介绍，一般为日处理500～2 000t，目前巴西油厂的规模如果小于300t/d，就很难生存下去。

油厂布局的合理性在巴西也得到了充分的考虑，如果在相邻地区内油厂数量较多，则根据原料情况进行综合考虑，宁愿关闭其中几个，而让剩下的满载运行，以便获得更大的经济效益。这样也就避免了各油厂互争原料，彼此开工都不足的不利现象。

巴西的油脂设备，除离心机等个别主机引进外，一般只引进国外技术软件，由本国自己制造，有的设备看上去虽然粗糙些，如破碎机、轧胚机等，但仍能正常使用，这不但节省了外汇，也提高了本国的机械工业的制造能力。

关于油厂的自动化问题，巴西一般采用的都是显示（记录）及可调节的仪器仪表（大多用气动操作），而并不使用微机，他们认为油厂机械化程度较高，所需工人就会减少，所以没有必要再用微机操作了，这是符合该国国情的。

在浸出车间中，一般都设有脱胶装置，这样，毛油从汽塔出来后，即可脱去磷脂、除去水分，有利于毛油的储存保管。

像美国一样，油脂脱臭所用的加热介质，一般都用道生蒸汽，这样能省去易磨损的热重油泵。

根据巴西缺煤的实际情况，油厂锅炉所用的燃料大都用木材。由于巴西树木多，生长期短，所以木材货源多而价廉。

巴西也缺石油，目前巴西汽车燃料已大部分采用酒精，据悉他们还在研究用植物油代替汽油作为汽车燃料。

总之，从整个工艺和设备方面来看，巴西的油脂工业处于20世纪70年代初的水平，但它的技术经济指标还是较好的，与80年代欧美、日本的油脂工业水平相近。

（四）巴西的科学研究重视中间试验与推广应用

巴西科学研究工作比较注重实际，选题大胆，主攻方向明确，能够紧密联系生产发展中出现的各种问题，进行研究与试验工作，并讲究实效。其研究方法是从分析化验与小型试验开始，取得突破后，即进行加工工艺与设备设计，并在自己的实验工厂进行中间扩大试验，试验成功后，立即放大并推广应用到工业生产中，使研究成果能及时得到应用与推广，从而促使生产力的发展。

例如，国家农科院里约热内卢食品技术研究中心就是这样进行研究工作的。他们在小麦粉中添加大豆粉及玉米粉的研究就是一个很成功的事例。他们从添加比例、加工特性以及加工工艺与设备的研究同步进行，从而使研究试验找到成功的途径，并能得到推广应用，其研究成功后，可减少巴西今后小麦的25%，科研实绩是十分明显的。

同样，隆得利那大豆研究中心、巴西利亚稀疏草原研究中心，在研究大豆种植由南向北推移、解决品种退化、防治病虫害的试验中，研究中心均有自己的实验手段，以及提供研究与推广应用的试验基地。因此，工作扎实，能较快地取得实效，这是值得我们科研部门借鉴的。

我国粮食科研部门所缺少的正是实验条件与试验基地，因此，研究工作没法做得扎实，进展缓慢，研究成果推广应用也往往跟不上，没有发挥应有的效益。所以说，我们在加强科研仪器与实验手段的同时，在资金缺少的情况下，选一个工厂，作为自己的科研试验的基地是值得提倡的，也是非常必要的。

（五）几点体会

1. 中国驻巴西使馆的支持，是这次考察顺利进行的重要保证

由于考察时间的推迟，尤其是考察组有关派遣单位在办理出国人员手续时耽误了时间，使原定9月21日的出国日期推迟了一个星期，加上其他原因，造成考察组赴巴后在经费和接待单位等方面的困难。问题出现后，中国驻巴西大使馆对商业部考察组十分重视，采取了许多措施，进行了周密的安排。在我们到达里约热内卢时，使馆特地委派中国设在里约热内卢的南美五金矿产有限公司的总裁在机场接我们，并热情地为我们安排了住宿。为了落实考察经费和接待单位，大使馆一等秘书顾逢祥同志于当天晚上专程由巴西首都巴西利亚赶到里约热内卢，并陪同我们一起到圣保罗考察，直到考察经费和接待单位全部落实后才返回巴西利亚。为了让我们考察巴西的大豆油厂，了解巴西的大豆加工技术，顾逢祥同志想方设法通过巴籍华人看了三个大豆油厂，保证了大豆技术考察任务的完成。在考察结束时，中国驻巴西使馆陶大钊大使在百忙中会见了考察组全体成员，听取了考察组在巴考察情况的汇报，并与大家亲切地进行了交谈，时间长达一个多小时，使我们十分感动。

这次赴巴西考察，我们深感到中国驻巴西大使馆的大力支持，是这次考察顺利进行的重要保证，巴西使馆对大豆加工技术考察的重视以及对工作的认真负责，对国内同志的热情给我们留下了深刻的印象。

2. 对引进“二手”制油设备要保持慎重态度

考察期间，中国拉丁美洲进出口巴西有限公司的同志向我们介绍，由于油厂的布局不合理，加工能力有余，以巴籍华人林训明先生为董事长的巴西植物油公司想把两个浸出油厂的成套设备卖给中国，其中一个为日处理大豆 1 500t，创建于 1976 年，1977 年建成投产后开工五年一直停产至今；另一个为日处理大豆 500t，只开工一年。希望我们去看看是否适用。

我们本着既看货又了解巴西大豆技工技术的目的，详细参观了日处理 1 500t 的拉加多大豆油厂并了解了开工期间的一些经济技术指标。通过考察，总的感觉是：巴西重视引进软件技术，走国产化的道路。该厂从原料的烘干、清理、破碎、软化、轧胚到浸出等全过程，除了两台离心机采用瑞典阿法拉伐公司的外，全部采用巴西国产设备，其工艺技术水平相当于国际上 20 世纪 70 年代初的水平，与我国目前浸出油厂的工艺技术水平相比没有太大的特色。在设备制造质量上，破碎、轧胚等主要设备看上去比较粗糙；在工艺上，粕经脱溶后，其烘干冷却仍然采用卧式滚筒烘干机和风冷冷却器；在整套设备的新旧程度上，尽管使用的时间不太长，但建厂至今已经十年多了，有些设备锈蚀现象较为严重，有些预处理设备和粕的烘干冷却设备看上去已经比较陈旧，有些设备看上去虽然还可以，但一旦经过拆装、运输、很可能就不能用了。加上浸出设备大多数是瓶瓶罐罐，体积较大，长途涉水运到中国不太合适，尤其是油厂日处理量太大，根据目前我国油料实行产地加工，油厂规模一般只有 100t 左右，所以要集中大量原料比较困难。鉴于上述情况，我们的意见是不引进为好。

最近，有些地区也想引进“二手”制油设备，建议各地持慎重态度，一定要经过实地考察，反复比较，并从中国的国情出发，不要草草成交。

3. 重视与像巴西那样的第三世界国家技术交流与合作

为了提高我国油脂工业的技术水平，近几年来我们与国外进行了广泛的技术交流与合作，引进了一些先进制油技术与设备，收到了较好的效果。在过去的交往中，我们比较重视与美国、日本以及欧洲等国的技术交流与合作，这是对的，因为这些国家的制油技术体现了目前的国际水平，但问题是我们比较忽视与第三世界的技术交流与合作。这次通过考察巴西大豆加工技术，使我们感到由于巴西的大豆是 70 年代初开始大量种植的，油厂也是随之发展起来的，采用的技术起步较高，加上巴西注重国情，引进了一些先进的技术软件，所以巴西的油脂加工技术具有一定的水平，有些技术与第一世界的目前水平差不多（如大豆蛋白粉的生产技术）。在考察中我们还感到，巴西的油厂普遍接待热情，参观时是允许照相，讨论问题时比较坦率，有的甚至把工厂的实际生产记录告诉我们等，这些做法在一些发达国家考察是不多见的。为此，我们建议，在今后的交往中，我们除了继续加强与发达国家的技术交流与合作之外，要重视与像巴西那样的第三世界国家的技术交流与合作。我们认为，只要工作做好了，就可以得到在发达国家得不到的东西。

另外，通过考察和使馆的介绍，巴西的大豆加工技术和蓖麻籽的加工利用技术是比较先进的，建议今后加强这方面的技术交流。

八、 在世界榨油商协会第65届年会上的讲话

——Rapid Development of Seed – Crushing Industry in China

（1991年5月23日　于北京）

Mr. President, ladies and gentlemen, I feel pleased that the 65th World Congress of International Association of Seed Crushers （I. A. S. C. ） opens inBeijing, the capital of the People's Republic of China.

Since it became an official member of the I. A. S. C. in 1983, China has strengthened its relations with friends in the world's seed-crushing industry. China's participation has not only promoted friendship, cooperation and trade relations with other countries, but also played an active role in the development and technical renovation of the Chinese seed-crushing industry. Your presence at this Congress will definitely enhance such friendship and co-operation.

Now, I would like to take this opportunity to give a brief introduction to the development ofChina's seed-crushing industry in the last decade and its envisaged future.

In the past ten years, under the guidance of reform and opening policies, China's industry and agriculture has made a lot of progress. Successive bumper harvests and an increase in oilseed production have made plenty of raw materials available for the crushing industry. It can be said that the development of production of oil-bearing crops is the foundation of the crushing industry.

China, with a vast land, enjoys the favourable climatic conditions that suit the growing of various oilseed crops. The major oil-bearing crops in China include peanut, soybean, rapeseed, cottonseed, sesame and sunflower seed. To meet the requirements of this industry, China has adopted a series of effective measures and has made striking achievements.

Up-dated equipmens with new technologies have increased the crushing capacity and productivity. Development also can be seen in oil refining and further products processing of oil. There are more varieties of oil products and they are of better quality.

By the end of 1990, the crushing capacity of the state-run oil mills reached 21. 39 million tons, the total output of vegetable oil arrived at 2. 7 million tons, with an increase of 83 percent and 90 percent over those in 1980 respectively. Rapeseed oil accounted for 44 percent, being the largest in quantity, which was immediately followed by soybean, peanut, cottonseed and sunflower seed oils.

The increase of oilseed production has produced a favourable condition for the oil-crushing industry. In order to rapidly develop this industry and enhance the technological level, solvent extraction method is introduced and popularized. With the 10 years' efforts, the traditional expression has basically changed to the solvent extraction process. Solvent extraction is now widely used in this country.

Preliminary statistics show that 799 solvent extraction facilities with a capacity of 11. 52 million tons were available by the year 1990; more than 500 extraction plants were built or renovated in the past 10 years with an increase in capacity by over 10 million tons. Currently, the vegetable oil produced by solvent extraction process accounts for 54 percent in total. Meanwhile, extraction technology and equipment have been improved a great deal. Extraction equipment of various capacities has not only met the demand of the vegetable oil industry in China, exports to other countries have also been made. The technological and economic standard of the extraction equipment that are manufactured in China has reached the standard required by the developed countries.

The refining industry started quite late inChina, which could not suit the development of the Chinese food industry and the increased living standard of the people. Thus, the oil refining and further processing of oil products were encouraged. The refining technology and capacity have improved rapidly. More varieties of oil products have come forth together with the improvement of the quality. The production of margarine, shortening, salad oil and other oil products for special uses have also made a lot of progress, which has met the market demand.

The rich supply of oilseeds has offered a favourable condition for the development and application of vegetable protein in China. China's development in the application of soya protein is an important contribution to mankind. Tofu (soybean curd), which the Chinese people are fond of, is a typical example. Currently, there is a large selection of Tofu products with different flavours. It is inexpensive but highly nutritious. In the past decade, while the improvement has been made in the development of vegetable protein for human use, the production of vegetable protein for feed use has also achieved a lot of progress.

The open-door policy has vitalized the crushing industry in China. Technical exchanges have increased between Chinese and foreign crushers. The improvement in trade and co-operation has also pushed forward the Chinese crushing industry and equipment manufacturing industry. In recent years, through imports of equipment and technology from advanced countries, Chinese crushers have achieved a better understanding of new technologies of foreign countries.

We have achieved a great deal in developing China's oil refining industry as we learn the technology and experiences from other countries. China can now manufacture its own oilseed processing equipment. This is a reliable basis for the modernisation of seed-crushing facilities in China. This is highly beneficial for the construction and renovation of oil mills in China. By the year 1990, the equipment production increased by 53. 3 percent over 1980. It can be said that a great improvement has been made in the Chinese crushing industry in the past decade.

China has attached great importance to the development and utilisation of oilseed resources. This is substantial for the creation of wealth for the society and improvement of economic benefit for enterprises. China is the largest rice grower in the world, with a high corn production. Rice bran and corn germ are valuable oil-bearing materials. Rice bran oil and corn germ oil are highly nutritious and beneficial to human health. Therefore, the production of these two types of oil has attracted the attention in the world. In China, rice bran and corn germ have already become important oil resources; and a lot of progress has been made in the production of rice bran oil and corn germ oil. By 1990, the output of rice bran oil reached 82, 000 tons while the corn oil production arrived at 13, 000 tons. Meanwhile, new progress has been made in the development and utilisation of vegetable protein from oil-bearing crops. Good results have been achieved in the integrated utilisation of by-products and soap stock from the industry. In 1990, China has produced 11, 140 tons of fatty acid including stearic acid and oleic acids, 34 tons of oryzanol powder, 443 tons of inositol. By-products from the crushing industry are also valuable raw materials for the pharmaceutical and chemical industries.

Starting from this year, China will enter its 8th five-year plan period. During this period, the national economy and food industry will grow further together with the raising of people's living standards. Undoubtedly, the Chinese crushing industry will also enter a new period. More processing capacity will be added; and the output will increase to suit the growth of oilseed production. Moreover, we will actively make use of new technology, up-dated equipment and computer technology to renovate the Chinese crushing industry for the purpose of increasing the production, enhancing the technological level and automation, reducing energy consumption and producing more varieties of oil products. Solvent extraction will be more widely used. It is aimed that by the year 1995, over 70 percent of oilseeds will be treated by the method of solvent extraction. Oil refining industry will be continuously improved; and further processing of oil products will be encouraged. To meet the market demand, we will actively produce high-grade cooking oil, frying oil, margarine, shortening and coco-butter substitutes. The development and utilisation of vegetable protein from oilseed sources will continue. Food grade vegetable protein will mainly come from soybean and peanut while feed grade vegetable protein will mainly come from rapeseed and cotton seed. The focus will be placed on improving the product quality and lowering the cost. Efforts will be made on the utilisation of the products. Comprehensive utilisation of by-products from the crushing industry must be further made. New products must be developed; and new ways must be found to increase vegetable oil production. The extraction and utilisation of fatty acids and their derivatives such as erucic acids will be done in a planned way. Work on the development of phosphatide and other oil chemical products will also continue. More efforts will be paid in the area of extraction of oil from rice bran, wheat germ and corn germ. Rice husks will be continuously used as fuel.

Meanwhile, we will further the technical renovation of oilseed processing equipment plants. New equipment of better quality must be manufactured so that the ability to supply the complete oilseed processing system can be increased in order to meet the needs of development of the crushing industry in China.

The above measures are designed to raise the level of our seed-crushing industry.

In the future, we would like to strengthen the co-operation with our foreign counterparts in the area of further processing of oil products and the development and utilisation of vegetable protein and find more opportunities for technical exchange and co-operation for the purpose of enhancing friendship, strengthening co-operation and promoting production. I wish this Congress a great success. Thank you.

The President:

Thank you, Mr. Wang Ruiyuan, that was most interesting. If I compare what you said at the time in New Delhi and what you said today, I think it shows the great progress the oilseed industry has made in China, and it is my privilege to congratulate you on this.

Sometimes I am indiscreet, so you may deny me the answer, but in Europe and elsewhere in the world, we see that crushing plants are getting bigger and bigger from year to year. You yourself actually said in your paper that your new plants are getting bigger. So my first indiscreet question is-what is, about, the capacity of your largest plant in China?

Mr. Wang Ruiyuan (People's Republic of China):

About 600, 000 tons a year.

The President:

And what is the number of plants, about, in China?

Mr. Wang Ruiyuan (People's Republic of China):

About 1, 400. This number applies to the state run oil mills.

The President:

I presume that most of these plants will be located in the areas where the oilseed is grown-or do you transport the grain to the areas where the oil is consumed? One always has the option of doing either.

Mr. Wang Ruiyuan (People's Republic of China):

China is in a slightly different position from other countries: for example, in the United States. Theirs is of course much bigger so that most of the raw materials are grown in the rural areas and transported to the plants. But in China we try to build our plants as near the areas where the oilseeds are grown as possible. So that ours is what you call: relatively concentrated. That means we have an oil mill in more or less each area where oilseeds are grown and that is why we have a great number of plants, and their sizes are much smaller.

In the cities, of course, they do not grow oilseeds, but we can also transport to those plants, but more than 90 percent of oil mills are located near areas where oilseeds are grown.

The President:

And I presume that the refineries that you are building will be close to the consuming areas and close to the big cities of China?

Mr. Wang Ruiyuan (People's Republic of China):

We build relatively large capacity refining plants in the large and medium size cities.

The President:

Thank you very much, Mr. Wang Ruiyuan.

九、 参加日本油脂协会30周年纪念大会的情况汇报

（1992年2月11日　于北京）

应日本油脂协会和普川光男会长的邀请，以商办工业管理司王瑞元同志、中国植物油公司盂庆禄同志和国际合作司谢映同志组成的商业部代表团，于1992年1月23—27日，参加了日本油脂协会创立30周年纪念活动。应邀参加这次纪念活动的还有韩国大豆加工协会的4位代表、中国台湾植物油制炼工业同业分会的10位代表以及美国、加拿大驻日本使馆的有关人员。日本油脂协会对中国代表团的到会十分欢迎，在各种活动场合都将中国代表团放在重要位置。另外，在参加纪念活动的同时，日本油脂协会还特意安排我们参观了一些油厂和食品加工厂。现将情况简要汇报如下：

（一） 纪念活动的情况

1月24日，日本油脂协会举办了创立30周年纪念活动。会上，日本油脂协会普川光男会长、中国商业部王瑞元司长、中国台湾省植物油制炼工业同业分会许忠明理事长先后分别介绍了本国和本地区油脂工业的发展情况，都受到与会者的欢迎和好评。

王瑞元司长在发言中介绍了“改革开放”十年来，中国油脂工业发展的概况和今后发展的设想。着重介绍了我国工农业生产的发展，农业丰收、油料增产是油脂工业发展的基础；介绍了我国油脂工业十年来积极采用新技术、新工艺、新设备，加速对植物油厂的建设和改造，使油料加工能力大幅度增长，生产技术水平有了很大提高，油脂精加工、深加工有了新的发展，产品品种增加、质量提高的情况；介绍了我国重视油料资源和油料蛋白的开发利用以及综合利用的情况；介绍了我国油脂机械工业的发展和实力。与此同时，还介绍了“八五”期间，我国油脂工业的发展思路和重点，阐明了我们愿与世界同行加强合作和技术交流的愿望。发言受到了与会代表的欢迎和好评。

1. 日本油脂工业的现状

日本油脂协会成立于1962年，30年来油脂的生产和消费有了很大的发展。1962年加工油料为202.9万t（其中大豆为100万t、菜籽为31.1万t、其他油料为71.8万t），1990年为6 442万t（其中大豆为363万t、菜籽为188.6万t、其他油料为92.6万t），增长217%；食用油的消费量1962年为53.3万t，1990年为217.1万t，增长307%；食用油人均日消费量1962年为14.56g，1990年为45.33g，增长211%；混合饲料的生产量1962年为503万t，1990年为2 594.9万t，增长416%；脱脂大豆需求量1962年为75万t，1990年为346.8万t，增长362%，菜籽饼的需求量1962年为62万t，1990年为124.7万t；植物油进口量1962年为2.4万t，1990年为46.2万t；饼粕进口量1962年为2.6万t，1990年为78.9万t。植物油和饼粕的进口数量增加显著，主要是在

20 世纪 80 年代。

随着饲料工业的发展，对饼粕的需求数量不断增加，为适应饲料工业的发展需要，20 世纪 60 年代后五年和 70 年代前五年，许多大规模的油厂在日本沿海建成，到 1978 年大豆加工生产能力已达 329.7 万 t。过去，日本的油厂特点之一是可以处理各种油料，而现在主要加工大豆和菜籽。大豆和菜籽的加工量过去只占总加工量的 64.5%，1990 年提高到 85.6%。

目前存在的主要问题：一是，在食用油的消费方面，1980 年前食用油的消费一直保持在相对稳定的水平，并每年有所增长。到 1986 年人均每日食用油的消费增加到 45.16g，此后，食用油的消费有所波动。这是因为食用油摄入量已经达到一定的水平，人们开始注意到脂肪占能量的比例已略超过 25%，特别是年轻女士更喜欢低热量食物，老人也在避免高热量的食物，从而出现了目前的"厌油症"。为改变这种情况，日本油脂协会在公共卫生部等有关部门的支持下，利用四位日本最著名的专家，举办"植物油与健康"研讨会，通过各类报纸、杂志、广告和电视台进行了一系列"植物油给你美丽和健康"的宣传报道，取得了效果；二是，进口植物油和饼粕的不断增长，使日本国内油厂面临着严峻的竞争考验；三是，日本油料中大豆的比例较高，主要靠美国、巴西进口，但质量问题较多、含杂较高，经过交涉后，1991 年从美国进口的大豆质量较好。

2. 韩国油料加工业的现状

韩国 1991 年需要大豆总量约为 130 万 t，其中 100 万 t 是进口的。去年韩国大豆加工者护协会共组织进口大豆为 81.9 万 t，全部从美国进口，过去有很少一部分大豆从巴西和阿根廷进口。

韩国大豆加工者协会有三家会员有加工厂，这些工厂的规模较大，日加工量为 1 000 ~2 000t，并均采用相当先进的技术和设备，年加工总能力为 150 万 t，这几家油厂能向市场提供消费者要求越来越高的食用油脂和高质量的食品工业用油。1991 年大豆加工量为 88.9 万 t，大豆油产量为 16.1 万 t。与发达国家相比，韩国人均植物油消费水平仍然偏低，今后几年消费量将持续增长。1991 年韩国饲料工业需要大豆粕约 150 万 t，其中 69.6 万 t（约占总量的 61%）由本国油厂提供。由于这几年饲料工业的发展，大豆粕的需求量不断增加，不足部分由进口补充，大豆粕的进口量从 1985 年的 12.6 万 t 增加到 1991 年的 49.8 万 t，近期的进口大豆粕大多是中国的。1991 年进口印度大豆粕 5.7 万 t，阿根廷大豆粕 3.2 万 t，这两国正在成为韩国进口大豆粕的供应国。近期一些迹象表明，配合饲料产量增长的速度有所下降，趋于正常。

3. 中国台湾省植物油生产的发展历史

中国台湾的植物油生产是从 1950 年开始的，当时大多数为小油厂，其发展分为五个阶段。限制时期（1950—1966 年）：其间，当局采取不允许新建厂的政策，会员厂的主要任务是为食品局代加工大豆，年加工能力为 7 万 t。这一阶段，植物油的生产和销售均得到了很好的计划和组织。1966 年会员厂的生产经营搞得较好，协会成员增至 40 家，年加工大豆增至 12 万 t。

市场开放，生产增长时期（1967—1972 年）：1966 年底，当局取消了限制新建植物油厂和控制外资投入的政策，从 1967—1972 年，逐步采用了现代化设备和新技术，达到了国际先进水平，产量增加 5 倍，年加工大豆增至 45 万 t。

生产过剩，竞争和衰退时期（1973—1975 年）：1973 年盲目扩大生产能力，大量投资购买油脂加工设备，生产能力大于消费。年进口大豆总量达到 80 万 t，远远超过台湾本地市场 50 万 t 的需求量，供过于求。导致大豆的加工产品出售价格比三十年前低得多，多数油厂陷于衰退。

调整和联合时期（1976—1988 年上半年）：1976 年初，油厂开工不足，加工设备闲置，遭受了较大损失。随后，当局进行了指导调整，对大豆进口实行限额，并于 1976 年 7 月成立了大豆进口联合委员会。

完全自由放开时期（1988 年下半年至今）：当局允许从世界各国进口大豆原料和全部相关产品，不作任何限制。

成立大豆进口联合委员会 12 年以来，通过统一对外组织大豆进口，便于当局根据台湾的社会、经济、外贸等方面的情况变化，随时调整进口策略、消费量和储存量。不仅稳定了市场价格，保护了消费者的利益，而且也使会员厂获得了一定的效益。但也存在下列问题：

一是，为了平衡供求，进口数量是控制的，生产能力过剩的问题没能解决，一些工厂仍开工不足；二是，一些亏损无效益和破旧的油厂逐渐倒闭；三是，一些会员厂和协会强烈反对联合进口，要求实行自由市场经济。

自 1988 年下半年实行完全自由放开以来，出现了生产能力严重过剩，供过于求更加突出，老厂和小厂关闭；产品多样化和经营多样化，价格竞争激烈，致使国外的很多产品进入台湾市场。

根据台湾食品工业研究和发展协会的报告，台湾的植物油生产近期仍将处于低潮，寻求发展极为艰难。

台湾目前有 15 家油厂，有 12 家油厂参加了植物油制炼工业同业分会，日加工能力 2 000t，占市场的 80%。为了摆脱油厂目前的困境，油厂除了加工油脂外，还发展了其他行业，如银行、房地产、建筑业、汽水生产、饲料加工、食品加工等，以扩展油厂的加工、经营范围。

4. 中国商业部代表团数次受到了日本报界记者的采访

在纪念活动期间，日本报界记者对中国商业部代表团进行了数次采访。采访的日本报界记者有：日本经济新闻社、日本路透社、日本幸书房株式会社“油脂”月刊、日本“油脂”杂志社等，采访的主要内容有：去年我国南方有些省市遭受严重洪涝灾害和灾区人民的生活情况；我国粮食和油料生产情况，特别是大豆是否减少，会不会影响出口和大连日清有限公司的原料供应；我国的油脂生产和销售情况；有关在中国建立油脂加工合资合作问题；中国油脂工业的现状以及今后发展方向；参观日本的油脂、食品加工企业后的感想等。对他们提出的问题一一作了回答，并借此机会积极宣传了我国政治、社会稳定，经济不断发展的情况。

（二） 三点感受

这次赴日参加日本油脂协会创立三十周年纪念大会，时间虽然只有 5 天，但感受不少，主要有以下 3 点：

（1）通过交流，使我们了解了有关国家和台湾省油脂工业的发展过程、现状、今后的发展趋向和当前存在的问题。他们的做法和经验对我们很有参考价值。尤其是台湾省油脂工业的发展历史以及出现的问题对全国油脂工业的发展有借鉴意义。另外，在交流中我们还了解了有关国家和台湾省的油料、油脂和饼粕的进口数量及价格情况，对我们今后与他们进一步开展合作和贸易提供了信息。

（2）在交流中据韩国大豆加工协会介绍，近几年来韩国进口的豆粕主要来自于中国。1991 年韩国从国外进口豆粕的总量为 49.8 万 t，其中 40.9 万 t 是从中国进口的，占韩国豆粕进口总量的 82%，但在价格上，中国的豆粕定价过低。据了解，韩国国产豆粕的价格每吨为 269 美元。进口每吨豆粕的价格（到岸价不含保险费）阿根廷为 225 美元、印度为 205 美元，中国只有 190 美元。对此，韩国大豆加工协会反映较大，他们认为中国豆粕质量好，价格这样低，不仅影响了中国油厂的收益，同时对韩国油厂国产豆粕的销售造成了困难，希望中国豆粕出口价格不要订得那么低。我们认为，类似这样的问题不少，主要是粮食部门的出口企业无权确定粮油及其相关产品的出口价格，也不知道国际行情，完全由外贸部门一家说了算，而且有些出口成交价，供货企业根本不知道，这也是外贸体制改革中的一个深层次问题。

（3）在纪念活动期间，我们与台湾省植物油制炼工业同业分会进行单独会见，交流和沟通各自的情况，该分会表示愿意到大陆投资，建设日处理量为 2 000 ~ 2 500t 的合资合作油厂。对此，我们一方面表示欢迎台湾的企业家到大陆投资，另一方面提出了两点建议：一是，合资项目的产品要有一定比例外销，至少能做到外汇平衡；二是，规模不宜太大，最好日处理量在 1 000t 以下。对台湾省植物油制炼工业同业分会提出的合资合作，我们打算与有关省市通通气，选择有条件、感兴趣的一、两个单位，事先做些准备，以便今后洽谈。

有关日本、韩国及台湾省油脂工业的现状，我们打算整理后在《中国油脂》上刊登，以便科研、院校、油脂加工企业及主管部门了解情况，从中吸收有益的东西。

十、日本、韩国、中国台湾油脂工业的现状简介

（1992年2月25日　于北京）

应日本油脂协会和普川光男会长的邀请，商业部组成代表团，于1992年1月23—27日，参加了日本油脂协会创立30周年纪念活动。应邀参加这次纪念活动的还有韩国大豆加工协会的4位代表、中国台湾植物油制炼工业同业分会的10位代表以及美国、加拿大驻日本使馆的有关人员。

1月24日本油脂协会举办了创立30周年纪念活动。会上，我和日本油脂协会普川光男会长、韩国大豆加工协会申明秀会长、中国台湾植物油制炼工业同业分会许忠明理事长分别介绍了本国和本地区油脂工业的发展情况。

我在发言中介绍了“改革开放”10年来，中国油脂工业发展的概况和今后发展的设想，着重介绍了我国工农业生产的发展，农业丰收、油料增产是油脂工业发展的基础；介绍了我国油脂工业十年来积极采用新技术、新工艺、新设备，加速对植物油厂的建设和改造，使油料加工能力大幅度增长，生产技术水平有了很大提高，油脂精加工、深加工有了新的发展，产品品种增加，质量提高的情况；介绍了我国重视油料资源和油料蛋白的开发利用以及综合利用的情况；介绍了我国油脂机械工业的发展情况和实力。与此同时，还介绍了“八五”期间，我国油脂工业的发展思路和重点，并阐明了我们愿与世界同行加强合作和技术交流的愿望。为了便于大家了解情况，吸取有益的东西，现将日本、韩国、中国台湾油脂工业的发展过程、现状、油脂产销情况以及存在的问题简要介绍如下。

（一）日本的油脂工业

1. 从20世纪60年代到90年代初日本油脂工业发展的基本情况

日本油脂协会成立于1962年，30年来油脂的生产和消费有了很大的发展。1962年加工油料为202.9万t（其中大豆为100万t、菜籽为31.1万t、其他油料为71.8万t），1990年为644.2万t（其中大豆为363万t、菜籽为188.6万t、其他油料为92.6万t），增长217%；食用油的消费量1962年为53.3万t，1990年为217.1万t，增长307%；食用油人均日消费量1962年为14.56g。1990年为45.33g，增长211%；混合饲料的生产量1962年为503万t，1990年为2 594.9万t，增长416%；脱脂大豆需求量1962年为75万t，1990年为346.8万t，增长362%；菜籽饼的需求量1962年为62万t，1990年为124.7万t；植物油进口量1962年为2.4万t，1990年为46.2万t；饼粕进口量1962年为2.6万t，1990年为78.9万t。

其他油料包括米糠、棉籽、亚麻籽、椰子仁、葵花籽、蓖麻籽、芝麻等，1962年占油料总量的比例为35.4%，到1990年降低为14.4%。大豆和油菜籽的比例增长显

著。植物油和饼粕的进口数量不断增加，主要是在 80 年代。

2. 大豆制油产量的变化

自 1961 年解除禁止大豆进口以来，大豆制油的产量随着配混合饲料产量的增加而增加。60 年代到 70 年代，配混合饲料的产量每年增加 20%。在 1962—1967 年和 1970—1978 年有两次大的增长，分别从 500 万 t 增长到 1 000 万 t 和从 1 500 万 t 增长到 2 000 万 t。

为适应饲料工业的发展需要，60 年代后五年和 70 年代的前五年，许多大规模的油厂相继在日本沿海建成。到 1978 年，当配混合饲料产量超过 2 000 万 t 时，大豆加工能力达到 329. 7 万 t。同时开始进口脱脂大豆，在 1972 年和 1973 年分别达到 31. 4 万 t 和 34 万 t。

3. 油菜籽及其他油料加工能力的变化

禁止进口大豆和油菜籽的禁令分别于 1961 年和 1971 年末解除。但油菜籽加工能力在 1971 年仍然较小，为 43 万 t。由于加拿大油菜籽的改进而增加了菜籽油的需求，特别是饲料用菜籽饼粕需求的增长，到 1979 年菜籽加工能力超过了 100 万 t。此后，油菜籽的加工能力保持在 110 万 t 左右，1985 年达到了 146. 4 万 t。由于饲料中使用菜籽饼粕的比重增加，到 1990 年菜籽油的生产能力超过了大豆油。

关于其他油料的加工情况。由于米糠、棉籽、亚麻籽、椰子仁、葵花籽、蓖麻籽、芝麻等原料来源十分困难，产量不断减少。例如，棉籽加工量 1962 年保持在 13 万 t 左右，到 1990 年减少到 3. 6 万 t；椰子仁的加工量从 9. 2 万 t 减少到 4. 2 万 t；葵花籽的加工量从 7. 6 万 t 减少到 4. 3 万 t。1962 年日本的米糠加工量为 24. 6 万 t，70 年代后期加工量超过了 50 万 t，但后来随着日本消费的减少，米糠生产也逐步减少，80 年代后期米糠的加工量降回到 1962 年的水平 24. 6 万 t。

过去，日本的油厂特点之一是可以处理各种油料，而现在主要是加工大豆和油菜籽。大豆和油菜籽的加工量过去占总加工量的 64. 5%，1990 年提高到 85. 6%。

以上几个方面，综述了 30 年来日本油脂工业的发展概况。

4. 目前日本油脂工业存在的主要问题

（1）在食用油的消费方面　1980 年前，食用油的消费一直保持在相对稳定的水平。1970、1976、1979 年人均食用油的消费量均比前一年增加 6% ~9%。

1986 年人均每日食用油的消费增加到 45. 16g。此后，食用油的消费有所波动，1987 年、1989 年和 1990 年均比前一年有所下降，这是因为食用油的摄入量已经达到一定的水平，人们开始注意到脂肪占能量的比例已略超过 25%，特别是年轻的女士更喜欢低热量食物，老年人也在注意避免高热量的食物，从而出现了目前称之的“厌油症”。然而，从 20 世纪 60 年代到 80 年代前期，植物油有利于健康的形象已经建立。医生建议人们食用植物油以利于健康，特别是可以预防心脏疾病。尽管如此，日本油脂界对目前出现的“厌油症”十分重视，他们在日本农业部、林业部、渔业部和公共卫生部等部门的配合下，邀请日本最著名的专家举办了“植物油与健康”的研讨会，说服各种消费者重新认识植物油和健康的关系，以吸引公众的注意力。目前，日本油脂协会正在通过各类报纸、杂志、广告、电视和宣传手册等进行了一系列“植物油给你美丽和健康”的宣传报道，取得了效果。

（2）进口植物油和饼粕不断增加，使日本国内油厂面临着严峻的竞争考验。60年代和70年代初期，植物油和饼粕产品的进口量非常小。1973年，棕榈油的进口量首次超过10万t。1981年棕榈油、棉籽油的进口量超过了30万t，1989年超过了40万t，到1990年植物油的进口总量达46.2万t。饼粕的进口数量是随着饲料工业的发展而不断增加，到1990年脱脂大豆进口量达64.2万t，进口饼粕达78.9万t。现在，日本国内对与植物油、饼粕有关的产品需求量已经达到极限，而进口产品的数量却仍在增加，油厂面临着严峻的竞争考验。

（3）油料的质量问题　在日本油料中大豆的比例仍然较高，主要靠从美国、巴西进口，但质量问题较多，含杂较高。在过去的10年中，美国大豆中含杂过高，后经过交涉，1991年从美国进口的大豆质量较好，杂质较少。从巴西进口的大豆含油量和蛋白质较高，杂质较少，但从去年开始发现杂质有所增加，而且高于美国大豆。

（二）韩国的油脂工业

1. 原料来源

韩国的油料加工以大豆为主，1991年需要大豆总量约为130万t，其中100万t是进口的。去年韩国大豆加工者协会共组织进口大豆为81.9万t，全部从美国进口。过去也有很少一部分大豆从巴西和阿根廷进口。韩国大豆加工者协会近年来进口大豆的情况见表1。

表1　韩国进口大豆情况　单位：万t

年份	美国		巴西		阿根廷		合计
	数量	比重/%	数量	比重/%	数量	比重/%	
1985	64.4	90	7.3	10	—	—	71.7
1986	85.6	97	2.6	3	—	—	88.2
1987	90.9	97	2.4	3	—	—	93.3
1988	88.3	100	—	—	—	—	88.3
1989	69.2	78	19.5	22	—	—	88.7
1990	63.5	82	11.3	15	2.4	3	77.2
1991	81.9	100	—	—	—	—	81.9

2. 大豆加工厂的情况

韩国大豆加工者协会有三家会员有加工厂，这些加工厂的规模较大，一般日加工量为1 000~2 000t，并均采用相当先进的技术和设备，年加工总能力为150万t，这三家油厂能向市场提供消费者要求越来越高的食用油脂和高质量的食品工业用油。

3. 大豆产品

1991 年韩国饲料工业约需大豆粕 150 万 t，其中 69.6 万 t（约占总需要量的 61%）由本国油厂提供，也就是韩国大豆加工者协会所属油厂提供。大豆油的产量为 16.1 万 t。韩国大豆加工量及产品产量见表 2。

表 2　　韩国大豆加工量及产品产量　　单位：万 t

年份	大豆加工量	大豆粕产量	大豆油产量
1985	75.7	59.5	13.0
1986	88.3	70.2	14.8
1987	89.0	70.6	17.2
1988	86.2	67.5	15.6
1989	87.6	68.8	15.7
1990	81.5	63.6	14.8
1991	88.9	69.6	16.1

由于这几年对大豆粕的需要量大大高于大豆油，不足部分由进口补充。因此，进口大豆粕的数量增加速度远高于本国大豆加工业的生产增长速度。大豆粕的进口量由 1985 年的 12.6 万 t 增加到 1991 年的 49.8 万 t，近期进口的大豆粕大部分是中国进口的。1991 年，进口印度大豆粕 5.7 万 t、阿根廷 3.2 万 t。目前，这两个国家正成为越来越重要的韩国大豆粕供应国。韩国大豆粕的需求量及供应量见表 3。

表 3　　韩国大豆粕的需求量及供应量　　单位：万 t

年份	总需求量	供应来源								进口占需求总量的比例%
		国内产量	进口量						总计	
			美国	中国	印度	巴西	阿根廷	小计		
1985	72.5	60.8	—	12.6	—	—	—	12.6	73.4	17.4
1986	78.6	69.9	4.2	7.4	—	—	—	11.6	81.5	14.8
1987	93.0	70.1	4.8	16.3	2.3	3.0	—	26.4	96.5	28.4
1988	102.4	66.0	—	37.0	2.2	1.9	—	41.1	107.1	40.1
1989	112.1	68.4	—	35.9	5.2	4.4	1.0	46.5	114.9	41.5
1990	106.5	63.0	—	44.1	—	—	—	44.1	107.1	41.4
1991	115.0	70.2	—	40.9	5.7	—	3.2	49.8	120.0	43.3

在进口大豆粕中，1991 年中国供应韩国市场的大豆粕为 40.9 万 t，占韩国进口大豆粕总量的 82%，但在价格上，中国大豆粕的定价过低。据介绍，1991 年韩国国产大豆粕的价格每吨为 269 美元。进口每吨大豆粕的价格（到岸价不含保险费）阿根廷为 225 美元，印度为 205 美元，中国只有 190 美元。对此，韩国大豆加工者协会反映较

大，他们认为中国大豆粕质量好，价格这样低，不仅影响了中国油厂的收益，同时对韩国油厂国产大豆粕的销售造成了困难，希望中国大豆粕出口价格不要定得那么低。我认为，类似这样的问题不少，主要是粮食部门的出口企业无权确定粮油及其相关产品的出口价格，也不知道国际行情，而且有些出口成交价，供货企业根本不知道，这也是外贸体制改革中的一个深层次问题。韩国国产及进口大豆粕价格见表4。

表4　韩国国产及进口大豆粕价格　单位：美元/t

年份	国内产品价格	进口产品价格（到岸价不含保险费）				
		美国	中国	印度	巴西	阿根廷
1985	242	—	149	—	—	—
1986	246	195	182	—	—	—
1987	260	194	189	196	208	—
1988	324	—	258	320	285	—
1989	386	—	278	296	276	269
1990	366	—	208	—	—	—
1991	269	—	190	205	—	225

近期一些迹象表明，配合饲料增长的速度有所下降，而大豆油需要量开始增长。因此，韩国本国大豆粕供应量将在今后大豆粕需要总量中的比重会有增加，进口大豆粕的比重会有所下降。

4. 油料作物的产量及植物油的人均消费量

1988年，韩国大豆的产量达23.9万t，比1980年增长11%。国内大豆产量今后不会再增长。政府统计资料表明，1988年大豆产量占油料作物总量的52%，芝麻占11%(5.2万t)，其他是菜籽、花生、苏籽等。韩国主要油料及其产量见表5。

表5　韩国主要油料及其产量　单位：万t

年份	大豆	菜籽	芝麻	苏籽	花生	玉米	合计
1980	21.6	2.7	0.7	1.2	0.9	15.4	42.5
1981	25.7	2.6	1.4	1.5	0.9	14.5	46.6
1982	23.3	2.0	2.1	1.5	1.3	11.7	41.9
1983	22.6	0.8	3.7	1.8	1.4	10.1	40.4
1984	25.4	0.9	4.2	1.9	1.2	13.3	46.9
1985	23.4	0.6	4.1	2.1	1.6	13.2	45.0
1986	19.9	0.7	4.8	2.5	2.0	11.3	41.2
1987	20.3	0.8	4.3	2.8	3.2	12.7	44.1
1988	23.9	0.8	5.2	2.9	2.9	10.6	46.3

与其他国家相比，韩国人均植物油消费水平仍比较低，今后几年的人均消费量

会持续增长。1988 年，主要植物油消费量（不包括棕榈油和椰子油）为 23.3 万 t，其中大豆油占 65.7%、玉米油占 9%、米糠油和芝麻油各占 6.1%、棉籽油占 6.4% 及菜籽油等（见表 6），特别是大豆油的比重在 1980 年占 56.9% 的基础上明显增加。

另外，在 1980—1988 年间，棕榈油的消费量增长了 5.6 倍，达到 18.6 万 t。但是，迹象表明，在今后几年中棕榈油不会像前几年增长幅度那么大。

表 6　韩国各种植物油的消费量及所占比重　单位：万 t

年份	大豆油	菜籽油	米糠油	玉米油	棉籽油	芝麻油	其他	小计	棕榈油	椰子油	合计
1980	6.2 (56.9)	0.8 (7.3)	1.5 (13.8)	0.7 (6.4)	0.2 (1.8)	0.6 (5.5)	0.9 (8.3)	10.9 (100)	3.3	0.5	14.7
1981	6.7 (60.9)	0.8 (7.3)	1.4 (12.8)	0.8 (7.3)	0.3 (2.7)	0.5 (4.5)	0.5 (4.5)	11.0 (100)	5.3	1.3	17.6
1982	8.2 (67.2)	0.8 (6.6)	0.4 (3.3)	0.6 (4.9)	0.2 (1.6)	1.0 (8.2)	1.0 (8.2)	12.2 (100)	8.2	1.9	22.3
1983	9.9 (64.7)	0.7 (4.6)	1.1 (7.2)	1.4 (9.1)	0.3 (2.0)	1.3 (8.5)	0.6 (3.9)	15.3 (100)	9.2	1.2	25.7
1984	10.8 (68.3)	0.3 (1.9)	1.2 (7.6)	1.5 (9.5)	0.2 (1.3)	1.3 (8.2)	0.5 (3.2)	15.8 (100)	8.4	2.0	26.2
1985	12.8 (67.2)	0.3 (1.7)	1.8 (9.8)	1.7 (9.3)	0.2 (1.1)	1.3 (7.1)	0.7 (3.8)	18.3 (100)	8.4	1.7	28.4
1986	14.2 (68.6)	0.2 (1.0)	1.7 (8.2)	1.9 (9.2)	0.5 (2.4)	1.4 (6.7)	0.8 (3.9)	20.7 (100)	11.8	1.1	33.6
1987	16.4 (70.4)	0.3 (1.3)	1.3 (5.6)	2.0 (8.6)	1.0 (4.3)	1.6 (6.8)	0.7 (3.0)	23.3 (100)	12.5	2.4	38.3
1988	15.3 (65.7)	0.5 (2.1)	1.6 (6.9)	2.1 (9.0)	1.5 (6.4)	1.6 (6.9)	0.7 (3.0)	23.3 (100)	18.6	1.2	43.1
1988 年与 1980 年之比	2.47 : 1	0.63 : 1	1.07 : 1	3 : 1	7.5 : 1	2.67 : 1	0.78 : 1	2.14 : 1	5.64 : 1	2.4 : 1	2.93 : 1

（三）中国台湾省植物油生产的发展历史

中国台湾的植物油生产是从 1950 年开始的，当时大多数为小油厂，其发展分为 5 个阶段。

（1）限制时期（1950—1966 年）　其间，当局采取不允许新建厂的政策。会员厂的主要任务是为食品局代加工大豆。年加工能力为 7 万 t 大豆，这个阶段，植物油的生产和销售均得到了很好的计划和组织。1966 年会员厂的生产经营搞得较好，协会成员增至40家，年加工大豆增至12万t。

（2）市场开放，生产增长时期（1967—1972年） 1966年底，当局取消了限制新建植物油厂和控制外资投入的政策，从1967—1972年，逐步采用了现代化设备和新技术，达到了国际先进水平，产量增加5倍，年加工大豆增至45万t。

（3）生产过剩、竞争和衰退时期（1973—1975年） 1973年盲目扩大生产能力，大量投资购买油脂加工设备，生产能力大于消费。年进口大豆总量达到80万t，远远超过台湾本地市场50万t的需求量，供过于求，导致大豆的加工产品出售价格比三年前低得多，多数油厂陷于衰退。

（4）调整和联合时期（1976—1988年上半年） 1976年初，油厂开工不足，加工设备闲置，遭受了较大损失。随后，当局进行了指导调整，对大豆进口实行限额，并于1976年7月成立了大豆进口联合委员会。

（5）完全自由放开时期（1988年下半年至今） 当局允许从世界各国进口大豆原料和全部相关产品，不作任何限制。

成立大豆进口联合委员会12年以来，通过统一对外组织大豆进口，便于当局根据台湾的社会、经济、外贸等方面的情况变化，随时调整进口策略、消费量和储存量。不仅稳定了市场价格，保护了消费者的利益，而且也使会员厂获得了一定的效益。但也存在下列问题：一是，为了平衡供求，进口数量是控制的，生产能力过剩的问题没能解决，一些工厂仍开工不足；二是，一些亏损无效益和破旧的油厂逐渐倒闭；三是，一些会员厂和协会强烈反对联合进口，要求实行自由市场经济。韩国各种植物油的消费量及所占比重见表6。

自1988年下半年实行完全自由放开以来，出现了生产能力严重过剩，供过于求更加突出，老厂和小厂关闭；产品多样化和经营多样化；价格竞争激烈，致使国外的很多产品进入台湾市场。

根据台湾食品工业研究和发展协会的报告，台湾的植物油生产近期仍将处于低潮，寻求发展极为艰难。

台湾目前有15家油厂，有12家油厂参加了植物油制炼工业同业分会，日加工能力2 000t，占市场的80%。为了摆脱油厂目前的困境，油厂除了加工油脂外，还发展了其他行业，如银行、房地产、建筑业、汽水生产、饲料加工、食品加工等，以扩展油厂的加工、经营范围。

通过交流，使我们了解了有关国家和我国台湾省油脂工业的发展过程、现状、今后的发展趋向和当前存在的问题，他们的做法和经验对我们很有参考价值。尤其是台湾省油脂工业的发展历史以及出现的问题对全国油脂工业的发展有借鉴意义。另外，在交流中我们还了解了有关国家和我国台湾省的油料、油脂和饼粕的进口数量及价格情况，对我们今后与他们进一步开展合作和贸易提供了信息。

在纪念活动期间，我们与台湾植物油制炼工业同业分会进行单独会见，交流和沟通各自的情况，该分会表示愿意到大陆投资，建设日处理量为2 000～2 500t的合资合作油厂。对此，我们一方面表示欢迎台湾的企业家到大陆投资。另一方面提出了两点建议：一是，合资项目的产品要有一定比例外销，至少能做到外汇平衡；二是，规模不宜太大，最好日处理量在1 000t以下。对台湾省植物油制炼工业同业分会提出的合资合作，我们打算与有关省市通通气，选择有条件、感兴趣的一、两个单位，事先作些准备，以便今后洽谈。中国台湾省近年来进口棕榈油情况见表7和表8。

表7 棕榈油进口量值表

年份	数量/t	金额/万元（台币）	单价/（台币/kg）
1982	1 570.7	4 250	27.06
1983	6 010.5	9 735.7	16.20
1984	2 290.7	6 296.9	27.49
1985	6 078.8	11 856.2	19.50
1986	16 454.1	18 664.8	11.34
1987	16 314.7	18 086.4	11.09
1988	24 592.7	33 108.6	13.46
1989	33 115.9	35 373.0	10.68

表8 棕榈仁油进口量值表

年份	数量/t	金额/万元（台币）	单价/（台币/kg）
1982	1 063.2	5 564.6	52.34
1983	2 060.6	9 135.2	44.33
1984	1 611.6	7 867.6	48.82
1985	995.5	2 880.2	28.93
1986	1 484.1	2 094.2	14.11
1987	1 818.1	2 385.4	13.12
1988	1 390.9	2 413.7	17.35
1989	1 683.5	2 532.4	15.08

十一、 前进中的中国油脂工业

——在第二届东亚油脂恳谈会上的开幕词

（1994 年 10 月 18 日　于北京）

“第二届东亚油脂恳谈会”今天在北京召开，交流我们共同关心的油脂事业的现状和未来。在此，我代表国内贸易部工业司、中谷粮油集团和中谷粮油集团公司，预祝本届恳谈会开得顺利、开得成功！下面，我以“前进中的中国油脂工业”为题，就中国（大陆，以下同）油脂工业的情况、发展和未来向各位作简要介绍。

（一） 中国油脂工业的基本情况

“油脂”是一个古老的名词，在中国见之于文字记载就已有三千多年历史了。而“油脂工业”，是一个相对年轻的名字，它在世界范围内的出现大约不到 300 年。“现代油脂工业”，则更是年轻，大约是本世纪的事了，而且它的内涵仍在不断的增加。中国现代油脂工业起源于 20 世纪 50 年代，发展于 70 年代，壮大于 80 年代。70 年代末的中国改革开放政策，给中国油脂工业带来了强大的推动力，兴办油厂已不再局限于粮食部门，而是各行各业按照市场经济原则，结合宏观调控，自主发展。所以，今天的中国油脂工业，改变了过去基本上由粮食部门独家经营的格局，出现了一家开放百家兴办的形势。

今天的中国油脂工业企业，从产权所有来区分，有国有企业、集体企业、个体企业和三资企业，但仍以国有企业占主导地位；从企业所属的系统来区分，有粮食系统、供销系统、轻工系统、化工系统、农业系统以及地方等。虽然中国油脂企业所属部门已很多，但国有粮食系统由于历史的传承，行业行政管辖权仍由现在的国内贸易部归口管理。粮食系统的企业数量、总生产能力、年处理油料量，仍都处于优势地位，起着行业龙头的作用，主导着中国油脂工业的现状。

国有粮食系统的油脂企业，现有1 400多家，职工 15 万人，年油料加工总能力 2 100 多万 t，其中浸出能力约 1 600 万 t，全年实际加工油料 1 300 万 ~1 400 万 t，生产食用油 320 万 ~350 万 t，占国产商品油脂量的 70% 以上。产品市场以城市居民消费和食品工业及其他工业用油为主，集体所有制和乡镇油厂、个体油坊，主要承担农村食油市场，以自产自销为主，这部分由于过于分散，难以统计，估计每年加工油料总量在 1 000 万 ~1 200 万 t，生产食用油 220 万 ~300 万 t。三资企业油厂，这是中国改革开放以后的新事物，目前三资企业油厂虽然总生产能力还不大，而且多数偏重于精炼方面。但它们的规模大，装备新，技术先进，管理规范，是中国油脂工业的一支新秀。它们的存在，无疑会对中国油脂工业的技术进步起到鼓励和推动作用。

（二） 改革给中国油脂工业以新的动力

中国油脂工业，在1949年前，是十分薄弱的。据资料得知，上海、大连两地是中国近代油脂工业的代表，但仅有动力螺旋榨机42台。1949年以后，国家很快地治理了战争的创伤，油脂工业得到迅速的恢复和发展。50年代至70年代，油厂的数量和生产能力虽然有了大幅度的上升，但其技术却仍然是落后的，大多是在低水平上的重复。60年代末，中国仅有浸出油厂19个，年浸出生厂能力47万t，而且高度集中在上海、大连两地，占当时浸出能力的80%。70年代浸出油厂迅速发展到330个左右，年总浸出能力达到约250万t。在油脂精炼方面，到70年代末，全国还没有一套现代化的油脂精炼装备，食用油都按二级油标准组织生产和销售。

1979年改革开放的春风，把中国油脂工业带入一个持续增长和提高的历史新阶段，使中国油脂工业发生着根本性的变化。从1980—1994年的15年中，新建、扩建油厂层出不穷。据1991年的调查，全社会已有浸出油厂1 400多家，年浸出能力达到2 400万t，而且已全部淘汰了常压罐组浸出，采用了连续的平转浸出器或环形浸出器。其中引进成套浸出设备10多套（含三资企业）。先进技术装备的应用，使制油厂的经济指标越来越好，现有一大批先进浸出油厂的粕残油在1%以下，吨料溶剂消耗在2kg以下，蒸汽消耗在500kg以下。

80年代中期起，现代化的油脂精炼厂（车间）大量涌现，单是引进的成套油脂连续精炼装备就有40多套，总精炼能力达到100万t左右。

这些引进的先进油脂生产装备和国产自行研制的现代化先进设备，广泛用于油脂生产，改变了中国油脂工业的整体落后面貌，使产品质量提高到了高级烹调油、色拉油的水平。现在二级油市场渐渐缩小，全国城市高级烹调油、色拉油等小包装食用油已是随处可见，随时可买了。

引进国外的先进油脂生产装备和技术，带动着国内油脂科研和油脂机械制造业的发展。新工艺、新设备相继开发成功和应用，为中国油脂工业的发展和技术进步提供了技术和物质基础，使中国油脂工业的发展能在同世界先进水平相近的水平上前进。现在国产成套油脂生产装备不但能满足国内油脂工业的发展的需要，而且还有小批量的出口到一些发展中国家，如罗马尼亚、也门、几内亚、泰国、孟加拉国、巴基斯坦等。

此外，国内油脂深加工技术也有所发展，如油脂氢化、人造奶油、起酥油、代可可脂、冰淇淋脂的生产技术；油脂精细化工产品的生产，如脂肪酸、分离脂肪酸、肌醇、谷维素、单甘酯、天然抗氧化剂、糠蜡等，也取得了可喜的成绩。油料蛋白的开发利用，正处于方兴未艾的阶段，低变性豆粕、分离大豆蛋白、花生蛋白的生产，棉籽和菜籽粕的脱毒处理等方面的科研活动异常活跃，有些已用于生产并取得了较为满意的结果。

（三） 展望未来

今天是1994年10月18日，再过5年零74天，我们将站在21世纪的大门口，跨入一个新纪元。20 世纪后半个世纪，是我们工作奋斗的年代，有一些年轻朋友，还将为开创美好的 21 世纪继续工作。现在在座的各位朋友，可能都看到了我国和亲历油脂工业从水压机进入动力螺旋榨机，又进入罐组浸出而后进入连续浸出；从间歇精炼进入连续精炼；从手工操作进入仪表自动化，继而微机自动化操作和管理；产品从单一走向多品种、营养化，包装五彩缤纷，货架油脂清晰透亮这些全过程。

中国现代油脂工业在 70 年代末，在改革的大潮中，抓住机会，奋起直追，经过 10 多年的努力，赶上了世界油脂工业的潮流，建起了一批现代化的油脂工厂。但是，中国的现代化油脂工业，好像一颗彗星，先进油厂（即彗核）进入了世界油脂工业先进技术的行列，其大量的中小型油厂（即彗尾），技术仍处于较为落后的水平。面对现实，对中国未来的油脂工业的期盼是：

（1）要紧紧抓住世界油脂工业发展的潮流，继续加强国际间的合作和交流，不失时机地引进世界最新油脂技术和装备。同时要依靠自己的力量，努力开发油脂工业的高新技术，使一批骨干油厂作为中国油脂工业发展的龙头企业，向规模化、节能化、微机自动化、高品质化方向发展。

（2）要缩小彗尾，扩大彗核，即用国产或引进先进技术改造在数量上占绝对优势的中小油厂，使他们的技术水平达到国内先进水平，成为彗核的组成部分。要改造技术落后的老厂，就需要有充足的资金、有新的技术和装备。这就意味着中国油脂工业是一个充满活力的大市场。满足这个大市场的需求，我们将坚定不移地执行改革开放的路线，并将采取以下措施：

①立足国内，鼓励用国产先进技术装备中小型油脂加工厂；

②有目标的引进国际油脂工业最新技术，带动国内油脂工业的技术进步；

③利用外资，兴办一些起点高的油脂工业企业，把油脂工业办成一个外向型的工业行业。

女士们，先生们，油脂工业是一个永不衰老的工业，是一个永远充满希望的工业，让我们油脂界在座的和不在座的新、老朋友们，加强合作和交流，推进东亚地区油脂事业的进一步发展和繁荣。

最后，祝恳谈会圆满成功！

十二、 中国油料的生产、 加工和供应情况分析

——在2004年马来西亚国际棕榈油技术研讨会上的开幕词

（2004年8月20日　于云南昆明）

由马来西亚棕榈油促进会、马来西亚优德有限公司、马来西亚凯得优德有限公司和中国粮油学会联合举办的“2004马来西亚国际棕榈油技术研讨会”今天在美丽的春城——昆明市召开，我代表中国粮油学会对本次研讨会的顺利召开表示热烈的祝贺，对参加会议的各位代表表示最热烈的欢迎！

在本次研讨会上，代表们将了解有关马来西亚棕榈油的生产、加工、用途和销售等有关情况。这对我们进一步全面了解马来西亚这个棕榈油生产大国，以及更好地合理使用好棕榈油一定会起到积极的作用。

今天，借此机会我向大家简要介绍一下中国的油料生产、加工以及油脂供应情况，也就是向大家简要介绍中国是一个油料生产大国和油料加工大国，也是一个油脂消费大国和油脂、油料进出口大国。

（一） 中国的油料生产情况

由于地理和气候的多样性，我国的食用植物油料资源十分丰富，品种繁多。大豆、花生、油菜籽、棉籽和葵花籽为我国五大食用植物油料，其中油菜籽和花生的产量居世界第一。除了五大食用植物油料外，我国还有许多特种油料资源，通常称为“小油料”。所谓“小油料”是相对于五大油料作物而言，因为它的生长范围、播种面积和产量不如五大油料作物大。目前，我国特种食用植物油料作物的品种多达上百种，产量较大且已开发利用的有：油茶籽油、茶叶籽油、亚麻籽油、红花籽油、紫苏油、核桃仁油、杏仁油、苍耳籽油、沙棘油、松籽油、葡萄籽油、月见草油、南瓜籽油、松籽油和番茄籽油等；另外还有米糠油、玉米油和小麦胚油等谷物油脂。在这些油脂中，含有丰富的不饱和脂肪酸，尤其是油酸和亚油酸含量高，还富含多种微量元素和生物活性物质，是今后我国开发调和油和功能性油脂的重要油源。

据统计，2003年我国大豆、花生、油菜籽、棉籽、葵花籽五大主要食用植物油料的总产量达5 694.5万t，是1998年以来油料总产最高的一年。其中大豆产量为1 690万t。众多的特种油料，产量大多在几十万吨左右，其中开发利用潜力最大的是米糠资源。我国每年的稻谷产量约为1.8亿t。这些稻谷加工后能产米糠超过千万吨，可以作为油源利用的达几百万吨。这充分说明，中国的食用植物油料的品种及产量，是世界食用油料生产中有着举足轻重地位的大国见表1。

表 1　　1998—2003 年中国食用油料总产　　单位：万 t

品种	1998 年	1999 年	2000 年	2001 年	2001 年	2003 年
大豆	1 515. 2	1 424. 5	1 540. 9	1 540. 0	1 650. 0	1 690. 0
花生	1 188. 6	1 263. 9	1 443. 7	1 442. 0	1 495. 0	1 505. 0
油菜籽	830. 1	1 013. 2	1 138. 0	1 133. 0	1 053. 0	1 240. 0
棉籽	765. 2	650. 9	750. 9	904. 4	836. 4	850. 0
葵花籽	146. 5	176. 5	195. 0	148. 0	200. 0	198. 5
合计	4 445. 6	4 529. 0	5 068. 5	5 168. 0	5 234. 4	5 483. 5

注：①资料来源：国家统计局、农业部统计资料；

②2003 年的数字为有关机构预测数及估计数。

（二） 中国的油料加工情况

为适应人民生活水平不断提高和油料加工的需要，中国的油脂工业发生了翻天覆地的变化，有了突飞猛进的发展。尤其是 2003 年，正是中国油脂工业快速发展中的“黄金年”，概括起来有以下四个特点。

1. 加工能力进一步扩大， 油厂规模日趋大型化

据《大豆网》报道，到 2003 年底，我国大豆加工企业共 557 家，日处理大豆能力 23. 12 万 t，其中日处理 1 000t 以上的油厂 63 家，日处理大豆能力为 12. 7 万 t，另外，还有 2 000 多家中、小型油厂亦在不同程度地加工大豆。据估计，全年处理大豆能力高达 7 285 万 t，加上专门加工花生、油菜籽、棉籽和葵花籽等油料的油厂的加工能力，我国的油料加工总能力已超过亿吨，成为世界上油料加工能力最大的国家。在油料加工能力进一步扩大的同时，油厂规模日趋大型化。据了解，目前全世界有 11 家日处理油料 6 000t 以上的大型油厂，其中 5 个在中国。它们分别是张家港的东海粮油，日处理油料能力 12 500t；防城港的大海油脂，日处理油料能力 7 500t；秦皇岛的金海油脂，日处理能力 7 000t；连云港的益海油脂，日处理油料能力 6 000t 以及河北三河市的汇福粮油，日处理油料能力 6 000t。全国拥有油料加工能力最大的企业是益海油脂、中粮油脂、九三油脂、大连华农和大连华良，这五家企业集团目前已拥有日处理油料加工能力 10 万 t 以上。

2. 产品结构进一步优化， 档次不断提高

色拉油、高级烹调油的产量不断增加，占食用植物油的比例进一步提高。据中国粮油学会统计，全国 1 493 个日处理油料 30t 以上的油厂，2003 年生产色拉油 352. 2 万 t，比 2002 年的 212. 52 万 t 增长了 65. 7%，占食用植物油产量的 37%，与 2002 年的 29% 相比提高了 8%；2003 年生产高级烹调油 67. 2 万 t，比 2002 年的 59. 68 万 t，增长了 12. 6%，占食用植物油产量的 9. 5%，与 2002 年的 8% 相比提高了 1. 5%。这两种油品绝大多数以小包装形式进入市场，深受消费者的欢迎。去年嘉里粮油生产的小包装

油品已突破百万吨。另外，橄榄油、油茶籽油、玉米油、米糠油等营养价值高的油品在一些经济发达的地区开始受到消费者的青睐。

3. “改制” 工作成效明显

根据2003年粮油工业统计表明，在日处理油料30万t以上的1 493个油厂中，国有企业413个，占企业总数的27.7%，其余均为民营企业和外商及港澳台商投资企业，与三年前大不一样，油厂的“改制”取得了明显成效。我预计，再过两三年国有油脂加工企业的比例还会进一步下降，有的将变成多种经济成分的混合所有制企业，去掉了沉重的历史包袱，吸取了民营企业和外资企业机制活等优点，保留了国有企业的长处，大多经营状况良好。

4. 经济效益普遍较好

据统计，2003年全国日处理油料30t以上的油厂，全年实现利润总额21.89亿元。与2002年实现利润总额18.66亿元相比，提高了17.3%，是有史以来经济效益最好的年份。另外，2003年食用植物油工业的工业总产值和产品销售收入等经济指标也都好于往年，呈现一派欣欣向荣的景象。

（三） 中国食用油的消费情况

随着我国人民生活水平的不断提高，食用油的消费增长速度较快，由1996年的1 002.5万t增加到2003年的1 500万t（有人分析要高于1 500万t），年平均增长70万t以上。2003年比2002年增长90万t以上。人均年消费量由1996年的7.7kg，提高到2003年11.5kg，1996—2003年中国食用油消费情况见表2，缩小了与世界人均年消费量15kg的差距。

表2　　1996—2003年中国食用油消费情况

项目	1996年	1997年	1998年	1999年	2000年	2001年	2002年	2003年
食用消费总量/万t	1 002.5	1 051.3	1 090.7	1 163.2	1 245.7	1 330.0	1 410.0	1 500.0
人均年消费量/kg	7.7	8.1	8.4	8.9	9.6	10.2	10.8	11.5

注：①以上数字为统计分析数；

②人均年消费量均按13亿人口平均计算。

我国食用油的消费水平虽已达到人均11.5kg，但与世界人均年消费量15kg还有3.5kg的差距，与欧、美、日等发达国家的人均消费量差距更大。随着我国全面建设小康社会和人民生活水平的进一步提高，我国食用油的消费市场的消费量每年递增70万~90万t的速率推算，我估计再过三年左右的时间，我国人均年消费量食用油就能达到15kg。至于到达人均年消费食用油15kg后再要上个新台阶，可能就要慢些了。因为中国人口多，地区和生活习惯差距大，更不同于西方发达国家。所以，我认为达到人均15kg后，中国食用油消费市场有可能出现相对稳定，至少消费量的增幅不会像这几年那样大了。达到人均年消费食用油15kg的水平就意味着那时中国年食用油的总供给达到2 000万t以上，这是任何国家无法相比的。

（四）中国油脂、油料的进出口情况

为满足食用油消费市场的供应，我国除了发展自己的油料生产外，每年需要进口相当数量的油脂、油料。据了解，2003 年我国进口大豆 2 074 万 t，进口豆油 188.4 万 t，进口棕榈油 332.5 万 t，另外还进口了一定数量的油菜籽和菜籽油，这是历年来我国进口油脂、油料数量最多的一年。与此同时，我国也出口了一部分油脂、油料。由此可见，中国是世界上油脂、油料的进出口大国。1996—2003 年中国油脂、油料进出口情况见表 3。

表 3　　1996—2003 年中国油脂、油料进出口情况　　单位：万 t

项目	1996 年	1997 年	1998 年	1999 年	2000 年	2001 年	2002 年	2003 年
进口折油	296.2	340.6	327.7	394.5	496.8	514.4	570.2	958.3
豆油	129.6	122.5	82.9	80.4	30.8	7.0	87.0	188.4
菜籽油	31.6	35.1	28.5	6.9	7.5	7.0	7.8	15.2
棕榈油	100.9	115.6	92.9	119.4	139.1	151.7	222.1	332.5
大豆	110.8	287.6	319.3	431.9	1 041.9	1 393.9	1 131.5	2 074.1
油菜籽	0.04	5.5	138.6	259.5	296.9	172.4	61.8	16.7
出口折油	69.7	93.7	44.1	30.9	35.4	39.9	38.9	35.5
净进口	226.5	246.9	283.2	363.6	461.4	474.5	531.3	922.8

从表 3 中，我们可以看出以下几个情况：

（1）2003 年我国进口的油脂、油料折油达到 958.3 万 t，接近国产油料的折油量，这是历年来没有的大数量。

（2）国产油料和进口油脂、油料的总折油达 1 800 多万 t，而当年食用油市场的消费总量为 1 500 万 t 左右，供大于求约 300 万 t，说明去年进口多了一点，是导致前些日子油厂（尤其是大豆加工企业）不景气的原因之一。

（3）从油脂、油料的进口数量看，已远远超过了中国入世时对植物油进口配额的承诺，充分说明了中国政府是负责任的政府，说话是算数的。中国入世时对植物油进口配额的承诺数量见表 4。

表 4　　中国入世时对植物油进口配额的承诺数量简表　　单位：万 t

品种	2002 年	2003 年	2004 年	2005 年	配额内关税
豆油	251.80	281.80	344.80	358.71	9%
棕榈油	240.00	260.00	270.00	316.00	9%
菜籽油	87.89	101.86	112.66	124.30	9%
合计	579.89	643.66	694.46	799.81	
国营贸易	34%	26%	18%	10%	

注：资料来源于中国加入 WTO 法律文件。

马来西亚是世界上棕榈油的主要生产国，也是重要的棕榈油出口国。棕榈油是一个品质优良的食用油脂，尤其是在制作油炸、烘焙等食品时，有着其他食用油脂不可替代的功能。为此，我认为，进一步发展中马两国之间的棕榈油贸易有着十分广阔的前景。

最后，预祝研讨会圆满成功！

十三、 在2006年IFCS国际谷物科学高层论坛暨专题展示会上的致辞

（2006年10月19日 于江苏无锡）

由中国粮油学会、江南大学、国际谷物科学技术协会（ICC）共同举办的“2006年IFCS国际谷物科学高层论坛暨专题展示会”今天在中国无锡——美丽的太湖之滨和中国食品工业的最高学府江南大学开幕了。我代表中国粮油学会对会议的顺利召开表示热烈的祝贺，对各位与会代表表示最热忱的欢迎。

本次会议我们将共同交流、研讨谷物科学领域的前沿科学问题、新技术与新装备的运用、新产品的开发战略、功能配料与添加剂的应用和发展趋势，以及转基因与食品安全等最新动态，内容十分丰富，我预祝各位专家、学者和各位代表通过交流与研讨，使会议达到预期目的。借此机会，我向大家简要介绍一下中国粮油学会的基本情况，以利于我们与大家的交流与合作。

中国粮油学会是中国科学技术协会领导的全国性一级学会，是以从事粮食、油脂和食品科学研究、工业生产的高、中级科技人员和企业家为主体的群众性学术团体，现有个人会员6 152名，团体会员571个。

中国粮油学会下设粮油储藏、粮食食品、油脂加工、饲料加工、信息与自动化、米制品、粮油营销技术、发酵面食和粮食物流等九个分会。学术领域涉及粮油、饲料的原料、资源开发；优质品种选育；粮油加工和后处理：品质控制和检测；谷物和油脂化学：粮油加工机械装备以及粮油、食品、饲料添加剂、物流、营销等多个方面，是多学科、全国性的学术团体。

中国粮油学会的主要学术交流的形式与内容如下：

在国际交流方面：中国粮油学会是国际谷物科学技术协会（ICC）的国家会员。已与美国、德国、加拿大、澳大利亚、英国、法国、日本、意大利等国的谷物、油脂方面的学术团体建立了良好的合作关系，已多次成功举办了国际性学术研讨会、产品展示会和信息发布会。近些年，中国粮油学会与ICC签定了每年共同在中国举办1～2次专题性学术交流会议的协议，从而保证了国际学术交流的定期化。

中国粮油学会还积极参与制定国家行业科技进步的中长期发展规划，接受委托进行行业科技成果的鉴定和科学技术奖的评定工作。

中国粮油学会的主要出版物是《中国粮油学报》，中文版为双月刊，英文版为年刊，均在国内外公开发行。

在这里，我还要告诉大家一个消息，2007年6月12—15日，中国粮油学会与ICC将在中国广州共同举办“ICC第十三届国际粮油科技大会”，这是一次内容丰富的盛会，我们欢迎在座的各位专家、学者和企业家踊跃参会。

最后，预祝大会圆满成功，并向为本次会议召开做出贡献的单位及有关人士，表示衷心的感谢！谢谢大家！

十四、 中国粮油工业的基本情况及发展趋势

——在 ICC 第十三届国际粮油科技大会上的主题报告

（2007 年 6 月 12 日　于广东广州）

首先让我们再一次祝贺“ICC 第十三届国际粮油科技大会”今天在中国广州召开。下面我就中国粮油工业的基本情况及今后的发展趋势介绍些情况，供参考。

（一） 中国粮油工业的基本情况

中国不仅是个人口大国，同时也是一个粮食、油料的生产大国、粮油消费和粮油加工大国。正常年景中国年产稻谷 2 亿 t 左右，小麦 1 亿 t 左右，玉米 1.4 亿 t 左右；年产油料 5 500 万 ~6 000 万 t，加上近几年每年进口油料 2 000 多万 t，这些丰富的粮油资源为中国粮油工业的发展提供了重要的物质基础。

“粮油工业”，是指对原粮、油料等基本原料进行处理制成成品粮油及其制品的过程。主要包括：稻谷加工、小麦制粉、玉米及杂粮加工、植物油加工和粮油加工机械设备的制造。粮油加工业是食品工业的基础工业，粮油加工的产品与人民生活息息相关，是关系国计民生的生命工业。

中国的粮油加工遍及城乡，小型分散，经典型调查及推算，大大小小的粮油加工企业和加工点多达 20 多万个，其中大米加工企业和加工点就有 10 万多个。有一定生产规模的加工企业的比例相对较少。据中国粮食行业协会的统计，2006 年，全国入统粮油加工企业 11 719 个［注：入统企业是指小麦加工日处理生产能力 50t 以上的企业、大米加工日处理生产能力 30t 以上的企业和日处理油料加工能力 30t 以上的食用植物油加工企业］，其中：日加工能力 100t 以下的 8 625 个，占 73.6%；日加工能力 100 ~200t 的 1 887 个，占 16.1%；日加工能力 200 ~400t 的 767 个，占 6.5%，日加工能力 400 ~1 000t 的 312 个，占 2.7%；日加工能力 1 000t 以上的 128 个，占 1.1%。在所有制方面，国有及国有控股企业 1 252 个，占 10.7%；外商及港澳台商投资企业 125 个，占 1.1%；民营企业 10 342 个，占 88.2%。

入统企业现价工业总产值 3 734.3 亿元，利润总额 76.7 亿元，资产总计 2 000 亿元，年末从业人数 41 万人。

2006 年的粮油加工业中，米、面、油加工业的情况分述如下：

1. 大米加工业的基本情况

2006 年，全国入统大米加工企业 7 548 个，年生产能力 14 778.4 万 t，其中：日加工能力 100t 以下的企业为 6 143 个，占 81.4%；100 ~200t 的企业为 1 059 个，占 14%；200 ~400t 的企业为 251 个，占 3.3%；400 ~1 000t 的企业为 77 个，占 1%；1 000t以上的企业为 18 个，占 0.2%。在所有制方面，国有及国有控股企业 848 个，占

11.2%；外商及港澳台商投资企业 24 个，占 0.3%；民营企业 6 676 个，占 88.5%。

入统企业的大米总产量为 3 844 万 t。其中：特等米 1 304.6 万 t，占 33.9%；标准一等米 2 229.4 万 t，占 58%；标准二等米 239.6 万 t，占 6.2%。特等米和标准一等米的产量占大米总产量的 91.9% 以上。

入统企业的现价总产值 1 078.9 亿元，利润总额 18.4 亿元，资产总计 543.5 亿元，年末从业人数 15.3 万人。

2. 小麦粉加工业的基本情况

2006 年，全国入统小麦粉加工企业 3 159 个，年生产能力 9 473.2 万 t，其中：日加工能力 100t 以下的企业为 2 014 个，占 63.8%；100 ~ 200t 的企业为 603 个，占 19.1%；200 ~ 400t 的企业为 371 个，占 11.7%；400 ~ 1 000t 的企业为 136 个，占 4.3%；1 000t 以上的企业为 35 个，占 1.1%。在所有制方面，国有及国有控股企业为 296 个，占 9.4%；外商及港澳台商投资企业为 31 个，占 1%；民营企业为 2 832 个，占 89.6%。

入统企业的小麦粉总产量为 4 345.8 万 t。其中：特制一等粉 1 874.7 万 t，占 43.1%；特制二等粉 1 250.6 万 t，占 28.8%；标准粉 456.8 万 t，占 10.5%；专用粉 512 万 t，占 11.8%。特制一等粉、特制二等粉和专用粉的产量占小麦粉总产量的 83.7%。

入统企业的现价总产值 918.2 亿元，利润总额 11.5 亿元，资产总计 475.6 亿元，年末从业人数 15 万人。

3. 食用植物油加工业的基本情况

2006 年，全国入统食用植物油加工企业 1 012 个，年生产能力为：油料处理能力 7 177.4 万 t，精炼能力 2 166.2 万 t。其中：日加工能力 100t 以下的企业 468 个，占 46.2%；100 ~ 200t 的企业 225 个，占 22.2%；200 ~ 400t 的企业 145 个，占 14.3%；400 ~ 1 000t 的企业 99 个，占 9.8%；1 000t 以上的企业 75 个，占 7.4%。在所有制方面，国有及国有控股企业 108 个，占 10.7%；外商及港澳台商投资企业 70 个，占 6.9%；民营企业 834 个，占 82.4%。

入统企业的食用植物油总产量 1 730.2 万 t，精炼油的产量 1 219.7 万 t。其中：精炼油中的一级油 924.2 万 t，占 53.2%；二级油 170.2 万 t，占 9.8%；三级油 98.7 万 t，占 5.7%；四级油 292.7 万 t，占 16.9%。一级油、二级油和三级油的产量占食用油总产量的 68.7%。在总产量中，大豆油 946.8 万 t，占 54.7%；菜籽油 285.3 万 t，占 16.5%；花生油 87.4 万 t，占 5%；棉籽油 57.9 万 t，占 3.3%。

入统企业的现价总产值 1 737.2 亿元，利润总额 46.8 亿元，资产总计 980.7 亿元，年末从业人数 10.7 万人。

以上一些统计数字与十年前相比，发生了以下五个方面的重大变化：

（1）从年末从业人员 41 万人看，在产量、产值和资产总额大幅度提高的情况下，年末从业人数不但没有增加，反而比 10 年前（70 余万人）减少了近一半。这充分说明，中国粮油工业的劳动生产率大有提高，分析原因，主要归功于生产装备的机械化、自动化程度大大提高；归功于民营企业、外商投资企业机制活、用人少；归功于国有粮油加工企业改制重组的成功。

（2）从所有制性质看，在2006年全国入统企业的11 719个粮油加工企业中，国有及国有控股企业1 252个，只占10.7%，其余均为民营企业和外商及港澳台商投资企业。这充分表明，过去国有粮油加工企业一统天下的局面已经彻底改变，粮食部门的“改制”工作取得了明显成效。

（3）从企业生产规模看，日处理原料在400～1 000t的粮油加工企业有312个；日处理原料在1 000t以上的粮油加工企业有128个。这些大中型企业大多是近年来发展起来的。这充分说明，中国粮油加工工业的生产规模正在日趋大型化。

（4）从产品的档次看，为顺应市场的需求，精米、精面、精油的比重和档次越来越高，品种越来越多。从2006年的入统企业中我们可以看到，在大米生产中，特等米和标准一等米的产量占大米总产量的91.9%以上；在小麦粉生产中，特制一等粉、特制二等粉和专用粉的产量占小麦粉总产量的83.7%；在食用植物油加工中，一级油、二级油和三级油的产量占食用油总量的68.7%。这充分说明，中国的粮油加工水平和人民生活水平正在不断提高。

（5）从食用植物油加工总量看，油脂加工业和食用油的供应格局发生了重大变化。在2006年全国1 012个入统食用植物油加工企业的1 730.2万t食用油产量中，大豆油为946.8万t，占54.7%。由此可见，大豆加工与其他油料相比，已经成为中国油脂工业的主角。与此同时，大豆油在中国食用油消费市场上已经名列前茅。

（二）中国粮油工业的发展趋向

为适应市场的需求，今后中国粮油工业的发展趋向是：

1. 企业的生产规模将进一步向大型化、规模化方向发展

随着市场竞争的加剧和企业的结构调整优化，粮油加工企业的数量将进一步减少，规模逐步扩大，生产集中度明显提高。据中国粮食行业协会统计，2006年，全国入统企业11 719个中，日加工能力在400t以上的大型企业达440个，比上年增加75个，其中：1 000t以上的企业达128个，比上年增加27个。

从产品产量来看，年产量10万t以上的企业达123个，比上年增加20个。在33个10万t以上大米企业中合计生产大米785.1万吨，占大米总产量的20.4%；在60个10万t以上的小麦粉企业中合计生产小麦粉1 722.2万t，占小麦粉总产量的39.6%；在30个10万t以上食用油加工企业中合计生产食用油1 079.9万t，占食用油总产量的62.4%；前10家企业的合计产量占本企业入统企业总产量的比重分别是：大米10.4%，小麦粉17%，食用油44.7%。这充分说明中国粮油工业企业的生产规模正在日趋大型化和规模化。我认为这种趋势今后将进一步加快。

2. 粮油产品将朝着安全、优质、营养、方便的方向发展

粮油是人们最重要的食粮，也是食品工业的最基础原料，随着人民生活水平的不断提高，人们在关注粮油产品安全、放心的基础上，将进一步注重粮油食品的优质、

营养和方便，为此积极发展绿色和无公害的粮油食品将引起粮油加工企业的重视；为最大限度地保存食物原料中的固有营养成分，米、面、加工中的过精过细和油脂加工中的过度精炼将得到逐步纠正；营养强化面粉、营养强化米和营养强化油的生产将得到重点发展。

3. 以发展粮油食品为重点的粮油深加工将进一步加快

为实现小康社会发展目标，满足现代生活节奏加快，消费趋向膳食方便化、营养化、多样化的需要，粮油主食品工业化进程将进一步加快，方便面、方便米粉、方便米饭、挂面、速冻食品、主食面包以及工业化生产的馒头、花卷、豆包等各种米面食品将大量出现。与此同时，传统主食品的各种生产工艺和设备的研究也将得到较快发展；冷冻技术、膨化技术、高压蒸煮技术和焙烤技术将大力推广应用；以粮油为主要原料的休闲、旅游食品的品种、产量和销量将不断增加；中式快餐的集约化生产、配送、连锁营销配套工程将加快实施；为适应中国食品工业发展的需要，人造奶油、起酥油、煎炸油等专用油脂的生产以及利用油料饼粕生产各种功能性蛋白（如组织蛋白、浓缩蛋白和分离蛋白）等也将得到较快发展。

4. 杂粮杂豆和特种油脂的开发利用将进一步引起重视

中国是世界上杂粮杂豆的主要产地，品种繁多，有“杂粮王国”的美誉，年产量在2 000万t以上，约占世界产量的10%。据资料表明，杂粮杂豆中包括荞麦、黑麦、小米、高粱、绿豆、红小豆、扁豆、蚕豆、芸豆等两百多个品种。中国杂粮杂豆种植历史悠久，品种繁多，地区分布较广，而且由于生产环境特殊，大多不施化肥、农药，无污染，是天然的有机绿色食品，它营养丰富，有多种保健功能，随着人民生活质量的提高，杂粮杂豆及其制品将越来越为人们所喜爱。

与杂粮杂豆一样，中国特种油脂的资源也十分丰富，品种多达上百种。目前，产量较大且已经开发利用的有：油茶籽油、茶叶籽油、翅果油、亚麻籽油、红花籽油、葡萄籽油、紫苏油、月见草油、核桃仁油、杏仁油、南瓜籽油、苍耳籽油、沙棘油、松籽油和番茄籽油等；另外还有米糠油、玉米油和小麦胚油等谷物油脂。

特种油脂，含有丰富的不饱和脂肪酸，尤其是油酸和亚油酸含量高，还富含多种微量元素和生物活性物质。因此，开发利用特种油料，生产调和油及功能性油脂，对繁荣食用油市场，提高经济效益和人民健康水平具有重要意义。

5. 粮油加工的副产品综合利用将进一步发展

粮油加工中的副产品如米糠、小麦胚芽、饼粕以及油脂精炼过程中产生的皂脚、馏出物等，大多含有丰富的营养物质、多种微量元素和生物活性物质，但多年来由于中国加工企业规模小，资源集中困难以及提取技术的限制，这些宝贵资源没有得到充分的开发利用。今后，随着粮油加工企业的大型化、规模化、集团化以及提取技术的不断成熟，中国的粮油加工副产品综合利用将会不断有新的发展。

6. 粮油工业企业的节能、 环保将被高度重视

建设资源节约型、环境友好型社会是中国可持续发展战略的重大举措。为此，中国粮油工业企业必须认真实施。

在建设资源节约型社会中，粮油工业企业将在以下 3 个方面努力取得成效：

（1）粮油工业企业的生产原料及其产品，是国家的重要特殊商品，因此，节约一粒粮、一滴油，千方百计提高出品率仍然是必须长期坚持的；

（2）粮油工业企业的用水、用电、用煤量较大，消耗指标较高，要通过强化管理，改进工艺和设备，努力把它降下来；

（3）粮油加工中产生的皮壳和下脚数量惊人，要采用各种方法加以利用，变废为宝，如利用稻壳发电和利用废油生产生物柴油等。

随着工业化的进程，环境污染在加剧，植物的生长环境在进一步恶化。与此同时，食品加工的“工业化”也在加快，成品、半成品在食物消费中的比重在上升，因此人们越来越关心在植物生长过程中对食品原料的污染，同时也关心在加工过程中对食品品质的影响。今后，人们在关心食品外表质量的同时，将会更加关心米、面、油产品的内在质量，如过氧化值、反式脂肪酸的含量、农药残留、黄曲霉毒素等有害物质。为此，在粮油加工中要努力消除和防止粮油产品的再度污染。与此同时，粮油加工中产生的灰尘、粉尘和污水的排放将直接对环境产生污染。对此，企业要想方设法努力按国家规定的排放标准组织生产。

我的讲话到此结束，谢谢大家。

十五、 中国食用植物油加工业的基本状况和发展趋势

——在乌兹别克斯坦塔什干油脂技术交流会上的报告

（2010 年 11 月 10 日　于乌兹别克斯坦塔什干）

很高兴来到美丽富饶的乌兹别克斯坦首都塔什干与大家进行交流，下面我就中国食用植物油加工业的基本情况和发展趋势向大家做一简要介绍。

（一） 中国食用植物油加工业的基本状况

根据中国国家粮食局和中国粮食行业协会提供的统计数据及有关资料，2009 年中国入统食用植物油加工企业*1 321 个。其中日加工能力 100t 以下的企业 523 个，占食用植物油加工企业总数的 39.6%；日加工能力 100～200t 的企业 251 个，占 19.0%；200～400t 的企业 278 个，占 21.0%；400～1 000t 的企业 146 个，占 11.1%；1 000t 以上的企业 123 个，占 9.3%。2009 年食用植物油加工企业按日加工能力划分比重，如图 1 所示 。

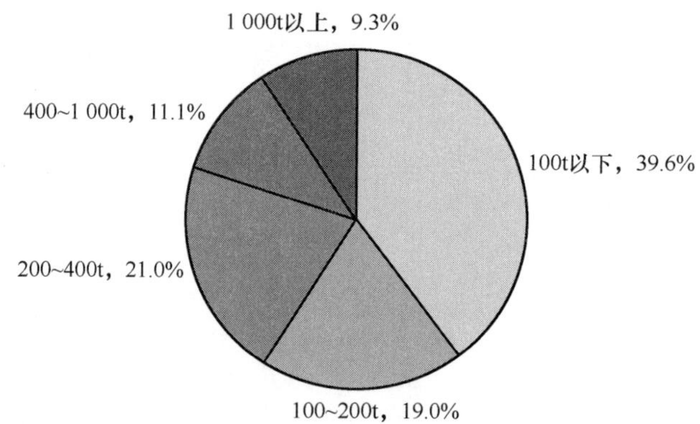

图 1　2009 年食用植物油加工企业按日加工能力划分比重图

2009 年，食用植物油加工业年处理油料能力为 10 946.3 万 t，油脂精炼能力为 3 389.9 万 t，分别比上年增加 3 080.6 万 t 和 661.3 万 t，增长 39.2% 和 24.2%；食用植物油统计产量为 2 780.9 万 t，实际产量 2 288 万 t，分别比上年增加 487.3 万 t 和 360.2 万 t，增幅为 21.2% 和 18.7%；实际年处理油料 7 364.8 万 t。

年油料处理能力、精炼能力和食用植物油产量按企业不同规模划分，日加工能力 100t 以下的企业分别为 384.2 万 t、503 万 t 和 111.1 万 t，分别占总数的 3.5%、14.8% 和 4.0%；日加工能力100～200t的企业分别为752.9万t、459.0万t和187.7

---

* 入统食用植物油加工企业是指日处理油料 30t 以上的食用植物油加工企业。

万 t，分别占总数的 6.9%、13.5% 和 6.8%；日加工能力 200～400t 的企业分别为 1 680.1 万 t、564.1 万 t 和 336.7 万 t，分别占总数的 15.3%、16.7% 和 12.1%；日加工能力 400～1 000t 的企业分别为 1 784.3 万 t、838.9 万 t 和 565.3 万 t，分别占总数的 16.3%、24.8% 和 20.3%；日加工能力 1 000t 以上的企业分别为 6 344.8 万 t、1 025.0 万 t 和 1 580.0 万 t，分别占总数的 58%、30.2% 和 56.8%。

2009 年食用植物油加工企业不同规模油脂产量比重如图 2 所示；2009 年食用植物油加工企业不同规模精炼能力比重如图 3 所示；2009 年食用植物油加工企业不同规模年处理油料能力比重如图 4 所示。

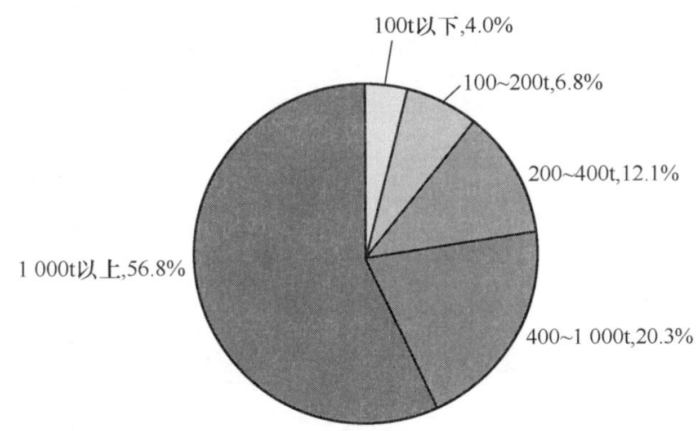

图 2　2009 年食用植物油加工企业不同规模油脂产量比重图

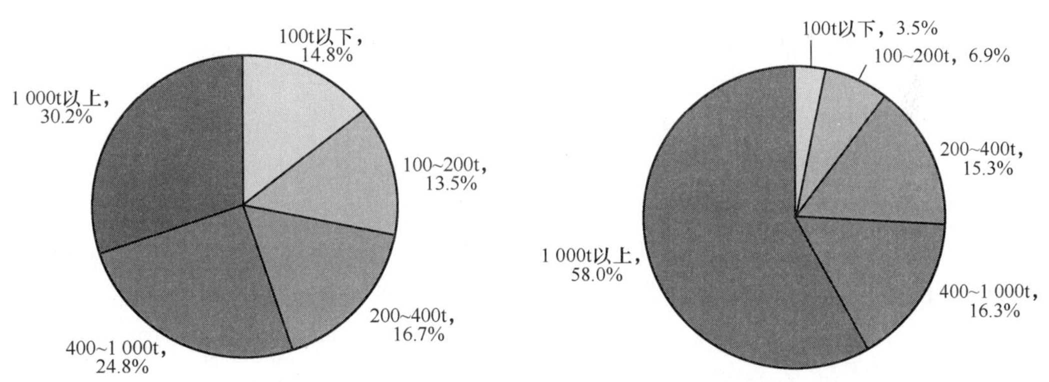

图 3　2009 年食用植物油加工企业不同规模精炼能力比重图

图 4　2009 年食用植物油加工企业不同规模年处理油料能力比重图

年油料处理能力、精炼能力和食用植物油产量按企业经济类型划分，外商及港澳台商投资企业分别为 2 819.6 万 t、1 241.9 万 t 和 1 255.8 万 t，分别占总数的 25.9%、36.8% 和 45.5%；民营企业分别为 7 098.8 万 t、1 785.9 万 t 和 1 271.1 万 t，分别占总数的 65.0%、53.0% 和 45.9%；国有及国有控股企业分别为 981.3、342.8 万 t 和 240.4 万 t，分别占总数的 9.1%、10.2% 和 8.7%。2009 年食用植物油加工企业不同经济类型年处理油料能力比重如图 5 所示；2009 年食用植物油加工企业不同经济类型精炼能力比重如图 6 所示；2009 年食用植物油加工企业不同经济类型油脂产量比重如图 7 所示。

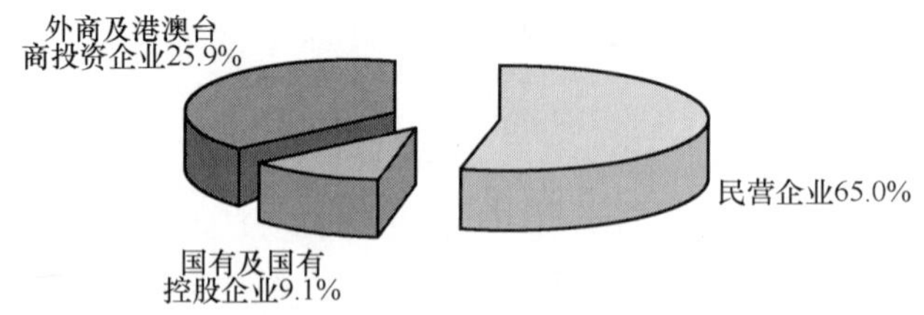

图5　2009 年食用植物油加工企业不同经济类型年处理油料能力比重图

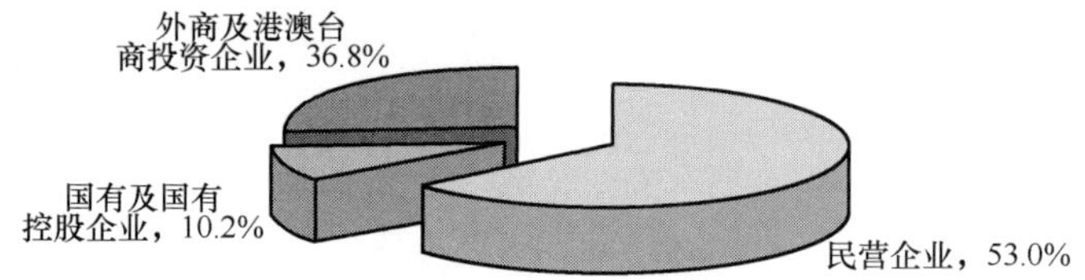

图6　2009 年食用植物油加工企业不同经济类型精炼能力比重图

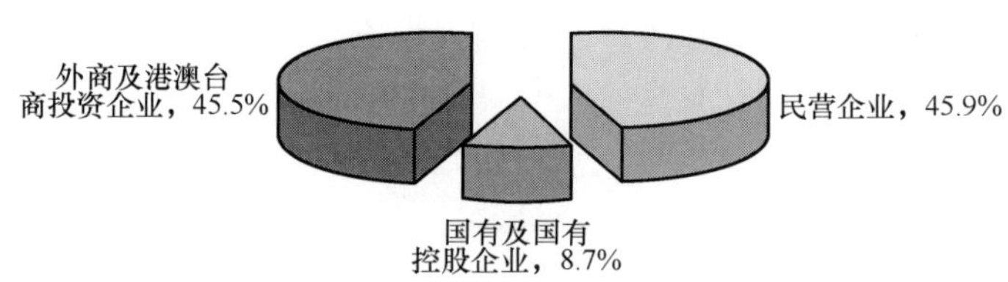

图7　2009 年食用植物油加工企业不同经济类型油脂产量比重图

2009 年食用植物油加工业从产品结构看，精炼油的产量为 2 070. 4 万 t，其中一级油的产量为 1 250. 8 万 t、二级油为 83. 7 万 t、三级油为 171. 5 万 t、四级油为 564. 4 万 t。另外，食用调和油的产量为 118. 7 万 t。年产量 10 万 t 以上的企业 71 个，比上年增加 14 个，总产量达 1 631. 8 万 t，占入统食用植物油企业总产量的 58. 7%。

2009 年食用植物油产量以大豆油、菜籽油、棕榈油和花生油为主，四个品种的统计产量达 2 419. 1 万 t，占食用植物油总产量的 87%，其中大豆油产量为 1 405. 6 万 t，占总产量的 50. 6%；菜籽油产量为 556. 2 万 t，占总产量的 20%；棕榈油产量为 312. 5 万 t，占总产量的 11. 2%；花生油产量为 144. 8 万 t，占总产量的 5. 2%。其他油品的产量和所占比重是：玉米油 87. 7 万吨，占 3. 2%；棉籽油 83. 1 万 t，占 3. 0%；葵花籽油 39. 6 万 t，占 1. 4%；米糠油 13. 2 万 t，占 0. 5%；芝麻油 11. 7 万 t，占 0. 4%；油茶籽油 6. 9 万 t，占 0. 2%；橄榄油 6. 7 万 t，占 0. 2%；其他油脂 112. 8 万 t，占 4. 1%。2009 年不同品种油脂占总产量的比重如图 8 所示。

（二）2009 年中国食用植物油加工业在经济运行中的三大主要特点

1. 生产能力和产量继续保持强劲的增长速度

2009 年，中国入统食用植物油加工企业年处理油料能力为 10 946. 3 万 t，油脂精炼能力为 3 389. 9 万 t，分别比 2008 年增加 3 080. 6 万 t 和 661. 3 万 t，增长 39. 2% 和 24. 2%；实际年处理油料 7 364. 8 万 t，比 2008 年增加 1 702. 9 万 t，增长 30. 1%；食用

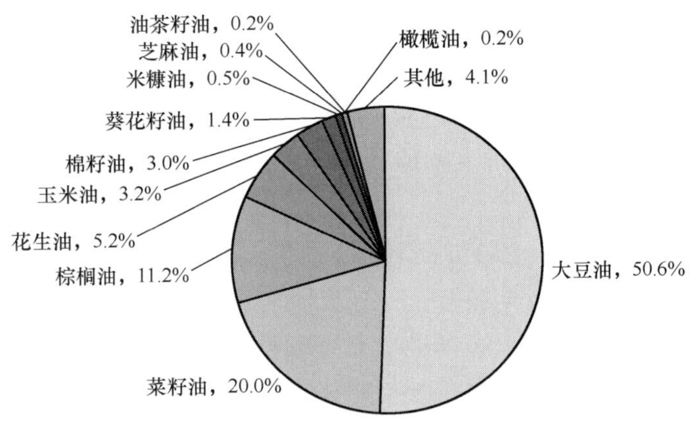

图8　2009年不同品种油脂占总产量的比重图

植物油产量2 780.9万t，比2008年增加487.3万t，增长21.2%。这些数据表明2009年度中国食用植物油加工业的生产能力和产量继续保持着强劲的增长速度。

2. 企业规模化程度较高，生产集中度进一步提高

在食用植物油加工企业中，2009年日加工能力400t以上的企业269个，较2008年的178个增加91个，增长51.1%。2009年269个日加工能力400t以上的企业虽然只占企业总数的20.4%，但其油料处理能力达8 129.1万t，占油料处理总能力的74.3%；油脂精炼能力达1 863.9万t，占油脂精炼总能力的55.0%；油脂产量达2 145.3万t，占油脂产量的77.1%。据统计，2009年年产量10万t以上食用植物油加工企业71个，比2008年增加14个，合计产量1 631.8万t，占入统食用植物油企业总产量的58.7%。以上数据表明，中国食用植物油加工业的规模化和集约化程度较高。

3. 产品品种和结构变化较大

2009年，在食用植物油产量中，大豆油的产量为1 405.6万t，占总产量的50.6%，占据食用植物油的半壁江山，其次是菜籽油、棕榈油和花生油。在总产量中，玉米油和米糠油的合计产量达100.9万t，占总产量的3.7%，这是十分可喜的。在产品档次上，以精炼油为主导地位，一级油（色拉油）、二级油（高级调和油）、三级油（原一级油）、四级油（原二级油）和食用调和油的合计产量为2 189.1万t，占入统食用植物油加工企业食用植物油实际产量的95.7%。另外，从营养和满足部分消费群体需要出发，部分低温压榨油进入了市场，这些油品一般不需精炼即可食用。由此可见，在入统企业中以毛油直接进入市场的现象已经成为历史。

（三）中国食用植物油加工业的发展趋势

随着中国经济的发展和人民生活水平的不断提高，与人们生活息息相关的食用植物油加工业将得到稳步发展。其发展趋势是：

1. 更好地利用两个市场，满足中国食用植物油市场的需要

这些年来，中国的油脂油料生产发展较快。2008年，中国大豆、花生、油菜籽、

棉籽、芝麻、葵花籽和油茶籽等七种油料的产量达6 000多万t，创造了油料生产史上的最高纪录。2009年，中国油料产量又比2008年增长了5%，再创历史新高。这里需要说明的是，尽管中国的油料产量在逐年提高，但其增长速度仍然跟不上消费增长的速度，必须依靠进口来满足油脂市场的需求。为此，更好地利用国内国外两个市场，满足油脂市场的需求，是中国将长期坚持的方针。

2. 企业的生产规模将进一步向规模化、大型化和集团化方向发展

在激烈的市场竞争中，食用植物油加工行业通过不断重组兼并，优化调整企业结构和产品结构，淘汰落后产能，必将呈现出企业数量不断减少，规模逐步扩大，生产集中度进一步提高，规模化、大型化和集团化将成为中国食用植物油加工行业的必然发展趋势。

3. 油脂产品将按照“安全、优质、营养”要求之方向发展

鉴于油脂产品是人们赖以生存的最基本的营养素之一，也是食品工业最基础的原料，随着人民生活水平的不断提高，人们在关注食用油脂产品安全、放心的同时，将进一步注重油脂产品的优质和营养。为此，积极发展绿色和无公害的食用油脂产品将引起食用植物油加工企业的高度重视。食用油产品在朝着“安全、优质、营养”的方向发展中，“安全”是第一位的，也是消费者最为关心的。当前，中国的油脂加工企业都在认真贯彻“食品安全法”，并把油脂产品的“安全”放在第一位。

4. 特种油脂的开发利用将进一步引起重视

在中国的油料作物中，除了油菜籽、大豆、花生、棉籽和葵花籽五大油料作物外，还有许多特种油脂资源。

中国可利用的特种油料品种多达上百种。目前，产量较大且已开发利用的有：油茶籽油、茶叶籽油、翅果油、亚麻籽油、红花籽油、葡萄籽油、紫苏油、月见草油、核桃仁油、杏仁油、南瓜籽油、苍耳籽油、沙棘油、松籽油和番茄籽油等；另外还有米糠油、玉米油和小麦胚油等谷物油脂。

所谓特种油脂，就是利用特种油料生产的油脂。在这些油脂中，含有丰富的不饱和脂肪酸，尤其是油酸和亚油酸的含量高，还富含多种微量元素和生物活性物质。开发利用特种油料，是生产调和油及功能性油脂，繁荣食用油市场，提高人民健康水平的需要，今后将得到加快发展。

5. 低碳经济、节能减排和环境保护意识将不断增强

为实施“低碳经济”，进行“低碳生活”，实现“低碳增长”，中国食用植物油加工行业今后必将把“节能减排”工作放到更加重要的位置，进一步重视研究改进工艺、改进设备、严格管理，在生产中千方百计地节约能源，并减少对环境的污染。

6. 油脂机械制造工业将进一步发展

中国油脂工业的快速发展促进了油脂机械制造工业的发展。反之，中国油脂机械制造工业的快速发展保证了中国油脂工业的健康发展。

经过半个多世纪的努力，尤其是经过中国改革开放三十多年来的不懈努力，中国

已成为世界上最大的油脂机械生产大国和消费大国。根据统计与分析，中国的油脂机械制造企业以及生产油脂机械产品的企业多达上百家。如今，无论是单机的技术水平或单机最大处理能力，还是成套设备的生产能力和规格等方面都能为中国油脂加工业的发展提供技术含量高、生产能力大、性能先进、规格齐全、质量可靠的单机和成套设备，其水平已接近或达到国际先进水平。与此同时，中国油脂机械设备产品门类齐全，不仅能适应大豆、油菜籽、花生、棉籽、葵花籽、米糠、玉米胚芽等各种不同油料作物加工的需要，而且能满足日加工能力少至几吨，多达数千吨的不同需要。产品不仅能满足中国现代油脂工业的发展需要，而且还大量出口到国外。

随着中国油脂工业的不断发展，中国的油脂机械制造业也将得到进一步发展。下一步的发展重点将围绕着进一步提高产品质量、提高生产效率、实现机电一体化、降耗节能等方面多做工作。

十六、 中国植物油加工业的现状及发展趋势

——在第十四届国际谷物科技与面包大会暨国际油料与油脂科技发展论坛上的主题报告

（2012 年 8 月 7 日　于北京）

首先让我们再一次祝贺“第十四届国际谷物科技与面包大会暨国际油料与油脂科技发展论坛”今天在中国北京召开。根据会议的安排，下面我就中国食用植物油加工业的现状及今后发展趋势介绍些情况，供参考。

（一） 中国油脂油料的生产与需求简况

1. 中国油料生产简况

为满足国民经济发展和人民生活水平不断提高的需要，国家在发展粮食生产的同时，高度重视发展油脂油料生产，促使了油脂油料生产不断提高。根据统计，我国油菜籽、大豆、花生、棉籽、葵花籽、芝麻、油茶籽、亚麻籽八大油料产量由 1990 年的 3 524.6 万 t 上升到 2010 年的 5 811.4 万 t，增长 64.9%，平均年增长 3.2%。中国 1990—2010 年主要油料生产情况，见表 1。

表 1　中国 1990—2010 年主要油料生产情况　单位：kt

年份	油籽总产量	其中：棉籽	大豆	油料	其中：油菜籽	花生果	葵花籽	芝麻	亚麻籽	油茶籽
1990	35 246	8 114	11 000	16 132	6 958	6 368	1 339	469	535	523
1991	36 311	10 215	9 713	16 383	7 436	6 303	1 422	435	515	621
1992	34 830	8 114	10 304	16 412	7 653	5 953	1 473	516	520	629
1993	40 076	6 730	15 307	18 039	6 936	8 421	1 282	563	496	488
1994	43 710	7 814	16 000	19 896	7 492	9 682	1，367	548	511	631
1995	44 585	8 582	13 500	22 503	9 777	10 235	1 269	583	364	623
1996	42 891	7 565	13 220	22 106	9 201	10 138	1 323	575	553	697
1997	44 587	8 285	14 728	21 574	9 578	9 648	1 176	566	393	857
1998	46 393	8 102	15 152	23 139	8 301	11 886	1 465	656	523	723
1999	47 155	6 892	14 251	26 012	10 132	12 639	1 765	743	404	793
2000	52 910	7 951	15 411	29 548	11 381	14 437	1 954	811	344	823
2001	53 638	9 582	15 407	28 649	11 331	14 416	1 478	804	243	825

续表

年份	油籽总产量	其中：棉籽	大豆	油料	其中：油菜籽	花生果	葵花籽	芝麻	亚麻籽	油茶籽
2002	53 788	8 309	16 507	28 972	10 552	14 818	1 946	895	409	855
2003	52 251	8 747	15 394	28 110	11 420	13 420	1 743	593	450	780
2004	59 445	11 382	17 404	30 659	13 182	14 342	1 552	704	426	875
2005	57 407	10 286	16 350	30 771	13 052	14 342	1 928	625	362	875
2006	55 044	13 559	15 082	26 403	10 966	12 738	1 440	662	374	920
2007	52 135	13 723	12 725	25 687	10 573	13 027	1 187	557	268	939
2008	58 559	13 486	15 545	29 528	12 102	14 286	1 792	586	350	990
2009	58 003	11 479	14 981	31 543	13 657	14 708	1 956	622	318	1 169
2010	58 114	10 730	15 083	32 301	13 082	15 644	2 298	587	324	1 092

注：资料来源：国家粮油信息中心。

2. 油脂油料的进出口情况

在国家多项惠农政策的支持鼓励下，中国的油脂油料生产发展较快，但其发展速度仍跟不上人民生活水平的不断提高，及食用油市场供应日益增长的需求。国家在采取了在提高国内油脂油料产量措施的同时，还增加了油脂油料的进口数量，并呈现不断加速上升的趋势。中国油脂油料进口量见表2。以2011年为例，中国进口大豆5 264万t，油菜籽126.2万t；进口棕榈油591.2万t、大豆油114.3万t、菜籽油55.1万t和其他植物油19.2万t，合计进口植物油779.8万t。

表2　　中国油脂油料进口量　　单位：kt

年份	大豆进口量	菜籽进口量	植物油进口量	其中：豆油	棕榈油	菜籽油	其他植物油
1996	1 108	0	2 640	1 295	1 012	316	17
1997	2 792	55	2 750	1 193	1 146	351	60
1998	3 196	1 386	2 060	829	930	285	17
1999	4 315	2 595	2 080	804	1 194	69	13
2000	10 416	2 969	1 872	308	1 391	75	99
2001	13 937	1 724	1 674	70	1 517	49	38
2002	11 315	618	3 212	870	2 221	78	43
2003	20 741	167	5 418	1 884	3 325	152	57
2004	20 229	424	6 764	2 517	3 857	353	38
2005	26 590	296	6 213	1 694	4 330	178	11
2006	28 270	738	6 715	1 543	5 082	44	46
2007	30 821	833	8 397	2 823	5 095	375	104

续表

年份	大豆进口量	菜籽进口量	植物油进口量	其中：豆油	棕榈油	菜籽油	其他植物油
2008	37 436	1 303	8 163	2 586	5 282	270	25
2009	42 552	3 286	9 502	2 391	6 441	468	202
2010	54 797	1 600	8 262	1 341	5 696	985	240
2011	52 640	1 262	7 798	1 143	5 912	551	192

注：资料来源：国家粮油信息中心。

3. 食用植物油人均消费情况

随着国产油脂油料和进口油脂油料数量的快速增加，我国食用植物油的可供应量和人均年占有量得到了快速增长。据测算，我国人均年消费占有量由1996年的7.7kg上升到2011年的20.5kg，已经达到世界人均20kg的水平。1996—2011年我国人均年食用油消费情况见表3。

表3　1996—2011年我国人均年食用油消费情况

年份	食用油消费可供量/万t	人均年消费占有量/kg
1996	1 002.5	7.7
1998	1 090.7	8.4
2000	1 245.7	9.6
2001	1 330	10.2
2002	1 410	10.8
2003	1 500	11.5
2004	1 750	13.5
2005	1 850～1 900	14.2～14.6
2006	2 271.7	17.5
2007	2 509.7	19.3
2008	2 684.7	20.7
2011	2 865.1	21.2

注：1996—2008年的我国人均年消费按13亿人口计算；2011年按13.5亿人口计算。消费总量为2 765万t（即食用消费2 515万t和工业及其他消费250万t之和）。

（二）中国食用植物油加工业的基本情况

1. 企业数量及不同加工能力所占的比重情况

根据国家粮食局和中国粮食行业协会提供的统计数据及有关资料，2010年，全国入统食用植物油加工企业1 468个。

其中日加工能力100t以下的企业519个，占食用植物油加工企业总数的34.92%；

日加工能力 100 ~ 200t 的企业 314 个，占 21. 13%；200 ~ 400t 的企业 344 个，占 23. 15%；400 ~ 1 000t 的企业 163 个，占 10. 97%；1 000t 以上的企业 146 个，占 9. 83%。2010 年食用植物油加工企业按日加工能力划分比重如图 1 所示。

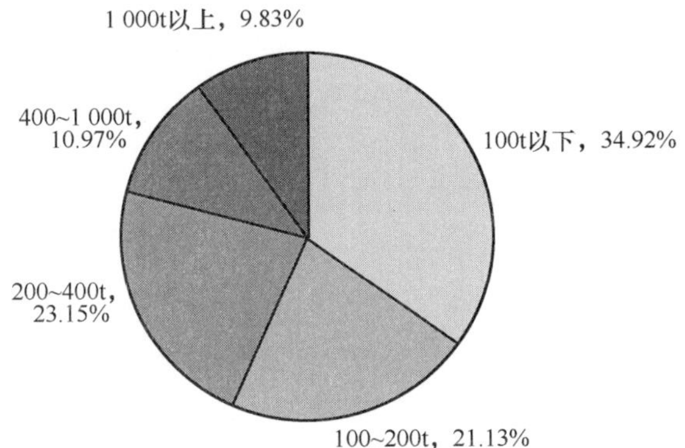

图 1　2010 年食用植物油加丁企业按日加工能力划分比重图

2. 加工能力及产量情况

2010 年，食用植物油加工业年处理油料能力为 1 亿 3 111. 1 万 t、油脂精炼能力为 3 972. 5 万 t，分别比 2009 年增加 2 164. 8 万 t 和 582. 6 万 t，增长 19. 8% 和 17. 2%；食用植物油产量为 2 242. 5 万 t；实际年处理原料 1 亿 277. 9 万 t；产能利用率为 78. 39%。

3. 油料处理能力、 精炼能力和食用植物油产量按企业经济类型划分情况

2010 年，全国油料处理能力、精炼能力和食用植物油产量按企业经济类型划分，外商及港澳台商投资企业分别为 3 579. 1 万 t、1 428. 6 万 t 和 1 371. 4 万 t，分别占总数的 27. 30%、35. 96% 和 43. 48%；民营企业分别为 8 371 万 t、2 187 万 t 和 1 530. 4 万 t，分别占总数的 63. 84%、55. 06% 和 48. 51%；国有及国有控股企业分别为 1 161 万 t、356. 8 万 t 和 252. 6 万 t，分别占总数的 8. 86%、8. 98% 和 8. 01%（见图 2、图 3、图 4）。多元化加工格局已基本形成。

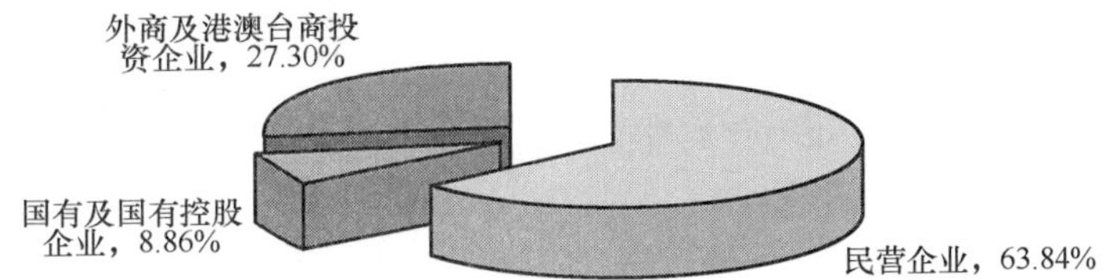

图 2　2010 年食用植物油加工业按经济类型划分企业年处理油料能力比重图

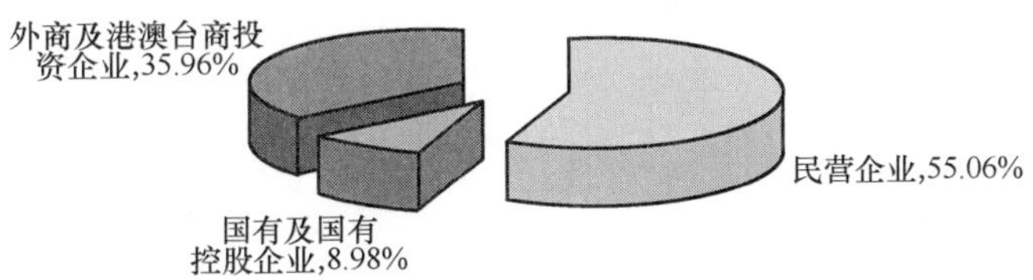

图 3　2010 年食用植物油加工业按经济类型划分企业年精炼能力比重图

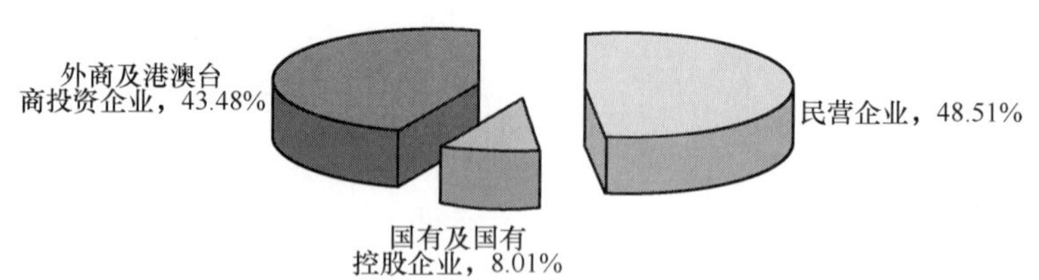

图 4　2010 年食用植物油加工业按经济类型划分企业年产量比重图

4. 油料处理能力、精炼能力和产量等排名情况

2010 年食用植物油加工业油料处理能力排名前三位的是江苏（1 770. 4 万 t）、山东（1 722. 1 万 t）和黑龙江（1 471. 4 万 t）；精炼能力排名前三位的是江苏（617. 2 万 t）、广东（489. 9 万 t）和湖北（398. 2 万 t）。食用植物油产量前十位的是：江苏（540. 3 万 t）、山东（408. 0 万 t）、广东（375. 2 万 t）、湖北（219. 8 万 t）、天津（176. 9 万 t）、河北（149. 5 万 t）、上海（144. 4 万 t）、福建（116. 8 万 t）、广西（109. 0 万 t）和辽宁（108. 8 万 t）（如图 5 所示）。年产量 10 万 t 以上的企业 73 个，比上年增加 2 个，合计产量达 1 757. 2 万 t，占入统食用植物油企业总产量的 55. 7%。产量位居前三位的企业分别是：益海嘉里（中国）（665. 8 万 t）、中粮集团有限公司（245 万 t）和九三粮油工业集团有限公司（107. 9 万 t），2010 年食用棺物汕产量前十位的省份如图 5 所示。

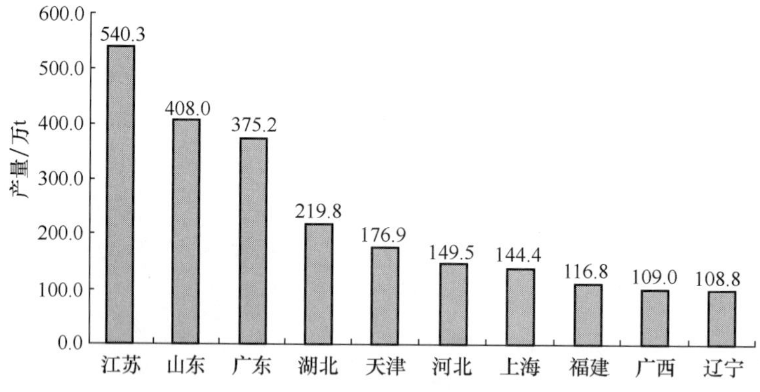

图 5　2010 年食用棺物汕产量前十位的省市区

5. 产品结构和品种情况

从产品结构看，2010 年一级油的产量为 1 353. 6 万 t、二级油为 90. 1 万 t、三级油为 187. 5 万 t、四级油为 642. 5 万 t。另外，食用调和油的产量为 196. 6 万 t；小包装食用油的产量为 324. 8 万 t。

2010 年食用植物油产量以大豆油、菜籽油、棕榈油和花生油为主，四个品种产量达 1 984. 8 万 t，占食用植物油产量的 88. 5%，其中大豆油产量为 1 160. 2 万 t，占总产量的 51. 7%；菜籽油产量为 512. 5 万 t，占总产量的 22. 9%；棕榈油产量为 181. 6 万 t，占总产量的 8. 1%；花生油产量 130. 5 万 t，占总产量的 5. 8%。其他油品的产量和所占比重是：玉米油 86. 2 万 t，占 3. 8%；棉籽油 76. 8 万 t，占 3. 4%；葵花籽油 21. 3 万 t，占 1.0%；米糠油 21.1 万 t，占 1.0%；芝麻油 12.7 万 t，占 0.6%；油茶籽油 7.7 万 t，占 0.3%；其他油脂 32.2 万 t，占 1.4%。2010 年不同品种油脂占总产量的比重如图 6 所示。

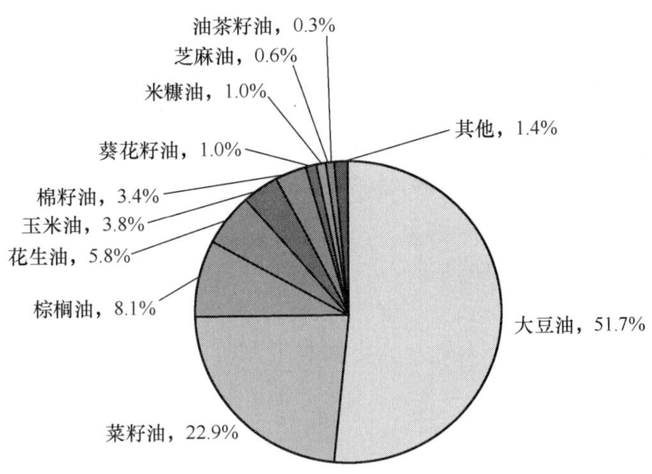

图 6　2010 年不同品种油脂占总产量的比重图

6. 主要经济技术指标情况

2010 年，入统食用植物油企业工业总产值 4 352.1 亿元，产品销售收入 4 310.6 亿元，利税总额 150.3 亿元，利润总额 104.8 亿元，资产总计 3 285.3 亿元，年末从业人数 17.9 万人。

综上所述，中国不仅是一个油脂油料的生产大国、加工大国和消费大国，也是一个油脂油料的贸易大国。在全球油脂油料的生产、加工、消费和贸易中具有举足轻重的地位和影响。

（三）中国食用植物油加工业的发展趋势

为适应市场的需要，今后中国食用植物油加工业的发展趋向是：

1. 食用油的市场需求将持续增长

随着我国人口增长、生活水平提高和城镇化进程加快，我国对食用油消费需求在总量上将继续保持刚性增长的趋势。

据原来的预测，到 2020 年中国居民人均年食用油消费量为 20kg，消费需求总量将达到 2 900 万 t。这一指标在 2011 年已经超过和接近达到。随着国民经济的继续平稳较快发展和城乡居民收入普遍较快增加，人民生活水平将进一步提高。这意味着在今后中国对食用植物油消费需求将继续呈现刚性的增长，同时也意味着中国食用植物油加工业将得到进一步的发展。

2. 利用好两个市场满足中国食用油市场的需求

近几年来，国家及相关部门发布了一系列振兴我国油料生产的规划和措施，推动了我国油脂油料生产较快发展。促使 2008、2009、2010 和 2011 年连续四年我国大豆、花生、油菜籽、棉籽、芝麻、葵花籽、亚麻籽和油茶籽八种油料的产量近 6 000 万 t，创造了油料生产史上的最高纪录。但其增长速度仍然跟不上消费增长的速度。为此，必须更好地利用国内国外两个市场，才能满足中国食用油市场的需求，这一趋向在相当长的时间内是不会改变的。

3. 确保产品质量，倡导“安全营养、健康消费”和“适度加工”等理念

中国政府对食品安全高度重视，食用植物油与人们生活息息相关，为此必须始终把“安全”与“质量”放在第一位。食用植物油加工企业将严格按国家卫生和质量标准组织生产；严格把好从原料到生产加工、产品销售等全过程的质量关，以确保食用植物油产品的绝对安全。在此基础上把“优质、营养、健康、方便”作为发展方向；在油脂油料加工过程中，倡导适度加工，提高纯度，提高出品率，合理控制加工精度，避免过度加工。树立健康消费观念，改变食用油产品“油色过淡”等过度加工现象，最大程度保存油料中的固有营养成分；要根据我国的国情制修订好食用植物油的国家标准，提升我国食用油产品标准水平。

4. 重视资源综合利用、绿色环保和节能降耗

按照循环经济的理念，进一步提高粮油资源综合加工及转化利用水平。不断提高米糠、胚芽和油脚等副产物的综合利用水平。为此，要树立高效、低碳、节能、节粮和保护环境的意识，加大节能减排、保护环境的力度；要采用新型清洁生产技术，积极发展低消耗、低排放、高效率的加工模式，降低水、电、煤、溶剂等消耗和碳排量，减少污染物排放；要采取有力措施，严禁再上马高消耗、高污染的建设项目。通过以上措施，确保到 2015 年，是我国食用植物油加工业的单位产值能耗比 2010 年降低 10% 以上，单位产值二氧化碳排放量比 2010 年减少 17% 以上。以建立安全、优质、营养、低耗、绿色、生态的现代食用植物油加工业体系。

5. 推进结构调整，淘汰落后产能

食用植物油加工企业将会加快组织结构的调整，引导企业通过兼并重组，通过产业园区建设，适度提高产业集中度，发展拥有知名品牌和核心竞争力的大型企业和企业集团，改造提升中小型企业发展的质量和水平，形成大中小企业分工协作，协调发展的格局。

要进一步加大对食用植物油加工企业技术改造的力度，通过采用先进实用、高效低耗、节能环保和安全技术，开发新产品，实施节能减排，降低成本，提高工效。与此同时，将充分发挥市场机制，强化卫生、环保、安全、能耗的约束作用，建立产业退出机制，加快淘汰一批工艺落后、设备陈旧、卫生质量安全和环保不达标、能耗物耗高的落后产能。

6. 提倡“一线多能”和“多油并举”

为充分发挥现有产能的作用，提高产能利用率，倡导单个企业通过技术改造，调整工艺和增设部分装置，以适应能加工两种以上原料的需要，做到“一线多能”。为增加油源，丰富市场，倡导在油料生产和加工中，除了要重视大豆、油菜籽、花生、棉籽等大宗油料外，还应重视葵花籽、芝麻等一般油料的生产与加工，尤其要重视以油

茶籽为代表的木本油料和其他特种油的生产与加工，做到“多油并举”。

7. 特种油脂、功能性油脂将得到重视与发展

在国家政策的支持下，我国以油茶籽为代表的特种油料生产将得到快速发展，特种油料资源将得到开发利用。食用植物油加工企业将利用特种油脂富含功能性成分的特点，生产营养健康的功能性油脂，以丰富食用油市场，满足不同人群的需要。

在米糠和玉米胚芽利用方面，国家将大力提倡米糠和玉米胚芽制油，为国家增产油脂。重点支持日处理150t以上的稻谷加工企业配套装备，推广“分散保鲜、集中榨油（浸出）”和“分散榨油、集中精炼”模式，以提高米糠利用率和稻米油的品质。

8. 专用油和小包装食用油的发展步伐将进一步加快

为满足我国食品工业发展需要，今后，不同用途的起酥油、人造奶油、煎炸油、凉拌油和调味油等专用油脂将得到快速发展。

鉴于目前有品牌的小包装食用油已成为中国消费者心目中可以信赖的放心食用油的象征。为此，小包装食用油也将进一步快速发展，并逐步替代乃至取消市场上的散装食用油。

9. 在油脂消费上，将确保食用油的市场供给

鉴于食用植物油是国家食品安全中的重要组成部分，确保食用植物油市场的供应是我们的首要任务。为此，必须在确保食用的前提下，根据“不与人争油”的原则，妥善处理好食用与工业用油的关系。从国家食物安全、我国食用植物油自给率偏低和保护环境出发，对利用食用植物油生产生物柴油等项目将不予提倡，严格控制。

我的讲话到此结束，谢谢大家。

十七、 我国花生生产及进出口贸易的相关情况简介

——在法国驻华大使馆座谈有关花生生产与进出口贸易时的讲话

（2013 年 6 月 10 日　于北京）

（一） 全球花生的种植及贸易简况

花生既是一种重要的食品也是一种重要的油料作物，在全世界有广泛种植，主要集中在中国、印度、阿根廷、尼日利亚、越南和美国等国家。

花生在国际贸易中以食用花生为主，花生油贸易较少。近年来，花生产品的国际贸易总量在 160 万 ~180 万 t，而花生油的贸易量仅为 16 万 ~24 万 t。

中国是全球最大的花生种植国和消费国，也是花生及其制品的贸易大国。尤其是在 20 世纪，我国花生的出口量约占世界花生贸易的 50%。近年来，我国花生的种植面积和产量不断提高，目前产量高达 1 600 多万吨。但随着我国经济的发展和人民生活水平的不断提高，我国对花生、花生油及其制品的需求量猛增。为满足国内市场的需求，我国花生的出口量逐年减少，并变为逐年开始进口少量的花生和花生油，且以进口花生油为主，进口国家主要集中在马达加斯加、印度、阿根廷、中东、巴基斯坦等国家。我国进口花生及花生油的企业主要是鲁花、益海嘉里和长生集团等大型食用植物油加工企业。据海关统计，2012 年我国进口花生油 6.32 万 t，进口花生 2.29 万 t；出口花生油 0.82 万 t，出口花生 14.61 万 t。

（二） 企业自主进口花生油的一些做法

自 2007 年起，我国对花生油（含花生）的进口取消了配额和批文管理，企业可以根据需要实行自主进口或通过国内有声望的大企业进口。企业自主进口按规定要缴纳 10% 的进口关税和 13% 的增值税。在花生油的进口贸易中，是企业自己进口还是通过其他贸易公司进口，要看哪种做法对企业更有利来决定，例如，青岛长生集团在去年进口了 1 300 多吨花生油，其中 300 多吨是自己直接进口的，1 000 多吨是通过中国国家开发投资公司的全资子公司中国国投国际贸易有限公司进口的。对于没有开展过这项进口业务的企业，开始时不妨可先委托国内实力强、信誉好的企业代理，从中取得经验并熟悉其做法，然后再自行进口。

企业自主进口，大体要经过以下程序：

（1）通过了解对比与国外供应商洽谈签约；

（2）按合同规定支付 20% 的定金或开具信用证；

（3）供应商按合同规定发货并把单据寄中方指定开户银行；

（4）中方银行收到单据后即会通知买方，买方按要求付款并取得进口单据；

（5）买方在取得进口单据后，即去出入境检验检疫局报检。经检查，如符合要求

即可报关提货。

（三） 关于报关运输等的通常做法

花生进口报关运输到国内操作进口流程一般为：供应商备货→代理商上门验货、提货→国外出口报关→整柜海运到越南海防（或台湾海防）→从广西（或厦门）报税进口清关至广东→国内运输到岸。我国北方的主要进口港天津港和青岛港也可以完成以上操作。

对供应商的重点要求：①按合同需求备货；②花生的包装要求：中性编织袋或麻袋包装，一包质量在25kg左右；③花生油主要以液袋包装为主。供应商在花生或者花生油备好货的同时必须要准备好出口所需要的报关文件：①卫生证；②产地证；③花生检验检疫证书；④装箱单；⑤发票；⑥SGS通用公证。供应商的资质以达到中国花生进口标准为准。

（四） 关于青岛长生集团近年来进口花生油的情况

青岛长生集团2011年没有进口花生米及花生油，2012年自主进口花生油300多吨，通过国投公司进口花生油1 000多吨，没有进口花生米。他们主要是从塞内加尔、印度和阿根廷等国进口的，以塞内加尔为最多。

十八、 中国稻米油发展的现状与展望

——在首届稻米油国际科学技术大会上的主题报告

（2014 年 5 月 16 日　于湖北武汉）

由国际稻米油理事会、武汉轻工大学、江南大学、河南工业大学、中国粮油学会油脂分会和丰益全球研究中心联合举办的“首届稻米油国际科学技术大会”今天在美丽富饶的江城——中国武汉顺利召开了。首先我代表中国粮油学会油脂分会祝贺本次大会成功召开。

本次大会将交流稻米油及其副产物的最新科学技术研究成果；研究推动建立稻米油的国际标准；建立和完善稻米油的安全保障体系；促进国际贸易；促进稻米油产业的健康快速发展，造福人类。

根据大会的安排，下面我向大家介绍中国稻米油生产的现状和未来的发展前景。

（一） 我国稻米油生产的现状

1. 我国是一个米糠资源极其丰富的国家

众所周知，我国是世界上最大的稻米生产国和消费国，稻米与小麦粉、玉米制品一样，是我国的主要粮食品种。我国约有 8 亿人口以稻米为主食，每年因直接食用稻米及其制品所耗用的稻米约 1.4 亿 t。由此可见，稻米及其制品的消费是我国最大、最稳定的粮食消费品种。据国家统计局公布的数据，2013 年中国粮食总产量为 6.0194 亿 t，其中稻谷产量为 2.0329 亿 t、小麦产量为 1.2172 亿 t、玉米产量为 2.1773 亿 t。另据美国农业部 2014 年 2 月发布的全球粮油供需预测报告中显示，全球 2013—2014 年度的大米产量为 4.7151 亿 t。由此我们可以推算出，我国稻谷产量约占世界稻谷产量的 30%；约占我国三大主粮产量的 37.4%，这充分表明中国的稻谷产量不仅在中国的主粮中，乃至在世界稻谷产量中有着举足轻重的地位。

我国不仅是世界上最大的稻米生产国和消费国，也是一个米糠资源最丰富的国家。根据国家粮食局的统计，2012 年全国 9 788 个规模以上的大米加工企业在生产大米的同时，其米糠产量多达 1 331 万 t，超过了我国 2012 年大豆 1 305 万 t 的产量。

2. 米糠是优质的油料资源

米糠（含米胚）是稻米加工中最宝贵的副产品。米糠中不仅含有丰富的脂肪，而且富含多种营养成分，是优质的油料资源。一般来说米糠的含油率为 18% ~21%（典型米糠营养成分组成见表 1），相当于我国的大豆含油量，所以它是极其宝贵的油料资源。如果在我国稻米加工中能将 60% 的米糠资源用于制油，出油率按 16% 计算，那么，我国每年能生产出 120 万 ~130 万 t 稻米油，相当于 700 多万吨国产大豆的产油量，是不种田的“种田”。典型米糠营养成分组成见表 1。

表 1　　典型米糠营养成分组成

成分	含量	成分	含量
蛋白（$N\times6.25$）/（g/100g）	14.50	维生素 C 类/（mcg/100g）	<0.5
脂肪/（g/100g）	20.50	生育酚/（mg/100g）	12.00
总碳水化合物/（g/100g）	51.00	生育三烯酚/（mg/100g）	13.60
灰分/（g/100g）	8.00	叶酸/（mg/100g）	26.60
总膳食纤维/（g/100g）	29.00	肌醇/（mg/100g）	1 496.00
热量/（kJ/100g）	330.50	谷维素/（mg/100g）	245.15
维生素 A、类胡萝卜素/（mcg/100g）	129.30	植物甾醇/（mg/100g）	341.15
B 族维生素类/（g/100g）	57	糖类/（g/100g）	8.09

注：数据来源为美国 Netracea 公司分析报告。

3. 近年来，中国稻米油生产发展势头良好

稻米油生产在我国已有较长历史，早在20 世纪50 年代就开展了以米糠榨油为重点的综合利用工作；70 年代在国家政策的支持下，以米糠和玉米胚芽榨油为中心的综合利用在全国范围内再度掀起，稻米油产量一度达万 t 以上，对平衡当时国内油脂供应紧缺起到了积极作用。但由于当时的米厂规模较小，米糠榨油难以形成规模生产，加上米糠保鲜及精炼技术等不过关，所以产量一直徘徊不前。近几年来，国家对米糠资源的利用开始重视，加上稻米加工企业的规模化生产，米糠保鲜和精炼技术的提高，我国稻米油产量逐年提高，据统计 2012 年我国稻米油产量达 40 万 t。这里需要指出的是尽管稻米油的产量这几年提高很快，但其利用率仍然不足 20%。与日本和印度的米糠利用率相比差距较大。

综上所述，我国米糠资源丰富，稻米油生产的发展潜力巨大。只要我们做好工作，充分利用米糠资源，对提高我国食用油的自给能力将会发挥重要作用。

（二）我国稻米油产业的发展前景看好

近几年来，我国稻米油产量不断增加，发展势头良好。展望未来，我们对稻米油产业的发展前景充满信心。

1. 发展稻米油生产是提高我国食用油自给能力的需要

随着我国国民经济的稳定持续发展和人民生活水平的不断提高，我国食用油的消费量不断上升，并将继续保持刚性增长的趋势。为满足食用油市场供应日益增长的需要，国家采取了在发展油料生产，提高国内油料产量的同时，增加了油脂油料的进口数量，并呈现不断加速上升的趋势。据国家粮油信息中心提供的统计数据，2012—2013 年度我国食用油的消费量达 2 755 万 t，工业及其他消费量为 275 万 t，出口为 10.8 万 t，合计年度需求总量为 3 040.8 万 t。而在 3 040.8 万 t 的需求总量中，国产油料的榨油量仅为 1 169.4 万 t，其余均要依靠进口油脂、油料来满足市场需求，自给率不足 40%（只有 38.5%）。由此测算，我国人均年消费量已由 1996 年 7.7kg 上升到

2013 年的 22.5kg（见表 2）。

表 2　　1996—2013 年我国人均年食用油消费情况

年份	食用油消费可供量/万 t	人均年消费占有量/kg
1996	1 002.5	7.7
1998	1 090.7	8.4
2000	1 245.7	9.6
2001	1 330	10.2
2002	1 410	10.8
2003	1 500	11.5
2004	1 750	13.5
2005	1 850 ~ 1 900	14.2 ~ 14.6
2006	2 271.7	17.5
2007	2 509.7	19.3
2008	2 684.7	20.7
2011	2 765	20.5
2012	2 894.6	21.4
2013	3 040.8	22.5

注：1996—2008 年的我国人均年消费按 13 亿人口计算；2011 年按 13.5 亿人口计算。

鉴于食用油是国家食品安全的重要组成部分，因此，当务之急是提高食用油的自给能力。从目前来看，在进一步发展油料生产提高我国油料产量的同时，充分利用油料资源是提高我国食用油自给率的有效方法。

2. 国家对稻米油产业的发展高度重视

2012 年，国家粮食局印发了《粮油加工业“十二五”发展规划》。规划中明确提出“要大力推广米糠和玉米胚等集中制油，为国家增产食用植物油。”要“推广米糠膨化保鲜技术设备，采取‘分散保鲜、集中榨油（浸出）’和‘分散榨油，集中精炼’模式，明显提高米糠利用率。”提出“要依托稻谷、玉米主产区大型粮油加工企业，加工园区和产业集聚区，大力发展稻米油、玉米油等特色油脂加工。”为使规划落到实处，规划中更具体提出“要优先选择日处理能力 150t 以上的稻谷加工企业，配备米糠膨化保鲜装备，为米糠制油提供稳定的原料”等。在我国《粮油加工“十二五”发展规划》中如此强调要发展稻米油产业实属少见，这充分表明了国家对利用米糠资源，为国家增产油脂的高度重视。

3. 米糠保鲜和精炼技术的提高为稻米油产业的发展提供了保证

随着我国油脂科技水平不断提高，米糠膨化保鲜技术、米糠制油技术装备和稻米油精炼技术都有了明显提高。以中国农机院油脂所为代表研制的米糠膨化保鲜技术装备和以河南华泰粮油机械工程有限公司为代表研制的米糠浸出制油与精炼技术成套装备，经国内多家企业使用，效果良好，完全能满足稻米油生产的需要，他们为我国稻米油产业的发展提供了可靠的技术支撑。

4. 启动了稻米油国家标准的修订工作

在确保稻米油产品质量与食用安全的前提下，为最大程度地保留成品稻米油中固有的营养成分，避免过度精炼对产品质量产生的负面影响，提高精炼率，全国粮油标准化委员会油脂油料工作组已经启动了对原稻米油国家标准的修订工作。经专家研讨，标准的修订将根据实际，提倡“适度加工”，最大程度地保留稻米油中的固有营养成分和生理活性物质，对稻米油的等级、色值、烟点和酸值等指标作出较大的修改，以推动我国稻米油产业的健康发展。

以上几点，为我国稻米油产业的发展提供了重要的保证。

（三） 对进一步发展我国稻米油产业的几点设想

为进一步推动我国稻米油产业的健康发展，我觉得还应在以下几个方面多做一些工作：

（1）希望政府有关部门更加重视米糠制油　把利用好米糠资源，为国家增产油脂看做像发展油料生产一样高度重视，要像支持发展大豆产业一样支持米糠资源的利用。建议国家要在资金上给予支持，帮助有一定规模的稻米加工企业，配备米糠保鲜技术装备，对稻米油生产企业要根据其实际产量给予一定的奖励。

（2）重视稻米油国家标准的修订工作　要从实际出发，加快步伐修订好稻米油国家标准，以引领稻米油产业的健康发展。

（3）加大稻米油产业的科技投入　鉴于稻米油的制取与精炼是所有食用植物油制取与精炼中最复杂的，加上稻米油中的生理活性物质较多，综合利用的前景广阔。为此，建议国家有关部门将稻米油产业的发展列入国家科技攻关项目。

（4）加大对发展稻米油产业的宣传力度　要通过宣传让政府有关部门都知道充分利用米糠资源，不仅能为国家增产油脂，提高我国食用油的自给能力，又能增加优质油源，造福人民。要通过宣传让广大消费者都知道稻米油是一种营养价值高的优质食用油，经常食用有利于人体健康，增强公众对食用米糠油的科学认知，进一步促进稻米油产业的健康快速发展。

最后，预祝本次会议圆满成功，谢谢大家。

第十二章

中国粮油学会油脂分会工作

一、在“中国油脂学会”更名为“中国粮油学会油脂专业学会”大会上的致辞

（1986年5月5日　于陕西西安）

去年10月我们在北京成立了中国油脂学会。为理顺关系，经教育部党组织研究决定，将中国油脂学会改名为“中国粮油学会油脂专业学会”。这是从事油脂科技工作的同志多年的期望，是油脂科技事业发展的客观要求，是各级领导重视和支持的结果。在此，让我们向一切为促成“油脂专业学会”诞生而作出努力和贡献的同志表示衷心的感谢。

油脂是人们日常生活的必需食品，是食品工业、医药工业，轻化工业的重要原料。油脂专业作为一门独立的学科，人们正在从不同应用角度进行着广泛的研究、应用和生产开发。广大油脂科技工作者，为了有效地、合理地利用各种油料资源，在油脂生产、油脂科研、油脂教学、油脂工业技术管理等方面作出了很多新成果、新贡献。

中共中央关于：制定国民经济和社会发展第七个五年计划的建议中指出：“我们必须充分认识科技现代化在四个现代化中的决定性作用，进一步贯彻经济建设必须依靠科技进步，科技工作必须面向经济建设的方针，把促进科技进步，这个带有全局性的根本任务真正放到战略地位上来。”为了促使油脂科学技术的现代化，进而带动油脂工业的现代化，这就要求我们全国的油脂科技工作者组织起来，团结协作，扩大交流，共同为提高我们油脂专业的科学技术水平，促进油脂工业的技术改造和油脂科学技术的现代化作出贡献。油脂专业学会的成立，肩负着这一新时期所赋予的光荣使命。

我国幅员辽阔，油料资源十分丰富。东北平原的大豆、葵花；长江流域的油菜、米糠；华北、中南、西北平原的棉籽、芝麻，以及山东的花生、新疆的红花；湖南、江西的油茶；四川的油桐；海南的油棕、椰子；内蒙古的亚麻等都是我国主要的植物油料资源和集中的生产基地。

党的十一届三中全会以来，随着农业生产的发展，油料产量逐步提高，有的已外销出口，享有盛誉。动物油脂产量也日益增加，这给加工利用提出了新的任务和要求。木本油料已在有计划地规划开发，逐步形成专业经营的园林。我国的油脂工业，这几年发展较快，工业布局日趋合理，基本适应油料生产发展的需要。油脂机械制造正在向专业化、标准化过渡，加速发展成套设备的生产。

这几年，全国以油料产地、消费城市、出口口岸为中心，发展了一批现代化油厂，完善了工艺、改善了设备、开展了副产品综合利用、提高了产品质量、降低了原材料消耗、扩大了经济效益。目前，油脂工业的技术改造方兴未艾，我们面临的任务繁重艰巨。油脂专业学会的全体会员都要为振兴我国油脂工业出力献策，发挥自己的聪明才智，做油脂工业技术改造的尖兵。

油脂专业学会是一个专业性、群众性的学术团体。办好学会，需要参加学会的单位和会员们的共同努力、热心支持、紧密合作。学会的理事会要发挥有力的领导和组织协调作用。在学术交流中，我们提倡“百花齐放，百家争鸣”，鼓励油脂科技工作者的创新精神。我国的油脂行业是一支不小的队伍，需要大力普及和提高油脂生产技术知识，学会要支持会员开展油脂科普创作工作。油脂专业学会的成立，还为对外联系加强国际间的科技合作创造了条件。学会要立足国内、面向世界，积极争取参加国外油脂专业方面的学术交流，吸收各国的先进技术，提高我国的油脂科技水平。

这次会议的主要内容有：①正式成立中国粮油学会油脂专业学会；②讨论确定油脂专业学会的组织机构，民主选举学会的理事会；③讨论中国粮油学会章程；④讨论制定油脂专业学会 1986 年的工作计划和全国油脂科技长远发展规划纲要；⑤进行学术交流。

同志们，愿我们的学会能够团结全国油脂科技工作者，在发展油脂生产、振兴油脂工业和油脂科学技术事业中，发挥积极的作用。

最后，预祝大会圆满成功！

二、 在中国粮油学会油脂专业学会第一届年会上的开幕词

（1986 年 11 月 8 日　于陕西西安）

“中国粮油学会油脂专业学会第一届年会”今天正式开幕。这次会议，是油脂科技工作者的一次盛会。应邀出席的有有关领导和前来参加学术交流的专家、教授和工程技术人员。借此机会，我代表油脂专业学会向各级领导和不辞劳苦前来参加年会的各位同志，表示热烈的欢迎！并致以亲切的问候！陕西省科委、陕西省粮食局和西安市粮食局的领导参加了今天的开幕式，这是对我们工作的重大支持，对此表示衷心的感谢！

这次会议在西安市召开，陕西省粮食局、西安市粮食局、西安市油脂公司、商业部西安油脂科研所等单位的领导和同志们对这次会议的筹备工作、会务工作都给予了热情的支持和帮助，在此一并表示感谢！

自去年 10 月油脂专业学会成立的 1 年来，学会做了许多富有成效的工作。按照学会的工作计划，今年 8 月、9 月学会派出两个油脂科技咨询组先后赴四川、新疆，深入油厂就降低浸出溶剂消耗、油脂深加工、综合利用、环境保护、提高经济效益等技术和管理等方面的问题进行了技术咨询，受到了各地的欢迎；为了普及油脂生产技术知识，在北京南苑油厂的大力支持下，今年 8 月在北京举办了“油脂生产技术培训班”，参加人员 40 余人，为了开展与国外的学术交流，学会与无锡轻工业学院共同邀请了日本油化学专家先后在无锡轻工业学院、南京、郑州、西安等地讲学。这些成绩的取得是各级领导和全体会员共同努力、辛勤劳动的结果。

一年来，油脂专业学会会员和油脂科技工作者勤奋工作，勇于探索，在学术研究中取得了很大成绩。这次年会收到论文 125 篇，内容涉及国内外油脂科技综述、资源利用、油料蛋白、油脂制备、油脂加工、油脂化学与化工、油脂储藏、综合利用、油脂营养与卫生、科技情报等诸多方面。反映了我国油脂科技水平不断提高，研究领域不断向纵深发展的良好势头。

这次年会的主要内容是——总结 1 年来学会的工作；讨论制定 1987 年的工作计划；交流国内外油脂科技论文；评选优秀论文；讨论《中国油脂》编委会工作条例、编辑部工作条例和编辑计划等事项。会议从今天开始到 12 日结束。

为了更好地开展学会的工作，希望全体会员和油脂科技工作者继续努力工作，勇于探索，取得更大的成绩。最后，预祝大会圆满成功！

三、 在中国粮油学会油脂专业学会第二届年会上的工作报告

（1987 年 11 月 8 日　于四川成都）

自 1986 年 11 月召开第一届年会到现在，学会又渡过了 1 个春秋。1 年来，我们在中国粮油学会的直接领导下，贯彻中国科协三大精神，面向经济、面向社会、面向未来，坚持走群众化、社会化道路。在商业部科技司、油脂局、粮油工业局、商科院的热情帮助和指导下，在全国各地有关部门，特别是各地粮食部门的积极支持和大力协助下，通过全国油脂行业广大科技工作者和广大会员的共同努力，使学会工作有了较大发展，取得了明显效果。得到了中国科协和中国粮油学会的表扬和重视，受到了多方面的好评以及全国广大会员的信任和拥戴，增强了学会的吸引力、凝聚力和生命力，显示出学会的活力。一年来学会主要做了以下工作。

（一） 组织建设

1. 增补理事和顾问

经 1987 年 2 月 12 日和 16 日召开的部分理事、顾问会议决定，增补刘作民、胡新标、樊铁 3 位同志为第一届理事会理事，并办理了报批和登记手续。

为了把学会搞得更好，中国粮油学会经过酝酿和征求专业学会意见，常务理事研究决定原商业部油脂局局长刘宜哉、原粮科院副院长张佳两位同志为油脂专业学会顾问。

2. 积极加强相关组织工作

鉴于学术活动开展的需要，于 1987 年 8 月 12 日在无锡市召开的学会工作会议研究决定，增设油脂包装技术研究组，确定商业部油脂局为牵头单位。会议上还讨论制定了“会费的收缴与管理试行办法”，发给各地联络站试行，使会费管理有章可循，这次将再提交会议讨论修订，使其更加完善。应中国作物学会油料作物专业委员会的邀请，会议研究决定选派我会理事、商业部武汉粮食科研设计所胡新标高级工程师为该委员会委员。

3. 积极做好发展会员的工作

经中国粮油学会批准，去年接收了第一批会员。其中，个人会员 309 人，于今年年初发了个人会员证；团体会员 42 家，由于团体会员证发来较迟，最近才补办了团体会员证。根据中国粮油学会的计划，今年拟发展个人会员 1 000 名、团体会员 40 家。这一项工作，由于等待总会印发的入会申请表格耽误了一些时间，现已发出个人申请表 1 000 多份，团体申请表 30 多份，已收到团体会员入会的申请单位 7 家，个人申请

的342人，目前正在办理第二批会员的入会手续，其余的申请表格正在陆续收到。在这项工作中各地联络站及第一批会员做了大量工作。

4. 积极进行了会员联络站（组）的组建工作

联络站是按行政区域划分的。这项工作是在各省、市、自治区粮食（商业）厅局科教处的协助下进行的，他们以极大的热情关心和支持学会工作，同时又有学会在各地的联络员和广大会员的积极努力，大多省、市、区联络站组建工作进展顺利。到现在为止，已有23个省市、自治区建立起了联络站。联络站的组建，推动了学会工作的开展。

（二）学术交流与友好往来

1. 推荐了1986年度的优秀论文

在第一届年会的代表和各专业学组推荐的基础上，经过油脂专业学会初评推荐，中国粮油学会复评批准，我会推荐的10篇论文中有8篇被评为中国粮油学会1986年度优秀科技论文，并已分别在《中国粮油学报》1987年第2期和《中国油脂》1987年第6期刊登公告。

2. 开展了国内学术交流

1年来，我们为了充分发挥学组的作用和积极性，由学组分别筹办了3个专题研讨会，活跃了学术思想，推动了学术活动的开展。

（1）今年8月25日至28日在兰州市召开了“油料蛋白开发利用”专题学术研讨会，会议收到了学术论文20篇，论文内容广泛，涉及大豆蛋白、棉籽蛋白、花生蛋白、葵花籽蛋白的制取、应用研究和棉籽蛋白粉营养学。与会代表认真地交流了14篇学术论文，讨论了今后关于油料蛋白开发利用研究的重点和油料蛋白开发利用的设想和规划，提出了不少建设性意见。这对推动我国油料蛋白的进一步开发利用具有积极意义。同时，代表们还就油脂制备及油料蛋白学组工作提出了建设性意见。这次会议得到了甘肃省粮食局的热情关怀和支持。甘肃省粮油科研所和粮油工业公司为开好这次会议做了辛勤的努力和大量的工作。

（2）今年9月18日至20日，油脂加工与营养环保学组在北京市粮食科研所的积极支持和协助下，在北京市举办了“油脂精炼和深加工”专题研讨会，来自商业、轻工、农业、教育、中科院系统的28名代表，交流了学术论文20篇，对国内油脂精炼和深加工的现状和存在的问题发表了各自的看法，同时对学会和学组工作的重点提出了许多很好的建议。建议今后工作的重点，不仅要放在学术讨论和理论研究上，更重要的是要放在生产实际方面，多为工厂企业解决实际问题，希望学会加强技术咨询和技术服务工作。代表们还对油脂精炼和深加工方面提出了一些设想和意见。

（3）今年10月7日至9日，在浙江省余杭县临平召开了“油脂化学及油源开发利用”专题研讨会，来自12个省市的科研、大专院校、管理部门、基层工厂的27个单位的39位代表出席了会议，交流了论文24篇。内容涉及油脂化学与化工、副产品综合利用、资源开发。会议呼吁对“检测分析”这项基础工作引起关注和加强，并提出了一些有益的意见和建议，希望加强科研—教学—生产、行业内外的交流和协作，把菜油、米糠油的基础理论研究和开发利用工作搞上去，由于这次会议的会址是临时确定的，浙江省粮食科研所克服了不少困难，大力支持，给会议的顺利召开创造了良好的条件。

（4）学会的许多会员积极投入了关于对“多维营养油”成果的讨论，并以求实的态度发表了自己的观点，避免了这一所谓“成果”给社会造成的损失。

3. 进行了国际学术交流和友好往来

在积极开展国内学术交流的同时，我们还积极组织和参加了国际学术交流，邀请国外专家来华讲学和讲座。

（1）协助中国粮油学会筹办“国际植物蛋白、油脂、淀粉新技术讨论会”，积极征集推荐论文21篇，占国内外本专业会议交流论文的一半。

（2）由我会和无锡轻工业学院主办，无锡轻工业学院粮油系具体组织举办了学术讲座班，邀请日本专家宫川高明博士来华讲学。这项活动于今年3月9日—4月6日在无锡轻工业学院进行。参加听讲的有关科技人员100余人及众多在校学生。讲学内容为油脂氢化、酯交换技术、油脂的分提、人造奶油与起酥油、可可脂与代可可脂。同时，宫川高明先生还为大家解答了许多问题，提出了许多宝贵意见。这次讲学受到了大家的好评，收到了较好的效果。

（3）我会四川联络站在成都接待了日本油化学协会原会长阿部芳郎教授的参观访问。阿部芳郎教授于今年10月6—7日在成都市参观了1家古老的土榨油坊和1家预榨—浸出—精炼配套的油菜籽制油厂。

（4）美国油脂化学家协会新建筑竣工，我会于10月9日发去贺电表示祝贺。我们今年先后同8个国家和地区的10个组织建立了联系、互通了情况、交流了信息。这些活动增进了我们同国外同行的友谊和互相了解，加强了国际间油脂科技界的联系。

（三）科技服务工作有了新的进展

（1）今年10月21—28日由油脂加工与营养环保学组举办了“油脂深加工讲习班”，参加培训学员40人。讲习班除正常讲课外，还安排了参观工厂，以及氢化试验、酯交换试验、分提试验和检化验操作示范。教学内容充实，既有课堂教学又有实际操作，使学员真正学到了知识，结束时进行了严格的测验。整个培训班从开班前的准备工作、教学过程到期末测验，工作细致扎实，教师教课认真，达到了预期的目的。这次办培训班得到了北京市粮科所的大力支持，为其提供了场所和学员食宿等条件。

（2）开展了技术咨询工作。受商业部油脂设备消化吸收工作领导小组的委托，今年8月11—13日，学会在无锡市组织召开了“全国油脂设备消化吸收论证会”，参加会议的有19个单位的专家、教授和工程技术人员等35名代表。会上，由技术调研组成员按油脂生产的预处理、压榨、浸出、精炼、深加工和综合利用等工序，分别逐段汇报了23个工艺设备的消化吸收方案，代表们逐个进行了认真的讨论，提出了许多宝贵意见。

（四） 认真编辑出版发行会刊《中国油脂》

根据国家出版管理部门整顿报刊的有关要求，今年重新办理了会刊《中国油脂》的登记手续，会刊为公开发行，逢双月出版。今年共编辑出版发行了6期，共计约60万字，每期发行量4 000多份。《中国油脂》创刊以来，在各级领导的重视和支持下，以及广大读者和全体会员的关心和爱护下，经过编委会和编辑部的努力，刊物的内容和质量有了改进和提高。严格了编审制度，增设了英文目录和文章摘要，封面由套印改为彩色胶印，并注意了版面的灵活多样。

（五） 组织编写了科技图书

由于同志们的努力，完成了美国《油脂化学与工艺学》一、二册译著的出版和第三册的翻译工作；联系落实了意大利《油脂加工》译著的出版工作；以及《油菜籽综合利用》一书（约20万字）的出版，目前正在发行。《米糠的深度开发利用》一书正在编写，计划1998年第2季度完成初稿，上半年审定完毕交出版社出版。《我国油脂工业的回顾》一书已编写完毕，文稿正在审核中。编写《2000年的中国研究丛书——油脂科技的现状与发展前景》部分，经多方面的支持和努力，已完成了13个专题的撰写工作，还有3个专题正在编写中。《食用专用油脂》《大豆油料加工》两本书已经脱稿交出版社出版。对已完稿的《油脂工厂的工艺设计》译著和《大宗油料的加工与利用》一书，虽经过积极联系，但还未能落实出版单位。

（六） 加强了同国内有关学术组织的联系，推动了学术交流和科普活动的开展

我们先后与中国作物学会油料专业委员会、新疆粮油学会、新疆石河子市粮油学会、浙江绍兴市粮油工程学会、湖南省粮油科技学会等学术组织建立了联系，互通了信息，促进了学会工作。各地联络站的活动也积极开展起来了，特别是四川、安徽、上海、浙江、新疆、甘肃、河南、北京、湖南等地联络站对学会工作表现出高度的热情，给了学会工作以有力的支持。

（七） 努力为会员服务

我们力争把学会办成会员之家，树立为会员服务的思想。今年，根据团体会员会费额的多少，分三个档次向团体会员赠送了第二次、第三次全国油脂科技学术交流会议学术论文专辑、1985年、1986年《油脂科技》和《中国油脂》《油脂及其衍生物的标准分析方法》《世界油脂生产、教学、科研机构概况》《制油设备标准》及其它科技资料等23种，共994套。

（八） 存在的问题

一年来，我们学会工作较前迈出了一大步，学会的发展令人振奋，但也存在一些不足和问题，主要有：

（1）学会作为联系油脂行业科学技术与工业生产的桥梁作用，未能很好地发挥出来，科技服务工作做得还不够广泛深入；

（2）组织发展工作不够平衡，有少数地区联络站尚未建立，联络渠道不够通畅，工作联系和开展受到影响；

（3）会刊的发行量上不去，一直在4 000份左右徘徊；

（4）评选推荐优秀科技论文工作程序不够健全。这些问题都有待于我们在今后作中不断解决。

（九）几点体会

通过一年来的学会工作，我们有以下几点体会：

（1）健全组织、明确任务是推动学会工作的前提和保证。学会是一个群众性的学术团体，只有建立起纵向组织和横向联系，学会工作才能顺利开展。如今年学会组织了专题研讨会，产生了良好的反响；许多省、市、自治区建立了联络站，这些地区的联络站组建后，有关学会的组织发展、科技咨询等活动就开展得比较顺利；学会办公室、会刊编辑部等组织，由于机构健全，配备了人员，保证了学会的日常业务，会刊的编辑、出版、发行等工作也能正常进行。

（2）各级领导的关心和重视、有关业务部门和单位的密切协作与支持是搞好学会工作的重要条件。如今年学会组织召开全国油脂设备消化吸收方案论证会、专题研讨会、培训班、学术讲座以及这次学会工作会议等活动之所以能顺利进行，这与甘肃、北京、浙江省粮食局、无锡轻工业学院粮油系、商业部无锡粮食科研设计所、甘肃省粮油工业公司和粮油科研所、北京市粮食科研所、浙江省粮食科研所等单位的大力支持是分不开的，是和各地会员联络站的大力协助分不开的。

（3）学会工作只有面向经济、面向社会、面向未来、适应科技和经济改革的要求，开展学术活动和科技服务，才能有效地促进科学技术与经济建设的结合，加速科学技术应用于实际生产。

（4）提高学术活动的质量，是增强学会对广大科技人员吸引力的关键。

（5）采取学术交流和科技服务“两条腿”走路的方式，才能使学会工作的路子越走越宽。因此，我们必须妥善地处理基础理论与应用技术的关系，既要考虑学术水平的提高，又要注意研究解决生产中的实际问题，只有这样，才能将众多的生产企业吸引到学会周围，使我们工作的面越来越广，路越走越宽。

同志们，一年来的学会工作，得到了各方面的支持和协助，对此，我代表学会理事会表示衷心的感谢！

四、 搞好联络站工作， 进一步活跃学会生活

——在中国粮油学会油脂专业学会第一次联络站工作会议上的讲话

（1991 年 4 月 23 日　于北京）

中国粮油学会油脂专业学会第一次联络站工作会议今天在北京召开，这是一次搞好联络站工作，进一步活跃学会生活的重要会议。会议将交流各地联络站开展工作的情况和经验，讨论修改联络站的工作章程；研究今后联络站的工作并对学会的工作提出建议。大家在百忙中来京参加这次会议，会期只有 3 天，需要研究的问题很多，希望大家集中精力开好这次会议。下面我就如何搞好联络站的工作讲点意见，供同志们参考。

（一） 进一步提高对联络站工作重要意义的认识

油脂专业学会在各地建立的联络站是学会的基层组织，是密切广大会员与学会关系的桥梁和纽带，是学会工作的基础。今后，学会工作有没有生气，很大程度上取决于各地联络站的工作开展得如何；广大会员对学会有没有向心力和凝聚力，很大程度上也取决于各地联络站的工作开展得如何。为了把学会的工作搞得有生气，使广大会员对学会有较强的向心力和凝聚力，我们一定要下工夫把各地联络站的工作搞好。为此，各地联络站的负责同志一定要有光荣感和责任感，想方设法把联络站的工作搞活搞好；学会的理事、常务理事、正副秘书长和理事长等负责同志、都要积极主动地协助当地联络站搞好工作，带头参加联络站的活动；广大会员都要支持和关心联络站的工作，积极参加联络站的活动。总之，我们要在思想上重视联络站的工作，在工作中搞好联络站的活动。

（二） 积极开展联络站的活动

鉴于各地联络站成立的时间不长，有的刚刚成立，至于如何开展联络站工作，大家经验不多，需要在实践中摸索。这次会上，有一部分成立较早、工作开展较好的联络站，他们将介绍如何开展工作的经验，希望大家回去后参照他们的做法，从本地区的实际出发，积极开展活动。我想联络站至少有以下三方面的活动要积极开展。

1. 定期召开会员座谈会

由于学会召开的会员代表大会和学术交流活动受到各方面的限制，规模不能太大，次数不能太多，所以广大会员（包括团体会员）往往多少年也轮不上一次参加会议的机会，长久下去会挫伤广大会员的积极性。为了解决这个问题，充分调动广大会员的积极性，各地联络站要每隔半年或一年召开一次本地区的会员座谈会。了解会员在工作上、学术上所取得的成绩；向会员介绍学会的工作安排和工作情况；听取会员对学

会、联络站的意见和要求，要特别注意团体会员对学会的意见和要求。座谈会后，各联络站要及时以书面形式报告学会办公室。

2. 不定期的召开学术交流会

油脂专业学会是我们油脂界的专家、工程技术人员进行学术交流的最好场所，我们要提供条件让会员有机会在同行之间畅所欲言，互相交流、互相学习。为此，我建议各联络站每年或每隔两年召开一些由本地区会员参加的学术交流会。通过学术交流会要及时向学会推荐学术水平较高的论文，参加学会组织的学术交流会。各地联络站在组织学术交流前，要根据本地区油脂工业、油脂科技的实际，提出每次学术交流的重点，提前半年至一年通知会员，早作准备。为了活跃学术交流的气氛，提高学术交流的水平，必要时也可邀请少数有特长的著名专家到会与大家一起进行学术交流。召开会员座谈会和学术交流，都要有一定的费用，鉴于各地联络站没有经费来源（目前只有在本地区团体会员每年上缴学会会费中提取20%退还给联络站作活动费用），学会又无力支持的情况下，我希望各省、市、区粮油工业公司（工业处）、有关油厂和科研单位要积极支持联络站的工作。各联络站在开展上述两项活动时，时间要短（一般1～2天），会议地点最好选择在油厂或科研单位内进行，以节约开支。

3. 开展咨询活动

各地联络站要主动协助粮油工业主管部门，针对本地区油脂工业企业在生产、经营中存在的突出问题以及企业在进行技术改造、开发新产品时，组织本地区有实践经验的专家、工程技术人员和熟练工人为主体的技术咨询小组，在企业自愿的原则下，积极开展咨询活动，帮助油脂工业企业，特别是团体会员解决一些实际问题。对个别咨询难度较大，本地区技术力量不足时，可以随时报告学会办公室，以便学会挑选专家，给予支持。为了减轻被咨询企业的负担，我建议咨询活动开始时被咨询企业除了负担咨询人员必要的交通、食宿费外，一般不要收咨询费，待咨询活动确有效果时，再与企业商量，交纳一定的咨询费，作为支持联络站开展活动的经费。

（三）协助学会做好日常工作

1. 做好会员的发展工作

根据学会的章程和会员条件，联络站每年要向学会提出本地区要求加入油脂学会的个人会员和团体会员的名单，以便学会及时将他们吸收入会，壮大学会队伍。

2. 帮助学会办好《中国油脂》

《中国油脂》是油脂专业学会的会刊，是我们油脂界进行学术交流的重要工具，它在国内油脂界具有较高的声誉，深受读者欢迎。为了把《中国油脂》办得更好，各联络站要经常发动会员写稿，并组织会员、油脂工业企业、大专院校、科研单位等踊跃订购《中国油脂》。我相信经过大家的共同努力，《中国油脂》一定会在内容上、水平上和发行量上取得新的突破。

3. 鼓励会员写书，帮助作者销书

新中国成立以来，在相当一段时间里我国油脂工业和油脂科技书籍匮乏，尤其是缺乏适合我国国情的、我们自己写的油脂科技书籍。近几年来，这种状况有所好转，一些专家撰写或翻译了一批油脂科技书籍，推动了油脂工业和油脂科技的发展。为了使我国的油脂工业和油脂科技再上一个台阶，我们要进一步鼓励会员写书，特别要鼓励老专家发挥余热，积极著书，把他们几十年积累起来的丰富的理论和实践知识留下来，传下去。对此各地联络站要好好组织一下。

目前，在积极鼓励会员写书的同时，还有一个帮助作者销书的问题。有些书稿已经写好，但往往由于订购量小，出版社不愿发行。为此，各联络站要积极发动会员和企业踊跃订购油脂科技书籍。

4. 推荐好参加学会各类会议的代表

学会每两年召开一次会员代表大会和学术交流会。各地联络站要根据学会的要求，推荐好参加会议的代表。学会的各学术小组，每年都要召开不同类型的专题学术交流，各地联络站要及时向会员介绍专题学术交流的内容，并组织会员撰写论文，积极参加专题学术交流会。

5. 催交会费

个人会员和团体会员按规定交纳会费是会员的应尽义务，也是对学会工作的支持。学会成立以来，绝大多数会员都能自觉地按时交纳会费，尤其是团体会员每年按时交纳会费，保证了学会经费的来源，借此机会，我代表学会向他们表示感谢。但在实际工作中，也出现过少数团体会员忘交会费的现象。为此，各地联络站要及时与团体会员打招呼，希望继续为学会经费来源作出贡献。

从以上我讲的情况看，联络站要做的工作很多，很重要，希望大家在实践中不断总结经验，把联络站的工作搞活搞好，成为各地的会员之家。

这次会议在北京召开，会议得到了北京市油脂公司、北京市粮食科研所的大力支持，我代表油脂专业学会和全体与会代表，向他们表示衷心的感谢！

五、 学会工作要认真做到依靠团体会员、 服务团体会员

——在北方片团体会员座谈会上的讲话

（1991 年 10 月 25 日　于黑龙江哈尔滨）

中国粮油学会油脂专业分会北方片团体会员座谈会，今天在哈尔滨召开，这是学会成立后第一次召开的、由团体会员参加的座谈会。为了活跃学会工作、丰富团体会员的生活，在去年学会换届时，决定今年由学会组织分南、北两片召开团体会员座谈会。原定今年 7 月中旬在昆山市召开南方片团体会员座谈会，由于南方许多地区发生洪涝灾害，座谈会将推迟到明年召开。这次座谈会的主要内容是交流各团体会员在生产、科研、管理中的经验；通报学会的工作，并请大家对学会工作提出意见；研究学会工作如何做到依靠团体会员、服务团体会员以及团体会员如何进一步支持学会的工作等。大家在百忙中来哈尔滨参加这次座谈会，我代表油脂专业学会及全体理事对大家的到会表示热烈的欢迎，通过你们向所在单位的全体职工和干部表示亲切的问候！

这次座谈会在哈尔滨召开，会议期间还将参观肇东油厂。会议得到了黑龙江省粮食局、哈尔滨市粮食局的大力支持，对此，我代表学会及全体与会代表表示衷心的感谢！

下面我就学会如何依靠团体会员、服务团体会员以及团体会员如何进一步支持学会工作讲点意见，供大家参考。

（一） 学会工作必须依靠团体会员

油脂学会成立 6 年来，我们先后发展了 1 572 名个人会员和 110 个团体会员，这是我们学会兴旺发达的重要标志之一。会员队伍的不断壮大，说明油脂学会在全国油脂界是有向心力和凝聚力的。但如何巩固和进一步调动会员的积极性，尤其是调动 100 多个团体会员的积极性，这是我们学会应该认真研究的问题。我认为，今后学会工作的出发点必须依靠会员、服务会员，只有这样学会的工作才能搞好、搞活，学会才能得到大家的进一步支持，学会才能进一步巩固和发展，并具有真正的向心力和凝聚力。鉴于这次是团体会员座谈会，这里，我重点强调学会工作必须依靠团体会员和服务团体会员的问题。我觉得，学会工作必须依靠团体会员有以下几个含义：

（1）团体会员单位的生产、经营、管理状况是我国油脂科技进步的集中体现　100 多个团体会员单位，大多是我国的大、中型骨干油厂和科研单位及院校，其中相当一部分油厂是代表我国油脂工业水平的。过去，我们的许多科研成果在那里开花、结果，变成了生产力。今后我们的科技成果都要在那里推广和应用，我们要依靠他们的通力合作和辛勤劳动才能转化为生产力。从这个意义上讲，我们油脂界专家的研究成果转化为生产力的最终依靠对象，是油脂工业企业，尤其是要依靠我们的团体会员。

（2）团体会员单位的干部、职工和工程技术人员队伍多达 2 万余人　他们富有实

践经验和高超的技能，是学会的核心力量所在，也是学会的依靠对象所在。团体会员中的油脂工业企业，他们集中了许多优秀的工程技术人员和经营管理干部，他们的生产、经营、管理经验和技术革新成果，是油脂科技进步的重要组成部分，也是学会组织学术交流的重要内容。他们的技术革新成果，他们的经验和文章，对指导油脂工业技术进步具有很强的现实意义和实用价值。今后学会要进一步重视总结他们的经验，发表他们的技术革新成果和文章，以进一步推动油脂工业的技术进步。

（3）学会要依靠团体会员不断研制和推广新成果　为了鼓励学会会员在油脂科技领域多出成果、早出成果，必须有一个良好的研制环境，我们团体会员中的大多数油脂工业企业都具备了良好的研制条件。今后学会将依靠油脂工业企业，不断组织油脂界的专家，到工厂去结合生产实践进行科学研究。一旦有了成果要在那里投入使用，召开现场会进行推广和应用。

（4）学会要依靠会员，尤其是团体会员要经常对学会工作提出建议和批评，以改进学会的工作。

（5）学会组织的活动要依靠团体会员帮助　为了活跃学会生活，学会的有关学组每年将举行一些学术交流，各地的联络站也将开展一些活动，为节约开支，一般将在油脂工业企业等团体会员单位召开，需要得到大家的支持。

（6）学会的经费来源，要依靠团体会员的大力支持　鉴于学会的经费来源十分困难，目前主要依靠团体会员单位每年交纳的一定数额的会费来维持学会的各项开支。如果没有团体会员单位的支持，尤其是油脂工业企业的大力支持，学会的各项工作、各种活动很难如愿的开展下去。

以上 6 条，充分表明要搞好学会的工作，必须树立依靠会员，尤其是依靠团体会员的思想，这也是我担任学会 6 年理事长以来的深刻体会。

（二）学会工作必须服务团体会员

我认为“依靠”与“服务”是相辅相成的，要想依靠好，必须服务好，没有服务好的依靠是好景不长的，为此，学会的一切工作必须从服务于会员这一基点出发，千方百计为会员服务，只有这样才能把学会真正办成广大会员喜爱的学术性群众组织，才能不断增强学会的向心力和凝聚力。对于团体会员来说，学会有哪些工作可以服务呢？我觉得在以下几个方面的事情学会必须服务于团体会员，并尽力将其做好。

1. 邀请团体会员单位参加学会组织的年会和学术交流会

学会两年召开一次的年会和学术交流会，一般来说，内容比较丰富，大家都愿意争相参加。但由于受到开会人数的限制，所以绝大多数会员几年也轮不上一次参加年会和学术交流会的机会，这是客观原因，我想大家也是谅解的。我建议，今后不管人数多少，学会组织的年会和学术交流会，都要有一定比例的团体会员代表参加，尤其是要优先让团体会员中的油脂工业企业的代表参加，让他们到会交流经验、了解信息并向学会工作提出改进意见。

2. 组织召开团体会员座谈会

学会将不定期地组织团体会员中的油脂工业企业代表，参加的类似于今天这样的座谈会，通过座谈会，让大家互通情况、交流信息，有针对性地介绍企业在生产、经营、管理以及技术革新等方面的经验和成果。

3. 开展咨询活动

组织咨询活动是学会的一项重要工作，今后学会及各地联络站将主动协助粮油工业主管部门，针对油脂工业企业在生产、经营、管理中存在的突出问题，以及企业在进行技术改造、开发新产品时，组织有实践经验的专家、工程技术人员和熟练工人为主体的技术咨询小组，在企业自愿的原则下，积极开展咨询活动，帮助油脂工业企业，特别是团体会员解决一些实际问题。与此同时，我希望团体会员要根据企业的实际，主动向学会提出有关咨询的要求，学会将优先给予安排。为减轻被咨询单位的负担，被咨询单位除了负担咨询人员必要的交通、食宿费用外，学会将免收咨询费。

4. 组织技术培训

为提高油脂工业企业的经营管理水平和生产技术水平，提高职工队伍的素质，确保安全文明生产，促进油脂工业的技术进步，经商业部商办工业管理司同意，学会将建立“中国油脂工业培训中心”，分期分批地对油脂工业企业开展培训活动。在培训中，学会将优先安排团体会员的有关人员进行培训，并在收费标准上给予优惠。

5. 多方面提供资料

学会将刊物、汇编资料以及有关油脂科技书籍等免费赠送给团体会员，并准备无偿地提供有关油脂科技信息。为油脂工业企业的生产、技术进步贡献学会的微薄之力。

6. 宣传团体会员单位的情况

为扩大团体会员单位的知名度，学会会刊——《中国油脂》将开辟专栏，分期分批地介绍团体会员单位的基本概况以及生产、经营情况。学会将以“统一要求”的内容和格式通知各团体会员单位，希望大家按要求将图片和文字材料，及时报送学会办公室，以便刊出。

7. 组织团体会员单位的代表参加涉外活动

学会在组织国外专家来华讲学或进行技术交流时，在考虑参加人选时，要有一定的比例让团体会员的代表参加；学会组织的出国考察和国际会议，在条件相当的情况下，要尽量考虑让团体会员单位的代表参加。在这方面，学会从今年开始已经这样做了，受到了大家的好评。

学会的工作要服务于团体会员的内容很多，我讲的以上 7 个方面很不完全，希望大家给予补充，以便学会今后更好地为大家服务。

（三） 对团体会员单位的几点希望

把学会工作搞好、搞活，除了理事们要积极工作外，还需要全体会员的大力支持，尤其是要靠团体会员单位的大力支持。我觉得团体会员要起到不同于个人会员的作用。借此机会，我向团体会员提出 3 点希望：

1. 团体会员要积极参加学会组织的各项活动（包括各地联络站组织的活动）

动员和组织本单位的职工撰写论文和文章，以便参加学术交流或在《中国油脂》

上发表。在这方面我觉得团体会员，尤其油脂工业企业是个弱项，大家工作都做得不错，但不善于总结经验，希望今后有所改善。

2. 要关心学会和各地联络站的工作

经常对学会工作提出建议或批评，以便学会改进工作。要经常向学会反映本单位的情况和要求，以便学会做好服务工作。现在主动向学会提出要求的单位太少，希望尽快改变这种状况。

3. 希望大家在经济上继续大力支持学会，每年按期和足额交纳会费

学会成立6年来，各项活动开支靠的是团体会员交纳的会费。对此，我代表学会向大家表示感谢并希望继续给予支持。特别是在今后的几年内，学会正在组织力量编写《中国油脂工业发展史》，从组织调查历史资料、编写到最后出版，要花不少经费，这些经费主要依靠大家按期交纳、足额交纳的会费来支撑。

六、 深化改革拓宽经营加速我国油脂工业的发展

——在南方片团体会员座谈会上的讲话

（1992 年 6 月 6 日　于江苏昆山）

党的十一届三中全会以来，在改革开放方针的指引下，我国的油脂工业得到迅速发展。油料的加工能力不断增长，适应了油料生产的发展；油脂的精加工、深加工已初具规模，品种多、质量好，丰富了市场，改变了过去只供应“二级油”的局面；生产工艺和装备水平不断提高，尤其是通过借鉴国外先进技术，结合我国国情，研制出了许多新工艺、新设备，缩短了我国油脂工业与国外先进技术、装备的差距；技术经济指标逐年提高，出现了一批能源消耗、溶剂消耗达到和接近国际先进水平的企业；企业的管理工作得到了加强，企业和职工素质不断提高，出现了一批国家二级企业、省市先进企业和安全文明生产企业；企业的科技意识、质量意识、竞争意识、经销意识、规模经营意识等有了加强，增强了企业的发展后劲。总之，我国油脂工业的发展形势是好的。下面我就 1991 年我国油脂工业的基本情况以及今后的工作讲点意见。

（一） 1991 年全国油脂工业的基本情况

1991 年，全国油脂工业在各级政府和粮食部门领导的重视、关怀下，认真贯彻中央深化改革的方针，开展“质量、品种、效益年”活动；转变思想观念，积极参与市场竞争；转换企业内部经营机制，强化企业管理；积极开展本业为主，多种经营，搞好油脂加工的延伸和扩展，依靠科技进步，重视技术改造，调整优化产品结构，研制开发适销对路的新产品；发展联合，发挥群体优势，发展适度规模经营；注意营销工作，努力开拓城乡市场和国内外市场；克服了原材料涨价，资金短缺，生产成本增加等困难，相当一部分地区战胜了历史罕见的洪涝、干旱等各种灾害，取得了显著的成绩。

据统计，1991 年底，全国粮食部门所属植物油厂 1 394 个，其中浸出油厂（车间）903 个，植物油车间 6 998 个，炼油车间 1 262 个；职工 150 057 人，其中工程技术人员 7 364 人；年末生产能力为油料加工能力 2 204.8 万 t（其中浸出生产能力为 990. 7 万 t)，油脂精炼能力 574. 6 万 t（其中一级油的精炼能力为 93. 92 万 t，高级烹调油的能力为 36. 75 万 t)。主要产品产量为植物油 313. 9 万 t（其中浸出油，不含预榨油，99. 7 万 t、菜籽油 161. 3 万 t、棉籽油 14. 28 万 t、大豆油 70. 79t、花生油 29. 15 万 t、芝麻油 2. 62 万 t、米糠油 7. 27 万 t、玉米胚芽油 1. 71 万 t、蓖麻油 0. 58 万 t、桐油 2. 07 万 t)。油脂工业总产值 138. 73 亿元（按 1990 年不变价）。

根据 1991 年统计资料分析，油脂工业有以下 6 个方面的变化：

1. 主要产品产量比上年有较大增长

去年植物油产量比前年增加 21. 4 万 t，增长 7. 32%，为总产值的增长创造了有利

条件。

2. 产品结构进一步调整，精加工、深加工得到了发展

去年生产一级油 39.43 万 t；高级烹调油、色拉油 7.47 万 t；人造奶油、起酥油达 1 万多 t，都比前年有大幅度增长。不仅改变了过去成品食用油只供应“二级油”的局面，同时丰富了市场，提高了油脂工业企业的经济效益。

3. 积极开展多种经营

去年油脂工业企业自产自销植物油 91.1 万 t，比上年增长 33.3%；代农加工生产植物油 33.7 万 t；积极开展综合利用，生产磷脂 1 702t、脂肪酸 7 713t、植酸钙 3 552t、肌醇 694t、谷维素片 26 万多片、油酸 4 294t、肥皂 6 847t、糠醛 346t。

4. 技术经济指标好于往年

如浸出油厂（车间）的平均溶剂消耗为 5.9kg/t 料（饼），其中油料一次浸出为 5.86kg/t 料，预榨浸出为 5.61kg/t 饼；油饼复浸为 7.79kg/t 饼，但发展很不平衡。江苏全省平均溶剂消耗为一次浸出 4.21kg/t 料，预榨浸出 4.16kg/t 饼，油饼复浸 4.81kg/t 饼；上海市平均溶剂消耗为一次浸出 5.83kg/t 料，预榨浸出 3.18kg/t 饼，油饼复浸 4.26kg/t 饼。可是有的地区平均溶剂消耗高达 20 多 kg/t 料。

5. 企业亏损面和亏损总额有所减少

工业总产值和利税总额同步增长。去年粮油工业企业亏损面由上年的 10.4%，下降到 8.61%；企业亏损总额下降 12.65%；工业总产值达 581.7 亿元，比上年增长 7.68%；实现利税总额 27.368 亿元，比上年增长 8.54%，利税增长高于产值增长。油脂工业企业的情况也是如此（注：在粮油工业统计报表中油脂工业未单独列出）。

6. 油料加工能力过剩

这几年重复建油厂的情况没有得到控制，1991 年末，植物油的加工能力高达 2 204.8万 t，尤其是浸出能力增长速度过快。1991 年，商办工业管理司发文，就全国浸出油厂（车间）的生产能力作了一次调查（包括粮食系统内、外合资合作企业以及在建浸出油厂），调查结果——浸出油厂（车间）总数为 1 388 个，其中粮食部门所属 1 010个；系统外的373 个。浸出能力为 78 589t/d。浸出油厂（车间）的盲目发展，造成了溶剂供应的困难，这种情况急需扭转。

通过上述分析，说明油脂工业企业经过合理整顿，克服了种种困难，已经走出低谷，成绩是显著的，这是全国 15 万多油脂工业职工和各级主管部门辛勤劳动、努力工作的结果。

（二） 关于今后工作的意见

我们要在总结发展油脂工业经验的基础上，进一步解放思想，转变观念，抓住机遇，奋力开拓，在竞争中使油脂工业再上一个台阶。为此，我们要努力做好以下几方面的工作。

1. 进一步认清形势，转变观念

转变观念，就是要转变我们几十年来形成的产品经济、分配经济观念，由产品分

配型向产品经营型转变。过去，油脂工业的大多数产品是属于保市场的，尤其是成品油脂的生产和供应，基本上都在粮食部门，形成了油脂加工企业生产什么产品，市场就供应什么产品。随着粮油购销同价和逐步放开经营，粮食部门吃平价饭、价差饭的局面已经结束；多种形式、多渠道经营和百家经商的局面已经出现，粮食部门独家经营的局面也将结束；人民生活水平逐步由“温饱型”向“小康型”过渡，粮食部门以经营原粮，经营“老三样”为主的局面即将结束，竞争越来越激烈，粮食部门面临着生存和发展的危机。从粮油放开经营的试点县、市看，粮食部门的成品粮油经营量有的占一半，有的只占四分之一，粮食部门粮油经营量的大幅度下降，不仅危及粮食商业企业的生存和发展，同时也一直影响油脂工业企业的产品销售。油脂工业如果失去了市场，就失去了生命，形势十分严峻。为此，必须引起我们的高度重视。要面对现实，认真对待，研究对策。

（1）要树立市场观念　在深化改革的大潮中，油脂工业要适应改革的潮流，实现思想观念的大转变，树立大商业、大市场、大流通的观念。要积极组织产品结构的调整，按市场需要，以市场导向组织生产，即按市场需要什么产品，就组织生产什么产品，不要被过去的条条框框束缚手脚。

（2）要确立竞争策略　现在围绕着农副产品加工方面的竞争越来越激烈。粮油逐步放开经营后，油脂工业面临着商、粮、供 3 家各自办厂以及乡镇企业、个体户、农业部门、轻工部门、外贸部门、“三资”企业等办厂的格局已是客观存在，不可逆转，竞争将是无情的。在优胜劣汰的客观法则下，我们有的地方在竞争中可能守不住阵地，有的企业有可能被人家吃掉的危险。为此，我们一定要树立竞争的观念、联合的观念，依靠科技进步，增强质量意识，积极开发新产品，在竞争中求生存求发展。要坚持“本业为主，多种经营”的方针，在组织好本业生产的同时，思想要解放一点，要敢于打破部门界限和行业界限，进行延伸和扩展。有条件的企业，在市场调查的基础上，要敢于和善于跳出单纯搞油脂加工的狭隘天地。

（3）要有“超前意识”　油脂工业企业研制开发新产品，搞好现有产品的延伸时，在指导思想上要有“超前意识”。既要看到眼前，又要把眼光看得远些；产品既要注意以市场为导向，又要注意引导市场，引导消费，以满足不同层次的消费需要和适应人民生活水平从“温饱型”向“小康型”过渡的需要。

（4）要有科技、质量意识　油脂工业要进一步树立“科学技术是第一生产力”的观念，依靠科技进步，积极研究开发新产品，改造传统产品，使企业都有自己的拳头产品。要注意产品的包装装潢，吸引消费者的关注。要十分重视产品质量，油脂工业产品要永远经得起市场和消费者的最终检验。

（5）要有营销策略　油脂工业企业要走向市场，产品销售要从过去“保市场”的天地里解放出来，走向“争市场，挤市场”。要讲究营销艺术，建立销售网络体系，千方百计拓宽市场，要把着眼点放在两个市场，即城乡市场和国内外市场。要在巩固城市“主战场”的同时，要把眼睛盯住广阔的农村市场，并积极开拓国际市场。在今后的竞争中，油脂工业企业要有丢失一部分市场的思想准备，又要有挤占、夺回另一部分市场的精神。我认为，只要有了市场，有了适销对路的产品，企业就能在竞争中立于不败之地。

2. 深化改革，转换企业内部经营机制

就是要彻底破除旧体制下阻碍解放生产力和经济发展的弊端，建立独立自主、自负盈亏、结构合理的企业经营机制。为了搞活大中型企业，国家采取了一系列优惠政策，一些省市也相继推出了“四放开”、“五自主”、“六条船”等措施，收到了明显的效果。各地油脂工业的主管部门要根据本省、市的实际，在与地方政府有关部门协商一致的基础上，为本地区油脂工业企业选择恰当的经营方式，使企业走向市场、自主经营，真正成为自负盈亏的商品生产者和经营者。要学习和研究重庆商业部门实行的“四放开”经验，摸索实行经营放开、价格放开，用工放开和分配放开的做法和经验，搞活油脂工业企业。

（1）在经营上　在进一步改革开放和百家经商的形势下，油脂工业主管部门和企业领导，一定要尽快树立经营思想。我们提倡油脂工业企业在搞好生产的同时，要学会做买卖，学会做生意。现在，我们油脂工业企业身在商业部门，但大多不会做买卖、做生意，必须尽快改变这种局面。在经营中，要不断总结和积累经验，由小到大，不断拓宽自己的经营范围和摸索各种各样的经营方式。浙江省萧山市粮油工业企业，腾出繁华地段建商场、开饭馆，经营范围不断扩大，经济效益不断提高的做法值得各地借鉴。要积极开展自营业务（即企业自己采购原料、自己加工、自己销售），不断提高自营业务的比重。在这方面，浙江省的工作做得很有成效。1991 年，全省粮油工业实现利润 1. 086 亿元，其中自营业务的利润为 8 945. 12 万元，占全部利润的 82. 34%，比上年增长 59. 65%。

（2）在价格上　由于粮油产品涉及千家万户，是物价稳定、社会稳定的重要物质基础。因此，当前必须严格按照政府规定的价格执行。但是，油脂工业企业有相当一部分产品是不属于上述范围的，开展自营业务的产成品、副产品、综合利用产品以及延伸、扩展产品、新产品的价格，应该是允许随行就市的。另外，还有个优质优价问题，这里面大有文章可做。我们认为随着改革的深入和市场经济的不断发展，油脂产成品的价格正在逐步摆脱行政干扰，按经济发展规律办事。

（3）在用工上　为调动企业、职工的积极性，各地都在进行企业劳动用工、人事制度的改革，推行全员劳动合同制，油脂工业企业也要积极稳妥地进行试点，推进用工制度的改革。经过试点，逐步做到四个“三”：①搬掉“三铁”，即“铁交椅”、“铁工资”、“铁饭碗”；②做到“三能”，即职工能进能出，干部能上能下、工资能高能低；③推行“三制”，即全员合同制、干部聘任制、内部待业制；④实行“三岗”即在岗、试岗、待岗。

在进行企业劳动用工和人事制度的改革中，现在各地提法不一致，反映出了一些问题和困难，也存在一些不同看法，希望各地粮油工业主管部门抓一两个企业进行试点，摸索经验，以点带面，逐步推广。在试点中，一要，选择各项基础工作较高，企业素质较好的单位进行试点；二要，注意做到舆论先行，要按中央的精神在企业中进行广泛深入的宣传和学习，在改革配套、外部环境良好、职工思想认识提高的基础上，进行大胆改革；三要，对优化组合下来的待岗人员，企业要认真进行深入细致的思想

政治工作和转岗培训，立足于在企业内部消化，可以搞第三产业和其他创收路子，要妥善安排好年老体弱的老职工；四要，允许职工合理流动，但对企业的业务骨干和重要岗位人员要注意保持相对稳定。

（4）在分配上　深化企业分配制度的改革与企业劳动用工、人事制度的改革是相辅相成的。油脂工业企业要积极进行分配制度的改革，实行工效挂钩和岗位技能工资制，体现按劳分配原则，拉开分配档次。分配要向责任重贡献大的高技术岗位和一线苦、脏、累、险岗位倾斜。与此同时，要引导和提倡效益工资较高的企业，按照需要与可能，合理建立工资储备金；调整工资标准、考核增资、生产性岗位津贴和企业补充养老保险等，做到以丰补歉，正确处理好眼前利益与长远利益的关系。

3. 以市场为导向继续搞好产品结构的调整

这些年来，随着我国国民经济的发展，人民生活水平不断提高和食品工业的发展，油脂工业的精加工、深加工得到迅速发展，品种多、质量高、群众满意，企业有了新的发展，缩短了与国外的差距，取得了显著成绩。有关发展精加工，深加工的原则要求，过去我已讲过多次，不再讲了。这里我只想讲几点意见：

（1）要继续发展精制油的生产　尽快提高精制油在成品食用油中的比重，以适应“温饱型”向“小康型”生活过渡的需要。今后，企业组织生产时，要以市场为导向，要做到“市场需要什么产品，企业就生产什么产品”的顺向思维方法。今后，精制油的生产应以市场的需求为导向和企业的生产条件来决定。

（2）要采取有力措施，把深加工提高到一个新水平　这些年来，我们在精加工上做了许多工作，取得了成效。但在深加工上步伐迈得不够快，我们要结合企业技术改造，尽快把专用油搞上去，以满足食品工业进一步发展的需要，取代部分地区食品工业和大宾馆用油依靠进口的局面。

（3）在发展精、深加工时，要关心农业生产的结构调整　最近农业部门邀请专家召开了“高产、优质、高效研讨会”，提出了一系列政策措施。我们粮食部门尤其是以粮食、油料为原料的粮油工业企业，不能等闲视之，要十分关注这一变革，积极参与农业生产的结构调整，参与和支持粮油生产基地的建设，以保证粮油工业企业足够的优质原料。

（4）发展精加工、深加工，必须十分重视成品油脂的小包装　这个问题，现在已到了亟待研究解决的时候了。发展小包装容器，不能每个厂都去搞。我们的意见是：一个省可以集中搞一、两个点，供应一片，这样做有利于提高小包装容器的质量，有利于降低成本。

（5）油脂的精加工要选好点　如生产高级烹调油、人造奶油、起酥油等，要适当集中在大中型油厂中生产，以利于副产品的综合利用和获取规模经济效益，不要都去搞小型炼油车间。

4. 积极推进油脂工业的“两个延伸”

关于油脂加工向油脂化工产品和植物蛋白方向延伸的问题，部里已在去年的两次会上明确提出，作为今后油脂工业的发展方向，并写入了“八五”全国粮油工业技术进步规划。各地对此十分重视，都在研究如何搞好两个延伸。为了积极、稳妥地搞好“两个延伸”，防止盲目性，1992 年 3 月 13 日，商办工业管理司与中国粮油学会油脂专业分会在宁波市召开了“油脂加工向油脂化工产品和植物蛋白方向延伸研讨会”。在广泛听取专家们意见的基础上，形成了会议纪要。我们将在全国粮油工业处长（经理）座谈会上，征求意见后进行修改，再下发各地，供大家参考。

有关“两个延伸”的具体内容和需要注意的问题，在纪要中都已详细提及，这里我再强调两点：

（1）要研究消费者心理和需求，注意开发功能性、营养性油品的生产　随着油脂精加工、深加工和粮油食品生产的不断发展，要重视添加剂的开发，如乳化剂、调味剂、营养强化剂、天然香料、天然色素、防腐、防霉、抗氧化剂等改良剂的生产。

（2）注意宏观管理，合理布局　“两个延伸”的内容丰富、品种繁多、前景广阔。但有些产品，特别是油脂精细化工产品，市场有限，技术难度高、投入大、风险大。建议开始时要选择基础条件好、技术力量和经济实力强、有一定承受风险能力的大中型企业进行延伸，切忌盲目上马、一哄而起。

5. 坚持“本业为主，多种经营”的方针

粮食部门开展“本业为主，多种经营”，是经济和社会发展的客观要求，也是粮食部门在新形势下求生存、求发展，为国家多做贡献的必由之路。去年烟台会议后，各地粮食部门对开展“本业为主，多种经营”的重要性、必要性有了共识并付诸行动，取得了成效。尤其可贵的是一些地区，在实践中不断探索，找到了开展多种经营的路子。有关粮油工业企业如何开展“本业为主，多种经营”的重要意义、指导思想和内容，去年烟台会议上都讲了，这里我想着重强调的是油脂工业企业开展多种经营要拓宽领域，敢于和善于打破部门和行业界限，走出单纯依靠油脂加工的固有天地。

几十年来，油脂工业企业在独家经营和“保市场”思想的影响下，一直围绕着油料加工做文章，门路越走越狭窄，不能适应当前商品经济发展和激烈的市场竞争。为此，我们要有挤、占的精神去拓宽领域。在这方面，我国台湾省油脂工业企业的做法很值得我们研究和学习，他们的经营范围已渗透进银行、建筑、房地产、食品饮料等行业，他们不但是生产型的，也是经营型的。在我们商、粮、供 3 家的工业企业中，供办工业的开拓精神强，门路广，产品有新意，许多企业充满了生机和活力，看了很受启发和教育。近几年来，供办工业的产值、利税一直保持着迅猛发展的好势头。1991 年商办工业总产值和实现利税分别比上年增长 8.21% 和 16.28%，其中供办工业总产值和实现利税分别比上年增长 12.3% 和 26.3%，为商办工业各行业之首。他们的闯劲和经验值得我们去总结和学习。我建议，今后油脂工业企业组织外出参观考察，不要局限于在粮食系统内打圈子，要到就近的供销系统和其他部门、其他行业去学习取经，看看人家是怎么想的，怎么做的，以便从中得到启发，拓宽我们的视野。

今后，油脂工业企业要进一步发挥自己的优势，在搞好本业、搞好“两个延伸”和副产品综合利用的同时，鼓励有条件的企业积极开拓和发展跨部门、跨行业的产品。总之，在竞争中，油脂工业企业要打破过去的条条框框，自己解放自己，只要市场有销路，原料有保证，企业有条件、效益好，什么产品都可以搞，什么产业都可以干。

6. 依靠科技进步，加速粮油工业的技术改造

深化改革，扩大开放，以经济建设为中心，科学技术是第一生产力的地位和作用越来越突出，越来越重要。油脂工业的发展也同样必须依靠科技进步，走科技兴业的道路。今后企业进行技术改造、开发新产品、提高产品质量、降低消耗、增强发展后劲都要依靠技术进步。要及时了解科技市场信息，舍得花钱买专利、买技术。现在凡是经济技术指标先进，企业效益好，有发展后劲的企业，都十分重视科技进步。甚至连许多乡镇企业也在开始重视和依靠科技进步，他们已经意识到今后企业的生存和发展要依靠科学技术，有的甚至不惜工本地买技术、聘人才。他们对技术、人才作用的认识比我们强。在商、粮、供 3 家的工业企业中，供办工业的科技意识比粮办工业强。最近，江苏省供销社在南京邀请了 11 家大专院校举办了科技成果发布会，使到会的企业开阔了视野，转让了不少高新技术，这种精神和作法值得我们粮办工业学习。

当前，市场竞争激烈，一些企业面临着优胜劣汰的挑战。要求得企业的生存和发展就必须积极采用先进工艺、先进设备，加速企业的技术改造。以利于企业提高产品质量、档次，增加品种，降低消耗，提高经济效益，增强企业发展后劲。

在面临激烈竞争的形势下，油脂工业企业要坚守阵地。要坚守阵地，必须继续保持大中城市的油脂工业企业和大中型油脂工业骨干企业的优势，巩固县城一级和集镇的油脂工业企业，要想方设法筹集资金，突出重点，分期分批加速对企业的技术改造，使油脂工业企业在质量、品种、技术、消耗、效益等方面领先于其他部门的企业，高出乡镇企业一筹。做到人家有的产品我们都能生产，我们有的产品人家很难生产，只有这样才能继续保持油脂工业的优势并得到不断发展。

今后油脂工业的技术改造，要继续注意适度规模经营，重点支持具有竞争能力的大中型骨干企业；支持精、深加工及“两个延伸”的项目；支持看准了跨部门、跨行业的项目。

为推动油脂工业的技术进步，我们提倡油脂工业企业要做到对新产品、新技术的开发要舍得花钱，对看准了的技改项目要敢于贷款，勇于负债，以增强企业的发展后劲。

7. 发展横向联合，组建企业集团

发展横向经济联合，组建企业集团，是转换企业经营机制的一种有效途径。通过发展横向联合可使企业在资源、资金、设备、技术和人才等方面进行合理交流，发挥各自优势促进经济结构和产品结构合理化，形成规模经济效益。油脂工业大多是中、小型企业，抗风险能力和市场竞争能力较弱，通过联合可以使优势互补，求得共同发展，在联合的基础上组建企业集团，这也是今后企业生存、发展的必由之路。白副部长在去年烟台会议上指示我们：“要加强横向经济联合，创造条件，逐步组建企业集团，发挥粮油企业的群体优势和规模经济效益，增强竞争实力。”当前，油脂工业企业在发展横向联合，组建企业集团中要注意以下几点：一是，要进一步提高对发展横向联合，组建企业集团重要意义的认识，加快步伐。白副部长要求粮油工业企业要以大中型骨干企业为龙头，积极发展面粉加工、大米加工和油脂加工企业横向联合，在各

地组建集团的基础上，待条件成熟时，组建全国性的集团公司；二是，发展联合，组建集团要先从粮食内部搞起来，充分发挥粮食部门的整体优势。白副部长指出："现在粮食部门内部存在条块分割、地区分割的现象，造成工业、储运、批发、零售互相脱节、互相交叉，各自为战、内耗严重，缺乏竞争能力和应变能力。因此，粮食部门内部各行各业如何密切合作，互惠互利，发挥整体优势，是一个急需研究解决的问题。"我们要按白副部长的指示精神，努力做好粮食部门内部的联合。现在，一些地区出现了大办小型粮油加工厂的势头，造成了"以小挤大"，内部竞争的不正常局面，需要认真对待，统盘研究，不能让此蔓延；三是，由省市主管部门将本省市系统内的粮油工业企业组织起来的集团，归属于省市工业公司领导，以便统一组织协调，发挥群体优势。有的省市粮食局已经这样做了，效果不错。希望各地探索总结自己的经验，使横向联合、组建企业集团的工作有领导地健康地向前发展。

8. 继续做好引进技术、设备，发展"三资"企业

油脂工业企业要按照邓小平同志的重要谈话精神，在引进国外先进设备和发展"三资"企业上，思想要解放一点。今后，既要加强宏观指导，又要注意灵活一点，千万不能束缚我们自己的手脚，控制了我们自己，过去在这方面我们是有教训的，一些"三资"项目，本应我们粮食部门搞，由于我们怕"肥水外流"，怕影响民族工业的发展，结果让其他部门搞了，这是很可惜的，从现在起我们要努力改变这种局面。

为贯彻落实小平同志的重要谈话精神，商办工业管理司将研究修改《国家产业政策商办工业细化目录》（试行）中有关限制发展"三资"企业的条文，并鼓励油脂工业企业引进国外先进技术、设备和发展"三资"企业。实践证明，发展"三资"企业，有利于动态跟踪国外先进技术；有利于利用外资改造老企业；有利于出口创汇；有利于提高企业的科学管理水平；有利于提高企业的综合素质和经济效益；有利于促进企业内部机制的转换和提高企业的竞争能力。利多弊少，应该努力争取。发展"三资"企业，也要开阔视野，跳出单纯搞油脂加工圈子，对有条件有一定实力的企业，不仅可以搞与我们行业有关的"三资"企业，同时，也可以搞其他行业的"三资"企业，不仅可以在国内办"三资"企业，也可以去国外办"三资"企业。此外，我们还可以搞沿海与内地，经济较发达地区与经济较不发达地区之间的合作、合资办厂。这样做既可利用沿海、经济较发达地区的技术优势和一部分资金帮助内地、经济较不发达地区共同进步，又能充分利用内地、经济不发达地区的丰富资源，做到优势互补。

针对油脂工业的实际，当前在利用外资、发展"合资"企业时，我们要注意做到：工作要积极、过细、头脑要冷静。在洽谈中要防止"过急"而受到不应有的损失；对有我们自己特色的、经济技术指标先进、效益好的大型骨干企业，不要轻易搞"合资"。

9. 继续抓好"市场"和"现场"

去年，我在两次全国会议上，反复强调了粮油工业企业要重视"市场"和"现场"，引起了大家的重视，可以讲有了共识。这里我想再讲点意见。

前面我已讲过，企业失去了市场，就失去了生命。现在有些企业家说："今后企业遇到了困难，不要再找市长，而要去找市场。”这充分说明了市场的重要性。这几年来，在激烈的竞争中，我们油脂工业企业的市场观念有了加强，积累了许多宝贵经验。有的增加经销人员，提高营销队伍的素质；有的在全国增设销售网点，设代理商；有的积极参与和利用各地的粮油批发市场；有的不惜工本做宣传、做广告；有的放下“架子”，改善经营作风，改进服务态度，以质量高、品种多、服务好来赢得消费者信誉；有的积极开展代农加工、搞兑换、开办“粮食银行”等办法，拓宽农村市场；有的讲究营销艺术，重视营销策略，敢于探索和利用乡镇企业和外资企业的营销方式等，推动了促销工作，提高了企业的经济效益，救活了企业。这些经验值得我们学习和借鉴。希望大家继续创造和总结经验。我认为，做好营销工作的文章很多，在这方面，我们也要有点敢于“闯”和“冒”的精神。

有关“现场”问题。我认为企业的“现场”管理状况如何，不仅能反映出该企业总体管理水平的高低，也反映出该企业精神面貌的好坏，企业和职工素质的高低。一个“现场”管理脏、乱、差的企业，不可能有良好的企业精神和企业风貌，也不可能有好的经济效益。就是一时有较好的经济效益，也不可能长期保持下去。为此，必须高度重视，常抓不懈。

这些年，在各级粮油工业主管部门和油脂工业企业的重视下，我国油脂工业的管理水平有了很大提高，上了一个台阶，出现了许多国家二级企业、省市先进企业和安全文明生产企业，但发展很不平衡，相当一部分企业脏、乱、差的现象没有根本改变。希望大家通过抓基础工作着手，经过一、两年时间的努力工作，彻底改变面貌。

强化企业管理，向管理要效益、要质量、要安全文明生产，已被大多数粮油工业企业所接受。根据国务院的通知决定，结合油脂工业企业的实际，今年要在效益、质量上狠下功夫，取得明显效果。

要深入开展企业扭亏增盈工作。近几年来，粮油工业企业在面临种种困难的情况下，通过各种措施注重经济效益，取得了可喜成绩。1991 年实现利税比上年增长 8.54%；企业亏损面由上年的 10.4% 降到 8.61%；亏损总额下降 12.65%。但是发展很不平衡，有的地区企业亏损面达百分之十几，个别的高达百分之二十几甚至一半以上。希望粮油工业主管部门在认真调查研究的基础上，采取有力措施，制订切实可行的扭亏增盈计划。通过深化企业改革，转换经营机制，向管理要效益，向质量、品种要效益，向节能降耗要效益，向开展多种经营要效益，向技术进步要效益。这两年，白副部长在出差期间看了许多粮油加工厂，作了许多指示，给了我们很大鼓舞。最近他对我们讲：“学习邓小平同志的重要谈话，一要加快改革开放；二要加快经济建设步伐；三要以提高经济效益为中心，两个加快一定要围绕着一个中心”。并要求粮油工业企业“再上一个台阶，狠抓扭亏增盈工作，力争今年利税创历史最高水平”。我们要按部领导的指标精神努力工作，在去年的基础上，今年将企业亏损面、亏损总额降低三分之一，实现利税创历史最高水平。

要牢固树立质量意识，市场意识、把产品质量放在第一位。近期内，虽然不搞全国性的评比活动，但对产品质量问题我们决不能放松。今年，国家对产品质量问题采取了强有力的措施，“中国质量万里行”活动在全社会引起了强烈反映，现在有关部门正在制定《中华人民共和国质量法》，加强质量法制管理。油脂工业企业要继续强化质量意识，抓住当前有利时机，发动全体职工在企业内部开展创优活动。据悉，今年下半年，在“中国质量万里行”活动中，要对粮油成品、粮油食品等进行抽查，对质量不好，用户反映强烈的企业，经调查核实后新闻单位要进行“曝光”，希望各地要有充分的思想准备。对群众反映的质量问题，要端正态度、认真对待，在主观上找原因，并采取有效措施，及时处理解决。

另外，要加强企业职工的技能培训工作。一个企业的好坏，就其内部因素而言，既取决于企业领导的经营管理水平，也取决于工艺技术装备的水平。而企业的经营管理与工艺技术装备，又紧密地与企业职工的素质相联系着。因为，企业的每一项生产活动，都要通过人的活动（操作）去实现。企业职工的思想、知识、技能等素质优良，就可以充分发挥出企业整体效益。我相信，每个管理人员在这方面一定有深切的体会。多年来，各地通过自办或委托举办了各种内容的技能培训班。今年至明年培训班的重点，我提议以贯彻实施《浸出制油工厂防火安全规范》（以下简称规范）为中心，进行防火安全知识技能的培训。

《规范》已于1991年9月4日公布、1992年1月1日实施，《规范》印刷本也已发行（6月下旬），我们商办工业管理司将委托中国油脂工业培训中心举办宣讲培训班，文件已发出，希望各地积极参加。宣讲班将根据报名人数，有计划地分期分批举办，首期培训班学员将由主要省、区、直辖市粮食局的生产安全管理人员参加，以便为各地培训《规范》宣讲员。各地也可根据自身的情况，单独或联合举办宣讲培训班，争取在较短的期限内，让《规范》的内容做到油厂职工人人皆知。

通过《规范》的贯彻实施，我向全国浸出油厂提出一个总目标：从1993年起，争取全国（或本部门）浸出油厂损失1万元以下的爆炸火灾事故年度率降为千分之二以下，消灭重大爆炸火灾事故。各地及企业应订出各自的年度事故率（应为零）并列入各自的任期责任目标。通过《规范》的宣讲、贯彻实施和目标管理，使全国浸出油厂的生产真正做到百分之百的安全。

今年是我国加快改革步伐，加速经济发展非常重要的一年，为加速油脂工业的发展提供了有利时机，希望各地结合学习贯彻中央2号文件精神，进一步解放思想，转变观念，抓住机遇，大胆改革，振奋精神，奋力开拓，加速我国油脂工业的发展，以创造优异的成绩迎接党的十四大召开。

七、在中国粮油学会油脂分会第四届团体会员暨学术与适用技术交流大会上的开幕词

（1995年10月4日　于辽宁营口）

中国粮油学会油脂分会“第四届团体会员暨学术与适用技术交流大会”今天在辽宁省营口市召开。我代表学会向全体与会代表表示热烈欢迎！

这次会议得到了辽宁省粮食局、国内贸易部西安油脂科研设计院、辽宁省粮油工业公司、营口市粮食局的大力支持，特别是营口石油化工机械厂在财力上鼎力资助，并在会议筹办方面做了大量细致的工作，为这次会议的召开创造了良好的条件。在此，我谨代表学会及全体代表向营口石油化工机械厂的领导和全体职工表示衷心的感谢！

来自全国各地的粮食、供销、农垦、化工、轻工、机械等系统的团体会员单位、高校、科研院所、以及国外一些生产油脂机械及相关产品的公司共250名代表出席这次大会。特别是辽宁省粮食局朱局长、营口市委韩书记、孟市长，西市区区委张书记、阎区长、市粮食局李局长，在百忙中看望大家并出席了今天的会议，我谨代表学会及全体与会代表，向他们表示衷心的感谢！

各位代表，各位来宾，我们油脂分会从1985年10月成立至今已经经过了10年的历程。10年来，我会工作得到了国内贸易部、中国粮油学会的关怀和指导。在国内贸易部、中谷粮油集团公司、国内贸易部工业司、科技质量局、中国植物油公司和各地粮食部门的支持下，经过广大会员、各学科组、会员联络站以及热心油脂事业的志士仁人的共同努力和辛勤工作，各方面工作取得了可喜的成绩，为我国油脂工业、油脂科技的发展作出了贡献，我代表理事会和全体会员，向所有关心、支持分会工作的同志们、朋友们表示衷心的感谢！

这次会议意义重大。10年前的10月，油脂分会成立，这是一件载入我国油脂事业史册的大事。今天，我们回顾学会10年的历程和取得的成就，心情十分激动。10年来，学会在组织建设上做了大量工作，筹建了4个学科组和各省、市、自治区的联络站。发展了1 700多名个人会员和140多家团体会员；在学术交流方面取得了很大成绩，举办了5次学术交流年会，6次专题学术研讨会，交流论文600多篇；国际友好往来空前活跃，先后与美国、日本、德国、英国、加拿大、马来西亚、法国等国家建立了友好往来关系，加入了国际油脂研究协会；技术咨询成绩显著，先后5次组织专家赴四川、新疆、广西等地的10多个油厂进行了技术咨询；学会组织了“全国油脂设备消化吸收方案论证会议”和江苏射阳油化厂“中外合资生产去毒棉籽蛋白项目”两次论证会；在为领导决策服务方面，在1990年油脂进口失控，严重冲击国内市场的情况下，学会组织专家向国务院发出严格控制植物油进口的建议，得到采纳，国家调整了进口油脂的关税；在技术培训方面取得一定成绩，共举办了28次培训班，培训学员

800多人；编辑出版了60期《中国油脂》杂志；在为团体会员服务方面，向会员赠送会刊《中国油脂》和其他科技资料7 500多册（套）。在会刊上宣传介绍了24家团体会员单位。各种学术交流会优先安排会员单位参加，优先向团体会员单位提供热线电话服务，优惠提供技术咨询和技术培训；学会组织了关于"多维营养油"的争论活动，旗帜鲜明地投入了这场学术和技术的大辩论，经过五年多时间的科学论战，结果证明我们的观点是正确的，阻止了伪科学给社会造成更加重大的损失。

各位代表、各位来宾，10年来，学会做了大量富有成效的工作，以上仅作了大致回顾，旨在总结以往的工作，增强我们搞好今后工作的信心。

各位代表、各位来宾，这次会议的议程主要有以下几项：

（1）交流团体会员单位在生产、科研、经营、管理等方面的经验；

（2）开展学术与适用技术交流；

（3）国外公司介绍油脂生产新工艺、新技术、新设备；

（4）为团体会员单位颁发"中国油脂学会会员单位"牌匾；

（5）召开常务理事会，总结1995年度学会工作，提出1996年度工作计划要点。

各位代表、各位来宾，开好这次会议是全体与会代表及广大油脂科技工作者的共同愿望，愿我们把这次大会开成一个促进油脂科技进步，促进油脂工业发展的会议。

八、 为《中国油脂》杂志创刊20周年庆贺专集献词

（1995年12月1日 于陕西西安）

在中国粮油学会油脂学会成立10周年、《中国油脂》迎来20周岁生日之际，我代表学会向所有关心、支持学会工作和办好《中国油脂》的各级领导、全体会员、广大读者和作者表示亲切的问候和衷心的感谢！

20年，在历史的长河中只是一瞬间。20年，《中国油脂》杂志从创刊之初的稚嫩逐步成长为拥有广大读者的优秀科技期刊，这是与各级领导的关怀，广大读者、作者的支持以及杂志社全体人员的努力工作分不开的。现在《中国油脂》越办越好，深受全国广大油脂工作者及相关业界同仁的欢迎。

1990年被陕西省科委、省科技期刊编辑协会评为省优秀科技期刊（荣获二等奖）。

1991年被商业部确定为部重点期刊、国家科委重点联系期刊。

1992年被商业部评为部优秀科技期刊之榜首。

1990年至今每年均被中国科学技术情报所收入《中国科技论文统计与分析》杂志中，被列为中文核心期刊。

1994年以来被世界权威性文摘杂志美国《化学文摘》收录。

《中国油脂》是在原商业部西安油脂科研所、全国油脂科技情报中心站1976年联合主办的《油脂工业》《油脂科技》的基础上创办的。创刊以来经历了20个春秋，值此创刊20周年之际，我们谨以这本庆贺专集，再次感谢各级领导和广大读者、作者的厚爱。

《中国油脂》是中国粮油学会油脂学会会刊，是我国油脂界唯一的一本专业科技杂志，是我国油脂界的喉舌，是我国油脂行业广大职工和科技工作者提高学术水平、技术水平的有力武器，是全国油脂界沟通情况，相互交流学习的一块园地，是中国油脂走向世界，世界认识中国油脂的一个窗口，也是有关部门指导油脂生产和发展的重要途径。创刊20年来，《中国油脂》积极地、客观地报道和反映了我国油脂科研、生产、流通的状况、学术水平和技术水平；准确地记录了我国油脂科研、生产发展的轨迹。对促进我国油脂生产和油脂教学事业的发展，为我国油脂科技和油脂工业的技术进步作出了积极的贡献，在引导本学科、本行业的发展方面起着极其重要的作用。

创刊以来，《中国油脂》严格遵循办刊宗旨——坚持社会主义方向，坚持党的“一个中心，两个基本点”的基本路线，坚决贯彻执行党和国家的各项方针政策，严格遵守我国宣传出版工作的有关法令、法规，适应我国国民经济建设的发展和四个现代化建设的需要，进一步促进我国油脂生产的发展，加速油脂科学技术现代化，进而实现我国油脂工业现代化。办刊过程中，我们的方针是着眼未来，立足现实，注重实用。既注意突出刊物的知识性、技术性，使其具有一定的学术水平，又充分考虑到不同层次读者的需求，不失其实用性，使其在本专业、本学科的当前与长远，应用与储备方

面都有指导作用。积极报道我国油脂科研、生产的最新成果、高新科技、国外先进经验。广开稿源，择优录用，不断拓展新栏目，设置的栏目现在已达30个，努力提高刊物的信息容纳量。力举新人新作，积极扶植青年科技工作者，以不断壮大我国的油脂科技队伍。开展国际间的交流，成为中国油脂界与世界沟通的桥梁，《中国油脂》编辑部已与美国、马来西亚、日本、德国、意大利、英国、加拿大以及我国的台湾省、香港等国家和地区的油脂同行建立了关系，派出去、请进来，促进了国际间的油脂学术、技术交流，提高了中国油脂业在国际大家庭中的地位。积极开展广告业务，把产品广告作为《中国油脂》一个重要的信息栏目，及时向广大读者推荐优秀的获奖产品，最新成果，为生产厂家和使用厂家牵线搭桥，使这些获奖产品尽早地投入推广，使之产生更大的效益。

20年过去了，总结过去，立足现在，放眼未来，《中国油脂》充满信心。我们将继续围绕当前油脂科研、生产的发展，密切配合国家“九五”攻关计划和2010年远景目标，积极组织各种专题报道，更好地为全国油脂工作者服务。21世纪对于我们来说是更好的机遇，也是更大的挑战，我们殷切期望各级领导，全国油脂界的广大科技工作者和职工继续给我们大力支持，让我们共同为实现我国油脂科技和油脂工业的现代化作出更大、更多的贡献！

《中国油脂》不愧为中国油业之光！

九、 在中国粮油学会油脂分会第七届年会上的讲话

（1997 年 10 月 10 日　于山东济宁）

学会的常务理事们要我在会议结束时讲几句话，实在有点为难我了，因为最近工作较忙，没有时间准备材料，所以本来没有准备在年会结束时讲话。为不辜负常务理事的重托，我想介绍一些情况和说几点意见。

（一） 对这次年会的感受

这次年会是我们油脂学会成立 11 年来参加人数最多、会议内容最丰富、在学术交流中“实用技术”分量最重、效果最好的一次年会。这里我想重点讲一下参加会议人数多的感受。为开好这次会议，我曾经想得很多。根据中央少开会，开小会的精神，我曾多次嘱咐学会的丁福祺副理事长和刘世鹏副秘书长，第七届年会要认真贯彻中央精神，参加会议的人数要压缩，会议要开得简朴。并多次对他们说，会议人数要控制在 100 人左右，最多不超过 120 人，我自己不能参加。这次到会一看，来了这么多代表，大大超出了我们原来的估计。对此，我认真地思考后，大家踊跃参加学术年会，感到有一种甜甜的滋味。

第一，说明大家对学会工作的支持和厚爱，学会工作没有大家的支持是搞不好的；

第二，说明油脂学术年会这些年来做了一些应该做的工作，得到了大家的充分肯定，油脂学术年会是有生命力、吸引力和凝聚力的；

第三，说明近几届学术年会开的效果是好的，年会的内容比较丰富、务实。

在会议期间，通过企业与企业之间的广泛接触，企业与大专院校、科研院所之间的交流，大家得到了许多信息，学到了许多先进的经营、管理经验和适应当代的先进技术；广泛结交了朋友，加深了感情，为下一步开展合作、贸易打下了基础。有些同志对我讲，这样的年会效益，是某些行政性会议难以做到的。

但我们不能以此为理由，无限制地将年会越开越大，防止造成人力、财力的浪费。对此，建议学会采取一些措施，希望能够得到大家的理解和支持。

（二） 油脂工业企业要积极进行改制， 走联合之路

改革开放十几年来，我国的油脂工业发展迅速，食用植物油的产量、质量和品种都有了很大的提高，满足了市场的需要。现在，可以讲群众满意、政府满意，为中国油脂工业争了光。但是，我们油脂工业在日益迅速发展中，也遇到了许多新情况和新问题，尤其是近两年来更为突出，困难很多，普遍存在着社会效益好，但是企业经济效益差，有的甚至连年亏损，濒临倒闭的危险。

这种局面对我们这些长期从事粮油工业和对粮油工业有深厚感情的人来说，对目前油脂工业企业面临的困难和问题，深感困扰。油脂工业企业如何走出目前的困境，

大家都在想方设法，也创造了许多成功的经验。但我认为最重要的是——油脂工业企业要按照十五大精神，进一步改制、调整和走联合之路。

（1）“改制”，就是要改革企业的经营和管理机制。十五大对公有制经济的含义和公有制现有形式做了科学论述，指出股份制是现有企业的一种资本组织形式，有利于所有权和经营权的分离，有利于提高企业和资本的运作效率；同时指出股份合作制经济，是改革中的新事物，要支持和引导。

现在各地都在认真学习、贯彻落实十五大的精神，我国油脂工业企业也不能例外（油脂是放开的），要根据行业的特点和企业的实际，在吃透十五大精神的基础上，推进企业的“改制”，以最大限度地调动职工的积极性和主人翁的责任感。

（2）“联合之路”，就是要加快改变我国油脂工业小型分散、分兵作战的现状，打造油脂工业的“航空母舰”，走集团化的道路。

在十五大文件学习过程中，我深感现在的形势对我们粮油工业（尤其是油脂工业）、粮油流通企业，乃至整个粮食部门的压力和危机越来越大，主要是我们的企业实力不强，单个企业的市场占有份额不高，在开放的市场经济面前常常显得束手无策，随时都有被淘汰的危险。面对这种严峻形势，我们还有没有出路，出路何在？我认为，我们有路可走。路在何方？路在脚下，“联合之路”就是我们的光明大道！

为推进企业联合，走集团化、大公司的道路，今年上半年，国内贸易部工业司在江苏常州市召开了“粮油工业实现两个转变，推进联合”的座谈会，罗部长到会并讲了话，鼓励和支持大家走联合之路，走集团化的道路。过去我也曾经在全国粮油工业会上和油脂界的会上，强调“联合”，但遗憾的是“动作不大”。如果在这个问题上再无动于衷，那么不久的将来，其后果是不堪设想的。现在，跨行业、跨地区、跨所有制的“强强联合”、兼并到处可见。为了企业生存与发展，为了我们的事业，我们要想开一点、看远一些，千万不要在我们手中丧失了大好良机！

十、为《中国粮油学会油脂分会论文集》作序

（2005 年 10 月 5 日　于北京）

今天，是中国粮油学会油脂专业分会成立 20 周年的大喜日子。在这喜庆的日子里，我代表中国粮油学会、中国粮油学会油脂专业分会，并以我个人的名义向全国的油脂科技工作者，向中国粮油学会油脂专业分会的全体会员及团体会员单位，向关心、支持学会工作的各级领导和团体致以节日的问候和衷心的感谢！

20 年前的今天，全国的油脂科技工作者来到了金秋十月的祖国首都——北京，成立了渴望已久的中国油脂界的学术组织——中国油脂学会（1986 年后更名为中国粮油学会油脂专业分会）。20 年来，油脂专业分会在中国科协的指导下，在中国粮油学会的直接领导下，在原商业部、原国内贸易部以及国家粮食局的支持和关怀下，经过广大油脂科技工作者和团体会员单位的不懈努力，中国粮油学会油脂专业分会从小到大，得到了长足的发展和壮大。

20 年来，中国粮油学会油脂专业分会认真贯彻执行党的路线、方针和政策，坚持正确的政治方向和工作方针。20 年来，学会在努力为广大会员和科技工作者服务，为科技进步、经济建设和社会发展服务；在切实发挥学会“三主一家”的作用，促进粮油科技进步和行业健康发展；在探索学会改革，理顺各种关系，搞好自身建设；在积极开展国内外学术交流，重视科普宣传，办好《中国油脂》和《粮油加工》两份会刊；在积极组织人员培训，参与国家标准制订；在组织行业重大项目论证，开展咨询活动和产品监制，努力为中国油脂工业的突飞猛进服务等方面都取得了可喜的成绩。这些成绩的取得是全体会员和油脂科学技术工作者共同努力的结果，是来之不易的。

20 年来的学会工作体会告诉我们，“学会是大家的家，学会的事情大家办。学会办好靠大家，办好学会为大家”。

20 年过去了，新的征程开始了。学会工作在新的形势下，要以邓小平理论和“三个代表”重要思想为指导，全面贯彻党的十六大和十六大三中、四中全会精神，牢固树立科学发展观，以人为本，努力为广大油脂科技工作者服务，为中国的油脂科技进步服务，为中国油脂工业的可持续发展服务，为全面建设“小康社会”作出应有的贡献。

学会每年整理出版的“论文集”，是学会活动的真实历史记录，是学会进行学术交流的主要内容，也是反映不同时期油脂界学术水平的重要园地。她的问世受到了广大油脂科技工作者和会员的欢迎和支持。我相信在大家的进一步关心、支持下，“论文集”一定会越办越好。

十一、 为《中国油脂》杂志创刊30周年致辞

（2006年3月3日 于北京）

1976年由陕西省粮油科学研究所（当时粮食部西安油脂科学研究所在“文革”期间下放该所）和全国油脂科技情报中心站创办的《油脂工业》，结束了中国油脂行业没有刊物的历史，为中国油脂界提供了交流、学习的园地：1979年改名为《油脂科技》。1985年10月，中国粮油学会油脂专业分会成立，《油脂科技》从1986年第1期起更名为《中国油脂》。

弹指一挥间，30年过去了。《中国油脂》由国内走向了国际，成为我国油脂科技交流的核心期刊。在《中国油脂》杂志创刊30周年之际，我代表中国粮油学会油脂专业分会和《中国油脂》杂志编辑委员会并以我个人的名义，向《中国油脂》杂志社历届编辑出版人员表示热烈祝贺，并对长期以来一直执着关爱《中国油脂》杂志的各级领导、广大作者读者和企业界的朋友们表示衷心的感谢！

30年，在时间的长河中只是一个稍纵即逝的瞬间。30年来，《中国油脂》从创刊之初逐步发展为拥有国内外广大读者的国家级重点科技期刊，这是与各级领导的关怀、广大作者、读者的支持以及杂志社全体人员的努力工作分不开的。现在《中国油脂》杂志越办越好，深受全国广大油脂工作者及相关业界同仁的欢迎。1997年《中国油脂》杂志荣获第二届全国优秀科技期刊三等奖，2003年和2005年连续两次荣获第二、三届国家期刊奖百种重点科技期刊，连续4次入选中文核心期刊，并被国际权威检索机构美国《化学文摘》、美国《剑桥科学文摘》和俄罗斯《文摘杂志》全文收录。

《中国油脂》是中国粮油学会油脂专业分会会刊，由国家粮食储备局西安油脂科学研究设计院主办，是我国油脂界唯一一本油脂专业科技期刊，是我国油脂界的喉舌，是我国油脂行业广大职工和科技工作者提高学术水平、技术水平、沟通情况、相互交流学习的一块园地，是中国油脂界走向世界，世界认识中国的一个窗口，也是有关部门指导生产和科研开发的重要工具。创刊30年来，《中国油脂》严格遵循办刊宗旨和编辑方针，把《中国油脂》杂志办成“集学术性、技术性、适用性为一体”的一流科技期刊。

《中国油脂》杂志自从创刊到2005年12月底（包括《油脂工业》、《油脂科技》、《油脂译丛》），共计出版178期，刊出各类论文及实用文章约5 000篇。创刊30年来，《中国油脂》杂志为我国油脂行业、油脂工业、油脂科技的健康发展做出了不可磨灭的贡献！

《中国油脂》杂志于1986年开始在国外发行（赠送），先后与美国、法国、俄罗斯、加拿大、马来西亚、日本、意大利、德国、比利时、巴西、荷兰等国的油脂协会、学会等学术组织和生产商进行了广泛的交流与合作，并多次被国外油脂杂志介绍。目前《中国油脂》与世界上50多个国家和地区的油脂学术组织和生产商保持良好的交流

与合作关系。

30 年办好《中国油脂》杂志的体会告诉我们，“杂志是大家的家，杂志的事情大家办，杂志办好靠大家，办好杂志为大家”。

30 年过去了。总结过去，放眼未来，《中国油脂》充满信心。我们将继续围绕当前我国油脂科研、生产的发展，密切配合国家“十一五”规划和 2020 年中长期发展目标，积极组织各种专题报道，更好地为全国油脂工作者服务，为把我国建设成创新型国家、创建和谐社会而努力。

我们热切期望各级领导、全国油脂界的广大科技工作者和职工继续给我们大力支持，让我们共同努力，为实现我国油脂科技和油脂工业的现代化作出更多、更大的贡献。祝愿《中国油脂》杂志的明天更美好，为中国油脂工业和油脂科技事业再创辉煌!

十二、 为《中国粮油学会油脂分会20年大事记》作序

（2007年10月10日 于北京）

1985年的金秋十月，全国油脂科技工作者来到了伟大祖国首都——北京，成立了渴望已久的中国油脂界的学术组织——中国油脂学会（1986年后更名为中国粮油学会油脂分会）。学会成立后，学会工作始终坚持党的领导，认真贯彻执行党的方针、政策；坚持以经济建设为中心，努力促进油脂科技与油脂工业发展的结合，为推进油脂科技进步和振兴油脂工业服务；坚持为广大会员服务，为油脂科技工作者服务，为团体会员服务，为“科技兴粮”作出应有的贡献。

中国粮油学会油脂分会成立以来，在中国科学技术协会的指导下，在原商业部、原国内贸易部和国家粮食局的关怀下，在中国粮油学会的直接领导下，在原挂靠单位国家粮食储备局西安油脂科学研究设计院和现挂靠单位国家粮食储备局无锡科学研究设计院的支持下，经过广大油脂科技工作者、团体会员单位和六届理事会的不懈努力，坚持“三个服务”，紧密结合油料油脂生产、加工、流通和综合利用中的科技热点、难点问题，广泛开展国内外学术交流研讨，积极进行各种技术咨询和培训活动，推进油脂工业的技术进步，促进科技人员、学者与企业之间的技术合作，促进油脂科学技术人才的培养和成长，为油脂科技的繁荣和油脂工业的发展作出了贡献，取得了辉煌的业绩。

20多年来，学会从无到有，由小变大，得到了长足发展和壮大。经过先后六届理事会的领导和组织，全国油脂界共有525家知名企业先后成为过团体会员，有2 058个优秀油脂科技工作者和管理工作者先后成为过个人会员，他们都为学会的发展，为油脂科技和油脂工业的发展做出了贡献。随着时代的发展，改革的深入，企业和人员发生了较大变化，学会会员的状况也相应有了改变，至今，学会拥有个人会员1 018人，团体会员单位178个。另外，在北京、上海、天津、安徽、甘肃和中南地区（含湖北、湖南、河南等地）建立了油脂分会的联络站。他们都是学会开展各项活动的积极分子，是学会工作的中坚力量。

20多年来，学会始终注重发挥学术交流的主渠道作用，积极组织多种形式的学术交流活动。至今，学会已召开了15届学术年会；举办过18次各类专题研讨会；组团参加了国际、国内大型技术研讨会、交流会25次。学术交流和各类技术研讨会的内容涵盖油料生产；油脂制取、精炼、储藏等新工艺、新设备、新技术；特种油料等新油源的开发利用及油脂副产品的综合利用；以大豆为重点的油料蛋白和功能性产品的制取与利用；专用油脂、功能性油脂的开发和油脂精细化工产品的研究；油脂的营养与健康；油脂油料的检化验及新标准的培训；油厂的安全生产、节能减排和环境保护；油脂油料的经济贸易；油脂企业的现代管理与油脂科技信息等，交流论文达1 000多篇。与此同时，组织专家积极参与总会编写的“粮油食品营养与健康知识百问”；鼓励各地

油脂专家撰写科普文章，并在当地电视台讲解或报纸上发表，收到了良好的效果。通过上述活动，努力使学会成为“学术交流的主渠道，科普工作的主力军和国际科技交流的主要代表”，使学会成了油脂界的科技工作者之家。

20 多年来，学会成功举办各类技术培训班，积极开展技术咨询活动，为企业服务。为贯彻浸出油厂安全防火规范的实施，确保油脂产品质量，学会先后分别举办了 35 期“浸出油厂防火安全规范培训班”、“油脂浸出技术培训班”、“油脂精炼技术研讨班”和“油脂检化验技术培训班”；根据企业的要求，为他们组织和参加各类技术鉴定会、产品评议会、技术论证会等 98 次；组织业内知名专家到新疆、四川等地的油脂加工企业进行现场技术咨询服务，帮助企业解决生产中的技术问题 16 次；接待热线咨询电话和来信来访等咨询活动数以百计，并为 6 家企业的产品进行过监制等。这些活动，得到了企业的一致好评。

20 多年来，学会在当好政府主管部门的助手方面也做了大量工作。自 1986 年起，学会受商业部制油设备消化吸收技术组的委托，对全国制油设备消化吸收方案进行了技术咨询和考证，从设备性能、工艺特点等方面为领导决策提出了咨询意见；1990 年 7 月，学会组织专家联名就进口植物油失控，冲击我国油脂工业和油料生产发展问题，向国务院有关领导发出呼吁，得到了田纪云副总理的高度重视并作了重要指示；学会积极组织专家参加油脂油料等国家标准的制修订工作；参加制订“粮食行业‘十五’高新实用技术推广意见”和“我国粮油中长期（到 2020 年）科学和技术发展规划的意见和建议”等。学会开展的以上这些活动，对我国油脂工业的发展有着重要的意义。

20 多年来，学会在规范行业行为，促进我国油脂科技和油脂工业的健康发展方面做出了贡献。1984—1988 年，学会的 56 位专家以对国家和人民高度负责的实事求是的科学态度，对“多维营养油”的虚假成果和报道，进行了长达 5 年的大争论，并最终取得了争论的胜利，为国家和人民挽回了政治影响和经济损失，为我国油脂科技界树立了正气；2001 年 12 月初，在中国油脂界发生的“汽油浸炼食用大豆油大揭秘”向媒体误导事件中，避免造成不良影响和损失，学会组织专家，以科学态度，实事求是的发表文章，对媒体的误导事件进行了澄清，受到了油脂界的高度赞扬。与此同时，学会还组织专家对压榨油和个别油品营养价值的不实广告宣传进行了纠正，以规范行业行为。

20 多年来，学会在精心办好会刊，发挥会刊作用等方面倾注了大量心血。《中国油脂》作为学会的最早会刊，自《油脂工业》、《油脂科技》等创办至今已 30 年了，她从双月刊改为月刊，一共出版 178 期，刊登各类论文和实用技术文章 5 000 多篇，成为我国油脂界乃至国际油脂界的知名刊物；《粮油加工》是学会继《中国油脂》后的又一会刊，自 2004 年至今的三年时间里，她以报道面广、及时和实用而迅速走红，成为油脂界和粮食行业的又一本好杂志；另外，学会还利用每年的学术年会，创办了“论文选集”。这些刊物，都是我们油脂界学习的园地和永不停止的交流平台。

弹指一挥间，油脂分会成立至今已 20 多年过去了。为了回顾历史，总结过去，展望未来，我们编写出版了这本《中国粮油学会油脂分会 20 年大事记》，希望能得到大家的喜爱。

十三、 在中国粮油学会油脂分会第六届理事会上的工作报告

（2010 年 9 月 5 日 于黑龙江鹤岗）

中国粮油学会油脂分会第六届理事会在中国粮油学会的领导下，在挂靠单位的支持下，在全体理事和全体会员的共同努力下，认真学习和贯彻党的十六大、十七大和中国科协“七大”精神，坚持以邓小平理论和“三个代表”重要思想为指导，努力实践科学发展观，在实施“科技兴粮”和“人才强国”战略中，为推动油脂行业的科技进步和振兴油脂产业发展作了大量的工作，取得了较好的成绩。下面分 4 个方面向大会汇报。

（一）4 年来分会工作的回顾

从 2006 年换届以来，本届理事会工作正处于国家“十一五”计划期间，是我国经济和社会发展的重要时期，党和政府为继续加强和改善宏观调控，保持经济平稳较快发展和促进社会和谐发展做出了一系列重大决策。中国粮油学会油脂分会在中国粮油学会的领导下，按新时期的形势需求，团结和组织广大油脂科技工作者，围绕油脂行业发展的中心任务，坚持以“为发展油脂产业服务，为油脂科技工作者服务，为会员服务的服务”的宗旨；努力探索学会改革与发展的新路子；积极开展各种形式的学术活动；发挥学会的桥梁和纽带作用，当好参谋；帮助和引导企业健康发展等方面重点做了以下工作：

1. 积极开展学术交流， 促进行业的科技进步

油脂分会是油脂界学术交流的主渠道，积极开展学术交流是分会的一项重要工作，是促进科技成果向现实生产力转化的重要手段。四年来，分会围绕开展学术交流重点做了以下工作。

（1）精心组织好学术交流年会暨产品展示会　在本届理事会期间，分别于 2006 年 9 月在武汉、2007 年 10 月在天津、2008 年 9 月在郑州和 2009 年 9 月在无锡成功召开了第十五届、第十六届、第十七届和第十八届学术交流年会暨产品展示会。分会把开好年会作为全年工作的重中之重。为开好年会，每年年初都要召开会长办公扩大会议，共同商讨年会主题，精心组织论文的撰写，邀请著名专家作大会专题发言。据统计，4 届年会与会代表合计共有 1 500 多人；参展企业 100 多家；出版《论文选集》4 部；征集论文 350 余篇；《论文选集》采用 250 余篇；大会交流 100 多篇。每次交流的论文基本涵盖了国内外油脂行业的新技术、新成果和行业发展中关心的热点问题，深受与会代表的欢迎。每届学术交流年会内容新颖、丰富，参会人员之所以多，参展企业之所以积极，都是会员对分会工作的肯定，充分体现了分会是有较大的影响力和凝聚力的。

（2）成功召开专题经验交流会和技术交流会　为充分利用米糠和玉米胚芽资源，为国家增产油脂，提高我国食用植物油的自给能力。分会于2009年4月在安徽合肥召开了“米糠、玉米胚芽资源利用经验交流会”。参加会议的有从事米糠油和玉米油生产、营销、设备制造、科研、教育、管理等方面的领导、专家、教授、企业家和有关报社的记者，共计170多人。会议交流论文15篇，王瑞元会长、左恩南常务副会长、褚绪轩副会长分别作了题为“充分利用米糠、玉米胚芽资源，为国家增产油脂”、“关于发展我国米糠综合利用的几点意见”、“以粮食产业化为抓手，促进粮油工业全面发展”的报告。本次交流会由于主题紧扣当今的行业发展，得到了与会代表的共鸣，学术气氛热烈，对推动我国米糠和玉米胚芽资源的利用起到了积极的作用。

为推动我国芝麻产业的发展，分会于2006年11月在上海主办了“首届全国芝麻及芝麻制品新技术论坛会”，与会代表近100人。会议从芝麻产业的育种、加工、贸易及产品开发等方面进行了广泛的交流，得到了与会代表的一致好评，强烈要求今后多举办一些这样的交流会。

（3）召开油脂形势分析研讨会　为帮助企业及时了解国家最新政策走向，分析油菜籽临时收储政策出台后的国内油脂市场价格走势，以利于企业在经营中科学决策，2009年5月，分会和安徽省粮食行业协会在黄山市联合举办了“2009年中国油脂（油菜籽）形势分析研讨会”，与会代表150余人，会议效果良好。

（4）充分利用会刊进行学术交流　《中国油脂》和《粮油加工》两份杂志是分会的会刊，是分会进行学术交流的重要园地，是介绍科技成果，传播科技信息的重要窗口，是联系广大科技工作者的重要桥梁，是反映分会学术水平的重要标志，也是分会的门面。办好两份杂志是分会的重要工作内容，倾注了分会、业内专家、企业和编辑人员的大量心血，已经成为业内进行学术交流和提高行业整体素质的不可缺少的园地。两刊每年刊登的各类论文达700多篇，并为企业提供了大量宣传产品和业务的空间，深受业内爱戴。

2. 坚持服务宗旨，搞好技术咨询

为会员服务，尤其是为团体会员服务是分会工作的又一重要内容，始终坚持为企业办实事，把为会员服务放在首位，4年来开展了以下服务工作。

（1）为团体会员服务，为产品监制企业服务　在本届理事会期间，分会积极配合总会，以中国粮油学会的名义先后对益海嘉里的中国名牌产品——“口福”牌食用油、谷维多稻米油；中粮集团生产的“四海牌”大豆食用油；以及天津聚龙粮油有限公司生产的家庭用小包装“食用棕榈油”进行了监制；与此同时，以分会的名义对黑龙江肇东市东龙节能新技术有限公司生产的轧胚机、杭州真空设备有限公司生产的炼油车间使用的真空泵以及广州泰邦食品添加剂有限公司生产的TBHQ（抗氧化剂）进行了监制。为了做好监制工作，分会每年都要多次组织专家小组赴被监制单位实地考察，通过对其原材料购置、加工生产过程、企业管理、抽样检验等深入了解企业的有关情况，并组织有关人员座谈，研讨加工生产中的疑难问题，提出改进意见，最后写出监制报告，受到了被监制单位的好评。

（2）为企业科技进步和科学决策服务　根据企业的要求，4年来，分会组织业内著名专家，先后为安徽大平、益海嘉里、河北南皮机械制造有限公司、上海佳格食品有限公司、天津聚龙粮油有限公司、九三集团天津大豆科技有限公司、浙江银河药业有限公司、河南滑县粮机厂、中国农机院油脂所、青岛华天溶剂油有限公司、西藏特色产业股份有限公司、山东西王食品有限公司、牧羊迈安德食品机械有限公司和北京百号广大生物科技有限公司等14家企业研发生产的产品和科技成果，进行了专家评议和技术鉴定，其中有8家企业的科技成果获得了“中国粮油学会科学技术奖”。

与此同时，分会还组织专家先后为江苏南通金太阳油脂有限公司、内蒙古呱呱叫集团、安徽大平、珠海绿生能源有限公司、安徽庆发、河北三利食品科技公司、辽宁阜新黑土地油脂有限公司、山西繁寺亚麻籽油公司、山东香驰和北京古船油脂等10家企业的新上项目进行可行性评估。评估中，专家们提出了许多合理化建议，对企业科学决策起到了重要的作用。

（3）搞好咨询，宣传知名品牌　4年来，分会始终坚持把为企业办实事，为会员服务放在首位。在日常工作中，学会办公室、学会专家组和学会主要领导人经常都会接到有关企业、政府职能部门、新闻媒体和消费者的各类咨询电话，分会都能按照严谨认真和实事求是的科学态度给予解答，让咨询者满意。

为宣传企业，宣传知名品牌，分会常年设置了“中国油脂工业知名品牌小型展示厅”，多次在展示厅组织油脂界的专家、学者接受中央和地方电视台及其他各种媒体的采访。在采访时，媒体通过参观中国油脂工业知名品牌展示厅和专家们的介绍，对油脂行业、油脂产品以及食用油脂的营养与健康等方面有了较为详细的了解，从而保证了媒体报道的真实性。与此同时，起到了宣传参展企业，宣传知名品牌的良好效果。

（4）积极向总会组织推荐科学技术类有关奖项，为会员服务　根据总会有关组织评审“中国粮油学会科学技术奖”的要求，自2005年起，分会积极组织专家对油脂专业申报的科学技术奖项目进行了科学、公正的专业评审，写出了详尽的评价意见，在此基础上，向总会推荐了油脂专业的申报项目，作为参加中国粮油学会科学技术一等、二等、三等奖的评审项目。经过总会组织专家评审，最后油脂专业在2005—2009年的期间共有47个项目获得了“中国粮油学会科学技术奖”，其中一等奖5项，二等奖20项，三等奖22项。

在本届理事会期间，正值总会两次在会员中评选优秀粮油科技工作者、优秀团体会员和优秀论文奖，今年又增设了优秀创新型企业奖。根据评选条件，分会向总会认真组织推荐材料。经过总会评审，油脂分会共有36人次荣获“优秀粮油科技工作者”称号；40个单位荣获“优秀团体会员”称号；43篇论文荣获“优秀论文奖”；9个企业荣获“优秀创新型企业”称号。以上这些荣获的奖项不仅是对获奖会员的充分肯定，也是对油脂行业和分会工作的肯定，并将推动油脂行业的科技进步。

3. 为行业发展服务，为政府当好参谋

学会、协会是党领导下的民间组织，在反映企业和科技人员呼声，引导会员贯彻党的方针政策等方面发挥着重要的桥梁和纽带作用。油脂分会集中了全国油脂界的科技精英和优秀管理人才，为利用这一优势，分会始终坚持搞好两个服务：一是为会员服务；二是为行业发展服务，为政府当好参谋。4年来，分会在为行业发展服务，为政

府当好参谋方面作了一些工作，得到有关方面的信任。

（1）制订和修订国家标准　为与国际油脂油料标准接轨，推动行业健康发展，分会始终把制订和修订油脂油料及相关国家标准作为分会的重要工作之一。为制修订好国家标准，分会积极发动和组织有关企业和业内专家参加油脂油料各项标准的制修订工作，成为制修订标准的中坚力量。

（2）认真编制制油工技师和高级技师教材和题库　为提高油脂行业人员的整体素质，2009 年 6 月，分会受国家粮食局的委托，承担了《制油工（技师、高级技师）》教材及题库的编写任务。为做好这项工作，分会组织了 14 名专家，在仔细制订编写大纲、编写计划的基础上，分工协作，认真编写。时至今日 50 多万字的教材和 2 000 多个考核题的编写任务已全部完成，即将印发。

（3）参与食用植物油行业发展规划的制订工作　4 年来，分会先后接受国家发改委产业司和国家粮食局的委托，多次组织业内懂技术、熟悉行业的专家，起草了《食用植物油工业发展规划（2009—2020 年）（征求意见稿）》和《粮食加工发展规划（2009—2020 年）（修改稿）》中的油脂加工及大豆产业部分；为贯彻落实《国务院关于促进食用植物油产业健康发展，保障供给安全的意见》国发【2008】36 号文件精神，根据国家粮食局的要求，分会组织专家对文件中的第六条、第九条、第十三条和第二十一条提出了相应的贯彻落实意见和措施，并以报告的形式上报国家粮食局；目前正在组织专家参与国家粮食局组织的对粮油加工业“十一五”发展情况的总结评估和粮油加工业“十二五”发展规划的制定工作。

（4）积极组织参加国际交流　受国家粮食局和国家粮食局发展交流中心的委托，积极组织在油脂界有影响的企业参加 2008 年 10 月在南京举办的“第 8 届中国国际粮油产品暨设备技术展览会”和“第 76 届世界榨油商大会”；参加了 2010 年 6 月由国家粮食局、马来西亚种植与原产部在北京举办的“2010 中国马来西亚国际棕榈油研讨会及展示会”。

（5）积极参与国家支持项目的评估和评审工作　为提高我国食用植物油的自给能力，推动油脂工业健康发展，国家发改委自 2008 年底开始，对各地上报的农产品深加工食品工业示范项目中的油脂类项目进行了评估和严格的评审，最后确定了 70 多个项目，国家给予了贷款和贴息方面的支持。在这项工作中，分会推荐了许多专家参与此项工作，专家们以科学严谨的态度为政府参谋，为行业说话，为企业服务。

通过以上几项工作的积极参与和任务的较好完成，不仅有利于油脂行业的发展，同时进一步提高了分会在行业中的作用与地位。

4. 出色完成总会交办的各项任务

积极组织会员参加总会举办的年会和各项学术交流活动，完成总会交办的各项任务，是做好分会工作的重要组成部分。

（1）组团参加总会举办的三届年会暨学术交流会　在本届理事会期间，分会积极组团参加了总会举办的 2006 年“中国粮油学会成立 20 周年庆祝大会暨第四届学术年会”、“2007 年 ICC 第十三届国际粮油科技大会”、2008 年“中国粮油学会第六届全国会员代表大会暨第五届学术年会”、2010 年“中国粮油学会第六届学术年会”。为开好总会的年会并体现分会的形象，分会经常通过召开会长扩大办公会议精心组织分会的参会人员、参展单位、论文撰写、分会场的设立以及落实协办与赞助单位等。保质保量地完成了任务，每次都受到总会的表扬。

（2）积极参加编写《中国粮油科学技术学科发展报告》　自2008年起，分会在总会的统一部署下开展了粮油学科发展报告的调查研究工作。通过调研组织专家编写完成了《中国粮油科学技术学科发展报告》中有关《油脂加工科学技术学科发展》的专题报告。报告通过中国油脂加工科学技术学科发展历程的回顾、现状与进展和发展趋势，较为全面地反映了近年来国内外油脂加工科学技术的发展现状、研究重点和发展趋势，以引领我国油脂加工科学技术的进一步发展。

（3）积极配合总会相关工作　搞好以总会名义组织的油脂行业产品及成果的监制、评议和鉴定等工作；及时分类提供油脂专业专家名单，支持总会专家库的建立。

5. 努力搞好分会的自身建设

搞好自身建设是分会一项重要工作。健全的组织结构、完善的规章制度和有序的工作进程是分会工作开展顺利的基本保证。

（1）积极发展新会员　为壮大队伍，分会把发展新会员的工作作为组织建设的重中之重。4年来，尤其是这近两年来，分会在发展新会员中取得了显著的成绩。通过大家的努力，一批在行业中有影响的企业；在学术上有造诣的科技人员；热爱学会工作、积极参加学会活动的企业家、科技工作者以及在校的高年级大学生、研究生、博士生吸纳到学会这个大家庭中来。4年来，分会共新增团体会员51个，新增个人会员256名，从而增加了分会的新鲜血液，增强了分会的生命力和凝聚力，成为中国粮油学会各分会中团体会员和个人会员最多的分会。

（2）完善分会的各项规章制度　根据总会的要求，分会先后制订了有关文件、印章和财务收支等管理办法，使分会的各项工作有章可循。

（3）支持筹建中南联络站　根据地区的不同特点，为进一步调动大家的积极性，在分会的积极支持下，2009年5月在武汉建成了中国粮油学会油脂分会中南联络站，并召开了成立大会暨学术研讨会，与会代表近100人。

（4）注重民主办会，科学决策　为使学会工作做到有计划性和针对性，分会把每年年初召开的会长办公扩大会议作为民主办会、科学决策的例会。学会的重大问题、全年的工作计划等都要通过会议的形式进行研究和部署，然后做到逐一落实，确保了决策的科学性并有利于学会全年工作计划的贯彻落实。

（5）编辑出版《中国粮油学会油脂分会成立20周年大事记》　为回顾分会成立20年来的发展和历程，自2005年起，分会组织有关人员收集了大量的资料和珍贵的历史照片，历经两年时间于2007年第十六届学术交流年会期间完成出版。《大事记》不仅真实记录了中国粮油学会油脂分会从成立到发展壮大的整个历程，同时反映了我国油脂行业的发展历程，反映了老一辈学会工作者、科技工作者为我国油脂工业的发展，为学会的发展所作的努力和贡献。

与此同时，参加编写并完成了《中国粮油学会20年大事记》中的中国粮油学会油脂分会的发展概况部分，简要记录了油脂分会的发展历程。

以上是本届理事会所做的主要工作，由于时间关系，其他工作不再一一叙述了。

（二） 做好分会工作的几点体会

回顾总结4年来的分会工作，归纳起来有以下五点主要体会：

（1）坚持正确的方向，牢固树立服务思想　学会是党领导下的科技学术团体，必须认真学习贯彻党的路线、方针和政策；努力为广大会员和科技工作者服务，为行业科技进步服务，为经济建设和社会发展服务。

（2）积极开展活动　人们常说“人的生命在于运动”，那么“学会的生存在于活动”。也就是说，学会只有通过积极开展活动，为会员，为企业搭建各种交流的平台，才有生存、发展的可能。

（3）树立办好学会靠大家的思想　要认真做到“学会是大家的家，学会的事情大家办，学会办好靠大家，办好学会为大家”的办会宗旨。

（4）为技术人员搭建施展才华的平台　学会要充分发挥科技人员集中的优势，要让科技人员施展为行业技术进步，为企业发展，为行政当好参谋服务的才华。

（5）坚持公平、公正的原则　学会是会员的家，学会办事必须坚持公正、公平；提倡正气、坚持原则才能维护学会的权威性，学会才能有较高的凝聚力和影响力。

（三） 存在的主要问题

4年来，中国粮油学会油脂分会第六届理事会作了大量的工作，取得了显著的成绩，但也存在不足，主要表现在以下五个方面：

（1）为会员服务方面。尤其是为团体会员服务方面，其深度不够，为企业解决实际问题的能力还不够强，需要进一步改进提高，以增强分会在行业中的影响力和凝聚力。

（2）开展学术活动的形式不够多样化。大多停留在开好一年一度的学术年会上，专题性的学术交流活动开展得少了一些。

（3）分会与国际间开展学术交流活动较少，今后亟待加强。

（4）对各地联络站的工作开展指导不够，没有充分发挥其应有的作用。

（5）分会的经济实力不强。虽然本届理事会期间得到了会员单位的大力支持，分会的经济状况大有改善，并有几十万元的积蓄，但仍然缺乏固定的经济收入来源，影响了分会部分活动的开展等。

（四） 关于对下届理事会工作的几点建议

新一届中国粮油学会油脂分会理事会今天就要产生了，建议新一届分会理事会要在中国粮油学会的领导下，在以下五个方面继续多做工作，做出更大成绩：

（1）坚持科学发展观　积极参与行业发展规划的制订工作，并围绕即将制订的“十二五”行业发展规划，加强对行业发展中重大问题的研究，以利于规划的实施，推动油脂科技、油脂工业的健康持续发展。

（2）坚持服务宗旨　分会要努力为会员服务，为科技人员服务，为行业发展和技术进步服务，为经济建设服务，为行政当好参谋，继续搞好“中国油脂工业知名品牌”的展示，宣传品牌，宣传企业。搞好技术咨询工作，为监制单位服务。

（3）开好两会，办好两刊　分会每年要在开好会长扩大办公会议的基础上，通过精心组织，开好学术年会。要继续下大力气精心办好《中国油脂》和《粮油加工》两份杂志，进一步提高两刊在国内外行业中的知名度。与此同时，办好学术交流年会《论文选集》。

（4）加强分会的自身建设　积极发展新会员入会，尤其是要重视个人会员的发展。

（5）积极配合总会开展各项活动　要围绕中国粮油学会第六届理事会的工作重点，努力做好分会的工作。

十四、 中国粮油学会油脂分会2014年的工作要点

——在第十届天津滨海新区食用油加工企业座谈会上的讲话

（2014年1月13日 于天津）

首先我代表学会向大家问好！并预祝大家在新的一年里身体好，工作好，全家好！感谢大家多年来对中国粮油学会和中国粮油学会油脂分会的关爱和工作的大力支持！

在刚才的座谈中，孙局长和大家都发了言，听了深受感动。我深感，天津滨海开发区的油脂加工企业在刚刚过去的一年里，正在面对油脂行业成本加大、油脂价格低迷的不利形势，认真按照中央提出的“稳中求进”的总精神，坚持改革创新、转型升级、千方百计挖潜增效，取得了卓越的成绩。经过大家1年的共同努力，使天津滨海新区已初步建设成我国最大的油脂油料进出口、加工、贸易基地，成为我国食用油和饼粕的供应基地，为国家食物安全作出了贡献。与此同时，天津市粮油学会在坚持为科技人员服务、为企业服务、为政府当好参谋等方面的出色工作，得到了大家的赞扬，成为全国省市粮油学会的佼佼者。在此，对大家在过去的1年里所取得的成绩表示祝贺。

刚才，中国粮油学会常务副理事长兼秘书长胡承淼同志，向大家介绍了国家粮食局开展的有关“粮安工程”等重点工作内容，介绍了党和国家领导人和中央经济工作会议高度重视粮食工作，提出了“以我为主、立足国内、确保产能、适度进口、科技支撑”的国家粮食安全战略，采取多种措施，努力实现各种基本自给，口粮绝对安全。对此，我们在座的每位粮食工作者都要认真学习、领会和贯彻。下面，我想就中国粮油学会油脂分会2014年的工作要点向大家作介绍。

2013年，油脂分会在总会的正确领导下，在全体会员的大力支持下，分会在坚持搞好两个服务；促进油脂工业的创新政策发展；积极开展学术交流和科普教育活动；科学制修订油脂油料国家标准和行业标准；发挥科技人才优势，为政府及有关部门献计献策，当好参谋等方面作了大量的工作，取得了较好的成绩。

2014年，油脂分会要认真贯彻党的十八大，十八届三中全会和中央经济工作会议的精神，在总会的领导下，认真做好以下重点工作。

（一） 要开好两个例会

“会长办公扩大会议”和“学术交流年会”是分会每年的两个例会，要认真筹备，周密安排。今年“会长办公扩大会议”计划4月中旬在河北南皮召开；9月中下旬在江苏无锡召开“中国粮油学会油脂分会第二十三届学术交流年会”，我建议将“改革创新、转型升级、安全低耗”作为今年年会的主题。

（二）办好两个国际学术交流研讨会

（1）要开好5月中旬在武汉召开的“首届稻米油国际科学技术大会”。交流世界主要稻米油生产国的技术与经验，进一步推动我国稻米油产业的健康发展，为国家增产食用油脂。

（2）要开好11月中旬由中国粮油学会与美国AOCS联合在上海举办的“功能性油脂与食用油安全国际研讨会”。本次会议将重点交流和研讨如何防范3－MCPO、反式脂肪酸和塑化剂等有害污染物；介绍新资源食品——微生物油脂的发展情况与安全性；介绍食用油中具有高附加值的微量组分分析；成品油回色的防范措施以及注重作物安全等诸多热点问题。会议还将组织国际著名专家在华举办一届“培训班”。

（三）继续搞好两个服务（即为科技人员服务，为企业服务）

分会将通过办好年会和各类学术交流研讨会，培养和发现优秀论文，并推荐在分会创办和支持的《中国油脂》《粮油加工》和《粮食与食品工业》等刊物刊登；协助总会在做好科研成果鉴定的基础上，评审好2014年度的科技进步奖，为科技人员技术职称晋升服务。

通过继续发挥好分会创办的“中国油脂工业知名品牌展示”的作用，利用各种机会，积极向媒体宣传展示的知名品牌，扩大产品知名度；认真做好部分企业产品的监制工作；积极向政府及有关部门反映企业的诉求和意见（如致函国家卫生计生委，对食品安全国家标准中有关米糠原油酸值的修改意见等）发挥专家作用，认真组织好各类咨询活动；经国家粮食局人事司的授权，开办好油脂加工业技师职业技能培训班等，为企业的持续发展服务。

（四）科学制修订好油脂油料的国家标准和行业标准

最近获悉，在今年的全国粮油标准的制修订工作中，全国粮油标准化技术委员会油料及油脂技术工作组（不久将改为“油料及油脂分技术委员会”）的任务最多最重，今年要完成30～40项标准的制修订工作，尤其是以木本油料油脂及新资源油料油脂标准的制修订任务更重、更迫切。对此，油脂分会将继续全力支持油料及油脂技术工作组的工作，把科学制修订好油料油脂国家标准和行业标准，作为分会的重要工作任务，希望广大企业和油脂科技人员继续关心支持和积极参与各项标准的制修订工作。

（五）办好南北两会“油脂产品及制备技术展览会”

为扩大油脂工业产品的知名度，促进产品销售，经考察研究分会同意作为指导单位支持“广州市艺帆展览服务有限公司”和“永红国际展览（北京）有限公司”分别在广州和北京于每年的6月上旬和10月下旬举办“国际食用油及油脂机械产品展览会”，希望广大油脂加工企业和油脂机械制造企业根据自身实际和特点，踊跃参加。

另外，今年5月9—13日，由商务部、天津市人民政府，中华全国回国华侨联合会、中国商业联合会、中国外经贸企业协会、中国外商投资企业协会共同主办，北京市、河北省、山东省、辽宁省等环渤海三省一市、中国太平洋经济合作全国委员会和中粮集团有限公司共同协办的“2014 中国·天津投资贸易洽谈会暨 PECC 国际贸易投资博览会”（简称津洽会）在天津梅江会展中心隆重举行，展会面积将达 6 万 m^2。根据会议的统一安排，天津市商委将组织展览面积 8 000m^2 的学会油脂展厅，分会支持天津市商委在津洽会期间举办此展览。为配合和促进展览的成功举办，油脂分会和油料及油脂技术工作组届时将同时举办有关油料及油脂国家标准的研讨会。希望环渤海地区的油脂加工企业和油脂机械制造企业踊跃参会参展，尤其是在座的企业，希望大家都能带头参会参展。

（六）加强学会自身建设，积极发展会员，壮大学会力量

2014 年我们要在总结前几年发展会员经验的基础上，把发展会员工作做得更好，并使之成为常态化。根据目前油脂行业的实际，发展会员的工作更为突出的重点，要有专人分头落实。我建议，在发展个人会员时，重点要放在几家大学中的毕业生、研究生和博士生身上；放在大型企业、企业集团中从事生产、质量管理和产品研发等科技人员身上；放在创新型企业中的科技人员身上；放在科研单位中从事油脂的科技人员身上。在发展团体会员时，当前要把重点放在以木本油料为代表的特种油脂加工企业中去发展。

为做好此项工作，我们将把发展会员工作作为今年“会长办公扩大会议”的重要议题，并分工负责，加以落实。也希望在座的企业都能支持学会的这项工作。

十五、在中国粮油学会油脂分会第二十三届年会上的开幕词

（2014年9月22日　于江苏无锡）

今天，我们欢聚在美丽、富饶的江南名城、培育中国粮油科技人才的最高学府——江南大学的所在地、为我国粮油加工的发展做出杰出贡献的无锡中粮工程科技有限公司（原粮食部无锡粮食科学研究设计院）的所在地、为我国粮油加工业提供高质量高水平装备的布勒设备工程（无锡）有限公司（原粮食部无锡粮食机械厂）的所在地、中国面粉工业的发源地、我亲爱的家乡——无锡，召开“中国粮油学会油脂分会第二十三届学术年会暨产品展示会”。参加本次会议的有从事油脂、油脂生产、加工、营销、科研、教育、管理等方面的领导、专家和企业家；有从事制油机械设备、检测仪器及添加剂等方面的生产商和供应商，以及粮油行业的相关企业、新闻媒体等单位的代表约500人。这是中国粮油学会油脂分会自1985年成立以来的第23次盛会，也是深受大家喜爱的油脂界的品牌会议。

借此机会，我代表中国粮油学会油脂分会对大家的到会和对学会工作的支持表示最热烈的欢迎和衷心的感谢！这里，我们还要特别感谢张理事长和胡秘书长对油脂分会的特别关爱，他们在百忙中到会亲临指导。对此，让我们以热烈的掌声对他们表示感谢！

各位代表，为开好本次年会，今年4月，油脂分会在中粮工程装备（南皮）有限公司的所在地——河北沧州召开了会长办公扩大会议，确定了本次年会的主题是“改革创新，转型升级，安全营养，减损增效”。会后，油脂界的广大科技人员和企业，围绕年会主题，积极撰写论文，截止到8月底，学会办公室共收到论文100多篇，其中88篇汇编在本届年会的论文集上，其中25篇论文将作为大会发言交流材料。

在此，我对大家的辛勤劳动表示谢意。为使会议达到预期目的，会上，我们特邀了几位领导和专家就我国油脂加工业面临的主要问题、发展趋势以及油脂市场的走向分析等大家关心的问题作专题报告。并同时举办制油设备、检测仪器及植物油加工产品的展示，以宣传企业形象，提高产品品牌知名度。总之，会议的目的是为大家搭建一个展示交流、学习的平台。我们相信，经过大家的努力，会议一定能达到预期目的，大家一定会有所收获。

各位代表，本次会议在江苏无锡召开，为保证会议的顺利召开，得到了协办单位无锡中粮工程科技有限公司和中粮食品营销有限公司的大力支持和鼎力相助；得到了江南大学、迈安德集团有限公司、益海嘉里投资有限公司、基伊埃韦斯伐里亚分离机（中国）有限公司、西安坤伯工程技术开发有限责任公司、江阴福鑫机械有限公司、永红国际展览（北京）有限公司、广州市艺帆展览服务有限公司等单位的热情支持。对

此，我代表学会和全体与会代表对他们一并表示衷心的感谢！

这里，我想特别向大家介绍一下，永红国际展览（北京）有限公司和广州市艺帆展览服务有限公司西安展览公司。为帮助食用油加工行业宣传企业形象，提高油脂产品的品牌知名度，中国粮油学会油脂分会经过长期的考察、研究，决定作为指导单位支持这两家公司，每年分别于6月中旬在广州市和10月下旬在北京召开国际高端食用油产品展览和研讨会。经过几年的实践，充分显示了由他们具体操办的展览具有规模大、专业性强、效果显著等特点，深受国内外油脂加工企业和油脂机械制造企业的喜爱。希望有关企业继续踊跃参展，使自己早日成为中国油脂界最具形象力的品牌企业。

后记

衷心感谢和祝福中国现代油脂工业发展历程中的引领者——王瑞元会长

五十多年前的 1964 年 7 月，刚大学毕业的王瑞元怀着满腔的热情被分配到原国家粮食部工业局从事技术行政管理工作。自此，他不断深入基层调查研究，逐渐积累了丰富的科学理论和实际工作经验，对整个粮油工业的状况有了充分的熟悉和了解，为他以后取得的卓越成绩奠定了坚实的基础。

王瑞元是我国油脂工业技术革新的领导者和贡献者，是工业技术发展的先锋人物，他为了粮油工业的发展不懈地努力，作出了非凡的贡献。

20 世纪 70 年代，我国的油脂工业还处在比较落后的水平，人均食用油脂的供应不足 2kg，为了充分利用资源，增产油脂，在调查研究和总结各地经验的基础上，王瑞元首先组织并在全国范围内推广应用先进的浸出法制油技术。与此同时，他积极提倡发展米糠、玉米胚芽等特种油料生产油脂，以提高我国的油脂产量。他多次组织召开和参与了“全国增产油脂经验交流会”，以及类似的各类经验交流会，将好的经验推广到全国。为了发展浸出技术，他汇编了《浸出油厂（车间）事故实例》，同时在调查研究的基础上组织制定了《油脂浸出工厂（车间）建筑、安装、生产安全防火规范》和《油脂浸出工厂（车间）生产技术操作规程》，作为行业指导性的文件颁发。后期又组织人员对其做了修订，对确保浸出油厂的安全生产起到积极的作用。为落实国外先进技术的消化吸收，在对外技术交流和赴日考察的基础上，组织国内技术人员，经过 4 年的攻关备战，在吉林蛟河植物油厂、大连油脂工业总厂、江苏常熟徐市油厂建成了示范厂，为我国浸出油厂的安全生产和浸出制油技术进步起到了推动作用，使全国油脂工业年处理植物油料的能力从 1970 年的 616 万 t 增加到 1980 年的 1 168 万 t，基本上翻了一番。其中，浸出油料的生产能力从 1970 年 16 万 t 增加到 1980 年的 180 万 t，增长了 10 倍多，效果极其显著。

业内人士认为，由于改革创新，大力推广先进的浸出制油法及特种油料的开发，20 世纪 70 年代是我国油脂工业发展史上的一个重要转折，是我国油脂工业步入了快速发展的阶段。进入 80 年代，我国的浸出制油技术得到了飞速的发展，在 2 270 多个植物油厂中，浸出油厂占了 61%。

此后，为了规范和促进行业的整体发展，王瑞元把工作重点放在抓全国制油设备的选型、定型和标准化工作上。组织和带领粮油工业战线上的工程技术人员和企业干部、职工，用了 8 年的时间完成了 175 台制油设备的选型和定型工作，并在湖北武穴和上海建成了两个示范工厂，使我国油脂工业的发展又上了一个台阶。

为了缩短与国外先进技术的差距，1987—1994 年，在王瑞元担任原商业部粮油工业局局长期间，重点抓了引进技术的消化吸收国产化工作，这项工作也被列为国家“七五”攻关项目。他组织和动员了全国有实力的科研院所和粮机厂经过一系列的调查研究、专家论证，制定了消化吸收方案，确定了对近百种制油设备和二十多条生产工艺线进行消化吸收。在此基础上，又经过测定、测绘、改进设计、看样设计、方案审定、样机试制、安装调试等一系列工作，最后在合肥建成了一个示范工厂，取得了消化吸收国产化的圆满成功。其中，50t/d 油脂连续精炼设备获得商业部科技一等奖、国家科技进步二等奖。消化吸收国产化的成功，为我国油脂工业赶上和达到国际水平奠定了基础。

王瑞元是我国粮油工业具有非凡洞察力和影响力的领导。他严谨求实，勤奋认真，具有卓越的判断力和前瞻意识。他曾组织制定了全国粮油工业“六五”“七五”“八五”行业发展规划和技术进步规划，并下达到全国各省市粮油工业主管部门，对全国粮油工业的发展起着重要的指导意义。他曾主持召开了数十次全国粮油工业会议以及有关专业技术经验交流会，亲自撰写会议主题报告，发表了许多对行业发展有指导意义的会议讲话。

王瑞元作为专家学者，不但是一个将科技成果转化为生产力的实践者，也是一个引领者。他不仅将先进技术大规模普及应用，创造了巨大的经济效益和社会效益，而且能时刻关注国内外技术发展前沿的最新动向。他自参加工作 50 年来，撰写了二百多篇论文和报告，分别发表在《中国粮油学报》《中国油脂》《粮油加工》《中国粮食经济》《中国食品报》《中国商论》《粮食流通体制改革》《中国商办工业》《粮食与饲料》《粮食与食品工业》等专业期刊以及北京、江西、浙江、江苏、湖南、安徽等粮食经济类刊物上。主审了多部油脂加工方面的教科书。主编了《中国油脂工业发展史》《粮油食品营养与健康知识百问》和《植物油料加工产业学（上、下册）》，（共计 160 多万字）等著作，对粮油行业的科技教育和发展起到了指导和促进作用。在他多次率团赴日本、印度、印度尼西亚、加拿大、美国等国参加国际会议和研讨会时，每次都发表了有关反映我国粮油工业和粮油加工副产品综合利用的文章，受到了与会各国代表的好评。

王瑞元是一位在全国粮油加工行业，尤其是在油脂界德高望重的资深专家和领导。他不仅是行业战略制订的参与者，也是身体力行的建设者。鉴于王瑞元对我国粮油工业的发展和技术进步作出的重要贡献，他荣获了国内贸易部有突出贡献的科学、技术、管理专家称号；享受“国务院政府特殊津贴”专家；荣获国内贸易部科技管理先进工作者称号。这些成就证明他是一个忘我敬业、淡泊名利和无私奉献的专家学者和领导干部。在他身上既体现出领导者的谋略和胸怀，又体现了老一辈科技工作者的优良传统，他无愧为中国现代油脂工业的引领者与掌舵人。

在王瑞元这部著作即将编辑完成之际，我们的心情仍然难以平静，为他的爱国和敬业精神所折服；为他的诚信、友善而感佩！再次衷心感谢中国现代油脂工业发展历程中的领军人物——王瑞元！感谢他勇立潮头，引领中国现代油脂工业迈进了世界的先进行列；感谢他不辞辛苦，将这部珍贵的中国现代油脂工业的发展纪实贡献给广大读者；感谢他关爱有加，让我们有幸能够为这部宏篇著作的编辑出版尽一份绵薄之力！

在这部著作即将付梓和农历新年（猴年）即将到来之际，我们衷心敬祝王瑞元会长新春愉快、健康长寿。

中国粮油学会油脂分会

《现代油脂工业发展》编辑委员会

2015 年 12 月　于北京

启发精选世界优秀畅销绘本
盼望
盼望